MEYERS GROSSES TASCHEN-LEXIKON

Band 9

MEYERS GROSSES TASCHEN-LEXIKON

in 24 Bänden

Herausgegeben und bearbeitet von
Meyers Lexikonredaktion
2., neu bearbeitete Auflage

Band 9:
Grie – Hn

B.I.-TASCHENBUCHVERLAG
Mannheim/Wien/Zürich

Chefredaktion:
Werner Digel und Gerhard Kwiatkowski

Redaktionelle Leitung der 2. Auflage:
Klaus Thome

Redaktion:
Eberhard Anger M. A., Dipl.-Geogr. Ellen Astor,
Dipl.-Math. Hermann Engesser, Reinhard Fresow, Ines Groh,
Bernd Hartmann, Jutta Hassemer-Jersch, Waltrud Heinemann,
Heinrich Kordecki M. A., Ellen Kromphardt, Wolf Kugler,
Klaus M. Lange, Dipl.-Biol. Franziska Liebisch, Mathias Münter,
Dr. Rudolf Ohlig, Ingo Platz, Joachim Pöhls, Dr. Erika Retzlaff,
Hans-Peter Scherer, Ulrike Schollmeier, Elmar Schreck,
Kurt Dieter Solf, Jutta Wedemeyer, Dr. Hans Wißmann,
Dr. Hans-Werner Wittenberg

CIP-Kurztitelaufnahme der Deutschen Bibliothek

Meyers Großes Taschenlexikon: in 24 Bd./hrsg. u. bearb. von
Meyers Lexikonred. [Chefred.: Werner Digel u. Gerhard
Kwiatkowski]. - Mannheim; Wien; Zürich: BI-Taschenbuchverlag
ISBN 3-411-02900-5
NE: Digel, Werner [Red.]
Bd. 9. Grie–Hn. - 2., neubearb. Aufl. - 1987
ISBN 3-411-02909-9

Grie

griechische Kunst, die Kunst des griech. Kulturkreises etwa vom 11. bis 1. Jh. v. Chr. Die Geschichte der g. K. stellt sich als konsequente Entwicklung mit geringen fremden Einflüssen dar und ist insofern beispielhaft. Stets war es Ziel der g. K., die Grundgesetzmäßigkeiten der dargestellten Gegenstände herauszuarbeiten (z. B. organ.-funktionelles Menschenbild). Neben das Streben nach innerer Wahrheit trat bald die Berücksichtigung der äußeren Wirklichkeit und ihrer objektiven Wiedergabe (Mimesis), doch nie Sucht nach täuschend ähnl. Nachahmung. Schon den Römern und dann wieder der europ. Neuzeit galt die g. K. als Inbegriff einer klass.-idealen Kunst. Tragend war die Plastik, was damit zusammenhängt, daß der Grieche das Gegenständliche bes. von seiner körperl. Qualität her erlebte. Themen der g. K. waren die altgriech. Götterwelt und der Mythos, ferner insbes. das Menschenbild; seit dem 5. Jh. wurde der profane Bereich erobert, später das Genre. Die Wiedergabe der Natur spielte im Hellenismus eine größere Rolle. G. K. wandte sich meist an die Öffentlichkeit. Der Künstler trat durch Signierung seiner Werke, auch mit theoret. Schriften hervor. Unsere Kenntnis der g. K. beruht auf dem antiken Kunstliteratur und einem Denkmälerbestand, der aber vom Zufall der Erhaltung bestimmt ist. Deutl. Zäsuren in Gestalt revolutionärer Übergangsphasen erlauben es, die g. K. in Perioden einzuteilen.

Protogeometr. und geometr. Zeit: Benennung nach dem linearen Dekorationssystem der Keramik (Kreise, Mäander). Zugrunde lag reduziertes, myken. Formenerbe, das jetzt straff organisiert wurde. Scharfe Gliederung der Gefäße nach Fuß, Bauch, Hals wurde von Ornamentverteilung unterstützt und zeigte erstmals die analyt. Einstellung der g. Kunst. Seit dem 8. Jh. Kleinplastik, die aber noch zeichenhaft war. Die Baukunst blieb, der einfachen Gesellschaftsstruktur entsprechend, primitiv; häufig Apsiden- und Ovalbauten.

Archaik (7.–6. Jh.): Ausscheidung unklarer Formen und Konzentration auf das Wesentliche führten zur Konstituierung fester, verbindl. Typen, anfangs unter Bezug auf altoriental. Vorbilder. In der Architektur wurden die ererbten Säulenordnungen zu Systemen verfestigt; man erfand den Ringhallentempel,

die Säulenhalle und betonte die autonome Allseitigkeit des Baukörpers. Die Plastik zeichnet sich durch scharfe Artikulation aus; später herrschte eine Freude am Detail, die den Zusammenhang endgültig zu sprengen drohte. Ausbildung lokaler Bildhauerschulen (Peloponnes, Athen, Kykladen, Westanatolien). Die Keramik wurde dunkel auf hellerem Grund (schwarzfigurig), mit mytholog. u. a. Darstellungen verziert.

Klassik (5. und 4. Jh.): Das 5. Jh. brachte, nach den oft gewagten Versuchen des „strengen Stils" (ca. 500–460 v. Chr.), den Ausgleich gegenstrebiger Tendenzen, die Harmonisierung zw. den Teilen und dem Ganzen. Die Baukunst entdeckte den Innenraum: Parthenon, Bassai (Iktinos); übergreifende Baukomplexe wurden anstelle der Baukörper konzipiert: athen. Propyläen (Mnesikles); die Stadt als Gesamtkunstwerk gewann Gestalt und damit die Wiss. der Urbanistik (Hippodamos). Aufgabe der Plastik war jetzt, die übergreifenden Zusammenhänge in Bewegung und Ruhe darzustellen. Myron war der Meister der übergängigen Bewegung, Polyklet entwickelte den Kontrapost. Phidias erfüllte seine Bilder mit dem Ethos der athen. Demokratie. Die Meister des 4. Jh. fügten dieser strengen Kunst den Ausdruck der Leidenschaft, der Leichtigkeit und auch schon der Gefälligkeit hinzu (Skopas, Praxiteles); sie eroberten zum einen die Wirklichkeit und widmeten sich zum andern der rein gedankl. Abstraktion (Lysipp). So entstand neben dem realist. Porträt die Allegorie. Die verlorene Malerei (Polygnot, Zeuxis, Nikias) muß von der isolierten Darstellung einzelner Figuren zur kontinuierl. Schilderung der Sach- und Bedeutungszusammenhänge übergegangen sein; die Relation Mensch-Umwelt trat ins Bewußtsein. Davon geben die nunmehr in rotfiguriger Technik ausgeführten Vasenmalereien einen Abglanz. Insgesamt bedeuten die zwei Jh. der Klassik den Höhepunkt der g. Kunst.

Hellenismus (Ende 4. Jh. bis 1. Jh.): War die Kunst dieser Epoche (↑ Hellenismus) anfängl. auch noch der Wirklichkeit zugewandt (Genre), so führten fürstl. Repräsentationsansprüche und großbürgerl. Ansprüche bald zu übersteigertem Pathos (Pergamonaltar) und rückgewandter Thematik (mytholog. Darstellungen: Laokoon, Sperlonga). Die Baukunst allein zeigte steten Fortschritt in der Bewälti-

griechische Kunst

links (von oben): attische Deckelbüchse
(1. Hälfte des 8. Jh. v. Chr.). Privatbesitz;
korinthisches Bronzepferdchen
(Ende des 8. Jh. v. Chr.).
Berlin-Charlottenburg, Antikenabteilung;
oben Mitte: weibliche Statue aus dem
Artemisheiligtum von Delos
(um 660 v. Chr.). Athen, Archäologisches
Nationalmuseum; oben rechts:
Kuros (um 600 v. Chr.). New York,
Metropolitan Museum of Art;
rechts unten: Kentaur und Lapith
auf einer Metope vom Südfries des
Parthenons in Athen (um 440 v. Chr.).
London, British Museum

oben: älterer Heratempel in Paestum (um 540 v. Chr.); links unten: attische Statue des Zeus (Bronze; um 460). Athen, Archäologisches Nationalmuseum; rechts unten: der Gigant Alkyoneus. Detail des Ostfrieses des Zeusaltars von Pergamon (180–160). Berlin, Museumsinsel

gung von Aufgaben, die immer mehr der Schaffung großer Ensembles galten; als solche wurde sie nahtlos von den Römern übernom-men. Alle anderen griech. Kunstgattungen er-schienen schon den Römern des 1. Jh. v. Chr. als etwas Gestorbenes, das wiederzubeleben sei.

Rezeption der griech. Kunst: Dieser Vorbild- und Identifikationscharakter der g. K. ist selbst heute noch nicht erloschen. Die Aneig-nung der g. K. in der Neuzeit setzte auf dem Umweg über die abgeleitete röm. Kunst in der Renaissance ein. Das 18. Jh. entdeckte den griech. Kern der antiken Kunst (Winckel-mann); dies und erweiterte Denkmälerkennt-

Griechische Landschildkröte

nis führten zum europ. Klassizismus. Die philosoph. Ästhetik richtete sich weithin an g. K. aus (Lessing, Hegel). Während das 19. Jh. bes. die klass. Jh. bevorzugte, ließ sich die 1. Hälfte des 20. Jh. v. a. von archaischen Werken anregen.

📖 *Boardman, J.: u. a.: Die g. K. Neuaufl. Mchn. 1985. - Papaioannou, K.: G. K. Dt. Übers. Freib. 1972. - Richter, G. M. A.: Hdb. der g. K. Dt. Übers. Köln 1966.*

Griechische Landschildkröte (Testudo hermanni), in S-Europa (von O-Spanien bis Rumänien und S-Griechenland) weit verbreitete Landschildkröte, Panzer stark gewölbt, durchschnittl. 20 cm lang; Hornplatten des Rückenpanzers gelb bis braungelb mit schwarzem Zentrum und schwarzem Saum, Weichteile olivgelb; beliebtes Terrarientier.

griechische Literatur, eine g. L. ist erst für die Zeit nach Übernahme des Buchstabenalphabets im 18. Jh. v. Chr. faßbar. Sie ist gekennzeichnet durch ständiges Sichanpassen an neue, sich entwickelnde Denkformen und - damit verbunden - durch Einbeziehung neuer Bereiche in die Literatur sowie durch Ausbildung von neuen literar. Gattungen. Dabei wurde Bisheriges niemals aufgegeben, sondern in früh entstehenden Schulen weitergepflegt und verfeinert.

Die Homerischen Epen: Mit „Ilias" und „Odyssee", den Epen vom Kampf um Troja und den Irrfahrten und der Heimkehr des Odysseus, beginnt die Geschichte der g. Literatur. Beide Werke sind Endpunkt einer langen Entwicklung. Ausgeformt und überliefert wurde der Mythos vom Krieg um Troja durch wandernde Sänger; der Iliasdichter vollzog im 8. Jh. jedoch den Schritt von der mündl. Überlieferung zur Literatur, setzen doch Umfang und Struktur der „Ilias" und der eine Generation jüngeren „Odyssee" schriftl. Abfassung voraus.

Die archaische Zeit: Der Epiker, der sich als redender Mund der Musen verstand, blieb als Person im Hintergrund. Hesiod aber, der um 700 die „Theogonie" und das erste Lehrgedicht („Erga") schrieb, nannte ohne Scheu seinen Namen. Mit der Elegie (Kallinos von Paros) um 650 und mit der monod. Lyrik (Sappho, Alkaios) um 600 wurde der einzelne Mensch Gegenstand der Dichtung, während die Chorlyrik (Alkman) dem Mythos treu blieb. Um 550 entstand aus dor. Chorlied und ion. Sprechvers das Drama; gegen 535 führte Thespis an den Dionysien die erste Tragödie auf, und gegen 500 meldete sich der Westen mit Epicharmos' sizil. Komödie zu Wort. So trat in organ. Abfolge eine Dichtungsgattung nach der anderen hervor; in der 2. Hälfte des 6. Jh. kam in Ionien die philosoph. (Anaximander), geograph. (Hekatatios) und medizin. (Alkmaion) Fachprosa hinzu.

Literatur der Polis: Im 5. Jh. wurden die Gattungen der archaischen Adelsgesellschaft weitergepflegt: Epos, Lehrgedicht (Empedokles), Elegie, Jambus, Chorlyrik (Pindar, Bakchylides) erlebten eine Nachblüte. Doch die Zukunft gehörte der Literatur der Polis, dem Drama und der Prosa. Höhepunkt der Klassik war die Perikleische Zeit (460–429). Das Zentrum der Literatur verlagerte sich von Ionien nach Attika; Athen konnte diese Position bis zum Ende des 4. Jh. halten. Die Entwicklung der Tragödie von Aischylos' „Perser" (472) über Sophokles' „Antigone" (442) zu Euripides' „Orestes" (408) war gleichzeitig die Entwicklung vom Chordrama zum Schauspielerstück. Das gilt auch für die Komödie, die bis 400 Instrument der öffentl. Rüge war (Aristophanes), gegen 300 aber zum bürgerl. Lustspiel wurde. In der Prosa gelangten Geschichtsschreibung (Herodot, Thukydides, Xenophon) und Rhetorik (Lysias, Isokrates, Demosthenes) auf den Höhepunkt ihrer Möglichkeiten. Mit neuen Gattungen wie dem Prosadialog und der Rhythmisierung der Satzenden (Klauseln) trat die Prosa mit der Dichtung in Wettbewerb.

Hellenismus: Tragödie und Komödie wurden auch noch nach 300 in Athen weitergepflegt. Doch die neuen Tendenzen der hellenist. Dichtung zeigten sich an den Höfen der Nachfolger Alexanders d. Gr., der Antigoniden in Pella, der Attaliden in Pergamon, der Seleukiden in Antiochia und v. a. der Ptolemäer in Alexandria. Hier wurden in der Bibliothek des Museions die griech. Autoren von Homer bis Menander gesammelt, katalogisiert und erklärt. Autoren wie Kallimachos und Apollonios von Rhodos waren an der Bibliothek tätig. Ihr Interesse richtete sich auf eine Renaissance der durch die Tragödie verdrängten Gattungen des Epos (Apollonios' „Argonautika"), des Lehrgedichts (Aratos' „Phainomena"), der Elegie, des Jambus und der Lyrik (Kallimachos). Neu entstanden die Bukolik (Theokrit), der Mimus (Herondas von Kos) und das literar. Epigramm. Bevorzugt wurde in der Dichtung die Kleinform. Die Prosa erfaßte jetzt alle Bereiche. Die rhetorische Geschichtsschreibung des 3. Jh. v. Chr. wurde durch Polybios (Weltgeschichte, bis 144) zu pragmat. Darstellung zurückgeführt. Dionysios von Halikarnassos wandte sich im 1. Jh. v. Chr. dem röm. Altertum zu. Seit dem 2. Jh. v. Chr. rivalisierte der Prosaroman mit der Dichtung. Philologie, Naturwissenschaften, Medizin, Technik sind nur in kleinen Ausschnitten kenntlich. Nach dem Zusammenbruch des Ptolemäerreichs bei Aktium (31 v. Chr.) übernahm Rom die Rolle der hellenist. Literaturzentren; die g. L. ging in der zweisprachigen Literatur des Römischen Reiches auf. - ↑ auch byzantinische Literatur, ↑ neugriechische Literatur.

📖 *Fränkel, H.: Dichtung u. Philosophie des*

frühen Griechentums. Mchn. Nachdr. 1976. - Lesky, A.: Gesch. der g. L. Bern ³1971.

griechische Mathematik, die im griech. Kulturbereich seit etwa 600 v. Chr. bis ins 6. Jh. n. Chr. entwickelte und betriebene Mathematik. Wie in anderen Disziplinen haben die Griechen auch hier als erste wiss. Methoden entwickelt. Sie ersetzten das empir. entstandene und rezeptmäßig betriebene Rechnen, das den vorgriech. Kulturen eigen war, durch eine systemat., logisch-deduktiv dargelegte, eigenständige Wiss., deren Höhe erst im 16./17. Jh. wieder erreicht wurde. Die g. M. ging von den mathemat. Erkenntnissen in den vorgriech. Kulturen aus. Babylon. Wissen (u. a. der pythagoreische Lehrsatz und die Lösung der quadrat. Gleichung) wurde insbes. durch die kleinasiat. Ionier dem Griechentum zugänglich. Thales von Milet soll um 585 v. Chr. als erster Sätze „bewiesen" haben, die zumeist mit den Symmetrieverhältnissen am Kreis zusammenhängen. Die wichtigsten Erkenntnisse in der frühgriech. Mathematik stammen von den ↑ Pythagoreern. Pythagoras (* um 570, † 480) sah das Wesen der Dinge in den Verhältnissen ganzer Zahlen. Algebraische Sachverhalte wurden in geometr. Gewand ausgedrückt („geometr. Algebra"), so die Lösung der quadrat. Gleichungen durch die sog. Flächenanlegung. Ein Spezialfall davon ist die Konstruktion der stetigen Teilung (Goldener Schnitt), die ebenfalls den Pythagoreern bekannt war. Daneben wurden in der Geometrie Parallelen, Dreiecke, regelmäßige Vielecke und Ähnlichkeiten behandelt. Etwa gegen 450 v. Chr. stießen die Pythagoreer und Sophisten auf die drei klass. Probleme der antiken Mathematik, das ↑ delische Problem, die Dreiteilung des Winkels und die Quadratur des Kreises. Gegen Ende des 3. Jh. v. Chr. sammelte Euklid in seinem Hauptwerk, den „Elementen", das Wissen seiner Vorgänger und ordnete es systematisch. Archimedes (* um 285, † 212), der größte Mathematiker des Altertums, bestimmte u. a. den Inhalt der Kugel und Rotationsflächen 2. Grades, untersuchte die archimed. Spirale, grenzte den Wert der Zahl π ein und beschäftigte sich mit trigonometr. Fragen. Apollonios von Perge (* um 262, † um 190) entwickelte die für zwei Jt. gültige Theorie der Kegelschnitte. Mit den drei großen Mathematikern Euklid, Archimedes und Apollonios, die alle in Alexandria wirkten, erreichte die g. M. im Hellenismus ihren Höhepunkt. In der Spätzeit wurden nur noch einzelne Gebiete, insbes. der angewandten Mathematik, weiterentwickelt, v. a. die Trigonometrie (Menelaos, Ptolemäus), die prakt. Geometrie (Heron) und Arithmetik (Diophantos); außerdem entstanden wertvolle Sammelwerke (Pappos, Theon von Alexandria, Proklos und Eutokios). Nach Auflösung der letzten Philosophenschule in Athen durch Justinian (529 n. Chr.) verküm-

merte die ehedem so blühende Wissenschaft. ⬚ *Becker, Oskar: Das mathemat. Denken der Antike. Gött. ²1966.*

griechische Medizin, die Entwicklung der g. M. begann im 6./5. Jh. bei westgriech. Ärzten und Philosophen und erreichte ihren ersten Höhepunkt im 5./4. Jh. in den Ärzteschulen von Kos und Knidos, deren zahlr. Schriften später unter dem Namen des Hippokrates von Kos gesammelt wurden. Die hippokrat. Ärzte widmeten sich genauer Krankheitsbeobachtung, legten großen Wert auf die Prognose, waren dagegen in der Therapie zurückhaltend und vertrauten hauptsächl. der „Heilkraft der Natur". Auf der Grundlage der ↑ Humoralpathologie betonten sie die Bed. von Umweltfaktoren (Klima, Jahreszeiten, geograph. Lage usw.), aber auch die Eigenverantwortlichkeit des Menschen für Gesundheit und Krankheit (Lebensweise insgesamt, v. a. Ernährung). Schon früh war es für die g. M. charakterist., daß sie ihre Aufgabe nicht nur in der Heilung der Krankheit, sondern sogar primär in der Erhaltung der Gesundheit sah. Durch die Hippokratiker (Platon, Diokles von Karystos) und schließl. Galen wurde die *Diätetik* zu einer wichtigen Therapie. Um 300 gewannen die Anatomie und operative Chirurgie sowie (als diagnost. Mittel) die Pulsbeobachtung Bed. Neben Diätetik, Physiologie, Chirurgie und Anatomie bildeten sich noch weitere Gebiete als Spezialfächer heraus. Der *Gynäkologie* waren schon in der hippokrat. Schriftensammlung eigene Werke gewidmet. Im 4. Jh. v. Chr. begann die Bearbeitung der *Pharmakologie* (erste Kräuterbücher). Die erste Sammlung und Systematisierung aller damals bekannten pflanzl., tier. und mineral. Heilmittel wurde von Dioskurides Pedanios (1. Jh. n. Chr.) durchgeführt. Im Ggs. zu diesen Gebieten entfaltete sich die *Augenheilkunde* erst in der röm. Kaiserzeit. - Die g. M. kannte verschiedene Arzttypen. Neben Priesterärzten gab es schon früh von Gemeinden angestellte Ärzte, es gab wandernde Ärzte, Ärzte im engen Familienverband (Asklepiaden), später auch Hof- und Leibärzte. Ihren höchsten Stand erreichte die g. M. zur Zeit Galens, der die Medizin des MA entscheidend prägte. Viele Schriften der g. M. wurden in den großen Lehrbüchern der Araber (↑ arabische Medizin) verarbeitet. Seit dem Humanismus aber griff man auf die originalen Texte der g. M. zurück, die nun, von arab. Vermittlung „gereinigt", erneut zum Vorbild der Medizin wurde. Obwohl die anatom. und physiolog. Forschung seit A. Vesal und W. Harvey die g. M. in wichtigen Punkten korrigierte, blieb ihr humoralpatholog. Denken und v. a. ihre Diätetik und Therapie bis ins 18., z. T. bis ins frühe 19. Jh. für die Medizin bestimmend. ⬚ *Antike Heilkunst. Hg. v. J. Kollesch u. O. Nickel. Ffm. 1979.*

griechische Musik

griechische Musik, im weiteren Sinn die Musik der Griechen in Vergangenheit und Gegenwart, deren rund 3000jährige Geschichte die altgriech. Musik, die ↑byzantinische Musik und ↑neugriechische Musik umfaßt. Im engeren Sinne versteht man unter g. M. die Musik der alten Griechen (ausgenommen die ↑frühchristliche Musik). Die g. M. wird ihrem Erscheinungsbild nach zu den primär melod. orientierten Musikkulturen gerechnet und somit von der andersartigen klangl.-mehrstimmigen Musik des Abendlandes prinzipiell unterschieden.

Einzige Quelle blieb für lange Zeit die literar. Überlieferung, deren Wirkungsgeschichte sich z. B. in Lehnwörtern (Musik, Harmonie, Melodie, Rhythmus) spiegelt. Archäolog. Funde und musikwissenschaftl. Beobachtungen brachten zusätzl. Einsichten. - Der griech. Begriff „mousikḗ" ist mit dem modernen Begriff Musik nicht identisch. Die griech. Begriffsbildung läßt drei Stufen erkennen: 1. Anfangs erfaßte die Sprache nur anschaul. Einzelmomente des noch unbenannten Ganzen, z. B. singen, Gesang, Phorminx spielen, Reigen tanzen (8.–6. Jh.); 2. in klass. Zeit fand die Einheit von Poesie, Musik und Tanz ihren gültigen Ausdruck in der Wortprägung „mousikḗ" (die „Musische"; 5./4. Jh.); 3. mit der allmähl. Verselbständigung des musikal. Bestandteils gegenüber Dichtung und Tanz verengte sich der Begriff zu dem der Tonkunst (seit dem 4. Jh., Aristoteles). Entscheidend für die griech. Sonderentwicklung des orchestisch-musikal. Phänomens war das zunehmende Gewicht der Sprache. Die klar ausgeprägten

Griechische Musik. Fragment (hier ein Ausschnitt) der Vokal- und Instrumentalnotation eines Chorgesangs und eines Sologesangs auf einem Papyrus (2. Jh. n. Chr.). Berlin-Charlottenburg, Antikenabteilung

Silbenlängen (lang, kurz) drängten in gehobener Rede zu musikal.-rhythm. Gestaltung. Dichter waren daher stets Musiker. Frühestes Dokument ist die Leier, das Instrument Apollons und des thrak. Sängers Orpheus. Meist viersaitig dargestellt und im Zusammenhang mit Reigentänzen bezeugt, diente sie (bei Homer ↑Phorminx genannt) auch dem Epossänger zur Begleitung. Die von Hermes „erfundene" Lyra kam im 7. Jh. auf. Terpandros (um 675), der die Zahl der Saiten auf sieben vermehrte, schuf als erster kitharod. Nomoi, d. h. mehrteilige, auf der ↑Kithara begleitete Sologesänge. Nomos bezeichnete eine Weise, deren Melodieverlauf nur umrißhaft feststand und Gelegenheit zu „variierender" Ausführung bot. Bei gleichzeitiger instrumentaler Realisierung ergab sich das von Platon beschriebene Phänomen der ↑Heterophonie. Mit dem ↑Aulos soll der Phrygier Olympos (um 700?) die ältere Form der ↑Enharmonik nach Griechenland gebracht haben. Neben Aulodie (Gesang mit Aulosbegleitung) entstand solist. Instrumentalmusik (Kitharistik und Auletik). Anders als die monod. Lyrik waren Chorlyrik und Chorlieder an das att. Dramas an Tanz gebunden. Das musikal. Element erhielt seit dem Ende des 5. Jh. zunehmendes Übergewicht über das Wort. Vermehrte Saitenzahl der Kithara, Berufsvirtuosentum, Preisgabe von Strophengliederung und herkömmal. Versbau (Phrynis, Timotheos, später Euripides) sind Symptome eines Prozesses, der im 4. Jh. zur Aufspaltung der alten „mousikḗ" in Dichtung und Musik führte.

Der mathemat. Ursprung der Musiktheorie hat deren Geschichte weithin bestimmt. Bei Pythagoras (6. Jh.) und seinen Schülern blieb das Denken über Zahl und Harmonie mit philosoph.-myst. Lehren verquickt. Bei Platon und Aristoteles waren „mousikḗ" bzw. Musik Gegenstand ihrer Staatsphilosophie. Erst seit dem 4. Jh. entstand eine eigene musiktheoret. Fachliteratur, u. a. von Aristoxenos, Kleoneides, Euklid, Ptolemäus, Aristides Quintilianus und Alypios. Bei den unterschiedl. Intervallberechnungen des Tonsystems gingen die Pythagoreer von den exakten Maß- und Zahlenverhältnissen der ↑Konsonanzen aus. Die Vierstufigkeit des Quartintervalls, das Tetrachord, war die Basis der Tonordnungslehre. Aus gleichgebauten Tetrachorden setzt sich das zwei Oktaven umfassende, von oben nach unten dargestellte Tonsystem zusammen, z. B.

$$\underbrace{a' \ g' \ f' \ \underbrace{e'}}\ \underbrace{d' \ c' \ h} \ \underbrace{a \ g \ \underbrace{f \ e}}\ d \ c \ H' A$$

(absolute Tonhöhen kannte man jedoch nicht). Die Oktavreihe des zentralen Tetrachordpaares e'–e entsprach der Tonstufenordnung des Dorischen, d'–d der des Phrygischen, c'–c der des Lydischen. Die drei Tongeschlechter weisen deutl. voneinander abweichende Intervallverhältnisse innerhalb des

Tetrachords auf: diaton. $1-1-^1/_2$ (a g f e), chromat. $1^1/_2-^1/_2-^1/_2$ (a ges f e), enharmon. $2-^1/_4-^1/_4$ (a geses Viertelton e). Die griech. Musiktheorie verfügte über zwei Tonzeichensysteme (aus Buchstaben), die heute Instrumental- und Vokalnotenschrift genannt werden. Entzifferbar sind vereinzelte hellenist.-kaiserzeitl. Musikaufzeichnungen, darunter fünf vollständige Stücke: ein Lied auf der Grabsäule des Seikilos (1. Jh. v. Chr.); von Mesomedes zwei Prooimien sowie je ein Hymnus an Helios und Nemesis (2. Jh. n. Chr.); von den Fragmenten bieten zusammenhängende Partien: zwei Apollonhymnen vom Schatzhaus der Athener in Delphi (inschriftl. 138/128) und einige Stücke auf Papyri. Hinzu kommen drei unveröffentlichte Inschriften in Baltschik (Bulgarien).
Neuberger, A. J.: Altgriech. Musik. Darmst. 1977. - Koller, H.: Musik u. Dichtung im alten Griechenland. Bern u. Mchn. 1963.

griechische Naturwissenschaft, im alten Griechenland aus der Theogonie und der daran anschließenden Kosmogonie entstandene Wiss. von der Natur. Die g. N. war stets integriert in die griech. Philosophie und blieb bis Platon ausschließl. und später im wesentl. auf das Ganze des Kosmos gerichtet. Selbst als bei Aristoteles und seiner Schule die Spezialwiss. wie Botanik, Zoologie, Geographie und Astronomie entstanden, basierten diese auf den Grundlagen der Prinzipien der allg. „Physik". An die Stelle von Zeus, dem alles regierenden Gott, der später zum reinen Geist ohne anthropomorphe Züge (Xenophanes, Eleaten) geworden war, trat die Natur als göttl. und organ. Einheit, in der jedes natürl. Ding seinen Platz hat. Die griech. Naturwiss. kannte nicht das verifizierende Experiment, das ein diese Einheit störender Eingriff in die Natur gewesen wäre. Exakt mathemat. Naturwiss. war in der g. N. Beschreibung eines ideellen Bereichs, den der materielle Bereich durch die Möglichkeit seiner „Teilhabe" an den Ideen nur grob angenähert darstellt. Deshalb galten die Ergebnisse etwa mathemat. beschreibender Astronomie und Optik der Antike seit Aristoteles nur als Hypothese, die die Phänomene mehr oder weniger genau wiedergeben. Sie mußten zwar von „naturwiss." Prinzipien (für die Astronomie etwa von der Gleich- und Kreisförmigkeit der Bewegungen um die ruhende Erde) ausgehen und die Phänomene mit diesen beschreiben - weshalb sich die heliozentr. Hypothese des Aristarchos von Samos nicht durchsetzte -, konnten aber auf das naturwiss. Weltbild keinen Einfluß nehmen. Neuansätze der Spätantike (Philoponos) wurden erst von der Scholastik fortgeführt.
Krafft, F.: Die Begründung einer Wiss. v. der Natur durch die Griechen. Freib. 1971. - Sambursky, S.: Das physikal. Weltbild der Antike. Zürich u. Stg. 1965.

griechische Philosophie, als Begründer der g. P. und damit der Philosophie in ihrer europ.-abendländ. Gestalt gelten die **Vorsokratiker,** die das zuvor herrschende religiös-myth. Denken ablösten. Thales von Milet begründete die **ion. Schule und Tradition,** zu der Anaximander, Anaximenes und die Vertreter des ↑Atomismus Leukipp und Demokrit zählen. Ihr stand die von Pythagoras begr. **ital. Schule und Tradition** gegenüber mit den Vertretern der **eleat. Philosophie,** v. a. Xenophanes, Parmenides, Zenon von Elea. Beide Richtungen gingen von naturphilosoph. Fragen aus, in deren Mittelpunkt der Aufbau der Welt stand. Heraklit, Anaxagoras und Empedokles verbanden die für die ion. Tradition charakterist. naturphilosoph. Elemente mit ihren Denkansätzen, wie sie für die eleat. Richtung kennzeichnend waren. Im 5. Jh. v. Chr. entstand als Bildungsbewegung die Richtung der Sophisten mit Protagoras, Hippias von Elis und Prodikos von Keos als ihren Repräsentanten. Gegen den erkenntnistheoret. Skeptizismus und Relativismus der **Sophisten** versuchte die **att. Philosophie** (v. a. Sokrates, Platon und Aristoteles), Philosophie und Wissenschaft auf ein tragfähiges erkenntnistheoret. Fundament zu stellen. Sokrates wurde zum Begründer der prakt. Philosophie. Platon und Aristoteles gaben der prakt. Philosophie erstmals systemat. Darstellungen. Die theoret. Philosophie baute Platon vom Begriff der Idee aus auf und entwickelte die Logik zu einer fundamentalen Disziplin der Philosophie. Aristoteles konzipierte Theorie und Modell einer zukünftigen strengen, durch Beweisverfahren abgesicherten Wissenschaft und begründete mit der Syllogistik die Logik im engeren Sinn als formale Logik. Mit der Sokrat., Aristotel. bzw. Platon. Philosophie verbunden sind die ↑Megarische Schule, die ↑Kyniker, ↑Kyrenaiker, die ↑Akademie und der ↑Peripatos. Die **hellenist. Philosophie** (360 v. Chr. bis 30 n. Chr.) war geprägt durch religiös-kulturellen Synkretismus, Übernahme von Elementen der Mysterienfrömmigkeit, kosmopolit. Ideen und Spezialisierung der philosoph.-wiss. Forschung (Höhepunkt der griech. Mathematik, Naturwiss., insbes. der Astronomie). Hierfür sind 4 große Schulen kennzeichnend: V. a. in der um 306 v. Chr. von Epikur begr. Schule des **Epikureismus,** in der von Zenon von Kition begr. **Stoa** und in der **Skepsis** (Pyrrhon von Elis) rückte die Erörterung prakt. Fragen zunehmend in den Vordergrund. Dagegen nahm die theoret. Philosophie in der Akademie bei Speusippos und Xenokrates, im **Neupythagoreismus** und im **Neuplatonismus** (z. B. bei Plotin und Porphyrios) spekulative Züge an; andererseits wandte sie sich bei Euklid, Aristarchos, Eratosthenes von Kyrene, Archimedes v. a. einzelwissenschaftl. Fragestellungen zu. Die g. P. der Antike endete kalen-

Griechischer Bürgerkrieg

dar. mit der Schließung der Akademie (529 n. Chr.). Die **Apologeten,** die das Christentum mit philosoph. Fragestellungen konfrontieren, schlossen an das stoische, epikureische, skept. und v. a. neuplaton. Denken an.
📖 *Zeller, E.: Die Gesch. der G. P. Essen 1984. - Fritz, K. v.: Schriften zur griech. Logik. Stg. 1978. 2 Bde. - Capelle, W.: Die g. P. Bln. ³1971. 2 Bde.*

Griechischer Bürgerkrieg, 1942–49, militär. Auseinandersetzung zw. der kommunist. kontrollierten Nat. Befreiungsarmee (ELAS [Ethnikos Laikos Apeleftherotikos Stratos]) bzw. ihrer polit. Organisation, der Nat. Befreiungsfront (EAM [Ethnikon Apeleftherotikon Metopon]), und Truppen, die die aus dem Exil zurückgekehrte griech. Zentralreg. in Athen unterstützten; forderte 40 000–45 000 Tote.

griechische Religion, Bez. für die Religion der Griechen v. a. der Antike. Polit. (Kleinstaaterei) und ethn. (Mischbev.) Struktur des alten Griechenland bedingen die Vielgestaltigkeit der g. R. schon in archaischer Zeit, die sich von einem ausgeprägten Totenkult über den Heroenkult durch Übernahme großer Götter zu der klass. Form entwickelte, wie sie Homer formuliert hat. Die griech. Götterwelt (Götterstaat) wird ausgesprochen aristokrat. und in starkem ↑Anthropomorphismus vorgestellt, der durch die Unsterblichkeit der Götter (griech. „athánatoi" [„die Unsterblichen"] ist Synonym für die Götter) oft ins Extreme gesteigert wird.

An der Spitze der Götter steht Zeus; er ist der Sohn der Rhea und des Titanen Kronos, der seinen Eltern Uranos und Gäa die Herrschaft über die Götter entrissen hat und nun seinerseits von seinem Sohn Zeus entthront wird. Zeus ist der Herr des lichten, klaren Himmels, aber auch der Unwetter. Schwester und Gemahlin des Zeus ist Hera; sie wacht unter den Menschen über die Heiligkeit der Ehe, obwohl ihr die Untreue des eigenen Gatten häufig Anlaß zur Eifersucht gibt. Dem Zeus gleich an Weisheit, Einsicht und Rat ist seine dem Haupt entsprungene Tochter Athena, die Stadtgöttin Athens. Pallas Athena („das Mädchen Athena") ist die Herrin der Weisheit, die Förderin der Künste und der Wissenschaften, die besonnene Kampfes. Aus der Vielfalt der Göttergestalten des Pantheons werden die bedeutendsten zu einer *Zwölfheit* zusammengefaßt; zu ihr gehören außer *Zeus, Hera* und *Athena* noch: *Poseidon,* der Gott des Meeres und Patron der Seeleute; *Demeter,* die Förderin der Fruchtbarkeit der Erde; *Apollon,* der Gott der Ordnung und des Friedens; *Artemis,* die Schützerin der Frauen und Herrin der Tiere und der Jagd; *Ares,* der Gott des Krieges und der sinnlosen Zerstörung; *Aphrodite,* die Herrin des freundl. Meeres, der Schönheit und der Liebe; *Hermes,*

leute und Diebe; *Hephäst,* der Gott des Feuers und der Schmiedekunst; *Hestia,* die Herrin des häusl. Herdfeuers. Neben diesen Hauptgöttern kennt die g. R. noch zahlr. *andere Götter, Heroen und Numina,* die für die Frömmigkeit der Griechen nicht ohne Bed. sind und deshalb auch in den Sagen einen breiten Raum einnehmen.

Die Götter haben die Welt nicht aus dem Nichts geschaffen, sie verkörpern vielmehr die Ordnung, durch die die Urgewalten des Chaos geformt und gebändigt worden sind. Als Mächte der Ordnung und der Gerechtigkeit sind die Götter auch Götter des Staates, der sich im Gesetz („nómos") und im Eid unmittelbar als göttl. erweist.

In der *Jenseitsvorstellung* der g. R. werden die Seelen der Toten von Hermes bis an die Grenzen des Hades, des Schattenreichs, gebracht und von Charon, dem Fährmann, über den Styx gesetzt, an dessen jenseitigem Ufer sie das Wasser des Vergessens, Lethe, trinken und schließl. nach Elysium gelangen.

Das Ideal der *Ethik* der g. R. ist das Maßvolle, dem als Hauptsünde des Menschen die Hybris, die maßlose Selbstüberhebung entspricht. V. a. unter dem Einfluß Hesiods wurde dieses Ethos so beherrschend, daß der delph. Apollon als der Inbegriff der Gerechtigkeit und Gesetzlichkeit den sinnenfreudigen Zeus fast überschattete. Zu dieser „apollin." Ethik stand die „dionys." in ständiger Spannung: Die Übernahme des wohl kret. Gottes Dionysos brachte Orgiasmus und Mystizismus in die griechische Religion, deren Ende mit steigendem Einfluß der aufklärer. griech. Philosophie und v. a. mit der Praxis des Herrscherkults (seit Alexander dem Großen) begann.
📖 *Otto, W. F.: Die Götter Griechenlands. Ffm. ⁷1983. - Otto, W. F.: Theophania. Der Geist der altgriech. Religion. Ffm ²1979. - Burkert, W.: G. R. der archaischen u. klass. Epoche. Stg. 1977.*

griechische Schrift, das Alphabet der Griechen, das diese wahrscheinl. Ende des 2. Jt., spätestens Mitte des 8. Jh. v. Chr. zus. mit den nordwestsemit. Namen der einzelnen Zeichen und in der schon festliegenden Reihenfolge von den Phönikern übernommen haben und auf das alle modernen europ. Schriftsysteme zurückgehen; sie war die erste europ. Buchstabenschrift. Anders als bisan. Vorbild bezeichnet die g. S. nicht nur Konsonanten, sondern auch die Vokale und gestattet damit die lautgetreue Wiedergabe des gesprochenen Wortes. Der Dialektvielfalt entsprach daher eine große Vielzahl verschiedener, teilweise beträchtl. voneinander abweichender Lokalalphabete. Dieser Zustand wurde erst im Laufe des 4. Jh. v. Chr. überwunden, nachdem im Jahr 403/402 in Athen das ion. Alphabet (mit 24 Buchstaben) für den offiziellen Gebrauch eingeführt worden war, und

DIE GRIECHISCHEN GÖTTER

Widersprüche in der Überlieferung wurden nicht berücksichtigt.
Halbfett gesetzt sind die Namen der zwölf Hauptgötter.

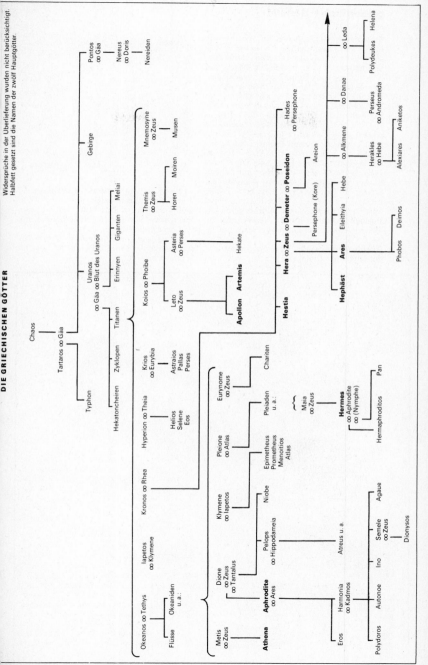

griechische Schrift

die anderen griech. Staaten sich diesem Vorbild angeschlossen hatten. Zu diesen 24 Zeichen kamen nur die von den alexandrin. Grammatikern Aristophanes von Byzanz und Aristarchos von Samothrake eingeführten sog. Lesezeichen hinzu, die aber erst vom 2./3. Jh. an systemat. verwendet und erst im 9. Jh. obligator. wurden: Spiritus asper ' (für [h]-Anlaut) und Spiritus lenis ' (für fehlendes [h]) bei vokal. oder diphthong. Anlaut, die Akzentzeichen Akut ['], Gravis ['], Zirkumflex [~] sowie Apostroph, Trema. Die Überlieferung der g. S. setzte im 8. Jh. v. Chr. mit der Inschrift auf einer Kanne der Dipylonnekropole in Athen ein, die nur Großbuchstaben (Majuskelschrift) kannte; auf Steininschriften hielt sich diese bis ins 3. Jh. n. Chr., während beim Schreiben mit Pinsel oder Griffel die Buchstaben stärker gerundete Formen annahmen (sog. Unzialschrift). Im alltäg. Gebrauch erschien vom 3. Jh. v. Chr.

Zeichen	Name	Zeichen	Name
A α	Alpha	N ν	Ny
B β	Beta	Ξ ξ	Xi
Γ γ	Gamma	O o	Omikron
Δ δ	Delta	Π π	Pi
E ε	Epsilon	P ϱ	Rho
Z ζ	Zeta	Σ σ, ς	Sigma
H η	Eta	T τ	Tau
Θ ϑ	Theta	Y υ	Ypsilon
I ι	Iota	Φ φ	Phi
K κ	Kappa	X χ	Chi
Λ λ	Lambda	Ψ ψ	Psi
M μ	My	Ω ω	Omega

an eine Kursivform, die zur Verbindung einzelner Buchstaben neigte. Im 8. Jh. n. Chr. kam die Minuskelschrift mit „Kleinbuchstaben" auf (ältestes datierbares Denkmal ein Evangeliar von 835).
Die *neugriech. Schreibschrift* stellt eine Mischung aus der Minuskelschrift und der lat. Schreibschrift dar.

Griechische Sprache. Verbreitungsgebiete der einzelnen Dialekte

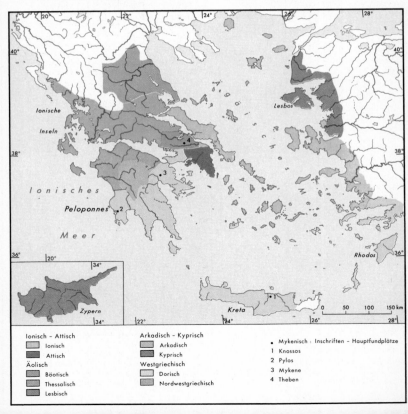

Ionisch – Attisch
- Ionisch
- Attisch

Äolisch
- Böotisch
- Thessalisch
- Lesbisch

Arkadisch – Kyprisch
- Arkadisch
- Kyprisch

Westgriechisch
- Dorisch
- Nordwestgriechisch

• Mykenisch : Inschriften - Hauptfundplätze
1 Knossos
2 Pylos
3 Mykene
4 Theben

📖 *Das Alphabet. Entstehung u. Entwicklung der g. S. Hg. v. G. Pfohl. Darmst. 1968.*

gri̲e̲chisches Kaisertum, svw. byzantin. Kaisertum († Byzantinisches Reich).

gri̲e̲chisches Kreuz ↑ Kreuzformen.

gri̲e̲chische Sprache, die Sprache der Griechen im Altertum, die genauer als „Altgriechisch" zu bezeichnen ist († auch neugriechische Sprache). Sie ist ein selbständiger Zweig der indogerman. Sprachen und die älteste überlieferte indogerman. Sprache Europas. Die g. S. war vom Einsetzen der Überlieferung an stark mundartl. differenziert und fand erst in hellenist. Zeit zu einer Gemeinsprache (Koine). Als die ältesten griech. Texte haben sich die vornehml. den Palästen von Knossos (Kreta; 15. oder 13. Jh. v. Chr.), Pylos (W-Peloponnes), Mykene und Theben (13. Jh. v. Chr.) gefundenen Tontafeldokumente und Vaseninschriften der spätminoisch-myken. Zeit herausgestellt (in der kret.-myken. Silbenschrift Linear B). Inschriftl. Überlieferung in griech. Schrift setzte im 8. Jh. v. Chr. ein. - Ebenfalls aus dem 8. Jh. stammen die ältesten literar. Werke, beginnend mit dem homerischen Epen „Ilias" und „Odyssee". Das Verbreitungsgebiet der g. S. war im Altertum sehr groß; die Griechen trugen ihre Sprache durch die Kolonisationsbewegungen und Städtegründungen bis nach Spanien, Ägypten, Indien und rings um das Schwarze Meer.

Das ältere griech. Sprachgebiet gliedert sich in verschiedene **Dialektgebiete:** 1. den ion.-att. Zweig mit dem ionischen Dialekt an der kleinasiat. W-Küste, auf den Kykladen und Euböa sowie dem Attischen in Athen, das schließl. den Sieg über die anderen Dialekte davontrug; 2. die äolischen Dialekte, u. a. von Sappho und Alkaios auf Lesbos verwendet; 3. den arkad.-kypr. Zweig mit dem Arkadischen in der Zentralpeloponnes und dem in der kyprischen Silbenschrift geschriebenen Kyprischen auf Zypern; 4. das Westgriech. mit den dorischen Dialekten (v. a. der Peloponnes), den Dialekten von Achaia und Elis sowie einigen nordwestgriech. Dialekten; problemat. ist das Verhältnis des Myken. zu diesen Dialekten des 1. Jt. v. Chr.; als wahrscheinl. zeichnet sich nach den neuesten Untersuchungen ab, daß Ion.-Att., Arkad.-Kypr. und Myken. als „südgriech." Gruppe enger zusammengehören.

Die Kluft zw. den einzelnen Dialekten wurde erst während des Hellenismus und der röm. Zeit durch eine einheitl. Schrift- und Umgangssprache überbrückt: durch das auf der Grundlage des att. Dialekts gebildete Koine. Sie wurde, zunächst Kanzleisprache der Makedonenkönige, zur Weltsprache, behielt diese Rolle auch im Röm. Reich und war in dessen östl. Hälfte die allg. Verkehrssprache, die auch für die Verbreitung des Christentums - die Schriften des N. T. sind in Koine geschrieben - von Bed. war.

Die wesentlichsten **Charakteristika** der g. S. sind ihr Archaismus im Vokalbestand (wo der gemeinindogerman. Zustand zunächst fast unverändert erhalten ist), die altertüml. Betonung, die Vereinfachung des alten Kasussystems (vier statt sieben Kasus sowie Vokativ), die Bewahrung altertüml. Kategorien wie Dual, Medium, Aorist und Optativ sowie die Satzverbindung durch eine ungeheuere Vielzahl von Partikeln. Stark überfremdet ist dagegen bereits seit ältester Zeit der Wort- und Namensschatz, in dem sich neben geograph. Namen zahlr. Appellativa finden, die die Griechen aus den Sprachen der vorgriech. Bevölkerung des Balkan-Ägäis-Raumes übernommen haben. Über diese Substratsprache[n] ist kaum eine gesicherte Aussage möglich; manche Forscher haben versucht, aus diesen Namen eine selbständige indogerman. Sprache (Pelasgisch) zu rekonstruieren.

📖 *Hiersche, R.: Grundzüge der griech. Sprachgesch. bis zur klass. Zeit. Wsb. 1970. - Hoffmann, O./Debrunner, A.: Gesch. der g. S. Bearb. v. A. Scherer. Bln.* [2-4]*1969. 2 Bde.*

griechisch-römischer Stil ↑ Ringen.

Griechisch-Türkischer Krieg, 1919–22, aus den Abmachungen der Entente von 1919, dem griech. Streben nach einem „Großgriechenland" und der militär. Niederlage der Türkei im 1. Weltkrieg hervorgegangen; der Friede von Lausanne (1923) schließl. besiegelte die Vertreibung der Griechen aus Kleinasien und Ostthrakien und führte zum Sturz der Monarchie (1924).

Grieg, Edvard, * Bergen 15. Juni 1843, † ebd. 4. Sept. 1907, norweg. Komponist. - Lebte seit 1885 in seinem Landhaus Troldhaugen bei Bergen. Er verschaffte der norweg. Musik Weltgeltung, indem er den Kern nat.-musikal. Eigenart mit satztechn. Mitteln seines Jh. verband. Klaviermusik, u. a. 10 Hefte „Lyr. Stücke" (1867 bis 1901, darin „Hochzeitstag auf Troldhaugen"), „Norweg. Tänze und Volksweisen" (1870); Bühnenmusiken zu Bjørnsons „Sigurd Jorsalfar" (1872) und zu Ibsens „Peer Gynt" (1874/75); Orchesterwerke, u. a. Klavierkonzert a-moll (1868), „Symphon. Tänze" (1898); Kammermusik, Chorwerke sowie zahlr. Lieder.

Grien, Hans Baldung † Baldung, Hans, genannt Grien.

Grierson [engl. grɪəsn], Sir (seit 1912) George Abraham, * Glenageary (Gft. Dublin) 7. Jan. 1851, † Camberley (= Frimley and Camberley) 9. März 1941, brit. Indologe. - Widmete sich der Erforschung der neuindoar. Sprachen und Literaturen. - Werke: Linguistic survey of India (19 Bde., 1898–1928), Dictionary of the Kashmīrī language (4 Bde., 1916–32).

G., John, * Deanston (Perthshire) 26. April 1898, † Bath 20. Febr. 1972, brit. Dokumentarfilmer. - Gründete 1929 eine Dokumentarfilmgruppe, die zahlr. Dokumentarfilme von

HAP Grieshaber, Stillende (Ausschnitt; 1955). Farbholzschnitt

hohem künstler. Niveau drehte, später u. a. in Kanada und ab 1955 für das Schott. Fernsehen tätig; drehte selbst u. a. „Industrial Britain" (1933, mit R. Flaherty).

Griesbach, Johann Jakob, * Butzbach 4. Jan. 1745, † Jena 12. März 1812, dt. luth. Theologe. - Bed. Textkritiker des N. T.; prägte für die ersten drei Evangelien den Begriff „Synoptiker".

Grieshaber, HAP (Helmut Andreas Paul), * Rot an der Rot 15. Febr. 1909, † Eningen unter Achalm 12. Mai 1981, dt. Graphiker. - Seine eigtl. Leistung ist der großformatige Farbholzschnitt, in dem er Figürliches in szen. Situationen gruppiert. Fand seinen Stil in den 30er Jahren (Reutlinger Drucke, 1933–39); zahlr. Serien, Buch- und Mappenwerke, u. a. „Januskōpfe" (1956), „Dem Feuervogel" (1961), „Totentanz von Basel" (1966), „Der Kreuzweg" (1967).

Griesheim, hess. Stadt im nördl. Hess. Ried, 94 m ü. d. M., 20 300 E. Pendlerwohngemeinde für Darmstadt; Gemüseanbau; Konservenfabriken, Fahrzeug-, Elektromaschinen-, Meßgerätebau. - G. wurde 1965 Stadt. - Spätgot. Pfarrkirche mit barockem Chor (1749).

Griesinger, Wilhelm, * Stuttgart 29. Juli 1817, † Berlin 26. Okt. 1886, dt. Psychiater. - Prof. in Tübingen und Kiel, seit 1864 Leiter der psychiatr. Abteilung der Charité in Berlin. Als strenger „Somatiker" trat G. für die Lehre der Abhängigkeit psych. Krankheiten von den Erkrankungen des Gehirns ein. Er wies erstmals auf psych. Reflexreaktionen hin.

Grieskirchen, oberöstr. Bez.hauptstadt im östl. Hausruck, 335 m ü. d. M., 4 800 E. Marktort eines landw. Umlands; Landmaschinen-, Fahrzeugbau, Nahrungsmittelind. - 1144 erstmals gen., erhielt 1613 Stadtrecht. - Barocke Stadtpfarrkirche (1701/02).

Grieß, svw. grobkörniger Sand; auch Bez. für das bei der Hartzerkleinerung mit Grobmühlen erhaltene grobkörnige Gut sowie für den groben Anteil, der beim Windsichten anfällt.
◆ meist aus Weizen hergestelltes Mahlprodukt mit verschiedenen Korngrößen (grob, mittel, fein).

Griess, Johann Peter, * Kirchhosbach (Landkreis Eschwege) 6. Sept. 1829, † Bournemouth 30. Aug. 1888, dt. Chemiker. - Stellte 1858 erstmals Diazoverbindungen her, über deren Struktur er eingehende Untersuchungen duchführte.

Griffbrett, am Hals von Saiteninstrumenten festgeleimtes, flaches Brett, auf das die darüber gespannten Saiten beim Abgreifen niedergedrückt werden. Bei Violen und Zupfinstrumenten mit Bünden (↑ Bund) versehen.

Griffel (Stylus), stielartiger Abschnitt der Fruchtblätter zw. Fruchtknoten und Narbe im Stempel der Blüten vieler Bedecktsamer; bringt die Narbe in eine für die Bestäubung geeignete Stellung und leitet die Pollenschläuche der auf der Narbe nach der Bestäubung auskeimenden Pollenkörner zu den im Fruchtknoten eingeschlossenen Eizellen.

Griffelbeine, schmale Knochenstäbchen am Fuß- und Handskelett der rezenten Pferde; Mittelfuß- bzw. Mittelhandknochen als Reste der rückgebildeten zweiten und vierten Zehe.

Griffin, Johnny, eigtl. John Arnold G., * Chicago 24. April 1928, amerikan. Jazzmusiker (Tenorsaxophonist). - Entwickelte sich während der 50er Jahre in der Zusammenarbeit mit A. Blakey und T. Monk zu einem der führenden Tenorsaxophonisten des ↑ Hard-Bop.

Griffith [engl. ˈgrɪfɪθ], Arthur, * Dublin 31. März 1871, † ebd. 12. Aug. 1922, ir. Politiker. - Führer der ir. Unabhängigkeitsbewegung; Mitgründer des ↑ Sinn Féin; erreichte 1921 von Lloyd George die Errichtung des ir. Freistaates; von Jan. bis Aug. 1922 1. Premierminister.

G., David Wark, * La Grange (Ky.) 22. Jan. 1875, † Los Angeles-Hollywood 23. Juli 1948, amerikan. Filmregisseur und -produzent. - Verwendete als erster stilist. und techn. Ausdrucksmittel wie Großaufnahme, Landschaftstotale, Rückblende, Auf- und Abblenden, Parallelmontagen u. a. Sein größter Erfolg war „Geburt einer Nation" (1915).

G., John, amerikan. Schriftsteller, † London, Jack.

Grifflöcher, Öffnungen in der Rohrwandung von Blasinstrumenten, die zur Veränderung der Tonhöhe mit den Fingerkuppen geschlossen werden.

Griffon [grɪˈfõː, frz. griˈfõ], rauh bis struppig behaarter Vorstehhund; Schulterhöhe etwa 55 cm; mit starkem Bart und mittelgroßen Hängeohren; Fell stahlgrau oder weiß mit braunen Platten oder braun.

Griffschrift, musikal. Notation, bei der die auf einem Instrument auszuführenden Griffe angegeben sind († Tabulatur).

Grignard, Victor [Auguste François] [frz. griˈɲaːr], * Cherbourg 16. Mai 1871, † Lyon 13. Dez. 1935, frz. Chemiker. - 1908–10 Prof. in Lyon, dann in Nancy, seit 1919 wieder in Lyon. G. entdeckte, daß sich aus Magnesium und Alkylhalogeniden in Äther magnesiumorgan. Verbindungen bilden. 1912 Nobelpreis für Chemie (zus. mit P. Sabatier).

Grignard-Verbindungen [frz. griˈɲaːr; nach V. Grignard], eine Gruppe magnesiumorgan. Verbindungen der allgemeinen Formel R—Mg—X, wobei R für einen organ. Rest und X im allg. für ein Halogen steht; in der präparativen organ. Chemie für viele Synthesen von Bedeutung.

Grigori [russ. griˈgɔrij], russ. Form des männl. Vornamens † Gregor.

Grigorowitsch, Juri Nikolajewitsch, * Leningrad 1. Jan. 1927, sowjetruss. Tänzer und Choreograph. - Seit 1964 Chefchoreograph und Direktor des Bolschoi-Balletts, u. a. „Spartakus" (1968), „Iwan der Schreckliche" (1975), „Das goldene Zeitalter" (1982).

Grijalva, Juan de [span. griˈxalβa], * Cuéllar (Segovia) um 1480, † bei Cabo Gracias a Dios (Zelaya, Nicaragua) 21. Jan. 1527, span. Konquistador. - Erster Gouverneur Kubas. Entdecker des heutigen Mexiko, das er 1518 beim heutigen Veracruz Llave offiziell in span. Besitz nahm.

Grijalva, Río [span. ˈrrio ɣriˈxalβa], Zufluß zum Golf von Mexiko, entsteht nahe der guatemaltek. Grenze (mehrere Quellflüsse), durchfließt als **Río Grande de Chiapa** das Valle Central von Chiapas, durchbricht die Meseta Central in einer tiefen Schlucht, mündet mit dem westl. Mündungsarm des Río Usumacinta vereinigt bei Frontera; etwa 600 km lang.

Grill [frz.-engl., letztl. zu lat. craticulum „kleiner Rost"], 1. mit Holzkohle, Gas oder elektr. beheizbares Gerät oder Feuerstelle zum Rösten von Fleisch, Geflügel, Fisch o. ä.; 2. Bratrost (zum Grillen).

Grillen [lat.] (Grabheuschrecken, Grylloidea), mit über 2000 Arten weltweit verbreitete Überfam. der Insekten (Ordnung Heuschrecken), davon in M-Europa acht 1,5–50

mm große Arten; Körper meist gedrungen, walzenförmig, schwärzl. bis lehmgelb gefärbt; Fühler oft lang und borstenförmig; die Flügeldecken werden im allg. von den etwas längeren Hinterflügeln überragt; ♂♂ mit Stridulationsapparat: Eine gezähnte Schrilleiste an der Unterseite des einen Flügels und eine glatte Schrillkante am Innenrand des anderen Flügels werden gegeneinander gerieben, wodurch zur Anlockung von ♀♀ Laute erzeugt werden *(Zirpen);* Gehörorgane mit Trommelfell an den Vorderschienen; Hinterbeine meist als Sprungbeine. Man unterscheidet sechs Fam., darunter als wichtigste die **Maulwurfsgrillen** (Gryllotalpidae) mit rd. 60 weltweit verbreiteten Arten; nicht springend, Vorderbeine zu Grabschaufeln umgewandelt. In M-Europa kommt nur die bis 5 cm lange, braune **Maulwurfsgrille** (Gryllotalpa gryllotalpa) vor. Die durch großen Kopf und breiten Halsschild gekennzeichneten **Gryllidae** (Grillen i. e. S.) haben rd. 1400 Arten. Bekannt sind: **Feldgrille** (Gryllus campestris), bis 26 mm lang und glänzendschwarz, Schenkel der Hinterbeine unten blutrot; lebt v. a. auf Feldern und trockenen Wiesen M- und S-Europas, N-Afrikas und W-Asiens; † Heimchen; **Waldgrille** (Nemobius sylvestris), etwa 1 cm lang, dunkelbraun, mit verkürzten Vorderflügeln, Hinterflügel fehlen; in Laubwäldern Europas und N-Afrikas.

Grillenschaben (Grylloblattaria), Ordnung bis 3 cm langer, flügelloser Insekten mit sechs Arten, v. a. in den alpinen Regionen N-Amerikas und O-Asiens; nachtaktive Tiere, deren Körper urinsekten- und grillenartige Merkmale aufweisen.

Grillkühlung, bei Raumflugsystemen ständiges Drehen um die Längsachse zur Verhinderung einseitiger Aufheizung durch Strahlungswärme.

Grillparzer, Franz, * Wien 15. Jan. 1791, † ebd. 21. Jan. 1872, östr. Dichter. - Auf Grund früher Theatererfolge 1818 Ernennung zum Theaterdichter des Burgtheaters. Neigte zu selbstquäler. Zweifel und Hypochondrie. Seit 1821 mit K. † Fröhlich verlobt; 1826 Deutschlandreise, auf der er u. a. Tieck, Fouqué, Chamisso, Rahel Varnhagen, Hegel und v. a. Goethe kennenlernte. Von Shakespeare, Lope de Vega, Calderón, dem Wiener Volksstück und der Romantik beeinflußter bedeutendster östr. Dramatiker in der Nachfolge der Weimarer Klassik. Erst nach 1850 allg. Anerkennung (Inszenierungen H. Laubes). In der Tragödie „Die Ahnfrau" (1818) gestaltete er in der Nachfolge von Schillers Trauerspiel „Die Braut von Messina", des engl. Schauerromans und des romant. Schicksaldramas Schicksal als determinierende Macht. Dann zeigen die Problemkreise der Mensch zw. Tat und Verharren (um nicht schuldig zu werden) sowie die Frage nach dem Sinn und Recht des Staates. Bed. nach dem Künstlertrauerspiel „Sappho" (1819) die Tragödien „Das goldene Vließ" (Trilogie, 1822), „König Ottokars Glück und Ende" (1825), „Des Meeres und der Liebe Wellen" (1840, Uraufführung 1831), „Der Traum ein Leben" (1840, Uraufführung 1834) und „Libussa" (vollendet 1848, hg. 1872) sowie sein Lustspiel „Weh dem, der lügt" (1840, Uraufführung 1838). Spätwerke sind „Die Jüdin von Toledo" und „Ein Bruderzwist in Habsburg" (beide hg. 1872). Von seinen wenigen Prosawerken gehört die autobiograph. getönte Erzählung „Der arme Spielmann" (1848) zu den Meisterwerken des psycholog. Realismus des 19. Jh. Seine Lyrik ist rational-reflektierend. Wichtig seine Selbstbiographie und Tagebücher.

Grimaldi, genues. Adelsfam., seit dem 12. Jh. nachweisbar; mit den ↑ Fieschi die führenden Guelfen und entschiedenen Gegner der Doria und Adorni; gründeten Herrschaften entlang der ligur.-provencal. Küste (v. a. im Gebiet um Ventimiglia, Menton und Monaco); seit 1419 endgültig Herren in Monaco, dort 1731 in männl. Linie erloschen.

Grimaldi, Francesco Maria, * Bologna 2. April 1618, † ebd. 28. Dez. 1663, italien. Gelehrter. - Prof. in Bologna; Jesuit; Mitbegr. der Wellentheorie des Lichtes. Sein Werk „Physicomathesis de lumine, coloribus et iride" erschien nach seinem Tode (1665).

Grimaldigrotten, durch Funde aus der Alt- und Mittelsteinzeit berühmte Höhlen bei dem italien. Ort Grimaldi an der italien.-frz. Grenze zw. Menton (Frankr.) und Ventimiglia (Italien). Skelettfunde aus dem Aurignacien (seit 1872) in der sog. Kinderhöhle. Die Annahme der Existenz einer eigenen Grimaldirasse mit angebl. negroiden Merkmalen ist in der Anthropologie umstritten.

Grimaud [frz. gri'mo] ↑ Grimoald.

Grime's Graves [engl. 'graimz 'greivz], bei Brandon (Suffolk) gelegenes neolith. Feuersteinbergwerk.

Grimm, Friedrich Melchior Freiherr von, * Regensburg 26. Dez. 1723, † Gotha 19. Dez. 1807, dt. Schriftsteller. - Lebte 1748–90 in Paris, wo z. T. unter Mitwirkung von Diderot, Madame d'Épinay u. a. die berühmte „Correspondance littéraire, philosophique et critique" (1753–73) entstand, ein Briefwechsel über das frz. Geistesleben.

G., Hans, * Wiesbaden 22. März 1875, † Lippoldsberg (= Wahlsburg, Landkr. Kassel) 27. Sept. 1959, dt. Schriftsteller. - Sein tendenziöser Kolonialroman „Volk ohne Raum" (2 Bde., 1928–30), dessen Titel zum nationalsozialist. Schlagwort wurde, schildert das Schicksal eines dt. Kolonisten in Südafrika (wo G. 13 Jahre lebte).

G., Hans [August] Georg, * Hamburg 20. Okt. 1887, † Gauting 25. Okt. 1958, dt. Physikochemiker. - 1924–48 Prof. in Würzburg, danach in München; Arbeiten über die Bildung von Mischkristallen, über Ionenradien,

Isomorphie und Ionenbau sowie über Energieverhältnisse bei chem. Bindungen und die Systematik der Bindungsarten.

G., Herman, * Kassel 6. Jan. 1828, † Berlin 16. Juni 1901, dt. Kunst- und Literarhistoriker. - Ältester Sohn von Wilhelm G.; seine einfühlsamen Darstellungen Michelangelos (1860–63), Raffaels (1872) und Goethes (1877) hatten breite Wirkung; ferner Essays, bes. zur Weimarer Klassik.

Wilhelm (links) und Jacob Grimm

G., Jacob, * Hanau am Main 4. Jan. 1785, † Berlin 20. Sept. 1863, dt. Sprach- und Literaturwissenschaftler. - Begr. der german. Altertumswiss., der german. Sprachwiss. und der dt. Philologie; zeitlebens eng mit seinem Bruder Wilhelm G. verbunden; 1830 Prof. und Bibliothekar in Göttingen; sein polit. Engagement (↑ Göttinger Sieben) führte zu seiner fristlosen Entlassung und Landesverweisung; seit 1841 Mgl. der Preuß. Akad. der Wiss. mit der Erlaubnis, an der Berliner Univ. Vorlesungen zu halten; 1848 Abg. der Frankfurter Nat.versammlung. Grundlage seiner wiss. Haltung ist die von Savigny begr. histor. Betrachtungsweise und die exakte Quellenund Detailforschung. Neben den großen Sammlungen („Kinder- und Hausmärchen", 2 Bde., 1812–15; „Dt. Sagen", 2 Bde., 1816 bis 1818) begr. die 1819 erschienene „Dt. Grammatik" („dt." im Sinne von „german."), die er im folgenden erweiterte und z. T. völlig umarbeitete (bis 1837 4 Teile), seinen Ruf. Bei der Arbeit an diesem „Grundbuch der german. Philologie", das erstmals die Sprache in ihrem organ. Wachstum zu registrieren suchte, entdeckte J. G. die Gesetzmäßigkeit des Lautwandels, des Ablautes, des Umlautes, der Lautverschiebungen, erweiterte er entscheidend das Wissen um die Verwandtschaft der german. und indogerman. Sprachen. Bed. auch seine Publikationen zur german. Rechtsgeschichte („Dt. Rechtsalterthümer", 1828), Religionsgeschichte („Dt. Mythologie", 1835) sowie seine Sammlung bäuerl. Rechtsquellen („Weisthümer", 7 Bde., 1840–78). Seine 1848 veröffentlichte „Geschichte der dt. Sprache" (2 Bde.) wertet auch die Sprache als Geschichtsquelle aus. 1854 ff. entstand das ↑„Deutsche Wörterbuch". Hervorragende Leistungen als Hg. altdt., altnord., angelsächs., mittelat. und lat. Werke (z. T. gemeinsam mit Wilhelm Grimm).

📖 *Seitz, G.: Die Brüder G. - Leben, Werk, Zeit. Mchn. 1984. - Gerstner, H.: Die Brüder G. Rbk. 1973.*

G., Ludwig Emil, * Hanau am Main 14. März 1790, † Kassel 4. April 1863, dt. Radierer. - Bruder von Jacob und Wilhelm G.; seit 1832 Prof. an der Akad. in Kassel; schuf v. a. feinverästelte Radierungen (u. a. Bettina von Arnim).

G., Robert, * Hinwil (Kt. Zürich) 16. April 1881, † Bern 8. März 1958, schweizer. Politiker. - 1909–18 Chefredakteur der „Berner Tagwacht"; bis 1919 Präs. der Sozialdemokrat. Partei der Schweiz; zählte 1921 zu den Initiatoren der Internat. Arbeitsgemeinschaft Sozialist. Parteien, 1923 Mitbegr. der Sozialist. Arbeiter-Internationale; 1914–57 Nationalrat.

G., Wilhelm, * Hanau am Main 24. Febr. 1786, † Berlin 16. Dez. 1859, dt. Literaturwissenschaftler. - 1831 Prof. in Göttingen; als Mgl. der ↑Göttinger Sieben 1837 amtsenthoben, 1841 Mgl. der Preuß. Akad. der Wiss. in Berlin; arbeitete meist mit seinem Bruder Jacob G. zus., wesentl. sein Anteil an der sprachl. meisterhaften Gestaltung der „Kinder- und Hausmärchen" (2 Bde., 1812–15). Sagenforscher und Hg. zahlr. mittelhochdt. Literaturwerke sowie Mitarbeiter am ↑„Deutschen Wörterbuch".

Grimma, Krst. an der Mulde, Bez. Leipzig, DDR, 130–160 m ü. d. M., 17 700 E. Museum; Maschinenbau, elektrotechn., Papierind. - Entstand um 1170 als dt. Marktsiedlung, vermutl. um 1220 Stadtrecht; seit Anfang des 15. Jh. öfter wettin. Nebenresidenz und mehrmals Tagungsort von sächs. Land- und Fürstentagen. - Got. Stadtkirche Unserer Lieben Frau (13. Jh.) mit roman. Westwerk; Schloß (13., 14., 16. Jh.); Rathaus (1442).
G., Landkr. im Bez. Leipzig, DDR.

Grimmdarm ↑ Darm.

Grimme, Adolf, * Goslar 31. Dez. 1889, † Degerndorf (Landkreis Bad Tölz) 27. Aug. 1963, dt. Pädagoge und Politiker (SPD). - Trat als entschiedener Schulreformer hervor; 1930–32 preuß. Kultusmin.; führend unter den religiösen Sozialisten; 1942–45 wegen seiner Beziehungen zur Roten Kapelle in Haft. 1946–48 Kultusmin. von Hannover bzw. Niedersachsen, 1948–56 Generaldirektor des NWDR, danach Präs. der Studienstiftung des dt. Volkes e. V. - Nach G. wurde der 1961 vom Dt. Volkshochschul-Verband e. V. gestiftete **Adolf-Grimme-Preis** ben., mit dem jährl. ausgewählte dt. Fernsehproduktionen ausgezeichnet werden.

Grimmelshausen, Johann (Hans) Jakob Christoffel von, * Gelnhausen um 1622, † Renchen (Landkr. Kehl) 17. Aug. 1676, dt. Dichter. - 1648 Kriegsdienste, 1667 Schultheiß in Renchen; konvertierte zum kath. Glauben. Seine schriftsteller. Tätigkeit begann er 1658 unter verschiedenen Decknamen. Sein Hauptwerk ist der Roman in 5 Büchern „Der Abentheurliche Simplicissimus Teutsch" in mundartl. gefärbter Sprache (1669; noch 1669 erschien eine sprachl. gereinigte 2. Auflage und die „Continuatio des abenteuerl. Simplicissimi ..." als 6. Buch), bedeutendstes literar. Dokument der Barockzeit (deren [internat.] Literatur G. vielfach verarbeitete), die erste moderne realist. Darstellung der Zeit- und Sittengeschichte, zugleich aber auch eine moral.-satir. Allegorie vom Leben des Menschen in dieser Welt. Sein Mittel satir. Erzählens ist die Perspektive eines „tumben Toren", der Erfahrungen mit der Welt macht, die sich im 30jährigen Krieg in ihrem Elementarzustand zeigt. Unbeständigkeit und Wahn der Welt sowie die Hoffnung auf Erlösung im Jenseits sind immer variierte Thema auch der sog. Simplizian. Schriften „Trutz Simplex: Oder Ausführl. und wunderseltzame Lebensbeschreibung der Ertzbetrügerin und Landstörtzerin Courache" (1670), „Der seltzame Springinsfeld" (1670), „Das wunderbarl. Vogel-Nest" (1672) u. a.

📖 *Meid, V.: G. Mchn. 1984. - Weydt, G.: Hans J. C. v. G. Stg. ²1979.*

Grimmen, Krst. an der Trebel, Bez. Rostock, 11 m ü. d. M., 14 600 E. Baustoffkombinat, Kraftfahrzeuginstandsetzung; Erdölförderung. - Seit 1267 Stadt, kam 1354 an Pommern, 1637 an Schweden, 1815 an Preußen. - Frühgot. Stadtkirche Sankt Marien (um 1280), spätgot. Rathaus (14. Jh.), drei spätgot. Tore der Stadtbefestigung.
G., Landkr. im Bez. Rostock, DDR.

Grimoald (Grimaud), * um 620, † Paris 662 (?), fränk. Hausmeier. - Ließ nach dem Tod des austras. Kg. Sigibert III. (656) seinen eigenen Sohn Childebert zum Kg. erheben, indem er den rechtmäßigen Nachfolger, Sigiberts Sohn Dagobert II. absetzte und ins Exil schickte; wurde von den Neustriern gestürzt und hingerichtet.

Grimsby [engl. ˈgrɪmzbɪ], engl. Stadt an der Mündung des Humber in die Nordsee, Gft. Humberside, 92 100 E. Hafen, Fischmarkt; Produktion von Tiefkühlkost, Kfz.ind., chem. Werke. - Erhielt 1201 Stadtrecht.

Grimselpaß ↑Alpenpässe (Übersicht).

Grind, volkstüml. Sammelbez. für Hautkrankheiten mit schuppenden, krustenbildenden, auch nässenden Ausschlägen.

Grindelwald, schweizer. Gemeinde in den Berner Alpen, Kt. Bern, 1 040 m ü. d. M., 4 000 E. Heimatmuseum; Luftkurort und Wintersportplatz; Station der Jungfraubahn. Gondelbahn auf den Männlichen.

Grindwale ↑ Delphine.

Gringo [span., zu griego „griechisch", d. h. unverständlich (reden)], verächtl. Bez. für einen Nichtromanen im span. sprechenden S-Amerika.

Gringore, Pierre [frz. grɛ̃'gɔ:r] (Gringoire), * Thury-Harcourt (Calvados) um 1475, † in Lothringen um 1538, frz. Dichter. - Schrieb witzige und satir. Gedichte und Bühnenstücke; oft mit antipapist. Tendenz. Literar. behandelt als „Gringoire" in V. Hugos „Glöckner von Notre-Dame" (R., 1831).

Grintavec [slowen. 'gri:ntavɛts], mit 2 558 m höchster Gipfel der Steiner Alpen, Jugoslawien.

Grippe [frz., eigtl. „Laune, Grille" (zu gripper „haschen", weil sie oft plötzl. und launenhaft auftritt)] (Virusgrippe, Influenza), akute, fieberhafte Infektionskrankheit mit epidem. bzw. pandem. Auftreten. Die Erreger der G. sind Influenzaviren, von denen bereits mehrere Typen bekannt sind (z. B. Typ A$_1$, A$_2$, B). Die G. beginnt - Stunden bis einige Tage nach der Ansteckung durch Tröpfcheninfektion - mit Schüttelfrost, Fieber (38 bis 40 °C), Kopf- und Gliederschmerzen. Nach 1–2 Tagen treten Reizhusten, geschwollene Mandeln und Bindehautentzündung hinzu. Bei der **Darmgrippe** kommt es außerdem zu schweren Durchfällen. Die unkomplizierte G. klingt nach einigen Tagen ab. Durch bakterielle Superinfektion unter erneutem Fieberanstieg kann sich aber die gefürchtete **Grippepneumonie** (Lungenentzündung) entwickeln. Weitere Komplikationen der G. sind Nasennebenhöhlenentzündung, Mittelohrentzündung, Hirnhaut- bzw. Gehirnentzündung. Als vorbeugende Maßnahme sollte eine Schutzimpfung vorgenommen werden.
Geschichte: Die G. ist wahrscheinl. eine der ältesten Seuchen. Die früheste sicher bezeugte

Schloß Gripsholm

G.pandemie in Europa ist wohl die von 1173. Vom 14. Jh. an sind für jedes Jh. mehrere Pandemien bekannt, die z. T. ganze Erdteile überzogen. Die schwere G.epidemie 1889/90 („russ. Schnupfen") forderte viele Todesopfer. Im Verlauf der bisher schwersten G.pandemie 1918/19 („span. Seuche"), von der mehr als 200 Mill. Menschen in ganz Europa erfaßt wurden, starben über 20 Mill. Menschen. - ↑ auch asiatische Grippe.
📖 *Frosner, G. G./Reimann, E.: G. und grippale Infekte. Stg. 1985. - Ackerknecht, E. H.: Gesch. u. Geographie der wichtigsten Krankheiten. Stg. 1963.*

Gripsholm [schwed. grips'hɔlm], königl. Schloß im östl. Mittelschweden in der Gemeinde Strängnäs. 1537ff. von Heinrich von Köln für Gustav I. Wasa errichtet.

Gris, Juan [span. gris], eigtl. José Victoriano Gonzáles, * Madrid 23. März 1887, † Paris 11. Mai 1927, span. Maler und Graphiker. - Trat in Verbindung mit Picasso und Braque; seit 1913 suchte er eine Synthese von kubist. Simultanansichtigkeit des Gegenständlichen und dessen sinnl. Abbild (durch Collageneinbau) und wurde damit der Begr. des synthet. Kubismus. 1916–19 strenge Kompositionen, dann Aufnahme arabesker Elemente.

Grisaille [frz. gri'zɑ:j; zu gris „grau"], Malerei in grauen (auch bräunl., grünl.) Farben, insbes. für die Darstellung von Skulpturen. Als die frühesten G. gelten Giottos Tugenden und Laster der Sockelzone in der Arenakapelle in Padua (vermutl. 1305/06).

Grischa, russ. Koseform des männl. Vornamens Grigori (↑ Gregor).

Griselda (Griseldis), aus dem Italien. übernommener weibl. Vorname.

Griseldis, literar. Gestalt (Boccaccio, Petrarca), arme Bauerntochter, deren adliger Gemahl ihren Gehorsam und ihre Duldsamkeit härtesten Proben unterwirft.

Grisi, Carlotta, * Visinada (Istrien) 28. Juni 1819, † Saint-Jean bei Genf 20. Mai 1899, italien. Tänzerin. - Ab 1836 Schülerin und Partnerin von J. Perrot, der zahlreiche Ballette für sie choreographierte, u. a. „Giselle" (1841), „La Péri" (1843); eine der bedeutendsten Ballerinen der Romantik.

Grislybär [...li] ↑ Grizzlybär.

Grit (Gritt), Kurzform des weibl. Vornamens ↑ Margarete.

Gritti, venezian. Patrizierfam., aus der seit dem 13. Jh. hohe Beamte hervorgegangen sind.

Grivas, Georgios ↑ Griwas, Jeorjios.

Grivet [frz. grı'vɛ], svw. Grüne Meerkatze (↑ Meerkatzen).

Griwas, Jeorjios, gen. Digenis (nach Digenis Akritas), * Trikomo bei Famagusta 23. März 1898, † Limassol 27. Jan. 1974, griech.-zypriot. General und Politiker. - 1940 griech. Generalstabsoffizier; leitete seit 1955 die bewaffnete griech.-zypriot. Widerstandsorganisation EOKA; lehnte das Londoner Abkommen von 1959 (Unabhängigkeit Zyperns ohne Anschluß an Griechenland) ab; 1964–67 Kommandeur der griech.-zypriot. Nationalgarde; als entschiedener Gegner der Politik von Erzbischof Makarios III. 1972/73 im Untergrund tätig.

Grizzlybär [engl. 'grızlı „grau"] (Grizzly, Grislybär, Graubär, Ursus arctos horribilis), große, nordamerikan. Unterart des Braunbären; urspr. im ganzen westl. N-Amerika (südl. bis Kalifornien) verbreitet, heute nur noch an einigen Stellen der nördl. USA, in Kanada und Alaska vorkommend; Körperlänge bis 2,3 m, Schulterhöhe etwa 0,9–1 m, Gewicht bis über 350 kg; Färbung blaß braungelb bis dunkelbraun, auch fast schwarz; Haarspitzen (bes. am Rücken) meist weißl.; Krallen an den Vorderfüßen bis 10 cm lang; Allesfresser.

grobe Fahrlässigkeit ↑ Fahrlässigkeit.

Gröber, Adolf, * Riedlingen (Landkr. Biberach) 11. Febr. 1854, † Berlin 19. Nov. 1919, dt. Jurist und Politiker. - Gründete 1895 das württemberg. Zentrum; MdR seit 1887; Fraktionsführer im Reichstag und in der Nat.vers. (1917–19).

G., Gustav, * Leipzig 4. Mai 1844, † Straßburg 6. Nov. 1911, dt. Romanist. - Prof. in Zürich, Breslau, seit 1880 in Straßburg. Gründete 1877 die „Zeitschrift für roman. Philologie" und gab den „Grundriß der roman. Philologie" (2 in 4 Bden., 1886–1902, ²1904–06) heraus.

Grobfeile ↑ Feile.

grobianische Dichtung, Bez. für eine didakt. Literaturgatt. v. a. des 16. Jh., die rohe, ungebildete Verhaltens- und Sprachformen beschreibt, bes. Tischsitten. Gegenbild sind die am Höfischen orientierten Anstandsnormen des Bürgertums. Vertreter sind S. Brant, H. Sachs und F. Dedekind.

Grobschlag, svw. Grobschotter (↑ Schotter).

Grobschnitt, Rauchtabak, i. d. R. für Pfeifen, der eine Schnittbreite von über 3 mm hat.

Grobsteinzeug ↑ Keramik.

Grobstruktur, der einem Betrachter häufig ohne Hilfsmittel erkennbare geometr. Aufbau sowie das Makrogefüge von festen Stoffen (z. B. bei Mineralen, Gesteinen, Metallen und anderen Werkstoffen), insbes. Größe, Anordnung und Eigenschaften der Kristalle, aus denen sich ein kristalliner Körper zusammensetzt (Ggs. ↑ Feinstruktur).

Grock, eigtl. Adrian Wettach, * Reconvilier bei Biel (BE) 10. Jan. 1880, † Imperia (Italien) 14. Juli 1959, schweizer. Musikclown. - Seit 1913 hatte er in allen Großstädten Europas überragenden Erfolg mit seinen Solonummern, die er zu einstündigen Auftritten mit akrobat. und musikal. Einlagen ausbaute. Seit 1951 leitete G. einen eigenen Zirkus. Schrieb u. a. „Ein Leben als Clown" (frz. 1948, dt. 1951), „Nit m-ö-ö-ö-glich. Die Memoiren des Königs der Clowns" (1956).

Gröde-Appelland, drittgrößte Hallig vor der W-Küste Schleswig-Holsteins.

Groden [niederdt.], deichreifes oder eingedeichtes Marschland. Ein hinter dem Hauptdeich liegender Binnen-G. wird **Koog,** ein vor ihm liegender Außen-G. **Heller** genannt.

Grödner Tal (italien. Val Gardena), etwa 25 km lange Tallandschaft in den Südtiroler

Juan Gris. Das Frühstück (1910–15). Paris, Centre Georges-Pompidou

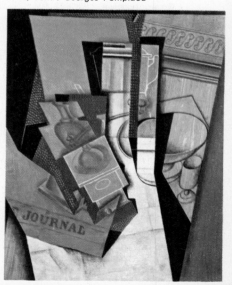

Dolomiten, Italien, mit den Fremdenverkehrszentren Sankt Ulrich und Wolkenstein.
Grodno [russ. 'grɔdnɐ], sowjet. Geb.-hauptstadt an der Memel, Weißruss. SSR, 239 000 E. Univ. (gegr. 1978), historisch-archäolog. Museum; Theater; zoolog. Garten; Maschinen- und Elektrogerätebau, Chemiekombinat, Textil- u. a. Ind. - 1128 Hauptstadt eines Ft.; im 14. Jh. durch Litauen erobert, nach dessen Personalunion mit Polen (1569) wiederholt Tagungsort wichtiger poln. Reichstage (1692, 1717, 1793); nach der 2. bzw. 3. Teilung Polens 1793/95 an Rußland; 1919–39 wiederum poln., danach Eingliederung in die Weißruss. Sowjetrepublik. - Schloß (16. Jh.).

Groener, Wilhelm ['grø:nɐr], * Ludwigsburg 22. Nov. 1867, † Bornstedt bei Potsdam 3. Mai 1939, dt. General und Politiker. - Ab 1899 im Großen Generalstab; wurde 1916 militär. Vorstands-Mgl. des Kriegsernährungsamtes, Generalleutnant und Chef des neugebildeten Kriegsamtes zur Ausschöpfung der dt. Produktionsreserven; Frontkommando ab Aug. 1917; Nachfolger E. Ludendorffs als Erster Generalquartiermeister der OHL seit dem 26. Okt. 1918. Leitete nach dem 9. Nov. 1918 die Rückführung und Demobilmachung des Heeres und hatte im Bündnis mit den Volksbeauftragten (v. a. mit F. Ebert) maßgebl. Anteil an der Verhinderung eines Rätesystems. Setzte sich für die Annahme des Versailler Vertrages ein und nahm im Sept. 1919 seinen Abschied. 1920–23 Reichsverkehrsmin.; 1928–32 als Reichswehr- und 1931/32 zugleich als Reichsinnenmin. eine der wichtigsten Stützen H. Brünings.

Groër, Hermann, * Wien 13. Okt. 1919, östr. kath. Theologe. - Benediktiner; seit 1970 Direktor des Marienwallfahrtsortes Maria Roggendorf; 1974–86 Direktor des Gymnasiums Hollabrunn, seit 1986 Erzbischof von Wien.

Groesbeek [niederl. 'xru:zbe:k], niederl. Gem. 8 km sö. von Nimwegen, 18 100 E. Wohngemeinde und Fremdenverkehrszentrum mit Naturpark, Afrikamuseum.

Groethuysen, Bernhard [niederl. 'xru:thœyza], * Berlin 9. Jan. 1880, † Luxemburg 17. Sept. 1946, dt. Philosoph. - 1931–33 Prof. in Berlin, lebte dann v. a. in Paris; Schüler W. Diltheys; untersuchte die Erscheinungsformen und Voraussetzungen der bürgerl. Gesellschaft („Die Entstehung der bürgerl. Welt- und Lebensanschauung in Frankreich" [2 Bde.. 1927–30]). Bed. seine „Philosoph. Anthropologie" (1928, ²1968) und die Abhandlungen „Die Dialektik der Demokratie" (1932) und „Philosophie der Frz. Revolution" (hg. 1956).

Grog [engl., vermutl. nach „Old Grog", dem Spitznamen (wegen seines Kamelhaarüberrocks, engl. grogram) des brit. Admirals E. Vernon, * 1684, † 1757, der den Befehl er-

ließ, nur noch mit Wasser verdünnten Rum an die Matrosen auszugeben], Getränk meist aus Rum mit heißem Wasser und Zucker. Variationen u. a. mit Arrak und Weinbrand.

Grögerová, Bohumila [tschech. 'grɛgɔrɔva:], * Prag 7. Aug. 1921, tschech. Schriftstellerin. - Zählt zu den wichtigsten tschech. Vertretern experimenteller Literatur. Zus. mit H. Hiršal veröffentlichte sie 1964 das typograph. Kinderbuch „Co se slovy všechno poví" (Was man mit Worten alles sagt) und 1967 „JOB-BOJ", mit seinen Texttypen und -modellen eines der wichtigsten Bücher der internat. konkreten Literatur.

Grogger, Paula, * Öblarn (Steiermark) 12. Juli 1892, † ebd. 31. Dez. 1983, östr. Schriftstellerin. - Im Volkstum und Glauben ihrer Heimat wurzelnde Erzählwerke in bildstarker, mundartl. geprägter Sprache, u. a. „Das Grimmingtor" (1926), „Die Mutter" (E., 1958), „Späte Matura oder Pegasus im Joch" (Erinnerungen, 1975), „Der Paradiesgarten. Geschichte einer Kindheit" (1980).

groggy [engl. 'grɔgi, eigtl. „vom Grog betrunken"], im Boxen schwer angeschlagen, nicht mehr kampf- und verteidigungsfähig; übertragen auch svw. zerschlagen, erschöpft.

Grohmann, Will, * Bautzen 4. Dez. 1887, † Berlin 6. Mai 1968, dt. Kunsthistoriker und -kritiker. - Seit 1948 Prof. an der Hochschule für bildende Künste in Berlin. Durch seine publizist. Tätigkeit gehörte er maßgebl. zu den Wegbereitern zeitgenöss. Kunst in Deutschland. Seine monograph. Werke, u. a. über Klee (1954, ⁴1965), Schmitt-Rottluff (1956), Kandinsky (1958) und Henry Moore (1960), sind wichtige Standardwerke.

Grolman, Karl [Wilhelm Georg] von, * Berlin 30. Juli 1777, † Posen 15. Sept. 1843, preuß. General. - Nach der Niederlage Preußens 1807 Mitarbeiter Scharnhorsts bei der preuß. Heeresreform; 1809 in östr. Diensten, 1810 auf seiten der span. Aufständischen gegen Napoleon; 1815 Generalquartiermeister Blüchers; bis 1819 unter H. von Boyen Mitwirkung bei der Einführung der allg. Wehrpflicht und der Entwicklung des Generalstabs. Als kommandierender General in Posen (1832–35) Vertreter einer schroffen Germanisierungspolitik.

Groma [lat. (zu griech. ↑Gnomon)], Visiergerät der röm. Agrimensoren (zur Festlegung rechtwinkliger Koordinaten), bestehend aus einem an den vier Enden mit Loten versehenen, rechtwinkligen Kreuz auf dem Arm einer senkrechten Stange befestigt. Die G. ging auf ägypt. Vorbilder zurück und war über griech. Feldmesser nach Italien gelangt.

Grömitz, Gem. an der Lübecker Bucht, Schl.-H., 7 100 E. Ostseeheilbad. - 1440 als Stadt erwähnt. - Frühgot. Feldsteinkirche mit barocker Ausstattung.

Gromyko, Andrei Andrejewitsch [russ. gra'mikɐ], * Starye Gromyki 18. Juli 1909, sowjet. Politiker. - Seit 1939 im diplomat. Dienst: Botschafter in den USA (1943–46), beim Weltsicherheitsrat der UN (1946–48) und in Großbrit. (1952/53), seit 1946 Vizeaußenmin., 1949–52 und ab 1953 1. stellv. Außenmin.; 1957–85 Außenmin.; seit 1956 Mgl. des ZK, seit 1973 auch des Politbüros des ZK der KPdSU; seit März 1983 1. stellv. Min.-Präs.; seit Juli 1985 Vors. des Präsidiums des Obersten Sowjets (Staatsoberhaupt).

Andrei Andrejewitsch
Gromyko (um 1971)

Gronau, Wolfgang von, * Berlin 25. Febr. 1893, † Frasdorf (Landkr. Rosenheim) 17. März 1977, dt. Flieger. - Erkundete 1930 den nördl. Seeweg über den Atlantik auf der Route Sylt–Island–Grönland–Labrador–New York mit einem Dornier-Flugboot vom Typ „Wal" (D-1422) und unternahm 1932 einen Etappenflug (60 000 km) um die Erde.

Gronau (Westf.), Stadt an der Dinkel, NRW, 37–40 m ü. d. M., 40 600 E. Tiergarten; eines der Zentren des münsterländ. Textilindustrie. - Der Ort entstand im 15. Jh.

Gronchi, Giovanni [italien. 'groŋki], * Pontedera (Prov. Pisa) 10. Sept. 1887, † Rom 17. Okt. 1978, italien. Politiker. - 1919 Mitbegr. des Partito Populare Italiano (PPI), deren Abg. 1919–26. 1943/44 Vertreter der Democrazia Cristiana (DC) im Nat. Befreiungskomitee; 1944–46 Industrie- und Handelsmin., 1946 Abg. und Fraktionsvors. der DC in der Constituante, seit 1948 Kammerpräs., 1955–62 Staatspräs., seit 1962 Senator auf Lebenszeit; Führer des linken Flügels der DC.

Groningen [niederl. 'xro:nɪŋə], wichtigste Stadt in den nö. Niederlanden, 168 000 E. Verwaltungssitz der Prov. G.; kath. Bischofssitz; Univ. (gegr. 1614), Inst. für Agrargeschichte; pflanzenphysiolog. Forschungsinst.; Bibliotheken; Prov.- und Schiffahrtsmuseum. Marktzentrum mit Getreidebörse. In der Umgebung bed. Erdgasfelder. Durch den Emskanal kann G. von Seeschiffen bis 2 000 t angelaufen werden. U. a. chem. Ind., Herrenkonfektion, Schiff-, Maschinenbau, Elek-

troind., Herstellung von Fahrrädern, Tabakverarbeitung. Verlage; 🕮. - Erstmals 1000 genannt. Gegen Ende des 15. Jh. stand die Stadt auf der Höhe ihrer Macht; 1559 wurde das Bistum G. errichtet. Nach Einnahme der im allg. kath. und königstreu gebliebenen Stadt durch Moritz von Nassau 1594 teilte die Prov. die Geschicke der übrigen niederl. Provinzen. - Der Turm (15. Jh. und später) der got. Martinikerk ist das Wahrzeichen der Stadt. Prinzenhof (1594 zu einem Statthalterhaus erweitert), Provinzenhaus (etwa 1550, stark restauriert), Goldkontor (1635), klassizist. Rathaus mit modernem Anbau (1962).

G., Prov. in den nö. Niederlanden, 2 891 km², 560 000 E (1986). Verwaltungssitz G.; die Prov. ist ein flaches Becken: höchster Punkt im äußersten S mit 12,7 m ü. d. M. Den N nehmen eingepolderte Marschen, den SO kultivierte Torfmoore ein. Über 80 % der landw. Nutzfläche sind Ackerland; bed. Erdgasvorkommen; v. a. Schiffbau, Textil-, Papier-, chem. und Aluminiumindustrie.

Gröninger, westfäl. Bildhauerfam. des 16. bis 18. Jh.; bed.:

G., Gerhard, * Paderborn um 1582, † Münster (Westf.) um 1652. - Vertreter des Frühbarock, vom niederl. Manierismus ausgehend; u. a. Stephanusaltar, zugleich Epitaph des H. von Letmathe († 1625) im Dom von Münster.

G., Johann Mauritz, * Paderborn 1652, † Münster (Westf.) 21. Sept. 1707. - Vater von Johann Wilhelm G.; vom niederl. Hochbarock beeinflußt; u. a. Epitaph des Fürstbischofs C. B. von Galen († 1678) im Dom von Münster.

G., Johann Wilhelm, * Münster (Westf.) 1675 oder 1677, † ebd. nach 1732. - Sohn von Johann Mauritz G.; sein Hauptwerk ist das spätbarocke Epitaph für den Domherrn F.

Walter Gropius, Faguswerk (1911–18).
Alfeld (Leine)

Grönland

von Plettenberg († 1712) im Dom von Münster.

Grönland (amtl. Kalaallit Nunaat, Grønland), größte Insel der Erde, zum arkt. N-Amerika gerechnet, zw. 83° 40′ und 59° 46′ n. Br. sowie 11° 39′ und 73° 08′ w. L., 2,17 Mill. km², 52 900 E. Hauptstadt Godthåb (Nuuk). Verwaltungsmäßig ist die zu Dänemark gehörende Insel in West-, Nord- und Ost-G. geteilt. 1,834 Mill. km² von G. sind von Inlandeis

Grönland. Oben: Höhenlage des Felssockels unter dem Inlandeis (Raster) und Höhenlage der Oberfläche des Inlandeises (ausgezogene Linien). Unten: Schnitt durch den zentralen Teil der Insel

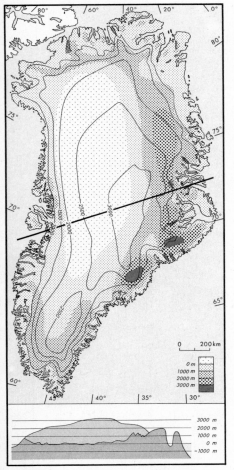

bedeckt, das durchschnittl. 1 500 m, maximal rd. 3 400 m mächtig ist. Es entsendet zahlr. Gletscher zum Meer. Im S und N bildet das Eis zwei Kuppeln. Unter der südl. Kuppel liegt ein bis 1 000 m hohes Bergland, im Zentrum und N besteht der Untergrund aus einem riesigen, z. T. u. d. M. liegenden Becken. Im W und O wird das Inlandeis von den Alpen ähnelnden Randgebirgen eingefaßt, die im Gunnbjørns Fjæld 3 700 m Höhe erreichen. - Es herrscht Eis- und Tundrenklima. Kalte polare Luftmassen mit einem stabilen Hoch im Winter und warme atlant. Luftmassen mit Tiefdruckwetterlagen im Sommer bestimmen den Witterungsablauf. Die Temperatur auf dem Inlandeis zeigt ein absolutes Temperaturminimum von −70 °C; im Sommer kommt sie bis an 0 °C heran. Aller Niederschlag fällt als Schnee oder Reif. - Die im wesentl. auf den Küstenraum beschränkte Tundrenvegetation wird nach N hin immer spärlicher; nur im SW gibt es Krummholzbestände.

Der Siedlungsraum der Bev. beschränkt sich auf das Küstengebiet, v. a. im klimat. begünstigten SW. Hier werden auch Schafe und Rentiere gehalten. Die Grönländer sind eine Mischrasse aus Eskimos und Europäern, die seit Mitte des 17. Jh. entstand. Reine Eskimos leben nur noch an der nördl. O- und W-Küste. Amtssprachen sind Dänisch und Eskimoisch. Haupterwerbszweig ist die Fischerei. Die Fänge werden zu Salz-, Stock- und Gefrierfisch sowie Konserven verarbeitet. Die Fischereigrenze wurde 1977 auf 200 Seemeilen erweitert. Die Jagd auf Robben, Wale, Füchse und Bären spielt noch im N und SO eine Rolle. - Blei-Zink-Erze werden bei Maarmorilik abgebaut und aufbereitet. Weitere Bodenschätze sind nachgewiesen, aber noch nicht erschlossen. Größter Arbeitgeber ist die 1774 gegr. staatl. Königl.-Grönländ. Handelsgesellschaft, der auch die Post und z. T. die Passagierschiffahrt unterstehen. Neben der Schiffahrt, dem Hunde- und Motorschlitten spielt v. a. der Luftverkehr (Hubschrauber) eine bed. Rolle.

Geschichte: Der aus Island verbannte Erich der Rote fand 982 westl. von Island ein bereits 900 entdecktes Land, das er für unbewohnt hielt und G. („grünes Land") nannte. Ab 986 gründete er Siedlungen, v. a. um die heutigen Orte Godthåb und Julianehåb. Um 1000 wurde G. christianisiert, 1126 erhielt es einen eigenen Bischof. Die Kolonien waren autonom, sie hatten ein Althing; 1261 gerieten sie jedoch unter norweg. Oberhoheit. Rascher Niedergang seit dem 14. Jh. (durch Ausgrabungen belegt) führte dazu, daß die Seefahrer, die ab Ende des 16. Jh. die W-Küste G. anliefen, keine Reste der wiking. Kolonisten mehr fanden. Die moderne Kolonisation von G. begann 1721. Die Insel hatte 1785 von der dän. Reg. (die 1776 den G.handel in Staatsregie [bis 1950] übernommen hatte) ein Grundgesetz erhalten; bei der Auflösung der dän.-norweg. Personalunion 1815 blieb G. bei Dänemark. Nach der Besetzung Dänemarks durch dt. Truppen schlossen die USA 1941 mit dem dän. Gesandten in den USA einen Vertrag ab, der ihnen die Anlage von Luftstützpunkten und den Betrieb von Wetterstationen ermöglichte (1951 erneuert und erweitert). 1953 wurde G. ein integraler und gleichberechtigter Bestandteil des Kgr. Dänemark. Am 17. Jan. 1979 stimmte die Mehrheit der Bevölkerung für ein Selbstverwaltungsstatut. Danach ist G. seit 1. Mai 1979 ein Teil des Kgr. Dänemark mit innerer Selbstverwaltung. Dänemark ist zuständig für Außen-, Verteidigungs- und Währungspolitik, die grönländ. Reg. für Wirtschafts-, Sozial- und Kulturpolitik. Die gesetzgebende Funktion übt das Landsting aus (18 Abg.). 1982 lehnte die grönländ. Bev. ein Verbleiben in der EG über den 1. Jan. 1985 hinaus ab.

📖 *Bökemeier, R./Silis, I.: G., Leben im hohen Norden. Bern 1980. - Barüske, H.: G., Wunderland der Arktis. Bln. 1977.*

Grönlandfalke ↑ Gerfalke.

Grönlandhai ↑ Dornhaie.

Grönlandhund, svw. ↑ Polarhund.

Grönlandsee ↑ Europäisches Nordmeer.

Grönlandwal ↑ Glattwale.

Groot, Huig de [niederl. xro:t] ↑ Grotius, Hugo.

Groote (Groot), Geert (Gerhard) [niederl. 'xro:tə], * Deventer Okt. 1340, † ebd. 20. Aug. 1384, niederl. Bußprediger und Mystiker. - Seine Frömmigkeit und Mystik bilden die Grundlagen der ↑ Devotio moderna; seine Anhänger schlossen sich als Schwestern und ↑ Brüder vom gemeinsamen Leben zusammen.

Groote Eyland [engl. 'gru:t 'aɪlənd], mit 2 460 km² größte Insel im Carpentariagolf an der N-Küste Australiens, bis 183 m hoch; Eingeborenenreservat; größtes austral. Manganerzvorkommen.

Grootfontein ['gro:tfɔntaɪn], Stadt im nördl. Namibia, 1 463 m ü. d. M., 4 600 E. Zentrum eines Agrargebiets; Bleierzbau; Eisenbahnendpunkt, ⚓.

Gropius, Walter, * Berlin 18. Mai 1883, † Boston (Mass.) 5. Juli 1969, dt.-amerikan. Architekt. - 1908 bis 1910 bei P. Behrens, 1918 Direktor der Kunstgewerbeschule in Weimar, 1919 Gründung des ↑ Bauhauses; 1928-33 Architekt in Berlin ("Siemensstadt"); 1933 Emigration nach London und Zusammenarbeit mit M. Fry 1934-37 ("Impington Village College" bei Cambridge [Mass.]). Seine Bauten wie sein Produktdesign entsprechen seinen Vorstellungen von "opt. Kultur", die v. a. aus funktionalist. Gestaltung erwächst. Der Ausgangspunkt seiner Tätigkeit lag in Industriebauten (Faguswerk in Alfeld [Leine], 1911-18; Fabrikanlage für die Werkbund-Ausstellung, Köln 1914; beide in Zusammenarbeit

mit A. Meyer), es folgten das Bauhaus in Dessau (1925/26) und Wohnsiedlungen. Das pragmat. und sozialverantwortl. Handeln wurde zum Grundsatzprogramm seiner Architekturschule in Cambridge bzw. des Architektenteams "The Architects' Collaborative" (TAC), u. a. Harvard Graduate Center (1949/50), PAN AM Building in New York (1952). G. erhielt nach dem Krieg internat., auch in Berlin (West), Einzel- und städtebaul. Aufträge, u. a. Wohnblock für Interbau 1957 (Hansaviertel). Einer der letzten Entwürfe von G. ist die Rosenthal-Porzellanfabrik in Selb (1963-67). - Abb. S. 23.

Groppen (Cottidae), Fam. bis 60 cm langer Knochenfische (Ordnung Panzerwangen) mit rd. 300 Arten auf der N-Halbkugel; überwiegend Meeresbewohner, einige Arten auch im Süßwasser (z. B. Groppe, Buntflossenkoppe); Körper schuppenlos, z. T. mit (manchmal bestachelten) Knochenplatten; Kopf groß, leicht abgeflacht, mit großem Maul, weit oben liegenden Augen und bestachelten Kiemendeckeln; Brustflossen fächerartig vergrößert; Schwimmblase fehlend. - Bekannte Arten sind: **Groppe** (Koppe, Dolm, Cottus gobio), bis etwa 15 cm lang, oberseits grau bis bräunl. mit dunkler Marmorierung, Bauch weißl.; in der Ostsee sowie in Brack- und Süßgewässern Europas. **Seebull** (Cottus bubalis), 10-20 cm lang, braun mit schwarzer Fleckung, Bauch gelbl.; an den Küsten W- und N-Europas. **Seeskorpion** (Seeteufel, Myxocephalus scorpius), bis 35 cm lang, dunkelbraun mit hellerer Fleckung, Kopf stark bestachelt; an den Küsten des N-Atlantiks. **Seerabe** (Hemitripterus americanus), bis über 60 cm lang, kann sich, aus dem Wasser genommen, ballonartig aufpumpen; an der amerikan. Atlantikküste.

Gropper, Johann, * Soest 24. Febr. 1503, † Rom 13. März 1559, dt. kath. Theologe. - Sein "Enchiridion Christianae institutionis" (1538) gilt als wichtigstes vortridentin. Lehrbuch der Dogmatik.

Gros, Antoine-Jean Baron (seit 1824) [frz. gro], * Paris 16. März 1771, † Meudon 26. Juni 1835 (Selbstmord), frz. Maler. - 1793-1800 in Italien. Begleitete mit großformatigen Gemälden den Aufstieg Napoleons I. u. a. "Napoleon auf dem Schlachtfeld von Preußisch-Eylau", 1808, Louvre). Mit der Komposition bewegter Massenszenen und dem leidenschaftl. Kolorit wies er den romant. Schule den Weg. Vorzügl. Porträtist. - Abb. S. 26.

Gros [gros; niederl., zu frz. grosse (douzaine) "großes (Dutzend)"], altes dt. Zählmaß: 1 G. = 12 Dutzend = 144 Stück.

Gros [gro:; frz. "groß, dick"], die der Vorhut folgende Hauptmasse eines Heeres oder eines Truppenverbandes auf dem Marsch. Im Seekrieg Hauptteil eines Flottenverbandes.

Groschen [zu mittellat. grossus (denarius) "Dick(pfennig)"], 1. urspr. Bez. jeder Sil-

bermünze, die ein Mehrfaches des Pfennigs
oder Denars darstellte, bis hinauf zum Guldengroschen. 2. Groschen i. e. S. (der Größenordnung der ältesten Mehrpfennigstücke
näher), verbreitet für Geldeinheiten der sog.
mittleren Ebene (zw. Pfennig bzw. Heller einerseits, Gulden, Mark, Taler und dgl. andererseits) von unterschiedl. Wert (zusammengefaßt: „*G.münzen*"); danach verschiedentl.
auch Geldeinheiten unterster Ebene, die nicht
weiter teilbar sind. Unter den eigtl. G.münzen
ragen hervor: als älteste verschiedene italien.
Sorten (Grosso); als für die weitere Entwicklung bes. bahnbrechend der frz. Turnose; die
von ihm abgeleiteten Prager G. und Meißner
G. sowie weitere Formen, im Ausgangspunkt
gewöhnl. das Zwölffache eines bestimmten
Pfennigs, also den Rechnungswert eines urspr.
Schillings darstellend, so daß der G. diesen
älteren Rechnungsbegriff vielfach ebenso verdrängte wie der Gulden das Pfund. Der poln.
G. seit 1923 (Grosze, Einzahl Grosz), seit
1949 nur noch in Mehrfachwerten geprägt;
der östr. G. seit 1924, seit 1947 nur noch
in Mehrfachwerten geprägt; in der BR
Deutschland und in der DDR umgangssprachl. Bez. für das Zehnpfennigstück.

Gros de Vaud [frz. grod'vo], Landschaft
im Schweizer Mittelland zw. Neuenburger
See (im N) und Genfer See (im S).

Grosny, Hauptstadt der ASSR der
Tschetschenen und Inguschen innerhalb der
RSFSR, UdSSR, im nördl. Vorland des Gro-
ßen Kaukasus, 381 000 E. Erdölhochschule,
PH, Theater; Erdölförderung und -raffineri-
en, Maschinenbau. - Aus einer 1818 erbauten
Festung entstanden.

Groß, Hanns, * Graz 26. Dez. 1847, † ebd.
9. Dez. 1915, östr. Kriminalist und Strafrechtslehrer. - Prof. in Czernowitz (1897) und
Graz (1905). Gilt als Begründer der Kriminali-
stik als einer selbständigen Wissenschaft.

G., Michael, * Frankfurt am Main 17. Juni
1964, dt. Schwimmer. - Olympiasieger 1984
über 200 m Freistil und 100 m Schmetterling,
Olympiazweiter über 200 m Schmetterling und
mit der 4 × 200 m-Freistilstaffel, mehrfacher
Welt- und Europameister mit vielen Weltre-
korden.

Großadmiral, urspr. [Ehren]titel des
höchsten Offiziers einer Kriegsmarine; im Dt.
Reich höchster Marinedienstgrad.

Großblütige Braunelle ↑Braunelle.

Großblütiger Fingerhut ↑Fingerhut.

Großbottwar, Stadt im Neckarbecken,
Bad.-Württ., 215 m ü. d. M., 6 600 E. Bed.
Weinbau. - Stadtrecht vermutl. zw. 1247 und
1279; 1357 an Württemberg. - Pfarrkirche mit
got. Chor und spätbarockem Langhaus;
Fachwerkrathaus (1556).

Großbritannien, Hauptinsel der Brit.
Inseln, im S vom Kanal, im O von der Nordsee, im W und N von Irischer See bzw. Atlantik begrenzt; auch zusammenfassende Bez.
für die vereinigten Kgr. England [mit Wales]
und Schottland.

Großbritannien und Nordirland

(amtl. Vollform: United Kingdom of Great
Britain and Northern Ireland; dt. Vereinigtes
Kgr. Großbritannien und Nordirland), parlamentar. Monarchie in NW-Europa, zw. 50°
und 61° n. Br. sowie 1° 45′ ö. L. und 8° 10′
w. L. **Staatsgebiet:** Vereint in Personalunion
Großbritannien und Nordirland; es umfaßt
die Hauptinsel der Brit. Inseln, den N-Teil
der Insel Irland, die Insel Wight, die Scilly-In-
seln, die Hebriden, die Shetland- und Orkneyinseln, begrenzt von der Nordsee, dem
Atlant. Ozean, der Irischen See und dem Kanal; einzige Landgrenze ist diejenige zw.
Nordirland und der Republik Irland. Die
Kanalinseln und die Insel Man unterstehen
unmittelbar der Krone. **Fläche:** 244 108 km².
Bevölkerung: 56,4 Mill. E (1985), 231 E/km².
Hauptstadt: London. **Verwaltungsgliederung:**
England: 39 Gft. (Nonmetropolitan Counties) und 7 Metropolitan Counties; Wales:
8 Gft.; Schottland: 12 Regionen; Nordirland: 26 Distrikte. **Amtssprache:** Englisch.
Staatskirche: Church of England, Church
of Scotland, Church of Ireland. **Nationalfeiertag:** Offizieller Geburtstag des Monarchen (z. Z. Anfang Juni). **Währung:** Pfund
Sterling (£) = 100 New Pence (p). **Internatio-**

Antoine-Jean Gros, Bonaparte auf der
Brücke von Arcole (1800/01). Paris,
Louvre

nale Mitgliedschaften: UN, Commonwealth, Europ. Gemeinschaft, Europarat, WEU, OECD, Colombo-Plan, NATO. **Zeitzone:** Greenwich Mean Time, d. i. MEZ –1 Stunde (mit Sommerzeit).

Landesnatur: Die Oberflächenformen von G. und N. werden zu über 70 % von Bergländern bestimmt, sie nehmen v. a. den N und W der Hauptinsel ein. Östl. einer Linie, die in etwa von der Exemündung im SW bis zur Teesmündung im NO verläuft, erstreckt sich die Tieflandsregion. Die schott. Highlands im N erreichen im Ben Nevis 1 343 m ü. d. M.; die Grabensenke Glen More teilt sie in die North West Highlands und die Grampian Mountains. Die schott. W-Küste ist durch Fjorde reich gegliedert. Als meist vulkan. Formen setzen sich die Gebirge auf den westschott. Inseln und in Nordirland fort. Nordirland weist nur im O, um Lough Neagh, zusammenhängende Tieflandsgebiete auf. Jenseits der schott. Lowlands folgen die Southern Uplands mit den Cheviot Hills. Wales wird mit Ausnahme eines schmalen Küstenstreifens ganz von Bergländern (Cambrian Mountains) eingenommen; der Snowdon ist mit 1 085 m der höchste Punkt von England und Wales. Das nw. und mittlere England wird geprägt durch die Cumbrian Mountains und den Mittelgebirgszug der Pennines (bis 893 m ü. d. M.). Auf der Halbinsel Cornwall erheben sich einzelne Granitmassive wie Exmoor, Dartmoor oder Bodmin Moor. Den restl. Teil Großbritanniens nehmen Flachländer ein; sie bestehen im wesentl. aus dem südengl. Schichtstufenland einschließl. der Weald-Aufwölbung mit den Höhenzügen der North Downs und South Downs südl. der Themse sowie aus Küstenebenen.

Klima: Das wintermilde und sommerkühle Klima kennt nur recht abgeschwächte Jahreszeitzäsuren. Großbritannien gliedert sich in eine trocken-warme O-Hälfte und eine feuchtgemäßigte W-Hälfte, letztere mit extrem hohen Niederschlagsmengen. Im Lee der walis. Bergländer, der Highlands und der Pennines liegen Regenschattengebiete. Ein wichtiger Klimafaktor ist die hohe Luftfeuchtigkeit, Hauptursache der häufigen Nebelbildung.

Vegetation: Abgesehen von O-England mit wohl natürl. Grasflora war Großbritannien urspr. ein Waldland. Heute sind nur noch etwa 8 % der Landfläche mit Wald bedeckt, davon rd. 62 % Nadelholzforste, 28 % Laubhochwald, der Rest Krüppel- und Buschholz. Ein großer Teil der Agrarlandschaft wird durch Einhegungen charakterisiert (Hekkenlandschaft). Die Baumgrenze liegt bei 650 m; auf eine schmale Kriechholzzone folgen atlant. Bergheiden, die als Rauhweiden genutzt werden (fast ausschließl. Schafhaltung).

Tierwelt: Mit der Rodung und Besiedelung

wurde auch die urspr. Tierwelt weitgehend vernichtet.

Bevölkerung: Die Bev. gliedert sich in Engländer, Waliser, Schotten und Iren. Aus den Commonwealth-Ländern stammen rd. 1,4 Mill. farbiger Einwanderer. Neben Englisch werden in einigen Gebieten noch kelt. Sprachen gesprochen (Schott.-Gälisch, Walisisch). Außer den Angehörigen der anglikan. und der prot.-presbyterian. Kirchen sowie der methodist. Freikirchen gibt es noch Baptisten und rd. 5,3 Mill. Katholiken, letztere v. a. in Nordirland. Es besteht allg. Schulpflicht von 5–16 Jahre. Ein Teil der Schulen wird von den Kirchen geführt. Von den privaten Internatsschulen sind Eton, Winchester und Harrow die bedeutendsten. Das Vereinigte Kgr. verfügt über 43 Univ., deren älteste in Oxford und Cambridge sind (beide im 13. Jh. gegr.). Über ³/₄ der Bev. leben in Städten, neben London v. a. in den stark verstädterten Altind.-revieren wie Birmingham, Leeds, Liverpool, Manchester u. a. Um dem Ausufern der Städte entgegenzuwirken, wurden seit 1945 sog. New Towns errichtet. Seit 1948 besteht ein staatl. Gesundheitsdienst; medizin. Betreuung und Krankenhausaufenthalt sind kostenlos.

Wirtschaft: Von der gesamten Landfläche werden rd. 78 % agrar. genutzt, überwiegend als Grünland, das in England und Wales 50 %, in Schottland 80 %, in Nordirland 70 % der landw. Nutzfläche einnimmt. Die Viehwirtschaft steht an erster Stelle. Der in der trockeneren O-Hälfte dominierende Ackerbau erzeugt Futtergetreide, Braugerste, Weizen, Hackfrüchte sowie Gemüse und Obst. Die Fischerei spielt eine untergeordnete Rolle. Das Vereinigte Kgr. ist ein hochindustrialisierter Staat, hat jedoch z. Z. mit enormen wirtsch. Schwierigkeiten zu kämpfen (Arbeitslosigkeit, hohe Inflationsrate, veraltete Technologien). Kohlenbergbau, Elektrizitäts- und Gasversorgung, Stahlind. sowie Flugzeug- und Schiffbau sind verstaatlicht. Abgesehen von der Erdöl- und Erdgasförderung in der Nordsee, die seit 1980 den Gesamtbedarf decken kann, ist die wirtsch. Bed. des Bergbaus rückläufig. Die Textilind. verarbeitet neben der traditionellen Wolle und Baumwolle zunehmend Chemiefasern. Für Schottland ist Whisky der wichtigste Devisenbringer. Wachsende Bed. hat der Fremdenverkehr.

Außenhandel: Die wichtigsten Partner sind die EG-Länder, an ihrer Spitze die BR Deutschland, die USA, Schweden und Kanada. Ausgeführt werden Maschinen, Kfz., lebende Tiere und Nahrungsmittel, Schmuckdiamanten, Eisen und Stahl, Erdölderivate, chem. Grundstoffe und Verbindungen, Branntwein u. a. Eingeführt werden Rohöl, Maschinen, Kfz., Schmuckdiamanten, Eisen und Stahl, Fleisch und Fleischwaren, Obst und Gemüse, Kunststoffe und -harze u. a.

Verkehr: Das Streckennetz der Eisenbahn ist

in Großbritannien 17 303 km lang, in Nordirland 337 km; 3 750 km sind elektrifiziert. Die Gesamtlänge des Straßennetzes beträgt in Großbritannien 366 544 km, darunter 2 822 km Autobahnen, in Nordirland 23 822 km, darunter 112 km Autobahnen. Der Bestand an Handelsschiffen (ab 100 BRT) betrug 1985 2 378 Einheiten, darunter 320 Tanker. Wichtigster der über 300 Seehäfen ist London, gefolgt von Liverpool, Milford Haven, Southampton, Newcastle upon Tyne, Manchester und Glasgow. Von den über 4 000 km Binnenwasserstraßen haben nur noch Themse und der Manchester Ship Canal große Bed. Zum europ. Festland bestehen 41 Fährverbindungen. Die nat. British Airways unterhält Fluglinien in 90 Länder. Der internat. Flugverkehr ist v. a. auf die Flughäfen von London ausgerichtet.

Geschichte: A l t e r t u m (zur Vorgeschichte ↑Europa): Der von Cäsar unternommene Versuch (55 und 54 v. Chr.), das kelt. besiedelte Großbrit. in das Röm. Reich einzubeziehen, fand bei seinen Nachfolgern zunächst wenig Interesse. Eroberung und Organisation durch Claudius 43 n. Chr. und Gnaeus Julius Agricola (77–84) sparten das Gebiet nördl. des Firth of Forth ebenso wie Irland aus. Die durch Hadrian und Antoninus Pius angelegten Befestigungslinien konnten freil. die Bildung und Entwicklung neuer Stämme außerhalb der Grenzen (Pikten, Skoten, Attakotten, Kaledonier) nicht verhindern. Seit dem 3. Jh. rissen Invasionen und Aufstände innerhalb des röm. Herrschaftsgebiets nicht mehr ab; sie führten Anfang des 5. Jh. zur Aufgabe der Insel.

M i t t e l a l t e r (5. Jh.–1485): In der Folgezeit rückten gegen heftigen Widerstand der kelt.-brit. Bev. vom Festland her german. Stämme in England ein: Angeln, Sachsen und Jüten (↑Angelsachsen). Es bildeten sich 7 angelsächs. Klein-Kgr. heraus, auf deren Grundlage sich die Entstehung des angelsächs. Volkes vollzog, gefördert durch die Annahme des Christentums in seiner röm. Form (kirchl. Zentrum: Canterbury). Einigungsbestrebungen führten zur Oberhoheit eines Teilkgr. über die anderen, wobei im 8. Jh. die Führung auf Mercia unter König Offa (✝ 757–796) überging. Die v. a. klösterl. angelsächs. Kultur wirkte in Verbindung mit missionar. Tätigkeit seit Ende des 7. Jh. stark auf den europ. Kontinent ein. Die angelsächs. Herrschaft wurde im 9. Jh. durch die Einfälle heidn. Wikinger schwer erschüttert. Sie faßten in N-Schottland und Teilen Irlands festen Fuß sowie im N und O Englands, wo es auch zu dauernder dän. Siedlung kam. Mercia verlor seine Führungsposition an Wessex, dessen Könige, bes. Egbert und Alfred d. Gr., die Einigung der angelsächs. Reiche weiter vorantrieben. Die Annahme des Christentums durch die Dänen leitete die vollständige Eingliederung ihres Siedlungsgebiets (Danelagh) in die angelsächs. Herrschaft ein, so daß König Ethelstan von Wessex (✝ 924–939) im wesentl. das ganze heutige England beherrschte. Nach dem Fall des dän. Kgr. von York wurde 955 ein gesamtengl. Königtum geschaffen. Grundlagen dafür waren die Verwaltungsgliederung nach Gft. und die Bemühungen Alfreds d. Gr. um das Bildungswesen, v. a. um die Verwendung der Volkssprache. Die gleichzeitige Erneuerung der Kirche brachte neben der Reform des klösterl. Lebens mit der Nachahmung des westfränk. Krönungsrituals dem Königtum eine christl.-sakrale Überhöhung. Konflikte mit dem erstarkten Adel und neue Däneneinfälle schwächten das Königtum. Ethelred II. verlor 1013 die Krone an den dän. König Svend Gabelbart, dessen 2. Sohn Knut I., d. Gr., 1016 England besetzte und sich zum König wählen ließ (auch König von Dänemark seit 1018, von Norwegen seit 1028). Nach dem Tode Knuts und seiner Söhne kam 1042 mit Eduard dem Bekenner wieder ein nat. Königtum zum Zuge. Dessen Nachfolger Harold II. Godwinson unterlag jedoch bei Hastings am 14. Okt. 1066 einem normann. Invasionsheer unter Herzog Wilhelm, der Erbansprüche auf den engl. Thron geltend machte. Damit endete die angelsächs. Periode der engl. Geschichte, in deren Endphase allerdings die verfassungs-, sozial- und kulturgeschichtl. Entwicklungen der Folgezeit bereits vorgebildet waren.

Bei seiner Krönung in Westminster erkannte König Wilhelm I. ausdrückl. die bestehenden Verfassungseinrichtungen (Gesetze, Verwaltungsgliederung) an. Die weitgehend ihres Besitzes entkleidete angelsächs. Oberschicht wurde durch normann.-frz. Adel ersetzt, der zumeist auch auf dem Kontinent ausgedehnten Landbesitz hatte, wodurch England kontinentalen Einflüssen geöffnet wurde. Der normann.-frz. Kultureinfluß überlagerte für die nächsten Jh. die angelsächs.-skand. Elemente, so daß sich erst im 14. Jh. wieder eine engl., nunmehr stark mit frz. Lehnwörtern durchsetzte Schriftsprache herauszubilden und durchzusetzen vermochte. In der Verbindung des vom König (der ein Drittel des Bodens besaß) geführten Lehnswesens mit den rechtl. und administrativen Traditionen der angelsächs. Zeit lag die einzigartige Stärke des ma. engl. Königtums begründet. Nach dem Aussterben der normann. Dyn. im Mannesstamm 1135 kam es zum Bürgerkrieg, bis die Krone an Heinrich Plantagenet, Graf von Anjou, fiel. Heinrich II. verfügte aus der Erbe und Mitgift über die Herrschaft im gesamten W und SW Frankr., war damit der mächtigste Kronvasall des frz. Königs und schuf so die Grundlage für die dauernde Präsenz der engl. Krone auf frz. Boden. Irland wurde 1171/72 erobert, Schottland und Wales erkannten die engl. Oberlehnsherrlichkeit an. Im Innern

Großbritannien und Nordirland

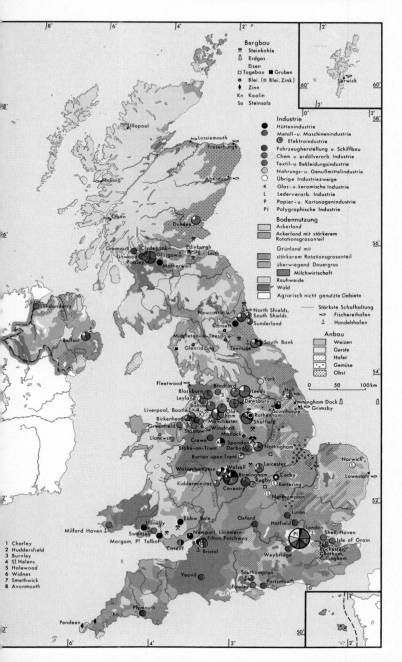

Bergbau
- ⚒ Steinkohle
- Erdgas
- Eisen
  - □ Tagebau ■ Gruben
  - ○ Blei (⊘ Blei, Zink)
  - ♦ Zinn
- Kn Kaolin
- Sa Steinsalz

Industrie
- ● Hüttenindustrie
- ● Metall- u. Maschinenindustrie
- Ⓔ Elektroindustrie
- ● Fahrzeugherstellung u. Schiffbau
- ● Chem. u. erdölverarb. Industrie
- ● Textil- u. Bekleidungsindustrie
- ● Nahrungs- u. Genußmittelindustrie
- ○ Übrige Industriezweige
- K Glas- u. keramische Industrie
- L Lederverarb. Industrie
- P Papier- u. Kartonagenindustrie
- Pl Polygraphische Industrie

Bodennutzung
- Ackerland
- Ackerland mit stärkerem Rotationsgrasanteil
- Grünland mit stärkerem Rotationsgrasanteil
- überwiegend Dauergras
- Milchwirtschaft
- Rauhweide
- Wald
- Agrarisch nicht genutzte Gebiete

- ⟷ Stärkste Schafhaltung
- ⇔ Fischereihafen
- ↓ Handelshafen

Anbau
- Weizen
- Gerste
- Hafer
- Gemüse
- Obst

0   50   100 km

1 Chorley
2 Huddersfield
3 Burnley
4 St. Helens
5 Halewood
6 Widnes
7 Smethwick
8 Avonmouth

Großbritannien und Nordirland

VERWALTUNGSGLIEDERUNG (Stand 1984)

	Fläche km²	Einwohner in 1 000		Fläche km²	Einwohner in 1 000
England			Dyfed	5 765	335
Metropolitan Counties			Gwent	1 376	440
Greater London	1 580	6 756	Gwynedd	3 868	233
Greater Manchester	1 286	2 588	Mid Glamorgan	1 019	534
Merseyside	652	1 491	Powys	5 077	111
South Yorkshire	1 560	1 305	South Glamorgan	416	394
Tyne and Wear	540	1 142	West Glamorgan	815	365
West Midlands	899	2 647			
West Yorkshire	2 039	2 056			
			Schottland		
Grafschaften			*Regionen*		
(Nonmetropolitan Counties)			Borders	4 662	101
Avon	1 338	940	Central	2 590	273
Bedfordshire	1 235	516	Dumfries and		
Berkshire	1 256	715	Galloway	6 475	146
Buckinghamshire	1 883	595	Fife	1 308	344
Cambridgeshire	3 409	609	Grampian	8 550	497
Cheshire	2 322	937	Highland	26 136	197
Cleveland	583	563	Lothian	1 756	745
Cornwall	3 546	439	Strathclyde	13 856	2 373
Cumbria	6 809	484	Tayside	7 668	394
Derbyshire	2 631	912	Orkney	974	19
Devon	6 715	978	Shetland	1 427	23
Dorset	2 654	618	Western Isles	2 901	31
Durham	2 436	604			
East Sussex	1 795	679			
Essex	3 674	1 497			
Gloucestershire	2 638	509	**Nordirland**		
Hampshire	3 772	1 510	*Distrikte*		
Hereford and			Antrim	405	46
Worcester	3 927	645	Ards	368	60
Hertfordshire	1 634	980	Armagh	667	51
Humberside	3 512	852	Ballymena	634	55
Isle of Wight	381	121	Ballymoney	417	24
Kent	3 732	1 492	Banbridge	441	31
Lancashire	3 043	1 379	Belfast	130	319
Leicestershire	2 553	866	Carrickfergus	85	29
Lincolnshire	5 885	557	Castlereagh	84	59
Norfolk	5 355	715	Coleraine	478	47
Northamptonshire	2 367	540	Cookstown	512	29
Northumberland	5 033	301	Craigavon	280	74
North Yorkshire	8 317	691	Down	638	55
Nottinghamshire	2 164	1 000	Dungannon	763	46
Oxfordshire	2 611	556	Fermanagh	1 700	51
Shropshire	3 490	387	Larne	337	30
Somerset	3 458	441	Limavady	585	29
Staffordshire	2 716	1 019	Lisburn	436	89
Suffolk	3 800	616	Londonderry	373	97
Surrey	1 655	1 014	Magherafelt	562	34
Warwickshire	1 981	478	Moyle	494	15
West Sussex	2 016	683	Newry and Mourne	886	85
Wiltshire	3 481	536	Newtownabbey	151	72
			North Down	72	68
Wales			Omagh	1 124	47
Grafschaften			Strabane	861	37
Clwyd	2 425	396			

schuf Heinrich II. mit der allg. Zuständigkeit der königl. Gerichte die Grundlinien des Common Law. Städte und Handel nahmen starken Aufschwung. Die Neuabgrenzung des Verhältnisses von Kirche und Staat (Konstitutionen von Clarendon, 1164) führte zum Konflikt mit Erzbischof Thomas Becket und zu dessen Ermordung. Unter Heinrichs II. Söhnen Richard I. (Löwenherz, ⌖ 1189–99) und Johann I. (ohne Land, ⌖ 1199–1216) zeigten sich die Schwächen des allzu weit gespannten Reichs im Konflikt mit der Feudalaristokratie sowie mit dem frz. König, der seine Rechte als Lehnsherr über die kontinentalen Besitzungen Englands zur Geltung brachte und schließl. die Normandie einzog. Ein Konflikt Johanns I. mit der Kurie endete in der Lehnsauftragung Englands an den Papst (1213); nach einer neuen Niederlage gegen Frankr. (Bouvines, 1214) verlor England die übrigen frz. Besitzungen mit Ausnahme des SW. Diese Mißerfolge stärkten die oppositionellen Barone im Innern, die 1215 von Johann das Bestätigung ihrer Rechte in der Magna Carta libertatum erzwangen. Einige Klauseln dieses Dokuments (bes. Mitspracherecht der Barone bei Steuererhebungen und Reg.akten) machten es zum Ausgangspunkt der engl. Verfassungsentwicklung. Unter Heinrich II. kam es zu anhaltenden bürgerkriegsähnl. Auseinandersetzungen zw. Krone und Baronen, begründet in der Wandlung der gesellschaftl. Verhältnisse, bes. im Bev.wachstum (1066: 1,5 Mill., Ende des 13. Jh.: 3 Mill. E), im Erstarken des Bürgertums (12. Jh. 52, 13. Jh. 75 neue Städte) sowie in der ungemeinen Steigerung des Wollexports. Ein Aufstand, geführt von Simon de Montfort, führte zur Gefangennahme des Königs (1264) und zur Einberufung eines Parlaments, in dem erstmals neben den Baronen Vertreter der Gft. sowie der Städte saßen (1265). Eduard I. (⌖ 1272–1307) konnte zwar Simon de Montfort ausschalten, trug jedoch der Entwicklung Rechnung, indem er häufig Parlamente einberief (Model parliament, 1295). Er gliederte endgültig das Ft. Wales in den engl. Herrschaftsbereich ein (Titel „Prince of Wales" für den engl. Thronfolger seit 1282). Im Konflikt Eduards II. (⌖ 1307–27) mit den Baronen, der mit seiner Absetzung und Ermordung endete, gewann das Parlament immer größeres Gewicht. Grafschaftsvertreter und Bürger („Commons") tagten fortan im Unterhaus getrennt und errangen 1360 ein unumgängl. Bewilligungsrecht für außerordentl. Finanzen. Das 14. Jh. war in England, wie in ganz Europa, durch tiefe Krisenerscheinungen bestimmt. V. a. die Pestepidemien von 1348/50 und 1361 brachten einen Bev.rückgang von 30 % mit nachhaltigen Auswirkungen bes. im Agrarsektor. Der Konfliktstoff entlud sich im Bauernaufstand von 1381. Der vom Agrar-

preisverfall bes. betroffene Kleinadel (Gentry) suchte Anlehnung an die Magnaten. Die Krise spiegelte sich im religiösen Wirken J. Wyclifs und J. Balls, das sich gegen die Besitzkirche richtete und später durch die Lollarden weitergetragen wurde. Der Krisenprozeß wurde verschärft, als Eduard III. (⌖ 1327–77) Ansprüche auf die frz. Krone erhob. Der Hundertjährige Krieg (seit 1337) um die Durchsetzung dieser Ansprüche und um die Beherrschung der flandr. Tuchindustrie begann mit glänzenden Erfolgen Englands, die ihm 1360 vertragl. den lehnfreien Besitz von SW-Frankr. (mit Poitou) und Calais sicherten. Der 1369 wieder aufgelegte Krieg wurde wegen der inneren Schwäche Englands unterbrochen: Richard II. (⌖ 1377–99) mußte zw. Magnaten, Gentry, Kirche und Lollarden lavieren. Die erstarkten Magnaten setzten den König ab und hoben mit Heinrich IV. (⌖ 1399–1413) das Haus Lancaster auf den Thron. Heinrich V. (⌖ 1413–22) gelang es, alle Kräfte für den Krieg in Frankr. zusammenzufassen und bei Azincourt 1415 einen entscheidenden Sieg zu erringen. Im Vertrag von Troyes 1420 wurde er als Regent und Erbe von Frankr. anerkannt und mit Katharina, Tochter Karls VI. von Frankr. vermählt. Gegen seinen erst einjährigen Nachfolger Heinrich VI. (⌖ 1422–61) lebte der frz. Widerstand erneut verstärkt auf, verkörpert bes. in der Person Jeanne d'Arcs, und zwang die Engländer, seit der Niederlage von Orléans (1428) und der Krönung Karls VII. das Land bis auf Calais zu räumen. Der Krieg endete 1453 ohne Vertrag. In England kam es noch unter Heinrich VI. zum Thronstreit der Häuser Lancaster (Wappen: rote Rose) und York (Wappen: weiße Rose) in den Rosenkriegen (1455–85). Schließl. konnte sich das Haus York mit Eduard IV. (⌖ 1461–83) durchsetzen. Nach Eduards IV. Tod kam es im Haus York selbst zu Auseinandersetzungen, bis Richard III. (⌖ 1483–85) nach Beseitigung seiner Verwandten den Thron bestieg. Gegen ihn erhob sich Opposition, die bes. von Henry Tudor, Earl of Richmond, getragen wurde, der mit dem Haus Lancaster verwandt war und als Kronprätendent auftrat.

Der Ausbau der königl. Machtstellung unter den Tudors (1485–1603): Die Schlacht bei Bosworth (22. Aug. 1485) beendete die Rosenkriege. Henry Tudor wurde als Heinrich VII. (⌖ 1485–1509) engl. König. Durch die Heirat mit Elisabeth von York vereinigte er den Besitz der beiden Häuser. Die königl. Macht wuchs außerdem durch die Rücknahme aller Landbewilligungen seit dem Tod Heinrichs VI. (1471) und durch die Einziehung von Besitz als Bestrafung für Hochverrat. Der König, der den Staat repräsentierte und personifizierte, faßte sein Amt als göttl. auf. Der Hof wurde zum Zentrum des geistigen und gesellschaftl. Lebens. Zur

Großbritannien und Nordirland

ENGLAND UNTER DEN ANGELSÄCHSISCHEN KÖNIGEN 802 - 1066

Die Vereinigung der 7 Teilreiche zum Königreich Anglia

- ☐ unter Egbert von Wessex 802 - 839
- ☐ unter Alfred d. Gr. 871 - 899/901
- ☐ unter Eduard d. Ä. 899/901 - 924
- ☐ unter Ethelstan 924 - 939
- ☐ unter Edmund 940 - 946
- ⋯ etwa 945/75 an das Königreich Alba abgetretene Gebiete
- *Mercia* die 7 angelsächsischen Teilkönigreiche
- ✗ wichtige Schlachten

sich Heinrich VIII. als Wächter des europ. Gleichgewichts, ohne jedoch schon über die finanziellen und machtpolit. Voraussetzungen dafür zu verfügen. Von größter Bed. wurde die von ihm aus persönl. Gründen (Scheidung von Katharina von Aragonien und Heirat Anna Boleyns) vollzogene Trennung von der röm. Kirche (1533/34). Auch religionsund staatspolit. Aspekte spielten eine Rolle bei der Errichtung der von Rom unabhängigen anglikan. Kirche, kaum dagegen geistige Bewegungen. Der König war von nun an weltl. und geistl. Oberhaupt zugleich. Wer den Suprematseid verweigerte, setzte sich der Verfolgung aus (z. B. Hinrichtung von Sir Thomas More 1535). Das Parlament trug die Entscheidungen mit und gewann dadurch an Macht und Ansehen. Die Reformation des Glaubens blieb jedoch in Ansätzen stecken. Alle Klöster wurden aufgehoben, was der Krone reichen Gewinn an Grund und Boden brachte. Doch bis zum Ende seiner Reg.zeit mußte Heinrich VIII. zwei Drittel dieses Grundbesitzes an den kleinen Landadel (Gentry) verkaufen, um seine auswärtigen Kriege zu finanzieren. Damit wurden die wirtsch. Grundlagen für die maßgebl. polit. Rolle der Gentry im 17. und 18. Jh. gelegt. Unter Eduard VI. (⚭ 1547–53) wurden die Reformation des Glaubens und die Gestaltung der anglikan. Kirche durch staatl. Gesetze und Verordnungen (u. a. 1. und 2. „Common Prayer Book", 1549 u. 1552) nicht ohne Gewalt vorangetrieben. Maria I. Tudor (⚭ 1553–58), die 1554 König Philipp II. von Spanien heiratete, versuchte als fanat. Katholikin, die gesamte kirchl. Gesetzgebung seit Heinrich VIII. rückgängig zu machen. Etwa 300 Andersgläubige und polit. Gegner wurden hingerichtet. 1558 verlor England mit Calais den letzten Stützpunkt auf frz. Boden.

Das Zeitalter Elisabeths I. (⚭ 1558–1603) bedeutete die Konsolidierung des souveränen Staates, der „nat." Kirche, der zentralen Staatsverwaltung mit ihrer Spitze im Staatsrat und der lokalen Selbstverwaltung mit den Friedensrichtern als wichtigstem Organ. Mit der Enthauptung der ehem. schott. Königin Maria Stuart (1587), die als Urenkelin Heinrichs VII. Anspruch auf den engl. Thron erhoben hatte, verlor die röm.-kath. Partei ihr polit. Gewicht. Der letzte Versuch, mit bewaffneter Macht von außen den Katholizismus zu restaurieren, scheiterte 1588 durch die vernichtende Niederlage der span. Armada. Von welthistor. Bed. war der Niedergang Spaniens und Englands Aufstieg zur Weltgeltung. Schon Elisabeth förderte die Entdeckungsreisen engl. Seeleute, den Aufbau einer Handelsflotte und den Außenhandel (Gründung neuer Handelskompanien). Die merkantilist. Wirtschaftspolitik verhalf Bürgertum und Gentry zu gesteigertem Wohlstand und stärkte ihren Einfluß im Parlament.

Beratung wurde ein von ihm berufener Staatsrat errichtet. Heinrich VII. stärkte die zentralen Gerichtshöfe und die Institution der Friedensrichter. Voraussetzung für die günstige Entwicklung der Finanzen war außer der Reorganisation der Finanzverwaltung eine umsichtige Wirtschafts- und Handelspolitik (Verträge mit Dänemark, den Niederlanden und Riga, Unterstützung der Handelskompanien, beginnender Aufbau einer Flotte). Die außenpolit. ruhige Zeit endete unter seinem Sohn Heinrich VIII. (⚭ 1509–47), der ohne durchschlagenden Erfolg gegen das mit Frankr. verbündete Schottland Krieg führte und auch Irland nicht unterwerfen konnte, obschon er sich 1542 zum König von Irland gemacht hatte. Als erster engl. Monarch fühlte

Der Hochadel verlor im Vergleich zur Gentry an polit. Gewicht. Neben Königin und Reg. wurde das Unterhaus zum Träger polit. Entscheidungen. Das geistige und literar. Leben gelangte zu hoher Blüte.
Der Kampf zw. Krone und Parlament unter den Stuarts (1603–1714): Der von Elisabeth zum Nachfolger bestimmte Sohn Maria Stuarts, Jakob I. (⚭ 1603–25), vereinigte erstmals die Kronen von Schottland und England. Er orientierte sich an der Lehre vom „göttl. Recht der Könige" und geriet so in scharfen Ggs. zu den Verfechtern des Common Law und zum Parlament. Er dehnte die königl. Rechte aus, mißachtete die Unabhängigkeit der Rechtsprechung und ließ mißliebige Politiker verhaften. Demgegenüber pochte das Parlament auf seine Eigenständigkeit und forderte Freiheit der Wahl, Immunität und Redefreiheit für seine Mgl. Der Druck Jakobs I. auf die Puritaner veranlaßte viele zur Auswanderung nach Übersee (Pilgerväter). Der Kampf zw. Krone und Parlament wurde unter Karl I. (⚭ 1625–49) fortgesetzt und beendet. Der Streit entzündete sich erneut an Steuer- und Finanzfragen. 1628 beschloß das Unterhaus in der Petition of Right u. a.: keine Steuerausschreibung ohne Zustimmung des Parlaments, keine Verhaftung ohne Prüfung der Rechtmäßigkeit. Aber schon 1629 ließ Karl I. 9 Parlamentsabg. verhaften; 1629–40 regierte er ohne Parlament. Ziel des Königs und seiner Ratgeber war ein vom Parlament unabhängiges, auf ein stehendes Heer gestütztes Königtum sowie die Durchsetzung der Uniformität der anglikan. Kirche gegen die Puritaner in England und die Presbyterianer in Schottland. Um die Finanzmittel zur Bekämpfung von Unruhen in Schottland und Irland zu erhalten, sah Karl I. sich 1640 gezwungen, das Parlament einzuberufen. Diesem gelang es, seine Machtstellung grundlegend und auf Dauer zu sichern: Einberufung des Parlaments unabhängig vom Willen des Königs alle 3 Jahre, Zuständigkeit des Parlaments für alle Steuergesetzgebung, Beseitigung aller Sondergerichte. Die Verschärfung des Konflikts zw. Krone und Parlament führte 1642 zur Puritan. Revolution: Die Anhänger des Königs („Kavaliere") kamen aus dem Hochadel, aus den anglikan. und kath. Bev.schichten, die Anhänger des Parlaments („Rundköpfe") aus der gewerbetreibenden, stark puritan. durchsetzten Mittelschicht. Nach anfängl. Überlegenheit der Kavaliere siegte O. Cromwell mit dem Parlamentsheer in den Schlachten von Naseby (1645) und Newark-on-Trent (1646). Er vertrieb die etwa 100 Presbyterianer mit Waffengewalt aus dem Parlament und ließ durch ein „Rumpfparlament" von etwa 60 radikalen Puritanern den König zum Tode verurteilen und hinrichten (30. Jan. 1649).
Monarchie und Oberhaus wurden abge-

schafft und England zum Commonwealth erklärt. 1649 unterwarf Cromwell Irland, 1650/51 sicherte er die engl. Herrschaft über Schottland. Nach Auflösung des Parlaments erhielt das Land 1653 die erste schriftl. Verfassung. Cromwell regierte, gestützt auf ein stehendes Heer, als Lordprotektor wie ein Alleinherrscher, ohne Rücksicht auf Staatsrat und Parlament. Die Navigationsakte (1651) verschloß Englands Häfen allen fremden Schiffen, die nicht Waren ihres Heimatlandes brachten. Die Kämpfe zur See gegen Spanien und die Niederlande waren z. T. erfolgreich.
Nach Cromwells Tod versah sein unfähiger Sohn Richard nur für kurze Zeit das Amt des Lordprotektors (1658/59). Er wurde durch General G. Monk abgelöst, der den Sohn Karls I. aus dem Ausland zurückrief, nachdem dieser sich bereit erklärt hatte, mit einem frei gewählten Parlament zu regieren.
Die kath. und die absolutist. Tendenzen Karls II. (⚭ 1660–85) wurden vom Parlament bekämpft: durch die 1673 verabschiedete, bis 1829 gültige Testakte (Ausschluß aller Nichtmgl. der anglikan. Staatskirche vom Staats- und Militärdienst), durch den Ausschluß aller Katholiken von der Wahl zum Unterhaus (1678), durch die Habeaskorpusakte, die sich gegen jede willkürl. Verhaftung richtete (1679). Im Ggs. zu Karl II. bekannte sich sein Bruder und Nachfolger Jakob II. (⚭ 1685–88) offen zum kath. Glauben und betrieb eine absolutist. Rekatholisierungspolitik. Nach der Geburt seines Sohnes 1687 sahen beide Kräfte im Parlament - Whigs und Tories - die prot. Thronfolge in Gefahr und baten Wilhelm von Oranien, den Erbstatthalter der Niederlande, und seine Gemahlin Maria, eine Tochter Jakobs II., die Herrschaft in England anzutreten. Der Thronwechsel von Jakob II. zu Wilhelm III. (⚭ 1689–1702) und Maria II. (⚭ 1689–94) vollzog sich unblutig und wird deshalb als Glorious revolution bezeichnet. Sie war ein wichtiger Erfolg des Parlaments im Kampf mit der Krone um die Macht im Staat. In der Bill of Rights (1689) u. a. Gesetzen wurden die Ergebnisse dieser Auseinandersetzung festgeschrieben: parlamentar. Steuerbewilligungsrecht, freie Parlamentswahlen, Redefreiheit im Parlament, Freiheit der Presse, Unabhängigkeit der Richter. Die Macht im Staate blieb freil. nach wie vor in Händen des Hochadels und der Gentry. Wilhelm III. führte England in die europ. Politik zurück. Er griff in den Abwehrkampf gegen die drohende Hegemonie König Ludwigs XIV. von Frankr. ein und erhob das Gleichgewicht der europ. Mächte zu seinem außenpolit. Prinzip. Die Früchte seines Kampfes konnten erst unter seiner Nachfolgerin Anna Stuart (⚭ 1702–14) geerntet werden: im Span. Erbfolgekrieg durch die Siege John Churchills, Herzog von Marlborough, auf dem diplomat. Feld durch Lord Boling-

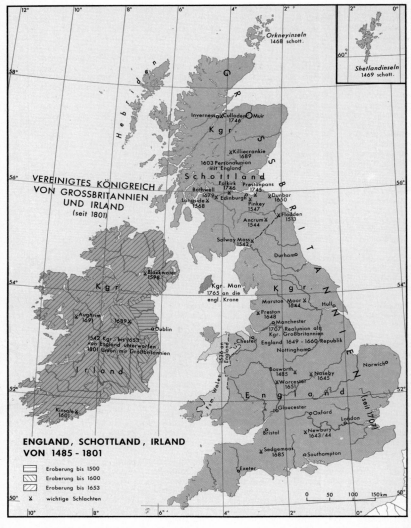

Orkneyinseln
1468 schott.

Shetlandinseln
1469 schott.

G
R
U
S
S
B
R
I
T
A
N
I
E
N

Kgr.

Schottland
1603 Personalunion
mit England

Inverness ✗ Culloden ● Muir
1746

✗ Killiecrankie
1689

Bothwell Falkirk Prestonpans
1746 1745
1679 ✗ ✗ ✗ Dunbar
Langside ✗ Edinburgh 1650
1568 Pinkey
1547
Ancrum ✗ ✗ Flodden
1544 1513

Solway Moss ✗
1542

VEREINIGTES KÖNIGREICH
VON GROSSBRITANNIEN
UND IRLAND
(seit 1801)

Durham ○

✗ Blackwater
1598

Kgr
Man
1765 an die
engl. Krone

Kgr.

Marston Moor ✗
1644 Hull ○

✗ Aughrim ✗ Preston
1691 1689 ✗ 1648
Manchester ○
Dublin ○ 1707 Realunion als
Kgr. Großbritannien
England 1649 - 1660 Republik
1542 Kgr. bis 1653 Chester ○
von England unterworfen
1801 Union mit Großbritannien Nottingham ○

Kgr

Irland Bosworth Norwich ○
1485 ✗ Naseby
✗ Worcester 1645
1651

England
(seit 1707)

Kinsale
1601 Gloucester ○
✗ Oxford
London ○
Bristol ○
✗ Newbury
1643/44
✗ Sedgemoor Southampton ○
1685

Exeter ○

**ENGLAND, SCHOTTLAND, IRLAND
VON 1485 - 1801**

☐ Eroberung bis 1500
☐ Eroberung bis 1600
▨ Eroberung bis 1653
✗ wichtige Schlachten

0   50   100   150 km

broke. Der Friede von Utrecht (1713) beseitigte die Gefahr einer frz. Vorherrschaft, erweiterte Englands amerikan. Kolonialbesitz, begr. seine beherrschende Stellung im Mittelmeerraum (Erwerb von Gibraltar und Menorca) und sicherte die Revolutionsordnung von 1688, 1707 wurde durch die Vereinigung des schott. und des engl. Parlaments die seit 1603 bestehende Personalunion zw. England und Schottland in eine Realunion überführt; seitdem amtl. Bez. „Großbritannien".

Großbrit. auf dem Weg zur Weltmacht (1714–1815): Gemäß der Thronfolgeordnung von 1701 (Act of Settlement) ging 1714 die brit. Krone auf das Haus Hannover über. Bis 1837 war der brit. König zugleich Kurfürst von Hannover, d. h. Reichsfürst; nicht selten kam es zu Interessenkonflikten.

Unter Georg I. (⚭ 1714–27) und Georg II. (⚭ 1727–60) bestimmte 21 Jahre Sir Robert Walpole die Politik. Es gelang ihm, die durch den Kampf gegen Ludwig XIV. zerrütteten Staatsfinanzen mittels neuer Steuer- und Zollgesetze zu konsolidieren und durch Friedenspolitik nach außen dem Land die dringend benötigte Atempause zu verschaffen. Nachdem Großbrit. schon im Östr. Erbfolgekrieg (1740–48) gegen das frz. Hegemonialstreben vorgegangen war, führte es unter W. Pitt d. Ä. im Siebenjährigen Krieg (1756–63) als Bundesgenosse Preußens einen kompromißlosen Kampf gegen Frankr. Das brit. Ziel, durch Eroberung Kanadas Frankr. vom nordamerikan. Kontinent zu vertreiben, wurde erreicht. Ferner wurde die brit. Herrschaft in Indien ausgebaut. Der Friede von Paris (1763) war eine entscheidende Etappe auf dem Weg zum brit. Weltreich. Schon bald allerdings sah sich die brit. Politik mit 3 Herausforderungen konfrontiert: amerikan. Unabhängigkeitserklärung, Frz. und industrielle Revolution. Georg III. (⚭ 1760–1820) mußte nach dem Unabhängigkeitskrieg (1775–83) den Verlust der nordamerikan. Kolonien (außer Kanada) hinnehmen. Dies hatte u. a. eine Verlagerung des Schwerpunkts brit. Reichspolitik nach Indien zur Folge. Die Frz. Revolution bedeutete eine innen- und außenpolit. Herausforderung. Im Innern wurden bereits vorhandene Reformansätze radikalisiert, v. a. unter den Nonkonformisten. Zahlr. radikale Gesellschaften entstanden; es kam zu Unruhen. Durch Gesetze und Prozesse brachte die Reg. die Reformbewegung zum Erliegen und wandte sich mit ganzer Kraft gegen die erneut drohende frz. Hegemonie. In 4 Koalitionskriegen und insgesamt 22 Kriegsjahren bekämpfte Großbrit. mit seinen Verbündeten bei wechselndem Schlachtenglück, aber am Ende erfolgreich die Revolutionsheere und Napoleon I., der Großbrit. nicht nur durch die ägypt. Expedition und die Kontinentalsperre, sondern auch durch Invasionspläne bedrohte. Großbrit. erreichte auf dem Wiener Kongreß (1814/15) die Wiederherstellung des Gleichgewichts der europ. Mächte und die Garantie seiner kolonialen Neuerwerbungen (Malta, Helgoland, Ceylon, Kapkolonie, Mauritius, Trinidad, Tobago u. a.). Die industrielle Revolution, der Umschwung zum Freihandel vorausging, begann in Großbrit. Mitte des 18. Jh. und war von einer grundlegenden Änderung der Agrarverfassung (Entstehung eines ländl. Proletariats) begleitet. Eine bis dahin nicht gekannte gesellschaftl. Umwälzung wurde bei einem enormen Bev.wachstum (1750: 6,3 Mill.; 1851: 21 Mill.) durch die Mechanisierung der Ind., das Wirtschaftswachstum, die Entstehung industrieller Ballungszentren bewirkt, die Großbrit. trotz der aufbrechenden sozialen Spannungen einen wirtsch. Vorsprung in Europa sicherten.

Industrialisierung und innere Reformen (1815–50): Bis zum Ende des 19. Jh. war Großbrit. „Werkstatt der Welt" und zugleich ihr Bankier. Seine Rolle als führende Welthandelsmacht beruhte auf seiner Sozialstruktur, überlegener Technologie, Kapitalreichtum und weltweiten Exportmärkten. Die 1806 verfügte Kontinentalsperre zwang die brit. Wirtschaft zu erhebl. Produktionsanstrengungen im Inland, zum Ausbau ihrer kolonialen Versorgungsquellen und des Überseehandels. 1815 belief sich die Einfuhr auf über 60 (1793:18,7), die Ausfuhr auf 65 (1793: 20,3) Mill. £. Die Expansion der Textilind., der Montanind. und des Maschinenbaus führte zur Zusammenballung von Arbeitskräften in immer größeren Ind.betrieben. Spinnmaschinen und den mechan. Webstuhl hatte bereits das ausgehende 18. Jh. gekannt. Seit 1825 war der Selfaktor industriell verwertbar; dies bedeutete das Ende der Hausindustrie und gab den letzten Anstoß zum Aufbau großer Textilind., v. a. in Lancashire und Yorkshire. Mit der Umstellung der Hochöfen von Holz- auf Steinkohle weitete sich die Kohle- und Stahlproduktion massiv aus. Der Bau von Eisenbahnen steigerte die Nachfrage nach Eisen. Der Staat überließ das industrielle Wachstum seiner eigenen Dynamik und beschränkte sich bis Mitte des 19. Jh. darauf, Rahmenbedingungen zu setzen (Fabrikgesetzgebung und Gewerbeaufsicht, Steuern und Subventionen, Zölle und Einfuhrsperren, Seehandelsmonopol). Regelmäßig kam es zu krisenhaften Einbrüchen mit Bankrotten, Betriebsstillegungen und Massenarbeitslosigkeit. Aber auch in Zeiten der Prosperität blieben die Löhne infolge des Überangebots an Arbeitskräften niedrig, Arbeitszeit und Arbeitsbedingungen unmenschlich. Die soziale Frage forderte eine breite sozialkrit. Literatur christl., konservativer und frühsozialist. Ausprägung heraus. Schon das ausgehende 18. Jh. hatte erste industrielle Arbeitskämpfe erlebt, anfangs von seiten der Maschinenstürmer, später als bewußte Auflehnung gegen ökonom. Herrschaft. 1799 erfolgte das 1. Verbot jeder Kampforganisation der in Fabriken Arbeitenden, doch wurde 1824 seine Aufhebung und die Einleitung sozialpolit. Maßnahmen erzwungen: 1847 gesetzl. Begrenzung des Arbeitstags auf 10 Stunden für Frauen und Jugendl., seit 1850 für alle. Die bis dahin weitgehend unorganisierte Arbeiterschaft sammelte sich seit Mitte der 1830er Jahre in der Massen- und Protestbewegung des Chartismus. Die Agitation der Chartisten für die Demokratisierung der Verfassungsinstitutionen und die sozialen Rechte der Arbeiter verbanden sich mit dem Kampf der Unternehmer gegen die hohen Getreidezölle, die dem Großgrundbesitz zugute kamen (Anti-Corn-Law-League). 1842 wurden die Getreidezölle gesenkt, 1846 abgeschafft. Mit dem Übergang zum vollen

Großbritannien und Nordirland

Freihandel 1853 zerfiel das Bündnis von Industriellen und Arbeitern. Letztere blieben für Jahrzehnte ohne organisierte Interessenvertretung. Die Epoche des Freihandels bis 1914 überdauerte auch die Rückorientierung der kontinentaleurop. Staaten zum Schutzzoll (seit den 1870er Jahren). Leitsektor der neuen Industrialisierungsphase war der Eisenbahnbau, dessèn Folgewirkungen in Bergbau, Schwerind., Fahrzeug- und Maschinenbau, später v. a. auch in der Elektroind. das industrielle Wachstum langfristig stabilisierten. 1815–22 war der brit. Politik im Innern bei schwindender Autorität der Krone von Revolutionsfurcht und Repression (Militäreinsätze bei Arbeiterunruhen, Unterdrückung der Pressefreiheit), nach außen von unbedingter Unterstützung des Systems Metternich gekennzeichnet. Mit dem Amtsantritt G. Cannings als Außenmin. 1822 wurde der innenund außenpolit. Kurs gelockert. Sir Robert Peel führte die ultrakonservativen Tories in eine realist.-reformer. Richtung (1824 Gewährrung des Koalitionsrechts an Arbeiter). Die Forderungen von Whigs und Radikalen nach Erweiterung des Wahlrechts waren durch die frz. Julirevolution 1830 entscheidend verstärkt worden. Die gegen den anfängl. Widerstand des Oberhauses durchgesetzte Wahlrechtsreform von 1832 verschaffte den Industriestädten parlamentar. Vertretung und gab Hausbesitzern und Wohnungsmietern direktes und gleiches Wahlrecht. Die Kabinettsbildung verlagerte sich nun endgültig ins Unterhaus; die Parteien begannen sich - verstärkt seit der 2. Wahlreform von 1867 - von exklusiven Klubs zu modernen Organisationen mit Massengefolgschaft zu wandeln. In den folgenden Jahren wurde die Reformpolitik weitergeführt: Verbot der Sklaverei im Brit. Reich, Reform der Armengesetzgebung (Versuch der sozialen Eingliederung), Umwandlung städt. Selbstverwaltung in Richtung auf umfassende Daseinsvorsorge, Errichtung neuer Univ. Seit der Thronbesteigung der Königin Viktoria (⚭ 1837–1901), die einem ganzen Zeitalter ihren Namen gab, wurde eine strikt liberale und konstitutionelle Reg.-form Maßstab der Innenpolitik, von den reformer. Kräften auf dem Kontinent als vorbildhaft betrachtet. Die Abschaffung der Getreidezölle 1846 verhinderte gerade noch das Zusammentreffen von sozialer Frage und ir. Problem in einer Doppelkrise. In Irland scheiterten alle Reformpläne am Widerstand der brit. Landbesitzer, die von der rechtl. und polit. Diskriminierung der kath. Iren profitierten, und an der anglikan. Hierarchie. Die ir. Hungersnot von 1845/46 brachte die Mißstände zum Höhepunkt: 500 000 Hungertote wurden gezählt. Massenarbeitslosigkeit brach aus. Der Aufstand des „Jungen Irland" (1848) scheiterte. Durch Massenauswanderung in die USA wurde die Krise scheinbar gelöst.

Höhepunkt brit. Machtstellung in Europa und in der Welt (1850–1914): In Abstimmung mit Rußland, das wie Großbrit. von den Erschütterungen der Revolution 1848 unberührt geblieben war, nahm Großbrit. die Rolle der europ. Ordnungsmacht wahr. Dies änderte sich, als es dem durch den Zerfall des Osman. Reiches hervorgerufenen russ. Streben zum Mittelmeer im Krimkrieg (1853/54–56) entgegentrat und zunehmend in Preußen-Deutschland das Gegengewicht zu Rußland erblickte. Doch war es auch für ein festes dt.-brit. Bündnis nicht zur Aufgabe seiner Gleichgewichtspolitik bereit. Erst die dt.-brit. Flottenrivalität ab 1898 ließen den brit.-russ. Ggs. im Nahen und Mittleren Osten zurücktreten (Petersburger Vertrag 1907). Das Empire wurde zum größten Kolonialreich der imperialist. Epoche bei zunehmender Föderalisierung ausgebaut. Die farbigen Kolonien wurden allerdings z. T. in krieger. Annexions- und Unterwerfungspolitik gewonnen. Kanada erhielt bis 1867 verantwortl. Selbstreg.; es folgten Australien, Neuseeland und Südafrika. Diese partnerschaftl. Politik bestand ihre Bewährungsprobe im 1. Weltkrieg, an dem die Dominions an der Seite des Mutterlandes teilnahmen. Die Epoche von etwa 1870 bis zur Jh.wende bezeichnen den Höhepunkt der brit. Machtstellung in der Welt. Im Innern setzte sich bis weit in die Konservative Partei ein Liberalismus durch, der auch das aktive Eingreifen des Staates in die gesellschaftl. Prozesse vorsah. Die brit. Weltmachtstellung wurde unter dem konservativen Premiermin. Disraeli (1874–80) weiter ausgebaut: 1875 Ankauf der Sueskanalaktien (1882 formale Oberhoheit über Ägypten), 1876 Annahme des ind. Kaisertitels durch Königin Viktoria, 1878 Gewinn Zyperns. Am Versuch einer Autonomielösung für Irland (Homerule), die Liberal Party spaltete, scheiterte Disraelis liberaler Nachfolger W. E. Gladstone. Die ir. Frage blieb innenpolit. Hauptproblem bis zum Vorabend des 1. Weltkriegs, als die erneute Vorlage der Homerule-Bill durch die liberale Reg. Asquith das Land an den Rand des Bürgerkriegs führte. Nicht so sehr die angebl. Handelsrivalität mit Deutschland (der zugleich ein sehr reger dt.-brit. Handel entsprach), sondern der als machtpolit. Bedrohung angesehene Bau der dt. Schlachtflotte und die brit. Isolation im Burenkrieg führten zur Abkehr von der Politik der Splendid isolation, zum Bündnis mit Frankr. (Entente cordiale, 1904), zum Abkommen mit Rußland 1907 und zum beschleunigten Bau der Großkampfschiffe (Dreadnoughts) seit 1909. Die Innenpolitik der letzten Vorkriegsjahre wurde von den liberalen Kabinetten Campbell-Bannerman (1905–08) und Asquith (1908–16) bestimmt. Die sozialen Reformen (Neuregelung des Arbeitsrechts, Sicherung der Stellung

GROSSBRITANNIEN, HERRSCHERLISTE

Für die angelsächs. Zeit sind nur Könige über ganz England genannt.

angelsächsische Könige

Edwy (Edwin) (seit 957 nur Wessex)	955−959
Edgar	959−975
Eduard der Märtyrer (nur Wessex)	975−978
Ethelred II.	978/79−1013
Svend (Sven) Gabelbart	1013−1014
Knut I., d. Gr.	1016−1035
Edmund Ironside (gemeinsam mit Knut)	1016
Harold I. Harefoot	1035/36−1040
Hardknut (Harthaknut)	1040−1042
Eduard der Bekenner	1042−1066
Harold II. Godwinson	1066

normannische Könige

Wilhelm I., der Eroberer	1066−1087
Wilhelm II. Rufus	1087−1100
Heinrich I. Beauclerc	1100−1135
Stephan I. von Blois	1135−1154

Haus Plantagenet

Heinrich II. Kurzmantel	1154−1189
Richard I. Löwenherz	1189−1199
Johann I. ohne Land	1199−1216
Heinrich III.	1216−1272
Eduard I.	1272−1307
Eduard II.	1307−1327
Eduard III.	1327−1377
Richard II.	1377−1399

Haus Lancaster

Heinrich IV.	1399−1413
Heinrich V.	1413−1422
Heinrich VI.	1422−1461

Haus York

Eduard IV.	1461−1483
Eduard V.	1483
Richard III.	1483−1485

Haus Tudor

Heinrich VII.	1485−1509
Heinrich VIII.	1509−1547
Eduard VI.	1547−1553
Maria I.	1553−1558
Elisabeth I.	1558−1603

Haus Stuart

Jakob I.	1603−1625
Karl I.	1625−1649

Commonwealth und Protektorat

Oliver Cromwell (Protektor)	1653−1658
Richard Cromwell (Protektor)	1658−1659

Haus Stuart

Karl II.	1660−1685
Jakob II.	1685−1688
Maria II. u. Wilhelm III.	1689−1702
Anna	1702−1714

Haus Hannover

Georg I.	1714−1727
Georg II.	1727−1760
Georg III.	1760−1820
Georg IV.	1820−1830
Wilhelm IV.	1830−1837
Viktoria	1837−1901

Haus Sachsen-Coburg

Eduard VII.	1901−1910

Haus Windsor

Georg V.	1910−1936
Eduard VIII.	1936
Georg VI.	1936−1952
Elisabeth II.	seit 1952

der Gewerkschaften, Achtstundentag im Bergbau, ansatzweise Mindestlöhne) und der Bau der Dreadnoughts erforderten 1909 das (demagog. so gen.) People's Budget, das höhere Einkommen- und Erbschaftssteuern brachte. Der Widerstand des Oberhauses führte bis 1911 zu einer schweren Verfassungskrise, die jedoch mit seiner Entmachtung endete: Das Oberhaus hatte danach nur noch ein aufschiebendes Veto.
Erster Weltkrieg und Zwischenkriegszeit (1914−39): In der Julikrise 1914 versuchte Großbrit. zwar zu vermitteln, konnte sich aber der Logik der Bündnisse, der Furcht vor Isolierung und dt. Hegemonie nicht entziehen. Auch in Großbrit. prägte die Tendenz zum totalen Krieg Gesellschaft und Wirtschaft, doch blieben Parlament und Parteien funktionsfähig. Es bildete sich (ohne Iren) eine Kriegskoalition aller Parteien, von deren Vertrauen selbst die diktator. Machtstellung Lloyd Georges ab 1916 abhängig blieb. Unter Erhaltung der liberal-demokrat. Tradition wurden der Staatsbürokratie umfassende Kontroll- und Steuerungsfunktionen von der Zensur bis zur zentralen Wirtschaftsplanung eingeräumt. Die Kriegsfinanzierung wurde v. a. durch drückende Steuern gesichert. Den wirtsch.-sozialen Strukturwandel, der alle kriegführenden europ. Ind.staaten erfaßte, überlebte das polit. System Großbrit. im Ggs. zu Italien oder Deutschland weitge-

hend unbeschädigt. Das Parteiensystem veränderte sich allerdings endgültig; die Wahlen nahmen zunehmend plebiszitären Charakter an. - Der Verhinderung eines Sonderfriedens seiner Bündnispartner mit den Mittelmächten diente die Festlegung Großbrit. auf die maximalen frz. und italien. Kriegsziele. Erst angesichts der bolschewist. Oktoberrevolution und der gefürchteten Sozialrevolution in Deutschland und Ostmitteleuropa kehrte Großbrit. vorsichtig zu den Maximen des Gleichgewichts zurück, in der Hoffnung, Nachkriegsdeutschland zum Damm gegen Sowjetrußland zu machen. Dies bestimmte mit die im Vergleich zu Frankr. elastischere brit. Haltung auf der Pariser Friedenskonferenz 1919 und in der Reparationsfrage.

Von den Verstrickungen der ir. Frage entlastete sich Großbrit. 1921 durch die Teilung Irlands, wobei Südirland in ein Dominion innerhalb des Commonwealth umgewandelt wurde. Die wirtsch. Zerrüttung und polit. Desorientierung der Mittelschichten wurde augenfällig in dem raschen Zerfall der Liberal Party und dem Aufstieg der Labour Party, die sich nach dem Mißerfolg des Generalstreiks 1926 endgültig für den parlamentar. Weg zum Sozialismus entschied. Die brit. Politik orientierte sich zw. den Weltkriegen mehr am Prinzip staatl. Eingreifens in die Wirtschaft als an der Aktivierung staatl. Wohlfahrtspolitik und neuen Regelungen der industriellen Mitbestimmung. Die Umstellung auf Friedenswirtschaft brachte schwere Erschütterungen (ausgedehnte Streiks; 1921: 2,5 Mill. Arbeitslose). Um die Westoption Deutschlands zu fördern, setzte sich die konservative Reg., unter S. Baldwin (ab 1924) für den Locarnopakt sowie den dt. Beitritt zum Völkerbund ein und war zur schrittweisen Revision des Versailler Vertrages bereit. Die nach den Wahlen 1929 gebildete Labourreg. unter J. R. MacDonald wurde 1931 in der Weltwirtschaftskrise um Konservative und Liberale zu einem National government erweitert. Unter Abkehr vom Freihandel ging Großbrit. über zu einem System von Vorzugszöllen innerhalb des Commonwealth. Dessen Umgestaltung zu einer Gemeinschaft gleichberechtigter Staaten wurde in den Konferenzen von 1917/18 und 1926 vorbereitet und im Westminster-Statut 1931 formuliert. Dem nat.-soz. Deutschland begegnete Großbrit. mit einer Mischung aus Ratlosigkeit, Abscheu und opportunist. Hoffnung, es werde als Wellenbrecher gegen die sowjet. Bedrohung wirken und eine weltpolit. Balance halten. Im übrigen erwartete man zunächst, daß Hitler nur die dt. Politik der friedl. Revision des Versailler Vertrags fortführe. Das Dt.-Brit. Flottenabkommen 1935 diente zwar äußerl. der Eindämmung, sanktionierte aber bereits förml. die Loslösung des NS-Regimes vom Versailler Vertrag. Es war ein entscheidender Schritt

auf dem Weg der Beschwichtigung (Appeasement) gegenüber der Remilitarisierung des Rheinlands, der Wiedereinführung der allg. Wehrpflicht, dem „Anschluß" Österreichs, der Sudetenkrise (1938), der Annexion der restl. tschech. Gebiete (März 1939) bis in die Krise des Sommers 1939, die mit der brit. Garantie für die Unversehrtheit Polens begann, mit dem Wettlauf um das Bündnis mit der UdSSR fortgesetzt wurde und im 2. Weltkrieg endete.

Zweiter Weltkrieg und Nachkriegszeit (seit 1939): Polit. bedeutete der 2. Weltkrieg die endgültige Zerstörung der brit. Weltmachtstellung. Im Mai 1940 wurde A. N. Chamberlain durch W. Churchill als Premiermin. einer großen Kriegskoalition ersetzt. Churchills Angebot einer brit.-frz. Union konnte indes den frz. Zusammenbruch (Juni 1940) nicht mehr verhindern. Von da an bis zum vollen Kriegseintritt der USA war Großbrit. der einzige Träger des Widerstands gegen das faschist. Europa. Die rasche Umstellung auf Kriegswirtschaft intensivierte noch einmal den staatl. Eingriff in die ohnehin bereits hochgradig konzentrierte und staatl. gelenkte Wirtschaft. Die Wirtschaftspolitik, in die die Grundsätze von J. M. Keynes eingeführt wurden, wurde durch aktive Sozialpolitik ergänzt. Ein hohes Beschäftigungsniveau wurde 1944 amtl. Ziel der Wirtschafts- und Finanzpolitik. Die nach ihrem Wahlsieg von 1945 regierende Labour Party unter C. R. Attlee versuchte, die dominierende Rolle des Staates bruchlos in die Nachkriegszeit zu überführen und zur Basis einer sozialist. Neuordnung zu machen. Sozialpolit. bed. waren die Einführung der einheitl. Sozialversicherung und des nat. Gesundheitsdienstes. Unternehmen, die de facto seit langem staatl. Kontrolle unterstanden, wurden verstaatlicht, ebenso in Schwierigkeiten geratene Wirtschaftszweige wie Bergbau und Eisenbahnen, aber nur wenige erfolgreich arbeitende Wirtschaftszweige wie die Eisen- und Stahlind. und der Güterfernverkehr (beide von konservativen Reg. wieder reprivatisiert). Die Gesamtplanung der Wirtschaft wurde allerdings erst Ende der 1950er Jahre mit der Errichtung des Nat. Wirtschaftsrats ansatzweise versucht. Die wirtsch. Probleme, der Zerfall des Empire nach dem 2. Weltkrieg mit dem Verlust sicherer Märkte, zunehmende Rohstoffabhängigkeit vom Ausland, schleichende Geldentwertung und die aus all dem resultierende Dauerbelastung der Handelsbilanz machten in der Nachkriegszeit eine entschlossene Außenpolitik prakt. unmögl. Der unter E. R. G. Heath seit 1970 vorangetriebene Abbau der Militärstützpunkte östl. von Sues war nur der Schlußpunkt einer Entwicklung, die seit 1945 von Konservativen und Labour Party als unausweichl. betrachtet wurde. Seit Beginn der 1960er Jahre war das Commonwealth, das mit seiner Homogenität die wirtsch. Interessenbindungen und polit. Ziele eingebüßt hatte, keine tragfähige Alternative zur europ. Option mehr. Die enge außenpolit. Zusammenarbeit mit den USA, die sich u. a. in der Marshallplanhilfe, im Ausbau der NATO und in der gemeinsamen atomaren Rüstung äußerte, fand in der Sueskrise 1956 ihre Grenze, als die USA gegen die brit.-frz. Intervention vorgingen. Folge dieses gescheiterten Unternehmens war kurzfristig der Sturz des brit. Premiermin. R. A. Eden, langfristig die sich verstärkende Überzeugung in der brit. Öffentlichkeit, daß allein im Anschluß an Europa ein Ersatz für die zerrinnende Weltmachtstellung zu finden sei. So beteiligte sich G. u. N. 1960 an der Gründung der Europ. Freihandelsassoziation (EFTA), führte 1963 Beitrittsverhandlungen mit der EWG, die am frz. Veto scheiterten, und trat schließl. 1973 als Vollmgl. den Europ. Gemeinschaften (EG) bei. Die konservativen Reg. Macmillan (1957–63) und Douglas-Home (1963/64) wandten sich verstärkt der Innenpolitik zu (Schulreform, Ausbau des Erwachsenenbildungswesens, Kontrolle der Umweltprobleme, aktive Ind.ansiedlungspolitik in benachteiligten Regionen, staatl. Wohnungsbau). Die Labourreg. unter H. Wilson (1964–70), belastet von schweren Zahlungsbilanzdefiziten, deren Beseitigung durch die Pfundabwertung von 1967 und einen Anstieg der Arbeitslosigkeit erkauft wurde, scheiterte bei dem Versuch, die Arbeitsbeziehungen und v. a. die Rechte der Gewerkschaften in einem gesetzl. Rahmen zu fassen, am erbitterten Widerstand der Gewerkschaften. Die aus den Wahlen von 1970 hervorgegangene konservative Reg. unter E. R. G. Heath setzte 1971 dann die Industrial Relations Act durch. Das Gesetz wurde von den Gewerkschaften boykottiert und 1974 unter der Labourreg. durch die Trade Union and Labour Relations Bill ersetzt, die die traditionellen gewerkschaftl. Rechte wiederherstellte und z. T. ausweitete. Als schwere Belastung erweisen sich bis heute die 1969 offen ausgebrochenen bürgerkriegsähnl. Auseinandersetzungen in Nordirland, die 1972 zur Übernahme der direkten Reg.gewalt in diesem Landesteil durch die brit. Reg. führten. Im Winter 1973/74 hatte ein Lohnkonflikt in den Kohlebergwerken eine nat. Energiekrise und die vorübergehende Einführung der Dreitagewoche zur Folge. Vorzeitige Neuwahlen im Febr. 1974 brachten der Labour Party einen knappen Mandatsvorsprung, den sie bei erneuten Unterhauswahlen im Okt. 1974 zur absoluten Mehrheit ausbauen konnte. Premiermin. H. Wilson (1974–76) ließ im Juni 1975 eine Volksabstimmung - die erste in Großbrit. überhaupt - über den Verbleib seines Landes in der EG durchführen, die 67,2 % Ja-Stimmen ergab. Nach seinem Rücktritt übernahm J. Callaghan im April 1976 die Führung der Labourreg. Die wirtsch.

Probleme in G. und N. trugen wesentl. zum Sieg der Konservativen Partei bei den Unterhauswahlen im Mai 1979 bei; Premiermin. wurde M. Thatcher. Ihre restriktive Wirtschafts- und Währungspolitik v. a. zur Verlangsamung der Inflation (von 18 % [1980] auf rd. 5 % [1983]) führte zu zahlr. Firmenzusammenbrüchen und bis Aug. 1982 zu über 3 Mill. Arbeitslosen (darunter fast 40 % Jugendliche unter 25 Jahre). Die von ihr durchgesetzte Revision des Gewerkschaftsgesetzes beschränkt die Monopolstellung der Gewerkschaften und definiert das Streikrecht enger. In der Europapolitik konnte die brit. Reg. durch ihre harte Haltung im April 1980 eine wesentl. Reduzierung der brit. EG-Beiträge erreichen. Wichtige Erfolge in der Außenpolitik der Reg. Thatcher stellten die Lösung des Rhodesienkonfliktes (Dez. 1979) sowie der erfolgreich beendete Krieg mit Argentinien um die brit. Kronkolonie Falkland Islands and Dependencies dar, die nach argentin. Besetzung im Juni 1982 zurückerobert wurde. Dieser Sieg führte zum großen Erfolg der Konservativen bei den Unterhauswahlen 1983. Die wirtsch. Probleme standen und stehen weiterhin im Zentrum der brit. Politik. Der fast einjährige Streik der Bergarbeitergewerkschaft NUM gegen die vorgesehene Schließung von 20 Zechen mußte am 5. März 1985 ergebnislos abgebrochen werden. Er hatte zu einer nachhaltigen Erschütterung des brit. Gewerkschaftsverbandes TUC geführt, da die anderen Gewerkschaften zwar die polit. Ziele der NUM und deren teilweise terrorist. Methoden ablehnten, aber nicht verhindern konnten, daß die Reg. den Streik zu einer weiteren Schwächung der Gewerkschaftsbewegung nutzte. Eine weitere Belastung für den TUC entstand mit dem Umzug des von dem austral. Verleger beherrschten Zeitungsimperiums News International („Times", „Sun") in das neue Druckzentrum Whapping und der gleichzeitigen Entlassung von 5 000 streikenden Druckern und Setzern. Die im neuen Druckzentrum installierten elektron. Satz- und Drucksysteme werden von Mitgliedern der Elektrikergewerkschaft EETPU bedient; der drohende Ausschluß der EETPU aus dem TUC konnte durch eine innergewerkschaftl. Einigung verhindert werden.

In der Nordirlandfrage, wo seit der Übernahme der direkten Herrschaft (1974) keine polit. Lösung zustande kam, unternahm die Reg. einen neuen Vorstoß zur Befriedung Nordirlands. G. u. N. sowie die Rep. Irland unterzeichneten im Nov. 1985 ein Abkommen, das der ir. Reg. eine konsultative Rolle in der Verwaltung Nordirlands gibt. Die Exekutivgewalt bleibt bei London. Außerdem soll die Zusammenarbeit bei der Bekämpfung des Terrors verstärkt werden. Besonders das brit. Zugeständnis an Irland, daß ir. Ministerialbeamte künftig in einem gemeinsamen, in Belfast arbeitenden Sekretariat an der Seite brit. Beamter Verwaltungsfragen für Nordirland mitentscheiden können, soll die Sicherheit Nordirlands verbessern. Das Unterhaus sowie das ir. Parlament stimmten bis Ende Febr. 1986 mit jeweils großer Mehrheit dem Abkommen zu; nur 47 brit. Parlamentarier stimmten dagegen, darunter die protestant. nordir. Unionisten. Bei der durch den Rücktritt aller 15 protestant. Abg. der Prov. notwendig gewordenen Nachwahlen zum Unterhaus (Jan. 1986) erhielten die Gegner des Abkommens nur 43,8% der abgegebenen Stimmen.

Schwerpunkte der brit. Außenpolitik sind die Koordination mit den Verbündeten in den Fragen der Rüstungskontroll- und Abrüstungsverhandlungen zw. den USA und der Sowjetunion (u. a. Unterzeichnung eines Abkommens über den brit. Forschungsanteil am amerikan. SDI-Projekt) und der Bekämpfung des internat. Terrorismus. In diesem Rahmen brach G. u. N. die diplomat. Beziehungen zu Syrien ab, da brit. Gerichte im Herbst 1986 die Unterstützung von Terroranschlägen in G. u. N. durch offizielle syr. Stellen festgestellt hatten. Mit der VR China konnte ein Abkommen über die Zukunft der brit. Kronkolonie Hongkong geschlossen werden.

Politisches System: Das brit. Verfassungsrecht beruht nicht auf einer bestimmten Verfassungsurkunde, es besteht aus dem richterl. Gewohnheitsrecht (↑ Common Law), den ungeschriebenen Konventionalregeln, die zum großen Teil das Verhältnis der höchsten staatl. Institutionen untereinander bestimmen, und dem geschriebenen Gesetzesrecht, das unbedingten Vorrang hat. G. u. N. ist eine Erbmonarchie (erst männl., dann weibl. Thronfolge) mit parlamentar.-demokrat. Reg.form. Der Monarch ist heute im wesentl. auf Repräsentationsfunktionen beschränkt.

Die Krone ernennt den Führer der Mehrheitsfraktion im Unterhaus zum Premiermin. und beruft auf dessen Vorschlag die übrigen (etwa 100) Mgl. der *Regierung,* meist Abg. des Unterhauses, auch einige Mgl. des Oberhauses. Die etwa 20 wichtigsten Reg.mgl. bilden das *Kabinett.* Der Premiermin. steht im Zentrum des brit. Reg.systems. Er bestimmt die Richtlinien der Politik. Er allein kann jederzeit beim Monarchen die Auflösung des Unterhauses beantragen und damit über Neuwahlen entscheiden. Er ist der allein verantwortl. und offizielle Repräsentant der Reg. gegenüber dem Parlament, der Krone und der Öffentlichkeit. Die verfassungsmäßig beim Monarchen und dem Parlament (Oberhaus und Unterhaus) liegende *Legislativgewalt* wird prakt. allein vom Unterhaus (House of Commons) ausgeübt. Das Gesetzgebungsverfahren wird stark von der Reg. gelenkt. Der Führer des Unterhauses ist Mgl. des Kabinetts; er bestimmt weitgehend die Tagesordnung des Unterhauses. Vom Präs.

des Unterhauses (Speaker) andererseits wird strikte Neutralität in der Handhabung der Geschäftsordnung erwartet. Die Gesetzesvorlagen (Bills) werden mit wenigen Ausnahmen von der Reg. im Unterhaus eingebracht, Finanzgesetze ausschließlich von ihr. Nach der Verabschiedung werden die Gesetzesvorlagen an das Oberhaus (House of Lords) weitergereicht, dessen Ablehnung auf Finanzgesetzentwürfe keinen Einfluß, auf die übrigen Gesetzentwürfe nur aufschiebende Wirkung hat. Kontroverse Gesetzentwürfe, bei denen die unterschiedl. Meinungen quer durch die Parteien gehen (z. B. Abschaffung der Todesstrafe), werden häufig zuerst im Oberhaus behandelt, da man sich dort eine sachlichere und weniger emotionale Debatte erhofft. Sie werden dann an das Unterhaus weitergeleitet. Nach der Verabschiedung durch das Parlament wird eine Gesetzesvorlage vom Monarchen unterzeichnet und durch Eintragung im Book of Statutes zum Gesetz (Act).

Wegen der Machtstellung der Reg. beim Gesetzgebungsverfahren gibt es im brit. Parlamentarismus weniger ein Gegenüber von Reg. und Parlament im Sinne der Gewaltentrennung als vielmehr eine Konfrontation zw. der Reg. sowie der von ihr straff geführten Reg.fraktion einerseits und der parlamentar. Opposition andererseits. Dementsprechend ist nicht die Gesetzgebung die wichtigste Funktion des *Unterhauses,* sondern die von der Opposition permanent ausgelöste Debatte über die zentralen polit. Fragen. Die Opposition, die stets als Alternative zur amtierenden Reg. bereitsteht, verfügt über ein ständiges Schattenkabinett, das vom Oppositionsführer angeführt wird. Nach dem Gesetz darf die Mgl.zahl im Unterhaus nicht wesentl. von 625 (zur Zeit 650) abweichen, davon müssen mindestens 71 Abg. in Schottland, 35 in Wales und 12 in Nordirland gewählt werden. Die Abg. werden in Einerwahlkreisen nach dem relativen Mehrheitswahlrecht gewählt. Das aktive Wahlrecht liegt bei 18, das passive bei 21 Jahren.

Das *Oberhaus* besteht aus den erbl. Peers (Angehörige des Hochadels), den ernannten Peers auf Lebenszeit, den ernannten Lords of Appeal in Ordinary, die die Funktionen des Oberhauses als Oberster Gerichtshof wahrnehmen, und 26 Bischöfen der anglikan. Kirche; insgesamt rd. 1180 Mitglieder.

Der *Geheime Rat* (Privy Council) besteht aus rd. 300 vom Premiermin. ernannten Mgl. aus allen Commonwealth-Ländern, darunter alle Mgl. des brit. Kabinetts. Seine begrenzte Bed. liegt darin, daß alle Reg.verordnungen vor ihm gebilligt werden müssen. Das Rechtskomitee des Geheimen Rats stellt für einige Commonwealth-Staaten das oberste Berufungsgericht dar.

Das *Parteiensystem* in G. u. N. ist - bedingt v. a. durch das Mehrheitswahlrecht - traditionell ein Zweiparteiensystem. Zw. 1931 und 1974 hatte immer eine der beiden großen Parteien (die ↑Konservative und Unionistische Partei und die ↑Labour Party) eine absolute Mehrheit im Unterhaus. In letzter Zeit sind die Verhältnisse in dieser Hinsicht etwas unstabiler geworden; auch gibt es eine Bewegung zur Einführung des Verhältniswahlrechts, das die Begünstigung der Konservativen und Unionist. Partei und der Labour Party auf Kosten der kleinen Parteien beenden würde. Beide großen Parteien sind Volksparteien, deren Mgl. und Wähler - mit unterschiedl. Gewichtung - sich aus allen Schichten der Bev. rekrutieren. Sie orientieren sich eher nach der polit. Mitte als nach dem linken bzw. rechten Flügel. Grundsätzl. jedoch plädiert die Labour Party für eine weitere Ausdehnung der staatl. Tätigkeit zugunsten größerer sozialer und ökonom. Gleichheit, während die Konservative und Unionist. Partei das Prinzip der individuellen Freiheit betont. Von den kleineren Parteien sind die 1981 gegr. Social Democratic Party (SDP) und die Liberal Party die bedeutendsten, weitere Parteien sind Plaid Cymru und Scottish National Party (Walis. bzw. Schott. Nationalist. Partei), die Ulster Unionists (nordir. Protestanten), die Communist Party sowie die rechtsradikale National Front. In Nordirland hat sich auf Grund der histor. und polit. Sonderstellung ein eigenes Parteiensystem entwickelt, das nach konfessionellen Gesichtspunkten aufgebaut ist. Dem Unterhaus gehören u. a. an (Juni 1983): Konservative und Unionist. Partei (397 Sitze), Labour Party (209), SDP (6), Liberal Party (17), Scottish National Party (2), Plaid Cymru (2), Ulster Unionisten (1).

Das brit. *Gewerkschaftswesen* unterliegt keinem einheitl. Strukturprinzip. So gibt es große, ganze Ind.zweige umfassende Organisationen neben kleinen Gewerkschaften, die nur auf die Angehörigen eines Berufes beschränkt sind. Die meisten Einzelgewerkschaften, näml. 95 Verbände mit insgesamt rd. 9,8 Mill. Mgl., sind im Dachverband Trades Union Congress (TUC) zusammengeschlossen. Daneben gehören dem schott. Dachverband Scottish Trades Union Congress 73 Gewerkschaften mit insgesamt rd. 1 Mill. Mgl. an. Die *Interessenverbände* der Unternehmer in den einzelnen Branchen sind zum größten Teil in der Confederation of British Industry zusammengeschlossen. Die Bauern (v. a. die Kleinbauern) haben sich in den National Farmers' Union organisiert.

Verwaltung: G. und N. ist ein zentraler Einheitsstaat, wobei die Regionen Wales, Schottland und Nordirland eine gewisse Sonderstellung einnehmen. Nach der 1974 in Kraft getretenen Verwaltungsneugliederung gibt es in England 47 Grafschaften (counties), 6 Metropolitan counties sowie Greater London als Sonderverwaltungseinheit, in Wales 8 Graf-

schaften, in Nordirland 26 Distrikte, in Schottland 9 Regionen und 3 Inselgebiete. Eine stärkere Regionalisierung („devolution" für Schottland und Wales durch Errichtung eigener Parlamente und Exekutivorgane (Gesetz von 1976) scheiterte 1979 am negativen Ausgang von Volksabstimmungen in Schottland und Wales. In Nordirland fanden im Okt. 1982 Wahlen zu einer parlamentar. Versammlung statt, der schrittweise Kompetenzen übergeben werden sollen.

Die Kanalinseln und die Isle of Man gehören staatsrechtl. nicht zu G. u. N. An der Spitze der lokalen Selbstverwaltungseinheiten stehen auf 4 Jahre gewählte Räte, die ihrerseits die Bürgermeister bzw. ihre Vors. wählen.

Die *Rechtsprechung* beruht weitgehend auf dem ↑Common Law. In der Gerichtsorganisation unterscheidet sich Schottland von den übrigen Regionen. Außerhalb Schottlands entscheidet bei allen Strafgerichten eine zwölfköpfige Laienjury über die Schuldfrage und der Richter über die Strafzumessung. Die Stufen der Strafgerichtsbarkeit sind Magistratsgericht, Hoher Justizgerichtshof, Königericht, Appellationsgerichtshof; in der Zivilgerichtsbarkeit Grafschaftsgericht (zuweilen auch Magistratsgericht), Hoher Justizgerichtshof, Appellationsgerichtshof. In Straf- und Zivilsachen ist das Oberhaus letzte Berufungsinstanz. In Schottland sind die Gemeinde- oder Polizeigerichte bzw. die Friedensgerichte für die leichteren, die Sheriffgerichte für die schweren Strafsachen zuständig. Oberstes Strafgericht ist der Hohe Justizgerichtshof. In Zivilsachen sind die Sheriffgerichte Erstinstanz, der Court of Session Berufungsinstanz. Berufung zum Oberhaus ist in Schottland nicht zulässig.

Für die *Landesverteidigung* unterhält G. u. N. eine Freiwilligenarmee in einer Gesamtstärke von 327 100 Soldaten; davon entfallen auf das Heer 163 000, auf die Luftwaffe 93 500 und auf die Marine 70 600 Soldaten. Die strateg. Nuklearstreitmacht umfaßt 4 atomgetriebene Unterseeboote, die mit Polaris-Raketen bestückt sind, sowie eine Raketenfrühwarnstation. Außerhalb von G. u. N. sind stationiert in der BR Deutschland die Brit. Rheinarmee (55 000 Soldaten) sowie weitere Truppenkontingente in Brunei, Hongkong, auf Zypern, Gibraltar, Belize und den Falklandinseln.

📖 *Kluxen, K.:* Gesch. Englands. Stg. ³1985. - *Hermle, R.:* Der Konflikt in Nordirland. Mainz u. Mchn. 1979. - A new historical geography of England. Hg. v. H. C. Darby. Cambridge 1973. - *Ritter, G. A.:* Parlament u. Demokratie in Großbrit. Gött. 1972. - *Hrebek, R./Keutsch, W.:* Gesellschaft u. Staat in Großbrit. Tüb. 1971. - *Bennison, G. M./Wright, A. E.:* The geological history of the British Isles. London 1969.

großdeutsch, in der Revolution 1848/49 aufgekommene Bez. für jene nationalpolit. Richtung, die die dt. Frage durch den staatl.

Großdeutsches Reich

Zusammenschluß möglichst aller (geschlossen siedelnder) Deutscher in M-Europa zu lösen suchte. Die Großdeutschen knüpften in der Frankfurter Nationalversammlung an die Tradition der Befreiungskriege an, konnten sich aber angesichts des preuß.-östr. Dualismus, partikularstaatl. Widerstände wie konfessioneller und wirtschaftl.-sozialer Interessengegensätze nicht durchsetzen. Die europ. Problematik der g. Konzeption ergab sich zum einen aus der mit ihr verbundenen grundlegenden Änderung des Gleichgewichts der europ. Mächte, die weder Großbrit. noch Rußland zu tolerieren gewillt war, zum anderen aus der nat. Gemengelage in M-Europa. Beim Zerfall der Donaumonarchie am Ende des 1. Weltkrieges fand die g. Idee ihren Ausdruck in der Weimarer und östr. Verfassung, die einen Anschluß Deutschösterreichs an das Dt. Reich vorsahen. Machtpolit. wäre damit der Sieg der Alliierten unterlaufen worden, so daß die Friedensverträge von Versailles und Saint-Germain-en-Laye den Anschluß verboten. Dieser blieb dennoch Ziel nahezu aller polit. Lager im Reich und in Österreich, wobei die Vorstellung einer föderalist. Eingliederung dominierte. Hitler erzwang 1938 das Aufgehen Österreichs in einem zentralist. Einheitsstaat („Großdeutschland"), dem noch 1938 die Sudetengebiete und 1939 das „Protektorat Böhmen und Mähren" zugeschlagen wurden. Seit 1945 ist die g. Idee ohne aktuelle Bedeutung.

Großdeutsches Reich (Großdeutschland), zunächst informelle Bez. für das Dt. Reich nach dem Anschluß Österreichs; später, v. a. im Verlauf des 2. Weltkriegs, auch offiziell gebraucht.

Großdeutsche Volkspartei, aus der deutschnationalen Bewegung in Österreich-Ungarn hervorgegangene, 1920 gegr. liberal-nat. Partei (Vorläufer war 1919 die Großdt. Vereinigung als parlamentar. Klub); vertrat als Hauptforderung den Anschluß Österreichs an das Dt. Reich; 1921–32 mit kurzen Unterbrechungen in den Reg. vertreten; schloß 1933 eine Kampfgemeinschaft mit den Nationalsozialisten; 1934 verboten und aufgelöst.

Größe, (physikal. Größe) Bez. für einen Begriff, der eine quantitative Aussage über ein meßbares Einzelmerkmal eines physikal. Sachverhalts, eines physikal. Objektes oder eines physikal. Phänomens beinhaltet; physikal. G. bezeichnen also Eigenschaften oder Merkmale, die sich quantitativ erfassen lassen. Jede G. ist durch eine geeignete Meßvorschrift definiert. Die Messung einer physikal. G. besteht in einem Vergleich der G. mit dem als Einheit gewählten bzw. festgelegten ↑Normal. Somit läßt sich jede G. durch das Produkt aus Zahlenwert und Einheit darstellen. Die G.angabe 5 Meter (5 m) bedeutet also: 5 · 1 Meter (5 · 1 m). - ↑auch Übersicht

Physikalische Größen und ihre Einheiten Bd. 17, S. 106/107.
◆ ↑ Helligkeit.

Große Allianz, Name zweier gegen Frankr. gerichteter europ. Bündnisse: Kaiser Leopold I. schloß am 12. Mai 1689 ein Kriegsbündnis mit den Niederlanden, dem Wilhelm III. von England (12. Sept. 1689) sowie (1690) Spanien und Savoyen beitraten (*Wiener G. A. von 1689*), das Frankr. nach dem Pfälz. Erbfolgekrieg zum Frieden von Rijswijk zwang. Im Span. Erbfolgekrieg wurde die *Haager G. A. von 1701* gebildet (7. Sept. 1701, zw. dem dt. Kaiser, England und den Niederlanden).

große Anfrage ↑parlamentarische Anfrage.

Große Antillen ↑Antillen.

Große Armee, svw. ↑Grande Armée.

Große Australische Bucht, weite Bucht des Ind. Ozeans an der S-Küste Australiens.

Große Bibernelle ↑Bibernelle.

Große Blöße, mit 528 m ü. d. M. höchster Berg des Solling, Nds.

große Depression, Bez. für die der globalen Hochkonjunkturphase nach 1850 folgende Verlangsamung der wirtsch. Wachstums in Europa, deren Beginn in der Wirtschaftsgeschichte meist mit dem Wiener Börsenkrach vom Sommer 1873 und deren Ende mit der 1895/96 einsetzenden, bis zum Vorabend des 1. Weltkrieges anhaltenden Aufschwungperiode angesetzt wird. Die g. D. wird charakterisiert durch 3 Konjunkturtiefs: Die 1. Phase, bestimmt von Stagnation, Preisverfall und Schrumpfung in Einzelbereichen, dauerte bis 1879, die 2. Phase der Jahre 1882–86 war nicht in allen Ländern von schweren Einbußen gekennzeichnet. Der dann zu verzeichnende wesentliche Aufschwung durchlief 1891–94 in der 3. Phase eine internat. Krise, deren Tiefpunkt der spektakuläre Zusammenbruch des Bankhauses Baring in London markierte. Zu den polit. Folgeerscheinungen werden heute v. a. die Diskreditierung des Liberalismus als polit.-wirtsch. Ordnungssystem, die sich bis zum Sozialistengesetz steigernde Revolutionsfurcht und Statusunsicherheit der Mittelschichten, der beginnende Antisemitismus und v. a. der Übergang zum Schutzzoll 1879 gezählt.

Große Ebene, Tiefebene in N-China, nördl. des Jangtsekiang im Einzugsgebiet von Haiho, Hwangho und Hwaiho. Sie umfaßt etwa 5 % der Fläche Chinas mit äußerst fruchtbaren Böden; in ihr leben rd. 22 % der Gesamtbevölkerung des Landes; intensive Landw., stark industrialisiert.

Große Egelschnecke ↑Egelschnecken.

Große Fahrt ↑Fahrtbereich.

Große Flotte (engl. Grand Fleet), im 1. Weltkrieg Bez. der brit. Heimatflotte (mit fast allen modernen brit. Kriegsschiffen).

große Haverei (große Haverie) ↑Havarie.

Große Heidelberger Liederhandschrift ↑Heidelberger Liederhandschrift.

Großeinkaufs-Gesellschaft Deutscher Konsumgenossenschaften mbH, Abk. GEG, bis 1972 führendes Unternehmen der co op, im Dez. Umwandlung in die *co op Zentrale AG.* Diese hat als Dachorganisation und Wirtschaftszentrale der co op folgende Funktionen: wirtschaftl. und organisator. Zusammenfassung der Konsumgenossenschaften; Rahmenplanung; Produktion, Groß- und Einzelhandel.

Große Kabylei ↑Kabylei.

große Koalition, 1. in der Weimarer Republik Bez. für ein Reg.bündnis von SPD, DDP, Zentrum, DVP und BVP 1923 und 1928–30; 2. in der BR Deutschland Bez. für ein Reg.bündnis unter Einschluß der beiden größten Fraktionen CDU/CSU und SPD.

Große Kreisstädte, amtl. Bez. für kreisangehörige Gemeinden, die jedoch - je nach Bundesland - alle oder einzelne Verwaltungsaufgaben der unteren staatl. Verwaltungsbehörden (Landrat) als Pflichtaufgaben wahrnehmen. Zuständiges Organ ist der Bürgermeister, der hier die Amtsbez. Oberbürgermeister führt.

Große Mauer ↑Chinesische Mauer.

Große Meteorbank, untermeer. Tafelberg im N-Atlantik; reicht aus fast 5 000 m Tiefe bis 269 m u. d. M. herauf; 1938 vom dt. Forschungsschiff „Meteor" endeckt.

Große Mutter ↑Kybele.

Größenarten ↑Physikalische Größen und ihre Einheiten (Übersicht).

Große Neufundlandbank, Flachseegebiet im Atlantik, der Insel Neufundland sö. vorgelagert, einer der reichsten Fischgründe der Erde.

Großenhain, Krst. an der Großen Röder, Bez. Dresden, DDR, 115–122 m ü. d. M., 19 100 E. U. a. Tuchfabrik, Webstuhlbau; Elektromotorenwerk, Papierind. - Die seit 1205 belegte Siedlung (G. erst seit etwa 1700) wurde um 1200 vom Markgrafen von Meißen zur Stadt ausgebaut. - Barocke Stadtkirche (1744–48).

G., Landkr. im Bez. Dresden, DDR.

Größenklasse ↑Helligkeit.

Großen-Linden ↑Linden.

Größenordnung, ein (meist durch aufeinanderfolgende Zehnerpotenzen begrenzter) Zahlenbereich, in dem die Maßzahl einer [physikal.] Größe, einer Anzahl u. a. liegt.

Größenwahn (Megalomanie), übersteigerte Geltungssucht (v. a. bei Psychosen), meist mit Wahnvorstellungen verknüpft. Der Größenwahnsinnige schreibt sich selbst sinnlos übertriebene Eigenschaften zu.

Grosser, Alfred [frz. gro'sɛːr], * Frankfurt am Main 1. Febr. 1925, frz. Politikwissenschaftler und Publizist dt. Herkunft. - Emi-

grierte 1933 mit seinen Eltern nach Frankr., schloß sich im 2. Weltkrieg der Résistance an; setzte sich nach dem Krieg für eine dt.-frz. Verständigung ein; Prof. in Paris seit 1955; 1975 mit dem Friedenspreis des Börsenvereins des Dt. Buchhandels ausgezeichnet.

Großer Aletschgletscher, größter (86,76 km²) und längster (24,7 km) Alpengletscher, in der Finsteraarhorngruppe der Berner Alpen (Schweiz).

Großer Ampfer, svw. ↑Sauerampfer.

Große Randstufe, für das südl. Afrika typ. Steilabbruch des Binnenhochlands zur Küstenzone.

Großer Ararat ↑Ararat.

Großer Arber, höchster Berg des ostbayr. Gebirge, 1457 m hoch, im Hinteren Bayer. Wald, durch einen Sattel mit dem 1 384 m hohen **Kleinen Arber** verbunden; unterhalb davon der **Große Arbersee** (6,8 ha Wasserfläche, 15 m tief), ein Karsee in 934 m Höhe, und der **Kleine Arbersee** (3,4 ha, 10 m tief) in 920 m Höhe.

Großer Bär (Großer Wagen) ↑Sternbilder (Übersicht).

Großer Bärensee, See in NW-Kanada am Polarkreis, 31 328 km², 156 m ü. d. M.

Großer Beerberg, mit 982 m höchster Gipfel des Thüringer Waldes, DDR.

Großer Belchen (frz. Grand Ballon, Ballon de Guebwiller), mit 1 423 m höchster Gipfel der Vogesen, Frankreich.

Großer Belt, mittlere der drei Meeresstraßen, die das Kattegat mit der Ostsee verbinden.

Großer Beutelmull ↑Beutelmulle.

Großer Bittersee, See in Ägypten, 30 km nördl. von Sues, 23 km lang, bis 13 km breit; durch ihn und die sö. anschließenden **Kleinen Bittersee** (13 km lang, 3 km breit) verläuft der Suezkanal.

Großer Brachvogel (Numenius arquata), mit fast 60 cm Körperlänge größter europ. Schnepfenvogel (Gatt. Brachvögel) in den gemäßigten, z. T. auch nördl. Regionen Eurasiens; Schnabel etwa 12 cm lang, abwärts gebogen, Gefieder gelblichbraun, nicht gestreift.

Großer Buntspecht ↑Buntspecht.

Großer Chingan, Gebirge in N-China, erstreckt sich vom Amurbogen über rd. 800 km nach S und trennt die zentrale Tiefebene der Mandschurei im O vom mongol. Plateau im W, größte Höhe im S mit 2 034 m ü. d. M.

Großer Eisvogel ↑Eisvögel.

Großer Elchhund ↑Elchhund.

Großer Feldberg, mit 878 m die höchste Erhebung des Taunus, Hessen.

Großer Ferganakanal, 330 km langer Hauptbewässerungskanal des Ferganabeckens, UdSSR.

Großer Friedrichsgraben, 18 km langer Kanal in Ostpreußen, UdSSR▾, verbindet mit dem nördl. anschließenden **Seckenburger**

Großer Frostspanner

Großglockner mit dem Talgletscher
Pasterze

Kanal den Pregel mit der Memel. - 1689–97 angelegt.

Großer Frostspanner ↑Frostspanner.

Großer Gabelschwanz ↑Gabelschwänze.

Großer Geist, eine unter nordamerikan. Indianern weit verbreitete Bez. für eine unsichtbare und übernatürl. kosm. und lebenspendende Macht; in der Algonkinsprache meist **Manitu** („Geist") genannt, dem in der Sprache der Sioux **Wakanda** und in der der Huronen **Oki** entspricht.

Großer Heuberg (Heuberg), der hochgelegene Teil der Kuppenalb in der sw. Schwäb. Alb, Bad.-Württ., im Lemberg 1 015 m ü. d. M.

Großer Hund ↑Sternbilder (Übersicht).

Großer Jasmunder Bodden, Meeresbucht im Nordteil der Insel Rügen, DDR.

Großer Jenissei ↑Jenissei.

Großer Kanal ↑Kaiserkanal.

Großer Kaukasus ↑Kaukasus.

Großer Kudu ↑Drehhornantilopen.

Großer Kurfürst, Beiname des Kurfürsten ↑Friedrich Wilhelm von Brandenburg.

Großer Norden, chilen. Großlandschaft, ↑Atacama.

Großer Ölberg, mit 480 m höchster Berg des Siebengebirges, NRW.

Großer Östlicher Erg, Sandwüstengebiet in der nördl. Sahara (Algerien und Tunesien) mit bis 200 m hohen Wanderdünen.

Großer Ozean ↑Pazifischer Ozean.

Großer Plöner See, inselreicher See in der Holstein. Schweiz, 29,1 km².

Großer Preis (Grand Prix), Abk. GP, 1. im Automobilsport Bez. für einen Formel-1-Wertungslauf zur Fahrerweltmeisterschaft. G. P.-Rennen werden u. a. ausgetragen in Argentinien, Belgien, Frankr., den Niederlanden, Italien, Monaco, Spanien; in der BR Deutschland als G. P. von Deutschland, ausgetragen erstmals 1926 (Avus), 1927–77 auf dem Nürburgring (daneben 1959 Avus, 1970 Hockenheimring), seit 1978 auf dem Hockenheimring; 2. im Motorradrennsport Bez. für Weltmeisterschaftsläufe.

Großer Rat, die parlamentar. Vertretungskörperschaft der schweizer. Kt., auch **Kantonsrat, Landrat** gen.; höchstes Staatsorgan, das unter Vorbehalt der Rechte des Volkes die oberste Gewalt ausübt; hat die übl. parlamentar. Funktionen (Rechtsetzung, Budgetrecht, Kontrolle, Vertragsgenehmigung) und ist das entscheidende Organ bei der Ausübung der kantonalen Rechte im Rahmen der Bundesgesetzgebung.

Großer Salzsee ↑Great Salt Lake.

Großer Sankt Bernhard ↑Alpenpässe (Übersicht).

Großer Schneeberg, höchste Erhebung des Glatzer Schneegebirges auf der Grenze zw. Polen▼ und der ČSSR, 1 425 m ü. d. M.

Großer Schwertwal ↑Delphine.

Großer Senat für Strafsachen ↑Bundesgerichtshof.

Großer Senat für Zivilsachen ↑Bundesgerichtshof.

Großer Sklavensee, See in NW-Kanada, rd. 500 km lang, 80–240 km breit, 156 m ü. d. M., bis 627 m tief; Zufluß im SO durch den Slave River, Abfluß nach W durch den Mackenzie River.

Großer Süden, Großlandschaft in ↑Chile, südlichster Teil des Landes.

Großer Tanrek (Großer Tenrek, Tenrec ecaudatus), größte Art der Borstenigel auf Madagaskar; Körperlänge bis etwa 40 cm, Schwanz äußerl. nicht sichtbar (etwa 1 cm lang); das wenig dichte Haarkleid von z. T. langen Stacheln durchsetzt; am Kopf und am Rücken sehr lange, feine Tasthaare; Grundfärbung meist grau- bis rötlichbraun; dämmerungs- und nachtaktiv.

Großer Tümmler ↑Delphine.

Großer Vaterländischer Krieg, sowjet. Bez. für den Krieg gegen das nat.-soz. Deutschland 1941–45; geprägt in bewußter Analogie zum Vaterländ. Krieg Rußlands (1812).

Großer Wagen ↑Sternbilder (Übersicht).

Großer Wasserfloh ↑Daphnia.

Großer Westlicher Erg, Sandwüstengebiet in der nördl. Sahara, im westl. Z-Algerien, mit bis zu 300 m hohen Kettendünen.

Großes Appalachental ↑Ridge and Valley Province.

Großes Artesisches Becken, Beckenlandschaft im zentralöstl. Australien, über 2 000 km N-S- und etwa 1 500 km O-W-Erstreckung, fällt von 300 m ü. d. M. im O auf 12 m u. d. M. am Eyresee ab. Bed. Weidewirtschaftsgebiet dank zahlr. artes. Brunnen.

Großes Barriereriff, mit 2 000 km längstes Korallenriff der Erde, vor der Küste von Queensland, Australien, im S bis 300 km von der Küste entfernt, im N küstennah. Über 600 Inseln ragen über den Meeresspiegel hinaus, u. a. **Green Island** (Nationalpark) mit Unterwasserbeobachtungsräumen, Museum und Aquarium.

Große Schütt, Insel in der Donau, zw. Kleiner Donau und Waagdonau, ČSSR, 85 km lang, 14–29 km breit, intensiv genutztes Landwirtschaftsgebiet.

Große Schwebrenken ↑ Felchen.

Große Seen, zusammenfassende Bez. für ↑ Oberer See, ↑ Michigansee, ↑ Huronsee, ↑ Eriesee und ↑ Ontariosee in den USA und in Kanada; bed. Binnenschiffahrtsweg und, mit etwa 246 500 km², größte zusammenhängende Süßwasserfläche der Erde.

Große Senate, Spruchkörper höherer [Revisions]gerichte mit der Aufgabe, eine einheitl. Rechtsprechung der einzelnen Senate des betreffenden Gerichts zu sichern und das Recht fortzubilden. Je einen G. S. haben das Bundesarbeitsgericht, das Bundesverwaltungsgericht, das Bundessozialgericht, der Bundesfinanzhof und die Oberverwaltungsgerichte (Verwaltungsgerichtshöfe) der Länder. Beim Bundesgerichtshof bestehen zwei Große Senate.

großes Fahrzeug ↑ Mahajana-Buddhismus.

Großes Jahr (Weltjahr), svw. ↑ platonisches Jahr.

Große Sundainseln, Teil des Malaiischen Archipels, umfaßt die Inseln ↑ Borneo, ↑ Celebes, ↑ Java und ↑ Sumatra.

Großes Ungarisches Tiefland (Alföld), wenig gegliederte Beckenlandschaft mit kontinentalem Klima zw. der Donau im S und W, dem Nordungar. Mittelgebirge im N, den Karpaten im NO und dem Bihargebirge im O, etwa 100 000 km². Anteil am G. U. T. haben Ungarn (50 000 km²), Rumänien, Jugoslawien, die ČSSR und die UdSSR. Weite Teile sind von Flugsandfeldern und Löß bedeckt. Die ehem. von Auwäldern und Sümpfen durchsetzte Wiesensteppe wird heute weitgehend als Ackerland (Anbau von Weizen, Mais, Roggen, Reis, Kartoffeln, Zuckerrüben, Obst, Wein, Gemüse und Tabak) und Weidegebiet (v. a. Schaf-, Geflügel-, Schweine- und Pferdezucht) genutzt. Große wirtsch. Bed. haben Erdöl- und Erdgasförderung.

Großes Walsertal, rechtes Seitental der Ill, Vorarlberg, Österreich, reicht vom Hochtannbergpaß bis in die Nähe von Bludenz, zum großen Teil von Nachkommen von Walsern, die im 13. und 14. Jh. einwanderten, bewohnt.

Großes Wiesel, svw. Hermelin († Wiesel).

Große Syrte, Golf des Mittelmeers an der libyschen Küste, zw. Misurata und Benga-

si, etwa 450 km breit, 200 km lang.

Grosseteste, Robert [engl. ˈgroustɛst], * Stradbroke (Suffolk) um 1168, † Buckden (bei Huntingdon and Godmanchester) 9. Okt. 1253, engl. Philosoph und Theologe. - 1214–21 Kanzler der Univ. Oxford, 1229/30 bis 1235 erster Lektor der Theologie am Ordensstudium der Franziskaner in Oxford, 1235 Bischof von Lincoln. Von großer Bed. durch seine Übersetzungen und Kommentare zu Aristoteles (u. a. die erste vollständige Übersetzung der Nikomachischen Ethik, um 1246) für die wissenschaftstheoret. und naturphilosoph. orientierten Aristotelesrezeption seiner Zeit (Einfluß u. a. auf R. Bacon, Albertus Magnus, Duns Scotus). Verband die Aristotel. ↑ analytische Methode mit einem metaphys. [Neu]platonismus, der in seiner ↑ Lichtmetaphysik zum Ausdruck kommt.

Grosseto, italien. Stadt in der Toskana, Hauptort der Maremmen, 10 m ü. d. M., 70 100 E. Hauptstadt der Prov. G.; Bischofssitz; archäolog. Museum, Gemäldegalerie, Bibliothek; Landmaschinenfabrikation, Handel mit landw. Produkten. - Fiel im 16. Jh. an Florenz. - Stadtummauerung (16. Jh.) mit sechs Bastionen; Dom (1294 ff.) mit Kampanile von 1402.

Große Victoriawüste, abflußlose Halbwüste in Australien, nördl. der Nullarborebene, im N in die Gibsonwüste übergehend; im S Salzseen; nur spärl. Vegetation (Spinifexgräser).

Großfamilie ↑ Familie.

Großfeuerungsanlagenverordnung ↑ Luftreinhaltung.

Großfürst, Titel der russ. Herrscher bis zur Annahme des Zarentitels; Titel der Zarennachkommen bis zum 2. Grad; Titel der früheren Herrscher von Litauen, Finnland, Polen, Siebenbürgen.

Großfußhühner (Megapodidae), 12 Arten umfassende Fam. dunkel gefärbter, haushuhn- bis fast truthahngroßer Hühnervögel v. a. in Australien, auf den Sundainseln, den Philippinen und Polynesien; Bodenvögel mit großen, kräftigen Scharrfüßen, teilweise nackt oder ganz unbefiedertem, häufig leuchtend gefärbtem Kopf, kurzen, breiten Flügeln und langem Schwanz. Einige Arten nutzen zum Ausbrüten der Eier die Gärungswärme von (durch die ♂♂ aufgeschichteten, manchmal bis 5 m hohen) Laub-Erd-Haufen aus.

Großgebietiger ↑ Deutscher Orden.

Groß-Gerau, hess. Krst. im nördl. Hess. Ried, 92 m ü. d. M., 21 600 E. Verwaltungssitz des Landkr. G.-G.; Eisenverarbeitung, Zukker-, Obst- und Gemüsekonservenfabrik, pharmazeut. Ind. - 910 erstmals erwähnt, 1013 kam der Ort an das Hochstift Würzburg, 1398 Stadt; 1479 hess., fiel 1567 an Hessen-Darmstadt. - Fachwerkrathaus (1578/79), barockes „Prinzenhaus" (18. Jh.).

G.-G., Landkr. in Hessen.

Großglockner

Großglockner, mit 3 797 m höchster Berg Österreichs, Hauptgipfel der Glocknergruppe, an den Flanken stark vergletschert; 1800 erstmals bestiegen. - Abb. S. 44

Großglockner-Hochalpenstraße ↑ Alpenpässe (Übersicht).

Großgörschen, Gemeinde östl. von Weißenfels, Bez. Halle, DDR, 1 200 E. - Bei G. siegte die Armee Napoleons I. am 2. Mai 1813 über die vereinigten russ. und preuß. Armeen.

Großgriechenland (Magna Graecia), antike Bez. für das griech. besiedelte Gebiet des heutigen Kalabrien und Apulien; bis 1922 Bez. der neugriech., an byzantin. Tradition ausgerichteten „großen Idee" eines Nationalstaates.

Großgrundbesitz ↑ Latifundien.

Großhandel, Sammelbez. für die Gruppe von Handelsunternehmen, die als Bindeglied zw. Herstellern und Einzelhandel fungiert. Die Aufgaben des G. sind insbes. die Konzentration und Vereinfachung der Vertriebswege, Zusammenfassung bestimmter Produktgruppen und Senkung der Warenbezugskosten für den Einzelhandel. Man unterscheidet zwischen funktionalem und institutionalem G. Zu dem Bereich des institutionalen G. zählen sowohl unabhängige G.unternehmen als auch Unternehmen, die wirtsch. oder vertragl. an einen bestimmten Hersteller gebunden sind. Unter funktionalem G. versteht man die Erfüllung von G.aufgaben, z. B. die herstellereigenen Auslieferungslager, die Verkaufsaufgaben erfüllen.

Großherzog, Fürstentitel, im Rang zw. König und Hzg.; Anrede Königl. Hoheit; seit 1569 Titel der Herrscher von Toskana; seit dem 19. Jh. mehrerer dt. Fürsten.

Großhirn ↑ Gehirn.

Großhirnrinde ↑ Gehirn.

Großhufeisennase ↑ Fledermäuse.

Großhundert, altes Zählmaß, entsprach 120 Stück.

Großinquisitor ↑ Inquisition.

Großkanzler ↑ Kanzler.

Großkatzen (Pantherini), Gattungsgruppe großer Katzen in Asien, Afrika und Amerika; Körperlänge knapp 1 bis 2,8 m. Im Ggs. zu den Kleinkatzen können die G. brüllen, da ihr Zungenbein nur unvollständig verknöchert und dessen Zwischenast als elast. Band ausgebildet ist. Fünf Arten: Schneeleopard, Leopard, Jaguar, Tiger und Löwe.

Großklima ↑ Klima.

Groß-Kolumbien, 1819 durch den Zusammenschluß Neugranadas und Venezuelas entstandene Rep. unter S. ↑ Bolivar.

Großkomtur ↑ Deutscher Orden.

Großkopfschildkröten (Platysternidae), Schildkrötenfam. mit der einzigen Art *Platysternon megacephalum* in SO-Asien; Panzer bis etwa 20 cm lang, braun, auffallend abgeflacht, Schwanz nahezu ebenso lang;

Kopf ungewöhnl. groß, mit großen Hornschildern bedeckt, nicht in den Panzer zurückziehbar, Oberkiefer mit scharfem Hakenschnabel.

Großkophta, angebl. geheimer Oberer der von A. Graf von Cagliostro erfundenen „ägypt. Maurerei".

Großkreis (Hauptkreis, Orthodrome), Schnittlinie der Oberfläche einer Kugel mit einer durch den Kugelmittelpunkt gelegten Ebene. Der Kreisbogen eines G. zw. zwei Punkten der Kugeloberfläche ist die kürzeste Verbindung dieser zwei Punkte auf der Kugel.

Großkreuz, höchste Klasse bei den meisten Orden.

Großlibellen (Ungleichflügler, Anisoptera), weltweit verbreitete Unterordnung mittelgroßer bis größer Libellen mit rd. 1 400 Arten, davon etwa 50 einheim.; Körper kräftig, Vorder- und Hinterflügel unterschiedl. geformt, die hinteren an der Basis hinten ausgebuchtet; Flügel in Ruhe stets waagerecht ausgebreitet; Augen groß; bekannte Fam. sind Segellibellen, Flußjungfern, Teufelsnadeln.

Großloge (Grossloge), in den meisten europ. Staaten (aber Frankr.: Grand Orient, Niederlande: Groot Oosten) und in Amerika übl. Bez. für einen Verband von (mindestens drei) Freimaurerlogen, an deren Spitze ein gewählter Großmeister steht.

Groß-London ↑ Greater London.

Großmacht, Bez. für einen Staat, der im Rahmen eines Systems voneinander abhängiger Mächte unterschiedl. polit., militär. und wirtschaftl. Potentials kraft seiner tatsächl. Machtstellung (oder auch seines Prestiges) einzeln oder gemeinsam mit anderen Großmächten einen erhebl. Einfluß auf andere Staaten oder auf das Gesamtverhalten der Staatengesellschaft ausüben kann; Herausbildung v. a. im 17. und 18. Jh. mit Großbrit., Frankr., Österreich, Rußland und Preußen. Höhepunkte ihres Zusammenwirkens bieten im 19. Jh. v. a. der Wiener Kongreß 1815, der Pariser Friedenskongreß 1856, der Berliner Kongreß 1878 und die Berliner Kongokonferenz 1884/85. Seit 1856 hatte die Türkei den Rang einer fiktiven G.; Italien erlangte nach 1860 den Rang einer G., die USA 1898 im Krieg mit Spanien, Japan mit dem Sieg über Rußland 1904/05. Im 20. Jh. ist ein Merkmal der G. der ständige Sitz im Völkerbundsrat bzw. im Sicherheitsrat der UN (Art. 23 und Art. 27 Abs. 3 der UN-Charta). Das Dt. Reich und Japan verloren ihre G.position im 2. Weltkrieg, der die Rolle der europ. Großmächte entscheidend reduzierte und die USA und die UdSSR als Weltmächte weitgehend die Funktionen der bisherigen Großmächte übernehmen ließ.

Großmährisches Reich, die erste größere westslaw. Staatsbildung in Mitteleuropa im 9. Jh.; fiel 906 dem Ansturm der Magyaren zum Opfer. - ↑ auch Mähren.

Grossman, Wassili Semjonowitsch, * Berditschew 12. Dez. 1905, † Moskau 14. Sept. 1964, russ.-sowjet. Schriftsteller. - Schrieb u. a. die Romane „Stürm. Jahre" (1937–40) über die Revolution, „Dies Volk ist unsterblich" (1942) über die Rote Armee und den Stalingradroman „Wende an der Wolga" (1952, umgearbeitete Fassung 1954).

Großmast, bei mehrmastigen Segelschiffen der zweite Mast von vorn, bei Eineinhalbmastern der große Mast.

Großmäuler (Großmünder, Maulstachler, Stomiatoidea), Unterordnung meist nicht über 30 cm langer Lachsfische mit etwa 200 Arten in allen Meeren; Tiefseefische mit sehr großem, oft stark bezahntem Maul, häufig Leuchtorganen; ♂♂ wesentl. kleiner als ♀♀. Hierher gehören z. B. die Drachenfische.

Großmeister, im *kath. Ordensrecht* der auf Lebenszeit gewählte Obere eines Ritterordens mit dem Titel Eminenz (souveräner Malteserorden; beim Orden der Ritter vom Hl. Grab ist jeweils ein Kardinal G.). Im Dt. Orden heißt der Obere Hochmeister.
◆ im *Schachspiel* ↑ Internationaler Großmeister.
◆ (Ordensherr) ↑ Orden.

Großmogul ↑ Mogul.

Großmufti ↑ Mufti.

Grosso [italien., zu mittellat. grossus (denarius) „Dick(pfennig)"] (Mrz. Grossi), Bez. für italien. Vor- und Frühformen von Groschenmünzen seit dem Ende des 12. Jh.

Großostheim, Marktgem. 10 km sw. von Aschaffenburg, Bay., 13200 E. Holz-, Nahrungsmittel- und Textilind. - 827 erstmals erwähnt, 1278–1803 kurmainzisch. - Got. Pfarrkirche mit einer Beweinungsgruppe von Riemenschneider (1489 gestiftet); Türme der Ringmauer (15. Jh.).

Großpfennig [zu mittellat. grossus denarius „Dickpfennig"], urspr. allg. für Groschen; ab 1395 bes. Bez. für pommersche Schillinge.

Großpolen (poln. Wielkopolska), histor. Bez. v. a. für den Raum zw. mittlerer Warthe und Weichsel (als Kerngebiet der ersten poln. Staatsbildung) mit den Hauptorten Posen, Gnesen und Kalisch, im Unterschied zu ↑ Kleinpolen.

Großrat (Großer Rat), in einigen schweizer. Kt. Bez. für das Parlament.

Großrat des Faschismus (Gran Consiglio del Fascismo), oberstes Parteiorgan der italien. Partito Nazionale Fascista; 1922 gegr., seit 1928 Staatsorgan; in Zusammensetzung, Einberufung und Tagesordnung von Mussolini abhängig, sprach diesem am 24./25. Juli 1943 das Mißtrauen aus.

Großrußland, seit 1654/55 offizielle Bez. für den zentral- und nordruss. Raum.

Großschreibung ↑ Rechtschreibung.

Großsegel, Segel, die am Großmast gefahren werden.

George Grosz, Stützen der Gesellschaft (1926). Berlin, neue Nationalgalerie

Großspitze, zusammenfassende Bez. für die größeren dt. Spitze; Schulterhöhe etwa 40 cm. Sie werden v. a. als **Schwarzer Spitz** (tief- bis blauschwarz) und **Weißer Spitz** (rein weiß) gezüchtet.

Großstadt, im Sinne der Statistik eine Stadt mit über 100000 Einwohnern.

Großsteingrab ↑ Megalithgrab.

Großtausend, altes Zählmaß, entsprach 1200 oder 1300 Stück.

größter gemeinsamer Teiler ↑ Teiler.

Größtmaß, größeres der beiden ↑ Grenzmaße, unterhalb dessen das am fertigen Werkstück festgestellte Istmaß liegen muß.

Großtrappe ↑ Trappen.

Groß-Umstadt, hess. Stadt im nördl. Odenwaldvorland, 165 m ü. d. M., 18900 E. Kunstharzverarbeitung, Herstellung von Beleuchtungskörpern u. a.; Weinbau (sog.

Odenwälder Weininsel). - **Omunstat** (so 1156) war ab 1255 Mgl. des Rhein. Städtebundes; 1301 Stadt, 1504 an Hessen, das aber 1521 eine Hälfte an die Pfalz abtreten mußte und den Ort nun mit dieser in Gemeinherrschaft besaß. Seit 1802/03 gehörte die Stadt ganz zu Hessen(-Darmstadt) und heißt seit 1857 auch amtl. Groß-Umstadt. - Spätgot. Pfarrkirche (1490–94); Rathaus (1596–1625), im Kern meist spätgot. Schlößchen und Adelshöfe.

Großvenediger, höchster Gipfel der stark vergletscherten Venedigergruppe in den westl. Hohen Tauern, Österreich, 3674 m ü. d. M.; 1841 erstmals erstiegen.

Großverband, in der Bundeswehr und in der NATO Bez. für die Zusammenfassung von Truppenteilen verschiedener Truppengattungen (einschließl. Versorgungstruppen) von einer Brigade an aufwärts.

Großwardein, im Dt. gebräuchl. Name der rumän. Stadt ↑Oradea. Der **Friede von Großwardein** (24. Febr. 1538) beendete den Thronstreit in Ungarn zw. dem Röm. König Ferdinand I. und dem von den „Patrioten" 1526 ausgerufenen König Johann I. (Zápolya). Er beließ beiden Rivalen Königstitel und tatsächl. Besitz und sprach Ferdinand nach Johanns Tod das ganze Kgr. zu.

Großwesir (türk. vezir a’zam), Titel des obersten Amtsträgers im Osman. Reich; 1922 abgeschafft.

Großwetterlage, die durch die mittlere Luftdruckverteilung am Boden charakterisierte Witterung über einem größeren Gebiet (etwa von der Größe Europas einschließl. der angrenzenden Teile des Nordatlantiks) während eines mehrtägigen Zeitraumes. Das Wetter selbst kann während einer G. wechseln, der Charakter der Witterung bleibt erhalten. Die unterschiedl. Häufigkeit, regionale Ausbildung und typ. Aufeinanderfolge der G. gestalten wesentl. das Klima eines Gebietes mit.

Gros Ventres [engl. 'grouvɑ:nt; frz. gro-'vɑ:tr „Dickbäuche"], zur Sprachfam. der Algonkin gehörender Indianerstamm in Montana (USA) und Saskatchewan (Kanada).

Groteskschriften

Grosz, George [grɔs], *Berlin 26. Juli 1893, †ebd. 6. Juli 1959, dt. Maler und Graphiker. - Mitbegr. der Berliner Dada-Gruppe. Einer der schärfsten Satiriker der dt. Kunst; neben Illustrationen zu zeitgenöss. Werken satir. Mappenwerke („Gott mit uns", 1920, „Das Gesicht der herrschenden Klasse", 1921, „Ecce homo", 1922, „Der Spießerspiegel", 1925, „Über alles die Liebe", 1930), Porträts (M. Herrmann-Neiße, 1925; Mannheim, Kunsthalle; und 1927; New York, Museum of Modern Art) u. a. Gemälde („Stützen der Gesellschaft", 1926; Berlin, neue Nationalgalerie). 1933 Emigration. - Abb. S. 47.

Grote, Hermann, *Hannover 28. Dez. 1802, †ebd. 3. März 1895, dt. Numismatiker. - Erhob die Numismatik zu wiss. Rang, indem er die Geldgeschichte in ihren Aufgabenbereich einbezog; gab verschiedene bed. Münzzeitschriften heraus.

Grotefend, Georg Friedrich, *Münden 9. Juni 1775, †Hannover 15. Dez. 1853, dt. Philologe und Orientalist. - Gymnasialprofessor; seine Deutung der Königsnamen auf altpers. Inschriften aus Persepolis (1802) stellt den ersten gelungenen Versuch der Entzifferung der Keilschrift dar.

Grote'sche Verlagsbuchhandlung GmbH & Co. KG, G. ↑Verlage (Übersicht).

grotesk [italien.-frz.], wunderlich, überspannt, verzerrt, lächerlich.

Groteske [italien.-frz., zu italien. grotta ↑„Grotte"], *kunstgeschichtl. Begriff* für eine bestimmte Ornamentik, urspr. für eine Ende des 15. Jh. in Italien in antiken Thermen und Palästen entdeckte Art von dekorativer Wandmalerei, in der Pflanzen, Tiere, Menschen und Fabelwesen spieler. miteinander verbunden sind. Der Begriff wurde dann ausgedehnt auf die dadurch angeregte Ornamentik der Renaissancekunst (z. B. Raffael in den Loggien des Vatikans) und des Manierismus. ◆ in der *Literaturwiss.* Bez. für eine phantast. Erzählung.

Groteske [italien.-frz.], Monströs-Grausiges, das zugleich lächerl. erscheint, d. h. die Verbindung von scheinbar Unvereinbarem (die Begriffsbildung geht auf die ↑Groteske zurück); findet sich in Literatur und Kunst v. a. solcher Epochen, in denen das überkom-

Futura Buchschrift	Meyers Großes Taschenlexikon
Gill Sans Light	Meyers Großes Taschenlexikon
Univers 55	Meyers Großes Taschenlexikon
Helvetica normal	Meyers Großes Taschenlexikon

mene Bild einer heilen Welt angesichts der veränderten Wirklichkeit seine Verbindlichkeit verloren hat.

Groteskschriften, Antiquablockschriften mit gleichmäßig starker Strichführung, deshalb auch Linear-Antiqua-Schriften genannt. Sie kennen keine Serifen (daher auch „Sans Serif"). Die G. entstanden im 1. Drittel des 19. Jh. Am bekanntesten sind Gill-Grotesk, Erbar-Grotesk, Futura und Univers.

Grotewohl, Otto, *Braunschweig 11. März 1894, † Berlin (Ost) 21. Sept. 1964, dt. Politiker. - Mgl. der SPD seit 1912 (1918–22 der USPD), 1921–24 Min. in Braunschweig (Inneres, Volksbildung, Justiz), 1925–33 MdR, 1945 zum Vors. des Zentralausschusses der SPD in Berlin gewählt; führte schließl. 1946 die SPD in der SBZ zum Zusammenschluß mit der KPD; 1946 neben W. Pieck Vors. der SED, 1946–50 Abg. des sächs. Landtages, ab 1949 der Volkskammer; seit 1949 Min.präs. der DDR, seit 1950 Mgl. des Politbüros der SED; stand im Schatten Ulbrichts.

Groth, Klaus, *Heide 24. April 1819, † Kiel 1. Juni 1899, dt. Dichter. - Schrieb gemütvolle und zarte Gedichte sowie Erzählungen, Idyllen in niederdt. Sprache („Quickborn", 1853 und 1871); 1866 Prof. in Kiel.
G., Otto, *Schlettstadt 2. Juli 1875, † München 15. Nov. 1965, dt. Journalist und Zeitungswissenschaftler. - Sohn von Paul Ritter von G.; versuchte mit dem Werk „Die unerkannte Kulturmacht" (6 Bde., 1960–66) eine Grundlegung der Zeitungswiss. (Periodik), außerdem „Die Zeitung" (4 Bde., 1928–1930).
G., Paul Ritter von (seit 1902), *Magdeburg 23. Juni 1843, † München 2. Dez. 1927, dt. Kristallograph und Mineraloge. - 1872–82 Prof. in Straßburg, danach bis 1923 in München. Mit umfangreichen Einzeluntersuchungen an Kristallen fundierte G. die erst viel später mittels Röntgenstrahlinterferenzen (M. von Laue u. a.; 1912) bestätigte Vorstellung eines Kristallgitters.
G., Wilhelm, *Hamburg 9. Jan. 1904, † Bonn 20. Febr. 1977, dt. Physikochemiker. - 1945–50 Prof. in Hamburg, seit 1950 in Bonn. Im Zusammenhang mit seinen Forschungen zur Isotopentrennung entwickelte G. die Gaszentrifuge.

Grotius, Hugo ['gro:tsiʊs, niederl. 'xro:tsi:ys], eigtl. Huig de Groot, *Delft 10. April 1583, † Rostock 28. Aug. 1645, niederl. Jurist. - Seit 1613 Ratspensionär von Rotterdam; wurde als Arminianer und Gefolgsmann Oldenbarnevelts in dessen Sturz verwickelt und 1619 zu lebenslangem Gefängnis samt Vermögenskonfiskation verurteilt. G. schrieb während dieser Haft u. a. sein epochemachendes Werk über die niederl. Rechtsgeschichte („Inleiding tot de Hollandsche rechtsgeleerdheid", hg. 1631), konnte 1621 mit seiner Familie nach Frankr. fliehen und sich bis 1631

in Paris niederlassen, wo 1625 sein Hauptwerk „De jure belli ac pacis libri tres" (= Drei Bücher über das Recht des Krieges und des Friedens) erschien; trat nach mißglücktem Versuch einer Rückkehr in die Niederlande 1635 als Gesandter in Paris in schwed. Dienste (bis 1645).
G. wurde als Fortsetzer der Schule von Salamanca bereits mit seiner Abhandlung von 1609 „Mare liberum" (= Über die Freiheit der Meere) zu einem der Begründer des modernen ↑ Naturrechts und neben F. de Suárez Initiator des neuzeitl. Völkerrechts. In Formulierungen und Begrifflichkeit in der abendländ. Tradition stehend, wollte G. auf der Basis des Naturrechtsgedankens das Völkerrecht systematisierend darstellen, als Denknotwendigkeit und geschichtl. Realität nachweisen.

Grotrian-Steinweg, dt. Klavierfabrik in Braunschweig, 1835 in Seesen gegr. von Heinrich E. Steinweg (*1797, †1871; ↑ Steinway & Sons), von dessen Sohn Theodor (*1825, †1889) 1855 nach Wolfenbüttel und nach dem Eintritt von Friedrich Grotrian (*1803, †1860) 1859 nach Braunschweig verlegt. 1919 nahm die Fam. Grotrian den Namen G.-St. an.

Groteske

Grotta Ferrata, italien. Gemeinde in der Röm. Campagna, 329 m ü. d. M., 15300 E. - G. entstand um die vom hl. Nilus d. J. über den Resten einer röm. Villa 1004 gegr. Basilianerabtei *(Abbazia di G.)*. Die Abtei hat eine reiche Bibliothek (griech. Kodizes), eine Buchdruckerei sowie eine Werkstatt zur Restaurierung alter Kodizes. - In der Kirche (1025 geweiht, 1754 umgebaut) Mosaiken des 11.–13. Jh. und Fresken von 1609–10, neben ihr ein frühchristl. Oratorium.

Grotte [italien., zu griech.-lat. crypta „verdeckter unterird. Gang, Gewölbe"], Höhle, v. a. künstl. Höhle in Renaissance-, Manierismus- und Barockgärten (z. B. im Garten der Villa d'Este in Tivoli), auch in der Romantik und im 19. Jh.; sie wurden mit *Grottenwerk* aus Steinen, Felsstücken, Muschelwerk und dgl. verkleidet.

Grottenolm ↑ Olme.
Groupe de Recherche d'Art Visuel [frz. grupdərəʃerʃdarvi'zɥɛl], 1960 in Paris gegr. Künstlergruppe mit dem Ziel der „Erforschung visueller Kunst". Gründungsmgl. wa-

Groupie

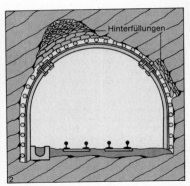

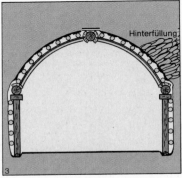
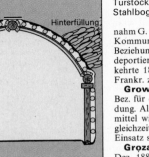

Grubenausbau. 1 hölzerner
Türstockausbau, 2 dreiteiliger
Stahlbogenausbau, 3 Gelenkbogenausbau

ren J. Le Parc, M. Morellet, H. García Rossi, F. Sobrino, J. Stein und J.-P. Yvaral. Stellten Op-art- und kinet. Objekte vor.

Groupie ['gru:pi; engl.], weibl. Fan, der sich im Gefolge der von ihm bewunderten Popmusiker, Popmusikgruppen, deren Manager und Begleitpersonal aufhält und mit diesen auch sexuell verkehrt.

Grousset, Paschal [frz. gru'sɛ], Pseudonym Philippe Daryl, * Corte (Korsika) 7. April 1845, † Paris 10. April 1909, frz. Publizist und Politiker. - Als radikaler Republikaner

nahm G. 1871 führend an der Reg. der Pariser Kommune (Delegierter für die auswärtigen Beziehungen) teil. 1872 nach Neukaledonien deportiert, floh er 1874 nach Großbrit. und kehrte 1880 nach dem Amnestieerlaß nach Frankr. zurück; 1893-1909 Abg.

Growl [engl. graʊl „Brummen"], im Jazz Bez. für einen Effekt instrumentaler Tonbildung. Als Nachahmung vokaler Ausdrucksmittel wird G. auf Blasinstrumenten durch gleichzeitiges Singen und Spielen und den Einsatz spezieller Dämpfer hervorgerufen.

Groza, Petru, * Băcia (Kr. Hunedoara) 7. Dez. 1884, † Bukarest 7. Jan. 1958, rumän. Politiker. - 1920-27 Abg. und zweimal Min.; begr. 1934 mit linksgerichteten Politikern die Landarbeiterpartei (Frontul Plugarilor). 1945-52 Min.präs., 1952 Vors. des Präsidiums der Großen Nat.vers. (Staatspräs.).

Grubber [engl. „Graber, Wühler"] (Kultivator), Bodenbearbeitungsgerät, das der mitteltiefen Bodenlockerung (v. a. im Frühjahr auf herbstgepflügten Feldern) dient und

Grubenbewetterung. Schematische Darstellung der Wetterwege einer Grube

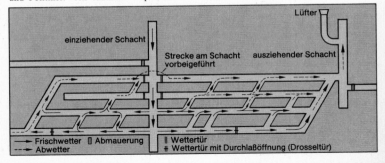

mit starken, an einem Rahmen in zwei oder mehr Reihen angebrachten Zinken arbeitet.

Grube, svw. Bergwerk; i. e. S. Grubenbetrieb unter und über Tage.

Grubenauge ↑Auge.

Grubenausbau, im Bergbau Bez. für das Absichern und Offenhalten der für den fortlaufenden Betrieb benötigten Grubenräume; umfaßt zahlr. Verfahren zur Abstützung oder Verfestigung des Gebirges. Als Ausbaumaterialien dienen Holz, Stahl, Leichtmetall, Steine oder Beton. - Das häufigste hölzerne Bauelement ist der sog. **Türstock.** Er besteht aus zwei senkrechten oder leicht geneigten Stützhölzern, den **Stempeln,** und der von diesen getragenen querliegenden **Kappe** (beim dt. Türstock mit dem Stempel verblattet). Auch einzelne Stempel werden oft, v. a. im Abbau, zur Abstützung des Gebirges verwendet. Neben dem Holzausbau kann auch Stahlausbau für den Türstock in Frage kommen, jedoch überwiegen die bogenartigen G.formen (**Bogenausbau**) mit auf die Verhältnisse im Bergbau abgestellten Stahlprofilen. - Ausbau in Stein, als Trockenmauerung oder als Mörtelausbau, bietet hohe Druckfestigkeit; bevorzugt wird die Ziegelausmauerung wegen des besseren Zusammenhaltes des gesamten Bauwerkes. - Beton als Ausbaustoff hat den Vorteil, daß er unter Tage an der Verwendungsstelle zubereitet, als Fertigbeton von über Tage zugeführt oder in Form von Betonformsteinen eingebracht werden kann. Eine sehr wirtsch. Art des Betonausbaus ist der mit Spritzbeton (**Torkretierverfahren, Abpressverfahren**). Das Material (Mischung von Zement mit Sand) wird in Schichtdicken bis zu 10 cm direkt auf das Gebirge gespritzt. Zusammenhängender massiver Ausbau, z. B. gegen Wassereinbruch, besteht oft aus **Tübbingen,** d. h. zu Ringen zusammengeschraubten gußeisernen oder stählernen Segmenten. Der Raum zw. den Bauen wird mit Hilfe von Blechen, Brettern oder Drahtgewebe (**Verzug**) gegen Nachfall abgesichert; der Hohlraum zw. Verzug und Gebirge wird mit lockerem Material hinterfüllt. - Neben dem *starren Ausbau* wird im Bereich des Abbaus, in dem stets stärkere Gebirgsbewegungen auftreten, denen ein starrer Ausbau nicht widerstehen kann, ein *formänderungsfähiger Ausbau* eingebracht, der während der stärksten Gebirgsdruckerscheinungen dem Druck ausweicht, z. B. der *Gelenkbogenausbau,* bei dem einzelne Ausbauteile rahmenartig zusammengesetzt und gelenkartig miteinander verbunden sind. Im Strebbau wird der Ausbau nach einem bestimmten System bei gleichen Bauabständen in streichender Richtung angeordnet. Hierzu werden **Reibungsstempel** verwendet, auf denen gelenkig angeordnete Stahlkappen ruhen. Das Umsetzen des Ausbaus wird heute vielfach mechanisiert. Die hierzu erforderl. Einheiten nennt man **Aus-**baugespanne; sie bestehen aus je zwei *Ausbaugestellen* mit zwei bis drei Stempeln und Kappen, die auf Gleitblechen ruhen.

Grubenbetrieb, im Bergwerk alle untertägigen, im Tagebau die unter dem Niveau der Tagesoberfläche gelegenen Anlagen.

Grubenbewetterung, Maßnahmen zur Zuführung von Frischluft (**Frischwetter**) und zur Abführung verbrauchter Luft (**Abwetter**) in Grubenbauen. In bestimmten Schächten oder Stollen ziehen die frischen Wetter von über Tage her ein, die verbrauchten Wetter werden über andere, ebenfalls mit der Erdoberfläche direkt verbundene Grubenbaue wieder abgeführt *(natürl. Bewetterung).* Dabei wird das unterschiedl. spezif. Gewicht von warmer und kalter Luft ausgenutzt. Im Regelfall muß der Wetterstrom mit Hilfe von Ventilatoren künstl. in Bewegung gehalten werden. Diese *Grubenventilatoren* sind meist über Tage am ausziehenden Schacht oder im ausziehenden Stollen in der Nähe der Tagesöffnung aufgestellt. Zur Gewährung einer genügenden Wetterversorgung für sämtl. Grubenbaue ist es notwendig, den **Wetterweg** durch bes. Maßnahmen (*Wettertüren* zum Versperren der direkten Wege zum Ausziehschacht) in die gewünschten Richtungen zu leiten. Im allg. wird der im Zentrum eines Bergwerks liegende Hauptförderschacht als einziehender Wetterweg gewählt, während ein oder mehrere an den Grenzen des Grubengebäudes liegende Nebenschächte ausziehend sind. In Grubenbauen mit nur einem Zugang, z. B. beim Vortrieb von Strecken und Tunneln, muß Sonderbewetterung erfolgen. Hierzu dienen dünnwandige Röhren (**Wetterlutten, Lutten**) mit Durchmessern zw. 200 und 800 mm, die zu einer Luttentour vom Anschlußpunkt des Grubenbaus bis vor Ort zusammengefügt werden und an die eine oder mehrere Luttenventilatoren angeschlossen sind. Soweit die Ventilatoren die Wetter vor Ort ansaugen und durch die Luttentour herausdrücken, so daß im Grubenbau eine Depression entsteht und Frischwetter nachströmen, spricht man von **saugender Bewetterung.** Umgekehrt bezeichnet man das Ansaugen der Wetter durch die Luttentour und Herausdrücken vor Ort als **blasende Bewetterung.**

📖 *Voss, J.: Grubenklima. Essen 1981.*

Grubengas ↑Methan.

Grubenhagen, nach der gleichnamigen Burg ben. welf. Ft. (1286–1596) hauptsächl. beiderseits der oberen Oker und nördl. des Eichsfeldes.

Grubenottern (Lochottern, Crotalidae), Fam. sehr giftiger, 0,4–3,75 m langer Schlangen mit rd. 130 Arten, v. a. in Amerika und Asien (eine Art im äußersten SO-Europa); Körper relativ plump mit kurzem Schwanz und deutl. abgesetztem, breitem Kopf. Giftzähne lang, Augen mit senkrechter Pupille, etwa in der Mitte zw. diesen und den Nasenlöchern jederseits ein als **Grubenorgan** bezeichnetes Sinnesorgan, mit dem Temperaturdifferenzen von nur 0,003 °C wahrgenommen werden können. Dient zum Aufsuchen warmblütiger Beutetiere, deren sehr geringe Körperabstrahlung festgestellt werden kann. - Zu den G. zählen u. a. Buschmeister, Klapperschlangen, Mokassinschlangen, Lanzenottern.

Grubenwurm (Hakenwurm, Ancylostoma duodenale), etwa 8 (♂)–20 (♀) mm langer, meist gelbl. Fadenwurm (Fam. Hakenwürmer); Dünndarmparasit des Menschen in S-Europa, N-Afrika, Kleinasien und Asien; in kühleren Klimagebieten (wegen des hohen Wärmebedarfs der im Wasser oder in feuchter Erde sich entwickelten Larven) nur in tiefen Bergwerken und Höhlen. Der G. ist der Erreger der Hakenwurmkrankheit.

Gruber, Franz Xaver, * Unterweizberg (Hochburg-Ach) 25. Nov. 1787, † Hallein 7. Juni 1863, östr. Organist. - Schrieb 1818 die Melodie zu J. Mohrs Lied „Stille Nacht, heilige Nacht".

G., Karl, * Innsbruck 3. Mai 1909, östr. Politiker. - 1938 aus dem Staatsdienst entlassen, gegen Kriegsende führend in der Tiroler Widerstandsbewegung tätig; 1945–53 Nationalrat (ÖVP); schloß als Außenmin. (1945–53) mit Italien das sog. Gruber-De-Gasperi-Abkommen (5. Sept. 1946) zur Regelung der Südtirolfrage (↑Südtirol); 1954–57 und 1970–72 Botschafter in Washington, 1972–74 in Bern; 1966–69 Staatssekretär im B.kanzleramt.

G., Ludwig, Pseud. von L. ↑Anzengruber.

G., Max Ritter von (seit 1908), * Wien 6. Juli 1853, † Berchtesgaden 16. Sept. 1927, östr. Hygieniker und Bakteriologe. - Prof. in Graz, Wien und München; Forschungen auf dem Gebiet der Bakteriologie, Seuchenbekämpfung und Immunitätslehre; Pionier des modernen Hygienewesens; entdeckte die ↑Gruber-Widal-Reaktion.

Grüber, Heinrich, * Stolberg (Rhld.) 24. Juni 1891, † Berlin (West) 29. Nov. 1975, dt. ev. Theologe. - Leitete ab 1937 die von ihm gegr. Hilfsstelle für ev. Rasseverfolgte („Büro Grüber"). Die Nationalsozialisten hielten ihn darauf 1940–43 in den KZ Sachsenhausen und Dachau fest. Nach dem Krieg Propst an der Marienkirche in Berlin (Ost), 1949–58 Bevollmächtigter der EKD bei der Regierung der DDR. Als Bevollmächtigter der EKD galten G. Bestrebungen einer Wiedervereinigung Deutschlands. Seine Aussagen beim Prozeß gegen A. ↑Eichmann 1961 und bei anderen NS-Prozessen fanden große Beachtung. Erhielt zahlr. Auszeichnungen.
rungen aus sieben Jahrzehnten" (1968).

G., Klaus Michael, * Neckarelz 4. Juni 1941, dt. Theaterregisseur. - War Regieassistent und Regisseur bei G. Strehler bzw. am Piccolo-

Theater in Mailand. 1969 Inszenierungen in Bremen (Shakespeares „Sturm"), seit 1973 an der Schaubühne am Halleschen Ufer in Berlin (West); zahlr. Gastinszenierungen. Verlegte seine Aufführungen u. a. in eine Messehalle, Berlin („Die Bakchen", Euripides, 1974), eine Kirche, Paris („Faust Salpetrière", nach Goethe, 1975) und in das Berliner Olympiastadion („Winterreise" nach Hölderlins „Hyperion", 1977).

Gruber-Widal-Reaktion [nach M. Ritter von Gruber und F. Widal], artspezif. Agglutination von Bakterien durch ein Blutserum, das bekannte Antikörper (Agglutinine) enthält; dient zur Identifizierung von Bakterienstämmen.

Grudekoks (Grude) [niederdt./engl.], der feste, leichte, mattschwarze Rückstand bei der Braunkohlenschwelung, der 15 bis 20 % Aschenbestandteile, 15 bis 25 % Wasser (vom Löschvorgang) enthält; sein Heizwert beträgt trocken etwa 25–30 MJ/kg. G. verbrennt langsam, ohne Rauchbildung.

Grudziadz [poln. 'grudzɔnts] (dt. Graudenz), poln. Krst. an der Weichsel, 20–100 m ü. d. M., 92 800 E. Theater, Binnenhafen; Maschinenbau, chem., Nahrungsmittel- u. a. Ind. - 1291 Culmer Stadtrecht, 1466 an Polen. Unter preuß. Herrschaft (ab 1772) wurde G. zur Festung ausgebaut. 1920 fiel es an Polen. - Barocke ehem. Jesuitenkirche (geweiht 1650) mit Jesuitenkolleg, ehem. Benediktinerkloster mit barocker Kirche.

Gruga, Abk. für: **Gr**oße **Ruh**rländ. **Ga**rtenbau-Ausstellung, Essen 1929; heute Park- und Ausstellungsgelände.

Gruhl, Herbert, * Gnaschwitz (Oberlausitz) 22. Okt. 1921, dt. Politiker. - 1969–80 MdB, Vors. der CDU/CSU-Arbeitsgruppe für Umweltvorsorge; seit 1973 Vorstands-Mgl. der Interparlamentar. Arbeitsgemeinschaft und des Umweltforums; trat 1978 aus der CDU aus und gründete die „Grüne Aktion Zukunft" (GAZ), die 1980 in der Partei der ↑Grünen aufging. Von ihr trennte sich G. und gründete 1982 die Ökolog.-Demokrat. Partei, die ohne Bedeutung blieb.

Grujić, Sava [serbokroat. ˌgruːjitɛ], * Kolari (bei Belgrad) 7. Dez. 1840, † Belgrad 3. Nov. 1913, serb. General und Politiker. - Als führendes Mitglied der Nationalradikalen Partei war G. zw. 1887 und 1906 mehrere Male Min.präs. sowie Kriegs- und Außenmin. 1889 führte er eine im Sinne der Parlamentarisierung fortschrittl. Verfassung ein.

Grumach, Ernst, * Tilsit 7. Nov. 1902, † London 5. Okt. 1967, dt. klass. Philologe und Goetheforscher. - 1949–57 Prof. an der Humboldt-Univ. Berlin. Forschungen zur Paläographie, Epigraphik und Philosophie der Antike; Hg. der dt. Aristoteles-Gesamtausgabe (1956 ff.); gab (mit Renate G.) „Goethes Begegnungen und Gespräche" (3 Bde., 1965–77) heraus.

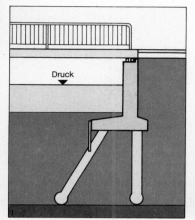

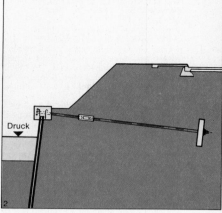

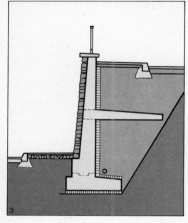

Grundbau. 1 Brückenwiderlager auf
Bohrpfählen (Pfahlgründung),
2 Verankerung einer Spundwand,
3 Winkelstützmauer mit Holm

Grumbach, Wilhelm von, * Rimpar bei
Würzburg 1. Juni 1503, † Gotha 18. April
1567, fränk. Reichsritter. - Schwager Florian
Geyers; stand zunächst im Dienst des Würz-
burger Bischofs Konrad von Bibra, geriet
aber nach dessen Tod (1544) in Streit mit
dem Nachf. Melchior von Zobel; seine Kämpfe gegen diesen und Krfst. August von Sachsen, den Ks. Ferdinand I. mit der Vollstrek-
kung der Reichsacht beauftragt hatte, sind
als **Grumbachsche Händel** bekannt. 1567 bela-
gerte der Krfst. das von G. verteidigte Gotha
und ließ ihn nach der Erstürmung vierteilen.

Grumbkow, Friedrich Wilhelm von
[...pko], * Berlin 4. Okt. 1678, † ebd. 18. März
1739, preuß. Generalfeldmarschall (seit 1737)
und Staatsbeamter. - 1709 Generalmajor; als
Vertrauter Friedrich Wilhelms I. 1713 Generalkommissar, 1723 Vizepräs. des Generaldi-
rektoriums; 1737 Generalfeldmarschall; trat
für östr.-preuß. Zusammenarbeit ein.

Grumiaux, Arthur [frz. gry'mjo], * Vil-
lers-Perwin bei Charleroi 21. März 1921,
† Brüssel 16. Okt. 1986, belg. Violinist. - Gefei-
erter Virtuose und seit 1949 Lehrer am Brüsse-
ler Konservatorium.

Grümmer, Elisabeth, * Niederjeutz (=
Basse-Yutz, Moselle) 31. März 1911, † Waren-
dorf 6. Nov. 1986, dt. Sängerin (Sopran). - Eine
der bedeutendsten Sängerinnen des dt. Fachs
(Mozart, Wagner, R. Strauss), auch als Orato-
rien- und Liedinterpretin internat. bekannt.
Unterrichtete 1959–76 an der Berliner Musikhochschule.

G., Paul, * Gera 26. Febr. 1879, † Zug
(Schweiz) 30. Okt. 1965, dt. Violoncellist. -
Gehörte 1913–30 dem Quartett von A. Busch
an, unterrichtete in Wien, Köln und Berlin.
G. galt als einer der bedeutendsten dt. Celli-
sten.

Grummet [eigtl. „grünende (d. h. sprie-
ßende) Mahd"] ↑ Heu.

Grumpen ↑ Tabak.

Grün, Anastasius, eigtl. Anton Alexander
Graf von Auersperg, * Ljubljana 11. April
1806, † Graz 12. Sept. 1876, östr. Dichter. -
Mit Lenau befreundet. 1848 Mgl. des Frank-
furter Vorparlaments, 1868 Präs. der östr.
Reichsratsdelegation. Mit seinen „Spazier-
gängen eines Wiener Poeten" (1831) kämpfte
er gegen Klerus und Reaktion (Metternich).
G. schrieb polit. Lyrik und Dichtungen
(„Schutt", 1835) sowie humorist. Epen („Der
Pfaff von Kahlenberg", 1850).

G., Karl Theodor Ferdinand, * Lüdenscheid 30. Sept. 1817, † Wien 18. Febr. 1887, dt. Schriftsteller. - Linkshegelianer und Vertreter vormärzl. polit. Radikalismus, tätig in Mannheim und Köln. Emigriert, schrieb er „Die sociale Bewegung in Frankr. und Belgien" (1845). 1848 Mgl. der preuß. Nat.vers. und des preuß. Abgeordnetenhauses. 1850–61 in Brüssel; ging 1867 nach Wien. Schrieb außer „Ludwig Feuerbach" (1874) v.a. kulturgeschichtl. Werke.

G., Max von der, * Bayreuth 25. Mai 1926, dt. Schriftsteller. - Bergmann, seit 1964 freier Schriftsteller. Mitbegr. der ↑Gruppe 61. Sozialkrit. geprägte Romane (aus dem Kohlenrevier): „Irrlicht und Feuer" (1963), „Zwei Briefe an Pospischiel" (1968), „Stellenweise Glatteis" (1973), „Vorstadtkrokodile" (Jugendbuch, 1976), „Flächenbrand" (R., 1979), „Die Lawine" (R., 1986), Fernsehspiele u.a.

Grün [urspr. „wachsend, sprießend, grasfarben"], Bez. für jede vom Gesichtssinn vermittelte Farbempfindung, die durch Licht einer Wellenlänge zw. 487 nm und 566 nm *(grünes Licht)* oder durch subtraktive Farbmischung der beiden Grundfarben Blau und Gelb hervorgerufen wird. In seiner Eigenhelle ist G. von mittlerer Helligkeit bzw. mittlerem Hellbezugswert.

◆ in dt. Spielkarten die dem frz. Pik entsprechende Farbe.

◆ im *Golf* die kurzgeschnittene Rasenfläche in der Umgebung des Loches.

Grünaal ↑Aale.

Grünalgen (Chlorophyceae), Klasse der Algen mit rd. 10000 v.a. im Benthos oder Plankton des Süßwassers vorkommenden Arten. Die Grünfärbung wird durch Chlorophyll a und b in den Chloroplasten bewirkt. Assimilations- und Reservestoffe sind Stärke und Fett. Die einfachsten Formen sind mikroskop. klein und einzellig und können sich mit Geißeln fortbewegen. Vielzellige Individuen haben eine äußere Ähnlichkeit mit höheren Pflanzen.

Grünberg, hess. Stadt im Vorderen Vogelsberg, 274 m ü.d.M., 11400 E. Sportschule des Hess. Fußballverbands. - Erstmals 1222 als Stadt bezeichnet. - Landgräfl. Schloß (1578–82), Renaissancerathaus (1586/87).

Grünberg i. Schlesien (poln. Zielona Góra), niederschles. Stadt, Polen▼, 150 m ü.d.M., 107800 E. Museum; Maschinen- und Waggonbau, Nahrungsmittel-, Textil-, Holzind., Weinbau. - Anfang des 14.Jh. von dt. Siedlern angelegt (1323 Stadtrecht). - Sankt-Hedwigs-Kirche (13. und 15.Jh.), Rathaus (16.Jh.) mit Belfried, Hungerturm der ehem. Stadtbefestigung (15.Jh.).

Grund, Aussagen i.e.S. (Tatsachenbehauptungen) und prakt. Orientierungen (z.B. Zweckangaben, Handlungsregeln), die in Argumentationen zur Begründung bzw. Rechtfertigung anderer Aussagen oder Vorschläge angeführt werden. - In der *Philosophie* wird gefordert, daß jedes Urteil einen zureichenden G. habe (↑Grund, Satz vom); dabei kann der die Zustimmung zu einem Urteil erzwingende G. auf rein log. Schlüssen beruhen (**Erkenntnis-** oder **Idealgrund**) oder sich aus der Erfahrung selbst ergeben (**Real-** oder **Seinsgrund**). - (↑ auch Causa).

◆ allg. svw. Grundfläche, Untergrund, Hintergrund.

◆ svw. Erdboden, Boden eines Gewässers.

Grund, Satz vom (lat. principium rationis sufficientis), Denkgesetz der theoret. Philosophie von Leibniz, das in der Formulierung „nichts ist ohne Grund" (= „nihil est sine ratione") sowohl den physikal. Begriff der Kausalität „nichts geschieht ohne Grund" (= „nihil fit sine causa") als auch den log. Begriff der Grund-Folge-Beziehung einschließt. In seiner Deutung als Kausalprinzip und Finalprinzip spielt er eine wichtige Rolle in der Leibnizschen Physik. In Form eines Finalprinzips führt seine Anwendung auf physikal. Prozesse zur Interpretation der Naturgesetze als ↑Extremalprinzipien. Ch. Wolff versucht, den S. v. G. mit ontolog. Mitteln zu beweisen. Kant reduziert ihn i.d.R. auf den Grundsatz der Kausalität; Schopenhauer nimmt ihn zum Anlaß einer Unterscheidung in vier verschiedene Fundierungsverhältnisse.

Grundangelei ↑Angelfischerei.

Grundausbildung, erster Abschnitt der Ausbildung eines Soldaten; dauert in der Bundeswehr 3 Monate und soll den Soldaten für den militär. Dienst und zur Selbstverteidigung mit den grundlegenden allg., für seine in Aussicht genommene militär. Diensttätigkeit mit speziellen Kenntnissen und Fertigkeiten vertraut machen.

Im Anschluß an die G. erfolgt die **Vollausbildung** (i.d.R. 12 Monate) als Fortführung der Einzelausbildung, in der Gemeinschaftsausbildung (v.a. in der Gruppe und im Zug) und durch die Verbandsausbildung. Bei der Luftwaffe tritt bei der Ausbildung zum Reserveoffizier und zum Unteroffizier an die Stelle der Vollausbildung die **Fachausbildung.**

Grundbau, Baumaßnahmen, die erforderl. sind, um Bauwerke (insbes. Hoch- und Tiefbauten, aber auch Erdbauten und Straßenkörper) zu gründen. Die **Gründung** leitet die aus dem Bauwerk herrührenden Lasten und Kräfte so in den Baugrund ab, daß für das Bauwerk die Standsicherheit gewährleistet ist. Voraussetzung für die Errichtung eines Bauwerks ist die *Baugrunderkundung.* Hierzu werden mittels verschiedener Verfahren die Bodenschichten im Baugrund erschlossen und deren techn. Eigenschaften untersucht. Aufgabe der *G.statik* ist es, die Standsicherheit des Bauwerks nachzuweisen. Die *G.dynamik* befaßt sich mit den stoßweise oder period. auf den Baugrund wirkenden Kräften, mit deren Aufnahme und Weiterleitung durch die Bodenschichten und mit dem mechan. Verhalten des Baugrundes unter dem Einfluß von Schwingungen und Erschütterungen. Die Beanspruchung des Baugrundes kann zu **Setzungen** einzelner Fundamente oder des gesamten Bauwerks führen; es kann unter den Fundamenten ein **Grundbruch** entstehen, wodurch diese plötzl. stark einsinken; es kann sich ein **Geländebruch** entwickeln, wodurch z. B. im Bereich einer Böschung das gesamte Bauwerk im Gelände abgleiten kann. Es gibt verschiedene Systeme von G.werken. Die einfachste Konstruktion ist die Verbreiterung einer tragenden Wand durch einen **Fundamentstreifen** (Bankett) oder einer Säule durch einen **Fundamentsockel**; bei bes. gering tragfähigen Baugrund wird das gesamte Bauwerk auf eine durchgehende **Grundplatte** gesetzt, wodurch sich die Bodenpressung erhebl. verringert. Derartige Gründungsarten sind sog. *Flachgründungen.* Im Ggs. dazu werden *Tiefgründungen* gewählt, wenn die oberen Bodenschichten für die Aufnahme der Bauwerkslast nicht geeignet sind. In großem Umfange werden hier **Pfahlgründungen** angewandt, mittels deren die Kräfte aus dem Bauwerk in tieferliegende Bodenschichten eingeleitet werden. **Spundwandbauwerke** sind tiefgegründete, selbständige Bauwerke, z. B. Ufereinfassungen, Kaiwände, Molen, Schleusenwände, Baugrubeneinfassungen. Sie werden erstellt durch Einrammen, gegebenenfalls auch durch Einrütteln oder Einspülen von Spundbohlen aus Holz, Stahlbeton oder Stahl. **Stützmauern** sind Bauwerke des G., die im wesentl. Seitenkräfte (Erddruck) aufnehmen. Wichtige Systeme sind d. B.: Schwergewichtsstützmauern, Winkelstützmauern ohne und mit Sporn. **Baugrundverfestigung** wendet man an, wenn mit einfachen Mitteln wie dem Einrammen von Grobmaterial in weichere Bodenschichten eine Verbesserung der Tragfähigkeit des Baugrundes erreicht werden kann. Eine Verfestigung kann erreicht durch Zusätze von Kalk oder Chemikalien oder auch durch Injektionen erzielt werden. Zu den grundbautechn. Maßnahmen gehört auch die Abdichtung von G.werken gegen die Wirkung von (aggressivem) Grundwasser sowie gegen Sikker- und Kapillarwasser, und zwar durch Anstriche, Folien, Pappen. - Abb. S. 53.

📖 *Lang, H.-J./Huder, J.:* Bodenmechanik u. G. Bln. u. a. ³1985. - *Kinze, W./Franke, D.:* G. Wsb. ²1983. - *Simmer, K.:* G. Stg. ¹⁵⁻¹⁷1978–1980. 2 Bde.

Grundbruch ↑ Grundbau.

Grundbuch, das vom Grundbuchamt geführte öffentl. Verzeichnis der an Grundstücken eines bestimmten Bezirks bestehenden Rechtsverhältnisse. Es sichert den Rechtsverkehr mit Grundstücken und bildet die Grundlage für den Realkredit an Immobilien. Für jedes Grundstück (ausnahmsweise für mehrere Grundstücke), Erbbaurecht und Wohnungseigentum muß grundsätzl. ein **Grundbuchblatt** angelegt werden. Das G.blatt besteht aus der *Aufschrift,* dem *Bestandsverzeichnis* (aus dem sich Lage, Wirtschaftsart und subjektiv-dingl. Rechte des Grundstücks ergeben) und *drei Abteilungen.* Eingetragen werden: in Abteilung 1: Eigentümer und [dingl.] Eigentumserwerbsgrund (z. B. Auflassung, nicht jedoch Kaufvertrag); in Abteilung 3: Grundpfandrechte sowie deren Belastungen und Beschränkungen; in Abteilung 2: alle übrigen Grundstücksrechte und deren Belastungen, ferner relative Verfügungsbeschränkungen des Eigentümers sowie Vormerkung und Widerspruch, die sich auf das Eigentum oder in die in Abteilung 2 eingetragenen Rechte beziehen. Zu jedem G.blatt werden **Grundakten** geführt. G. und Grundakten kann jeder einsehen, der ein berechtigtes Interesse darlegt.
In *Österreich* ist das G. definiert als das von den Bezirksgerichten geführte, der allg. Einsicht offenstehende Verzeichnis aller in einer *Katastralgemeinde* gelegenen Grundstücke und der an ihnen bestehenden dingl. Rechte. Das G. besteht aus *Hauptbuch* und *Urkundensammlung.*
In der *Schweiz* gilt eine dem dt. Recht im wesentl. entsprechende Regelung. Hauptbestandteil des G. ist das *Hauptbuch,* das durch das *Tagebuch* (worin die Einschreibungen zuerst eingetragen werden) Pläne, Belege, Liegenschaftsverzeichnisse und Liegenschaftsbeschreibungen ergänzt wird.

Grundbuchamt, das Amtsgericht (selten: Gemeindebehörde), dessen eine Abteilung das Grundbuch führt. Es wird dabei als Organ der freiwilligen Gerichtsbarkeit tätig.

Grundbuchberichtigung, die Richtigstellung von Eintragungen im Grundbuch, wenn dieses mit der wirkl. Rechtslage nicht in Einklang steht („unrichtig" ist; z. B. durch mangelnde Übereinstimmung von Einigung und Eintragung eines Grundstücksrechts im Grundbuch). Die G. kann erfolgen auf Antrag des [wahren] Berechtigten, von Amts wegen, auf Grund eines Urteils.

Grundbuchrecht, 1. das materielle G.; es regelt v. a. die Voraussetzungen für Rechtsänderungen an Grundstücksrechten sowie den öffentl. Glauben des Grundbuchs; 2. das formelle G. (= Grundbuchverfassungs- und -verfahrensrecht). Rechtsquelle ist die Grundbuchordnung (GBO) i. d. F. vom 5. 8. 1935. *Verfahrensgrundsätze:* Das Grundbuchamt wird regelmäßig nur auf *Antrag* tätig. Antragsberechtigt sind der von der Eintragung *Betroffene* und der durch sie *Begünstigte.* Die Eintragung erfordert grundsätzl. eine *Bewilligung* des von ihr Betroffenen. Bei der Übereignung von Grundstücken, der Bestellung, Inhaltl. Änderung oder Übertragung eines Erbbaurechts muß dem Grundbuchamt die

Grunddeutsch

rechtsgeschäftl. Einigung nachgewiesen werden. Der von der Eintragung Betroffene soll als Berechtigter im Grundbuch eingetragen sein. Eintragungsbewilligung und andere Erklärungen gegenüber dem Grundbuchamt (außer dem Eintragungsantrag) bedürfen der *öffentl. Beglaubigung*. Sind die Verfahrenserfordernisse erfüllt und ist die beantragte Eintragung zulässig, so wird die **Grundbucheintragung** vorgenommen und den Beteiligten bekanntgemacht. Gegen die Vornahme einer Eintragung, die unter dem öffentl. Glauben des Grundbuchs steht, ist ein Rechtsbehelf nicht gegeben.

In *Österreich* gilt für das materielle G. das zum dt. Recht Gesagte entsprechend; für das formelle G. gilt: Das G. ist ein Teil des außerstreitigen Verfahrensrechts; hauptsächl. herrscht das *Antragsprinzip;* Eintragungen können nur bei Vorlage öffentl. oder öffentl. beglaubigter Urkunden bewilligt werden. In der *Schweiz* erfordert jeder Eintrag in das Grundbuch i. d. R. eine *Anmeldung.* Diese muß gewöhnl. von derjenigen Partei ausgehen, die durch den Eintrag ein Recht aufgibt oder eine Belastung auf sich nimmt. Der Eintrag in das Hauptbuch darf nur erfolgen, wenn der Anmeldende einen Ausweis über das Verfügungsrecht und über den Rechtsgrund beibringt.

📖 *Haegele, K., u.a.: G. Mchn.* [8]*1986. - Löffler, H.: Grundbuch u. Grundstücksrecht. Ffm.* [3]*1980.*

Grunddeutsch, das für die Verständigung notwendige Mindestbestand an Ausdrucksmitteln der dt. Sprache (Wortschatz und Grammatik). Das G. soll dazu beitragen, den Ausländern das Erlernen der dt. Sprache zu erleichtern. – ↑auch Basic English.

Grunddienstbarkeit, das subjektivdingl. (= dem jeweiligen Eigentümer eines Grundstücks zustehende) Recht zur begrenzten Nutzung eines anderen Grundstücks.

Grundeigentum, das Eigentum an einem Grundstück. Es erstreckt sich, soweit eine Nutzungsmöglichkeit besteht, auf den Luftraum über und das Erdreich unter der Oberfläche (§ 905 BGB). Inhalt und Grenzen sind weitgehend sonderrechtl. geregelt.

Grundeinheiten, svw. ↑Basiseinheiten.

Grundeis, in sehr kalten Gebieten am Grund von Binnengewässern gebildetes Eis.

Grundelartige (Gobioidei), Unterordnung der Barschartigen mit rd. 1 000 meist kleinen, schlanken Arten, überwiegend in küstennahen Meeresgebieten, auch in Süßwasser; mit zwei Rückenflossen; Bauchflossen weit nach vorn verschoben, unter den Brustflossen liegend, nicht selten verwachsen und ein Saugorgan bildend; Bodenfische; bekannteste Fam. Meergrundeln (↑Grundeln).

Grundeln, (Meer-G., Gobiidae) in allen Meeren, z. T. auch in Brack- und Süßgewässern vorkommende Fam. der Knochenfische

mit rd. 600, meist nur wenige cm langen Arten. Man unterscheidet die Unterfam. **Schläfergrundeln** (Eleotrinae; 2,5–60 cm lang, v. a. in trop. Meeren) und **Echte Grundeln** (Gobiinae). Bekannt ist der **Sandküling** (Sandgrundel, Pomatoschistus minutus), bis 10 cm lang, auf hellbraunem Grund schwärzl. gezeichnet, auf Sandböden der Nord- und Ostsee, des Atlantiks vor der frz. Küste und des Mittelmeeres. ◆ Bez. für verschiedene am Gewässergrund lebende kleine Fische.

Gründeln, Bez. für das Nahrungssuchen am Grund von flachen Gewässern bei verschiedenen Wasservögeln (z. B. Schwimmenten, Schwäne), wobei nur Kopf und Vorderkörper ins Wasser tauchen.

Gründelwale (Monodontidae), Fam. bis etwa 6 m langer Zahnwale in nördl. (v. a. arkt.) Meeren; Kopf stumpf gerundet mit aufgewölbter Stirn; Brustflossen relativ klein und gerundet. Rückenfinne fehlend. Die A. fressen überwiegend am Grund. Im Atlantik, bes. im Nordpolarmeer kommt der bis 5 m lange **Narwal** (Einhornwal, Monodon monoceros) vor; grau- bis gelblichweiß, dunkelbraun gefleckt. ♂ mit 1–3 m langem, schraubig gedrehtem oberen Schneidezahn. Der etwa 3,7–4,3 m lange **Weißwal** (Delphinapterus leucas) kommt in arkt. und subarkt. Meeren vor; erwachsen weiß, Jungtiere dunkelgrau. Er steigt teilweise auf.

Gründerjahre, i. e. S. Bez. für die Jahre vom Ende des Dt.-Frz. Kriegs (1871) bis zum Beginn der Großen Depression (1873), i. w. S. für die Zeit etwa 1870–90. Der (bereits zeitgenöss.) Begriff veranschaulicht die Wachstumseuphorie, die im Zeichen weitgehenden Zollabbaus und der durch die frz. Kriegsentschädigung ausgelösten Geldschwemme der eigtl. Durchbruch der industriellen Revolution in Deutschland begleitete. Für die rege Bautätigkeit, die sich auch in den 90er Jahren fortsetzte, ist Eklektizismus charakteristisch (Neugotik, Neurenaissance, Neubarock).

Grunderwerbsteuer, Steuer auf den Erwerb von inländ. Grundstücken und darauf gerichtete Verpflichtungsgeschäfte. Rechtsgrundlage für die Erhebung der G. ist das G.gesetz vom 29. 3. 1940, das jetzt in verschiedenen landesrechtl. Fassungen gilt. Steuerbemessungsgrundlage ist der Wert der Gegenleistung, also der Kaufpreis samt Nebenkosten. Der Steuersatz beträgt i. d. R. 3 %, hinzu kommt ein Zuschlag von 4 %, der demjenigen Stadt- oder Landkreis zusteht, in dem das Grundstück belegen ist. Die G. entsteht bereits bei Abschluß des Kaufvertrages.

Grunderwerbsteuervergünstigung, Bez. für die vollkommene oder teilweise Befreiung von der Grunderwerbsteuer durch im Gesetz festgelegte Ausnahmen oder auf Antrag. G. besteht z. B. bei verwandtschaftl. Beziehungen zw. Käufer und Erwerber, wenn das Grundstücksgeschäft im öffentl. Interesse liegt oder das Grundstück zum Zweck des gemeinnützigen Wohnungsbaus erworben wird.

Grundfarben (Primärfarben), die zur Herstellung von Farbmischungen in der Malerei bzw. Drucktechnik als Ausgangsfarben verwendeten drei Farben, mit denen sich alle anderen Mal- bzw. Druckfarben subtraktiv ermischen lassen. Die G. für den Mehrfarbendruck sind Gelb, Cyan und Magenta, die bezügl. Farbton, Sättigung und Dunkelstufe auf nat. und internat. Basis genormt wurden.

Grundform, svw. ↑ Infinitiv.

Grundfreiheiten ↑ Menschenrechte.

Grundgebirge, von der Geologie übernommener Bergmannsausdruck, der - ohne genaue Festlegung des Alters - die kristallinen liegenden Gesteine bezeichnet, auf denen sedimentäre, nicht metamorphe Gesteinsserien (**Deckgebirge**) aufliegen.

Gustaf Gründgens (1959)

Gründgens, Gustaf, *Düsseldorf 22. Dez. 1899, †Manila 7. Okt. 1963, dt. Schauspieler und Regisseur. - 1934–37 Intendant des Staatl. Schauspielhauses in Berlin, 1937–45 Generalintendant des Preuß. Staatstheaters, seit 1947 der Städt. Bühnen Düsseldorf, die er 1951 in die Düsseldorfer Schauspielhaus GmbH umwandelte, 1955–62 des Dt. Schauspielhauses in Hamburg. Rollen, die seiner souveränen Intellektualität und Eleganz entgegenkamen, waren u. a. Mephisto, der Snob (Sternheim), Hamlet, Bolingbroke (E. Scribe), Wallenstein (Schiller). Wirkte auch in zahlr. Filmen mit („Tanz auf dem Vulkan", 1938; „Friedemann Bach", 1941; „Das Glas Wasser", 1961), auch Filmregisseur („Die Finanzen des Großherzogs", 1934). Schuf beispielhafte Inszenierungen klass. und moderner Autoren; „Faust (I)" wurde 1960 auch als Film aufgenommen.

Grundgesetz, früher gebräuchl. Bez. für Verfassung (Staatsgrundgesetz) oder auch für einzelne, verfassungsrechtl. bes. bedeutsame Gesetze.

Grundgesetz, Abk. GG, die Verfassung der BR Deutschland. Das GG wurde am 23. Mai 1949 verkündet und trat am 24. Mai 1949 in Kraft. Seit dem 1. Jan. 1957 gilt es auch im Saarland. Das GG legt die staatl. Grundordnung fest, indem es die Staatsform, die Aufgaben der Verfassungsorgane und die Rechtsstellung der Bürger regelt. Mit dem Begriff GG sollte auf den provisor. Charakter der BR Deutschland hingewiesen werden. Dieser kommt auch in Art. 146 GG zum Ausdruck, wonach das GG seine Gültigkeit verliert, wenn eine vom dt. Volk in freier Entscheidung beschlossene Verfassung in Kraft tritt.

Das GG ist in 15 Abschnitte gegliedert. Ihnen ist eine Präambel vorangestellt. Diese geht von der Vorstellung des fortbestehenden gesamtdt. Staates aus und verpflichtet alle Staatsorgane der BR Deutschland, die Einheit Deutschlands mit allen Kräften anzustreben. In Abschnitt I (Art. 1–19) sind die Grundrechte niedergelegt. Abschnitt II (Art. 20–37) enthält Regelungen über die Staatsform der BR Deutschland und über das Verhältnis von Bund und Ländern. Die Abschnitte III–VI (Art. 38–69) sind den Verfassungsorganen Bundestag, Bundesrat, Gemeinsamer Ausschuß, Bundespräs. und Bundesreg. gewidmet. Abschnitt VII (Art. 70–82) behandelt die Zuständigkeit und das Verfahren bei der Gesetzgebung. In den Abschnitten VIII und VIIIa (Art. 83–91b) folgen Bestimmungen über die Ausführung der Bundesgesetze, die Bundesverwaltung und die Gemeinschaftsaufgaben. Der Rechtsprechung ist Abschnitt

Gründelwale. Weißwal

Grundgewebe

IX (Art. 92–104) gewidmet. In Abschnitt X (Art. 104a–Art. 115) schließen sich Regelungen über das Finanzwesen, in Abschnitt Xa (Art. 115a–115 l) über den Verteidigungsfall an. In Abschnitt XI (Art. 116–146) finden sich Übergangs- und Schlußbestimmungen. Das GG geht als Verfassungsgesetz allen anderen Rechtsnormen vor. Es kann selbst nur durch ein Gesetz geändert werden, das den Wortlaut des GG ausdrückl. ändert oder ergänzt. Dieses Gesetz bedarf der qualifizierten Mehrheit von zwei Dritteln der Mgl. des Bundestages und zwei Dritteln der Stimmen des Bundesrates. Bestimmte elementare Verfassungsgrundsätze dürfen auch im Wege der Verfassungsänderung nicht beseitigt werden (Art. 79 Abs. 3 GG).
Der Anstoß zur Ausarbeitung einer Verfassung nach dem 2. Weltkrieg ging von den drei westl. Besatzungsmächten aus. Diese hatten nach den Londoner Sechsmächtekonferenzen am 1. Juli 1948 die elf Min.präs. der westdt. Länder aufgefordert, eine verfassunggebende Versammlung für ihre Länder einzuberufen. Auf Grund eines gemeinsamen Wahlgesetzes wurde der Parlamentar. Rat von den elf Landtagen gewählt und trat am 1. Sept. 1948 in Bonn zusammen, wobei fünf Vertreter Berlins mit beratender Stimme teilnahmen. Als Grundlage für seine Beratungen hatte ein Sachverständigenausschuß im Auftrage der Min.präs. einen Entwurf (**Herrenchiemseer Verfassungsentwurf**) vorgelegt. Am 8. Mai 1949 wurde das GG vom Plenum des Parlamentar. Rates angenommen. Mit Ausnahme Bayerns stimmten die Landtage der Länder dem GG zu. Die westl. Besatzungsmächte, die auf die Beratungen des Parlamentar. Rates intensiv eingewirkt hatten, genehmigten das GG mit Schreiben vom 12. Mai 1949 mit einer Reihe von Vorbehalten, die sich insbes. auf den Vorrang des Besatzungsstatuts und auf die Rechtsstellung Berlins bezogen.
📖 *Maunz, T., u.a.: G. Kommentar. Losebl. Mchn. ⁶1983. 3 Bde.*

Grundgewebe, (Parenchym) bei *Pflanzen:* häufigste Form des ↑Dauergewebes, gebildet in den krautigen Teilen, aber auch im Holzkörper der höheren Pflanzen. Das G. besteht aus lebenden, wenig differenzierten Zellen. Zw. den Zellen befinden sich häufig ausgedehnte Interzellularräume. Im G. laufen die wichtigsten Stoffwechselprozesse der Pflanze ab, außerdem gewährleistet es bei ausreichender Wasserversorgung durch seinen ↑Turgor die Festigkeit der krautigen Pflanzenteile.
◆ bei *Tieren* und beim *Menschen* svw. ↑Stroma.

Grundherrschaft, wissenschaftl. Bez. für einen Teilbereich adliger, kirchl. und königl. Herrschaft, der die europ. Agrar-, Sozial- und Verfassungsgeschichte vom Früh-

MA bis zur Bauernbefreiung des 18. und 19. Jh. entscheidend bestimmte. Die ältere G. war „Herrschaft über Land und Leute" mit der Pflicht des **Grundherrn** zu Schutz und Schirm gegenüber den **Grundholden.** Sie unterstanden in unterschiedl. Abhängigkeitsverhältnissen (mit sozialen und wirtschaftl. Aufstiegsformen bis zur Freilassung) zum Grundherrn seiner Gerichtsbarkeit und hatten für das von ihnen bewirtschaftete Land oder auch nur für den grundherrl. Schutz Naturalabgaben bzw. Geld zu entrichten und Fronen zu leisten (**Grundlasten**). Seit dem Spätma MA entwickelte sich in Ausprägung landschaftl. unterschiedl. Typen die jüngere G. als „Herrschaft über Grund und Boden". Ostmitteleurop. Ausprägung der G. war die ↑Gutsherrschaft.

Grundierung, Grundanstrich bei [Pigment]farbanstrichen: die erste auf einen Werkstoff aufgebrachte Schicht mit ausgeprägter Haftfestigkeit zur Verbindung des Untergrundes mit den folgenden Anstrichschichten.
◆ ↑Malgrund.

Grundig, Hans, * Dresden 19. Febr. 1901, † ebd. 11. Sept. 1958, dt. Graphiker und Maler. - ∞ mit Lea G. Ab 1930 Mgl. der Asso. Seine Tiersymbolik dient der Entlarvung des Faschismus.
G., Lea, * Dresden 23. März 1906, † ebd. 10. Okt. 1977, dt. Malerin und Graphikerin. - ∞ mit Hans G. (seit 1928), ab 1930 Mgl.

Lea Grundig, Arbeiterinnen (1967). Privatbesitz

der Asso. Seit 1950 Prof. an der Hochschule für bildende Künste in Dresden. V. a. Porträts sowie große, polit. und sozial bestimmte Kompositionen.

Grundig AG, größtes europ. Unternehmen der Unterhaltungselektronik, Sitz Fürth, gegr. 1948 durch Max Grundig (* 7. Mai 1908), der 1984 aus der Firma ausschied; seither zur Philips AG.

Grundkapital ↑ Aktiengesellschaft.

Grundkarte ↑ Karte.

Grundkurs (Normalkurs), in der gymnasialen Oberstufe Kurs, der das schul. Grundwissen in einem Fach vermittelt, während **Leistungskurse** ein zusätzl. Lernangebot darstellen (zwei Leistungskurse sind Pflicht). G. der Oberstufe sind i. d. R. zwei- bis dreistündig, Deutsch, Mathematik und Fremdsprachen mindestens dreistündig.

Grundlagenbescheid, Feststellungsbescheid im Steuerfestsetzungsverfahren, der selbständig Rechtskraft erlangt und der nicht über darauf aufbauende Folgebescheide angegriffen werden kann (z. B. der Einheitswertbescheid).

Grundlagenforschung, Terminus der Wissenschaftstheorie: 1. Die wiss. Beschäftigung mit dem systemat. und method. Fundament einer wiss. Disziplin (z. B. mathemat. G., zu der Beweistheorie und Philosophie der Mathematik gehören). G. in diesem Sinne wird auch **Grundlagentheorie** genannt. 2. Insbes. in den Natur- und Technikwiss. im wesentl. die nicht auf Anwendungen hin orientierte, zweckfreie Forschung.

Grundlagenkrise, Auseinandersetzungen im Wissenschaftsbetrieb, bei denen die Unsicherheit über die Grundlagen einer Wissenschaft einen Grad erreicht, der mit der Gültigkeit für zentral gehaltener Ergebnisse (theoret. Sätze oder prakt. Empfehlungen) und der zu ihrer Gewinnung benutzten Verfahren auch die Zielsetzung dieser Wiss. in Frage stellt.

Grundlagenstreit, i. w. S. jede Kontroverse über die Grundlagen einer Wiss., d. h. über Begriffe, Sätze oder Verfahrensweisen, die zur Zeit dieser Auseinandersetzung als „grundlegend" für die betroffene Wiss. angesehen werden (z. B. der Streit zw. Newton bzw. seinem Sprecher Clarke und Leibniz über den Begriff des Raumes). Einen G. *im engeren Sinn* kennzeichnet, daß eine Grundlagenkrise vorausgeht und einflußreiche Gruppen von Wissenschaftlern versuchen, ihre mit den jeweils konkurrierenden Vorschlägen unverträgl. Vorschläge zur Behebung der bestehenden Grundlagenkrise durchzusetzen (z. B. der G. der modernen Mathematik, in dem sich als Hauptrichtungen Formalismus, Platonismus und Konstruktivismus gegenüberstehen). Neuerdings werden auch die frühen Methodenstreitigkeiten der Wirtschaftswiss. und der sog. Werturteilsstreit als (echter) G.

bezeichnet. Die Diskussion darüber ist noch nicht abgeschlossen.

Grundlagenvertrag, svw. ↑ Grundvertrag.

Grundlasten ↑ Grundherrschaft.

Grundlastwerk ↑ Stromversorgung.

Gründlinge (Gobioninae), Unterfam. kleiner bis mittelgroßer, bodenbewohnender Karpfenfische mit über 70 Arten in den Süßgewässern Eurasiens; Körper meist schlank, mit mehreren dunklen Flecken und einem Paar relativ langer Oberlippenbarteln. In M-Europa kommt der **Gewöhnliche Gründling** (Gründel, Grimpe, Greßling, Gresse, Gobio gobio) vor, ein bis 15 cm langer Fisch mit graugrünem Rücken, je einer Reihe dunkler Flecken an den helleren Körperseiten und rötl.-silberiger Unterseite; Flossen gelbl., mit dunklen Fleckenreihen auf Rücken-, Schwanz-, z. T. auch Brustflossen; in schnellfließenden Gewässern.

Grundlinie, Grenzlinie des Spielfeldes an den Schmalseiten (u. a. beim Tennis, Volleyball).

Grundlohn, (Mindestlohn) ↑ Lohn.

◆ in der gesetzl. *Krankenversicherung* das auf den Kalendertag umgerechnete Arbeitsentgelt. Berücksichtigt wird hierbei ein Betrag bis zu einem Dreihundertsechzigstel der jeweils gültigen Grenze des Jahresarbeitsverdienstes. Der G. bildet die Bemessungsgrundlage für die baren Leistungen der Krankenkassen sowie für die Beiträge.

Grundsee, See im steir. Salzkammergut, Österreich, 6 km lang, bis zu 1 km breit, 709 m ü. d. M.

Grundmann, Herbert, * Meerane 14. Febr. 1902, † München 20. März 1970, dt. Historiker. - 1939 Prof. in Königsberg (Pr) 1944 in Münster, ab 1959 in München, dort auch Präsident der „Monumenta Germaniae historica".

Grundmauer, unter der Erde liegende, die Last des darauf errichteten Bauwerks auf den Baugrund übertragende Mauer.

Grundmenge, die Menge vorgegebener Elemente (z. B. Zahlen), mit denen Einsetzungen in einen - eine oder mehrere Variable enthaltenden - Ausdruck (z. B. einen Term oder eine Aussageform) gemäß einer bestimmten Vereinbarung vorgenommen werden dürfen.

Grundmine ↑ Mine.

Grundmoräne ↑ Gletscher.

Grundnessel (Wasserquirl, Hydrilla lithuanica), Froschbißgewächs auf dem Grund stehender, nährstoffreicher Gewässer in M-Europa, im Nilgebiet, in S- und O-Asien und in Australien; 0,15–3 m lange Pflanze mit fein stachelspitzig gezähnten, lineal.-lanzettl., in zwei- bis achtzähligen Quirlen stehenden Blättern; Aquarienpflanze.

Grundnetz ↑ Schleppnetz.

Gründonnerstag [wohl nach dem

Grundordnung

Brauch, an diesem Tag etwas Grünes zu essen; vielleicht auch nach mittellat. dies viridium „Tag der Büßer" (eigtl. der „Grünen", d. h. derer, die durch ihre Buße wieder zu lebendigen („grünen") Zweigen der Kirche werden)] (lat. [Feria quinta] in Coena Domini, Feria quinta Hebdomadae sanctae), 5. Tag der Karwoche, nach 1. Kor. 1/1, 23 Tag des letzten Abendmahles. Zu seinem Gedächtnis findet in allen christl. Liturgien ein seit dem 4. Jh. nachweisbarer Abendgottesdienst statt. In zahlr. kath. Kirchen wird dabei traditionell die Fußwaschung symbol. nachvollzogen.

Grundordnung, Bez. für die nach 1945 beschlossenen Verfassungen der dt. ev. Landeskirchen, v. a. der EKD. Die erste G. der EKD vom 13. Juli 1948 wurde durch die G. vom 7. Nov. 1974 ersetzt.

Grundpfandrechte, Überbegriff für Hypothek, Grundschuld und Rentenschuld; das sind dingl. Verwertungsrechte an Grundstücken, auf Grund deren der Berechtigte eine bestimmte Geldsumme aus dem belasteten Grundstück [im Wege der Zwangsvollstreckung] beitreiben kann. Sie sind die Sicherheit beim Realkredit an Immobilien.

Grundrechenarten, Bez. für die vier Rechenarten Addition (Zusammenzählen), Subtraktion (Abziehen), Multiplikation (Malnehmen) und Division (Teilen).

Grundrechte, [außer im Falle der ↑ Koalitionsfreiheit] nur gegen den Staat gerichtete Fundamentalrechte des Bürgers, die i. d. R. verfassungsmäßig gewährleistet sind. In der BR Deutschland sind die wichtigsten G. im GG enthalten. Dieses führt in Abschnitt I („Die G.") insbes. auf: die Menschenwürde; die freie Entfaltung der Persönlichkeit; das Recht auf Leben und körperl. Unversehrtheit und die Freiheit der Person; den Gleichheitssatz; die Religionsfreiheit einschließl. der Glaubens- und Gewissensfreiheit und der Bekenntnisfreiheit; Meinungsfreiheit, Informationsfreiheit und Pressefreiheit; die Wissenschaftsfreiheit; den Schutz von Ehe und Familie; die Privatschulfreiheit; die Versammlungsfreiheit; Vereinigungs- und Koalitionsfreiheit; Briefgeheimnis, Postgeheimnis und Fernmeldegeheimnis; die Freizügigkeit; die Berufsfreiheit; die Unverletzlichkeit der Wohnung; das Recht auf Eigentum und das Erbrecht; das Verbot der Auslieferung und das Asylrecht; das Beschwerde- und Petitionsrecht. Außerhalb des Grundrechtskatalogs enthält das GG weitere Grundrechtsbestimmungen, u. a.: die Freiheit der Parteien; das Recht auf gleichen Zugang zu jedem öffentl. Amt nach Eignung, Befähigung und Leistung; das Wahlrecht; das Recht auf den gesetzl. Richter; das Verbot der mehrmaligen Bestrafung wegen derselben Tat und das Verbot der Rückwirkung von Strafgesetzen; den Anspruch auf rechtl. Gehör vor Gericht. Bereiche, die nicht von diesen Spezial-G. erfaßt

werden, fallen unter den Schutz der allg. Handlungsfreiheit (Art. 2 Abs. 1).
Einige G. stehen nicht allen Menschen, sondern nur den Deutschen im Sinne des Art. 116 GG zu (**Deutschenrechte**). Außer dem natürl. Personen können sich auch inländ. jurist. Personen und sonstige Personengemeinschaften auf G. berufen, sofern diese ihrem Inhalt nach auf sie anwendbar sind.
Die G. wenden sich an alle drei Staatsgewalten und binden daher auch die gesetzgebende Gewalt. Diese darf ein G. durch Gesetz grundsätzl. nur dann einschränken, wenn das G. diese Beschränkung ausdrückl. vorsieht *(Gesetzesvorbehalt)*. Das eingeschränkte G. muß außerdem unter Angabe seines Art. gen. werden (Art. 19 Abs. 1). In keinem Falle darf ein G. in seinem Wesensgehalt angetastet werden (Art. 19 Abs. 2). Wer bestimmte G. zum Kampfe gegen die freiheitl. demokrat. Grundordnung mißbraucht, verwirkt sie (Art. 18 GG). Hierüber entscheidet das Bundesverfassungsgericht. Gegen eine Verletzung der G. durch die öffentl. Gewalt kann jedermann Verfassungsbeschwerde erheben. Außerhalb des GG finden sich G. in vielen Landesverfassungen. Diese G. bleiben gemäß Art. 142 GG insoweit in Kraft, als sie mit dem GG übereinstimmen oder einen weitergehenden G.schutz gewähren (vgl. Art. 142 GG). G. finden sich ferner in der Europ. Menschenrechtskonvention; sie haben jedoch keinen Verfassungsrang. - ↑ auch Menschenrechte.
In *Österreich* fehlt es derzeit noch an einer umfassenden Kodifikation der G.; die verfassungsgesetzl. gewährleisteten G. entsprechen in der Hauptsache dem im dt. Recht gewährleisteten Rechten. Eine Verwirkung der G. ist dem östr. Verfassungsrecht fremd.
In der *Schweiz* sind die G. (auch **Freiheitsrechte** gen.) in der BV verstreut und unvollständig aufgeführt. Die BV garantiert u. a. das Eigentum, die Handels- und Gewerbefreiheit, die Niederlassungsfreiheit für Schweizer Bürger, die Glaubens- und Gewissensfreiheit, die Kultusfreiheit, das Recht auf Ehe, die Pressefreiheit, die Vereinsfreiheit, die Petitionsfreiheit, das Recht auf den verfassungsmäßigen Richter und das Verbot von Ausnahmegerichten, die Sprachenfreiheit. Über die in der BV einzeln aufgeführten G. hinaus garantiert die Verfassung jede individuelle Freiheit, die durch die Staatsgewalt gefährdet werden könnte (insbes. die persönl. Freiheit). Der einzelne genießt bei der Ausübung der G. den Schutz der BV nur insoweit, als durch die Grundrechtsausübung nicht die Interessen der anderen verletzt oder unmittelbar die staatl. Interessen gefährdet werden. Polizeil. Beschränkungen zur Aufrechterhaltung der öffentl. Ordnung gehen demnach vor. - Nach schweizer. Auffassung sind die G. nicht nur als Schranken gegen die Staatsgewalt zu verstehen, sondern als freiheitl. Grundlage der

gesamten staatl. Ordnung und somit als ideelle und funktionelle Voraussetzung der Demokratie überhaupt.

Geschichte: Die Vorstellung von G., die dem Menschen von Natur aus zu eigen sind (↑ Menschenrechte, ↑ Naturrecht), findet sich bereits in der Antike. In einem vielschichtigen Prozeß verbinden sich im MA antike Naturrechtsphilosophie, christl. Staatsphilosophie und german. Volksrechtstraditionen und bilden eine Basis zunächst ständ. beschränkter G. gegenüber dem Herrscher (Widerstandsrecht). Die berühmteste mittelalterl. G.verbriefung ist die Magna Carta libertatum von 1215, die auf Grund der freiheitl. Traditionen der brit. Geschichte den Rang des fundamentalen Dokuments in der Entwicklung der modernen G. einnimmt. Die beginnende Neuzeit brachte mit der reformator. Lehre von der Freiheit des christl. Gewissens begrenzte Anstöße in der Entwicklung der Grundrechtsideen. Entscheidende Schritte zur Deklaration der individuellen und damit der modernen G. wurden im 17. Jh. in England beim Kampf gegen die Stuarts und in den Auseinandersetzungen um die Religionsfreiheit getan: Über die Petition of Right von 1628 und den aus den Kreisen der Independenten hervorgegangenen demokrat. orientierten Verfassungsentwurf des „Agreement of the people" 1647 führte der Weg zur verfassungsrechtl. Anerkennung individueller G. in der Habeaskorpusakte 1679 und in der Bill of Rights 1689. Als Erbe der engl. Entwicklung des 17. Jh., auf der Grundlage des religiösen Nonkonformismus und in der kolonialen Pioniersituation erlangten die G. in N-Amerika eine bes. Bedeutung. Bei der Trennung von Großbrit. faßten die Einzelstaaten die G. verfassungsgesetzl. zus. (Virginia Bill of Rights 1776); 1790 wurden sie als Zusatzart. I–X der Unionsverfassung von 1789 angefügt. Unter dem maßgebl. Einfluß des nordamerikan. Vorbilds und der rationalist. Ideen der Aufklärung (Voltaire, Montesquieu, Rousseau) wurde in der Frz. Revolution am 26. Aug. 1789 das klass. Dokument der G. in der Erklärung der Menschen- und Bürgerrechte proklamiert (↑ Déclaration des droits de l'homme et du citoyen). Sie ging in die frz. Verfassungen von 1791, 1795, 1814 und 1830 ein und beeinflußte erhebl. die folgenden Rechts- und Staatstheorien sowie die G.kodifikationen des 19. Jh., die G. zumeist in der Form von Bürgerrechten garantierten. Während die vormärzl. dt. Verfassungen G. nur in beschränktem Umfang kodifizierten (am ausführlichsten noch Bayern und Baden 1818, Württemberg 1819), sah die Frankfurter Nationalversammlung (die sich zuerst den Terminus G. für Deutschland durchsetzte) in Abschnitt VI ihres Reichsverfassungsentwurfs einen ausführl. Katalog von „G. des dt. Volkes" vor (u. a. Rechtsgleichheit, Niederlassungsfreiheit,

Freiheit und Unverletzlichkeit der Person, Unverletzlichkeit der Wohnung, Briefgeheimnis, Pressefreiheit, Freiheit der Wissenschaft und Lehre). Den Verfassungen des Norddt. Bundes von 1867 und des Dt. Reiches von 1871 fehlten G. wegen föderalist. Bedenken und aus rechtspositivist. Erwägungen. Dagegen enthielt die Weimarer Verfassung von 1919 in Anknüpfung an die 1848er Tradition einen Katalog von G. und Grundpflichten (auch sozialer Natur). Der Nationalsozialismus lehnte G. als Relikte des liberalen Staates ab und beseitigte sie durch die Reichstagsbrand-Notverordnung vom 28. Febr. 1933. Auch in den Verfassungen der UdSSR und anderer sozialist. Staaten werden die G. - soweit sie überhaupt gen. sind - als Produkte der bürgerl.-liberalen Epoche relativiert; die Betätigung der G. ist nur zum Wohl der Gemeinschaft erlaubt. Von einem wirksamen, gerichtl. abgesicherten Schutz der G. kann in den Staaten des Ostblocks nicht die Rede sein. In der Auseinandersetzung mit den totalitären Systemen haben die G. nach 1945 neue Bedeutung erlangt. Die UN proklamierten am 10. Dez. 1948 eine Erklärung der Menschenrechte, die allerdings rechtl. unverbindl. und in ihrer Tragweite durch die Stimmenthaltung der UdSSR und anderer sozialist. Staaten erhebl. eingeschränkt blieb. Die Mgl.staaten des Europarates schlossen am 4. Nov. 1950 in Rom eine „Konvention zum Schutze der Menschenrechte und Grundfreiheiten" ab, die den Unterzeichnerstaaten völkerrechtl. bindet, wenngleich die direkte innerstaatl. Geltung begrenzt ist (Anrufung des Europ. Gerichtshofes für Menschenrechte).

📖 *Hassemer, W., u. a.: G. u. soziale Wirklichkeit. Baden-Baden 1982. - Kröger, K.: Grundrechtstheorie als Verfassungstheorie. Baden-Baden 1978. - Oestreich, G.: Gesch. der Menschenrechte u. Grundfreiheiten ... Bln. ²1978.*

Grundrente, (Bodenrente) in der *funktionellen Verteilungstheorie* das Einkommen, das aus dem Eigentum an Grund und Boden bezogen wird. Die G. hat die volkswirtschaftl. Funktion, den Produktionsfaktor Boden, sofern er kein freies Gut mehr ist, der produktivsten Verwendungsart zuzuführen.

◆ in der *Kriegsopferversorgung* nach dem BundesversorgungsG gewährter einkommensunabhängiger Rentenbestandteil, der eine Minderung der Erwerbsfähigkeit um mindestens 30 % voraussetzt. Die G. kann durch eine Ausgleichsrente ergänzt werden.

Grundriß, die senkrechte Projektion eines Gegenstandes auf eine waagerechte Ebene.

Grundsätze ordnungsmäßiger Buchführung ↑ Buchführung.

Grundschicht (Peplosphäre), Bez. für den untersten Bereich der Troposphäre (↑ Atmosphäre): die rund 1 bis 2,5 km mächtige, dem Erdboden aufliegende Luftschicht bis zur

Grundschleier

Hauptdunstgrenze oder Hauptschichtwolkendecke.

Grundschleier, ohne Lichteinwirkung entstehende Schwärzung einer photograph. Schicht; sie bleibt normalerweise unterhalb des Schwellenwertes der Gradation (Dichte 0,1 bis 0,2).

Grundschuld, das Grundpfandrecht, das - anders als die Hypothek - von einer zu sichernden Forderung rechtl. unabhängig ist (§ 1191 BGB). Entstehung durch formlose Einigung und Eintragung ins Grundbuch sowie (bei der Brief-G.) Übergabe des G.briefes. Die G. erlischt durch Befriedigung des G.gläubigers aus dem Grundstück, ferner durch Aufhebung. Dagegen entsteht eine **Eigentümergrundschuld,** wenn der Eigentümer die G. tilgt oder der Gläubiger auf die G. verzichtet. Häufigste Art der G. ist der [der Sicherung einer Forderung dienende] **Sicherungsgrundschuld;** ihr liegt als kausales Rechtsgeschäft ein Sicherungsvertrag zw. einem Kreditgeber und dem Eigentümer zugrunde.

Grundschule, gemeinsame Pflichtschule für alle Kinder ab vollendetem 6. Lebensjahr (vorzeitige Einschulung und Rückstellung sind möglich). Eingeführt in der Weimarer Republik (Art. 146 der Verf.). Die Dauer der G. beträgt in den Ländern der BR Deutschland i. d. R. vier (in Berlin und Bremen sechs) Jahre. Die G. führt vom anfängl. Gesamtunterricht (die ersten zwei Jahre) zur Aufgliederung in Fächer (dt. Sprache, Mathematik, Religion, Kunst, Musik, Sport und Sachunterricht). Der Übergang in die weiterführenden Schulen folgt teils nach dem 4. Schuljahr, teils nach dem Besuch einer Orientierungsstufe (5. und 6. Schuljahr). Die Gesamtschule beginnt nach dem 4. Schuljahr mit Leistungskursen.

In *Österreich* wird die vierjährige G. Volksschule gen., auf die die Hauptschule und - auf dem Land noch - eine Volksschuloberstufe folgt. In der *Schweiz* besteht im Rahmen einer 7- bis 10jährigen Volksschule eine Primarschule, die je nach Kt. 3–6 Jahre umfaßt.

Grundschwingung, die mit der niedrigsten Frequenz erfolgende harmon. [Teil]-schwingung eines schwingenden Gebildes. Beliebige unharmon. Schwingungsvorgänge lassen sich stets in eine G. und eine Folge von harmon. ↑Oberschwingungen zerlegen, deren Frequenzen ganzzahlige Vielfache der G.frequenz sind.

Grundsee, eine kurze, steile, oft auch überkammende Welle, die durch Auflaufen einer aus tiefem Wasser kommenden langen Welle auf Untiefen und vor flachen Küsten entsteht.

Grundsprache, Bez. für die gemeinsame Vorstufe mehrerer verwandter Sprachen; z. B. ist das Lat. die G. der roman. Sprachen.

grundständig, unmittelbar über dem Boden stehend; auf Blätter bezogen, die an

der Basis eines Pflanzensprosses entspringen.

Grundsteuer, Steuer auf alle Formen des Grundbesitzes (bebaute und unbebaute Grundstücke, Eigentumswohnungen), deren Erhebung auf Grund des GrundsteuerG vom 7. 8. 1973 (mit Änderungen) erfolgt. Die G. ist unterteilt in die G. A (auf land- und forstw. genutzten Grundbesitz) und die G. B (auf bebaute und unbebaute Grundstücke). Sie ist neben der Gewerbesteuer die wichtigste Gemeindesteuer; ihr Aufkommen betrug 1979 5 705 Mill. DM, davon entfielen 412 Mill. DM auf die G. A und 5 293 Mill. DM auf die G. B. Bei der Erhebung der G. gilt als maßgebende Größe der Einheitswert des betreffenden Grundstücks, von dem mit Hilfe einer Steuermeßzahl der G.meßbetrag festgestellt wird. Den Steuermeßbetrag multipliziert die Gemeinde mit ihrem Hebesatz und ermittelt so die G.schuld als Jahresbetrag. Finanzwiss. zählt die G. wie die Gewerbesteuer zu den Besitzsteuern und hierbei insbes. zu den Realsteuern und damit zu den Ertragsteuern.

Grundstimme, 1. die tiefste (Baß-)Stimme einer Komposition; 2. bei der Orgel bezeichnet man als Grundstimmen die Prinzipale aller Oktavlagen, im Ggs. zu den ↑Aliquotstimmen und den ↑ gemischten Stimmen.

Grundstoffindustrien, Sammelbez. für die Betriebe der eisenschaffenden Ind., des Kohlenbergbaus und der Energiewirtschaft. Durch ihre Tätigkeit schaffen sie die Grundlage für die Produktion von Investitions- und Konsumgütern. Da die Betriebe kapitalintensiv und daher für konjunkturelle Schwankungen bes. anfällig sind, werden sie häufig staatl. subventioniert.

Grundstück, 1. im Sinne des BGB und der Grundbuchordnung ein räuml. abgegrenzter Teil der Erdoberfläche, der im Bestandsverzeichnis eines Grundbuchblattes unter einer bes. Nummer gebucht ist; ohne Rücksicht auf die Art seiner Nutzung; 2. in den Bau- und Bodengesetzen die eine wirtschaftl. Einheit bildenden Bodenflächen (*G. im wirtschaftl. Sinn,* u. U. bestehend aus mehreren G.).

Bewertung bei bebauten G.: Der **Sachwert** setzt sich zus. aus Bodenwert, Gebäudewert und Wert der Außenanlagen. Dabei wird der Boden mit dem **gemeinen Wert** oder **Verkehrswert** angesetzt. Bei der Errechnung des Gebäudewerts wird vom Gebäudenormalherstellungswert ausgegangen, der um Wertminderungen auf Grund des Zeitablaufs, baul. Mängel oder Schäden berichtigt wird. Bei der Ermittlung des Werts der Außenanlagen wird ähnl. verfahren. Evtl. werden die so ermittelten Werte an den gemeinen Wert angeglichen. Der **Ertragswert** wird durch Kapitalisierung der erwarteten durchschnittl. Reinerträge ermittelt. Voraussetzung für die Ermittlung ist also die Kenntnis der zu erwartenden

Mieteinnahmen oder zumindest die Möglichkeit ihrer Schätzung. Bei *unbebauten G.* wird der gemeine Wert angesetzt.

grundstücksgleiche Rechte, dingl. Rechte an Grundstücken, die rechtl. wie Grundstücke behandelt werden, z. B. das Erbbaurecht.

Grundstücksrechte, dingl. Rechte an einem Grundstück. *Arten:* 1. Grundeigentum, Sonderfall: Wohnungseigentum; 2. grundstücksgleiche Rechte; 3. beschränkte dingl. G., näml. Dienstbarkeiten, Grundstücksverwertungsrechte (= Grundpfandrechte), Grundstückerwerbsrechte (= dingl. Vorkaufsrecht). - Zur rechtsgeschäftl. Begründung und inhaltl. Abänderung eines Grundstücksrechts sowie zur rechtsgeschäftl. Begründung und Übertragung von Rechten an einem Grundstücksrecht (z. B. einem Pfandrecht an einer Hypothek) sind i. d. R. erforderlich: Einigung [zw. den Beteiligten] und Eintragung ins Grundbuch. Die Aufhebung eines Grundstücksrechts erfolgt durch Aufgabeerklärung [gegenüber dem Grundbuchamt oder dem Begünstigten] und Eintragung ins Grundbuch.

Grundstücksverkehr, 1. im Sinne des GrundstücksverkehrsG vom 28. 7. 1961 die Veräußerung land- oder forstw. Grundstücke. Sie bedarf einer Genehmigung der nach Landesrecht zuständigen Landwirtschaftsbehörde.

Grundstudium, in den Ingenieur- und Naturwiss. wie in der Medizin (mit Abschluß durch Zwischenprüfungen) übl. Grundlagenstudium (die ersten 2–3 Semester).

Grundstufe, in der *Sprachwiss.* ↑ Komparation.

Grundton, in der *Akustik* der tiefste Ton eines klangbildenden Tongemisches (↑ Grundschwingung).
◆ in der *Musik* der Ton, auf dem eine Tonleiter oder ein Akkord aufgebaut ist. Der G. liegt in der Akkordgrundstellung im Baß, in der ↑ Umkehrung in einer anderen Stimme.

Grundtvig, Nicolai Frederik Severin [dän. 'grondvi], * Udby (Seeland) 8. Sept. 1783, † Kopenhagen 2. Sept. 1872, dän. ev. Theologe, Pädagoge und Schriftsteller. - Stark von der Romantik beeinflußt; bemühte sich um religiöse und nat. Erneuerung, er übersetzte altnord. Sagen, dichtete über 400 Kirchenlieder und gab den Anstoß zur dän. Volkshochschulbewegung.

Grundtvigianismus [nlat.], eine Bewegung seit Mitte des 19. Jh. in Dänemark, in der sich pietist. und hochkirchl. Frömmigkeit, polit. Liberalismus und dän. Nationalbewußtsein verbinden. Anhänger N. F. S. Grundtvigs gingen aufs Land und gründeten Dorfgemeinschaftshäuser, Heimvolkshochschulen und bäuerl. Genossenschaften.

Grundumsatz (Basalumsatz, Ruheumsatz), Abk. GU, diejenige Energiemenge, die ein lebender Organismus bei völliger geistiger und körperl. Entspannung in nüchternem Zustand zur Aufrechterhaltung seiner Lebensvorgänge benötigt. Die Höhe des G. hängt beim Gesunden von Körpergröße und Körpergewicht, vom Alter und vom Geschlecht ab. Während der Kindheit und Pubertät ist der G. bedeutend höher als im Erwachsenenalter. Vom 20. Lebensjahr ab fällt der Umsatz dann bis zum 50. bis 60. Lebensjahr stetig um insgesamt rd. 10 % ab. Er ist bei Frauen (bei gleicher Körperoberfläche) um etwa 10 % geringer als bei Männern. Als Faustregel gilt, daß der G. beim Erwachsenen annähernd 1 kcal (4,2 kJ) je Stunde und kg Körpergewicht beträgt. *Krankhafte Abweichungen des G.* (d. h. Abweichungen um mehr als ± 20 % vom Durchschnittswert) sind meist auf Störungen der Schilddrüsenfunktion zurückzuführen.

Gründung, (Fundament) ↑ Grundbau.
◆ rechtl., finanzielle und organisator. Errichtung eines Unternehmens entsprechend der für die einzelnen Unternehmungsformen geltenden Vorschriften.

Gründüngung, Düngungsart, bei der Grünpflanzen als Ganzes oder nur die Stoppel- und Wurzelrückstände von Futterpflanzen untergepflügt werden. Zur G. bevorzugt angebaut werden z. B. Lupinen, die mit Hilfe ihrer Wurzelknöllchen Luftstickstoff binden können und so den Boden zusätzl. mit Stickstoff anreichern.

Grundurteil ↑ Zwischenurteil.

Grundvermögen, immobiler Teil des Gesamtvermögens von Privatpersonen, Einzelunternehmen, Personen- und Kapitalgesellschaften, bestehend aus: Grund und Boden, Gebäuden, sonstigen Bestandteilen und Zubehör, dem Erbbaurecht, dem Wohnungseigentum, dem Teileigentum, dem Wohnungs- und dem Teilerbbaurecht; nicht zum G. zählen land- und forstw. Vermögen sowie Betriebsgrundstücke.

Grundvertrag (Grundlagenvertrag), Kurzbez. für den Vertrag über die Grundlagen der Beziehungen zw. der BR Deutschland und der DDR vom 21. Dez. 1972, in Kraft getreten am 21. Juni 1973. Der G. soll (Art. 1) „gutnachbarl. Beziehungen" zw. beiden Staaten „auf der Grundlage der Gleichberechtigung" dienen; er umfaßt (Art. 3) einen Gewaltverzicht mit der Bekräftigung der „Unverletzlichkeit" der Grenze zw. beiden Staaten und der „uneingeschränkten Achtung ihrer territorialen Integrität". Die Vertragspartner wollen Sicherheit und Zusammenarbeit in Europa sowie eine kontrollierte internat. Rüstungsbegrenzung und Abrüstung fördern (Art. 5). Sie gehen von der Beschränkung der Hoheitsgewalt auf das jeweils eigene Staatsgebiet aus und respektieren die Unabhängigkeit und Selbständigkeit des Vertragspartners (Art. 6). Sie versichern ihre Bereitschaft, prakt.

Grundwasser

und humanitäre Fragen zu regeln (Art. 7) und vereinbaren den Austausch ständiger Vertretungen (Art. 8). Früher abgeschlossene Verträge und Vereinbarungen werden nicht berührt (Art. 9). - Weitere Bestandteile des Vertragswerks (u. a. Protokollvermerke, Briefwechsel, Erläuterungen) betreffen u. a. die Auffassungsunterschiede hinsichtl. der Staatsangehörigkeit und der nat. Frage, sie beziehen sich auf den Post- und Fernmeldeverkehr, Familienzusammenführung, Reiseerleichterungen, weitere Grenzübergangsstellen, einen kleinen Grenzverkehr für 56 Kreise der BR Deutschland und 54 Kreise der DDR, den Eintritt in die UN, die Ausdehnung von Abkommen auf Berlin (West). Im „Brief zur dt. Einheit" bekräftigt die Bundesreg. das polit. Ziel der Wiedervereinigung. Trotz dieses Vorbehalts wurde der G. im westl. und östl. Ausland als Besiegelung des Endes des Bismarck-Reiches aufgefaßt. Von unmittelbar prakt. Bed. waren die humanitären Erleichterungen.

Grundwasser, alles ehem. Sickerwasser, das unterird. Hohlräume zusammenhängend ausfüllt und nur der Schwerkraft unterliegt. Die obere Grenzfläche zw. lufthaltiger und wassergesättigter Zone ist der **Grundwasserspiegel.** Bei **Grundwasserstockwerken** werden mehrere **Grundwasserleiter** durch schweroder undurchlässige Schichten getrennt. Menge und Fließgeschwindigkeit sind vom Porenvolumen abhängig. Tritt G. zutage, so bildet es Quellen. - Die Höhe des G.spiegels schwankt jährl., bedingt durch klimat. Verhältnisse.

Grundwehrdienst, der nach Erfassung, Musterung und Einberufung erste Wehrdienst; in der Bundeswehr auf Grund des Wehrpflichtgesetzes als voller G. (z. Z. 18 Monate) oder als verkürzter G. zu leisten.

Grundwort, in einer Zusammensetzung (Kompositum) das nachstehende, übergeordnete Wort, nach dem sich Wortart, Genus und Numerus des ganzen Wortes richten, z. B. Regen*schirm*, hand*gemalt*.

Grundzahl, svw. natürl. Zahl (eine der Zahlen 1, 2, 3,...).
◆ svw. Basis einer ↑Potenz oder eines ↑Logarithmus.

Grundzeit, nach der REFA-Lehre Teil der Ausführungszeit; die Summe der Zeiten, die regelmäßig anfallen und durch Berechnung oder Zeitaufnahme zu ermitteln sind. G. kann untergliedert werden in: 1. **Hauptzeit** (der Teil der G. je Einheit, bei dem ein unmittelbarer Fortschritt an den Einheiten oder Arbeitsgegenständen im Sinne des Auftrags entsteht) und **Nebenzeit** (der Teil der G., der regelmäßig auftritt, jedoch ledigl. mittelbar zum Fortschritt im Sinne des Auftrags beiträgt); 2. **Bearbeitungszeit** (Zeit vom Beginn bis zur Beendigung der Bearbeitung der einzelnen - oder gleichzeitig mehrerer - Auftragseinheiten) und **Zwischenzeit** (Zeit vom Ende der Bearbeitung der einen - oder gleichzeitig mehrerer - Einheiten bis zum Beginn der Bearbeitung der nächsten Einheit); 3. **Tätigkeitszeit** *in der G.* (die Zeit, in der bei Fließarbeit zur Erreichung der tägl. geforderten Sollmenge jeweils eine Mengeneinheit fertigzustellen ist) und **Wartezeit** *in der G.* (bei Zusammenwirken von Arbeiter, Betriebsmittel und Werkstoff der für den Arbeiter auftretende Zeitverlust, der vorzugeben ist).

Grundzustand, der stationäre, quantenmechan. zu beschreibende Zustand eines mikrophysikal. Systems, der die niedrigste mögl. Energie besitzt. - ↑auch angeregter Zustand.

Grüne (Die Grünen), polit. Partei der BR Deutschland, gebildet Anfang 1980 durch Zusammenschluß verschiedener regionaler Gruppen (↑ grüne Listen) sowie der „Grünen Aktion Zukunft"; bekennt sich zu den Grundwerten „ökologisch - sozial - basisdemokratisch - gewaltfrei". Die G. betonen bes neutralist. und pazifist. Orientierung in der Außenpolitik den Vorrang, der das Verhältnis des Menschen zu seiner Umwelt genießt, und lehnen das Wachstumsdenken, insbes. in der Energiepolitik, ab. Bis Dez. 1986 errangen die G. Sitze in den Länderparlamenten von Bremen, Baden-Württemberg, Bayern, Niedersachsen, Hamburg und Hessen; bei der Bundestagswahl vom 25. Jan. 1987 erreichten sie 8,3 % der Zweitstimmen und 42 Sitze.

Grüne Apfelwanze ↑Apfelwanze.

Grüne Blattwespe (Rhogogaster viridis), häufige, 10-12 mm große, vorwiegend smaragdgrüne Blattwespenart in M-Europa; Hinterleib oben schwarz; Larven fressen an vielen Pflanzen.

Grüne Front, allg. Bez. für eine agrarpolit. Interessengemeinschaft und -vertretung. 1929-33 Bez. für den lockeren Zusammenschluß von Reichslandbund, Vereinigung der dt. christl. Bauernvereine, Dt. Bauernschaft und Dt. Landwirtschaftsrat.

Grüne Insel, Bez. für Irland.

Grüneisen-Blochsche Widerstandsformel [nach dem dt. Physiker E. Grüneisen (* 1877, † 1949) und F. Bloch], eine die Abhängigkeit des elektr. Widerstandes ideal reiner Metalle von der absoluten Temperatur T angebende physikal. Formel. Bei tiefen Temperaturen ist dieser Widerstand proportional T^5, bei hohen Temperaturen proportional T.

Grüne Jagdbirne ↑Birnen (Übersicht).

grüne Listen, Wählervereinigungen, die sich v. a. mit programmat., auf Umweltschutz gerichteten Forderungen unter Aufstellung eigener Kandidaten zur Wahl stellen. - ↑auch Bürgerinitiative.

grüne Lunge, Bez. für Grünflächen im Bereich städt. Siedlungen.

Grüne Mamba ↑Mambas.

Grüne Mandel ↑Pistazie.

Grüne Meerkatze ↑Meerkatzen.

Grüne Minze ↑Minze.

Grüne Nieswurz ↑Nieswurz.

Grüner Bericht (seit 1971: Agrarbericht), seit 1956 jährl. erstellter agrar- und ernährungspolit. Bericht der Bundesreg. gemäß §4 LandwirtschaftsG vom 5. 9. 1955, der seit 1968 auch die von der Bundesreg. zugunsten der Landw. getroffenen und noch beabsichtigten Maßnahmen enthält (**Grüner Plan**). Der G. B. enthält Angaben u. a. über die Lage der Agrarwirtschaft, Ziele der Agrar- und Ernährungspolitik, Erzeugungs-, Markt- und Preispolitik, Verbraucherpolitik im Ernährungsbereich, Außenwirtschaftspolitik und Weltagrarprobleme, Strukturpolitik, Umweltpolitik im Agrarbereich, Naturschutz und Landschaftspflege, Sozialpolitik, Steuerpolitik, Bildungspolitik, Forschung, Finanzierung. Der G. B. geht von vier Zielkomplexen aus: Verbesserung der Lebensverhältnisse im ländl. Raum, Versorgung der Bev. mit Agrarprodukten, Beitrag zur Lösung der Weltagrar- und Welternährungsprobleme sowie Erhaltung, Wiederherstellung und Entwicklung der Leistungs- und Nutzungsfähigkeit von Natur- und Landwirtschaft.

Grüner Diskus ↑Diskusfische.

Grüner Graf ↑Amadeus VI., Graf von Savoyen.

Grüner Knollenblätterpilz (Grüner Giftwulstling, Grüner Wulstling, Amanita phalloides), Ständerpilz aus der Fam. der Wulstlinge, verbreitet in mitteleurop. Laub- und Nadelwäldern; Hut 5–15 cm im Durchmesser, jung eiförmig, später gewölbt, zuletzt flach; Oberseite oliv- bis gelbgrün, Lamellen weiß bis schwach grünlich, Stiel 5–12 cm lang, 1–2 cm dick, zylinderförmig, weiß bis schwach grünl. mit weißer Manschette. Der häufig mit dem Champignon verwechselte Pilz ist einer der giftigsten einheim. Pilze.

Grünerle ↑Erle.

grüner Pfeffer, konservierte Pfefferbeeren, bes. aromatisch.

Grüner Plan ↑Grüner Bericht.

grüner Star ↑Starerkrankungen.

grüner Strahl (Green-flash), seltene, noch nicht befriedigend geklärte atmosphär. Erscheinung bei Sonnenauf- und -untergängen: Im Augenblick der Berührung des oberen Sonnenrandes mit dem Horizont tritt eine farbige, meist grüne, intensive Lichterscheinung von zwei bis drei Sekunden Dauer auf.

grüner Tee ↑Tee.

grüner Tisch, früher mit grünem Stoff bezogener Kanzleitisch; übertragen für: Beamtenregiment, wirklichkeitsfremder Bürokratismus.

Gruner + Jahr AG & Co. ↑Verlage (Übersicht).

Grünes Gewölbe, eine der bedeutendsten Schatzkammern Europas, die heute zu den Staatl. Kunstsammlungen in Dresden gehört, meist aus dem 16.–18. Jh. stammende

Goldschmiedearbeiten u. ä. Das G. G. wurde 1721 von August dem Starken gegr. (ben. nach dem Anstrich der Schatzkammer).

Grünes Kreuz ↑Deutsches Grünes Kreuz.

grüne Versicherungskarte (grüne internat. Versicherungskarte), 1949 eingeführte Versicherungskarte; der Inhaber einer g. V. ist im Ausland, sofern ein entsprechender bilateraler Vertrag zw. den beteiligten Ländern besteht, ohne Zusatzvertrag im Umfang versichert, der in den Pflichtversicherungsgesetzen des fremden Landes vorgesehen ist.

Grünewald, Matthias, vielleicht ident. mit Mathis Gothart, gen. Nithart (Neithart), * um 1470/80, † nach 1529 (letzte - umstrittene - Signatur), dt. Maler. - Der Isenheimer Altar (heute Colmar, Unterlindenmuseum) wurde 1675 von J. von Sandrart Grünewald zugeschrieben, 1938 nannte W. K. Zülch den Namen Gothart, gen. Nithart, ansässig in Seligenstadt (* Würzburg zw. 1455/60, † Halle/ Saale Aug. 1528). Nach neuerer Forschung gehört der Maler aber der Generation Dürers und Cranachs an. Als Geburtsort wird Aschaffenburg wahrscheinlich (so schon J. von Sandrart). In jüngster Zeit wird von dem Historiker H. J. Rieckenberg Mathias Grünewald als tat-

Matthias Grünewald, Verkündigung an Maria (Ausschnitt; 1512–15); auf dem linken Flügel des Isenheimer Altars. Colmar, Unterlindenmuseum (unten)

sächl. Name des Künstlers erklärt. Bei der gelegentl. auftauchenden Signatur MGN bedeute das N den Geburtsort. Dieser Mathis Grün von Aschaffenburg (genauer aus einem Ort in der Nähe von Aschaffenburg) hat 1512 in Frankfurt am Main das Bürgerrecht durch Heirat mit Anna erworben. 1527 mußte er sein Haus verkaufen, etwa 1529 ist er in Erbach nachweisbar, wo er um 1532 starb. Von W. Lücking wird eine Zusammenarbeit von Grün und Nithart angenommen (das N in MGN bedeute danach Nithart). - Die Begegnung mit Dürer darf aus stilkrit. Erwägungen als sicher gelten wie auch die mit der italien. Renaissance und der niederl. Kunst. Andererseits zeigt das Werk tiefe Verwurzelung in der ma. Welt, u. a. sind Einflüsse der Visionen der Seherin Brigitta nachweisbar (die gekrönte Maria des Isenheimer Altars). Grünewalds Werk spiegelt die fanat.-asket. Grundstimmung der Zeit des Umbruchs vom MA zur Neuzeit. Der Bildraum ist von visionärem Licht erfüllt, dem sich eine leuchtende Farbigkeit verbindet. Die Gestalten sind in ihrer vollen Plastizität erfaßt, Ausdruck ihrer ird. Präsenz. Darstellungen des Leidens sind bis zum Naturalismus geführt. Zu den frühen Werken gehört die wahrscheinl. 1504 begonnene Verspottung Christi (München, alte Pinakothek). Die Tafeln zum Frankfurter Heller-Altar dürften um 1510-11 entstanden sein (z. T. Frankfurt am Main, Städel; z. T. Donaueschingen, Gemäldegalerie). Zw. 1512/15 darf der Künstler im Isenheimer Antoniterkloster, Elsaß, vermutet werden. Der Aschaffenburger Rahmen der Tafel des Maria-Schneewunders in Freiburg im Breisgau (Augustinermuseum) ist 1519 datiert, die Tafel war Teil eines Altars, zu dem wohl nicht die Stuppacher „Maria mit Kind" gehörte. 1522 entstand die Erasmus-Mauritius-Tafel in München (Alte Pinakothek). Röntgenaufnahmen haben unter dem Wappen des Mainzer Erzbischofs das der Grafen von Erbach zum Vorschein gebracht. Zum Spätwerk zählen die beiden Tafeln in Karlsruhe (Kunsthalle) mit der Kreuztragung und der Kreuzigung Christi, die Aschaffenburger Beweinung Christi (Stiftskirche) und die Hl. Katharina (Cleveland Museum of Art), vermutl. Teil eines verschollenen Marienaltars für den Mainzer Dom (1974 erworben). Nur wenige Zeichnungen sind erhalten. Es wird angenommen, daß G. auch Bildhauer gewesen ist.

Nissen W.: Der Isenheimer Altar. Freib. 1985. - Lücking, W.: Mathis, Nachforschungen über G. Bln. 1983. - Fraenger, W.: M. G. Mchn. 1983

grüne Welle, Steuerung der Verkehrssignale eines Straßenzuges derart, daß die Fahrzeuge an allen aufeinander folgenden Kreuzungen das Signal Grün vorfinden.

Grünfilter ↑Filter.

Grünfink (Grünling, Carduelis chloris), etwa 15 cm großer Finkenvogel in Europa, NW-Afrika und Vorderasien; Gefieder des ♂ olivgrün mit gelbgrünem Bürzel und leuch-

tendem Gelb an Flügeln und Schwanzkanten; ♀ weniger lebhaft gefärbt.

Grüningen, Dietrich von, * um 1210, † 3. Sept. (?) 1258, Land- und Deutschmeister des Dt. Ordens. - 1238 Landmeister in Livland und Preußen; unterwarf Kurland und war maßgebl. am Ausbau der Ordensherrschaft in Preußen beteiligt. In der Reichspolitik unterstützte er als Deutschmeister (1254-56) die antistauf. Gegenkönige Heinrich Raspe und Wilhelm von Holland.

Grunion [span.] (Amerikan. Ährenfisch, Leuresthes tenuis), etwa 15 cm langer, silbrig glänzender Ährenfisch im Küstenbereich flacher Sandstrände Kaliforniens. Das Laichen des G. erfolgt in Abhängigkeit von den Mondphasen.

Grünkern, unreif geerntetes, gedörrtes und geschältes Korn des Dinkels; Suppeneinlage.

Grünkohl (Braunkohl, Winterkohl, Krauskohl, Brassica oleracea var. acephala), Form des Federkohls mit krausen Blättern; anspruchslose, winterharte, in mehreren Sorten angebaute Gemüsepflanze.

Grünkreuzkampfstoffe, Bez. für alle während des 1. Weltkriegs eingesetzten chem. Kampfstoffe (Kampfgase), die auf die Atemorgane einwirkten.

Grünland, landwirtschaftl. Nutzfläche, die mit Gräsern, Grünlandkräutern (z. B. Löwenzahn, Schafgarbe) und Schmetterlingsblütlern bewachsen ist, v. a. Wiese und Weide, aber auch Feldfutterflächen.

Grünlilie (Graslilie, Chlorophytum), Gatt. der Liliengewächse mit über 100 Arten in den Tropen der Alten und Neuen Welt. Die bekannteste Art ist **Chlorophytum comosum** aus S-Afrika, eine Rosettenpflanze mit 20-40 cm langen, lineal-lanzettl., zugespitzten Blättern; Blütenschaft bis 1 m lang, mit kleinen, weißen Blüten und zahlr. Wurzeln bildenden Jungpflanzen. Die bei uns meist in der Kulturform **Variegatum** (mit weißgestreiften oder weißgerandeten Blättern) kultivierte G. ist eine beliebte Zimmerpflanze.

Grünling, (Grünreizker, Gelbreizker, Echter Ritterling, Tricholoma flavovirens) in sandigen Kiefernwäldern und auf Heiden häufig vorkommender Ständerpilz; Hut 4-8 cm breit, olivgelb bis olivgrün, mit fuchsbrauner, schuppiger Mitte; Lamellen schwefelgelb, dicht stehend; Fleisch fest, weiß, nach außen zu gelbl.; Speisepilz.
◆ svw. ↑Grünfink.

Grünordnung, Teilbereich der Landespflege; erarbeitet Vorschriften für die Gestaltung, Erhaltung und Pflege von Gärten, Grünflächen und Grünanlagen (privater und öffentl. Art) u. dgl. und deren Einordnung in die Ortsanlage zur Erzielung eines gesunden Lebensraums nach sozialen, biolog., ökolog., klimat., lufthygien. und techn. Gesichtspunkten. Die G. umfaßt Grünanalyse und

-planung, Grünflächenbau und -pflege. Rechtsgrundlagen geben das Bundesbau- und BundesraumordnungsG das Landesplanungs-, Kleingarten- und Friedhofsrecht.

Grünsalz, Bez. für Eisensulfate, die z. B. bei der Gewinnung von Titandioxid anfallen.

Grünsand, durch Anreicherung von Glaukonit grüngefärbte Meeresablagerung.

Grünschiefer, Bez. für metamorphe Gesteine, die durch ihre Hauptbestandteile Chlorit und Epidot grün gefärbt sind.

Grünschwäche ↑ Farbenfehlsichtigkeit.

Grünspan [Lehnübersetzung von mittellat. viride Hispanum „spanisches Grün" (weil der künstl. hergestellte Farbstoff dieses Namens urspr. aus Spanien eingeführt wurde)], Gemisch bas. Kupfer(II)-acetate von grüner oder blauer Farbe; entsteht bei Einwirkung von Essigsäure[dämpfen] auf Kupfer oder Messing in Gegenwart von Luft sowie durch Reaktion von Kupfersulfat mit Calciumacetat; ferner bildet sich G. an Kupfergefäßen bei Aufbewahrung saurer Speisen. Der für den Menschen mäßig giftige G. (letale Dosis 15–20 g) wird in der Malerei als Pigment *(span. Grün),* außerdem zur Herstellung anderer Kupferpigmente sowie von Mehltaubekämpfungsmitteln verwendet. - ↑auch Patina.

Grünspecht (Picus viridis), 32 cm langer Specht in Europa und Vorderasien; mit graubis dunkelgrüner Oberseite, hellgrauer Unterseite, gelbl. Bürzel und roter Kopfplatte, die bis zum Nacken reicht; Kopfseiten weißlichgrau mit schwarzer Gesichtsmaske und schwarzem (beim ♂ rot gefülltem) Bartstreif.

Grünstadt, Stadt am Rande der nördl. Haardt, Rhld.-Pf., 174 m ü. d. M., 10 000 E. Herstellung von Ton- und Schamottewaren, Konserven. - 1556 erhielt G. Marktrechte. - Mehrere barocke Kirchen (St. Martin, 1727–36, Friedenskirche, 1739).

Grupello, Gabriel de, * Geraardsbergen (Ostflandern) 22. Mai 1644, † Ehrenstein bei Kerkrade (Prov. Limburg) 20. Juni 1730, fläm. Bildhauer italien. Abkunft. - Schüler von A. Quellinus d. Ä., brachte die Tradition der Rubensschule und die Kenntnis des frz. Hofstils nach Düsseldorf; u. a. „Jan Wellem"-Reiterstandbild (1703–11; Düsseldorf), Bronzepyramide (1716; 1743–1978 Mannheim, Paradeplatz).

Gruppe [italien.-frz.], in den Sozialwissenschaften unschärfer und mehrdeutig benutzter Begriff für eine Menge, Masse bzw. abgrenzbare Anzahl von Personen, die bes. soziale Beziehungen untereinander und gegenüber Außenstehenden unterhalten; mitunter auch synonym gebraucht für Schicht, Klasse, Bev.teil oder eine sozialstatist. Personengesamtheit mit gleichen Merkmalen. In Psychologie und Soziologie ist G., neben Organisation, der wichtigste Begriff für soziale Gebilde, durch die das Individuum mit seiner Gesellschaft verbunden wird. Die G. hat eine

Gabriel de Grupello, Der heilige Bartholomäus (um 1715). München, Bayerisches Nationalmuseum

bestimmte, mehr oder weniger verbindend gefügte soziale Struktur: die Beziehungen zw. den ihr angehörenden Personen verlaufen relativ regelmäßig und zeitl. überdauernd, die G.mgl. haben ein gewisses Bewußtsein der Zusammengehörigkeit und Abgrenzung gegenüber Dritten (**Gruppenbewußtsein),** ihr gemeinsames Handeln ist an gemeinsamen Zielen und Interessen ausgerichtet, die Gruppen-Mgl. bilden in Verfolgung dieser Ziele ein System arbeitsteiliger Rollen und Status aus und halten es ein. Im Hinblick auf solche Strukturierung werden Typen von G. unterschieden: Als **Primärgruppen** gelten die auf spontanen oder engen persönl.-emotionalen Beziehungen beruhenden und die beteiligten Personen untereinander relativ umfassend zusammenführenden sozialen Gebilde (Familie, Freundschaft, Nachbarschaft); **Sekundärgruppen** sind rational organisierte, ledigl. auf spezielle Zielsetzungen ausgerichtete Strukturen gemeinsamen Handelns (Arbeits-G., Spielmannschaft). Innerhalb von Organisationen unterscheidet man die aus dem geplanten System der Arbeitsteilung sich ergebenden **formalen Gruppen** von den spontan entstehenden informellen Gruppen, die wichtige von der Organisation nicht berücksichtigte Bedürfnisse der Gruppenmitglieder befriedigen.

📖 *Homans, G. C.: Theorie der sozialen G.*

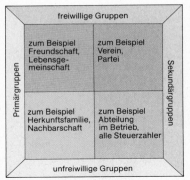

	freiwillige Gruppen		
Primärgruppen	zum Beispiel Freundschaft, Lebensgemeinschaft	zum Beispiel Verein, Partei	**Sekundärgruppen**
	zum Beispiel Herkunftsfamilie, Nachbarschaft	zum Beispiel Abteilung im Betrieb, alle Steuerzahler	
	unfreiwillige Gruppen		

Gruppe. Typen von sozialen Gruppen

Wsb. [7]1978. - Battegay, R.: *Der Mensch in der G.* Bern [3]-[5]1973–79.

◆ *militär.:* nach dem Trupp kleinste Teileinheit aller Truppengatt. der Heeres (7–12 Soldaten unter Führung eines Unteroffiziers). Mehrere G. bilden einen Zug.

◆ in der *Mathematik* eine Menge G von gleichartigen Elementen $a, b, c, d,...$ (z. B. Zahlen, Funktionen oder Abbildungen), die folgende Eigenschaften besitzt: 1. In G ist eine Verknüpfung ($\circ$) erklärt, die jedem Paar von Elementen a, b aus G ein eindeutig bestimmtes Element $c = a \circ b$ zuordnet, das ebenfalls zu G gehört. Die Verknüpfung kann beispielsweise bei Zahlenmengen die Addition oder Multiplikation, bei Mengen von Abbildungen das „Nacheinanderausführen" sein. 2. Für die Verknüpfung ($\circ$) gilt das Assoziativgesetz: $(a \circ b) \circ c = a \circ (b \circ c)$. 3. Es existiert ein neutrales Element (Einselement) e mit der Eigenschaft: $e \circ a = a$ für alle a aus G.

Gruppe 47. Hermann Peter Piwitt liest auf der Tagung in Sigtuna (Schweden; 1964)

4. Es existiert zu jedem Element a aus G ein inverses (reziprokes) Element a^{-1} aus G mit der Eigenschaft: $a \circ a^{-1} = e$. Gilt außerdem das Kommutativgesetz: $a \circ b = b \circ a$, dann spricht man von einer *kommutativen* oder *abelschen* G. Beispiel für eine G. bezügl. der Addition ist die Menge aller ganzen Zahlen $\mathbf{Z} = \{...-3, -2, -1, 0, 1, 2, 3...\}$.

◆ in der *Chemie:* 1. Bestandteil eines Moleküls, u. a. die ↑funktionellen Gruppen, viele Molekülreste und Radikale; 2. die jeweils in einer Spalte des Periodensystems der chem. Elemente untereinanderstehenden Elemente mit ähnl. chem. Eigenschaften (z. B. Alkalien).

◆ im *Sport* bestimmte Anzahl von Mannschaften oder Einzelspielern, die zur Ermittlung eines Siegers oder einer Meisterschaft Qualifikationsspiele gegeneinander austragen.

Gruppe 47, fluktuierende Gruppierung dt. Schriftsteller und Publizisten, gegr. im Bestreben, die „junge Literatur... zu sammeln und zu fördern" und zugleich für ein neues, demokrat. Deutschland zu wirken. Als Gründungsdatum gilt der 10. Sept. 1947, an dem sich H. W. Richter, A. Andersch, H. Friedrich, W. Kolbenhoff, W. Schnurre, W. Bächler, W. M. Guggenheimer, N. Sombart und F. Minssen trafen, um die erste, dann verbotene Nummer einer neuen Zeitschrift vorzubereiten. Sie veranstalteten fortan jährl. Tagungen mit Lesungen (über 200 Autoren trugen vor). Träger des Literaturpreises der Gruppe 47 seit 1950: G. Eich, H. Böll, I. Aichinger, I. Bachmann, A. Morriën, M. Walser, G. Grass, J. Bobrowski, P. Bichsel, J. Becker. 1968 fand die letzte Tagung im alten Stil statt, am 19. Sept. 1977 wurde die Gruppe endgültig aufgelöst.

Gruppe 61, Arbeitskreis von Schriftstellern und Publizisten; Anstoß zur Gründung gab eine Anthologie von Bergmannsgedichten (1960); Absicht: Auseinandersetzung mit den sozialen und menschl. Problemen der industriellen Arbeitswelt und (Formulierung 1971) Sachverhalte der Ausbeutung ins öf-

fentl. Bewußtsein zu bringen. Mitte der 60er Jahre Abspaltung des „Werkkreises Literatur der Arbeitswelt". Mgl. u. a.: F. Hüser, M. von der Grün, G. Wallraff.

Gruppe der 77, loser Zusammenschluß von urspr. 77 Entwicklungsländern; traf sich erstmals als Vorauskonferenz zur Vorbereitung der 2. Welthandelskonferenz (UNCTAD II, 1968) in Algier (10.–25. Okt. 1967) und verabschiedete als Ergebnis die „*Charta von Algier* über die wirtsch. Rechte der Dritten Welt" (u. a. Forderung nach Umwandlung der Weltbank in eine Entwicklungsbank, bis 1970 Abzweigung von jährl. 1 % des Bruttosozialprodukts der Ind.nationen für die Entwicklungsländer, vermehrte handelspolit. Konzessionen der kommunist. regierten Länder). Die G. d. 77 hält keine regelmäßigen Konferenzen ab, tritt jedoch bei internat. Konferenzen der UN geschlossen auf und ist das Sprachrohr der Länder der Dritten Welt geworden. Als ihre Sprecher gelten u. a. Algerien, Brasilien, Jamaika, Indien, Mexiko, Nigeria und Venezuela; inzwischen gehören ihr rd. 130 Länder an.

Gruppenakkord ↑Akkordarbeit.

Gruppenarbeit, ein v. a. in der Sozialarbeit und Sozialerziehung angewandtes Verfahren, das darauf abzielt, gruppendynam. Prozesse erzieher. zu nutzen. Der Gruppenpädagoge versucht eine fruchtbare Zusammenarbeit der Mgl. zu gewährleisten und positive Aktivitäten, die aus der Gruppe kommen, zu fördern.

◆ (Gruppenunterricht) didakt. Prinzip, bei dem einzelne Themenkreise von Gruppen erarbeitet werden (Schule und Hochschule).

Gruppenarbeitsverhältnis, dasjenige Arbeitsverhältnis mehrerer Arbeitnehmer zu demselben Arbeitgeber, das auf eine gemeinsame Arbeitsleistung ausgerichtet ist. Bei der **Betriebsgruppe** werden die Gruppen-Mgl. vom Arbeitgeber zur gemeinsamen Arbeitsleistung zusammengefaßt und nach dem Arbeitsergebnis der Gruppe entlohnt (z. B. *Gruppenakkordkolonnen*). Bei der **Eigengruppe** beruht der Zusammenschluß auf dem Willen der Arbeitnehmer, die gemeinschaftl. ihre Dienste dem Arbeitgeber anbieten (z. B. Musikkapellen).

Gruppenbewußtsein ↑Gruppe, ↑auch Kollektivbewußtsein, ↑Wirbewußtsein.

Gruppenbild, Darstellung zusammengehöriger Menschen, wobei die Auftraggeber Porträtähnlichkeit erwarten. Im 17. Jh. in der niederl. Malerei das ↑Schützenstück und ↑Regentenstück, in der Romantik das Freundschaftsbild, daneben bis heute das Familienbildnis.

Gruppendynamik (Gruppenpsychologie), sozialpsycholog. Disziplin mit der Aufgabe, die dynam. Zusammenhänge sowohl in als auch zw. den menschl. Gruppen zu erforschen. Die G. berücksichtigt neben den Erkenntnissen der Tiefenpsychologie auch diejenigen der Informationstheorie. Die Resultate ihrer Forschungen stellt sie in Soziogrammen dar.

Gruppenehe, kollektive Ehegemeinschaft, die nur für einige wenige Naturvolkgruppen nachgewiesen ist.

Gruppengeschwindigkeit, die Geschwindigkeit, mit der sich eine Wellengruppe, d. h. das Intensitätsmaximum mehrerer sich überlagernder Wellen, deren Wellenlängen sich nur geringfügig unterscheiden, bewegt. Ist die Phasengeschwindigkeit für alle Teilwellen gleich, so sind G. und Phasengeschwindigkeit identisch. Die G. ist diejenige Geschwindigkeit, mit der sich die Energie in einem Wellenvorgang ausbreitet (sie ist daher mit der **Signalgeschwindigkeit** identisch).

Gruppenkommunikation ↑Kommunikation.

Gruppenpädagogik, v. a. in der sozialen Gruppenarbeit mit Jugendlichen praktizierte Gemeinschaftserziehung, die ihre Aufgabe ausschließl. und ohne weitere Bildungsabsichten darin sieht, sozial integratives Verhalten, d. h. den Willen zur Einfügung in eine Gemeinschaft und zu gemeinschaftl. Handeln zu wecken.

Gruppensex, sexuelle Handlungen, an denen mindestens drei Personen beteiligt sind. Wiss. Untersuchungen über diese Form des Sexualverhaltens liegen gegenwärtig insbes. aus den USA vor. Ihnen zufolge handelt es sich bei G. um eine Erscheinung, die vornehml. in der sozialen Mittelschicht auftritt. In den meisten Fällen ist G. die einzige Abweichung von dem Moralkodex dieser Schicht. Die häufigste Form des G. ist der Partnertausch.

Gruppensprachen, Sonderausprägungen innerhalb der Gemeinsprache bei bestimmten sozialen oder altersmäßig fixierten Gruppen einer Sprachgemeinschaft. Man unterscheidet die Standessprachen, Berufssprachen und Fachsprachen von dem neben der Umgangssprache stehenden ↑Jargon und den Geheimsprachen (bes. Gaunersprachen wie Rotwelsch, Argot). Die G. unterscheiden sich von der Gemeinsprache v. a. durch einen erweiterten Sonderwortschatz.

Gruppentest (Gruppenuntersuchung), Bez. für psycholog. Testverfahren für Eignungs- und Leistungsprüfungen, die in Gruppen durchgeführt werden; vorwiegend schriftl., um gegenseitige Beeinflussung der Probanden auszuschließen.

Gruppentheorie, Teilgebiet der Mathematik, das sich mit der Untersuchung endl. und unendl. ↑Gruppen befaßt.

Gruppentherapie (Gruppenpsychotherapie), Methode der Psychotherapie, bei der mehrere Personen gleichzeitig bes. unter Anwendung der Gruppendynamik behandelt werden. Die G. will soziale Kontaktschwierig-

Gruppenunterricht

keiten beseitigen und soziale Fehlanpassungen korrigieren. Optimale Bedingungen der G. scheinen in der Gruppe von fünf bis sechs (höchstens aber 8) Personen gegeben zu sein, bei der der (tiefenpsycholog. geschulte) Therapeut keine zentrale oder autoritäre Stellung einnimmt, sondern eine mehr hinweisende und ausgleichende Funktion hat und bei der eine spontane, möglichst hemmungsfreie Aussprache auch dazu beiträgt, angestaute psych. Spannungen abzubauen. Eine bes. Form der G. ist das **Psychodrama:** Dazu wählen und spielen die Gruppen-Mgl. bestimmte soziale Rollen, und im Verlauf dieser G. eröffnet sich dem Therapeuten die Gelegenheit, Symptome und Ursachen psych. Konflikte zu ermitteln und zugleich entsprechende therapeut. Maßnahme durchzuführen. - ↑ auch Sozialtherapie.

Gruppenunterricht, in der Schule svw. ↑ Gruppenarbeit.

Gruppenversicherung ↑ Versicherungsvertrag.

Gruppo 63 [italien. 'gruppo ses'santa 'tre], Zusammenschluß italien. literar. Avantgardisten im Okt. 1963 in Palermo. A. Giuliani und E. Sanguineti verhalfen neben G. Manganelli sowohl durch ihre Experimente in Lyrik und Roman als auch bes. durch ihre Bemühungen um neue Theaterformen der G. 63 zu internat. Beachtung.

Gruppoid [italien.-frz./griech.], eine Menge, in der eine zweistellige Verknüpfung definiert ist.

Grus [lat.] ↑ Sternbilder (Übersicht).

Grus [niederdt.], durch Verwitterung gebildeter, feiner, bröckeliger Gesteinsschutt.

Grusinien ↑ Grusinische SSR.

Grusinier ↑ Georgier.

Grusinische Heerstraße (Georgische Heerstraße), 208 km lange Paßstraße über den Großen Kaukasus, zw. Tiflis und Ordschonikidse.

Grusinische SSR (Grusinien, Grusien, Georgien), westlichste der transkaukas. Sowjetrepubliken, 69 700 km², 5,17 Mill. E (1984), Hauptstadt Tiflis.

Landesnatur: Die G. SSR umfaßt den W (Kolchis) und die Mitte der transkaukas. Senkungs- und Beckenzone, greift im N bis auf die Hauptachse des Großen Kaukasus hinauf und bezieht im S die westl. Rücken des Kleinen Kaukasus und Randteile des Hochlandes von Armenien ein. Das Klima ist im W subtrop. feucht, im O kontinental trocken. - Soweit kein Kulturland vorhanden ist, findet sich östl. von Tiflis ein offener Trockenwald, dazwischen Grasfluren. Weiter östl. Federgras- und Bartgrassteppe.

Bevölkerung, Wirtschaft, Verkehr: 66,8 % der Bev. sind Georgier. Daneben leben Armenier, Russen, Aserbaidschaner, Osseten, Griechen und Ukrainer in der G. SSR. 40 % des Gebietes (Wald und Hochgebirgsland) ist ohne dauernde menschl. Siedlungen. Die G. SSR

verfügt über 19 Hochschulen (davon eine Univ.); die Akad. der Wiss. der G. SSR unterhält 42 Inst. - Eine bes. Rolle spielt von alters her der Weinbau auf mehr als 10 % der Rebfläche der UdSSR. Aus der G. SSR stammen fast 100 % der sowjet. Zitrusfrucht- und rd. 95 % der Teeblatternte. Maulbeerbaumkulturen sind Grundlage der Seidenraupenzucht. Rinderzucht wird v. a. in den westl. Landesteilen betrieben, Schafhaltung im O. Nahrungsmittel- und Leichtind. stehen an erster Stelle. Heilbäder (Mineralquellen) und Badeorte an der Schwarzmeerküste haben zu einem bed. Fremdenverkehr geführt. - Das Eisenbahnnetz von 1 470 km Länge ist vollständig elektrifiziert. Das Straßennetz hat eine Länge von 33 700 km, davon 29 900 km mit fester Decke. Haupthäfen sind Batumi, Poti und Suchumi.

Geschichte: Das erste grusin. Reich entstand während der Diadochenkriege (nach 323 v. Chr.), zerfiel aber wieder. Seit 65 v. Chr. stand Grusinien kulturell und polit. unter röm. Einfluß. Das Christentum setzte sich in der 1. Hälfte des 4. Jh. durch. 395 kam Kolchis (im SW) unter die Oberhoheit von Byzanz; Iberien (im SO unter dem Namen **Khartli**) wurde Vasallenstaat Persiens. Anfang 8. Jh. eroberten die Araber fast ganz Grusinien. Im 12. Jh. erneut geeint, reichte Grusinien vom Schwarzen bis zum Kasp. Meer und umfaßte Teile Persiens und Armeniens. Die Mongolen, v. a. unter Timur-Leng (1386), verwüsteten das Land; Grusinien zerfiel wieder. 1555 wurde es aufgeteilt: Imeretien wurde Vasallenstaat der Osmanen, Kachetien und Khartli kamen unter pers. Herrschaft. Rußland machte sich Imeretien gewaltsam zum Vasallenstaat und annektierte es 1810. Kachetien und Khartli standen unter starkem islam. Druck. 1747 wurde das ostgrusin. Kgr. erneuert, Ende des 18. Jh. zu einem georg.-armen.-aserbaidschan. Reich erweitert, seit 1783 unter russ. Protektorat. Nachdem alle grusin. Gebiete unter dem Zarentum vereint waren, hob Rußland die lokale Autonomie der grusin. Gebiete bald auf. Die Politik der Russifizierung führte zu zahlr. Aufständen, u. a. 1812 in Kachetien und Khartli, 1818–20 in Imeretien. 1918 erklärte Grusinien seine Unabhängigkeit. Der Einmarsch der Roten Armee (1921) machte Grusinien zur autonomen Sowjetrepublik innerhalb der Transkaukas. SFSR. 1936 wurde Grusinien SSR. 1978 wurde eine neue Verfassung verabschiedet.

Gruß, Handlungen und Wortformeln zur Regelung des sozialen Kontaktes in bestimmten Abständen bei Begegnung und Abschied von Personen.

Nach psycholog. Deutung sind G. und Gegen-G. oft nur zeremonielle Maßnahmen zur Verhütung gegenseitiger Aggression. Dem entspricht, daß die Verweigerung des G. oder Gegen-G. („Schneiden") als relativ starke negative Sanktion (Beleidigung) aufgefaßt wird.

Die Formen der Begrüßung sind von der sozialen Stellung der Grüßenden zueinander abhängig, aber auch vom Rahmen ihrer Begegnung innerhalb der Gemeinschaft, zu der sie gehören, und von überlieferten Regeln bestimmt.

Die verbindende Kraft des G. wird in den sog. G.gemeinschaften bes. deutlich. Vereinigungen unterschiedlichster Art (Glaubens-, Arbeits-, Berufs-, Standes- und Lebensgemeinschaften) haben eigene G.formen entwickelt, deren Benutzung die Mgl. als zu ihnen gehörig erweist und darum für sie verpflichtend ist (z. B. das „Glückauf!" der Bergleute). Die G.gebärden sind ebenso wie die G.formen regional und histor. mannigfach geschichtet. Neben sehr altertüml. G.gesten (Ablegen der Waffen, des Hutes, der Kleidung [noch heute in der Aufforderung „Bitte, legen Sie ab"], Handheben, Verbeugen, Niederknien) finden sich jüngere Gesten z. B. in den Faschisten- und Kommunistengrüßen.

Militär: Alle Armeen verfügen über ein bes. G.reglement. In der dt. Bundeswehr besteht G.pflicht gegenüber dem militär. Vorgesetzten, ferner gegenüber dem Bundespräs. und dem Bundeskanzler, außerdem bei Hissen der Fahnen und Standarten sowie beim Erklingen der Nationalhymnen. Der G. erfolgt durch Anlegen der rechten Hand an die Kopfbedeckung, bei geschlossenen Abteilungen auch durch Kopf- und Blickwendung.

Grüssau (seit 1945 Krzeszów), Gem. im Verw.-Geb. (Woiwodschaft) Breslau, Polen▼, bei Landeshut i. Schles. Ehem. Zisterzienserkloster, 1427 (Hussitenkriege) zerstört, erneute Blüte unter Abt Bernhard Rosa (1660–96), 1810 säkularisiert, 1919–46 von Benediktinern besetzt. Die Abteikirche (1728–38) ist eine bed. Kirche des schles. Barock.

Grütze, enthüllte und grob bis fein gemahlene Getreidekörner (Hafer, Hirse, Gerste, Buchweizen) zur Herstellung von Suppen, Brei, Grützwurst; ↑auch Rote Grütze.

Gruyères [frz. gry'jɛːr] ↑Greyerz.

Gruyter & Co., Walter de [de 'grɔytər] ↑Verlage (Übersicht).

Grynäus (Grüner, Gryner), Johann Jakob, *Bern 1. Okt. 1540, †Basel 13. Aug. 1617, schweizer. ref. Theologe. - Führte die kalvinist. Lehre in Basel wieder ein und gab die ↑Basler Konfession von 1534 neu heraus (1590).

Gryphaea [...'fɛːa; zu griech. grypós „gekrümmt"], Gatt. überwiegend fossiler Austern; im Lias Leitfossilien (**Gryphitenkalk**); linke Schale hoch gewölbt, mehr oder minder stark einwärts gekrümmt, rechte Schale deckelartig flach.

Gryphius, Andreas, eigtl. A. Greif, *Glogau 2. Okt. 1616, †ebd. 16. Juli 1664, dt. Dichter. - Trotz schwerer Jugend durch frühen Tod der Eltern, Religionsverfolgungen und Krieg erwarb sich G. eine enzyklopäd.

Bildung und profunde Kenntnisse alter und neuer Weltsprachen. Seit seinem 15. Lebensjahr als Privatlehrer tätig. 1637 wurde er vom Hofpfalzgrafen Schönborner zum Poeta laureatus gekrönt. Ab 1638 studierte und lehrte er an der damals in Europa führenden Univ. Leiden, wo er sich mit der Theorie des Dramas auseinandersetzte und Vondels Werk kennenlernte. 1644–47 Studienreise durch Europa, seit 1650 Syndikus der Stände des Fürstentums Glogau; 1662 als „der Unsterbliche" Mgl. der Fruchtbringenden Gesellschaft. - Als Lyriker und Dramatiker bedeutendster Dichter des Hochbarock. Nach ep. lat. Anfängen ließ die Entscheidung zugunsten der Muttersprache den früh Berühmten wesentl. Anteil haben an der Ausbildung einer dt. Dichtungssprache. Im Rahmen der normativen, emblemat. Regelpoetik der Zeit fand er in seinen „Sonetten" (1637, 1643, 1650) und „Oden" (1643) einen eigenständigen lyr. Ausdruck. Als Dramatiker verband er Momente des antiken (Seneca), holländ. (Vondel) und frz. (Corneille) Schauspiels zur Begründung eines dt. Trauerspiels. Gegenstand seiner Trauerspiele („Leo Armenius", 1650; „Carolus Stuardus", 1650 (?); „Catharina von Georgien", 1651, „Aemilius Paulus Papinianus", 1659) ist die menschl. Geschichte, die unter dem Eindruck der polit. Wirren und des Krieges nicht als Vergänglichkeit dargestellt wird, sondern als Vergänglichkeit. Als augenfällige Repräsentanten von Geschichte sind darum Fürsten als Tyrannen oder Mär-

Grüssau. Ehemalige Abteikirche

71

tyrer Hauptfiguren der Spiele, an denen der Schwenk des Fortunarades vollstreckt wird. Das christl. gefärbte stoische Ideal der constantia (Beständigkeit) ist hier wie im ersten dt. Trauerspiel um bürgerl. Personen („Cardenio und Celinde", 1657) melanchol. Trost. Daneben schrieb g. zwei von Wandertruppen gern gespielte Komödien („Peter Squentz", 1657; „Horribilicribrifax", 1663). 📖 *Mannack, E.: A. G. Stg. 1968.*

Grzesinski, Albert [kʃeˈzɪnski], * Treptow a. Tollense (= Altentreptow) 28. Juli 1879, † New York 31. Dez. 1947, dt. Politiker (SPD). - Polizeipräs. von Berlin 1925/26 und 1930–32 preuß. Innenmin. 1926–30 bemüht um eine Demokratisierung von Verwaltung und Polizei wie um die Eindämmung des Nationalsozialismus; 1932 amtsenthoben, floh 1933 nach Frankr., 1937 in die USA (dort einer der Führer der sozialdemokrat. Emigration).

Grzimek, Bernhard [ˈɡʒɪmɛk], * Neisse 24. April 1909, † Frankfurt am Main 13. März 1987, dt. Zoologe. - Urspr. Tierarzt; leitete 1945–74 den Zoolog. Garten in Frankfurt am Main. 1969–73 war er Naturschutzbeauftragter der dt. Bundesregierung. G. setzte sich für den Naturschutz und die Erhaltung freilebender Tiere ein. Verfaßte u. a. „Kein Platz für wilde Tiere" (1954), „Serengeti darf nicht sterben" (1959).

Gs, Einheitenzeichen für ↑ Gauß.

Gscheidle, Kurt, * Stuttgart 16. Dez. 1924, dt. Gewerkschafter und Politiker. - Fernmeldetechniker; seit 1957 stellv. Vors. der Dt. Postgewerkschaft; trat 1956 der SPD bei; MdB 1961–69 und 1976–80; 1969–74 Staatssekretär für den Postbereich, 1974–80 B.min. für Verkehr und für das Post- und Fernmeldewesen, dann bis April 1982 nur noch für das Post- und Fernmeldewesen.

G-Schlüssel, in der Musik das aus dem Tonbuchstaben G entwickelte Zeichen, der Violinschlüssel, mit dem im Liniensystem die Lage des eingestrichenen g (gʹ) festgelegt

wird. Der in der Barockmusik häufige „frz." Violinschlüssel (1) auf der untersten Linie wurde durch den heute übl. G-S. (2) auf der zweiten Linie verdrängt.

Gsovsky, Tatjana [ˈksɔfski], * Moskau 18. März 1901, dt. Tänzerin, Choreographin und Tanzpädagogin russ. Herkunft. - Nach ersten Choreographien in Leipzig (1942–44) ging sie an die Dt. Staatsoper in Berlin (1945–52), war 1952–54 in Buenos Aires tätig und 1954–66 an der Städt. bzw. Dt. Oper in Berlin; bed. v. a. in der Gestaltung dramat. Ballette.

GST, Abk. für: ↑ Gesellschaft für Sport und Technik (in der DDR).

Gstaad, schweizer. Gem. im Saanetal, Kt. Bern, 1050 m ü. d. M.; 1700 E. Sommer- und Winterkurort; mehrere Seilbahnen; Yehudi-Menuhin-Musikakademie.

GT (GT-Wagen), Kurzbez. für ↑ Grand-Tourisme-Wagen.

Guadagnini [italien. ɡu̯adaɲˈɲiːni], italien. Geigenbauerfamilie, deren nachweisbare Instrumente vom Ende des 17. bis zur Mitte des 20. Jh. reichen. Nach *Giuseppe G.* (arbeitete um 1697 in Brescia) waren die bekanntesten Vertreter: sein Sohn *Lorenzo G.* (* vor 1695, † nach 1760) in Cremona und Piacenza (wahrscheinlich Schüler und Gehilfe von A. Stradivari; dessen Sohn *Giovanni Battista* (Giambattista) *G.* (* 1711, † 1786) in Piacenza, Mailand, Cremona, Parma und Turin, bezeichnete sich ebenfalls als Schüler („alumnus") von Stradivari. Letzte Vertreter: *Francesco G.* (* 1863, † 1948) und dessen Sohn *Paolo G.* (* 1908, † 1942), beide in Turin tätig.

Guadalajara [span. ɡu̯aðalaˈxara], span. Stadt im Tajobecken, am Henares, 679 m ü. d. M., 56900 E. Verwaltungssitz der Prov. G.; Bibliothek (Handschriftensammlung). Auto-, Papier- und Textilind. - In röm. Zeit **Arriaca.** - Zahlr. Kirchen, u. a. Santa María de la Fuente (13. Jh.; Mudejarstil); Paläste (15. und 16. Jh.).

G., Hauptstadt des mex. Staates Jalisco, im W des Hochlandes von Mexiko, 1590 m ü. d. M., 2,2 Mill. E. Erzbischofssitz; zwei Univ., Museen, Theater; Zoo. Handelszentrum des westl. Z-Mexiko, wichtiger Ind.-standort: ♘. - 1532 gegr.; 1560 Hauptstadt von Neugalizien, 1823 von Guadalajara. - Bed. Bauwerke aus der Kolonialzeit, u. a. der Palacio de Gobierno (vollendet 1774) und die Kathedrale (geweiht 1616).

Guadalcanal [engl. ɡwɔdlkəˈnæl], mit 6475 km² größte Insel der Salomoninseln, im Mount Popomanasiu 2439 m hoch. - 1568 entdeckt; wurde 1893 brit. Protektorat; im 2. Weltkrieg 1942/43 von Japanern und Amerikanern heftig umkämpft; v. a. die zahlr. See- und See-Luft-Schlachten brachten eine starke Abnutzung des militär. Potentials Japans und der Seeschlacht bei den Midway Islands die Wende des Pazifikkrieges.

Guadalquivir [span. ɡu̯aðalkiˈβir], Fluß in S-Spanien, entspringt in den Bet. Kordillere, mündet in den Golf von Cádiz; 657 km lang; für Seeschiffe bis Sevilla befahrbar.

Guadalquivirbecken [span. ɡu̯aðalkiˈβir], Kernlandschaft Niederandalusiens, Spanien, ein zum Golf von Cádiz offenes Becken von etwa 320 km Länge und rd. 160 km Breite im W bzw. 10 km im O.

Guadalupe [span. ɡu̯aðaˈlupe], span. Gem. und Marien-Wallfahrtsort 90 km östl. von Cáceres, 650 m ü. d. M., 3000 E. Kloster Nuestra Señora de G. (1340 gestiftet) mit u. a. zweistöckigem Kreuzgang (1405/06) im Mudejarstil; reiche Kunstschätze.

Guadalupe Hidalgo, Friede von [span. ɣu̯aða'lupe i'ðalɣo], beendete am 2. Febr. 1848 im heutigen Villa de Guadalupe Hidalgo den ↑ Mexikanischen Krieg der USA gegen Mexiko 1846–48.

Guadarrama, Sierra de, östl. Teil des Kastil. Scheidegebirges nördl. von Madrid, im Peñalara 2430 m ü. d. M.

Guadeloupe [frz. gwa'dlup], frz. Überseedepartement im Bereich der Kleinen Antillen, 1775 km², 328 000 E (1982), 185 E/km². Hauptstadt Basse-Terre; besteht aus den Inseln G., Marie-Galante, Îles des Saintes, Îles de la Petite Terre, La Désirade, Saint-Barthélemy und dem N-Teil von Saint-Martin. Die Bev. ist überwiegend afrikan. Abstammung. Fast alle Ind.erzeugnisse und viele Nahrungsmittel müssen eingeführt werden. - G. ist seit 1946 Überseedepartement mit drei Abg. in der Nationalversammlung und zwei Mgl. im Senat.

G., mit 1510 km² größte Insel der Kleinen Antillen, Hauptinsel des frz. Überseedepartements G., im Vulkan Soufrière 1467 m ü. d. M. - G. wurde 1493 von Kolumbus entdeckt. Als erste Europäer besiedelten seit 1635 die Franzosen die Insel; sie rotteten die Kariben aus; 1674 frz. Kronkolonie.

Guadiana [span. ɡu̯a'ðjana, portugies. ɡu̯ɐ'ðjɐnɐ], Fluß in Spanien und Portugal, entspringt in der Mancha, bildet im Unterlauf unterhalb von Badajoz sowie oberhalb seiner Mündung in den Golf von Cádiz bei Ayamonte die span.-portugies. Grenze. Etwa 800 km lang.

Guadianabecken [span. ɡu̯a'ðjana], Landschaft mit intensivem Bewässerungsfeldbau in SW-Spanien, erstreckt sich vom W-Rand der Mancha bis zur span.-portugies. Grenze.

Guadix [span. ɡu̯a'ðiks], span. Stadt onö. von Granada, 915 m ü. d. M., 19 000 E. Bischofssitz; Alfagrasverarbeitung. - Kathedrale (16.–18. Jh.), Alcazaba (9. Jh., im 15. Jh. erneuert), Höhlenwohnungen.

Guainía, Río [span. 'rrio ɣu̯ai̯'nia] ↑ Negro, Rio (Kolumbien).

Guairá [span. ɡu̯ai̯'ra], Dep. im südl. Paraguay, 3202 km², 143 000 E (1983), Hauptstadt Villarrica.

Guaira, La [span. la 'ɣu̯ai̯ra], venezolan. Hafenstadt am Karib. Meer, 25 000 E. - 1588 gegründet.

Guajakbaum [indian.-span./dt.] (Guajacum), Gatt. der Jochblattgewächse mit sechs Arten in M-Amerika; Bäume oder Sträucher mit gegenständigen, paarig gefiederten Blättern und radiären, blauen oder purpurroten Blüten. Die Arten **Guajacum officinale** und **Guajacum sanctum** liefern das olivbraune bis schwarzgrüne, stark harzhaltige **Guajakholz,** aus dem **Guajakharz** gewonnen wird, das zur Herstellung des dickflüssigen bis festen, wohlriechenden äther. **Guajakholzöls** (in

der Parfümerie als Fixator verwendet).

Guajakol [Kw. aus **Guajak** und Alkohol] (Brenzcatechinmonomethyläther, o-Methoxyphenol), Phenolderivat, aus dem u. a. Husten-, Bronchialkatarrh- und Grippemittel hergestellt werden.

Guajakprobe [indian.-span./dt.] (Weber-van-Deen-Probe), Untersuchung von Stuhl, Urin oder Magensaft auf Blutbeimengungen durch Zusatz von Wasserstoffperoxid und Guajakharzlösung zum Untersuchungsmaterial; bei positiver Reaktion Blaufärbung.

Guajavabaum [indian.-span./dt.] (Psidium guayava), in den Tropen und Subtropen oft als Obstbaum in vielen Sorten angepflanztes Myrtengewächs aus dem trop. Amerika; Strauch oder bis 10 m hoher Baum mit grünlichbrauner, schuppiger Rinde; Blätter bis 15 cm lang, unterseits flaumig behaart; Blüten weiß, etwa 2,5 cm breit; Früchte (**Guajaven, Guayaven, Guaven**) birnen- bis apfelförmig, rot oder gelb mit rosafarbenem, weißem oder gelbem Fruchtfleisch, reich an Vitamin C; hauptsächl. für Marmelade, Gelee und Saft verwendet.

Guajira, Península de [span. pe'ninsula ðe ɣu̯a'xira], Halbinsel am Karib. Meer, nördlichster Teil des südamerikan. Kontinents, gehört zu Kolumbien und Venezuela.

Guam, größte und südlichste Insel der Marianen, untersteht dem Innenministerium der USA; 50 km lang, 6–13 km breit, 520 km², bis 396 m hoch, Hauptstadt Agana. - Am 6. März 1521 von F. de Magalhães entdeckt, später in span. Hand; nach dem Span.-Amerikan. Krieg 1898 an die USA abgetreten; strateg. wichtige Flottenstation; im 2. Weltkrieg 1941–44 von Japan besetzt.

Guanabacoa [span. ɡu̯anaβa'koa], Ind.-stadt im östl. Vorortbereich von Havanna, Kuba, 320 000 E. - 1617 gegr. - Pfarrkirche (1714–21) mit typ. Pyramidenspitze.

Guanabara, Baía de [brasilian. ba'ia di ɡu̯ena'bara], Bucht des Atlantiks an der SO-Küste Brasiliens. An der 1,5 km breiten Einfahrt liegen sich Rio de Janeiro und Niterói gegenüber.

Guanajuato [span. ɡu̯ana'xu̯ato], Hauptstadt des mex. Staates G., 280 m nw. von Mexiko, 2080 m ü. d. M., 44 000 E. Univ.; Zentrum eines Bergbau- und Agrargebiets. - 1548 gegr., bald bed. Silberbergbauzentrum (im 18. Jh. über 100 000 E). - Zahlr. kolonialzeitl. Bauten, u. a. barocke Basilika Nuestra Señora de G. (17. Jh.), Jesuitenkirche (18. Jh.). **G.,** Staat in Z-Mexiko, 30 589 km², 3,39 Mill. E (1984). Hauptstadt G. Im N liegen die bis über 3000 m hohen Ausläufer der Sierra Madre Occidental, den S nimmt eine in 1700–1800 m ü. d. M. gelegene Beckenlandschaft ein mit intensivem Bewässerungsfeldbau. - Von den Spaniern erstmals 1529 unter Nuño de Guzmán durchquert; seit 1924 eigener Staat.

Guanako

Guanako [indian.-span.] (Huanako, Lama guanicoe), wildlebende Kamelart, v. a. im westl. und südl. S-Amerika; Schulterhöhe etwa 90–110 cm, Fell lang und dicht, fahl rotbraun, Unterseite weißl., Gesicht schwärzlich.

Guanare [span. gṷa'nare], Hauptstadt des venezolan. Staates Portuguesa, in den Llanos, 170 m ü. d. M., 38 000 E. Bischofssitz; Handelszentrum. Wallfahrtszentrum durch das 15 km ssö. gelegene Santuario Nacional de Nuestra Señora de la Coromoto; ♨. - Gegr. 1593.

Guanchen [gu'antʃən], die Urbev. der Kanar. Inseln (mit neolith. Kultur), die in der seit dem 14. Jh. eingewanderten span. Bev. aufgegangen ist.

Guanidin [indian.] (Iminoharnstoff), (NH₂)₂ C = NH, organ. Base. Bestandteil von Arginin und Kreatin; wird u. a. zur Herstellung von Kunstharzen, Arzneimitteln und Farbstoffen verwendet.

Guanin [indian.] (Iminoxanthin), Purinbase (2-Amino-6-hydroxypurin), eine der vier am Aufbau der Nukleinsäuren beteiligten Hauptbasen. Ablagerungen von G. in Haut und Schuppen bei Fischen führen zu einem charakterist. metall. Glanz (bedingt durch den hohen Brechungsindex von kristallinem G.); bei Dämmerungstieren führt eine G.schicht hinter der Retina des Auges zur Reflexion einfallender Lichtstrahlen („Leuchten" der Augen).

Guano [indian.], v. a. aus Exkrementen von Kormoranen und anderen Seevögeln zusammengesetzter, hauptsächl. Calciumphosphat und Stickstoff enthaltender organ. Dünger, der sich an den Küsten von Peru und Chile angesammelt hat; künstl. hergestellt wird der sog. Fisch-G. aus Seefischen und Fischabfällen.

Guanosin [Kw.] (Guaninribosid), Nukleosid aus↑Guanin und↑Ribose; Bestandteil der Ribonukleinsäuren.

Guantánamo [span. gṷan'tanamo], Stadt im östl. Kuba, in der Küstenebene, 167 000 E. Verwaltungssitz einer Provinz; Theater; Handelszentrum eines Agrargebiets. Durch Bahn und Straße mit Santiago de Cuba und den Häfen **Caimanera** und **Boquerón** verbunden; ♨.

Guaporé, Rio [brasilian. 'rriu gṷapo'rɛ] (span. Río Iténez), rechter Nebenfluß des Río Mamoré, entspringt in der Chapada dos Parecis, mündet 120 km ssö. von Guajará-Mirim, 1 200 km lang; Grenzfluß zw. Bolivien und Brasilien.

Guarana [indian.], bitter schmeckendes Genuß- und Heilmittel der Indianer Brasiliens; wird aus den Samen des Seifenbaumgewächses Paullinia cupana hergestellt; enthält 3–8 % Koffein und 5–8 % Gerbstoffe.

Guaranda [span. gṷa'randa], Hauptstadt der zentralecuadorian. Prov. Bolívar, in den Anden, 2 608 m ü. d. M., 14 000 E. Bischofs-

sitz; Handelszentrum eines Agrargebiets.

Guaraní [guara'ni:], Abk. ₲, Währungseinheit in Paraguay; 1 ₲ = 100 Céntimos (cts).

Guarda [portugies. 'gṷardɐ], portugies. Stadt 100 km onö. von Coimbra, 1 056 m ü. d. M., 15 000 E. Bischofssitz (seit 1229); Zentrum der Prov. Beira Alta; Textilind. und Kfz.montage; Luftkurort. - Reste der Stadtmauer (12./13. Jh.); Kathedrale (1390–1516).

Guardafui, Kap [italien. gṷarda'fu:i], äußerste NO-Spitze der Somalihalbinsel.

Guardi, Francesco, ≈ Venedig 5. Okt. 1712, † ebd. 1. Jan. 1793, italien. Maler. - Berühmt seine von Licht und flirrender Atmosphäre erfüllte Vedutenmalerei (Venedig), u. a. Zyklus der „Feste veneziane" (nach 1763), impressionist. Rokokoimprovisationen.

Guardia civil [span. 'gṷarða θi'βil], span. Gendarmerie, gegr. 1844; seit 1940 zusammengeschlossen mit den Carabineros (Zollschutz), ist sie Teil der bewaffneten Macht, der in Organisation, Ausbildung und Bewaffnung dem Heer untersteht, jedoch im Dienst des Innenministers verwendet wird.

Guardian, The [engl. 'ga:djən „der Wächter"], brit. Tageszeitung, ↑Zeitungen (Übersicht).

Guardini, Romano [italien. gṷar'di:ni], * Verona 17. Febr. 1885, † München 1. Okt. 1968, dt. kath. Theologe und Religionsphilosoph italien. Herkunft. - Führende Persönlichkeit in der kath. Jugendbewegung und in der liturg. Bewegung. Befaßte sich in zahlr. Werken mit bed. Gestalten der Dichtung und Philosophie, mit Grundfragen des christl. Glaubens und mit Zeit- und Kulturfragen. Erhielt 1952 den Friedenspreis des Dt. Buchhandels.

Guareschi, Giovanni [italien. gṷa'reski], * Fontanelle (= Roccabianca, Prov. Parma) 1. Mai 1908, † Cervia 22. Juli 1968, italien. Schriftsteller. - Sein heiter-satir. Roman „Don Camillo und Peppone" (1948) behandelt den Ggs. zw. Kirche und Kommunismus im Gewand eines modernen Schelmenromans (mehrere Fortsetzungen und Verfilmungen).

Guárico [span. 'gṷariko], venezolan. Staat, 64 986 km², 393 000 E (1981). Hauptstadt San Juan de los Morros. G. liegt in den Llanos und reicht nur im NW und NO in die Ausläufer der Küstenkordillere; die S-Grenze bildet der Orinoco mit seinen Nebenflüssen. Feldbau, Anbau von Baumwolle, Förderung von Erdöl und Erdgas.

Guarini [italien gṷa'ri:ni], Giovanni Battista, * Ferrara 10. Dez. 1538, † Venedig 7. Okt. 1612, italien. Dichter. - Für verschiedene Höfe als Diplomat tätig (v. a. Ferrara). Mit dem Schäferdrama „Il pastor fido" (1590; dt. 1619 u. d. T. „Der treue Schäfer") in formvollendeten Versen schuf er die Gattung des Schäferspiels, das er in „Dialogen" verteidigte; auch Gedichte.

G., Guarino, * Modena 17. Jan. 1624, † Mailand 6. März 1683, italien. Baumeister. - Der bedeutendste Baumeister des italien. Barock nach Borromini, von dem er ausging (bes. in der Fassade seines Palazzo Carignano, 1679 ff.). Seine Bauten in Turin (außerdem Kapelle Santa Sindone im Dom, 1667 ff.; San Lorenzo 1668 ff.) sind in der Durchdringung der einzelnen Raumteile von außerordentl. Kompliziertheit, die auf genauen Berechnungen beruht. Nachwirkung v. a. im südd. Raum, bes. nach 1737 (Publikation seiner „Architettura civile").

Guarino von Verona [italien. guaˈriːno], * Verona 1374, † Ferrara 1460, italien. Humanist. - Lehrmeister der ersten italien. Humanistengeneration; 1403–08 in Konstantinopel, wo er Griechisch lernte, das er in Florenz, Venedig, Verona und Ferrara lehrte.

Guarneri [italien. guarˈnɛːri] (Guarnieri, Guarnerius), berühmte italien. Geigenbauerfamilie in Cremona. Nach *Andrea G.* (* vor 1626, † 1698), einem angesehenen Schüler N. Amatis, und seinen Söhnen *Pietro Giovanni G.* (* 1655, † 1720; in Mantua tätig) und *Giuseppe Giovanni Battista G.* (* 1666, † um 1739) gilt des letzteren Sohn *Giuseppe Antonio G.* (* 1698, † 1744) als der bedeutendste Meister neben A. Stradivari. Das von ihm auf den Vignetten benutzte Zeichen IHS (= Iesum Habemus Socium) trug ihm den Beinamen „del Gesù" ein. Sein Bruder *Pietro G.* (* 1695, † 1762) war ab 1725 in Venedig tätig.

Guastalla [italien. guasˈtalla], italien. Stadt in der Emilia-Romagna, 25 m ü. d. M., 13 500 E. Bischofssitz; Museum, Bibliothek; Käsereien, Leder- und Holzindustrie. - 1428 Gft., 1621 Hzgt., 1746 ging es in östr. Besitz über und wurde 1748 dem Hzgt. Parma und Piacenza einverleibt. 1806 bekam Napoleons Schwester Pauline das Hzgt.; 1815 wurde es mit Parma und Piacenza der Gemahlin Napoleons, Marie Louise, überlassen, fiel 1848 an Modena und 1860 an das Kgr. Italien. - Dom (16. Jh.) mit Fassade des 18. Jh.; barocker Palazzo Gonzaga (17. Jh.).

Guatemala, Hauptstadt der Republik und des Dep. Guatemala, in einem Tal des zentralen Hochlandes, 1 500 m ü. d. M., 1,3 Mill. E. Sitz eines Erzbischofs, des Bischofs von Jalapa und des Bischofs von San Marcos. Kulturzentrum mit fünf Univ., zwei wiss. Akad., Konservatorium, Militärakad., dt. Schule, Museen, u. a. archäolog.-ethnolog. Museum, Nationalarchiv, -bibliothek, meteorolog.-seismolog. Observatorium, Zoo, botan. Garten. Hauptind.standort des Landes, an der Carretera Interamericana; internat. ✈. - 1776 durch ein Dekret König Karls III. von Spanien an 3. Hauptstadt des Generalkapitanats Guatemala gegr.; seit 1839 Hauptstadt von Guatemala. - 1917/18 durch Erdbeben zerstört, modern oder in nachgeahmtem Kolonialstil wieder aufgebaut.

Guatemala

(amtl. Vollform: República de Guatemala), Republik in Zentralamerika zw. 13° 45′ und 17° 49′ n. Br. sowie 88° 14′ und 92° 13′ w. L. **Staatsgebiet:** G. erstreckt sich vom Pazifik zum Karib. Meer, es grenzt im W und N an Mexiko, im NO an Belize, im SO an Honduras und El Salvador. **Fläche:** 108 889 km². **Bevölkerung:** 8,3 Mill. E (1985), 76,5 E/km². **Hauptstadt:** Guatemala. **Verwaltungsgliederung:** 22 Dep. **Amtssprache:** Spanisch. **Nationalfeiertag:** 15. Sept. (Unabhängigkeitstag). **Währung:** Quetzal (Q) = 100 Centavos. **Internat. Mitgliedschaften:** UN, OAS, ODECA, MCCA, SELA. **Zeitzone:** Central Standard Time, d. i. MEZ –7 Std.

Landesnatur: Das Gebirgssystem der Kordilleren besteht in G. aus zwei Teilen. Im nw. Zentrum liegen die bis 3 800 m hohen Altos Cuchumatanes, die sich nach O mit niedrigeren Höhen fortsetzen. Der südl. Zweig der Kordilleren, innen in Mexiko Sierra Madre genannt, setzt sich aus Kettengebirgen, Massenbergländern und Hochflächen zus. Am Abfall zur 30–50 km breiten pazif. Küstenebene liegt längs einer erdbebenreichen Bruchzone eine Reihe von z. T. noch aktiven Vulkanen. Im N der Gebirge, jenseits eines scharfen Bruchrands, hat G. Anteil an der Hügellandschaft der Halbinsel Yucatán, im O am karib. Küstentiefland.

Klima: G. hat randtrop. Klima mit 3–5 regenarmen oder -losen Monaten im Winter. Die Temperaturen nehmen von 25/26° C im Tiefland auf 18–20°C im mittleren Hochland ab, in über 2 000 m Höhe auf 15°C und darunter. **Vegetation:** Der N ist von immerfeuchtem Regenwald, im trockeneren Z-Teil auch von Kiefernsavannen bedeckt. Die luvseitigen Gebirge sind von trop. Berg- und Nebelwald bedeckt, im trockeneren Binnenhochland treten Eichen-Kiefern-Mischwälder und Savannen auf. Im pazif. Küstentiefland wächst trop. Feucht- (im W) bzw. Trockenwald (im O). **Bevölkerung:** Sie besteht aus über 50 % Indianern, 30–40 % Mestizen, 5 % Weißen und 2 % Negern zus., 97 % sind Katholiken. Über 60 % der Bev. leben im südl. Hochland; der N und das karib. Küstentiefland sind dünn besiedelt. G. hat die höchste Analphabetenquote Zentralamerikas. Neben Grund-, Mittel-, höheren und Berufsschulen gibt es Lehrerseminare und 5 Universitäten. **Wirtschaft:** Wichtigster Zweig ist die Landw. Kleinbäuerl. Betriebe herrschen vor. Angebaut werden Mais, Weizen, Reis, Kartoffeln, Bohnen, Zwiebeln, Tomaten, Zitrusfrüchte u. a. Die wenigen Großbetriebe produzieren überwiegend für den Export, v. a. Kaffee, Baumwolle, Bananen, Zuckerrohr u. a. Der in den Wäldern gesammelte Chiclegummi dient als Rohstoff für die Kaugummiind. der

Guatemala

USA. Der Bergbau hat noch geringen Umfang, abgebaut werden Nickelerze. Im N sind Erdölvorkommen nachgewiesen. Neben der Nahrungsmittel-, Getränke- und Textilind. gibt es zwei Erdölraffinerien, eine Düngemittel- und eine chem.-pharmazeut. Fabrik. Das indian. Handwerk ist hoch entwickelt.

Außenhandel: Wichtigste Handelspartner sind die USA, gefolgt von den EG-Ländern, von denen die BR Deutschland den größten Anteil hat, sowie von El Salvador, Japan, Costa Rica, Nicaragua u. a. An 1. Stelle der Ausfuhr steht Kaffee, mit Abstand gefolgt von Rohbaumwolle, Fleisch, Bananen, Zucker u. a.; eingeführt werden Maschinen, Erdöl und -derivate, Kfz., chem. Grundstoffe, Eisen und Stahl, Düngemittel, Getreide.

Verkehr: Das Eisenbahnnetz hat eine Länge von 820 km. Das Straßennetz ist rd. 18 000 km lang, davon sind 2 850 km asphaltiert. Die Carretera Interamericana durchzieht das Hochland, ihr parallel verläuft die Carretera Pacifica im pazif. Tiefland. Die wichtigsten Häfen sind an der Karibik Puerto Barrios und Santo Tomás, am Pazifik San José und Champerico. Die staatl. Fluggesellschaft AVIATECA fliegt Mexiko und die USA sowie die wichtigsten inländ. Orte an. Der internat. ✈ der Hauptstadt wird von 9 ausländ. Gesellschaften angeflogen.

Geschichte: Man unterscheidet in G. 2 voreurop. Kulturgebiete: Die Mayakultur 1. im trop. Tiefland des Petén und 2. in Hochland-G. Seit 1000 v.Chr. existierte Kaminaljuyú, ein bed. polit. und Handelszentrum mit starken Einflüssen aus dem zentralmexikan. Teotihuacán zw. 400/700. 1200–1524 wurde Hochland-G. u. a. durch die Quiché und die Cakchiquel und ihren mexikanisierten Adel beherrscht.

1524 drangen Spanier erstmals im heutigen G. ein. Die nördl. Teile wurden ab 1537 unter span. Einfluß gebracht. 1570 wurde die Audiencia de G. gegr. Die Loslösung von Spanien erfolgte 1821. 1823 erklärte G. (nach zeitweiliger Zugehörigkeit zum mex. Kaiserreich) zum 2. Mal die Unabhängigkeit, bis 1838 im Rahmen der Zentralamerikan. Föderation. Die inneren Kämpfe zw. Liberalen und Konservativen blieben bis weit ins 20. Jh. Hauptthema der Politik von G. Sie wandelten sich insofern, als sich seit Beginn des 20. Jh. die großen amerikan. Pflanzungsgesellschaften, v. a. die United Fruit Company, und in der Folge die Reg. der USA selbst in wachsendem Maße in die Innenpolitik G. einmischten. Präs. General J. Ubico (1931–44) stabilisierte den Staat. Nach der Vertreibung Oberst J. Arbenz Guzmáns, der als Präs. (1951–54) eine radikale Bodenreform gewagt hatte und durch einen von den USA offen unterstützten Putsch gestürzt worden war, folgte eine Zeit der Putsche und Gegenputsche einzelner Teile der Armee. Durch die Verfassung von 1965

wurde zwar 1966 der Übergang zu einer Zivilreg. unter Präs. J. C. Méndez Montenegro (1966–70) mögl.; die Armee blieb jedoch nach wie vor der eigtl. Machthaber. Gegen diese verkappte, seit 1982 wieder offene Militärdiktatur kämpfen seit 1961 Guerillatrupps verschiedener linksorientierter polit. Gruppen (u. a. der schon vor dem März 1982 verbotenen Partido Guatemalteco del Trabajo [PGT]). Ihre Aktionen lösten den Gegenterror rechtsextremer Gruppen aus, der sog. Zivilmilizen. Zu außenpolit. Spannungen mit Großbrit. kam es seit 1980 wegen der Entlassung der brit. Kronkolonie Belize, auf die G. territoriale Ansprüche geltend macht, in die Unabhängigkeit. Präs. von G. war 1978–82 General F. R. Lucas García. Nach den Präsidentschaftswahlen vom März 1982 stürzte am 23. März eine Gruppe von Offizieren den noch amtierenden Präs. Lucas García; eine dreiköpfige Militärjunta unter General J. E. Rios Montt (* 1926) übernahm die Macht; die Verfassung wurde außer Kraft gesetzt, die Bekämpfung von Oppositionsgruppen verstärkt fortgesetzt, wobei es wiederholt zu Massakern an der Zivilbev. (v. a. Indios, Kleinbauern) kam. Anfang Aug. 1983 trat General Oscar Humberto Mejia Victores an die Stelle Rios Montts und suchte die zunehmenden Gewalttaten einzudämmen. Er ersetzte schrittweise die Militärs in den öffentl. Ämtern und ließ Wahlen zu einer Verfassunggebenden Versammlung im Juli 1984 zu. Aus den Wahlen ging die Mitte-Links-Partei der Christlichdemokraten vor der Nat. Zentrumsunion als Sieger hervor. Im Nov. 1985 fanden dann Präsidentschafts-, Parlaments- und Kommunalwahlen statt, die ebenfalls zum Sieg der Christlichdemokraten führten. Am 14. Jan. 1986 trat der neugewählte Präs. Mario Vinicio Cerezo Arévalo sein Amt als erster gewählter Präs. seit 16 Jahren an. Die Militärreg. verkündete noch am Tag zuvor eine Generalamnestie für alle Straftaten, die zw. 23. März 1982 und 14. Jan. 1986 begangen worden waren, um Militärangehörige vor Strafverfolgung zu schützen.

Politisches System: G. ist nach der Verfassung vom Mai 1985 (in Kraft seit Jan. 1986) eine repräsentativ verfaßte demokratische Republik. *Staatsoberhaupt* und Inhaber der *Exekutive* ist der für eine einmalige Amtszeit von 5 Jahren durch allg. Wahlen gewählte Präs. (seit Jan. 1986 M. Vinicio Cerezo Arévalo). Er ist verantwortl. für die nat. Sicherheit nach innen und außen und Oberbefehlshaber der Streitkräfte, er ernennt und entläßt die Min., hohen Beamten und Diplomaten und koordiniert die Reg.politik. Die *Legislative* liegt beim Kongreß, von dessen 100 Abg. 75 direkt in allg. Wahlen, 25 auf der Basis eines Repräsentativsystems gewählt werden. Die Wahlperiode beträgt 5 Jahre; Abg. können nur einmal wiedergewählt werden. Die wichtigsten *Parteien* sind die

Reg.partei Partido Democracia Cristiana Guatemalteca (PDCG), Unión del Centro Nacional (UCN) und Partido Democrático de Cooperación Nacional (PDCN). Daneben gibt es noch eine große Anzahl weiterer Parteien. Der *Gewerkschafts*verband Frente Nacional Sindical (FNS) repräsentiert mit den in ihm zusammengeschlossenen 11 Einzelgewerkschaften rd. 97 % der Gewerkschaften. Zur *Verwaltung* ist G. in 22 Departements unterteilt. Das *Gerichtswesen* ist dreistufig aufgebaut. Höchstes Gericht ist der Oberste Gerichtshof, dessen 7 Richter für 4 Jahre vom Kongreß gewählt werden. Die Richter der unteren Instanzen werden vom Obersten Gericht ernannt. Zur *Landesverteidigung* unterhält G. Streitkräfte von rd. 31 700 Mann (Heer 30 000, Luftwaffe 700, Marine 1 000). Die paramilitär. Kräfte sind rd. 9 500 Mann stark.

📖 *Polit. Lex. Lateinamerika.* Hg. v. P. *Waldmann. Mchn. 1980.* - *Helfritz, H.: G.-Honduras-Belize. Köln* ²*1978.* - *Alfonso, J. M.: G. Unterentwicklung u. Gewalt. Dt. Übers. Ffm. 1971.*

Guatemalagraben, Tiefseegraben im Pazifik vor der Küste S-Mexikos und des nördl. Mittelamerikas, bis 6 662 m tief.

Guaven [indian.-span.] ↑ Guajavabaum.

Guaviare, Río [span. 'rrio ɣya'βjare] (im Oberlauf Río Guayabero), linker Nebenfluß des Orinoko, entspringt in der Ostkordillere der Anden, mündet bei San Fernando de Atabapo, etwa 1 000 km lang.

Guayana, Großlandschaft im nördl. S-Amerika, zw. den Llanos del Orinoco und dem Amazonastiefland. Den größten Teil nimmt das 1 000–1 500 m hohe Bergland von G. ein, dem eine Küstenebene von wechselnder Breite vorgelagert ist.

Guayanabecken, Tiefseebecken im Atlantik vor der NO-Küste Südamerikas, bis 2 874 m tief.

Guayaquil [span. gyaja'kil], Hauptstadt der ecuadorian. Prov. Huayas, am Río Guayas, 1,301 Mill. E. Erzbischofssitz; drei Univ. (gegr. 1867, 1962, 1966), Konservatorium, Inst. für hispanoamerikan. Studien, für Kernenergie, Polytechnikum, dt. Schule; Stadtmuseum, Bibliotheken; mehrere Theater. Zweitwichtigstes Ind.zentrum des Landes, Haupthafen Ecuadors, für Ozeanschiffe erreichbar, internat. ⚓. - 1537 gegr.; 1942 schwere Erdbebenschäden.

G., Golf von, Bucht des Pazifiks an der südl. Küste Ecuadors.

Guayas [span. 'gyajas], ecuadorian. Prov. am Pazifik, 21 078 km², 2,0 Mill. E (1982). Hauptstadt Guayaquil. G. umfaßt den S-Teil des Einzugsgebietes des Río Guayas, westl. davon die Küstenkordilleren bis zur Küste.

Gubbio, italien. Stadt in Umbrien, 40 km nnö. von Perugia, 529 m ü. d. M., 32 000 E. Bischofssitz; Inst. für umbr. Studien, Museum, Gemäldegalerie, Bibliothek; Wollverarbeitung, Kunsthandwerk, Fremdenver-

Guatemala. Übersichtskarte

kehr. - In der Antike **Iguvium;** im MA (**Eugubium**) seit dem 11. Jh. freie Gem., entwickelte es sich als einen kulturellen und wirtsch. Zentrum Umbriens. 1384 fiel es an die Montefeltro von Urbino, 1631–1860 gehörte es zum Kirchenstaat. - Zahlr. Kirchen, u. a. Dom (13. und 14. Jh.), San Francesco (13. Jh.), San Domenico (1278 geweiht). Wahrzeichen von G. ist der Palazzo dei Consoli (1332 ff., im 16. Jh. ausgebaut). Röm. Theater aus augusteischer Zeit.

Guben, (amtl. Wilhelm-Pieck-Stadt G.) Krst. in der Niederlausitz, Bez. Cottbus, DDR, 47 m ü. d. M., 34 900 E. Museum, Theater; Chemiefaserkombinat, Nahrungsmittelind. - Als Brückenort von Markgraf Konrad von Meißen (1123–56) gegr., erhielt 1235 Magdeburger Recht. Die Stadt unterstand der Landeshoheit der Niederlausitz; 1635 an Kursachsen, 1815 an Preußen; schwere Zerstörungen im 2. Weltkrieg.

G., Landkr. im Bez. Cottbus, DDR.

G., (poln. Gubin) Ind.stadt an der Lausitzer Neiße, Polen▼, 40 m ü. d. M., 15 000 E. Umfaßt seit 1945 die rechts der Lausitzer Neiße gelegenen Stadtteile von ↑ Guben.

Gubernium [zu lat. gubernare „steuern"], in Österr. seit 1763 Bez. für die kollegiale landesfürstl. Verwaltungsbehörde eines österr. Kronlandes; 1848 von der Statthalterei (bis 1918) ersetzt.

Gubin ↑ Guben (Polen▼).

Gubkin, sowjet. Stadt 100 km nö. von Belgorod, RSFSR, 67 000 E. Forschungsinst. für Probleme der Kursker Magnetanomalie, Bergbautechnikum; Eisenerzbergbau und -aufbereitungskombinat. - Seit 1955 Stadt.

Guckkastenbühne ↑ Theater.

Gudbrandsdal [norweg. ˌgubransda:l], norweg. Talschaft, umfaßt das 199 km lange Tal des Gudbrandsdalslågen und seine Seitentäler, zw. den Gebirgslandschaften Jotunheim im W und Rondane im O. Dank Verkehrsgunst, landschaftl. Schönheit und alter bäuerl. Kultur bed. Fremdenverkehrsgebiet.

Gudbrandsdalslågen [norweg. ˌgubransda:lslo:gən], Fluß in O-Norwegen, entfließt dem Lesjaskogvatn, mündet in den Mjøsensee, 230 km lang; mehrere Kraftwerke.

Gudden, Bernhard [Friedrich Adolf], *Pützchen (= Bonn) 14. März 1892, † Prag 3. Aug. 1945, dt. Physiker. - Prof. für Experimentalphysik in Erlangen und in Prag. Durch seine Arbeiten zur Elektrizitätsleitung in Halbleitern gehört G. zu den Begründern der Halbleiterphysik.

Güde, Max, *Donaueschingen 6. Jan. 1902, † Werl 29. Jan. 1984, dt. Jurist. - Generalbundesanwalt (1957-61); MdB (CDU; 1961-69). Widmete sich bes. der Reform des dt. Strafrechts und war 1963-69 Vors. des Bundestagssonderausschusses für die Strafrechtsreform.

Gudea, neusumer. Stadtfürst (etwa 2080-2060) der sog. 2. Dynastie von Lagasch. - Beherrschte den größten Teil S-Babyloniens einschließl. Ur. Als Idealtyp des altoriental. Herrschers und Hirte seines Volkes dargestellt in einer auf zwei Tonzylindern überlieferten, literar. bedeutsamen Tempelbauhymne, die sich heute, ebenso wie ein großer Teil der Statuen G. im Louvre in Paris befindet.

Güden, Hilde, verh. Herrmann, *Wien 15. Sept. 1917, östr. Sängerin ([Koloratur]sopran). - Sang in München, Mailand, Wien, New York und Berlin, v. a. in Opern von Mozart, Verdi, Puccini und R. Strauss. Auch bed. Konzertsängerin.

Gudenå [dän. ˈguːðɔnɔ:], längster dän. Fluß in Jütland, entspringt nw. von Vejle, durchfließt zahlr. Seen, mündet in den Randersfjord; 158 km lang.

Gudensberg, hess. Stadt 8 km nö. von Fritzlar, 221 m ü. d. M., 7 400 E. Pendlerwohnort für Kassel. - Um G. sind Siedlungen vom Spätneolithikum bis in die röm. Kaiserzeit nachgewiesen. Die Wallburgen auf dem Odenberg gehören wahrscheinl. dem Frühbzw. Hoch-MA an. - Vermutl. um 1130 kam G. an die Landgrafen von Thüringen, die G. vor 1200 befestigten; 1254 als Stadt bezeichnet. - Got. Pfarrkirche (13. und 14. Jh.).

Guderian, Heinz, *Culm 17. Juni 1888, † Schwangau 15. Mai 1954, dt. General. - Organisator der dt. Panzertruppe nach 1934; 1938 Chef der schnellen Truppen und General der Panzertruppe; 1940 Generaloberst; Ende 1941 von Hitler wegen Differenzen in takt. Fragen seines Postens enthoben, 1943 Generalinspekteur der Panzertruppen, 1944 Chef des Generalstabs des Heeres; im März 1945 erneut verabschiedet.

Guðmundsson, Kristmann [isländ. ˈɡvɣðmyndsɔn], *Þverfell (Borgarfjörður) 23. Okt. 1902, † Reykjavik 20. Nov. 1983, isländ. Schriftsteller. - Von Hamsun beeinflußter Romancier, der seine isländ. Heimat darstellt, u. a. „Kinder der Erde" (R., 1935).

Gudok [russ.], altes russ. Streichinstrument mit birnenförmigem oder ovalem Korpus und drei Saiten (einer Melodie- und zwei Bordunsaiten).

Gudrun (Gudrune), alter weibl. Vorname (althochdt. gund- „Kampf" und runa „Geheimnis; geheime Beratung").

Gudrun, Epos, ↑Kudrun.

Gudschar, ind. Volksstamm, lebt v. a. in den ind. B.-Staaten Gujarat, Punjab und Haryana.

Gudscharati, offizielle Sprache des ind. B.-Staates Gujarat mit etwa 25 Mill. Sprechern. Die heutige Literatursprache mit eigener Schrift entstand in der 2. Hälfte des 19. Jh. Sie wurde von M. K. Gandhi verwendet.

Guebwiller, Ballon de [frz. balɔ̃dgebviˈlɛːr], frz. für ↑Großer Belchen.

Guelfen [ɡuˈɛlfən, ˈɡɛlfən] ↑Ghibellinen und Guelfen.

Guelma [frz. ɡɛlˈma, ɡɥɛlˈma], alger. Stadt 60 km sw. von Annaba, 60 000 E. Hauptstadt des Verw.-Geb. G., landw. Handelszentrum; Eisenbahnendpunkt. - G. ist das röm. Calama, von dem noch die Ruinen der Thermen und des Theaters erhalten sind.

Guêpière, Philippe de la [frz. ɡɛˈpjɛːr], *vermutl. 1715, † Paris 30. Okt. 1773, frz. Baumeister. - Neben der Ausgestaltung des Stuttgarter Neuen Schlosses Pläne (1750-52) für das Schloß in Karlsruhe (1752-59 Bauberater); Lustschloß Solitude bei Stuttgart (zus. mit J. F. Weyhing, 1764-67) in einem kühlen, klassizist. Spätbarock.

Guéranger, Prosper-Louis-Pascal [frz. ɡerɑ̃ˈʒe], *Sablé-sur-Sarthe (Sarthe) 4. April 1805, † Kloster Solesmes (Sarthe) 30. Jan. 1875, frz. kath. Theologe und Benediktiner (seit 1837). - Erneuerte mit der Gründung von ↑Solesmes, das er 1832 kaufte (1837 Abtei), im Zuge der romant. Restauration den Benediktinerorden in Frankreich. Gilt als Vater der ↑liturgischen Bewegung.

Guéret [frz. ɡeˈrɛ], frz. Stadt im nw. Zentralmassiv, 436 m ü. d. M., 15 700 E. Verwaltungssitz des Dep. Creuse und Zentrum der Marche; Museum; Schmuckwarenind. - G. entstand um ein im 7. Jh. gegr. Kloster; erhielt 1406 Stadtrecht.

Guericke (Gericke), Otto von (seit 1666) [ˈɡeːrɪkə], *Magdeburg 30. Nov. 1602, † Hamburg 21. Mai 1686, dt. Naturforscher und Staatsmann. - Nach jurist. und mathemat.-techn. Studien wurde G. 1626 Ratsherr und 1630 Bauherr der Stadt Magdeburg, trat 1631 nach ihrer Zerstörung als Ingenieur in schwed., dann in kursächs. Dienste und war nach seiner Rückkehr 1646-78 einer der vier

Bürgermeister von Magdeburg, dessen Interessen er zw. 1642 und 1666 als Gesandter u. a. bei den Friedensverhandlungen in Osnabrück und auf dem Reichstag in Regensburg (1654) vertrat. Seine öffentlichen physikal. Demonstrationsversuche machten ihn weithin berühmt; mit der von ihm erfundenen Luftpumpe (vor 1650) führte er Versuche mit luftleer gepumpten Kesseln durch und zeigte, daß sich im Vakuum der Schall nicht ausbreiten und eine Kerze nicht brennen kann. 1656 konstruierte G. zur Veranschaulichung der Größe des Luftdruckes die Magdeburger Halbkugeln, mit denen er 1663 am Hof Friedrich Wilhelms, des Großen Kurfürsten, einen Schauversuch durchführte. Er erfand außerdem ein Manometer (vor 1661) und baute ein über 10 m langes, mit Wasser gefülltes Heberbarometer, an dem er neben der Höhenabhängigkeit auch die wetterabhängigen Schwankungen des Luftdruckes erkannte, was ihm Wettervorhersagen ermöglichte. Obwohl er bereits die Erscheinungen der elektr. Abstoßung, Influenz und Leitung beobachtete, ist er sich der Bedeutung dieser Wahrnehmungen und ihrer Ursache, der Reibungselektrizität, nicht bewußt geworden; er erkannte aber die Existenz von unkörperl., durch Körper hindurchwirkenden und mit der Entfernung abnehmenden Kräften bzw. Fernwirkungen.

Guerilla [ge'rɪl(j)a; span., zu guerra „Krieg" (von german. werra „Streit")], während des span. Unabhängigkeitskrieges aufgekommene Bez. für den Kleinkrieg, den irreguläre Einheiten der einheim. Bev. gegen eine Besatzungsmacht (oder auch im Rahmen eines Bürgerkrieges) führen; auch Bez. für diese Einheiten selbst bzw. ihre Mgl. (G.; in S-Amerika auch Guerilleros gen.). Nach geltendem Völkerrecht sind G. von Partisanen zu unterscheiden († auch Kombattanten). Eine Völkerrechtskonferenz beschloß in Genf im Mai 1977, daß G. im Fall ihrer Gefangennahme den Status von Kriegsgefangenen haben, sofern sie die Waffen offen trugen. Die G.strategie spielt im Prozeß der Entkolonisation eine maßgebl. Rolle. Erhebl. Bed. erlangten die G. auch in einigen Ländern Lateinamerikas, wo sie sich gegen die herrschenden sozialen und polit. Verhältnisse wenden und z. T. als Stadt-G. auftreten.

Guérin, Jean [Urbain] [frz. ge'rɛ̃], * Straßburg 1760, † Oberehnheim (Bas-Rhin) 8. Okt. 1836, frz. Maler. - Schöpfer feiner Porträtminiaturen (u. a. Maria Antoinette und Ludwig XVI.); bekannt auch sein Porträt des Generals Kléber (1798; Paris, Louvre).

Guernica [span. gɛr'nika] (amtl. G. y Luno], span. Ort 20 km onö. von Bilbao, 4 m ü. d. M., 17 500 E. Hüttenind., Waffenfabrikation. 1937 durch die Legion Condor zerstört; weltberühmt durch das Gemälde „G." von P. Picasso. - Die Könige von Kastilien (später die von Spanien) garantierten in G. seit dem MA mit einem öffentl. abgelegten Eid bask. Autonomierechte. Die anstelle einer Vorgängerin im 14. Jh. gepflanzte Eiche von G. (1811 verdorrt) markiert den alten Versammlungsort der bask. Landtage.

Guernsey [engl. 'gə:nzɪ] (frz. Guernesey), westlichste der † Kanalinseln, 15 km lang, bis

Otto von Guerickes Schauversuch mit den Magdeburger Halbkugeln im Jahre 1663 (Kupferstich; 1672)

Johann Meinrad Guggenbichler, Maria mit Kind (1709–13) vom Hochaltar der Pfarrkirche in Lochen

8 km breit, 63 km², 53 300 E (1981); Hauptort ist Saint Peter Port.

Guerrero, José Gustavo [span. gɛ'rrɛro], * San Salvador 26. Juni 1876, † Nizza 27. Okt. 1958, salvadorian. Diplomat und Jurist. - Seit 1902 im diplomat. Dienst; seit 1937 Präs. des Ständigen Internat. Gerichtshofs, 1946–49 des Internat. Gerichtshofs in Den Haag; Verdienste um die Lösung von Kriegsgefangenenfragen.

Guerrero [span. gɛ'rrɛro], Staat in S-Mexiko, am Pazifik, 63 794 km², 2,4 Mill. E (1982), Hauptstadt Chilpancingo de los Bravo. Den südl. Teil nimmt die Sierra Madre del Sur ein; die Küste bietet nur einen schmalen Siedlungsraum. Im N hat G. Anteil am Tal des Río Balsas und der Cordillera Volcánica. - Kam um 1500 unter aztek. Herrschaft. Der Staat wurde 1847 aus Teilen der Staaten Michoacán, México, Puebla und Oaxaca geschaffen.

Guerrini, Olindo [italien. gɥer'ri:ni], * Forlì 4. Okt. 1845, † Bologna 21. Okt. 1916, italien. Dichter. - Berühmt durch die Gedichtsammlung „Postuma" (1877), angebl. der Nachlaß eines Lorenzo Stecchetti. Angriffe auf seine Verwendung der Alltagssprache, den oft derben Realismus, Antiklerikalismus und - an Heine geschulten - Spott beantwortete er in polem. Gedichten.

Guesclin, Bertrand Du [frz. dyge'klɛ̃], * Schloß La Motte Broons bei Dinan (Côtes-du-Nord) 1320, † bei Schloß Randon (Lozère) 13. Juli 1380, frz. Feldherr. - G. besiegte 1364 bei Cochorel Karl von Navarra und war als Konnetabel von Frankr. (seit 1370) an der Vertreibung der Engländer von frz. Boden im Hundertjährigen Krieg maßgebl. beteiligt.

Guesde, Jules Mathieu [frz. gɛd], eigtl. J. M. Basile, * Paris 11. Nov. 1845, † Saint-Mandé-sur-Brédoire (Charente-Maritime) 28. Juli 1922, frz. Politiker (Sozialist). - Als Journalist setzte sich G. 1871 für die Kommune ein, lebte danach im Exil. Nach seiner Rückkehr maßgebl. an der Bildung einer sozialist. Partei mit marxist. Programm beteiligt; 1893–98 und 1906–22 Abg. Sein Widerstand gegen den Eintritt A. Millerands in eine bürgerl. Regierung führte 1901 zum Bruch mit J. Jaurès und zur Spaltung der frz. Sozialisten. 1914/15 Min. ohne Geschäftsbereich. - Als **Guesdisten** werden in Frankr. die Anhänger G.s bzw. die Vertreter eines marxist. Sozialismus mit nat. Orientierung bezeichnet.

Guevara Serna, Ernesto [span. ge'βara 'sɛrna], gen. Che Guevara, * Rosario (Argentinien) 14. Juni 1928, † in Bolivien 9. Okt. 1967 (erschossen), kuban. Politiker. - Arzt; beteiligte sich, ab 1955 mit F. Castro in Verbindung, an der Aufstandsbewegung gegen Batista auf Kuba; 1959–61 Präs. der kuban. Nationalbank, ab Febr. 1961 Industriemin.; seit 1966 in Bolivien als Guerillaführer tätig; seine Auffassung vom Guerillabefreiungskampf wird zugleich als wichtiger Beitrag zu einem selbständigen lateinamerikan. Marxismus gewertet.

Gugel [zu lat. cucullus „Kapuze"], im späten MA (12.–15. Jh.) von Männern getragene Kapuze mit kragenartigem Schulterstück; im 14./15. Jh. war der „geschwänzte G." Mode.

Gugelhupf (Gugelhopf, Kugelhupf), Napfkuchen aus Hefeteig mit Rosinen.

Guggenbichler, Johann Meinrad, ≈ Einsiedeln 17. April 1649, † Mondsee 10. Mai 1723, östr. Bildhauer schweizer. Herkunft. - Seit 1679 in Mondsee nachweisbar (großer Werkstattbetrieb), von T. Schwanthaler beeinflußt (sein Lehrer?). Schnitzaltäre von bewegter Ausdruckskraft und starker und verinnerlichter Charakterisierung in Irrsdorf (Gem. Straßwalchen, Salzburg; 1684), Michaelbeuern (Stiftskirche; 1691) und Sankt Wolfgang im Salzkammergut (1706).

Guggenheim, amerikan., aus der Schweiz ausgewanderte Industriellenfamilie. Bed.:

G., Daniel, * Philadelphia 9. Juli 1856, † Hampstead (N. Y.) 28. Sept. 1930, Industrieller. - Errichtete u. a. Zinnminen in Bolivien, Goldminen in Alaska und Kupferminen in Chile. Er entwickelte die sog. G.-Strategie, d. h., er legte die Erschließung, den Abbau und die Verarbeitung von Rohstoffen in eine Hand. Stifter der „Daniel and Florence G.

Foundation" und des „G. Fund for the Promotion of Aeronautics".

Guggenheim, Paul, *Zürich 15. Sept. 1899, † Genf 31. Aug. 1977, schweizer. Völkerrechtler. - Prof. in Genf, Mgl. des Internat. Schiedshofes in Den Haag (seit 1952); veröffentlichte bed. Arbeiten v. a. zum Völkerrecht und zur Völkerrechtsgeschichte.

Guggenheim-Museum ↑ Museen (Übersicht).

Guggenmos, Josef, *Irsee bei Kaufbeuren 2. Juli 1922, dt. Schriftsteller. - Verf. eigenwillig-poet. Kinderbücher („Mutzebutz", 1961; „Was denkt die Maus am Donnerstag?", 1967; „Ich bin geboren mit langen Ohren", 1973; „Das und Dies" (1980); „Sonne, Mond und Luftballons" (1984).

Guglielmi, Pietro Alessandro [italien. guʎˈʎɛlmi], *Massa Carrara (= Massa) 9. Dez. 1728, † Rom 18. Nov. 1804, italien. Komponist. - Schüler von F. Durante, einer der erfolgreichsten Vertreter der Opera buffa, ab 1793 Kapellmeister an Sankt Peter in Rom.

Guglielmini, Domenico [italien. guʎʎelˈmiːni], *Bologna 27. Sept. 1655, † Padua 11. Juli 1710, italien. Naturforscher. - Prof. in Bologna, 1702 in Padua. Sein 1697 erschienenes Werk „Della natura dei fiumi" war grundlegend für die Hydraulik. G. befaßte sich außerdem mit Kristallographie; ermittelte das Gesetz der Winkelkonstanz.

Guglielmo [italien. guʎˈʎɛlmo], italien. Form des männl. Vornamens Wilhelm.

Guicciardini, Francesco [italien. guittʃarˈdiːni], *Florenz 6. März 1483, †Arceti bei Florenz 22. Mai 1540, italien. Politiker und Historiker. - Jurist in Florenz; in florentin. und päpstl. Diensten; betrieb das Zustandekommen der Liga von Cognac (1526), wurde deren Generalkommissar. Sein 1537–40 verfaßtes Hauptwerk „Storia d'Italia" ist die erste Geschichte ganz Italiens.

Guide [frz. gid, engl. gaɪd „Führer"], v. a. in Buchtiteln vorkommende Bez. für Reiseführer.

Guido [guˈiːdo, ˈɡiːdo], männl. Vorname, romanisierte Form von Wido; frz. Formen Guide und Guy.

Guido II. [guˈiːdo, ˈɡiːdo] (Wido), † Herbst 894, Hzg. von Spoleto und Camerino. - Aus einer Familie der fränk. Reichsaristokratie (Widonen); wurde im Febr. 889 nach der siegreichen Schlacht von Trebia gegen Berengar I. von oberitalien. Bischöfen in Durchbrechung der karoling. Vorrechtsansprüche zum König gewählt und am 21. Febr. 891 zum Ks. gekrönt.

Guido von Arezzo [italien. ˈɡuːido] (G. Aretinus), *Arezzo (?) um 992, † 17. Mai 1050 (?), italien. Musiktheoretiker. - Entscheidende Bedeutung für die lat.-abendländ. Musik gewann das vom Benediktiner G. eingeführte Prinzip der Notierung der Melodien auf Linien im Terzabstand (Tonbuchstaben als

Schlüssel, Kolorierung der c- und f-Linie) sowie die Benennung der Hexachordtöne c-a mit den Silben ut-re-mi-fa-sol-la, die beim Singen als Gedächtnisstütze dienen (↑ Solmisation). Die sog. **Guidonische Hand,** die Darstellung der Tonbuchstaben bzw. Solmisationssilben auf der geöffneten linken Hand zur Veranschaulichung von Tönen und Intervallen im Musikunterricht, kam erst nach G. auf.

Guido (Guy) **von Lusignan** [gyˈiːdo, ˈɡiːdo], † 1194, König von Jerusalem (seit 1186). - ∞ mit Sibylle, Schwester König Balduins IV.; 1187 von Saladin besiegt und gefangengenommen; trat 1193 Jerusalem gegen Zypern an Richard Löwenherz ab und gründete hier ein Königreich.

Guignol [frz. giˈɲɔl], lustige Person des frz. Marionetten- und Handpuppentheaters, auch Bez. für das frz. Puppentheater.

Guigou, Paul [frz. giˈgu], *Villars (Vaucluse) 15. Febr. 1834, † Paris 21. Dez. 1871, frz. Maler. - Landschaften in der Tradition Corots. Seine pastos gemalten, lichterfüllten Bilder aus der Provence und der Camargue erwachsen aus präziser Naturbeobachtung.

Guilbert, Yvette [frz. gilˈbɛːr], *Paris 20. Jan. 1867, †Aix-en-Provence 2. Febr. 1944, frz. Diseuse. - Toulouse-Lautrec stellte sie als gefeierte Chansonette in Pariser Varietés in mehreren Lithographien dar. Später sang sie v. a. Volkslieder, auch Filmschauspielerin.

Guildford [engl. ˈɡɪlfəd], engl. Stadt am Wey, 56 700 E. Verwaltungssitz der Gft. Surrey; anglikan. Bischofssitz; Univ., Museum; Theater. Maschinenbau und Braugewerbe. - Sächs. Gründung, 899 als königl. Besitz erwähnt, mindestens seit 1257 Stadtrecht. - Palas der Burg (um 1170); spätnormann. Kirche Saint Mary (12. Jh.), Kathedrale (1936 ff.).

Guilhelm de Cabestanh [frz. gijɛmdəkabɛsˈtã], provenzal. Troubadour der 2. Hälfte des 12. Jh. aus dem Rousillon. - Held der ältesten europ. Fassung der „Herzmäre"; einige kunstvolle Minnelieder sind überliefert.

Guillaume de Machault (Machau) [frz. gijomdəmaˈʃo], * in der Champagne (Reims?) zwischen 1300 und 1305, † Reims April 1377, frz. Dichter und Komponist. - Außer Gedichten sowie Versromanen im Stil der Zeit sind von G. de M. mehr als 140 Kompositionen (Motetten, 1 Messe, Lais, Balladen, Rondeaux, Virelais) überliefert. Mit Philippe de Vitry ist er der bedeutendste Vertreter der Ars nova. Neben die grundlegende Technik der isorhythm. Mottete tritt bei ihm erstmals gleichrangig der Kantilensatz.

Guillaume, Charles Édouard [frz. giˈjoːm], *Fleurier (Kt. Neuenburg) 15. Febr. 1861, †Paris 13. Juni 1938, frz. Physiker schweizer. Herkunft. - Befaßte sich v. a. mit den Eigenschaften von Nickellegierungen und deren Anwendung in der Präzisionsmeßtechnik. Entwickelte ab etwa 1897 die Legierungen Invar und Elinvar mit extrem niedrigen Wärmeausdehnungskoeffizienten bzw. temperaturkonstanter Elastizität und setzte sie mit Erfolg in der Zeitmeßtechnik ein. Hierfür erhielt er 1920 den Nobelpreis für Physik.

Guillaume-Affäre [giˈjoːm], Spionagefall in der BR Deutschland, der u. a. zum Rücktritt W. Brandts als B.-Kanzler führte. In der Nacht vom 24. zum 25. April 1974 wurden Günter Guillaume (* 1927), Mitarbeiter im Bundeskanzleramt, persönl. Referent des B.-Kanzlers, und seine Ehefrau Christel (* 1927), Verwaltungsangestellte beim Bevollmächtigten des Landes Hessen in Bonn, wegen des dringenden Verdachts der Spionage für die DDR verhaftet. Das Ehepaar Guillaume wurde Ende 1975 wegen (schwerwiegenden) Landesverrats zu 13 bzw. 8 Jahren Gefängnis verurteilt, jedoch im März bzw. Okt. 1981 begnadigt und in die DDR entlassen.

Guillaume d'Orange [gijomdɔˈrãːʒ] (Wilhelm von Orange, Wilhelm von Oranien), altfrz. Sagenheld, als dessen histor. Vorbild der karoling. Graf Wilhelm von Aquitanien († 812) gilt; G. wird in mehr als 20 Heldenepen als treuer Vasall, Befreier von der Sarazenenherrschaft und Glaubensheld gefeiert.

Guillemin, Roger [Charles Louis] [frz. gijˈmɛ̃], * Dijon 11. Jan. 1924, amerikan. Biochemiker frz. Herkunft. - Prof. am Salk Institute in San Diego (Calif.), extrahierte aus dem Hypothalamus von Schafen bestimmte Substanzen, die die Hypophyse zur Produktion und Abgabe bestimmter Hormone veranlassen (↑ Releaserfaktoren). 1969 konnte er den Releaserfaktor TSH-RF des schilddrüsenstimulierenden (thyreotropen) Hormons, TSH, isolieren, dessen chem. Struktur (aus drei Aminosäuren bestehendes Peptid) aufklären und es auch synthetisieren. Später gelang ihm die Isolierung weiterer Peptide aus dem Hypothalamus, u. a. 1973 das ↑ Somatostatin. Er erhielt für diese Forschungsarbeiten (zus. mit A. Schally und R. S. Yalow) 1977 den Nobelpreis für Physiologie oder Medizin.

Guillén [span. giˈʎen], Jorge, * Valladolid 18. Jan. 1893, † Málaga 6. Febr. 1984, span. Dichter. - Lebte 1938–77 in den USA. Klass. Formstreben verpflichtete Gedichte über Erscheinungen des Alltags, voller Begeisterung und Dank für die Wunder der Schöpfung, u. a. „Cántico" (1928: 75 Gedichte; bis 1950 auf 334 Gedichte erweitert. Dt. Auswahl 1952 u. d. T. „Lobgesang").

G., Nicolás, * Camagüey 10. Juli 1902, kuban. Lyriker. - Knüpft an die Folklore der Schwarzen und Mulatten an und verbindet sprachl., bildl. und rhythm. Intensität mit sozialrevolutionärer Aussage („Bitter schmeckt das Zuckerrohr", dt. Ausw. 1952; „Bezahlt mich nicht, daß ich singe", dt. Ausw. 1961).

Guilleragues, Gabriel Joseph de Lavergne, Vicomte de [frz. gijˈrag], * Bordeaux 18. Nov. 1628, † Konstantinopel 5. März 1685,

frz. Schriftsteller. - Gilt als Verf. der lange der portugies. Nonne M. ↑ Alcoforado zugeschriebenen „Portugies. Briefe" (1669; dt. 1913 von R. M. Rilke).

Guilloche [gɪlˈjɔʃ, giˈjɔʃ; frz.], sehr genau ausgeführte, feine, verschlungene Linienzeichnung auf Wertpapieren, Urkunden u. a., um Fälschungen zu erschweren.

Guillotine [gɪljoˈtiːnə, gɪjoˈtiːnə; frz.], Hinrichtungsgerät, durch das mittels eines in Führungsschienen schnell herabfallenden Beils der Kopf vom Rumpf getrennt wird; benannt nach dem frz. Arzt J. I. Guillotin (* 1738, † 1814), der vorschlug, Hinrichtungen aus humanitären Gründen mit einer Maschine (nicht mehr mit dem Handbeil) zu vollziehen. Ab 1792 war die G. das Hinrichtungsgerät der Frz. Revolution. Mit dem frz. Strafrecht wurde in einigen Rheinbundstaaten auch die G. unter der Bez. **Fallschwert** oder **Fallbeil** eingeführt; nach dem Reichsstrafgesetzbuch von 1871, das die Vollstreckung der Todesstrafe allein durch Enthaupten vorsah, einziges Hinrichtungsinstrument.

Guilmant, Félix Alexandre [frz. gilˈmã], * Boulogne-sur-Mer 12. März 1837, † Meudon 29. März 1911, frz. Organist und Komponist. - Ab 1871 Organist an Sainte-Trinité in Paris. G. gab zahlr. ältere Orgelwerke heraus, schuf selbst Kompositionen für Orgel, gehörte 1894 zu den Begründern der Schola cantorum in Paris.

Guimarães [portugies. gimɐˈrɐ̃jʃ], portugies. Stadt 40 km nö. von Porto, 13 000 E. Bibliotheken; Marktstadt, Textilind. - 1250–1401 tagten in G. sechsmal die Cortes; erhielt 1853 Stadtrecht. - Auf einem Hügel liegt die mächtige Burg (12. Jh.), etwas tiefer der got. Palast der Bragança (1420).

Guimarães Rosa, João [brasilian. gimaˈrɐ̃jz ˈrrɔza], * Cordisburgo 1908, † Rio de Janeiro 19. Nov. 1967, brasilian. Schriftsteller. - Sein Roman über die recht- und gesetzlose Frühzeit, „Grande Sertão" (1956); gilt als das Epos Brasiliens. - Weitere Werke: Sagarana (En., 1946), Corps de ballet (En., 1956), Das dritte Ufer des Flusses (En., 1962).

Guimard, Hector [frz. giˈmaːr], * Paris 10. März 1867, † New York Juni 1942, frz. Architekt und Dekorationskünstler. - Bed. Vertreter des Art nouveau (frz. Jugendstil), schuf u. a. das Castel Béranger (Paris, 1894–98) und die Pariser Metrostationen.

Guimerà, Ángel [katalan. gimɐˈra], * Santa Cruz de Tenerife 6. Mai 1849, † Barcelona 18. Juli 1924, katalan. Dichter. - Vorkämpfer der katalan. Autonomiebestrebungen; schrieb neben lyr. Gedichten erfolgreiche romant. und zeitweilig naturalist. [Vers]dramen: „Gala Placídia" (Trag., 1879), „Judith de Welp" (Trag., 1883) u. a.; bekanntestes Stück ist das in zahlr. Sprachen übersetzte Drama „Terra baixa" (1896), das die Grundlage für d'Alberts Oper „Tiefland" wurde.

Guinea

(amtl.: République Populaire et Revolutionnaire de Guinée), Republik in Westafrika, zw. 7° und 12° n. Br. sowie 8° und 15° w. L. **Staatsgebiet:** G. grenzt im NW an Guinea-Bissau, im N an Senegal und Mali, im SO an die Elfenbeinküste, im S an Liberia und Sierra Leone, im W an den Atlantik. **Fläche:** 245857 km². **Bevölkerung:** 5,7 Mill. E (1985), 23,2 E/km². **Hauptstadt:** Conakry. **Verwaltungsgliederung:** 4 Regionen, untergliedert in 29 Prov. **Amtssprache:** Französisch; Umgangssprache Mandesprachen. **Nationalfeiertage:** 28. Sept. und 2. Okt. **Währung:** Guinea-Franc (F. G). **Internat. Mitgliedschaften:** UN, OAU, ECOWACS; der EWG assoziiert. **Zeitzone:** Greenwich Mean Time, d. i. MEZ − 1 Std.

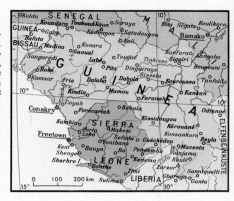

Guinea. Übersichtskarte

Landesnatur: G. reicht vom Atlantik bis zum Quellgebiet des Niger. Es ist weitgehend ein Berg- und Tafelland. Hinter der 300 km langen, nur 50–90 km breiten Küstenebene erhebt sich der Fouta Djalon (durchschnittl. 1 500 m ü. d. M.). Hier entspringen die anderen großen Flüsse Westafrikas (Senegal, Gambia, Tinkisso u. a.). Nach O Übergang in das um 300 m ü. d. M. liegende Mandingplateau. Die höchste Erhebung liegt im äußersten SO, im Inselgebirge des Nimba (1 752 m ü. d. M.).
Klima: G. liegt im Bereich der wechselfeuchten Tropen mit einer Regenzeit (April–Nov. an der Küste und im SO, Mai-Okt. im Inneren).
Vegetation: Dem Klima entsprechend sind im S Regenwälder verbreitet, im O Savannen, im SO Feuchtsavannen, im NO Trockensavannen. Die Hochflächen sind weitgehend entwaldet, sie tragen Grasfluren. An der Küste wachsen Mangroven und Kokospalmen.
Tierwelt: Verbreitet sind u. a. Elefanten, Büffel, Antilopen, verschiedene Affenarten, Krokodile, Hyänen, Aasgeier.
Bevölkerung: 25 % der Bev. gehören zur Manding-Sprach- und Kulturgruppe, 40 % sind Fulbe, daneben leben zahlr. kleinere ethn. Gruppen in G. 65 % sind Muslime, 30 % Anhänger traditioneller Religionen, daneben christl. Minderheiten. Schulpflicht besteht vom 7.–15. Jahr. In Kankan gibt es eine PH, in Conakry eine polytechn. Hochschule.
Wirtschaft: Über 80 % der Bev. leben von der Landw. Grundnahrungsmittel ist Reis, der aber zusätzl. eingeführt werden muß, ebenso Fleisch. Vieh wird v. a. in Hochlagen des Fouta Djalon und auf den von Tsetsefliegen freien Trockensavannen des Mandingplateaus gehalten. Die Küstenebene ist die am weitesten entwickelte Agrarzone des Landes. Forstwirtschaft und Küstenfischerei, v. a. auf Thunfisch, Flußfischerei im Mandingplateau, dienen ausschließl. dem Eigenbedarf. G. verfügt über etwa ²/₃ der gesamten Bauxitvorräte der Erde, die u. a. auf der Île des Los, in Fria, Boké und Dabélé abgebaut werden. Diamanten werden im SO, Gold im NO gewonnen. Eisenerzabbau bei Conakry. Nahrungs- und Genußmittelind., Kfz.- und Fahrradmontage, Zementfabrik, Möbelfabriken, Textil- und Schuhfabriken.
Außenhandel: Seit 1965 werden keine Statistiken mehr veröffentlicht. Ausgeführt werden Tonerde, Bauxit, Diamanten, Kaffee, Ölpalmensamenkerne. Die wichtigsten Handelspartner sind die EG-Länder, Norwegen, Spanien, Kamerun, Jugoslawien, die Schweiz und die USA. Eingeführt werden Maschinen, Kfz., Metallwaren, Eisen und Stahl, Aluminium.
Verkehr: Neben der Staatsbahn (Conakry–Kankan [662 km], Conakry–Dabélé [98 km]) besteht eine Privatbahn (Conakry–Fria [143 km]). Das Straßennetz ist 28 400 km lang, davon 1 000 km asphaltiert. Der obere Niger ist von Juni–Sept. schiffbar. Überseehäfen in Conakry (mit drei Erzkais) und Benty (v. a. für den Export von Bananen und Ananas). Die nat. Air Guinée fliegt 7 inländ. Orte sowie westafrikan. Hauptstädte an. Internat. ⚓ bei Conakry.
Geschichte: Mindestens der O-Teil von G. lag im Einflußbereich der beiden afrikan. Großreiche Ghana und Mali; der Fouta Djalon bot einem kleineren, meist unabhängigen Herrschaftsbereich Schutz. 1880 gründeten die Franzosen am Rio Nunez Handelsniederlassungen; aber erst um 1890 hatten sie die ganze Küste des heutigen G. fest in der Hand. Bei der Durchdringung des Hinterlandes konnte der Widerstand Samory Tourés und des von ihm gegr. Reichs erst 1898 gebrochen werden. Die 1882 gegr. frz. Kolonie Rivières du Sud wurde zunächst von Senegal aus verwaltet; ab 1893 hieß sie Frz.-G.; gleichzeitig erhielt sie eine selbständige Verwaltung mit

Guinea

eigenem Gouverneur. 1946 wurde G. Mgl. der Frz. Union; 1957, als Frankr. seinen Überseeterritorien beschränkte innere Autonomie gewährte, wurde Sékou Touré (Enkel Samory Tourés) Min.präs.; 1958 erhielt G., das sich gegen die Aufnahme in die Frz. Gemeinschaft ausgesprochen hatte, die volle Selbständigkeit, allerdings bei sofortiger Einstellung der frz. Wirtschaftshilfe und unter Abzug sämtl. frz. Experten. Unter Staatspräs. Sékou Touré fand G. für diese Verluste v. a. bei den sozialist. Staaten Ersatz. Lücken in der Versorgung mit Konsumgütern und daraus resultierende Unzufriedenheit in der Bev. werden kompensiert durch eine gewisse Überpolitisierung, häufige Aufdeckungen von Verschwörungen (Meldung von Umsturz- oder Invasionsversuchen u. a. 1966, 1969, 1970, 1972/73) mit darauf folgenden Verhaftungswellen und Hinrichtungen. Ab 1978 normalisierte G. seine Beziehungen zu zahlr. Staaten innerhalb und außerhalb Afrikas. Bei den Parlamentswahlen Anfang Jan. 1980 wurden die Kandidaten der Einheitspartei, bei den Präsidentschaftswahlen vom Mai 1982 Sékou Touré als Präs. bestätigt. Wenige Tage nach seinem Tod (26. März 1984) übernahm das Militär am 3. April 1984 in einem unblutigen Putsch die Macht. Neuer Staatspräs. wurde Oberst L. Conté als Vors. des Komitees für Nat. Wiederaufbau. Die Staatspartei PDG und das Parlament wurden aufgelöst, die neue Verfassung von 1982 außer Kraft gesetzt. Ein Putschversuch des ehemaligen Min.präs. Oberst Traore im Juli 1985 scheiterte an der Loyalität der Armee. Im Jan. 1986 wurde im Zuge einer gründl. Währungsreform der 1972 eingeführte Syli auf die vorher gültige Währung Guinea-Franc umgestellt, was einer Abwertung von 93 % gleichkam.

Politisches System: Die 1982 eingeführte Verfassung wurde nach dem Militärputsch 1984 suspendiert. Nach ihr war G. eine Präsidialdemokratie. *Staatsoberhaupt* ist der Staatspräs. (seit April 1984 L. Conté). Er ist der Vors. des Komitees für Nat. Wiederaufbau, Vors. des Min.rats und zugleich Verteidigungs-, Sicherheits-, Planungs- und Informationsminister. Beim Komitee für Nat. Wiederaufbau (25 Mgl.) liegen *Exekutiv-* und *Legislativgewalt.* Die bis 1984 herrschende Einheits*partei* Parti Démocratique de Guinée wurde aufgelöst. Vom Ausland her agieren verschiedene Oppositionsgruppen. Als *Gewerkschaft* wurde 1984 die Conféderation des travailleurs de Guinée gegründet. Zur *Verwaltung* ist G. in 8 Prov. gegliedert mit einem Gouverneur an der Spitze und jeweils einem Provinzrat. Distrikts- und Nachbarschaftsräte wurden 1985 gebildet. Das *Gerichtswesen* ist dreistufig aufgebaut. Zur *Landesverteidigung* unterhält G. Streitkräfte von rd. 10 000 Mann (Heer 8 500, Luftwaffe 800, Marine 600). Die paramilitär. Kräfte sind rd. 9 000 Mann stark.

📖 *Polit. Lexikon Afrika. Hg. v. R. Hofmeier u. M. Schönborn. Mchn. 1984. - O'Toole, T.: Historical dictionary of G. Metuchen (N. J.) 1978.*

Guinea [engl. 'gɪnɪ] ↑Guineamünzen.

Guinea, Golf von [gi...], Bucht des Atlantiks vor der westafrikan. Küste, zw. Kap Palmas und Kap Lopez mit den Inseln Bioko (früherer Name: Fernando Póo), Principe und São Tomé.

Guinea-Bissau

(amtl. Vollform: República da Guiné-Bissau), Republik in Westafrika, zw. 10° 52′ und 12° 40′ n. Br. sowie 13° 38′ und 16° 43′ w. L. **Staatsgebiet:** G.-B. grenzt im N an Senegal, im O und S an Guinea, im W an den Atlantik, in dem die vorgelagerten Bissagosinseln liegen. **Fläche:** 36 125 km². **Bevölkerung:** 858 000 E (1985), 23,8 E/km². **Hauptstadt:** Bissau. **Verwaltungsgliederung:** 8 Regionen und das Stadtgebiet von Bissau. **Amtssprache:** Portugiesisch. Umgangssprache ist ein von Afrikanismen durchsetztes vereinfachtes Portugiesisch. **Nationalfeiertag:** 24. Sept. **Währung:** Guinea-Peso (PG) = 100 Centavos (CTS). **Internationale Mitgliedschaften:** UN, OAU, ECOWAS, Arab. Liga; der EWG assoziiert. **Zeitzone:** MEZ −2 Std.

Landesnatur: G.-B. ist ein Flachland in 30–40 m Meereshöhe. Die Küste ist stark gegliedert durch vorgelagerte Inseln und tief ins Land eingreifende Ästuare. In den Ästuaren sind die Gezeiten bis über 100 km flußaufwärts bemerkbar, durch den dadurch bewirkten Rückstau kommt es v. a. in der Regenzeit zu weiten Überschwemmungen.

Klima: Es herrscht randtrop. Klima mit einer Regenzeit von Mai–Anfang Nov. Die Niederschläge nehmen nach N ab.

Vegetation: Auf den Inseln und im Küstenbereich Regen- und Mangrovewälder, im O Feuchtsavanne, im dazwischen liegenden Übergangsgebiet ausgedehnte Trockenwälder mit eingestreutem Grasland.

Bevölkerung: Insgesamt leben 28 Stämme in G.-B., u. a. Balante, Fulbe, Mandyak und Malinke, daneben Mischlinge und Portugiesen. Über 55 % sind Anhänger traditioneller Religionen, rd. 35 % Muslime, rd. 8 % Christen. **Wirtschaft:** Es überwiegt die Landw. zur Selbstversorgung. Hauptnahrungsmittel sind Sumpf- (an der Küste) und Trockenreis (im N). Die Ind. beschränkt sich auf die Verarbeitung landw. Produkte.

Außenhandel: Ausgeführt werden Erd- und Kokosnüsse, Ölkuchen von Erdnüssen, Schnittholz, Erdnußöl, Cashewnüsse u. a. Eingeführt werden Reis, Getränke, Erdölderivate, Baumwoll- u. a. Gewebe, Tabak und -waren, Weizenmehl, Milchpulver, Medikamente u. a. An 1. Stelle der Handelspartner steht Portugal (rd. 40 % der Einfuhren, rd. 60 %

der Ausfuhren von G.-B.), gefolgt von [ehem.] portugies. Übersee-Provinzen.

Verkehr: Keine Eisenbahn. Vom 5058 km langen Straßennetz sind rund 1000 km asphaltiert. Die Flüsse sind bis maximal 120 km flußaufwärts schiffbar. Überseehafen ist Bissau. Reger Binnenflugverkehr; internat. ⚓ bei Bissau; 1977 wurde eine nat. Flugges. gegründet.

Geschichte: Die Portugiesen entdeckten diesen Teil der westafrikan. Küste 1446, besiedelten ihn aber erst 1588. 1879 wurde das Gebiet als „Portugies.-Guinea" selbständige Kolonie, 1951 Überseeprov. Seit 1961 entfalteten afrikan. Nationalisten eine rege Guerillatätigkeit; sie riefen 1973 die Republik G.-B. aus, die von rd. 70 Staaten, den UN und der OAU anerkannt wurde. Nach der Revolution in Portugal 1974 wurden die Guerillatätigkeiten eingestellt und Verhandlungen mit Portugal aufgenommen, die am 10. Sept. 1974 zur Unabhängigkeit von G.-B. führten. Die Einheitspartei PAIGC strebte zus. mit dem in Kap Verde regierenden Flügel der Partei den Zusammenschluß beider Staaten an. Vier Tage nach Inkrafttreten einer neuen Verfassung im Nov. 1980, die Präs. L. de Almeida Cabral erweiterte Machtbefugnisse sichern sollte, kam es zu einem von Cabrals Stellv., Major J. B. Vieira, geführten Staatsstreich, in dessen Verlauf Cabral, der aus Kap Verde stammte, getötet wurde und als dessen Folge die Beziehungen zu der kapverd. PAIGC abgebrochen wurden (Wiederaufnahme 1982). Im März 1983 wurde eine Kommission zur Ausarbeitung einer neuen Verfassung eingesetzt. Nach internen Machtkämpfen um das Amt des Premiermin. konnte Präs. Vieira im April 1984 auch formal das Amt des Reg.chefs übernehmen. Nachdem im gleichen Monat Wahlen zu Regionalräten stattgefunden hatten, wurde im Mai von diesen eine 150köpfige Nat. Volksversammlung gewählt. Sie wählte aus ihrer Mitte einen 15köpfigen Staatsrat mit Vieira als Vors. und Staatsoberhaupt. Gleichzeitig nahm die Versammlung die neue Verfassung an und schuf das Amt des Premiermin. ab. Ein Putschversuch schlug im Nov. 1985 fehl.

Politisches System: Nach der Verfassung vom 16. Mai 1984 ist G.-B. eine „antikolonialist. und antiimperialist. Rep." und „revolutionäre Staatsdemokratie". Führende polit. Kraft ist die Einheitspartei Partido Africano de Independência da Guiné e Cabo Verde (PAIGC). *Staatsoberhaupt* und oberster Inhaber der *Exekutive* ist der Staatspräs. (seit 1980 J. B. Vieira, im Mai 1984 gewählt). Er ist Vors. des Staatsrats, Reg.chef und Oberbefehlshaber der Streitkräfte. Die *Legislative* liegt bei der Nat. Volksversammlung, deren 150 Mgl. aus den 8 Regionalräten entsandt werden. Einzige polit. *Partei* ist die PAIGC. Zur *Verwaltung* ist G.-B. in 8 Regionen unterteilt. Das *Rechtswesen* ist mit Kap Verde gemeinsam. Zur *Landesverteidigung* unterhält G.-B. Streitkräfte von 6550 Mann (Armee 6200, Luftwaffe 75, Marine 275); die Miliz (Forcas Armadas da Libertacao) ist 5000 Mann stark.

📖 *Polit. Lexikon Afrika. Hg. v. R. Hofmeier u. M. Schönborn. Mchn. 1984. - Andréini, J.-C./ Lambert, M.-C.: La Guinée-B. Paris 1978. - Rudebeck, L.: G.-B., a study of political mobilization. Uppsala 1974.*

Guineabecken [gi...], Tiefseebecken im Atlantik, am Äquator, bis 5212 m tief.

Guineamünzen [gin'e:a], aus Guineagold von verschiedenen europ. Kolonialmächten geprägte Münzen: Seit 1657 in Dänemark (**Guineadukaten**), 1683–96 auch von Brandenburg nachgeahmt; 1663–1816 war die **Guinea** die Hauptgoldmünze Englands (bzw. Großbrit.), 1816 durch den Sovereign abgelöst, hielt sich als inoffizielle Rechnungseinheit bis in neueste Zeit.

Guinea-Peso [gi...], Währungseinheit in Guinea-Bissau; 1 PG = 100 Centavos (CTS).

Guineapfeffer [gi...] (Mohrenpfeffer, Xylopia aethiopica), baumartiges Annonengewächs des Regenwälder und Buschsteppen W-Afrikas und des Kongos mit gelben Blüten und längl., pfefferartig schmeckenden Früchten.

Guineaschwelle [gi...], untermeer. Rücken im Atlantik, zw. Guinea- und Angolabecken; zeigt mit einer aufsitzenden Kuppe bis 2247 m u. d. M. herauf.

Guineastrom [gi...], warme, ostwärts fließende atlant. Meeresströmung vor der SW- und S-Küste W-Afrikas.

Guinizelli, Guido [italien. gɥinit'tsɛlli], * Bologna zw. 1230/40, † Monselice (Prov. Padua) um 1276, italien. Dichter. - Gilt als Begründer des ↑Dolce stil nuovo (nur wenige Gedichte erhalten); von Dante „Vater der italien. Dichtkunst" genannt.

Sir Alec Guinness

Guinness, Sir (seit 1959) Alec [engl. 'gɪnɪs], * London 2. April 1914, engl. Schauspieler. - Sein subtiler, mit sparsamsten Mitteln größte Wirkung erzielender Spielstil

Güiraldes

macht G. zu einem der führenden brit. Schauspieler, bes. Shakespearerollen, spielte aber auch Ionesco. Internat. bekannt wurde er durch zahlr. Filmrollen, u. a. „Adel verpflichtet" (1950), „Ladykillers" (1955), „Die Brücke am Kwai" (1957), „Unser Mann in Havanna" (1959), „Reise nach Indien" (1984).

Güiraldes, Ricardo [span. gɥi'raldes], * Buenos Aires 13. Febr. 1886, † Paris 8. Okt. 1927, argentin. Schriftsteller. - Bekannt v. a. durch den z. T. autobiograph. Bildungsroman „Das Buch vom Gaucho Sombra" (1926); außerdem avantgardist. Lyrik.

Guiringaud, Louis de [frz. girɛ̃'go], * Limoges 12. Okt. 1911, † Paris 15. April 1982 (Selbstmord), frz. Diplomat und Politiker. - Mgl. der Résistance; 1952–76 in verschiedenen diplomat. Funktionen tätig; Aug. 1976–Nov. 1978 Außenminister.

Guiro [span. 'gi:ro] (Guero), aus Kuba stammendes, lateinamerikan. Rhythmusinstrument, das aus einem mit Rillen versehenen ausgehöhlten Flaschenkürbis besteht.

Guisan, Henri [frz. gi'zã], * Mézières (Waadt) 21. Okt. 1874, † Pully (Waadt) 7. April 1960, schweizer. General. - 1932 Oberstkorpskommandant; 1939 von der Bundesversammlung zum Oberbefehlshaber der schweizer. Heeres (bis 1945) gewählt. Stratege. bedeutsam war seine Konzeption eines Réduit national im Alpenmassiv.

Guiscard, Robert, Hzg. von Apulien, ↑ Robert Guiscard.

Olaf Gulbransson,
Kaisermanöver (1909):
„Seine Majestät erklären dem Prinzen Ludwig von Bayern die feindlichen Stellungen"

Guise [frz. gɥi:z, gi:z], frz. Hzg.familie, Seitenlinie des Hauses Lothringen. - Stammvater war Claude I de Lorraine (* 1496, † 1550). 1527 wurde die Gft. G. zur herzogl. Pairie erhoben. Mehrere Mgl. der Familie waren Hzg. von ↑ Aumale. Maria (* 1515, † 1560), die Tochter von Claude I, war die Mutter Maria Stuarts. In den Hugenottenkriegen Anführer der Hl. Liga; 1675 erloschen, das Erbe fiel an das Haus ↑ Condé.
Bed. Vertreter:

G., Charles de Lorraine, Herzog von G., gen. Kardinal von Lothringen, * Joinville (Haute-Marne) 17. Febr. 1524, † Avignon 26. Dez. 1574, Erzbischof von Reims (seit 1538), Kardinal (seit 1547). - Unversöhnl. Gegner der Hugenotten, führte die Inquisition in Frankr. ein und entschied (von Morone überlistet) auf dem Tridentinum die Reformfrage im Sinne des Papstes.

G., Charles de Lorraine, Hzg. von Mayenne, * Alençon 26. März 1554, † Soissons 3. Okt. 1611, Thronprätendent. - Sohn von François I de Lorraine. Ab 1588 Führer der Hl. Liga, übernahm er 1589 für den von der kath. Partei zum König proklamierten Kardinal Charles de Bourbon die Regentschaft und nach dessen Tod (1590) die Anwartschaft auf den Thron; konnte sich gegen Heinrich IV. nicht durchsetzen und unterwarf sich 1595.

G., François I de Lorraine, Hzg. von G., * Bar-le-Duc 17. Febr. 1519, † Saint-Mesmin bei Orléans 24. Febr. 1563 (ermordet), Feldherr. - Sohn von Claude I de Lorraine. Kämpfte erfolgreich gegen die Engländer und Kaiser Karl V.; 1558 nahm er Calais ein. Entfesselte durch das „Blutbad von Vassy" (1. März 1562) die Hugenottenkriege.

G., Henri I de Lorraine, Hzg. von G., gen. Le Balafré [„der Narbige"], * 31. Dez. 1550, † Blois 23. Dez. 1588, Generalstatthalter. - Sohn von François I de Lorraine; kämpfte seit 1567 gegen Coligny und die Hugenotten. Bei der Vorbereitung und Ausführung der Morde in der Bartholomäusnacht maßgebl. beteiligt. Gründete 1576 die ↑ Heilige Liga und schloß 1585 ein Bündnis mit Spanien, um die frz. Krone zu erlangen; zwang Heinrich III. zu einem Vertrag, der die kath. Konfession als einzige im Staat duldete. Der König widersetzte sich v. a. der spanienfreundl. Politik, weshalb der Hzg. ihn durch den Pariser „Barrikadenaufstand" (Mai 1588) in seine Gewalt brachte. Heinrich III. ernannte ihn zum Generalstatthalter und ließ ihn bald darauf ermorden.

G., Marie de ↑ Maria, Regentin von Schottland.

Guitarre [gi...] ↑ Gitarre.

Guitmund von Aversa, † vor 1095, Bischof von Aversa (seit 1088). - Vertreter der Gregorian. Reform. Im Abendmahlsstreit des 11. Jh. Hauptgegner ↑ Berengars von Tours. G. führte den Begriff der Substanzverwandlung in die

Eucharistielehre ein, der die Lehre von der † Transsubstantiation vorbereitete.

Guittone d'Arezzo [italien. guit'to:ne da-'rettso], gen. Fra G., * Arezzo um 1225, † Florenz um 1294, italien. Dichter. - Vorzügl. ausgebildet; bed. Prediger des Ordens „Cavalieri di Santa Maria"; schrieb in der Jugend vorwiegend sprachl. und themat. der Troubadourlyrik verpflichtete Liebeslyrik, als Geistlicher polit., religiöse und moral.-didakt. Lieder.

Guitry, Sacha [frz. gi'tri], eigtl. Alexandre Pierre Georges G., * Petersburg 21. Febr. 1885, † Paris 24. Juli 1957, frz. Schriftsteller. - Urspr. Schauspieler; schrieb rund 130 Bühnenwerke, meistens Komödien, die bestes Pariser Boulevardtheater darstellen. Amüsant seine Autobiographie „Wenn ich mich recht erinnere" (1935); außerdem u.a. „Roman eines Schwindlers" (1936, auch als Film). Seine übrigen Filme sind v.a. Theaterverfilmungen und Geschichtsfilme.

Guizot, François [Pierre Guillaume] [frz. gi'zo], * Nîmes 4. Okt. 1787, † Val-Richer (Calvados) 12. Sept. 1874, frz. Historiker und Politiker. - Seit 1812 Prof. an der Sorbonne; suchte Verbindung zur bourbon. Restauration; die reaktionäre Politik Karls X. machte ihn zum oppositionellen Vertreter der „Doktrinäre"; als Publizist von Einfluß auf den Ausbruch der Revolution von 1830; entschiedenster Sprecher der auf den großbürgerl. Besitz gründenden Monarchie Louis Philippes, dem er 1832–37 als Erziehungsmin., 1840–48 als Außenmin. und 1847/48 zugleich als Min.präs. diente. Widersetzte sich den Bestrebungen nach Wahlrechtsreform und Sozialgesetzgebung; nach der Februarrevolution 1848, zu der sein starres Verhalten entscheidend beitrug, zeitweilig im Exil. Schrieb historiograph. Werke.

Gujarat [gu:dʒa'rɑt], ind. Bundesstaat, begrenzt im N durch Pakistan und Rajasthan, im O und S durch Madhya Pradesh, Maharashtra und Daman, im SW und W durch das Arab. Meer, das in zwei großen Buchten weit in das Festland vordringt; 195984 km², 34,0 Mill. E (1981). Hauptstadt Gandhinagar. G. besteht fast gänzl. aus Tiefland. Das Klima wird durch den Monsunwechsel bestimmt; die Regenzeit ist auf die Sommermonsunperiode beschränkt. G. zählt zu den wichtigsten Baumwollanbaugebieten Indiens. Neben der Landw. stellen Forstwirtschaft sowie die Gewinnung von Erdöl, Kalkstein, Manganerzen, Bauxit, Gips und Salz bed. Erwerbszweige dar. Neben der [petro]chem. Ind. sind v.a. Textil- und Zementind. zu nennen, daneben traditionelles Handwerk.
Seinen Namen erhielt G. von den Gudscharas, die hier um 500 n. Chr. ein Reich gründeten. 1298 kam das heutige G. unter muslim. Herrschaft, 1407–1572 bestand ein unabhängiges Sultanat. Danach wurde das Land dem

Mogulreich eingegliedert. Die Marathen beherrschten es seit 1758, mußten es aber 1818 an Brit.-Indien abtreten. 1960, als der ind. B.-Staat Bombay geteilt wurde, entstanden G. [und Maharashtra].

Gujranwala [engl. gʊdʒ'rɑ:nwɑ:lə], pakistan. Distriktshauptstadt im mittleren Pandschab, 597000 E. Traditionsreiches Handwerk, das nach dem 2. Weltkrieg durch moderne Ind.zweige ergänzt wurde; Verkehrsknotenpunkt an der Eisenbahnlinie Peshawar–Lahore.

Gujrat [engl. gu:dʒ'rɑ:t], pakistan. Distriktshauptstadt im nördl. Pandschab, 101000 E. Möbel-, Lederwaren-, Textil- und Elektroind.; an der Bahnlinie Lahore–Peshawar. - Im 16.Jh. gegründet.

Gül [pers. „Rose"], Achteckornament der turkmen. Teppiche.

Gulasch [zu ungar. gulyás (eigtl. „Rinderhirt") hús (eigtl. „Fleisch") „Pfefferfleischgericht, wie es von Rinderhirten gekocht wird"], urspr. ungar. Gericht aus in Würfel geschnittenem Fleisch, Paprika und Tomaten.

Gulaschkanone, volkstüml. Bez. für Feldküche.

Gulbarga, ind. Distriktshauptstadt in Karnataka auf dem Dekhan, 454 m ü.d.M., 219000 E. Baumwollind. und -handel. - Zahlr. Baudenkmäler aus dem 14. Jahrhundert.

Gulbenkian, Calouste [Sarkis], * Istanbul 14. April 1869, † Lissabon 20. Juli 1955, brit. Ölmagnat armen. Herkunft. - G. erwarb durch seine Ölgeschäfte eines der größten Vermögen der Erde; G. brachte nahezu sein gesamtes Vermögen, darunter eine umfangreiche Kunstsammlung, in eine Stiftung ein (Calouste-G.-Stiftung).

Gulbranssen, Trygve [norweg. 'gʉlbransən], * Christiania 15. Juni 1894, † Gut Hobøe bei Eidsberg 10. Okt. 1962, norweg. Schriftsteller. - Bekannt v.a. die 1933, 1934 und 1935 erschienene Romantrilogie über im norweg. Bauerngeschlecht auf Bjørndal („Und ewig singen die Wälder", „Das Erbe von Bjørndal" [2. und 3. Teil]).

Gulbransson, Olaf [norweg. 'gʉlbransən], * Christiania 26. Mai 1873, † Tegernsee 18. Sept. 1958, norweg. Maler und Zeichner. - Lebte vorwiegend in München; bed. Karikaturist (v.a. für den „Simplicissimus" tätig) von iron. Hintergründigkeit, Buchillustrator und Porträtist; schuf auch Plakate.

Gulda, Friedrich, * Wien 16. Mai 1930, öst. Pianist und Komponist. - Sein Repertoire reicht von der Klassik (zykl. Aufführungen sämtl. Beethoven-Sonaten) bis zur Moderne. G. tritt auch als Jazzpianist und -saxophonist hervor. Veröffentlichung: „Worte zur Musik" (1971).

Guldberg, Cato Maximilian [norweg. 'gʉlbærg], * Christiania 11. Aug. 1836, † ebd. 14. Jan. 1902, norweg. Mathematiker und

Guldberg

Chemiker. - Auf Grund von experimentellen Untersuchungen, die G. mit P. Waage durchführte, stellten beide 1864 das ↑Massenwirkungsgesetz auf.

G., Ove [dän. 'gulbɛr'], eigtl. O. Høegh-G., *Horsens 1. Sept. 1731, † Hald 7. Febr. 1808, dän. Politiker. - 1761 Prof. in Sorø; G. leitete 1772 die Palastverschwörung gegen Struensee und bestimmte nach dessen Sturz als Sekretär des Geheimen Kabinetts die dän. Politik; 1784 entlassen.

Guldbergsche Regel [norweg. 'gulbærg; nach C. M. Guldberg], eine physikal. Regel: Die Siedetemperatur T_s eines Stoffes ist seiner krit. Temperatur T_k proportional; es gilt bei atmosphär. Druck annähernd $T_s = \frac{2}{3} T_k$.

Gulden [zu mittelhochdt. guldin pfennic „goldene Münze"] (mundartl. Gülden), numismat. Begriff mit sehr unterschiedl. Bed.; in vereinfachter Darstellung: 1. urspr. der Goldgulden; 2. Silbermünzen gleichen Wertes; 3. verschiedenwertige Rechnungs-G., die nicht immer auch als Münzen ausgeprägt wurden; 4. münztechn. Begriff für die nächste Zahlgröße unterhalb des Talers. *Deutschland und Österreich:* Der Gold-G. wurde als Zahlwert zunächst dem älteren Rechnungspfund gleichgestellt (= 20 Schillinge = 240 Pfennige) und verdrängte vielfach das Pfund als Rechnungsbegriff, als er im Kurswert stieg, ohne daß ihm noch ein geprägtes Geldstück entsprach (sog. Rechnungs-G., auch Zähl-G.); im 15. Jh. drang von Österreich aus die Neueinteilung des G. in 60 Kreuzer vor. Frühe Versuche, dem Gold-G. neue Silber-G. zur Seite zu stellen, knüpften teils an den inzwischen erreichten Kurswert des Gold-G. an, teils an ungeprägte Rechnungsgulden. Das Bemühen, das G.-Kreuzer-System zur Grundlage der Reichswährung zu erheben, scheiterte am Widerstand der „Talerländer", endgültig 1566. Seit 1623 gab es nebeneinander v. a. den „G. rhein." = ²/₃ Reichstaler und den „G. fränk." = ⁵/₆ Reichstaler = ⁵/₄ „G. rhein."; als Münze geprägt wurde nur der „G. rhein.", stärker erst wieder seit etwa 1670. Er wurde als Münzeinheit der kaiserl. Erblande maßgebl. für den techn. Sprachgebrauch im Reichsmünzwesen. Dieser Zahl-G. oder Münz-G. entsprach vielfach ²/₃ Rechnungstaler (in Österreich 1750/53 abgewertet, 1857 in 100 Neu-Kreuzer eingeteilt). In Süddeutschland brachte erst der Münchner Münzvertrag von 1837 eine einheitl. G.währung mit Ausprägung auch der Hauptrechnungseinheit als Münze (bis 1875). Nach 1871 setzte sich im Dt. Reich jedoch die Mark durch. Nach Einführung der Kronenwährung in Österreich (1892) blieben die Silber-G. als Zweikronenstücke kursfähig. - *Ungarn:* ↑auch Forint. - *Niederlande:* Unabhängig von dt. G.sorten entstand 1601 ein Silber-G. zu 28 Stüvern; 1679 entstand ein neuer holländ.

G. zu 20 Stüvern, seit 1816 zu 100 Cent, bis 1967 in Silber geprägt, seitdem in Kupfernickellegierung; 1973 ohne Goldbindung.

Guldengroschen ↑Taler, ↑Reichsguldiner.

Guldentaler ↑Reichsguldiner.

Guldinsche Regeln [nach dem schweizer. Mathematiker P. Guldin, *1577, †1643] (baryzentrische Regeln, Pappussche Regeln), Regeln zur Berechnung von Oberfläche und Volumen eines Rotationskörpers: 1. Die Oberfläche eines Rotationskörpers ist gleich dem Produkt aus der Länge der erzeugenden Kurve und der Länge des Weges, den ihr Schwerpunkt beschreibt. 2. Das Volumen eines Rotationskörpers ist gleich dem Produkt aus dem Flächeninhalt der erzeugenden Fläche und der Länge des Weges, den ihr Schwerpunkt beschreibt.

Gulf Oil Corp. [engl. 'gʌlf 'ɔil kɔːpəˈreɪʃən], eine der bedeutendsten Mineralölfirmen der Erde, gegr. 1901, Sitz Pittsburgh (Pa.).

Güll, Friedrich Wilhelm, *Ansbach 1. April 1812, †München 23. Dez. 1879, dt. Kinderliederdichter. - Sehr beliebte Lieder, am bekanntesten „Vom Büblein auf dem Eis".

Gülle [zu mittelhochdt. gülle, eigtl. „Pfütze"], Gemisch aus Kot und Harn von Nutztieren (v. a. Rindern), dem mit Wasser versetzt als Wirtschaftsdünger verwendet wird.

Gullstrand, Allvar, *Landskrona 5. Juni 1862, †Stockholm 30. Aug. 1930, schwed. Augenarzt. - Prof. in Uppsala. Bed. Forschungsarbeiten auf verschiedenen Gebieten der Augenheilkunde, u. a. Einführung der nach ihm benannten Spaltlampe (G.-Lampe) und des Augenspiegels; 1911 Nobelpreis für Physiologie oder Medizin.

Gully ['ɡʊli; engl., zu gullet „Schlund" (von lat. gula „Kehle")], in die Fahrbahndecke eingelassene Schachtkasten, der oben zur Aufnahme des Regenwassers mit einem Rost abgedeckt ist und das Wasser durch ein Rohr ins Freie (bei Brücken) oder in bes. Entwässerungsrinnen abführt.

Güls, Ortsteil von ↑Koblenz.

Gült [zu gelten] (Zins, Rente), früher Grundrente in Naturalien, dann auch Grund- und Ertragsteuer; später auch Bez. für ein Gut, das G. bezahlt. Im *schweizer. Recht* Art des Grundpfandrechts, bei der Pfandrecht und Forderung in einem Wertpapier *(Pfandtitel)* verkörpert sind und keine persönl. Haftung des Schuldners besteht. Schuldner ist der jeweilige Eigentümer des belasteten Grundstücks.

Gültigkeit (Validität), Begriff der empir. Sozialforschung für die Qualität von Forschungstechniken in dem Sinne, ob diese auch tatsächl. erheben und messen, was nach der zugrundeliegenden Theorie und ihren Hypothesen erhoben und gemessen werden soll.

GUM, Abk. für: Gossudarstwenny **u**niwersalny magasin („staatl. Kaufhaus"), großes Moskauer Kauf- und Warenhaus.

Gumbinnen (russ. Gussew), ostpreuß. Stadt an der Mündung der Rominte in die Pissa, UdSSR▼, 42 m ü. d. M., 22 000 E. Landw.technikum; elektrotechn. Ind., Käse-, Futtermittel-, Trikotagenfabrik. - 1722 Stadt; 1732–38 nach einem Plan des Königsberger Architekten J. L. Schultheiß von Unfriedt neu angelegt; im 2. Weltkrieg schwere Schäden.

Gumiljow, Nikolai Stepanowitsch [russ. gumi'ljɔf], * Kronstadt 15. April 1886, † Petrograd (= Leningrad) 24. Aug. 1921, russ. Dichter. - 1910–18 ∞ mit A. A. Achmatowa; wegen Verdachts der Beteiligung an einer Verschwörung erschossen. Begann als Symbolist, später Akmeist, als der er sprachl. Klarheit anstrebte. Mit seiner Begeisterung für alles Heroische und Abenteuerliche, seiner Entdeckung russ. Volksdichtung sowie frz. und exot. Volkspoesie von großem Einfluß.

Gumma [ägypt.-griech.-lat.], gummiartige Granulationsgeschwulst (Granulom) als Reaktion auf einen entzündl. Prozeß im Unterhautgewebe bei Syphilis und Tuberkulose; bildet sich im Verlauf von vier Stadien unter Vernarbung zurück.

Gummersbach, Krst. im Berg. Land, NRW, 203–330 m ü. d. M., 48 300 E. Verwaltungssitz des Oberberg. Kr.; Abteilung Maschinenbau und Elektrotechnik der Gesamthochschule Siegen; Theodor-Heuss-Akad.; u. a. Metall-, Elektro-, Textil- und Steinind. - 1109 erstmals erwähnt; seit 1857 Stadt. - Roman. Kirche (12. Jh.) mit spätgot. Querhaus und Chor (15. Jh.); barockes ehem. Vogteihaus (1700).

Gummi [ägypt.-griech.-lat.], Vulkanisationsprodukt von Naturkautschuk oder Synthesekautschuk, das im Ggs. zu den Ausgangsmaterialien die Elastizität beibehält. Der Herstellungsprozeß umfaßt ↑ Mastikation und ↑ Vulkanisation, z. T. unter Zusatz von Kautschukhilfsmitteln. **Geschichte:** der mittelamerikan. Naturkautschuk ist in Europa seit der Entdeckung Amerikas bekannt. Pietro Martire d'Anghiera beschrieb 1530 ein Ballspiel der Azteken, das mit G.bällen gespielt wurde. Ebenso kannten die Indianer auf Haiti, in denen Kolumbus auf seiner zweiten Reise zusammentraf, den G.ball. Die Maya fertigten aus G. grobe Schuhe und Flaschen. - Seit einem Vorschlag von J. Priestley (1770) wurde Kautschuk zum Radieren verwendet. Schläuche, luft- und wasserdichte Gewebe und elast. Stoffe waren die ersten industriell hergestellten Produkte. Der eigentl. Aufschwung der G.industrie begann mit der Erfindung der Vulkanisierung durch C. Goodyear (1844).

Gummiarabikum [nlat.], aus der Rinde verschiedener Akazienarten gewonnene, erhärtete, quellbare, wasserlösl. pektinartige Substanz als Klebstoff und Bindemittel.

Gummibaum, (Ficus elastica) Feigenart in O-Indien und im Malaiischen Archipel; bis 25 m hoher Baum mit lederartigen, auf der Oberseite glänzend dunkelgrünen, bis 30 cm langen und bis 18 cm breiten Blättern, die jung eingerollt und von einem roten Nebenblatt umhüllt sind; liefert Kautschuk; beliebte Zimmerpflanze.
◆ svw. ↑ Kautschukbaum.

gummieren, eine Klebstoffschicht auf ein Material auftragen.
◆ in der *Textilindustrie:* 1. Latex oder Kunststoff (oft in mehreren Schichten) auf ein Gewebe auftragen, um es wasserdicht zu machen; 2. ein Gewebe mit Verdichtungsmitteln (Leim, Stärke, Dextrin u. a.), Beschwermitteln (Zinkchlorid, Eisensalze, Bittersalz u. a.) oder Geschmeidigmachern (Wachs, Olivenöl u. a.) behandeln.
◆ in der *Drucktechnik:* einen Feuchtigkeitsträger (Gummiarabikumlösung, Dextrin), der beim Einfärben die Druckfarbe abstößt, auf Flachdruckformen aufbringen.

Gummifeder, aus einem Gummiklotz, der meist zwischen zwei Metallplatten oder -ringen einvulkanisiert ist (**Gummimetall**), bestehendes elast. Konstruktionselement, eingesetzt z. B. zur geräusch- und schwingungsisolierenden Aufhängung von Maschinen, als Anschlagpuffer oder auch als Federelement bei Fahrzeugen.

Gummifluß, Erkrankung von Steinobst- und Waldbäumen, wobei aus der Rinde ein gelber bis bräunl., gummiartiger Saft austritt; Ursachen sind u. a. zu hohe Bodenfeuchtigkeit und Stammverletzungen.

Gummiglocken (Boots), über den Huf der Pferde gestreifte Gummiüberzüge; dienen dem Schutz der Füße, v. a. im Trab- und Springsport gebraucht.

Gummigutt [ägypt./malai.] (Gutti), grünlichgelbes Harz aus dem Wundsaft der südostasiat. Guttibaumgewächsart Garcinia hanburyi; Verwendung in der Farbenind. und als Abführmittel in der Tiermedizin.

Gummiharze, eingetrocknete Säfte und Harze v. a. von Guttibaumgewächsen. Sie bestehen aus einem in Wasser lösl. oder quellbaren gummiartigen Anteil und einem meist in Alkohol lösl. Harzanteil. G. (z. B. Gummiarabikum, Mastix) werden u. a. als Klebemittel, Verdickungsmittel sowie als Textilhilfsmittel verwendet.

Gummilinse ↑ Zoomobjektive.
Gummimetall ↑ Gummifeder.
Gummiparagraph, umgangssprachl. Bez. für einen Vertrags- oder Gesetzesparagraphen, der so allg. oder unbestimmt formuliert ist, daß er die verschiedensten Auslegungen zuläßt.

Gummistrumpf, aus elast. Material gefertigter Strumpf oder Strumpfteil zur Vorbeugung oder Behandlung von Venenerweiterungen (Krampfadern). Der G. verringert die

Menge des beim Stehen in die Beinvenen absackenden Blutes, normalisiert den Blutdurchfluß bei erweiterten Venen durch Einengung der Venenlichtung und macht dadurch auch die Venenklappen wieder schließfähig.

Gum-Nebel [engl. 'gʌm; nach dem austral. Astronomen C. Gum, der ihn 1952 entdeckte], größtes Objekt unserer Galaxie, die sich über eine Breite von etwa 60° am Südhimmel erstreckt; eine Wasserstoffgaswolke, die den Überrest einer vor ungefähr 11 000 Jahren explodierten Supernova darstellt.

Gump ↑Gumpp.

Gumpelzhaimer (Gumpeltzhaimer), Adam, * Trostberg 1559, † Augsburg 3. Nov. 1625, dt. Komponist. - Seit 1581 Lehrer und Kantor am ev. Gymnasium Sankt Anna in Augsburg. Komponierte dt. und lat. weltl. und geistl. Lieder und Motetten.

Gumplowicz, Ludwig [...vitʃ], * Krakau 9. März 1838, † Graz 19. Aug. 1909 (Selbstmord), östr. Jurist und Volkswirt. - Prof. in Graz (1882–1908); einflußreicher Vertreter des Sozialdarwinismus, der in der Gewalt das primäre Element der Staatsentwicklung sah und den Klassenkampf als „Rassenkampf" deutete. Seine naturalist. Soziologie steht im Vorfeld faschist. Rassenideologie.

Gumpoldskirchen, Weinbauort am S-Rand des Wiener Beckens, Niederöstr., 210 m ü. d. M., 3 000 E. Fachschule für Wein- und Obstbau.

Gumpp (Gump), Tiroler Baumeisterfam., die im 17. und 18. Jh. v. a. in Innsbruck tätig war. **Christoph G. d. J.** (* 1600, † 1672) baute die frühbarocke Mariahilfkirche (1648/49) und die Wiltener Stiftskirche (1651–65), sein Sohn **Johann Martin G. d. Ä.** (* 1643, † 1729) die Spitalkirche (1701–05) und das Palais Fugger-Taxis (1679 ff.), dessen Sohn **Georg Anton G.** (* 1682, † 1754) das Landhaus der Tiroler Stände (1725–28).

Gumppenberg, Hanns Freiherr von, Pseud. Jodok Immanuel Tiefbohrer, * Landshut 4. Dez. 1866, † München 29. März 1928,

Silberkessel von Gundestrup.
Kopenhagen, Nationalmuseet

dt. Schriftsteller. - Kabarettist („Die elf Scharfrichter") und Dramatiker; „Das teutsche Dichterroß in allen Gangarten geritten" (1901) enthält glänzende Parodien.

Gunda (Gunde), weibl. Vorname, Kurzform alter dt. Namen, die mit Gund- (Gunt-) oder -gund[e] gebildet sind.

Gundahar (Gundaharius) ↑Gundikar.

Gundebald ↑Gundobad.

Gundelach, Finn Olav [dän. 'gɔnəlag], * Vejle 23. April 1925, † Straßburg 13. Jan. 1981, dän. Diplomat. - Wirtschaftswissenschaftler; seit 1953 im diplomat. Dienst; ab 1973 Mgl. der Europ. Kommission, bis 1977 für das Ressort Innerer Markt und Zollunion, seitdem für Landw. und Fischerei.

Gundelfingen a. d. Donau, Stadt am N-Rand des Donaurieds, Bay., 434 m ü. d. M., 6 400 E. Metall-, Nahrungsmittel- u. a. Ind. - Stauf. Gründung, erhielt 1251 das Stadtrecht. 1268 kam die Stadt an die Wittelsbacher und gehörte seit 1505 zu Pfalz-Neuburg (1777 wieder mit Bay. vereinigt).

Gundelfinger, Friedrich Leopold, dt. Literarhistoriker, ↑Gundolf, Friedrich.

Gundelrebe ↑Gundermann.

Gundelsheim, Stadt am Neckar, Bad.-Württ., 154 m ü. d. M., 6 300 E. Heimatmuseum. U. a. Konservenfabrik, Pelzwarenveredelung, Weinbau. - Erstmals 766 erwähnt; 1378 Stadtrecht; 1805 an Württ. - Deutschordensschloß Horneck (im Bauernkrieg zerstört, 1724–28 wiederaufgebaut, heute Altersheim).

Gundermann (Glechoma), Gatt. der Lippenblütler mit fünf Arten im gemäßigten Eurasien. Einzige einheim. Art ist die **Gundelrebe** (G. im engeren Sinne, Efeu-G., Glechoma hederacea): krautige, mehrjährige Pflanze mit kriechenden, an den unteren Knoten bewurzelten Stengeln; Blätter rundl. bis nierenförmig; Blüten violett oder blau, bisweilen rosa oder weiß, zu wenigen in Blütenständen; an Weg- und Waldrändern.

Günderode, Karoline von, Pseudonym Tian, * Karlsruhe 11. Febr. 1780, † Winkel (Rheingaukreis) 26. Juli 1806, dt. Schriftstellerin. - Befreundet mit Clemens und Bettina Brentano; ihre unglückl. Liebe zu dem Heidelberger Philologen G. F. Creuzer trieb sie zum Selbstmord. Schwermütige, z. T. ekstat. Gedichte, romant. Dramen und Phantasien.

Gundestrup [dän. 'gɔnəsdrɔb], Ort bei Ålborg in Jütland, in dem 1891 in einem Moor der **Silberkessel von Gundestrup** gefunden wurde, ein reliefverziertes Kultgefäß, das als ostkelt. Arbeit des 2. od. 1. Jh. v. Chr. angesehen wird.

Gundikar (Gundichar, Gundahar), † 436 n. Chr., burgund. König (nachweisbar seit 413) aus der Dyn. der Gibikungen. - Residenz war Worms; fiel 435 in die Prov. Belgica I ein, wurde jedoch von den im Dienst des Aetius stehenden Hunnen mit dem größten

Teil seines Heeres vernichtet. Persönlichkeit und Schicksal ließen ihn zur Vorlage für den Gunther des „Nibelungenlieds" werden.

Gundlach, Gustav, * Geisenheim 3. April 1892, † Mönchengladbach 23. Juni 1963, dt. Sozialwissenschaftler, Jesuit (seit 1912). - Seit 1961 Leiter der „Kath. Sozialwissenschaftl. Zentralstelle" in Mönchengladbach; Berater von Pius XI. und Pius XII.; Vertreter des † Solidarismus.

Gundobad [...bat] (Gundebald), † 516, König der Burgunder (seit 480). - Ältester Sohn König Gundowechs; bestieg 480 mit seinen Brüdern gemeinsam den Thron; 500 von Chlodwig I. bei Dijon besiegt; errang 501 die Alleinherrschaft und kämpfte 507 zus. mit Chlodwig I. gegen die Westgoten. Sein Name ist v. a. verbunden mit der burgund. Volksgesetzgebung, der **Lex Burgundionum** oder auch **Lex Gundobada.**

Gundolf, alter dt. männl. Vorname (althochdt. gund „Kampf" und wolf „Wolf").

Gundolf, Friedrich, eigtl. F. Leopold Gundelfinger, * Darmstadt 20. Juni 1880, † Heidelberg 12. Juli 1931, dt. Literarhistoriker. - Seit 1916 Prof. in Heidelberg; stellte v. a. große Dichterpersönlichkeiten als Symbolgestalten ihrer Epoche dar, u. a. „Shakespeare und der dt. Geist" (1911), „Goethe" (1916), „George" (1920), „Shakespeare" (1928), „Romantiker" (1930/31).

Gundremmingen, Gemeinde 11 km nö. von Günzburg, Bay., 2 400 E. Standort eines Kernkraftwerks (2 × 1 250 MW; der älteste, 1966 in Betrieb genommene 237-MW-Block wurde 1980 endgültig stillgelegt).

Gundula (Gundela), weibl. Vorname, Weiterbildung von † Gunda.

Gundulić, Ivan (Dživo) [serbokroat. ‚gundulite͡ɕ] italien. Giovanni Gondola, * Ragusa (= Dubrovnik) 8. Jan. 1589 (1588?), † ebd. 8. Dez. 1638, ragusan. Dichter. - Schrieb große religiöse und histor. Epen („Die Osmanide", entstanden zw. 1622/38) und ein allegor. Schäferspiel („Dubravka", 1628).

Gunhild, weibl. Vorname, nord. Entsprechung zu Gunthild.

Gunn, Neil Miller [engl. gʌn], * Dunbeath bei Wick 8. Nov. 1891, † Inverness 15. Jan. 1973, schott. Erzähler. - Stellt in seinen Romanen v. a. das Leben der Fischer und Hochlandbewohner seiner Heimat dar, u. a. „Frühflut" (R., 1931), „Der Quell am Ende der Welt" (R., 1951).

Gunnar, männl. Vorname, nord. Entsprechung zu Günter.

Gunnar, german. Sagengestalt, † Gunther.

Gunnarsson, Gunnar [isländ. ˈgʏnarsɔn], * Valþjófsstaður 18. Mai 1889, † Reykjavík 21. Nov. 1975, isländ. Schriftsteller. - Schrieb zunächst in dän., später in isländ. Sprache Dramen, Erzählungen und v. a. große Romanzyklen über Leben und Geschichte in Island in künstler. vollendeter Prosa.

Werke: Die Leute auf Borg (R., 4 Bde., 1912–14), Strand des Lebens (R., 1914), Die Eidbrüder (R., 1918), Jon Arason (R., 1930), Die Eindalssaga (R., 1952).

Gunn-Effekt [engl. gʌn], die von dem amerikan. Physiker J. B. Gunn 1963 entdeckte Erscheinung, daß eine konstante, relativ hohe elektr. Spannung (elektr. Feldstärken über 2 000 V/cm) in bestimmten Halbleitern elektromagnet. Schwingungen im Mikrowellenbereich verursacht.

Gunnera [nach dem norweg. Botaniker J. E. Gunnerus, * 1718, † 1773], Gatt. der Meerbeerengewächse mit rd. 30 Arten auf der südl. Halbkugel; als riesige, rhabarberstaudenähnl. Blattzierpflanzen für Gärten und Parks wird u. a. **Gunnera chilensis** aus Chile, Ecuador und Kolumbien kultiviert; Blätter 1–2 m breit, rundl.-herzförmig, handförmig gelappt und eingeschnitten, stark runzelig, mit Stacheln auf Rippen und Blattstiel; Blütenstand bis 50 cm hoch, kolbenartig.

Gunpowder Plot [engl. ˈgʌnpaʊdə ˈplɔt] † Pulververschwörung.

Güns, dt. für † Kőszeg.

Günsel [zu dem lat. Pflanzennamen consolida (von consolidare „festmachen"; wohl wegen der Wunden schließenden Wirkung)] (Ajuga), Gatt. der Lippenblütler mit rd. 50 Arten in Eurasien, Afrika und Australien; niedrige Kräuter oder Stauden mit rötl., blauen oder gelben Blüten in dichten Wirteln in den oberen Blattachseln; bekannte, in M-Europa vorkommende Arten sind u. a. **Kriechender Günsel** (Ajuga reptans) mit blauen oder rötl. Blüten, auf Wiesen und in Laubwäldern und **Pyramidengünsel** (Berg-G., Ajuga pyramidalis) mit violetten oder hellblauen Blüten, die von weinroten Deckblättern verdeckt werden, auf kalkarmen Böden.

Günstigkeitsprinzip † Tarifvertrag.

Günter (Günther), alter dt. männl. Vorname (althochdt. gund- „Kampf" und heri „Heer"). Der schon im MA häufig vorkommende Name blieb durch das „Nibelungenlied" (König Gunther) lebendig. Die zunächst verdrängte ältere Namensform **Gunter** (Gunther) ist seit Ende des 19. Jh. wieder häufiger.

Günther, Nebenform des männl. Vornamens † Günter.

Gunther (Gunnar), german. Sagengestalt; im „Nibelungenlied" und in der Walthersage Bruder von Gernot, Giselher und Kriemhild, Gatte der Brunhild; schwacher, in der Walthersage feiger und habgieriger, Fürst im Schatten seines Gefolgsmannes Hagen; mitschuldig an der Ermordung seines Schwagers Siegfried.

Gunther von Pairis, * in der 2. Hälfte des 12. Jh., † Anfang des 13. Jh., mittellat. Schriftsteller. - Mönch im Zisterzienserkloster Pairis bei Sigolsheim (Oberelsaß). Schrieb u. a. 1186/87 ein Epos über die Taten Kaiser

Günther

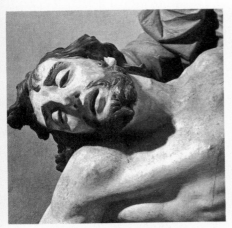

Ignaz Günther, Pieta (Ausschnitt; 1774). Nenningen, Friedhofskapelle

Friedrichs I. („Ligurinus") und 1217/18 eine Geschichte Konstantinopels.

Günther, männl. Vorname, ↑Günter.

Günther, * 1304, † Frankfurt am Main 14. Juni 1349, Graf von Schwarzburg-Blankenburg. - Von der wittelsbach. Partei am 30. Jan. 1349 zum Gegenkönig des Luxemburgers Karls IV. erhoben; verzichtete aber schon am 26. Mai 1349 - nach einer Niederlage seiner Truppen - auf die Krone.

Günther, Agnes, geb. Breuning, * Stuttgart 21. Juli 1863, † Marburg a. d. Lahn 16. Febr. 1911, dt. Schriftstellerin. - Sehr erfolgreich ihr schwärmer., religiös gefärbter Roman „Die Heilige und ihr Narr" (hg. 1913).

G., Anton, * Lindenau (= Lindava, Nordböhm. Geb.) 17. Nov. 1783, † Wien 24. Febr. 1863, östr. kath. Theologe und Philosoph. - Versuchte auf der Basis einer Anthropologie, ausgehend vom Selbstbewußtsein, eine Begründung des Christentums als Wiss., zugleich in der apologet. Absicht einer Neubegründung des kath. Dogmas (**Güntherianismus**). Seine Werke wurden 1857 auf den Index gesetzt.

G., Dorothee, * Gelsenkirchen 8. Okt. 1896, † Köln 18. Sept. 1975, dt. Gymnastiklehrerin und Schriftstellerin. - Gründete 1924 mit C. Orff die nach ihr ben. Schule für Gymnastik, Musik und Tanz, aus der das „Orff-Schulwerk" und die Lehrmethode „Elementarer Tanz" hervorgingen; verfaßte zahlr. Fachbücher.

G., Egon, * Schneeberg 30. März 1927, dt. Filmregisseur und Schriftsteller. - Seine meistens nach literar. Vorlagen gedrehten Filme mit vorzügl. Dialogführung befassen sich v. a. mit gesellschaftl.-menschl. Zuständen, insbes. der Rolle der Frau; u. a.: „Lots Weib" (1965),

„Junge Frau von 1914" (1969), „Erziehung vor Verdun" (1973), „Lotte in Weimar" (1975), „Die Leiden des jungen Werthers" (1976), „Exil" (1981), „Morenga" (1985). - Schrieb neben Drehbüchern bes. Romane („Einmal Karthago und zurück", 1974).

G., Hans [Friedrich Karl], * Freiburg im Breisgau 16. Febr. 1891, † ebd. 25. Sept. 1968, dt. Rassenforscher. - Prof. in Jena, Berlin und Freiburg i. Breisgau. Seine vereinfachenden und mit ideolog. Bewertungen durchsetzten rassenkundl. Schriften (v. a. über das dt. und das jüd. Volk sowie die nord. Rasse) bildeten eine maßgebl. theoret. Grundlage des nat.-soz. Rassismus.

G., Herbert, * Berlin 26. März 1906, † München 19. März 1978, dt. Schriftsteller. - 1948–61 in Paris; verfaßte Lyrik, Erzählungen, Biographien, Essays (zur Kulturpolitik u. ä.) sowie Reisebücher.

G., Ignaz, * Altmannstein (Oberpfalz) 22. Nov. 1725, ▭ München 28. Juni 1775, dt. Bildhauer. - Seine Bildwerke vereinigen die frische Anmut des Rokoko mit der reinen Formgesinnung des Klassizismus.

Werke: Ausstattung der ehem. Benediktinerabteikirche in Rott a. Inn (1761/62), Schutzengelgruppe im Bürgersaal, München (1763), Hochaltar der alten Pfarrkirche in Starnberg (1764/65), Hochaltar der ehem. Prämonstratenserklosterkirche Neustift Sankt Peter und Paul bei Freising (um 1765), Hochaltar der ehem. Benediktinerabteikirche in Mallersdorf (1768), Pieta in der Friedhofskapelle in Nenningen, Landkreis Göppingen (1774).

G., Johann Christian, * Striegau 8. April 1695, † Jena 15. März 1723, dt. Dichter. - Seine Satiren führten zum Zerwürfnis mit der Familie; starb im Elend. Sein bed. Werk, Höhepunkt der dt. Barocklyrik, ist Ausdruck persönl. Erlebens und Leidens und weist damit über den Barock hinaus. - *Werke:* Die Theodosio bereute Eifersucht (Trauerspiel, 1715), Dt. und lat. Gedichte (4 Bde., hg. 1724–35).

G., Matthäus, * Tritschengreith (Oberbayern) 7. Sept. 1705, † Haid bei Weilheim i. OB. 30. Sept. 1788, dt. Freskomaler. - Schüler von C. D. Asam; lichte, weiträumige Kompositionen, u. a. in der ehem. Benediktinerabteikirche in Amorbach (1745–47), in der Wiltener Pfarrkirche in Innsbruck (1754) und in der ehem. Benediktinerabteikirche in Rott a. Inn (1763).

Güntherianismus [nlat.] ↑Günther, Anton.

Gunthild (Gunthilde, Gundhilde), alter dt. weibl. Vorname (althochdt. gund-„Kampf" und hilt[j]a „Kampf").

Guntur [engl. gʊn'tʊə], Distrikthauptstadt im ind. B.-Staat Andhra Pradesh, am W-Rand des Krishnadeltas, 367 000 E. Colleges, landw. Versuchsstation; Nahrungsmittel-, Textilind., Tabakaufbereitung.

Günz, rechter Nebenfluß der Donau, entspringt (2 Quellflüsse) im Allgäu, mündet bei Günzburg; 75 km lang.

Günzburg, Krst. an der Mündung der Günz in die Donau, Bay., 448 m ü. d. M., 18 700 E. Verwaltungssitz des Landkr. G.; Heimatmuseum. U. a. Maschinenfabriken, Textil- und Nahrungsmittelind. - Im 3. Jh. bestand eine als **Gontia** belegte Zivilsiedlung. Das 1065 erstmals erwähnte G. kam 1301 an Habsburg und erhielt 1328 das Stadtrecht. Seit Mitte des 15. Jh. Hauptstadt der Markgft. Burgau; 1805 an Bayern. - Liebfrauenkirche (1736–41; Rokoko); Renaissanceschloß (1560–1609; im 18. Jh. umgebaut). Histor. Marktplatz; Reste der Stadtbefestigung. **G.,** Landkr. in Bayern.

Günzeiszeit [nach der Günz], Phase der ↑ Eiszeit in S-Deutschland.

Gunzenhausen, Stadt am Oberlauf der Altmühl, Bay., 14 900 E. Vorgeschichtl. Sammlung; Elektro-, Metall- und Textilindustrie. - G. entwickelte sich im 13. Jh. zur Stadt (1349 als solche bezeichnet) und kam 1368 an die Burggrafen von Nürnberg. Mit Brandenburg-Ansbach fiel G. 1805/06 an Bayern. - Spätgot. Pfarrkirche (Langhaus 1496), moderne Stadtpfarrkirche (1959/60), Türme der ehem. Stadtbefestigung.

Guppy ['gʊpi, engl. 'gʌpɪ; nach R. J. L. Guppy (19. Jh.), der von Trinidad aus ein Exemplar an das Brit. Museum sandte] (Millionenfisch, Poecilia reticulata), im nö. S-Amerika, auf Trinidad, Barbados und einigen anderen Inseln heim. Art der Lebendgebärenden Zahnkarpfen; ♂ bis 3 cm lang, zierl., schlank, mit äußerst variabler bunter Zeichnung; ♀ bis 6 cm lang, gedrungener, sehr viel unscheinbarer gefärbt; beliebter Warmwasseraquarienfisch.

Guptareich, Herrschaftsgebiet der nordind. Dyn. Gupta. Begann mit der Thronbesteigung von Tschandragupta I. (320 bis um 325); als eigtl. Reichsgründer gilt Samudragupta (um 325–380). Von den Hephthaliten (weißen Hunnen) um 500 vernichtet, gilt das G. als die klass. Zeit v. a. der Sanskritliteratur (Kalidasa).

Guragedialekte, Gruppe von 12 Sprachen sw. von Addis Abeba, die zum südäthiop. Zweig der semitischen Sprachen Äthiopiens gehört.

Guramis [malai.] ↑ Fadenfische.
◆ Bez. für verschiedene Fischarten, z. T. Warmwasseraquarienfische; u. a. **Küssender Gurami** (Helostoma temmincki), südl. Hinterindien, Große Sundainseln, bis 30 cm lang, gelblichgrün, dunkel längsgestreift.

Gurde [frz.; lat. cucurbita „Kürbis"], flachrunde Pilger- und Soldatenflasche (aus Ton, Glas, Metall).

Gurdschara-Pratihara-Reich, hinduist. Großreich in N-Indien, das von 750

Guppy. Zuchtform Pfauenauge

bis 850 von den Gurdscharas (↑ Gudschar) beherrscht wurde. Letztes hinduist. Bollwerk gegen den Islam; das Reich endete 1018 mit der Eroberung von Kanauj durch Mahmud von Ghazni.

Gurgel [zu lat. gurgulio „Luftröhre"], andere Bez. für ↑ Kehle.

Gurjew [russ. 'gurjɪf], sowjet. Gebietshauptstadt im W der Kasach. SSR, 142 000 E. PH, Polytechnikum, Landw.technikum, medizin. Fachschule, Musikschule; Museum,

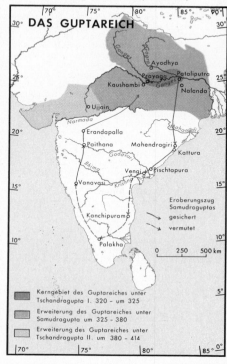

DAS GUPTAREICH

Ayodhya
Ganga
Prayaga
Pataliputra
Kaushambi
Nalanda
Ujjain
Narmada
Erandapalla
Mahanadi
Paithana
Mahendragiri
Godavari
Kattura
Bhima
Venagi
Pischtapura
Vanavasi
Krishna
Eroberungszug Samudraguptas
gesichert
vermutet
Kanchipuram
0   250   500 km
Palakka

Kerngebiet des Guptareiches unter Tschandragupta I. 320 - um 325

Erweiterung des Guptareiches unter Samudragupta um 325 - 380

Erweiterung des Guptareiches unter Tschandragupta II. um 380 - 414

Theater; Erdölraffinerie, chem., metallverarbeitende u. a. Ind., Fleisch- und Fischkombinat; für Seeschiffe zugängl. Hafen; ♨. - 1645 gegründet.

Gurjewsk ↑ Neuhausen.

Gurk, östr. Marktgem. in den sö. Gurktaler Alpen, Kärnten, 664 m ü. d. M., 1 400 E. Dommuseum; Wallfahrtsort; Wintersport. - Hochroman. Dom (um 1200 vollendet), Krypta (1174) mit 100 Marmorsäulen und Grab der hl. Hemma.

G., östr. Bistum in Kärnten, Suffragan von Salzburg, 1070/72 errichtet; seit 1787 ist Klagenfurt Sitz von Bischof und Domkapitel. - ↑ auch katholische Kirche (Übersicht).

G., linker Nebenfluß der Drau, entfließt dem Torersee, Gurktaler Alpen, mündet östl. von Klagenfurt gemeinsam mit der Drau in den Völkermarkter Stausee; 120 km lang.

Gurke [mittelgriech.-westslaw.] (Garten-G., Cucumis sativus), Kürbisgewächs aus dem nördl. Vorderindien; einjährige, kriechende Pflanze mit großen, herzförmigen, 3- bis 5lappigen, rauhhaarigen Blättern, unverzweigten Blattranken, goldgelben, glockigen Blüten und fleischigen, längl. Beerenfrüchten mit platten, eiförmigen Samen (G.kerne); häufig in Treibhäusern gezogen. Man unterscheidet 1. nach der Anbauweise: Freiland-G. Gewächshaus-G. und Kasten-G., 2. nach der Verwendung: Salat-, Einlege-, Schäl- (Senf-) und Essig-G.; 3. nach der Form der Früchte: Schlangen-, Walzen- und Traubengurken.

Gurkenbaum (Baumstachelbeere, Averrhoa), Gatt. der Sauerkleegewächse mit zwei Arten: **Echter Gurkenbaum** (Blimbing, Averrhoa bilimbi) und **Karambole** (Averrhoa carambola) im malaiischen Gebiet; 10–12 m hohe Bäume mit säuerl., gurkenartigen, eßbaren Beerenfrüchten; als Obstbäume in den Tropen kultiviert.

Gurkenkraut, svw. ↑ Borretsch.

Gurkha, Bez. für die autochthonen Bergvölker Nepals sowie für die polit. Führungsschicht Nepals. Als Söldner bildeten die G. seit 1815 eine Elitetruppe in der brit. Armee, wo heute noch fünf G.regimenter Dienst tun.

Gurktaler Alpen, zur Drau, Gurk und Mur entwässernde Gebirgsgruppe der Ostalpen, Österreich, im Eisenhut 2 441 m hoch; bed. Skisportgebiet.

Gurlitt, Cornelius, * Nischwitz bei Wurzen 1. Jan. 1850, † Dresden 25. März 1938, dt. Kunsthistoriker. - 1890–1920 Prof. an der TH in Dresden. Als Bahnbrecher der Barock- und Rokokoforschung übte er großen Einfluß auf die neubarocke Architektur aus.

G., Wilibald, * Dresden 1. März 1889, † Freiburg im Breisgau 15. Dez. 1963, dt. Musikforscher. - Sohn von Cornelius G.; studierte u. a. bei H. Riemann; seit 1920 Prof. in Freiburg i. Br., 1937 Amtsenthebung, 1948–58 erneut in Freiburg i. Br.; gab das „Riemann Musikle-

xikon - Personenteil" (2 Bde., [12]1959–61) heraus und schrieb u. a. „J. S. Bach" (1936); gesammelte Aufsätze erschienen 1966/67.

G., Wolfgang, * Berlin 15. Febr. 1888, † München 26. März 1965, dt. Kunsthändler und -verleger. - Gab Blätter der dt. Expressionisten heraus und setzte sich für die Künstler der Brücke ein (1915 ff. in Berlin).

Gurnemanz, greiser Ritter in Wolfram von Eschenbachs „Parzival"; führt den Knaben Parzival in das höf. Leben ein.

Gürsel, Cemal, * Erzincan 1895, † Ankara 14. Sept. 1966, türk. General und Politiker. - 1958 Oberbefehlshaber der Landstreitkräfte, stürzte 1960 die Reg. Menderes sowie Staatspräs. Bayar; Staatspräs., Min.präs. und Verteidigungsmin., danach bis 1966 gewählter Staatspräsident.

Gursprachen (Voltasprachen, voltaische Sprachen), eine der sechs Gruppen der Niger-Kongo-Sprachfam.; Verbreitungsgebiet: Mali, Obervolta und südl. angrenzende Gebiete. Wichtige Sprachen: Senufo, Grussi, Mossi, Dagbane, Gurenne, Gurma, Tem, von denen allerdings keine den Status einer offiziellen bzw. nationalen Sprache besitzt.

Gurt, Band aus unterschiedl., sehr fest gewebtem textilem Material oder aus Leder. ♦ durchgehender oberer oder unterer Stab (Ober- oder Unter-G.) eines Fachwerkträgers bzw. Flansch eines Formstahls oder Holms.

Gürtel, Band aus festem Material, das meist mit einer Schnalle geschlossen und um die Taille getragen wird. Schon vorgeschichtl. nachweisbar (mit Haken; G.schnallen seit dem 3. Jt. v. Chr. bezeugt).

Gürtelechsen (Gürtelschwänze, Wirtelschweife, Cordylidae), Fam. der Echsen in Afrika; starke Hautverknöcherungen bes. an Kopf und Schwanz; Schuppen in längs- und gürtelartigen Querreihen. Die Gatt. **Gürtelschweife** (Cordylus) hat 17 etwa 18–40 cm lange Arten, die am Nacken und v. a. am Schwanz stark bedornt sind; Färbung meist braun bis rotbraun. Bekannt sind das **Riesengürteltier** (Cordylus giganteus), bis 40 cm lang, mit großen, gebogenen Dornen bes. an Hinterkopf, Halsseiten und Schwanz und das **Panzergürteltier** (Cordylus cataphractus), bis 20 cm lang, mit kräftigen Stacheln an Hinterkopf, Rumpf, Seiten und Schwanz. Einen extrem langgestreckten und schlanken Körper haben die 40–65 cm langen Arten der **Schlangengürtelechsen** (Chamaesaura); Schwanz von etwa dreifacher Körperlänge, kann abgeworfen werden; Gliedmaßen weitgehend rückgebildet. Die Arten der Unterfam. **Schildechsen** (Gerrhosaurinae) sind etwa 15–70 cm lang; Schuppen panzerartig; mit dehnbarer Hautfalte längs der Körperseiten. Der lange Schwanz kann bei einigen Arten abgeworfen werden.

Gürtelgrasfink (Poephila cincta), etwa 11 cm langer Prachtfink in den Grassteppen

NO-Australiens; Oberseite hellbraun, Unterseite heller mit breitem, schwarzem Querstreifen (Gürtel) in der Flanken- und Bauchregion; Kopf aschgrau, Schnabel, Kehle und Schwanz schwarz, Bürzel weiß; frißt hauptsächl. Grassamen.

Gürtellinie ↑ Boxen.

Gürtellinse, im Seewesen (z. B. für Positionslampen, Leuchtfeuer) viel verwendete ring- oder tonnenförmige Linse; Querschnitt meist wie der einer ↑ Fresnel-Linse.

Gürtelmäuse, svw. Gürtelmulle (↑ Gürteltiere).

Gürtelmulle ↑ Gürteltiere.

Gürtelreifen ↑ Reifen.

Gürtelringen ↑ Glima.

Gürtelrose (Ringelseerose, Actinia cari), etwa 4–8 cm große, olivgrüne bis bräunl. Seerose mit konzentr., schwarzbrauner Ringelung am Rumpf; in der Gezeitenzone v. a. des Mittelmeers unter Steinen; flacht sich bei Kontraktion auffallend ab.

Gürtelrose (Gürtelflechte, Zoster, Herpes zoster), im Versorgungsgebiet einzelner Hautnerven halbseitig auftretende, bläschenbildende, schmerzhafte Viruskrankheit. Die Erkrankung beginnt mit leichter Beeinträchtigung des Allgemeinbefindens, leicht erhöhter Temperatur und neuralgieartigen Schmerzen. Innerhalb von 2–3 Tagen treten dann gruppenweise hellrote, kleine Knötchen auf, die sich nach einigen Stunden in Bläschen umwandeln. Betroffen ist meist der Rumpf (mit „gürtelförmiger" Ausbreitung), auch das Gesicht im Bereich des Drillingsnervs. Die Erkrankung geht meist mit einer Anschwellung der örtl. Lymphknoten einher. Sie dauert 2–4 Wochen, verläuft bei jüngeren Menschen gewöhnl. leicht, kann jedoch bei älteren Personen nach Abklingen der Hauterscheinungen noch unangenehme neuralgieartige Schmerzen hinterlassen. Eine spezif. Behandlung der G. ist z. Z. noch nicht bekannt.

Gürtelschweife ↑ Gürtelechsen.

Gürtelskolopender ↑ Skolopender.

Gürteltiere (Dasypodidae), Fam. der Säugetiere (Unterordnung Nebengelenker) mit rd. 20 Arten in S- und N-Amerika; Körperoberseite von lederartigen oder verknöcherten, mit Hornplatten versehenem Panzer bedeckt, der sich am Rumpf aus gürtelartigen Ringen zusammensetzt, die durch eine unterschiedl. Anzahl von Hautfalten gegeneinander beweglich sind; ungeschützte Unterseite behaart; Kopf zugespitzt, mit stark verknöchertem Schild auf der Oberseite und vielen (bis 90) gleichgebauten Zähnen; Gliedmaßen relativ kurz, vordere sehr kräftig entwickelt, mit starken Grabkrallen. Das größte G. ist das rd. 1 m lange, sandfarbene bis schwarzbraune **Riesengürteltier** (Priodontes giganteus), Schwanz 50 cm lang. Die Gattungsuntergruppe **Gürtelmulle** (Gürtelmäuse, Chlamyphorina) hat zwei 12–18 cm lange

Gürtelechse. Riesengürteltier (Cordylus giganteus)

Arten; Körper maulwurfähnl., am Hinterende abgestutzt, vom verknöcherten Beckenschild bedeckt, übriger Knochenpanzer reduziert; Schwanz sehr kurz. Die Gatt. **Weichgürteltiere** (Dasypus) hat vier dunkel- bis gelblichbraune, 35–55 cm lange Arten in S- und im südl. N-Amerika; Schwanz etwa 25–45 cm lang, mit Knochenringen bedeckt; Hautknochenpanzer dünn und weich; 6–11 Knochenringe in der Körpermitte ermöglichen ein Einrollen; Kopf schmal, mit röhrenförmiger Schnauze und großen, tütenförmigen Ohren.

Gürtelwürmer (Clitellata), weltweit verbreitete Klasse etwa 0,1 cm–3 m langer Ringelwürmer, v. a. im Süßwasser und an Land; zwittrige Tiere mit einem (zumindest zur Fortpflanzungszeit) gürtelartigen Wulst (**Clitellum**), der Schleim zur Bildung des Eikokons ausscheidet. Man unterscheidet die beiden Ordnungen Wenigborster und Blutegel.

Riesengürteltier (Priodontes giganteus)

Gürtner, Franz, * Regensburg 26. Aug. 1881, † Berlin 29. Jan. 1941, dt. Jurist und Politiker. - Mgl. der Bayer. Mittelpartei; 1922–32 bayr. Justizmin., 1932–41 Reichsjustizmin. (1934 zugleich preuß. Justizmin.); schloß 1935 durch die Reichsjustizreform die Übertragung der Landesjustizverwaltungen auf das Reich ab.

Gurtung, in der *Bautechnik* die Gesamtheit der ↑ Gurte eines Fachwerkträgers.

◆ im *Wasserbau* die zur Versteifung einer Spundwand dienende Konstruktion.

Guru [Sanskrit-Hindi, eigtl. „gewichtig", „ehrwürdig"], geistl. Lehrer, bes. Oberhaupt einer Sekte im Hinduismus. Die ↑ Sikhs verehren ihr hl. Buch, den ↑ „Adigrantha", als Guru.

Gurvitch, Georges [frz. gyr'vitʃ], * Noworossisk 2. Nov. 1894, † Paris 12. Dez. 1965, frz. Soziologe. - Seit 1934 Prof. in Bordeaux und Straßburg; 1940–45 Emigrant in den USA, 1948 Prof. in Paris; Vertreter einer dialekt. orientierten Wissenssoziologie, die die engen wechselseitigen Beziehungen zw. der Gesellschaft und den jeweiligen Theorien über die Gesellschaft betont.

Gürzenich, Festsaalbau in Köln, 1441–47 als städt. Fest- und Tanzhaus erbaut; 1952–55 nach Kriegszerstörung im Außenbau wiederhergestellt. Im G. finden die Konzerte des städt. (seit 1888) *G.orchesters* (gleichzeitig Orchester des Kölner Opernhauses) und des *G.chores* statt. Das Orchester geht zurück auf die 1827 begründete „Concert-Gesellschaft in Cöln", deren Konzerte seit 1857 im G. stattfanden. Zu den G.-Kapellmeistern zählen F. Hiller (1850–84), F. Wüllner (1884–1902), F. Steinbach (1902–14), H. Abendroth (1915–34), E. Papst (1936–44), G. Wand (1946–73), Y. Ahronovitch (seit 1975).

Gusana, antike Ruinenstätte, ↑ Tall Halaf.

Gusinde, Martin, * Breslau 29. Okt. 1886, † Mödling 19. Okt. 1969, dt. Ethnologe. - Mgl. der Steyler Missionare, Prof. in Santiago de Chile, Innsbruck, Sevilla, Washington, Nagoja; Forschungsreisen nach Südamerika und Afrika. Schrieb u. a. „Die Feuerland-Indianer" (3 Bde., 1931–38), „Von gelben und schwarzen Buschmännern" (1966).

Gusle (Gusla) [serbokroat.], südslaw. Streichinstrument mit ovalem Korpus, gewölbtem Boden, einer Decke aus Fell und einem griffbrettlosen, mit geschnitztem Tierkopf verzierten Hals. Die einzige, über einen Steg laufende Saite aus Roßhaar wird mit einem halbmondförmigen Bogen angestrichen und mit den Fingern von der Seite her abgeteilt. Mit der in Kniehaltung gespielten G. begleitet sich der **Guslar** gen. Spieler beim Vortrag ep. Gesänge. - Abb. S. 98.

Gusli [russ.], russ. Volksmusikinstrument, ähnl. der finn. ↑ Kantele, eine Brettzither unterschiedl. Größe und Form (Flügel-, Trapez-, Rechteckform) mit früher 5–7, später 18–32 Saiten, die mit den Fingern oder mit

Plektron angerissen werden.

Gußeisen, verschiedene, durch Gießen zu verarbeitende Eisensorten, deren Kohlenstoffgehalt um oder über 2 % liegt. Die Gefügeausbildung wird wesentl. vom C- und vom Si-Gehalt beeinflußt, wie aus dem *G.diagramm (Maurer-Diagramm)* deutlich wird. Darin bedeuten:

stabiles System ⋮	ferritisch: kein Eisencarbid, nur Graphit in Ferrit (weich)
metastabiles System	ledeburitisch: Ledeburit und Perlit; Hartguß.

Die G.sorten werden durch Gußzeichen folgendermaßen gekennzeichnet:
GG Grauguß, GGL Grauguß mit lamellarem Graphit, GGG Grauguß mit Kugelgraphit (Sphäroguß), GH Hartguß, GT Temperguß, GTW Temperguß weiß, GTS Temperguß schwarz. **Grauguß** *(graues G.):* Eisengußwerkstoff mit meist mehr als 2 % Kohlenstoff, dessen größerer Teil als lamellarer Graphit im Gefüge enthalten und dem Bruch eine graue Farbe verleiht. Wegen der niedrigen Festigkeit des Graphits und seiner Anordnung im Gefüge hat Grauguß nur eine geringe Zugfestigkeit, der Graphit dämpft aber Schwingungen, so daß das Material vor allem für Konstruktionsteile geeignet ist, bei denen zwar keine hohen Zugspannungen, aber Schwingungen auftreten.

Sphäroguß *(sphärolith. G.):* Durch Behandlung der G.schmelze z. B. mit Cer oder Magnesium wird die Ausscheidung des Graphits in Form von Kugeln (Sphärolithen) erreicht. Sphäroguß ist schmiedbar.

Hartguß *(weißes G.):* Durch Manganzusatz zur G.schmelze und schnelles Abkühlen wird eine Erstarrung nach dem metastabilen Eisen-Kohlenstoff-Diagramm erzielt, d. h., der Kohlenstoff scheidet sich in Form von Zementit aus. Hartguß hat weit höhere Härte als Grauguß, bessere Festigkeitseigenschaften, hohe Verschleißfestigkeit und ein helles, weißes Bruchaussehen.

Temperguß: Durch langdauerndes Glühen *(Tempern)* über mehrere Tage läßt sich aus *Temperrohguß* (entspricht dem Hartguß) der sog. Temperguß herstellen, der sich gegenüber Grauguß durch seine Zähigkeit und Bearbeitbarkeit auszeichnet. Der Kohlenstoff wird dabei flockenförmig als *Temperkohle* ausgeschieden. Der Temperguß vereinigt in sich die guten Gießeigenschaften des Graugusses mit einer nahezu stahlähnl. Zähigkeit, ist schweißbar und gut zerspanbar.

Die Gießverfahren wurden auch künstler. genutzt, in China sind seit dem 6. Jh. n. Chr. Eisenplastik bezeugt, in Europa trat der Eisenkunstguß seit Ende des 15. Jh. auf, insbes. wurden reliefverzierte *Ofenplatten* für

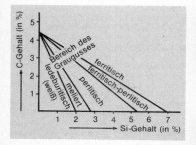

Gußeisendiagramm (Maurer-Diagramm)
für 30 mm dicke Proben

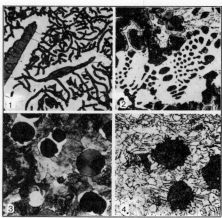

Gußeisen. Gefügeausbildung verschiedener Gußeisensorten (150fach vergrößert).
1 ferritisch, 2 meliert, 3 Sphäroguß,
4 weißer Temperguß (rechts)

Kastenöfen hergestellt (Deutschland und die Niederlande, 16.–17. Jh.), außerdem Grabmäler, Epitaphien, im Barock kamen Gitter, Brunnen und Türen hinzu. Die Feingußverfahren des 18. Jh. führten zu einer Blüte im Klassizismus. Im 19. Jh. wurde G. zunehmend im Brücken- und Hallenbau eingesetzt.

Gussew [russ. 'gusif] † Gumbinnen.

Güssing, östr. Bez.hauptstadt im Burgenland, 225 m ü. d. M., 4 100 E. Mittelpunkt eines landw. Umlandes; Fremdenverkehr; Mineralwasserversand. - Burg (12./13. Jh.), 16. und 17. Jh.); Stadtpfarrkirche mit barocker Innenausstattung.

Gußstahl, in Tiegeln geschmolzener, schmiedbarer Stahl. G. wird v. a. zur Herstellung von Werkzeugen verwendet.

Gustaf, männl. Vorname, † Gustav.

Gustafsson [schwed. ˌɡʊstavsɔn], Greta Lovisa † Garbo, Greta.

G., Lars, * Västerås 17. Mai 1936, schwed. Schriftsteller. - Setzt sich in Lyrik und Prosa mit philosoph. und sprachtheoret. Problemen auseinander. - *Werke:* Der eigentl. Bericht über Herrn Arenander (Prosa, 1966), Herr Gustafsson persönlich (autobiograph. R., 1971), Wollsachen (R., 1973), Das Familientreffen (R., 1975), Sigismund - Aus den Erinnerungen eines poln. Barockfürsten (R., 1976), Der Tod eines Bienenzüchters (R., 1978), Die Tennisspieler (R., 1979), Trauermusik (R., 1984).

Gustav (Gustaf), aus dem Schwed. übernommener männl. Vorname, eigtl. „Stütze der Goten" (aus schwed. göt „Gote" und stav „Stab").

Gustav, Name von Herrschern:
Schweden:
G. I. (G. Erikson Wasa), * Rydboholm 12. Mai 1496 oder 3. Mai 1497, † Stockholm 29. Sept. 1560, König (seit 1523). - Übernahm 1521 in Dalarne der Führung des Bauernaufstandes gegen die dän. Herrschaft. Im Aug. 1521 zum Reichsverweser, 1523 auf dem Reichstag zum König gewählt. Die Einführung der Reformation (1527) ermöglichte ihm

durch Einziehung der Klöster- und Kirchengüter die Schulden bei Lübeck zu tilgen und eine Kriegsflotte zu bauen. Seit 1524 im Bund mit Dänemark, befreite er durch Teilnahme an der Grafenfehde Schweden von der Macht Lübecks und der Hanse. Auf dem Reichstag 1544 machte er Schweden zur Erbmonarchie des Hauses Wasa.

G. II. Adolf, * Stockholm 19. Dez. 1594, ✕ bei Lützen 16. Nov. 1632, König (seit 1611). - Nach dem Tode seines Vaters, König Karls IX., erklärten Adel und Reichsrat den Siebzehnjährigen für mündig, veranlaßten ihn aber zur Garantierung umfassender ständ. Rechte, v. a. zur Reservierung aller hohen Staatsstellen für den Adel, auf den G. II. A. von nun an stützte. Ermöglichte unter maßgebl. Mitwirkung seines Kanzlers, A. G. Graf Oxenstierna, mit einer Reihe innerer Reformen (u. a. Neuordnung der Zentralverw., der Rechtsprechung und des Unterrichtswesens, Heeresreform, Forcierung der wirtschaftl. Entwicklung) die schwed. Großmachtpolitik des 17. Jh. Siegreiche Kriege gegen Dänemark (1611–13), Rußland (1614–17) und Polen (1621–29; Eroberung Livlands); befürchtete die Ausbreitung der kaiserl. Macht an der Ostsee und eine kath. Restauration, griff daher 1630 in den † Dreißigjährigen Krieg ein. Schloß mit Frankr. den Vertrag von Bärwalde (23. Jan. 1631) gegen Habsburg; rettete die schwer bedrängten prot. Fürsten durch Siege bei Breitenfeld (1631) und bei Rain am Lech (1632); fiel in der Schlacht bei Lützen gegen Wallenstein.

☍ *Roberts, M.: Gustavus Adolphus. A history*

Gustav III.

Philip Guston, Ohne Titel (Ausschnitt; 1958). Privatbesitz

of Sweden, 1611–1632. London 1953–58. 2 Bde.
G. III., * Stockholm 24. Jan. 1746, † ebd. 29. März 1792 (ermordet), König (seit 1771). - Schränkte durch einen unblutigen Staatsstreich (19. Aug. 1772) die Rechte des Reichstags ein; begrenzte das Ämterrecht des Adels; verbesserte die Lage der Bauern; führte 1788–90 einen erfolglosen Krieg gegen Rußland; förderte Kunst und Wissenschaft.
G. IV. Adolf, * Stockholm 1. Nov. 1778, † Sankt Gallen 7. Febr. 1837, König (1792–1809). - Sohn Gustavs III.; schloß sich 1805 der 3. Koalition gegen Napoleon I. an, verlor jedoch 1806 Vorpommern mit Rügen an Frankr.; 1808 mußte er Finnland an Rußland abtreten; durch einen Staatsstreich im März 1809 abgesetzt und des Landes verwiesen.
G. V., * Schloß Drottningholm 16. Juni 1858, † ebd. 29. Okt. 1950, König (seit 1907). - Sohn Oskars II., ∞ seit 1881 mit Prinzessin Viktoria

Guslar mit Gusle

von Baden (*1862, †1930). 1884–91 Vizekönig von Norwegen. Während seiner Regierungszeit setzte sich die parlamentar. Demokratie in Schweden durch. Während des 1. und 2. Weltkriegs trat G. für eine strikte Neutralität ein.
G. VI. Adolf, * Stockholm 11. Nov. 1882, † Hälsingborg 15. Sept. 1973, König (seit 1950). - Sohn Gustavs V.; in 2. Ehe seit 1923 ∞ mit Lady Louise Mountbatten (†1965); führte als Archäologe v. a. Grabungen in Griechenland und Italien durch.
Gustav-Adolf-Werk der Evangelischen Kirche in Deutschland, seit 1946 als Werk der EKD anerkannter Verein zur materiellen und geistl. Unterstützung der ev. Diaspora, hervorgegangen aus dem 1832 gegr. Gustav-Adolf-Verein; Zentrale in Kassel. - Das *G.-A.-W. in der DDR* hat seinen Sitz in Leipzig.
Gustav-Wasa-Lauf ↑ Wasa-Lauf.
Güster, svw. ↑ Blicke (Karpfenfisch).
Gusto [lat.-italien.], Geschmack, Neigung.
Guston, Philip [engl. 'gʌstən], * Montreal (Kanada) 27. Juni 1913, † Woodstock (N.J.) 7. Juni 1980, amerikan. Maler. - Bed. Vertreter des amerikan. Action-painting (↑ abstrakter Expressionismus).
gustoso [italien.], musikal. Vortragsbezeichnung: mit Geschmack, zurückhaltend.
Güstrow [...tro], Krst. im Bez. Schwerin, 30 km südl. von Rostock, 8 m ü. d. M., 39 100 E. PH, Ingenieurschule; Landmaschinenbau, Textil- und Nahrungsmittelind.; Binnenhafen. - Von Heinrich von Rostock (1219–26) auf dem linken Nebelufer als Stadt gegr.; 1235–1436 Residenz von Mecklenburg-Werle sowie von 1520/56 bis 1695 von Mecklenburg-G. - Renaissanceschloß (1558–89); got. Dom (nach 1226) mit bed. Ausstattung, u. a. Gruppe von Aposteln (nach 1530) und Ehrenmal von Barlach (1927); spätgot. Marktkirche (nach 1503 bis um 1522); klassizist. Rathaus; spätgot. Gertrudenkapelle heute Barlach-Gedenkstätte, ebenso sein ehem. Atelier.
G., Landkr. im Bez. Schwerin, DDR.
Gut, Besitz (z. B. in der Formel Hab und Gut), insbes. landw. [Großgrund]besitz.
◆ in der *Wirtschaft* Mittel zur Befriedigung menschl. Bedürfnisse. Es werden unterschieden: **freie** und **wirtschaftl. Güter,** wirtschaftl. Güter sind durch Knappheit gekennzeichnet, freie stehen in beliebiger Menge zur Verfügung; **Real-** und **Nominalgüter,** Nominalgüter sind Geld oder Ansprüche auf Geld, ihnen stehen alle anderen Güter als Realgüter gegenüber; **materielle** und **immaterielle Güter,** materielle Güter sind körperlich, immaterielle unkörperlich, materielle Realgüter sind die sog. Sachgüter, die unbewegl. (Immobilien) oder bewegl. Natur (Mobilien) sein können, immaterielle Realgüter sind z. B. Arbeitsleistungen und Dienste sowie Informationen,

Nominalgüter sind stets immaterielle Güter; **Konsum-** und **Investitionsgüter,** Konsumgüter dienen unmittelbar der Bedürfnisbefriedigung, Investitionsgüter der Herstellung von Konsumgütern, wobei ein und dasselbe G. sowohl als Konsum- als auch als Investitions-G. verwendet werden kann; **private** und **öffentl. Güter,** private Güter können unter Ausschluß anderer Wirtschaftssubjekte individuell genutzt bzw. konsumiert werden, während bei öffentl. Gütern die Möglichkeit einer gemeinsamen Nutzung besteht; **komplementäre** und **substitutive Güter,** komplementäre Güter ergänzen einander, z. B. Pkw und Reifen, substitutive Güter ersetzen einander, z. B. Süßstoff und Zucker.

◆ in der *Technik* Bez. für den einem bestimmten Prozeß zu unterwerfenden oder unterworfenen Stoff (z. B. Fördergut).

◆ *seemänn.* Bez. für die Gesamtheit der Taue und Seile in der Takelage eines Schiffes (stehendes G., z. B. Wanten, Stage, Pardunen; laufendes G., z. B. Fallen, Schoten).

Gutach (Schwarzwaldbahn), Gem. und Luftkurort im Mittleren Schwarzwald, Bad.-Württ., 300 m ü. d. M., 2 300 E. Freilichtmuseum Vogtsbauernhof, Kriegerdenkmal; bekannte Volkstracht (Bollenhut).

Gutachten, allg. [mündl. oder schriftl.] Aussage eines Sachverständigen in einer das Fachgebiet betreffenden Frage. - Im Recht: 1. Aussagen eines Sachverständigen über den Beweisgegenstand vor Gericht. Sie betreffen gewöhnlich Tatsachenfragen. Zur Erfüllung seines Auftrags bedarf der Sachverständige sog. **Anknüpfungstatsachen,** d. h. Tatsachen, die den Rahmen des G. darstellen und die dem Sachverständigen entweder [durch das Gericht] mitgeteilt werden oder die er sich selber verschafft. Wichtig sind v. a. **Befundtatsachen,** d. h. Tatsachen, die der Sachverständige nur auf Grund seiner Sachkunde erkennen kann. Sie können durch das G. [erstmals] in das Verfahren eingeführt und vom Gericht verwertet werden. Aufgabe des Sachverständigen und damit Gegenstand des G. ist in erster Linie die Schlußfolgerung aus Tatsachen, nicht aber deren Ermittlung. Das G. soll in die Sphäre der Tatsachenermittlung möglichst wenig eindringen. Geschieht dies doch, so hat das Gericht alle nicht als Anknüpfungstatsachen erforderl. Tatsachen bei der Verwertung des G. auszuscheiden. 2. Beurteilung der Rechtslage in einem bestimmten Einzelfall (*Rechts-G., Votum*). 3. Entscheidung des Schiedsgutachters (*Schiedsgutachten*).

Gutäer, altoriental. Bergvolk aus Gutium im nordwestiran. Sagrosgebirge, das um 2150 v.Chr. das zerfallende Reich von Akkad zerstörte und rd. 100 Jahre eine lose Oberherrschaft über Mesopotamien ausübte.

Gutbrod, Rolf, * Stuttgart 13. Sept. 1910, dt. Architekt. - Prof. an der TH bzw. Univ.

Stuttgart; bes. hervorragende Bauten sind die mit A. Abel entworfene Stuttgarter Liederhalle (1954–56) und der gemeinsam mit Frei Otto erbaute Dt. Pavillon in Montreal (1966/67). Einer der letzten Bauten ist das Südfunkhaus in Stuttgart (1977).

Gute (das Gute), Maßstab (Prinzip) für die zustimmende Beurteilung von Gegenständen, Zuständen, Ereignissen, insbes. Handlungen oder Sätzen; v. a. im philosoph., theolog. und religionswiss. Sprachgebrauch für den Seinsbereich, dem meist das ↑ Böse entgegengesetzt wird.

In der *Religionswissenschaft* bezeichnet „das G." ein sittl. Verhalten, das einer übergreifenden und daher verpflichtenden Ordnung entspricht, die in monotheist. Religionen auf Gott als „das höchste Gut" („summum bonum") zurückgeführt wird und keine Autonomie des Ethischen gegenüber dem Religiösen, sondern nur ein sakrales Ethos des persönl. Angerufenseins kennt.

In der *Philosophie* wird der Maßstab „gut" verschieden bestimmt und angewendet (↑ Wertphilosophie). Die Frage nach dem G. ist primär als die Frage nach dem Begründungsmaßstab menschl. Handlungsnormen gestellt worden. Grundlegend ist dafür der von Aristoteles ausgearbeitete Unterscheidung „um eines anderen willen" G. und dem „um seiner selbst willen" G., die von der gesamten nachfolgenden Tradition übernommen oder variiert worden ist; hierbei wird unterschieden zw. der Nützlichkeit (Geeignetheit, Dienlichkeit) eines Mittels zu einem angegebenen Zweck und der Gerechtfertigtheit des Zweckes, für den ein Mittel nützl. ist. Der Rechtfertigungsmaßstab für Zwecke ist dabei seit Platon und Aristoteles immer wieder in einem allerdings verschieden bestimmten höchsten Gut[en] („summum bonum") gesehen worden.

Gutedel (Chasselas, Fendant), Rebsorte; Trauben groß, mit runden, hell- bis gelbgrünen (*Weißer G.*) oder zartbraunen (*Roter G.*) Beeren; liefert leichte, säurearme Weine (v. a. Markgräfler Land, Elsaß, Westschweiz und Südfrankreich).

gute Dienste (frz. bons offices, engl. good offices), im *Völkerrecht* die Herstellung von Verbindungen zw. Staaten, die sich miteinander im Streit befinden, durch einen am Streit nicht beteiligten Dritten, um direkte Verhandlungen zw. den Beteiligten und damit eine friedl. Streitbeilegung zu ermöglichen.

Gute Hoffnungshütte Aktienverein, Abk. GHH, dt. Konzern, Sitz Oberhausen; Haupttätigkeitsgebiete: Maschinen-, Motoren-, Anlagen- und Fahrzeugbau.

Gute Luise ↑ Birnen (Übersicht).

Gutenberg, Johannes, eigtl. Gensfleisch zur Laden gen. G., * Mainz zw. 1397/1400, † ebd. 3. Febr. 1468, erster dt. Buchdrucker. - Erfinder des Buchdrucks mit bewegl. Metall-

Güterabwägungsprinzip

Johannes Gutenberg. Die 299 für seine Bibel verwendeten Buchstaben und Zeichen. Die verschiedenen Formen des gleichen Buchstabens, die Abkürzungen, Doppelbuchstaben und Ligaturen ermöglichten es ihm, alle Zeilen der Bibel gleich lang zu setzen, ohne daß der Abstand der Wörter differiert

lettern. 1434–44 in Straßburg nachweisbar 1448 in Mainz bezeugt, seit Anfang 1450 war J. Fust Teilhaber, dem er Werkgerät verpfändete. G. muß um 1450 die Technik der Herstellung völlig gleicher, auswechselbarer Metalltypen (Legierung aus Blei, Zinn, Antimon und Zusatz von Wismut) mittels Handgießinstrument beherrscht haben. Er hatte mehrere Typen: die Bibeltype, kleine und große Psaltertype, Donat-Kalender -(DK-) Type sowie zwei kleinere „Brotschriften" (Ablaßbriefe). Die 42zeilige Bibel („G.bibel") ist das Haupterzeugnis der G.-Fustschen Gemeinschaftsdruckerei. Sie war spätestens im Frühsommer 1456 vollendet. Wie groß der Anteil P. Schöffers († 1502 oder 1503) ist, der wohl 1452 zum Bibeldruck kam, ist unsicher. Die 30zeiligen Ablaßbriefe stammen wohl ebenfalls aus der Gemeinschaftsdruckerei, während die 31zeiligen Ablaßbriefe (1454) und die Kleindrucke der DK-Type vielleicht von einem Gesellen G. in dessen „Hausdruckerei" hergestellt wurden, denn zw. Fust und G. kam es zum Prozeß und anscheinend ist Fust das Druckgerät mitsamt einem Teil der Typen zugesprochen worden. Jedenfalls nennt das prachtvolle (Dreifarbendruck) Mainzer Psalter (1457) in seinem - dem ältesten - Impressum als Drucker nur J. Fust und P. Schöffer. 1458 war G. zahlungsunfähig (Straßburger Zinsschulden). Die verbesserte DK-Type hat er offenbar nach Bamberg verkauft (Bibeldruck). Mit finanzieller Hilfe des Stadtsyndikus K. Humery konnte G. wohl um 1459 eine neue Druckerei einrichten, aus der das 1460 vollendete „Mainzer Catholicon" hervorging (ein lat. Lexikon für die Bibelexegese). - In Mainz wurde 1900 ein G.-Museum eingerichtet.

□ Geske, M.: Johannes G. Kevelaer 1985. - Presser, H.: Johannes G. in Zeugnissen u. Bilddokumenten. 34.–37. Ts. 1979.

Güterabwägungsprinzip, das Prinzip, ein rechtl. geschütztes höherwertiges Gut im Konfliktfall dem geringerwertigen Gut vorzuziehen, z. B. beim [übergesetzl.] Notstand, ferner u. a. im Rahmen der Meinungs- und der Pressefreiheit.

Güterbahnhof ↑Bahnhof.

Güterfernverkehr, nach dem GüterkraftverkehrsG i. d. F. vom 6. 8. 1975 die für andere erfolgende Beförderung von Gütern mit Kraftfahrzeugen über die Grenzen der **Nahzone** (↑Güternahverkehr) hinaus. Zugelassene Lastzüge tragen ein Genehmigungsschild mit farbigem Schrägstrich (mit folgenden Bedeutungen): *rot:* allg. G., zugelassen für In- und Ausland; *blau:* Bezirks-G., 150 km um den Standort; *rosa:* internat. G., grenzüberschreitende Transporte; *gelb:* Möbelfernverkehr.

Gütergemeinschaft, der kraft Ehevertrags eintretende Güterstand, bei dem das Vermögen der Ehegatten grundsätzlich gemeinschaftl. (**Gesamtgut**) Vermögen ist (§§ 1415–1482 BGB). Zum Gesamtgut gehört auch das Vermögen, das Mann oder Frau während der G. erwerben. Vom Gesamtgut ausgenommen sind nur einzelne Gegenstände, die als ↑Sondergut oder als ↑Vorbehaltsgut jedem Ehegatten allein gehören. Das Gesamtgut wird je nach Vereinbarung vom Mann oder der Frau, mangels Vereinbarung von beiden Ehegatten verwaltet. Für Schulden beider Ehegatten haftet grundsätzl. das Gesamtgut; daneben haftet für Gesamtgutsverbindlichkeiten der allein- oder mitverwaltende Ehegatte persönlich. Die G. endet durch Auflösung der Ehe (falls nicht fortgesetzte G. eintritt), durch Ehevertrag oder Gestaltungsurteil (das einen *wichtigen Aufhebungsgrund* voraussetzt). Die G. ist dann auseinanderzusetzen (↑Auseinandersetzung). Nach *östr. Recht* ist die G. i. d. R. eine solche auf den Todesfall; sie bedarf der vertragl. Vereinbarung und gibt dem überlebenden Ehegatten Anspruch auf die Hälfte des der G. wechselseitig unterzogenen Vermögens. Im *schweizer. Recht* gilt eine dem dt. Recht im wesentl. entsprechende Regelung.

guter Glaube (lat. bona fides), bei einer Rechtshandlung (vielfach einem Rechtsgeschäft) die Überzeugung eines Beteiligten vom Vorhandensein eines in Wirklichkeit fehlenden rechtserhebl. Umstandes; Ggs.: **böser Glaube** (= das Fehlen g. G.). Je nach der gesetzl. Regelung sind die Anforderungen an den g. G. verschieden. Manchmal genügt die Unkenntnis des wirkl. Sachverhalts, gleichgültig, ob sie verschuldet oder unverschuldet ist (so beim öffentl. Glauben des Grundbuchs und des Erbscheins); manchmal wird Gutgläubigkeit nur dann angenommen, wenn die Unkenntnis nicht auf grober Fahrlässigkeit beruht (so beim Erwerb einer bewegl. Sache vom besitzenden Nichteigentümer).

Für das *östr.* und *schweizer. Recht* gilt das zum dt. Recht Gesagte im wesentl. entsprechend.

Guter Heinrich ↑ Gänsefuß.

Guter Hirt, im Anschluß an Joh. 10, 1–16 entstandenes Bildmotiv der christl. Kunst vom Frühchristentum bis zum Barock: der Hirte symbolisiert Jesus Christus.

Güterkraftverkehrsgesetz, BG i.d.F. vom 6. 8. 1975 über die Beförderung von Gütern (auch lebenden Tieren) mit Kraftfahrzeugen. Es macht *Güterfernverkehr* und *Güternahverkehr* von der Erteilung einer Genehmigung bzw. einer Erlaubnis abhängig und begründet bes. Tarifpflichten [zur Bildung marktgerechter Beförderungsentgelte]; es regelt ferner die Pflichten der am Beförderungsvertrag Beteiligten. Um die Einhaltung der Tarife und Beförderungsbedingungen zu überwachen, wurde die *Bundesanstalt für den Güterfernverkehr* in Köln errichtet. Das G. ist Instrument zur volkswirtschaftl. sinnvollen Aufgabenteilung der Verkehrsträger und dient u. a. zur Regelung des Verhältnisses von Schiene und Straße.

Güterkursbuch ↑ Fahrplan.

Güterliniennahverkehr, der linien- und regelmäßig betriebene Güternahverkehr zw. bestimmten Ausgangs- und Endpunkten.

Güternahverkehr, die für andere erfolgende Beförderung von Gütern mit Kraftfahrzeugen in der **Nahzone**, d. h. innerhalb eines Umkreises von 50 km von **Standort** (= Sitz des Unternehmens) des Fahrzeugs.

Güterrecht ↑ Güterstände.

Güterrechtsregister, dasjenige öffentl. Register, das dazu bestimmt ist, für den Rechtsverkehr bedeutsame, von der gesetzl. Allgemeinregelung abweichende güterrechtl. Verhältnisse von Ehegatten zu verlautbaren. Es wird beim Amtsgericht am Wohnsitz des Ehemannes geführt. Einsicht ist jedermann gestattet. Eingetragen werden auf Antrag beider (ausnahmsweise eines) Ehegatten: 1. Eheverträge, deren Inhalt für Dritte nachteilig sein kann; 2. einseitige, den Rechtsverkehr mit Dritten beeinflussende Rechtsgeschäfte (z. B. Entziehung der Schlüsselgewalt); 3. kraft Gesetzes oder Urteilsspruchs eintretende güterrechtl. Veränderungen. Die Richtigkeit der Eintragung wird nicht vermutet.

Gütersloh, Albert Paris, eigtl. A. Conrad

Johannes Gutenberg. Rekonstruktion seiner Werkstatt. Mainz, Gutenberg-Museum

Kiehtreiber, *Wien 5. Febr. 1887, † Baden bei Wien 16. Mai 1973, östr. Schriftsteller. - War Schauspieler und Maler, schrieb expressionist., später sinnenbejahende Romane mit kath. Grundhaltung, u. a. „Die tanzende Törin" (R., 1913), „Sonne und Mond" (R., 1962), „Die Fabel von der Freundschaft. Ein sokrat. Roman" (1969).

Gütersloh, Krst. im östl. Münsterland, NRW, 75 m ü. d. M., 78 100 E. Museum, botan. Garten; Textil-, Elektro-, Metall- u.a. Ind., Verlage und Druckereien. - Vermutl. im 11. Jh. gegr., stand unter der Landeshoheit der Grafen von Tecklenburg; 1815 kam G. an Preußen, 1825 wurde es Stadt.

G., Kreis in NRW.

Güterstände (ehel. G.), verschiedenartige Gestaltungstypen für das **ehel. Güterrecht,** d. h. die vermögensrechtl. Beziehungen von Ehegatten. Über ihre güterrechtl. Verhältnisse können die Ehegatten weitgehend frei bestimmen. Sie haben die Wahl zw. den verschiedenen G., die sie auch in Einzelheiten noch abändern können. Sofern die Ehegatten durch Ehevertrag keinen vertragl. Güterstand vereinbaren, gilt der gesetzl. Güterstand, die ↑ Zugewinngemeinschaft. Daneben gibt es als vertragl. G. nur noch die Gütertrennung und die Gütergemeinschaft.

Nach *östr. Recht* ist die Gütertrennung gesetzl. Güterstand. In der *Schweiz* ist ordentl. gesetzl. Güterstand die **Güterverbindung,** bei der das Vermögen beider Ehegatten mit Ausnahme der beiderseitigen Sondergüter zum ehel. Vermögen als wirtsch. Einheit mit getrennten Eigentum vereinigt ist; außerordentl. (gesetzl. oder richterl.) Güterstand ist die Gütertrennung. Durch Ehevertrag können als vertragl. G. die Gütergemeinschaft und die Gütertrennung gewählt werden.

guter Ton, gesellschaftl. Gewandtheit. Der Ausdruck stammt aus der Zeit nach dem

Gütertrennung

Frz. Revolution und bezeichnet im Ggs. zur ↑Etikette der vornehmen Stände die gesellschaftl. Umgangsformen jedes Bürgers. Bes. erfolgreich wurde A. von Kniggges Buch „Über den Umgang mit Menschen" (1788).

Gütertrennung, derjenige Güterstand, bei dem die vermögensrechtl. Beziehungen der Ehegatten wie zw. Nichtverheirateten ausgestaltet sind. Jeder Ehegatte hat sein eigenes Vermögen, das er frei verwaltet und (soweit nicht für den Familienunterhalt erforderl.) auch frei nutzt; jedoch kann ihm die Pflicht zur Rücksichtnahme auf den anderen Ehegatten gewisse Schranken auferlegen. *G. tritt ein:* 1. als außerordentl. gesetzl. Güterstand kraft Gesetzes bei Aufhebung der ↑Zugewinngemeinschaft durch rechtskräftiges Urteil auf vorzeitigen Zugewinnausgleich, bei Beendigung der Gütergemeinschaft durch rechtskräftiges Aufhebungsurteil, bei ehevertragl. Ausschluß oder bei Aufhebung der Zugewinngemeinschaft ohne Vereinbarung eines anderen Güterstandes, ferner bei Ausschluß des Zugewinns und bei Aufhebung der Gütergemeinschaft; 2. als vertragl. Güterstand kraft Ehevertrags.

Nach *östr. Recht* ist G. der grundsätzl. Güterstand der Ehegatten. Hiernach bleibt jeder Ehegatte Eigentümer seines Vermögens. Im *schweizer. Recht* besteht eine dem dt. Recht ähnl. Regelung.

Güterverkehr, Beförderung von Gütern durch Verkehrsmittel wie Eisenbahn, Kraftfahrzeuge, Schiffe, Luftfahrzeuge und Rohrleitungen.

Güterverzehr, Bez. für den „Verbrauch" von (wirtsch.) Gütern innerhalb eines Produktionsprozesses. Er führt z. B. zu einer Umwandlung eines Rohstoffes oder zu einem langfristigen Verschleiß einer Produktionsanlage.

Güterwagen, Fahrzeug der ↑Eisenbahn zur Beförderung von Gütern aller Art.

Güterverfahren, Verfahren im arbeitsgerichtl. Prozeß mit dem Zweck, eine gütl. Einigung der Parteien herbeizuführen. Nach § 54 ArbeitsgerichtsG beginnt die mündl. Verhandlung im ersten Rechtszug obligator. mit einer Güteverhandlung vor dem Vorsitzenden, der mit den Parteien das gesamte Streitverhältnis zu erörtern hat. Kommt es zu einer gütl. Einigung, so ist der Prozeß mit dem protokollierten Vergleich beendet. Andernfalls schließt sich unmittelbar oder später die weitere Verhandlung an.

Güteverhandlung, derjenige Teil der mündl. Verhandlung, welcher der gütl. Beilegung des Rechtsstreits der einzelner Streitpunkte im Rahmen eines Sühneversuchs dient.

gute Werke, in der Religionsgeschichte Bez. für solche Taten, von denen viele antike Kultreligionen, aber auch Judentum und Islam annehmen, daß sie der Gottheit wohlgefällig seien und sich darum nach dem Tod des Menschen günstig im Gottesgericht auswirken. Sie gehören in den Bereich der sittl. Tugenden (z. B. Almosengeben), können aber auch in kult. Handlungen bestehen. - In der *christl. Theologie* sind die g. W. umstritten. Die Theologie der reformator. Kirchen erwartet ↑Rechtfertigung allein aus dem Glauben, nicht von der Leistung g. W.; die kath. Theologie hält die im Stand der Gnade vollbrachten g. W. für den Menschen verdienstl. und heilsnotwendig.

Gutglaubensschutz, der Schutz des redl. Partners eines Rechtsgeschäfts vor Rechtsnachteilen. Er vollzieht sich zumeist in der Weise, daß Wirksamkeitsmängel eines Rechtsgeschäfts geheilt werden. - Ein Rechtsgeschäft ist grundsätzl. nur wirksam, wenn seine sämtl. Tatbestandsmerkmale (= Wirksamkeitsvoraussetzungen) erfüllt sind. In bes. geregelten Ausnahmefällen, in denen auf seiten eines Beteiligten ein bestimmtes Tatbestandsmerkmal fehlt, läßt die Rechtsordnung jedoch aus Gründen der *Verkehrssicherheit* und des *Vertrauensschutzes* die *Heilung* dieses Mangels zu, sofern für das fehlende Tatbestandsmerkmal ein sog. *Rechtsschein* besteht und darüber hinaus der andere Beteiligte das in Wirklichkeit nicht erfüllte Tatbestandsmerkmal für gegeben hält. Ein Rechtsschein kann u. a. auf einer unrichtigen Eintragung im Grundbuch oder auf einer inhaltl. unrichtigen Urkunde (z. B. Erbschein) beruhen. Kein G. findet statt beim Fehlen der Geschäftsfähigkeit.

In *Österreich* und in der *Schweiz* gelten dem dt. Recht im wesentl. entsprechende Regelungen.

gutgläubiger Erwerb, ein Ausfluß des Gutglaubensschutzes. Hauptfall: der Rechtserwerb von einem Nichtberechtigten. Gutgläubig können von einem Nichtberechtigten erworben werden: 1. *Eigentum:* a) an bewegl. Sachen, die jedoch nicht abhanden gekommen sein dürfen (↑abhandengekommene Sachen), § 935 BGB. Erforderl. ist zum g. E. neben der Einigung, daß der Erwerber vom Veräußerer den unmittelbaren Besitz an der Sache erlangte und guter Glaube (hier = keine Kenntnis und auch nicht auf grober Fahrlässigkeit beruhende Unkenntnis vom fehlenden Eigentum des Veräußerers); b) an Grundstücken. Voraussetzungen: Eingetragensein des Veräußerers im Grundbuch, Nichteingetragensein eines Widerspruchs, guter Glaube (hier = Unkenntnis vom fehlenden Eigentum des Veräußerers [ohne Rücksicht auf Verschulden]); 2. *andere dingl. Rechte:* an bewegl. Sachen und an einem Grundstück; 3. *Forderungen:* wenn sie in Inhaberpapieren oder in ordnungsgemäß indossierten Orderpapieren verkörpert sind.

Guthaben, Habensaldo eines Kontos (Gutschriften übersteigen Belastungen).

Guthrie [engl. 'gʌθrɪ], Sir (seit 1961) Tyrone, * Royal Tunbridge Wells 2. Juli 1900, † Newbliss (Irland) 15. Mai 1971, engl. Regisseur. - Bed. Shakespeareinszenierungen, u. a. am Old Vic und Sadler's Wells Theatre, deren Leitung er 1939–45 innehatte. Nach dem Krieg arbeitete G. häufig in den USA; 1962 Gründung des ersten ständigen Repertoire-Theaters Nordamerikas in Minneapolis.

G., Woody, eigtl. Woodrow Wilson G., * Okemah (Oklahoma) 14. Juli 1912, † New York 3. Okt. 1967, amerikan. Folksänger. - Stellte, als überzeugter Sozialist zeitweilig für die Gewerkschaftsbewegung engagiert, in über 1 000 Songs das arme Amerika dar. Viele seiner Kompositionen, die sein Sohn, der Folk- und Bluessänger **Arlo Guthrie** (* 1947) z. T. in sein Repertoire übernahm, wurden Bestandteil der US-Folklore.

Guti [indian.] (Goldaguti, Goldhase, Dasyprocta aguti), im nördl. S-Amerika weit verbreitete, bis 40 cm körperlange Agutiart mit äußerl. kaum erkennbarem Schwanzstummel und hohen, sehr dünnen Beinen; Haare dicht und glänzend, überwiegend dunkel graubraun.

Gutland, Gebiet südl. der Ardennen und der Eifel in Luxemburg und östl. der Sauer um Bitburg, BR Deutschland, etwa 1 760 km² groß.

Gutsbehörige (Gutsuntertanen), Bez. für ursprüngl. freie Bauern, die durch die Ausbildung der Gutsherrschaft in Erbuntertänigkeit gerieten.

Gutschkow, Alexandr Iwanowitsch [russ. gutʃ'kɔf], * Moskau 26. Okt. 1862, † Paris 14. Febr. 1936, russ. Politiker. - 1905 Mitbegründer und der ↑Oktobristen, 1910/11 Präs. der Duma. Nahm zus. mit W. Schulgin am 15. März 1917 in Pleskau von Kaiser Nikolaus II. dessen Abdankungsurkunde entgegen. Emigrierte 1918.

Gutschrift, 1. in der doppelten Buchführung jede Buchung auf der Habenseite eines Kontos, Ggs. Lastschrift; 2. Mitteilung an den Begünstigten über eine entsprechende Buchung (z. B. Rechnungsnachlaß).

Gutsgerichtsbarkeit ↑Patrimonialgerichtsbarkeit.

Gutsherrschaft, Bez. für eine vom 15. bis 19. Jh. in O-Mitteleuropa vorherrschende fortentwickelte Form der Grundherrschaft. Kennzeichen sind der ausgedehnte, arrondierte Besitz, der Besitz der Ortsherrschaft und meist die beherrschende Stellung der herrschaftl. Gutswirtschaft im Dorfverband. Der **Gutsherr** war regelmäßig in vollem Umfang, der **Gutsbezirk** ein Territorialstaat im kleinen. Im Verlauf der ↑Bauernbefreiung entfielen die polit. und rechtl. Seite der G., während die wirtschaftl. Vorherrschaft des Großgrundbesitzes in O-Deutschland erhalten blieb. 1927 wurden in Deutschland die Gutsbezirke durch Gesetz prakt. völlig aufgelöst.

GutsMuths, Johann Christoph Friedrich, * Quedlinburg 9. Aug. 1759, † Ibenhain bei Schnepfenthal (= Waltershausen) 21. Mai 1839, dt. Reform- und Turnpädagoge. - Schuf als Verfechter einer philanthrop. Leibeserziehung ein beispielhaftes System des Schulturnens und wirkte v. a. durch sein Werk „Gymnastik für die Jugend" (1793) für die Entwicklung und Verbreitung der Leibesübungen.

Gutswirtschaft, Bez. für einen Großgrundbesitz, der einheitl. landwirtschaftl. genutzt wird. Ihre Anfänge nahm die G. im 18. Jh. in Großbrit.; sie wirkte zunächst auf Mittelschweden und NW-Deutschland und wurde dann im Bereich der Gutsherrschaft in O-Mitteleuropa bes. auf Eigengut oder auf gepachteten Domänen betrieben.

Guttapercha [zu malai. getah „Gummi" und percha „Baum" (der es absondert)], kautschukähnl., aus Isoprenresten (C_5H_8) aufgebautes Produkt, das durch Eintrocknen des Milchsaftes von Guttaperchabaumarten (v. a. Palaquium gutta) gewonnen wird. Im Gegensatz zum Naturkautschuk ist G. in der Kälte unelast. und hart, erweicht jedoch bei leichtem Erwärmen.

Guttaperchabaum (Palaquium), Gatt. der Seifenbaumgewächse mit rd. 115 Arten im indomalai. Gebiet; bis 25 m hohe, immergrüne Bäume mit bis 2 m dicken Stämmen; einige Arten liefern ↑Guttapercha.

Guttation [zu lat. gutta „Tropfen"], aktive, tropfenförmige Wasserausscheidung durch zu Wasserspalten (Hydathoden) umgewandelte Spaltöffnungen oder Drüsen an Blatträndern und -spitzen verschiedener Pflanzen (z. B. Kapuzinerkresse, Frauenmantel, Gräser). Die G. dient wahrscheinl. der Aufrechterhaltung des Wasser- und Nährsalztransportes in der Pflanze bei behinderter ↑Transpiration, bes. nach feuchtwarmen Nächten.

Guttemplerorden, 1852 in Utica (N. Y.) zum Kampf gegen den Alkoholismus gegr. Bund; die Mitglieder verpflichten sich zur Abstinenz; die Weltloge (**International Order of Good Templars**) gliedert sich in Groß-, Distrikts- und Grundlogen; gehört nicht zu den Freimaurern.

Guttibaumgewächse (Guttiferae, Clusiaceae), Pflanzenfam. der Zweikeimblättrigen mit 49 Gatt. und rd. 900 Arten, v. a. in den Tropen und Subtropen; häufig immergrüne Bäume oder Sträucher mit Öldrüsen und Harzgängen; bekannteste Art ist der ↑Butterbaum.

guttural [lat.], allg.: kehlig klingend; in der Phonetik auf Laute bezogen, die im Bereich der Kehle gebildet werden.

Gutturalreihen, die für das Phonemsystem der indogerman. Grundsprache rekonstruierten drei Reihen von „palatalen" ($\hat{k}$, $\hat{g}$, $\hat{g}h$), „velaren" (k, g, gh) und „labiovelaren" (k^u, g^u, g^uh) Verschlußlauten, von denen in den sog. Kentumsprachen die Palatale und Velare zusammenfallen, in den Satemsprachen die Velare und Labiovelare.

Guttuso, Renato, * Bagheria bei Palermo 2. Jan. 1912, † Rom 18. Jan. 1987, italien. Maler und Graphiker. - Begründer des italien. sozialkrit. Realismus nach dem 2. Weltkrieg.

Gutzkow, Karl [...ko], * Berlin 17. März 1811, † Frankfurt am Main 16. Dez. 1878, dt. Schriftsteller. - Führende Persönlichkeit des Jungen Deutschland; schrieb scharfe Literaturkritiken, breit angelegte, gesellschaftskrit., z. T. satir. Romane sowie Dramen. Einen Skandal und ein Verbot seiner Werke verursachte sein freisinniger und erot. Roman „Wally, die Zweiflerin" (1835).

Weitere Werke: Zopf und Schwert (Lsp., 1844), Das Urbild des Tartüffe (Lsp., 1844), Uriel Acosta (Dr., 1847), Die Ritter vom Geiste (R., 9 Bde., 1850/51), Der Zauberer von Rom (R., 9 Bde., 1858–61).

Guy [frz. gi], frz. Form des männl. Vornamens Guido.

Guy von Lusignan [frz. gi] ↑ Guido von Lusignan.

Guyana

(amtl. Vollform: Cooperative Republic of Guyana), Republik an der N-Küste Südamerikas, zw. 1° und 8° 30′ n. Br. sowie 56° 27′ und 61° 28′ w. L. **Staatsgebiet:** G. wird von Venezuela im W, von Brasilien im SW und S, von Surinam im O und vom Atlantik im N begrenzt. **Fläche:** 214 969 km² (Landfläche: 196 710 km²). **Bevölkerung:** 950 000 E (1985), 4,4 E/km². **Hauptstadt:** Georgetown. **Verwaltungsgliederung:** 10 Regionen. **Amtssprache:** Englisch. **Nationalfeiertag:** 23. Febr. (Tag der Republik). **Währung:** Guyana-Dollar (G$) = 100 Cents (c). **Internationale Mitgliedschaften:** UN, Commonwealth, CARICOM, SELA, GATT; der EWG assoziiert; OAS-Beobachter. **Zeitzone:** Atlantikzeit, d. i. MEZ −5 Stunden.

Landesnatur: G. liegt im Bereich der NO-Abdachung des Berglandes von Guayana. Im S und SW erreichen die Bergländer Höhen von 900–1 300 m, im Roraima an der Grenze gegen Venezuela 2810 m ü. d. M. Gegen N ist das Bergland in ein Hügelland aufgelöst; hier liegen die für G. wichtigen Bauxitvorkommen. Nach N folgt ein 16–70 km breites Tiefland, dessen küstennaher Teil 1–1,5 m unter Springhochwasser liegt und mit dessen Einpolderung die Niederländer bereits im 17. Jh. begonnen hatten.

Klima: Es ist trop., im N mit einer Hauptregenzeit (April–Aug.) und einer kurzen Regenzeit (Dez.–Anfang Febr.).

Vegetation: Trop. Regenwald bedeckt rd. 70 % der Landfläche. Im Küstentiefland und im SW befinden sich Savannen.

Bevölkerung: Durch die geschichtl. Entwicklung bedingt, setzt sich die Bev. aus rd. 51 % Indern, 31 % Negern, 12 % Mulatten und Mestizen, 2 % Europäern zus.; Restgruppen der urspr. Indianerbevölkerung leben v. a. im Landesinneren. Als Umgangssprachen sind Hindi, Portugiesisch sowie afrikan. und indian. Dialekte verbreitet. Hauptreligionen sind Christentum, Hinduismus und Islam. Schulpflicht besteht von 5–14 Jahren. G. verfügt über eine Univ. in Georgetown (gegr. 1963). Rd. 90 % der Bev. leben im Plantagengebiet an der Küste.

Wirtschaft: Sie wird weitgehend von der Regierung gelenkt und kontrolliert. Wichtigste Zweige sind die Landw., deren Schwerpunkte Zuckerrohr- und Reiskulturen bilden, der Abbau von Bauxit und die Tonerdegewinnung.

Außenhandel: Ausgeführt werden Rohrzukker, Bauxit, Reis, Tonerde, Rum, Melasse, Holz, Garnelen, eingeführt Erdölprodukte, Maschinen und Fahrzeuge, Nahrungsmittel, Baumaterial, chem. Produkte, Textilien u. a. Wichtigste Partner sind die USA, Großbrit., Trinidad und Tobago, Jamaika und die Niederlande.

Verkehr: Die Bauxitbahn Ituni–Linden hat eine Länge von 129 km. Das Straßennetz ist rd. 8 900 km lang. Hauptverkehrswege ins Landesinnere sind die Flüsse. Georgetown und New Amsterdam sind wichtige Überseehäfen. Die staatl. G. Airways Corporation befliegt In- und Auslandsstrecken. Der internat. ✠ bei Georgetown wird von 7 ausländ. Gesellschaften angeflogen.

Geschichte: Kolumbus erkundete 1498 die Küste von G. Ab 1604 versuchten Engländer, Kolonien zu gründen. Niederländer und Franzosen verdrängten sie in der 2. Hälfte des 17. Jh., G. gehörte zu Surinam. Nachdem Ende des 18. Jh. frz., dann brit. Truppen das niederl. Gebiet besetzt hatten, regelte der Wiener Kongreß die Besitzansprüche in G.: das bisher niederl. Gebiet wurde zw. Großbrit. und den Niederlanden (Surinam) aufgeteilt. 1961 erhielt die Kolonie die volle Selbstverwaltung zugestanden. Am 26. Mai 1966 erlangte G. die Unabhängigkeit. Es blieb zunächst als parlamentar. Monarchie im Verband des Commonwealth of Nations, 1970 wurde es in eine Republik umgewandelt. 1973 unterzeichnete G. zus. mit Barbados, Jamaika sowie Trinidad und Tobago den Gründungsvertrag des Karib. Gemeinsamen Marktes (CCM [Caribbean Common Market]).

Politisches System: Die 1980 durchgeführte Verfassungsänderung führte anstelle des parlamentar. Systems ein Präsidialsystem ein. *Staatsoberhaupt* und oberster Inhaber der *Exekutive* ist der Präs. (seit 6. Aug. 1985 Hugh Desmond Hoyte). Der Präs. ernennt die Mgl. der Reg. und den Kommandanten der Streitkräfte; er kann vom Parlament beschlossene Gesetze durch sein Veto zu Fall bringen. Die

Legislative wird vom Einkammerparlament, der Nationalversammlung (mit 53 gewählten Abg.) ausgeübt. Die beiden wichtigsten *Parteien* sind der gemäßigt sozialist. People's National Congress, geführt von H. D. Hoyte, der bei den Wahlen vom Dez. 1985 42 Parlamentssitze gewann, und die sozialist.-marxist. People's Progressive Party (PPP; 8 Sitze). Nat. Dachverband der 23 *Gewerkschaften* mit insgesamt über 75 000 Mgl. ist der Trades Union Congress (TUC). *Verwaltungs*mäßig ist G. in 10 Regionen eingeteilt. Das *Rechts*wesen ist im allg. am brit. Vorbild orientiert. Die *Streitkräfte* von G. sind rd. 6 500 Mann stark, die paramilitär. Kräfte rd. 5 000 Mann.

□ *Spinner, T.J.: A political and social history of G. Epping 1985. - Polit. Lex. Lateinamerika. Hg. v. P. Waldmann. Mchn. 1980. - Glasgow, R. A.: G.: race and politics among Africans and East Indians. Den Haag 1970.*

Guyane Française [frz. gцijan frãˈsɛːz] ↑Französisch-Guayana.

Guyau, Jean Marie [frz. gцiˈjo], * Laval 28. Okt. 1854, † Menton 31. März 1888, frz. Philosoph. - Neben A. Comte bed. Vertreter des frz. Positivismus, durch seinen evolutionist. bestimmten Begriff des Lebens auch Vorläufer des modernen Vitalismus. G. versuchte insbes. den Aufbau einer positivist. Ethik, die ohne die Begriffe der Pflicht und göttl. Sanktion auskommen will, auf der Basis der Analyse des sozialen Daseins des Menschen, das v. a. durch die Gemeinschaft gekennzeichnet sei.

Werke: Sittlichkeit ohne Pflicht (1884), Die Irreligion der Zukunft (1887), Die Kunst als soziolog. Problem (1889).

Guyenne [frz. gцiˈjɛn], seit dem MA frz. Name für ↑Aquitanien.

Guy Fawkes Day [engl. ˈgaɪ ˈfɔːks ˈdeɪ] ↑Fawkes, Guy.

Guyot [frz. gцiˈjo; nach dem schweizer.-amerikan. Geographen A. H. Guyot, * 1807, † 1884], submarine tafelbergartige Aufragung aus vulkan. Gestein; häufig im Pazifik.

Guys, Constantin [frz. gцi, gцis], * Vlissingen 3. Dez. 1802, † Paris 13. März 1892, frz. Zeichner und Aquarellist. - 1848–60 Kriegs- und Reisezeichnungen für die „Illustrated London News", geistreicher Chronist des mondänen Pariser Lebens.

Guyton de Morveau, Louis Bernard Baron (seit 1811) [frz. giⁿˈdmɔrˈvo], * Dijon 4. Jan. 1737, † Paris 2. Jan. 1816, frz. Jurist, Politiker und Chemiker. - Errichtete 1783 die erste frz. Sodafabrik; arbeitete u. a. über die Kristallisation von Eisen, über Bariumsalze sowie Diamanten. 1799 gelang ihm mit Hilfe einer Eis-Calciumchlorid-Mischung erstmals die Verflüssigung des Ammoniaks.

Guzmán, Alonso Pérez de [span. guðˈman] ↑Pérez de Guzmán, Alonso.

Guzmán Fernández, Antonio Sylvestre [span. guzˈman fɛrˈnandes], * La Vega 1911,

† Santo Domingo 3. oder 4. Juli 1982, dominikan. Politiker. - Landwirt; 1963 Landw.min. im Kabinett G.J. Bosch; nach dem Staatsstreich der Militärs 1963 wieder Landwirt; seit 1978 Staatspräsident.

Gwalior, ind. Distriktshauptstadt am Rande des Dekhan zur Gangesebene, B.-Staat Madhya Pradesh, 224 m ü. d. M., 543 000 E. Colleges, archäolog. Museum. U. a. Textil-, Leder-, Papier-, Nahrungsmittelind., Teppichherstellung. - Seit dem 6. Jh. n. Chr. erwähnt; 1771–1947 war G. mit Unterbrechungen die Hauptstadt des Reichs der Sindhia-Dyn. - Über der Stadt die 525 erwähnte Hinduburg mit 6 Palästen, 6 Tempeln u. a. Gebäuden.

Gwardeisk ↑Tapiau.

Gwendolin (Gwendolyn), in neuerer Zeit aus dem Engl. übernommener weibl. Vorname kelt. Ursprungs. Die Bed. ist unklar.

Gwent, Gft. in Wales.

Gweru (früher Gwelo, simbabw. Prov.-hauptstadt, 150 km nö. von Bulawayo, 1 420 m ü. d. M., 79 000 E. Kath. Bischofssitz; Seminar für afrikan. Lehrer; Chromerzverhüttung, Asbest-, Holzverarbeitung, Schuhfabrik; Straßen- und Bahnknotenpunkt; ✈.

Gwynedd [engl. ˈgwɪnɛð], Gft. in Wales.

Gyges, ✗ etwa 652 v. Chr., König von Lydien seit 685 (?). - Begründer der Dynastie der Mermnaden nach der Vernichtung des ↑Kandaules; dehnte seinen Herrschaftsbereich allmähl. über die griech. besiedelten Gebiete Westkleinasiens aus. Über die Hintergründe seiner Thronbesteigung gibt es unterschiedl. legendäre Nachrichten. Bei Herodot zeigt der Lyderkönig Kandaules G. seine Gemahlin unbekleidet. Die in ihrer Ehre verletzte Königin zwingt G. nun, ihren Gatten zu töten und die Herrschaft zu übernehmen. Auf dieser und auf Platons Version (im „Staat"), nach der G. Kandaules ermordet, nachdem er sich mit Hilfe eines Ringes unsichtbar gemacht hat, beruht u. a. auch Hebbels Drama „Gyges und sein Ring" (1856).

Gyllenborg, Carl Graf [schwed. ˌjylənbɔrj], * Stockholm 17. März 1679, † ebd. 20. Dez. 1746, schwed. Politiker. - Gründete die Partei der ↑Hüte; Kanzleipräs. seit 1739; Univ.kanzler 1728–39; verfaßte auch Lustspiele.

Gyllensten, Lars Johan Wictor [schwed. ˌjylənsteːn], * Stockholm 12. Nov. 1921, schwed. Schriftsteller. - Seine vielschichtigen Romane und Novellen zeichnen sich durch ungewöhnl. Intelligenz und Sensibilität aus; u. a. „Senilia" (R., 1956), „Desperados" (En., 1962), „Kains Memoiren. Fiktive Aufzeichnungen" (1963).

Gyllenstierna, Johan Graf [schwed. ˌjylənʃæːrna], * Stockholm 18. Febr. 1635, † Landskrona 10. Juni 1680, schwed. Staatsmann. - Seit 1668 Reichsrat, bekämpfte er die Politik des Kanzlers M. G. De la Gardie

Gymkhana

und wurde nach dessen Sturz Minister Karls XI.

Gymkhana [Hindi], Geschicklichkeitswettbewerb, z. B. für [Leicht]athleten, Reiter, Motorsportler, Wassersportler.

gymn..., Gymn... ↑gymno-..., Gymno...

Gymnaestrada [gymnɛs...; griech./span.], Weltfest der Gymnastik; bisher veranstaltet in Rotterdam (1953), Zagreb (1957), Wien (1965), Basel (1969), Berlin (West) (1975), Zürich (1982).

Gymnasiarch [griech.], im Altertum Leiter eines „Gymnasions".

Gymnasium [griech.-lat. (zu ↑Gymnastik)], in der BR Deutschland weiterführende Schule, die mit dem Abitur die allg. Hochschulreife vermittelt; in Bad.-Württ. und Schl.-H. gibt es Sonderformen (berufl. und Fach-G.), die zur Fachhochschulreife führen. Beim G. wird unterschieden nach Normalform und Aufbauform. Die *Aufbauform* des G. schließt an die Realschule oder an die Hauptschule an und umfaßt drei bis vier Schuljahre; sie wird auch zum Teil als *Abend-G.* geführt, das neben dem Beruf besucht wird. Die *Normalform* erstreckt sich über die Sekundarstufen I und II, umfaßt im allgemeinen neun Schuljahre und schließt an die (vierjährige) Grundschule (Primarstufe) an; z. T. werden die Klassen 5 und 6 als schulformbezogene oder schulformunabhängige Orientierungs-(Förder-)Stufe geführt. Daneben gibt es Gymnasialformen mit kürzerer Schulzeit und bes. Eingangsvoraussetzungen. In der reformierten gymnasialen Oberstufe (ab Klasse 11, Sekundarstufe II) können Schüler ihren (individuellen) Unterrichtsplan in Grund- und Leistungskursen aus Pflicht- und Wahlbereichen (Fächern) in den drei Aufgabenfeldern (sprachl.-literar.-künstler., gesellschaftswiss., mathemat.-naturwiss.-techn.) sowie Religion, Sport und anderen Fächern zusammenstellen. Mit diesen Wahlmöglichkeiten sollen die Schüler ihren Neigungen und Interessen gerecht werden; dabei wird der bisherige Klassenverband zugunsten des Kurssystems aufgegeben. Die Zulassung zum Abitur setzt eine bestimmte Anzahl von Kursen aus den Pflicht- und Wahlbereichen aller Aufgabenfelder und weiterer Fächer voraus; beim Abitur findet in bestimmten Leistungs- und Grundkursfächern eine schriftl. und mündl. Prüfung statt.
Geschichte: Im alten Griechenland war das G. ursprüngl. Übungs- und Wettkampfstätte zur körperl. vormilitär. Ausbildung der Jugendlichen, in das seit etwa 400 v. Chr. zunehmend mus. und geistige Bildung einbezogen wurden. - Seit dem 16. Jh. heißen Schulen, die den Klerikernachwuchs heranbildeten und deshalb einen vollständigen Kursus in den humanist. Fächern (Griechisch und Latein) vermittelten, Gymnasium. Im 17. Jh. begann man, Mathematik und dt. Sprachunterricht in den Lehrplan des G. aufzu-

nehmen. Seit den Humboldt-Süvernschen Reformen (1812) wurden in Preußen - später auch in anderen dt. Ländern - alle Schulen, die auf das Universitätsstudium vorbereiteten, G. genannt. Mit zunehmender Bed. der Naturwissenschaften und der neueren Sprachen prägten sich neben dem *humanist. G.* verschiedene Typen des G. aus: 1890 wurden die lateinlose *Oberrealschule* (mathemat.-naturwissenschaftl. Schule), 1900 das *Realgymnasium* (neusprachl. Schule) als gleichberechtigte Bildungswege anerkannt; 1925 (Richertsche Schulreform) kam als vierter Schultyp die *dt. Oberschule* hinzu. 1937 und 1945 wurde einerseits die Zahl der humanist. G. drast. verringert, andererseits Anzahl und System der übrigen Oberschulen variiert und erweitert und teilweise - mit ergänzendem Zusatz - als G. bezeichnet. Durch die Reform der gymnasialen Oberstufe und des gesamten Schulsystems (Orientierungsstufe, Gesamtschule, Verbindung zw. allgemeinbildendem und berufl. Schulwesen) der letzten Jahre wurde das G. bzw. das gesamte weiterführende Schulwesen stark verändert und zunehmend auch Kindern unterer Schichten geöffnet, so daß die früher mit dem G. verknüpfte Vorstellung einer „Eliteschule" überwunden ist.
In *Österreich* gliedern sich die allgemeinbildenden höheren Schulen (früher „Mittelschulen"), Gymnasien, Realgymnasien und wirtschaftskundl. Gymnasien für Mädchen in der Oberstufe in jeweils mehrere Zweige. In der *Schweiz* führen fünf Gymnasialtypen A bis E („höhere Mittelschulen") zur Hochschulreife: das humanist., das Latein-, das mathemat.-naturwissenschaftl., das neusprachl. und das Wirtschaftsgymnasium. Nicht jeder Kanton bietet alle fünf Typen an. In der *DDR* führt die erweiterte polytechn. Oberschule zur Hochschulreife.

⋈ *Reinert, G. B.:* Leitbild Gesamtschule versus G.? Ffm. 1984. - *Borucki, J.:* G. in neuerer Zeit. Würzburg 1980. - Das Problem der gymnasialen Oberstufe. Hg. v. R. Lennert Mchn, 1971.

Gymnastik [zu griech. gymnázesthai „nackt Leibesübungen machen"], systemat. betriebene Bewegungsschulung, die im Stehen oder in den verschiedenen Formen des Laufens ausgeführt wird, ohne Gerät (außer Handgeräten wie Ball, Keule, Reifen, Sprungseil). Im weiteren Sinn als Beweglichkeits- und Haltungsschulung jedes körperl. Training ohne festes Gerät (wobei Übungen, die im engeren Sinn zum Bodenturnen gehören, einbezogen werden) oder auch mit bestimmten Großgeräten wie Sprossenwand, Schwebebalken, Elementen der schwed. G. bzw. des Turnens. Als **funktionelle Gymnastik** dient sie der Erhaltung oder Erneuerung der körperl. Funktionen (z. B. Säuglings-G., Schwangerschafts-G., G. nach der Entbindung, ↑ Krankengymnastik, orthopäd. G. bzw. orthopäd. Turnen bei fortgeschrittenen Schä-

den oder nach chirurg. Eingriffen). Die als „Fitnesstraining" allgemein auf Kondition ausgerichtete G. baut ebenfalls auf funktionellen Gesichtspunkten auf, bes. im Hinblick auf Haltungsfehler, labilen Kreislauf, muskuläre Verspannung oder Schwäche und Bandscheibenbeschwerden, auch unter Berücksichtigung spezieller Funktionen wie z. B. Fuß-G., ↑Atemgymnastik. Ein wesentl. Element solcher G. ist immer die Freude an der Bewegung als psych. wie phys. wirksamer Faktor. Als **Zweckgymnastik** bezeichnet man G., wenn gymnast. Bewegungsabläufe und Übungen als Trainingsgrundlage für andere Sportarten dienen (z. B. Skigymnastik). G. im engeren Sinne ist **rhythm. Gymnastik,** die Erziehung zur fließenden, durch den Rhythmus geformten Bewegung. Die *Grundbewegungen* der G. umfassen Gehen, Laufen, Hüpfen, Springen und Schwingen; sie werden durch die Bewegung mit dem *Handgerät* unterstützt. Am Ende der Bewegungsschulung steht einerseits deren Gestaltung (Körperbewegung als Ausdruck) und andererseits der Tanz in den unterschiedlichsten Konzeptionen (Ausdruckstanz, Jazz, Volkstanz).
Geschichte: G. war im griech. Verständnis die Wissenschaft (Kunst) von der Leibespflege, die v. a. als Leichtathletik betrieben wurde. Vom MA bis ins 18. Jh. wurden v. a. Ballspiele gepflegt. Die Philanthropen verstanden unter G. die verschiedensten Sportarten, darunter aber auch Turn- und gymnast. Übungen im heutigen Verständnis. J. C. F. GutsMuths („G. für die Jugend", 1793) beeinflußte außer F. L. Jahn insbes. skand. Turn- bzw. G.pädagogen. Der Schweizer P. H. Clias forderte in seiner „Kallisthenie..." (1829) bes. „Übungen zur Schönheit und Kraft der Mädchen", J. Werner (* 1794, † 1866) trennte funktionelle und emotionelle G. (künstler. Ausdrucks-G.). Die eigtl. G.bewegung (seit um 1900) richtete sich gegen das inzwischen erstarrte Turnen. Begründer dieser mus. verstandenen rhythm. G. waren u. a. B. Mensendieck, H. Kallmeyer und R. Bode, der die eigtl. Ausdrucks-G. begründete, sowie H. Medau. Die tänzer. G. (Ausdruckstanz) geht auf Elizabeth und Isadora ↑Duncan zurück und wurde insbes. von R. von Laban und M. Wigman gepflegt. Seit 1958 wird die sportl. Form der rhythm. G. als ↑Wettkampfgymnastik betrieben.
🕮 *Forstreuter, H.:* G. *Bad Homburg v. d. H.* ³¹*1979.*

gymno..., Gymno... (vor Vokalen gymn..., Gymn...) [griech.], Bestimmungswort mit der Bed. „nackt, unbedeckt".
Gymnopädien [griech.], spartan. Fest zu Ehren des Apollon.
Gymnospermae [griech.], svw. ↑Nacktsamer.
gynäko..., Gynäko... [griech.], Bestimmungswort mit der Bed. „Frau", z. B. Gynäkologie.

Gynander. Kopf und Vorderbrust eines Halbseitengynanders des Hirschkäfers

Gynäkologe [griech.] (Frauenarzt), Facharzt für Frauenheilkunde und Geburtshilfe.
Gynäkologie (Frauenheilkunde), Fachrichtung der Medizin, die sich mit der Erkennung, Verhütung und Behandlung der Frauenkrankheiten und mit Geburtshilfe befaßt.
Gynander [griech.] (Mosaikzwitter), Bez. für Individuen, die mosaikartig aus Bezirken mit ♂ und ♀ Geschlechtsmerkmalen bestehen. Im Extremfall sind die Unterschiede auf die beiden Körperhälften verteilt *(Halbseiten-G.).* G. kommen v. a. bei Insekten vor.
Gynandrie [griech.], im Ggs. zur ↑Androgynie eine Scheinzwittrigkeit beim genotyp. ♀, bei dem typ. ♂ Geschlechtsmerkmale auftreten.
◆ svw. ↑Gynandromorphismus.
Gynandromorphismus [griech.] (Gynandrie, Mosaikzwittertum), Geschlechtsabnormität bei ↑Gynandern; beruht auf dem Vorkommen unterschiedl. Geschlechtschromosomenkombinationen in den Körperzellen desselben Individuums, die auf die Ausprägung der entsprechenden Geschlechtsmerkmale bewirken. Echter G. tritt nur bei Organismen auf, deren Geschlecht nicht durch Hormone festgelegt wird. Bei hormoneller Geschlechtsbestimmung kommt es bei G. durch gleichzeitig vorliegende konträre Hormone zur Ausbildung von ↑Intersexen.
Gynomonözie [griech.], in der Botanik das gleichzeitige Vorkommen von weibl. Blüten und Zwitterblüten auf derselben Pflanze, z. B. beim Glaskraut.
Gynözeum (Gynoeceum, Gynaeceum, Gynäzeum) [griech.], Gesamtheit der ♀ Organe der Blüte der bedecktsamigen Pflanzen, bestehend aus den Fruchtblättern mit den auf ihnen gebildeten Samenanlagen.
Gyöngyös [ungar. 'djøndjø∫], ungar.

Györ

Stadt am S-Fuß des Matragebirges, 171 m ü. d. M., 38 000 E. Mittelpunkt eines der wichtigsten ungar. Wein- und Obstbaugebiete. - Bestand wohl schon z. Z. der Arpaden; 1715 Marktrecht. - Franziskanerkirche (um 1400), Sankt-Bartholomäus-Kirche (14. Jh.), klassizist. Schloß (jetzt Museum).

Györ [ungar. djø:r] (dt. Raab), ungar. Bez.-hauptstadt an der Mündung von Raab und Rabnitz in die Kleine Donau, 118 m ü. d. M., 129 000 E. Museum; Handelsplatz und Ind.-standort. - In röm. Zeit **Arrabona**; unter den Awaren (570–796) bestand eine bed. Befestigung; 896 wurde G. von den Magyaren erobert; 1271 königl. Freistadt. - Barockisierter Dom (13. Jh.) mit Fresken von A. Maulpertsch (18. Jh.), Jesuitenkirche (17. Jh.) mit stuckierter Innenausstattung und Fresken. Bischofsburg (v. a. 16. Jh.), zahlr. Bürgerhäuser (16.–18. Jh.).

Gypsophila [griech.], svw. ↑Gipskraut.

Gyre [griech.], in der Kristallographie Bez. für eine Symmetrieachse (Drehachse).

Gyroantrieb (Elektrogyroantrieb) [griech./dt.], Fahrzeugantrieb (z. B. für Omnibusse), der die kinet. Energie eines Schwungrades ausnutzt. Gyroomnibusse (Gyrobusse) werden z. B. mit einem Schwungrad von 800 kg Masse betrieben, das an der Ladestation auf etwa 3 000 Umdrehungen pro Minute beschleunigt wird. Auf diese Weise läßt sich eine Energie von rund 20 MJ (etwa 6 kWh) speichern. Der mit dem Schwungrad verbundene Elektromotor wird im Fahrbetrieb als Generator benutzt, der den Strom für die Fahrmotoren des Busses liefert.

Gyroeder [griech.], svw. Pentagonikositetraeder (↑Ikositetraeder.)

gyromagnetische Effekte [griech./lat.] (magnetomechan. Effekte), physikal. Erscheinungen, die auf der Verknüpfung von atomaren magnet. Momenten und mechan. Drehimpuls beruhen. Auf Grund des Satzes von der Erhaltung des Drehimpulses muß jeder (mit einer gleichzeitigen Änderung der Magnetisierung eines Körpers verbundenen) Änderung des gesamten mechan. Drehimpulses der Elektronen auch eine Änderung des Drehimpulses des Körpers in umgekehrter Richtung entsprechen. Diese Erscheinung wurde im ↑Einstein-de-Haas-Effekt beobachtet, die entsprechende Umkehrung (Magnetisierung durch Rotation) im ↑Barnett-Effekt.

Gyroskop [griech.], Gerät zum Nachweis oder zur Anzeige von Drehbewegungen mit Hilfe eines Kreisels. Ein G. zum Nachweis der Erddrehung wird als **Geotroposkop** bezeichnet; auch Bez. für ein Gerät zur Demonstration der Wirkung äußerer Kräfte auf einen Kreisel.

Gyttia [schwed. ˌjytja], bituminöses Sediment (Halbfaulschlamm).

H

H, der achte Buchstabe des Alphabets, der Form nach dem griech. Eta entsprechend. Zugrunde liegt das nordwestsemit. (phönik.) Heth, das einen stimmlosen Reibelaut, etwa [x], bezeichnet. Auf älteren griech. Inschriften wird H, ⊟ mit verschiedenen Lautwerten verwendet, als [h], [ɛ:], und [he], im klass.-gemeingriech. Alphabet hat es dagegen nur den Wert [ɛ:]. Ins lat. Alphabet gelangte der Buchstabe H, ⊟ aus dem Westgriech. mit dem Lautwert [h]; in den roman. Sprachen (außer Rumän.) ist H stumm. In Verbindung mit diakrit. Zeichen im Maltesischen.

◆ (h) in der *Musik* die Bez. für die 7. Stufe der Grundtonleiter C-Dur, durch ♯ (Kreuz) erhöht zu *his*, durch ♭-(b-) Vorzeichnung erniedrigt zu B (b).

◆ (Münzbuchstabe) ↑ Münzstätte.

H, chem. Symbol für ↑ Wasserstoff.

H, Abk. für: ↑ Hochdruckgebiet (in Wetterkarten).

H, physikal. Zeichen für: die Härte, z. B. in der Form *HB* für Brinellhärte, *HV* für Vikkershärte (↑ Härteprüfverfahren).

◆ *(H)* die ↑ Enthalpie.

◆ *(H, H)* die magnet. Feldstärke (↑ Magnetfeld).

H, Einheitenzeichen für: die Einheit der magnet. Induktivität ↑ Henry.

h (h), physikal. Zeichen für das ↑ Plancksche Wirkungsquantum. Für die Größe $h/2\pi$ setzt man im allgemeinen das Zeichen $\hbar$.

h, Kurzzeichen für:

◆ die Zeiteinheit Stunde (lat. hora); bei Angabe des Zeitpunktes hochgesetzt (^{h}); 8 h = 8 Stunden, 8^h = 8 Uhr.

◆ den Vorsatz ↑ Hekto...

ha, Kurzzeichen für ↑ Hektar.

Haack, Dieter, * Karlsruhe 9. Juni 1934, dt. Politiker. - Jurist; seit 1961 Mgl. der SPD, MdB seit 1969; 1972–78 Parlamentar. Staatssekretär im Bundesministerium für Raumordnung, Bauwesen und Städtebau, das er 1978–82 als Min. leitete.

H., Hermann, * Friedrichswerth bei Gotha 29. Okt. 1872, † Gotha 22. Febr. 1966, dt. Kartograph und Geograph. - Seit 1897 in Justus Perthes' Geograph. Anstalt in Gotha tätig, die 1955 nach ihm umbenannt wurde. Gab geograph. und histor. Wandkarten, Schulatlanten, wirtschaftsgeograph. Karten und 1909–25 die Hundertjahrausgabe von „Stielers Handatlas" heraus.

H., Käte, * Berlin 11. Aug. 1892, † ebd. 5. Mai 1986, dt. Schauspielerin. - Neben Engagements an verschiedenen Berliner Bühnen (u. a. unter Gründgens) übernahm Käte H. zahlr. Filmrollen, u. a. in den Filmen „Pygmalion" (1935), „Der Biberpelz" (1949), „Ist Mama nicht fabelhaft" (1958), „Ich kann nicht länger schweigen" (1961).

Haag, Herbert, * Singen (Hohentwiel) 11. Febr. 1915, dt. kath. Theologe. - Seit 1960 Prof. für A. T. in Tübingen. H. stellt, ausgehend von der Exegese des A. T., krit. Fragen an die traditionelle Dogmatik, deren Beantwortung, z. B. seine Deutung der Begriffe Erbsünde und Teufel, in der kath. Kirche nicht unbestritten sind.

Haag, Den [niederl. dɛn'ha:x] (amtl. 's-Gravenhage), Residenzstadt der Niederlande, Verwaltungssitz der Prov. Südholland, an der Nordseeküste, 444 000 E. Sitz von Ministerien, Botschaften, des Internat. Gerichtshofes sowie des Ständigen Schiedshofs; Völkerrechtsakad., Königl. Akad. der Bildenden Künste; Niederl. Inst. für Information, Dokumentation und Registratur, Niederl. Reaktorzentrum, Zentralamt für Statistik, Sitz von Banken u. Gesellschaften; Königl. Musikkonservatorium, Hochschule für Sozialstudien, Staatsarchiv, Bibliotheken, mehrere Museen, u. a. Internat. Pressemuseum, Niederl. Postmuseum; Theater, Miniaturstadt „Madurodam"; Wohnstadt mit zahlr. Klein- und Mittelbetrieben, die sich um die Hafenanlagen und im Stadtteil Scheveningen konzentrieren, dem größten Seebad der Niederlande mit Fischerei- und Handelshafen, ☖. - 1370 erstmals urkundl. erwähnt; blühte im späten 14. und im 15. Jh. auf, v. a. auf Grund seiner Tuchwebereien. D. H. erlebte einen Aufschwung, nachdem seit 1580 die holländ. Stände und auch die Generalstaaten im Binnenhof tagten. Unter Moritz von Oranien wurde der Binnenhof Residenz der Statthalter und unter Friedrich Heinrich Mittelpunkt eines glänzenden Hoflebens. König Ludwig erhob D. H. zur dritten Stadt seines Königreichs. - Ältestes Bauwerk ist das ehem. gräfl. Jagdschloß (um 1250; seit 14. Jh. Residenz). Kirchen, u. a. spätgot. Grote Kerk (15./16. Jh.), Nieuwe Kerk (1649–56); im holländ. Renaissancestil u. a. das Mauritshuis (17. Jh.; jetzt Gemäldegalerie), der ehem. königl. Palast Noordeinde (17. Jh.), der königl. Palast Voorhout (18. Jh.), das Alte Rathaus (16.–18. Jh.); Friedenspalast (1907–1913; Sitz des Internat. Gerichtshofes).

Haager Abkommen (Haager Konventionen, Haager Übereinkommen), in Den Haag unterzeichnete völkerrechtl. Verträge, in deren [Kurz]titel der Unterzeichnungsort zum gebräuchl. Bestandteil geworden ist, insbes.: ↑Haager Landkriegsordnung, ↑Haager Musterabkommen, ↑Haager Kulturgüterschutzabkommen, ↑Haager Kaufrechtsübereinkommen, ↑Haager Luftpiraterieübereinkommen. Als H. A. wird auch die Gesamtheit der auf den Haager Friedenskonferenzen von 1899 und 1907 verabschiedeten Verträge bezeichnet, als **Haager Konventionen** die im Rahmen der Haager Konferenz für internat. Privatrecht verabschiedeten Verträge.

Haager Friedenskonferenzen, die in den Jahren 1899 und 1907 auf Initiative des russ. Kaisers Nikolaus II. bzw. des amerikan. Präsidenten T. Roosevelt in Den Haag abgehaltenen internat. Konferenzen.
Durch die **Erste Haager Friedenskonferenz** (1899), an der 26 Staaten teilnahmen, wurden am 29. 7. 1899 drei Abkommen angenommen (zur friedl. Erledigung internat. Streitfälle; über die Gesetze und Gebräuche des Landkriegs; über die Anwendung der Grundsätze der Genfer Konvention vom 22. 8. 1864 auf den Seekrieg), die nach Ratifikation 1900 bzw. 1901 in Kraft traten.
Die **Zweite Haager Friedenskonferenz** (1907) verabschiedete am 18. 10. 1907 13 Abkommen, von denen jedoch nur 12 in Kraft getreten sind, nämlich: das *(I.)* Abkommen zur friedl. Erledigung internat. Streitfälle. Es sieht vor, daß bei Meinungsverschiedenheiten zw. Staaten neben der Vermittlung durch dritte Staaten internat. Untersuchungskommissionen zur Klärung von Tatfragen eingesetzt werden können; außerdem wurde eine internat. Schiedsgerichtsbarkeit mit dem Ständigen Schiedshof in Den Haag eingerichtet; das *(II.)* Abkommen betreffend die Beschränkung der Anwendung von Gewalt bei der Eintreibung von Vertragsschulden (nach seinen Initiatoren auch Drago-Porter-Abkommen genannt); das *(III.)* Abkommen über den Beginn der Feindseligkeiten, das vor Beginn krieger. Handlungen eine unzweideutige *Kriegserklärung* verlangt; das *(IV.)* Abkommen betreffend die Gesetze und Gebräuche des Landkriegs (↑Haager Landkriegsordnung); das *(V.)* Abkommen betreffend die Rechte und Pflichten der neutralen Mächte und Personen im Falle eines Landkrieges; das *(VI.)* Abkommen über die Behandlung der feindl. Kauffahrteischiffe beim Ausbruch der Feindseligkeiten; das *(VII.)* Abkommen über die Umwandlung von Kauffahrteischiffen in Kriegsschiffe; das *(VIII.)* Abkommen über die Legung von unterseeischen selbsttätigen Kontaktminen; das *(IX.)*

Abkommen betreffend die Beschießung durch Seestreitkräfte in Kriegszeiten; das *(X.)* Abkommen betreffend die Anwendung der Grundsätze der Genfer Konvention auf den Seekrieg. Es regelt dies bes. Rechtsstellung von Lazarettschiffen im Krieg; das *(XI.)* Abkommen über gewisse Beschränkungen in der Anwendung des Beuterechts im Seekriege. Es sieht u. a. die Unverletzlichkeit von Briefpostsendungen auf See und ein Wegnahmeverbot von Fahrzeugen der Küstenschiffahrt vor; das *(XIII.)* Abkommen betreffend die Rechte und Pflichten der Neutralen im Falle eines Seekriegs.
Obwohl die genannten 12 Abkommen der H. F. bis heute formell in Kraft sind, haben viele Staaten sie vielfach mißachtet.
📖 *Wörterb. des Völkerrechts. Hg. v. K. Strupp u. a. Bd. 1. Bln.* [2]1960.

Haager Garantievertrag (Assoziationstraktat), 1681 geschlossener schwed.-östr.-niederl. Vertrag, in dem sich die von B. G. Graf Oxenstierna geleitete Außenpolitik König Karls XI. von Schweden dem gegen die frz. Hegemonialpolitik gerichteten Kurs der beiden anderen Mächte anschloß.

Haager Große Allianz ↑Große Allianz.

Haager Kaufrechtsübereinkommen, Sammelbez. für zwei völkerrechtliche Verträge, die am 1. 7. 1964 in Den Haag zur Unterzeichnung aufgelegt wurden: das Übereinkommen zur Einführung eines einheitl. Gesetzes über den internat. Kauf bewegl. Sachen und das Übereinkommen zur Einführung eines einheitl. Gesetzes über den Abschluß von internat. Kaufverträgen über bewegl. Sachen. Die in den H. K. enthaltenen Gesetze müssen von den Vertragsstaaten als nat. Gesetze verabschiedet werden (in der BR Deutschland: Gesetze vom 17. 7. 1973).

Haager Konferenz für internationales Privatrecht, internat. Organisation (Statut von 1951, in Kraft getreten am 15. 7. 1955) mit Sitz in Den Haag, deren Ziel die Vereinheitlichung des internat. Privatrechts ist; ihre Tagungen finden normalerweise alle 4 Jahre statt. Auf den Tagungen werden die in der Zwischenzeit vom internat. Sekretariat unter Hinzuziehung von Sachverständigen erarbeiteten Abkommensentwürfe abschließend beraten.

Haager Kulturgüterschutzabkommen (amtl.: Konvention zum Schutz von Kulturgut bei bewaffneten Konflikten), ein im Rahmen der UNESCO ausgearbeiteter völkerrechtl. Vertrag vom 14. 5. 1954, der die Bestimmungen der Art. 27 und 56 der Haager Landkriegsordnung ergänzt und das bewegl. und das unbewegl. Kulturgut (z. B. Bauwerke, Gemälde, Kunstgegenstände) ohne Rücksicht auf ihre Herkunft oder Eigentumsverhältnisse einem bes. Schutz im Kriege unterstellt.

Haager Landkriegsordnung, Abk.

Haare

HLKO, auf den Haager Friedenskonferenzen von 1899 und 1907 formulierte Gesetze und Gebräuche des Landkriegs. Der 1. Abschnitt *(Kriegführende)* definiert den Begriff des Kriegführenden und regelt ausführl. die Rechtsstellung der Kriegsgefangenen (u. a. Arbeitspflicht für gefangene Soldaten mit Ausnahme der Offiziere). Im 2. Abschnitt *(Feindseligkeiten)* werden bestimmte Mittel zur Schädigung des Feindes verboten (z. B. die Verwendung von Gift, Plünderung) und die Rechtsstellung der Spione und Parlamentäre sowie der Waffenstillstand behandelt. Der 3. Abschnitt *(militär. Gewalt auf besetztem feindl. Gebiete)* garantiert der Bev. eines besetzten Gebietes eine Reihe von Rechten, u. a. Schutz des Privateigentums. Ergänzende und weiterführende Vorschriften enthalten v. a. das Genfer Protokoll vvm 17. 6. 1925 gegen den Gaskrieg, die Genfer Konventionen von 1949 sowie das Haager Kulturgüterschutzabkommen. Die HLKO wird auch gegenüber Nichtunterzeichnerstaaten als verbindl. angesehen.

Haager Luftpiaterieübereinkommen, Kurzbez. für das Übereinkommen zur Bekämpfung der widerrechtl. Inbesitznahme von Luftfahrzeugen; im Rahmen der Internat. Zivilluftfahrtorganisation (ICAO) ausgearbeitetes, am 16. Dez. 1970 in Den Haag unterzeichnetes Übereinkommen, mit dem die weltweite strafrechtl. Verfolgung von Luftpiraten sichergestellt werden soll.

Haager Musterabkommen, Kurzbez. für das Haager Abkommen über die internat. Hinterlegung gewerbl. Muster oder Modelle, am 6. 11. 1925 in Den Haag erstmals unterzeichnet (mit Ergänzungsabkommen), das den internat. Schutz gewerbl. Muster und Modelle (Geschmacksmuster) beinhaltet.

Haakon ↑Håkon.

Haar (Haarstrang), Höhenrücken am S-Rand der Westfäl. Bucht, bis 389 m hoch.

Haarausfall (Haarschwund, Alopezie), vorübergehender oder dauernder, örtl. begrenzter oder völliger Verlust der Kopf- oder Körperbehaarung. Bes. im Hinblick auf die Kopfbehaarung unterscheidet man je nach Ursache, Lokalisation und Verlauf verschiedene Formen: 1. **kreisförmiger Haarausfall** (Alopecia areata, Pelade): plötzl. Auftreten runder, kahler Stellen am behaarten Kopf, u. U. auch im Bereich der Bart-, Augenbrauen- und Körperbehaarung; Ursachen unbekannt; Heilung erfolgt meist spontan; 2. **atroph. Haarausfall** (Alopecia atrophicans): kreisförmiger H. mit zusätzl. narbigen Veränderungen, bes. im Bereich der Scheitelgegend; Ursache wahrscheinl. verschiedene Hauterkrankungen; 3. **dreieckiger Haarausfall** (Alopecia triangularis): angeborener Haardefekt, der sich, von den Stirnhöckern an schmaler werdend, bis ins Haupthaar erstreckt und in der Mittellinie meist ein vorspringendes

Haardreieck verschont; 4. **kleinfleckiger Haarausfall** (Alopecia parvimaculata): bei Kleinkindern endem. auftretender H.; wahrscheinl. Folge örtl. bakterieller Infektion; 5. **vorzeitiger Haarausfall** (Alopecia praematura): erbl. bedingter, um das 25. Lebensjahr mit zunehmenden „Geheimratsecken" beginnender, vorwiegend bei Männern vorkommender H., wobei sich eine Stirnglatze entwickelt und nur ein seitl. Haarkranz bestehen bleibt. Oft tritt gleichzeitig fettige Schuppenbildung auf (Seborrhö); 6. **symptomat. Haarausfall:** meist hinter den Ohren beginnender H. als Begleiterscheinung verschiedener Krankheiten.

Haarbalg ↑Haare.

Haarbalgdrüsen ↑Haare.

Haarbalgmilbenausschlag, svw. ↑Demodikose.

Haar der Berenike ↑Sternbilder (Übersicht).

Haardt, an das Oberrhein. Tiefland grenzender östl. Teil des Pfälzer Waldes, in der Kalmit 673 m hoch; bekanntes Weinbaugebiet.

Haare, (Pili) ein- oder mehrzellige, meist fadenförmige Bildungen der Epidermis mancher *Tiere* und des *Menschen.* Unter den Wirbeltieren haben nur die Säugetiere Haare. Bei ihnen dienen diese Hornfadengebilde v. a. der Temperaturregulation und als Strahlenschutz, haben aber auch Tastsinnesfunktion und stellen einen Schmuckwert oder Tarnschutz dar. Die Verteilung der H. über die Körperoberfläche (**Behaarung**) kann sehr unterschiedl. sein: Die meisten Säugetiere haben ein den ganzen Körper bedeckendes Haarkleid; beim Menschen treten H. nur an bestimmten Körperstellen auf; bei einigen anderen Tieren (Seekühe, Wale) fehlen die H. weitgehend. In diesen Fällen ging die Behaarung sekundär teilweise oder ganz verloren. *Aufbau:* Man unterscheidet den über die Epidermis herausragenden **Haarschaft** und die in einer grubenförmigen Einsenkung steckende **Haarwurzel,** die an ihrem Ende zur **Haarzwiebel** verdickt ist. In diese ragt von unten her eine zapfenförmige, bindegewebige Lederhautpapille (**Haarpapille**) hinein. Sie enthält ein Blutgefäßnetz sowie Pigmentzellen und versorgt die teilungsfähigen Zellen der Haarzwiebel. Von dieser H.matrix aus wächst und regeneriert sich das H. (bei Zerstörung der Matrix oder der Papille ist keine H.bildung mehr mögl.). Nach oben zu sterben die H.zellen ab und verhornen. Aus unvollständig verhornten und eingetrockneten Zellen bildet sich das **Haarmark.** Um das Mark herum liegt die **Haarrinde,** in deren Zellen Farbstoffe abgelagert sind, die die H.farbe bedingen. Außen umgeben verhornte Zellen eines einfachen Plattenepithels das H. dachziegelartig. Wie das H. außen, besitzt der H.follikel innen eine Abschlußschicht aus bes. kleinen, flachen

4*

111

Haarentfernungsmittel

Zellen, die H.*scheidenkutikula*. Sie gehört zur inneren Wurzelscheide. Darauf folgt die äußere Wurzelscheide, die nach dem H.bulbus zu schmäler wird und nach außen eine stark verdickte, kutikuläre Basalmembran *(innere Glashaut)* ausscheidet. Die H.wurzel ist außen vom **Haarbalg**, einer bindegewebigen Schicht aus verdickten Zellen der Lederhaut umgeben. Ihre Basalmembran liegt der inneren Glashaut als *äußere Glashaut* auf. - Die H. sitzen meist schräg in der Haut. Sie können durch einen kleinen glatten Muskel (**Haarbalgmuskel**) aufgerichtet werden. Zw. Muskel und H. liegen ein bis zwei Talgdrüsen (**Haarbalgdrüsen**), die in den H.balg münden. Ihr öliges Sekret hält das H. geschmeidig. H.querschnitt und Dicke der Rinde bestimmen die Eigenschaften des H.; dicke Rinde: steifes H.; stark ovaler Querschnitt: gekräuseltes Haar. Nach der Form des einzelnen H. unterscheidet man beim Menschen v. a.: glattes H. (lissotrich; schlicht- oder straffhaarig; bes. bei Mongoliden), welliges und lockiges H. (kymatotrich; bes. bei Europiden) und krauses H. (ulotrich; bei Negriden).
Die Gesamtzahl der H. des Menschen beträgt etwa 300 000–500 000. Davon entfallen rd. 25 % auf die Kopfbehaarung. Ein menschl. H. ist etwa 40–100 μm dick. Es wächst tägl. (mit Ausnahme der Augenbrauen, die nur etwa halb so schnell wachsen) zw. 0,25 und 0,40 mm. Dickere H. wachsen im allg. schneller als dünnere. Ist das Wachstum beendet, löst sich das H. unter Verdickung seines untersten Endes von der Papille ab. Nach einer Ruhezeit bildet diese ein neues H., das im gleichen Kanal wächst, das alte H. mitschiebt, bis dieses ausfällt. Wenn die Pigmentzellen keinen Farbstoff mehr haben, wird das neue H. grau. Treten zw. den verhornten Zellen feine Luftbläschen auf, werden die H. weiß. Die Haardichte im Haarkleid von Säugetieren der gemäßigten Breiten liegt zw. 200 (im Sommer) und 900 (im Winter) pro cm². Auf größeren Haut- bzw. Fellbezirken liegen die H. im allg. in bestimmten Richtungen (**Haarstrich**). Der Haarstrich ist häufig der Hauptfortbewegungsrichtung angepaßt (verläuft also von vorn nach hinten) oder entspricht der Schutzfunktion des Haarkleides (v. a. gegen Regen; daher meist vom Rücken zum Bauch verlaufend). Bei Faultieren, die eine hängende Lebensweise haben, verläuft der Haarstrich vom Bauch zum Rücken (mit einem Scheitel am Bauch). Beim Orang-Utan sind die H. des Ober- und Unterarms jeweils auf den Ellbogen ausgerichtet. Beim Maulwurf, der in seinen Erdgängen vor- und rückwärts gleitet, stehen die H. richtungslos. - Die H. der Insekten sind entweder unechte H., d. h. sie sind Fortsätze der äußeren Hautschicht oder echte H. und gehen damit auf bes. H.bildungszellen zurück.
Ⅲ *Grenzebach, M. A.: Die H. Spiegel der Ge-*

sundheit. Entdeckung der medizin. Haaranalyse. Mchn. 1986.
◆ (Trichome) bei *Pflanzen* meist aus Einzelzellen der Epidermis hervorgehende Anhangsgebilde. Man unterscheidet **einzellige Haare** (Papillen, Borsten-H., Brenn-H.) und aus unverzweigten Zellreihen bestehende **mehrzellige Haare** (Drüsen-H.). Durch dichte Verzweigung entstehen *Etagen-H.* oder mehrzellige **Stern-H.** *Funktion:* Lebende H. fördern die Transpiration durch Oberflächenvergrößerung. Dichte, filzige Überzüge aus toten H. dagegen verringern sie durch Schaffung windstiller Räume und schützen gegen direkte Sonnenbestrahlung.

Haarentfernungsmittel ↑ Enthaarungsmittel.

Haarfärbemittel, Präparate, die den natürl. Farbton der Haare verändern. *Anorgan. H.*, z. B. Metallsalze, die unter der Einwirkung von Luft, Licht und Entwicklerlösung auf dem Haar unlösl. Oxide oder Sulfide bilden, werden u. a. wegen ihrer Giftigkeit nicht mehr verwendet. Diese und die H. pflanzl. Ursprungs (*vegetabil. H.*, z. B. ↑ Henna) sind durch die *Oxidationshaarfarben* verdrängt worden. Sie enthalten leicht oxidierbare Substanzen, die in die Haarschäfte eindringen. Eine *direkte Haarfärbung* wird ohne zusätzl. Oxidationsmittel erreicht, da sich die Farbe bereits unter Einwirkung von Luftsauerstoff bildet. - ↑ auch Blondiermittel.

Haarfedergras ↑ Federgras.

Haarfilz, Filzart, bei der als Rohstoff Kuh-, Kälber-, Ziegen-, Kamel-, Kanin- u. a. Haar verwendet wird.

Haargarne, grobe, harte Garne aus Grannenhaaren von Rindern, Ziegen, Kamelen usw., die zur Herstellung von Teppichen, Pferdedecken usw. verwendet werden.

Haargerste (Elymus), Gatt. der Süßgräser mit rd. 45 Arten in den gemäßigten Zonen der Erde; Hüllspelzen kurz begrannt, schmallinealisch. In Deutschland kommen vor: **Waldhaargerste** (Elymus europaeus) mit rauh behaarten Blättern, Hüll- und Deckspelzen begrannt; **Strandroggen** (Elymus arenarius), dessen Blätter sich bei trockenem Wetter zusammenrollen, Ährchen unbegrannt.

Haarhygrometer ↑ Hygrometer.

Haarkristall (Faserkristall, Whisker), außerordentlich dünner, haarförmiger ↑ Einkristall (Länge bis zu einigen cm, Dicke einige μm), der sich durch spontanes Wachstum aus Lösungen, Schmelzen oder (bei großer Übersättigung) aus der Gasphase, auch durch elektrolyt. Abscheidung bildet.

Haarlem, niederl. Stadt im südl. Kennemerland, 18 km westl. von Amsterdam, 150 000 E. Verwaltungssitz der Prov. Nordholland; röm.-kath. und altkath. Bischofssitz; Niederl. Geolog. Dienst, techn. Schule; Museen, u. a. Frans-Hals-Museum, Bibliotheken; Theater. Zentrum der niederl. Blumenzwie-

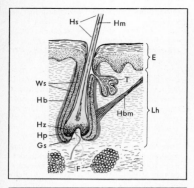

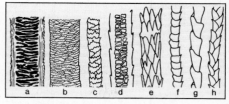

Haare. Haarstrukturen a der Katze (Markstruktur), b des Schweins (Kutikularstruktur), c des Schafs (Kutikularstruktur), d und e des Mauswiesels (d Markstruktur, e Kutikularstruktur des Schaftunterteils), f, g und h verschiedener Fledermausarten (Kutikularstrukturen)

Haare. a–c einzellige Pflanzenhaare (a Borstenhaar vom Borretsch; b Querschnitt durch Papillen der Blütenblattepidermis der Gelben Lupine; c einzelne, verzweigte Haarzelle von einem Gänsekressenblatt); d mehrzelliges Pflanzenhaar (Etagenhaar von einem Platanenblatt)

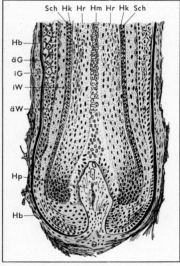

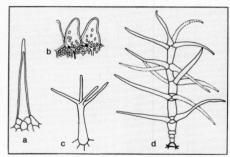

Haare. Oben: Längsschnitt durch eine behaarte Hautstelle; unten: histologischer Längsschnitt durch die Haarwurzelbasis. äG äußere Glashaut, äW äußere Wurzelscheide, E Epidermis, F Fettgewebe im Unterhautbindegewebe, Gs Gefäßschlinge, Hb Haarbalg, Hbm Haarbalgmuskel, Hk Haarkutikula, Hm Haarmark, Hp Haarpapille, Hr Haarrinde, Hs Haarschaft, Hz Haarzwiebel, iG innere Glashaut, iW innere Wurzelscheide, Sch Haarscheidenkutikula, T Haarbalgdrüse (Talgdrüse), Ws innere und äußere Wurzelscheide des Haarfolikels

belzucht; Wohnstadt mit zahlr. Ind.betrieben. - H. erhielt 1245 Stadtrechte. Nach dem Ende der span. Besetzung (1573–77) wurde H. bald eine der reichsten Städte in Holland. Eine große Anzahl fläm. Glaubensflüchtlinge ließ sich hier nieder. - Zahlr. Kirchen, u. a. spätgot. Grote Kerk (15. Jh.), Janskerk (14.–16. Jh.), Nieuwe Kerk (1645–49). Rathaus (14. und 17. Jh.), Stadtwaage (1598), Fleischhalle (1602–03; jetzt Provinzialarchiv). - Abb. S. 116.

Haarlemmermeer-Polder, niederl. Poldergebiet zw. Haarlem, Amsterdam und Leiden. 180 km², z. T. u. d. M.; Anbau von Getreide, Gemüse, Blumen.

Haarlinge ↑Federlinge.

Haarmoose (Polytrichaceae), Fam. der Laubmoose mit 15 Gatt. und rd. 350 in den

Haarmücken

gemäßigten Zonen und in trop. Gebirgen verbreiteten Arten; bekannteste Art ist das ↑Frauenhaar.

Haarmücken (Bibionidae), mit rd. 400 Arten weltweit verbreitete Fam. 3–13 mm langer Mücken; fliegenartig aussehende Insekten mit stark behaartem, meist schwarzem Körper (Hinterleib der ♀♀ häufig gelb, braun oder rot), abstehenden Flügeln und kurzen Fühlern.

Haarnixe (Fischgras, Cabomba), Gatt. der Seerosengewächse mit sechs Arten im trop. und subtrop. Amerika; Wasserpflanzen mit fein zerteilten Unterwasserblättern und schildförmigen Schwimmblättern; Blüten klein, weiß bis gelb; Früchte lederartig; Aquarienpflanzen.

Haarraubwild, wm. Bez. für alles Raubwild aus der Klasse der Säugetiere.

Haarrisse, feinste, für das bloße Auge oft unsichtbare [Oberflächen]risse bei Materialien verschiedenster Art.

Haarspray [spre:̣ ʃpre:] ↑Spray.

Haarsterne (Federsterne, Crinoidea), Klasse meerbewohnender Stachelhäuter mit rd. 620 Arten; oft bunt gefärbte Tiere, die entweder nur im Jugendstadium **(Eigentl. Haarsterne;** Flachwasserbewohner, 10–35 cm lang) oder zeitlebens **(Seelilien;** in Tiefen unter 1 000 m, wo sie regelrechte Wiesen bilden kön-

nen) mit einem Stiel am Untergrund festsitzen. Auf den Stiel folgt ein kelchförmiger Körperabschnitt, von dem fünf gegabelte oder mehrfach verzweigte Arme ausgehen.

Haarstrang (Peucedanum), Gatt. der Doldengewächse mit rd. 120 Arten in Eurasien u. S-Afrika; bis 2 m hohe Pflanzen mit fiederteiligen Blättern und kleinen, weißen, gelbl. oder rötl. Blüten. In Deutschland kommen sieben Arten vor, darunter der **Sumpfhaarstrang** (Peucedanum palustre) auf sauren, nassen Böden und der **Echte Haarstrang** (Peucedanum officinale) mit fein lineal. zerteilten Blättern auf Halbtrockenrasen.

Haartracht (Frisur), die Art, das Haar zu tragen; sie ist in der Kulturgeschichte vielfach durch soziale Stellungen (als Rangzeichen) und religiöse Ansichten (zur Kennzeichnung der kult. bzw. religiösen Zugehörigkeit) bestimmt. - *Altertum:* Ägypter, Hethiter, Assyrer und Babylonier trugen meist lange, zu Locken gedrehte H. oder Perücken. Lange H. sahen die Griechen anfangs als Göttergeschenk an, weshalb den Sklaven die H. gekürzt wurden; seit dem 5. Jh. v. Chr. waren auch bei den männl. Freien kurze H. übl.; die Frauen faßten ihre H. zu einem Schopf oder Knoten. Im 3. Jh. v. Chr. übernahmen die Römer die griech. Haartracht; die Römerinnen der Kaiserzeit türmten die gefärbten

Haartracht. 1 assyrische Haar- und Barttracht (8. Jh. v. Chr.), 2 griechische Haartracht (um 500 v. Chr.), 3 römische Haartracht (50 n. Chr.), 4 männl. Haartracht (13. Jh.), 5 weibl. Haartracht (14. Jh.), 6 niederländische Haartracht (um 1630), 7 Hochfrisur im späten Rokoko (um 1770), 8 und 9 Empirefrisuren (um 1805), 10 Biedermeierfrisur (um 1830), 11 Frisur um 1900, 12 Bubikopf (um 1925), 13 Tellerfrisur (1947/48), 14 und 15 Frisuren der 1970er Jahre

oder gebleichten H. zu dichten Locken, wobei nicht selten H. von Germaninnen verwendet wurden. Die Germanen trugen die H. lang, halblang oder zu einem Knoten über der Schläfe zusammengebunden; die german. Frauen steckten das Haar auf, die Mädchen trugen es herabfallend. **Zöpfe** sind gegen Ende der Völkerwanderungszeit nachweisbar. Bei den Franken waren lange H. dem König vorbehalten. - *Mittelalter:* Bei den Männern überwogen lange, gelockte und seit dem 14. Jh. kurze H.; unverheiratete Frauen trugen die H. offen oder in Zöpfen, verheiratete verbargen sie unter vielfältigen Kopfbedeckungen, v. a. der Haube. - *Neuzeit:* Im 16. Jh. wurde die Frisur der allg. übl. span. Tracht angepaßt; Männer hatten kurzes, Frauen zu Locken gebauschtes, oftmals toupiertes Haar (**Kegelfrisur**). Im 17. Jh. trugen die Männer die H. länger, sie wurden in die Stirn gekämmt oder in der Mitte gescheitelt und reichten bis zur Schulter. Ludwig XIV. verhalf der **Perücke** als Inbegriff der höf. Haartracht zum Durchbruch; diese Mode gipfelte in der **Allongeperücke**. Aus der Mode, langes Haar am Hinterkopf in einem **Haarbeutel** zu tragen, entwickelte sich die **Zopftracht**. Im 18. Jh. wurde in höf. Kreisen die weibl. Frisur immer komplizierter und umfangreicher und gipfelte in der künstl. gesteiften, schmucküberladenen **Turmfrisur**. Nach der Frz. Revolution setzte sich eine kürzere, gelockte Haartracht durch (bei Frauen der sog. **Tituskopf**), die mehrfach mod. abgewandelt, zu den unterschiedlichsten Frisuren des 19. und 20. Jh. überleitete. Im Biedermeier wurde das Haar der Frau wieder länger; danach setzten sich die **Scheitelfrisur** mit Mittelscheitel, **Korkenzieherlocken, Haarnest, Schnecken** oder **Chignon** (Ende des 19. Jh.) durch. Um 1920 begünstigte v. a. die erstarkende Frauenbewegung den kurzen Haarschnitt, der vom glatten **Bubikopf** (nach Entwicklung der Dauerwelle) zu zahlr. mehr oder weniger lockigen oder welligen, kurzen oder langen Frisuren führte. In diese Zeit fällt auch der **Herrenschnitt.** Seit den 1950er Jahren ist der Wechsel der Haarmode auch bei Jugendl. bes. auffallend; oftmals von Musikstars (z. B. E. Presley, Beatles) kreiert, fanden diese Frisuren, zunächst schichtenspezif. als zur Schau getragene gesellschaftl. Überzeugung („Langhaarige") und dann als sog. **Look** allg. Verbreitung.

Haarwasser, meist 40–60prozentige alkohol. Lösung mit verschiedenen Wirkstoffen (Schwefelverbindungen, Pantothensäure, Vitamine, Cholesterin, Lezithin), die den Haarboden beeinflussen.

Haarwechsel, bei Säugetieren (einschließl. Mensch) kontinuierl. oder period. Ausfall von Haaren, die durch gleich- oder andersartige, verschiedentl. auch anders gefärbte Haare ersetzt werden. Der period., hormonell gesteuerte und erbl. festgelegte H. bei fast allen Säugetieren der gemäßigten Gebiete wird ↑ Mauser genannt.

Haarwild, wm. Bez. für alles Wild, das ein Fell hat. - Ggs. Federwild.

Haarwinkel, nach dem Lichtspaltverfahren arbeitendes Meßwerkzeug mit zwei unter einem [rechten] Winkel zueinander stehenden Haarlinealen (Stahllineal mit messerartiger Meßkante).

Haarwürmer (Trichuridae), Fam. kleiner, schlanker Fadenwürmer mit sehr dünnem, haarartig ausgezogenem Vorderende; leben endoparasit. in Vögeln und Säugetieren (einschließl. Mensch), wo sie **Haarwurmkrankheiten** (v. a. im Bereich des Darms, der Leber, der Nieren und der Lunge) verursachen.

Haas, Arthur Erich, * Brünn 30. April 1884, † Chicago 20. Febr. 1941, östr. Physiker und Physikhistoriker. - Prof. in Leipzig, Wien und Notre Dame (Ind.). H. verknüpfte 1910 als erster das Plancksche Wirkungsquantum mit atomaren Größen und formulierte eine Quantenbedingung, die mit den späteren Bohrschen Bedingung für den Grundzustand des Wasserstoffatoms übereinstimmte.

H., Ernst, * Wien 2. März 1921, † New York 12. Sept. 1986, östr. Photograph. - Lebte in den USA; poet. Landschafts- und Städteaufnahmen in zahlr. Illustrierten. Hielt als einer der ersten in Farbaufnahmen Bewegung fest (verwischte Konturen). Auch Bildbände: „Die Schöpfung" (1971), „In Amerika" (1975), „In Deutschland" (1976). - Abb. S. 118.

H., Joseph, * Maihingen bei Nördlingen 19. März 1879, † München 30. März 1960, dt. Komponist. - Schüler von M. Reger, lehrte 1921–50 an der Münchner Akademie der Tonkunst. Sein Schaffen ist durch volksnahen Ausdruck charakterisiert v. a. Opern, u. a. „Die Hochzeit des Jobs" (1944), Oratorien, Chorwerke, Orchesterwerke, Kammermusik und Lieder.

H., Monique [frz. ɑːs], * Paris 20. Okt. 1909, frz. Pianistin. - ∞ mit dem Komponisten M. Mihalovici; bed. Interpretin klass., romant. und bes. zeitgenöss. Klaviermusik. Seit 1968 Prof. am Pariser Conservatoire.

H., Richard, * Chemnitz 23. Sept. 1910, dt. Bakteriologe und Hygieniker. - Prof. in Marburg und Freiburg im Breisgau; v. a. bekannt durch die Entwicklung eines (dt.) Impfstoffes gegen Kinderlähmung.

H., Robert [Maria], * Prag 15. Aug. 1886, † Wien 4. Okt. 1960, östr. Musikforscher. - 1929–45 Prof. in Wien. Veröffentlichte u. a. „Die Musik des Barocks" (1929), „Aufführungspraxis" (1931), „W. A. Mozart" (1933), „A. Bruckner" (1934).

H., Wander Johannes de [niederl. haːs], * Lisse (Prov. Südholland) 2. März 1878, † Bilthoven (Prov. Utrecht) 26. April 1960, niederl. Physiker. - Prof. in Delft, Groningen und Leiden. Lieferte 1915 - einem Vorschlag von A. Einstein folgend - die experimentelle

Haarlem mit der Grote Kerk

Bestätigung des daraufhin so benannten † Einstein-de-Haas-Effektes.

H., Willy, * Prag 7. Juni 1891, † Hamburg 4. Sept. 1973, dt. Kritiker und Essayist. - Gehörte in Prag zum literar. Kreis um F. Kafka, dessen „Briefe an Milena" er 1952 herausgab; leitete seit 1925 in Berlin die Zeitschrift „Die literar. Welt". Emigrierte 1933 nach Prag, 1939 nach Indien. Nach seiner Rückkehr 1947 Theater- und Literaturkritiker. Verfaßte auch zahlr. Filmdrehbücher. - *Werke:* Das Spiel mit dem Feuer (Essays, 1923), Gestalten der Zeit (Essays, 1930), Bert Brecht (Monographie, 1958), Hugo von Hofmannsthal (1964), Fragmente eines Lebens (Essays, 1970).

Haase, Friedrich, * Berlin 1. Nov. 1825, † ebd. 17. März 1911, dt. Schauspieler, Regisseur und Theaterleiter. - Als Regisseur des Hoftheaters in Coburg (1866–68) beeinflußte er den Stil der † Meininger durch seine Hamletinszenierung nach engl. Vorbild. Spielte selbst v. a. weltmänn. Rollen; Mitbegr. des Dt. Theaters in Berlin.

H., Hugo, * Allenstein 29. Sept. 1863, † Berlin 7. Nov. 1919 (an den Folgen eines Attentats), dt. Jurist und Politiker. - MdR (SPD) 1897–1906 und 1912–18; 1911–16 Parteileitung zus. mit F. Ebert; plädierte 1915 gegen die Kriegskredite. Seit März 1916 leitete H. die Sozialdemokrat. Arbeitsgemeinschaft (seit Ostern 1917 USPD). Kurzzeitig Mgl. des Rats der Volksbeauftragten.

Hába, Alois [tschech. 'ha:ba], * Vizovice (Südmähr. Gebiet) 21. Juni 1893, † Prag 18. Nov. 1973, tschech. Komponist. - Lehrte seit 1923 am Prager Konservatorium, war 1945–61 Prof. an der Akademie für mus. Künste in Prag. H. ist ein Verfechter des Vierteltonsystems und schrieb selbst Werke im Viertel-, Fünftel-, Sechstel- und im diaton.-chromat. Tonsystem. Sein Werk umfaßt u. a. 16 Streichquartette, 4 Nonette, Suiten, Phantasien und Sonaten für Bläser, Streicher oder für Klavier, Solokonzerte, Orchesterwerke, drei Opern („Die Mutter", 1931; „Die neue Erde", 1936; „Dein Reich komme", 1942) und das Alterswerk „Tagebuchnotizen" für Sprecher und Streichquartett op. 101 (1970). Schrieb u. a. „Neue Harmonielehre des diaton., chromat., Viertel-, Drittel-, Sechstel- und Zwölfteltonsystems" (1927).

Habakuk, alttestamentl. Prophet und das von ihm verfaßte bibl. Buch (Abk. Habak.); kurz nach 609 v. Chr. zusammengestellt. Die Hauptaussage: Die Gottlosen werden bald gerichtet, die Gerechten bleiben am Leben.

Habakukkommentar, Erklärung der Kumrangemeinde aus dem beginnenden ersten vorchristl. Jh. zu Habak. 1–2.

Habaner, späterer Name der † Hutterer in der Slowakei und in Siebenbürgen.

Habanera [span., nach Havanna (span. La Habana)], im frühen 19. Jh. in Kuba aufgekommener Tanz im $^2/_4$-Takt, Ende des 19. Jh. auch in Spanien heimisch. Bekannt aus Bizets „Carmen".

Habasch, Georges, * Lod (bei Tel Aviv) 1925, Palästinenserführer. - Urspr. Arzt; seit 1967 Führer der Volksfront zur Befreiung

Palästinas, mit der er unter sozialrevolutionärer Zielsetzung die Errichtung eines palästinens. Staates verfolgt.

Habdala (Havdala) [hebr. „Scheidung"], vom jüd. Hausherrn in der häusl. Feier beim Ausgang des Sabbats oder eines Feiertags gesprochener Lobpreis, verbunden mit einer Segnung über Wein überfließenden Bechers (Symbol überströmenden Segens) und einer Benediktion über Gewürz (dessen Wohlgeruch als Symbol der Sabbatwonne gilt), das in oft kostbaren, künstler. reich gestalteten Büchsen (**Besomimbüchsen**) aufbewahrt wird.

Habe, Hans, urspr. H. Bekessy, * Budapest 12. Febr. 1911, † Locarno 30. Sept. 1977, amerikan. Schriftsteller und Publizist östr. Herkunft. - Erfolgreich mit (sensationellen) Taschenberichten und Unterhaltungsromanen. *Werke:* Drei über die Grenze (R., 1937), Ob Tausend fallen (Bericht, 1941), Ich stelle mich (Autobiographie, 1954), Off limits (R., 1955), Ilona (R., 1960), Die Tarnowska (R., 1962), Die Mission (R., 1965), Das Netz (R., 1969), Palazzo (R., 1975).

Habeaskorpusakte [nach dem lat. Anfang alter Haftbefehle: habeas corpus „du sollst den Körper haben"], 1679 erlassenes engl. Staatsgrundsatz zum Schutz der persönl. Freiheit: Niemand darf ohne richterl. Haftbefehl verhaftet oder ohne gerichtl. Untersuchung in Haft gehalten werden.

Habelschwerdt (poln. Bystrzyca Kłodzka), Krst. an der Glatzer Neiße, Polenᵛ, 365 m ü. d. M., 9 100 E. Holzind. - Um die Mitte des 13. Jh. als Stadt gegr. Ab 1742 zu Preußen gehörend. - Got. Pfarrkirche, Patrizierhäuser des 16./17. Jh.; Reste von Wehranlagen (14. Jh.).

Habelschwerdter Gebirge, Gebirge in den Mittelsudeten, Polenᵛ, im Heidelberg 977 m hoch.

Habemus Papam [lat. „wir haben einen Papst"], die Worte, mit denen der Kardinal-Protodiakon von der Außenloggia der Peterskirche die vollzogene Wahl des Papstes bekanntgibt.

Haben, die rechte Seite eines Kontos; bei Aktivkonten Eintragung der Vermögensabnahme, bei Passivkonten der Schuldenzunahme; bei den Erfolgskonten auf der H.seite Ausweis der Erträge. - Ggs. ↑Soll.

Habenzinsen ↑Zinsen.

Haber, Fritz, * Breslau 9. Dez. 1868, † Basel 29. Jan. 1934, dt. Chemiker. - 1906–11 Prof. an der TH Karlsruhe, anschließend Direktor des neugegründeten Kaiser-Wilhelm-Instituts für physikal. Chemie und Elektrochemie in Berlin-Dahlem. 1933 emigrierte er nach Großbritannien. Seine größte wiss. Leistung, für die er 1918 den Nobelpreis für Chemie erhielt, ist die Darstellung von Ammoniak aus Stickstoff und Wasserstoff unter hohem Druck (↑Haber-Bosch-Verfahren).

H., Heinz, * Mannheim 15. Mai 1913, dt. Physiker und Publizist. - Autor allgemeinverständl. naturwissenschaftl. Bücher und Fernsehsendungen; Hg. der Zeitschrift „Bild der Wissenschaft" (1964 ff.).

Haber-Bosch-Verfahren [nach F. Haber und C. Bosch], bedeutendstes großtechn. Verfahren zur Herstellung von ↑Ammoniak. Die Synthese erfolgt aus Wasserstoff und Stickstoff bei Drücken von über 200 bar und Temperaturen um 500 °C mit Hilfe eines Eisenkatalysators. Das einzusetzende ↑Synthesegas wird aus Luft, Wasser und Koks gewonnen. Die exotherme Reaktion benötigt, durch einen elektr. Brenner in Gang gesetzt, keine zusätzl. Heizung. 11 % des eingesetzten Synthesegases werden zu Ammoniak umgesetzt. Das den Ofen verlassende Gasgemisch wird auf -20 bis $-30\,°C$ gekühlt; dabei fällt Ammoniak flüssig an.

Haberfeldtreiben [vermutl. = Ziegenfelltreiben, auf Grund des früheren Brauches, den Schuldigen in ein Ziegenfell zu stecken], Bez. für ein im 18./19. Jh. im bayr. Oberland tätiges Rügegericht zur Verurteilung von Gemeindemgl., die gegen „Sitte und Brauch" verstoßen hatten. Später als scherzhaftes Faschingsgericht umgestaltet.

Haberl, Franz Xaver, * Oberellenbach bei Landshut 12. April 1840, † Regensburg 5. Sept. 1910, dt. Kirchenmusiker und Musikforscher. - Domkapellmeister in Regensburg (1871–82); gab die Werke Palestrinas und Orlando di Lassos heraus.

Haberlandt, Gottlieb, * Wieselburg-Ungarisch-Altenburg (ungar. Mosonmagyaróvár) 28. Nov. 1854, † Berlin 30. Jan. 1945, östr. Botaniker. - Prof. in Graz und Berlin; erforschte v. a. die Zusammenhänge zw. Bau und Funktion der Pflanzen und wies pflanzl. Hormone nach und erkannte deren Bed. für die Zellteilung und -differenzierung bzw. Embryonalentwicklung.

Häberlin, Paul, * Kesswil (Thurgau) 17. Febr. 1878, † Basel 29. Sept. 1960, schweizer. Philosoph und Pädagoge. - 1908 Prof. in Bern, 1922 in Basel. Das Schwergewicht der Arbeiten H. liegt in einer dualist. (Geist–Trieb) aufgefaßten Anthropologie. Auf ihr begründete H. eine vom Gedanken der Triebüberwindung getragene Pädagogik, Psychologie und Kulturtheorie.
Werke: Wissenschaft und Philosophie (1910–12), Das Ziel der Erziehung (1917), Möglichkeiten und Grenzen der Erziehung (1935), Der Mensch. Eine philosoph. Anthropologie (1943).

Habermann, Johann, latinisiert Avenarius, * Eger 1516, † Zeitz 5. Dez. 1590, dt. ev. Theologe. - H. ist der älteste bekannte Erbauungsschriftsteller der luth. Kirche und Verfasser eines der verbreitetsten, in mehrere Sprachen übersetzten Gebetbücher: „Christl. Gebeth für allerley Noth …".

Habermas

Habermas, Jürgen, * Düsseldorf 18. Juni 1929, dt. Philosoph und Soziologe. - 1961 Prof. in Heidelberg, 1964–71 und seit 1983 in Frankfurt am Main, 1971–80 in Starnberg als Direktor am Max-Planck-Institut zur Erforschung der Lebensbedingungen der wiss.-techn. Welt, dann bis 1983 Direktor am Max-Planck-Institut für Sozialwiss. (zunächst Starnberg, später München). Neben T. W. Adorno und M. Horkheimer führender Vertreter der ↑kritischen Theorie. Seine methodolog.-erkenntnistheoret. Schriften behandeln das Problem, wie sozialwiss. Theorie in prakt.-polit. emanzipator. Absicht mögl. ist, ohne in dezisionist. Unverbindlichkeit oder in dogmat. Normativismus zu verfallen.

Werke: Strukturwandel der Öffentlichkeit (1962), Theorie und Praxis (1963), Erkenntnis und Interesse (1968), Technik und Wiss. als Ideologie (1968), Der Positivismusstreit in der dt. Soziologie (mit T. W. Adorno u. a., 1969), Protestbewegung und Hochschulreform (1969), Zur Logik der Sozialwiss. (1970), Theorie der Gesellschaft oder Sozialtechnologie (mit N. Luhmann, 1971), Legitimitätsprobleme im Spätkapitalismus (1973), Kultur und Kritik (1973), Zur Rekonstruktion des Histor. Materialismus (1976), Gespräche mit Herbert Marcuse (1978), Theorie des kommunikativen Handelns (2 Bde., 1981), Die neue Unübersichtlichkeit (1985).

Habgier, im Sinne des Mordparagraphen (211 StGB): ein noch über die Gewinnsucht hinaus gesteigertes abstoßendes Gewinnstreben um jeden Preis.

Habib Ullah Khan, * Taschkent 3. Juli 1872, † Kallagusch (im Laghmantal) 20. Febr. 1919 (ermordet), Emir von Afghanistan (seit 1901). - Nachfolger seines Vaters Abd Ur Rahman Khan; erneuerte das Heeres- und Erziehungswesen nach angloind. Vorbild.

Habichtartige (Accipitridae), mit rd. 200 Arten weltweit verbreitete Fam. 0,2–1,2 m körperlanger Greifvögel. Unterfam. sind ↑Gleitaare, ↑Milane, ↑Weihen, ↑Bussarde, ↑Wespenbussarde, ↑Habichte, ↑Adler und Altweltgeier (↑Geier).

Habichte [zu althochdt. habuch, eigtl. „Fänger, Räuber"] (Accipitrinae), mit über 50 Arten weltweit verbreitete Unterfam. etwa 25–60 cm körperlanger Greifvögel; mit meist kurzen, runden Flügeln, relativ langem Schwanz und langen, spitzen Krallen. H. schlagen ihre Beute (bes. Vögel) im Überraschungsflug. Die umfangreichste Gatt. ist *Accipiter* mit 45 Arten; in M-Europa kommen **Hühnerhabicht** (Accipiter gentilis) und **Sperber** (Accipiter nisus) vor. Bei ersteren sind ♂ (bis 50 cm) und ♀ (bis 60 cm) oberseits dunkel aschbraun mit weißem Überaugenstreif, unterseits gesperbert. Bei zweiterem sind die ♂ (bis 25 cm) oberseits schiefergrau, unterseits rostbraun quergebändert; die ♀ (bis 38 cm) haben einen weißl. Überaugenstreif und eine grau gebänderte Unterseite; der Schwanz ist bei beiden Arten lang und grau gefärbt.

Habichtsadler (Hieraaetus fasciatus), etwa 70 cm großer Adler in S-Eurasien und Großteilen Afrikas; Gefieder oberseits dunkelbraun, unterseits weiß mit braunen Längsflecken, Schwanz mit schwarzer Endbinde; horstet an steilen Felsen.

Habichtsburg ↑Habsburg.

Habichtskauz ↑Eulenvögel.

Habichtskraut (Hieracium), Gatt. der Korbblütler mit rd. 800 Sammelarten auf der Nordhalbkugel und in den Anden; Kräuter mit meist gelben, orangefarbenen oder roten, ausschließl. Zungenblüten enthaltenden Blütenkörbchen. In Deutschland kommen etwa 15 formenreiche Sammelarten vor, darunter das häufige **Waldhabichtskraut** (Hieracium silvaticum), das gleichfalls häufige **Gemeine Habichtskraut** (Hieracium lachenalii) mit Körbchen in verzweigten Ständen sowie das **Kleine Habichtskraut** (Dukatenröschen, Mausohr, Hieracium pilosella) mit meist einköpfigem Stengel und langen Ausläufern.

Habichtswald, Gebirge im Hess. Berg-

Ernst Haas, Nr. 33 aus dem Bildband „Die Schöpfung" (1971)

land, westl. von Kassel, im Hohen Gras 615 m hoch; z. T. Naturpark.

Habilitation [zu mittellat. habilitare „geschickt, fähig machen"], förml. Verfahren zum Erwerb der Lehrbefähigung (lat. „venia legendi") an Hochschulen. Nach Einreichung (früher Annahme) einer wiss. Arbeit als **Habilitationsschrift** wird ein Kolloquium im Rahmen der Fakultät oder des Fachbereichs mit dem **Habilitanden,** der einen Fachvortrag hält, abgehalten. Verläuft das Verfahren positiv, findet es seinen Abschluß in einem öffentl. Vortrag (Antrittsvorlesung). Früher war die H. grundsätzlich Voraussetzung für eine Berufung auf einen Lehrstuhl einer Universität.

Habima (Habimah) [hebr. „Bühne"], 1916 in Moskau gegr. hebr. Theater, seit 1928 mit dem größten Teil des Ensembles in Palästina, seit 1958 „National-Theater Israels". Die H. vertrat 1916–26 ein „synthet. Theater" und führte die drei „Klassiker" des hebr. Theaters, „Der Ewige Jude" (D. Pinski, 1919), „Der Dybuk" (S. Anski, 1922) und „Der Golem" (H. Leivick, 1924) zum Erfolg.

Habiru (Hapiru) ↑Chapiru.

Habit [frz., zu lat. habitus „Aussehen, Kleidung"], [Amts]kleidung, Ordenstracht; auch Bez. für wunderl., merkwürdige Kleidung.

Habit [engl. 'hæbɪt „Gewohnheit, Verhaltensweise" (zu lat. habitus „Aussehen, erworbene Eigentümlichkeit")], v. a. in der amerikan. Psychologie und Pädagogik verwendete Bez. für das zur (ererbten) ↑Anlage Hinzuerworbene, Erlernte; auch Bez. für die kleinste Einheit im Lernprozeß.

Habitat [zu lat. habitare „wohnen"], in der *Biologie* der Standort einer bestimmten Tier- oder Pflanzenart.
◆ in der *Anthropologie* Bez. für den Wohnplatz von Ur- und Frühmenschen.
◆ kapselförmige Unterwasserstation, in der Aquanauten wohnen können.

habituell [lat.-frz.], regelmäßig, gewohnheitsmäßig, ständig. - In der *Medizin:* gewohnheitsmäßig, oft wiederkehrend, z. B. von Fehlgeburten.

Habitus [lat.], Gesamterscheinungsbild (Aussehen und Verhalten) von Lebewesen; auch svw. ↑Konstitution.

Haboob [engl. ha'bu:b; arab.-engl.] ↑Habub.

Habrecht, Isaak, * Schaffhausen 23. Febr. 1544, † Straßburg 11. Nov. 1620, dt. Uhrmacher. - Baute 1572–74 in Straßburg unter der Leitung von K. Dasypodius die Münsteruhr; 1579/80 Schauuhr am Rathaus in Heilbronn; 1580/81 Schauuhr am Rathaus in Ulm.

Habsburg (Habichtsburg), 1020 erbauter Stammsitz der ↑Habsburger, über dem rechten Aareufer, sw. von Brugg (Schweiz).

Habsburger, europ. Dyn., seit Mitte des 10. Jh. am Oberrhein als schwäb. Dynastengeschlecht nachweisbar, das sich nach der Habs-

Habichte. Hühnerhabicht (oben) und Sperberhabicht

burg benannte. Den im Elsaß, am Oberrhein und zw. Aare und Reuß begüterten H. gelang die Territorialbildung im SW des Reiches durch engen Anschluß an die Staufer; ihr Aufstieg begann mit der Wahl Rudolfs I. 1273 zum Röm. König bzw. mit dessen Sieg über König Ottokar II. von Böhmen 1278 im Kampf um Revindikation des Reichsguts und mit der Belehnung seiner Söhne Albrecht I. und Rudolf II. († 1290) 1282 mit den Hzgt. Österreich und Steiermark. Mit dem Erwerb von Kärnten und Krain (1335), Tirol (1363), Freiburg im Breisgau (1368), Triest (1383) und Görz (1500) wurden die habsburg. Stammlande im SW mit dem neuen Besitz im SO verbunden und die Voraussetzungen für die Hausmacht der H. geschaffen; seit dem 15. Jh. wurde dafür die Bez. **Haus Österreich (Casa d'Austria)** gültig. Im 14. und 15. Jh. Verlust der althabsburg. schweizer. Besitzungen; nach 1379 trennte sich die Ländergruppe des Hauses Österreich in 3 habsburg. Linien: die **Albertin. Linie** und die **Leopoldin. Linie,** die

sich 1411 in den jüngeren steier. und Tiroler Zweig teilte. Erst Maximilian I. konnte den gesamthabsburg. Besitz wieder vereinigen. Durch seine und v. a. die dynast. Heiratspolitik Friedrichs III. bzw. die Gewinnung der Krone des Hl. Röm. Reiches, dessen Träger die H. (außer 1742–45) bis 1806 blieben, bes. aber durch das herzogl. burgund. Erbe, den Anfall der span. Kgr. und den Erwerb der Wenzels- und der Stephanskrone (1526), vollzog sich der Aufstieg der H. zur europ. Großmacht. Nach der Trennung der span. und der dt. Linie der Gesamtdyn. nach dem Tode Karls V. (1556) bestimmte die span. Linie mit Philipp II. den Höhepunkt der Macht des Gesamthauses; dem dt. Haus gelang (bei neuen dynast. Teilungen 1564–1619) erst seit 1683 in der Offensivphase gegen das Osman. Reich die östr. Großmachtbildung. Trotz der zahlr. Verwandtenehen zw. beiden Linien, die Degenerationserscheinungen zur Folge hatten, konnten die H. nach dem Erlöschen der span. Linie (1700) nur die europ. Nebenländer des span. Erbes gewinnen. Nachdem die althabsburg. Dyn. mit dem Tode Karls VI. (1740) erloschen war, entstand mit der Ehe Maria Theresias mit dem ehem. lothring. Hzg., späteren Kaiser Franz I. Stephan, die als **Habsburg-Lothringer** (genealog. Lothringer) bezeichnete, im 19. und 20. Jh. weitverzweigte Dyn. 1804 errichtete Franz II. (I.) das östr. Kaisertum, das mit dem Thronverzicht Karls I. 1918 endete.
🕮 *Wandruszka, A.: Das Haus Habsburg. Gesch. einer europ. Dyn. Wien 1978. - Kann, R. A.: Gesch. des H.reiches 1526–1918. Dt. Übers. Wien u. a. 1977.*

Habsburgergesetz, östr. Gesetz vom 3. 4. 1919, betreffend Landesverweisung und Übernahme des Vermögens des Hauses Habsburg-Lothringen; es steht nach Art. 149 B-VG im Range eines Bundesverfassungsgesetzes. Das H. hob die Herrscherrechte des Hauses Habsburg-Lothringen für Österreich auf und sprach die Landesverweisung des Hauses Habsburg-Lothringen aus. Das hofärar. Vermögen sowie das gebundene [Fideikommiß]vermögen der regierenden Linie bzw. der Zweiglinien des Hauses Habsburg-Lothringen gingen entschädigungslos in das freie Eigentum der Republik Österreich über. Das freie Vermögen des Hauses Habsburg-Lothringen wurde von diesem Gesetz nicht berührt.

Habsburg-Lothringen, Otto, * Schloß Wartholz bei Reichenau an der Rax (Niederösterreich) 20. Nov. 1912, östr. polit. Schriftsteller. - Ältester Sohn des letzten östr. Kaisers, Karl I., und Erbe der habsburg. Thronansprüche, auf die er 1961 verzichtete; ab 1919 im Exil, heute in der BR Deutschland, von der er 1978 die dt. Staatsbürgerschaft erhielt; seit 1979 Mgl. des Europ. Parlaments für die CSU; zahlr. polit. Schriften.

Habsburg-Lothringen, Name des östr. Erzhauses seit der Heirat Maria Theresias mit dem ehem. lothring. Herzog, dem späteren Kaiser Franz I. Stephan († Habsburger).

Habub (Haboob) [arab.], heißer Sand- oder Staubsturm in Ägypten und im Sudan; meist aus nördl. Richtung wehend.

Háček [tschech. 'ha:tʃɛk „Häkchen“], diakrit. Zeichen, das, bes. in den slaw. Sprachen, einen Zischlaut oder einen stimmhaften Reibelaut angibt, z. B. tschech. č [tʃ], ž [ʒ].

Hácha, Emil [tschech. 'ha:xa], * Trhové Sviny (Südböhm. Gebiet) 12. Juli 1872, † Prag Juni 1945 (im Gefängnis), tschechoslowak. Politiker. - Wurde nach Abtretung des Sudetenlandes 1938 Staatspräs. der ČSR; schloß am 15. März 1939 unter Druck Hitlers einen Protektoratsvertrag ab und blieb bis 1945 formell Staatspräs. des „Protektorats Böhmen und Mähren“.

Hachenburg, Stadt 25 km sw. von Siegen, Rhld.-Pf., 358 m ü. d. M., 4600 E. Luftkurort; Möbelherstellung - Gegen Ende des 12. Jh. gegr. 1247 Stadt. - Barocke Pfarrkirche (1775/76) mit spätgot. Chor und Turm; Schloß mit fünf symmetr. Flügeln um eine hufeisenförmige Terrasse (16. und 17. Jh.).

Hachette S. A., Librairie [frz. librɛria∫ɛte'sa] ↑ Verlage (Übersicht).

Hachse (Haxe), volkstüml. Bez. für den Unterschenkel der Vorder- und Hinterbeine geschlachteter Kälber und Schweine, bei letzteren auch als *Eisbein* bezeichnet.

Hacienda [span. a'sjenda] ↑ Hazienda.

Hacılar [türk. 'hadʒılar], prähistor. Fundstätte bei Burdur (SW-Anatolien); brit. Ausgrabung (1957–60) eines Siedlungshügels, dessen Bed. in der gesicherten Abfolge mehrerer Kulturen vom 8. Jt. v. Chr. bis zum frühen Chalcolithikum und im Nachweis früher dörfl. und städt. Organisationsformen liegt. - Abb. S. 122.

Hackbau, primitive Ackerbauform, bei der Boden mit einer Hacke gelockert wird.

Hackbraten (Falscher Hase), Braten in Form eines längl. Brotlaibs aus Hackfleisch.

Hackbrett (engl. dulcimer, frz. tympanon, italien. salterio tedesco, ungar. cimbalom), zitherartiges Saiteninstrument mit meist trapezförmigem Schallkasten und etwa 25 Saitenchören (zu durchschnittl. vier Metallsaiten), die paarweise zur Hälfte über einen oder zwei Stegen laufen und mit Klöppeln angeschlagen werden. Der Tonumfang reicht von g bis g^2 oder g^3. Die Zahl der Saitenchöre des mit dem ↑ Psalterium und dem ↑ Pantaleon verwandten und v. a. in der Volksmusik benutzten H. wurde im Lauf seiner Geschichte von sechs (17. Jh.) bis zu 25 (18. Jh.) erweitert. Das *Cimbalom,* das seit dem 19. Jh. mit Baßsaiten, Chromatik und Dämpfungspedal ausgebaute H. der Zigeunerkapellen, wird bis heute in der osteurop. Volksmusik verwendet. - Abb. S. 122.

Hacken (Hauen), im Bergbau, im Erd- und Straßenbau sowie in der Landwirtschaft und im Gartenbau verwendete, meist beidhändig geführte Arbeitsgeräte, bestehend aus einem [längeren] Holzstiel und einem aufgesetzten, mit einer Spitze oder Schneide versehenen stählernen Hackblatt (Arm). Für schwere Erdarbeiten, Gesteinszerkleinerungen u. a. werden ein- oder zweiarmige **Spitz**- und **Breithacken** sowie die (im Bergbau auch als **Lettenhauen** bezeichneten) **Kreuzhacken** verwendet; zum Befestigen des Oberbaus von Gleisen u. a. dienen **Stopfhacken** (speziell die zweiarmigen **Stopfspitzhacken**). In der Landwirtschaft werden H. mit unterschiedl. Blattformen verwendet. **Ziehhacken** besitzen ein nur wenige Zentimeter hohes, sehr dünnes, schräg zum Stiel gestelltes Blatt und werden durch den Boden gezogen.

Hackepeter (Thüringer Mett, Schweinemett), mit Gewürzen zubereitetes Hackfleisch vom Schwein, wird im allg. roh verzehrt.

Hacker, Friedrich, * Wien 1914, amerikan. Psychiater östr. Herkunft. - Emigrierte 1938 in die USA; Prof. an der Univ. von Südkalifornien in Los Angeles, Gründer und Präs. der Sigmund-Freud-Gesellschaft; arbeitet v. a. über die Gewalt in der Massengesellschaft („Agression. Die Brutalisierung der modernen Welt", 1973; „Terror", 1975; „Freiheit, die sie meinen", 1978).

Hacker [engl. 'hækə], Bez. für einen Computerfreak, der sich mit Hilfe seines Heim- oder Personalcomputers über Datenfernverbindungen (z. T. widerrechtlich) Zugang zu Datenbanken zu verschaffen sucht.

Hackert, [Jacob] Philipp, * Prenzlau 15. Sept. 1737, † San Piero di Careggi (= Fiesole) 28. April 1807, dt. Maler und Radierer. - Mit heroischen Landschaften Vertreter der ↑Deutschrömer.

Hackethal, Julius, * Reinholterode (Kr. Heiligenstadt) 6. Nov. 1921, dt. Mediziner. - Chirurg und Orthopäde; wurde bekannt als Sachverständiger bei Prozessen um ärztl.

Hacken. 1 Spitzhacke, 2 Breithacke, 3 Kreuzhacke, 4 Stopfhacke, 5 Stopfspitzhacke, 6 Platthacke, 7 Ziehhacke, 8 Kartoffelhacke

Kunstfehler durch sein engagiertes Eintreten für die betroffenen Patienten; auf seine Kritik am ärztl. Standesethos, am Krankenversicherungssystem, am niedrigen Standard des Gesundheitswesens (v. a. zu hohe Sterberate nach Standardoperationen), an der seiner Meinung nach relativ ineffektiven Krebsvorsorge reagierten die betroffenen Institutionen und Verbände meist ablehnend. - *Werke:* Auf Messers Schneide. Kunst und Fehler der Chirurgie (1976), Keine Angst vor Krebs (1978), Operation - ja oder nein (1980).

Hackfleisch (Gehacktes, Gewiegtes), rohes, heute meist durch den Wolf gedrehtes Fleisch von Rind und/oder Schwein („halb und halb"); leicht verderblich. Zubereitung roh als ↑Hackepeter oder ↑Tatar, gegart als ↑Hackbraten oder ↑Frikadelle bzw. ↑Hamburger. - Das gewerbsmäßige Herstellen und Inverkehrbringen von H. unterliegt bes. strengen lebensmittelrechtl. Vorschriften (darf nur am Herstellungstag verkauft werden).

Hackfrüchte, Kulturpflanzen, bei denen während ihrer Entwicklung der Boden wiederholt gehackt werden muß; z. B. Rüben, Kartoffeln, Topinambur, Tabak, Zwiebeln.

Hackmaschinen, in der *Landwirtschaft* verwendete Maschinen zur Lockerung und Krümelung der Bodenoberfläche sowie zur Unkrautvernichtung.

Hackordnung, Form der ↑Rangordnung in Tiergesellschaften, v. a. bei Vögeln. Bei Haushühnern zeigt sich die festgelegte Rangordnung im Weghacken des Rangniederen durch den Ranghöheren vom Futterplatz.

Hacks, Peter, * Breslau 21. März 1928, dt. Dramatiker. - Lebt in Berlin (Ost); schreibt Zeitstücke und Komödien mit gesellschaftskrit. und utop. Tendenz und geschichtsinterpretierendem Charakter, meist in histor. Gewand. H. ist auch Autor von Libretti, Gedichten, Kinderbüchern, Essays.
Werke: Eröffnung des ind. Zeitalters (Dr., uraufgeführt 1954), Das Volksstück vom Herzog Ernst (1953 entstanden), Die Schlacht bei Lobositz (1954 entstanden), Die Sorgen und die Macht (Dr., 1958 entstanden), Moritz Tassow (Dr., uraufgeführt 1965), Der Schuhu und die fliegende Prinzessin (Märchenstück, uraufgeführt 1967), Margarethe in Aix (Kom.,

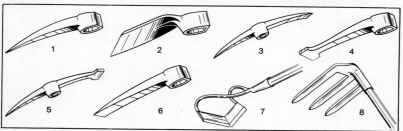

Häcksel

Hacılar. Ösenhenkeltopf aus Ton mit ornamentalem Dekor (5. Jh. v. Chr.). Ankara, Archäologisches Museum

uraufgeführt 1968), Adam und Eva (Kom., uraufgeführt 1973), Die Maßgaben der Kunst. Ges. Aufs. (1976), Die Fische (Dr., uraufgeführt 1978), Historien und Romanzen (1986).

Häcksel (Häckerling), mit der H.maschine kurzgeschnittenes Getreidestroh oder grobstengelige Grünfutterpflanzen.

Hacksilber, in vielen Funden (schon aus dem Alten Orient) erhaltenes primitives Zahlungsmittel, bestehend aus einem Gemisch von zerhackten, zerbrochenen, z. T. auch ganzen Silberteilen, die nur nach Gewicht gewürdigt wurden.

Hadad ['haːdat, haˈdaːt], westsemit. Wetter- und Gewittergott, entspricht akkad. ↑ Adad.

Hadamar von Laber, mittelhochdt. Dichter des 14. Jh. - Wohl Mgl. eines oberpfälz. Rittergeschlechts, schrieb die Minneallegorie „Die Jagd".

Hadamar, hess. Stadt im Limburger Becken, 130 m ü. d. M., 10 700 E. Staatl. Glasfachschule, Textil- und Glasind. - Seit 1190 belegt, erhielt 1324 Stadtrecht, wurde 1394 auf Nassau-Dillenburg und Katzenelnbogen (seit 1479 Hessen) aufgeteilt und fiel 1557 ganz an Nassau-Dillenburg. - In der 1894 gegr. Landesheil- und Pflegeanstalt wurden im Rahmen des nat.-soz. Euthanasieprogramms in den ersten Jahren des 2. Weltkriegs zahlr. Menschen ermordet. - Schloß (17. Jh.) mit 4 Höfen; spätgot. Liebfrauenkirche, Kirche Sankt Johannes von Nepomuk (18. Jh.) mit Rokokoausstattung. Zahlr. Fachwerkbauten des 17. Jahrhunderts.

Hadamard, Jacques [Salomon] [frz. adaˈmaːr], * Versailles 8. Dez. 1865, † Paris 17. Okt. 1963, frz. Mathematiker. - Prof. in Paris; Mgl. der Académie des Sciences. H. war einer der führenden Mathematiker seiner Zeit und ist einer der Begründer der Funktionalanalysis. Von maßgebl. Einfluß waren seine Untersuchungen über die analyt. Fortsetzung komplexer Funktionen.

Haddad [arab.], in der Sahara und in Teilen des Sudan Bez. für Familien oder -gruppen, die sich als Handwerker, Spielleute oder Heilpraktiker einem Häuptling oder einem reichen Mann anschließen.

Haddington [engl. 'hædɪŋtən], schott. Stadt am Tyne, Lothian Region, 6 500 E. Landmaschinenbau, Mühlen, Mälzerei; Markt für die ländl. Umgebung. - H., 1130 Burgh, war Anfang des 15. Jh. die größte schott. Stadt. - Das Stadtbild ist geprägt durch Bauten im Georgian style; Kirche Saint Martin (12. Jh.), ehem. Abteikirche Saint Mary (14. Jh.).

Haden, Charles Edward (Charlie) [engl. 'heɪdn], * Shenandoah (Ia.) 6. Aug. 1937, amerikan. Jazzmusiker (Baß). - Arbeitete seit 1966 u. a. mit O. Colemann, K. Jarrett und C. Bley zusammen. Schrieb mit G. Barbieri die Filmmusik zu „Der letzte Tango in Paris" (1972).

Hadera, israel. Stadt am Mittelmeer, 36 000 E. Zentrum eines Gebietes mit Zitrus- und Bananenkulturen; Reifen- und Papierfabrik. - Gegr. 1890 als kooperative Siedlung.

Hadern [zu althochdt. hadara, eigtl.

Hackbrettspielerin

122

„Schafpelz"], als Rohstoff für die Papierherstellung verwendete Lumpen, die nach Gewebeart sortiert, gereinigt, zerkleinert und in H.kochern unter Ätzkalkzusatz gekocht werden. Enthält Papier mindestens 10 % H., so wird es als *hadernhaltiges Papier* bezeichnet.

Hadersleben, dän. Stadt in SO-Jütland, 29 900 E. Ev.-luth. Bischofssitz; Museum; Garnison, Handelszentrum; Hafen. - H. erhielt 1292 Stadtrecht, bis 1920 gehörte es zu Schleswig-Holstein. - Dom (urspr. roman., im 15. Jh. got. umgebaut), got. Severinskirche (13. Jh.).

Hades, griech. Gott der Unterwelt. Ältester Sohn der Titanen Kronos und Rhea, Bruder von Poseidon und Zeus, mit denen er nach dem Sturz des Vaters die Weltherrschaft teilt: Zeus erhält Himmel und Erde, Poseidon das Meer, H. die Unterwelt, in deren ewigem Dunkel er fortan mit seiner Gemahlin Persephone über die Schatten der Toten herrscht. Der Name H. bezeichnet später die Unterwelt überhaupt.

Hadewig ↑Hadwig.

Hadith [arab. „Bericht"], die Tradition von den Aussprüchen und Taten des Propheten Mohammed. Der H. wurde während des 9. Jh. in maßgebl. Sammlungen niedergelegt, die als dem „Koran" fast gleichwertig geachtete Quellen des islam. Gesetzes und der Dogmatik angesehen werden.

Hadloub (Hadlaub), Johannes, † an einem 16. März vor 1340, mittelhochdt. Minnesänger. - Gehörte zum Kreis um den Züricher Patrizier Rüdiger Manesse und war wohl selbst Züricher Bürger. Erhalten sind 54 traditionelle Lieder sowohl im Stil der hohen als der niederen Minne, Herbstlieder, Erntelieder, Tagelieder und drei Leiche.

Hadr, Al ['al'hadər], nordirak. Ort, 90 km ssw. von Mosul, das antike **Hatra**; bed. Ruinen der parth. Kunst aus dem 2. Jh. n. Chr.

Hadramaut, Gebiet im S der Arab. Halbinsel, im O der Demokrat. VR Jemen. Der Küste parallel verläuft ein bis 2 100 m ü. d. M. ansteigendes Gebirge mit flacher Abdachung nach N und O. Hauptlebensraum ist das **Wadi Hadramaut** mit seinen Nebentälern. - Seit dem 1. Jt. v. Chr. bed. Kulturlandschaft; Niedergang seit dem MA; kam Ende 19. Jh. durch Protektoratsverträge unter brit. Einfluß und wurde später Teil des Eastern Aden Protectorate; gehört seit 1967 zur heutigen Demokrat. VR Jemen.

Hadranum ↑Adrano.

Hadrian, männl. Vorname, ↑Adrian.

Hadrian, Name von Päpsten:

H. II., *Rom 792, †ebd. Nov./Dez. 872, Papst (seit 14. Dez. 867). - Unter H. Pontifikat verdammte eine röm. Synode 869 ↑Photios, ebenso das 4. Konzil von Konstantinopel 869/70; H. gestattete die slaw. Sprache in der Liturgie.

H. IV., *Langley (Hertford) zw. 1110 und 1120, †Anagni 1. Sept. 1159, vorher Nikolaus Breakspear, Papst (seit 4. Dez. 1154). - Einziger engl. Papst; H. krönte Friedrich I. Barbarossa zum Kaiser; Friedrichs Auffassung von einem starken Kaisertum führte jedoch bald zum Konflikt mit Hadrian.

H. VI., *Utrecht 2. März 1459, †Rom 14. Sept. 1523, vorher Adriaan Florisz. Boeyens (Adrian von Utrecht), Papst (seit 9. Jan. 1522). - Erzieher und Ratgeber des späteren Kaisers Karl V.; strebte nach durchgreifender Kirchenreform, um der luth. Reformation in Deutschland entgegenzuwirken.

Hadrian (Publius Aelius Hadrianus), *Italica (Spanien) 24. Jan. 76, †Baiae (= Baia) 10. Juli 138, röm. Kaiser (seit 117). - Verwandter des Trajan; 117 nach umstrittener Adoption zum Kaiser ausgerufen. Seiner Politik des Verzichts auf kostspielige Reichsexpansion und verstärkter Grenzsicherung (intensive Fortführung des Limesausbaues) entspricht das Bemühen um Ausbau im Innern: v. a. Straßen-, Städte- und Wasserleitungsbau im ganzen Reich, Verbesserung und Verstärkung des Verwaltungsapparates, Neueinrichtung von Prov., Heeresreform. Zur persönl. Kontrolle verbrachte H. viele Jahre auf Reisen. Griechenfreund und Philosoph; im Osten göttl. verehrt; war vom Ziel der Verwirklichung der Pax Augusta im ganzen Imperium erfüllt; adoptierte 137 den späteren Kaiser Antoninus Pius, verfaßte eine Autobiographie, Sermones sowie Gedichte; ließ u. a. in Rom das Pantheon, das Mausoleum (Engelsburg), bei Tivoli die Villa Adriana, in Athen die Stoa mit Bibliothek bauen.

Hadrianopolis ↑Edirne.

Hadriansvilla (italien. Villa Adriana), sw. unterhalb von Tivoli gelegene Ruinenstätte. Reste einer ausgedehnten Villenanlage Kaiser Hadrians, erbaut 118–134, u. a. mit Gärten, Bassins, Inselvilla (sog. Teatro Marittimo). - Abb. S. 124.

Hadrianswall, seit 122 (bis etwa 136) n. Chr. auf Befehl Kaiser Hadrians angelegter Limes zum Schutz des N der röm. Prov. Britannia; etwa 120 km lang, verläuft entlang der Solway-Tyne-Linie (Carlisle–Newcastle upon Tyne); der größere, östl. Abschnitt teils als Steinmauer, teils als Erdwall ausgeführt. 197, 296 und 367/69 von den Pikten überrannt und nach 383 aufgegeben.

Hadronen [zu griech. hadrós „stark"] ↑Elementarteilchen.

Hadrumetum ↑Sousse.

Hadsch [arab.], die Pilgerfahrt nach Mekka, die jedem volljährigen Muslim einmal im Leben vorgeschrieben ist, sofern er körperl. und finanziell dazu imstande ist.

Hadschar [arab. „der schwarze Stein"], ein Meteorit an der SO-Ecke der ↑Kaaba zu Mekka, den der Mekkapilger nach seinem Rundgang um die Kaaba küßt; schon vor dem Islam verehrt.

Hadschi, islam. Ehrentitel desjenigen, der die Mekkapilgerfahrt durchgeführt hat.

Häduer ↑ Aduer.

Hadwig (Hadewig, Hedwig), * um 940, † 28. Aug. 994, „Herzogin" von Schwaben (seit 973). - Tochter Hzg. Heinrichs I. von Bayern, heiratete 955 (?) Burchard II. von Schwaben. Nach dessen Tod (973) führte sie den Titel „dux" und versuchte, das Hzgt. ihrem Haus zu erhalten. Gönnerin ihres Lehrers Ekkehard II.

Haebler, Ingrid ['hɛːblər], * Wien 20. Juni 1926, östr. Pianistin. - Tritt als Interpretin v. a. Mozarts bei Festspielen (u. a. Salzburg) auf; lehrt seit 1969 am Salzburger Mozarteum.

Haeckel, Ernst ['hɛkəl], * Potsdam 16. Febr. 1834, † Jena 9. Aug. 1919, dt. Zoologe und Philosoph. - Prof. der Zoologie in Jena. Führender Vertreter der Deszendenztheorie bzw. Evolutionstheorie; H., der morpholog., systemat. und entwicklungsgeschichtl. wichtige Arbeiten über Medusen, Radiolarien und Kalkschwämme verfaßte, benutzte die Theorie Darwins zum Aufbau seiner generellen Morphologie als eines „natürl. Systems" unter konsequenter Einbeziehung des Menschen. Auf der Basis der Ergebnisse vergleichender anatom. und embryolog. Untersuchungen formulierte H. das ↑biogenetische Grundgesetz. Über Darwin hinausgehend, forderte H. die Anwendung der Evolutionstheorie sowohl auf die anorgan. Natur als auch auf die Entstehung der Organismen (Hypothese der Entstehung sog. Moneren, kernloser Einzeller, aus anorgan. Materie) und glaubte somit eine Synthese von kausal-mechan. Materialismus und berechtigten Anliegen der Religion herbeigeführt zu haben („Der Monismus als

Band zw. Religion und Wissenschaft", 1892). *Weitere Werke:* Generelle Morphologie der Organismen (2 Bde., 1866), Natürl. Schöpfungsgeschichte (1868), Anthropogenie, Entwicklungsgeschichte des Menschen (1874), Systemat. Phylogenie. Entwurf eines natürl. Systems der Organismen auf Grund ihrer Stammesgeschichte (3 Bde., 1894–96).

Haecker, Theodor ['hɛkər], * Eberbach (Hohenlohekreis) 4. Juni 1879, † Usterbach bei Augsburg 9. April 1945, dt. philosoph. Schriftsteller, Essayist und Kulturkritiker. - 1921 unter Einfluß J. H. Newmans Konversion zum Katholizismus. Seine Arbeiten zielten auf den Aufbau von [existentiellen] Positionen „christl. Philosophie" in Auseinandersetzung mit Problemen seiner Gegenwart; Interpretationen und Übersetzungen u. a. von Werken Kierkegaards, Newmans und Vergils. Als Gegner des Nationalsozialismus 1936 Rede-, 1938 Publikationsverbot.
Werke: Christentum und Kultur (1927), Vergil, Vater des Abendlandes (1931), Der Begriff der Wahrheit bei Sören Kierkegaard (1932), Der Christ und die Geschichte (1935), Der Geist des Menschen und die Wahrheit (1937), Tag- und Nachtbücher 1939–45 (hg. 1947).

Haefliger, Ernst ['hɛːflɪgər], * Davos 6. Juli 1919, schweizer. Sänger (lyr. Tenor). - Sang seit 1952 an der Städt. bzw. Dt. Oper Berlin (v. a. Mozart-Interpret).

Haeften ['haːftən], Hans von, * Gut Fürstenberg bei Xanten 13. Juni 1870, † Gotha 9. Juni 1937, dt. Offizier und Militärhistoriker. - Ab 1920 Direktor der Histor. Abteilung, 1931–34 Präs. des Reichsarchivs; leitete in diesen Ämtern die Herausgabe des amtl. Werkes über den 1. Weltkrieg.

H., Hans Bernd von, * Berlin 18. Dez. 1905, † 15. Aug. 1944, dt. Diplomat und Widerstandskämpfer. - Sohn von Hans von H. und Bruder von Werner Karl von H.; Jurist,

Hadriansvilla. Ein von Arkaden mit eingestellten Skulpturen umgebenes Wasserbassin

seit 1933 im Auswärtigen Amt; Mgl. des „Kreisauer Kreises", Freund und Mitarbeiter Stauffenbergs; im Zusammenhang mit dem 20. Juli 1944 hingerichtet.

H., Werner Karl von, * Berlin 9. Okt. 1908, † ebd. 21. Juli 1944 (standrechtl. erschossen), dt. Jurist und Widerstandskämpfer. - Sohn Hans von H.s; Syndikus; im 2. Weltkrieg zunächst an der Front; dann als Ordonnanzoffizier Stauffenbergs (ab Ende 1943) dessen engster Helfer beim Attentat vom 20. Juli 1944.

Binnenhafen. Duisburg (oben).
Offener Seehafen. Hamburg

Haeju [korean. hɛdʒu], Ind.- und Hafenstadt am Gelben Meer, Demokrat. VR Korea, etwa 100000 E. Verwaltungssitz einer Prov.

Hækkerup, Per [dän. 'hɛgərob], * Ringsted 25. Dez. 1915, † Nysted 13. März 1979, dänischer Politiker. - Führend in der Sozialdemokrat. Partei Dänemarks (Mgl. seit 1932), 1962–66 Außenmin., 1971–73 Min. für Wirtschaft und Haushalt; seit 1975 Wirtschafts-, 1976/77 zugleich Handelsmin.; 1978/79 Min. für wirtsch. Koordination.

Haemoccult-Test [hɛ...; griech./lat.], bes. Verfahren, das zur Früherkennung von Darmkrebs angewendet wird, wobei Stuhl-

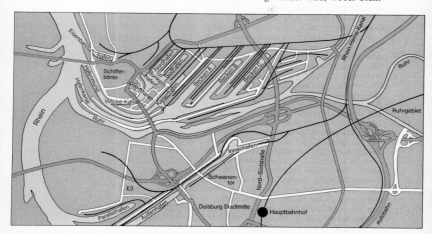

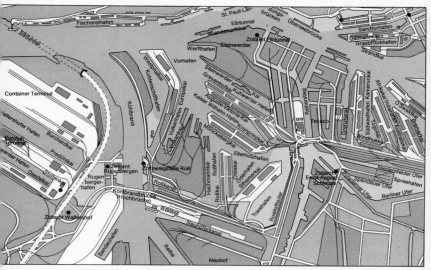

Haemosporidia

proben mit Hilfe einer Lösung auf das Vorhandensein von Blut im Stuhl untersucht werden.

Haemosporidia [hɛ...; griech.] (Hämosporidien), Ordnung der ↑Sporentierchen; viele H. sind gefährl. Blutparasiten beim Menschen, u. a. als Erreger der ↑Malaria.

Haensel, Carl ['hɛnzəl], * Frankfurt am Main 12. Nov. 1889, † Winterthur 25. April 1968, dt. Schriftsteller. - Bekannt v. a. seine Tatsachenromane, u. a. „Der Kampf ums Matterhorn" (R., 1928).

Haese, Günter ['hɛːzə], * Kiel 18. Febr. 1924, dt. Plastiker. - Einer der ersten kinet. Plastiker; v. a. vibrierende Drahtplastiken.

Hafelekarspitze, Gipfel nördl. von Innsbruck, Österreich, 2334 m hoch; Bergbahn.

Hafen [zu niederdt. havene, urspr. „Umfassung, Ort, wo man etwas bewahrt"], natürl. oder künstl., gegen Sturm und Seebrandung, auch gegen Eisgang schützender Anker- und Anlegeplatz für Schiffe, ausgerüstet mit den für Verkehr und Güterumschlag, Schiffsreparatur und -ausrüstung erforderl. Anlagen und Einrichtungen. **Binnenhäfen** liegen in den Ind.ballungsgebieten (z. B. Duisburg-Ruhrort) oder an Knotenpunkten der Binnenwasserstraßen (z. B. Minden an der Überführung des Mittellandkanals über die Weser). Binnenhäfen müssen strömungsfrei sein; deshalb sind sie meist als Becken mit stromabwärts gerichteter Einfahrt ausgebaut. **Seehäfen** werden als **Tidehäfen** gebaut (offene Verbindung zum Meer bei geringem Tidenhub, z. B. Hamburg) oder als **Dockhäfen** mit Schleusen (z. B. Emden). Für die Küstenschiffahrt sind oft **Fluthäfen** eingerichtet, deren H.tor bei Einsetzen des Ebbstroms geschlossen wird. Für Schiffe mit großem Tiefgang sind **Tiefwasserhäfen** entstanden (Europoort [Rotterdam], Fos-sur-Mer [Marseille], Wilhelmshaven u. a.). Im Pers. Golf sind für Großtanker Ladetonnen (mit Unterwasser-Pipelines zum Land) vor der Küste verankert worden. Die **Umschlagseinrichtungen** sind den jeweiligen Ladungsarten angepaßt. *Stückgüter* werden mit Kaikränen verladen oder palettiert von Gabelstaplern auf sog. Ro-Ro-Schiffe „gerollt". Zum Beladen von Containerschiffen sind *Containerterminals* mit großen Freiflächen und bes. Verladebrücken entstanden (z. B. Bremerhaven). Für Fahrgastschiffe und Fährschiffe sind sog. *Seebahnhöfe* angelegt worden (z. B. Travemünde). *Schüttgut* wie Getreide, Zucker wird mit Getreidehebern aus dem Laderaum in Silos gesaugt. Für *Massengüter* wie Kohle, Kies, Erz wird Greiferbetrieb mit Verladebrücken und Portalkränen bevorzugt. Strenge Sicherheitsanforderungen werden an die *Flüssiggasterminals* gestellt, in denen Flüssiggastanker entladen werden. - Abb. S. 125.

Geschichte: Natürl. H. der Frühzeit waren Flußmündungen und Buchten. Im 13. Jh.

v. Chr. legten die Phöniker bei Küstenstädten die ersten künstl. Häfen an (Byblos, Tyros, Sidon). Altgriech. H.bauten befanden sich in Piräus und Rhodos. Da sich die Römer bei ihren gewaltigen Anlagen oft über die natürl. Verhältnisse hinwegsetzten, versandeten viele ihrer Häfen (Pozzuoli, Anzio, Ostia u. a.). Nachdem im 17. Jh. die Grundlagen der Hydrodynamik gelegt worden waren, begann im 18. Jh. der Aufstieg des H.- und Wasserbaus.

📖 *Seidenfus, H. S.: Die Bed. der Seehäfen für die Industrialisierung Mitteleuropas.* Gött. *1979. - Hdb. der europ. Seehäfen. Hg. v. H. Sanmann. Hamb. 1967–79.*

HAFENUMSCHLAG

Güterumschlag in den größten Häfen der BR Deutschland (in 1000 Tonnen):

Binnenhäfen (1984)

Duisburg	55951
Köln	13763
Karlsruhe	10321
Hamburg	9838
Ludwigshafen am Rhein	8644
Mannheim	8152
Berlin (West)	7949
Frankfurt am Main	6085
Dortmund	5782

Seehäfen (1984)

Hamburg	51087
Wilhelmshaven	21253
Bremen Stadt	14397
Bremerhaven	12075
Lübeck	8811
Brunsbüttel	4949
Brake	3718
Emden	3466

◆ allgemein svw. Topf (bes. süddt., schweizer., östr.); fachsprachl.: zum Schmelzen von Glas verwendetes Gefäß aus feuerfester Keramik.

Hafenbehörde, die auf Grund landesrechtl. Vorschriften zur Hafenverwaltung bestimmten Landesbehörden (Hafenkapitän, Hafenkommissar; u. U. die örtl. Ordnungsbehörden, die Kreisordnungs- oder Kreisverwaltungsbehörden sowie die Gemeinden).

Hafer (Avena), Gatt. der Süßgräser mit rd. 35 Arten vom Mittelmeergebiet bis Z-Asien und N-Afrika; einjährige Pflanzen mit zwei- bis mehrblütigen Ährchen in Rispen; Deckspelzen zugespitzt mit Granne, die bei Kulturformen auch fehlen kann. Die bekannteste Art ist der in zahlr. Sorten, v. a. in feuchten und kühlen Gebieten Europas, W-Asiens und N-Amerikas angebaute **Saathafer** (Avena sativa). Deckspelzen begrannt; Körner (auch reif) von weißen, gelben, braunen oder schwarzen Hüllspelzen umgeben. Der Saathafer wird v. a. als Körnerfutter für Pferde sowie als Futterstroh verwendet. Aus den entspelzten und gequetschten Körnern werden u. a. Haferflocken, Hafergrieß und Hafermehl hergestellt. Die Weltproduktion an Kulturhafer betrug 1983 43,8 Mill. t; davon entfielen auf: Europa 12,3 Mill. t, Amerika 10,6 Mill. t, Asien 0,7 Mill. t, UdSSR 16,5 Mill. t, Afrika 0,24 Mill. t, Australien 2,6 Mill.-t. In Deutschland wild vorkommende Arten sind u. a. **Windhafer** (Avena fatua) mit dreiblütigen Ährchen und **Sandhafer** (Avena strigosa) mit zweiblütigen Ährchen; Deckspelze läuft in zwei grannenartigen Spitzen aus. - *Geschichte:* Im Mittelmeerraum ist seit der Antike nur die Art Avena byzantina (als Unkraut, Futtergetreide und Arzneimittel) bekannt. Der Saat-H. entstand zur Germanenzeit aus dem Wind-H., der aus Asien stammt. Die Germanen bauten den H. an, der eines ihrer wichtigsten Nahrungsmittel war.

Haferflocken, durch Spezialbehandlung (u. a. gedämpft) auch roh gut verdaul. glattgewalzte Haferkörner.

Haferkamp, Wilhelm, * Duisburg 1. Juli 1923, dt. Gewerkschafter und Politiker. - 1962-67 Mgl. des DGB-Vorstands, zuständig für Wirtschaftspolitik; 1958-66 und 1967 MdL (SPD) in NRW; EG-Kommissar für Energie 1967-73, für Wirtschaft 1973-76, für Außenbeziehungen seit 1977.

Haferlschuh, derber Sportschuh, bei dem die Ristverschnürung durch eine Lasche überdeckt wird.

Haferpflaume ↑Pflaumenbaum.

Hafes, Schamsoddin Mohammad (Hafis), * Schiras 1325 (1320?), † ebd. 1390, pers. Lyriker. - War mit der Begriffswelt der islam. Mystiker eng vertraut, seine Liebeslyrik wurde deshalb oft in myst.-allegor. Sinne interpretiert, jedoch ist sie offenbar auch auf eine reale Umwelt zu beziehen, in der die erot. und libertinist. Metaphern unmittelbares Verständnis fanden. Seine freigeistige Haltung war allerdings auch die Ursache für die Ablehnung, die H. von seiten frommer Kreise zuteil wurde. Neben Ghaselen besteht sein lyr. Werk (nach seinem Tode in einem „Diwan" zusammengefaßt) auch aus einigen Vierzeilern, Kassiden, Bruchstücken und zwei Verserzählungen. Goethes „West-östl. Diwan" entstand unter dem Eindruck von H.' Dichtung.

Haff [niederdt. „Meer"] ↑Küste.

Haffkine, Waldemar Mordecai Wolff [engl. 'hɑːfkɪn], * Odessa 15. März 1860, † Lausanne 26. Okt. 1930, russ. Bakteriologe. - 1889-93 Assistent am Institut Pasteur in Paris, 1893-1915 Tätigkeit in Indien; führte als erster eine Pestschutzimpfung durch; machte sich auch um die Bekämpfung anderer Infektionskrankheiten verdient.

Haffkrankheit, akute Erkrankung (wahrsch. Fischvergiftung) mit Muskelschmerzen und Ausscheidung von Muskelfarbstoff im Urin, die erstmals 1924 am Frischen Haff auftrat.

Hafis, pers. Lyriker, ↑Hafes.

Hafis, in islam. Ländern Ehrentitel eines Mannes, der den Koran auswendig kennt.

Haflinger [nach dem Dorf Hafling (italien. Avelengo) bei Meran], kleine, gedrungene, muskulöse (Stockmaß 142 cm) Pferderasse mit edlem Kopf, sehnigen Beinen und harten Hufen; meist dunkle Füchse mit heller Mähne und hellem Schweif; genügsame, trittsichere Gebirgspferde; auch als Reitpferd beliebt.

Hafner, Philipp, * Wien 27. Sept. 1731, † ebd. 30. Juli 1764, östr. Dramatiker. - Seine frühen Stücke sind der Wiener Hanswurstkomödie und dem Stegreifspiel stark verpflichtet. Die realist. Mundartpossen machten ihn zum „Vater des Wiener Volksstücks".

Hafner (Häfner), in Süddeutschland, Österreich und in der Schweiz Bez. für Töpfer, [Kachel]ofensetzer.

Hafnerkeramik, mit Bleiglasuren glasierte Irdenware, die bei Temperaturen bis höchstens 800 °C gebrannt wird. Hergestellt wurden Krüge, Teller und Ofenkacheln, z. T. mit Reliefs. Zentren waren im 16. Jh. Nürnberg, Oberösterreich, Köln, Schlesien, Sachsen und die Schweiz.

Hafnium [nach Hafnia, dem latinisierten Namen Kopenhagens (dem Wohnsitz N. Bohrs, der auf H. noch vor der Entdeckung hingewiesen hatte)], chem. Symbol Hf; metall. Element aus der IV. Nebengruppe des Periodensystems der chem. Elemente. Ordnungszahl 72; mittlere Atommasse 178,49. An Isotopen sind heute Hf 168 bis Hf 183 mit Ausnahme von Hf 169 bekannt, wovon Hf 174, 176, 177, 178 und 180 in natürl. stabilen Isotopengemisch vorkommen. Das glänzende, leicht walz- und ziehbare Metall hat eine Dichte von 13,31 g/cm^3; Schmelzpunkt 2227 ± 20 °C, Siedepunkt 4602 °C. In seinen Verbindungen tritt H. vierwertig auf. Chem. verhält es sich sehr ähnl. dem im Periodensystem über ihm stehenden Zirkonium und findet sich demgemäß in der Natur vergesellschaftet mit Zirkonmineralen. Das für die Darstellung des Elements wichtigste Mineral ist der ↑Zyrtolith mit einem H.gehalt von etwa 5 %. Die Gewinnung erfolgt meist durch Elektrolyse. Neben seiner Verwendung als Legierungsmetall und Getter gebraucht man H. vorwiegend für Steuerstäbe in Kernreaktoren.

Hafsiden, Dyn. in Tunesien 1229-1574.

Haft, 1. nach früherem Recht die leichteste der freiheitsentziehenden Strafen; bestehend in Freiheitsentziehung ohne Arbeitszwang; Höchstbetrag sechs Wochen, Mindestbetrag ein Tag; 2. Sicherungsmittel: ↑Untersuchungshaft; ↑Ordnungsmittel. Im *östr.* Recht svw. Freiheitsstrafe. - In der

Haftbefehl

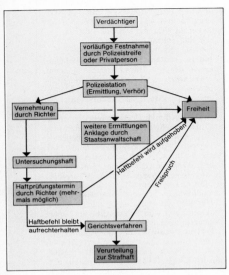

Haftbefehl. Freiheitsentziehung von der vorläufigen Festnahme bis zum Gerichtsverfahren

Schweiz ist die H. (**Haftstrafe**) die leichteste Freiheitsstrafe. Ihre Höchstdauer beträgt drei Monate, die Mindestdauer einen Tag. Haftstrafe wird i. d. R. für Übertretungen wahlweise neben Buße angedroht. Vollzogen wird die Haftstrafe grundsätzl. in einer bes. Anstalt.

Haftbefehl, schriftl. richterl. Anordnung der Untersuchungshaft. Im H. sind die Tat, deren der Beschuldigte [als Voraussetzung der Anordnung des H.] *dringend verdächtig* sein muß, der **Haftgrund,** nämlich Flucht- oder Verdunklungsgefahr, Wiederholungsgefahr oder Schwere des Delikts, sowie diejenigen *Tatsachen* anzugeben, aus denen sich dieses ergibt. Ebenfalls darzulegen ist, daß die Anordnung der Untersuchungshaft nicht außer Verhältnis zu der zu erwartenden Strafe oder Maßnahme steht, falls sich die Frage der Verhältnismäßigkeit stellt oder der Beschuldigte sich auf den Haftausschließungsgrund der Unverhältnismäßigkeit beruft. *Zuständig* für den Erlaß des H. ist vor Anklageerhebung derjenige Richter, in dessen Bezirk für das Strafverfahren ein Gerichtsstand begründet ist oder der Beschuldigte sich aufhält, in der Voruntersuchung der Untersuchungsrichter und nach Anklageerhebung dasjenige Gericht, das mit der Sache befaßt ist. Der H. ist dem Beschuldigten bei der Verhaftung *bekanntzugeben;* falls dies nicht mögl. ist, ist er vorläufig über die ihm zur Last gelegte Tat zu unterrichten und die Bekanntgabe des H. unverzügl. nachzuholen. Von der Verhaftung und jeder weiteren Entscheidung über die Haftfortdauer hat der Richter einen Angehörigen des Verhafteten oder eine Person seines Vertrauens zu benachrichtigen; zugleich ist dem Verhafteten selbst Gelegenheit zu geben, dies zu tun. - Spätestens am Tage nach der Verhaftung ist der Beschuldigte dem zuständigen Richter oder dem nächsten Amtsrichter vorzuführen und von diesem unter Hinweis auf sein Recht, sich nicht zu äußern, zum Gegenstand der Beschuldigung zu vernehmen und über die Rechtsmittel zu belehren. Der H. kann *außer Vollzug gesetzt* werden, wenn weniger einschneidende Maßnahmen ausreichen, um eine geordnete Durchführung des Strafverfahrens sicherzustellen. *Aufzuheben* ist der H., wenn die Voraussetzungen der Untersuchungshaft wegfallen oder sein weiterer Vollzug außer Verhältnis zur Bedeutung der Sache stehen würde. Nach *östr. Recht* ist H. die im Zuge eines gerichtl. oder finanzbehördl. Strafverfahrens verfügte Anordnung der vorläufigen Verwahrung. Nach den *schweizer. Strafprozeßgesetzen* ist ein schriftl. H. grundsätzl. für jede *Verhaftung,* die über die vorläufige Festnahme hinausgeht, notwendig. Für diesen gelten (ebenso im *östr. Recht*) im wesentl. ähnl. Vorschriften wie im dt. Recht

Haftbeschwerde, unbefristetes Rechtsmittel gegen einen Haftbefehl. Die H. ist gegenüber dem Haftprüfungsverfahren subsidiär. Sie kann nur einmal eingelegt werden; hilft ihr der Haftrichter nicht ab, ergeht Entscheidung der Strafkammer des Landgerichts.

Haftdolde (Caucalis), Gatt. der Doldengewächse mit fünf Arten in M-Europa und im Mittelmeergebiet und einer Art im westl. N-Amerika; meist mit weißen oder rötl. Blüten, die Früchte mit hakigen Stacheln. Auf kalkhaltigen Böden kommt die weißblühende **Kletterhaftdolde** (Caucalis lappula) vor.

Hafte (Planipennia), mit über 7 000 Arten weltweit verbreitete Unterordnung 0,2 bis 8 cm langer, meist zarter Insekten (Ordnung ↑ Netzflügler), davon rd. 60 Arten in M-Europa; gewöhnl. unscheinbar gefärbt, mit vier großen, glasartig durchsichtigen bis weißl., netzförmig geäderten Flügeln.

Haftentschädigung, Entschädigung für denjenigen Schaden, der durch den letztlich nicht gerechtfertigten Vollzug der Untersuchungshaft, Freiheitsentziehung auf Grund gerichtl. Entscheidung sowie anderer Strafverfolgungsmaßnahmen eingetreten ist. Nach dem Gesetz über die Entschädigung für Strafverfolgungsmaßnahmen vom 8. 3. 1971 wird nicht nur für alle Schadensfolgen einer Verurteilung, sondern auch für alle Strafverfolgungsmaßnahmen wie Untersuchunghaft und sonstige Freiheitsentziehung ([vorläufige] Auslieferungshaft, vorläufige Festnahme, einstweilige Unterbringung), Maßnahmen bei

Außervollzugsetzung des Haftbefehls, Sicherstellung, Beschlagnahme, Durchsuchung sowie vorläufige Entziehung der Fahrerlaubnis Entschädigung geleistet, wenn der Betroffene freigesprochen, außer Verfolgung gesetzt oder seine Verurteilung im Wiederaufnahmeverfahren aufgehoben oder gemildert wird. Ähnl. Regelungen gelten im *östr.* und *schweizer. Recht.*

Hafter, Ernst, * Zürich 9. Dez. 1876, † Kilchberg bei Zürich 17. März 1949, schweizer. Strafrechtslehrer. - U. a. Prof. in Zürich (1905); war maßgebl. beteiligt an der Vereinheitlichung des schweizer. Strafrechts und an der Schaffung des schweizer. Militärstrafgesetzes vom 13. 6. 1927.

Haftgläser, svw. ↑ Kontaktlinsen.

Haftkiefer (Tetraodontiformes), fast rein marine Ordnung der Knochenfische, überwiegend in trop. Meeren; Haut von kleinen Schuppen oder Knochenplatten bedeckt, die im letzteren Fall zu einem starren, harten Panzer verschmelzen und auch starke Dornen ausbilden können; Kopf groß mit kleinem Maul und kleinen Kiemenspalten. Bekannte Fam. sind: ↑ Drückerfische, ↑ Feilenfische, ↑ Kofferfische, ↑ Kugelfische, ↑ Igelfische und ↑ Mondfische.

Häftlingshilfe, Unterstützung für polit. Häftlinge und deren Angehörige nach dem Häftlingshilfegesetz i. d. F. vom 29. 9. 1969. Erfaßt werden Deutsche und ehem. Wehrmachtsangehörige, die nach dem 8. Mai 1945 in Gebieten außerhalb der BR Deutschland und von Berlin (West) aus polit., nicht rechtsstaatl. Gründen inhaftiert wurden. Geleistet wird Versorgung entsprechend der Kriegsopferversorgung sowie Unterhaltshilfe, nach der Entlassung Eingliederungshilfe, Existenzaufbaudarlehen und Hilfe zur Wohnraumbeschaffung.

Haftmann, Werner, * Głowno 28. April 1912, dt. Kunsthistoriker. - Förderer der modernen Kunst, schrieb das Standardwerk „Malerei im 20. Jh." (1944–55, erweitert 1962), auch „Verfemte Kunst" (1986); maßgebl. an der Konzeption der ↑ Documenta beteiligt.

Haftmine ↑ Mine.

Haftorgane, morpholog. Bildungen, mit deren Hilfe manche Pflanzen und Tiere an [glatten] Flächen Halt finden können. Dies geschieht durch Reibung, Adhäsion und/oder Saugkraft.

Bei *Pflanzen* unterscheidet man: **Hapteren,** wurzelähnl. Ausstülpungen an der Basis des Vegetationskörpers bei verschiedenen Algen,

Haftorgane. 1 Querschnitt durch einen Saugnapf vom Fangarm eines Kraken, 2 Saugnapf am Ende des Saugfüßchens eines Seeigels, 3 Beinspitze einer Thysanopterenart mit eingezogener (a) und mit ausgedehnter (b) Haftblase, 4 Krallenglied des Beins einer Raubfliege von unten, 5 Ranke des wilden Weins mit Haftscheiben, 6 Fußunterseite eines Geckos mit Haftlamellen. E Empodium, Hb Haftblase, K Kralle, P Pulvillen (Haftlappen), Sn Saugnapf

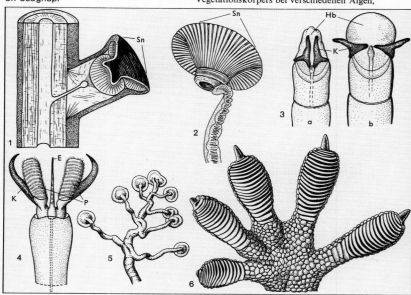

Haftpflicht

Flechten und Moosen; **Haftscheiben,** scheibenförmige H. an der Basis bes. größerer mariner Braun- und Rotalgen; **Haftwurzeln,** umgebildete, auf Berührungsreize ansprechende, negativ phototrope sproßbürtige Wurzeln mancher Kletterpflanzen (z. B. Efeu). Zu den pflanzl. H. zählen ferner Haar- und Borstenbildungen an den Früchten von Korbblütlern (z. B. Kletten) und Doldenblütlern, die der Festheftung an Tieren (und damit der Artverbreitung) dienen.

Bei *Tieren* kommen ebenfalls unterschiedl. Formen von H. vor. Nesseltiere besitzen die als **Glutinanten** bezeichneten Nesselkapseln, die über Klebfäden wirken. Die **Arolien** der Insekten sind häutige, unpaare Bildungen zw. den Krallen des Fußes, die bei der Ordnung Blasenfüße einziehbare Haftblasen darstellen. - **Haftlappen** an der Basis der Krallen kommen v. a. bei Fliegen und Hautflüglern vor. Heuschrecken haben verbreitete Sohlenflächen an den Fußgliedern, viele Käfer eine Sohlenbürste aus feinen Härchen. Bekannte H. sind auch die Saugnäpfe oder -gruben der Saug- und Bandwürmer, der Egel und verschiedener Kopffüßer. - Die Stachelhäuter besitzen **Saugfüßchen,** einige Fische (v. a. Saugschmerlen, Schiffshalter), bes. **Saugscheiben,** Neunaugen ein **Saugmaul.** - Bei manchen Wirbeltieren sind die Sohlenballen auf Grund ihrer Adhäsionseigenschaft (meist in Verbindung mit dem Sekret von Ballendrüsen) als H. anzusehen, z. B. bei Laubfröschen und Molchen, bei Siebenschläfern und Klippschliefern sowie bei manchen Affen (z. B. den Meerkatzen). Bei den Geckos, deren Sohlen häufig (durch Blutkammern) mit einem Schwellapparat und mit Haftlamellen ausgestattet sind, bewirken v. a. feinste Borsten mit Häkchen die hervorragende Haftfähigkeit ihrer Finger und Zehen.

Haftpflicht, die Pflicht zum Ersatz fremden Schadens; Schutz gegen die Inanspruchnahme aus einer H. gewährt die Haftpflichtversicherung.

Haftpflichtgesetz (Reichshaftpflichtgesetz), Abk. RHG, Kurzbez. für das (Reichs-) Gesetz betreffend die Verbindlichkeit zum Schadenersatz für die bei dem Betrieb von Eisenbahnen, Bergwerken usw. herbeigeführten Tötungen und Körperverletzungen vom 7. 6. 1871 (Neufassung vom 4. 1. 1978).

Haftpflichtversicherung, diejenige Schadenversicherung, die den Versicherungsnehmer [während der Versicherungszeit] davor schützt, daß er aus seinem eigenen Vermögen in bestimmten Haftpflichtfällen von einem geschädigten Dritten auf Schadenersatz in Anspruch genommen wird, z. B. bei einem Unfall als Kraftfahrzeughalter, Betriebsinhaber, Grundstückseigentümer. Im Versicherungsfall muß der Versicherer den Versicherungsnehmer von [begründeten] Schadenersatzansprüchen [durch Leistung an den geschädigten Dritten] freistellen und ihm Rechtsschutz (Erledigen der Regulierungsarbeiten, u. U. Führen eines Rechtsstreits für den Versicherungsnehmer, Tragen der Prozeßkosten) gewähren. Bei vorsätzl. Handeln des Versicherungsnehmers ist der Versicherungsschutz jedoch ausgeschlossen. Der Versicherungsnehmer hat das schädigende Ereignis, das eine Haftpflicht zur Folge haben könnte, binnen einer Woche dem Versicherer anzuzeigen, ebenso die Geltendmachung von Ansprüchen durch den Dritten, ferner unverzügl. eine gegen ihn erhobene Klage und die Einleitung eines Ermittlungsverfahrens. Er hat den Versicherer bei der Schadensermittlung und -regulierung zu unterstützen, seine Weisungen zu beachten und ihm die Führung eines Haftpflichtprozesses zu überlassen. Zw. dem geschädigten Dritten und dem Versicherer bestehen keine Rechtsbeziehungen (Ausnahme: Kraftfahrzeughaftpflichtversicherung); um gegen den Versicherer vorgehen zu können, muß der Dritte deshalb die Ansprüche des Versicherungsnehmers gegen den Versicherer pfänden und sich überweisen lassen.

Im *östr.* und im *schweizer.* Recht gelten im wesentl. entsprechende Regelungen.

Haftprüfungsverfahren, gerichtl. Verfahren während der Untersuchungshaft zur Prüfung, ob der Haftbefehl aufzuheben oder Haftverschonung anzuordnen ist. Der Beschuldigte, sein Verteidiger u. U. sein gesetzl. Vertreter können jederzeit die Haftprüfung (alle zwei Monate mit mündl. Verhandlung) beantragen, auch nach erfolgloser Haftprüfung oder Verwerfung der Haftbeschwerde. Nach dreimonatiger Untersuchungshaft wird die H. von Amts wegen durchgeführt, wenn der Beschuldigte keinen Verteidiger hat. Nach sechs Monaten erfolgt eine weitere Haftprüfung durch das Oberlandesgericht. Gegen die im beantragten H. ergangene Entscheidung ist Beschwerde statthaft.

Im *östr.* und *schweizer.* Recht gilt Entprechendes.

Haftpsychose (Haftkomplex, Gefängnispsychose, Haftreaktionen), pseudopsychot. Erregungszustände, die meist mit Angst verbunden sind und sich zuweilen in Affekthandlungen unter weitgehender Desorientiertheit entladen („Haftknall", „Haftkoller"). Die H. ist durch starken Erregungsstau bedingt und tritt v. a. nach längerer Isolierung auf. Sie wird nicht selten von paranoiden Reaktionen begleitet.

Haftschalen, svw. ↑ Kontaktlinsen.

Haftspannung, die mechan. Spannung, die an der Grenzfläche zwischen einer Flüssigkeit und einem festen Körper wegen der unterschiedl. Größe der molekularen Anziehungskräfte auftritt und das Ausbreitungsbestreben der Flüssigkeit (↑ Benetzung) kennzeichnet.

Haftstellen, in der Festkörperphysik svw. ↑Traps.

Haftstrafe ↑Haft.

Haftunfähigkeit, derjenige körperl. oder geistige Zustand eines Untersuchungs- oder Strafhäftlings, der wegen drohender Schäden für Umwelt, Gesundheit oder Leben des Gefangenen die Durchführung der Haft verbietet oder als zwecklos erscheinen läßt. Die H. hindert nicht den Erlaß, wohl aber den Vollzug eines Haftbefehls. Der Beschuldigte kann aber z. B. am Krankenbett bewacht werden. Lebenslange Freiheitsstrafe ist auch im Krankheitsfall weiter zu vollstrecken. Im *östr. Recht* ist nur die Bez. **Vollzugsuntauglichkeit** gebräuchlich. Der Haftvollzug ist so lange aufzuschieben, wie dieser Zustand andauert. In der *Schweiz* gilt eine dem dt. Recht entsprechende Regelung.

Haftung, (je nach dem Zusammenhang, in dem der Begriff gebraucht wird:) 1. ↑Schuld (= Verbindlichkeit), insbes. die Verpflichtung zum Einstehen für fremde Schuld. 2. Verantwortlichkeit für den Schaden eines anderen mit der Folge, daß dem Geschädigten Ersatz zu leisten ist. Eine solche Verantwortlichkeit kann sich ergeben: a) aus einem von der Rechtsordnung mißbilligten schuldhaften Verhalten (**Verschuldenshaftung**), nämlich aus unerlaubter Handlung oder schuldhafter Vertragsverletzung; b) aus einem risikobehafteten Verhalten (**Risikohaftung**), hier bes. bei der **Gefährdungshaftung**, einer Haftung für Schäden aus einem bestimmten, mit der Gefährdung anderer verbundenen (schadensgeneigten) Verhalten, z. B. aus dem Betrieb eines Eisenbahnunternehmens, eines Kraftfahrzeugs. Anders als die Verschuldens-H. setzt die Gefährdungs-H. weder Rechtswidrigkeit noch Verschulden voraus; sie erfordert nur, daß der Schaden in ursächl. Zusammenhang mit der spezif. Sach- oder Betriebsgefahr steht. Bei höherer Gewalt oder einem unabwendbaren Ereignis greift keine Gefährdungs-H. ein. Ersetzt werden i. d. R. nur Schäden infolge Tötung eines Menschen, Körper- oder Gesundheitsschäden und Sachschäden, nicht dagegen reine Vermögensschäden und immaterielle Schäden; c) aus erlaubter Inanspruchnahme fremden Gutes (**Eingriffshaftung**), etwa im Falle des Notstandes; d) aus einem bestimmten, den anderen zum Vertrauen veranlassenden Verhalten (**Garantie-** und **Vertrauenshaftung**). 3. Das Unterworfensein des Schuldners unter den Vollstreckungszugriff des Gläubigers (**persönl. Haftung**). Grundsätzlich ist mit jeder Schuld eine persönl. Haftung des Schuldners verbunden. Das hat zur Folge, daß der Gläubiger, dessen Anspruch nicht freiwillig erfüllt wird, einen Vollstreckungstitel erwirken und daraus die Zwangsvollstreckung gegen den Schuldner betreiben kann. Für Geldschulden haftet ihm i. d. R. das gesamte Vermögen des Schuldners

(von unpfändbaren Gegenständen abgesehen). 4. Die Verwertbarkeit einer fremden Sache durch den Gläubiger eines an der Sache bestehenden Pfandrechts oder Grundpfandrechts (dingl. **Haftung, Realhaftung, Sachhaftung**).

Im *östr.* und *schweizer. Recht* gelten dem dt. Recht im wesentl. entsprechende Regelungen.

Haftungsausschluß, die vertragl. Vereinbarung, daß die Verantwortlichkeit einer Person in bestimmten Fällen ausgeschlossen oder beschränkt sein soll (**Ausschluß**). *Folge:* Trotz Erfüllung eines haftungsbegründenden Tatbestandes entsteht kein oder nur ein beschränkter Ersatzanspruch. Ein H. findet sich meist als sog. *Freizeichnungsklausel* in allg. Geschäftsbedingungen.

Haftungsbescheid, Bescheid des Finanzamts, der immer dann ergeht, wenn ein anderer neben oder anstelle des eigentl. Steuerpflichtigen für die Zahlung der Steuer haftet; z. B. haftet unter bestimmten Voraussetzungen der Arbeitgeber für die Lohnsteuer des Arbeitnehmers.

Haftungsbeschränkung (beschränkte Haftung), 1. betrags- oder ziffermäßige H.: die Schadensersatzpflichtung beschränkt sich auf bestimmte Schadenhöchstbeträge; 2. gegenständl. H.: der Gläubiger kann nur in die Gegenstände eines Sondervermögens vollstrecken, z. B. bei der beschränkten Erbenhaftung.

Haftverschonung, Aussetzung des Vollzugs eines Haftbefehls, wenn weniger einschneidende Maßnahmen den Zweck der Untersuchungshaft zu gewährleisten versprechen (z. B. das Melden zu bestimmten Zeiten bei einer Behörde). Ein häufiger Fall ist die Leistung einer Sicherheit (Kaution).

Haftwasser, das nicht frei zirkulierende Boden- und Grundwasser.

Haftwurzeln ↑Haftorgane.

Haftzeher, svw. ↑Geckos.

Hafun, Kap, östlichster Punkt des afrikan. Kontinents, in NO-Somalia.

Hag, Dorngestrüch, Gebüsch; Umzäunung, Gehege, [umfriedeter] Wald.

Hagana, Selbstschutzorganisation des Jischuw, der jüd. Gemeinschaft in Palästina z. Z. des brit. Mandats; nach den Unruhen von 1920 aus der 1909 in Galiläa gegr. jüd. Schutzorganisation *Haschomer* entstanden, wie diese zur Abwehr arab. Übergriffe gedacht; am 31. Mai 1948 zur Armee des Staates Israel erklärt.

Hagar (Vulgata: Agar), bibl. Gestalt, Sklavin der Sara und Nebenfrau des Abraham, der mit ihr den ↑Ismael zeugte; die Muslime verehren H.s Grab in Mekka.

Hagebutte [zu mittelhochdt. hagen „Dornbusch" und butte „Frucht der Heckenrose"], Bez. für die rote Sammelfrucht der verschiedenen Rosenarten, v. a. der Heckenrose. Die Fruchtschalen und Samen ent-

Hagedorn

halten Kohlenhydrate, Gerbstoffe, Fruchtsäuren, Pektine und v. a. viel Vitamin C.
◆ volkstüml. Bez. für die Heckenrose.

Hagedorn, Friedrich von, * Hamburg 23. April 1708, † ebd. 28. Okt. 1754, dt. Dichter. - Von Horaz, engl. (v. a. Prior, Gay), später frz. (bes. La Fontaine) Dichtern inspirierter anakreont. Lyriker und Fabeldichter, der in heiter-verspielter, anmutiger Manier und musikal. Sprache einem unbeschwerten, kultivierten Lebensgenuß huldigte; Neubelebung der Tierfabel; beeinflußte Lessing und den jungen Goethe.

Hagel [zu althochdt. hagal, eigtl. „kleiner, runder Stein"], Niederschlag von erbsen- bis hühnereigroßen Eiskugeln und Eisstücken.

Hagelabwehr, Versuche zur Verhinderung von Hagelschlag durch das Einschießen von Gefrierkernen (Silberjodid) in Quellwolken.

Hagelschnur (Chalaza), paarig angelegter Eiweißstrang im Eiklar von Vogeleiern; wird im Eileiter gebildet und durch die Drehung des Eies bei der Passage durch den Eileiter schraubig gewunden.

Hagelstange, Rudolf, * Nordhausen 14. Jan. 1912, † Hanau 5. Aug. 1984, dt. Schriftsteller. - Schrieb von christl.-humanist. Grundhaltung geprägte Lyrik; auch Romane, Erzählungen, Reiseberichte und Essays; Übersetzer Boccaccios, Leonardo da Vincis und Polizianos.
Werke: Venezian. Credo (Ged. [1944 heiml. gedruckt], 1946), Strom der Zeit (Ged., 1948), Balthasar (E., 1951), Spielball der Götter (R., 1959), Altherrensommer (R., 1969), Venus im Mars (En., 1972), Gast der Elemente (Ged., 1972), Der große Filou (R., 1976).

Hagelversicherung, ein Zweig der Schadenversicherung, in dem nach § 108 VersicherungsvertragsG der Versicherer für den Schaden haftet, der an den versicherten Bodenerzeugnissen durch die Einwirkung von Hagel entsteht.

Hagemann, Walter, * Euskirchen 16. Jan. 1900, † Potsdam 16. Mai 1964, dt. Publizistikwissenschaftler. - 1928–33 Redakteur, 1934–38 Chefredakteur der „Germania"; Prof. 1946–59 in Münster; emigrierte 1961 nach Berlin (Ost) und wurde Prof. an der Humboldt-Universität.

Hagen, alter dt. männl. Vorname, entweder Kurzform von Namen, die mit Hag- gebildet sind (z. B. Haganrich) oder selbständiger Name mit der Bed. „aus dem umfriedeten Land" (zu althochdt. hag „Einhegung").

Hagen, Friedrich Heinrich von der, * Schmiedeberg (Landkr. Angermünde) 19. Febr. 1780, † Berlin 11. Juni 1856, dt. Germanist. - Prof. für dt. Literatur in Berlin, in Breslau und seit 1824 wieder in Berlin. Gab 1807 das „Nibelungenlied" in einer neuhochdt. und 1810 in einer mittelhochdt. Ausgabe heraus. Besorgte zahlr. [philolog.] Editionen alt- und mittelhochdt. Texte; u. a. „Minnesinger. Dt. Liederdichter des 12.–14. Jh." (5 Teile, 1838–56, Neudr. 1962).

H., Theodor, * Düsseldorf 24. Mai 1842, † Weimar 12. Febr. 1919, dt. Maler. - Von der Schule von Barbizon und dem Impressionismus beeinflußte zarte Landschaften.

Hagen, Stadt im westl. Sauerland, NRW, 90–435 m ü. d. M., 210900 E. Fernuniv. (seit 1976), Fachhochschule (Architektur, Sozialwesen u. a.), Konservatorium; Städt. Bühnen; Museum. U. a. Großbetriebe der Eisen-, Stahl-, Metall-, Papier- und Nahrungsmittelind. - Der um 1000 nachweisbare Ort H. fiel 1398 an Kleve und 1521 an Jülich-Berg; 1746 zur Stadt erhoben. - Nach Zerstörungen im 2. Weltkrieg wiederaufgebaut bzw. erhalten: Haus Hohenhof, Krematorium u. a. Jugendstilbauten; Rathaus (1960–65).

Hagen von Tronje (in altnord. Fassungen: Högni), Gestalt der Nibelungensage. Im alten „Atli-Lied" („Atlakviða") ist Högni der Bruder des Burgundenkönigs Gunnar; beide werden von ihrem Schwager Atli ermordet, weil sie den Nibelungenschatz nicht verraten. Im Unterschied zum mittelhochdt. „Nibelungenlied" begeht Högni in keinem nord. Lied den Mord an Sigurd bzw. Siegfried, den er dort für seine Herrin Brunhilde, Gemahlin Gunnars, ausführt. Er wird im zweiten Teil des Epos von Kriemhild erschlagen. Auch Gestalt der Walthersage („Waltharius" des Mönches Ekkehart I.).

Hagenau, Nikolaus von ↑ Niclas Hagnower.

H., Reinmar von ↑ Reinmar der Alte.

Hagenau (amtl. Haguenau), frz. Stadt im Elsaß, Dep. Bas-Rhin, 26600 E. Prähistor. Museum, Bibliothek, Handelszentrum. - Die um die Pfalz Kaiser Friedrichs I. Barbarossa liegende Siedlung erhielt 1164 Mauer- und Stadtrecht, wurde 1260 Reichsstadt und war im 14. Jh. Hauptort des Elsäss. Städtebundes und Sitz der kaiserl. Landvogtei der 10 Reichsstädte (Dekapolis) und der Landvogtei für den Hagenauer Reichsforst; 1648 wurde H. französisch. - Kirche Sankt Georg (12./13. Jh.), Kirche Sankt Nikolaus (13./14. Jh.), Zollhaus (16. Jh.), ehem. Wache (18. Jh.), Reste der ma. Stadtummauerung.

Hagenauer, Friedrich, * zw. 1490 und 1500, † nach 1546, dt. Medailleur. - Wahrscheinl. Sohn von ↑ Niclas Hagnower; tätig v. a. in München (seit 1525), Augsburg (1527–32) und Köln (1536–46). Schnitzte vorzügl., scharfkantige Holzmodelle für (235) Medaillen, u. a. von Philipp Melanchthon.

H., Johann Baptist, * Straß (= Ainring, Bay.) 1732, † Wien 9. Sept. 1810, dt. Bildhauer. - Schuf Kleinplastik und klassizist. Parkfiguren (Schönbrunn) sowie mit Entwürfen seines Bruders **Wolfgang H.** (* 1726, † 1801, leitender Baumeister des Erzstifts Salzburg) die Mariensäule am Salzburger Domplatz (1766–71).

H., Nikolaus †Niclas Hagnower.

Hagenbach-Bischoffsches Verfahren, nach dem Basler Mathematiker und Physiker Edouard Hagenbach-Bischoff (*1833, †1910) benannte Methode zur Ermittlung einer proportionalen Sitzverteilung bei der Verhältniswahl. Es beruht auf folgender Rechenregel: Zunächst wird die Gesamtzahl der gültigen Stimmen durch die um eins vermehrte Zahl der zu Wählenden geteilt und der sich so ergebende Quotient auf die nächsthöhere ganze Zahl aufgerundet. Jede Partei erhält sodann vorerst so viele Mandate zuerteilt, wie dieser [aufgerundete] Quotient in ihrer Parteistimmenzahl enthalten ist (**Erstverteilung**). Können auf diese Weise nicht alle Mandate vergeben werden, so wird die Stimmenzahl jeder Partei durch die um eins vermehrte Zahl der ihr bereits zugewiesenen Mandate dividiert und das erste noch zu vergebende Mandat derjenigen Partei zugewiesen, die hierbei den größten Quotienten aufweist; dies wird so lange wiederholt, bis alle Mandate vergeben sind (**Restmandatsverteilung**). Sofern sich bei der Restmandatsverteilung zwei oder mehr gleiche Quotienten ergeben, erhält diejenige Partei den Vorzug, die bei der Erstverteilung den größten Rest aufwies; sind auch diese Restzahlen gleich groß, so fällt das noch zu vergebende Mandat derjenigen Partei zu, deren in Frage stehender Bewerber die größere Stimmenzahl aufweist. Für den Fall, daß auch diese Zahlen gleich groß sind, entscheidet das Los. - Das H.-B.V. findet sich in den (Parlaments-)Wahlgesetzen vieler Staaten (z. B. Schweiz).

Hagenbeck, Carl, *Hamburg 10. Juni 1844, †ebd. 14. April 1913, dt. Tierhändler. - Baute die väterl. Tierhandlung zum größten Unternehmen der Welt aus, gründete 1907 in Hamburg-Stellingen den nach ihm benannten Tierpark und leitete ein Zirkusunternehmen; schrieb „Von Tieren und Menschen" (1908, Neuausgabe 1967).

Hagenow [...no], Krst. im Bez. Schwerin, DDR, 50 m ü. d. M., 14 400 E. Sägewerke, Baustoff- und Lebensmittelind. - H. erhielt im 14. Jh. Stadtrecht.

H., Landkr. im Bez. Schwerin, DDR.

Hagen-Poiseuillesches Gesetz [frz. pwa'zœj; nach dem dt. Wasserbauingenieur G. Hagen, *1793, †1884, und dem frz. Mediziner J. L. M. Poiseuille, *1797, †1869], für die laminare Strömung von Flüssigkeiten durch kreiszylindr. Röhren geltende Gesetzmäßigkeit: Das in der Zeit dt durch jeden Rohrquerschnitt strömende Flüssigkeitsvolumen ist

$$dV = \frac{\pi r^4}{8\eta l}(p_1 - p_2)\, dt,$$

wobei r der Rohrradius, l die Rohrlänge, p_1 und p_2 der Druck am Rohranfang bzw. -ende und η die dynam. Viskosität der Flüssigkeit

ist. Eine Verdopplung des Radius führt zu 16facher Durchflußmenge.

Hagensprache †Bauergericht.

Hager, Kurt, *Bietigheim 24. Juli 1912, dt. Politiker. - 1930 Mgl. der KPD; 1937–39 auf republikan. Seite im Span. Bürgerkrieg, danach Emigrant in Frankr. und Großbrit.; 1946 Mgl. der SED, 1949 Prof. für Philosophie an der Humboldt-Univ. in Berlin (Ost), seit 1954 Mgl. des ZK der SED, seit 1955 Sekretär für Wiss. und Kultur des ZK. Seit 1958 Mgl. der Volkskammer; seit 1963 Mgl. des Politbüros der SED; seit 1976 Mgl. des Staatsrates; gilt als Chefideologe der SED.

H., Leopold, *Salzburg 6. Okt. 1935, östr. Dirigent. - Schüler u. a. von B. Paumgartner, 1968–81 Chefdirigent des Mozarteum-Orchesters in Salzburg, seit 1981 Chefdirigent des Radio-Symphonieorchesters Luxemburg.

Hagesander (Agesander), einer der Schöpfer der †Laokoongruppe.

Hagestolz, im ma. Recht Bez. für einen unverheiratet gebliebenen Mann (selten für eine Frau); oft nachgeborene Söhne, die nur ein kleines Nebengut (althochdt. hag „umzäuntes Grundstück") besaßen, das zur Gründung einer Familie nicht ausreichte; heute [scherzhaft] für älteren Junggesellen.

Haggada [hebr. „Erzählung"], Teil der sog. „mündl. Lehre" und damit des rabbin. und ma. jüd. Schrifttums. Im Ggs. zur †Halacha werden von der H. alle nichtgesetzl. Bereiche erfaßt; haggad. Material findet sich in †Mischna, †Tosefta, v. a. aber in den beiden Talmuden.

Haggai (Vulgata: Aggäus), alttestamentl. Prophet und das von ihm verfaßte Buch.

Haggard, Sir (seit 1912) Henry Rider [engl. 'hægəd], *Bradenham Hall (Norfolk) 22. Juni 1856, †London 14. Mai 1925, engl. Schriftsteller. - Bekannt v. a. durch den Roman „Die Schätze des Königs Salomo" (1885).

Haghbat (russ. Achpat, armen. Haghpat), Kloster in der Armen. SSR, UdSSR, 80 km nö. von Leninakan. - Das Kloster H. wurde zw. 931 und 951 gegr. und bis zum 13. Jh. ausgebaut und befestigt; u. a. Heiligenkreuzkirche (967–991), Kirche der Heiligen Jungfrau und Sankt-Gregor-Kirche (um 1000).

Hagi, jap. Ind.- und Hafenstadt der N-Küste von W-Hondo. 54 000 E. Fischverarbeitung, Töpferei (seit über 300 Jahren).

Hagia Sophia [griech. „Heilige Weisheit"], Krönungskirche der oström. Kaiser in Konstantinopel, erbaut 532–37 unter Kaiser Justinian an Stelle eines Vorläuferbaus Konstantins d. Gr. von 326–60; 563 wurde die Kuppel erneuert und dabei stärker gewölbt. Die Innenausstattung zog sich bis zum Ende des 6. Jh. hin. Die Baumeister der H. S. waren Anthemios aus Tralles und Isidoros von Milet, die in der Tradition ihrer kleinasiat. Heimat standen. Sie verbanden in dem gewaltigen Bauwerk (Höhe 55,6 m, Durchmesser der Kuppel 33 m) in einmaliger Weise einen kuppelgewölbten Zentralbau mit der axial ausgerichteten Basilika und schufen so das bedeutendste Bauwerk der byzantin. Kunst. Nach 1453 Moschee, seit 1934 Museum.

Hagia Triada, am W-Rand der Mesara an der S-Küste Kretas gelegene minoische Siedlung und Palastanlage, urspr. meeresnaher Hafen- und Handelsplatz, der sicher zu ↑Phaistos gehörte; Zerstörung gegen 1400 v. Chr. Im Palast wurden Fresken und bed. Reliefgefäße aus Steatit (z. B. Schnittervase) gefunden, in der Nekropole ein bemalter Steinsarkophag (um 1400 v. Chr.).

Hagiographen [griech.], 1. hl. Schriften, die dritte Gruppe der Bücher des A.T.; 2. die Verfasser der hl. Schriften; 3. Bez. für Verfasser von Heiligenviten.

Hagiographie [griech.], Darstellung des Lebens der Heiligen und die wissenschaftl. Arbeit an Überlieferung, Geschichte und Kult der Heiligen. Die H. beginnt mit den altkirchl. Märtyrerakten (2. Jh.), den Lebensbeschreibungen von Asketen und Mönchen und erfaßt dann das Leben fast aller bed. Heiligen der Kirche.

Hagnower, Niclas ↑Niclas Hagnower.

Hague, Kap [frz. ag], Kap an der NW-Spitze der Halbinsel Cotentin, Frankr.; Leuchtturm; Anlage zur Wiederaufbereitung von Kernbrennstoffen.

Haguenau [frz. ag'no] ↑Hagenau.

Häher, allgemeine Bez. für Rabenvögel, die andere Tiere durch kreischende Rufe vor näherkommenden Feinden warnen. In Eurasien kommen u. a. Eichelhäher, Tannenhäher und Unglückshäher vor.

Häherkuckucke (Clamator), Gatt. der Kuckucke mit vier 30–45 cm großen Arten in S-Eurasien und Afrika; mit Federhaube und (im Unterschied zu anderen Kuckucken) nur 13 Halswirbeln; Brutschmarotzer. In SW- und SO-Europa kommt der in Afrika lebende, oberseits graubraune, weiß gefleckte, unterseits rahmfarbene langschwänzige **Häherkuckuck** (Clamator glandarius) vor.

Hahn, Kurt [Martin], * Berlin 5. Juni 1886, † Ravensburg 14. Dez. 1974, brit. Pädagoge dt. Herkunft. - 1920–33 Leiter des Landerziehungsheimes Schloß Salem, dann der British Salem School in Gordonstoun (Schottland); richtete ↑Kurzschulen ein; schrieb „Erziehung zur Verantwortung" (1959).

H., Otto, * Frankfurt am Main 8. März 1879, † Göttingen 28. Juli 1968, dt. Chemiker. - 1910–34 Prof., 1928–45 Direktor des Kaiser-Wilhelm-Instituts für Chemie in Berlin; 1948–60 Präsident der Max-Planck-Gesellschaft; befaßte sich seit 1904 mit Untersuchungen radioaktiver Stoffe (1904/05 bei Sir W. Ramsay in London, 1905/06 bei E. Rutherford in Montreal). Diese führten ihn - seit 1907 in Zusammenarbeit mit L. Meitner - zur Entdeckung einer großen Anzahl radioaktiver Elemente bzw. Isotope. 1938 entdeckte H. - nach Vorarbeiten mit L. Meitner - in Zusammenarbeit mit F. Straßmann die Spaltung von Urankernen bei Neutronenbestrahlung (↑Kernspaltung). Für diese Entdeckung wurde ihm nach Kriegsende der Nobelpreis für

Hagia Sophia

Chemie des Jahres 1944 verliehen.

Hahn [zu althochdt. hano, eigtl. „Sänger"], Bez. für ♂ Hühnervögel. - Durch seine Wachsamkeit Gefahren gegenüber und als Künder des neuen Tages wurde der H. zur Wächter- und Zeitfigur in der Symbolik.
◆ (Schlaghahn) hebelartiger Teil im Schloß von Handfeuerwaffen.

Hähne, Absperrorgane zum schnellen Öffnen oder Schließen von Rohrleitungen durch Drehen des konischen oder zylindr., mit einer Bohrung versehenen *Hahnkükens.* Der *Dreiwegehahn* erlaubt beliebige Verbindungen zw. zwei von drei Zu- oder Abgängen (Küken mit T-förmiger Bohrung). Der Wasserhahn ist im eigentl. Sinn ein Ventil.

Hahnemann, [Christian Friedrich] Samuel, * Meißen 10. April 1755, † Paris 2. Juli 1843, dt. Arzt. - Seine Therapie sah vor, dasjenige Heilmittel in sehr kleinen Gaben anzuwenden, das „eine andere, möglichst ähnl. Krankheit zu erregen imstande ist"; gilt damit als Begründer der ↑Homöopathie; forderte erprobte Einzelmittel anstelle der übl. Mischmedizin.

Hahnenfuß (Ranunculus), Gatt. der Hahnenfußgewächse mit über 400 weltweit verbreiteten Arten; meist ausdauernde Kräuter mit gelben oder weißen Blüten und hahnenfußartig geteilten Blättern. In M-Europa kommen rd. 40 Arten vor, u. a. **Scharfer Hahnenfuß** (Ranunculus acris), häufig auf Wiesen und Weiden, mit goldgelben Blüten; **Kriechender Hahnenfuß** (Ranunculus repens), auf feuchten Böden, mit dottergelben, bis 3 cm großen Blüten. Beide Arten sowie der **Gifthahnenfuß** (Ranunculus sceleratus) mit kleinen blaßgelben Blüten sind giftig. In den Alpen bis in 4 000 m Höhe wächst der **Gletscherhahnenfuß** (Ranunculus glacialis) mit großen, innen weißen, außen meist rosaroten oder tiefroten Blüten. Als Zierpflanzen und Schnittblumen beliebt ist v. a. die **Ranunkel** (Asiat. H., Ranunculus asiaticus), mit verschiedenfarbigen, einzelnen, gefüllten Blüten.

Hahnenfußgewächse (Ranunculaceae), Pflanzenfam. mit etwa 60 Gatt. und rd. 2 000 Arten von weltweiter Verbreitung (bes. auf der Nordhalbkugel); meist Kräuter, seltener Halbsträucher oder Lianen (z. B. Waldrebe); Blätter meist hahnenfußartig zerteilt; Blütenhülle meist fünfteilig, lebhaft gefärbt. Die H. enthalten häufig Alkaloide.

Hahnenkamm, östr. Berg sw. von Kitzbühel, 1 655 m hoch; Kabinenschwebebahn und Sessellift; jährl. internat. Skirennen.

Hahnenkamm, (Brandschopf, Celosia argentea f. cristata) bis 60 cm hohes, einjähriges Fuchsschwanzgewächs mit lineal- bis lanzenförmigen Blättern und im oberen Teil hahnenkammartig verflachtem (verbändertem) Blütenstand (normale Blüten finden sich nur im unteren Teil des Schopfes).
◆ (Italien. H., Span. Esparsette, Hedysarum coronarium) bis über 1 m hohe Süßkleeart in S-Spanien, M- und S-Italien; Blätter gefiedert; Blütenähren mit großen, leuchtend purpurroten Blüten; als Zierpflanze kultiviert.
◆ (Traubenziegenbart, Rötl. Koralle, Clavaria botrytis) Ständerpilz in Buchenwäldern; Fruchtkörper bis 10 cm hoch, blaßweiß, mit in der Jugend fleischrot und im Alter ockergelb gefärbt sind; Fleisch weiß bis gelbl., mild im Geschmack, jung eßbar, im Alter bitter.

Otto Hahn

Hahnenkampf, seit alters in Indien und China bekannte, in Europa seit der Antike beliebte Volksbelustigung, steht oft mit Wetten verbunden, bei der man zwei für diesen Zweck gezüchtete und mit scharfen Stahlsporen versehene Hähne miteinander kämpfen läßt; heute hauptsächl. noch in Mexiko, in den spanischsprechenden außereurop. Ländern, im Orient sowie bei Naturvölkern.

Hahnenklee-Bockswiese (Oberharz), heilklimat. Kurort und Wintersportplatz, Teil der Stadt Goslar, Nds.

Hahnentritt, (Cicatricula) Bez. für die kleine, weißl. Keimscheibe auf dem Dotter von Vogeleiern.

Hahn. 1 Packhahn, 2 Durchgangshahn, 3 Schnitt durch einen Dreiweghahn

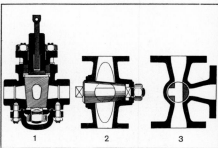

◆ (Zuckfuß) Bewegungsanomalie beim Hauspferd, bei der das eine oder beide Hinterbeine plötzl. ungewöhnl. hoch gehoben werden; wird durch Entzündung oder Nervenlähmung verursacht.

Hahn-Hahn, Ida Gräfin von, * Tressow (= Lupendorf, Landkreis Waren) 22. Juni 1805, † Mainz 12. Jan. 1880, dt. Schriftstellerin. - 1850 Übertritt zur kath. Kirche und 1852 Eintritt ins Kloster; trat für die Emanzipation der Frau ein, schrieb Bekehrungsromane, Lyrik, auch Reisebücher. *Werke:* Gräfin Faustine (R., 1841), Von Babylon nach Jerusalem (Autobiogr., 1851), Peregrin (R., 2 Bde., 1864).

Hahnium, von einer amerikan. Arbeitsgruppe vorgeschlagener Name für das Element 105; vorgeschlagenes chem. Symbol Ha.

Hahnrei [niederdt.], eigtl. verschnittener Hahn; zunächst Bez. für den Mann, der seinen ehel. Pflichten nicht nachkommt, dann für den betrogenen („gehörnten") Ehemann.

Hai [altnord.-niederl.] ↑ Haifische.

Haida, einer der bekanntesten Indianerstämme der NW-Küste N-Amerikas, zur Nadene-Sprachfam. gehörend; spezialisierte Hochseefischer; große, reich verzierte Plankenhäuser und Kanus, Totempfähle mit geschnitzten, meist bemalten myth. Tierahnen.

Haidar Ali, * Dodballapur (Mysore) 1721, † Narasingarayanpet (Andhra Pradesh) 7. Dez. 1782, muslim. Usurpator in S-Indien. - Eroberte Mitte des 18. Jh. Mysore; als Verbündeter der Franzosen mit den Briten in Kriege verwickelt, die ihn 1781 schlugen. Sein Sohn Tipu Sultan setzte sein Werk fort.

Haider, Karl, * München 6. Febr. 1846, † Schliersee 29. Okt. 1912, dt. Maler. - Malte v. a. schwermütige Stimmungslandschaften (meist Oberbay.) in altmeisterl. Manier. Stilist. steht er dem Kreis von W. Leibl und H. Thoma nahe.

Haiducken ↑ Heiducken.

Haie, svw. ↑ Haifische.

Haieff, Alexej, * Blagoweschtschensk 25. Aug. 1914, amerikan. Komponist russ. Herkunft. - Gemäßigt moderne, neoklassizist. Kompositionen, u. a. drei Sinfonien, Konzerte, Ballette („Zandila", 1946), Kammer- und Vokalmusik.

Haifa, israel. Hafenstadt am Karmel, 226 000 E. Verwaltungssitz des Distrikts H., Sitz des melkitischen Erzbischofs von Akko; Zentrum des Bahaismus; Univ. (seit 1963), TH (gegr. 1912) mit Schiffahrtsschule, Seminar für arab. Lehrer; Bibliotheken und Museen, u. a. ethnolog. Museum, Schiffahrtsmuseum; Kunstgalerien, Konzerthallen, Theater, Amphitheater; Zoo. Bed. Handels- und Ind.stadt: Zentrum der Schwerind., größte Raffinerie des Landes, Werft, chem., petrochem. u. a. Ind.; Fremdenverkehr; ♒. - Im 3. Jh. erstmals genannt. Die Stadt wurde z. Z. der Kreuzzüge zweimal völlig zerstört und

erlangte erst wieder Bed. im 19. Jh., als der Hafen von Akko versandete, v. a. aber seit der jüd. Einwanderung.

Haifische (Haie, Selachii), Ordnung bis 15 m langer Knorpelfische mit rd. 250 fast ausschließl. marinen Arten; Körper meist torpedoförmig schlank, mit Plakoidschuppen, daher von sehr rauher Oberfläche; Maul unterständig; Zähne meist sehr spitz und scharf, in mehreren Reihen hintereinander stehend; Geruchssinn sehr gut entwickelt; seitl. am Kopf jederseits 5–7 Kiemenspalten; Schwanzflosse heterozerk; Schwimmblase fehlt; durch Umwandlung von Teilen der Bauchflossen ♂♂ mit Begattungsorgan, innere Befruchtung, viele Arten lebendgebärend, die übrigen legen von Hornkapseln überzogene Eier. Nur wenige Arten werden dem Menschen gefährl. (z. B. Blauhai, Weißhai). Einige H. (wie ↑ Dornhaie, ↑ Katzenhaie, Heringshai, ↑ Hammerhaie) haben als Speisefische Bed., wobei die Produkte meist unter den. Handelsbezeichnungen (Seeaal, Schillerlocken, Seestör, Kalbfisch, Karbonadenfisch) auf den Markt kommen. Die Leber vieler Arten liefert hochwertigen Lebertran, die Haut mancher Arten wird zu Leder (Galuchat) verarbeitet. - Weiterhin gehören zu den H. ↑ Grauhaie, ↑ Stierkopfhaie, ↑ Menschenhaie, ↑ Makrelenhaie, ↑ Glatthaie, ↑ Engelhaie, ↑ Sägehaie, ↑ Sandhaie und ↑ Nasenhaie.

Haig [engl. hɛıg], Alexander M[eigs], * Philadelphia 2. Dez. 1924, amerikan. General. - Trat 1947 in die Armee ein, 1969 Brigadegeneral, 1973 General; 1969/70 militär. Berater im Nat. Sicherheitsrat; diplomat. Sondermissionen in Indochina, v. a. im Zusammenhang mit den Waffenstillstandsverhandlungen für Vietnam; 1973 stellv. Stabschef der Armee; 1973/74 Stabschef des Weißen Hauses, war 1974–79 Oberbefehlshaber der amerikan. Truppen in Europa und NATO-Oberbefehlshaber; 1981 bis Juni 1982 Außenmin. der USA.

H., Douglas, Earl of (seit 1919), * Edinburgh 19. Juni 1861, † London 29. Jan. 1928, brit. Feldmarschall (seit 1917). - Reorganisierte als Mitarbeiter von R. B. Viscount Haldane of Cloan das brit. Heer; 1909–11 Generalstabschef in Indien; befehligte im 1. Weltkrieg seit Dez. 1915 die brit. Streitkräfte an der W-Front.

Haigerloch, Stadt an der Eyach, Bad.-Württ., 420–492 m ü. d. M., 9 400 E. Staatl. Verwaltungsschule; Textilind., Kunststoffwerk. - Stadt seit dem 13. Jh., seit 1576 Sitz der Linie Hohenzollern-H., fiel 1633 an Hohenzollern-Sigmaringen. - Auf einem Felssporn das Schloß (Hauptbau und Innenausstattung im 17. Jh.); barocke Wallfahrtskirche Sankt Anna (1753–55).

Haikal, Muhammad Husain, * Kafr Al Ghannama (Prov. Ad Dakalijja) 20. Aug. 1888, † Kairo 8. Dez. 1956, ägypt. Schriftsteller und Politiker. - 1922 Mitbegr. der Liberalen Konstitutionspartei und Hg. einer Zeitung; 1937–44 mehrmals Erziehungsmin., auch Senatspräs. Schrieb Erzählungen, Biographien (u. a. über Mohammed) und Reisebeschreibungen sowie 1914 den in bäuerl. Milieu spielenden Roman „Sainab".

Haikou [chin. xajkŏu̯], chin. Hafenstadt auf Hainan, 402 000 E. Handels- und Umschlagplatz für Erzeugnisse der Insel; Konservenindustrie.

Haiku (Haikai) [jap. „Posse"], Gatt. der jap. Dichtkunst; urspr. die 17silbige Anfangsstrophe eines ↑ Tanka, bestehend aus drei Versen zu 5–7–5 Silben. Höhepunkt mit Bascho, der die themat. Abkehr vom Possenhaften vollzog.

Hail ['haːɪl], Oasenstadt in der nördl. Nefud, Saudi-Arabien, etwa 41 000 E. Karawanenstation an der Pilgerstraße von Bagdad nach Mekka; ☪.

Haile Selassie I. (amhar. Haile Sellase [„Macht der Dreifaltigkeit"]), urspr. Täfäri Mäkwännen, * Edscharsa Gora (Harärge) 23. Juli 1892, † Addis Abeba 27. Aug. 1975, äthiop. Kaiser (seit 1930). - Nach dem Tod seines Vaters (1906) von seinem Großonkel, Kaiser Menilek II., an den Hof nach Addis Abeba geholt; 1916 Regent und Thronfolger; 1928 zum Negus („König") mit dem Thronnamen H. S. I., 1930 zum Negusä nägäst („König der Könige", d. h. Kaiser) gekrönt; gab 1931 Äthiopien die erste Verfassung; während der italien. Okkupation (1936–41) in Großbrit. im Exil; an der Gründung der OAU (1963) maßgebl. beteiligt; trat wiederholt als Vermittler in afrikan. Angelegenheiten auf (u. a. im Konflikt zw. Biafra und Nigeria); im Sept. 1974 durch das Militär abgesetzt.

Haithabu. Der im 10. Jh. angelegte Befestigungswall des mittelalterlichen Fernhandelszentrums

Hailey, Arthur [engl. 'hɛɪlɪ], * Luton 5. April 1920, kanad. Schriftsteller engl. Herkunft. - Mehrere seiner Bücher, die eine Mischung aus Roman und Sachbuch sind, wurden Bestseller, u. a. „Auf höchster Ebene" (1962), „Airport" (1968).

Hailsham of St. Marylebone, Quintin McGarel Hogg, Viscount H. of St. M. (seit 1950) [engl. 'hɛɪlʃəm əv snt'mærələbən], Baron von Herstmonceux (seit 1970), * London 9. Okt. 1907, brit. konservativer Politiker. - 1938–50 und 1963–70 Mgl. des Unterhauses, 1950–63 und seit 1970 des Oberhauses; 1956/57 Erster Lord der Admiralität, 1957 Erziehungsmin., 1957–59 und 1960–64 Lordpräsident des Staatsrates; 1959/60 Lordsiegelbewahrer; 1959–64 Wissenschaftsmin., 1960–63 zugleich Führer des Oberhauses; 1970–74 und seit 1979 Lordkanzler (Justizmin.).

Haimonskinder, die vier Söhne des Grafen Aymon de Dordogne (Allard, Renaut, Guiscard und Richard), Helden des altfrz. Heldenepos des 12. Jh. Im 16. und 17. Jh. in Deutschland als Volksbuch verbreitet. Histor. Grundlage ist die Auflehnung der Brüder gegen Karl d. Gr.

Hain, heute überwiegend in der Dichtersprache gebräuchl. Wort für „Wald; Lustwäldchen"; geht auf althochdt. „hagan" (↑ Hag) zurück. Heilige H. kommen im Kult zahlr. Religionen vor und galten als Asylorte.

Hainan (Hainandao [chines. xaɪ̯nandau̯]), chines. Insel mit trop. Klima vor der S-Küste Chinas, 34 000 km², im Wuchih Shan 1 867 m hoch.

Hainanstraße (Qiongzhou haixia [chines. tɕi̯ʊŋdʒʊ̯xajɕi̯a]), Meeresstraße zw. der Halbinsel Leitschou und der Insel Hainan, verbindet das Südchin. Meer mit dem Golf von Tonkin.

Hainaut [frz. ɛ'no] ↑ Hennegau.

Hainblume (Nemophila), Gatt. der Wasserblattgewächse mit 11 Arten in N-Amerika;

einjährige Kräuter mit fiederartig gelappten oder geschlitzten Blättern; Blüten einzeln oder zu wenigen, breitglockig, blau, weiß oder gefleckt.

Hainbuche (Weißbuche, Carpinus betulus), bis 25 m hoch und bis 150 Jahre alt werdendes Haselnußgewächs im gemäßigten Europa bis Vorderasien; Stamm glatt, grau, seilartig gedreht, oft durch Stockausschläge mehrstämmig und strauchartig; Blätter zweizeilig gestellt, ellipt., scharf doppelt gesägt, längs den Seitennerven gefaltet; Blüten in hängenden, nach ♂ und ♀ getrennten Kätzchen; Früchte büschelig hängende, dreilappig geflügelte Nüßchen.

Hainbund ↑Göttinger Hain.

Hainburg an der Donau, niederöstr. Stadt nahe der tschech. Grenze, 161 m ü. d. M., 6 100 E. Tabakind. - Im 12. Jh. gegr. - Stadtbefestigung (13. Jh.) mit 13 Türmen und 3 Toren; Renaissance- und Barockhäuser.

Hainfarn (Alsophila), Gatt. der Cyatheagewächse mit rd. 300 Arten in den Bergwäldern der alt- und neuweltl. Tropen und Subtropen. Die in Australien vorkommende, bis 20 m hohe Art *Alsophila australis* wird häufig in Gewächshäusern kultiviert.

Hainich, Höhenzug am W-Rand des Thüringer Beckens, bis 494 m hoch.

Hainichen, Krst. im Mittelsächs. Hügelland, Bez. Karl-Marx-Stadt, DDR, 303 m ü. d. M., 10 000 E. Museum; Kfz.bau, Textil-, Leder-, Möbelind. - 1342 als Stadt bezeichnet. **H.,** Landkr. im Bez. Karl-Marx-Stadt, DDR.

Hainisch, Marianne, * Baden bei Wien 25. März 1839, † Wien 5. Mai 1936, östr. Politikerin. - Setzte sich seit 1870 für eine allg. Mittelschulbildung für Mädchen, für deren Zulassung zu Hoch- und Gewerbeschulen und für die Sicherung besserer Erwerbsmöglichkeiten für Frauen ein; gründete 1902 den Bund östr. Frauenvereine.
H., Michael, * Aue (= Gloggnitz, Niederösterreich) 15. Aug. 1858, † Wien 26. Febr. 1940, östr. Politiker. - Sohn von Marianne H.; liberal-demokrat. und gemäßigt großdt. Grundhaltung; 1920–28 Präs. der Republik Österreich; 1929/30 Handelsminister.

Hainleite, Höhenzug im N des Thüringer Beckens, bis 464 m hoch. Die westl. Fortsetzung, der **Dün,** erreicht 517 m. Die H. setzt sich östl. der Thüringer Pforte in der bis 380 m hohen **Schmücke** fort.

Hainschnecken, svw. ↑Schnirkelschnecken.

Hainschnirkelschnecke ↑Schnirkelschnecken.

Hainsimse (Marbel, Luzula), Gatt. der Binsengewächse mit rd. 80 Arten in der nördl. gemäßigten Zone; Stauden mit grasähnl., am Rande bewimperten Blättern und bräunl. bis gelbl. oder weißen, sechszähligen Blüten. In Deutschland kommen 12 Arten vor, darunter häufig die **Behaarte Hainsimse** (Luzula pilosa)

mit weiß bewimperten Grundblättern und die **Waldhainsimse** (Luzula silvatica) mit locker gestellten Blüten sowie die **Feldhainsimse** (Luzula campestris) mit dichtgestellten Blüten.

Haiphong, Stadt im NO des Tonkindeltas, Vietnam, 1,2 Mill. E (städt. Agglomeration). Der Hafen ist für Seeschiffe bis 10 000 BRT zugängl.; wichtiges Ind.zentrum: Schiffbau, Eisen- und Zinkerzschmelze, Maschinenbau, Zementfabrik, Kunststoff-, Textil-, Nahrungsmittel- u. a. Ind.; Bahnlinie nach Hanoi; ⚓. - H. wurde von den Franzosen seit 1874 zum modernen Hafen entwickelt; 1940–45 von Japan besetzt.

Haithabu [altnord. „Heidewohnstätte"], ein 804 als **Sliasthorpe,** um 850 als **Sliaswich** bezeugter Handelsplatz an der Schlei, südl. von Schleswig. Vermutl. um die Mitte des 8. Jh. gründeten fries. Kaufleute eine erste Niederlassung als Umschlagplatz. Der zentrale Siedlungskern nahm seit dem 9. Jh. immer mehr an Umfang und Bed. zu. H. erhielt eine Münzstätte und wurde, während man die anderen Siedlungen aufgab, im 10. Jh. mit einem Halbkreiswall befestigt. Um 900 kam das bisher dän. H. an schwed. Wikinger, wurde 934 von Heinrich I. erobert und damit Ostseehafen des Reiches, dem es Otto I. eingliederte. 983/84 wieder dän. Seine Funktion übernahm in der Folgezeit Schleswig. Seit 1900 werden in H. umfangreiche Ausgrabungen durchgeführt (u. a. Fund eines Wikingerschiffs). - Abb. S. 137.

Haitham, Al ↑Alhazen.

Haiti

(amtl. Vollform: République d'Haïti), Republik im Bereich der Westind. Inseln, zw. 72° und 74° 30' w. L. sowie 18° und 20° n. Br. **Staatsgebiet:** Umfaßt den W der Insel Hispaniola, grenzt im O an die Dominikan. Republik. **Fläche:** 27 750 km². **Bevölkerung:** 5,3 Mill. E (1985), 190 E/km². **Hauptstadt:** Port-au-Prince. **Verwaltungsgliederung:** 9 Dep. **Amtssprache:** Französisch, Umgangssprache: Kreolisch. **Staatsreligion:** Röm.-kath. **Nationalfeiertag:** 1. Jan. (Unabhängigkeitstag). **Währung:** Gourde (Gde.) = 100 Centimes. **Internat. Mitgliedschaften:** UN, OAS, SELA, GATT. **Zeitzone:** Eastern Standard Time, d. i. MEZ −6 Std.

Landesnatur: H. ist durch vier Gebirgszüge des Kordillerensystems mit dazwischen liegenden Becken bzw. [Küsten]ebenen gegliedert. Die höchste Erhebung liegt im SO (Pic de la Selle, 2 680 m ü. d. M.). **Klima:** Das randtrop. Klima mit sommerl. Regenzeit und winterl. Trockenzeit wird durch das Relief differenziert. **Vegetation:** Bis auf die Trockengebiete mit Sukkulenten und Dornsträuchern ist das urspr. Pflanzenkleid durch die Landw. dezimiert. Es zeigt den Wandel von immergrünem Regen- und Bergwald zu regengrünem Feucht- und Trockenwald, Feucht- und Trockensavanne.

Bevölkerung: Sie ist aus den Nachkommen der im 18. Jh. aus Afrika für die Plantagenarbeit eingeführten Sklaven entstanden. In ihr sind auch die wenigen, sonst ausgerotteten Indianer aufgegangen. Offiziell gehören rd. 90 % der Bev. der kath. Kirche an, doch spielt der Wodukult die Hauptrolle. Der Schulpflicht (6–12 Jahre) wird nur ungenügend Folge geleistet. H. weist die höchste Analphabetenquote Lateinamerikas auf (75 %, nach anderen Quellen 80–90 %). In der Hauptstadt wurde 1944 eine Univ. gegründet.

Wirtschaft: In kleinbäuerl. Betrieben wird, abgesehen von Kaffee, fast nur für den Eigenbedarf angebaut, meist mit rückständigen Methoden. Außerdem verursachte der Raubbau an den Wäldern schwere Erosionsschäden. Großbetriebe in den Küstenebenen erzeugen Zucker, Sisal, Baumwolle und Reis für den Export. Die Fischerei deckt nicht den Eigenbedarf. Auf der SW-Halbinsel wird Bauxit abgebaut. Neben der überwiegend auf der Landw. basierenden Ind. wurden neue Fabriken errichtet, u. a. zwei Textilfabriken, eine Düngemittel-, eine Zementfabrik, ein Pharmawerk u. a. Wegen der staatl. Vergünstigungen und der niedrigen Löhne haben ausländ. Unternehmen Betriebe errichtet, deren Produkte wieder exportiert werden. Der Fremdenverkehr hat steigende Tendenz.

Außenhandel: Die wichtigsten Partner sind die USA, von den EG-Ländern sind es Frankr., Belgien-Luxemburg sowie die BR Deutschland. Letztere importiert Bauxit, Sisal, Rizinussamen, elektr. Maschinen und Geräte, Abfälle und Schrott von Kupfer, äther. Öle, Kaffee u. a., sie liefert v. a. Eisen und Stahl, Maschinen, Kondensmilch, Kfz., Metallwaren, Medikamente, Garne und Textilien.

Verkehr: In Betrieb sind nur Plantagenbahnen. Das Straßennetz ist rd. 4 000 km lang, z. T. in schlechtem Zustand. Wichtigste Häfen sind Port-au-Prince, Cap-Haïtien und Miragoâne. Der internat. ✈ befindet sich in Port-au-Prince; die 7 inländ. Flughäfen werden von der nat. Haiti Air bedient.

Geschichte: 1697 trat Spanien das westl. Drittel der Insel Hispaniola an Frankr. ab (↑ auch Dominikanische Republik, Geschichte). Saint-Domingue wurde im 18. Jh. zur reichsten frz. Kolonie. Die Frz. Revolution brachte die Sklavenbefreiung; die Folge waren Aufstände der Schwarzen und Mulatten gegen die dünne weiße Oberschicht, die bald in einem allg. Krieg mündeten. 1791 erhielten die Schwarzen in F. D. Toussaint Louverture einen Anführer, dem es gelang, brit. und span. Invasionen abzuschlagen und seine Landsleute unter seinem Kommando zu einen. 1802–04 war die Insel von einem frz. Expeditions-

korps besetzt. Das unabhängige H. wurde zunächst von einem Kaiser beherrscht und spaltete sich 1806 in eine Republik im S und ein Kgr. unter H. Christophe im N; erst 1820 wurden beide Teile wieder vereint. 1822–44 beherrschte H. auch den span. Teil der Insel; erst eine Erhebung der span. Kreolen nach der Vertreibung des haitian. Diktators Boyer ließ die Dominikan. Republik entstehen. 1849–59 hatte H. nochmals einen Kaiser, danach versank es in Anarchie. 1915 besetzten die USA H.; sie kontrollierten v. a. Finanzen und Zölle. Auch nach dem Abzug der US-Truppen (1934) blieb H. bis 1947 unter amerikan. Finanzkontrolle. Nach Unruhen, Streiks und polit. Machtkämpfen wurde 1957 F. Duvalier zum Präs. gewählt, der seine Herrschaft auf die Schwarzen stützte und die Mulatten, die bis dahin herrschende Schicht, von der Reg. ausschloß. Sein eigtl. Herrschaftsinstrument war die Bewegung „Mouvement de Renovation Nationale" („Tonton Macoute"), eine Mischung aus Partei, Jugendverband und Geheimpolizei. Wegen ihrer Willkürherrschaft kam es wiederholt zu Aufständen und Putschversuchen, die aber alle scheiterten. Die polit. Verhältnisse haben sich auch seit dem Amtsantritt (1971) seines Sohnes J.-C. Duvalier (* 1951) nicht grundlegend geändert, trotz wiederholter Ankündigung einer polit. Liberalisierung und zu diesem Zweck vorgenommenen Kabinettsumbildungen. Nachdem Versprechungen, freie und geheime Wahlen abzuhalten, mehrfach gebrochen worden waren, kam es seit Mai 1984 immer wieder zu Unruhen. Der Druck auf Präs. Duvalier wurde schließl. so stark, daß er am 7. Febr. 1986 H. verließ und ins Exil ging. Seither führt eine Reg.junta unter General H. Namphy die Reg.-geschäfte. Namphy ernannte sich am 21. März 1986 selbst zum Präs., kündigte aber für 1987 freie Wahlen an und versprach, am 7. Febr. 1988 die Macht an eine bis dahin gewählte Reg. zu übergeben.

Politisches System: Nach der mehrfach geänderten Verfassung von 1957 war H. eine präsidiale Rep. mit sehr beschränkten Möglichkeiten der Legislative. Staatsoberhaupt und Präs. auf Lebenszeit war J.-C. Duvalier. Nach dem Umsturz im Febr. 1986 wurde die Verfassung außer Kraft gesetzt. Seither führt die Regierungsjunta Conseil National de Gouvernement die Reg.geschäfte; ihr Vors. General H. Namphy ernannte sich im März 1986 zum Staatspräsidenten. Das Parlament wurde aufgelöst. Neuwahlen sind für 1987 angekündigt. Zur *Verwaltung* ist H. in 9 Departements gegliedert. Die *Rechtsordnung* fußt auf frz. Recht. Die *Streitkräfte* haben eine Stärke von rd. 6 900 Mann (Heer 6 400, Luftwaffe 20, Küstenwache 300).

📖 *Donner, W.: H. Naturraumpotential u. Entwicklung. Tüb. 1980. - Polit. Lexikon Lateinamerika. Hg. v. P. Waldmann u. U. Zelinsky.*

Hakenlilie

Mchn. 1980. - Caprio, G.: H. Wirtschaftl. Entwicklung u. periphere Gesellschaftsformation. Ffm. 1979.

Haitink, Bernhard (Haïtink), * Amsterdam 4. März 1929, niederl. Dirigent. - Seit 1961 Dirigent des Concertgebouworkest in Amsterdam, 1967-79 des London Philharmonic Orchestra, leitet seit 1978 die Festspiele in Glyndebourne. Bed. Mahler-Interpret.

Hajdu, Étienne [frz. aj'du; ungar. 'hɔjdu:], * Turda (Siebenbürgen) 12. Aug. 1907, frz.

Otto Herbert Hajek, Raumknoten 35 (1956). Hannover, Niedersächsisches Landesmuseum

Bildhauer ungar. Abkunft. - 1937 Griechenlandreise; abstrakte, von Brancusis und der kret.-myken. Idolplastik beeinflußte Plastik.

Hajdúszoboszló [ungar. 'hɔjdu:soboslo:], ungar. Stadt 20 km sw. von Debrecen, 96 m ü.d.M., 24 000 E. Kurort mit Thermalquellen; Mineralwasserversand; Erdgasförderung.

Hajek, Otto Herbert, * Nové Hutě (Südböhm. Geb.) 27. Juni 1927, dt. Bildhauer. - Seine urspr. von innen aufgelösten Volumen verfestigten sich später zu kompakten Formen, oft farbige Großplastik, z.T. begehbar (seit 1963).

Hajek-Halke, Heinz, * Berlin 1. Dez. 1898, †ebd. 11. Mai 1983, dt. Photograph. - Seit 1925 Pressephotograph, seit 1927 Photogramme und -montagen, Werbe- und Aktaufnahmen. Widersetzte sich 1933 der Forderung des NS-Propagandaministeriums, Dokumentaraufnahmen zu fälschen. Seit den 1950er Jahren entstanden photokünstler. Experimente, die H.-H. als „Lichtgraphik" bezeichnete und die ihn selbst als „Meister des photograph. Informel" bekanntgemacht haben.

Hajigakpaß ↑ Hindukusch.

Hajo, fries. Form des männl. Vornamens ↑ Hagen; auch Kurzform von Hans-Joachim.

Hakatabucht, Meeresbucht an der NW-Küste Kiuschus, Japan.

Häkelarbeit, eine Nadelarbeit, die als Handarbeit mit nur einer Nadel (Häkelnadel) gearbeitet wird. Mit dem Widerhaken der Häkelnadel wird jeweils der Arbeitsfaden aufgenommen und durch eine bereits gearbeitete Masche gezogen, wodurch eine neue Masche entsteht. Die Maschen können in verschiedensten Mustern gehäkelt werden.

Häkelgarn, scharf gedrehte Zwirne (4-, 6- oder 8fädig), meist aus Baumwolle.

Haken, winklig oder rund gebogener Metall- oder Kunststoffteil, der auf die verschiedenste Art und Weise befestigt ist und zum Auf- oder Einhängen von Gegenständen dient. - ↑auch Karabinerhaken.
◆ svw. ↑ Grandeln.
◆ Ausgangsform von Nehrungen. - ↑ Küste.
◆ *Boxen:* mit angewinkeltem Arm geführter Schlag.

Hakenkäfer (Klauenkäfer, Dryopidae), weltweit verbreitete Fam. meist nur 3-5 mm langer Käfer an und in Gewässern mit fast 1 000 Arten, davon in M-Europa 36 Arten; meist olivgrüne bis braune Wasserkäfer, die im Wasser an Wasserpflanzen, Steinen umherlaufen. Zum Anheften dienen große, spitze Klauen, zur Atmung unter Wasser ein dichtes, wasserabweisendes Haarkleid, mit dem atmosphär. Luft mitgenommen wird; Imagines und Larven sind pflanzenfressend.

Hakenkreuz (Sanskrit: Swastika [„heilbringendes Zeichen"]; lat.: crux gammata; frz.: croix gammée; altengl.: fylfot; althochdt.: fyrfos [„Vierfuß"]), gleichschenkliges Kreuz mit 4 in die gleiche Richtung weisenden, rechtwinkligen, spitzwinkligen oder abgerundeten Armen. Aus der Frühgeschichte überliefert und in Europa, Asien, seltener in Afrika und Mittelamerika (nicht jedoch in Australien) nachweisbar; als religiöses Symbol von umstrittener Bed. (Sonnenrad, Spiralmotiv, Thors Hammer, doppelte Wolfsangel). Emblem des NS und anderer faschist. Bewegungen in Ungarn, Schweden, den Niederlanden, Großbrit. und den USA; auch nach 1945 von neofaschist. Bewegungen verwendet. Diente nach 1918 als polit. und militär. Emblem in Lettland und Finnland (noch jetzt auf finn. Armeefahnen).

Hakenkreuzflagge, seit 1920 offizielles Parteibanner der NSDAP; seit 1933 zus. mit der schwarz-weiß-roten Fahne Flagge des Dt. Reiches; 1935–45 alleinige Reichs- und Nationalflagge.

Hakenlilie (Crinum), Gatt. der Amaryllisgewächse mit über 100 Arten, v.a. in den Küstenländern der Tropen und Subtropen; stattl. Zwiebelpflanzen mit langen, meist schmalen Blättern; Blüten in mehrblütiger Dolde, groß.

Hakenpflug ↑Pflug.

Hakenwurm, svw. ↑Grubenwurm.

Hakenwürmer (Ankylostomen, Ancylostomatidae), Fam. bis etwa 3 cm langer, parasit. Fadenwürmer; hauptsächl. im Dünndarm von Säugetieren (einschließl. Mensch); beißen sich in der Darmwand fest und saugen Blut; verursachen die ↑Hakenwurmkrankheit. Beim Menschen kommen u.a. ↑Grubenwurm und ↑Todeswurm vor.

Hakenwurmkrankheit (Ankylostomiasis), Bez. für die von Hakenwürmern hervorgerufenen Erkrankungen beim Menschen (bei Tieren als Dochmiasis bezeichnet); Symptome: Anämie, Wechsel von Verstopfung und Durchfall, Nasenbluten, Kräfteverfall.

Hakim, Al, Bi Amrillah, *13. Aug. 985, †Muskattam 13. Febr. 1021, fatimid. Kalif. - Folgte 996 seinem Vater Al-Asis nach; religiöser Fanatiker; zerstörte Kirchen und Synagogen, u.a. die Grabeskirche in Jerusalem. Die Drusen verehren in ihm die Verkörperung der göttl. Urkraft.

Hakim [arab.], Herrscher, Gouverneur; Richter.

Hakka, Volks- und Sprachgruppe in S-China, auf Taiwan, Hainan und in Hongkong.

Hakko ↑Akko.

Hakodate, jap. Hafenstadt auf Hokkaido, an der Tsugarustraße, 320 000 E. Die Ind. ist auf die Fischereiwirtschaft ausgerichtet, daneben Erdölraffinerie, petrochem. u.a. Ind.; Fährverbindung (Tunnel in Bau) mit Aomori; ✫. - Urspr. eine Siedlung der Ainu; seit 1800 war H. wichtigster Hafen Hokkaidos.

Hakon, aus dem Nord. übernommener männl. Vorname (altnord. Hakvinn); der 1.

Bestandteil ist ᴵunklar, der 2. entspricht althochdt. wini „Freund"; dän. und norweg. Form: Håkon.

Håkon (Haakon) [norweg. 'hoːkɔn], Name von Herrschern:
Norwegen:

H. IV. Håkonsson, der Alte [norweg. 'hoːkɔnsɔn], *1204, †Kirkwall (Orkneyinseln) 17. Dez. 1263, König (seit 1217). - Stabilisierte seine Herrschaft erst 1240; führte das Erbkönigtum ein; erwirkte 1261 die Anerkennung der norweg. Oberhoheit durch Grönland, 1262 die durch Island.

H. VI. Magnusson [norweg. 'magnusɔn], *Aug. 1340, †1. Mai 1380, König (seit 1355), von Schweden (1362/63). - Sohn des norweg.-schwed. Königs Magnus V. Eriksson; seine Ehe (seit 1363) mit Margarete I., der Tochter des dän. Königs Waldemar IV. Atterdag, begr. die skand. Staatenunion (Kalmarer Union).

H. VII., *Charlottenlund (= Kopenhagen) 3. Aug. 1872, †Oslo 21. Sept. 1957, König (seit 1905). - Im 1. wie beim Ausbruch des 2. Weltkriegs um eine neutrale Haltung Norwegens, Dänemarks und Schwedens bemüht; befahl bei der dt. Besetzung Norwegens 1940 den Widerstand der norweg. Truppen; ging nach deren Niederlage und seiner Weigerung, die Reg. Quisling anzuerkennen, nach Großbrit. ins Exil, 1945 Rückkehr.

Hakuschi (Hakase) [jap.], früher Titel jap. Professoren, heute akadem. Grad, etwa dem dt. Doktorgrad vergleichbar.

Hal [frz. al], Stadt in Belgien, ↑Halle.

Halacha [hebr. „Wandel"], Bez. sowohl des gesetzl. Teils der jüd. Überlieferung im ganzen als auch einer Einzelbestimmung. - Die H. umfaßt als schriftl. Thora die Gebote der fünf Bücher Moses, als mündl. Thora deren Interpretation sowie nicht in der Bibel enthaltene, bibl. Geboten jedoch gleichgeachtete Vorschriften.

Halali [hala'liː, ha'laːli; frz.], wm. Bez. für: 1. urspr. der Jagdruf (auch Jagdhornsignal), wenn das gehetzte Wild auf einer Parforcejagd gestellt ist; 2. das Signal, das das Ende einer Jagd anzeigt.

Halbacetal ↑Acetale.

Halbaffen (Prosimiae), Unterordnung 13–90 cm körperlanger Herrentiere mit rd. 35 Arten, v.a. auf Madagaskar, in Afrika und S-Asien; Schwanz sehr lang bis stummelförmig, Kopf mit mehr oder minder langer, spitzer, hundeähnl. Schnauze und unbehaartem, feuchtem Nasenspiegel; Augen sehr groß; Geruchssinn besser entwickelt als bei den Affen. Zu den H. gehören die Loris, Koboldmakis, Galagos, Lemuren, Indris und das Fingertier.

Halbbild, in der Fernsehtechnik Bez. für das aus der halben Zeilenzahl bestehende Bild beim genormten Zeilensprungverfahren.
◆ in der Stereoskopie Bez. für eines der beiden stereoskop. Teilbilder.

Halbblut, in der *Pferdezucht* Sammelbez. für die unterschiedl. Pferderassen und -schläge, die nicht eindeutig einer der großen Gruppen Ponys, Kaltblut und Vollblut zugeordnet werden können. In Deutschland werden als H. v. a. Pferde bezeichnet, deren einer Elter zu 100 % Vollblut ist.
◆ ↑ Mischling.

Halbdach ↑ Dach.

Halbdeckung, Begriff aus der gesetzl. Rentenversicherung. Er bedeutet, daß die Zeit zw. dem Eintritt in die Versicherung und dem Versicherungsfall zur Hälfte mit Beiträgen belegt ist; wichtig für die Anrechnung von ↑ Ausfallzeiten und ↑ Ersatzzeiten.

halbdurchlässige Spiegel, Spiegel, die nur einen Teil des auffallenden Lichtes reflektieren, den übrigen Teil hindurchlassen.

Halbe, Max, * Güttland bei Danzig 4. Okt. 1865, † Gut Neuötting (Oberbay.) 30. Nov. 1944, dt. Schriftsteller. - Hatte mit dem lyr.-melanchol. Drama „Jugend" (1893), der Tragödie einer zerstörten Liebe, seinen größten Erfolg. Seine Dramen veranschaulichen die naturalist. Thesen von der Bed. des Milieus und der Unausweichlichkeit des Schicksals; auch Romane, Novellen sowie Autobiographien. - *Weitere Werke:* Mutter Erde (Dr., 1897), Frau Meseck (Nov., 1897), Der Strom (Dr., 1904), Der Ring des Gauklers (Dr., 1911).

Halbedelsteine ↑ Schmucksteine.

Halbenhund, Bez. für den Hund des Schäfers, der auf der dem Schäfer abgewandten Seite der Herde die Schafe hütet; im Ggs. zum **Mannhund** *(Beihund).*

halbe Note, Zeichen ♩, ↑ Noten.

halbe Pause, Zeichen ▬, ↑ Noten.

Halberstadt, Krst. im Bez. Magdeburg, DDR, Mittelpunkt des nördl. Harzvorlandes, 115 m ü. d. M., 47 000 E. Inst. für Milchwirtschaft, Ingenieurschule für Lebensmittelind.; Heimat- und Dommuseum; Theater; Maschinenbau, Textil-, Gummi-, elektron., Baustoff-, Nahrungsmittel- u. a. Ind. - H. wurde vor 827 Bischofssitz und erhielt nach der Verleihung von Markt-, Münz- und Zollrecht (996) eine stadtgleiche Stellung. Durch den Westfäl.

Halbesel. Onager

Frieden fiel die Stadt 1648/50 an Brandenburg. - Nach schweren Zerstörungen im 2. Weltkrieg wiederaufgebaut. u. a. Dom (13.-15. Jh.), Dompropstei (16./17. Jh.), Liebfrauenkirche (12. Jh.); Bürgerhäuser (15.-17. Jh.); Reste der Stadtbefestigung.

H., Landkr. im Bez. Magdeburg, DDR.

H., ehem. Bistum, um 827 durch Ludwig den Frommen geschaffen. H. war der äußerste Vorposten christl. Mission für die slaw. Gebiete; es unterstand dem Erzbistum Mainz. Den Höhepunkt polit. Bed. für das Reich erreichte H. im Streit zw. Kaiser Friedrich I. und Heinrich dem Löwen, der es 1179 eroberte. Schon 1541 war H. zur Reformation übergegangen. Im Westfäl. Frieden (1648) kam das Hochstift als Ft. an Brandenburg.

Halberzeugnis (unfertiges Erzeugnis), im Produktionsprozeß eines Betriebes teilweise erstelltes bzw. bearbeitetes Erzeugnis, das diesen noch nicht völlig durchlaufen hat.

Halbesel (Asiat. Wildesel, Pferdeesel, Equus hemionus), knapp 1–1,5 m schulterhohe Art der Unpaarhufer (Fam. Pferde) in den Steppen und Wüsten Asiens; mit esel- und pferdeartigen Merkmalen; Fell oberseits fahlgelb bis rotbraun, mit Aalstrich ohne „Schulterkreuz", Bauch weiß; Ohren relativ lang, Kopf jedoch schlanker. Man unterscheidet mehrere Unterarten, u. a. Mongol. H. (**Kulan,** Equus hemionus kulan), fahlbraun mit schwärzl., weiß abgesetztem Aalstrich; Pers. H. (**Onager,** Equus hemionus onager), fahl gelbbraun, mit schwärzl. gesäumten Hufen und bis zum Schwanzende reichendem Aalstrich; Tibet. H. (**Kiang,** Equus hemionus kiang), mit rotbrauner Oberseite. H. lassen sich nicht abrichten.

halbe Stimmen (halbe Register), Bez. für Orgelregister, die nur die Hälfte einer Klaviatur umfassen. Sie waren bereits in Orgeln des 16. Jh. (z. B. bei C. Antegnati).

Halbfabrikat, svw. ↑ Halbzeug.

Halbfigurenbild, gemalte Darstellung eines Menschen in halber Figur; seit dem 15. Jh. bes. in Italien und in den Niederlanden. In der Plastik entsprichen dem H. die Büste.

Halbfinale (Vorschlußrunde), vorletzte Runde eines sportl. Wettbewerbs.

Halbfliegengewicht ↑ Sport (Gewichtsklassen, Übersicht).

Halbfreie, nach den ma. Volksrechten ein Stand mit geminderter Freiheit zw. Freien und Unfreien. Die Abhängigkeit dieser Bev.-schicht von einer Herrschaft reicht von Schollengebundenheit bis zur persönl. Freizügigkeit bei Zahlung eines Anerkennungszinses. - ↑ auch Leibeigenschaft.

Halbgänse (Tadornini), mit Ausnahme von N-Amerika weltweit verbreitete Gattungsgruppe der Enten; gänseähnl. Merkmale sind die Gleichfärbung der Geschlechter und das Abweiden von Gras. Die bekanntesten der rd. 20 Arten sind: ↑ Brandente; **Rostgans**

(Rote Kasarka, Tadorna ferruginea), etwa 65 cm lang, vorwiegend rostrot, v. a. an flachen Süßwasserseen S-Spaniens, NW-Afrikas und der südl. gemäßigten Regionen Eurasiens; Irrgast in M-Europa; **Nilgans** (Alopochen aegyptiacus), etwa 70 cm lang, vorwiegend gelblich-braun, an Gewässern Afrikas; mit dunkelbraunem Augen- und Brustfleck, rötl. Schnabel und rötl. Füßen; **Hühnergans** (Cereopsis novae-hollandiae), rd. 70 cm groß, auf den Inseln vor der W- und S-Küste Australiens; Gefieder aschgrau, Schnabel sehr kurz, gelbgrün, Beine rosarot. Die Gatt. **Spiegelgänse** (Chloephaga) hat mehrere Arten in S-Amerika. Die bekannteste ist die **Magellangans** (Chloephaga picta), etwa 65 cm groß, schwarzschnäbelig, in den Grassteppen S-Argentiniens und S-Chiles; ♂ vorwiegend weiß, mit schwarzen Füßen, ♀ vorwiegend braun, mit gelben Füßen.

Halbgeschwister ↑ Geschwister.

Halbholz, durch einmaliges Zerschneiden eines kantig zugerichteten Stammes in Längsrichtung entstandenes Bauholz [mit rechteckigem Querschnitt].

halbimmergrüner Wald, dem Regenwald ähnl. Waldtypus bei dem während oder nach der Trockenzeit die Blätter nur im obersten Baumstockwerk abgeworfen werden.

Halbinsel, inselartig in ein Gewässer vorspringender Teil des festen Landes.

Halbkammgarn, im Kammgarnverfahren gesponnenes Garn, das nicht gekämmt und geglättet ist und daher außer den langen auch kürzere Wollfasern enthält.

Halbkantone, die jeweils beiden Teile derjenigen [drei] in Art. 1 der schweizer. BV genannten Kt., deren Gebiete in je zwei Teile geteilt sind, näml. Unterwalden (geteilt in Obwalden und Nidwalden), Appenzell (geteilt in Innerrhoden und Außerrhoden) und Basel (geteilt in Basel-Stadt und Basel-Landschaft). Die H. zählen bei eidgenöss. Abstimmungen jeweils nur mit einer halben Standesstimme und entsenden nur einen Vertreter in den Ständerat. Im übrigen sind die H. den anderen Kt. gleichberechtigt.

Halbkonserve ↑ Konserve.

Halbkonsonant ↑ Halbvokal.

Halbkreis ↑ Kreis.

Halbleinen, Gewebe, bei dem die Kettfäden aus Baumwolle, die Schußfäden aus Leinen bestehen.

Halbleiter, Bez. für alle kristallinen Stoffe, die sich bei tiefen Temperaturen wie Isolatoren verhalten, bei Zimmertemperatur eine merkl. Leitfähigkeit zeigen und deren Widerstand im allgemeinen mit zunehmender Temperatur abnimmt (negativer Temperaturkoeffizient). Die charakterist. Eigenschaften der H. - im Unterschied zu den Metallen - beruhen auf der Tatsache, daß die Ladungsträger erst durch Zuführung von therm. oder opt. Energie aktiviert werden müssen, bevor sie

zur Leitfähigkeit beitragen können. Man unterscheidet zw. Ionen- und Elektronenhalbleitern. **Ionenhalbleiter** sind Ionenkristalle mit Gitterbaufehlern (Leerstellen, Störstellen, Teilchen auf Zwischengitterplätzen u. ä.), die die Bindung einiger Ionen an die Gleichgewichtslage so sehr herabsetzen, daß beim Anlegen einer elektr. Spannung diese Ionen ihren Platz verlassen, und damit ein Ladungstransport einsetzt. Für die Praxis wichtiger sind die **Elektronenhalbleiter,** bei denen der Ladungstransport durch Elektronen erfolgt. Sie bestehen aus Atomen von Elementen, die im Periodensystem der chem. Elemente längs eines Streifens der II. u. VI. Hauptgruppe stehen. Am wichtigsten und am besten untersucht sind die Elemente Silicium und Germanium in der IV. Hauptgruppe. Sie bilden reine Valenzkristalle, die spröde sind, metall. aussehen und in der Diamantstruktur kristallisieren. Jedes Atom ist von vier Nachbaratomen tetraederförmig umgeben; je zwei Nachbarn sind durch eine kovalente Bindungsbrücke, an der je ein Valenzelektron

Halbleiter. Schema der Ladungsträger eines metallischen Leiters, eines undotierten, eines n-dotierten, und eines p-dotierten Halbleiters mit dazugehörenden Energiebändermodellen

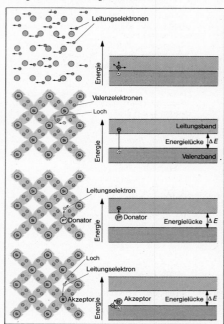

Halbleiterbauelemente

von jedem Nachbarn teilnimmt, verbunden. In Silicium und Germanium können leicht Atome der Elemente der III. Hauptgruppe (z. B. Bor) als ↑Akzeptoren und Atome der Elemente der V. Hauptgruppe (z. B. Phosphor) als Elektronenspender (↑Donatoren) mit variabler Konzentration eingebaut werden *(Dotierung)*. Hierdurch werden die elektr. Eigenschaften radikal abgeändert: Die Leitfähigkeit eines mit Bor dotierten Siliciumkristalls, in dem auf 10^5 Siliciumatome ein Boratom kommt, ist bei Zimmertemperatur um den Faktor 1 000 größer als die eines reinen Siliciumkristalls. Im reinen H. befinden sich alle Elektronen am absoluten Nullpunkt in gebundenen Zuständen, es gibt keine frei bewegl. Elektronen, so daß der Kristall ein strenger Isolator ist. Erst mit wachsender Temperatur werden Elektronen aus ihrer Valenzbindung gelöst (aktiviert) und stehen dann als (frei bewegliche) Leitungselektronen zur Verfügung. Jedes aktivierte Elektron hinterläßt einen unbesetzten Zustand, **Loch** oder **Defektelektron** genannt. Dieses Loch wird in der Theorie formal als neues „Teilchen" eingeführt. Man ordnet ihm physikal. Eigenschaften zu (es trägt eine positive Elementarladung, hat eine bestimmte Beweglichkeit, eine im allgemeinen negative effektive Masse u. ä.), es kann sich quasifrei durch den Kristall bewegen, transportiert dabei Ladung und trägt deshalb zur Leitfähigkeit bei. Im reinen H. ist die Zahl dieser Elektronen und Löcher gleich groß; im dotierten Kristall kann es jedoch sehr viel mehr Elektronen als Löcher oder umgekehrt geben (z. B. wenn nur Donatoren bzw. Akzeptoren eingebaut werden); man spricht dann von einem **n-Leiter**, im anderen Fall von einem **p-Leiter**. Enthält ein Kristall einen n- und einen angrenzenden p-Bereich, so kann er als ↑Gleichrichter benutzt werden; folgt dem p-Bereich noch einmal ein n-Bereich, so dient er als ↑Transistor zur Leistungsverstärkung.

📖 *Müller, Rudolf: Grundll. der H.-Elektronik. Bln. u. a. ⁴1984. - Ruge, I.: H.-Technologie. Bln. u. a. ²1984.*

Halbleiterbauelemente, Bestandteile elektron. Baugruppen, deren Eigenschaften durch die Verwendung halbleitender Werkstoffe bestimmt sind. Die Kennzeichnung eines Halbleiterbauelements erfolgt durch eine Buchstaben-Ziffern-Kombination. Dabei gibt der erste Buchstabe das Grundmaterial an: A für Germanium, B für Silicium, C für sog. A-B-Verbindungen; T bezeichnet integrierte Schaltungen. - Der zweite Buchstabe kennzeichnet die Art des betreffenden Bauelements. Es bedeutet: A Diode, B Kapazitätsdiode, C Transistor für Niederfrequenz- und allgemeine Anwendung, D Leistungstransistor, F Hochfrequenztransistor, P Photodiode, -element oder -transistor, R abschaltbarer Thyristor, S Schalttransistor, T Thyristor, U

Leistungstransistor, Y und Z Stabilisierungsdiode. - Ein dritter Buchstabe kennzeichnet H. für kommerzielle Anwendungen. Die Festlegung der elektr. Eigenschaften erfolgt durch eine zwei- oder dreistellige Zahl. Jedoch ist diese Systematik nicht allg. gebräuchlich.

📖 *Rötzel, A.: Halbleiter-Bauelemente. Stg. 1985. - Hilpert, H. W.: H. Stg. ³1983.*

Halbleiterdiode ↑Diode.

Halbleitergleichrichter ↑Gleichrichter.

Halbleiterkühlelement ↑Peltier-Element.

Hälbling, 1. (halbierte Münze) eine zur Behebung von Kleingeldmangel (in meist halbe Stücke) zerteilte Münze; schon in der Antike übl.; 2. (Helbling) Bez. des halben Pfennigs.

Halblinsen ↑Billetsche Halblinsen.

Halbmakis ↑Lemuren.

Halbmantelgeschoß ↑Mantelgeschoß.

halbmast (halbstocks), auf halber Höhe; zum Zeichen der Trauer werden Flaggen h. gehißt.

Halbmesser, Verbindungsstrecke irgendeines Punktes einer ebenen Mittelpunktskurve (z. B. Kreis, Ellipse, Hyperbel) oder einer gekrümmten Mittelpunktsfläche (z. B. Kugel, Ellipsoid) mit dem Mittelpunkt der Kurve oder Fläche; bei Kreis und Kugel auch als **Radius** bezeichnet.

Halbmetalle, chem. Elemente, die teils metall., teils nichtmetall. Eigenschaften besitzen; zu ihnen gehören Antimon, Arsen, Bor, Germanium, Polonium, Selen, Silicium und Tellur. Die H. kommen meist in einer metall. und einer nichtmetall. Modifikation vor; sie sind auch in der metall. Modifikation relativ schlechte elektr. Leiter, während sie in der nichtmetall. Modifikation Halbleiter darstellen und solche von techn. Bed. sind. In ihren Verbindungen können die Atome der H. sowohl Elektronen abgeben als auch aufnehmen.

Halbmittelgewicht ↑Sport (Gewichtsklassen, Übersicht).

Halbmond ↑Mond.

◆ in der *Heraldik* gemeine Figur in Form einer Mondsichel, oft von Sternen begleitet.

◆ seit dem 13. Jh. Wahrzeichen des Islams; zus. mit einem Stern wird er zu Beginn des 19. Jh. Emblem des Osman. Reichs; in islam. Ländern heißt die dem Roten Kreuz entsprechende Organisation **Roter Halbmond.**

Halbnomadismus ↑Nomadismus.

halboffene Justizvollzugsanstalten ↑Strafvollzug.

Halböl, aus Leinölfirnis und einem Verdünnungszusatz bestehendes Grundierungsmittel für Holzanstriche; auch als Bindemittel für Ölfarben verwendet.

halbpart [dt./lat.], zu gleichen Teilen.

halbregelmäßige Körper, svw. ↑archimedische Körper.

Halbschalenbauweise, im Flugzeugbau (u. a. beim Fertigen von Rümpfen) angewendetes Bauverfahren, bei dem zwei oder mehr Teilschalen getrennt aus Einzelteilen aufgebaut und erst nachträgl. zur vollständigen [Rumpf]schale zusammengefügt werden.

Halbschatten, der Bereich, in dem eine Lichtquelle aus optisch-geometr. Gründen nur teilweise abgeschattet erscheint, z. B. bei ↑ Finsternissen.

Halbschluß, in der Musik Bez. für die den Ganzschluß (auf der Tonika) noch hinauszögernde ↑ Kadenz, meist auf der ↑ Dominante.

Halbschmarotzer, svw. Halbparasiten (↑ Parasiten).

Halbschnabelhechte (Halbschnäbler, Hemirhamphidae), Fam. bis 45 cm langer hechtartig schlanker Knochenfische mit rd. 70 Arten in trop. und subtrop. Meeren und Brackgewässern (einige Arten auch im Süßwasser); Oberkiefer beweglich; Unterkiefer schnabelartig verlängert, unbeweglich; z. T. Warmwasseraquarienfische.

Halbschwergewicht ↑ Sport (Gewichtsklassen, Übersicht).

Halbseide, Gewebe in ↑ Atlasbindung mit Seidenschuß und Baumwollkette. Durch die einseitige Bindung erscheint die Oberseite als Seidengewebe.

Halbseitenanästhesie (Hemianästhesie), Ausfall des Berührungssinns einer Körperhälfte, eventuell auch anderer Sinnesfunktionen (z. B. Temperatur-, Schmerzsinn), meist als Folge einer Schädigung der gegenseitigen Gehirnhälfte.

Halbseitenblindheit (Hemianopsie, Hemiablepsie), Sehstörung mit Ausfall einer Gesichtsfeldhälfte im linken und/oder rechten Auge bei krankhaften Prozessen im Bereich der Sehnervenkreuzung (z. B. Geschwülste der Hypophyse) oder Schädigungen des Sehnerventrakts (z. B. bei Schlaganfall).

Halbseitenlähmung (Hemiplegie), vollständige motor. Lähmung einer Körperhälfte bei Ausfall der vorderen Zentralwindung der Großhirnrinde auf der Gegenseite oder bei einseitigen Verletzungen oder Störungen der Pyramidenbahn durch Blutungen, Erweichungen oder Gehirntumoren.

Halbsouveränität ↑ Suzeränität, ↑ Souveränität.

Halbstahl, gegossene Eisenlegierung mit 1,3 bis 2,1 % Kohlenstoff, deren Eigenschaften zw. denen von Stahl und Gußeisen liegen.

Halbstamm ↑ Obstbaumformen.

Halbstarke, in den 1950er Jahren übl. Bez. für sozial aufsässige, unangepaßte und mit aggressivem Krawall- und Protzverhalten die Gesellschaft der Erwachsenen provozierende (fast ausnahmslos männl.) Jugendl. zw. 15 und 20 Jahren in zahlr. Ind.ländern (in den angelsächs. Ländern „hooligans"). Die Verhaltensformen der H. als Einzelpersonen wie als Gruppe wurden interpretiert als Folge

von Schwierigkeiten, sich mit den Regeln und Autoritäten einer v. a. nach materiellem Fortschritt strebenden Welt zu identifizieren.

Halbstrauch (Hemiphanerophyt), Bez. für Pflanzen, deren untere Sproßteile verholzen und ausdauern, während die oberen, krautigen Sproßteile absterben. Die neuen Triebe werden aus Knospen der verholzten Sprosse gebildet.

Halbsuffix, Wortbestandteil, der sich im Übergang vom Glied einer Zusammensetzung zur Nachsilbe (Suffix) befindet, z. B. *-los (gedankenlos), -werk (Mauerwerk).* H. sind reihenbildend, ihre Bed. wird immer mehr verallgemeinert, die Hauptbedeutung der ganzen Zusammensetzung geht vom Grundwort (dem H.) auf das Bestimmungswort über.

Halbtagsbeschäftigung ↑ Teilzeitbeschäftigung.

Halbton, in der *Musik* die kleine ↑ Sekunde (große Sekunde = Ganzton). Unterschieden werden der diaton. H. (z. B. e–f), der chromat. H. (z. B. c–cis) und der enharmon. H. (z. B. cis–eses). - ↑ auch Intervall.

◆ in der *Malerei* Abdeckung der Farben (Lokalfarben) in einem farbigen Grau, um den Effekt des Übergangs vom Licht zu Schatten zu erzielen.

◆ in der *graph. Technik* und in der Photographie Tonwert (Grauwert oder Farbhelligkeitswert) einer Vorlage, eines Negativs oder Positivs.

Halbunziale, spätantike, vom 4.–8. Jh. gebräuchl. Schrift, die Elemente der Majuskelcharakter tragenden Unziale mit solchen der Minuskelkursive (Betonung der Ober- und Unterlängen) verbindet.

Halbvokal, unsilb. Laut, nicht als Silbenträger auftretender Vokal, z. B. das i in Nation (gesprochen als j, daher auch als **Halbkonsonant** bezeichnet).

Halbwachs, Maurice [frz. alb'vaks], * Reims 11. März 1877, † KZ Buchenwald 16. März 1945, frz. Soziologe. - Schüler von Bergson, Durkheim und Simiand; 1919–35 Prof. in Straßburg und Paris, 1938 Präs. der Académie des sciences morales et politiques, 1944 Prof. am Collège de France; betont in seinen Forschungsarbeiten v. a. die verhaltensprägende Kraft der sozialen Klassen und stellt so die Verbindung zw. Soziologie und Sozialpsychologie her.

Halbwelt [Lehnübersetzung von frz. demi-monde (nach dem Titel einer Komödie von A. Dumas d. J.)] (Demimonde), Bez. für die wohl elegante, im bürgerl. Sinne jedoch moral. anrüchige und deshalb nicht anerkannte, verachtete Gesellschaftsschicht, v. a. des 19. Jahrhunderts.

Halbweltergewicht ↑ Sport (Gewichtsklassen, Übersicht).

Halbwertsbreite, der in Frequenz-, Wellenzahl- oder Energieeinheiten gemessene Abstand *a* derjenigen zwei Punkte einer regi-

Halbwertszeit

Halbwertszeiten radioaktiver Nuklide		
Thorium 219	1,05	Mikrosekunden
Stickstoff 13	9,96	Minuten
Kalium 42	12,36	Stunden
Jod 131	8,02	Tage
Strontium 90	28,5	Jahre
Cäsium 137	30,17	Jahre
Radium 226	1 600	Jahre
Kohlenstoff 14	5 730	Jahre
Plutonium 239	24 100	Jahre
Uran 235	703,8	Mill. Jahre

strierten Spektrallinie oder Resonanzkurve eines Oszillators, die die halbe Intensität des Maximums aufweisen. Aus der H. eines Resonators läßt sich seine Dämpfung berechnen.

Halbwertszeit, Formelzeichen $T_{1/2}$, allg. die Zeitspanne, in der eine abfallend physikal. Größe auf die Hälfte ihres Anfangswertes abgesunken ist. Speziell beim *radioaktiven Zerfall* bezeichnet man mit H. diejenige Zeitdauer, innerhalb der von den urspr. vorhandenen Atomen die Hälfte zerfallen ist. Die H. ist für jedes radioaktive Nuklid eine charakterist., von äußeren Bedingungen (Druck, Temperatur usw.) unabhängige Konstante. Die *biolog. H.* ist die (meist in Tagen angegebene) Zeitspanne, in der die halbe Menge eines zugeführten Radioisotops aus dem betreffenden Organ biolog. wieder ausgeschieden ist. - Unter *biolog. H.* versteht man auch diejenige Zeitspanne, in der 50 % einer (vorher abgebauten) Substanz im Organismus neu gebildet werden.

Halbwolle, Reißfüllstoff für Steppdecken und Polster mit mindestens 50 % Wollanteil.

Halbwollgolfers ↑ Reißwolle.

Halbwüste, Übergangsform von der eigtl. Wüste zur Savanne bzw. Steppe.

Halbzeit, die halbe Spielzeit bei zahlreichen Sportspielen; auf die 1. H. folgt in der Regel eine kürzere Pause (H. auch Bez. für diese Pause), danach wechseln die Mannschaften die Seiten.

Halbzeug (Halbfabrikat), in der *Fertigungstechnik* und in der *Hüttentechnik* jedes zw. Rohstoff und Fertigerzeugnis stehende Produkt, das noch weitere Fertigungsstufen zu durchlaufen hat.

Haldane [engl. 'hɔːldɛɪn], John Scott, * Edinburgh 2. Mai 1860, † Oxford 14. März 1936, brit. Physiologe und philosoph. Schriftsteller. - Prof. in Birmingham; als Physiologe bed. durch grundlegende Arbeiten zur menschl. Atmung sowie Beiträge zur Prophylaxe von Berufskrankheiten (Bergbau) und zur Arbeitshygiene. Mit dem Werk „Die Philosophie eines Biologen" (1935) propagierte er den ↑ Holismus.

H., Richard Burdon, Viscount H. of Cloan (seit 1911), * Cloan bei Auchterarder (Schottland) 30. Juli 1856, † ebd. 19. Aug. 1928, brit. Politiker. - Jurist; 1890 Kronanwalt; 1885–

1910 Mgl. des Unterhauses (liberal); führte als Kriegsmin. 1905–12 eine Neuordnung des Heeres nach preuß.-dt. Muster durch. Die Vermittlerrolle gegenüber Deutschland, die H. im Febr. 1912 mit seiner Reise nach Berlin zur Entschärfung der dt.-brit. Flottenrivalität übernahm (**Haldane-Mission**), scheiterte v. a. am dt. Prestigedenken; 1912–15 und 1924 Lordkanzler.

Halde, Ansammlung unverfestigter Gesteinsbrocken am Fuß steiler Felsen und Hänge (Schutt-H., Schuttkegel).
◆ Aufschüttung von bergbaulich gewonnenen Produkten, Bergen, Abraum und Rückständen aus der Aufbereitung.

Halden, norweg. Stadt an der schwed. Grenze, 100 km sö. von Oslo, 27 000 E. Holzverarbeitende Ind.; unterird. Kernreaktor.

Haldensleben, Krst. in der Altmark, Bez. Magdeburg, DDR, 50 m ü. d. M., 20 600 E. Zuckerfabrik, chem., keram., Steingut- und Baustoffind. - Entstand im 11. Jh.; fiel an das Erzstift Magdeburg, Magdeburger Stadtrecht und Ratsverfassung; kam 1680 mit dem Erzstift an Brandenburg. - Marienkirche (14./15. Jh.), Rathaus (1703; klassizist. umgebaut), Bürgerhäuser (16.–18. Jh.), 2 Stadttore (14. und 16. Jh.).

H., Landkr. im Bez. Magdeburg, DDR.

Halder, Franz, * Würzburg 30. Juni 1884, † Aschau i. Chiemgau 2. April 1972, dt. General. - 1938 als Nachfolger L. Becks Generalstabschef; 1940 zum Generaloberst ernannt, verlor er wegen des Ggs. zu Hitlers Strategie im Rußlandfeldzug ständig an Einfluß; 1942 entlassen und nach dem 20. Juli 1944 im KZ festgehalten.

Hale, George [Ellery] [engl. hɛɪl], * Chicago 29. Juni 1868, † Pasadena (Calif.) 21. Febr. 1938, amerikan. Astronom. - Seit 1892 Prof. für Astrophysik in Chicago, errichtete hier das Yerkes-Observatorium, 1902 Bau und Einrichtung des Mount-Wilson-Observatoriums; 1928 Errichtung des Mount-Palomar-Observatoriums; entdeckte 1908 die Magnetfelder der Sonnenflecken.

Haleakala Crater [engl. hɑːlɛɪɑːkɑːˈlɑː 'krɛɪtə], größter Krater der Erde, auf der Hawaii-Insel Maui, USA, 30 km Umfang, 600 m tief, Naturschutzgebiet.

Halebid, Dorf im ind. Bundesstaat Karnataka, 240 km westl. von Bangalore, an der Stelle der um 1000 gegr., im 13. Jh. neu erbauten und 1326 zerstörten Hauptstadt Dwarasamudra (Dorasamudra) der Hoysaladynastie. Erhalten sind u. a. die beiden Haupttempel: der unvollendete Hoysaleschwaratempel (Baubeginn etwa 1141) und der kleinere Kedereschwaratempel (1219).

Hálek, Vítězslav [tschech. 'haːlɛk], * Dolínek 5. April 1835, † Prag 8. Okt. 1874, tschech. Dichter. - Journalist. Vorwiegend Lyriker, auch realist. Novellen über das Landleben, ep. Dichtungen, klassizist. Geschichtsdramen und Balladen.

Halemaumau ↑ Mauna Loa.

Hales, Alexander von [engl. hɛɪlz] ↑ Alexander von Hales.

Halesia [nach dem brit. Physiologen G. Hales, * 1677, † 1761], svw. ↑ Schneeglöckchenbaum.

Hale-Teleskop [engl. hɛɪl; nach G. Hale], das z. Z. zweitgrößte Spiegelteleskop der Erde, auf dem Mount Palomar bei Pasadena, USA; Spiegeldurchmesser 5,10 m.

Halevi, Juda ↑ Juda Halevi.

Halévy [frz. ale'vi], Daniel, * Paris 12. Dez. 1872, † ebd. 4. Febr. 1962, frz. Historiker und Essayist. - Sohn von Ludovic H.; befreundet mit C. Péguy, an dessen „Cahiers de la quinzaine" er mitarbeitete; verfaßte Biographien (u. a. über Nietzsche und Clemenceau) und stark sozialkrit. orientierte Studien über die polit. Entwicklung im 20. Jh.

H., Jacques Fromental Élie, eigtl. Elias Lévy, * Paris 27. Mai 1799, † Nizza 17. März 1862, frz. Komponist. - Großonkel von Daniel H.; Schüler von L. Cherubini. Von seinen etwa 40 kom. und großen Opern fand nur „Die Jüdin" (1835) ein nachhaltiges Echo.

H., Ludovic, * Paris 1. Jan. 1834, † ebd. 8. Mai 1908, frz. Librettist. - Neffe von Jacques Fromental Élie H.; schrieb v. a. Textbücher zu Offenbachs Operetten, meist zus. mit Meilhac („Die schöne Helena", 1864; „Pariser Leben", 1866) und zu „Carmen" (1875) von Bizet.

Haley [engl. 'hɛɪlɪ], Alex, * Ithaca (N. Y.) 11. Aug. 1921, amerikan. Schriftsteller. - Die Fernsehverfilmung seines Buches „Wurzeln; Roots" (1976), in dem er seine als Sklaven nach Amerika verbrachten Vorfahren aufspürt, wurde in den USA 1977 ein großer Erfolg. Mitverf. der Autobiographie von Malcom X.

H., Bill, * Highland Park (Mich.) 6. Juli 1927, † Harlingen (Tex.) 9. Febr. 1981, amerikan. Rockmusiker (Sänger und Gitarrist). - Schuf aus Elementen von Country and Western, Rhythm and Blues und Dixieland den Rock'n Roll; berühmtester Hit „Rock around the clock" (allein 16 Mill. Singles); sein Auftreten mit der Band „B. H. and his comets" (1954–58) führte wiederholt zu Gewalttätigkeiten jugendl. Fans.

Halffter [span. 'alftɛr], Ernesto, * Madrid 16. Jan. 1905, span. Komponist und Dirigent dt.-span. Herkunft. - Schüler von de Falla; komponierte Bühnenwerke, Orchester- und Kammermusik, Werke für Chor und Orchester.

H., Rodolfo, * Madrid 30. Okt. 1900, mex. Komponist span. Herkunft. - Bruder von Ernesto H.; ging 1939 nach Mexiko; komponierte u. a. mehrere Ballette, Orchester-, Kammer- und Klaviermusik.

Halffter Jiménez, Cristóbal [span. 'alftɛr xi'menεθ], * Madrid 24. März 1930,

span. Komponist und Dirigent. - Neffe von Ernesto und Rodolfo H.; 1960–66 Kompositionslehrer am Konservatorium von Madrid, 1964–66 dessen Direktor. In seinen frühen Werken an de Falla orientiert; wandte sich dann seriellen und postseriellen Techniken zu.

Halfter, Kopfgeschirr (ohne Gebiß und Trensen) für Pferde und Rinder; dient zum Führen oder Anbinden der Tiere.

Halfterfische ↑ Doktorfische.

Halifax [engl. 'hælɪfæks], Edward Frederick Lindley Wood, Earl of H. (1944), * Powderham Castle (Devonshire) 16. April 1881, † Garrowby Hall (Yorkshire) 23. Dez. 1959, brit. Politiker. - 1910–25 konservativer Abg. im Unterhaus; 1924/25 Landwirtschaftsmin.; Vizekönig in Indien 1925–31; 1935 Kriegsmin., dann bis 1938 Lordsiegelbewahrer und Führer des Oberhauses. Als Nachfolger Edens im Außenministerium 1938–40 setzte H. mit A. N. Chamberlain die Politik des Appeasement fort; 1940–46 Botschafter in den USA.

H., George Savile, Marquess of, * Thornhill (Yorkshire) 11. Nov. 1633, † London 5. April 1695, brit. Staatsmann. - Verhinderte 1680 als Min. das Gesetz zur Ausschließung Jakobs II. vom Thron; 1682–85 Staatsmin.; versuchte, den drohenden Bürgerkrieg durch Vermittlung zw. Jakob II. und Wilhelm von Oranien abzuwenden; stellte sich 1688 auf die Seite Wilhelms III.; 1689/90 Geheimsiegelbewahrer; um Ausgleich der polit. Gegensätze bemüht.

Halifax [engl. 'hælɪfæks], engl. Stadt in den Pennines, Gft. West Yorkshire, 87 500 E. Textil- und Volkskundemuseum. U. a. Textilind., Maschinenbau. - Nach 1086 kam der Ort an das Kloster Lewes. - Pfarrkirche (15. Jh.) im Perpendicular style.

H., Hauptstadt der kanad. Prov. Nova Scotia, eisfreier Hafen an der SO-Küste der Halbinsel, 115 000 E. Sitz eines kath. Erzbischofs und eines anglikan. Bischofs; fünf Univ. (gegr. 1789, 1802, 1818, 1907, 1925), naturwiss. Forschungsinst., Fischereiforschungsanstalt, staatl. Archiv, Museen und Bibliotheken; Fischfang und -verarbeitung, Werften, Erdölraffinerie, Elektro-, Nahrungsmittel- u. a. Ind.; Marinebasis, Eisenbahnendpunkt, ✈ (40 km entfernt). - 1749 von brit. Einwanderern gegr.; City seit 1841. - Zitadelle (1749, im 19. Jh. wieder errichtet); Saint Paul's Church (1750), Regierungsgebäude (1800), Parlamentsgebäude (1818).

Halikarnassos, antike, urspr. kar. Stadt an der Küste SW-Kleinasiens, heute Bodrum, ein türk. Ort mit 6 000 E. Seit dem 11. Jh. v. Chr. dor. besiedelt; Hauptstadt des ↑ Mausolos, von dessen Mausoleum nichts erhalten ist; die Steine sollen für das (erhaltene) Johanniterkastell (1415ff.) auf der Halbinsel Bodrum Kalesi verwendet worden sein.

Halit [zu griech. háls „Salz"], svw. ↑ Steinsalz (auch allg. Bez. für Salzgestein wie Kalisalz, Gips u. a.).

Halitherium [griech.], nur aus dem europ. Oligozän bekannte Gatt. ausgestorbener Seekühe.

Hall [engl. hɔ:l], Edmond, * New Orleans 15. Mai 1901, † Cambridge (Mass.) 12. Febr. 1967, amerikan. Jazzmusiker (Klarinettist). - Wirkte seit 1928 v. a. in New York im Bereich zw. Dixieland und Swing.

H., James Stanley (Jim), * Buffalo 4. Dez. 1930, amerikan. Jazzmusiker (Gitarre). - Spielte zunächst v. a. mit C. Hamilton, J. Guiffre, dann mit L. Konitz und S. Rollins; auch stark beachtete Solokonzerte.

H., Sir (seit 1977) Peter, * Bury Saint Edmunds 22. Nov. 1930, brit. Regisseur und Theaterleiter. - Erster Erfolg 1955 mit „Warten auf Godot" (S. Beckett); seit 1956 in Stratford Memorial Theatre; 1960–68 Leiter der dortigen Festspielgruppe (Royal Shakespeare Company), für die er das Aldwych Theatre einrichtete. Seit 1969 Direktor des königl. Opernhauses Covent Garden, seit 1973 des National Theatre. Inszenierte 1983 Wagners „Ring des Nibelungen" für die Bayreuther Festspiele. Drehte auch Filme.

Hall, Bad ↑ Bad Hall.

Halland, histor. Landschaft und Verw.-Geb. in S-Schweden, umfaßt einen 150 km langen, etwa 20 km breiten Küstenstreifen am Kattegat (zahlr. Seebäder) und landeinwärts einen etwa 30 km breiten Streifen des Südschwed. Hochlandes; Hauptort Halmstad. - H., seit dem 7. Jh. eines der Kerngebiete der Wikinger, gehörte seit dem 11. Jh. zu Dänemark; 1216 wurde es Gft., 1285 Hzgt. Im Frieden von Brömsebro (1645) wurde H. an Schweden abgetreten.

Halle, Bez. in der DDR, grenzt im N an die Bez. Magdeburg und Potsdam, im O an die Bez. Cottbus und Leipzig, im S an den Bez. Gera und im SW an den Bez. Erfurt; 8771 km², 1,80 Mill. E (1984), Hauptstadt Halle/Saale.

Der W des Bez. wird weitgehend von dem mit Wald bestandenen Unterharz und gegen S vom Kyffhäuser eingenommen; im O liegen Teile des nördl. bzw. südl. Harzvorlandes sowie das gesamte östl. Harzvorland.

Landw. wird v. a. im Bereich der fruchtbaren Lößböden (Goldene Aue, Bernburger Ebene, Querfurter Platte) betrieben (Zuckerrüben, Weizen, Gerste). In den weniger fruchtbaren Gebieten im NO werden Roggen und Kartoffeln angebaut. Am Rande der Verdichtungsgebiete, um Halle/Saale, Bernburg/Saale und Aschersleben, entwickelte sich intensiver Gemüsebau. Im Harzvorland und im Unstruttal finden sich ausgedehnte Obstanlagen, Weinbau im Saale- sowie Unstruttal; Forstwirtschaft v. a. im NO, wo der Bez. Anteil an der Dübener Heide und am Fläming hat.

Auf Grund der Vorkommen von Stein- und Kalisalz, Braun- und Steinkohle sowie Kupfererz (Mansfelder Kupferschiefer) entwickelte sich eine bed. chem. Ind., gefolgt von der Metallurgie, Baustoff-, Energie- und Brennstoffind., von Maschinen- und Fahrzeugbau; daneben Nahrungsmittelind.; Verkehrsknotenpunkt des gut ausgebauten Straßennetzes ist Halle/Saale. Die Elbe hat nur für den NO Bed., doch kann Halle/Saale auf der Saale von 750-Tonnen-Schiffen erreicht werden.

H. [niederl. ˈhal] (frz. Hal), belg. Ind.stadt 15 km ssw. von Brüssel, 35 m ü. d. M., 32 000 E. - Basilika Notre-Dame in Brabanter Gotik (1341–1467); Renaissancerathaus (1616).

Halle [zu althochdt. halla, eigtl. „die Bergende"], weiter und hoher Raum, Teil eines Bauwerkes oder ein eigens dafür errichteter Bau (der dann auch als H. bezeichnet werden kann). In der Antike ein nach mehreren Seiten offenes, überdecktes Bauwerk, häufig in Verbindung mit öffentl. Gebäuden. Das MA kannte die geschlossene H. als Markt-H., Tuch-H., Rathaus-H., Vor-H. bei Kirchen sowie die ↑ Hallenkirche, in den Burgen gab es den ↑ Palas. Einen Höhepunkt erreichte der ma. H.bau mit der ↑ Westminster Hall in England. Im 19. und v. a. 20. Jh. entstanden große H.bauten für Handel, Industrie, Gewerbe und Verkehr, auch für den Sport, wobei bes. die Möglichkeiten des Stahlbetonbaus genutzt wurden. Als H. bezeichnet man auch den Hauptraum des nordwesteurop. Hauses (Diele) und daher den Empfangsraum von Hotels und andere Eingangshallen.

Hall-Effekt [engl. hɔ:l], von dem amerikan. Physiker E. H. Hall (* 1855, † 1938) 1879 entdeckte physikal. Erscheinung: In einem stromdurchflossenen elektr. Leiter tritt in einem homogenen Magnetfeld, dessen Feldlinien senkrecht zur Richtung des elektr. Stromes verlaufen, ein elektr. Spannungsgefälle senkrecht zur Stromrichtung und senkrecht zur Richtung der magnet. Feldlinien auf. Die durch den Leiter fließenden Ladungsträger werden durch die dabei auf sie wirkende Lorentz-Kraft seitlich abgelenkt und häufen sich so lange an den seitl. Begrenzungsflächen des Leiters, bis sich ein von ihrer Raumladung erzeugtes elektr. Gegenfeld, das sog. **Hall-Feld,** ausgebildet hat, das die ablenkende Lorentz-Kraft gerade kompensiert. In dem sich dann einstellenden stationären Zustand fließt wieder ein unabgelenkter Strom.

Hallein, östr. Stadt an der Salzach, B.-Land Salzburg, 450 m ü. d. M., 15 400 E. Bundesfachschule für Holz- und Steinbearbeitung; Keltenmuseum; histor. Sudhütte. Im Ortsteil **Dürrnberg** (800 m ü. d. M.) Salzbergwerk und Kurbetrieb, auch Wintersport. - Bereits frühgeschichtl. Salzgewinnung; H. war bis zum 16. Jh. die bedeutendste Saline in östr.-bayr. Raum; seit 1230 Stadt. - Dekanatspfarrkirche mit klassizist. Innenausstattung.

Häuser (17. und 18. Jh.). In Dürrnberg Wallfahrtskirche (1594–1612).

Hallel [hebr. „preiset!"], Jubelruf der Israeliten und Juden (v. a. an Passah, Wochen- und Laubhüttenfest); im engeren Sinn werden mit H. die Psalmen 113–118 bezeichnet.

Halleluja [hebr. „lobt Gott!"], Aufruf zum Lob Gottes in der jüd.-christl. Tradition. In den meisten *ev. Gottesdienstformen* wird das H. nach dem Evangelium oder nach der Epistel von der Gemeinde dreifach gesungen. In der *kath.* und *ostkirchl. Liturgie* ↑ Alleluja.

Halle-Neustadt, Stadt im westl. ehem. Stadtgebiet von Halle/Saale, Bez. Halle, DDR, 100 m ü. d. M., 91 800 E. Wohnstadt für die Beschäftigten der chem. Ind. im Raum Halle/Saale-Merseburg-Bitterfeld.

Hallenhandball ↑ Handball.

Hallenhockey ↑ Hockey.

Hallenkirche, Kirchentyp aus mehreren, etwa gleich hohen Schiffen. Das mittlere oder die mittleren bleiben ohne direkte Beleuchtung. Die inneren Stützen brauchen nur Lasten zu tragen, keinen Gewölbeschub. Sie können wesentl. leichter ausgebildet werden, als wenn die Seitenschiffe niedriger sind. In den Seitenschiffen können Emporen eingebaut sein, die den Eindruck einer basilikalen Staffelung des Raumes vermitteln. H. erhalten ihre Beleuchtung vom Chor, der seit 1300 meist als **Hallenchor,** d. h. in etwa gleicher Höhe wie das Schiff, ausgebildet ist, oder von einem Westfenster sowie von den Seitenschiffen her. Häufig fehlen bei den H. die Türme: die Front wird von breiten Fassaden bestimmt. - Die H. ist v. a. eine spätgot. Erscheinung, roman. Vorläufer gibt es z. B. in der Auvergne und in Westfalen. got. H. bauten bes. die Bettelorden (Predigtkirche).

Hallenser Synode, Sondertagung der 4. Bekenntnissynode der Ev. Kirche der altpreuß. Union vom 10. bis 13. Mai 1937 zur Konfessionsfrage, auf der die ↑ Barmer Theologische Erklärung von 1934 zum rechten Verständnis der geltenden Bekenntnisse für unentbehrl. erklärt wurde.

Hallé Orchestra [engl. 'hælɛɪ 'ɔːkɪstrə], 1857 von C. Hallé (* 1819, † 1895) in Manchester gegr., ältestes engl. Sinfonieorchester.

Haller, aus dem Kt. Sankt Gallen stammende ratsfähige Berner Familie, die v. a. im 18. und 19. Jh. bed. Gelehrte und Politiker hervorbrachte. Bed. Vertreter:

H., Albrecht von (seit 1749), * Bern 16. Okt. 1708, † ebd. 12. Dez. 1777, Arzt, Naturforscher und Dichter. - Prof. für Medizin und Botanik in Göttingen; seit 1753 in Bern tätig. Seine experimentell gefundenen medizin., v. a. physiolog. Erkenntnisse waren bis ins 19. Jh. gültig; bewies, daß Sensibilität und Reizbarkeit an lebende Gewebestrukturen gebunden sind. Sein dichter. Frühwerk gilt als Beginn einer philosoph. Lyrik im dt. Sprachraum. Verfaßte nach dem Vorbild der „Georgica" Vergils und

des Lehrgedichtes „De rerum natura" des Lukrez sein erstes großes Gedicht „Die Alpen" (in: „Versuch Schweizer. Gedichten", 1732), in dem die Natur Anlaß zu philosoph. Reflexion gibt; außerdem weitere Lehrgedichte, Staatsromane („Usong...", 1771; „Alfred, König der Angel-Sachsen", 1773; „Fabius und

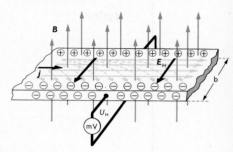

Hall-Effekt. Strombahnen des elektrischen Stroms (blau) vor (gestrichelt) beziehungsweise nach (ausgezogen) Ausbildung des Hall-Feldes (Feldstärke E_H, Spannung U_H auf der Breite b) im angelegten homogenen Magnetfeld (Induktion B; rote Feldlinien);
i elektrische Stromdichte

Hallenkirche. Mittelschiff und nördliches Seitenschiff der Stadtpfarrkirche Sankt Martin in Landshut (um 1380 ff.)

Cato...", 1774, über Despotismus, konstitutionelle Monarchie und republikan. Staatsform) sowie Tagebücher.

H., Karl Ludwig von, * Bern 1. Aug. 1768, † Solothurn 20. Mai 1854, Staatstheoretiker und Politiker. - Enkel von Albrecht von H.; 1806 Prof. für Staatsrecht und Geschichte in Bern; 1814–20 Mgl. des Großen Rats von Bern; konvertierte zum Katholizismus und verlor sein Amt; seit 1825 im frz. Außenministerium; nach der frz. Julirevolution und der schweizer. Regeneration 1834–37 Mgl. des Großen Rats von Solothurn. - Als entschiedener Gegner der Frz. Revolution stellte er in seinem Hauptwerk „Die Restauration der Staatwisss." (1816–34), das der Epoche der Restauration den Namen gab, der naturrechtl. Theorie vom Gesellschaftsvertrag eine altständl. patriarchal. legitimist. Staatstheorie auf christl. Grundlage entgegen, die stark auf den preuß. Konservatismus wirkte, v. a. auf E. L. und L. von Gerlach.

Haller, Berchtold, * Aldingen bei Rottweil 1492, † Bern 25. Febr. 1536, schweizer. Reformator. - Münsterprediger und 1520 Chorherr in Bern, wo er die Reformation einführte; verfaßte 1532 mit W. Capito die ref. Kirchenordnung Berns („Berner Synodus").

H., Hermann, * Bern 24. Dez. 1880, † Zürich 23. Nov. 1950, schweizer. Bildhauer. - Lebte 1903–09 v. a. in Rom, 1909–14 v. a. in Paris. [Weibl.] Aktfiguren in zurückhaltender Bewegung und Porträtbüsten.

H., Johannes, * Keinis (Estland) 16. Okt. 1865, † Tübingen 24. Dez. 1947, dt. Historiker. - 1902 Prof. in Marburg, seit 1904 in Gießen, seit 1913 in Tübingen; erforschte v. a. Kaiser- und Papstgeschichte; deutschnat. Gegner der Weimarer Republik; seine zeitgeschichtl. Arbeiten und die „Epochen der dt. Geschichte" (1923) weisen erhebl. antidemokrat. und antirepublikan. Tendenzen auf.

Hallertau (Holledau), Landschaft zw. der Münchener Ebene im S und dem Donaumoos im N, Ilm im W und Kleiner Laaber im O; größtes dt. Hopfenanbaugebiet; wichtige Hopfenmärkte sind Mainburg und Wolnzach.

Halle/Saale, Hauptstadt des Bez. Halle, DDR, an der Saale, 80–90 m ü. d. M., 236 500 E. Verwaltungssitz des Landkr. Saalkreis; Dt. Akad. der Naturforscher Leopoldina; Franckesche Stiftungen; Martin-Luther-Univ. Halle-Wittenberg, Hochschule für industrielle Formgestaltung, Inst. für Landesforschung und Naturschutz, Konservatorium; Bibliotheken, Museen, u. a. Geiseltalsammlung; Theater, Händelfestspiele; botan. Garten, Zoo. Standort bed. Ind.betriebe: Nahrungs- und Genußmittelind., Fahrzeug- und Maschinenbau, elektrotechn., Baustoff-, chem. und Farbenind.; einer der größten Güterumschlagbahnhöfe M-Europas, Hafen. - Salzgewinnung ist im Gebiet von H./S. seit der jüngeren Bronzezeit (etwa 1000 v. Chr.) nachgewiesen. Während der Hallstattzeit (etwa 700–400 v. Chr.) wurden große Teile des heutigen Stadtgebietes von Salzwirkersiedlungen eingenommen (gelegentl. als **Hallesche Kultur** bezeichnet). 806 Errichtung eines Kastells, Neuanlage einer Salzsiedersiedlung (die Saline wird 961 gen.). Noch im 12. Jh. erhielt Halle Stadtrecht (1150 als Civitas gen.). Ein Stadtrat ist 1258 belegt, seit 1260 Mgl. der Hanse, Auseinandersetzungen um das Stadtregiment (1434 und 1474–78) endeten mit der Auslieferung der Stadt an den Landesherrn (Erzbischof von Magdeburg): 1503–1680 Residenz der Erzbischöfe, die 1584 die Zwingfeste Moritzburg errichten ließen. Fiel 1680 an Brandenburg. Seit 1952 Hauptstadt des Bez. Halle. - Nach Zerstörungen im 2. Weltkrieg wiederaufgebaut, bzw. erhalten: am Marktplatz der Rote Turm (15. Jh.), die Marktkirche (16. Jh.) und das Händeldenkmal (1859). In der Altstadt Häuser des 16.–18. Jh., die Moritzkirche (14.–16. Jh.), der Dom (13. Jh.; im 16. Jh. umgebaut), die Neue Residenz (16. Jh.) u. a. - An der Saale Burg Giebichenstein.

Halle (**Westf.**), Stadt am S-Hang des Teutoburger Waldes, NRW, 110–130 m ü. d. M., 18 500 E. Genußmittelind. - Das zur Gft. Ravensberg gehörende Halle erhielt 1346 Weichbildrechte und ging an Jülich-Berg über; Stadt seit 1719. - Nahebei Wasserschloß Tatenhausen (16.–18. Jh.).

Hermann Haller, Weinendes Mädchen (1928). Düsseldorf, Kunstmuseum der Stadt

Halley, Edmond [engl. 'hælɪ], * Haggerston (= London) 8. Nov. 1656, † Greenwich (= London) 25. Jan. 1742, engl. Mathematiker, Physiker und Astronom. - Mgl. der Royal Society, Prof. der Geometrie in Oxford, seit 1720 (als Nachfolger J. Flamsteeds) Royal Astronomer in Greenwich. Er beobachtete 1676–78 erstmals den Südhimmel („Catalogus stellarum Australium", 1679) und einen vollständigen Merkurdurchgang (woraus er die auf Venusdurchgänge ausgedehnte Methode zur Bestimmung der Sonnenparallaxe entwickelte). 1688 schuf er eine erste meteorolog. Generalkarte, 1701 eine Karte der magnet. Deklination. H. war ein enger Freund I. Newtons, den er zur Ausarbeitung der „Principia" anregte. Auf deren Grundlage bestimmte er die Bahnelemente von 24 Kometen und entdeckte die Identität der Kometen von 1531, 1607 und 1682 († Halleyscher Komet).

Halleyscher Komet [engl. 'hælɪ; nach E. Halley], seit dem Jahre 239 v. Chr. regelmäßig (vermutl. schon 466 v. Chr.) beobachteter Komet; Umlaufzeit zw. 75 und 79 Jahren (z. Z. 76,03 Jahre); bei seinem Erscheinen 1985/86 (sonnennächster Bahnpunkt am 9. Febr. 1986) konnte er als erster Komet durch Raumsonden (v. a. ↑ Giotto) näher erforscht werden. Kern unregelmäßig geformt (15 km lang, mindestens 8 km breit), dunkle, vermutl. poröse Oberfläche, auffällige Aktivitätszonen, aus denen in Sonnennähe große Mengen an Staub und Gasen austreten, Koma mit rund 80% Wasserdampf, Staubteilchen mit Kohlenwasserstoffen.

Hall-Generator [engl. hɔːl; nach dem amerikan. Physiker E. H. Hall, * 1855, † 1938], Vorrichtung zur Nutzbarmachung der beim ↑ Hall-Effekt auftretenden elektr. Spannungen. Zur Magnetfeldmessung verwendete H.-G. bezeichnet man meist als **Hall-Sonden;** sie werden z. B. im sog. **Hall-Effekt-Kompaß** zur Feststellung von Richtungsänderungen durch Registrierung kleinster Feldstärkeänderungen nutzbar gemacht, aber auch in der Ind. zur Steuerung von Werkzeugmaschinen u. a.

Hallgrímsson, Geir [isländ. 'hadlgrimson], * Reykjavík 16. Dez. 1925, isländ. Politiker. - 1959–72 Bürgermeister von Reykjavík; seit 1970 Parlamentsabg. (Unabhängigkeitspartei), 1973–83 Parteivors., 1974–78 Premierminister, 1983–86 Außenminister.

Halligen, Inselgruppe im Wattenmeer vor der W-Küste von Schl.-H., Reste der durch große Sturmfluten (u. a. 1362 und 1634) zerstörten Küste. Die Siedlungen liegen auf Wurten, die bei Sturmflut Schutz vor dem Wasser bieten.

Hallimasch (Armillariella mellea), eßbarer Lamellenpilz; Hut 3–13 cm breit, gelb bis bräunl., mit dunklen, abwischbaren Schüppchen und gerieftem Rand; Lamellen blaßweiß; Stiel 5–12 cm hoch, mit häutig-flockigem Ring; Fleisch weiß bis blaßbräunl.; im Spätherbst an Baumstümpfen.

Hallingdal [norweg. ˌhaliŋdaːl], Talschaft im zentralen S-Norwegen, 217 km lang, 132–1 300 m ü. d. M.; Zentrum **Geilo** (800 m ü. d. M.; größter skandinav. Wintersportplatz).

Hall in Tirol, österr. Stadt am Inn, 570 m ü. d. M., 12 600 E. Fachschule für Optiker und Photographen; Stadt-, Bergbaumuseum; Heilbad (Solbad), Textil-, Metall-, Holz-, Nahrungs- und Futtermittelind. - Die ab 1232 nachweisbare Saline (1967 stillgelegt) gab dem bald zum Markt aufgestiegenen Ort den Namen **Hall;** erhielt 1303 Stadtrecht und wurde ummauert; 1477–1809 Münzstätte (Münzprägestätte 1975 wieder eröffnet); seit 1875 zum Kurort entwickelt. - Maler. Stadtbild mit ma. Stadtbefestigung; Burg Hasegg (1567) mit spätgot. Burgkapelle und Münzerturm; got. Stadtpfarrkirche (13./14. Jh., im Innern barokkisiert); Rathaus (15. und 16. Jh.).

Halloween [engl. ˌhæləwiːn, hæleˈwiːn], auf den brit. Inseln und in den USA der Vorabend (31. Okt.) von Allerheiligen; urspr. ein kelt.-angelsächs. Fest („Samhain") zur Feier des Winteranfangs, das mit Opfern, Feuer, Maskeraden u. a. Geister, Hexen und Dämonen vertreiben sollte.

Hallstatt, Marktgemeinde am südl. W-Ufer des Hallstätter Sees, Oberösterreich, 511 m ü. d. M., 1 100 E. Museum prähistor. Funde; Salzbergbau, Keramikwerk; Fremdenverkehr. - Die Grundlage der Bed. H.s als namengebender Fundort der H.kultur bildete der Bergbau auf das Salzgestein, dessen Stollen bis zu 330 m unter die Oberfläche reichten. Zum Bergwerk gehörte ein ehem. über 2 500 Brand- und Körperbestattungen umfassendes Gräberfeld, von dem etwa 1 300 Gräber seit 1846 ausgegraben und untersucht werden konnten. Sie wurden vom Ende der Urnenfelderzeit bis zur Mitte der La-Tène-Zeit belegt. Die wohl in der Römerzeit unterbrochene Salzgewinnung ist erstmals 1305 wieder bezeugt; 1311 Marktrechtsverleihung an die Salzsiedersiedlung.

Hallstattkultur, nach dem Gräberfeld oberhalb von Hallstatt ben. mitteleurop. Kultur der älteren Eisenzeit (von NO-Frankr. bis zum nw. Balkan). Aus verschiedenen Gruppen von Urnenfelderkulturen erwachsen, bildeten sich in ihr - bei wachsendem Kontakt mit dem mediterranen Kulturraum - wirtsch. und soziale Verhältnisse heraus, die größere Teile Europas an Randzone der „antiken Welt" werden ließen. Da die H. aus verschiedenen eigenständigen Gruppen bestand, ist ihre Abgrenzung gegenüber benachbarten Gruppen umstritten. Die ältere H. zeigt bei östl. Gruppen stärkere soziale Unterschiede, die in den jüngeren H. auch bei den westl. Gruppen deutl. werden. Im allg. werden die Stufen „Hallstatt C" und „Hallstatt D"

Hallstattkultur. Oben links: Untersatz
(Hallstatt C). Wien, Naturhistorisches
Museum; oben rechts: Kegelhalsgefäß
(Hallstatt C). Stuttgart,
Württembergisches Landesmuseum;
unten links: Schüssel (Hallstatt C).
München, Prähistorische Staatssammlung;
unten rechts: Stier (Hallstatt C).
Wien, Naturhistorisches Museum

als **Hallstattzeit** bezeichnet, die Stufen „Hallstatt A" und „Hallstatt B" als Urnenfelderzeit. Die ältere Hallstattzeit („Hallstatt C") begann um 700 v. Chr. und ging um 600 in die jüngere Hallstattzeit („Hallstatt D") über, die in der 2. Hälfte des 5. Jh. v. Chr. von der La-Tène-Zeit abgelöst wurde.

Hallstein, Ingeborg, * München 23. Mai 1937, dt. Sängerin (lyr. Koloratursopran). - Seit 1961 Mgl. der Bayer. Staatsoper in München, Gast an internat. Opernhäusern sowie bei den Salzburger Festspielen; auch Konzert- und Liedsängerin.

H., Walter, * Mainz 17. Nov. 1901, † Stuttgart 29. März 1982, dt. Jurist und Politiker. - 1930-41 Prof. in Rostock, 1941-48 in Frankfurt am Main; 1950/51 Staatssekretär im Bundeskanzleramt, 1951-58 im Auswärtigen Amt, 1958- 67 Präs. der Kommission der EWG; 1968-74 Präs. der Europ. Bewegung, 1969-72 MdB (CDU).

Hallsteindoktrin, nach W. Hallstein ben. und 1955 formulierter außenpolit. Grundsatz, wonach die BR Deutschland - auf Grund des von ihr vertretenen demokrat. legitimierten Alleinvertretungsanspruchs für das gesamte dt. Volk- mit keinem Staat diplomat. Beziehungen aufnehmen oder unterhalten solle, der seinerseits in diplomat. Beziehungen mit der DDR steht oder solche eingeht; für ein Jahrzehnt effektives Mittel zur Verhinderung der diplomat. Anerkennung der DDR durch nichtkommunist. Staaten; nach qualitativem Wandel in der Handhabung seit 1969 schließl. mit dem Dt.-Sowjet. Vertrag 1970 und dem Grundvertrag 1972 endgültig aufgegeben.

Halluzination [zu lat. (h)al(l)ucinari „gedankenlos sein, träumen"], Sinnestäuschung, Trugwahrnehmung. Obwohl kein entsprechender Umweltreiz vorliegt, wird die halluzinator. Wahrnehmung von dem Betroffenen als real empfunden. H. kommen in allen Sinnesbereichen vor.

Halluzinogene [lat./griech.] (Psychotomimetika, Psychodysleptika), „psychotrope",

Halogenide

d. h. auf das Zentralnervensystem (und die Psyche) wirkende Substanzen (Rauschgifte wie LSD, Haschisch Meskalin), die im allg. ohne Trübung des Bewußtseins einen psychoseähnl. Zustand (v. a. mit Symptomen, die denen bei Schizophrenie ähnl. sind) hervorrufen können.

Hallwachs-Effekt, im Jahre 1888 von dem dt. Physiker W. Hallwachs (* 1850, † 1922) entdeckte physikal. Erscheinung: Eine negativ aufgeladene Metallplatte entlädt sich beim Auftreffen von UV-Licht. Die Erklärung dafür ist der äußere ↑Photoeffekt.

Hallwiler See, See im Schweizer. Mittelland, 15 km sö. von Aarau, bis 8,5 km lang, 1,5 km breit und bis 47 m tief.

Halm, August, * Großaltdorf (Landkr. Schwäbisch Hall) 26. Okt. 1869, † Saalfeld 1. Febr. 1929, dt. Musikpädagoge und Komponist. - Musikerzieher an der Freien Schulgemeinde Wickersdorf, einer der maßgebl. Initiatoren der Jugendmusikbewegung. Bed. sind seine Schriften, in denen die musikal. Form als Prozeß betrachtet wird, u. a. „Von zwei Kulturen der Musik" (1913).

Halm (Culmus), hohler, deutl. durch Knoten gegliederter Stengel der Gräser.

Halma [griech. „Sprung"], Brettspiel für 2 bzw. 4 Personen mit je 19 bzw. 13 Steinen, die in den Ecken („Höfe") des Spielbrettes aufgestellt und durch Ziehen bzw. Springen über eigene oder fremde Steine in die gegenüberliegende Ecke zu bringen sind.

Halmahera, größte Insel der Molukken, Indonesien, durch die Molukkensee von Celebes und die **Halmaherasee,** einem Teil des Australasiat. Mittelmeers, von Neuguinea getrennt, 17 800 km², bis 1 908 m hoch, weitgehend vom trop. Regenwald bedeckt; tätige Vulkane. Die Bev. (altmalai. Alfuren mit papuan. Einschlag, an der Küste auch Jungmalaien) lebt von der Landw., Holzwirtschaft, Fischerei und Jagd. - Kam 1683 unter niederl. Herrschaft (1810–14 britisch).

Halmfliegen (Chloropidae), mit rd. 1 200 Arten weltweit verbreitete Fam. etwa 2 mm großer, meist schwarz und gelb gezeichneter Fliegen. Die Larven minieren meist in Stengeln von Gräsern; z. T. Getreideschädlinge (z. B. Fritfliege).

Halmstad, Hauptstadt des schwed. Verw.-Geb. Halland, am Kattegat, 77 000 E. Garnison; Metall-, Textil- und Nahrungsmittelind.; Hafen. - 1231 erstmals erwähnt, bekam 1307 vom dän. König Stadtrecht; 1645 kam es mit Halland an Schweden. - Got. Kirche (14. Jh.), ehem. Schloß (16./17. Jh.), Reste der Stadtbefestigung.

Halmwespen (Cephidae), fast weltweit verbreitete Fam. der Pflanzenwespen mit rd. 100 (in Deutschland 13) schlanken, bis 18 mm großen, dunklen Arten. Vorderbrust auffallend lang, Hinterleib meist seitl. zusammengedrückt. Die gelbl. Larven minieren in

Getreidehalmen. Bekannt ist die 6–10 mm große, glänzend schwarze **Getreidehalmwespe** (Cephus pygmaeus), mit gelben Flecken auf der Brust und gelben Ringen am Hinterleib.

Halo [lat., zu griech. hálōs, eigtl. „Tenne"], meist in Form von Ringen um Sonne und Mond auftretende, gelegentlich aber auch streifen- oder fleckenförmige Lichterscheinung, die durch Brechung oder Spiegelung, selten durch Beugung an den Eiskristallen in der Atmosphäre entsteht.

Haloeffekt (Hofeffekt), in der Psychologie Bez. für die Fehlerquelle, die bei Psychodiagnosen wirksam werden kann, wenn diese Diagnosen nicht an absolute Testergebnisse gebunden sind. So können etwa der erste Eindruck oder die Einschätzung einer Person die Beurteilung anderer Merkmale bzw. die Gesamtbeurteilung einer Persönlichkeit verzerren.

Halogene [zu griech. háls „Salz"], Sammelbez. für die Hauptgruppenelemente Fluor, Chlor, Brom, Jod und Astat der VII. Gruppe des Periodensystems der chem. Elemente. Die H. bilden als sehr reaktionsfähige Nichtmetalle mit den anderen Elementen die ↑Halogenide, speziell mit Wasserstoff die Halogenwasserstoffe (↑Halogenwasserstoffsäuren); sie vermögen auch untereinander Verbindungen einzugehen (Interhalogenverbindungen).

Halogenide (Halide, Haloide) [zu griech. háls „Salz"], Sammelbez. für die Verbindungen der Halogene mit stärker elektropositiven

Halo. Lage der Halos an der Himmelshalbkugel (B Beobachter, S Sonne, H Horizont). 1 22°-Ring (kleiner, gewöhnlicher Ring), 2 46°-Ring (großer Ring), 3 oberer Berührungsbogen zum 22°-Ring, 4 unterer Berührungsbogen zum 22°-Ring, 5 umschriebener Halo (3 und 4 sind Teile von 5), 6 Nebensonnen, 7 Horizontalkreis, 8 Lichtsäule, 9 Zirkumzenitalbogen, 10 seitliche untere Berührungsbögen zum 46°-Ring, 11 Bogen von Lowitz (seitliche Berührungsbögen zum 22°-Ring), 12 Gegensonne

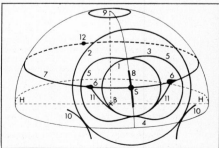

153

Halogenierung

Elementen. Man unterscheidet *salzartige H.* (z. B. Koch- oder Steinsalz, NaCl), *kovalente H.* (Halogenwasserstoffe, Interhalogenverbindungen, Halogenkohlenwasserstoffe) und *komplexe H.* (mit Halogenidionen als Komplexliganden).

Halogenierung (Halogenation) [griech.], die v. a. in der organ. Chemie wichtige Einführung von Halogenatomen in die Moleküle von [organ.] chem. Verbindungen.

Halogenkohlenwasserstoffe, Bez. für Kohlenwasserstoffverbindungen, bei denen Wasserstoffatome durch Halogenatome ersetzt sind, z. B. Tetrachlorkohlenstoff, CCl_4, ein Chlorderivat des Methans, bei dem alle vier Wasserstoffatome eines Methanmoleküls durch Chloratome ersetzt sind. Bei der Gruppe der als Kältemittel, Feuerlöschmittel und Treibgase für Aerosole verwendeten gemischthalogenierten H. wird die Bez. Halone verwendet.

Halogenlampe, Glühlampe großer Lichtausbeute mit langer Lebensdauer. Der Kolben besteht aus hochschmelzendem, reinem Quarz. Der Edelgasfüllung ist eine genau bemessene Menge eines Halogens beigegeben; früher Jod (Jodlampe), heute überwiegend Brom. Der Glühfaden besteht aus hochschmelzendem Wolfram. Die bei der Glühtemperatur von etwa $3\,000\,°C$ verdampfenden Wolframpartikeln gehen mit dem Halogen eine Verbindung ein (Wolframbromid), die gasförmig bleibt. An der Wendel zerfällt diese Verbindung infolge der hohen Temperatur; das Wolfram schlägt sich auf der Wendel nieder. Durch diesen Kreisprozeß erfolgt eine Erneuerung der Wendel.

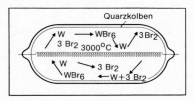

Quarzkolben

Halogenlampe. Schema des Wolframkreislaufs (W Wolfram, Br_2 Brom, WBr_6 Wolframbromid)

Halogenwasserstoffsäuren, Sammelbez. für die wässrige Lösung der **Halogenwasserstoffe** (Fluorwasserstoff HF, Chlorwasserstoff HCl, Bromwasserstoff HBr und Jodwasserstoff HJ).

Halokinese [griech.], i. e. S. das plast. Fließen von Salzgesteinen, i. w. S. alle mit dem Salzbewegung verknüpften Vorgänge.

Halone, Kurzbez. für gemischthalogenierte ↑ Halogenkohlenwasserstoffe.

Halophyten [griech.], svw. ↑ Salzpflanzen.

Halopopulation (galakt. Halo), Sammelbez. für die ältesten Objekte des Milchstraßensystems, die dieses in Art eines Halos umgeben (Kugelsternhaufen, Unterzwerge und RR-Lyrae-Veränderliche).

Halothan [Kw.] (Bromchlortrifluoräthan), $CF_3-CHClBr$, ein Halogenkohlenwasserstoff; Mittel für die Inhalationsanästhesie.

Halothermen [griech.], salz-, insbes. kochsalzhaltige Quellen.

Hals, Frans, * Antwerpen (?) zw. 1581 und 1585, □ Haarlem 1. Sept. 1666, niederl. Maler (fläm. Herkunft?). - Sein Lehrer war wahrscheinl. der Haarlemer Manierist K. van Mander. Schon „Das Festmahl der Offiziere der Sankt-Georgs-Schützengilde" (1616; Haarlem, Frans-Hals-Museum) zeigt H. als bed. Porträtisten, dessen Spannbreite von der Charakterisierung des Erfolgsmenschen bis zu der des zerstörten Daseins reicht. Die lange Tradition der Schützenstücke aufnehmend und überholend, löste er mittels fluktuierender Bewegung das mit ihr gegebene Problem: das einzelne Mgl. wie die Gruppe porträt- und standesgetreu in einer Gesamtkomposition darzustellen. Durch Mimik und Gesten starke Einbeziehung des Betrachters. Seine ungewöhnl. sichere Malweise, anfängl. den Umriß fest umgreifend und detailliert, wurde zu einer suggestiven Pinselschrift: flüssig, freischwebend mit breiter Pinselführung, mit Recht „impressionist." genannt. Schuf zw. 1616 und 1664 neun große Gruppenbilder. „Die Regentinnen des Altmännerhauses in Haarlem" (1664) sind mit einem jeder Illusion freien Blick gezeichnet. Sein berühmtestes Einzelmodell war Descartes.

Hals [zu althochdt. hals, eigtl. „Dreher" (des Kopfes)], (Cervix, Collum) Körperteil zw. Kopf und Rumpf, der Bewegungen des Kopfes gegenüber dem Rumpf ermöglicht. Beim Menschen besteht die Halswirbelsäule aus sieben **Halswirbeln,** von denen die beiden oberen (Atlas und Epistropheus) zu einem speziellen Kopfdrehgelenk (**Halsgelenk, Nackengelenk**) umgebildet sind. Mit dem Schädel ist die H.wirbelsäule bzw. der Atlas über den paarigen Hinterhauptshöcker ebenfalls gelenkig verbunden. In der H.wirbelsäule verläuft das Halsmark mit 8 H.nervenpaaren. Dorsal von der Wirbelsäule liegt die Nackenregion, ventral Schlund und Speiseröhre, davor die Luftröhre, der Kehlkopf und das Zungenbein. Der Luft- und Speiseröhre und dem Kehlkopf liegen die Schilddrüse und die Nebenschilddrüsen an. Zu beiden Seiten des Eingeweidestrangs verlaufen H.schlagader (Karotis) und obere Hohlvene, dicht dabei als Nervenstränge der Vagus und Sympathikus. - Die **Halsmuskulatur** bildet einen Mantel um den Eingeweidestrang und erlaubt Kopfbewegungen nach allen Richtungen.

◆ bei Streich- und Zupfinstrumenten Bez.

für die stielartige Verlängerung, über die (und das auf sie aufgeleimte ↑Griffbrett) die Saiten zum Wirbelkasten oder Kopf gespannt sind.
◆ *seemänn.* die vordere untere Ecke eines Segels.

Halsbandaffäre, Skandalaffäre am frz. Hof 1785/86; J. de Valois, Gräfin de La Motte, hatte dem Kardinal L. R. von Rohan durch gefälschte Briefe vorgespiegelt, er könne die Gunst Königin Marie Antoinettes wieder erlangen, wenn er dieser beim Erwerb eines Diamanthalsbandes behilfl. sei. Rohan übernahm eine Bürgschaft für die Summe von 1,6 Mill. Livres und händigte das Halsband der Gräfin aus, die die Diamanten einzeln nach Großbrit. verkaufte. Nachdem der Betrug entdeckt worden war, wurden in einem aufsehenerregenden Prozeß Rohan und sein Vertrauter, A. Graf von Cagliostro, freigesprochen, die Gräfin zu lebenslängl. Kerker verurteilt. Die H. trug dazu bei, daß das Ansehen des Königtums am Ende des Ancien régime weiter erschüttert wurde.

Halsbandeidechsen ↑Eidechsen.

Halsbandschnäpper ↑Fliegenschnäpper.

Halsberge (Ringkragen), metallener Halsteil der ma. Ritterrüstung. Im MA wurde auch das Kettenhemd als H. bezeichnet.

Frans Hals, Das Festmahl der Offiziere der Sankt-Georgs-Schützengilde (1616; Ausschnitt). Haarlem, Frans-Hals-Museum

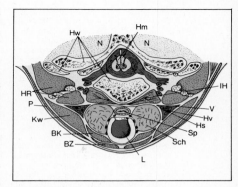

Hals des Menschen. BK Brustbein-Kehlkopf-Muskel (Musculus sternothyreoideus), BZ Brustbein-Zungenbein-Muskel (Musculus sternohyoideus), Hm Halsmark, HR Halswirbel-Rippen-Muskel (Rippenhalter, Musculus scalenus), Hs Halsschlagader, Hv Halsvene, Hw Halswirbel, Kw Kopfwender, L Luftröhre, LH langer Halsmuskel (Musculus longus colli), N Nackenregion, P Platysma, Sch Schilddrüse, Sp Speiseröhre, V Vagus

Halsberger (Halsbergerschildkröten, Cryptodira), Unterordnung der Schildkröten, die den Kopf (im Unterschied zu den ↑ Halswendern) durch S-förmige Biegung der Halswirbelsäule in senkrechter Ebene geradlinig in den Panzer zurückziehen. Man unterscheidet 10 Fam., darunter Sumpf-, Land-, Weich-, Meeres-, Alligator-, Leder-, Tabasco- und Großkopfschildkröten.

Halseisen ↑ Pranger.

halsen [von „Hals" in der seemänn. Bed.], ein segelndes Schiff vor dem raumen (d. h. von schräg hinten einfallenden) Wind wegdrehen (Ggs. ↑ wenden).

Halsentzündung, svw. Angina.

Halsgericht ↑ Leib- und Lebensstrafen.

Hälsingborg ↑ Helsingborg.

Hälsingland, histor. Prov. im südl. N-Schweden, beiderseits des unteren Ljusneälv. Ausgedehnte Nadelwälder; Holzwirtschaft. 4/5 der Bev. leben im Küstenstreifen. - Seit 1762 selbständige Provinz.

Halske, Johann Georg, * Hamburg 30. Juli 1814, † Berlin 18. März 1890, dt. Elektrotechniker. - H. gründete 1847 mit W. Siemens die „Telegraphen-Bauanstalt von Siemens & Halske" in Berlin, aus der der Siemenskonzern hervorging.

Halskrause, im 16. Jh. am Halsausschnitt des Hemdes aufgekommene Fältelung, die sich im Laufe der Zeit zum selbständigen Kragen (Kröse) entwickelte.

Hals-Nasen-Ohren-Heilkunde (Otorhinolaryngologie), Abk. HNO, Fachgebiet der Medizin, das die Erkennung und Behandlung aller Erkrankungen des Ohrs (einschließl. Gleichgewichtsorgan), der Nase und Nasennebenhöhlen, der Mundhöhle, des Rachens, des Kehlkopfs, der Luftröhre und der oberen Anteile von Speiseröhre und Bronchien umfaßt.

Halsschild, der bei manchen Insekten (z. B. Käfern, Wanzen) durch Vergrößerung bes. in Erscheinung tretende Rückenteil des ersten Brustsegments.

Halsschlagader (Halsarterie, Karotis, Arteria carotis communis), paarige Arterie des Halses der Wirbeltiere, die den Kopf und das Gehirn mit Blut versorgt. Die H. verläuft beim Menschen beiderseits der Luftröhre und des Kehlkopfes. Beide H. verzweigen sich in Höhe des Schildknorpels des Kehlkopfes in zwei gleich starke Äste: die tieferliegende *Arteria carotis interna* (liefert die Mrz. der Gehirnarterien und versorgt das Auge und innere Ohr) und die oberflächlicher verlaufende, am Vorderrand des Kopfwendermuskels als Puls fühlbare *Arteria carotis externa* (versorgt die übrigen Kopforgane sowie Teile der Halsmuskulatur und -eingeweide).

Halsschmerzen, Schmerzen im Rachenbereich, meist Symptom für Schleimhautentzündung. Am häufigsten treten H. als Früh- oder Begleitsymptom bei Rachenkatarrh, Angina oder spezif. Infektionskrankheiten (Scharlach, Diphterie) auf. Sie gehen dann gewöhnl. mit Rachenrötung, Fieber, Engegefühl und Schluckbeschwerden einher.

Halstenbek, Gemeinde am S-Rand der Pinneberger Geest, Schl.-H., 11 m ü. d. M., 15 100 E. Schwerpunkt der Forstbaumschulwirtschaft in der BR Deutschland (mehr als 560 ha Baumschulfläche).

Hals und Hand ↑ Leib- und Lebensstrafen.

Halswender (H.schildkröten, Pleurodira), Unterordnung der Schildkröten mit rd. 40 Arten in den Süßgewässern der Südhalbkugel. Der Hals kann durch waagerechte Krümmung seitl. unter den Panzer gelegt werden Zwei Fam.: Pelomedusaschildkröten und Schlangenhalsschildkröten.

Halt, Karl Ritter von, * München 2. Juni 1891, † ebd. 5. Aug. 1964, dt. Sportfunktionär. - Seit 1929 Mitgl. des Internat. Olymp. Komitees; 1936 Präs. des Organisationskomitees für die Olymp. Winterspiele; 1951–60 Präs. des Nat. Olymp. Komitees.

Halteren [griech.-lat.] (Schwingkölbchen), mit Körperflüssigkeit erfülltes, paariges Hohlorgan bei den ♂♂ der Fächerflügler und bei den Zweiflüglern. Bei den H. sind umgebildete Vorder- (bei den Fächerflüglern) oder Hinterflügel, die mittels eigener Muskeln während des Fluges im Gleichtakt mit den anderen Flügeln, jedoch diesen entgegengesetzt schwingen, wobei sie als Gleichgewichts- bzw. als Stimulationsorgane sowie als Kreiselstabilisatoren wirken.

Haltern, Stadt an der Lippe, NRW, 35–60 m ü. d. M., 31 300 E. Maschinenbau; großes Trinkwasserwerk. - In röm. Zeit besiedelt; erstmals 1017 genannt, erhielt 1288 von den Fürstbischöfen von Münster stadtähnl. Rechte. - Reste von röm. Befestigungsanlagen (11 v. Chr. – 16 n. Chr.) im Röm.-German. Museum; Rathaus (1575–77).

Haltiatunturi (norweg. Raisduoddarhaldde, schwed. Haldefjäll), höchster Berg Finnlands, im äußersten NW des Landes, an der norweg. Grenze, 1 324 m ü. d. M.

Haltlosigkeit ↑ Labilität.

Haltung ↑ Körperhaltung.

◆ im *Wasserbau* Bez. für den Teilabschnitt eines Flusses oder Kanals, der zw. zwei Stauanlagen bzw. Schleusen liegt.

Haltungsfehler ↑ Körperhaltung.

Haltungsschäden ↑ Körperhaltung.

Halunke [zu tschech. holomek „Diener, Knecht"], Schuft, Spitzbube; Lausbube.

Halys, antiker Name des ↑ Kızılırmak (Türkei).

Halysschlange ↑ Mokassinschlangen.

Ham (Vulgata: Cham), bibl. Gestalt, Sohn Noahs, Bruder von Sem und Japhet (1. Mos. 5, 32); legendärer Stammvater der ↑ Hamiten.

Häm [zu griech. haĩma „Blut"], Eisenporphyrinverbindung, die als reduzierte Farbstoffkomponente des Blutfarbstoffes Hämoglobin, des Muskelfarbstoffes Myoglobin und als prosthet. Gruppe einiger Enzyme auftritt.

häm..., Häm... ↑ hämato..., Hämato...

Hama, Stadt in Syrien, 120 km ssw. von Aleppo, 177 000 E. Hauptstadt des Verw.-Geb. H., Handelszentrum, Verkehrsknotenpunkt. - Der seit dem Neolithikum besiedelte Ort war schon im 2. vorchristl. Jt. eine bed. Siedlung. H. ist das bibl. Hamath. Der Seleukidenkönig Antiochos IV. Epiphanes (175–164) nannte die Stadt **Epiphaneia.** Seit 64 v. Chr. gehörte sie zum Röm. Reich, seit der Mitte des 7. Jh. stand H. unter arab. Herrschaft und gehörte 1516–1918 zum Osman. Reich. - Zahlr. Moscheen, u. a. Nurimoschee (1172). Wahrzeichen der Stadt ist die Große ↑ Noria (14. Jh.). - Bei dän. Ausgrabungen (1931–38) kamen 12 verschiedene Schichten (seit dem 5. Jt. v. Chr. bis etwa 1400 n. Chr.) zutage.

Hamadan, iran. Stadt am Fuß der östl. Sagrosvorberge, 234 000 E. Hauptstadt des Verw.-Geb. H., wichtigstes Handelszentrum im W des Landes; Textilind., Herstellung von Kupfer- und Lederwaren; Straßenknotenpunkt, ⚒. - H. ist das alte **Ekbatana,** das archäolog. noch nicht systemat. untersucht ist.

Hamadan ↑ Orientteppiche (Übersicht).

Hämagogum (Mrz. Hämagoga) [griech.], Arzneimittel, das Blutungen herbeiführt oder fördert; i. e. S. Bez. für blutgerinnungshemmende Mittel (z. B. Heparin).

Hamamatsu, jap. Stadt auf Hondo, 504 000 E. Museum; größtes Ind.zentrum zw. Jokohama und Nagoja; u. a. Musikinstrumenten- und Fahrzeugbau, Textil-, chem. und Nahrungsmittelindustrie.

Hamamelis [griech.], svw. ↑ Zaubernuß.

Ham and eggs [engl. ˈhæm ənd ˈɛgz „Schinken und Eier"], gebackenes oder gebratenes [Frühstücks]gericht aus Schinken und Spiegeleiern.

Hämangiom [zu griech. haĩma „Blut" und angeĩon „Gefäß"] (Blutschwamm, Adergeschwulst, Kurzbez. Angiom), Sammelbez. für alle von Blutgefäßen ausgehenden, angeborenen, gutartigen Geschwulstbildungen (Gefäßgeschwülste). Das einfache H. (**Feuermal,** Naevus flammeus) äußert sich in einer dunkelroten bis violetten, zuweilen recht ausgedehnten, meist unregelmäßig begrenzten Verfärbung der Haut. Das tiefe H. (**Blutschwamm,** kavernöses H.) überragt die Hautebene meist in unregelmäßigen Vorwölbungen, fühlt sich schwammartig an und reicht bis zu 3 cm in die Tiefe. - Als **Teleangiektasie** bezeichnet man die Erweiterung und abnorme Verzweigung einzelner kleiner Blutgefäße, wodurch Hautmale mit zentraler dunkelroter Vorwölbung und strahlenförmigem Ausläufern entstehen.

Hamann, Johann Georg, * Königsberg (Pr) 27. Aug. 1730, † Münster 21. Juni 1788,

dt. Philosoph. - Eng befreundet mit F. H. Jacobi, Kant und Herder; wandte sich, beeinflußt von G. Bruno, Leibniz und Spinoza sowie von pietist. und neuplaton. Positionen, gegen den die Geschichtlichkeit des Menschen nicht berücksichtigenden aufklärer. Rationalismus. Nach H. ist die Vernunft von Verstehen, Intuition und histor. Erfahrung nicht zu trennen und das Wissen von Gott nicht unabhängig von histor. Erfahrung zu erklären; Denken ohne Sprache, die von der Sinneserfahrung abhängt, ist unmöglich. H. beeinflußte den Sturm und Drang, v. a. Hegel und Schelling sowie die existentialist. Philosophie (bes. Kirkegaard). - *Werke:* Sokrat. Denkwürdigkeiten (1759), Golgatha und Scheblimini (1784), Metakritik über den Purismus der reinen Vernunft (1784).

Hamar, norweg. Stadt am O-Ufer des Mjøsensees, 16 000 E. Hauptstadt des Verw.-Geb. Hedmark; Staatsarchiv, Museen. Auf einer Landzunge am See Ruinen des Doms (12. Jh.) und des Bischofshofs.

Hamasa [arab. „Tapferkeit"], Sammlung arab. Lieder (vorislam.) arab. Lieder und Sprüche, u. a. von Abu Tammam.

hämat..., Hämat... ↑ hämato..., Hämato...

Hämatemesis [griech.], svw. ↑ Bluterbrechen.

Hämatin [griech.], eisenhaltiger Bestandteil des roten Blutfarbstoffs.

Hämatinon [griech.], mit Kupferoxid dunkelrot gefärbtes, opakes Glas der ägypt. und röm. Glaskunst; das Glas muß wiederholt erwärmt und gekühlt werden, um die Färbung sichtbar zu machen.

Hämatit [zu griech. haĩma „Blut"], formenreiches, stahlgraues bis schwarzes, meist farbig angelaufenes Mineral der chem. Zusammensetzung Fe_2O_3; weit verbreitetes wichtiges Eisenerz, oft titanhaltig. H. wird nach Farbe und Aussehen unterteilt in den feinkörnigen **Roteisenstein** und den grobkörnigen **Eisenglanz.** Eine bes. dichte Varietät, der **Blutstein,** wird als Schmuckstein verwendet. Mohshärte 6,5; Dichte 5,2 bis 5,3 g/cm³.

hämato..., Hämato... (hämo..., Hämo...; vor Selbstlauten meist hämat..., Hämat... bzw. häm..., Häm...) [griech.], Bestimmungswort von Zusammensetzungen mit der Bed. „Blut".

Hämatoblasten (Hämoblasten) [griech.], undifferenzierte blutbildende Zellen, v. a. im roten Knochenmark.

Hämatokritwert [griech./dt.] (Hämokonzentration), prozentualer Volumenanteil der Blutzellen an der Gesamtblutmenge; Normalwert bei Männern um 45 %, bei Frauen um 40 %.

Hämatologie [griech.], die Lehre vom Blut, von den blutbildenden Organen und ihren Erkrankungen als Spezialgebiet der inneren Medizin.

Hämatom

Hämatom [griech.], svw. ↑Bluterguß.

Hämatopathie [griech.], svw. ↑Blutkrankheiten.

Hämatophobie [griech.], neurot. Aversion gegen eigenes und/oder fremdes Blut.

Hämatoxylin [griech.], aus ↑Blauholz gewonnene farblose Substanz. H.lösungen erhalten ihr Färbungsvermögen erst nach der Oxidation des H. zu *Hämatein* ($C_{16}H_{12}O_6$) und werden in der Histologie zum Anfärben von Zellbestandteilen verwendet.

Hämaturie [griech.], svw. ↑Blutharnen.

Hambach an der Weinstraße, Ortsteil von Neustadt an der Weinstraße. - Auf dem Schloß (Maxburg; seit 1688 Ruine) fand vom 27. bis 30. Mai 1832 die erste dt. demokrat.-republikan. Massenversammlung **(Hambacher Fest)** statt. Dem Aufruf der Publizisten und Hauptredner J. G. A. Wirth (* 1798, † 1848) und P. J. Siebenpfeiffer (* 1785, † 1849) waren etwa 20 000–30 000 Menschen gefolgt, die unter den Farben Schwarz-Rot-Gold ein Bekenntnis für Deutschlands Einheit und Freiheit ablegten. Der Dt. Bund antwortete mit weiterer reaktionärer Unterdrückungspolitik und der Demagogenverfolgung.

Hamborn ↑Duisburg.

Hambraeus, Bengt [schwed. ham-'brɛːʊs], * Stockholm 29. Jan. 1928, schwed. Komponist, Organist und Musikschriftsteller. - Komponiert neben Werken für traditionelles Instrumentarium (Orchester-, Kammermusik, Orgel- und Chorwerke) auch elektron. Musik („Fresque sonore", 1967); Schriften u. a. über Buxtehude, Bach und Neue Musik.

Hamburg. Luftbild mit dem Rathaus im Mittelpunkt

Hambro, Carl Joachim [norweg. 'hambru], * Bergen 5. Jan. 1885, † Oslo 15. Dez. 1964, norweg. Politiker. - 1919–57 Abg. im Storting, 1926–40 und ab 1945 Vors. der Konservativen Partei und Präs. des Storting; 1926–45 Präs. des Völkerbundes.

Hamburg. Flagge und Wappen

Hamburg (amtl. Freie und Hansestadt H.), größte Stadt der BR Deutschland, zugleich B.-Land, beiderseits der Elbe, 110 km oberhalb ihrer Mündung, 748 km², 1,586 Mill. E (Mitte 1985), 2 120 E/km². Sitz der Landesreg. (Senat), zahlr. B.-Ämter und B.-Anstalten; staatl. Münzprägeanstalt; Univ. (gegr. 1919) mit Univ.krankenhaus Eppendorf, Techn. Univ. H.-Harburg (mit eingeschränktem Studienbetrieb), Hochschulen für Wirtschaft und Politik, für Musik und darstellende Kunst, für bildende Künste, Hochschule der Bundeswehr, Fachhochschule mit 14 Fach-

bereichen. Wiss. Gesellschaften und Forschungsanlagen, u. a. Dt. Elektronensynchroton, Dt. Übersee-Inst., Schiffbau-Versuchsanstalt. Zahlr. Bibliotheken, Museen, Theater, u. a. Staatsoper (gegr. 1678), Thalia Theater. Botan. Garten, Zoo, Sporthalle, Volksparkstadion, zwei Trabrennbahnen. H. ist der bedeutendste Presseplatz der BR Deutschland mit mehreren Nachrichtenagenturen (u. a. dpa), zahlr. Zeitungs-, Zeitschriften- und Buchverlagen, mit Film- und Fernsehstudios. Messegelände, modernes Kongreßzentrum.

Wirtschaft: $^2/_3$ der dt. Seeredereien haben in H. ihren Sitz sowie zahlr. Groß- und Außenhandelsfirmen, Wirtschaftsverbände, Kreditinstitute und Versicherungsgesellschaften. H. verfügt über eine Börse, einen Seefischmarkt, über Blumen-, Gemüse- und Obstgroßmärkte. H. ist der zweitgrößte Konsularplatz der Welt. Der Hafen mit zahlr. Umschlags- und Lagereinrichtungen sowie einem Containerterminal verfügt über eine Gesamtfläche von 8 900 ha, davon 3 700 ha Wasserfläche. Für den Bau eines Vorhafens wurde 1962 eine rd. 95 km² große Wattfläche vor Cuxhaven mit den Inseln Neuwerk und Scharhörn erworben. Neben der traditionellen Schiffbauind. ist H. Standort für Mineralöl-, elektrotechn.-, chem. Ind., für Metall-, Nahrungs- und Genußmittelindustrie.

Verkehr: Den natürl. Gunstraum für die Hafenanlagen bildet das hier 8–12 km breite Urstromtal der Elbe mit seinem Stromspaltungsgebiet (Marsch); es erschwerte aber bis ins 19. Jh. den Übergangsverkehr zw. den Geestrücken in N und S des heutigen Stadtgebiets. Elbtunnels wurden 1911 und 1974 dem Verkehr übergeben. Im SO der Stadt wurde in Maschen (Ortsteil von Seevetal, Nds.) 1977 der größte europ. Rangierbahnhof eingeweiht. Ein Verkehrsverbund (u. a. U- und S-Bahn) mit Gemeinschaftstarif bedient den Nahverkehr; ✈ in H.-Fuhlsbüttel.

Geschichte: Um 825 entstand das Kastell **Hammaburg**, 834 und 1043–72 Erzbistum, unter der Schauenburgern ab 1189 erhielt die Neustadt um St. Nikolai Handels-, Zoll- und Schiffahrtsprivilegien auf der Niederelbe. 1215 schlossen sich Alt- und Neustadt zusammen (um 1300: rd. 5 000 E). Eines der ersten Mgl. der Hanse (im 14. Jh. deren wichtigster Umschlagplatz für Nordsee- und Ostseeraum). 1420 Gewinn von Bergedorf und den Vierlanden. Seit dem Spät-MA durch den 1190 (?) erstmals nachweisbaren, vom Patriziat gewählten Rat regiert. Seit etwa 1460 und endgültig seit 1510 galt H. als Reichsstadt. Einführung der Reformation 1529; 1558 Gründung der ersten Börse in Deutschland und im nördl. Europa. 1616–25 entstand die Befestigung. Kulturelle Blüte im 17./18. Jh. (u. a. 1678 Gründung der ersten dt. Oper; 1767 des Hamburg. Nationaltheaters). 1806 frz. Besetzung; trat 1815 als Freie Stadt dem Dt. Bund, 1867 dem Norddt. Bund und 1871 dem Dt. Reich, erst 1888 dem Dt. Zollverein bei. Durch das Groß-H.-Gesetz von 1937 wurden die Städte Altona (mit dem 1927 eingemeindeten Blankenese), Harburg-Wilhelmsburg und Wandsbek sowie 28 Landgemeinden mit H. vereinigt, die Städte Cuxhaven und Geesthacht jedoch ausgegliedert. 1938 Einheitsgemeinde, Mitte 1946 als dt. Land innerhalb der brit. Besatzungszone neu gebildet. Führende Partei wurde die SPD, die seit 1946, ausgenommen die Jahre 1953–57 (Hamburger Block aus CDU, FDP und DP) den Ersten Bürgermeister stellt. Bei den Wahlen vom Nov. 1986 konnte die CDU ihre Stellung deutlich verbessern, so daß es zu einer Pattsituation kam (CDU 41,9 %, SPD 41,8 %, Grüne 10,4 %, FDP 4,8 %) und die CDU mit 54 Sitzen stärkste Fraktion wurde.

Verfassung: Nach der Verfassung von 1952 liegt die Gesetzgebung beim Landesparlament, der *Bürgerschaft*, deren 120 Mgl. auf 4 Jahre gewählt werden. Die Landesreg. *(Senat)*, Träger der Exekutive, besteht aus den von der Bürgerschaft gewählten (z. Z. 14) Senatoren und wählt zwei von ihnen zu Bürgermeistern, von denen einer zugleich Senatspräs. ist.

Bauten: 1842 richtete ein Brand, im 2. Weltkrieg Luftangriffe schwere Zerstörungen an. Wiederhergestellt wurden u. a. die barocke Kirche Sankt Michaelis (18. Jh.), deren Turm (sog. Michel) das Wahrzeichen der Stadt ist, Sankt Jacobi (14. Jh.) mit Schnitgerorgel (1689–93), Sankt Katharinen (14./15. Jh.), die Börse (1839–41), die Staatsoper (19. Jh.). In der Altstadt sind das Rathaus (1886–97), die Ellerntors- und die Zollenbrücke sowie einige Häuser des 17./18. Jh. erhalten, u. a. die Krameramtswohnungen. Im Bereich um die Binnenalster liegen exklusive Einkaufsstraßen, u. a. der Jungfernstieg. Der monumentale Hauptbahnhof wurde 1902–06 erbaut. Noch dem 1. Weltkrieg entstanden bed. Bürobauten, u. a. das Chilehaus, der Sprinkenhof, das Shellhaus. Neubauten nach dem 2. Weltkrieg sind das Hochhaus des Axel-Springer-Verlags, das Postscheckamt, die Gemüsegroßmarkthalle, das Amerikahaus, IBM-Haus, Congreß Zentrum u. a. Von den zahlr. Grünanlagen sind v. a. die Ufer der Außenalster sowie der Volkspark „Planten un Blomen" zu nennen. Berühmt ist der ab 1877 angelegte Ohlsdorfer Waldfriedhof. - Auch die Außenbez. und Vororte verfügen über bemerkenswerte Baudenkmäler. In *Altona* wurde die barocke Hauptkirche wiederhergestellt; erhalten sind klassizist. Gebäude (1801–25) an der Palmaille, das Neue Rathaus (1896–98). *Blankenese* hat neben klassizist. Bauten an der Elbchaussee bed. Wohnhäuser von H. van de Velde, H. Muthesius und P. Behrens. In *Wandsbek* liegt das Schimmelmann-Mausoleum (1782–91), in *Bergedorf* die Kirche Sankt Petri und Pauli (um 1500 und 17. Jh.). - Weltbekannt ist das Vergnügungsviertel *Sankt Pauli* mit der Reeperbahn zw. Innenstadt und Altona. - ↑auch Abb. S. 125. ⚏ *Möller, I.: H. Stg. 1985. - Klessmann, E.: Gesch. der Stadt H. Hamb. 1981. – Thode, B.: H. - Kleine Gesch. einer großen Stadt. Hamb. 1979.*

Hamburger, Käte, * Hamburg 21. Sept. 1896, dt. Literaturwissenschaftlerin. - 1934 Emigration nach Schweden; 1956 Rückkehr in die BR Deutschland; Prof. in Stuttgart. Mit dem literaturtheoret. Werk „Die Logik der Dichtung" (1957) nahm sie eine Neuordnung der Dichtungsgattungen auf sprachtheoret. Grundlage vor.

Hamburger [engl. 'hæmbə:gə, eigtl. „(Steak) aus Hamburg"], heißer Bratklops aus Rindfleischhack in einem Brötchen.

Hamburger Abkommen, zur Vereinheitlichung auf dem Gebiete des allgemeinbildenden Schulwesens 1964 in Hamburg durch die Min.präs. der Länder vereinbart. Bestimmungen: 1. Beginn des Schuljahres einheitl. 1. Aug.; 2. Vollzeitschulpflicht neun Schuljahre, ihre Ausdehnung auf ein weiteres Schuljahr ist zulässig; 3. einheitl. Bez. der Schultypen: Grundschule, Hauptschule, Realschule, Gymnasium, Sonderschulen, Kolleg; 4. die Einführung der Orientierungsstufe wird anheimgestellt.

Hamburger Aufstand, bewaffnete Erhebung der KPD in Hamburg vom 23.–25. Okt. 1923; nach Absetzung der legalen SPD/KPD-Reg. in Sachsen durch die Reichsreg. von der KPD-Führung beschlossen; nachdem dieser Beschluß aber aufgehoben worden war, in Unkenntnis hiervon durchgeführt; das Mißlingen des H. A. zog ein zeitweiliges KPD-Verbot und eine schwere innerparteil. Krise nach sich.

Hamburger Gruppe, nach Fundplätzen nördl. von Hamburg (Ahrensburg) ben. jungpaläolith. Kulturgruppe (etwa 13. und 12. Jt. v. Chr.) in NW-Deutschland und in den Niederlanden. Mit dem südl. Magdalénien verwandt.

Hamburgisches Weltwirtschafts-archiv, Abk. HWWA, 1908 gegr. Forschungsinstitut, das Berichte über die wirtschaftl. Entwicklung im In- und Ausland erstellt. Das Hauptgewicht liegt im Bereich der Konjunkturforschung und der Berichterstattung über In- und Auslandsmärkte. Wichtigste Veröffentlichung: „Wirtschaftsdienst".

Hamdaniden, arab. Fürsten-Dyn. in Mosul (934–979) und Aleppo (944–1030), die in der 1. Hälfte des 10. Jh. Nordmesopotamien beherrschte.

Häme (schwed. Tavastland), histor. Prov. im W-Teil der Finn. Seeplatte.

Hämeenlinna, Stadt in S-Finnland, beiderseits des langgestreckten Sees Vanajavesi, 42 000 E. Hauptstadt des Verw.-Geb. Häme;

Schulstadt, Museum; Holzverarbeitung; Garnison; Fremdenverkehr.

Hameln, Stadt an der Weser, Nds., 68 m ü. d. M., 56 600 E. Verwaltungssitz des Landkr. H.-Pyrmont. Museum, Theater; jährl. Rattenfängerspiele. Wirtsch. Zentrum des M-Wesergebiets; Metall-, Elektro-, Textil- u. a. Ind., Fischn. - Bei einem sächs. Hzgt gründeten Mönche von Fulda im 8. Jh. ein Kloster; um 1200 planmäßige Stadtanlage; zw. 1260 und 1277 kam H. an das Hzgt. Braunschweig-Lüneburg: nach 1666 wurde H. zur Festung ausgebaut. - Münsterkirche (12. und 13. Jh.), Marktkirche (13. Jh.); bed. Bauten der Weserrenaissance, u. a. Hochzeitshaus (1610–17), Rattenfängerhaus (1602/03).

Hameln-Pyrmont, Landkr. in Nds.

Hamen, sackförmige Fisch- und Garnelenfangnetze unterschiedl. Konstruktion.

Hämerythrin, braunroter, eisenhaltiger Blutfarbstoff bei niederen Tieren; besteht nur aus Aminosäuren.

Hamhung, Stadt 15 km nw. von Hungnam, Demokrat. VR Korea, 150 000 E. Verwaltungssitz einer Prov.; bed. Ind.standort; Bahnknotenpunkt, ⚓. - Hochschulen für Veterinärmedizin und Chemie.

Hamilkar Barkas, * um 290, ✕ 229 oder 228, karthag. Heerführer und Politiker. - Vater Hannibals; plünderte im 1. Pun. Krieg 247–241 von seinen befestigten Stellungen Heirkte bei Panormos und am Eryx bei Drepanum aus die ital. Küste bis Kyme und schloß nach der karthag. Niederlage bei den Ägad. Inseln Waffenstillstand mit Rom; eroberte 237–229/28 den südl. Teil Spaniens für Karthago.

Hamilton [engl. 'hæmilton], seit dem 13. Jh. nachgewiesene schott. Fam., entschiedene Parteigänger der Stuarts (seit 1314 Baron of Cadzow, seit 1503 Earl of Arran, seit 1599 Marquess of H., seit 1643 Hzg. von H.). *James H. of Paisley* wurde Stammvater der H.-Linie Abercorn (1603). Der Hzg.titel der H. ging an *William Douglas,* Earl of Selkirk (seit 1711 auch Hzg. von Brandon) über. 1761 trat der Hzg. von H. als Marquess of Douglas auch an die Spitze der Fam. Douglas.

Hamilton [engl. 'hæmiltən], Alexander, * auf Nevis (Kleine Antillen) 11. Jan. 1755, † New York 12. Juli 1804, amerikan. Politiker. - Jurist; nahm am Nordamerikan. Unabhängigkeitskrieg teil, ab 1777 als Adjutant und Sekretär G. Washingtons; nach Kriegsende Anwalt; trat als Mgl. der gesetzgebenden (1786) und der verfassunggebenden Bundesversammlung (1787) an der Spitze der „Föderalisten" für eine starke Bundesgewalt ein und war wesentl. an der Ausarbeitung der amerikan. Verfassung beteiligt; ordnete als erster Schatzmin. der USA (1789–95) erfolgreich die durch den Krieg zerrütteten Finanzen und die Wirtschaft; bis 1799 führte er die Federalist Party, ließ 1798 jede regierungsfeindl.

Kritik unter Strafe stellen und bekämpfte das demokrat. Programm Jeffersons; seine polit. Ideen wirkten v. a. auf die Republikan. Partei.

H., Chico, eigtl. Forestorn H., * Los Angeles 21. Sept. 1921, amerikan. Jazzmusiker (Schlagzeuger). - Wurde internat. bekannt durch sein Quintett von 1956, bes. durch die ungewöhnl. Instrumentation (Flöte und Cello) und seine Anlehnung an die europ. Kammermusik.

H., Lady Emma, * Great Neston (Cheshire) um 1765, † Calais 15. Jan. 1815. - Seit 1791 ∞ mit dem brit. Gesandten in Neapel, Altertumsforscher und Sammler Sir William H. (* 1730, † 1803). Vertraute der Königin Karoline von Neapel. Seit 1798 Geliebte Lord Nelsons.

H., Richard, * London 24. Febr. 1922, brit. Maler und Graphiker. - Wegbereiter und Hauptvertreter der engl. Pop-art. Gibt v. a. ein Bild des von der Werbung geprägten großstädt. Lebens.

H., Sir (seit 1816) William, * Glasgow 8. März 1788, † Edinburgh 6. Mai 1856, schott. Philosoph und Logiker. - 1821 Prof. für Geschichte, 1836 für Metaphysik und Logik in Edinburgh. Vertreter der späten ↑Schottischen Schule; Grundlage seiner Metaphysik ist die Analyse des Bewußtseins; das Absolute ist unerkennbar, da Glaubenssache. Einer der Wegbereiter der Algebra der Logik. - *Werke:* Discussions on philosophy ... (1852), Lectures on metaphysics and logic (hg. 1859–61).

H., Sir (seit 1835) William Rowan, * Dublin 4. Aug. 1805, † Dunsink (= Dublin) 2. Sept. 1865, ir. Mathematiker und Physiker. - Prof. und Präsident der Royal Irish Academy in Dublin. H. entwickelte die geometr. Optik aus Extremalprinzipien und übertrug dieses Konzept 1834/35 auf die Dynamik. In der Algebra entwickelte er als Verallgemeinerung der komplexen Zahlen, die er als Zahlenpaare erklärte, das System der ↑Quaternionen, das später für die Entwicklung der Vektorrechnung bedeutsam wurde.

Hamilton [engl. 'hæmɪltən], schott. Stadt in der Conurbation Central Clydeside, 46 500 E. - Seit 1456 Burgh, 1670 Hauptort des Hzgt. Hamilton.

H., kanad. Stadt am W-Ufer des Ontariosees, 309 000 E. Sitz eines kath. und eines anglikan. Bischofs; Univ. (gegr. 1887 in Toronto, 1930 nach H. verlegt); technolog. Inst., Kunstgalerie, Bibliothek, histor. Museum; botan. Garten. Zentrum der kanad. Eisen- und Stahlind.; Bahnknotenpunkt, Hafen für Ozeanschiffe. - 1813 von Loyalisten angelegt; Town seit 1833, City seit 1846.

H., Hauptort und -hafen der Bermudainseln, auf H. Island, 3 000 E. Sitz eines anglikan. und eines kath. Bischofs. - Gegr. 1790, Verwaltungssitz seit 1815.

H., Stadt auf der Nordinsel von Neuseeland, 100 km ssö. von Auckland, 85 500 E. Wirtsch.

Zentrum des Gebiets South Auckland/Bay of Plenty. Univ. (gegr. 1964), Lehrerseminar; Kunstgalerie; Nahrungsmittelind., Herstellung von landw. Geräten u. a.; Bahnknotenpunkt, ⚓.

Hamilton-Funktion [engl. 'hæmɪltən; nach Sir W. R. Hamilton], eine in der Mechanik verwendete Funktion $H = H(q_k, p_k; t)$ der verallgemeinerten Koordinaten q_k und Impulse p_k ($k = 1, 2, ..., f$), der sog. *kanon. Variablen,* eines physikal. Systems von Teilchen bzw. Massenpunkten (f Anzahl der Freiheitsgrade des Systems). Aus der H.-F. lassen sich die Bewegungsgleichungen ableiten. Für abgeschlossene Systeme ist die H.-F. die Summe von kinet. und potentieller Energie: $H = T + V$.

Hamilton-Operator [engl. 'hæmɪltən; nach Sir W. R. Hamilton], grundlegender hermitescher Operator der Quantentheorie, der auf die mögl. Zustandsvektoren des betrachteten mikrophysikal. Systems wirkt und die quantentheoret. Bewegungsgleichungen der dynam. Variablen bzw. Zustandsvektoren des Systems und damit ihre zeitl. Veränderungen festlegt. In einem abgeschlossenen System stellt der H.-O. den Operator der Gesamtenergie des Systems (**Energieoperator**) dar.

Hamiltonsche Gleichungen [engl. 'hæmɪltən; nach Sir W. R. Hamilton] (Hamiltonsche [kanon.] Bewegungsgleichungen, kanon. Differentialgleichungen), System von Differentialgleichungen auf der Grundlage der ↑Hamilton-Funktion, mit dem sich die Bewegung der Teilchen eines physikal. Systems beschreiben läßt.

Hamina (schwed. Fredrikshamn), finn. Hafenstadt 130 km onö. von Helsinki, 11 000 E. - Seit dem MA wichtiger Handelsplatz, bekam 1653 Stadtrecht. 1743 an Rußland abgetreten; nach dem 1. Weltkrieg an den neuen finn. Staat.

Hamiten (Chamiten), in der bibl. Völkertafel (1. Mos. 10, 6–20) auf ↑Ham zurückgeführte Völker in Nordafrika und Südarabien.

Hamiten, 1880 eingeführte Bez. für eine Sprachgruppe von Völkern verschiedener Rassen in N- und NO-Afrika, später mißverständl. als rass. und kultureller Begriff gebraucht, heute vermieden bzw. auf die Kuschiten beschränkt.

hamitosemitische Sprachen (Afroasiatisch), afrikan. Sprachfam. mit den Zweigen Semitisch, Ägyptisch, Libyco-Berberisch, Kuschitisch und Tschadisch. Die Zweige sind in sich unterschiedl. strukturiert; *Semitisch:* Gruppe eng verwandter Sprachen mit z. T. langer Überlieferung; *Ägyptisch:* nur eine Sprache, die mit ihrer Nachfolgerin, dem Koptischen, die längste ununterbrochene schriftl. Tradition hat; *Lybico-Berberisch:* etwa 300 verschiedene Sprachen und Dialekte; *kuschit. und tschad. Sprachen:* zahlr. nur ungenügend erforschte Sprachen, über deren inne-

Hamlet

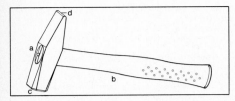

Schlosserhammer. a Hammerkopf,
b Hammerstiel, c Bahn, d Finne (oben)

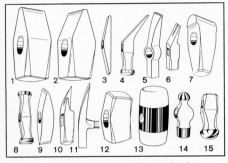

Hammer. 1 Kreuzschlaghammer,
2 Vorschlaghammer, 3 Sickenhammer,
4 Schusterhammer, 5 Maurerhammer,
6 Schreinerhammer, 7 Ballhammer,
8 zweibahniger Schlichthammer, 9 Kessel-
steinhammer, 10 Lattenhammer, 11 Geo-
logenhammer, 12 Steinhauerschlägel,
13 Holzhammer, 14 Schlosserhammer mit
Kugelfinne, 15 Polierhammer (unten)

ren Zusammenhang ebenfalls nur wenig bekannt ist.

Hamlet ['hamlɛt, engl. 'hæmlɪt], Prinz der
altdän. Sage. Die älteste Aufzeichnung der
bereits in der Lieder-Edda erwähnten Sage
findet sich bei Saxo Grammaticus (* um 1150,
† um 1220). Ein nicht erhaltenes, T.! Kyd zuge-
schriebenes H.-Drama (sog. **Ur-Hamlet**)
scheint Vorlage für Shakespeares Tragödie
„H., Prinz von Dänemark" gewesen zu sein,
die in zwei Versionen (1603 und 1604) überliefert ist. Prinz H. erhält vom Geist seines kurz
zuvor vom eigenen Bruder Claudius ermorde-
ten Vaters, des Königs von Dänemark, den
Auftrag, das an ihm begangene Verbrechen
zu rächen. Der Mörder hatte sich des Throns
bemächtigt und die Witwe des Königs geheiratet. H., bei Shakespeare ein sensibler Grübler, führt den Auftrag schließl. aus, findet
jedoch in einem Zweikampf selbst den Tod.
Neuere Bearbeitungen des H.-Stoffes (z. T. auf
moderne Verhältnisse übertragen) schufen K.
Gutzkow und G. Hauptmann („H. in Wittenberg", Dramen, 1835 und 1935), G. Britting

(„Lebenslauf eines dicken Mannes, der H.
hieß", R., 1932), A. Döblin („H. oder Die
lange Nacht nimmt ein Ende", R., 1956).

Hamm, Peter, * München 27. Febr. 1937,
dt. Schriftsteller. - Begann mit Lyrik, tätig
als Übersetzer, Hg. und Drehbuchautor bes.
dokumentar. Fernsehsendungen.

Hamm, Stadt an der Lippe, NRW, 60 m
ü. d. M., 172 000 E. PH; Sol- und Thermalbad.
Herstellung von Röhren, Draht, Büromaschi-
nen, Textilien u. a.; Straßen- und Bahnknotenpunkt (großer Rangierbahnhof), mehrere
Häfen. - 1226 gründete Graf Adolf von Alte-
na-Mark die Stadt H. (1279 Stadtrechtsbestätigung); H. erhielt bald eine starke Befestigung (Schleifung 1763-97) und entwickelte
sich rasch als Landesresidenz. Im 16. Jh. gemeinsam mit Unna hans. Prinzipalstadt für
zwölf Städte und fünf Freiheiten der Mark.
1614/66 fiel H. an Brandenburg. - Bed. Kirchen, u. a. frühgot. Pauluskirche (13./14. Jh.),
St. Pankratius (11./14. Jh.), St. Agnes (1507;
modern erweitert), Lutherkirche (18. Jh.).

Hammamet, tunes. Seebad 60 km sö.
von Tunis, 13 000 E. Traditionelles Handwerk; Fischereihafen. - In der von einer Mauer
umgebenen Altstadt Moscheen und Kasba
(12. und 15. Jh.).

Hammarskjöld, Dag [schwed. ˌhamarʃœld], * Jönköping 29. Juli 1905, † auf
dem Flug von Léopoldville (= Kinshasa)
nach Ndola (Absturz) 18. Sept. 1961, schwed.
Politiker. - 1951 zum stellv. Außenmin. ernannt, Mgl. der schwed. UN-Delegation und
ab 1952 deren Leiter; 1953 als Nachfolger
Trygve Lies zum Generalsekretär der UN
gewählt (Wiederwahl 1957); versuchte, die
Rolle der UN als friedenstiftende Macht in
der Welt durchzusetzen und die UN zu einer
treibenden Kraft im Prozeß der Entkolonisation zu machen. Friedensnobelpreis 1961
(postum).

Hamm-Brücher, Hildegard, * Essen 11.
Mai 1921, dt. Politikerin (FDP). - 1950-66
und 1970-76 MdL in Bayern, 1972-76 Fraktionsvors.; engagierte Bildungspolitikerin,
1967-69 Staatssekretär in hess. Kultusmini-
sterium für Bildung und Wiss.; 1972-76 stellv.
Bundesvors. der FDP; seit 1976 MdB und
1976-82 Staatsmin. im Auswärtigen Amt; trat
bes. als Bildungspolitikerin hervor und engagierte sich bei der Bildungsreform.

Hammel [zu althochdt. hamal „verstüm-
melt"] (Schöps), im Alter von 2-6 Wochen
kastriertes ♂ Schaf, das zur Mast oder Woll-
erzeugung gehalten wird.

Hammelburg, Stadt an der Fränk. Saale,
Bay., 183 m ü. d. M., 12 500 E. Kugellagerher-
stellung, Kleiderfabrik. - Um 1277 Stadt. -
Spätgot. Pfarrkirche (1389-1461), barockes
Schloß (1726-33).

Hammelsprung [weil die Abg. den Saal
hinter ihren „Leithammeln" her wieder betre-
ten], allg. übl. Bez. des (erstmals 1874 im

Dt. Reichstag eingeführten) Verfahrens bei der Stimmzählung gemäß § 51 Abs. 2 Geschäftsordnung des Bundestags, bei dem alle Abg. den Saal verlassen und ihn durch die Ja-Tür, die Nein-Tür oder die Tür für Stimmenthaltung wieder betreten und dabei gezählt werden; erfolgt, wenn trotz einer Gegenprobe Unklarheiten über das Abstimmungsergebnis bestehen.

Hammer [zu althochdt. hamer, eigtl. „(Werkzeug aus) Stein"] , (Handhammer) Handwerkszeug für alle Arbeiten, die eine Schlagwirkung erfordern; besteht aus dem *H.kopf* und dem *H.stiel* (Helm), der meist mit Hilfe eines Keils im sog. Auge des Kopfes befestigt ist. Der (meist stählerne) Kopf hat je nach Verwendungszweck unterschiedl. Form und Größe, z. B. eine ebene oder nur schwach gewölbte quadrat. Schlagfläche *(Bahn)* und eine keilförmige *Finne (Pinne)*. Genormt sind *Schlosserhämmer* von 50–2 000 g, *Vorschlag-* und *Kreuzschlaghämmer* von 3–15 kg, *Maurerhämmer* von 0,5–2 kg, *Schreinerhämmer* mit 16–36 mm Nennmaß, *Einsatzhämmer* von 40 und 60 mm Nenndurchmesser (Gehäuse aus Stahlguß, Einsätze aus Weißbuchenholz), *Ballhämmer, Flaschnerhämmer* u. a. Für Spezialzwecke sind H. aus Holz, Kupfer, Kunststoff oder Gummi gebräuchlich.

◆ Werkzeugmaschine zum spanlosen Umformen von Werkstücken, bei der die Schlagenergie durch eine in einer Führung schnell bewegte Masse, den **Hammerbär**, auf das Werkstück übertragen wird.

◆ mit Filz (früher Leder) bezogener Klöppel, der beim Hammerklavier (↑ Klavier) die Saiten anschlägt.

◆ ↑ Hammerwerfen.

◆ (Malleus) Gehörknöchelchen, das beim Menschen hammerförmig ausgebildet ist.

Hammerfest, Hafenstadt in N-Norwegen, an der W-Küste der Insel Kvaløy, 7400 E. Nördlichste Stadt der Erde; Filetierungs- und Fischmehlfabrik; Werften; Fremdenverkehr. - H. wurde als Handelsfaktorei gegr. und bekam 1789 Stadtrecht. Die Stadt wurde 1945 von der dt. Besatzungsmacht niedergebrannt, der Wiederaufbau erfolgte in moderner Steinbauweise.

Hammerhaie (Sphyrnidae), Fam. bis etwa 5,5 m langer Haifische mit 12 Arten in trop. und subtrop. Meeren; Kopfende mit T-förmiger (hammerartiger) Verbreiterung. Am bekanntesten ist der bis 4 m lange **Glatte Hammerhai** (Sphyrna zygaena).

Hammerklavier ↑ Klavier.

Hammer-Purgstall, Joseph Frhr. von (seit 1835), eigtl. J. Edler von Hammer, * Graz 9. Juni 1774, † Wien 23. Nov. 1856, östr. Orientalist. - Gab entscheidende Impulse zur Erforschung des Orients und der osman. Geschichte.

Hammerschlag (Eisenhammerschlag),

beim Schmieden von glühendem Stahl entstehender oxid. Überzug (Zunder), der in Form kleiner Schuppen abspringt.

Hammerschmidt, Andreas, * Brüx 1611, † Zittau 29. Okt. 1675, dt. Organist und Komponist. - Neben H. Schütz einer der bedeutendsten dt. Kirchenkomponisten des 17. Jh., komponierte u. a. geistl. Konzerte, Kantaten, Motetten, Dialoge, weltl. Oden sowie Instrumentalsätze.

Hammerstein, Frhr. von, berg., seit dem 15. Jh. nachweisbares Uradelsgeschlecht; starb 1764 aus; der noch lebende Zweig kam im 17. Jh. nach Niedersachsen und teilte sich in die Linien H.-Equord, H.-Gesmold und H.-Loxten; bed.:

H.-Equord, Kurt Freiherr von ['e:kvərt], * Hinrichshagen (Landkr. Waren) 26. Sept. 1878, † Berlin 25. April 1943, dt. General. - 1930 Chef der Heeresleitung; trat 1934 als Gegner des NS zurück; 1939 Chef einer Armeegruppe im Westen; seine baldige Entlassung im Jahr 1939 machte die geplante Festnahme Hitlers in seinem Befehlsbereich unmöglich.

Hammer und Sichel, vorwiegend kommunist. Symbol der Solidarität von Arbeitern (Hammer) und Bauern (Sichel); 1924 in das Wappen der UdSSR aufgenommen, zudem in die Hoheitszeichen sämtl. Unionsrepubliken; auch Symbol nichtsowjet. kommunist. Parteien (z. B. KPD in der Weimarer Republik). - Im östr. Bundeswappen symbolisieren H. u. S. (in den Fängen des Adlers) und Mauerkrone Arbeiter, Bauern und Bürger Österreichs.

Hammer und Zirkel, Kurzbez. für das Hoheitssymbol der DDR: H. u. Z. im Ährenkranz (die Solidarität von Arbeitern, Intelligenz und Bauern symbolisierend); seit 1959 in der Nationalflagge der DDR.

Hammerwerfen, seit den 80er Jahren des 19. Jh. betriebene Disziplin der Leichtathletik, bei der (nach dem internat. Reglement von 1908) ein **Hammer** (eine 7,257 kg schwere Metallkugel, die mit einem Drahtseil, das an einem dreieckigen Griff endet, verbunden ist; Gesamtlänge höchstens 121,5 cm) nach 3–4 schnellen Körperdrehungen aus einem Abwurfkreis (Durchmesser 2,135 m) heraus geschleudert wird. - Abb. S. 164.

Hammerzehe (Digitus malleus), angeborene oder erworbene Abknickung einer (meist der zweiten) Zehe im Mittelgelenk.

Hammett, [Samuel] Dashiell [engl. 'hæmɪt], * im County Saint Marys (Md.) 27. Mai 1894, † New York 10. Jan. 1961, amerikan. Schriftsteller. - Klassiker des Detektivromans. Die spröden Dialoge seiner einsamen Detektive und patholog. Delinquenten prägten Filme der „schwarzen Serie" nach seinen Vorlagen, v. a. „Der Malteser Falke" (R., 1930; Film mit H. Bogart).

Hammondorgel [engl. 'hæmənd], ein

Hammurapi

Hammondorgel mit zwei 5 oktavigen
Manualen und Pedal

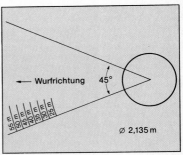

Hammerwurfring

Hammerwerfen. Formen, Größe und
Gewicht des Wurfhammers

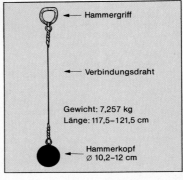

von L. Hammond 1934 gebautes mechan.-
elektron. Tasteninstrument. **Tonerzeugung:**
Insges. 91 von einem Elektromotor gleichzeitig angetriebene [Metall-]„Tonräder" (Zahnräder mit sinusförmigem Zahnprofil) induzie-
ren in ebenso vielen kleinen Spulen mit
stiftförmigem Magnetkern sinusförmige
Wechselspannungen (Frequenz entsprechend
der Drehzahl und Zahl der „Zähne"). Beim
Drücken der Taste (= Schalter) wird der entsprechende Spulenstrom elektron. verstärkt
und über Lautsprecher hörbar gemacht.
Obertöne (z. B. Oktaven, Quinten und Terzen) können in verschiedenen Lautstärken jeweils zugemischt werden und so das typ.
Klangbild z. B. einer Flöte nachgeahmt werden. Die H. wurde früher v. a. in der Unter-
haltungsmusik verwendet.

Hammurapi (Chammurapi, Ham-
murabi), König (1728–1686) der altbabylon.
1. Dyn. von Babylon. - Schuf durch geschickte
Verbindung von Bündnispolitik und Kriegs-
zügen um 1700 v. Chr. wieder ein ganz Mesopotamien umfassendes Reich. Von seiner um-
sichtigen Politik im Inneren, die dem Lande
wirtsch. Blüte schenkte, zeugt der sog. **Kodex
Hammurapi,** wichtigste Rechtssammlung des
Alten Orients; überliefert u. a. auf der nach
Susa verschleppten Dioritstele H. (1902 wie-
dergefunden, heute im Louvre [Paris]).

hämo…, Hämo… ↑hämato…, Hämato…
Hämoblasten, svw. Hämatoblasten.

Hämoglobine (rote Blutfarbstoffe), umfangreiche Gruppe von Chromoproteiden, die
im Tierreich die verbreitetsten Atmungspig-
mente sind und im allg. aus mehreren miteinander verknüpften Hämen als Farbstoffkomponente und einem artspezif. Globin als Pro-
teinanteil bestehen. I. e. S. versteht man unter
Hämoglobin (Abk. Hb) das als färbender Bestandteil in den roten Blutkörperchen des
menschl. Bluts enthaltene Chromoproteid
dieser Art. Die Funktion der H. besteht sowohl darin, in den Atmungsorganen Sauerstoff aufzunehmen und an die Orte des Ver-
brauchs im Körpergewebe zu transportieren
und dort abzugeben, als auch das dort gebildete Kohlendioxid aufzunehmen und dieses
den Atmungsorganen zuzuführen, wo es nach
außen freigesetzt wird. Bei vielen Wirbellosen
tritt das Hämoglobin frei im Blutplasma auf.
Bei den Wirbeltieren sind die H. ausschließl.
an die roten Blutkörperchen gebunden; sie
bestehen hier aus 4 Untereinheiten, die jeweils
aus einer Hämgruppe und einer Polypeptidkette aufgebaut sind und von denen je zwei
gleich sind. Das menschl. Hämoglobin hat
ein Molekulargewicht von etwa 68 000, seine

α-Kette enthält 141, seine β-Kette 146 Aminosäuren bekannter Sequenz. Bei der Sauerstoffaufnahme gehen die H. in *Oxihämoglobine* über. Oxigenierte H. zeigen eine stärkere Acidität als O_2-freie Hämoglobine. Daher nimmt die Sauerstoffabgabe des Oxihämoglobins bei erhöhtem O_2-Gehalt des Blutes zu (↑ Bohr-Effekt), wodurch der Gasaustausch in der Lunge und in den Körpergeweben erleichtert ist. - Kohlenmonoxid wird von den H. wesentl. fester gebunden als Sauerstoff und verdrängt diesen, worauf die hohe Giftigkeit schon geringer CO-Mengen beruht.
Bei den meisten Säugetieren unterscheidet sich das fetale vom mütterl. Hämoglobin durch eine höhere Bindungsfähigkeit für Sauerstoff, wodurch die O_2-Versorgung des Fetus sichergestellt wird. - 5,5 l menschl. Blutes enthalten etwa 745 (bei der Frau) bis 820 g (beim Mann) H. Ein zu niedriger H.gehalt führt zur ↑ Anämie.
📖 *Schwerd, W.: Der rote Blutfarbstoff u. seine wichtigsten Derivate. Lübeck 1962.*

Hämoglobinopathien (Hämoglobinosen) [griech.], Sammelbez. für auf erbl. Degeneration des Hämoglobins beruhende Blutkrankheiten.

Hämoglobinurie [griech./lat./griech.], Auftreten von Blutfarbstoff im Urin als Folge eines Zerfalls roter Blutkörperchen; u. a. bei schweren Vergiftungen und Infektionskrankheiten.

Hämolymphe, Körperflüssigkeit wirbelloser Tiere ohne geschlossenen Blutkreislauf (z. B. Weichtiere, Gliederfüßer). In ihrer Funktion entspricht die H. dem Blut der Wirbeltiere.

Hämolyse [griech.] (Erythrolyse), Austritt von rotem Blutfarbstoff (Hämoglobin) aus roten Blutkörperchen infolge Auflösung oder Zerstörung der Erythrozytenmembran. H. kann durch physikal. (z. B. osmot. Vorgänge) oder chem. Einwirkungen (z. B. H.gifte wie Arsen) ausgelöst werden oder aus einem genet. Defekt an den Erythrozyten resultieren.

hämolytische Anämie [griech.] ↑ Anämie.

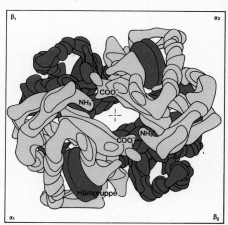

Hämoglobin-Molekül (Aufsicht) mit seinen vier Untereinheiten, jeweils aus einer Hämgruppe (rot) und einer Polypeptidkette (α-Kette: gelb beziehungsweise β-Kette: blau) bestehend

Kodex Hammurapi auf der Dioritstele des Hammurapi (Ausschnitt; um 1700 v. Chr.). Paris, Louvre

DAS REICH DES HAMMURAPI

Ungefähres Herrschaftsgebiet Hammurapis 1728–1686

Ungefähres Herrschaftsgebiet des Rim-Sin von Larsa

Ungefähres Herrschaftsgebiet des Schamschi-Adad von Assur

Ungefähres Herrschaftsgebiet des Zimrilim von Mari

Hämophagen

Hämophagen [griech.], von Blut lebende Tiere, v. a. Blutsauger.
Hämophilie [griech.], svw. ↑Bluterkrankheit.
Hämoptyse [griech.], svw. ↑Bluthusten.
Hämorrhagie [griech.], svw. ↑Blutung.
hämorrhagische Diathese (Blutungsübel), Sammelbez. für alle mit erhöhter Blutungsneigung einhergehenden Erkrankungen.
Hämorrhoiden [zu griech. haimorrhoídēs, eigtl. „Blutfluß"], Erweiterung der Venen im unteren Mastdarm- und Afterbereich. H. entstehen meist auf der Grundlage einer anlagemäßigen Bindegewebsschwäche durch Druckerhöhung im Bauchraum, also etwa durch Pressen (bes. bei hartem Stuhlgang) oder Husten. **Äußere Hämorrhoiden** sitzen außerhalb des Afterschließmuskels. Sie schwellen beim Pressen gewöhnl. zu weichen Knoten an. Die entzündeten Hämorrhoidalknoten nässen, bis das Blut in ihnen gerinnt, worauf die Knoten veröden und in lappige Hautfalten umgewandelt werden können. **Innere Hämorrhoiden** sind innerhalb des Afterschließmuskels lokalisiert. Anfangs machen innere H. keine Beschwerden, doch bluten sie häufig, v. a. bei hartem Stuhl. Die Behandlung besteht in leichten Fällen zunächst darin, einen regelmäßigen, weichen Stuhlgang anzustreben (viel Bewegung, schlackenreiche Diät, u. U. Abführmittel). In schweren Fällen werden innere H. operativ abgetragen. Bes. im Frühstadium der Behandlung kommt auch eine Verödung in Betracht.
Hämosiderin [griech.], eisenhaltiger Proteinkomplex von gelbbrauner Farbe; entsteht im Organismus durch Zerfall des Blutfarbstoffes, z. B. in Blutergüssen. H. findet sich in vielen Organen, v. a. in Leber und Milz, und dient als Eisenspeicher.
Hämozyanine (Hämocyanine) [griech.], kupferhaltige, farblose (in sauerstoffhaltigem Zustand bläul.) Chromoproteide, die bei wirbellosen Tieren (z. B. Tintenfischen, Schnekken, Krebsen, Spinnentieren) als Blutfarbstoff fungieren. H. sind frei im Blut gelöst.
Hämozyten [griech.], svw. Blutkörperchen (↑Blut).
Hampe, Karl, * Bremen 3. Febr. 1869, † Heidelberg 14. Febr. 1936, dt. Historiker. - Ab 1903 Prof. in Heidelberg; schrieb, ausgehend von krit. Quellenforschung zur ma. Geschichte, umfassende Darstellungen, u. a. „Dt. Kaisergeschichte in der Zeit der Salier und Staufer" (1909), „Herrschergestalten des dt. MA" (1927).
Hampel, Gunter, * Göttingen 31. Aug. 1937, dt. Jazzmusiker (Vibraphon, Klarinette, Saxophon, Flöten, Klavier). - Mit seiner „Galaxy Dream Band" einer der bekanntesten Vertreter des Free Jazz.
Hampelmann, flache Gliederpuppe für Kinder, die mit Hilfe von Fäden oder Bändern bewegt werden kann.

Hampshire [engl. ˈhæmpʃɪə], südengl. Grafschaft.
Hampton, Lionel [engl. ˈhæmptən], * Louisville (Ky.) 12. April 1913, amerikan. Jazzmusiker (Schlagzeuger, Vibraphonist und Orchesterleiter). - Als Mgl. des Benny-Goodman-Quartetts (1936–40) führte H. erstmals das Vibraphon als vollgültiges Jazzinstrument ein. 1940 gründete er ein sehr populäres Orchester, mit dem er v. a. Rhythm and Blues und Swing spielte.
Hampton [engl. ˈhæmptən], Ind.- und Hafenstadt am N-Ufer der **Hampton Roads** (sö. Teil des Ästuars des James River), Virginia, USA, 127 000 E. NASA-Forschungszentrum; Lkw-Montagewerk. - H. ist die älteste von Engländern gegr. Dauersiedlung in den USA (1610), 1887 zur City erhoben. Auf einer Landzunge südl. von H. liegt der Militärstützpunkt **Fort Monroe,** den die Truppen der Union im Sezessionskrieg halten konnten.
Hampton Court [engl. ˈhæmptən ˈkɔːt], königl. Schloß im SW Londons. 1514 ff. von Kardinal Wolsey erbaut (in Formen des Perpendicular und Tudor style), 1526 als Geschenk an Heinrich VIII.; bis in die Regierungszeit Georgs II. Residenz. Im Auftrag Wilhelms III. 1689 ff. Umbau von Schloß und Garten durch C. Wren.
Hamra, Al Hammada Al, Steinwüste im westl. Libyen, zw. Dschabal Nafussa und Edeien Ubari; Erdölvorkommen.
Hamster [slaw.] (Cricetini), Gattungsgruppe 5–35 cm körperlanger Nagetiere (Fam. Wühler) mit 16 Arten in Eurasien; Körper gedrungen mit mäßig langem bis stummelartigem Schwanz und meist großen Bakkentaschen, in denen die Tiere Nahrungsvorräte (v. a. Getreidekörner) für den Winterschlaf in ihre unterird. Wohnbauten eintragen. - In M-Europa kommt nur die Gatt. Cricetus mit dem **Feldhamster** (Schwarzbauch-H., H. im engeren Sinne, Cricetus cricetus) als einziger Art vor; Körper bis über 30 cm lang, Rücken und Körperseiten bräunl., Kopf rötlichgelb, mit großen weißl. Flecken an Maul, Wangen und vorderen Körperseiten, Unterseite schwarz, Füße weiß. Der Feld-H. unterbricht seinen Winterschlaf etwa alle 5 Tage, um zu fressen. Zu den H. gehört auch der **Goldhamster** (Mesocricetus auratus), etwa 18 cm lang, Schwanz rd. 1,5 cm lang; Fell oberseits grau bis goldbraun, Bauchseite weißl., an Kehle und Halsseiten helle Zeichnung. Alle heute gehaltenen Gold-H. stammen von der 1930 bei Aleppo (Syrien) gefangenen Unterart Syr. Gold-H. ab. Der Gold-H. wird im Alter von 8–10 Wochen geschlechtsreif, hat bis 7 oder 8 Würfe mit durchschnittl. 6–12 Jungen im Jahr (Tragezeit 16–19 Tage) und wird etwa zwei bis vier Jahre alt. Als **Zwerghamster** werden einige Gatt. bes. kleiner H. in Asien und SO-Europa bezeichnet; werden z. T. als Labortiere gezüchtet.

Hamsun, Knut, eigtl. K. Pedersen, * Lom (Oppland) 4. Aug. 1859, † Nørholm bei Grimstad 19. Febr. 1952, norweg. Schriftsteller. - Harte Jugend; kritisierte die Lebensweise in den USA, die er als Gelegenheitsarbeiter kennengelernt hatte, und stellte ihr eine bäuerl.-aristokrat. Lebenshaltung entgegen; verklärte das Bauerntum und den freien Vagabunden. Zunehmend antidemokrat.; begrüßte 1941 den Einmarsch dt. Truppen in Norwegen. Wurde 1947 wegen Landesverrats verurteilt. *Werke:* Hunger (R., 1890), Mysterien (R., 1892), Neue Erde (R., 1893), Pan (R., 1894), Victoria (Nov., 1898), Schwärmer (R., 1904), Segen der Erde (R., 1907), Landstreicher (R., 1927), August Weltumsegler (R., 1930).

H., Marie, geb. Andersen, * Elverum (Hedmark) 19. Nov. 1881, † Nørholm bei Grimstad 5. Aug. 1969, norweg. Schriftstellerin. - ∞ 1909 Knut H.; schrieb die vielbeachtete Kinderbuchreihe über die „Langerudkinder" (u. a. „Die Langerudkinder im Sommer", 1924; „Die Langerudkinder im Winter", 1926).

Han, chin. Dyn., ↑chinesische Geschichte.

Han, Ulrich (Udalricus Gallus), * Ingolstadt um 1425, † Rom 1479 (1480?), dt. Buchdrucker in Rom. - Druckte 1467–78 in Rom über 110 theolog., jurist., klass., liturg. und amtl. Schriften. War der zweite Drucker, der Holzschnitte (1467), und der erste, der Musiknoten druckte (im „Missale Romanum" von 1476).

Hanafiten ↑Hanefiten.

Hanau, ehem. Gft. Die Herren von Dorfelden (1166 erwähnt) nannten sich seit 1191 nach der Burg H. (am Main) und wurden 1429 Reichsgrafen. 1458–1625 Gft.teilung in die ältere Linie **Hanau-Lichtenberg,** die 1480 Besitzungen v. a. im Unterelsaß erbte, und die Linie **Hanau-Münzenberg.** Mit Erlöschen des Geschlechts 1736 fielen die Gft.teile H.-Münzenberg an Hessen-Kassel, H.-Lichtenberg an Hessen-Darmstadt; die elsäss. Besitzungen waren bereits 1697 an Frankr. gefallen.

H., hess. Stadt am Untermain, 104 m ü. d. M.,

Feldhamster

Knut Hamsun

85 600 E. Verwaltungssitz des Main-Kinzig-Kr., staatl. Zeichenakad., Histor. Museum; auf Grund der Lage im Rhein-Main-Gebiet ein bed. Ind.standort (u. a. Kautschukind., Quarzlampen-, Schmuckherstellung). - 1143 erstmals erwähnt. Die (wohl ältere) Wasserburg gehörte seit 1168 den Herren von Dorfelden, den späteren Grafen von Hanau. Angelehnt an die Burg bildete sich nach 1200 der Ort H., der 1303 das Stadtrecht erhielt. 1597 gründete Graf Philipp Ludwig II. für Flüchtlinge aus den span. Niederlanden die Neustadt. Nach 1685 kamen frz. Glaubensflüchtlinge. 1736 fiel die Stadt an Hessen-Kassel. - Nach schweren Zerstörungen im 2. Weltkrieg wieder aufgebaut bzw. erhalten: u. a. spätgot. Marienkirche (15./16. Jh.), Wallon.-Niederl. Kirche (17. Jh.), Altstädter Rathaus (16. Jh.; heute Dt. Goldschmiedehaus), Neustädter Rathaus (18. Jh.); Schloß Philippsruhe (18. Jh.), Wilhelmsbad mit klassizist. Parktheater (18. Jh.). Im Ortsteil **Steinheim** Funde der Bronzezeit; Schloß (15. und 18. Jh.), ma. Stadtmauer. Im Ortsteil **Großauheim** barocke Pfarrkirche (18. Jh.).

Hanau-Lichtenberg ↑Hanau (Gft.).

Hanau-Münzenberg ↑Hanau (Gft.).

Hanbaliten, Anhänger der von ↑Ahmad Ibn Hanbal begründeten Schulrichtung der islam. Gesetzeslehre, die in Moralfragen die rigoroseste Haltung einnehmen; sie sind nur wenig verbreitet.

Hancock, Herbert Jeffrey (Herbie) [engl. ˈhæŋkɔk], * Chicago 12. April 1940, amerikan. Jazzmusiker (Keyboardspieler, Komponist). - Spielte in den 1960er Jahren u. a. mit E. Dolphy (1962/63) und M. Davis (1963–68); gründete 1968 seine eigene Combo; einer der führenden Jazzpianisten; hatte seit den 1970er Jahren zahlr. Schallplattenerfolge mit einem Soul-Funk-Jazz; auch Filmmusiken (u. a. zu „Blow up")

Hand [zu althochdt. hant, eigtl. „die Greiferin"] (Manus), Bez. für den unteren (distalen) Abschnitt des Arms beim Menschen und bei Menschenaffen. Die H. ist über das **Hand-**

Handarbeit

gelenk (ein Kugelgelenk mit zahlr. Nebengelenken durch die Verschieblichkeit der H.wurzelknochen) mit Speiche und Elle verbunden. Das H.skelett hat insgesamt 27 Knochen mit 36 gelenkigen Verbindungen. Man unterscheidet an der H. die ↑Handwurzel, die Mittel-H. und die ↑Finger.

Im *Rechtsleben* des MA, dessen Schriftwesen noch unterentwickelt war, kam der H. in Rechtsbrauchtum und Symbolik als Zeichen der bestimmenden Gewalt bes. Bed. zu; in diesem Zusammenhang stehen z. B. Handfeste, -geld, -gemal, -lehen, -schlag, -schuh; ärgere H., linke H., Schwur-H., tote Hand.

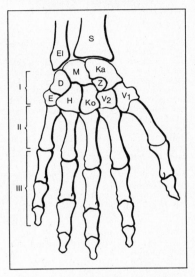

Hand. Rückseite des Skeletts der rechten Hand: El Elle, S Speiche;
I Handwurzelknochen, Ka Kahnbein, M Mondbein, D Dreiecksbein, E Erbsenbein, Z Zentrale, V₁ großes Vieleckbein, V₂ kleines Vieleckbein, Ko Kopfbein, H Hakenbein; II Mittelhandknochen; III Fingerhandknochen

Handarbeit, körperl. Arbeit, in Abgrenzung zur geistigen Arbeit (Schreibtischarbeit) oder zur maschinellen Fertigung.
◆ nicht maschinell hergestellte Arbeit aus textilen Stoffen, z. B. Stickerei, Strick-, Häkel-, Filet-, Knüpf-, Durchbrucharbeit, Applikationen und Spitze.

Handauflegung (Cheirotonie), religionsgeschichtl. sehr weit verbreiteter Gestus mit Auflegen der Hände oder einer Hand, der generell der Übermittlung des Segens dient, aber auch der Heilung und der Weihe bei der Übertragung eines priesterl. oder herrscherl. Amtes (z. B. bei der Firmung [kath. Kirche] und bei den höheren Weihen [kath., anglikan. und östl. Kirchen, vom Jahr 200 an]).

Handball, erstmals 1917 in Regeln gefaßtes Ballspiel zw. zwei Mannschaften, das als **Feldhandball** (nur von Männern) und als **Hallenhandball** (nach gleichen Regeln im Freien als **Kleinfeldhandball**) gespielt wird. Das Spielfeld beim Feld-H. ist 90–110 m lang und 55–65 m breit, beim Hallen-H. 38–44 m lang und 18–22 m breit. Jede Mannschaft besteht im Feld-H. aus zehn Feldspielern und Torwart, im Hallen-H. aus sechs Feldspielern und Torwart. Im Torraum darf sich nur der Torwart aufhalten. Gespielt wird mit einem Hohlball aus Leder (Umfang 58–60 cm, Gewicht 425–475 g für Männer und männl. Junioren, Umfang 54–56 cm und 325–400 g für Frauen und Jugendliche). Ziel des Spieles ist es, den Ball in das Tor (im Feld-H. 2,44 m hoch, 7,32 m breit; im Hallen-H. 2 m hoch, 3 m breit) der gegner. Mannschaft zu werfen und das eigene gegen die Angriffe des Gegners zu verteidigen. Der Ball darf mit allen Körperteilen außer Fuß und Unterschenkel gespielt, höchstens 3 Sek. gehalten und bis zu 3 Schritte in der Hand mitgeführt werden; im Feld-H. kann das Aufprellen und Wiederaufnehmen des Balles oft wiederholt werden. Verstöße (u. a. Sperren, Festhalten oder Stoßen des Gegners) werden durch Freiwürfe oder 7-m-Würfe beim Hallen-H. bzw. 14-m-Würfe beim Feld-H. geahndet. Die Spielzeit beträgt 2 × 30 Minuten für Männer, 2 × 25 Minuten für Frauen (nur Hallen- und Kleinfeld-H.) und männl. Junioren, 2 × 20 Minuten für alle anderen Mannschaften. Feld-H. wird von einem Schiedsrichter, dem zwei Torrichter assistieren, Hallen-H. von zwei Schiedsrichtern geleitet. Seit 1974 werden in der BR Deutschland keine Feld-H.-Meisterschaften mehr auf Bundesebene ausgetragen.

Handbremse ↑Bremse.

Handbuch, systemat. und/oder lexikal. Nachschlagewerk für ein bestimmtes Sachgebiet.

Handbuchbinderei ↑Buchbinderei.

Handdruck ↑Reiberdruck.
◆ eines der ältesten Textildruckverfahren, bei dem die Farbe mittels Model per Hand (auch mit Hilfe eines Hammers) auf den Stoff gebracht wird.

Handel, 1. die Beschaffung von Waren und deren Verkauf, ohne daß eine nennenswerte Veränderung stattfindet, im weiteren Sinn jeder Austausch von wirtschaftl. Gütern; 2. die Gesamtheit der Handelsbetriebe. Nach dem Merkmal der Abnehmergruppe und der Absatzmenge wird zw. Groß-H. und Einzel-H. unterschieden. Großhandelsbetriebe setzen ihre Waren an Wiederverkäufer oder Weiterverarbeiter (Produzenten) ab, Einzelhandelsbetriebe verkaufen ihre Waren an Verbraucher oder Produzenten in relativ kleinen Mengen. Nach dem Kriterium des Absatzgebiets wird zw. Binnen-H. und Außen-H. unterschieden.

Geschichte: Da die Arbeitsteilung, die Voraussetzung für das Stattfinden eines H. ist, zw. Gemeinschaften früher stattfindet als innerhalb von Gemeinschaften, entwickelte sich zuerst der Fern-H., v. a. mit Luxusgütern, später auch mit Gewürzen, Textilien und verschiedenen Rohstoffen (Kupfer, Zinn, Bronze). Die ersten Fernhandelsverbindungen entstanden von Mesopotamien aus in den östl. Mittelmeerraum wohl bereits im 4. Jt. v. Chr. Mit der weiteren Ausdehnung des Fern-H., der nacheinander von den Kretern, Phönikern, Griechen und Karthagern beherrscht wurde, wurden auch Indien, der westl. Mittelmeerraum und - insbes. durch die Karthager - die europ. Atlantikküste sowie die westafrikan. Küste einbezogen. Mit der Entstehung des röm. Weltreiches erfuhr der Fern-H. einen großen Aufschwung, weniger durch H.aktivitäten Roms selbst als vielmehr durch die entstehende Sicherheit der H.wege und die Vereinheitlichung von Münzen, Maßen und Gewichten. Nach dem vorübergehenden Rückgang des H. während der Zeit der Völkerwanderung gewannen die neuen Fernhandelsverbindungen, die einerseits bis nach Indien u. China, andererseits durch Europa in den slaw. Osten reichten, zunehmend an Bedeutung. Im MA konzentrierte sich der Fern-H. v. a. auf die neu entstandenen Städte, insbes. in Italien, aber auch z. B. Augsburg und Nürnberg in Süddeutschland. Im Norden wurde zu dieser Zeit der H. u.a. von der ↑ Hanse beherrscht. Von großer Wichtigkeit für die Entwicklung des H. war die Entdeckung des Seewegs nach Ostindien und die Entdeckung Amerikas. Die H.zentren verlagerten sich mehr nach W-Europa. Spanien

und Portugal, die zunächst ein Monopol auf den überseeischen H. hatten, erhielten Konkurrenz von den engl. bzw. brit. ↑ Handelskompanien, aber auch von niederl. Kaufleuten. Der moderne, alle Länder einbeziehende Welthandel entwickelte sich mit der durch die industrielle Revolution bewirkten Steigerung der Produktion und den zu dieser Zeit stattfindenden Umwälzungen im Verkehrs- und Nachrichtenwesen. - ↑ auch Handelsstraßen.

📖 *Dichtl, E.: Grundzüge der Binnenhandelspolitik.* Stg. 1979. - *Weller, T.: H. u. Markt.* Wsb. 1978. - *Day, L.: A history of commerce.* New York 1951.

Händel, Georg Friedrich (engl. Handel), * Halle/Saale 23. Febr. 1685, † London 14. April 1759, dt. Komponist. - H. war in Halle/Saale Schüler von F. W. Zachow und erhielt dort 1702 seine erste Organistenstelle. 1703 wurde er Geiger und bald darauf „maestro al cembalo" an dem von R. Keiser geleiteten Hamburger Opernhaus. 1705 entstand seine erste Oper „Almira". 1707–09 bereiste H. Italien und komponierte v. a. weltl. und geistl. Kantaten sowie Opern und Oratorien („La resurrezione", 1708). H. machte die Bekanntschaft von A. Corelli, A. und D. Scarlatti und A. Steffani. 1710 wurde er kurfürstl. Kapellmeister in Hannover und reiste nach London, wo die Aufführung seiner Oper „Rinaldo" (1711) zu einem großen Erfolg wurde. Im Herbst 1712 ließ er sich endgültig in England nieder (1727 naturalisiert). Neben Opern entstanden in der ersten Londoner Zeit das „Utrecht Te Deum and Jubilate" und die „Ode for the birthday of Queen Anne" (beide 1713). 1719 erhielt er den Auftrag, ein königl. Opernhaus (Royal Academy of Music) zu gründen, für das zw. 1720 und 1728 14 italien. Opern entstanden, u. a. „Radamisto" (1720), „Giulio Cesare" (1724), „Tamerlano" (1724), „Rodelinda" (1725), „Scipione" (1726), „Admeto" (1727). Diese Werke machten H. in ganz Europa berühmt. 1728 mußte sich das

Hallenhandball. Spielfeld

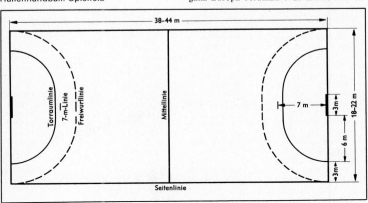

königl. Opernunternehmen wegen wirtschaftl. Mißerfolge auflösen. In der Folgezeit versuchte H. noch zweimal, sich durch Neugründungen der Konkurrenten G. B. Bononcini, N. Porpora und J. A. Hasse zu erwehren. Schließl. zwang ihn 1737 der gesundheitl. Zusammenbruch endgültig zur Aufgabe des Unternehmens. Seit etwa 1740 widmete sich H. mehr und mehr der Komposition von Oratorien. Unter den 22 Werken dieser Gattung ist der „Messias" (1742) dasjenige, das im 19. Jh. zum Standardwerk der Chorvereine wurde (das „Halleluja" daraus gehört zu den meistaufgeführten Stücken der Musikliteratur überhaupt). H. trat auch wieder stärker als Organist an die Öffentlichkeit, u. a. mit Orgelkonzerten, in denen er große Teile während der Aufführung improvisierte. 1743 entstand das „Dettinger Te Deum" zur Feier des Sieges König Georgs II. über die Franzosen und anläßl. des Aachener Friedens von 1748 die „Feuerwerksmusik" (1749). Während der Komposition an seinem Oratorium „Jephta" (1751/52) erblindete Händel.

Mit der genialen Beherrschung der musikal. Ausdrucks- und Stilmittel sowie der überkommenen Formen seiner Zeit führte er in der Instrumentalmusik den italien. Sonaten- und Konzertstil, auf musikdramat. Gebiet die italien. Barockoper und das Oratorium zu einer Vollendung, die ihm als ersten dt. Musiker Weltruf verschaffte.

Weitere Werke: Opern: Agrippina (1709), Il pastor fido (1712, 1734), Ottone (1723), Ezio (1732), Orlando (1733), Arianna (1734), Alcina (1735), Atalanta (1736), Serse (1738, darin das bekannte „Largo"), Deidamia (1741). - *Oratorien:* Esther (1720, 1732), Deborah (1733), Athalia (1733), Saul (1739), Israel in Ägypten (1739), Samson (1743), Belsazar (1745), Judas Makkabäus (1747). - *Sonstige Vokalwerke:* Acis und Galatea (1719/20, 1732), Alexanderfest (1736), Cäcilienode (1739), L'allegro, il pensieroso ed il moderato (1740), Hercules (1745); Johannes-Passion (1704), Passion nach Brockes (1717); 22 Anthems (darunter 12 Chandos Anthems, 4 Coronation Anthems); Italien. Duette, Trios, Kantaten; 9 Dt. Arien (1724–27). - *Instrumentalwerke:* 6 Concerti grossi op. 3 (1733), 12 Concerti grossi op. 6 (1739), Wassermusik (1715–17), 3 Concerti für Doppelorchester (nach 1740), etwa 20 Orgelkonzerte; zahlreiche Trio- und Solosonaten (u. a. für Violine, Oboe, Block- und Querflöte); über 20 Klaviersuiten.

📖 *Friedenthal, R.: G. F. H. Rbk. 70.–74. Tsd. 1985.*

Handel-Mazzetti, Enrica (Freiin von), * Wien 10. Jan. 1871, † Linz 8. April 1955, östr. Schriftstellerin. - Ihr religiös-humanist. geprägter histor. Roman „Meinrad Helmpergers denkwürdiges Jahr" (1900) fand große Beachtung ist mit dem östr.-kath. Barock verpflichtet. - *Weitere Werke:* Jesse und Maria

(R., 1906), Die arme Margaret (R., 1910), Stephana Schwertner (R., 3 Bde., 1912–14), Die Waxenbergerin (R., 1934).

Handeln, Sonderform des tier. und menschl. Verhaltens als Ausführung einer instinktiv und/oder intelligenzmäßig gesteuerten und somit wohlkoordinierten und zielgerichteten Tätigkeit. *Soziales H.* entsteht, sofern H. mehrerer (Individuen, Gruppen, Organisationen, Institutionen) aufeinander bezogen wird. Relativ regelmäßige, in bestimmten Situationen immer wiederkehrende und darum von den Beteiligten abschätzbare, vorhersehbare Abfolgen des H. lassen feste Strukturen des H. und so Gesellschaft entstehen.

Handelsagent ↑Agent.

Handelsakademien, in Österreich berufsbildende höhere Schulen des kaufmänn. Bildungswesens. Sie bauen in der Normalform auf dem Hauptschulabschluß auf und führen in fünf Jahren zu einem qualifizierten Abschluß.

Handelsbilanz, 1. ↑Zahlungsbilanz; 2. die durch § 39 HGB vorgeschriebene und nach handelsrechtl. Vorschriften aufgestellte Jahresbilanz.

Handelsbrauch, kaufmänn. Verkehrssitte, auf die zw. Kaufleuten Rücksicht zu nehmen ist. Der H. entsteht durch tatsächl., einverständl. Übung, ist aber kein Gewöhnheitsrecht.

Handelsbücher, Bücher, in die ein Vollkaufmann seine Handelsgeschäfte und die Lage seines Vermögens nach den Grundsätzen einer ordnungsmäßigen Buchführung einzutragen verpflichtet ist (§ 38 HGB).

Handelsembargo (Handelssperre) ↑Embargo.

Handelsflagge ↑Flaggen.

Handelsflotte, Gesamtheit der Seeschiffe einer nat. Flagge, die in das Seeschiffsregister des betreffenden Staates eingetragen sind. Die Schiffe, die unter der Disposition eines Staates bzw. der Schiffahrtsunternehmen ei-

Handelsflotten 1985 in 1 000 BRT		
Land	insgesamt	darunter Tanker
Liberia	58 180	31 585
Panama	40 674	8 414
Japan	39 940	14 089
Griechenland	31 032	9 366
Sowjetunion	24 745	4 591
USA	19 518	7 472
Norwegen	15 339	7 263
Großbritannien	14 344	5 937
VR China	10 568	1 476
Italien	8 843	3 601
BR Deutschland	6 177	1 394
DDR	1 434	36
Schweiz	342	–

nes Staates stehen, sind vielfach wegen geringerer Abgaben, weniger strenger Sicherheitsbestimmungen u. a. unter dieser Flagge registriert (billige Flaggen). Die Größe der H. wird in Bruttoregistertonnen (BRT) gemessen.

Handelsgeschäft, 1. Bez. für das Unternehmen eines Kaufmanns; 2. Rechtsgeschäft oder Rechtshandlung eines Kaufmanns, die zum Betrieb seines Handelsgewerbes gehört (§ 343 HGB). Dazu zählen auch für den Kaufmann ungewöhnl. Geschäfte *(Nebenhandelsgeschäfte)* sowie diejenigen Geschäfte, die zur Einrichtung und Förderung des Unternehmens abgeschlossen werden *(Hilfshandelsgeschäfte)*. Ein H. verpflichtet u. a. zur Sorgfalt eines ordentl. Kaufmanns, läßt gewisse Formerfordernisse entfallen, schützt den guten Glauben an die Verfügungsbefugnis und unterliegt dem Handelsbrauch.

Handelsgesellschaft, Gesellschaft, für welche die Vorschriften über Kaufleute gelten, und zwar deshalb, weil sie entweder ein Handelsgewerbe betreibt (OHG, KG) oder weil das Gesetz ihr ohne Rücksicht auf den Gegenstand ihres Unternehmens die Kaufmannseigenschaft beilegt (AG, KGaA, aber auch GmbH). Keine H., obgleich so behandelt, sind Genossenschaften und Versicherungsvereine auf Gegenseitigkeit, die Zusammenschlüsse von H. wie Kartelle, Konsortien und Interessengemeinschaften.

Handelsgesetzbuch, Abk. HGB, Gesetz vom 10. 5. 1897, in Kraft getreten am 1. 1. 1900; wichtigste Kodifikation des Handelsrechts. Das HGB ist unterteilt in vier Bücher, die sich wiederum in Abschnitte gliedern (1. Buch: Handelsstand; 2. Buch: Handelsgesellschaft und stille Gesellschaft; 3. Buch: Handelsgeschäfte; 4. Buch: Seehandel).

Handelsgewerbe, jeder Gewerbebetrieb, der dem Handelsrecht unterliegt. Wer ein H. betreibt, ist kraft Gesetzes Kaufmann. Man unterscheidet: **Grundhandelsgewerbe** (alle Gewerbe, die infolge ihres Gegenstandes H. sind); **Handelsgewerbe kraft gesetzl. Fiktion** (alle sonstigen Gewerbe, sofern das Unternehmen nach Art und Umfang einen in kaufmänn. Weise eingerichteten Geschäftsbetrieb erfordert und die Firma des Unternehmers im ↑ Handelsregister eingetragen ist); 3. alle Gewerbe von solchen **Gesellschaften,** denen das Gesetz ohne Rücksicht auf den Gegenstand ihres Unternehmens die Kaufmannseigenschaft beilegt.

Handelsgut, Ware, die Gegenstand eines Handelskaufs sein kann.

Handelshafen, ein Hafen, der (im Ggs. zum Kriegs- oder Fischereihafen) vorwiegend dem Umschlag von Handelsgütern dient.

Handelskammer ↑ Industrie- und Handelskammern.

Handelskauf, Kauf von Waren oder Wertpapieren, wenn dies ein Handelsgeschäft ist. Das HGB regelt einige Abweichungen vom allg. Kaufrecht, das im übrigen auch dem H. zugrunde liegt. Die Pflichten der Parteien werden verstärkt, die Abwicklung der Verträge wird vereinfacht und beschleunigt. Der kombinierten Regelung aus BGB und HGB gehen allerdings Parteiabreden vor. Von dieser Möglichkeit wird in der Praxis, insbes. durch allgemeine Geschäftsbedingungen, häufig Gebrauch gemacht.

Handelskette, Folge von Betrieben, die eine Ware durchlaufen muß, um vom Erzeuger zum Verbraucher zu gelangen.
◆ Zusammenschluß von Groß- und Einzelhändlern, um günstiger ein- und verkaufen zu können.

Handelsklassen, Qualitätsnormen für land- und fischereiwirtschaftl. Erzeugnisse; die Festlegung von H. soll eine bestimmte Beschaffenheit, Güte und Eigenart der Waren garantieren und die Hersteller zur Qualitätssteigerung anregen. Die H. in der BR Deutschland werden durch RVO festgelegt.

Handelsklauseln (handelsübl. Vertragsklauseln), Abreden in Kaufverträgen, die die Willensentscheide der Vertragsparteien festlegen und die Lieferungs- und Zahlungsbedingungen regeln. H. sind für den internat. Geltungsbereich geregelt in den **Incoterms** (Abk. für: International Commercial Terms), eine Zusammenstellung der im internat. Warenverkehr gebräuchl. Vertragsklauseln. Sie wurden 1936 von der Internat. Handelskammer Paris aufgestellt. Für den nat. Geltungsbereich sind die H. in den **Trade terms** *(Termes commerciaux)* geregelt. Wichtigste H.: **ab Fabrik, ab Kai, ab Lagerhaus, ab Werk, ab Schiff (ex Schiff, ex ship** [engl.]): Verkäufer hat die Waren am vereinbarten Ort zur Verfügung zu stellen und alle Waren betreffenden Kosten und Gefahren bis zu dem Zeitpunkt zu tragen, zu dem der Käufer die Güter abzunehmen verpflichtet ist. Der Käufer hat dabei für alle Kosten von dem Zeitpunkt an aufzukommen, an dem die Waren die Fabrik, den Kai usw. verlassen; **circa** [lat.], Abk. ca., Erfüllung des Vertrages kann mit einem gewissen Spielraum in bezug auf Menge, Zeit und Preis erfolgen, entsprechend dem Handelsbrauch; **cost & freight** [engl.], Abk. c. & f. (cf), Kosten und Fracht; Käufer muß alle Kosten auf seiner Seite und die Fracht bis zum Bestimmungshafen bezahlen (Vermeldung des Bestimmungshafens ist unerläßl.); **cost, insurance, freight** [engl.], Abk. cif, [Verlade]kosten, Versicherung, Fracht: [Ablade]klausel im Überseehandelsgeschäft, die den Verkäufer dazu verpflichtet, die Verlade-, Versicherungs- und Frachtkosten zu tragen; der Käufer ist zur Übernahme der einwandfrei versandten Ware ab Bestimmungshafen verpflichtet; **free on board** [engl.], Abk. fob, frei an Bord; Verkäufer trägt die Transportkosten einschließl. Schiffsverladung (ohne

Versicherungskosten); **frei Grenze,** Verkäufer trägt alle Kosten (Fracht, Versicherung) bis zur Grenze; **frei Haus,** im Haus-Haus-Verkehr trägt Verkäufer sämtl. Kosten und Gefahren bis zum Haus des Käufers; **frei Waggon,** Verkäufer trägt die Transportkosten bis zum Waggon bzw. die Kosten für das Aufladen auf Waggon.

Handelskompanien, Gesellschaften, die mit Privilegien, Monopolen und oft mit Territorialhoheitsrechten ausgestattet, den Welthandel beherrschten. In ihren Anfängen waren sie Schöpfungen kommerzieller Selbsthilfe. Die Kaufleute, die nach einer bestimmten Richtung Handel trieben, schlossen sich zu Genossenschaften, Gilden und Hansen zusammen, um gemeinsam Handelsprivilegien an fremden Orten zu erstreben. Die Mgl. einer solchen Kompanie reisten zwar gemeinsam, blieben aber Einzelkaufleute und handelten auf eigene Rechnung und eigenes Risiko. Die Zusammenlegung der Einzelkapitalien erwies sich jedoch als so vorteilhaft, daß die engl. Levantekompanie 1591, die Ostind. Kompanie 1600 und eine Afrikakompanie 1618 auf dieser Basis gegründet wurden. Als engl./brit. H. sind noch die Hudson's Bay Company von 1670 und die 1711–48 bestehende Südseekompanie zu erwähnen. - Wie die Engländer, so entwickelten die Niederländer ihren Kompaniehandel als Antwort auf den span.-portugies. Monopolanspruch. 1602 erteilten die Generalstaaten eine auf 21 Jahre lautende Konzession an die Vereinigte Ostind. Kompanie zum Handel im Bereich zw. dem Kap der Guten Hoffnung und dem Kap Hoorn. - Vom Beginn des 17. bis Mitte des 18. Jh. gliederte Frankr. sich jene Besitzungen an, die sein erstes Kolonialreich bildeten. Unter Richelieu wurden die H. zum zentralen Thema für alle maritimen frz. Bestrebungen. J.-B. Colbert gründete bzw. reorganisierte 5 Kompanien. Auch die nord. Staaten Europas besaßen ihre Kompanien. Auf habsburg. Seite gab es u. a. die Ostendekompanie (1719–31), in Preußen sind erwähnenswert die 1772 von König Friedrich II. gestiftete und staatl. geleitete Seehandlungsgesellschaft, die sich bis ins 19. Jh. behauptete, die Rhein.-Westind. (1821–32) und die Sächs. Elb-Amerikan. Gesellschaft (1825–30).

Handelsmäkler (Handelsmakler), Kaufmann, der gewerbsmäßig und ohne festen Auftrag Verträge über Gegenstände des Handelsverkehrs, insbes. Waren und Wertpapiere, vermittelt (§ 93 HGB). Dazu zählen auch **Börsenmakler.** Der H. muß jedes abgeschlossene Geschäft in ein Tagebuch eintragen und eine Schlußnote erstellen, die den Parteien übersandt wird.

Handelsmarke, Warenzeichen, das von einem Handelsbetrieb verwendet wird.

Handelsmission ↑ Handelsvertretung.

Handelsmünzen, Gepräge eines Staates für Zwecke des überterritorialen und internat. Handelsverkehrs; teils Landesmünzen, die weiträumige Anerkennung gefunden hatten, teils Fremdkörper im eigenen Geldsystem, die ausländ. Bedürfnissen angepaßt und im Inland nicht unbedingt gesetzl. Zahlungsmittel waren (insbes. die Mariatheresientaler).

Handelsorganisation, Abk. HO, staatl. Betrieb im Konsumgüterhandel der DDR. Die HO diente urspr. dem Verkauf von Lebensmitteln und Mangelwaren zu erhöhten Preisen, um den Schwarzmarkt zu bekämpfen und überschüssige Kaufkraft abzuschöpfen, wurde aber nach Verbesserung der Versorgungslage weiter ausgebaut.

Handelspapiere, zum Umsatz und Handel geeignete Wertpapiere. H. müssen demnach einen Markt- oder Börsenpreis haben und leicht übertragbar sein.

Handelsprivilegien, Vorrechte, die für die Zwecke des Handels erteilt wurden (z. B. das Recht, Zölle und Marktgebühren zu erheben). Im Hl. Röm. Reich vergab diese Privilegien zunächst der König bzw. Kaiser, doch fielen die Vergaberechte zunehmend an die Landesherren und die Städte. Als Städtegemeinschaft mit bes. ausgestatteten Privilegien ragte die Hanse heraus. Seit Ende des 16. Jh. wurden v. a. Handelskompanien mit Privilegien ausgestattet.

Handelsrecht, Sonderrecht der Kaufleute als Teil des bes. Privatrechts, hauptsächl. im Handelsgesetzbuch sowie in mehreren Nebengesetzen geregelt. Daneben gilt Gewohnheitsrecht sowie der Handelsbrauch. Eine große Bedeutung haben ↑ allgemeine Geschäftsbedingungen. Das H. stellt keine abgeschlossene, erschöpfende Regelung dar, sondern ist aus dem allg. Privatrecht zu ergänzen. Zum H. gehören auch die öffentl.-rechtl. Bestimmungen über das Handelsregister, die Handelsfirma (↑ Firma) und die Handelsbücher. - Das moderne H. entstand in den ma. Städten. Die erste umfassende Kodifikation erfolgte 1673 in Frankreich.

Handelsregister, vom Amtsgericht geführtes öffentl. Verzeichnis, in das der Inhaber vollkaufmänn. Gewerbebetriebe eines Bezirks und bestimmte, für ihre Haftung bedeutsame Tatsachen eingetragen werden (z. B. Erteilung einer Prokura). Ähnl. dem Grundbuch genießt das H. öffentl. Glauben: Die Richtigkeit einer eingetragenen Tatsache wird vermutet; für den Geschäfts- und Prozeßverkehr mit Dritten gilt: 1. Vor Eintragung und Bekanntmachung kann eine einzutragende Tatsache einem Dritten nur entgegengehalten werden, wenn er sie kannte; 2. eine richtig eingetragene und richtig bekanntgemachte Tatsache muß ein Dritter - ohne Rücksicht auf Kenntnis oder Unkenntnis - gegen sich gelten lassen; 3. auf eine unrichtig bekanntgemachte Tatsache kann sich ein Dritter berufen, es sei denn, daß er die Unrichtigkeit kannte oder daß die Bekanntmachung dem durch sie Benachteiligten nicht zugerechnet werden kann. Vielfach bestehen *Anmeldepflichten*, deren Erfüllung durch Ordnungsstrafen erzwungen werden kann. Eingetragen werden in Abteilung A des H. Einzelkaufleute und Personengesellschaften, in Abteilung B Kapitalgesellschaften. Das H. und die H.akten kann jedermann einsehen und daraus Abschriften verlangen.

Handelsrichter, ehrenamtl. Richter in einer Kammer für Handelssachen. Die H. werden von der Justizverwaltung auf Vorschlag der Industrie- und Handelskammer für drei Jahre ernannt. Jeder dt. Kaufmann über 30 Jahre kann ernannt werden.

Handelsschiffe, im Völkerrecht im Gegensatz zu Kriegsschiffen alle Schiffe, die ausschließl. friedl. Zwecken dienen. Feindl. H. können im Krieg auch dann vom Gegner aufgebracht werden, wenn sie im Privateigentum stehen (↑ Prisenrecht).

Handelsschule, 1. berufsvorbereitende Berufsfachschule auf kaufmänn. Gebiet (meist 2–3 Jahre), eine sich anschließende kaufmänn. Lehre wird um ein halbes Jahr verkürzt; der Abschluß gilt als Fachoberschulreife; 2. meist zweijährige, die Fachoberschulreife oder mittlere Reife voraussetzende *höhere H.;* der Abschluß gilt als Fachhochschulreife.
In *Österreich* sind H. dreijährige mittlere berufsbildende Schulen. Sie ersetzen die Lehrzeit. Sonderform für Berufstätige (drei Jahre). In der *Schweiz* gibt es die auf der Hauptschule aufbauende H., die i. d. R. in 3 Jahren zum Handelsdiplom führt.

Handelsspanne, im Handelsbetrieb die Differenz zw. Verkaufs- und Einkaufs- bzw. Einstandspreis; auch: Rohgewinn.

Handelsstraßen, Verbindungen zw. Handelsplätzen des Fernhandels.
H. des Altertums und ma. H. wurden für den Handel mit ganz bestimmten Gütern benutzt. Die Hori. Gegebenheiten bestimmten den Straßenverlauf. Landwege wurden aus Sicherheitsgründen den Wasserwegen vorgezogen. Hervorragend gestaltet war das röm. H.netz. Größere Bed. erlangten seit dem 7. Jh. die Routen in M-Europa. Während der Kreuzzüge verdichteten sich die Seeverbindungen nach dem Orient und von dort die Landrouten nach Asien (Seidenstraßen). Seit dem 13. Jh. gewannen die flandr.-niederl. Verbindungen nach Oberitalien (über Nürnberg-Augsburg) an Bedeutung. Die Zeit der Hanse intensivierte die Verbindungen nach dem Osten. Die überseeischen Entdeckungsfahrten brachten eine Verlagerung des wirtsch. Schwergewichts vom Mittelmeer an die atlant. Küste. Seit dem 17. Jh. entstanden bed. Seehandelsstraßen nach Asien, Afrika und Amerika durch das Aufblühen der Handelskompanien. Im 19. und 20. Jh. bildete sich mit der Entwicklung neuer Verkehrsträger

ein die Welt umspannendes dichtes Netz von Handelswegen.

Handelsvertrag, Vereinbarung zw. Staaten über ihre gegenseitigen außenwirtschaftl. Beziehungen. Der H. im engeren Sinne umfaßt v. a. langfristige Regelungen über Handelsfreiheit, Niederlassungsfreiheit im Ausland, Erwerb von Eigentum im Ausland, Schutz der Investitionen im Ausland, gegenseitige Zollvereinbarungen usw. - Kurzfristige Handelsverträge werden als **Handelsabkommen** bezeichnet. Diese regeln den Waren-, Dienstleistungs- und Kapitalverkehr.

Handelsvertreter (Handelsagent), derjenige selbständige Gewerbetreibende, der für einen oder mehrere andere ständig Geschäfte vermittelt **(Vermittlungsvertreter)** oder in deren Namen Geschäfte abschließt **(Abschlußvertreter).** Als selbständiger Gewerbetreibender bestimmt er - anders als der [unselbständige] Handlungsgehilfe - im wesentl. frei über seine Tätigkeit und seine Arbeitszeit. Jedoch steht er zum Unternehmer in einem dauernden Vertragsverhältnis. Vom Kommissionär und vom Eigenhändler unterscheidet er sich dadurch, daß er erkennbar im Interesse des Unternehmers handelt. - Der Vertrag zw. H. und Unternehmer ist ein Dienstvertrag, der eine Geschäftsbesorgung zum Gegenstand hat. Die einem Abschlußvertreter erteilte Vollmacht ist stets Handlungsvollmacht, die jedoch zur Änderung abgeschlossener Verträge und zur Entgegennahme von Zahlungen nicht berechtigt. Als Vergütung erhält der H. regelmäßig eine Provision für alle auf seine Tätigkeit zurückzuführenden Geschäfte.

Handelsvertretung, 1. durch Länder mit monopolist. Außenwirtschaftspolitik eingerichtete, mit konsular. Befugnissen ausge-

Handharmonika (Querschnitt)

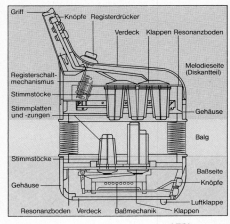

stattete Stellen, die der Abwicklung des außenwirtschaftl. Verkehrs dienen; 2. svw. **Handelsmission,** konsular. Vertretung, die insbes. die Förderung der Handelsbeziehungen zum Empfangsstaat wahrnimmt.

Handelswert (gemeiner Handelswert), der im gewöhnl. Geschäftsverkehr bei einem Verkauf zu erzielende Durchschnittspreis.

Händelwurz (Gymnadenia), Gatt. der Orchideen mit elf Arten in Europa und im gemäßigten Asien; Blüten im Blütenstand, Lippe gespornt. In Deutschland wächst **Mükkenhändelwurz** (*Große H.*, Gymnadenia conopea) mit lanzenförmigen Blättern und rosa bis purpurlila gefärbten Blüten.

Handfeste (mlat. manufirmatio), in der älteren Rechtssprache eine Urkunde, insbes. ein öffentl.-rechtl. Privileg (z. B. Culmer H.).

Handfeuerwaffen, alle Feuerwaffen, die von einer Person allein getragen und eingesetzt (d. h. mit den Händen gehalten und von Hand abgefeuert) werden können. Man unterscheidet: **Langwaffen** für den zweihändigen Gebrauch: Gewehre (Büchsen, Flinten, Karabiner, mehrläufige Gewehre, Sturmgewehre, Kleinkaliber- und Flobertgewehre, im weiteren Sinne auch Luftgewehre), Maschinenpistolen und die v. a. zur Panzerabwehr eingesetzten tragbaren Feuerwaffen wie Panzerbüchse, Panzerfaust, Bazooka u. a.; **Kurz-[feuer]waffen** für den einhändigen Gebrauch: Faustfeuerwaffen (Revolver, Terzerole, Pistolen), Reizstoffwaffen, Schußapparate zur Betäubung oder Tötung von Tieren.

Handgalopp (engl. canter), kurzer, ruhiger Galopp, durch den die Rennpferde allmähl. für den Galopp in voller Schnelligkeit vorbereitet werden.

Handgeld, (Angeld, Drangeld, Treugeld) ma. Gottesheller, Rechtsbrauch der symbol. Anzahlung einer kleinen Geldsumme bei mündl. Abschluß eines Vertrages (z. B. Eheverabredung, Kaufvertrag), bis ins 18. Jh. Werbungsgeld für Söldner.
◆ svw. ↑ Draufgabe.
◆ im Sport der Geldbetrag, der einem Spieler bei Vertragsabschluß von seinem neuen Verein gezahlt wird.

Handgelenk ↑ Hand.

Handgelübde (Handversprechen), in der Schweiz nichtreligiöses, feierl. Versprechen an Eides Statt. Nach Art. 86 des BG über die Bundesstrafrechtspflege lautet der [vom Richter vorgesprochene] Formel: „Ich gelobe unter Berufung auf die Pflicht zur Wahrheit, daß meine Aussage richtig und vollständig ist", und der Zeuge reicht dem Richter die Hand mit den Worten: „Ich gelobe es".

Handgemal (Handmal), ma. Rechtsbegriff, dessen Bed. umstritten ist; möglicherweise eine runenartige Hausmarke, davon abgeleitet das mit einer solchen Marke gekennzeichnete Stammgut eines edlen, schöffenfähigen Geschlechts.

Handgeräte, zusammenfassende Bez. für die im Turnen und in der Gymnastik verwendeten Geräte wie z. B. Seil, Reifen, Gymnastikball, Keule, Stab, Hantel.

Handgranate, für das Werfen mit der Hand (Stiel-H. oder Eier-H.) ausgebildeter Wurfkörper für den Nahkampf; gefüllt mit Sprengstoff, chem. Kampfmitteln oder Brandstoffen; mit Aufschlag- oder Brennzünder.

Handharmonika, ein Harmonikainstrument, bei dem im Ggs. zum ↑ Akkordeon auf Druck und Zug des Faltenbalgs verschiedene Töne erklingen und die Knopftasten diaton. angeordnet sind. Speziell wird unter H. das mit einer Gleichtontaste und Hilfstasten für chromat. Töne versehene Instrument (Klubmodell) verstanden, während als **Ziehharmonika** die einfacheren, sog. Wiener Modelle bezeichnet werden. - ↑ auch Harmonika. - Abb. S. 173.

Handikap [ˈhɛndikɛp; engl.], urspr. Bez. für ein in Irland übl. Tauschverfahren. Im Pferdesport werden bei den **Handikaprennen** die Gewinnchancen dadurch ausgeglichen, daß der Unparteiische (**Handikapper**) leistungsschwächeren Teilnehmern eine Strecken- oder Zeitvorgabe gewährt oder die stärkeren mit einem Gewicht (↑ Ausgleichsrennen) belastet; im Golf svw. ↑ Vorgabe; **gehandikapt,** benachteiligt, behindert.

Handkäse ↑ Sauermilchkäse.

Handke, Peter, * Griffen (Kärnten) 6. Dez. 1942, östr. Schriftsteller. - Wurde bekannt durch seine Provokation der Gruppe 47 (1966) und das unter Einfluß des Beat rhythmisch strukturierte Sprechstück „Publikumsbeschimpfung" (1966). Die grundsätzl. Nichtübereinstimmung von Sprache und Welt ist thematisiert im Titel der Textsammlung „Die Innenwelt der Außenwelt der Innenwelt" (1969), in der „Sprechfolterung" „Kaspar" (1967) wie in dem Stück ohne Worte „Das Mündel will Vormund sein" (1969). H. versucht in weiteren Prosaarbeiten und monologartigen Stücken Sprach- und Bewußtseinsschablonen zu durchstoßen, wobei häufig die Beziehungslosigkeit und Einsamkeit des modernen Menschen thematisiert wird.
Weitere Werke: Die Hornissen (R., 1966), Der Hausierer (R., 1967), Die Angst des Tormanns beim Elfmeter (E., 1970), Der kurze Brief zum langen Abschied (R., 1972), Chronik der laufenden Ereignisse (Filmbuch, 1971), Wunschloses Unglück (E., 1972), Die Unvernünftigen sterben aus (Stück, 1973), Falsche Bewegung (Prosa, 1975), Die Stunde der wahren Empfindung (E., 1975), Die linkshändige Frau (E., 1976), Das Gewicht der Welt. Ein Journal (1977), Langsame Heimkehr (E., 1979), Die Wiederholung (1986).

Handkuß, ursprüngl. Zeichen der Verehrung, mit dem sich der Küssende vor dem Geküßten erniedrigt. Die Sitte, v. a. verheirateten Damen die Hand zu küssen, ist in der

Barockzeit aus dem span. Hofzeremoniell übernommen worden.

Handlehen ↑ Lehnswesen.

Händler, im Handel tätige Kaufleute, z. B. Einzel-H., Großhändler.

Handlesekunst (Handwahrsagung, Chiromantie, Chirognomie, Chirologie, Cheirologie), (umstrittene) Fähigkeit, Charakter und Schicksal eines Menschen aus Form und Furchen seiner [Innen]hand zu deuten.

Handlinien (Handfurchen), Beugefurchen in der Haut der Handinnenfläche. Neben kleineren Furchen unterscheidet man bei menschl. H. v. a. **Daumenfurche, Fünffingerfurche** und **Dreifingerfurche.** Ein Kombinationstyp dieser H. ist die sog. Vierfinger- oder ↑ Affenfurche.

Handlung, Akt, Vollzug, oder Ergebnis eines in der Regel menschl. Tuns, wobei der Handelnde als Subjekt der H. vom H.ziel bzw. von den verschiedenen Objekten der H. zu unterscheiden ist. Die H.fähigkeit (das Zielesetzenkönnen) gehört neben der Redefähigkeit (dem Argumentierenkönnen) seit der Antike zu den wichtigsten Bestimmungen des menschl. Individuums. Ermittlung und Begründung gesamtgesellschaftl. H., H.ziele sowie H.anweisungen bzw. -aufforderungen sind Gegenstand v. a. der Staats- und Rechtsphilosophie. Mit H.theorien (z. B. Lerntheorien, Wahrnehmungstheorie) wird versucht, H.prozesse zu interpretieren.

◆ Geschehnisfolge v. a. in dramat., aber auch in ep. Werken, sowie im Film, wobei z. B. Haupt- und Neben-H., äußere und innere H. unterschieden werden können.

Peter Handke (1973)

◆ im *Strafrecht* eines der vier Glieder in der Definition des Verbrechensbegriffs, definiert als ein vom Willen beherrschtes menschl. Verhalten, das als verbotswidriges *Tun* bzw. als gebotswidriges *Unterlassen* der strafrechtl. Bewertung unterliegt. Im Unterschied zu früher vertretenen H.lehren, die von einem naturalist. H.begriff ausgingen, stehen sich heute im wesentl. der *soziale H.begriff* sowie der

der finalen Handlungslehre gegenüber. Während der soziale H.begriff unter H. jedes willentl. sozialerhebl. Verhalten unabhängig von der Willensrichtung des Täters versteht, sieht die finale H.lehre die H. als eine auf eine Umweltveränderung gerichtete Zwecktätigkeit. Die unterschiedl. Auffassungen wirken sich im Unrechts- und Schuldbereich aus. H. ist auch der Außenerfolg bei Erfolgsdelikten.

Handlungsfähigkeit, die Fähigkeit zum rechtswirksamen Handeln. Sie gliedert sich auf in: 1. die Geschäftsfähigkeit, 2. die Fähigkeit zur Vornahme anderer Rechtshandlungen, 3. die Deliktsfähigkeit. Die H., die nicht notwendig jeder Mensch besitzt, setzt die natürl. Fähigkeit zur Willensbildung voraus und fehlt deshalb vielfach Kindern, Jugendlichen und Geisteskranken.

Handlungsgehilfe, Angestellter in einem Handelsgewerbe, der auf Grund entgeltl. Arbeitsvertrages zur Leistung kaufmänn. Dienste verpflichtet ist, z. B. Buchhalter, Kassierer.

Handlungsreisender, entweder ein Handlungsgehilfe (Angestellter) oder ein selbständiger Handelsvertreter.

Handlungsvollmacht, die von einem Voll- oder Minderkaufmann erteilte, nicht in einer Prokura bestehende Vollmacht zum Betrieb eines Handelsgewerbes (**Generalhandlungsvollmacht**) oder zur Vornahme einer bestimmten Art (**Arthandlungsvollmacht**) oder einzelner zu einem Handelsgewerbe gehöriger Geschäfte (**Spezialhandlungsvollmacht**).

Handmehr, ein vorzugsweise in der schweizer. Landsgemeinde, d. h. der Versammlung der Stimmberechtigten des ganzen Kt., durch Handaufheben geübtes Verfahren der Mehrheitsermittlung bei der Abstimmung. Das Abstimmungsergebnis wird geschätzt; nur wenn dies nicht mögl. ist, wird ausgezählt.

Handpferd, Bez. für das im Doppelge-

Handlinien. 1 Daumenfurche,
2 Fünffingerfurche, 3 Dreifingerfurche

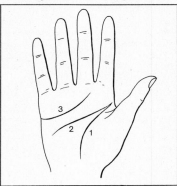

Handpresse

spann rechts von der Deichsel (von hinten gesehen) eingespannte Pferd.

Handpresse, im Buch- und Steindruck verwendete, von Hand betriebene Abziehpresse zur Herstellung von Probeabzügen, Liebhaberdrucken und Originalgraphik. Auf das gleitende Fundament der H. wird die Druckform gelegt, mit der Handwalze eingefärbt und, mit einem Papierbogen überdeckt, unter den Tiegel geschoben, der von oben den Papierbogen an die Druckform preßt.

Handpuppe, ein Torso aus Kopf (Holz, Papiermasse) und Kostüm mit Armen; die H. wird von Hand (Zeigefinger im Kopf, Daumen und Mittelfinger in den Armen) geführt. Alte Volksbelustigung als Puppenspiel und Kasperltheater.

Handregeln, Regeln zur Feststellung der Richtung der magnet. Feldlinien eines stromdurchflossenen Leiters und zur Feststellung der zu erwartenden Wirkungsrichtung bei der Wechselwirkung eines bewegten elektr. Leiters bzw. eines elektr. Stromes mit einem Magnetfeld.

Stromdurchflossener geradliniger Leiter: Legt man den Daumen der rechten Hand in Stromrichtung (+ nach −), so zeigen die gekrümmten Finger der rechten Hand in Richtung der Feldlinien des den stromdurchflossenen Leiter konzentrisch umgebenden magnet. Feldes (1).

Stromdurchflossene Spule: Umfaßt man mit der rechten Hand eine stromdurchflossene Spule in der Weise, daß die gekrümmten Finger in Stromrichtung liegen, so zeigt der Daumen zum Nordpol der stromdurchflossenen Spule (2).

Stromdurchflossener Leiter bzw. in einem Magnetfeld bewegte positive Ladung: Bilden der Daumen, Zeige- und Mittelfinger der rechten Hand zueinander rechte Winkel und zeigt der Daumen in Stromrichtung der Zeigefinger in Richtung der magnet. Feldlinien (von N nach S), so zeigt der Mittelfinger die Richtung der auf den stromdurchflossenen Leiter wirkenden Kraft (3).

Richtung des Induktionsstromes in einem in einem Magnetfeld bewegten Leiter: Bilden Daumen, Zeige- und Mittelfinger der rechten Hand zueinander rechte Winkel und zeigt der Daumen in Bewegungsrichtung, der Zeigefinger in Richtung der magnet. Feldlinien, so gibt der Mittelfinger die Richtung des induzierten Stromes an (4).

Handschar (Kandschar, Chandschar) [arab.-türk.], zweifach gebogenes, zweischneidiges, bis 50 cm langes, messerartig auslaufendes Sichelschwert; etwa seit dem 16. Jh. im Vorderen Orient und auf dem Balkan gebräuchlich.

Handschlag, Ineinandergreifen der rechten Hände zweier Vertragspartner zum Zeichen, daß eine getroffene Vereinbarung Rechtskraft erlangt hat (heute noch bei einigen Verkäufen im landw. Sektor üblich).

Handschrift (Abk. Hs., Mrz. Hss.), 1. das handgeschriebene Buch von der Spätantike bis zum Aufkommen des Buchdrucks (in Europa nach 1450); 2. für den Druck bestimmte Niederschrift (Manuskript); 3. eigenhändige Niederschrift überhaupt (Autograph).

Spätantike und MA: Vorläufer sind die ägypt. Totenbücher (Papyrusrollen), die starken Einfluß auf die spätantike westl. und byzantin. H.kunst, auch in der Art der Ausschmückung, ausübten. Geschrieben wurde auf den mit Zirkelstichen und blinden Prägestichen liniierten Pergamentblättern (seit dem 13. Jh. auch Papier) mit Rohrfedern und (meist schwarzer) Tinte. Überschriften und wichtige Stellen im Text wurden durch rote Farbe hervorgehoben (rubriziert), die Anfangsbuchstaben kleinerer Absätze oft abwechselnd blau und rot geschrieben (Lombarden). Anfangsbuchstaben größerer Kapitel (Initialen), Randleistenverzierungen und Illustrationen (↑ Buchmalerei) wurden meist nicht von den Schreibern, sondern von Miniatoren ausgeführt. Pracht-H. wurden v. a. im frühen und hohen MA in den Skriptorien der Klöster, bes. der Benediktiner und Zisterzienser, hergestellt. Wichtige Schreibschulen entstanden u. a. in Vivarium, Luxeuil, Bobbio, Corbie, in Sankt Gallen, auf der Reichenau, in Fulda und Regensburg.

Handregeln

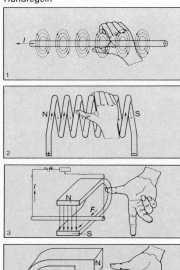

In der Renaissance entstanden v. a. an den Fürstenhöfen kostbare Handschriften.

◆ Niederschlag der durch Gehirnimpulse gesteuerten Schreibbewegung. Die H. ist zwar durch den schriftübl. Normalduktus in ihren Einzelformen festgelegt, sie trägt jedoch schon von Beginn des Schreibenlernens an so individuell charakterist. Züge, daß handgeschriebene Zeichen, insbes. der handgeschriebene Eigenname (Unterschrift), Rechtsverbindlichkeit erlangen konnten. Darüber hinaus ist die H. auch ein Phänomen des Ausdrucks.

Handschriftenkunde, Wiss., die Mittel zur Datierung und Zuordnung zu Schreibstuben von alten Handschriften bereitstellt (Analyse des Einbandes, des Beschreibstoffes, der Liniierung, der Schrift, der verwendeten Kürzungen, der Interpunktion, des Bildschmucks, der Korrekturen).

Handschuhe, Bekleidung für die Hände, in ihrer ursprüngl. Form sackartig, dann mit gesondertem Daumenteil (**Fausthandschuh**), schließlich als **Fingerhandschuhe.** Alle diese Formen waren bereits in der Antike bekannt. Im MA wurden lederne **Stulpenhandschuhe** bei der Jagd getragen, **Eisenhandschuhe** beim Kampf. Im MA waren H. Herrschaftszeichen der Könige, sie gehörten zur Amtstracht der Päpste. In der **Frauenmode** wurden sie erst im 15. Jh. eingebürgert. Eine Neuerung des 19. Jh. waren die **Halbhandschuhe,** die die Fingerspitzen unbedeckt ließen.

Handstand, Turnübung, bei der der Körper mit dem Kopf nach unten, bei ausgestreckten Armen auf die Hände gestützt, im Gleichgewicht gehalten wird.

Handtasche, in der Hand oder über dem Arm oder - an verlängertem Riemen - über der Schulter getragene Tasche. Sie taucht im 16./17. Jh. vereinzelt als Beutel auf, sonst fand man in der weiten Kleidung ausreichend Platz für Taschen oder trug einen Beutel am Gürtel. Erst die Mode des Directoire erzwang die H., die seit dem 19. Jh. auch als Bügeltasche gearbeitet wird. Seit dem späten 19. Jh. gehört die H. zu den unentbehrl. Accessoires der Frau und setzte sich in den letzten Jahren auch in der Herrenmode durch.

Hand- und Spanndienste, Fronen, die als Handarbeit oder als Transportdienste mit zu stellenden Zugtieren zu leisten waren.

Handvermittlung, manuelle Herstellung von Fernsprech- und Fernschreibverbindungen.

Handwaffen, Sammelbez. für blanke Waffen und Handfeuerwaffen.

Hand wahre Hand, im alten dt. Recht Umschreibung des Grundsatzes, daß der Eigentümer, der eine bewegl. Sache einem anderen geliehen, vermietet oder in Verwahrung gegeben hatte, nur von diesem Rückgabe verlangen konnte.

Handwerk, 1. nach der Handwerksordnung ein Gewerbe, das handwerksmäßig betrieben wird und das im Verzeichnis der Gewerbe, die als H. betrieben werden können, aufgeführt ist. Die Abgrenzung zw. Ind. und H. ist mitunter schwierig. **Wesentl. Merkmale des Handwerks** im Vergleich zur Ind.: geringere Betriebsgröße; geringerer Grad der Technisierung; persönl. Mitarbeit des Betriebsinhabers; Einzelfertigung auf Grund individueller Bestellung überwiegt, während für die Ind. die Massenfertigung auf Vorrat typisch ist. 2. H. als Bez. für eine Gruppe von Berufen: Von H.berufen wird gesprochen, wenn ein amtl. Berufsbild als Grundlage für die Ausbildung vorliegt. In der H.ordnung sind diejenigen Gewerbe aufgezählt, die handwerksmäßig betrieben werden können. Die Anzahl der H.berufe geht jedoch über diese Aufzählung hinaus. Die Ausbildung erfolgt keineswegs ausschließl. in H.betrieben, sondern z. B. auch in Industrieunternehmen, öffentl. Betrieben. 3. H. als Betriebssystem bzw. Produktionsweise: Die Handarbeit mit relativ einfachen Werkzeugen steht im Vergleich zur Maschinenarbeit im Vordergrund. Die handwerkl. Produktionsweise findet sich auch in Teilbereichen von Industriebetrieben. 4. H. als Wirtschaftszweig: Unternehmen, in denen die handwerkl. Produktionsweise überwiegt, werden dem Wirtschaftszweig H. zusammengefaßt. Abgrenzungskriterium ist die Eintragung in die H.rolle.

Aufbau des Handwerks in der BR Deutschland: Die H.innung als freiwilliger Zusammenschluß selbständiger Handwerker eines H.zweigs in einem Bezirk bildet die Grundlage für den Aufbau der H.organisation. Die Innungen eines Kreises sind zu Kreishandwerkerschaften, H.kammern, Landeshandwerkskammertagen und zum Dt. H.kammertag zusammengeschlossen (regionaler Aufbau). Sie bilden gleichzeitig Landesinnungsverbände, Zentralfachverbände bzw. Hauptverbände und die Vereinigung der Zentralfachverbände (fachl. Aufbau). Die Gesamtvertretung des H. bildet der Zentralverband des Dt. Handwerks.

Geschichte: Bei den Germanen lassen sich kaum Spuren von (gewerbl.) H. feststellen, wenngleich für die Bronzezeit die Ausbildung von Weberei, Töpferei und Bronzegießerei als Gewerbe anzunehmen ist; seit etwa 500 v. Chr. tritt dazu die Tätigkeit des Schmiedes. Im Früh-MA gab es unfreie Handwerker auf grundherrl. Höfen, daneben aber auch schon freies H. in den Städten und auf dem Land (Mühlen). Mit dem Aufblühen des Städtewesens im Hoch-MA organisierten sich die einzelnen H. in ↑ Zünften. Seit dem 15. Jh. vollzog sich in gewissen H.bereichen ein allmähl. Übergang vom produzierenden und selbst verkaufenden H. zum ↑ Verlagssystem. Im 18. Jh. geriet das H. durch das Entstehen von Manufakturen in eine schwere Krise, die im 19. Jh. durch das Aufkommen industrieller

Handwerkergenossenschaft

Produktion noch verstärkt wurde (↑industrielle Revolution).

📖 *Hamer, E./Linke, K.: Marketing-Hdb. f. das H. Hannover 1981. - Posz, M. de/Leitner, T.: Die Handwerker. Wien 1980.*

Handwerkergenossenschaft, Selbsthilfeeinrichtung der selbständigen Handwerker, die Mitte des 19.Jh. zur Abwehr der Industrialisierung entstand und die gegenwärtig der wirtschaftl. Förderung ihrer Mgl. v.a. durch gemeinsamen Einkauf dient (Einkaufsgenossenschaften). Die Genossenschaften erreichten im Handwerk nicht die gleiche Bedeutung wie in der Landwirtschaft.

handwerksähnliches Gewerbe, Gewerbe, das handwerksähnl. betrieben wird, für das aber keine vollhandwerkl. Ausbildung notwendig ist.

Handwerkskammern, Körperschaften des öffentl. Rechts zur Vertretung der Interessen des Handwerks. Sie werden von der obersten Landesbehörde jeweils für einen bestimmten Bezirk errichtet. Zu den H. gehören die selbständigen Handwerker in dem Bezirk sowie ihre Gesellen und Auszubildenden. **Aufgaben:** Förderung der wirtschaftl. Interessen des Handwerks, Führung der Handwerksrolle, Regelung der Berufsausbildung, Unterstützung notleidender Handwerker und Gesellen, Aufsicht über die Handwerksinnungen und Kreishandwerkerschaften. Die oberste Landesbehörde erläßt für jede H. eine Satzung und führt die Staatsaufsicht über die H., die sich grundsätzl. darauf beschränkt, daß Gesetz und Satzung beachtet werden.

Handwerksordnung, Abk. HandwO, BG zur Ordnung des Handwerks. Die H. vereinheitlichte das in der Gewerbeordnung und in zahlreichen anderen Bestimmungen verstreut geregelte Recht des Handwerks. Die H. enthält Vorschriften über die Ausübung des Handwerks, die Berufsbildung im Handwerk, die Meisterprüfung und den Meistertitel und über die Organisation des Handwerks.

Handwerksrolle, ein von den Handwerkskammern geführtes Verzeichnis, in das die selbständigen Handwerker mit dem von ihnen betriebenen Handwerk einzutragen sind. Ohne Eintragung ist der selbständige Betrieb eines Handwerks nicht gestattet. In die H. wird grundsätzl. nur derjenige eingetragen, der in dem von ihm betriebenen Handwerk oder in einem diesem verwandten Handwerk die Meisterprüfung bestanden hat; Ausnahmebewilligung ist möglich.

Handwühlen (Bipedinae), Unterfam. rd. 20 cm langer Doppelschleichen mit drei Arten in Mexiko; Bodenbewohner mit wohlentwickelten Vorderbeinen, Hinterbeine fehlen.

Handwurzel (Carpus), aus 8 H.knochen (Erbsenbein, Dreiecksbein, Mondbein, Kahnbein, Hakenbein, Kopfbein, kleines und großes Vieleckssbein) bestehender, zum Körper hin gelegener Teil der Hand.

Handy, William Christopher [engl. 'hændɪ], *Florence (Ala.) 16. Nov. 1873, †New York 28. März 1958, amerikan. Jazzmusiker (Komponist, Kornettist und Orchesterleiter). - Wirkte als Leiter von Minstrel Shows und eigener Jazzgruppen sowie als Musikverleger; Komponist zahlr. Stücke, die zum Standardrepertoire des Jazz zählen, u.a. „Memphis Blues" (1912).

Handzeichen, eigenhändiges Zeichen anstelle einer Unterschrift; genügt, wenn es *notariell* beglaubigt ist, der Schriftform.

Handzeichnung, die künstler. Zeichnung (in Unterschied zu vervielfältigter Graphik).
◆ skizzenhafte [techn.] Darstellung, die ohne Zuhilfenahme von Zeichengeräten angefertigt wurde.

Hanefiten (Hanafiten), Anhänger der von Abu Hanifa begründeten Schulrichtung der islam. (orthod.-sunnit.) Gesetzeslehre; großzügige Auslegung des Moralgesetzes.

Hanf, (Cannabis) Gatt. der Hanfgewächse mit der einzigen Art **Gewöhnl. Hanf** (Cannabis sativa) und der Unterart **Indischer Hanf** (Cannabis sativa var. indica) in Indien, im Iran und O-Afghanistan; angebaut v.a. in Indien, Vorderasien und im trop. Afrika; bis 4 m hohe, einjährige, getrenntgeschlechtl. Pflanzen mit fingerförmig gefiederten Blättern. Die Drüsen der Blätter und Zweigspitzen liefern Harz, das als Haschisch bzw. Marihuana geraucht wird. Eine Kulturform des Gewöhnl. H. ist der ↑Faserhanf.
Älteste Angaben über den Anbau von H. im frühen 3.Jt. v.Chr. stammen aus China. In Indien wird H.anbau im 9. Jh. v. Chr. erwähnt. In Europa ist H. seit dem 1.Jt. v. Chr. bezeugt.
◆ Fasern aus den Sklerenchymfaserbündeln des Faserhanfs (Cannabis sativa ssp. sativa); etwas länger und gröber als Flachsfasern (Langfasern 1 bis 3 m, Werg 30–40 cm). Sie werden, häufig unter Beimischung anderer Fasern, zu *H.garnen* versponnen.

Hanfgewächse (Cannabaceae), Fam. der Zweikeimblättrigen mit den beiden Gatt. ↑Hanf und ↑Hopfen.

Hänflinge (Carduelis), Gatt. meist kleiner, bräunl. bis grauer Finkenvögel mit sechs Arten auf der Nordhalbkugel; ♂ (bes. zur Brutzeit) mit roten Gefiederpartien. Zu den H. gehören u.a. ↑Berghänfling und der bis 13 cm lange, in Europa, Kleinasien und NW-Afrika vorkommende **Bluthänfling** (Carduelis cannabina); oberseits braun mit grauem Kopf, unterseits gelblichbraun mit rötl. Brust (zur Brutzeit Brust und Stirn blaurot); ♀ unscheinbar, unterseits dunkel längsgestreift. In M- und N-Europa, im nördl. Asien und im nördl. N-Amerika kommt der ebenso große **Birkenzeisig** (Carduelis flammea) vor; hell- und dunkelbräunl. gestreift, mit leuchtend roter Stirn und schwarzem Kehlfleck; ♂ mit rötl. Brust und ebensolchem Bürzel. Von ihm unterscheidet sich der etwa 15 cm lange **Polarbirkenzeisig** (Carduelis hornemanni) durch eine hellere Zeichnung, weißl. Bauch und weißen Bürzel; kommt in Tundren Eurasiens und des nördl. N-Amerikas vor.

Hang, geneigter Teil der Erdoberfläche. Unterschieden werden Berg- und Talhänge, bei ersteren Steil- und Flachhang, bei letzteren der flach geböschte **Gleithang** an der Innenseite einer Flußwindung und der steilkonkave **Prallhang** an der Außenseite.
◆ Haltung am Turngerät, v. a. Reck, Ringen, Barren, Stufenbarren. Wird als *Streck-H.* oder *Lang-H.* (Körper aufrecht, gestreckt), *Sturz-H.* (Kopf unten, Füße oben), *Beuge-H.* und *Oberarm-H.* ausgeführt.
◆ Neigung, Vorliebe zu einer meist negativ bewerteten Verhaltensweise.

Hangar [frz., eigtl. „Schuppen"], Flugzeughalle, Luftschiffhalle.

Hängebahnen, meist elektr. betriebene Bahnen, bei denen die Fahrzeuge unterhalb von Tragbalken oder Schienen hängen, auf denen ihr Laufwerk rollt. Die bekannteste und älteste Hängebahn zur Personenbeförderung ist die 1898–1903 erbaute Wuppertaler **Schwebebahn.**

Hängebauchschwein, in Vietnam gezüchtete Rasse kleiner, meist schwarzer Hausschweine; mit stark durchgebogenem Bauch, Stehohren und sehr faltigem Gesicht.

Hängebirke (Warzenbirke, Betula pendula), in Europa und Asien verbreitete Birkenart; bis 60 m hoch und bis 120 Jahre alt werdender Baum mit weißer, quer abblätternder Rinde; Blätter dreieckig, grob doppelt gesägt, mit lang ausgezogener Spitze; junge Zweige dicht mit warzigen Drüsen besetzt; Blüten meist einhäusig, ♂ Blüten in schon im Herbst erscheinenden Kätzchen, ♀ in grünen, im Frühjahr erscheinenden Kätzchen; Frucht: geflügeltes Nüßchen.

Hängebrücke ↑ Brücken.

Hängebuche (Trauerbuche, Fagus sylvatica cv. pendula), Kulturform der Rotbuche mit waagrechten oder bogig nach oben weisenden Hauptästen und meist senkrecht nach unten hängenden Seitenästen.

Hängegleiter, von O. Lilienthal konstruiertes Gleitflugzeug ohne Sitz; heute Fluggerät für das Drachenfliegen.

hangeln, sich im Hang fortbewegen, wobei die Hände abwechselnd weitergreifen.

Hängematte [zu niederl. hangmat, volksetymolog. umgedeutet aus hangen „hängen" und mat „Matte", eigtl. jedoch zu indian. (h)amaca (frz. hamac)], geknüpftes, geflochtenes oder auch gewebtes rechteckiges Ruhenetz zum Sitzen und Schlafen, das, auf starken Tragschnüren ruhend, zw. Pfählen oder Bäumen aufgehängt wird. Heimisch in S- und M-Amerika, sekundär in W-Afrika und wohl auch in Neuguinea. Aus Segeltuch früher auf Schiffen (aus Raumnot) üblich.

Hängebahn. Wuppertaler Schwebebahn

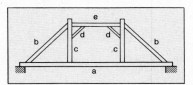

Doppeltes Hängewerk. a Hängebalken, b Hängestreben, c Hängesäulen, d Streben, e Spannriegel

hängen (henken) ↑ Todesstrafe. - ↑ auch Galgen, ↑ Erhängen.

hängende Gärten, ein in der antiken Tradition mit dem Namen der assyr. Königin Semiramis verbundenes Bauwerk in Babylon, das auch als Geschenk Nebukadnezars II. an seine med. Nebenfrau galt, eines der ↑ Sieben Weltwunder. Unsichere Identifizierung mit Ruinen eines terrassierten Innenhofs der Südburg von Babylon (6. Jh. v. Chr.).
◆ in Baumkronen gebaute *Ameisennester.*

Hangendes, in Geologie und Bergbau Bez. für die über einer bestimmten Gesteinsschicht oder einer Lagerstätte liegende Schicht. - ↑ auch Geochronologie.

Hängepartie, eine Schachpartie, die in der vorgeschriebenen Zeit nicht beendet werden konnte und zu einem bestimmten Zeitpunkt fortgesetzt wird.

Hänger, lose fallendes, gürtelloses Kleid, für Kinder oft mit einer Passe gearbeitet.

Hängetal, Seitental, dessen Sohle an der Einmündung höher liegt als die des Haupttales; häufig in glazial überformten Tälern.

Hängewerk, aus Holz, Stahl oder Stahlbeton gefertigte Tragkonstruktion, mit der größere Spannweiten bei Decken und Brük-

179

ken überspannt werden können. Das H. besteht im wesentl. aus einem nicht unterstützten, waagerechten Spann- oder Hängebalken, dessen Last z. T. mit Hilfe einer Aufhängevorrichtung über sog. Hängesäulen und Hängestreben auf die Auflager übertragen wird.

Hängezeug, aus Kompaß, Gradbogen und Meßkette bestehendes bergmänn. Gerät zur Bestimmung der räuml. Koordinaten eines Vermessungspunktes.

Hangö (finn. Hanko; beides amtl.), finn. Hafenstadt 110 km sw. von Helsinki, 12 000 E. - Seit 1270 als Handelsplatz belegt; 1878 erhielt H. Stadtrecht.

Hang-over [engl. hæŋ'oʊvə], Bez. für Nachwirkungen (ähnl. denen eines Katers), die nach Einnahme von Medikamenten (bes. langwirksamer Barbiturate), aber auch nach Strahlenbehandlungen auftreten können.

Hangtäter (frühere Bez.: Gewohnheitsverbrecher), ein Täter, der infolge eines Hanges zu erhebl. Straftaten - namentl. zu solchen, durch welche die Opfer seel. und körperl. schwer geschädigt werden oder durch die wirtsch. Schaden angerichtet wird - für die Allgemeinheit gefährl. ist (§ 66 Abs. 1 Ziffer 3 StGB). Der H. wird durch eine Tat- und Persönlichkeitsanalyse festgestellt. Gegen ihn kann Sicherungsverwahrung angeordnet werden.

Hangtschou ['haŋtʃaʊ] (Hangzhou) [chin. xaŋdʒoʊ], Hauptstadt der chin. Prov. Tschekiang, an der **Hangtschoubucht,** einer trichterförmigen Bucht des Ostchin. Meers, 905 000 E. Univ. (gegr. 1959), TU, Observatorium; Seidenind., Bau von Schleppern, Maschinen, Elektromotoren; Erdölraffinerie, Stahlkombinat, chem., Papier- u. a. Industrie. Die Hafenfunktionen sind auf die Schiffahrt auf dem unteren Fuchunkiang und auf dem Kaiserkanal beschränkt. - Die Stadtentwicklung ist im 6./7. Jh. anzusetzen. Die durch den Überseehandel (S-Amerika, O-Afrika) reich gewordene Stadt erlebte ihre größte Blüte unter dem Namen **Lin-an** (seit 1129) als Hauptstadt (1138-1276) der Südl. Sungdyn. (1127-1279).

Hangwinde, Luftströmungen an Berghängen, tagsüber als **Hangaufwind,** nachts als **Hangabwind.** Die H. sind Teile eines lokalen Windsystems (↑Bergwind, ↑Talwind), das sich bei ungestörtem Wetter und kräftiger Sonneneinstrahlung ausbildet.

Hanifen [arab.], nach dem Koran diejenigen Gottsucher, die schon in vorislam. Zeit den reinen Glauben, den Gott in ihre Seele einpflanzte, unverfälscht bewahrten und somit „Muslime" vor dem Islam darstellten; insbes. Abraham wird als Hanife betrachtet.

Hanish, Otoman Zar-Adusht [engl. 'hænɪʃ], eigtl. Otto Hanisch ↑Mazdaznan.

Hankar, Paul [frz. ã'ka:r], * Frameries (Hennegau) 10. Dez. 1859, † Saint-Gilles im Jan. 1901, belg. Architekt. - Vertreter des belg.

Jugendstils, ging von engl. Anregungen aus.

Hanke (Hanko), männl. Vorname, norddt. Kurz- und Koseform von Johannes.

Hankiang (Hanjiang) [chin. xandʒiaŋ], linker Nebenfluß des Jangtsekiang, entspringt im westl. Tsinlingschan, mündet in Wuhan, rd. 1 500 km lang.

Hanko ↑Hangö.

Hankow ['haŋkaʊ] (Hankou) [chin. xankoʊ], Teil von ↑Wuhan.

Hann, Julius [Ferdinand] Edler von (seit 1910), * Schloß Haus bei Linz 23. März 1839, † Wien 1. Okt. 1921, östr. Geophysiker. - 1874-97 Prof. in Wien, 1897-1900 in Graz und danach bis 1910 wieder in Wien; leistete bahnbrechende Arbeit auf dem Gebiet der Klimatologie; verfaßte u. a. „Lehrbuch der Meteorologie" (1901).

Hanna (Hanne), weibl. Vorname, Kurzform von Johanna.

Hanna (Vulgata: Anna), nach Luk. 2, 36 bis 38 Prophetin am Tempel zu Jerusalem zur Zeit der Geburt Jesu und seiner Darstellung im Tempel.

Hannah, weibl. Vorname hebr. Ursprungs, der eigtl. „Anmut" bedeutet.

Hannas (Vulgata: Annas), nach Luk. 3, 2 jüd. Hoherpriester (6-15), von den Römern ein- und abgesetzt; maßgebl. an den Prozessen gegen Jesus und die Apostel Petrus und Johannes beteiligt.

Hanne, Nebenform des weibl. Vornamens Hanna.

Hangwinde. Hangaufwind (oben) und Hangabwind

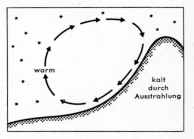

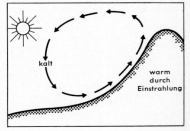

Hannelore, weibl. Doppelname aus Hanna (Johanna) und Lore (Eleonore).

Hannes, männl. Vorname, Kurzform von Johannes.

Hänneschen-Theater ['hɛnəsçən], Stabpuppenspiel, das sich im Rheinland Anfang des 19. Jh. aus dem volkstüml. Krippenspiel entwickelte. Die Komik entwickelt sich aus dem Ggs. zw. den Bauern (in köln. Mundart), d. h. Hänneschen, Besteva, Bestemo bzw. Mariezebell, Bärbel, Tünnes, Manes, Mehlwurm usw., und der Stadtbevölkerung (in gemäßigter Dialektfärbung).

Hannibal [phönik. „Geschenk des Baal"], * 247/246, † Libyssa 183 (Selbstmord), karthag. Feldherr und Staatsmann. - In Spanien nach dem Tod seines Vaters Hamilkar Barkas (229) und seines Schwagers Hasdrubal (221) von den Soldaten zum Oberbefehlshaber gewählt; zerstörte 219 Sagunt und brach durch Überschreitung des Ebro (Mai 218) den Ebrovertrag (226) mit Rom (Anlaß für den 2. Pun. Krieg, 218–201). Der röm. Offensive gegen Spanien kam H. durch Überschreitung der Alpen mit 38 000 Mann, 8 000 Reitern und 37 Elefanten zuvor, schlug die Römer am Ticinus und an der Trebia, vernichtete 217 das Heer des Konsuls Gajus Flaminius am Trasimenischen See, bezwang 216 bei Cannae in einer großangelegten Umfassungsschlacht das zahlenmäßig weit überlegene Heer der Konsuln Lucius Aemilius Paullus und Gajus Terentius Varro und schloß 215 ein Bündnis mit Philipp V. von Makedonien, konnte aber die Römer nicht bezwingen. Diese unterwarfen vielmehr 212/211 ihre abgefallenen Bundesgenossen Syrakus und Capua, was H. durch seinen Zug vor Rom (H. ad portas!) nicht hindern konnte und eroberten 211–206 Spanien. 203 wurde H. nach Afrika zurückgerufen, wo er 202 bei Zama von Scipio Africanus d. Ä. kriegsentscheidend geschlagen wurde und für den sofortigen Friedensschluß eintrat. 196 vom Suffeten (obersten Beamten) gewählt, floh er, von seinen heiml. Gegnern im Bunde mit Rom gezwungen, 195 nach Syrien. Als nach dem röm.-syr. Krieg (192–188), dessen Ausweitung nach Italien H. [vergebl.] betrieben hatte, Rom seine Auslieferung verlangte, floh H. zu König Prusias I. von Bithynien, wo er sich vergiftete, um einem abermaligen röm. Auslieferungantrag zu entgehen.

📖 *Schreiber, H.: H.* Wien 1986. - *Bradford, E.: H. Mchn.* 1983. - *Faber, G.: Auf den Spuren von H. Mchn.* 1983.

Hannibal ante portas! [lat. „Hannibal vor den Toren!"], falsch zitierter Schreckensruf der Römer, als Hannibal 211 v. Chr. vor Rom zog. Die richtige Fassung lautet nach Cicero: **Hannibal ad portas!** („Hannibal bei den Toren!").

Hanno, männl. Vorname, Kurzform von Johannes bzw. Johann.

Hanno, karthag. Seefahrer des 5. Jh. v. Chr. - Segelte mit dem Auftrag, neue Handelswege zu erkunden und Kolonien anzulegen, durch die Straße von Gibraltar, an der afrikan. W-Küste entlang und am Senegal vorbei bis zum Golf von Guinea.

Hannover [...fər], Hauptstadt von Niedersachsen, zw. dem niedersächs. Bergland und dem Norddt. Tiefland, 54 m ü. d. M., 510 800 E. Verwaltungssitz des Landkr. und des Reg.-Bez. H.; Sitz des niedersächs. Landesreg. und zahlr. Behörden; B.-Anstalt für Geowiss. und Rohstoffe, Akad. für Raumforschung und Landesplanung; Univ. (1879–1968 TH), medizin. Hochschule, tierärztl. Hochschule, Hochschule für Musik und Theater, Fachhochschule, Verwaltungshochschule, Ev. Fachhochschule, Kirchenmusikschule der Ev.-luth. Landeskirche. Bed. Museen und Kunstgalerien, mehrere Theater; Kirchenkanzlei der EKD, Kirchenamt der Vereinigten Ev.-Luth. Kirche Deutschlands; Wasser- und Schiffahrtsdirektion, Bergamt; Zoo. Bed. Ind.- und Handelsstadt, u. a. Betriebe der Metall-, Elektro-, Gummi-, Nahrungsmittel-, opt., feinmechan., chem. Ind.; Verwaltungssitz von Ind.konzernen; Verkehrsknotenpunkt (Eisen- und Autobahn, Mittellandkanal, ✈); Messestadt (seit 1947 Hannovermesse). **Geschichte:** Am Leineübergang der Handelsstraße Hildesheim-Bremen entstand vor 1100 die Marktsiedlung **Honnovere** (1189 als Stadt bezeichnet, 1241 Bestätigung und Erweiterung der Stadtrechte durch den Hzg. von Braunschweig-Lüneburg). Das 13. Jh. brachte eine rasche wirtsch. Entwicklung; 1368 Mgl. der Hanse. Im 14. Jh. erhielt H. weitgehende Selbständigkeit vom Stadtherrn, wurde aber 1636 Residenz des welf. Ft. Calenberg. Zur eigtl. Residenzstadt wurde die seit 1283 erwähnte Neustadt (Ausbau der Befestigungsanlage, seit 1780 geschleift). Erst 1824 wurden Altstadt und Neustadt zu einer Kommune zusammengeschlossen. 1837 wurde H. Residenz des Kgr. H., 1866 Verwaltungssitz der preuß. Prov. H., 1946 Landeshauptstadt von Niedersachsen. **Bauten:** Nach starken Zerstörungen im 2. Weltkrieg Aufbau einer modernen City. Erhalten bzw. wiederaufgebaut u. a. Marktkirche (14. Jh.), Kreuzkirche (1333), Altes Rathaus (15. Jh.), Neues Rathaus (1901–13), Leineschloß (1959–62 umgebaut als Landtagsgebäude), Opernhaus (1845–52). Im Stadtteil **Herrenhausen** die berühmten Herrenhäuser Gärten mit Gartentheater; Georgenpalais (18. Jh.; heute Wilhelm-Busch-Museum), Mausoleum (1892) u. a. Gebäude des 17.–19. Jahrhunderts.

📖 *H. und sein Umland. Festschr. zur Feier des 100jährigen Bestehens der Geograph. Gesellschaft zu H. 1878–1978. Hg. v. W. Eriksen u. A. Arnold. Hann.* 1978.

Hannover

H., Landkr. in Niedersachsen.

H., Reg.-Bez. in Niedersachsen.

H., histor. Territorium, das auf das welf. Hzgt. Braunschweig-Lüneburg zurückging. Kristallisationskern war das Teil-Ft. Calenberg (Residenz H.), das 1635 an das Neue Haus Lüneburg fiel (Stammvater Hzg. Georg, † 1641). Ernst August I. (⚭ 1679–98) erwarb 1692 die (9.) Kurwürde, sein Sohn Georg Ludwig (⚭ 1698–1727) erbte 1705 die übrigen lüneburg. Lande und bestieg 1714 als prot. Urenkel Jakobs I. von England den brit. Thron (Georg I.). In H. wurde ein Statthalter eingesetzt. 1720 Erwerb der Hzgt. Bremen und Verden, 1731 des Landes Hadeln. 1757/58 und 1803–13 frz. (1805/06 preuß.) Besetzung (S-H. 1807–13 Teil des Kgr. Westfalen). Auf dem Wiener Kongreß erhielt H. Ostfriesland, Hildesheim, Lingen und Meppen, seine Erhebung zum Kgr. (1814) wurde anerkannt. 1819 wurde eine Verfassung (2 Kammern mit nur beratender Stimme) oktroyiert. Der unter dem Druck der Julirevolution 1830 zum Vizekönig von H. ernannte Adolf Friedrich Hzg. von Cambridge (* 1774, † 1850) ließ eine neue Verfassung ausarbeiten (1833), die nach der Auflösung der Personalunion mit Großbrit. (1837) der neue König Ernst August II. (⚭ 1837–51) für ungültig erklärte (Protest der Göttinger Sieben). Die 1848 erlassene liberale Verfassung wurde 1855 wieder aufgehoben. Nach dem Dt. Krieg annektierte Preußen H. (3. Okt. 1866), das fortan eine Prov. des preuß. Staates bildete; die Bestrebungen, die Selbständigkeit von H. zurückzugewinnen, führten zur Beschlagnahme des Vermögens der königl. Familie (Welfenfonds) durch die preuß. Regierung. 1946 wurde H. mit Braunschweig, Oldenburg und Schaumburg-Lippe zum Land Niedersachsen zusammengeschlossen.

Hannoveraner, [...vər...], früher Bez. für Dt. Reitpferde aus dem Zuchtgebiet Hannover; meist braune Tiere (Schulterhöhe 165–175 cm) mit gutem Springvermögen; Reit-, Renn-, Turnier- und Arbeitspferde.

Hanoi [ˈhanɔy, haˈnɔy], Hauptstadt von Vietnam, im Tonkindelta, ca. 2 Mill. E. Kath. Erzbischofssitz, Univ. (gegr. 1956) mit land- und forstwirtsch. Hochschule, TH, PH, medizin. Hochschule, Wirtschaftshochschule, Kunstakad. u. a. Fachhochschulen; Militärakad.; Museen, Bibliotheken; botan. Garten; zwei Theater; Metall-, Textil-, Nahrungsmittel-, Kunststoff- u. a. Ind.; Verkehrsknotenpunkt, Flußhafen, internat. ✈. - 599 von den Chinesen unter dem Namen **Tong Binh** gegr., wurde die Stadt Zentrum des chin. Tonkin; seit 1593 Reg.sitz unter der Ledynastie bzw. den Trinh; 1873 und 1882 von den Franzosen erobert, seit 1883 Verwaltungssitz des Protektorats Tonkin, seit 1887 Sitz des Generalgouverneurs von Frz.-Indochina, 1940–45 von den Japanern besetzt, seit 1954 Hauptstadt

Nord-Vietnams. Durch die amerikan. Bombenangriffe während des Vietnamkriegs wurde bes. der N der Stadt betroffen. Seit Juli 1976 Hauptstadt von Vietnam. - Bed. Bauten sind u. a. die Ein-Pfeiler-Pagode der Göttin Quan-Âm (Mitte des 11. Jh.), das dem Konfuzius geweihte Tempel der Literatur (im wesentl. 15. Jh.), das Mausoleum für Ho Chi Minh (1975).

Hanotaux, Gabriel [frz. anɔˈto], * Beaurevoir (Aisne) 19. Nov. 1853, † Paris 11. April 1944, frz. Politiker und Historiker. - 1886–89 Abg., setzte er sich als Außenmin. 1894/95 und 1896–98 für die koloniale Ausdehnung Frankr. und eine Annäherung an Rußland ein; verfaßte u. a. „Histoire de la nation française" (15 Bde., 1921–29).

Hans (Hanns), seit dem ausgehenden MA gebräuchl. Kurzform des männl. Vornamens Johannes. Der Name wurde so häufig verwendet, daß er zum Gattungsnamen wurde (Hanswurst, Hansdampf in allen Gassen, Prahlhans, Schmalhans u. a.).

Hans von Aachen ↑ Aachen, Hans von.

Hans von Kulmbach ↑ Kulmbach, Hans von.

Hans von Tübingen, † Wiener-Neustadt 1462, dt. Maler. - Die ihm zugeschriebenen Werke (umstritten), v. a. „Votivtafel aus Sankt Lambrecht" (um 1425, Graz, Landesmuseum Joanneum), „Kreuztragung" und „Kreuzigung" (Wien, Östr. Galerie), Zeichnungen, Holzschnitte, Glasfenster, gehören zu den Hauptwerken des ↑ Weichen Stils in Österreich.

Hansabund, für Gewerbe, Handel und Ind. 1909 gegr. wirtschaftspolit. Vereinigung, die eine liberale, antimonopolist. Wirtschafts- und Finanzpolitik (zunächst v. a. gegen den Bund der Landwirte) durchzusetzen suchte; löste sich Ende 1934 auf.

Hanschin, Bez. für die Hafengemeinschaft Kobe-Osaka an der Osakabucht sowie für das bis Kioto reichende Ind.- und Ballungsgebiet auf Hondo, Japan.

Hanse [zu althochdt. hansa „Kriegerschar, Gefolge"], im MA Bez. für Gemeinschaften von Kaufleuten im Ausland zu gemeinsamer Vertretung von Handelsbelangen sowie zu gegenseitigem Schutz.

Geschichte: Die Ursprünge liegen in der Privilegierung dt. Kaufmannsgenossenschaften im Ausland (Kaufleute aus Köln, den Niederlanden und Westfalen in England, Lübecker Gotlandfahrer). Im Zuge der dt. Ostsiedlung verlagerte sich das Gewicht der H. zunehmend in den Ostseeraum (2. Hälfte des 12. Jh. Niederlassungen in Nowgorod [Peterhof] und Smolensk). Unter der Leitung Lübecks formierte sich ein. (erst seit 1356 förml.) Bündnis der westfäl., sächs., wend., pommerschen und preuß. Städte (H.quartiere). In der Folgezeit wurde die H. immer wieder in Kämpfe mit den skand. Herrschern verwickelt. Im

Frieden von Stralsund (1370) mußte Dänemark die hans. Handelsvorrechte garantieren und der H. auf 15 Jahre die Sundschlösser mit ²/₃ ihrer Einnahmen ausliefern. Der Versuch der Begünstigung engl. und niederl. Kaufleute durch den dän. Unionskönig Erich VII. wurde durch eine hans. Wirtschaftsblockade zum Scheitern gebracht (Frieden von Vordingborg, 1435). Den dän. Sundzoll vermochte die H. jedoch nicht mehr zu beseitigen; 1441 wirtsch. Gleichberechtigung der Niederländer im Ostseeraum. Mit der Schließung des hans. Kontors von Nowgorod (1494) setzte der Niedergang der H. ein. 1598 wurde das Londoner Kontor (Stalhof) geschlossen. Nach dem Dreißigjährigen Krieg wurde die hans. Tradition von Lübeck, Hamburg und Bremen fortgeführt (letzter H.tag 1669).
Organisation: Zum Kern der H. zählten 70 (vorwiegend dt.) Städte, weitere 130 Städte gehörten in einem lockeren Rahmen dazu. Leitendes Organ waren die H.tage als Hauptversammlungen der Mgl. Unterste Stufe der hans. Organisation war i. d. R. der Rat der jeweiligen H.stadt.
Handel: Der hans. Handel war überwiegend Seehandel. Die wichtigste Handelsroute verlief entlang der Linie Nowgorod–Reval–Lübeck–Hamburg–London. Handelsgüterwaren v. a. Pelze und Wachs aus Rußland und O-Europa, Getreide aus O-Deutschland und Polen, Fisch aus Skandinavien, Salz aus Lüneburg und Frankr., Wein aus dem Rheinland und aus Frankreich.
📖 *Wernicke, H.: Die Städtehanse 1280–1418. Weimar 1983. - Bombach, J./Goetze, J.: Quellen zur H.gesch. Darmst. 1982.*

hänseln [zu ↑ Hanse], necken, zum besten haben; urspr.: jemanden [unter bestimmten (scherzhaften) Zeremonien] in eine Körperschaft aufnehmen (Köln 1259 „hansin" in die Kaufgenossenschaft aufnehmen).
Hänsel und Gretel, beinahe weltweit verbreitetes Märchen mit Menschenfressermotiv. Die Buchfassung der Brüder Grimm gibt nur eine von mehreren Varianten des Themas der geschickten Überwindung gefährl. Unholde durch jugendl. Helden wieder. Der glückl. Ausgang der rege, bes. literar. Vermittlung ließen die Grimmsche Fassung zum Inbegriff des Kindermärchens werden. Märchenoper (nach dieser Fassung) von E. Humperdinck (1893).
Hansemann, David, * Finkenwärder (= Hamburg-Finkenwerder) 12. Juli 1790, † Schlangenbad 4. Aug. 1864, preuß. Politiker und Bankier. - Entwickelte sich zum typ. Vertr. des gemäßigten, in der Wirtschaftspolitik weitsichtigen rhein. Liberalismus; März–Sept. 1848 preuß. Finanzmin., 1850/51 Direktor der Preuß. Bank, gründete 1851 eine der ersten dt. Großbanken, die Disconto-Gesellschaft.
Hansen, Christian, * Kopenhagen 20. April 1803, † Wien 2. Mai 1883, dän. Baumeister. - Bruder von Theophil Edvard H.; mit L. Ross und E. Schaubert Ausgrabung des Niketempels auf der Akropolis in Athen (Veröffentlichung 1836). Erbaute 1837–42 die Athener Univ. in „griech. Stil".
H., Christian Frederik, * Kopenhagen 29. Febr. 1756, † ebd. 10. Juli 1845, dän. Baumeister. - Schüler von C. F. Harsdorff; Vertreter eines strengen Klassizismus. 1783–1802

DIE DEUTSCHE HANSE UM 1400

Hansequartiere:
1 Wendisches
2 Pommersches
3 Preußisches
4 Livländisches
5 Schwedisches
6 Märkisches
7 Sächsisches
8 Westfälisch - niederrheinisches
9 Niederländisches

Gebiet der Hanse	● Hansekontore im Ausland
Länder der Kalmarer Union 1397 - 1523	○ Hansestädte (Auswahl)
Gebiet des Deutschen Ordens 1398	● Handelshöfe und Niederlassungen der Hanse
Grenzen der Hansequartiere	

0   100   200   300   400 km

Hansen

Landbaumeister im damals dän. Holstein (u. a. Wohnhäuser in der Palmaille in Altona). Seit 1804 in Kopenhagen, wo er u. a. die Frauenkirche (1811–29), das Rathaus (1815; seit 1903 Gerichtsgebäude) und die Schloßkirche (1826) errichtete.

H., Hans Christian Svane, * Århus 8. Nov. 1906, † Kopenhagen 19. Febr. 1960, dän. Politiker. - 1945 und 1947–50 Finanz-, 1953–58 Außenmin.; 1955 Vors. der Sozialdemokrat. Partei und 1955–60 Min.präsident.

H., Heinrich, * Klockries (= Risum-Lindholm, Landkreis Nordfriesland) 13. Okt. 1861, † Breklum (Landkreis Nordfriesland) 17. April 1940, dt. luth. Theologe. - Begründete 1918 zus. mit anderen Theologen und Laien die ↑ Hochkirchliche Vereinigung.

H., Martin Alfred, * Strøby (Seeland) 20. Aug. 1909, † Kopenhagen 27. Juni 1955, dän. Schriftsteller. - V. a. in den Frühwerken Auseinandersetzung mit sozialer Problematik, während sein Spätwerk von einem religiös gefärbten Existentialismus bestimmt ist. - *Werke:* Der Lügner (R., 1950), Die Osterglokke (Novellen, 1946, dt. Ausw. 1953).

H., Theophil Edvard Freiherr von (seit 1884), * Kopenhagen 13. Juli 1813, † Wien 17. Febr. 1891, dän. Baumeister. - Lange in Athen, seit 1846 in Wien, wo er mit neuklassizist. monumentalen Bauten bestimmend für den sog. „Wiener Stil" („Ringstraßenstil") wurde, u. a. Musikvereinsgebäude (1867–69), Akad. der bildenden Künste (1872–76), Börse (1874–77) und Parlamentsgebäude (1873–83).

Hanser Verlag, Carl ↑ Verlage (Übersicht).

Hans im Glück, Schwankerzählung von einem Burschen, der seinen Besitz aus freien Stücken immer wieder gegen einen weniger wertvollen umtauscht, bis er schließl. nichts mehr besitzt, dabei aber glücklich ist.

Hansischer Goethe-Preis der ↑ Stiftung F.V.S. zu Hamburg, 1950 geschaffener, mit 25000 DM dotierter und mit einem Stipendium von 6000 DM verbundener, i. d. R. alle zwei Jahre vergebener Preis für völkerverbindende und humanitäre Leistungen. Preisträger: C. J. Burckhardt (1950), M. Buber (1951), E. Spranger (1952), E. Berggraf (1953), T. S. Eliot (1954), G. Marcel (1955), W. Gropius (1956), A. Weber (1957), P. Tillich (1958), T. Heuss (1959), B. Britten (1961), M. Flitner (1963), H. Arp (1965), S. de Madariaga (1967), B. Minder (1969), G. Strehler (1971), A. Lesky (1972), M. Sperber (1973), C. Schmid (1975), W. A. Visser 't Hooft (1977), H.-G. Wormit (1979), A. Tovar (1981), 1983 nicht vergeben, K.-H. Hahn (1985).

Hansjakob, Heinrich, Pseud. Hans am See, * Haslach im Kinzigtal 19. Aug. 1837, † ebd. 23. Juni 1916, dt. Schriftsteller. - Pfarrer, 1871–78 Mgl. des bad. Landtags (Zentrum), 1870 und 1873 inhaftiert. Populärer Volkserzähler, u. a. „Der Vogt auf Mühlstein" (En.,

1895, „Bauernblut" (En., 1896), „Waldleute" (En., 1897).

Hanslick, Eduard, * Prag 11. Sept. 1825, † Baden bei Wien 6. Aug. 1904, östr. Musikforscher. - Seit 1861 Prof. in Wien; als Anhänger der Wiener Klassik, Verehrer von Brahms und Gegner Wagners wandte er sich in seinem wegweisenden Buch „Vom Musikal.-Schönen" (1854) gegen die Gefühlsästhetik und verfocht einen formalen Stilbegriff, der auf der Annahme der Identität von musikal. Form und geistigem Gehalt beruht.

Hansom [engl. 'hænsǝm; nach dem brit. Architekten J. A. Hansom, * 1803, † 1882], zweirädrige Kutsche (Einspänner) mit zwei Sitzplätzen und Verdeck; der Kutschbock ist erhöht hinter den Sitzplätzen angeordnet.

Hanson, Duane [engl. hænsn], * Alexandria (Minn.) 17. Jan. 1925, amerikan. Bildhauer. - Minutiös nachgebildete Einzelfiguren und Menschengruppen mit natürl. Kleidung sowie originalen Gegenständen; die Environments sind oft Abbilder geschädigter Menschtums. - Abb. Bd. 6, S. 176.

Hansson, Ola, * Hönsinge (Schonen) 12. Nov. 1860, † Büyükdere bei Istanbul 26. Sept. 1925, schwed. Dichter. - Schildert in Gedichten und Erzählungen die heimatl. Landschaft und deren Menschen; bekämpfte Ibsen, Brandes und den Naturalismus erfolglos; verließ Schweden 1889, schrieb auch dt., dän. und norweg.; im Spätwerk von Nietzsche beeinflußt; u. a. „Sensitiva amorosa" (En., 1887).

H., Per Albin, * Fosie (= Malmö) 28. Okt. 1885, † Stockholm 6. Okt. 1946, schwed. Politiker. - Seit 1918 Abg., bis 1925 wiederholt Min.; seit 1925 Vors. der Sozialdemokrat. Partei; 1932–46 Min.präs. (Unterbrechung 1936); verfolgte im 2. Weltkrieg einen strikten Neutralitätskurs.

Hanswurst, derb-kom. Figur des dt. Theaters der 17. und 18. Jh. Der H. entstand aus der Verschmelzung heim. Figuren mit von engl. Komödianten im 16. und 17. Jh. populär gemachten Clowntypen (↑ Pickelhering) und dem ↑ Arlecchino der Commedia dell'arte, der in dt. Versionen Harlekin hieß und in Stegreifspielen (**Harlekinade, Hanswurstiade**) nach dem ernsten Stück („Hauptaktion") auftrat. Er wurde von Gottsched bekämpft und von der Theatertruppe der Neuberin in einem allegor. Spiel von der Bühne verbannt.

Hantel [niederdt., eigtl. „Handhabe"], Sportgerät aus zwei durch Stange oder Griff verbundenen Gewichten (Kugeln oder Scheiben); Verwendung als *Freiübungs-* oder *Kugel-H.* in der Gymnastik, als *Kurz-* oder *Lang-H.* zum Konditionstraining, im Gewichtheben als verstellbare ↑ Scheibenhantel.

Hantzsch, Athur [hantʃ], * Dresden 7. März 1857, † ebd. 14. März 1935, dt. Chemiker. - Professor an der ETH Zürich (1885–93), in Würzburg und (1903–28) in Leipzig. Er untersuchte v. a. die Stickstoffverbindungen und deren tautomere Umlagerungen und behandelte den Problemkreis der Pseudosäuren.

Hanum [pers., türk.], Anrede für Frauen in der Türkei und in Iran.

Hanuman [Sanskrit], im Hinduismus der Führer der Affen, der ↑Rama hilfreich zur Seite steht; genießt noch heute als göttl. Wesen große Popularität; deswegen werden in Indien die Affen, v. a. der Hulman, kaum gejagt.

Han Yü (Han Yu) [chin.], Han Wen-kung („Fürst der Literatur"), * Nanyang (Honan) 768, † Changan (Schensi) 824, chin. Dichter und Philosoph. - Bekämpfte als strenger Konfuzianer den Buddhismus; Lyriker und Meister einer klar durchgebildeten, nicht an rhythm. Regeln gebundenen Prosa.

Haora [engl. 'haʊrə], neuer Name der ind. Stadt ↑Howrah.

Haori [jap.], weite „Jacke" der traditionellen jap. Tracht mit angeschnittenen Ärmeln, über dem Kimono getragen.

Hapag-Lloyd AG, dt. Schiffahrtsunternehmen, Sitz Hamburg. Entstanden 1970 durch Fusion der Hamburg-Amerikan. Packetfahrt-Actien-Gesellschaft (Hamburg–Amerika Linie), Abk.: Hapag, Sitz Hamburg, gegr. 1847, und des Norddt. Lloyd.

Haparanda, schwed. Stadt an der Mündung des Torneälv in den Bottn. Meerbusen, 9 400 E. Grenzstation an der schwed.-finn. Grenze. - 1812 gegr., seit 1842 Stadt.

hapaxanthe Pflanzen [griech./dt.], Bez. für Pflanzen, die nach einmaliger Blüte und Fruchtreife absterben (alle ein- und zweijährigen Pflanzen); Ggs. ↑pollakanthe Pflanzen.

Hapaxlegomenon [griech. „(nur) einmal Gesagtes"], ein nur an einer einzigen Stelle belegtes, in seiner Bed. daher oft nicht genau bestimmbares Wort einer nicht mehr gesprochenen Sprache.

haplo..., Haplo... [griech.], Bestimmungswort von Zusammensetzungen mit der Bed. „nur aus einem Teil bestehend, einfach", z. B. haplodont.

Haplobionten [griech.], svw. ↑Haplonten.

haplodonte Zähne [griech./dt.], einfach gebaute, kegelförmige Zähne, die den Kieferknochen der niederen Wirbeltiere (bes. Reptilien) wurzellos aufsitzen.

haploid [griech.], einen meist durch Reduktionsteilung auf die halbe Chromosomenzahl reduzierten Chromosomenbestand aufweisend; von Zellen (v. a. den Keimzellen) und Lebewesen gesagt, die nicht direkt aus der Vereinigung zweier [Keim]zellen hervorgegangen sind (z. B. bei Jungfernzeugung).

Haplologie [griech.] (Silbenschichtung, haplolog. Silbenschwund), Verschmelzung zweier aufeinanderfolgender gleicher oder

ähnl. Laute bzw. Lautfolgen, z. B. *Zauberin* statt *Zaubererin, Adaption* statt *Adaptation.*

Haplonten (Haplobionten) [griech.], Organismen, deren Zellen stets einen einfachen (haploiden) Chromosomensatz enthalten. Nur die befruchtete Eizelle (Zygote) hat einen doppelten Chromosomensatz, ist also diploid. Aus ihr entstehen durch Meiose wieder haploide Nachkommen. H. sind z. B. Sporentierchen, niedere Algen, einige Schlauch- und Hefepilze.

Happening [engl. 'hæpənɪŋ, zu to happen „geschehen, sich ereignen"], Bez. für provokative aktionsreiche [Kunst]veranstaltungen (v. a. der 60er Jahre), bei denen die Zuschauer oft zur Beteiligung an den Handlungen aufgefordert werden. Diese Handlungen sollen Prozessen des tägl. Lebens möglichst nahe sein und diese zugleich in ihrer Fragwürdigkeit enthüllen. Zu den Hauptvertretern gehörten A. Kaprow in USA und W. Vostell in Deutschland. Der „Wiener Aktionismus" in Östr. zielte auf Abreaktionen. H. der Fluxus-Bewegung (seit 1962) waren v. a. musikal. orientiert. In den 70er Jahren spricht man meist von *Aktionen* (J. Beuys, Christo).

Happy-End [engl. 'hæpɪ 'ɛnd „glückl. Ende"], [un]erwartet[er] glückl. Ausgang.

Haptene [zu griech. háptein „anfassen"], Halbantigene oder unvollständige Antigene; sie gehen zwar mit dem spezif. Antikörper eine Bindung ein, können aber die Bildung dieser Antikörper nicht hervorrufen; an Eiweiß gekoppelt werden H. zu Vollantigenen.

Hapteren [zu griech. háptein „anfassen"] ↑Haftorgane.

◆ bandartige Anhängsel der Sporen von Schachtelhalmen; dienen der Artausbreitung.

Haptik [zu griech. háptein „anfassen"], Lehre vom Tastsinn; **haptisch,** den Tastsinn betreffend.

Haptonastie [griech.] ↑Nastie.

Haptotropismus [griech.] ↑Tropismus.

Hara [jap.], aus Sträuchern und Kräutern bestehende Vegetationsform in Japan, bes. auf Vulkanhängen.

Harakiri (Seppuku) [jap.], bei jap. Adligen, insbes. bei den Samurai, übl. Art des rituellen Selbstmordes (seit dem 12. Jh.), zuerst v. a. den unterlegenen Kriegern. Durch das H. stellte der jap. Adlige seine gekränkte Ehre wieder her oder entzog sich einer entehrenden Lebenslage. Seit dem 17. Jh. wurde H. als ehrenvolle Todesstrafe für Adlige verhängt: Der Verurteilte schnitt sich den Bauch auf, worauf ihm sein Sekundant den Kopf abschlug (bis 1873). Als ritueller Selbstmord vereinzelt bis heute.

Harald, aus dem Nord. übernommener männl. Vorname, Entsprechung von Harold.

Harald, angelsächs. Könige, ↑Harold.

Harald, Name von Herrschern:

D ä n e m a r k :

H. Blåtand [dän. 'blɔtan' „Blauzahn"], * vor

Harald

940, †Jomsburg um 986, König (seit etwa 945). - Sohn Gorms des Alten; ließ sich um 960 taufen; von Kaiser Otto II. besiegt und zum Frieden genötigt; von seinem Sohn Svend Gabelbart in die Verbannung getrieben.

Norwegen:

H. I. Hårfagre [norweg. ‚ho:rfa:grə „Schönhaar"], * um 850, †933, König (seit etwa 863). - Setzte nach 872 die Vereinigung aller norweg. Teilreiche durch.

H. III. Hardråde [norweg. ‚ha:rro'də „der Harte"], * 1015, ✕ bei Stamford Bridge 25. Sept. 1066, König (seit 1047). - Zunächst Söldnerführer der kaiserl. Truppen in Konstantinopel; übernahm nach dem Tod Magnus' I., des Guten, die Herrschaft; bei dem Versuch, den Anspruch auf die engl. Krone durchzusetzen, von Harold II. geschlagen.

Haram [arab.], Bez. für das hl. Gebiet von Mekka, das nur von Muslimen betreten werden darf; auch Medina mit dem Grab Mohammeds und der Tempelplatz in Jerusalem gelten als Haram.

Harappakultur (Induskultur), nach Harappa am Ravi (Pandschab, Pakistan), einem der Hauptausgrabungsplätze, ben. Hochkultur, 3.-Anfang des 2.Jt. v.Chr. v.a. im Industal, in Sind, Pandschab und Gujarat, auch auf der Halbinsel Kathiawar und an der Küste Belutschistans sowie in Afghanistan verbreitet. Die Städte Mohendscho Daro, Harappa, Chanhu Daro, Kot Diji, Kalibanga, Lothal und Sutkagen Dor sind relativ gut erforscht, sie zeigen gleichförmige Anlage (befestigte Zitadelle mit offener Unterstadt, rechtwinklige Straßenführung, komplizierte Entwässerungssysteme, Bauweise mit gebrannten Lehmziegeln). Hinter der Errichtung der großen Getreidespeicher, öffentl. Bäder, Versammlungsgebäude und der Verwendung der (noch unentzifferten) Hieroglyphenschrift und eines einheitl. Maß- und Gewichtssystems ist eine zentrale Verwaltung zu vermuten. Die Wirtschaft basierte auf der Verarbeitung von Getreide, Reis und Baumwolle; die Metallgegenstände sind aus Kupfer und vereinzelt aus Bronze. V. a. bed. Funde von Keramik. Die H. scheint durch mehrere Überschwemmungskatastrophen um 1700 v.Chr. stark geschwächt worden zu sein.

Harar, Prov.hauptstadt in O-Äthiopien, 62 000 E. Handelszentrum eines Kaffeeanbaugebietes.

Harare [engl. ha':ra:rɛɪ] (bis 1982 Salisbury), Hauptstadt von Simbabwe, im nördl. Mashonaland, 1 470 m ü. d. M., 656 000 E. Prov.hauptstadt, Sitz eines kath. Erzbischofs, des anglikan. Erzbischofs von Zentralafrika und des anglikan. Bischofs von Mashonaland; Univ. (eröffnet 1957), Polytechnikum, Musik-, Kunsthochschule, mehrere Forschungsinst.; Nationalarchiv; Nationalgalerie, Museum. Wirtschaftszentrum des Landes mit bed. Ta-

bakhandel; Textil-, Metall-, Nahrungsmittel-, Kunststoff- u.a. Ind.; internat. ✠. - Gegr. 1890.

Harbig, Rudolf, * Dresden 8. Nov. 1913, ✕ 5. März 1944, dt. Leichtathlet. - Stellte 1939 Weltrekorde über 400 m (46,0 Sek.) und 800 m (1 :46,6 Min.) auf, von denen der 800-m-Weltrekord bis 1955 bestehenblieb.

Harbin (Charbin) [chin. xaʌrbɪn], Hauptstadt der chin. Prov. Heilungkiang, am Sungari, 2,6 Mill.E. TU, Fachhochschulen für Land- und Forstwirtschaft, für Medizin, Baumaschinenwesen und Fremdsprachen; Prov.museum und -bibliothek. Verkehrszentrum der nördl. Mandschurei, Umschlagplatz für Agrarprodukte und Holz, ein Zentrum für die Ausrüstung von Kraftwerken, Nahrungsmittel- u. a. Ind. - 1898 im Zusammenhang mit der Anlage der Ostchin. Eisenbahn (durch Rußland) zur Stadt ausgebaut. 1932 jap. besetzt und Mandschukuo zugeschlagen; 1949 Hauptstadt der Prov. Sungkiang, seit 1954 von Heilungkiang.

Harbou, Thea von [ar'bu:, 'harbu], * Tauperlitz bei Hof 27. Dez. 1888, †Berlin 1. Juli 1954, dt. Schriftstellerin. - ∞ mit Fritz Lang, für dessen Filme sie 1920-32 die Vorlagen adaptierte, u. a. „Metropolis" (R., 1926, verfilmt 1927).

Harburg, Stadtteil von ↑Hamburg.
H., Landkr. in Niedersachsen.

Harappakultur. Grabvase mit schwarzer Bemalung. Delhi, National Museum of India

Harburger Berge (Schwarze Berge), Höhenzug (Endmoräne) in der nördl. Lüneburger Heide, bis 156 m hoch; Naturpark.
Harburg (Schwaben), Stadt in der Fränk. Alb, Bay., 413 m ü. d. M., 5 500 E. Fürstl. Oettingen-Wallerstein'sche Bibliothek und Kunstsammlung. - Die Burg Harburg wird 1093 erstmals erwähnt. 1295 wurden Burg und Ort aus Reichsbesitz an die Grafen (später Fürsten) von Oettingen verpfändet, die 1493–1549 in Harburg residierten; 1806 an Bayern. - Schloß (16. Jh. ff.), Schloßkapelle (1720/21 barock umgestaltet).
Harcourt, Robert Graf d' [frz. dar'ku:r], *Lumigny (Seine-et-Marne) 23. Nov. 1881, †Paris 18. Juni 1965, frz. Literarhistoriker und Essayist. - Seit 1920 Prof. am Institut catholique in Paris; seit 1946 Mgl. der Académie française. Veröffentlichte zahlr. Studien zur dt. Literatur, widmete nach Hitlers Machtergreifung der polit. und sozialen Entwicklung Deutschlands mehrere Schriften und setzte sich nach dem Krieg für die dt.-frz. Verständigung ein.
Hardanger, Landschaft im südl. W-Norwegen, um den **Hardangerfjord** einschließl. eines Teils der **Hardangervidda**, einem mit Seen überzogenen Hochgebirgsplateau, oberhalb der Baumgrenze.
Hardangerfiedel (norweg. hardingfele), volkstüml. norweg. Streichinstrument in Form einer kleinen Violine mit vier Griff- und vier Resonanzsaiten.
Hard-Bop ['ha:d bɔp; amerikan.], Jazzstil der 1950er und 60er Jahre, der an der O-Küste der USA v. a. von schwarzen Musikern als Gegenpol zum „weißen" West-Coast-Jazz ausgeprägt wurde. Der H.-B. stellt in stilist. Hinsicht die Fortsetzung des ↑Bebop dar, gleichzeitig jedoch dessen Glättung und z. T. Verflachung. Eine bed. Rolle im H.-B. spielten Rückgriffe auf traditionelle Modelle der afroamerikan. Folklore, bes. ↑Gospel und ↑Blues. Die zunehmende Schematisierung des H.-B. führte um 1960 zum ↑Free Jazz.
Hardcopy [engl. 'ha:d,kɔpɪ „feste Aufzeichnung"], in der Datenübertragungstechnik Bez. für die schriftl. Fixierung der ausgetauschten Informationen.
Hard cover [engl. 'ha:d 'kʌvə „fester Einband"], im Ggs. zum ↑Paperback Bücher mit festem Einbanddeckel.
Hard edge [engl. 'ha:d 'ɛdʒ, eigtl. „harte Kante"], innerhalb der ↑Farbfeldmalerei Richtung der modernen Malerei v. a. der 60er Jahre mit klar abgesetzten geometr. Formen bzw. Farbflächen; wird z. T. auch auf figurative Malerei angewendet.
Hardekopf, Ferdinand, *Varel 15. Dez. 1876, †Zürich 26. März 1954, dt. Dichter. - Gehörte zum Kreis der „Aktion", einer der führenden Berliner Frühexpressionisten; Lyriker („Privatgedichte", 1921) und geistreicher Essayist; auch Übersetzer.

Harden, Sir (seit 1936) Arthur [engl. ha:dn], *Manchester 12. Okt. 1865, †London 17. Juni 1940, brit. Biochemiker. - Bed. Arbeiten zur allg. Enzymologie; untersuchte u. a. die alkohol. Gärung von Kohlenhydraten und die Rolle der daran beteiligten Enzyme; erhielt 1929 zus. mit H. von Euler-Chelpin den Nobelpreis für Chemie.
H., Maximilian ['--], urspr. Felix Ernst Witkowski, *Berlin 20. Okt. 1861, †Montana (Wallis) 30. Okt. 1927, dt. Publizist. - Schauspieler, Journalist, 1889 Mitbegr. der ↑Freien Bühne, 1892 gründete er eine eigene polit. Wochenschrift, „Die Zukunft", für die er zahlr. Essays schrieb. Zugunsten seines zunehmenden polit. Engagements traten seine zahlr. literar. Fehden (z. B. gegen H. Sudermann und G. Hauptmann) in den Hintergrund. Führte unter dem Pseud. Apostata („Apostata", Essays, 1892) harte Polemiken für den gestürzten Bismarck gegen Wilhelm II. und dessen Berater H. von Moltke und P. Fürst Eulenburg, die in drei Skandalprozessen (1907–09) gipfelten. Wurde während des Krieges Pazifist, Gegner des Nationalismus. 1922 wurde von rechtsradikalen Kreisen ein Attentat auf ihn verübt, lebte seitdem in der Schweiz; Autobiographie „Von Versailles nach Versailles" (1927).
Hardenberg, Friedrich Leopold Freiherr von, dt. Dichter, †Novalis.
H., Karl August Fürst von (seit 1814), *Essenrode bei Braunschweig 31. Mai 1750, †Genua 26. Nov. 1822, preuß. Staatsmann. - Aus hannoverschem Adel; verwaltete seit 1790 die Markgrafschaft Ansbach-Bayreuth, die er mit dem preuß. Staat vereinigte und dann als selbständige preuß. Prov. verwaltete. Nach maßgebl. Beteiligung am Basler Frieden Kabinettsmin., 1804–06 preuß. Außenmin., 1807 leitender Min. (nach dem Frieden von Tilsit auf Napoleons Befehl entlassen); trug entscheidend zur Berufung und Entlassung des Reichsfreiherrn vom Stein bei. Seit 1810 Staatskanzler in Preußen; setzte in seinem Bemühen, den preuß. Staat vom aufgeklärten Absolutismus zum Liberalismus zu führen, die vom Stein in Gang gebrachten preuß. Reformen fort, v. a. den Abbau der städt. Zunftverfassung zugunsten der Gewerbefreiheit (1810), die Judenemanzipation (1812), auch die Regulierungsedikte (1811 und 1816) zur Ablösung der Grundherrschaft. Begr. seinen Rang als Staatsmann durch seine abwägende Koalitionspolitik in den Befreiungskriegen. Sicherte 1814/15 auf dem Wiener Kongreß für Preußen bed. Gebietszuwachs; unterstützte seitdem das „System Metternich", wenn er sich auch im Innern zu einer gemäßigten Weiterführung der Reform bekannte (v. a. auf dem Gebiet der Verwaltung).
Hardenberg [niederl. 'hardənbɛrx], niederl. Gemeinde an der Vechte, 31 800 E. Umfaßt die Stadt H. und 18 Dörfer; zum Ausbau

als neues Ind.zentrum bestimmt. - H. entstand um 1228 und erhielt 1362 Stadtrecht.

Hardi (Hardy), männl. Vorname, Kurz- und Koseform von Namen, die mit Hart- oder -hard gebildet sind, z. B. Hartmut oder Gerhard.

Hardin, Lil [engl. 'hɑːdɪn], eigtl. Lilian H., * Memphis (Tenn.) 3. Febr. 1902, † Chicago 27. August 1971, amerikan. Jazzpianistin. - Spielte 1921–24 in King Olivers „Creole Jazz Band"; 1924–38 ∞ mit L. Armstrong; trat als Solistin bei zahlr. Aufnahmen von dessen Hot Five und Hot Seven hervor.

Harding [engl. 'hɑːdɪŋ], Stephan, hl., * in England 1059, † Cîteaux 1134, engl. Zisterzienser. - Kam auf der Flucht vor den Normannen nach Frankreich und Italien, wo er der monast. Reformbewegung der Zeit begegnete; wurde 1108 Abt von Cîteaux; wirkte entscheidend auf die Lebensform und Verfassung der † Zisterzienser.

H., Warren Gamaliel, * Caledonia (= Blooming Grove, Ohio) 2. Nov. 1865, † San Francisco 2. Aug. 1923, 29. Präs. der USA (1921–23). - Seit 1915 republikan. Senator; gewann als Gegner der Politik W. Wilsons die Präsidentschaftswahlen von 1920; lehnte den Eintritt der USA in den Völkerbund und die Aufnahme von Handelsbeziehungen mit der UdSSR ab; leitete im Inneren die ökonom. Blüte der Golden twenties ein.

Hardouin-Mansart, Jules [frz. ardwɛ̃mã'saːr] † Mansart, Jules Hardouin.

Hard Rock [engl. 'hɑːd 'rɔk], ein Stilbereich der Rockmusik, der häufig auch als Heavy Rock oder Heavy Metal Rock (Schwermetall-Rock) bezeichnet wird. Typisch für den H. R. sind seine sehr einfache harmon. und rhythm. Struktur sowie extreme Lautstärke.

Hardt, Ernst, * Graudenz (= Grudziądz) 9. Mai 1876, † Ichenhausen 3. Jan. 1947, dt. Schriftsteller. - War Theaterintendant (Weimar, Köln) und 1924–33 Leiter des Westdt. Rundfunks; gestaltete v. a. Stoffe aus Sage und Geschichte, neben Lyrik und Novellen lyr. Dramen von barocker Überladenheit, u. a. „Tantris der Narr" (Dr., 1907).

Hardtop [engl. 'hɑːd'tɔp „festes Verdeck"], abnehmbares Verdeck von Kfz., insbes. von Sportwagen.

Harduin † Arduin.

Hardun [arab.] (Schleuderschwanz, Agama stellio), bis 14 cm körperlange Agamenart in N-Ägypten, Arabien, der Türkei, N-Griechenland und zahlr. Inseln des Ägäischen Meeres; Schwanz über körperlang, mit kräftigen Stachelschuppen, ähnl. Schuppen auch am Rücken und an den Beinen; oberseits meist gelblich- bis schwärzlichbraun mit hellgelber Fleckung, Unterseite überwiegend gelblich.

Hardwar [engl. 'hɛədwɑː], ind. Stadt am Ganges, B.-Land Uttar Pradesh, 308 m ü. d. M., 114 000 E. Hinduist. Wallfahrtsort.

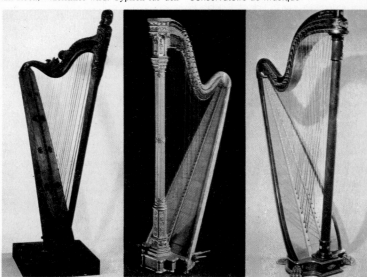

Harfe. Links: Diatonische Harfe mit zwei Saitenreihen zu 30 und 23 Saiten (um 1650; deutsche Arbeit); Mitte: Doppelpedalharfe (um 1820; Sébastien Érard); rechts: chromatische Harfe mit einander kreuzenden diatonischen und chromatischen Saiten (1894; Gustav Lyon). Brüssel, Musée instrumental du Conservatoire de Musique

Hardware [engl. ˈhɑːdwɛə, eigtl. „harte Ware"], Bez. für die unveränderl., konstruktionsbedingten Eigenschaften und Funktionselemente einer Datenverarbeitungsanlage. Ggs. **Software**, „immaterielle Ware", d. h. die gespeicherten Hilfsprogramme.

Hardy [...di], männl. Vorname, ↑ Hardi.

Hardy, Alexandre [frz. arˈdi], * Paris um 1570, † 1631 oder 1632, frz. Dramatiker. - Vermutl. Schauspieler; seit 1611 Bühnendichter der königl. Truppe; von seinen über 600, von phantast. Geschehen überquellenden Stücken sind 34 erhalten; führender Bühnendichter im 1. Drittel des 17. Jahrhunderts. - *Werke:* Didon (Trag., 1603), Coriolan (Trag., um 1607), Mariamne (Trag., 1610), La mort d'Alexandre (Trag., 1624), Corinna (Pastoral-Dr., zw. 1624 und 1628).

H., Oliver [engl. hɑːdɪ], * Atlanta 18. Jan. 1892, † Los Angeles-Hollywood 7. Aug. 1957, amerikan. Schauspieler. - ↑ Dick und Doof.

H., Thomas [engl. ˈhɑːdɪ], * Upper Bockhampton (Dorset) 2. Juni 1840, † Max Gate bei Dorchester 11. Jan. 1928, engl. Schriftsteller. - Schildert machtlos gegen Veranlagung, Milieu und unerbittl. waltende Zufälle kämpfende, leidenschaftl. Menschen. Dem düsteren Schicksal angemessen ist die Schilderung der Landschaft. Am bekanntesten wurde der Roman „Tess von d'Urbervilles" (1891), bed. auch der Geschichtsroman „The dynasts" (3 Bde., 1903–08), in dem H. ein Bild der Napoleon. Kriege vor der Schlacht bei Waterloo zeichnet. Wandte sich im Alter ganz der Lyrik zu. *Weitere Werke:* Die Liebe der Fancy Day (R., 1872), Die Rückkehr (R., 1878), Life's little ironies (Kurzgeschichten, 1894), Juda, der Unberühmte (R., 1895, 1956 u. d. T. Herzen in Aufruhr).

Hare [engl. hɛə], Stamm der Nördl. Athapasken westl. und nw. des Großen Bärensees, Kanada.

Hare-Krischna-Bewegung [Sanskrit/dt.], offiziell Internat. Gesellschaft für Krishna-Bewußtsein (engl. International Society for Krishna Consciousness; Abk. ISK-CON), nach der Anrufungsformel ihres Gottes ben. religiöse Gesellschaft, die 1966 in New York von dem damals etwa 70jährigen A. C. Bhaktivedanta Swami Prabhupada († 1977) gegr. wurde. Sie fußt auf der ↑ „Bhagawadgita", deren zentrale Gestalt der göttl. Offenbarer Krischna ist. Als Dienst und Hingabe an ihn verstehen - unter weitgehender Ausschaltung ihrer rational kontrollierten Persönlichkeit - die meist jugendl. Anhänger („Jugendreligion") ihr Leben. Die rigorosen Praktiken des Geldsammelns brachten die fast kahl geschorenen und mit langen gelben Gewändern bekleideten Anhänger 1976 in der BR Deutschland in den Verdacht des Bettelbetrugs. Die internat. Zentrale der ISKCON ist in Mayapur (Indien), die dt. in Schloß Rettersdorf im Taunus. Die H.-K.-B. hat (1978) etwa 7 000 Mgl. (in der BR Deutschland etwa 200).

Harem [arab.-türk., eigtl. „verboten"], Bez. für die Frauenabteilung des Hauses islam. Länder. Der H. darf nur vom Ehemann und männl. Verwandten 1. Grades betreten werden; Söhne bleiben bis zum 7. Lebensjahr in ihm. Außerhalb des H. sollen die muslim. Frauen das Gesicht verschleiern. Frauenabteilungen und den Schleier kannte der Vordere Orient schon vor dem Islam; sie wurden aber durch den Koran (Sure 33, 53) bekräftigt. Trotzdem setzte sich die H. fast nur in den Städten und da zumeist nur bei den wohlhabenden Schichten, bei den Beduinen als Zeltabteilung, durch; der Schleier wurde weitgehend getragen. Mit dem Eindringen westl. Lebensformen geht die Bed. von H. und Schleier zurück.

Hare Meron, mit 1 208 m ü. d. M. höchster Berg Israels (im N) mit Ruinen der ältesten Synagoge Galiläas (2. Jh.); Wallfahrtsort.

Haremheb (Haremhab, Horemheb), † 1306 v. Chr., letzter ägypt. König (seit 1334) der 18. Dynastie. - Stellte die innere Verwaltung durch scharfe Maßnahmen (↑ ägyptische Geschichte) wieder her.

Häresie [zu griech. haíresis „die Wahl, das Gewählte"], im *Griechentum* und im *Hellenismus* Bez. für ein Bekenntnis religiösen oder polit. Inhalts und für eine wissenschaftl. Denkweise. Der Begriff wurde im frühen Christentum zunehmend im Sinne einer willkürl. Auswahl aus dem Lehrgut der Kirche und einer Abweichung von deren Dogma verwendet. Damit gewann er eine Bed., die ident. ist mit dem im MA aufkommenden Begriff der Ketzerei. - Im *kath. Verständnis* ist H. eine schwerwiegende Abweichung vom christl. Glauben; im *prot. Verständnis* gilt als H., was die Wahrheit des Evangeliums entscheidend verkürzt oder entstellt.

Häretiker [griech.], Anhänger einer ↑ Häresie.

Harfe (engl. harp, frz. harpe, italien. arpa), zur Klasse der ↑ Chordophone gehörendes Musikinstrument, dessen Saitenebene senkrecht zur Decke des Resonanzkörpers verläuft. Die zw. Resonanzkörper und Hals gespannten Saiten werden mit den Fingerkuppen beider Hände angezupft. - Die heute gebräuchl. 46–48saitige **Doppelpedalharfe** wurde um 1810 von S. Érard entwickelt und wird in Ces-Dur eingestimmt; durch sieben Doppelpedale kann jeder Ton der Ces-Dur-Tonleiter um einen Halb- oder Ganzton erhöht werden, so daß alle Töne der temperierten Stimmung erzeugt werden können. Der Tonumfang der H. beträgt somit fast sieben Oktaven. - Schon das alte Ägypten kannte die nach ihrer Form benannte 6saitige **Bogenharfe** (belegt seit 2703 v. Chr.), die schon vorher aus Babylon bekannte **Winkelharfe** und die

Rahmenharfe (der Rahmen entsteht durch Hinzufügung einer Vorderstange). In dieser Form tauchte die H. im 8. Jh. auf den brit. Inseln und um 1000 auf dem europ. Festland auf. Die im MA etwa 7–25 Saiten waren diaton., seit dem 16. Jh. auch chromat. gestimmt. Die diaton. **Tiroler Hakenharfe** ermöglichte erstmals ein verhältnismäßig schnelles Umstimmen mit der Hand, wodurch der Tonvorrat vergrößert wurde. Verbessert wurde dieses Verfahren durch die **Pedalharfe** (5, später 7 Pedale) G. Hochbruckers (um 1720). - Die H., die auch in Afrika und Asien heimisch ist, wird beim Ensemblespiel und der Gesangsbegleitung sowie als Generalbaß-, Solound Orchesterinstrument verwendet.

📖 *Zingel, H. J.: H. und Harfenspiel vom Beginn des 16. bis ins 2. Drittel des 18. Jh.* Laaber ²1979. - *Zingel, H. J.: Lexikon der H.* Laaber 1977.

Hargeysa, zweitgrößte Stadt von Somalia, im NW des Landes, 150 000 E. Handelszentrum eines Agrargebiets, landw. Versuchsstation; ⚒. - H. war 1941–60 Hauptstadt von Brit.-Somaliland.

Hargreaves [engl. 'hɑːgriːvz] (Hargraves), James, * Stanhill (Lancashire) um 1720, † Nottingham 22. April 1778, brit. Weber. - Erfand um 1764 die 1770 patentierte und nach seiner Tochter ben. Jenny-Spinnmaschine, die gleichzeitig acht Fäden spinnen konnte.

Harich, Wolfgang, * Königsberg (Pr) 9. Dez. 1923, dt. Philosoph. - 1945 Mgl. der KPD, 1946–56 der SED; Journalist (u. a. Leitartikler der „Weltbühne"), 1949 Prof. an der Humboldt-Univ. Berlin, 1953–56 Mit-Hg. und Chefredakteur der „Dt. Zeitschrift für Philosophie". Kritisierte die Kulturpolitik der DDR in liberalisierender Absicht, stellte durch Publikation der Arbeiten G. Lukács' dessen marxist. Literaturtheorie zur Diskussion. 1957 wegen „Bildung einer konspirativen, staatsfeindl. Gruppe" zu 10 Jahren Zuchthaus verurteilt, 1964 amnestiert, dann Verlagslektor in Berlin (Ost); lebt seit 1979 in der BR Deutschland. Verfaßte u. a. „Jean Pauls Kritik des philosoph. Egoismus" (1968), „Zur Kritik der revolutionären Ungeduld" (1969); veröffentlichte in der BR Deutschland u. a. „Kommunismus ohne Wachstum?" (1975).

Harig, Ludwig, * Sulzbach/Saar 18. Juli 1927, dt. Schriftsteller. - Stellt vorgefundene Sprache, Muster und Klischees mit experimentellen Techniken in Frage, demonstriert, zumeist witzig, „das Absurde der Logik", setzt neue Wege in Kurzprosa („Zustand und Veränderung", 1963), Hörspiel, Reisebericht, Familienroman („Sprechstunden für die dt.-frz. Verständigung und die Mgl. des Gemeinsamen Marktes", 1971) und Traktat (u. a. „Rousseau. Der Roman vom Ursprung der Natur im Gehirn", 1978). H. schrieb außerdem „Heilige Kühe der Deutschen. Eine feuil-

letonistische Anatomie" (1981), „Trierer Spaziergänge" (1983), „Zum Schauen bestellt. Deidesheimer Tagebuch" (1984), „Das Rauschen des sechsten Sinnes" (Reden, 1985) sowie „Ordnung ist das ganze Leben" (R., 1986).

Häring, Bernhard, * Böttingen (Landkr. Tuttlingen) 10. Nov. 1912, dt. kath. Theologe, Redemptorist (seit 1932). - Seit 1951 an der Lateranuniv. in Rom; theolog. Berater auf dem 2. Vatikan. Konzil und Konsultor des Sekretariats für die Nichtglaubenden. Verfaßte zahlr. Werke zur Moraltheologie und zu Zeitfragen.

H., Hugo, * Biberach an der Riß 22. Mai 1882, † Göppingen 17. Mai 1958, dt. Architekt. - Mitbegr. der Architektenvereinigung „Der Ring" (1923), einer der führenden dt. Architekturtheoretiker („Wege zur Form", 1925). Mit dem Viehstall des Gutes Garkau (1925), Siedlungsbauten in Berlin-Zehlendorf (1926) und Berlin-Siemensstadt (1929/30) sowie Einfamilienhäusern realisierte H. seine Vorstellung vom „organ. Bauen".

H., Wilhelm, dt. Schriftsteller, ↑ Alexis, Willibald.

Haringer, Johann (Jan) Jakob, eigtl. Johann Franz H., * Dresden 16. März 1898, † Zürich 3. April 1948, dt. Schriftsteller. - Führte ein unstetes vagabundierendes Leben, 1936 ausgebürgert, 1938 Flucht aus Österreich, schließl. in der Schweiz. Oft bittere expressionist. Lyrik, auch Prosa sowie Übers. aus dem Frz. und Chinesischen.

Werke: Hain des Vergessens (Ged., 1919), Abendbergwerk (Prosa, 1920), Weihnacht im Armenhaus (E., 1925), Heimweh (Ged., 1928), Abschied (Ged., 1930), Vermischte Schriften (1935), Lieder eines Lumpen (Ged., hg. 1962).

Haringvliet, Meeresarm im Rhein-Maas-Delta, Niederlande, durch einen Damm mit über 1 km breitem Schleusenkomplex (im Rahmen des Deltaplans) vom Meer abgeschlossen.

Hariri, Al, Abu Muhammad Al Kasim Ibn Ali, * Basra 1054, † ebd. 1122, arab. Dichter und Gelehrter. - Schrieb 50 virtuose Makamen, dt. von Rückert (1826 und 1837).

Hari Rud, asiat. Fluß, entspringt im Kohi-Baba (Afghanistan), versiegt in der Karakum (Turkmen. SSR), etwa 1 100 km lang. Bildet z. T. die Grenze Afghanistan/Iran und Afghanistan/UdSSR.

Härjedalen, Landschaft im südl. N-Schweden, überwiegend waldbestandenes, bis 950 m hohes Plateau im O, der W ist stärker reliefiert. Einzige Stadt ist Sveg. - H. gehörte im MA zu Norwegen; kam 1645 an Schweden.

Harke [niederdt.], svw. ↑ Rechen.

Harkort, Friedrich [Wilhelm], * Gut Harkorten bei Hagen 25. Febr. 1793, † Hombruch (= Dortmund) 6. März 1880, dt. Industrieller und Politiker. - Einer der führenden rhein. Unternehmer während der Frühindustrialisierung (Kupfer-, Walz- und Eisenwerke); als Liberaler 1848 Mgl. der antirevolutionären bürgerl. Rechten in der preuß. Nationalversammlung, später des preuß. Abg.hauses (bis 1867), des Norddt. Reichstags, des Zollparlaments und MdR; gründete das Linke Zentrum des preuß. Abg.hauses, später Mgl. der Dt. Fortschrittspartei. Entwickelte in seiner polit. Publizistik ein Modell sozialer Integration der Arbeiter in die bürgerl.-industrielle Gesellschaft und Maßnahmen prakt. Sozialpolitik.

Harlan, Veit, * Berlin 22. Sept. 1899, † Capri 13. April 1964, dt. Schauspieler und Regisseur. - Drehte nat.-soz. Tendenzfilme wie „Jud Süß" (1940), „Der große König" (1942), „Kolberg" (1944/45).

Harlekin, von Moscherosch 1642 eingeführte Bez. für frz. Harlequin, die lustige Person der italien. Commedia dell'arte, den ↑ Arlecchino; prägte die Gestalt des ↑ Hanswursts mit.

Harlekinade [italien.] ↑ Hanswurst.

Harlem [engl. 'haːləm], v. a. von Farbigen bewohnter Bez. in New York.

Harlem-Brundtland, Gro [norweg. ˌhaːləm'brʉntlan], * Oslo 20. April 1939, norweg. Ärztin und Politikerin - 1974–79 Min. für Umweltschutz; seit 1975 2. Vors. der Arbeiterpartei; 1979–81 stellv. Fraktionsvors.; Febr.–Okt. 1981 und seit Mai 1986 Min.präsidentin.

Harlem Jump [engl. 'haːləm 'dʒʌmp], Stilform des instrumentalen Blues, gekennzeichnet durch einfache harmon.-melod. Formeln, Betonung des ↑ Beat und starke psychomotor. Wirkungen.

Harlingen, niederl. Hafenstadt an der Waddenzee, 16 300 E. Museum, Versorgungshafen für Friesland, Fährverkehr nach Vlieland und Terschelling; Werften. - Im 16. Jh. zweitgrößte Stadt in Friesland (nach Leeuwarden). - Giebelhäuser des 16.–18. Jh.; Rathaus (18. Jh.).

Harlinger Land, Marschenlandschaft mit über 10 Deichlinien im nö. Ostfriesland, Nds., zentrale Orte Esens und Wittmund.

Harlow [engl. 'haːloʊ], engl. Stadt 40 km nö. von London, Gft. Essex, 79 300 E. Elektro-, Möbel-, Papier- und Druckereiind. - 1947 gegründet.

Harmattan [afrikan.], trocken-heißer, staubreicher Passatwind aus NO im Hinterland der Guineaküstenländer Afrikas.

Harmin [griech.] (Banisterin, Yagein, Telepathin), Alkaloid aus der im S Rußlands beheimateten Steppenraute Peganum harmala und südamerikan. Banisteriaarten (Malpighiengewächse). Von den Indianern Südamerikas wird H. als halluzinogenes Rauschmittel gebraucht (Ayahuasca, Yagétee).

Harmodios, athen. Tyrannenmörder, ↑ Aristogeiton.

Harmonie [zu griech. harmonía „Fügung, Ordnung"], allg.: Übereinstimmung, Einklang, Eintracht, Ebenmaß.

◆ der Begriff der H. wird bei den Griechen sowohl auf die richtige Tonhöhe in der festgelegten Folge der Töne als auch auf jede zusammenstimmende Einheit bezogen, in der die Unterschiede bzw. Gegensätze der Teile des Ganzen auf Grund übergeordneter Gesetzmäßigkeit miteinander ausgesöhnt sind, so als universale mathemat.-musikal. Struktur in der pythagoreischen Kosmologie (z. B. bei Philolaos von Kroton) mit ihrer Lehre von der ↑ Sphärenharmonie. Die ma. *Musikanschauung* übernahm die Idee der Sphärenharmonie als *„musica mundana"*; davon unterschied sie die *„musica humana"*, die menschl. Harmonie zw. Leib und Seele, und die *„musica instrumentalis"*, die erklingende Musik. Im Bereich der letzteren bezeichnet H. die Musik schlechthin oder die Tonordnungen zw. aufeinanderfolgenden, in der Mehrstimmigkeit auch zw. zusammenklingenden Tönen. In der Neuzeit verlor an der kosmolog. Aspekt des H.begriffs an Bedeutung, und schließl. wurde H. nur noch gleichbedeutend mit ↑ Akkord bzw. ↑ Harmonik verwendet.

◆ in der *Ästhetik* der Renaissance wird nach dem Vorbild der Antike versucht, die Lehre von der H. als Gesetzmäßigkeit fester Verhältnisse auszuarbeiten, in denen Teile eines Kunstwerks zueinander stehen müssen, um als schön zu gelten. In der Architektur wird der Zentralbau, für den menschl. Körper ein

Harmonie. Aus der Proportionslehre des menschlichen Körpers von Leonardo da Vinci (um 1479)

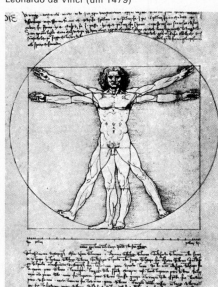

Harmonielehre

[Proportions]kanon entworfen (Leonardo, Dürer). Goethe betont später die Mannigfaltigkeit (in der Einheit) als Bedingung für Schönheit. Für Schelling erscheint in der Kunst Ideales und Reales in vollkommener H., die nur intuitiv erfaßt wird.

Harmonielehre, die aus der Generalbaßlehre entwickelte Lehre von den Akkorden und Akkordfolgen in der Dur-Moll-tonalen Musik des 18./19. Jh. (↑ Dur, ↑ Moll). Der aus Terzen geschichtete Grundakkord (z. B. c-e-g) mit dem Grundton als tiefstem Ton kann durch Oktavversetzung einzelner Töne in seine Umkehrungen überführt werden (e-g-c^1, g-c^1-e^1), die als Varianten des Grundakkords gelten. Die häufigsten Akkordfolgen (Tonika-Subdominante-Dominante-Tonika) stellt die H. in ↑ Kadenzen dar, in der Modulationslehre (↑ Modulation) gibt sie Regeln für den Übergang von einer Tonart in die andere an. Die harmon. Analyse abstrahiert aus dem Musikwerk ein Gerüst von Akkorden. - Heute ist die H. als System der ↑ Stufenbezeichnungen und als Funktionstheorie in Gebrauch.

Harmoniemusik, die von einem Blasorchester (Blech- und Holzblasinstrumente, meist auch Schlagzeug) ausgeführte Musik, z. B. Militärmusik; auch Bez. für das ausführende Ensemble.

Harmonik [griech.], in der Musik Bez. für Zusammenklänge und ihre Beziehungen. Die H. bildet eines der musikal. Hauptelemente neben Melodik und Rhythmik. - In der frühen Mehrstimmigkeit die MA verwendete man zunächst nur Zweiklänge (Quinten und Quarten). Später wurde der aus zwei Terzen aufgebaute Dreiklang zur Regel. In der Generalbaßzeit (ab 1600) gewann der Akkordgrundton für die H. überragende Bedeutung; in der Klassik wurden Akkordfolgen überwiegend nach bestimmten bevorzugten Grundtonschritten gebildet. Mit stärkeren Dissonanzwirkungen durch die Zunahme der Tonzahl im Klang und der häufigeren Verwendung von chromat. Nebennoten trat in

der Romantik das Leittonprinzip bei der Akkordverbindung schließl. in der Vordergrund und verdrängte das Grundtonprinzip; bei Schlüssen jedoch blieb der Dreiklang bis zum Ende des 19. Jh. verbindlich. A. Schönberg benutzte als erster (Kammersymphonie op. 9, 1906) systemat. den in der Folgezeit von vielen Komponisten (Strawinski, Bartók, Hindemith u. a.) übernommenen Quartaufbau statt des Terzaufbaus als Prinzip der Akkordbildung. Seitdem gibt es keine einheitl. H. mehr, in manchen Stilrichtungen treten spezif. harmon. Wirkungen überhaupt in den Hintergrund.

Harmonika [griech.], im 18. und 19. Jh. Bez. für Musikinstrumente mit aufeinander abgestimmten Röhren, Platten oder Stäben, auf denen mehrstimmiges Spiel möglich war (z. B. die ↑ Glasharmonika). Heute versteht man unter **Harmonikainstrumenten** kleine Aerophone mit durchschlagenden Zungen, wie Mundharmonika, Akkordeon.

harmonisch, in Übereinstimmung, in Einklang miteinander.

harmonische Analyse (Fourier-Analyse), allg. die Darstellung (Zerlegung) einer period. Funktion durch Summen sinus- bzw. kosinusförmiger Glieder. Speziell in der Schwingungslehre versteht man unter h. A. die Zerlegung einer ↑ Schwingung in ihre harmonischen = sinusförmigen Teilschwingungen (Partialschwingungen). Da das mathem. Verfahren der h. A. umständlich und zeitaufwendig ist, verwendet man häufig instrumentelle Verfahren, bei denen zur Ermittlung der Teilfunktionen der Graph der zu analysierenden Funktion mit einem *harmon. Analysator* abgefahren wird.

harmonische Reihe, Bez. für die keinem Grenzwert zustrebende unendl. Reihe

$$1 + \tfrac{1}{2} + \tfrac{1}{3} + \ldots + \tfrac{1}{n} + \ldots = \sum_{n=1}^{\infty} \tfrac{1}{n},$$

in der jedes Glied das harmon. Mittel seiner beiden Nachbarglieder ist.

harmonische Schwingungen ↑ Schwingung.

harmonische Teilung, in der Musik-

Harmonische Analyse einer periodischen Rechteckkurve

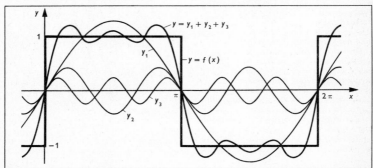

theorie die Teilung der Länge einer schwingenden Saite nach der Formel $b = \frac{a+c}{2}$. Die h. T. einer Oktave (Verhältnis der Saitenlängen c : a = 1 : 2 bzw. 2 : 4) ergibt das Verhältnis 2 : 3 : 4 der Frequenzen und damit die Quinte (2 : 3) und die Quarte (3 : 4), die h. T. der Quinte ergibt das Verhältnis 4 : 5 : 6 eines Durdreiklangs mit großer Terz (4 : 5) und kleiner Terz (5 : 6). Der Molldreiklang ergibt sich durch Bildung des harmon. Mittels $\frac{1}{b} = \frac{1}{2}(\frac{1}{a}+\frac{1}{c})$, wobei sich a : c wie 2 : 3 verhält und also einer Quinte entspricht.

◆ aus der Musiklehre übernommene Bez. für die Teilung einer Strecke $\overline{AB}$ durch einen inneren Punkt C und einen äußeren Punkt in der Art, daß für die einzelnen Streckenabschnitte gilt:

$$\overline{AC} : \overline{BC} = \overline{AD} : \overline{BD}$$

A, B, C, D heißen **harmon. Punkte.**

Harmonisierung [griech.], Abstimmung betriebl. Tatbestände auf die Erreichung eines Gleichgewichtszustands möglichst aller zusammenwirkender Faktoren hin, bei dem ein störungsfreier Ablauf der Betriebsprozesse gewährleistet ist.
◆ im Rahmen der EWG die Abstimmung konjunktur-, finanz-, sozial- und außenhandelspolit. Maßnahmen der einzelnen Mgl. untereinander. Ziel der H. ist die Erreichung einer gemeinsamen Konzeption der Wirtschaftspolitik.

Harmonium [griech.], im 19. Jh. entwikkeltes Tasteninstrument, das zu den Aerophonen gehört. Es hat eine Klaviatur von meist $4^1/_2$ Oktaven (52 Tasten). Mit zwei Pedalen werden Blasebälge betätigt, die Druck- und Saugwind erzeugen; zur Stabilisierung des Winddruckes dient ein Magazinbalg. Unter jeder Taste befindet sich ein Ventil, das beim Niederdrücken der Taste den Wind zu den eigtl. Tonerzeugern, den Zungenstimmen, freigibt. Durch den Luftstrom werden die Zungen in Schwingungen versetzt, die den Luftstrom mit der Frequenz ihrer Eigenschwingung unterbrechen; die dadurch entstehenden period. Druckschwankungen breiten sich als Schall aus. Größere Instrumente besitzen mehrere Register, die wie bei der Orgel mit 16-, 8- oder 4-Fuß bezeichnet werden und sich in der Tonlage um jeweils eine Oktave unterscheiden. Bes. Vorrichtungen sind Perkussion, Expression und Prolongement. Der dynam. fein abzustufende Ton ist durchdringend, auch etwas scharf.

Harms, [Christoph] Bernhard (Cornelius), * Detern bei Aurich (Ostfriesland) 30. März 1876, † Berlin 21. Sept. 1939, dt. Nationalökonom. - Prof. in Jena (1906), Hohenheim (1907) und Kiel (1908–39); gründete 1911 in Kiel das Institut für Seeverkehr und Weltwirtschaft (heute Institut für Weltwirtschaft), das er bis 1933 leitete. 1912 begründete er die Zeitschrift „Weltwirtschaftl. Archiv".

Harn [zu althochdt. har(a)n, eigtl. „das Ausgeschiedene"] (Urin), flüssiges, v.a. ↑Harnstoff enthaltendes Exkretionsprodukt der Nieren der Säugetiere und Menschen. Durch den H. werden v. a. die stickstoffhaltigen Endprodukte aus dem Eiweiß- und Nukleinsäurestoffwechsel, aber auch nicht verwertbare, u. a. giftige oder im Überschuß zugeführte Nahrungsbestandteile sowie Blut- und Gewebesubstanzen als Schlacken- und Schadstoffe aus dem Körper ausgeschieden. Die **Harnbildung** (Uropoese) erfolgt in den Nieren, wobei aus dem Blut der stark wäßrige, ionen- und glucosehaltige *Primärharn* abgepreßt wird. Der größte Teil davon (beim Menschen etwa 99 %; v.a. Wasser, Glucose, Aminosäuren, Na-, K- und Cl-Ionen) wird in das Blut rückresorbiert, so daß die Schlackenstoffe im *Sekundär-* oder *Endharn* (beim Menschen tägl. 1–2 l) stark angereichert sind. Über die beiden Harnleiter wird der H. dann von den Nieren in die Harnblase weitergeleitet oder (bei den Haifischen) sofort ausgeschieden. Die **Harnentleerung** (Harnlassen, Urese, Miktion) wird von einem Rückenmarkszentrum über parasympath. Fasern geregelt. Die Meldung an das Zentrum über den Füllungszustand der H.blase geht von Dehnungsrezeptoren in der Blasenwand aus. Ein Teil dieser Impulse wird aber auch an übergeordnete Hirnstrukturen weitergeleitet, die die Empfindung des „Harndrangs" vermitteln und das Rückenmarkszentrum im Sinne einer willkürl. gesteuerten Bahnung bzw. Hemmung des urspr. Entleerungsreflexes beeinflussen (wird im Kleinkindalter erlernt). Der menschl. H. ist je nach Inhaltsstoffen hellgelb bis dunkelrot; normale Farbe ist bernsteingelb. Eine Harnanalyse ist von erhebl. medizin.-diagnost. Bedeutung.

Harnack, Adolf von (seit 1914), * Dorpat 7. Mai 1851, † Heidelberg 10. Juni 1930, dt. ev. Theologe. - 1876 Prof. in Leipzig, 1879 in Gießen, 1886 in Marburg, 1888 in Berlin. 1890 Mgl. der Preuß. Akademie der Wissenschaften; von 1911 bis zu seinem Tod Präsident der „Kaiser-Wilhelm-Gesellschaft zur Förderung der Wissenschaften", die mit auf seine Initiative gegründet wurde. - H. war bemüht, die Einheit von Christentum und Bildung und das „Evangelium als die alleinige Grundlage aller sittl. Kultur" zu erweisen. Als Kirchenhistoriker hat er in zahlr. Schriften v. a. der Patristik entscheidende Impulse gegeben, u. a. durch seine „Geschichte der altchristl. Literatur" (3 Bde., 1893–1904) und durch seine Quelleneditionen. Zusammen mit E. Schürer begründete er die „Theologische Literaturzeitung". Sein wichtigstes Werk, das „Lehrbuch der Dogmengeschichte" (3 Bde., 1886 bis 1890), in dem er Entstehung u. Entwicklung der christl. Lehre beschreibt und das Dogma und die altchristl. Theologie als Verkirchlichung der radikalen Hellenisierung

Harnblase

des Evangeliums durch die Gnosis herausarbeitet, ist wiss. bis heute nicht überholt.
📖 *Döbertin, W.: A. v. H. Ffm. 1985.*

Harnblase (Vesica urinaria), stark dehnbares Hohlorgan bei vielen Wirbeltieren und beim Menschen, das den Harn speichert. Die Wand der H. ist bei Säugetieren (einschließl. Mensch) von dicken, ring- und längsförmig verlaufenden, glatten Muskelzügen durchsetzt und innen mit einer Schleimhaut ausgekleidet. Die ↑Harnleiter ziehen von hinten (dorsal) durch die H.wand, wodurch bei starker Blasenfüllung ein Rückfluß von Harn durch Zusammenpressen der Harnleitermündungen verhindert wird. Am unteren Abschnitt, wo die ↑Harnröhre entspringt, wird die H. von einem glatten, vegetativ innervierten Schließmuskel verschlossen, der sich erst öffnet, wenn der hemmende Einfluß des Großhirns durch Schaltungen des unteren Rückenmarks unterbrochen wird. - Das Fassungsvermögen der H. beträgt beim Menschen 0,5–1 l.

Harnblasenkrankheiten (Blasenkrankheiten), Erkrankungen der Harnblase. Die **Harnblasenentzündung** (*Blasenentzündung, Blasenkatarrh, Zystitis*) wird meist durch Kolibakterien, Strepto- oder Staphylokokken verursacht. Charakterist. sind häufiger, starker Harndrang und schmerzhaftes Brennen beim Wasserlassen. Sehr oft treten auch durch schmerzhafte Kontraktionen der Blasenwand hervorgerufene **Blasenkrämpfe** auf. Der Harn enthält oft Eiweiß und weiße Blutkörperchen. Zur Behandlung werden, wie bei der Nierenbeckenentzündung, die sich häufig aus einer Harnblasenentzündung entwickelt, v. a. Antibiotika und Sulfonamide gegeben. - Die **Blasentuberkulose** entsteht meist absteigend von der zuerst erkrankten Niere aus; erste Anzeichen sind Blut im Harn und die Symptome einer chron. Harnblasenentzündung. - Die überwiegend aus Salzen bestehenden **Blasensteine** gelangen entweder aus dem Nierenbecken über die Harnleiter in die Harnblase oder sie wachsen, v. a. bei chron. unvollständiger Blasenentleerung, in der Harnblase. Sie können mit einem ↑Blasenspiegel zertrümmert und anschließend entfernt werden. - Der **Blasenkrebs** ist eine bösartige Geschwulst der Harnblase; im allgemeinen handelt es sich um eine maligne Entartung der Blasenschleimhaut (*Blasenkarzinom*), während die von Muskel- oder Bindegewebe der Harnblase ausgehenden *Blasensarkome* sehr selten sind. Ein frühes Anzeichen für Blasenkrebs ist oft ein schmerzloses Blutharnen. Später treten dann häufiger Harndrang, Schmerzen beim Wasserlassen, die auch auf den gesamten Unterleib ausstrahlen können, und schließl. Harnverhaltung auf. Zur *Erkennung* werden Harnuntersuchungen (Nachweis von Blut und Geschwulstzellen), rektale Abtastung des Blasenbodens, Blasenspiegelung (Zystoskopie) und röntgenolog. Untersuchung und Darstellung der Harnblase nach Kontrastmittelapplikation (Zystographie) durchgeführt. Ergibt die Untersuchung eine noch gutartige Geschwulst (*Blasenpapillom*), so wird eine elektr. Verkochung (Elektroresektion) der Schleimhautwucherungen vorgenommen. Bei nur wenig fortgeschrittenem Karzinom ist manchmal die Teilentfernung einer Blasenwand ausreichend. Liegt eine ausgedehnte Krebsgeschwulst vor, so muß die gesamte Harnblase, oft einschließl. der benachbarten Lymphknoten, entfernt wer-

Harnstoffzyklus

Harnstoffzyklus

den. Zur Harnableitung können die Harnleiter in den Darm eingepflanzt werden. ⨅ *Neurogene Blasenstörungen. Hg. v. M. Allert u. a. Stg. 1972.*

Harnentleerung ↑Harn.

Harninkontinenz, unwillkürl., dauernder Harnabgang; u. a. bei Beschädigung des Blasenschließmuskels, Rückenmarkserkrankung.

Harnisch [zu altfrz. harnais „krieger. Ausrüstung"], Schutzausrüstung im Kampf und Turnier (↑Rüstung).
◆ Spur von tekton. Bewegungen auf Gesteinsbruchflächen; **Harnischstriemung** in Form feiner, paralleler Rillen, **Spiegelharnisch** als glänzende Politur.

Harnleiter (Ureter), bei Wirbeltieren (einschließl. Mensch) paarig ausgebildeter, häutig-muskulöser, harnableitender Verbindungsgang zw. Niere und Harnblase. Die fast 30 cm langen H. ziehen beim Menschen aus dem Nierenbecken abwärts in das kleine Bekken und münden von hinten (dorsal) in die Harnblase ein. Sie sind innen mit einer Schleimhaut ausgekleidet und befördern durch peristalt. Kontraktionswellen Harn tropfenweise (pro Minute etwa 3–8 Tropfen) in die Harnblase.

Harnoncourt, Nikolaus [frz. arnõˈkuːr], * Berlin 6. Dez. 1929, östr. Dirigent, Violoncellist und Musikforscher. - Beschäftigt sich mit der Aufführungspraxis von Renaissance- und Barockmusik und den spieltechn. und klangl. Möglichkeiten alter Instrumente. Mit seinem 1952 gegr. Concentus musicus unternimmt er weltweite Tourneen.

Härnösand [schwed. ˈhærnøːˈsand], schwed. Hafenstadt an der Mündung des Angermanälv in die Bottensee, 28 000 E. Hauptstadt des Verw.-Geb. Västernorrland, luth. Bischofssitz; Garnison; Holzverarbeitung, elektrotechn., Tabak- und Textilind. - Seit dem 16. Jh. ein wichtiger Handelsplatz.

Harnröhre (Urethra), Ausführungsgang der Harnblase bei vielen Wirbeltieren (einschließl. Mensch). Die H. der Frau ist 3–4 cm lang und mündet im oberen Teil (zw. Klitoris und Vagina) des Scheidenvorhofs. Beim Mann beträgt die Länge der H. 18–20 cm; sie endet am vorderen Ende des männl. Gliedes und (wie bei fast allen Säugetieren) von der Einmündung der Samenbläschen an auch zur Ableitung des Samens (**Harn-Samen-Röhre, Harn-Samen-Leiter**). Sie wird von einem Schwellkörper umgeben.

Harnröhrenentzündung (Harnröhrenkatarrh, Urethritis), Entzündung der Harnröhrenschleimhaut, meist mit Abscheidung eines schleimigen Sekrets als Folge von unspezif. Reizungen, Erkältungen oder Infektionen. Die H. äußert sich in Brennen und Juckreiz, meist bei oder kurz nach dem Wasserlassen.

Harn-Samen-Leiter ↑Harnröhre.

Harnsäure (2,6,8-Trihydroxypurin), weiße, geruchlose Kristalle bildende chem. Verbindung von geringer Wasserlöslichkeit. Bei landlebenden Schnecken, Insekten, Schlangen, Eidechsen und Vögeln (die auch als urikotel. Tiere bezeichnet werden) ist H. das Hauptausscheidungsprodukt des Eiweißstoffwechsels und wird als weiße, breiartige Suspension ausgeschieden. H. entsteht bei allen Tieren und beim Menschen in fast jeder Zelle (endogene H.) beim Nukleinsäurestoffwechsel. Der Mensch scheidet pro Tag durchschnittl. 1 g H. aus, bei Ausscheidungsstörungen kann die Substanz in den Geweben abgelagert werden (↑Gicht).

Harnsediment, Harnbodensatz; durch Zentrifugieren oder nach längerem Stehen gewonnene Absonderung fester Bestandteile des Harns; gibt bei der mikroskop. Untersuchung Aufschluß über Erkrankungen der Niere und der ableitenden Harnwege. Im H. finden sich (bes. bei entzünd. Erkrankungen) weiße Blutkörperchen, rote Blutkörperchen, Epithelzellen aus den Nierenkanälchen oder aus den ableitenden Harnwegen (Mikroorganismen, Aminosäuren, Cholesterin, Fettsäuren, Bilirubin, Harnzylinder, Harnsäurekristalle, Calciumoxalat, Phosphat-, Ammoniak- und Magnesiumsalze).

Harnsteine (Harnkonkremente), Konkrementbildungen im Bereich der ableitenden Harnwege.

Harnstoff (Carbamid, Kohlensäurediamid, Urea), farb- und geruchlose chem. Verbindung mit schwach bas. Eigenschaften; wichtigstes Endprodukt des Eiweißstoffwechsels bei Säugetieren, das im ↑Harnstoffzyklus gebildet und dann im Harn ausgeschieden wird. Zu den H. ausscheidenden (ureotel.) Tieren gehören Haie und Rochen, die landlebenden Amphibien, einige Schildkröten und alle Säugetiere (↑dagegen Harnsäure). Der Mensch scheidet bei normaler Ernährung etwa 30 g H. pro Tag aus. Techn. hergestellter H. wird als Kunstdünger und als Grundstoff bei der Kunstharzherstellung benötigt. - Chem. Strukturformel:

$$H_2N\!\!\!>\!\!C=O$$
$$H_2N$$

Harnstoffharze (Carbamidharze), zu den Aminoplasten zählende↑Kunststoffe; Polykondensationsprodukte aus Harnstoff oder Thioharnstoff mit Formaldehyd. H. werden als Preßmassen und Lackharze verwendet.

Harnstoffzyklus (Ornithinzyklus), ein in den Mitochondrien der Leber von Säugetieren ablaufender, an den Eiweißstoffwechsel anschließender biochem. Reaktionszyklus, bei dem in mehreren Schritten unter erhebl. Energieaufwand das im Zellstoffwechsel anfallende, schädl. Ammoniak in die ungiftige Form des Harnstoffs übergeführt wird.

harntreibende Mittel, svw. ↑ Diuretika.

Harnvergiftung, svw. ↑ Urämie.

Harnverhaltung, svw. ↑ Anurie.

Harnzwang, schmerzhafter Harndrang, v. a. bei Blasen- und Harnröhrenentzündungen.

Harold, männl. Vorname, niederdt. Entsprechung von althochdt. Herwald, Herold (althochdt. heri „Heer" und -walt zu waltan „walten, herrschen"), eigtl. etwa „der im Heer herrscht". Italien. Form Araldo, frz. Hérault, engl. Harold, dän., schwed. und norweg. Harald.

Harold [engl. 'hærəld], Name von engl. Herrschern:

H. I. Harefoot [engl. 'hɛəfʊt; „Hasenfuß"], *1016/17, † Oxford 17. März 1040, angelsächs. König (seit 1037). - Illegitimer Sohn Knuts I., d. Gr., 1035 zum Regenten für Hardknut ernannt; mußte als König England gegen Angriffe der Waliser und Schotten verteidigen.

H. II. Godwinson, *um 1020, ✕ Hastings 14. Okt. 1066, letzter angelsächs. König (seit 1066). - Graf von East Anglia, Wessex und Kent, dessen Stellung er unter Eduard dem Bekenner trotz mehrfacher Verbannung festigte; schlug die Norweger unter Harald III. zurück, unterlag jedoch dem Angriff Hzg. Wilhelms von der Normandie bei Hastings.

Harpalos, Freund und Leiter der Finanzverwaltung Alexanders d. Gr. - Nach erster Flucht 333 floh er 324 bei der Rückkehr Alexanders aus Indien von Babylon mit 5000 Talenten und mit einem Söldnerheer nach Athen; dort inhaftiert, entkam aber und wurde Ende 324 in Kreta ermordet. Die Frage nach dem Verbleib seiner Schätze führte zu Bestechungsprozessen gegen führende athen. Politiker, v. a. Demosthenes.

Harper & Row, Publishers, Inc. [engl. 'hɑːpə ənd 'rou 'pʌblɪʃəz ɪn'kɔːpəreɪtɪd] ↑ Verlage (Übersicht).

Harpune [niederl., eigtl. = „Eisenklammer" (zu frz. harpe „Kralle, Klaue")], Wurfspieß mit Widerhaken, meist an einem Schaft befestigt und mit langer Leine; Jagdgerät seit dem Jungpaläolithikum. Verwendung beim Walfang (Abschuß der H. aus einer Kanone) und bei der Unterwasserjagd auf Fische (H. mit gewehrähnl. Abschußvorrichtung).

Harpyie [har'py:jə]; griech., nach den Harpyien] (Harpia harpyia), bis 1 m langer, adlerartiger Greifvogel, v. a. in M- und S-Amerika; Gefieder oberseits schieferschwarz, unterseits weiß, Kopf (mit aufrichtbarer, dunkler Haube) und Hals grau.

Harpyien [har'py:jən], Fabelwesen der griech. Mythologie; urspr. Sturmdämonen; später als häßl. Riesenvögel mit Frauenköpfen gedacht. Motiv der bildenden Kunst in Antike, MA und der Renaissance, im MA v. a. als ein Symbol der Habsucht; bei Goya ein Symbol des Bösen.

Harrach, oberöstr. Uradelsgeschlecht, 1195 erstmals urkundl. erwähnt, erwarb 1524 die Herrschaft Rohrau in Niederösterreich; 1552 Reichsfreiherrn, 1627 Reichsgrafen.

Harrassowitz Verlag, Otto ↑ Verlage (Übersicht).

Harrer, Heinrich, * Hüttenberg (Kärnten) 6. Juli 1912, östr. Naturforscher. - 1939 Mgl. der dt. Himalajaexpedition, in Indien interniert, 1944–51 in Lhasa, danach Expeditionen in aller Welt. Schrieb u. a. „Sieben Jahre in Tibet" (1952), „Ladakh, Götter und Menschen hinter dem Himalaya" (1978).

Harriet [engl. 'hærɪət], aus dem Engl. übernommener weibl. Vorname; entspricht dem dt. Namen ↑ Henriette.

Harriman, William Averell [engl. 'hærɪmən], * New York 15. Nov. 1891, † ebd. 26. Juli 1986, amerikan. Industrieller und Politiker. - Botschafter in Moskau 1942–46; leitete 1946–48 das Handelsministerium; Sonderbeauftrager für die Marshallplanhilfe 1948–50, Gouverneur des Staates New York 1955–59 und Unterstaatssekretär für Fernostfragen 1961–63; außenpolit. Berater für die Präs. Roosevelt, Truman, Kennedy und Johnson.

Harriot, Thomas [engl. 'hærɪət], * Oxford 1560, † Gut Sion bei London 2. Juli 1621, engl. Mathematiker und Naturforscher. - Er verbesserte Winkelmeßgeräte, bewies die Winkeltreue der stereograph. Projektion und berechnete die ballist. Kurve (noch vor G. Galilei) als schiefe Parabel; entdeckte 1601 das Brechungsgesetz (das von W. Snellius neu entdeckt werden mußte), fand 1603 die Inhaltsformel für das sphär. Dreieck, verbesserte die Gleichungslehre F. Viètes und leitete Interpolationsformeln ab. H. zeichnete nach Fernrohrbeobachtungen eine erste Mondkarte, zählte die Sonnenflecken und berechnete danach die Rotationsdauer der Sonne; Forschungen zu den Jupitermonden.

Harris [engl. 'hærɪs], Bill, eigtl. Willard Palmer H., * Philadelphia 28. Okt. 1916, † Holindale (Fla.) 6. Aug. 1973, amerikan. Jazzmusiker (Posaunist). - Wurde v. a. durch seine Mitwirkung im Orchester von W. Herman bekannt. Seine techn. Perfektion wirkte schulebildend.

H., Don „Sugar Cane", * Pasadena (Calif.) 18. Juni 1938, amerikan. Jazzmusiker. - Spielte zuerst in Blues- und Rockgruppen elektr. verstärkte Violine und Baß; gehört zu den führenden Jazz-Rock-Geigern.

H., Joel Chandler, * bei Eatonton (Ga.) 9. Dez. 1848, † Atlanta 3. Juli 1908, amerikan. Schriftsteller. - Berühmt durch die Sammlungen der Sagen, Lieder und Märchen der Neger von den Plantagen in den Südstaaten, die er „Uncle Remus" humorvoll erzählen läßt.

H., Julie, * Grosse Pointe Park (Mich.) 2. Dez. 1925, amerikan. Schauspielerin. - Bekannt durch zahlr. Rollen am Broadway, in

Filmen (u. a. „Jenseits von Eden") und in Fernsehserien.

H., Roy, eigtl. Leroy H., * Lincoln County (Okla.) 12. Febr. 1898, † Santa Monica (Calif.) 1. Okt. 1979, amerikan. Komponist. - Schüler von N. Boulanger; gilt als Klassiker der amerikan. Musik. Schrieb u. a. 12 Sinfonien, Konzerte, Kammermusik, Chorwerke und Filmmusiken.

Harris [engl. 'hærɪs] ↑ Lewis with Harris.

Harrisburg [engl. 'hærɪsbɔ:g], Hauptstadt des B.-Staates Pennsylvania, USA, am unteren Susquehanna River, 53 000 E. Sitz eines kath., eines anglikan. und eines methodist. Bischofs. Bed. Ind.- und Handelszentrum; im März 1979 ereignete sich bei H. ein schwerer Unfall in dem Kernkraftwerk Three Mile Island. - Siedlungsbeginn 1727 durch dt., ir., schott. Einwanderer. - Hauptstadt seit 1812.

Harrison [engl. 'hærɪsən], Benjamin, * North Bend (Ohio) 20. Aug. 1833, † Indianapolis 13. März 1901, 23. Präs. der USA (1889–93). - Enkel von William Henry H.; im Sezessionskrieg Brigadegeneral der Union; 1881–87 republikan. Senator für Indiana; förderte den Flottenausbau und leitete den Wirtschaftsimperialismus der USA sowohl im Pazifik als auch in Lateinamerika ein; innenpolit. für die Schutzzollpolitik verantwortl.; eine 2. Kandidatur scheiterte.

H., George ↑ Beatles.

H., Rex, eigtl. Reginald Carey H., * Huyton (Lancashire) 5. März 1908, engl. Schauspieler. - H. verkörpert meist den Typ des eleganten, leicht iron. Gentlemans, hervorragend sein Professor Higgins in dem Musical „My fair Lady" (seit 1956 am Broadway und in London, 1963 im Film).

H., William Henry, * Berkeley (County Charles City, Va.) 9. Febr. 1773, † Washington 4. April 1841, 9. Präs. der USA (1841). - Als Gouverneur von Indiana (ab 1801) für die Eroberungs- und Vernichtungspolitik gegen die Indianerkonföderation unter Führung des Shawneehäuptlings Tecumseh verantwortl.; 1816–19 Mgl. des Kongresses, 1825–28 des Senats.

Harrogate [engl. 'hærəgɪt], engl. Stadt 30 km nördl. von Leeds, Gft. North Yorkshire, 66 500 E. Spielwarenmesse; Kurbad (88 Quellen). - Kurort schon im 17. Jh.; 1884 Stadtrecht.

Harrow [engl. 'hæroʊ], Stadtbez. in NW-London, England. - 767 erstmals erwähnt; die berühmte Public School in H. wurde 1571 gegr. und 1611 eröffnet.

Harry [...ri] (Harri), aus dem Engl. übernommener männl. Vorname, Nebenform von Henry.

Harsányi, Zsolt [ungar. 'hɔrʃaːnji], * Krompach (tschech. Krompachy, Ostslowak. Geb.) 27. Jan. 1887, † Budapest 29. Nov. 1943, ungar. Schriftsteller. - Erfolgreich v. a. seine biograph. Romane, u. a. „Ungar. Rhap-

sodie" (R., 1936), „Und sie bewegt sich doch" (R., 1937).

Harsch (Harst) [niederdt.], verfestigter Schnee; **Windharsch** entsteht durch Oberflächenverdichtung infolge von Winddruck, **Sonnenharsch** durch Schmelzen der Schneeoberfläche und erneutes Gefrieren.

Harsdörffer (Harsdörfer), Georg Philipp, * Fischbach bei Nürnberg 1. Nov. 1607, † Nürnberg 17. Sept. 1658, dt. Dichter. - Gründete mit J. Klaj 1644 den ↑ Nürnberger Dichterkreis („Pegnitzschäfer"; Mgl. als „Strefon"). H. schrieb geistl. und weltl. Lieder sowie kleine anekdot. Erzählungen, außerdem eine Poetik („Poet. Trichter...", 3 Bde., 1647–53); gesellschaftl. Lebensformen suchte er durch enzyklopädisch orientierte „Gesprächsspiele" zu fördern („Frauenzimmer Gesprechspiele", 8 Bde., 1641–49).

Harsprång [schwed. ,hɑːrsprɔŋ], schwed. Großkraftwerk 100 km südl. von Kiruna. Bis 1946 bildete der Stora Luleälv hier die H.wasserfälle mit 75 m Fallhöhe.

Hart, Heinrich, * Wesel 30. Dez. 1855, † Tecklenburg 11. Juni 1906, dt. Schriftsteller. - Durch das mit seinem Bruder Julius H. veröffentlichte Literaturorgan „Krit. Waffengänge" (1882–84) wurde er einer der führenden Vorkämpfer des Naturalismus. Mgl. des Friedrichshagener Kreises. Das auf 24 Bände berechnete Epos „Das Lied der Menschheit", eine Darstellung der Menschheitsgeschichte, blieb Fragment (3 Tle., 1888–96).

Hartberg, östr. Bez.hauptstadt 50 km nö. von Graz, Steiermark, 360 m ü. d. M., 6 000 E. - 1147 erstmals erwähnt. - Stadtpfarrkirche (12.–16. und 18. Jh.) mit roman. Karner (12. Jh.), Wallfahrtskirche Maria-Lebing (1472) mit Barockausstattung; Burg Neuberg (12., 16./17. Jh.).

Hartbetonbeläge, aus Zementmörtel mit bes. Zuschlagstoffen (*Hartbetonstoffen*) hergestellte Fußboden- und Treppenbeläge von hoher Druckfestigkeit und großem Abnutzungswiderstand.

Hartblei (Antimonialblei), Bez. für Bleimetall, dem zur Erhöhung der Härte 0,6 bis 13 % Antimon zulegiert worden sind.

Hartbonbons [bɔ̃'bɔ̃ːs] ↑ Bonbons.

Harte, [Francis] Bre[t] [engl. hɑːt], * Albany (N. Y.) 25. Aug. 1836, † Camberley (= Frimley und Camberley, England) 5. Mai 1902, amerikan. Schriftsteller. - Erfolgreich seine frühen Erzählungen aus dem Goldgräbermilieu (nach der Art Dickens'), u. a. „Die Ausgestoßenen von Poker Flat" (1869), „Das Glück von Roaring Camp" (1870).

Härte, (H. des Wassers) im wesentl. durch Calcium- (*Kalk-H.*) und Magnesiumsalze (*Magnesia-H.*) bewirkter Gehalt des Wassers an Erdalkalionen (außer Magnesium- und Calcium- v. a. Strontium- und Bariumionen); die sog. *temporäre H.* wird durch Hydrogencarbonate der Erdalkalimetalle hervorgerufen; durch Kochen werden diese nach der Gleichung $Ca(HCO_3)_2 \rightarrow CO_2 + H_2O + CaCO_3$ ausgefällt (im Ggs. zu der v. a. durch Calcium- und Magnesiumsulfate verursachten *permanenten H.*). Die H. des Wassers wird in *H.graden* angegeben. Die v. a. in Deutschland verwendete prakt. Maßeinheit für die H. wird als *deutscher H.grad* (Kurzzeichen D. G. oder °d) bezeichnet; sie entspricht 10 mg CaO je Liter Wasser oder der äquivalenten Menge eines anderen Erdalkalioxids. Die H. des Wassers bewirkt in Rohren, Kesseln u. a., die Warm- oder Heißwasser enthalten, die Bildung von Kesselstein; darüber hinaus bedingt sie durch Ausfällung fettsaurer Calcium- oder Magnesiumsalze eine stark reduzierte Waschwirkung der auf Fettsäurebasis hergestellten Seifen.

Wassercharakter in Abhängigkeit von der Härte

dt. Härtegrad	Wassercharakter
0 bis 4	sehr weich
4 bis 8	weich
8 bis 12	mittelhart
12 bis 18	ziemlich hart
18 bis 30	hart
über 30	sehr hart

◆ Widerstand, den ein Körper dem Eindringen eines anderen, härteren Körpers entgegensetzt (↑ Härteprüfverfahren).
◆ (Mohshärte) in der *Mineralogie* qualitative Größe zur Bestimmung und Einordnung eines Minerals nach der von F. Mohs vorgeschlagenen **Mohsschen Härteskala**.
◆ (H. einer Strahlung) Bez. für die Fähigkeit einer Strahlung, Materie zu durchdringen. Größerer H. entspricht eine größere Durch-

Mohssche Härteskala. Die zehn Standardminerale sind so angeordnet, daß Minerale mit niedrigeren Härtezahlen von solchen mit höheren Härtezahlen geritzt werden können, diese aber nicht zu ritzen vermögen,

Härtestufe	Mineral		
1	Talk	mit Fingernagel ritzbar	mit Taschenmesser oder Stahlnagel ritzbar
2	Gips		
3	Kalkspat		
4	Flußspat		
5	Apatit		
6	Orthoklas	ritzen Fensterglas	
7	Quarz		
8	Topas		
9	Korund		
10	Diamant		

dringungsfähigkeit, eine höhere Energie und Frequenz und damit eine kürzere Wellenlänge der Strahlung.
Hartebeests [Afrikaans] ↑ Kuhantilopen.
Härtegrade ↑ Härte.
◆ die Gradationsabstufungen handelsübl. Photopapiere; z. B. unter den Bez. ultraweich, weich, spezial, normal, hart, extrahart, ultrahart.
Härten (Härtung) ↑ Wärmebehandlung.
Härteprüfverfahren, Methoden zur Ermittlung der Härte eines [Werk]stoffs. Die ermittelte *Härtezahl* ist abhängig vom Prüfverfahren; dieses muß bei Angaben vermerkt werden. **Statische Härteprüfverfahren:** Das älteste H. ist das von F. Mohs für die Mineralogie geschaffene *Ritzhärteverfahren* (Verwendung nur noch auf mineralog. Gebiet, das für Metalle zu ungenau; ↑ Härte). Beim von J. A. Brinell eingeführten *Brinell-H.* wird eine Stahlkugel vom Durchmesser D (in mm) mit einer Last P senkrecht in die ebene, metall. blanke Probenoberfläche eingedrückt und der Durchmesser d (in mm) des dabei entstehenden Eindrucks mikroskop. auf 1/100 mm genau gemessen. Beim *Vickers-H.* (genormt nach DIN 50133) wird als Eindringkörper eine vierseitige, regelmäßige Diamantpyramide mit 136° Spitzenwinkel zwischen den gegenüberliegenden Flächen benutzt. Die Pyramide wird mit Last P senkrecht in die Probe eingedrückt, die Eindruckdiagonalen d_1 und d_2 werden auf 0,002 mm genau unter dem Mikroskop bestimmt, ihr Mittelwert d und damit die Eindruckoberfläche $d^2/(2 \cos 22°)$ und die *Vickers-* oder *Pyramidenhärte* (Zeichen HV) errechnet. Bis 3000 N/mm² stimmt die Vickershärte mit der Brinellhärte überein. Darüber hinaus bleibt die Brinellhärte hinter der Vickershärte zurück. Beim *Rockwell-C-Verfahren* (genormt nach DIN 50103) wird als Eindringkörper ein Diamantkegel (C Abk. für engl. cone = Kegel) mit einem Spitzwinkel von 120° verwendet. **Dynamische Härteprüfverfahren:** Können die stat. H. an einem Werkstoff nicht durchgeführt werden, so geben die dynam. zumindest einen gewissen Aufschluß über die Härte. *Schlaghärteprüfung mit dem Poldi-Hammer:* Der Hammer besteht im wesentlichen aus einer Hülse, in der durch leichten Federdruck ein bewegl. Schlagbolzen gegen einen seitl. eingeschobenen Vergleichsstab quadrat. Querschnitts von bekannter Härte (HB) und dieser wiederum gegen eine lose gefaßte, gehärtete Stahlkugel mit einem Durchmesser $D = 10$ mm gedrückt wird. Zur Härteprüfung wird das Gerät senkrecht auf die Prüffläche gestellt; dann wird dem Schlagbolzen ein kräftiger Schlag mit einem Handhammer von etwa 1000 g versetzt. Die Kugel drückt sich dadurch sowohl in die Probe als auch in den Vergleichsstab ein. Die *Poldihärte* (Zeichen HBp) läßt sich errechnen

aus den beiden Durchmessern d_P und d_V (P Probe; V Vergleichsstab). Beim *Kugelschlaghammer (Baumann-Hammer)* bildet die gegen das Probestück zu pressende Stahlkugel von 10 oder 5 mm Durchmesser (*D*) das Ende einer Stahlrohrhülse, in deren Innerem eine Schraubenfeder gespannt ist, die beim Auslösen einen Stahlkörper beschleunigt vortreibt, der wiederum die Kugel mit bekannter Kraft gegen die Probe schlägt. Der mit einer Lupe auszumessende Eindruckdurchmesser *d* ergibt nach einer Eichtabelle die *Schlaghärte* der Probe. Kann die Probenoberfläche senkrecht gestellt werden, so ist eine gewisse Beurteilung mit Hilfe des *Handpendelhammers* möglich. Dieser wird aus waagrechter Lage ausgelöst, trifft senkrecht auf die Probe und prallt von ihr zurück. Die Größe des Rückprallwinkels gibt Anhaltspunkte für die *[Pendel]härte.* Der *Shore-Rückprallhärteprüfer (Skleroskop)* verlangt eine waagrechte Prüffläche. Der Fallhammer (Gewicht 20 g) aus hartem Stahl, häufig mit abgerundeter Diamantspitze, fällt in einem senkrecht ausgerichteten Glasrohr aus 112 mm Höhe frei auf die Prüffläche, hinterläßt dort einen kleinen Eindruck, prallt wieder hoch und wird in der höchsten Lage festgehalten.

📖 *Weiler, W.: Härteprüfung an Metallen u. Kunststoffen. Sindelfingen 1985.*

Härter, ↑ Härtung.

harter Schanker, ältere Bez. für ↑ Syphilis.

Härteskala ↑ Härte.

harte Währungen, Währungen, die sich durch volle Konvertibilität auszeichnen und die wegen ihrer (relativen) Sicherheit in anderen Ländern als Verrechnungseinheiten und Währungsreserven benutzt werden. Länder mit h. W. besitzen i. d. R. eine aktive Handelsbilanz; sie verfügen über ausreichende Mengen an internat. Liquiditätsreserven, um am Devisenmarkt zugunsten der Stabilität ihrer Währungen intervenieren zu können (z. B. die Schweiz, Japan).

Hartfasern, die aus Stengeln, Blättern oder Früchten einiger einkeimblättriger trop. Pflanzen gewonnenen steifen, harten Fasern (z. B. Neuseelandflachs-, Manila-, Sisal- und Kokosfasern). H. eignen sich bes. für Seile und Flechtwerk.

Hartfaserplatten, svw. Holzfaserhartplatten (↑ Holzfaserplatten).

Hartford [engl. 'hɑːtfəd], Hauptstadt des B.-Staates Connecticut, USA, am unteren Connecticut River, 136 000 E. Sitz eines kath. Erzbischofs und eines anglikan. Bischofs; Colleges; Staatsbibliothek, Kunstmuseum, Sitz zahlr. Versicherungen; Motoren- und Maschinenbau, Elektro-, Textil- u. a. Ind. - 1635 gegr., eine der ältesten Siedlungen in den USA. 1662 bestand die Kolonie H. aus 14 Siedlungen; mit New Haven 1701–1875 Hauptstadt von Connecticut. - Klassizist. Old

State House (1796), State Capitol (1878/79).

Hartgestein, Naturgestein mit einer Druckfestigkeit von mindestens 1 500 bar in durchfeuchtetem Zustand, z. B. Basalt, Granit, Porphyr.

Hartgummi, aus Natur- oder Kunstkautschuk, Schwefel und anderen Zusätzen gewonnener, durch Heißvulkanisation gehärteter Werkstoff.

Hartguß, ↑ Gußeisen, das auf Grund unterdrückter Graphitausscheidung besonders hart ist.

Harth, Philipp, * Mainz 9. Juli 1887, † Bayrischzell 25. Dez. 1968, dt. Bildhauer. - Bed. seine Tierskulpturen in vereinfachender Formgebung; auch zahlr. Tierzeichnungen.

Hartheu, svw. ↑ Johanniskraut.

Hartholz, durch hohen Anteil an Holzfasern und enge Gefäße sehr festes und schweres Holz, z. B. Guajakholz, Ebenholz, Buchsbaum.

Hartlaub, Felix, * Bremen 17. Juni 1913, ✕ bei Berlin (?) 1945, dt. Schriftsteller und Historiker. - Sohn von Gustav Friedrich H.; ab 1942 Sachbearbeiter der Abteilung Kriegstagebuch im Führerhauptquartier; Erzählungen, Dramen, literar. Skizzen sowie Tagebücher in knappem, klarem, unpersönl. Stil („Im Sperrkreis. Aufzeichnungen aus dem zweiten Weltkrieg", hg. 1955 von Geno H.).

H., Geno[veva], * Mannheim 7. Juni 1915, dt. Schriftstellerin. - Tochter von Gustav Friedrich H.; schrieb Romane, Erzählungen („Der Mond hat Durst", 1963, „Muriel", 1985), Essays, Hörspiele u. a. und gab den Nachlaß ihres Bruders Felix H. heraus.

H., Gustav Friedrich, * Bremen 12. März 1884, † Heidelberg 30. April 1963, dt. Kunsthistoriker. - Vater von Felix und Geno H.; 1923–33 Direktor der Kunsthalle Mannheim, ab 1946 Prof. in Heidelberg. Förderer zeitgenöss. (expressionist.) Kunst; prägte den Stilbegriff ↑ Neue Sachlichkeit. Schrieb u. a. „Der Genius im Kinde" (1922).

Hartlaubgehölze, svw. ↑ Durilignosa.

Hartlaubgewächse, an trockene, heiße Sommer angepaßte Pflanzen; besitzen meist kleine, immergrüne, saftarme Blätter, die mit Wachs überzogen oder behaart sind; z. B. Zistrosen, Lorbeer, Myrte.

Hartlaubwald, immergrüner, lederblättriger Laubwald der Winterregengebiete mit 15–20 m hoher Kronenschicht und dichtem Unterwuchs.

Hartleben, Otto Erich, Pseud. Otto Erich, * Clausthal (= Clausthal-Zellerfeld) 3. Juni 1864, † Salò 11. Febr. 1905, dt. Schriftsteller. - Verspottete als naturalist. Dramatiker kleinbürgerl. Philistertum; später tief pessimist. Werke; sein größter Erfolg war die Offizierstragödie „Rosenmontag" (1900).

Hartlegierungen, harte, kohlenstoffhaltige Werkstoffe, die im wesentl. aus einem Grundmetall der Eisengruppe (Eisen, Nickel,

Kobalt) und einem oder mehreren Metallen der Chromgruppe (Chrom, Molybdän, Wolfram) bestehen, unter Umständen noch mit kleinen Sonderzusätzen von Vanadin, Tantal bzw. Niob und Bor. Hohe Verschleißfestigkeit, Korrosions- und Zunderbeständigkeit.

Hartlepool [engl. 'hɑːtlɪpuːl], Ind.- und Hafenstadt an der engl. NO-Küste, Gft. Cleveland, 94 400 E. Kohlenausfuhr, Fischerei; Schiffbau; Eisen- und Stahlind., Elektronik- u. a. Ind., Kernkraftwerk; Seebad. - Erhielt 1201 Stadtrecht.

Hartline, Haldan Keffer ['hɑːtlɛɪn], * Bloomsburg (Pa.) 22. Dez. 1903, † Fallston (Md.) 17. März 1983, amerikan. Physiologe. - Prof. am Rockefeller Institute in New York; grundlegende mikroelektr. Untersuchungen an den Lichtrezeptoren des Auges; Nobelpreis für Physiologie oder Medizin 1967 zus. mit R. A. Granit und G. Wald.

Hartling, Poul [dän. 'hardlɛŋ], * Kopenhagen 14. Aug. 1914, dän. Politiker. - Theologe; 1957–60 und seit 1964 Mgl. des Folketing; seit 1965 Vors. der Liberalen Partei (Venstre); 1968–71 Außenmin.; 1973–75 Min.präs.; 1978–85 Hoher Kommissar der UN für Flüchtlinge

Härtling, Peter, * Chemnitz 13. Nov. 1933, dt. Schriftsteller. - Schreibt (häufig biograph.) Romane, Erinnerungsstudien, Lyrik, Kinderbücher; bed. Herausgebertätigkeit. - *Werke:* Niembsch oder Der Stillstand (R., 1964), Das Familienfest (R., 1969), Ein Abend, eine Nacht, ein Morgen. Eine Geschichte (1971), Eine Frau (R., 1974), Hölderlin. Ein Roman (1978), Hubert oder Die Rückkehr nach Casablanca (R., 1978), Krücke (R., 1986).

Härtling, Geländeerhebung (Berg, Mineralgang), die infolge ihres widerstandsfähigeren Gesteins weniger abgetragen wurde als ihre Umgebung und deshalb diese überragt.

Hartlot † Löten.

Hartmais † Mais.

Hartmann, alter dt. männl. Vorname (althochdt. harti, herti „hart" und man „Mann; Mensch").

Hartmann von Aue, * 2. Hälfte des 12. Jh., † Anfang des 13. Jh., mittelhochdt. Dichter. - Er bezeichnet sich in seinem Werk selbst als gelehrten Ritter. Welchem der in der Forschung erwogenen alemann. Orte namens Aue (Eglisau, Reichenau, Au bei Freiburg, Obernau bei Tübingen) er zuzuordnen ist, ist nicht mehr zu klären. Strittig ist auch, ob er am Kreuzzug 1189/90 oder 1197/98 teilgenommen hat. H. dichtete Lieder der hohen Minne, der Absage an die Minnekonvention, Kreuzzugslieder, eine didakt. Minnelehre, das sog. „Büchlein". Seine Hauptbed. liegt aber auf dem Gebiet der Epik. Nach dem Vorbild des frz. Epikers Chrétien de Troyes schuf er die ersten mittelhochdt. Artusromane „Erec" und „Iwein". Während Erec im Spannungsfeld von Minne und Ritterdienst seine

Ritterpflichten vergißt, versagt Iwein in der Minne. Eine sittl. Läuterung ist jeweils nur durch bestimmte Abenteuerfolgen möglich. Neben den Artusromanen sind noch zwei höf. Verslegenden erhalten: „Der arme Heinrich", die Geschichte eines Ritters, der sich einseitig dem Weltleben widmet, schließl., vom Aussatz befallen, durch die Opferbereitschaft einer Jungfrau geheilt wird, und „Gregorius", die höf. Gestaltung der Legende von der doppelten Blutschande. H., ein didakt. engagierter Dichter, stand seiner Zeit nicht unkrit. gegenüber. Ein Zentralbgriff seiner Werke, in denen er sich fast immer gegen einseitige Ideologien wandte, ist die rechte Mitte zw. den Extremen („mâze"). Sein klarer, durch rhetor. Stilmittel geprägter Versstil wurde Vorbild für spätere Dichtergenerationen.
🕮 *Cormeau, C./Störmer, W.: H. v. A. Mchn. 1985.*

Hartmann, Eduard von, * Berlin 23. Febr. 1842, † Großlichterfelde (= Berlin [West]) 5. Juni 1906, dt. Philosoph. - Ausgehend von der „Philosophie des Unbewußten" schuf H. seine von ihm selbst „konkreter Monismus" gen. Synthese zw. Hegels „absolutem Geist", dem Willensbegriff Schopenhauers, Schellings Begriff des „Unbewußten" und Leibniz' Monadenlehre. Pessimist. Weltauffassung, zugleich optimist. Evolutionsglaube. Gegen das Christentum als Mitbegr. des Neovitalismus. - *Werke:* Philosophie des Unbewußten (3 Bde., 1869), Die Religion des Geistes (1882), Das Grundproblem der Erkenntnistheorie (1889).

H., Karl Amadeus, * München 2. Aug. 1905, † ebd. 5. Dez. 1963, dt. Komponist. - Schüler von A. Webern, machte sich jedoch nie die Zwölftontechnik ganz zu eigen. V. a. durch seine 8 Sinfonien bekannt; komponierte expressiv-humanist. Werke, die u. a. die Oper „Des Simplicius Simplicissimus Jugend" (1935, Neufassung 1955), den „Versuch eines Requiems" (1. Sinfonie mit Texten von W. Whitman, 1938), die unvollendete „Gesangsszene" (nach Giraudoux, 1963) und den Beitrag „Ghetto" zu der Gemeinschaftsarbeit „Jüd. Chronik" (1960–66) umfassen.

H., Max[imilian], * Lauterecken 7. Juli 1876, † Hofgut Buchenbühl (zu Waltenhausen, Landkr. Günzburg) 11. Okt. 1962, dt. Zoologe und Naturphilosoph. - Prof. am Kaiser-Wilhelm-Institut (jetzt Max-Planck-Institut) für Biologie in Berlin, Hechingen und Tübingen; entwickelte 1909 das Gesetz der Relativität der geschlechtl. Differenzierung, das er 1925 experimentell bewies. H. befaßte sich auch mit philosoph.-methodolog. und erkenntnistheoret. Problemen der Naturwissenschaften.

H., Moritz, * Dušnik bei Příbram 15. Okt. 1821, † Wien 13. Mai 1872, östr. Dichter. - 1848 Mgl. des Frankfurter Parlaments; Beteiligung an der Revolution in Wien und am bad. Aufstand, schrieb in dieser Zeit bed. polit.

Lyrik; später Romane, Novellen, Reiseberichte u. a. idyll. Charakters. - *Werke:* Kelch und Schwert (Ged., 1845), Reimchronik des Pfaffen Mauritius (Satire [auf das Frankfurter Parlament], 1849).

H., Nicolai, * Riga 20. Febr. 1882, † Göttingen 9. Okt. 1950, dt. Philosoph. - Prof. 1920 in Marburg, 1925 in Köln, 1931 in Berlin, 1946 in Göttingen; anfangs der † Marburger Schule verpflichtet; entwickelte eine neue, umfassende [realist.] Erkenntnistheorie, Ontologie und Ethik; gegen Kritizismus und Relativismus lehrt H. die Erfaßbarkeit des Ansichseienden; Ontologie beschreibt die erkennbare Seite des Seins, soll sich aber nach H. von der „oberflächl." Phänomenologie unterscheiden; das Sein baut sich bei H. in vier deutl. geschiedenen kategorialen Seinsschichten auf: Materie, Leben, Bewußtsein und Geist; Metaphysik ist Aporetik zur Aufhellung der nichtintelligiblen Reste der Wirklichkeit, doch ist die Welt von einem objektiven Geist durchdrungen. - *Werke:* Grundzüge einer Metaphysik der Erkenntnis (1921), Die Philosophie des dt. Idealismus (1923–29), Ethik (1925), Das Problem des geistigen Seins (1933), Zur Grundlegung der Ontologie (1935), Möglichkeit und Wirklichkeit (1938), Der Aufbau der realen Welt (1940), Philosophie der Natur (1950), Teleolog. Denken (1951), Ästhetik (hg. 1953).

H., Paul, * Fürth 8. Jan. 1889, † München 30. Juni 1977, dt. Schauspieler. - H. hatte große Erfolge als jugendl. Held (1914–26 am Dt. Theater Berlin, 1926–34 am Burgtheater Wien), später in Charakterrollen (1934–45 am Staatstheater Berlin, nach 1945 Gastspiele).

Hartmannbund (Verband der Ärzte Deutschlands e. V.), von dem dt. Arzt H. Hartmann (* 1863, † 1923) im Jahre 1900 (urspr. als „Leipziger Verein" zur Wahrung der ärztl. Interessen gegenüber den Krankenkassen) gegründeter Ärzteverband; Auflösung 1936, Neugründung am 20. Mai 1949 in Hamburg.

Hartmannsweilerkopf (frz. Vieil Armand), Berg in den S-Vogesen, Frankr., 956 m hoch; im 1. Weltkrieg hart umkämpft.

Hartmetalle, harte und verschleißfeste, temperaturbeständige Werkstoffe; gesinterte Carbid-H. *(Sinterhartmetalle):* mit Kobaltoder Nickelpulver zusammengesinterte Legierungen als Molybdän-, Tantal-, Titan-, Vanadin- und Wolframcarbid (für Schneidwerkzeuge aller Art, Bohrer, Sandstrahldüsen u. a.); gegossene Carbid-H. *(Gußcarbide):* hauptsächl. aus Molybdän und Wolframcarbid († Hartlegierungen; für Bohrmeißel u. a.), als Zieh- und als Lagersteine für Instrumente.

Hartmut, alter dt. männl. Vorname (althochdt. harti, herti „hart" und muot „Sinn, Geist").

Hartog, Jan de [niederl. 'hɑrtɔx], Pseud. F. R. Eckmar, * Haarlem 22. April 1914, niederl. Schriftsteller. - Schrieb anfangs niederl.,

später engl., häufig über Seehelden. Bes. erfolgreich sein Roman „Hollands Glorie" (1940) sowie die Komödie „Das Himmelbett" (1951). „Die Spur der Schlange" (R., 1983).

Hartporzellan † Porzellan.

Hartree, Douglas Rayner [engl. 'hɑːtrɪ], * Cambridge 27. März 1897, † ebd. 12. Febr. 1958, brit. Physiker und Mathematiker. - Prof. in Manchester und Cambridge; Mgl. der Royal Society. H. entwickelte Näherungsverfahren zur Berechnung der quantenmechan. Wellenfunktionen von Vielelektronensystemen und befaßte sich außerdem u. a. mit Problemen der digitalen Rechenautomaten, der Ballistik und der Physik der Atmosphäre.

Hartree-Fock-Methode [engl. 'hɑːtrɪ, russ. fɔk; nach D. R. Hartree und dem sowjet. Physiker W. A. Fok, * 1898], wichtiges quantenmechan. Verfahren zur näherungsweisen Berechnung der Wellenfunktionen († Psifunktionen) und Energiewerte eines aus gleichartigen, miteinander wechselwirkenden Fermionen bestehenden Vielteilchensystems, das insbes. zur theoret. Behandlung der Elektronengesamtheit im Atom herangezogen wird.

Hartriegel (Hornstrauch, Cornus), Gatt. der Fam. **Hartriegelgewächse** (Kornelkirschengewächse, Cornaceae); zwölf Gatt. mit rd. 100 Arten in trop. und gemäßigten Zonen; Bäume oder Sträucher; bekannt auch die Gatt. † Aukube) mit rd. 45 Arten in der gemäßigten Zone der Nordhalbkugel; meist Sträucher mit ganzrandigen, meist gegenständigen Blättern, kleinen Blüten in Trugdolden und weißen, blauen oder schwarzen Steinfrüchten. In M-Europa kommen vor: † Roter Hartriegel und **Kornelkirsche** (Herlitze, Gelber H., Cornus mas), frühblühend mit gelben Blüten und leicht säuerl., eßbaren roten Früchten.

Hartschier (Hatschier) [zu italien. arciere „Bogenschütze"], Angehöriger der Leibgarde der Residenzwache der bayr. König bis 1918.

Hartspiritus, durch Zusatz v. a. von Seifen oder Zelluloseester in gallertige Form gebrachter Brennspiritus. Heute auch Bez. für Trockenbrennstoffe ohne Alkohol.

Hartung, Fritz, * Saargemünd 12. Jan. 1883, † Berlin 24. Nov. 1967, dt. Historiker. - 1922 Prof. in Kiel, 1923–49 in Berlin; beschäftigte sich bes. mit der neueren Verfassungsgeschichte, schrieb u. a. „Dt. Verfassungsgeschichte vom 15. Jh. bis zur Gegenwart" (1914).

H., Gustav, * Bartenstein (Ostpr.) 30. Jan. 1887, † Heidelberg 14. Febr. 1946, dt. Regisseur und Theaterleiter. - 1914–20 Regisseur in Frankfurt am Main, dann Intendant in Darmstadt, Köln, Berlin und erneut in Darmstadt; 1933 Emigration. Als einer der wichtigsten Regisseure des expressionist. Theaters brachte H. zahlr. Uraufführungen (F. von Unruh, F. Bruckner) heraus.

H., Hans, * Leipzig 21. Sept. 1904, frz. Maler und Graphiker dt. Herkunft. - Lebt seit 1935 in Paris; mit abstrakten, seit 1952 informellen Bildern Vertreter der ↑École de Paris.

H., Hugo, Pseud. N. Dymion, * Netzschkau 17. Sept. 1902, † München 2. Mai 1972, dt. Schriftsteller. - V. a. heitere, z. T. humorist. und krit. Unterhaltungsromane, u. a. „Ich denke oft an Piroschka" (1954), „Wir Wunderkinder" (1957), „Ihr Mann ist tot und läßt Sie grüßen" (1965), „Wir Meisegeiers" (1972).

H., Karl, * Hamburg 2. Mai 1908, † Berlin 19. Juli 1967, dt. Bildhauer. - Schulte sich u. a. an C. Brancusi und A. Maillol und schuf (abstrakte) Skulpturen von organ. und klass.-strengem Charakter.

Hartung, alte Bez. v. a. für den Januar.

Härtung, (H. von Metallen) ↑Wärmebehandlung.

◆ (H. von Fetten) ↑Fetthärtung.

◆ (H. von *Kunststoffen*) durch engmaschige räuml. Vernetzung ihrer Moleküle erzielte Überführung flüssiger oder plast. Kunststoffe in einen irreversiblen Zustand hoher Festigkeit. Bei den härtbaren Kunstharzen (Duroplaste) unterscheidet man eigenhärtende Harze, die durch Zugabe von katalytisch wirkenden *Härtern* polymerisieren, von den indirekt härtbaren Harzen, die mit den zugegebenen H.*mitteln* zu Polykondensations- oder Polyadditionsprodukten vernetzen. Durch H. lassen sich unlösl., unerweichbare, unschmelzbare, chem. beständige, therm. und elektr. isolierende Kunststoffe herstellen. Härtbare Harze eignen sich als Formmassen, Gießharze, Schichtstoffe, Oberflächenschutz und zur Verleimung und Verkittung.

Hartwig, alter dt. männl. Vorname (althochdt. harti, herti „hart" und wig „Kampf, Krieg").

Hartwin ↑Arduin.

Hartzenbusch, Juan Eugenio [span. arθɛmˈbutʃ], * Madrid 6. Sept. 1806, †ebd. 2. Aug. 1880, span. Dichter dt.-span. Abstammung. - Hauptvertreter des romant. Dramas in Spanien; auch Fabeln und Gedichte sowie krit. Ausgaben großer span. Dramatiker. - *Werke:* Die Liebenden von Teruel (Dr., 1836), Doña Mencía (Dr., 1838).

Haruden (lat. Harudes; Charuden), westgerman., wahrscheinl. aus W-Norwegen (Hordaland) nach Jütland eingewandertes Volk, das südl. der Kimbern siedelte; 5 n. Chr. und um 150 nochmals erwähnt.

Harun Ar Raschid, * Rai Febr. 766, †Tus bei Meschhed 24. März 809, 5. abbasid. Kalif (seit 786). - Seine Herrschaft gilt als Blütezeit des Kalifats von Bagdad; abendländ. Quellen zufolge soll er mit Karl d. Gr. Gesandtschaften ausgetauscht haben. Die wirtsch. und kulturelle Blüte seiner Zeit erlaubte ihm größte Macht- und Prachtentfaltung und ließ ihn schon zu Lebzeiten zum Idealbild des Kalifen werden (Niederschlag in den Erzählungen von „Tausendundeiner Nacht").

Harunobu, Susuki, * Edo (= Tokio) 1725(?), †ebd. 29. Juni 1770, jap. Maler. - Ukijo-E-Maler und erster klass. Meister des Farbholzschnitts, v. a. feinlinige, elegante Frauengestalten.

Haruspex [lat.], etrusk., später auch röm. Priester, der aus den Eingeweiden von Opfertieren oder aus bes. Himmelserscheinungen (wie Blitzen) wahrsagte.

Harvard University [engl. ˈhɑːvəd juːnɪˈvəsɪtɪ], traditionsreichste und bedeutendste Univ. der USA, in Cambridge (Mass.) sowie später auch Boston; gegr. 1636.

Harvey [engl. ˈhɑːvɪ], Lilian, eigtl. Lilian Muriel Helen H., * Hornsey (= London) 19. Jan. 1907, † Cap d'Antibes 27. Juli 1968, engl.-dt. Schauspielerin. - Spielte mit W. Fritsch in zahlr. Filmen ein Liebespaar, u. a. in „Die keusche Susanne" (1926), „Die drei von der Tankstelle" (1930), „Der Kongreß tanzt" (1931), „Ein blonder Traum" (1932).

Lilian Harvey

H., William, * Folkestone (Kent) 1. April 1578, † Hampstead (= Camden) 3. Juni 1657, engl. Arzt, Anatom und Physiologe. - Arzt in London; 1618–47 königl. Leibarzt. H. entdeckte den großen Blutkreislauf. In seinem Werk, „Exercitationes de generatione animalium" (1651) vertrat er die These, daß sich alle tier. Lebewesen aus Eiern entwickeln.

Harwich [engl. ˈhærɪdʒ], engl. Hafenstadt 120 km nö. von London, Gft. Essex, 15 100 E. Fährverbindungen und Güterverkehr zum Kontinent; Seebad. - Seit 1319 Stadt.

Haryana, B.-Staat in NW-Indien, 44 222 km², 13 Mill. E (1981), Hauptstadt Chandigarh. H. liegt am östl. Rand des Pandschab und ist nur mit künstl. Bewässerung landw. nutzbar. 79 % der Bev. sind Hindus, 7 % Sihks, 4 % Muslime; Hauptsprache ist Hindi. - In seiner heutigen Gestalt wurde H. als 17. B.-Staat der ind. Union am 1. Nov. 1966 aus dem Punjab ausgegliedert. Das histor. H. umfaßt etwa die Distrikte Hissar und Rohtak. Um die Mitte des 13. Jh. wurde H. muslim., 1803 britisch.

Harz, nördlichstes dt. Mittelgebirge (DDR und BR Deutschland), etwa 90 km lang, 30 km breit, im Brocken 1142 m hoch. Der H. ist eine Pultscholle mit steilen Randstufen im N und allmähl. Abdachung nach SO, aufgebaut aus überwiegend paläozoischen, z. T. metamorphen Gesteinen. Im Oberkarbon drangen Tiefengesteine (Granit, Gabbro) ein, im Perm porphyr. Ergußgesteine. Zahlr. Erzgänge (u. a. Silber, Blei, Zink, Schwerspat) sind an Störungslinien gebunden. Karsterscheinungen mit Höhlen kommen in dem Kalken und im Gips des Zechstein vor. In der Eiszeit war der H. nur schwach vergletschert. Er gliedert sich in Ober-, Mittel- und Unterharz. Der **Oberharz,** eine Rumpffläche in rd. 600 m Höhe (84 000 ha sind Naturpark) wird von einem dichten Gewässernetz stark zertalt. Die zahlr. Teiche wurden seit dem 16. Jh. künstl. angelegt, um Antriebskraft für den Bergbau zu gewinnen. Der Brocken (Naturschutzgebiet) und die umliegende Hochfläche in rd. 800 m ü. d. M. bilden den **Mittelharz.** Der **Unterharz** im SO liegt in 350–500 m Höhe im Regenschatten des Brockens, der etwa 1 700 mm Niederschlag/Jahr erhält (dagegen Ober-H. 900 mm, Unter-H. von W nach O 750–580 mm). Das Maximum fällt im Winter (über 100 Schneetage). Aus den Staubecken werden Göttingen und der Raum Halle/Saale-Leipzig mit Trinkwasser beliefert. Im Unter-H. herrschen Laub- und Mischwälder vor, im Ober-H. Fichtenwälder. Der Brocken liegt über der Baumgrenze. Für die Besiedlung war der Bergbau von entscheidender Bed. Seit 968 werden am Rammelsberg bei Goslar bis heute Erze gefördert, im 16. Jh. entstanden die Freien Bergstädte Grund, Wildemann, Clausthal u. a. Der Bergbau ist stark zurückgegangen; eine wichtige Einnahmequelle ist heute der ganzjährige Fremdenverkehr.

Harz ↑ Harze.

Harzburg, Bad ↑ Bad Harzburg.

Harzburger Front, Zusammenschluß von DNVP, Stahlhelm, Vereinigung Vaterländ. Verbände und NSDAP in Bad Harzburg am 11. Okt. 1931; sollte die Einigkeit der sog. nat. Opposition im Kampf gegen die Reg. Brüning demonstrieren; scheiterte als polit. Bündnis an der Rivalität ihrer Führer; ihre Wiederbelebung im Jan. 1933 diente Hitler ledigl. als Kulisse für seine quasilegale Machtergreifung.

Harze, i. w. S. (d. h. die Eigenschaften von Natur- und Kunst-H. umfassenden) amorphe, organ., festgewordene oder noch zähflüssige, glänzende, transparente Stoffe, die ohne festen Schmelzpunkt allmähl. vom flüssigen in den festen Zustand übergehen; reine H. sind geruch-, geschmack- und farblos, in Wasser unlöslich, in Alkohol, Äther u. a. löslich. **Naturharze** finden sich teils rein, teils in Verbindung mit Terpentinöl und anderen Ölen in Ausscheidungsprodukten von Bäumen und fließen bei Rindenverletzung aus; fossile H. sind Bernstein und Kopal.

Harzer Käse, ein Sauermilchkäse.

Harzer Roller ↑ Kanarienvogel.

Harzer Zither ↑ Cister.

Harzöle, aus Harzen u. a. durch trockene Destillation gewonnene Öle. Alkalibehandlung und Redestillation führen zu säurefreien Fraktionen. Verwendung für Kabelisolierpapier, billige Schmiermittel, Druckfarben, Bodenbeläge.

Harzsäuren, v. a. in den Harzen der Koniferen (Fichte, Kiefer) und in dem aus ihnen gewonnenen ↑ Kolophonium enthaltene Monocarbonsäuren (z. B. Abietinsäure, Pimarsäure und andere cycl. Di- und Triterpene); dienen u. a. zur Herstellung von Harzseifen und Papierleimen.

Harzseifen (Resinate), Salze der Harzsäuren [des Kolophoniums], insbes. ihre Natrium- und Kaliumsalze *(Alkali-H.);* die wasserlösl. Alkali-H. werden wegen ihres starken Schäumens als Zusatz zu Kernseifen und Waschmitteln verwendet; in Form von Harzleim dienen sie zum Leimen von Papieren (verhindern das Durchschlagen von Druck und Tinte).

Harzvorland, weitgehend lößbedeckte, fruchtbare Landschaften im N, O und SW des Harzes. Das *nördl. H.* liegt zw. dem N-Rand des Harzes und dem Aller-Urstromtal mit vier Höhenzugreihen: Dorm-Rieseberg, Elm, Asse-Heseberg und Großer Fallstein-Huy-Hakel. Das *östl. H.* ist dem Unterharz

Harunobu, Mädchen mit Laterne
(3. Viertel des 18. Jh.)

vorgelagert, zw. der Bode im W, dem Flechtinger Höhenzug im N und der Leipziger Tieflandsbucht im O, gegliedert in Magdeburger Börde, Helmstedt-Oscherslebener Mulde, Mansfelder Hochfläche und Halle-Merseburger Land. Das *sw. H.* ist eine Schichtstufenlandschaft zw. Harz und Eichsfeld mit günstiger Verkehrslage, die aber durch die Grenze DDR/BR Deutschland unterbrochen wurde.

Hasan, * Medina 625, † ebd. 669, 5. Kalif (661). - Sohn von Ali Ibn Abi Talib und der Fatima, Tochter Mohammeds; folgte seinem Vater als Kalif, dankte aber ein halbes Jahr später gegen Abfindung zu Gunsten des Gegenkalifen Muawija ab. Die Schiiten verehren H. als 2. Imam.

Hasan II., * Rabat 9. Juli 1929, König von Marokko (seit 1961). - Folgte 1961 seinem Vater Mohammed V. auf dem Thron; 1961–63 und 1965–67 auch Min.präsident.

Hasan dağı [türk. haˈsan daːˈï], Vulkankegel im sö. Inneranatolien, 3 253 m hoch.

Hasanlu [pers. hæsænˈluː], Ruinenhügel im NW-Iran, 10 km südl. des Urmiasees. Ausgrabungen seit 1957 fanden Keramik vom 5. Jt. v. Chr. und eine bed. Siedlung des 2./1. Jt., die gegen 800 v. Chr. zerstört wurde.

Hasard [haˈzart, frz. aˈzaːr; arab.], Kurzwort für H.spiel, Glücksspiel; **Hasardeur,** Glücksspieler.

Haschee (Haché) [frz., zu hacher „zerhacken"], pikant abgeschmecktes Gericht aus fein zerkleinertem Fleisch (z. B. Lungenhaschee).

Haschimiden (Haschemiten), arab. Dyn. im Irak und Jordanien; führt ihren Stammbaum auf Haschim († um 500), den Urgroßvater des Propheten Mohammed und über Hasan auf den Propheten Mohammed zurück. Vom 10. Jh. an stellten die H. das religiöse Oberhaupt (Scherif) von Mekka; regierten in Hedschas 1917–25, in Irak 1921–58, seit 1921 in Transjordanien (= Jordanien).

Haschisch [arab., eigtl. „getrocknetes Gras, Heu"], weitverbreitetes Rauschgift, das durch Extraktion aus dem Harz des Indischen Hanfs gewonnen wird. Die wirksamen Bestandteile, Tetrahydrocannabinol und andere Cannabinolabkömmlinge, befinden sich in einem harzartigen Sekret, das von Drüsenhaaren an Blüten, Blättern und Stengeln (bes. der ♀ Pflanzen) ausgeschieden wird. (Beim hauptsächl. in S- und M-Amerika verwendeten **Marihuana** handelt es sich um gehackte getrocknete Pflanzenteile.) H. wird v.a. in Kombination mit Tabak geraucht, aber auch in Kaffee oder Tee konsumiert. Die Rauschempfindungen hängen v.a. von den seel. und körperl. Anlagen des Betroffenen, von seiner augenblickl. Gestimmtheit und wesentl. auch von der jeweiligen Umgebung ab. So kommen neben Apathie und milder Euphorie u.a. auch ängstl. Unruhe und aggressive Gereiztheit vor. H. führt zu einer psych. und nicht zu einer körperl. Abhängigkeit. Allerdings spielt H. erfahrungsgemäß oft die Rolle einer „Einstiegsdroge" zu anderen (stärkeren) Suchtmitteln. Außerdem birgt die psych. Abhängigkeit die Gefahr einer völligen Abkehr von der Realität, u. U. mit Persönlichkeitsstörung und schwerster Verwahrlosung. Chron. H.genuß soll ferner zu schweren Wesensveränderungen auf der Basis hirnorgan. Schäden, u. U. zur Verblödung führen können. - ↑ auch Drogenabhängigkeit, ↑ Rauschgifte.

Hasdrubal, † 221 v. Chr., karthag. Heerführer. - Schwiegersohn des Hamilkar Barkas; wurde 229 dessen Nachfolger als Oberkommandierender in Spanien und suchte die Iberer durch Versöhnungspolitik zu gewinnen; gründete Carthago Nova (= Cartagena).

H., † am Metaurus 207 v. Chr., karthag. Heerführer. - Sohn des Hamilkar Barkas und Bruder Hannibals; 218 zur Sicherung des Landes in Spanien zurückgelassen; beim Eindringen nach M-Italien zur Entlastung Hannibals 207 in der Schlacht am Metaurus bei Sena Gallica (= Senigallia) geschlagen.

H., karthag. Feldherr zur Zeit des 3. Pun. Krieges (149–146). - 150 v. Chr. vom Numiderkönig Masinissa geschlagen und aus Karthago vertrieben, kehrte nach Beginn des 3. Pun. Krieges in die Stadt zurück und leitete die Verteidigung; ergab sich kurz vor dem Fall der Burg (Byrsa) den Römern.

Hase, Conrad Wilhelm, * Einbeck 2. Okt. 1818, † Hannover 28. März 1902, dt. Baumeister. - Setzte sich für die Wiederbelebung des got. Backsteinbaus und ma. Denkmäler ein, errichtete mehr als 100 Kirchen (u. a. Christuskirche, 1849–64, Hannover).

H., Karl August von, * Niedersteinbach (Landkr. Geithain) 25. Aug. 1800, † Jena 3. Jan. 1890, dt. ev. Theologe. - 1830 Prof. für Kirchengeschichte in Jena. Übte scharfe Kritik am Rationalismus; seine Kirchengeschichtsschreibung ist „Anschauung" im Sinne Schellings und Schleiermachers. Sein „Handbuch der prot. Polemik gegen die röm.-kath. Kirche" (1862) verbindet Kritik am Katholizismus mit Verständnis für dessen christl. Inhalte.

H., Karl-Günther von, * Wangern (= Wegry bei Breslau) 15. Dez. 1917, dt. Diplomat und Journalist. - 1962–67 als Staatssekretär Leiter des Presse- und Informationsamtes der Bundesreg.; 1967–69 Staatssekretär im B.-Ministerium der Verteidigung; 1970–77 Botschafter in Großbrit.; 1977–82 Intendant des ZDF.

Hase ↑ Sternbilder (Übersicht).

Hase, rechter Nebenfluß der Ems, entspringt im Teutoburger Wald, steht durch eine Bifurkation über die Else mit der Weser in Verbindung, mündet bei Meppen; 193 km lang.

Hase ↑ Hasen.

Hašek, Jaroslav [tschech. ˈhaʃɛk], * Prag 24. April 1883, † Lipnice nad Sázavou

(Ostböhm. Geb.) 3. Jan. 1923, tschech. Schriftsteller. - Weltruhm erlangte er mit dem satir. Roman „Die Abenteuer des braven Soldaten Schwejk während des Weltkrieges" (unvollendet, 4 Bde., 1921–23), in dem er den Militarismus lächerlich macht. Schwejk wurde zu einer Symbolfigur (u. a. von Brecht dramatisiert; auch verfilmt). K. Vaněk vollendete den Roman und schrieb eine Fortsetzung.

Hasel (Corylus), Gatt. der Fam. **Haselnußgewächse** (Corylaceae; vier Gatt. mit rd. 50 Arten auf der Nordhalbkugel; weitere bekannte Gatt. ↑ Hainbuche, ↑ Hopfenbuche) mit 15 Arten in Eurasien und N-Amerika; Sträucher oder kleine Bäume mit vor den Blättern erscheinenden Blüten und Nußfrüchten. Bekannte Arten sind: **Haselnußstrauch** (Gewöhnl. H., Wald-H., H.strauch, Corylus avellana), ein wärmeliebender, bis 5 m hoher Strauch mit rundl., zugespitzten, grob doppelt gesägten Blättern; ♀ Blüten in knospenartigem Blütenstand, ♂ Blüten in hängenden, im Vorjahr gebildeten Kätzchen. Die öl- und eiweißreichen, einsamigen Früchte (**Haselnüsse**) werden v. a. als Backzutaten verwendet. **Lambertsnuß** (Lamberts-H., Corylus maxima), bis 5 m hoher Strauch mit wohlschmeckenden Nüssen, dem H.nußstrauch ähnlich.

Haselhuhn ↑ Rauhfußhühner.

Haselmaus (Haselschläfer, Muscardinus avellanarius), mit 6–9 cm Körperlänge kleinste Art der Bilche, v. a. in Europa; Körper gedrungen, Oberseite bräunlich- bis rötlichgelb, Unterseite heller mit knapp körperlangem, schwach buschigem Schwanz; ernährt sich v. a. von Haselnüssen, Knospen und Beeren und baut kugelförmige, geschlossene Nester.

Haselwurz (Brechwurz, Asarum europaeum), bis 10 cm hohes Osterluzeigewächs; in Europa und Asien; kriechende Pflanze mit nierenförmigen, dunkelgrünen Blättern und nickender, glockenförmiger, außen bräunl., innen dunkelroter Blüte.

Haselzeit ↑ Holozän (Übersicht).

Hasen [zu althochdt. haso, eigtl. „der Graue"] (Leporidae), mit rd. 45 Arten fast weltweit verbreitete Fam. der Hasenartigen; Körper 25–70 cm lang; Fell meist dicht und weich; Hinterbeine verlängert; Ohren lang bis sehr lang; v. a. Gehör und Geruchssinn hoch entwickelt. Zu den H. zählen u. a. die Gatt. *Echte Hasen* (Lepus) mit **Feldhase** (Europ. Feld-H., Lepus europaeus), lebt in offenem Gelände in Europa, SW-Asien und im westl. N-Afrika; etwa 40–70 cm lang, Schwanz bis 10 cm lang; Fell graugelb bis braun mit schwärzl. Melierung, Bauch weißl., Schwanzoberseite und Ohrspitzen schwarz. **Schneehase** (Lepus timidus), kommt in lichten Wäldern und offenen Landschaften der arkt. und gemäßigten Regionen Eurasiens und N-Amerikas (einschließl. Grönlands) vor; etwa 45–70 cm lang, Schwanz 4–8 cm lang; Ohren relativ

kurz, Fell im Sommer meist rotbraun bis braungrau, im Winter bis auf die stets schwarzen Ohrspitzen weiß. **Kaphase** (Wüsten-H., Lepus capensis), heim. in steppen- und wüstenartigen Landschaften Afrikas, Vorderasiens und Asiens; 40–50 cm lang, ähnl. dem Feld-H. Die einzige Art der Gatt. **Wildkaninchen** (Oryctolagus) ist das in SW-Europa heim., heute über weite Teile Europas verbreitete Europ. Wildkaninchen (Oryctolagus cuniculus); etwa 35–45 cm lang, Ohren kurz; oberseits graubraun, unterseits weiß; lebt gesellig in Erdröhrensystemen; Stammform der Hauskaninchenrassen; ist nicht mit dem Feld-H. kreuzbar.

Geschichte: Im alten Griechenland waren H. der Jagdgöttin Artemis heilig und wurden der Göttin Aphrodite als Fruchtbarkeitsopfer dargebracht. Das MA deutete den H. u. a. als Sinnbild der Auferstehung Christi. Als österl. Eierbringer *(Osterhase)* ist er erstmals im 17. Jh. an Rhein, Neckar und Saar belegt. Da H. und Eier Osterzins und Osterspeise waren, dürfte die Verbindung beider vom gleichen Zinstermin her zu erklären sein.

Hasenartige (Hasentiere, Lagomorpha), mit rd. 60 Arten nahezu weltweit verbreitete Ordnung 12–70 cm körperlanger Säugetiere; Körper mit kurzem bis sehr kurzem Schwanz; Gebiß nagetierähnl., jedoch hinter den oberen Schneidezähnen ein kennzeichnendes weiteres Paar kleiner, stiftartiger Zähne. Zu den H. gehören die beiden Fam. ↑ Hasen und ↑ Pfeifhasen.

Hasenauer, Carl Freiherr von (seit 1873), * Wien 20. Juli 1833, † ebd. 4. Jan. 1894, östr. Baumeister. - Entwarf und erbaute in Zusammenarbeit mit G. Semper in repräsentativen Formen der röm. Hochrenaissance und des Hochbarock Kunsthistor. und Naturhistor. Museum (1872–91) und Burgtheater (1874–88). Neubarock auch das Ausstellungsgebäude der Weltausstellung 1873 in Wien.

Hasenbofist (Hasenstäubling, Lycoperdon caelatum), bis 15 cm hohe Stäublingsart mit weißem, birnenförmigem, grob gefeldertem Fruchtkörper; v. a. auf Bergweiden, im Sommer und Herbst; jung eßbar.

Hasenclever [...kleːvɐr], Johann Peter, * Remscheid 18. Mai 1810, † Düsseldorf 16. Dez. 1853, dt. Maler. - Vertreter der Düsseldorfer Malerschule, malte humorist.-satir. Genreszenen, die sich durch physiognom. Charakterisierungen und feine Interieurstimmungen auszeichnen.

H., Walter, * Aachen 8. Juli 1890, † Les Milles (Bouches-du-Rhône) 21. Juni 1940, dt. Lyriker und Dramatiker. - Radikaler Pazifist; mußte 1933 Deutschland verlassen. Beim Einmarsch der dt. Truppen in Frankr. beging er im Internierungslager Selbstmord. Nach aufrüttelnder Lyrik gelangte H. mit dem Drama „Der Sohn" (1914), das den Vater-Sohn-Konflikt zum Thema hat und ihn zum Repräsentanten der jungen Generation werden ließ, in den Mittelpunkt der expressionist. Bewegung. Wandte sich allmähl. von der polit. Dichtung ab und einer sehr persönl. Mystik zu. - *Weitere Werke:* Der Jüngling (Ged., 1913), Antigone (Trag., 1917), Ein besserer Herr (Lsp., 1926), Ehen werden im Himmel geschlossen (Kom., 1929), Napoleon greift ein (Stück, 1930), Die Rechtlosen (R., hg. 1963), Irrtum und Leidenschaft (R., hg. 1969).

H., Wilhelm, *Arnsberg 19. April 1837, † Schöneberg (= Berlin) 3. Juli 1889, dt. Politiker. - Lohgerber, später Journalist. 1866 Sekretär des Allg. Dt. Arbeitervereins (ADAV), 1871 dessen Präs.; seit 1875 einer der beiden Vors. der Sozialist. Arbeiterpartei Deutschlands, deren Parteiorgan „Vorwärts" er mit W. Liebknecht leitete; 1874–88 MdR.

Hasenhacke (Kurbe), in der Tiermedizin: dicht unterhalb des Sprunggelenks auftretende geschwulstartige Anschwellung an den Hinterextremitäten der Haustiere.

Hasenklee (Ackerklee, Mäuseklee, Trifolium arvense), bis 40 cm hohe Kleeart auf Sandfeldern und Dünen in Europa; weichhaarige, ein- bis zweijährige Pflanze mit sehr kleinen, rosafarbenen oder weißen Blüten in Blütenköpfen.

Hasenmäuse (Bergviscachas, Lagidium), Gatt. rd. 30–40 cm körperlanger Nagetiere (Fam. Chinchillas) mit drei Arten in den Anden von Peru bis S-Chile (bis 5 000 m Höhe); Schwanz 20–30 cm lang, buschig; Körper oberseits gelbbraun bis mausel grau, unterseits weißl. bis grau; Ohren auffallend groß, Schnurrhaare sehr lang. Sie werden wegen ihres Fells stark verfolgt.

Hasenohr, (Bupleurum) Gatt. der Doldengewächse mit rd. 150 Arten, v. a. in Eurasien und Afrika; meist Stauden oder einjährige Kräuter mit kleinen, gelben Blüten in Döldchen. In Deutschland kommen sechs Arten vor, darunter das **Durchwachsene Hasenohr** (*Acker-H.,* Bupleurum rotundifolium), eine blaugrüne, einjährige Pflanze mit ungeteilten Blättern; auf Äckern und an Wegrändern.

◆ (Otidea leporina) kleiner, ohrförmiger Schlauchpilz in Nadel- und Laubwäldern; Fruchtkörper dünnfleischig, ockergelb bis lederbraun; Speisepilz.

Hasenöhrl, Friedrich [... ø:rl], *Wien 30. Nov. 1874, ✕ Folgaria (Prov. Trient) 7. Okt. 1915, östr. Physiker. - Prof. in Wien. Erkannte 1904 am Spezialfall einer in einen Hohlraum eingeschlossenen Strahlung die dann 1905 von A. Einstein allgemein formulierte † Masse-Energie-Äquivalenz.

Hasenpanier, wm. Bez. für die auf der Flucht nach oben gestellte Blume (Schwanz) der Hasen; in übertragener Bedeutung: das *H. ergreifen,* svw. fliehen.

Hasenpest, svw. † Tularämie.

Hasenscharte (Lippenspalte, Cheiloschisis), angeborene (ein- oder doppelseitige)

seitl. Spalte in der Oberlippe. Im Alter von drei bis vier Monaten kann die H. durch eine plast. Operation behoben werden.

Haskala [hebr. „Aufklärung"], Bez. für die geistige Bewegung unter den Juden in M-Europa im 18. Jh., die - analog zur allg. Aufklärung der Zeit - tiefgreifende Veränderungen im jüd. geistigen und sozialen Raum hervorrief. Hauptanliegen der jüd. Aufklärer (**Maskilim**) war der Kontakt mit der nichtjüd. Umwelt, d. h. das Verlassen des Ghettos und die Hinwendung zu weltl. Wissenschaften, um auf diese Weise über eine Assimilation zu einer Emanzipation zu gelangen. Grundlegend für die H. waren der neue Religionsbegriff der Aufklärung (Vernunftreligion) und das Ideal einer neuen Humanität, wie es in Deutschland von G. E. Lessing und M. Mendelssohn vertreten wurde, der als „Vater der H." gilt. - Die Ideen der H. gelangten Ende des 18. Jh. nach Polen und Rußland, scheiterten jedoch v. a. in Rußland, was eine Hinwendung zu jüd.-nationalist. Vorstellungen zur Folge hatte, die zum † Zionismus führte. - Die H. war die Grundlage der zu Beginn des 19. Jh. in Deutschland entstehenden Wissenschaft des Judentums und der † Reformbewegung.

📕 *Allerhand, J.:* Das Judentum in der Aufklärung. Stg. 1980.

Haskil, Clara, *Bukarest 7. Jan. 1895, † Brüssel 7. Dez. 1960, schweizer. Pianistin rumän. Herkunft. - Schülerin von A. Cortot; v. a. beispielhafte Interpretin Mozarts, aber auch Schuberts und Schumanns.

Haslach im Kinzigtal, Stadt im mittleren Schwarzwald, Bad.-Württ., 215 m ü. d. M., 5 800 E. Trachtenmuseum, Hansjakob-Museum. Metall- und holzverarbeitende Ind., Matratzenfabrik; Fremdenverkehr. - Das um 1099 als zähring. Reichslehen erwähnte Haslach kam nach 1218 an die Grafen von Urach und wird 1278 erstmals als Stadt bezeichnet; 1806 an Baden. - Rathaus (15./16. Jh.).

Haslital, von der oberen Aare durchflossenes Tal in den Berner Alpen, in Schweiz.

Hasmonäer, Bez. für die † Makkabäer in der außerbibl. Literatur.

Hasner, Leopold, Ritter von Artha, *Prag 15. März 1818, † Bad Ischl 5. Juni 1891, östr. Politiker. - 1849 Prof. für Rechtsphilosophie, 1851 der polit. Wiss. in Prag, seit 1865 in Wien; ab 1861 Mgl. des böhm. Landtags, 1863–65 Präs. des östr. Abg.hauses, ab 1867 Mgl. des Herrenhauses, Unterrichtsmin. (1867) und Min.präs. (1870).

Haspel, walzenförmige Vorrichtung zum Aufwickeln bzw. Entrollen von Fäden, Drähten, Bändern u. a.

Haspengau, Plateaulandschaft im mittleren O-Belgien, 80–220 m ü. d. M., intensive Landw. (u. a. Obst, Gemüse, Zuckerrüben).

Haspinger, Johann Simon (Ordensname Joachim), *St. Martin in Gsies (Pustertal)

28. Okt. 1776, † Salzburg 12. Jan. 1858, Tiroler Freiheitskämpfer. - Seit 1802 Kapuziner, nahm 1809 als Feldpater am Tiroler Freiheitskampf teil; konnte A. Hofer nach dem Frieden von Schönbrunn 1809 zum Weiterkämpfen bestimmen; floh nach der 4. Schlacht am Berg Isel über die Schweiz nach Österreich; seit 1811 Weltpriester.

Haß [zu althochdt. has, eigtl. „Leid, Groll"], gegen Personen gerichtetes, extrem starkes Abneigungsgefühl, das u. U. mit einem Vernichtungsbedürfnis einhergehen kann. Als Gegenpol zu Liebe entsteht H. nicht selten aus enttäuschter Zuwendung.

Hass, Hans, * Wien 23. Jan. 1919, östr. Zoologe. - Unternahm ab 1937 zahlr. Unterwasserexpeditionen im Karib. und Roten Meer, nach Australien und zu den Galapagosinseln. Seit 1965 widmet er sich (v. a. in Zusammenarbeit mit I. Eibl-Eibesfeldt) auch der Erforschung des menschl. Verhaltens. Schrieb u. a. „Die Welt unter Wasser" (1973); bekannt auch sein Film „Menschen unter Haien" (1942).

Hassaniden, die noch herrschende Dyn. in Marokko, führt ihren Stammbaum auf den Kalifen ↑ Hasan zurück; kam 1669 an die Macht.

Haßberge, nördlichster Teil des fränk. Keuperberglandes, Bayern, zw. Königshofen i. Grabfeld, der Baunach und dem Main-Durchbruch bei Zell a. Main, in der Nassacher Höhe 511 m hoch.

H., Landkr. in Bayern.

Hasse, Johann Adolf, ≈ Bergedorf (= Hamburg) 25. März 1699, † Venedig 16. Dez. 1783, dt. Komponist. - Schüler N. Porporas und A. Scarlattis in Neapel, 1727 Kapellmeister in Venedig, 1734–63 am sächs. Hof in Dresden, zus. mit seiner Frau, der Sängerin *Faustina H.-Bordoni* (* 1700, † 1781); ging 1763 nach Wien, 1773 nach Venedig. H. war der führende Vertreter der spätneapolitan. Opera seria. Er hinterließ 56 Opern (davon 32 auf Texte Metastasios), 12 Intermezzi, 11 Oratorien und Kirchenmusik.

H., O. E. (Otto Eduard), * Obersitzko (= Obrzycko, Woiwodschaft Posen) 11. Juli 1903, † Berlin (West) 12. Sept. 1978, dt. Schauspieler. - Bühnenkarriere u. a. in München, seit 1954 v. a. Gastspiele. H. war bes. erfolgreich in J. Kiltys „Geliebtem Lügner" (1959) und J. Anouilhs „Majestäten" (1960), als Filmschauspieler in „Entscheidung vor Morgengrauen" (1951), „Ich beichte" (1953), „Canaris" (1954), „Die Ehe des Herrn Mississippi" (1961).

Hassel, Kai Uwe von, * Gare (Dt.-Ostafrika, heute Tansania) 21. April 1913, dt. Politiker. - 1950–65 MdL, 1954–63 zugleich Min.präs. von Schleswig-Holstein. 1955–64 Landesvors. der CDU, 1956–69 stellv. Bundesvors. der CDU, 1969–79 im Parteipräsidium; 1953/54 und 1965–80 MdB. 1963–66

Verteidigungs-, 1966–69 Vertriebenenmin., 1969–72 Präs., 1972–76 Vizepräs. des Bundestages, seit 1973 Präs. der Europ. Union Christl. Demokraten; ab 1979 Mgl. des Europ. Parlaments.

H., Odd, * Oslo 17. Mai 1897, † ebd. 13. Mai 1981, norweg. Physikochemiker. - 1934–63 Prof. in Oslo. H. untersuchte mit Hilfe von Dipolmessungen sowie Röntgen- und Elektronenstrahlbeugungsexperimenten die ↑ Konformationen des Cyclohexans und seiner Derivate und übertrug die Ergebnisse auf die sechsgliedrigen Ringe der Pyranosen. Er erhielt für diese stereochem. Untersuchungen zus. mit D. H. R. Barton 1969 den Nobelpreis für Chemie.

Hassell, Ulrich von, * Anklam 12. Nov. 1881, † Berlin-Plötzensee 8. Sept. 1944 (hingerichtet), dt. Diplomat. - Jurist; trat 1908 in das Auswärtige Amt ein, 1932–38 Botschafter in Rom; als Gegner der NS-Politik entlassen; schloß sich der Widerstandsbewegung an und sollte in einer Reg. Goerdeler Außenmin. werden; nach dem 20. Juli 1944 zum Tode verurteilt.

Hasselt, belg. Stadt im östl. Kempenland, 38 m ü. d. M., 64 000 E. Verwaltungssitz der Prov. Limburg; kath. Bischofssitz; Markt- und Geschäftszentrum; Kanalhafen. - Erhielt im 12. Jh. Stadtrechte. 1795–1813 war H. Hauptstadt des frz. Dep. Meuse-Inférieure und später Hauptstadt der niederl. Prov. Limburg; 1839 Hauptstadt der belg. Prov. Limburg. - Got. Kathedrale (13.–16. Jh.) mit Glockenspiel; Beginenhof (1707–62).

O. E. Hasse

Hassenpflug, [Hans Daniel] Ludwig, * Hanau am Main 26. Febr. 1794, † Marburg a. d. Lahn 10. Okt. 1862, kurhess. Politiker. - Seit 1816 in kurhess. Staatsdienst, 1832–37 Min. des Innern und der Justiz; 1841–50 im preuß. Staatsdienst, 1850 erneut Berufung nach Kassel; sein Verfassungskonflikt mit den Ständen und die Anrufung der Bundesintervention beschleunigten den inneren Zusammenbruch Kurhessens (1866).

Haßfurt

Haßfurt, Krst. am Main, Bay., 225 m
ü.d.M., 10900 E. Verwaltungssitz des Landkr.
Haßberge; u. a. Textil- und Nahrungsmittel-
ind. - 1230 erstmals erwähnt, erhielt 1243
Stadtrecht. - Spätgot. Pfarrkirche mit einem
Frühwerk T. Riemenschneiders (um 1490),
spätgot. „Ritterkapelle" mit Wappenfries am
Außenbau des Chors.

Hassi-Messaoud [frz. asimɛsa'ud], alger. Ort in der nördl. Sahara, 80 km osö.
von Ouargla, 3 000 E. Zentrum der alger.
Erdölförderung; 1956 planmäßig angelegt.

Hassi-R'Mel [frz. asir'mɛl], alger. Ort
in der nördl. Sahara, 60 km nw. von Ghar-
daïa; Zentrum der alger. Erdgasförderung.

Haßler (Hasler), Hans Leo, ≈ Nürnberg
26. Okt. 1564, † Frankurt am Main 8. Juni
1612, dt. Komponist. - Organist der Fugger
und 1600 Leiter der Stadtpfeifer in Augsburg,
1601 Organist der Frauenkirche und Leiter
der Ratsmusik in Nürnberg, ab 1608 Hof-
organist in Dresden. H. verband in vollendeter Weise den Einfluß der italien. Musik mit
den Elementen der dt. Tradition in einem
eigenen Stil. Komponierte Messen, Motetten,
Psalmen, Kantionalsätze, Madrigale, Kanzo-
netten und mehrstimmige Lieder.

häßlich, bezeichnet das beim Rezipienten
Mißfallen und Ablehnung Erzeugende. In der
Kunsttheorie blieb das Häßliche als Selbständiges - als Sujet wie als Gestaltung - lange
von der Kunst ausgeschlossen. Wie für Aristoteles gilt auch für die späteren Erörterungen,
daß das Häßliche lediglich als Einzelmoment
eines Werkes auftreten und ästhet. positiven
Wert erhalten kann, weil es als durch das
Ganze des Werkes transzendiert und/oder
aufgehoben verstanden wird, etwa wenn kom.
oder trag. Wirkung erzeugt werden soll (Lessing) oder es um die Vermittlung moral. und
ästhet. Interesses geht (Schiller). Erst seit Realismus und v. a. Naturalismus ist es nicht mehr
Absicht, das Schöne (die schöne Natur), sondern die Wirklichkeit wiederzugeben und das
Häßliche erhält damit einen gleichrangigen
Stellenwert neben dem Schönen. - ↑auch
schön.

Hasso, alter dt. männl. Vorname, eigtl.
„der aus dem Volksstamm der Hessen" (zu
althochdt. hassi „Hessen").

Hassuna, Muhammad Abd Al Chalik,
* Nawaj (bei Asjut) 28. Okt. 1898, ägypt. Politiker. - Seit 1949 mehrmals Min.; Generalsekretär der Arab. Liga (1952–72).

Hasta ↑Asti.

Hasta [lat.], altröm. Stoßlanze, Hauptwaffe für Fußheer und Kavallerie.

Hastings, Warren [engl. 'heɪstɪŋz],
* Churchill (Oxfordshire) 6. Dez. 1732, † Day-
lesford (Oxfordshire) 22. Aug. 1818, brit. Politiker. - Ab 1750 im Dienste der Ostind.
Kompanie, wurde 1772 Gouverneur von Bengalen und 1773–85 der erste Generalgouver-
neur von Ostindien; erweiterte und befestigte

die brit. Machtstellung in Indien durch verschiedene Kriegszüge und den Ausbau der
Verwaltung; 1786 auf Betreiben der Whigs
des Amtsmißbrauches und der Erpressung
angeklagt, jedoch 1795 freigesprochen.

Hastings [engl. 'heɪstɪŋz], engl. Hafenstadt an der Kanalküste, Gft. East Sussex,
74 800 E. Museum, Kunstgalerie; eines der
führenden engl. Seebäder. - Um 700 Hauptort
des Stammes der Haestinge. In der **Schlacht
von Hastings** (14. Okt. 1066, die 10 km nw. von
H. stattfand [heute Battle]) siegte der spätere Wilhelm I., der Eroberer, über den angelsächs. König Harold II. Godwinson. - Kirchen im Perpendicular style, u. a. Saint Cle-
ment (14. Jh.), All Saints (15. Jh.); Rathaus
(1880 in got. Stil). Über der Stadt Burgruine
(11. Jh.).

H., Stadt im O der Nordinsel von Neuseeland, 53 000 E. Theater, Bibliothek; Zentrum
der Konservenind. des Landes. - 1864 erstmals von Europäern besiedelt; durch Erdbeben wurde H. 1931 fast ganz zerstört.

Hata, Sahatschiro, * Tsumo (Präfektur
Schimane) 23. März 1873, † Tokio 22. Nov.
1938, jap. Bakteriologe. - Erprobte als erster
das 1907 von P. Ehrlich mit ihm u. a. entwikkelte Salvarsan zur Syphilisbehandlung.

Hatfield [engl. 'hætfiːld], engl. Stadt 30
km nördl. von London, Gft. Hertford, 25 200
E. Flugzeugwerke. - Das Dorf H. kam um
970 an das Benediktinerkloster Ely (Bishop's
H.); 1948 gegr. New Town. - Pfarrkirche
(13. Jh.), Rest des Palastes des Bischofs von
Ely (15. Jh.), Schloß (17. Jh.).

Hathajoga [Sanskrit] ↑Joga.

Hatheyer, Heidemarie, * Villach 8. April
1919, östr. Schauspielerin. - Engagements in
München, Berlin, Zürich und Düsseldorf,
zahlr. Tourneen. Verkörpert herbe, trag.
Frauengestalten, z. B. in Shaws „Heiliger
Johanna" (1938), in Grillparzers „Medea"
(1960), als Frau John in G. Hauptmanns „Ratten" (1965). Filmrollen in „Der Berg ruft"
(1938), „Die Geierwally" (1940), „Pünktchen
und Anton" (1953).

Hathor, ägypt. Göttin in Gestalt einer
Kuh oder einer Frau mit Kuhgehörn. H. ist
Himmelsgöttin, Göttin des Liebes- und
Weinrausches sowie der Freude, auch leben-
bedrohend gedacht.

Hatojama, Itschiro, * Tokio 1. Jan. 1883,
† ebd. 7. März 1959, jap. Politiker. - Jurist;
zw. 1932/40 mehrfach Min.; gründete 1945
die (konservative) Liberale Partei, 1946 Reg.-
chef; durch US-Erlaß von allen öffentl. Äm-
ern bis 1952 ausgeschlossen; 1954 Mitbegr.
der Jap. Demokrat. Partei; Reg.chef 1954–56;
beendete den Kriegszustand mit der UdSSR;
erreichte Japans Aufnahme in die UN.

Hatschepsut, ägypt. Königin der 18.
Dyn. (1490–1468). - Führte als Witwe Thutmosis' II. nach dessen Tod die Reg. für den
minderjährigen Thutmosis III., ließ sich je-

doch im 2. Reg.jahr selbst zum Pharao krönen; unter ihrer Reg. wurde eine Handelsexpedition nach Punt durchgeführt und u. a. der Terrassentempel von Dair Al Bahri errichtet.

Hatschier ↑ Hartschier.

Hatschinohe, jap. Hafenstadt an der NO-Küste N-Hondos, 288 000 E. Nahrungsmittelindustrie.

Hatschiodschi, jap. Stadt auf Hondo, am W-Rand der Kantoebene, 405 000 E. Eines der Zentren der jap. Seidenverarbeitung.

Hatta, Mohammed, * Fort de Kock (= Bukittinggi) 12. Aug. 1902, † Jakarta 14. März 1980, indones. Politiker. - 1948–50 Min.präs.; 1948/49 zeitweilig von den Niederländern interniert, erreichte er 1949 die Übertragung der Souveränitätsrechte an Indonesien; 1950–56 (wie 1945–48) Vizepräsident.

Hattingen, Stadt an der Ruhr, NRW, 120 m ü. d. M., 55 900 E. B.-Schule des DGB; Metallind. - 1019 erstmals erwähnt, gehörte ab 1243 den Grafen von der Mark, ab 1614/66 brandenburg. Ebenso wie die 1970 eingemeindete, im Schutz der 1226/27 errichteten Burg Blankenstein entstandene Stadt **Blankenstein** gehört H. seit 1946 zu NRW.

Hatto I., * um 850, † 5. Mai 913, Erzbischof von Mainz (seit 891). - 888 Abt von Reichenau, 889 Abt von Ellwangen; 891 als Anhänger König Arnulfs von diesem zum Erzbischof von Mainz ernannt; führte unter Ludwig IV., dem Kind, mit Bischof Salomon III. von Konstanz die Reichsreg., verhalf 911 Konrad I. zur Königswürde und wurde dessen Kanzler.

Hat-Trick (Hattrick) [engl. 'hættrɪk, eigtl. „Huttrick" (nach einem früher beim Kricket geübten Brauch, dem Vollbringer dieser Leistung einen Hut zu schenken)], Bez. v. a. im Fußball für den dreimaligen Torerfolg hintereinander innerhalb einer Halbzeit durch denselben Spieler.

Hattusa ↑ Boğazkale.

Hattusili (hethit. Chattuschili), Name hethit. Könige:

H. I. (Labarna I.), regierte etwa 1590–60; schuf das hethit. Alte Reich; Kriegszüge bis nach Aleppo, von denen seine akkad.-hethit. Annalen berichten.

H. III., regierte etwa 1275–50: bed. autobiograph. Bericht.

Hatzfeld-Trachenberg, Sophie Josepha Gräfin von, * Trachenberg 10. Aug. 1805, † Wiesbaden 25. Jan. 1881, dt. Sozialistin. - Um die Majoratsstreitigkeiten zw. den Linien H.-T. und H.-Wildenburg zu beenden, wurde sie mit dem Grafen E. von H.-Wildenburg verheiratet und nach einem 10jährigen Prozeß 1851 geschieden. Den Prozeß hatte ihr späterer Freund F. Lassalle geführt, mit dessen polit. Zielen sie sich identifizierte.

Haubach, Theodor, * Frankfurt am Main 15. Sept. 1896, † Berlin 23. Jan. 1945 (hinge-

richtet), dt. Journalist und Widerstandskämpfer. - Wurde 1930 Pressechef im Berliner Polizeipräsidium; nach 1933 mehrfach inhaftiert, schloß sich 1943 dem Kreisauer Kreis an; nach dem 20. Juli 1944 zum Tode verurteilt.

Hauberg [eigtl. „Ort, wo man das Heu birgt"], großes [auf einer Warft errichtetes] Bauernhaus vom Gulfhaustyp (bes. auf Eiderstedt). - ↑ auch Bauernhaus.

Haube [zu althochdt. huba, eigtl. „die Gebogene"], Kopfbedeckung der verheirateten Frau seit dem MA, aus dem Kopftuch entwickelt, verbarg das Haar zeitweise vollständig.

Haube. 1 Hennin, 2 Hörnerhaube, 3 Stuarthaube, 4 Fontange

Hathor. König Haremheb (rechts) vor der Göttin Hathor. Fresko im Grabmal des Haremheb. Theben

Haubenadler

Am Beginn steht, Anfang des 14. Jh., die **Hulle**, ein gekrauster Schleier, aus dem im 14. Jh. der **Kruseler** entwickelt wurde, eine Stoff-H., deren Kanten mit mehreren Reihen von Krausen verziert waren. Im 15. Jh. setzen sich burgund. Formen durch, v. a. der **Hennin** in Zuckertütenform, von dem hinten ein Schleier herabhing, sowie die **Hörnerhaube** mit zwei wulstigen Spitzen oder Flügeln, ebenfalls mit Schleier getragen. Daneben trug man aus Stoff gefaltete **Flügelhauben**. 1600 kamen **Bakkenhauben** auf, deren breite Bänder unter dem Kinn gebunden waren. Aus ihr entwickelte sich die **Stuarthaube** mit schnabelförmiger Spitze über der Stirn, als **Flebbe** Witwenhaube bis ins 20. Jh. Seit Ende des 15. Jh. trug die Frau Barett und darunter die knapp anliegende kleine runde, oft netzartig geflochtene **Kalotte**, die sich bes. in Süddeutschland als kostbar ausgestattete **Flinderhaube** längere Zeit hielt. Die Volkstrachten entwickelten vielfältige H.formen, während die Dame im 17. Jh. die **Fontange** (ein hoher höf. Kopfputz, über einem Drahtgeflecht) trug und dann meist zierl. kleine Häubchen, oft nur im Haus und (seit dem 18. Jh.) im Freien den Hut.
◆ augenbedeckende Lederkappe, die man Beizvögeln zur Beruhigung aufsetzt, wenn sie nicht jagen sollen.
◆ verlängerte, aufrichtbare Kopffedern bei Vögeln (z. B. Haubenlerche).
◆ svw. Netzmagen (↑ Pansen).

Haubenadler (Spizaetus), Gatt. bis 80 cm großer, adlerartiger Greifvögel mit rd. 10 Arten in S-Amerika, S- und O-Asien, den Sundainseln und im Malaiischen Archipel; Kopffedern lang, zur Haube aufrichtbar.

Haubenlerche ↑ Lerchen.

Haubenmeise ↑ Meisen.

Haubenstock-Ramati, Roman, * Krakau 27. Febr. 1919, israel. Komponist. - Lebt in Wien; gehört zu den wichtigsten Anregern offener, mobiler Formen und mehrschichtiger Zeit- und Raumabläufe sowie musikal. Graphik. U. a. Oper „Amerika" (1964; nach F. Kafka).

Haubentaucher ↑ Lappentaucher.

Hauberrisser (Hauberisser), Georg Joseph Ritter von (seit 1901), * Graz 19. März 1841, † München 17. Mai 1922, dt. Baumeister. - Erbauer des neugot. Neuen Rathauses in München (1867–74, 1888/89).

Haubitze [zu tschech. houfnice „Steinschleuder"], ein Geschütz mittleren und schweren Kalibers (105–203 mm, Kaliberlänge 14–30), bei dem durch unterschiedl. Wahl der Ladung die Anfangsgeschwindigkeit des Geschosses verändert werden kann, so daß Flach- und Steilfeuer möglich ist.

Hauck, Albert, * Wassertrüdingen 9. Dez. 1845, † Leipzig 7. April 1918, dt. ev. Theologe. - 1878 Prof. für Kirchengeschichte in Erlangen, 1889 in Leipzig. Sein Hauptwerk „Kirchengeschichte Deutschlands" (Bd. 1–5,1

1887–1912; Bd. 5,2 1920), bis zum Basler Konzil reichend, zählt zu den geschichtswissenschaftl. Standardwerken seiner Zeit.

Haue, im *Bergbau* und regional in der *Landwirtschaft* svw. Hacke (↑ Hacken).

Hauer, Joseph Matthias, * Wiener Neustadt 19. März 1883, † Wien 22. Sept. 1959, östr. Komponist und Musiktheoretiker. - Entwickelte seit 1919 (vor Schönberg) eine Zwölftontechnik, in der die mögl. Kombinationen der zwölf temperierten Töne in 44 in ihrer Struktur unterschiedl. „Tropen" (Wendungen) unterteilt werden. Kompositionen: Oper „Salambo" (1929), Singspiel „Die schwarze Spinne" (1932), Kantate „Der Menschen Weg" (1934), Orchester- und Kammermusik, zahlr. „Zwölftonspiele". Schriften, u. a. „Zwölftontechnik. Die Lehre von den Tropen" (1926).

Hauer, Bergmann, der vorwiegend im Streckenvortrieb tätig ist; früher Berufsbezeichnung.
◆ wm. Bez. für die vorstehenden unteren Eckzähne beim männl. Wildschwein.

Haufendorf, v. a. für die Altsiedellandschaften Mitteleuropas charakterist. Siedlungsform: ein geschlossen bebautes Dorf mit ungeregeltem Grundriß. Zum H. gehört i. d. R. eine große Gemarkung mit Gewannflur.

Haufenveränderliche, Veränderliche vom Typ der RR-Lyrae-Sterne.

Hauff, Reinhard, * Marburg 23. Mai 1939, dt. Filmregisseur. - Nach „Ausweglos" (1970, Drehbuch zus. mit M. Walser) wurde H. durch die film. Biographie über den legendären bayr. Räuber „Mathias Kneissl" (1971) bekannt; es folgten „Haus am Meer" (1972), „Desaster" (1973). 1974 verfilmte er den sozialkrit. Roman von B. Driest „Die Verrohung des Franz Blum" und F. J. Degenhardts „Zündschnüre". Nach „Paule Pauländer" (1976) berichtet „Messer im Kopf" (1979) von einem vermeintl. Terroristen, der auf der Suche nach seiner Identität. „Stammheim" (1986) hat den Baader-Meinhof-Prozeß zum Inhalt.

H., Volker, * Backnang 9. Aug. 1940, dt. Politiker (SPD). - Volkswirt; MdB seit 1969, übernahm 1976–80 das Bundesministerium für Forschung und Technologie, in dem er seit 1972 parlamentar. Staatssekretär war; 1980–Okt. 1982 Bundesmin. für Verkehr; seit 1983 stellv. Fraktionsvorsitzender.

H., Wilhelm, * Stuttgart 29. Nov. 1802, † ebd. 18. Nov. 1827, dt. Dichter. - Frühvollendeter, vielseitiger und fruchtbarer Erzähler, knüpft an Jean Paul, E. T. A. Hoffmann und L. Tieck an. Mit seinem histor. Roman „Lichtenstein" (1826) steht H. in der Nachfolge W. Scotts. Seinen Roman „Der Mann im Mond" (1826) veröffentlichte er in parodist. Absicht unter dem Namen des erfolgreichen Unterhaltungsschriftstellers H. Clauren, was ihm einen Prozeß einbrachte. Einige Lieder (u. a.

„Morgenrot, Morgenrot, leuchtest mir zum frühen Tod") wurden volkstümlich.

Weitere Werke: Mährchen-Almanach auf das Jahr 1826/1827/1828 (darin: Das Wirtshaus im Spessart), Mittheilungen aus den Memoiren des Satan (E., 1826/27), Phantasien im Bremer Ratskeller (E., 1827).

Häufigkeit (Häufigkeitszahl), eine Zahl (h), die angibt, wie oft ein bestimmtes Ereignis, z. B. bei Messung einer physikal. Größe ein bestimmter Meßwert, bei n-maliger Möglichkeit seines Eintreffens (n-maliger Messung) tatsächlich eintritt; als *relative H.* dieses Ereignisses wird der Quotient h/n bezeichnet.

Häufigkeitspunkt, in der Mengenlehre Bez. für einen Punkt einer Menge, in dessen beliebig [klein] gewählter Umgebung unendlich viele Punkte liegen. So ist z. B. U ein H. der Folge u_n, wenn $|u_n - U| < \varepsilon$ für alle $n \geq N$ und jedes $\varepsilon > 0$ ist. So besitzt z. B. die Menge aller Stammbrüche $1/n$ ($n = 1, 2, 3, ...$) den H. 0. Jede unendliche beschränkte Punktmenge besitzt wenigstens einen H. (Bolzano-Weierstraßscher Satz).

Haufwerk, im Bergbau das aus dem Gesteinsverband oder der Lagerstätte gebrochene lose Material.

Haugesund [norweg. ˌhœˈɣəsʉn], Hafenstadt an der Küste W-Norwegens, 27 000 E. Schiffbau, Fischfang.

Haughey, Charles James [engl. ˈhɔːɪ], * Castlebar 16. Sept. 1925, ir. Politiker. - Seit 1957 Parlamentsabg. (Fianna Fáil); 1961–64 Justiz-, 1966–70 Landw.-, 1966–70 Finanzmin.; wegen des Vorwurfs der Unterstützung der IRA aus der Reg. entlassen; 1977–79 Gesundheits- und Sozialmin.; Dez. 1979 bis Juni 1981 und März bis Dez. 1982, erneut seit März 1987 Premiermin.; seit 1979 Parteiführer.

Haugwitz, Christian Kurt Graf von (seit 1786), * Peuke (= Byków) 11. Juni 1752, † Venedig 9. Febr. 1832, preuß. Diplomat und Min. - 1791 Gesandter in Wien, seit 1792 Staats- und Kabinettsmin.; mußte in die für Preußen ungünstigen Verträge von Schönbrunn (1805) und Paris (1806) einwilligen; nahm nach der preuß. Niederlage bei Jena im Nov. 1806 seinen Abschied.

H., Friedrich Wilhelm Graf, * 11. Dez. 1702, † Knönitz (Mähren) 11. Sept. 1765, östr. Min. - Schuf 1749–60 die große Staats- und Verwaltungsreform Maria Theresias (↑ auch Österreich, Geschichte); wurde 1760 Staatsmin. im Staatsrat.

Hauhechel (Hechelkraut, Ononis), Gatt. der Schmetterlingsblütler mit rd. 75 Arten in Eurasien; meist Kräuter oder Halbsträucher mit drüsig behaarten Blättern und rosaroten, gelben oder weißl. Blüten. In M-Europa kommen u. a. die Arten **Gelbe Hauhechel** (Ononis natrix; gelbe, rot gestreifte Blüten) und **Dornige Hauhechel** (Harnkraut, Ononis spinosa; rosafarbene Blüten) vor.

Hauke, männl. Vorname, Kurz- und Ko-seform von Namen, die mit Hug- gebildet sind und von Hugo.

Hauma (Haoma) [awest.], dem Soma der wed. Zeit Indiens entsprechender Rauschtrank, der im alten Iran bei nächtl. Opfermahlzeiten genossen wurde und als „todabwehrend" galt.

Haumesser, Bez. für alle Formen von Messern, bei denen an die Stelle des zum Schneiden notwendigen Druckes der Schlag tritt; die Klinge ist messerartig geschäftet und kann ein- oder zweischneidig sein; in S-Amerika als **Machete,** in Afrika als **Buschmesser** und in SO-Asien, v. a. in Indonesien, als **Parang** bekannt.

Haupt, Moriz, * Zittau 27. Juli 1808, † Berlin 5. Febr. 1874, dt. klass. Philologe und Germanist. - Prof. in Leipzig und Berlin, 1861 Sekretär der Preuß. Akad.; erster Hg. der „Zeitschrift für dt. Altertum" (Bd. 1–16, 1841–73), Hg. textkrit. Ausgaben mittelhochdt. und klass. Werke (u. a. Hartmann von Aues „Erec", Tacitus' „Germania").

Haupt, gewählt für Kopf; übertragen allg. für Mensch, insbes. Führer einer Gruppe.
◆ in der *Bautechnik* Bez. für die im gemauerten Verband sichtbare Seite eines Steins, auch für die sichtbare Seite einer Mauer *(Mauerhaupt).*
◆ (Schleusen-H.) im *Wasserbau* Bez. für den Teil einer Schleuse, der die Schleusentore enthält.

Hauptanschluß, mit der Vermittlungsstelle des öffentl. Fernsprechnetzes unmittelbar verbundene Sprechstelle.

Hauptantrag (Prinzipalantrag), im Zivilprozeßrecht der in erster Linie gestellte, unbedingte Antrag im Unterschied zu dem [nur hilfsweise gestellten, bedingten] Eventualantrag. Über die H. ist in jedem Fall zu entscheiden.

Hauptbinder, die als Träger der Pfetten und Sparren einer Dachkonstruktion (↑ Dach) dienenden, auf Stützen ruhenden Binder (im Gegensatz zu den dazwischen angeordneten, auf Unterzügen liegenden *Zwischenbindern*).

Hauptbootsmann ↑ Dienstgradbezeichnungen (Übersicht).

Hauptbuch, in der doppelten Buchführung die systemat. Zusammenfassung der im Grundbuch chronolog. erfaßten Geschäftsvorfälle; im H. werden die Sachkonten geführt; in der einfachen Buchführung dient das H. der Erfassung der Geschäftsvorfälle mit Kunden und Lieferanten (Debitoren, Kreditoren), es entspricht dem Kontokorrentbuch der doppelten Buchführung; evtl. werden auch Konten für Besitzwechsel, Schuldwechsel, Einrichtungsgegenstände usw. geführt.

Hauptfeldwebel ↑ Dienstgradbezeichnungen (Übersicht).

Hauptfruchtformen ↑ Nebenfruchtformen.

Hauptgefreiter ↑ Dienstgradbezeichnungen (Übersicht).

Haupthaar der Berenike ↑ Sternbilder (Übersicht).

Hauptkirche, nichtamtl. Bez. für die älteste oder bedeutendste Kirche einer Stadt.

Häuptling, Bez. für die Person eines Stammes oder einer kleineren Gruppe bei Naturvölkern, die die polit. Autorität ausübt. Mit dem durch Wahl oder Erbfolge erworbenen Amt des H. sind zumeist Privilegien verbunden.

◆ (hovetling, hoofdeling) Bez. für die lokalen Machthaber in Friesland, v. a. in Ostfriesland, 14.–16. Jh. - ↑ auch Brok, tom, ↑ Cirksena, ↑ Ukena, Focko.

Hauptlinie, in der darstellenden Geometrie Bez. für eine Kurve, die durch Schnitt des dargestellten Körpers mit einer zur Bildtafel parallelen Ebene entsteht. Im Zweitafelverfahren werden die zur Grundrißebene parallelen Linien als *Höhenlinien (Isobathen, Isohypsen)*, die zur Aufrißtafel parallelen Linien als *Frontlinien* bezeichnet.

◆ ↑ Analysenlinien.

Hauptman, Herbert Aaron [engl. 'hɔuptmæn], * New York 14. Febr. 1917, amerikan. Biophysiker. - Seit 1970 Prof., seit 1972 Forschungsdirektor und Vizepräs. der Medical Foundation in Buffalo (N. Y.). Für seine Entwicklung von Methoden zur Kristallstrukturbestimmung erhielt H. zus. mit J. Karle 1985 den Nobelpreis für Chemie.

Hauptmann, Carl, * Bad Salzbrunn 11. Mai 1858, † Schreiberhau 4. Febr. 1921, dt. Schriftsteller. - Bruder von Gerhart H.; schrieb nach naturalist. Dramen seit 1900 grübler. symbolist. Dichtungen, u. a. den Künstlerroman „Einhart der Lächler" (1907), auch Lyrik und Aphorismen. Zuletzt Expressionist. - *Weitere Werke:* Ephraims Breite (Dr., 1900), Mathilde (R., 1902), Die armseligen Besenbinder (Dr., 1913), Tobias Buntschuh (Kom., 1916).

H., Gerhart, * Bad Salzbrunn 15. Nov. 1862, † Agnetendorf (Landkreis Hirschberg i. Rsgb.) 6. Juni 1946, dt. Dichter. - Bruder von Carl H.; betrieb künstler. und wiss. (histor.) Studien, lebte seit Ende 1884 in bzw. bei Berlin, heiratete 1885 die Großkaufmannstochter Marie Thienemann (1904 Scheidung und 2. Ehe mit Margarete Marschalk). 1891 Übersiedlung nach Schlesien (Schreiberhau, dann Agnetendorf), nur noch zeitweise in Berlin; zahlr. Reisen. 1912 Nobelpreis für Literatur. H., der ein vielgestaltiges Werk schuf, ist Schöpfer lebendiger, plast., proletar. Gestalten, gütiger und triebhafter, sich und ihrer Umwelt ausgelieferter und scheiternder Menschen. Durchschlagenden Erfolg erzielte H. mit dem sozialen Drama „Vor Sonnenaufgang" (1889), mit dem er dem Naturalismus zum Durchbruch verhalf, und mit der dramat. Bearbeitung des Weberaufstands von 1844

in dem Drama „Die Weber" (1892, 1. Fassung in schles. Mundart u. d. T. „De Waber"). In der Traumdichtung „Hannele" (Dr., 1894, 1896 u. d. T. „Hanneles Himmelfahrt") verläßt H. das soziale Drama zwar nicht, aber den Naturalismus, den er dann jedoch in realist. Milieutragödien (z. B. „Fuhrmann Henschel", 1899; „Rose Bernd", 1903) wiederaufgreift und auch später zu naturalist. Dispositionen zurückkehrt („Die Ratten", 1911). Daneben neuromant. Versdramen und Bearbeitungen von histor., Sagen- und literar. Stoffen (Shakespeare, Iphigenienstoff). Unter seiner Prosa ragt die naturalist.-psycholog. Novelle „Bahnwärter Thiel" (1892) hervor.

Gerhart Hauptmann (1944)

Weitere Werke: Das Friedensfest (Trag., 1890), Einsame Menschen (Trag., 1891), Der Biberpelz (Kom., 1893), Florian Geyer (Dr., 1896), Die versunkene Glocke (Dr., 1897), Michael Kramer (Dr., 1900), Schluck und Jau (Kom., 1900), Und Pippa tanzt (Dr., 1906), Griselda (Dr., 1909), Der Narr in Christo Emanuel Quint (R., 1910), Der Ketzer von Soana (Nov., 1918), Indipohdi (Dr., 1920), Vor Sonnenuntergang (Dr., 1932), Die Finsternisse. Requiem (Dr., entstanden 1937).

Hauptmann, militär. Dienstgrad (↑ Dienstgradbezeichnungen [Übersicht]); früher der Anführer eines selbständigen Truppenteils; in der Bundeswehr als Chef einer Einheit sowie an Schulen, in Stäben und Ämtern und in vielen Sonderverwendungen eingesetzt.

Hauptnenner (Generalnenner), das kleinste gemeinsame Vielfache der Nenner mehrerer ungleichnamiger Brüche. Die Brüche $\frac{1}{2}$, $\frac{1}{3}$ und $\frac{1}{4}$ haben z. B. den H. 12. Das Aufsuchen des H. ist bei der Addition und Subtraktion von ungleichnamigen Brüchen erforderl., z. B. $\frac{1}{2} + \frac{1}{3} = \frac{3}{6} + \frac{2}{6} = \frac{5}{6}$.

Hauptnormale, diejenige durch einen Punkt P einer Raumkurve verlaufende Gerade, die in der zu diesem Punkt gehörenden Schmiegebene liegt und senkrecht zur Tangente in P gerichtet ist.

Hauptquantenzahl ↑ Quantenzahl.

Hauptquartier, Abk. HQ (engl. Head-quarters, Abk. Hq), Bez. für die Befehlszentrale der Armee und übergeordneter Großverbände.

Hauptsatz ↑ Satz.

◆ Bez. für einen grundlegenden [Erfahrungs]-satz eines wiss. Teilgebietes, z. B. der erste, zweite und dritte H. der ↑ Thermodynamik.

Hauptscheitel ↑ Ellipse, ↑ Hyperbel.

Hauptschlagader, svw. ↑ Aorta.

Hauptschule, auf der Grundschule oder der Orientierungsstufe aufbauende, weiterführende, organisator. selbständige Schule. Sie umfaßt im allg. das 5. bis 9. Schuljahr (ein 10. Schuljahr ist nach dem Hamburger Abkommen von 1964 zulässig und wird allg. angestrebt). In einigen Ländern mit 6jähriger Grundschule oder zweijähriger Orientierungsstufe beginnt die H. erst mit der 7. Klasse. Mittelpunktschulen sollen es möglich machen, in verstärktem Maße Fachlehrer bzw. Fachgruppenlehrer einzusetzen und Wahlmöglichkeiten zu schaffen. Zum Fächerkanon gehören Deutsch, Mathematik, eine Fremdsprache (Englisch), Arbeitslehre und Sozialkunde.

In *Österreich* baut die H. auf der 4. Klasse der Volksschule auf und endet wie die daneben bestehende Volksschuloberstufe (nur noch in ländl. Gebieten) mit dem 8. Schuljahr. Mindestens der Unterricht eines Klassenzugs wird von Fachlehrern erteilt. An die H. schließt die einjährige Berufsvorschule an. - Für die *Schweiz* ↑ Volksschule.

Hauptsignal ↑ Eisenbahn (Signaltechnik).

Hauptstrafen, Strafen, die im Gegensatz zu Nebenstrafen für sich allein verhängt werden können. H. sind Freiheitsstrafe, Geldstrafe, für Soldaten Strafarrest und für Jugendliche Jugendstrafe. Geldstrafe ist auch dann H., wenn sie neben Freiheitsstrafe angedroht wird.

Haupt- und Staatsaktionen, die Repertoirestücke der dt. Wanderbühne des 17. und frühen 18.Jh.; sie heißen „Hauptaktionen" im Ggs. zu den possenhaften Nach- und Zwischenspielen, „Staatsaktionen" nach den (pseudo)histor.-polit. Inhalten (grundsätzlich höf. Milieu). Die Bez. ist polem. gemeint; sie geht auf Gottsched zurück, der insbes. auch die obligator. Hanswurstfigur angriff.

Hauptverbandsplätze, feldmäßige Einrichtungen der Sanitätstruppe auf dem Gefechtsfeld und im rückwärtigen Korpsgebiet zur Sichtung und ärztl. Behandlung Verwundeter und Kranker; werden auf Brigade-, Divisions- und Korpsebene eingerichtet.

Hauptverfahren, an das Eröffnungsverfahren sich anschließende Abschnitt des Strafprozesses bis zur Rechtskraft des Urteils; in das H. leitet auch der Einspruch gegen einen Strafbefehl über. Das H. gliedert sich in die ↑ Hauptverhandlung sowie deren Vor-

bereitung. Zur *Vorbereitung* dienen die Terminanberaumung durch den Vorsitzenden des Gerichts, die Ladung des Angeklagten, des Verteidigers und der von Staatsanwaltschaft oder vom Gericht von Amts wegen benannten Zeugen und Sachverständigen. Der Angeklagte kann die Ladung von Zeugen und Sachverständigen beantragen, er kann sie aber auch unabhängig von der Ablehnung seines Antrages selber laden lassen. Ferner wird die Herbeischaffung anderer Beweismittel angeordnet sowie u. U. eine kommissar. Vernehmung sowie ein richterl. Augenschein durchgeführt.

Im *östr. Strafprozeß* ordnet der Vorsitzende nach Einbringung der Anklageschrift die Anberaumung der Hauptverhandlung an.

Nach dem *schweizer. Strafprozeßgesetzen* beginnt das H. zu dem Zeitpunkt, zu dem nach Abschluß der Strafuntersuchung Anklage erhoben und der Angeklagte nach Durchführung des Zwischenverfahrens dem urteilenden Gericht überwiesen wird.

Hauptverhandlung, zentraler Abschnitt des gesamten Strafverfahrens, der zur Entscheidung über den in Anklage und Eröffnungsbeschluß formulierten Vorwurf führt und regelmäßig durch Urteil abgeschlossen wird; Teil des Hauptverfahrens. Die H. ist nach den Grundsätzen der Öffentlichkeit, Mündlichkeit und Unmittelbarkeit durchzuführen. - Die H. erfolgt in ununterbrochener Gegenwart des Gerichts sowie der Staatsanwaltschaft und eines Urkundsbeamten der Geschäftsstelle. In minder schweren Fällen kann sie trotz Ausbleibens des Angeklagten durchgeführt werden oder der Angeklagte auf Antrag von der Pflicht zum Erscheinen entbunden werden. Gegen einen widerrechtl. abwesenden Angeklagten kann Haftbefehl erlassen werden; wenn er sich unerlaubt entfernt, kann das Gericht ihn in Gewahrsam nehmen lassen. Die H. darf nicht länger als zehn Tage unterbrochen werden (sonst ist neu mit ihr zu beginnen); hat sie länger als 10 Tage gedauert, darf sie bis zu 30 Tagen unterbrochen werden. Die Leitung der H. obliegt dem Vorsitzenden. Die Urteilsfindung beruht allein auf den in der H. gewonnenen Ergebnissen. Für Entscheidungen zu Lasten des Angeklagten ist eine Zweidrittelmehrheit erforderlich. Über die H. ist ein Verhandlungsprotokoll aufzunehmen, das im wesentl. den Gang und die Ergebnisse sowie die Förmlichkeiten des Verfahrens wiedergibt.

Für das *östr. und schweizer. Strafverfahren* gilt im wesentl. das zum dt. Recht Gesagte.

Hauptversammlung ↑ Aktiengesellschaft.

Hauptverwaltung, bei stark dezentralisierten komplexen Organisationen - z.B. bei der Dt. Bundesbahn - die zentrale Verwaltungseinheit, die die Aufgabe der Steuerung und Koordination hat.

Hauptwerk, in der Orgel das vom Hauptmanual aus gespielte Werk mit den wichtigsten Registern (Prinzipalchor, Mixturen, Zungenstimmen und Aliquoten). Das H. bildet den klangl. Grundstock der Orgel, dem sich seit dem 14. Jh. weitere Werke (↑ Brustwerk, ↑ Rückpositiv) verbanden.

Hauptwohnsitz ↑ Wohnsitz.

Hauptwort, svw. ↑ Substantiv.

Hauran, Landschaft in S-Syrien, 400–800 m ü. d. M., mit fruchtbaren Böden; v. a. Getreideanbau. Östl. schließt sich der Vulkanschild des Dschabal Ad Drus an (bis 1 735 m ü. d. M.), an dem Drusen siedeln; daher **Drusengebirge** gen., ein Name, der oft auch auf den H. ausgedehnt wird.

Haus [zu althochdt. hūs, eigtl. „das Bedeckende, Umhüllende"], Gebäude, das Menschen zum Wohnen und/oder Arbeiten dient. Es war - den vorwiegenden gesellschaftl. Strukturen entsprechend - v. a. Wohnhaus von [Groß]familien und - gegebenenfalls - ihrem Gesinde. In den heutigen Industriegesellschaften herrscht das Mietshaus vor (mit abgeschlossenen Wohnungen). - Dem H. eignet von alters her eine hl. *Heiligkeit,* auch seine Teile haben hl. Charakter. Über der Tür werden apotropäische Gegenstände befestigt. Bes. Bedeutung, die im Zusammenhang mit der des hl. Feuers steht, wird oft dem Herd beigemessen. - Religiöse Bedeutung eignet dem Begriff des H. auch in übertragenem Sinne. Im frühen Christentum wird die Bez. „H. Gottes" nicht primär auf bestimmte Gebäude bezogen, sondern in symbol. Weise auf die zum Herrenmahl versammelte Gemeinde angewandt. - Mit den religiösen Vorstellungen hängt auch die rechtl. Stellung des H. zus., näml. die heute noch bewahrte Unantastbarkeit des H. (Hausrecht; ↑ Hausfriedensbruch, ↑ Unverletzlichkeit der Wohnung). Die *Formen* des H.baus hängen ab von den gegebenen Möglichkeiten (Baumaterial), dem Klima, den gesellschaftl. und wirtschaftl. Bedingungen und dem Stilwillen einer Kultur und deren Epochen. - ↑ auch Bauernhaus, ↑ Bürgerhaus, ↑ Rathaus, ↑ Zunfthaus, ↑ Verwaltungsbauten.

Hausa, zur tschad. Gruppe der hamitosemit. Sprachen gehörende Sprache der Haussa, die außer in ihrem Kerngebiet in N-Nigeria und Niger (Amtssprache) in weiten Teilen W- und Z-Afrikas als Verkehrssprache gesprochen wird. Seit der Kolonialzeit hat sich eine rege literar. Produktion entwickelt (in lat. Schrift).

Hausach, Stadt im mittleren Schwarzwald, Bad.-Württ., 238 m ü. d. M., 5 000 E. Metall-, Holz-, Textil- u. a. Ind.; Verkehrsknotenpunkt. - 1272 erste Erwähnung von Silbererzbergwerken. Im 12. Jh. gingen Burg und Herrschaft an die Zähringer und 1237 an die Grafen von Fürstenberg über (vermutl. Stadtgründer, 1305 Freiburger Stadtrecht). - Ruine

der Burg (1453); roman. Pfarrkirche (12. Jh.).

Hausämter ↑ Hofämter.

Hausapotheke, Zusammenstellung von Arzneimitteln, Verbandsmaterial und Gegenständen der Ersten Hilfe und der häusl. Krankenpflege (z. B. Brandsalben, Heftpflaster, Binden, Fieberthermometer, Desinfektionsmittel), die häufig benötigt werden.

Hausarzt, i. d. R. Arzt für Allgemeinmedizin (prakt. Arzt), der bei Krankheitsfällen gewöhnl. als erster hinzugezogen wird.

Hausbank, Bez. für die Bank, mit der ein Kunde seine regelmäßigen Bankgeschäfte (Kontokorrentkredite, Wechseldiskontierungen u. a.) abwickelt; auch Bez. für Banken, die die treuhänder. Verwaltung von Krediten der öffentl. Hand übernehmen.

Hausbesetzung, das Einziehen in leerstehende Häuser durch Personen oder Personengruppen, ohne die Erlaubnis des Besitzers bzw. gegen dessen Widerspruch. Die H. richtet sich zum einen gegen die Vernichtung von Wohnraum aus Gründen der Bodenspekulation und gegen die Verdrängung der Wohnbev. in den Städten, zum andern will sie auf mangelnde soziale Einrichtungen (z. B. Jugendhäuser) in dichtbesiedelten Stadtvierteln hinweisen. H. finden seit Beginn der 1970er Jahre statt und führten zu breiten Diskussionen um die Sozialbindung des Eigentums und die Planungspraxis der Stadtverwaltungen sowie z. T. zu Konfrontationen zw. Hausbesetzern und ihren Anhängern auf der einen Seite und Polizeikräften andererseits (u. a. Amsterdam, Frankfurt am Main, Freiburg im Breisgau, Berlin, Hamburg, Göttingen).

Hausbock (Hylotrupes bajulus), 7–25 mm langer, schwarzer, weißl. behaarter Bockkäfer mit zwei weißl. Flügeldeckenquerbinden in Europa; Schädling in verarbeitetem Nadelholz.

Hausbuchmeister (Meister des Hausbuches von Schloß Wolfegg), am Mittelrhein im letzten Drittel des 15. Jh. tätiger dt. Maler, Zeichner und Kupferstecher. Bedeutender als sein Werk als Maler (u. a. Passionsaltar, um 1475, Teile zerstreut) ist sein Werk als Kupferstecher durch die aus der Lebendigkeit seiner Linienführung sich ergebende Autonomie des Kupferstichs, der bislang nur im angewandten Bereich Platz hatte. Neben den Illustrationen des Hausbuches sind 89 Stiche bekannt, davon 82 in Amsterdam (daher auch der Name „Meister des Amsterdamer Kabinetts"), darunter 78 Unika.

Hausdurchsuchung ↑ Durchsuchungsrecht.

Hausen, Friedrich von ↑ Friedrich von Hausen.

Hausen (Huso), Gatt. großer Störe mit zwei Arten; große, gedrungene Fische mit kurzer Schnauze, sehr weiter, halbmondförmiger Mundöffnung und abgeplatteten Barteln. Der **Europ. Hausen** (*Beluga,* Huso huso;

Oberseite aschgrau, Bauchseite weißl.) ist im Schwarzen, Asowschen und Kasp. Meer sowie in der Adria verbreitet; kann fast 9 m lang und bis 1,5 t schwer werden; liefert hochwertigen Kaviar (Beluga). - Der **Sibir. Hausen** (*Kaluga*, Huso dauricus) ist im Amurbereich und in den vorgelagerten Meeren verbreitet; seit 1958 geschützt.

Hausenblase, die aufbereitete Innenhaut der Schwimmblase von Hausen und anderen Stören; sie besteht aus hochmolekularen, stark quellenden Eiweißstoffen, die nach Erwärmen und anschließendem Abkühlen zu einem klaren Gallert erstarren, das wegen seines hohen Adsorptionsvermögens als Klärmittel, insbes. zum Schönen von Wein., auch als Appreturhilfsmittel und Klebstoff verwendet wurde.

Hausenstein, Wilhelm, Pseud. Johann Armbruster, *Hornberg (= Altensteig) 17. Juni 1882, † München 3. Juni 1957, dt. Schriftsteller. - 1953–55 Botschafter in Paris; Kunstmonographien und Reisebücher sowie Erzählungen und Erinnerungen („Lux perpetua", 1947; „Pariser Erinnerungen", 1961).

Hausente, Sammelbez. für die von der Stockente (↑Enten) abstammenden Zuchtrassen, die nach Leistung in Lege- und Fleischenten eingeteilt werden.

Hauser, Arnold, *Temesvar 8. Mai 1892, † Budapest 28. Jan. 1978, engl. Literatur- und Kunstsoziologe ungar. Herkunft. - Seit 1938 in Großbrit.; Prof. in Leeds und Gastprofessuren in den USA. Einführung der sozialhistor. und wissenssoziolog. Betrachtungsweise in die Kunstwiss.

Werke: Sozialgeschichte der Kunst und Literatur (engl. 1950, dt. 1953), Methoden moderner Kunstbetrachtung (1. Auflage 1958 u. d. T. Philosophie der Kunstgeschichte), Der Ursprung der modernen Kunst und Literatur (1. Auflage 1964 u.d.T. Der Manierismus ...), Kunst und Gesellschaft (1974), Soziologie der Kunst (1974).

H., Erich, *Rietheim (Landkreis Tuttlingen) 15. Dez. 1930, dt. Metallplastiker. - In den Raum ausgreifende Konstellationen aus (vorgefertigten) Stahlrohrelementen.

H., Kaspar, *angebl. 30. April 1812, † Ansbach 17. Dez. 1833 (ermordet), Findelkind unbekannter Herkunft. - Tauchte 1828 in Nürnberg auf, anscheinend in fast völliger Isolierung aufgewachsen; nach seinem Bericht in einem Kellerverlies festgehalten (wohl nur kurze Zeit). Er wurde Mittelpunkt gefühlvoller Salons und geriet seel. völlig aus dem Gleichgewicht. P. J. A. Ritter von Feuerbach brandmarkte den Fall H. als Beispiel eines Verbrechens am Seelenleben des Menschen und vermutete, H. sei mit dem 1812 geborenen Sohn des bad. Großherzogs Karl Ludwig Friedrich ident. und von der rivalisierenden Linie Hochberg aus dem Weg geräumt worden. K. H. wurde Gegenstand zahlr. literar.

Hausbuchmeister, Fußwaschung. Flügel eines Passionsaltars (um 1475). Berlin-Dahlem.

Gestaltungen. Als **Kaspar-Hauser-Komplex** werden in der Sozialpsychologie durch Gemütsarmut und Kontaktschwierigkeiten gekennzeichnete Entwicklungsstörungen infolge Isolierung, die Aufzucht (von Tieren) unter Erfahrungsvorenthaltung (isolierte Aufzucht) als **Kaspar-Hauser-Versuch** bezeichnet.

📖 *Pies, H.: K. H. Stg. 1986. - Scholz, Hans: K. H. Mchn. 1985. - Mayer, Johannes/Tradowsky, P.: K. H. Stg. ²1984.*

H., Kaspar, Pseud. von Kurt ↑Tucholsky.

Hausflagge, im Topp eines Schiffes geführte Flagge mit Farbe und Zeichen der Reederei.

Hausfleiß (Hauswerk), Bez. für Heimarbeit (z. B. Möbelbau und -bemalung, Weberei, Geräteschnitzen, Töpfern) in bäuerl. Gesellschaften oder Enklaven, die hauptsächl. dem Eigenbedarf dient. Der Übergang zu Lohnarbeit war fließend und die Bez. ↑Hausindustrie anfängl. nicht darauf festgelegt.

Hausfrau, i. e. S. Berufsbez. für die einen Familienhaushalt führende [Ehe]frau. Die H.tätigkeit kann anstelle einer Erwerbstätigkeit oder auch neben einer berufl. Tätigkeit ausgeübt werden. Die Tätigkeit einer Frau als „Nur-H." wird oft gering eingeschätzt und die Möglichkeit der Selbstverwirklichung der Frau einseitig nur im Berufsleben gesehen. Dem steht aber die Angewiesenheit des Kindes auf mehr oder weniger ständige Anwesenheit einer Hauptbezugsperson gegenüber. Rechtl. wird die H.tätigkeit gewürdigt durch die Gleichbewertung mit der Erwerbstätigkeit des Ehemannes (Einführung der Zugewinngemeinschaft, Regelung der Unterhaltspflicht).

Hausfriedensbruch, Verletzung des Hausrechts durch 1. widerrechtl. Eindringen in Wohnung, Geschäftsräume, befriedetes (d. h. umzäuntes) Besitztum eines anderen oder 2. durch Verweilen an solchen Orten trotz Aufforderung des Berechtigten, sich zu entfernen (§ 123 StGB). Auch abgeschlossene Räume, die zum öffentl. Dienst oder Verkehr bestimmt sind, sind gegen H. geschützt. - Das **Hausrecht** hat, wer ein stärkeres Gebrauchsrecht als der Täter hat, z. B. der Mieter gegenüber dem Eigentümer, der Untermieter gegenüber dem Mieter. H. wird mit Geldstrafe oder mit Freiheitsstrafe bis zu einem Jahr bestraft. Die Verfolgung tritt nur auf Antrag ein. Wird die erste Alternative des H. durch eine öffentl. zusammengerottete Menschenmenge in gewalttätiger Absicht begangen, liegt ein **schwerer Hausfriedensbruch (Heimsuchung)** vor. Jeder, der daran teilnimmt, kann mit Freiheitsstrafe bis zu zwei Jahren oder mit Geldstrafe bestraft werden.

Nach *östr. Strafrecht* ist H. das bewaffnete Eindringen in die Wohnung oder das Haus eines anderen und das Ausüben von .Gewalt an darin befindl. Sachen, an der Person des Wohnungs- oder Hausbesitzers oder dessen Bediensteten.

Im *schweizer. Strafrecht* gelten ähnl. Bestimmungen wie im dt. Recht.

Hausgans, Sammelbez. für die aus der Graugans (↑ Gänse) hervorgegangenen Zuchtformen, die in Brut- und Legegänse eingeteilt werden.

Hausgesetz, seit dem 14. Jh. von Familien des Hochadels gesetzte Norm, die privatrechtl. Fragen für die betreffende Familie abweichend vom gemeinen Recht dauernd regelte; eine scharfe Abgrenzung zum Hausvertrag ist nicht mögl. Beispiele: Dispositio Achillea (1473), Pragmat. Sanktion (1713). H. wurden noch im 19. Jh. erlassen.

Hausgewerbetreibender, selbständiger Gewerbetreibender, der in eigener Arbeitsstätte mit nicht mehr als zwei fremden Hilfskräften im Auftrag von Gewerbetreibenden oder Zwischenmeistern Waren herstellt, bearbeitet oder verpackt; er arbeitet selbst wesentl. mit und überläßt einem anderen die Verwertung der Ergebnisse seiner Arbeit. Der H. ist gewerbesteuerpflichtig.

Haushalt, (Haushaltung, Privat-H.) zusammen wohnende und wirtschaftende Personengruppe, meist eine Familie im engsten oder im weiteren Sinne, der aber auch fremde Personen, häusl. Dienstpersonal, gewerbl. und/oder landw. Arbeitskräfte mit umfassen kann (als Hausgemeinschaft); daneben steht der Einzelhaushalt. Wirtschaftl. Aspekt des H. ist seine Bedürfnisbefriedigung durch Konsum von Gütern.

◆ in den *Wirtschaftswissenschaften*: 1. svw. *H.plan* (↑ Haushaltsrecht); 2. svw. *H.volumen* (= Höhe der Einnahmen = Höhe der Ausgaben); die öffentl. Einnahmen und Ausgaben werden in ordentl. und außerordentl. eingeteilt; **ordentl. Einnahmen** sind: Steuern und steuerähnl. Abgaben, Einnahmen aus wirtschaftl. Tätigkeit, Zinseinnahmen, laufende Zuweisungen und Zuschüsse sowie Schuldendiensthilfen, Gebühren und sonstige Entgelte *(Einnahmen der laufenden Rechnung)*; Veräußerung von Sachvermögen, Zuweisung und Zuschüsse für Investitionen sowie Vermögensübertragungen, Darlehensrückflüsse, Veräußerung von Beteiligungen, Schuldenaufnahmen bei Verwaltungen *(Einnahmen der Kapitalrechnung)*; **ordentl. Ausgaben** sind: Personalausgaben, laufender Sachaufwand, Zinsausgaben, laufende Zuweisungen und Zuschüsse sowie Schuldendiensthilfen *(Ausgaben der laufenden Rechnung)*; Baumaßnahmen, Erwerb von bewegl. und unbewegl. Sachen, Zuweisungen und Zuschüsse für Investitionen sowie Vermögensübertragungen, Darlehen, Erwerb von Beteiligungen, Tilgungsausgaben *(Ausgaben der Kapitalrechnung)*; **außerordentl. Einnahmen** sind: Einnahmen aus Kreditmarktmitteln, Münzeinnahmen, Entnahmen aus Rücklagen sowie innere Darlehen, Einnahmen aus Überschüssen der H.rechnungen der Vorjahre; **außerordentl. Ausgaben** sind: Tilgung von Kreditmarktmitteln, Zuführung an Rücklagen, Ausgaben für Fehlbeträge in den H.rechnungen der Vorjahre; das Haushaltsvolumen wird auch **Etat** genannt.

📖 *Wiesner, H.:* H.wesen. Hdbg. 1982. - *Biehl, D., u. a.: Konjunkturelle Wirkungen öffentl. H. Tüb. 1978.*

Haushaltsausgleich, Deckung der öffentl. Ausgaben durch öffentl. Einnahmen, vorgeschrieben in Art. 110 Abs. 1 Satz 2 GG.

Haushaltsbesteuerung, die bes. Besteuerung von Mgl. eines Haushalts bei der Einkommensteuer und der Vermögensteuer (↑ Veranlagungsarten).

Haushaltsdefizit, Betrag der Unterdeckung der öffentl. Ausgaben durch laufende öffentl. Einnahmen. Das H. wird durch Kredite finanziert. Dieser Verzicht auf den materiellen Haushaltsausgleich wird in der Konjunkturpolitik ↑ Deficit-spending genannt.

Haushaltsgesetz (Budgetgesetz) ↑ Haushaltsrecht.

Haushaltsgrundsätze (Budgetprinzipien), Grundsätze für die Aufstellung und Ausführung von Haushaltsplänen; in der BR Deutschland: Grundsätze für die Haushaltsgesetzgebung des Bundes und der Länder, festgelegt im H.gesetz, für den Bund bestimmt in der Bundeshaushaltsordnung, beide vom 19. 8. 1969. Die wichtigsten H. sind: Wirtschaftlichkeit und Sparsamkeit; Gesamtdeckung; Vollständigkeit und Einheit, Fälligkeit (für jedes Haushaltsjahr ist ein Haushaltsplan aufzustellen); Klarheit und Übersicht; Genauigkeit; Vorherigkeit; qualitative Spezialität (sachl. Bindung); quantitative Spezialität (Verbindlichkeit der Höhe der eingesetzten Beträge); zeitl. Spezialität; Öffentlichkeit.

Haushaltjahr, Rechnungsjahr, für das ein Haushaltsplan festgestellt wird. Das H. des Haushaltsplans des Bundes ist das Kalenderjahr.

Haushaltsplan ↑ Haushaltsrecht.

Haushaltspolitik, Gesamtheit der Maßnahmen eines Staates, durch isolierte oder kombinierte Veränderungen der Einnahmen und/oder der Ausgaben die Höhe des Volkseinkommens, der Beschäftigung und der Preise zu beeinflussen. Die H. ist insbes. ein Mittel der staatl. Konjunkturpolitik. *Arten:* **Klass. Haushaltspolitik:** unbedingter Ausgleich der laufenden Einnahmen und Ausgaben (Parallelpolitik) innerhalb eines Haushaltsjahrs. **Zykl. Haushaltspolitik:** Der Ausgleich erfolgt nur über einen Zyklus. In einzelnen Haushaltsjahren werden Haushaltsüberschüsse und -defizite zugelassen. **Kompensator. Haushaltspolitik:** Der Staat muß ständig Haushaltsdefizite zulassen, um das vorhandene Ungleichgewicht zw. der freiwilligen Investition und der freiwilligen Ersparnis auszugleichen. **Stabilisierende Haushaltspolitik:** Will mit Hilfe von in das Budget eingebauten Stabilisatoren (↑ Built-in-flexibility) erreichen, daß in einer Phase der Depression automat. ein Haushaltsdefizit und in einer Phase der Prosperität ein Haushaltsüberschuß entsteht.

Haushaltsrecht (Budgetrecht, Etatrecht), Gesamtheit der Rechtsnormen, die die Planung und Aufstellung, Verwaltung und Kontrolle der öffentl. Haushalte regeln. Durch die wirtschafts- und sozialstaatl. Entwicklung der letzten Jahrzehnte wuchs der Kreis der vom Staat wahrzunehmenden Aufgaben und damit der Anteil der Staatshaushalte am Sozialprodukt ständig. Dadurch trat die gesamtwirtschaftl. Steuerungs- und Budgetfunktion in den Vordergrund. Sie bewirkte die längerfristige Haushaltsbetrachtung auf der Grundlage einer mehrjährigen Finanzplanung und eine Vereinheitlichung des H. in Bund und Ländern. Dieser Entwicklung trugen das Gesetz zur Förderung der Stabilität und des Wachstums der Wirtschaft vom 8. 6. 1967 sowie die Haushaltsreform des Jahres 1969 (*Haushaltsgrundsätzegesetz* und *Bundeshaushaltsordnung* vom 19. 8. 1969) Rechnung. Das GG enthält einige Grundsätze des H., die für Bund und Länder gleichermaßen gelten. In Art. 109 Abs. 1 z. B. statuiert es das Prinzip der *Haushaltrennung* für Bund und Länder entsprechend der bundesstaatl. Gliederung.

Das H. orientiert sich am **Haushaltskreislauf** mit seinen Phasen Aufstellung, Festsetzung und Durchführung des Haushaltsplans, Rechnungslegung und -prüfung, Entlastung. Zentralfigur des H. ist der **Haushaltsplan.** Er dient der Feststellung und Deckung des Finanzbedarfs, der zur Erfüllung der staatl. Aufgaben im Bewilligungszeitraum voraussichtl. notwendig ist. Er ist die Grundlage für die Haushalts- und Wirtschaftsführung. Der Haushaltsplan besteht aus den Einzelplänen und dem Gesamtplan. Die Einzelpläne sind in *Kapitel,* die i. d. R. den Verwaltungsressorts entsprechen, und in *Titel* gegliedert. Die Einteilung der Titel richtet sich nach einem *Gruppierungsplan,* der die einzelnen Posten unter ökonom. Gesichtspunkten systematisiert. Dadurch werden die Auswirkungen des Haushaltsplanes auf die gesamtwirtschaftl. Situation überschaubarer gemacht. Der Gesamtplan enthält eine *Haushaltsübersicht* (Zusammenfassung der Einzelpläne, Summierung der gesamten Einnahmen und Ausgaben), eine Berechnung des Finanzierungssaldos (*Finanzierungsübersicht*) und eine Darstellung der Einnahmen aus Krediten und der Tilgungsausgaben (*Kreditfinanzierungsplan*).

Der **Haushaltsplanentwurf** wird für ein oder zwei Rechnungsjahre, nach Jahren getrennt, auf Grund von *Ressortvoranschlägen* vom Bundesfinanzmin. aufgestellt und von der Bundesreg. beschlossen, wobei dem Finanzmin. ein nur mit qualifizierter Mehrheit ausräumbares Widerspruchsrecht zusteht. Die Einbringung des Haushaltsplanes und des Haushaltsgesetzes beim Parlament ist Monopol der Regierung. Die Regierungsvorlage ist - mit einem Bericht des Finanzmin. über Stand und voraussichtl. Entwicklung der Finanzwirtschaft, auch im Zusammenhang mit der gesamtwirtschaftl. Entwicklung **(Finanzbericht)** - beim Bundestag vor Beginn des Haushaltsjahres einzubringen. Sie wird gleichzeitig dem Bundesrat zugeleitet, der innerhalb von sechs Wochen Stellung nehmen muß. Danach durchläuft die Regierungsvorlage das normale Gesetzgebungsverfahren und wird vom Bundestag durch Haushaltsgesetz festgestellt.

Durch das **Haushaltsgesetz** wird nur der Gesamtplan verkündet. Neben der Festlegung des Haushaltsplanes kann das Haushaltsgesetz auch andere Vorschriften enthalten, die sich aber nur auf den Haushaltszeitraum und

Haushaltsrecht

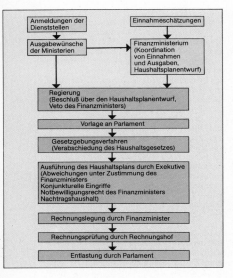

Haushaltsrecht. Schema des Haushaltskreislaufs

auf Einnahmen und Ausgaben beziehen dürfen. Ist der Haushaltsplan bis zum Schluß eines Rechnungsjahres für das folgende Jahr nicht durch Gesetz festgestellt, so ist bis zu seinem Inkrafttreten die Bundesreg. ermächtigt, alle Ausgaben zu leisten, die nötig sind, um gesetzl. bestehende Einrichtungen zu erhalten, gesetzl. beschlossene Maßnahmen durchzuführen, die rechtl. begründeten Verpflichtungen des Bundes zu erfüllen und um Bauten, Beschaffungen und sonstige Leistungen fortzusetzen oder Beihilfen für diese Zwecke weiter zu gewähren, sofern durch den Haushaltsplan des Vorjahres bereits Beträge bewilligt worden sind. Reichen die gesetzl. Einnahmen zur Deckung der genannten Ausgaben nicht aus, darf die Reg. Kredite bis zur Höhe eines Viertels der Endsumme des abgelaufenen Haushaltsplanes aufnehmen. (Art. 111 GG, sog. **Nothaushalt**). Die Rechtswirkungen des festgestellten Haushaltsplanes erschöpfen sich in der Ermächtigung an die Verwaltung, Ausgaben zu leisten und Verpflichtungen einzugehen.
Wird während des Haushaltsvollzuges eine wesentl. Erhöhung des Budgets erforderl., muß die Regierung einen **Nachtragshaushalt** einbringen. In Ausnahmefällen eines unvorhergesehenen und unabweisbaren Bedürfnisses steht dem Finanzminister ein **Notbewilligungsrecht** für über- und außerplanmäßige Ausgaben zu (Art. 112 GG).
Ausgabenerhöhende und einnahmenmin-

dernde Gesetze bedürfen, auch wenn sie diese Wirkung nur für die Zukunft mit sich bringen, der Zustimmung der Bundesreg. (Art. 113 GG). Will die Regierung Kredite aufnehmen oder Bürgschaften, Garantien u. a. übernehmen, die zu Ausgaben in künftigen Rechnungsjahren führen können, bedarf sie dazu einer der Höhe nach bestimmte Ermächtigung durch BG, die i. d. R. im Haushaltsgesetz enthalten ist (Art. 115 GG). Zahlungen in Vollzug des Haushaltsplanes dürfen nur über öffentl. Kassen und Zahlstellen erfolgen, die detailliert Buch zu führen und nach dem Jahresabschluß Rechnung zu legen haben. Auf der Grundlage dieser Kassenrechnungen stellt der Finanzmin. die *Haushalts- und Vermögensrechnung* auf, die er Bundestag und Bundesrat zum Zwecke der Entlastung der Bundesreg. vorlegt.
Die eigentl. **Rechnungsprüfung** nimmt der Bundesrechnungshof wahr, der den gesetzgebenden Körperschaften über die Ergebnisse unmittelbar berichtet (Art. 114 GG). Unter Berücksichtigung des Rechnungsprüfungsberichts beschließen diese über die Entlastung. Bei Verstößen gegen eine geordnete Haushaltsführung können die gesetzgebenden Körperschaften jedoch nur polit. Sanktionen ergreifen (Mißbilligungsbeschlüsse u. a.).
In *Österreich* besteht als Grundlage des noch sehr unvollständigen *Budgetrechts* Art. 51 B-VG. Hiernach hat die Bundesreg. dem Nationalrat spätestens zehn Wochen vor Ablauf des Finanzjahres einen *Voranschlag der Einnahmen und Ausgaben* des Bundes für das folgende Finanzjahr vorzulegen, über den der Nationalrat zu beschließen hat.
Die *schweizer. Bundesverfassung* (BV) enthält nur wenige Vorschriften über das Haushaltungsrecht des Bundes. Sie verlangt die Aufstellung eines jährl. Voranschlages *(Budget)*, die Erstellung der Rechnungen über die Einnahmen und Ausgaben und regelt die Zuständigkeiten. BG über den eidgenöss. Finanzhaushalt vom 18. 12. 1968 hat Geltung für den Voranschlag des Bundes und seiner unselbständigen Betriebe und Anstalten, die Abnahme der Staatsrechnung und die Verwaltung der Bundesfinanzen; ausgenommen und bes. Vorschriften vorbehalten ist ledigl. der Finanzhaushalt der Schweizer. Bundesbahnen (SBB) und derjenige der PTT-Betriebe. Oberste Grundsätze des Finanzhaushaltes des Bundes sind Gesetzmäßigkeit, Dringlichkeit, Wirtschaftlichkeit und Sparsamkeit; ferner ist anzustreben, den Fehlbetrag in der Bilanz abzutragen und die Einnahmen und Ausgaben im Gleichgewicht zu halten, wobei den Erfordernissen einer Konjunktur- und wachstumsgerechten Finanzpolitik Rechnung zu tragen ist.
📖 *Fuchs, K.: Das staatl. H. Herford 1979. - Mußgnug, R.: Der Haushaltsplan als Gesetz. Gött. 1976.*

Haushaltsstrukturgesetz, Kurzbez. für das Gesetz zur Verbesserung der Haushaltsstruktur vom 18. 12. 1975, das auf eine Verminderung der in der Rezession stark gestiegenen Finanzierungsdefizite der öffentl. Haushalte abzielt. Mit dem Inkrafttreten des H. am 1. Jan. 1976 wurden u. a. zahlr. Steuervergünstigungen reduziert, bisher als Zuschüsse gewährte Leistungen im Bereich der Ausbildungsförderung auf Darlehensbasis umgestellt und der Begriff der Zumutbarkeit bei Vermittlungsangeboten an Arbeitslose weiter gefaßt.

Haushaltstheorie, Teil der mikroökonom. Theorie neben der Produktionstheorie und der Preistheorie. Die H. im engeren Sinn untersucht die Bestimmungsgründe für die Nachfrage nach Konsumgütern; da der Haushalt für den Kauf solcher Güter Mittel benötigt, die er durch das Anbieten von Produktionsfaktoren, insbes. Arbeitsleistungen, erhält, gehört zur H. im weiteren Sinne auch die Untersuchung der Bestimmungsgründe für das Angebot an Produktionsfaktoren bzw. Arbeit. Dabei unterstellt die H., daß der subjektive ↑ Nutzen das Maß der Bedürfnisbefriedigung ist und jeder Haushalt versucht, seinen Nutzen zu maximieren. Der unter diesen Voraussetzungen optimale Verbrauchsplan eines Haushalts ergibt sich mit Hilfe der Bilanzgeraden und einer Schar von Indifferenzkurven. Die **Bilanzgerade** ist der geometr. Ort aller Güterbündel, die der Haushalt mit seinem verfügbaren Einkommen bzw. mit seiner geplanten Konsumsumme finanzieren kann; die **Indifferenzkurven** sind die geometr. Orte der jeweils im Urteil des Haushalts gleichen Nutzen stiftenden Warenkörbe. Bilanzgerade und Indifferenzkurven werden in ein Koordinatensystem eingetragen, wobei die Indifferenzkurven einen um so höheren Nutzen stiften, je weiter sie vom Koordinatenursprung entfernt liegen. Daraus ergibt sich der optimale Verbrauchsplan als die Indifferenzkurve, die mit der gegebenen Bilanzgeraden gerade noch erreicht werden kann.

Haushaltsüberschuß, Betrag der Überdeckung der öffentl. Ausgaben durch laufende öffentl. Einnahmen. Der H. wird in der BR Deutschland dadurch stillgelegt, daß er zur zusätzl. Tilgung von Schulden bei der Dt. Bundesbank oder zur Bildung einer Konjunkturausgleichsrücklage (entsprechend den Bestimmungen des StabilitätsG) verwendet wird.

Haushalts- und Ernährungswissenschaft, Studienfach mit natur-, sozial- und betriebswirtschaftl. Ausbildung, die eine wiss. Grundlage für die Führung von Großhaushalten geben soll.

Haushaltungsstatistik, Zweig der amtl. Statistik in der BR Deutschland, deren Objekt die Haushaltung ist. Im allg. werden die quantitative (Anzahl der Personen) und

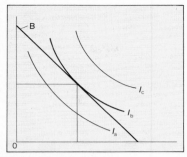

Haushaltstheorie. Bei der Indifferenzkurve I_b, die die Bilanzgerade B berührt, befindet sich der Haushalt im Gleichgewicht; alle Mengenkombinationen rechts von B sind unter den gegebenen Bedingungen unerreichbar (zum Beispiel Indifferenzkurve I_c); alle Mengenkombinationen links von B (zum Beispiel Indifferenzkurve I_a) sind von geringerem Nutzen

qualitative (Kinder, Verwandte) Zusammensetzung der Haushaltungen, die soziale Stellung und der Beruf des Haushaltungsvorstandes, die Anzahl der Mitverdiener, die Wohnverhältnisse, das Einkommen und die Ausgaben, etwa für Bekleidung, Ernährung, Freizeitgestaltung, erfragt.

Haushausmaus ↑ Hausmaus.

Haus-Haus-Verkehr, Gütertransporte vom Haus des Versenders zum Haus des Empfängers durch einen Verkehrsträger (insbes. Güterkraftverkehr) oder mehrere Verkehrsträger (z. B. Containerverkehr).

Haushofer, Albrecht, * München 7. Jan. 1903, † Berlin 23. April 1945, dt. Schriftsteller. - Sohn von Karl H.; 1940 Prof. für polit. Geographie und Geopolitik in Berlin, bis 1941 Mitarbeiter des Auswärtigen Amtes; als Widerstandskämpfer 1944 verhaftet und kurz vor Kriegsende erschossen. Übte in seinen Römerdramen („Scipio", 1934; „Sulla", 1938; „Augustus", 1939) Kritik am Nationalsozialismus. Seine bedeutendste Dichtung und zugleich die bedeutendste des Widerstands sind die „Moabiter Sonette" (hg. 1946).

H., Karl, * München 27. Aug. 1869, † Pähl bei Weilheim i. OB 10. März 1946, dt. Geopolitiker. - Vater von Albrecht H.; 1921–39 Prof. in München; Reisen nach Ostasien; Begründer der Geopolitik in Deutschland; seine Ideen wirkten stark auf den NS; deshalb angeschuldigt, nahm sich H. das Leben.

Haus-, Hof- und Staatsarchiv ↑ Österreichisches Staatsarchiv.

Haushuhn, Sammelbez. für die aus dem **Bankivahuhn** (↑ Kammhühner) gezüchteten

Haushund

Hühnerrassen. Die rd. 150 Hühnerrassen lassen sich in fünf große Rassengruppen zusammenfassen: *Legerassen* mit einer Legeleistung von nahezu 300 über 60 g schweren Eiern pro Huhn im Jahr (z. B. Rebhuhnfarbige Italiener, Weißes Leghuhn); *Zwierassen*, die zur Eier- und Fleischnutzung gezüchtet werden (z. B. Dt. Sperber, Andalusier); *Fleischrassen*, die hautsächl. zur Fleischgewinnung dienen; sie sind bis 6 kg schwer (z. B. Brahma, Dt. Langschan). *Zierhühner* werden nur zu Liebhaberzwecken gehalten (z. B. Zwerghühner, japan. Hauben-, Bart-, Nackthalshühner sowie die langschwänzigen Phönixhühner und Jokohamahühner in O-Asien). *Kampfhühner* (für Hahnenkämpfe) bilden die wohl älteste H.rasse. - **Geschichte:** Haushühner gab es wahrscheinl. schon im 3. Jt. v. Chr. in Vorderindien. In M-Europa ist das H. seit der späten Hallstatt- und frühen La-Tène-Zeit bekannt.

Haushund (Canis familiaris), vom Wolf abstammendes Haustier. Als Ur-H.rassen werden u. a. angesehen: Torfhund, Aschenhund, Schlittenhund, Lagerhund und Langkopfhund. Eine sehr ursprüngl. H.rasse ist der auf den Schlittenhund zurückgehende ↑ Polarhund. Verwilderte Formen des H. sind der ↑ Dingo und die ↑ Pariahunde. - **Geschichte:** Die Domestikation begann vermutl. in der mittleren Steinzeit (vor rund 15 000 Jahren) im sw. bis südl. Asien. Die ältesten mitteleurop. Hofhunde stammen etwa aus dem 8. Jt. v. Chr. Die frühesten sicher datierbaren Reste domestizierter Hunde stammen von mittelsteinzeitl. Fundplätzen in Palästina und N-Europa. Auf zeitl. entsprechenden Felsbildern in O-Spanien sind Hunde bereits als Jagdhelfer des Menschen dargestellt.

Hausierhandel ↑ Reisegewerbe.

Hausindustrie, industrielles Verlagssystem, in dem viele unselbständige Handwerker in Hausarbeit für Rechnung eines Unternehmers Lohnaufträge ausführen. Der Unternehmer übernimmt hauptsächl. Beschaffungs- und Absatzfunktionen. Die H. stellt eine Übergangsform vom Handwerk zur Ind. dar, die ihre größte Bedeutung im Frühkapitalismus erreichte und gegenwärtig nur noch vereinzelt anzutreffen ist (z. B. Spielzeug).

Hauskaninchen (Stallhase), Bez. für die seit dem frühen MA aus dem Wildkaninchen (zunächst v. a. in frz. Klöstern) gezüchteten Kaninchenrassen, die für die Fleisch-, Pelz-, Filz- und Wollgewinnung (bes. Angorawolle) sowie als Versuchstiere in der medizin. und biolog. Forschung von Bed. sind. Das H. wird in zahlr. Rassen gezüchtet: u. a. Belg. Riesen, Dt. Widder, Großchinchilla, Großsilber und Kleinsilber, Blaue und Weiße Wiener, Rexkaninchen, Angorakaninchen, Russenkaninchen, Hermelinkaninchen, Hasenkaninchen, Alaskakaninchen.

Hauskatze, Zuchtform der nub. ↑ Falbkatze. Heute werden zahlr. Rassen gezüchtet, z. B. Perserkatze, Birmakatze, Siamkatze, Karthäuserkatze, Mankatze. - **Geschichte:** Katzen wurden bereits rd. 7 000 v. Chr. im Vorderen Orient (Jericho) gehalten, jedoch wahrscheinl. nur als gezähmte Wildfänge. Die eigentl. Domestikation der H. setzte im 2. Jt. v. Chr. in Ägypten ein. Etwa im 8. Jh. n. Chr. kam sie nach M-Europa, wo sie sich mit der einheim. Wildkatze kreuzte.

Hauslehrer, Privatlehrer, der die Kinder meist nur einer Familie unterrichtet und erzieht.

Häusler, in der alten Agrarverfassung Bewohner eines Dorfes, der keine Vollbauernstelle und deshalb kein oder nur minderes Recht in der Gemeinde besaß; war Eigentümer eines Hauses und besaß wenig oder gar kein Feld und bestritt urspr. seinen Lebensunterhalt v. a. durch Tagelöhnerarbeit bei Vollbauern oder handwerkl. Tätigkeit.

Hausmacht, im MA jene Territorien, die sich im erbl. Besitz des Königsgeschlechts befanden; übertragen: innerhalb einer Institution die auf Personen basierende Macht, über die der an der Spitze der Hierarchie Stehende fest verfügt und mit der er seine Ziele durchzusetzen vermag.

Hausmaler, Künstler des 17./18. Jh., die von den Manufakturen unbemaltes Porzellan, auch Glas und Fayence bezogen, bemalten und verkauften; bes. in Augsburg (J. Aufenwerth), Breslau (D. und I. Preissler, I. Bottengruber) und Bayreuth.

Hausmann, Manfred, * Kassel 10. Sept. 1898, † Bremen 6. Aug. 1986, dt. Schriftsteller. - Naturerlebnis und Vagabundenromantik prägen sein Frühwerk; unter dem Einfluß Kierkegaards und K. Barths Wendung zum Christentum. - *Werke:* Salut gen Himmel (R., 1929), Abel mit der Mundharmonika (R., 1932), Das Worpsweder Hirtenspiel (1946), Der dunkle Reigen (Dr., 1951), Der Fischbekker Wandteppich (Spiel, 1955), Jahre des Lebens (Ged., 1974), Da wußte ich, daß Frühling war (Eskimo-Lieder, 1984).

H., Raoul, * Wien 12. Juli 1886, † Limoges 1. Febr. 1971, östr. bildender Künstler und Texter. - Mgl. des Berliner Dada; 1936 Emigration. Schuf neben Photomontagen auch Kartonskulpturen und „Skulptur-Assemblagen" aus vorgefundenen Materialien (u. a. „Mechan. Kopf", 1919). - Abb. Bd. 5, S. 57.

Hausmann, Parallelbildung zu Hausfrau; die Übernahme der Rolle der Mutter und Hausfrau als Hauptbezugsperson der Kinder durch den Mann (anstelle der berufstätigen Frau) wird verschiedentl. versucht.

Hausmarke, im Unterschied zum Hausnamen nicht dem Haus als Gebäude, sondern dem Haus als Familie oder Institution eigenes, meist geometr. Zeichen zur Kennzeichnung von Besitz, Werkzeug, Waren usw.; seit vorgeschichtl. Zeit für die bäuerl. Bereich

(Hofmarken) bezeugt; im MA von Kaufleuten und Handwerkern verwendet und gelegentl. in Siegel und Wappen übernommen.

Hausmaus (Mus musculus), weltweit verbreitete Art der Echtmäuse; Körper 7–12 cm lang, schlank; Schnauze zieml. spitz, an der Innenseite der oberen Schneidezähne ein scharfkantiger Absatz; Schwanz etwa körperlang, fast nackt; Färbung oberseits braungrau bis bleigrau oder gelbgrau, Unterseite wenig heller bis fast weiß. - Urspr. freilebend, hat sich die nachtaktive, gut springende und schwimmende H. an und in menschl. Behausungen angesiedelt. In Europa kommen bes. die folgenden Unterarten vor: **Westl. Hausmaus** (Haushausmaus, Mus musculus domesticus; westl. der Elbe in NW- und W-Europa; bleigrau bis bräunlichgrau; sehr eng an menschl. Ansiedlungen gebunden); **Nördl. Hausmaus** (Feldhausmaus, Mus musculus musculus; östl. der Elbe in O-, SO- und N-Europa; graubraun bis graugelb, mit weißl. Unterseite); **Ährenmaus** (Mus musculus spicilegus; im sö. Europa; gelbgrau mit weißer Un-

terseite; frei lebend; legt in ihren unterird. Bauten Nahrungsvorräte für den Winter an). - Als Stammform der rotäugigen Weißen Maus, einem Albino (Labormaus), ist sie ein wichtiges Versuchstier in der medizin. und biolog. Forschung.

Hausmeerschweinchen ↑ Meerschweinchen.

Hausmeier (lat. major domus) [Lehnübersetzung des lat. Begriffs], urspr. bei den Franken und anderen german. Völkern der Vorsteher des königl. Hauswesens und der Domänen. Seit etwa 600 im Fränk. Reich Führer des krieger. Gefolges. Gefolges, drängten die H. der Merowinger die Könige völlig beiseite, indem sie als Führer des Adels in den Reichsteilen Austrien, Neustrien und Burgund dessen Interessen gegen die Könige durchsetzten. 751 ließ sich Pippin III. zum König wählen, womit das H.amt erlosch.

Hausministerium, in Monarchien Hofbehörde, welche die Angelegenheiten des fürstl. Hauses verwaltete.

Hausmusik, das Musizieren im Fami-

HAUSMACHTPOLITIK IM 14. JAHRHUNDERT

Luxemburgischer Hausbesitz
Beschränkte Herrschaftsrechte der Luxemburger
Böhmisches Lehen der Luxemburger
Wittelbachischer Hausbesitz
Beschränkte Herrschaftsrechte der Wittelsbacher
Habsburgischer Hausbesitz
● Luxemburgischer Hausbesitz
○ Böhmische Lehens – und Pfandstädte
● Habsburgischer Hausbesitz

0   100   200 km

lien- oder Freundeskreis; seit dem 17. Jh. das bürgerl. Gegenstück zur aristokrat. Kammermusik oder zur kunstvolleren Kirchenmusik. H.werke sind wegen ihrer Bestimmung für Dilettanten bewußt unkompliziert komponiert. Im 19. und beginnenden 20. Jh. bildeten Bearbeitungen größerer Formen (Opern, Sinfonien) einen wichtigen Teil der H.literatur. Einen Aufschwung erlebte die H. Anfang des 20. Jh. im Zusammenhang mit den Bestrebungen der Jugend- und Singbewegung, die sich für die Wiederbelebung der Gemeinschaftsmusik des 16.–18. Jh. einsetzte. Heute wird sie durch Musikschulen, Jugendmusikschulen angeregt und in Laienorchestern wieder verstärkt gepflegt.

Hausmutter (Agrotis pronuba), bis 3 cm langer Eulenfalter in Europa, W-Asien und N-Afrika; Vorderflügel braun, Hinterflügel gelb, schwarz gerandet.

Hausner, Rudolf, * Wien 4. Dez. 1914, östr. Maler und Graphiker. - Vertreter der sog. „Wiener Schule des phantast. Realismus".

Hausorden ↑ Orden.

Hausordnung, 1. einseitige Regelung gewisser Verhaltensweisen der Mieter, die der Vermieter im Rahmen seiner Verpflichtung zur Verwaltung und zur Erhaltung des Hausfriedens erlassen kann. Aus ihr ergeben sich nur Rechte und Pflichten gegenüber dem Vermieter, nicht im Verhältnis mehrerer Mieter untereinander. Eine H. ist auch Bestandteil des dt. ↑ Einheitsmietvertrages; 2. die durch Stimmenmehrheit der Wohnungseigentümer beschlossene Ordnung über einen der Beschaffenheit der im Sondereigentum stehenden Gebäudeteile (insbes. Wohnungen) und des gemeinschaftl. Eigentums entsprechenden ordnungsmäßigen Gebrauch.

Haus Österreich ↑ Österreich, Haus.

Hauspferd (Equus caballus), in seinen verschiedenen Rassen vermutl. von den drei aus geschichtl. Zeit bekannten Unterarten des Prschewalskipferdes abstammendes Haustier. Das H. ist v. a. als Reit- und Zugtier von großer militär. (im wesentl. historisch) und wirtschaftl. Bed.; heute wird es vielfach als Sportpferd gehalten. - Die Brunst *(Rosse, Rossigkeit)* der Stute tritt durchschnittl. alle 3–4 Wochen für etwa 5–9 Tage ein; die Tragzeit beträgt etwa 336 Tage.

Hauspflege, in der *Sozialhilfe* die Hilfe zur Weiterführung des eigenen Haushalts für Personen mit eigenem Haushalt, wenn keiner der Angehörigen den Haushalt führen kann und die Weiterführung des Haushalts geboten ist; soll i. d. R. nur vorübergehend gewährt werden (§ 70 Bundessozialhilfegesetz).

◆ in der *Krankenversicherung* die Pflege eines erkrankten Versicherten in der eigenen Wohnung durch Krankenpflegepersonal, wenn die Aufnahme in ein Krankenhaus geboten wäre, aber nicht mögl. oder zweckmäßig ist.

Hausrat, zusammenfassende Bez. für alle zum Haushalt gehörenden Gegenstände, v. a. Möbel, Gardinen, Teppiche, Geschirr und Wäsche.

Hausratsverordnung, Kurzbez. für die 6. DVO zum Ehegesetz vom 21. 10. 1944 über die Behandlung der Ehewohnung und des Hausrats nach der Scheidung. Können sich die geschiedenen Ehegatten nicht einigen, wer von ihnen Ehewohnung und Hausrat erhalten soll, so kann auf Antrag der Richter eine Regelung nach der H. treffen. Unter Berücksichtigung des Wohls der Kinder, der Erfordernisse des Gemeinschaftslebens sowie der Ursachen der Eheauflösung gestaltet der Richter die Rechtsverhältnisse an den Gegenständen nach billigem Ermessen, ohne an die bisherige Eigentumslage gebunden zu sein.

Hausratte ↑ Ratten.

Hausratversicherung, Versicherung der Sachen, die in einem Haushalt zur Einrichtung gehören bzw. zum Gebrauch oder Verbrauch dienen sowie weiterer in den Versicherungsbedingungen einzeln aufgezählter Gegenstände gegen Feuer-, Einbruchdiebstahl-, Beraubungs-, Leitungswasser-, Sturm- und Glasbruchschäden in einem Vertrag (deshalb auch: **verbundene Hausratversicherung**).

Hausrecht ↑ Hausfriedensbruch.

Hausrind, Bez. für vom Auerochsen abstammende, vom Menschen domestizierte Rinderrassen. Die H. werden häufig in Niederungs- und Höhenviehrassen untergliedert. Das H. ist als Arbeitstier sowie zur Fleisch-, Milch- und Ledergewinnung von größter wirtschaftl. Bed. - Das ♀ H. wird etwa alle 3–4 Wochen brünstig *(Rindern)* und wirft nach rund 240 bis 320 Tagen meist nur ein Kalb.

Hausrotschwanz ↑ Rotschwänze.

Hausruck, etwa 30 km langer dichtbewaldeter Höhenzug im oberöstr. Alpenvorland, im Göblberg 801 m ü. d. M., Erdöl- und Erdgasvorkommen.

Hausruckviertel, östr. Voralpenlandschaft zw. Hausruck und Traun; wichtiges Landw.gebiet. - Das H. gehörte seit dem 2. Hälfte des 12. Jh. zu Bayern, kam im 13. Jh. an Österreich.

Haussa (Hausa), Volk in der afrikan. Großlandschaft Sudan, v. a. in N-Nigeria; Hauptzentren sind Kano, Sokoto, Zaria und das Bautschiplateau. Überwiegend Händler, Handwerker und Hackbauern, seit dem 15. Jh. islamisiert.

Hausschabe (Dt. Schabe, Blatella germanica), bis 15 mm große, weltweit verbreitete, hellbraune Schabe mit zwei dunklen Längsstreifen auf dem Halsschild; kommt in M-Europa nur in Gebäuden vor (Backstuben, Großküchen, Lagerräume).

Hausschaf (Ovis aries), von vermutl. verschiedenen Unterarten des Wildschafs abstammende, seit der frühen Steinzeit domestiziertes Haustier. Die ältesten europ. H.rassen waren Torfschaf und Kupferschaf. Heute werden zahlr. sehr unterschiedl. Rassen zur Fleisch-, Milch-, Woll-, Pelz- und Fettgewinnung gezüchtet. Die Schurzeit liegt bei der *Vollschur* (Jahresschur) im April und Mai, bei der *Halbschur* zusätzl. im Herbst; bei Jungtieren (erste Schur nach 5–6 Monaten) wird oft eine *Dreiviertelschur* (dreimal in zwei Jahren) durchgeführt. - Das H. wird etwa alle 2–3 Wochen für etwa 24–36 Stunden brünstig; die Tragzeit beträgt durchschnittl. 150 Tage, nach denen 1–3 Lämmer geworfen werden. Das Lebensalter beträgt etwa 8–10 Jahre. Das H. ist genügsam und läßt sich in Steppen- und Buschgebieten, v. a. auch auf Hochflächen gut weiden. Die größten H.bestände finden sich in Australien (rd. 150 Mill.) und in der Sowjetunion (etwa 120 Mill.). - In Deutschland werden v. a. Fleischschafrassen und die Rassengruppen ↑Merinoschafe und ↑Landschafe gezüchtet.

Hausschwalbe, svw. Mehlschwalbe (↑Schwalben).

Hausschwamm (Echter H., Tränender H., Serpula lacrymans), Ständerpilz, der durch enzymat. Holzabbau verbautes Holz zerstört; setzt sich zunächst mit weißem, lokkerem Myzel auf feuchtem Gebälk fest und kann sich dann von der Infektionsstelle aus mit meterlangen, wasserleitenden, bleistiftdicken Myzelsträngen, die mitunter massives Mauerwerk durchdringen, auch auf trockenes Holz ausbreiten. An der Oberfläche des befallenen Holzes bilden sich flache, bräunl. Fruchtkörperkuchen mit netzartig verbundenen Wülsten. - Vorbeugen durch ↑Holzschutz.

Hausschwein (Sus scrofa domesticus), seit Mitte des 6.Jt. v. Chr. domestiziertes Haustier, das hauptsächl. vom Europ. Wildschwein (europ. H.rassen) und vom Bindenschwein (asiat. H.rassen) abstammt. Das H. ist als Fleisch-, Fett-, Leder- und Borstenlieferant von größter wirtsch. Bed., daneben wird es neuerdings (wegen seiner starken physiolog. Ähnlichkeit mit dem Menschen) in wachsendem Maße als Versuchstier in der medizin. und biolog. Forschung verwendet. - Die Brunst *(Rausche)* tritt beim H. alle drei Wochen für etwa 1–3 Tage auf. Die Tragzeit dauert durchschnittl. 115 Tage, nach der durchschnittl. 10 Junge (Ferkel) geworfen werden. - Bekannte Rassen sind: Dt. Sattelschwein, Dt. Landrasse, Dt. Weideschwein, Dt. Weißes Edelschwein, Berkshireschwein, Cornwallschwein, Rotbuntes Schwein, Yorkshireschwein.

Hausse ['ho:sə; lat.-frz.], Zustand steigender oder hoher Kurse an der Börse, wie er bes. im Zuge eines konjunkturellen Aufschwungs auftritt (Ggs. ↑Baisse). **Spekulation à la Hausse** liegt vor, wenn Wertpapiere in Erwartung steigender Kurse gekauft werden.

Haussegen, mit Zaubersprüchen und Zeichen beschriebene oder bedruckte Blätter frommen oder abergläub.-mag. Charakters, die Haus und Hof vor Unglück bewahren sollen; neben Andachtsbildern dienen auch Schutzzeichen wie der Drudenfuß, drei Kreuze oder die Initialen C + M + B der Hl. Drei Könige dem gleichen Zweck.

Haussmann, Georges Eugène Baron [frz. os'man], *Paris 27. März 1809, †ebd. 12. Jan. 1891, frz. Politiker. - Jurist: Präfekt von Paris (1853–70), das er in großzügiger Weise durch den Bau von Boulevards und Parkanlagen unter Vernichtung des ma. Stadtbildes umgestalten ließ.

Haussperling ↑Sperlinge.

Hausspinnen (Winkelspinnen, Tegenaria), Gatt. der Trichterspinnen mit acht einheim., meist in Gebäuden lebenden Arten; 5–20 mm groß, überwiegend dunkel gefärbt.

Hausspitzmaus ↑Spitzmäuse.

Haussuchung ↑Durchsuchungsrecht.

Haustaube (Columba livia domestica), Sammelbez. für die seit dem 4. Jt. im Orient, seit der Mitte des 1. Jt. in Europa aus der Felsentaube gezüchteten Taubenrassen (z. Z. weit mehr als 100). H. werden aus Liebhaberei, zur Fleischgewinnung oder als Brieftauben gehalten. Sie neigen zur Verwilderung und haben sich in größeren Städten durch starke Vermehrung z. T. zu einer lästigen Plage entwickelt. Eine Rassengruppe der H. sind die **Feldtauben,** die sich ihre Nahrung auf Feldern suchen. Sie wurden in großer Zahl im Altertum in SW-Europa in sog. Taubentürmen gehalten.

Haustiere, Bez. für die vom Menschen zu seinem Nutzen gezüchteten Tiere. Zu den ältesten „klass." H. zählen Hausschaf, Hausziege, Haushund, Hausschwein und Hausrind, möglicherweise auch die Hauskatze. Hauspferd, Hausesel sowie Kamel, Lama, Rentier, Hausgans und Hausente wurden erst später domestiziert. - ↑auch Domestikation.

Haustorien [lat.], svw. ↑Saugorgane.

Haustrunk, 1. aus den festen Rückständen (Trester) der Weinbereitung hergestellter leichter Wein (Tresterwein) zum Eigenverbrauch, auch der daraus destillierte Branntwein; 2. Bier, das Brauereien an ihre Arbeitnehmer zu deren eigenem Verbrauch abgeben.

Haustruppen, Ehrendienst- und Sicherheitstruppen von Fürsten, teils Vorstufen von Garden.

Haus- und Familiendiebstahl ↑Diebstahl.

Hausurnen, Bez. für vorgeschichtl. Behältnisse des Leichenbrandes, die die Form eines Gebäudes haben; finden sich gegen Ende der jüngeren Bronzezeit und in der älteren Eisenzeit (10.–6. Jh.) erst in M-Italien, dann in M-Deutschland und in Skandinavien. - Abb. S. 224.

Hauswanzen

Hausurnen. Eisenzeitliche Hausurne (Fundort Königsaue bei Aschersleben)

Hauswanzen, svw. ↑Plattwanzen.

Hauswerk ↑Hausfleiß.

Hauswirtschaft, selbständige Wirtschaftsführung, Bewirtschaftung eines großen Haushalts (z. B. Anstaltshaushalt).
◆ Begriff aus der volkswirtschaftl. Stufentheorie. Die H. (oder Oikenwirtschaft) stellt die erste Stufe der wirtschaftl. Entwicklung dar, auf der die Wirtschaftssubjekte im Rahmen der Hausgemeinschaft ausschließl. für den Eigenbedarf produzieren. Arbeitsteilung mit anderen Wirtschaftseinheiten und Märkte bilden sich erst in den folgenden Stufen der Entwicklung aus, in der Stadt-, Volks- und Weltwirtschaft.

Hauswirtschaftslehre, an der Hauptschule (oder Gesamtschule) als Teil der Arbeitslehre Unterrichtsfach für Mädchen; auch Fach der hauswirtschaftl. Berufsschulen, Berufsfachschulen und hauswirtschaftl. Fachschulen (Ausbildung zu ländl. oder städt. Wirtschafterinnen oder Hauswirtschafterinnen).

Hauswurz (Dachwurz, Donnerwurz, Sempervivum), Gatt. der Dickblattgewächse mit rd. 30 Arten, v. a. in den Gebirgen des Mittelmeergebietes und Vorderasiens; meist dichte Polster bildende Rosettenpflanzen mit fleischigen Blättern; Blüten rot, gelb, seltener weiß, in Blütenständen. Viele Arten, v. a. die **Echte Hauswurz** (Sempervivum tectorum) werden in vielen Zuchtformen angepflanzt.

Hausziege (Capra hircus), vermutl. bereits im 7. Jh. v. Chr. in SO-Europa und Vorderasien domestiziertes Haustier; Abstammung umstritten. - Die H. liefert Milch, Fleisch, Wolle und feines Leder (Chevreau, Glacéleder, Nappa, Saffian, Velour). Die Brunst *(Bocken)* tritt alle 17–21 Tage für 1–3 Tage auf. Nach rd. 150 Tagen Tragzeit werden 1–3 Zickel geworfen. - Bekannte Rassen sind: Dt. Bunte Edelziege, Weiße Dt.

Edelziege, Sattelziege, Saanenziege und Zwergziege.

Haut (Cutis, Derma), den ganzen Körper bei Wirbeltieren und beim Menschen umgebendes Organsystem; setzt sich zus. aus der oberfläch. Ober-H. und der tieferliegenden Leder-H., auf die ohne scharfe Abgrenzung in die Tiefe die Unter-H. folgt. Die vom äußeren Keimblatt gebildete **Oberhaut** (Epidermis) des Menschen ist mehrschichtig: Die in der *Basalschicht* (Stratum basale) der Keimschicht (Stratum germinativum) gebildeten und zur H.oberfläche hin abgeschobenen, rundl., durch zahlr. kleine Fortsätze miteinander verbundenen (daher wie bestachelt erscheinenden) Zellen bilden die *Stachelzellschicht* (Stratum spinosum). Darauf folgt die *Körnerschicht* (Stratum granulosum), die durch Zusammenrücken und Abplatten der Zellen der Stachelzellschicht, durch das Auflösen ihrer Kerne und durch Einlagern von Verhornungssubstanz entsteht. An dikken H.stellen geht sie durch Zusammenfließen der Keratohyalinkörnchen zu einer stark lichtbrechenden Masse in die *Glanzschicht* (Stratum lucidum) über, aus der zuletzt die **Hornhaut** hervorgeht. Diese ist 10–20 Zellschichten (etwa 0,015 mm) dick. Ihre toten und verhornten Zellen werden ständig nach außen abgeschilfert und müssen deshalb von der Keimschicht ersetzt werden. Die **Lederhaut** (Corium) wird vom mittleren Keimblatt gebildet. Sie besteht aus Bindegewebe, enthält Gefäße und Nerven sowie an vielen Stellen auch glatte Muskulatur. Sie trägt gegen die Ober-H. zu Vorwölbungen (Papillen), die Kapillarschlingen haben, wodurch die Ernährung der Ober-H. erleichtert wird. Eine *Papillarschicht* (Stratum papillare) bestimmt die Oberflächenform der Leder-H. und teilweise auch die der Ober-H. Die Papillen sind auch die Grundlage der Hautleisten. Die Füllung der Kapillargefäße bedingt die Farbtönung der H. Beim Zerreißen von Haargefäßen entstehen Blutergüsse, die als blaue Flecken in Erscheinung treten. In der darunterliegenden *Netzschicht* (Stratum reticulare) der Leder-H. liegen die Schweißdrüsen sowie die größeren Gefäße und Nerven. Unter der Leder-H. liegt die **Unterhaut** (Subcutis). Das in sie eingebettete Unterhautfettgewebe dient in erster Linie der Wärmeisolation des Körpers, daneben auch als Druckpolster und zur Speicherung von Reservestoffen.

Die H. schützt gegen eine Reihe von Umweltfaktoren. Durch ihre Reißfestigkeit und Dehnbarkeit wehrt sie mechan. Einwirkungen (Druck, Stoß) ab. Der Säureschutzmantel wehrt Bakterien ab. Die Pigmente der Keimschicht (↑auch Hautfarbe), die auch in den verhornten Zellen verbleiben, absorbieren Licht und UV-Strahlung. Durch die Absonderung von Schweiß ist die H. an der Regulation des Wasserhaushaltes und v. a. an der

Temperaturregulation beteiligt. Bei der Wärmeabgabe spielt außerdem ihr weitverzweigtes Kapillarnetz eine wichtige Rolle. Schließl. ist die reichlich mit Sinnesrezeptoren ausgestattete H. ein Sinnesorgan, das dem Zentralnervensystem eine Vielfalt von Wahrnehmungen vermittelt.

Bei wirbellosen Tieren ist die H. eine einschichtige Epidermis. Nach außen scheidet sie meist eine ↑ Kutikula ab. Bei den Weichtieren wird Kalk in Form einer Schale ausgeschieden.

📖 *Biochemie der H.* Hg. v. *F. Herrmann* u. a. Stg. 1973.

Hautatmung, Austausch von Sauerstoff und Kohlendioxid durch die Haut; ausschließl. Atmungsform bei niederen Tieren (Schwämme, Nesseltiere, Würmer), für höhere Lebewesen mit Kiemen oder Lungen ledigl. Zusatzatmung. Die H. beträgt bei Menschen nur rd. 1 % des Gasaustausches (↑ Atmung).

Hautausschlag, volkstüml. Bez. (kurz *Ausschlag* gen.) für die bei Infektionskrankheiten (Masern, Scharlach, Windpocken) oder allerg. Reaktionen auftretenden Hautveränderungen wie Flecken, Quaddeln, Bläschen.

Hautcreme, Emulsionssalbe zur Pflege der Haut, die im Gegensatz zu einfachen Fettsalben die Haut nicht luftdicht abdeckt, so daß Flüssigkeits- und Wärmeabgabe gewährleistet sind (↑ Creme).

Hautdasseln (Hautdasselfliegen, Hautbremsen, Hypodermatinae), Unterfam. parasit. lebender, bis 15 mm großer Fliegen mit rd. 30 Arten (davon in M-Europa 6 Arten), die z. T. recht schädl. sind (↑ Dasselbeulen).

Hautdrüsen (Dermaldrüsen), ein- oder mehrzellige, an der Hautoberfläche mündende, epidermale Drüsen, z. B. Schweiß-, Talg- und Tränendrüsen.

Häute, die als Rohmaterial für Leder verwendeten noch nicht gegerbten Körperdecken von großen Schlacht- und Wildtieren (z. B. Rindern, Schweinen, Pferden, Rehen, Büffeln) sowie von einigen Meeressäugetieren, Reptilien, Amphibien und Fischen (die Körperdecken kleinerer Tiere, z. B. von Kälbern, Schafen, Ziegen, Hasen, werden als *Felle,* die von Vögeln als *Bälge* bezeichnet). Die beim Schlachten anfallenden H. und Felle werden durch Salzen und/oder Trocknen bis zu ihrer Weiterverarbeitung zu Leder haltbar gemacht.

Haute Coiffure [frz. otkwa'fy:r „hohe Frisierkunst"], die modeschaffende Frisierkunst, bes. von Paris.

Haute-Corse [frz. ot'kɔrs], frz. Dep. auf Korsika.

Haute Couture [frz. otku'ty:r „hohe Schneiderkunst"], schöpfer. Modeschaffen, für die Mode tonangebende Schneiderkunst einiger Pariser Modehäuser, die ausschließl. Modelle kreieren, vereinzelt auch das Recht auf Vervielfältigung verkaufen.

Hauteinheitsdosis, svw. ↑ Hauterythemdosis.

Hautelisse [(h)ot'lɪs; frz. ot'lis], auf einem *H.webstuhl* mit senkrecht gespannter Kette gewirkter Bildteppich (bes. 14.–16. Jh.).

Haute-Loire [frz. ot'lwa:r], Dep. in Frankreich.

Haute-Marne [frz. ot'marn], Dep. in Frankreich.

Hautemphysem ↑ Emphysem.

Die Haut des Menschen im histologischen Querschnitt. B Basalschicht, C Cutis, E Epidermis, F Hautfurche (dazwischen Hautleiste), G Glanzschicht, H Hornschicht (mit abschilfernden Hornschüppchen), K Keimschicht, Kö Körnerschicht, L Lederhaut, N Netzschicht, P Papillarschicht (in einer der Bindegewebspapillen ein Meißner-Tastkörperchen), S Unterhaut (Subcutis, mit zwei Vater-Pacini-Tastkörperchen), St Stachelzellschicht

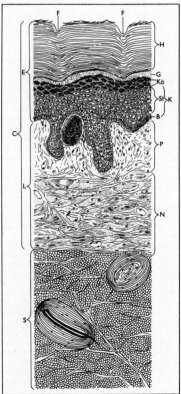

Haute-Normandie [frz. otnɔrmã'di], Region in N-Frankr., umfaßt die Dep. Eure und Seine-Maritime, 12 258 km², 1,19 Mill. E (1975), Regionshauptstadt Rouen.

Hautentzündung, svw. ↑ Dermatitis.

Hauterythemdosis (Hauteinheitsdosis), Abk. HED, Strahlendosis, die eine Rötung (Hauterythem) ohne Dauerschädigung der Haut erzeugt; je nach Härte der Strahlen und zeitl. Verteilung der Strahlendosis 500–2 000 Röntgen.

Hautes-Alpes [frz. ot'zalp], Dep. in Frankreich.

Haute-Saône [frz. ot'so:n], Dep. in Frankreich.

Haute-Savoie [frz. otsa'vwa], Dep. in Frankreich.

Hautes-Pyrénées [frz. otpire'ne], Dep. in Frankreich.

Haute tragédie [frz. ottraʒe'di „hohe Tragödie"], Bez. der klass. frz. Tragödie, vertreten insbes. durch Corneille und Racine.

Haute-Vienne [frz. ot'vjɛn], Dep. in Frankreich.

Hautevolee [(h)o:tvo'le:; frz.], spött. Bez. für die gesellschaftl. Oberschicht; im 19. Jh. aus frz. „(des gens) de haute volée" („[Leute] von hohem Rang") übernommen.

Hautfarbe, Farbton der menschl. Haut, der im wesentl. von der Menge der in die Haut eingelagerten Farbstoffkörner, aber auch von der Dicke, vom Fettgehalt und von der Durchblutung der Haut sowie von der Einlagerung von Karotin abhängt. Die Fähigkeit zur Pigmentbildung ist erbl. fixiert und stellt, da sie sehr stark variiert, ein wichtiges und leicht erkennbares Merkmal der Menschenrassen dar. Die Synthese der Melanine beginnt in der Embryonalzeit, die völlige Ausfärbung erfolgt jedoch erst nach der Geburt. - Durch lokale Überpigmentierung der Haut kommt es zu Sommersprossen oder Leberflecken. Ein völliges Fehlen der Farbstoffbildung liegt bei ↑ Albinismus vor.

Hautflechte, volkstüml. Bez. für verschiedene (u. a. von Pilzen hervorgerufene) chron. Hautkrankheiten, z. B. Schuppenflechte, Ekzem, Lupus.

Hautflügler (Hymenopteren, Hymenoptera), weltweit verbreitete Insektenordnung mit weit über 100 000 Arten; 0,1 bis 60 mm große Tiere mit zwei durchsichtig-häutigen, aderarmen Flügelpaaren und beißenden oder leckend-saugenden Mundwerkzeugen; ♀♀ mit Legestachel. Das erste Hinterleibssegment ist mit dem drittten Brustsegment fest verschmolzen. Die haploiden ♂♂ entwickeln sich aus unbefruchteten Eiern. - Die Lebensweise der einzelnen Arten ist sehr unterschiedl. Die Larven verpuppen sich gewöhnl. in einem selbstgesponnenen Kokon (vollkommene Metamorphose). - Die H. untergliedern sich in die beiden Unterordnungen ↑ Pflanzenwespen und ↑ Taillenwespen.

Hautgout [frz. o'gu „starker Geschmack"], nach Hängen oder Lagern von frischem Wild infolge der Fleischreifung entstehender Wildgeschmack und -geruch; in übertragener Bedeutung svw. Anrüchigkeit.

Hautgrieß (Milium), aus geschichteten Hornlamellen bestehende, von Oberhaut bedeckte, stecknadelkopfgroße, weiße bis weißgelbl. Knötchen, die meist im Gesicht auftreten und nach einem kleinen Einschnitt durch Ausquetschen entfernt werden können.

Hautkrankheiten (Dermatosen), krankhafte Veränderungen der Haut und/oder ihrer Anhangsgebilde. Nach der Ursache unterscheidet man: 1. entzündl. H. durch Bakterien und Protozoen (z. B. Furunkulose, Milzbrand, Syphilis); durch Viren (z. B. Herpes simplex, Gürtelrose, Warzen); durch Parasiten (z. B. Krätze) oder Pilze (Kandidamykose, Trichophytie, Pityriasis u. a.); 2. allerg. und autoimmun bedingte H. (z. B. Ekzem, Nesselsucht); 3. H. durch physikal. oder chem. Schädigungen (Verbrennung, Sonnenbrand, Erfrierung und Verätzung); 4. unbekannte Ursachen (z. B. Schuppenflechte, Blasenausschlag); 5. gut- und bösartige Hautneubildungen (z. B. Fibrom, Melanom, Hautkrebs); 6. angeborene Hautmißbildungen (u. a. Muttermal, Behaarungsanomalien); 7. H. mit Hautschwund oder Hautverdickung (z. B. Verhornung, Schwielen); 8. H. durch Störungen der Hautdrüsenfunktion (z. B. Akne, Seborrhö); 9. exanthemat. H. im Gefolge bestimmter Infektionskrankheiten (z. B. Röteln, Masern, Windpocken). - Die Behandlung der verschiedenen H. ist außerordentl. vielfältig und umfaßt, abgesehen von therapeut. Maßnahmen gegen das Grundleiden, u. a. die äußerl. Anwendung von Salben, Tinkturen, Cremes und Pasten, ferner Bestrahlung und Massage.

Hautkrebs, zusammenfassende Bez. für alle bösartigen Wucherungen der Haut und ihrer Anhangsgebilde. Nach dem Gewebe, von dem die Wucherung ausgeht, unterscheidet man die häufig auftretende, von den Basalzellen der Haut ausgehende Basalzellkarzinom, seltener sind Plattenepithelkarzinom, das Melanom und die Sarkome der Haut. Nach der feingewebl. Beschaffenheit kann der H. warzenartig oder als derber, nicht schmerzhafter Knoten mit glatter Oberfläche, geschwürähnl. oder als Pigmentfleck auftreten; auffallend ist jedoch in jedem Fall das rasche Wachstum, bei Geschwüren die fehlende Heilungstendenz. - Die Behandlung besteht in einer operativen Entfernung oder in Hochvoltbestrahlung, evtl. auch kombiniert.

Hautleisten (Papillarleisten, Tastleisten, Cristae cutis), an der Oberfläche der Haut, bes. deutl. an den Händen bzw. Fingern und den Füßen bzw. Zehen ausgebildete Erhebungen, die auf der Verzahnung der Lederhaut mit der Epidermis über die Coriumleisten bzw. -papillen der Papillarschicht beruhen.

In den H. ist (über die eingelagerten Tastkörperchen) der Tastsinn lokalisiert.

Haut mal [frz. o'mal], svw. Grand mal (↑Epilepsie).

Hautöle, flüssige, fetthaltige Hautpflegemittel (z. B. Bade-, Massageöl).

Hautpflege, Maßnahmen zur Gesunderhaltung (Bewahrung der natürl. Struktur und Funktion) der Haut. Bei der Reinigung der Haut ist die Erhaltung ihres Säuremantels wichtig, entfernt werden müssen aber Schweiß, Staub, Make up usw. mit Wasser und milden Seifen (möglichst ohne freies Alkali) oder Seifenersatz. Hartem Wasser können Mittel wie Borax oder Essig zugefügt werden, die Seifen können rückfettend sein, oder man verwendet Badeöle bzw. nach dem Waschen, Baden oder Duschen Hautöle oder -emulsionen. - ↑auch Kosmetik.

Hautpilze, zusammenfassende Bez. für alle niederen Pilze, die in der Haut und ihren Anhangsgebilden (Haare, Nägel) wachsen und dadurch zu Hautpilzerkrankungen führen können. Zu den H. gehören v. a. die *Dermatophyten* mit den Gatt. *Trichophyton, Epidermophyton* und *Microsporum*, ferner asporogene Sproßpilze der Gatt. Candida und einzelne Schimmelpilze.

Hautpilzerkrankungen (Dermatomykosen), Erkrankungen durch die Infektion der Oberhaut, der Haare oder Nägel mit Hautpilzen. Die Übertragung der H. kann vom Menschen auf den Menschen, von Tieren auf den Menschen, bes. aber von pilzverseuchten Gegenständen (z. B. Kleidungsstücke, Badematten) auf die menschl. Haut erfolgen. Nach der Übertragung gedeihen die Pilze am besten in feuchter Umgebung, also auf Hautpartien, die häufig schweißbedeckt sind bzw. lange feucht bleiben (bes. Zehenzwischenräume, Leistenbeuge, Analfalte, Achselhöhle). Die häufigste H. in M-Europa ist die **Epidermophytie.** Der Erreger (u. a. Epidermophyton floccosum) befällt unbehaarte Oberhautstellen und die Nagelsubstanz.

Hautplastik (Dermatoplastik, Dermoplastik), in der plast. Chirurgie die operative Deckung eines Hautdefekts durch Übertragung angrenzender oder entfernterer Hautteile (Hauttransplantation) des gleichen Organismus.

Hautreizmittel (Irritantia, Rubefazientia, Epispastika), zu vermehrter Durchblutung und Rötung (u. U. auch Entzündung) der Haut führende Stoffe wie äther. Öle, Senföl.

Haut-Rhin [frz. o'rɛ̃], Dep. in Frankreich.

Hautröte, svw. ↑Erythem.

Hautschwiele (Schwiele, Callositas, Tylom), Verdickung der Oberhaut durch vermehrte Hornbildung, v. a. an Handflächen und Fußsohlen, bei verstärkter mechan. Beanspruchung.

Hauts-de-Seine [frz. od'sɛn], Dep. in Frankreich.

Hautsinne, Bez. für das Sinnessystem, das über die Hautsinnesorgane (Rezeptoren für Druck-, Berührungs-, Schmerz- und Temperaturreize) die Empfindung bestimmter Reize ermöglicht.

Hauttest (Hautprobe, Kutantest), Verfahren zur Feststellung einer Sensibilisierung des Organismus gegen Allergene; als **Epikutantest** (Testsubstanz wird für 24 Std. auf die Haut in der Mitte des Rückens oder an der Außenseite des Oberarms aufgebracht) oder **Intrakutantest** (Testsubstanz wird in die Haut appliziert) durchgeführt.

Hauttuberkulose (Tuberculosis cutis), durch Tuberkelbazillen hervorgerufene Hautkrankheit. Nach dem Erscheinungsbild werden unterschieden: 1. **Lupus vulgaris** (Hautwolf): Im Bereich des Gesichtes (bes. Ohren, Mund und Nase) entstehen bräunlichgelbe Hautflecken über kleinen, weichen Knötchen, die in Geschwüre übergehen und mit Narben abheilen können. - 2. **Tuberculosis cutis colliquativa:** Ohne die typ. Anzeichen einer Entzündung entstehen v. a. im Gesicht sowie im Halsbereich weiche, zunächst schmerzlose Knoten. Die darüberliegende Haut verfärbt sich allmähl. braun-blaurot, die Knoten fluktuieren und brechen später unter Entleerung eines dünnflüssigen Eiters nach außen hin durch. - 3. **Tuberculosis cutis verrucosa** (Schwindwarzen): Auftreten bräunlichroter Knötchen, die mit warzenartigen Hornauflagerungen bedeckt sind. - 4. **Tuberculosis ulcerosa cutis et mucosae:** seltene, durch Selbstansteckung entstehende Form der H., bes. im Bereich von Haut-Schleimhaut-Grenzen (z. B. Mund, Aftergegend) mit flachen, durch Zerfall kleinster Knötchen entstehenden Geschwüren.

Die H. wird z. T. örtl. (z. B. Ausschneidung eines befallenen Hautbezirks), z. T. allg. behandelt. Im Vordergrund steht die tuberkulostat. Therapie der streuenden Organtuberkulose.

◆ (Tuberkulid) schubweise auftretende, exanthemat. Hautkrankheit; allerg. Reaktion der Haut auf die auf dem Blutweg verschleppten Tuberkelbazillen. Die Therapie besteht in der Behandlung der auslösenden Organtuberkulose.

Haut und Haar, eine Paarformel der ma. Rechtssprache: Die nichtverstümmelnden Leib- und Lebensstrafen wurden als Strafen zu H. u. H. bezeichnet; sie wurden durch Schläge und Abschneiden der Haare vollstreckt und wirkten entehrend.

Häutung (Ekdysis), period. Abstoßung und Erneuerung der äußeren Schichten der Körperdecke. Krebse, Insekten, Spinnen, die einen starren Hautpanzer haben, können ohne H. nicht wachsen. Die H. wird hormonell gesteuert. Der H.vorgang beginnt mit der Abscheidung von H.sekret, das die Chitinschicht von der Epidermis löst. Schlangen streifen als sog. *Natternhemd* ihre alte, verhornte Haut als Ganzes ab; Lurche häuten sich mehrmals jährl.; bei Säugetieren mit verhornter Epidermis (einschließl. Mensch) löst sich die abgestorbene oberste Schicht in kleinen Hautschüppchen.

Hautwolf, in der Medizin: 1. volkstüml. Bez. für Wundsein; 2. svw. Lupus vulgaris (↑Hauttuberkulose).

Haüy, René Just [frz. a'ųi], *Saint-Justen-Chaussée (Oise) 28. Febr. 1743, †Paris 1. (3.?) Juni 1822, frz. Mineraloge. - Prof. in Paris; begr. die wiss. Mineralogie, u. a. „Lehrbuch der Mineralogie" (4 Bde., 1801).

Havaneser [frz., nach Havanna], Zuchtform des ↑Bichons; mit weißem, beigem oder kastanienbraunem seidig gewelltem Fell.

Havanna (span. La Habana, eigtl. San Cristóbal de la Habana), Hauptstadt der Rep. Kuba und der Prov. La Habana, Hafen an einer Bucht des Golfs von Mexiko, 1,951 Mill. E (städt. Agglomeration Ciudad de la Habana); Erzbischofssitz; Univ. (gegr. 1728), 2 Konservatorien, wiss. Akad. und Inst., Museen, Bibliothek, Archiv, meteorolog., astronom. Observatorium, botan. Garten; Theater, Oper. Hauptindustriestandort Kubas, u. a. Erdölraffinerie, Eisen- und Stahlwerk, Schiffbau, Düngemittel-, Nahrungsmittel-, Tabak-, chem. u. a. Ind.; internat. ✈. - Die erste Stadt H. wurde 1515 durch Diego de Velázquez an der S-Küste, nahe der heutigen Stadt Baracoa gegr. und 1519 an die heutige Stelle verlegt. 1552 wurde der Sitz der Hauptstadt Kubas von Santiago de Cuba nach H. verlegt. - Die Hafeneinfahrt wird von drei Forts (16. und 18. Jh.) flankiert. In der Altstadt u. a. Kathedrale San Cristóbal (um 1660–1724), Kloster Santa Clara (1635–44, heute Arbeitsministerium), Kirche La Merced (18. Jh.), Casa de Gobierno (1776–92), Rathaus (18. Jh.). Nahebei das Castillo de la Fuerza (16. Jh.); Kapitol (20. Jh.; heute Sitz der Akad. der Wissenschaften).

Havanna [nach der gleichnamigen kuban. Hauptstadt], [Zigarren]tabak, der hauptsächl. als ↑Deckblatt gebraucht wird.

Havarie (Haverei) [italien.-frz.-niederl., zu arab. awar „Fehler, Schaden"], Schäden eines See- oder Binnenschiffes oder seiner Ladung während einer Reise. **Kleine Havarie** werden die gewöhnl., während der Fahrt entstehenden Kosten genannt wie Hafengebühren, Lotsengeld, Schlepplohn. Sie werden vom Verfrachter getragen. **Große Havarie** werden diejenigen Schäden genannt, die zur Errettung von Schiff oder Ladung vorsätzl. herbeigeführt wurden, z. B. bei Notstranden. Sie werden von den Eigentümern von Schiff, Fracht und Ladung gemeinsam getragen. **Besondere Havarie** sind alle Unfallschäden, die nicht zur großen oder kleinen H. gehören.

Sie werden von den Eigentümern von Schiff und Ladung getrennt getragen.
◆ Beschädigung, Schaden, größerer Unfall in techn. Anlagen.

Havas [frz. a'vɑːs] ↑Agence Havas.

Havdala ↑Habdala.

Havel, Václav [tschech. 'havɛl], Prag 5. Okt. 1936, tschech. Schriftsteller. - War Dramaturg (Publikationsverbot seit 1968); 1977 einer der Sprecher der Bürgerrechtsgruppe „Charta 77", wurde H. mehrfach inhaftiert. Geschult an Ionesco, benutzt H. Elemente des absurden Theaters, um in Grotesken die Sinnlosigkeit in den mechanisierten Beziehungen der heutigen Gesellschaft aufzudecken, u. a. „Das Gartenfest" (1963), „Drei Stücke. Audienz/Vernissage/Die Benachrichtigung. Offener Brief an Gustav Husák" (1977), „Die Versuchung" (Stück, 1986). H. ist Träger des Erasmus-Preises 1986.

Havel [...fəl], rechter Nebenfluß der Elbe, entspringt auf der Mecklenburg. Seenplatte, wendet sich nach SSO; von Berlin bis zum Plauer See (westl. von Brandenburg/Havel) durchfließt die H. mehrere Rinnenseen; wendet sich dann nach NW und mündet unterhalb von Havelberg; 341 km lang, gesamtes Einzugsgebiet rd. 24 350 km^2; z. T. kanalisiert.

Havelberg [...fəl...], Krst. an der Havel, Bez. Magdeburg, DDR, 25 m ü. d. M., 7 400 E. Museum; Schiffbau. - Entstand im 10. Jh., erhielt im 12. Jh. Stadtrecht und stand stets unter markgräfl. brandenburg. Landeshoheit. - Dom (12./13. Jh.) mit reicher Bauplastik und got. Triumphkreuzgruppe (13. Jh.); südl. des Domes die Stiftsgebäude (12.–14. Jh.).

Havelkanal [...fəl...], 34,9 km langer Schiffahrtskanal in der DDR, der Berlin (West) umgeht; 1952 eröffnet.

Havelland [...fəl...], Niederungslandschaft westl. von Berlin, beiderseits der Havel.

Havelock [...və...; engl., nach dem brit. General Sir Henry Havelock, *1795, †1857], ärmelloser Herrenmantel mit halblangem, pelerinenartigem Umhang.

Havemann, Robert ['ha:vəman], *München 11. März 1910, †Grünheide (Mark) 9. April 1982, dt. Chemiker. - Prof. an der Humboldt-Univ. in Berlin (Ost); arbeitete u. a. über das Hämoglobin und über Probleme der Magnetochemie. - Der wegen seiner Mitgliedschaft in der KPD nach 1933 verfolgte H. wurde 1943 als Leiter der Widerstandsgruppe „Europ. Union" zum Tode verurteilt, 1945 aus der Haft befreit. H. wurde auf Grund krit. Äußerungen 1964 aus der SED und aus der Humboldt-Univ., 1966 auch aus der Dt. Akad. der Wiss. ausgeschlossen; zeitweise Hausarrest.

Havilland, Sir (seit 1944) Geoffrey de [engl. 'hævɪlənd], *Haslemere (Surrey) 27. Juli 1882, †London 21. Mai 1965, brit. Flugpionier und Flugzeugkonstrukteur. - H. gründete 1920 die De Havilland Aircraft Company Ltd.; die nach dem 2. Weltkrieg bes. durch die Entwicklung von Düsenflugzeugen hervortrat.

Havlíček-Borovský, Karel [tschech. ˈhavliːtʃɛk ˈbɔrɔfskiː], Pseud. Havel Borovský, * Borová (Ostböhm. Geb.) 31. Okt. 1821, † Prag 29. Juli 1856, tschech. Schriftsteller. - Publizist, Verfechter des ↑Austroslawismus, 1851–55 in Brixen interniert. Schrieb Epigramme, Parodien und Satiren.

Havre, Le [frz. ləˈaːvr], frz. Hafenstadt am N-Ufer der Seinemündungsbucht, Dep. Seine-Maritime, 200 000 E. Technolog. Univ.-inst., Kunst-, Altertumsmuseum, Bibliothek; zweitgrößter Hafen Frankr., v. a. Erdölimport; Containerverkehr, Passagierhafen, Autofähre nach Southampton; Erdölraffinerien, petrochem. Ind., Flugzeug-, Auto-, Schiffbau, Nahrungsmittel- u. a. Ind.; ✠. - 1517 als Ersatz für den versandenden Hafen Harfleur gegr.; die Befestigungen wurden 1854 geschleift; im 2. Weltkrieg schwer zerstört.

Hawaii [haˈvaɪ, haˈvaɪi, engl. həˈwɑːiː], B.-Staat der USA und Archipel (früher *Sandwich Islands*) im zentralen N-Pazifik, 16 705 km², 965 000 E (1980), Hauptstadt Honolulu auf Oahu.

Landesnatur: Der Archipel besteht aus über 20 Inseln; die 7 bewohnten reihen sich in einer rd. 600 km langen Kette von NW nach SO (*Niihau, Kauai, Oahu, Molokai, Lanai, Maui,* H.). Sie sind Vulkane, die sich aus Tiefen bis 5 400 m u. d. M. in Höhen von über 4 000 m ü. d. M. erheben. Das Klima ist mild und ausgeglichen. Im Ggs. zu den feuchten Luvseiten mit trop. Vegetation bleiben die Leeseiten der Inseln relativ trocken.

Bevölkerung, Wirtschaft, Verkehr: Urspr. von Polynesiern bewohnt, setzt sich die Bev. aus zahlr. später eingewanderten ethn. Gruppen zus. (Chinesen, Japaner, Filipinos, Europäer, Koreaner, Neger, Puertoricaner u. a.), die in zunehmendem Maße verschmelzen. Neben dem Christentum ist v. a. der Buddhismus verbreitet. Schulpflicht besteht von 6–18 Jahren. Univ. (gegr. 1907 als College) in der Hauptstadt. An 1. Stelle der Wirtschaft steht der Fremdenverkehr. Zuckerrohr und Ananas sind die wichtigsten Exportgüter, die z. T. in hochmechanisierten Plantagen angebaut werden. Daneben werden Kaffee, Gemüse, Bananen kultiviert und Orchideen gezüchtet. Von Bed. sind Weidewirtschaft und Hähnchenmast. An Bodenschätzen wird Bimsstein abgebaut. Die Ind. verarbeitet v. a. landw. Produkte, daneben Schiffbau, Textilind., Erdölraffinerie u. a. Ind.zweige. Zw. den Inseln besteht regelmäßiger Schiffs- und Flugverkehr; internat. ✠ in Honolulu.

Geschichte: 1778 entdeckte J. Cook die von (wohl im 5./6. und 13./14. Jh. eingewanderten) Polynesiern bewohnten H.inseln und nannte sie *Sandwich Islands.* Auf ihnen bestanden mehrere kleine, territorial unbeständige Kgr.,

die 1790–1810 geeinigt wurden (seit 1852 konstitutionelle Monarchie). Mit dem Einsetzen der Mission (seit 1820) begann auf den Inseln die europ. Kultur die einheim. zu verdrängen. Zunehmend gewannen die USA gegenüber den europ. Mächten (Großbrit., Frankr., Spanien, Rußland) an Einfluß; 1887 erhielten die USA das Recht, in Pearl Harbor eine Marinebasis einzurichten. Nach unblutiger Revolution 1894 Gründung der Republik H. Nachdem der amerikan. Kongreß imperialist. Forderungen der Annexion der Inseln 1898 nachgegeben hatte, beschloß er 1900 die Errichtung des Territoriums H. Während des 2. Weltkrieges, der für die USA mit dem japan. Überfall auf Pearl Harbor (7. Dez. 1941) begann, war H. zunächst Frontgebiet, dann eines der führenden Nachschubzentren der Amerikaner im pazif. Krieg. 1959 als 50. Staat in die USA aufgenommen.

H., größte Insel der H.gruppe, im Mauna Kea 4 205 m hoch, Hauptort Hilo an der O-Küste (35 000 E.). Vulkanobservatorium am Kilauea Crater. Ein Teil der Vulkanlandschaft ist Nationalpark. - ↑auch Mauna Loa.

Hawaiigitarre [haˈvaɪ, haˈvaɪi] ↑Gitarre.

Hawke, Robert James Lee [engl. hɔːkɪ], * Bordertown (Südaustralien) 9. Dez. 1929, austral. Gewerkschaftsführer und Politiker. - Jurist und Wirtschaftswissenschaftler; 1970–80 Präs. des austral. Gewerkschaftsdachverbandes Australian Council of Trade Unions; 1973–78 Präs. der Labor Party; seit 1980 Abg. des Repräsentantenhauses; seit Febr. 1983 Führer der Labor Party; seit März 1983 Premierminister.

Hawkins, Coleman [engl. ˈhɔːkɪnz], * Saint Joseph (Mo.) 21. Nov. 1904, † New York 19. Mai 1969, amerikan. Jazzmusiker. - Erster bed. Tenorsaxophonist des Jazz. Sein voller, expressiver Ton und sein flüssiges Spiel wirkten schulebildend auf Saxophonisten des Swing, Modern Jazz und Free Jazz.

Hawks, Howard [engl. hɔːks], * Goshen (Ind.) 30. Mai 1896, † Palm Springs (Calif.) 26. Dez. 1977, amerikan. Filmregisseur. - Drehte Gangster- und Abenteuerfilme sowie Western, die knapper Stil und Humor auszeichnet („Scarface", 1932; „Tote schlafen fest", 1946; „Red river", 1948; „Rio Bravo", 1959; „Hatari", 1962) und auf Infragestellung der Geschlechterrollen basierende Komödien („Ich war eine männl. Kriegsbraut", 1949; „Blondinen bevorzugt", 1953).

Hawksmoor, Nicholas [engl. ˈhɔːksmʊə], * in Nottinghamshire 1661, † London 25. März 1736, engl. Baumeister. - Schüler von C. Wren und Mitarbeiter von J. Vanbrugh; bed. Kirchenbauten im barocken Stil in London (Saint George in-the-East, Westtürme des Westminster Abbey), auch profane Bauten (Whitehall, 1715–18).

Haworth, Sir (seit 1947) [Walter] Norman [engl. ˈhɔːəθ], * White Coppice bei Chorley (Lancashire) 19. März 1883, † Birmingham 19. März 1950, brit. Chemiker. - Prof. in Birmingham; untersuchte die Struktur von Kohlenhydraten und synthetisierte als erster das Vitamin C. 1937 erhielt er zus. mit P. Karrer den Nobelpreis für Chemie.

Haworthia (Haworthia) [...tsi-ə; nach dem brit. Botaniker A. Haworth, * 1767, † 1833], Gatt. der Liliengewächse mit rd. 80 Arten in S-Afrika; z. T. halbstrauchige, sukkulente Pflanzen mit kurzem Stamm, dichten Blattrosetten, grünlich-weißem oder blaß rosafarbenen, zylindr. Blüten in einer Traube.

Hawthorne, Nathaniel [engl. ˈhɔ:θɔ:n], * Salem (Mass.) 4. Juli 1804, † Plymouth (N. H.) 18. oder 19. Mai 1864, amerikan. Schriftsteller. - Lebte u. a. als Journalist, Zollbeamter, Konsul; stand den Transzendentalisten um R. W. Emerson nahe. Sein histor. Roman „Der scharlachrote Buchstabe" (1850) spielt unter den Puritanern Neuenglands und ist eine meisterhafte psycholog. Durchleuchtung des Schuldbewußtseins. - *Weitere Werke:* Das Haus der sieben Giebel (R., 1851), Miriam (R., 1860; 1961 u. d. T. Der Marmorfaun).

Joseph Haydn (1799)

Hawthorne-Untersuchung [engl. ˈhɔ:θɔ:n], klass. industriesoziolog. Untersuchung, zw. 1927/32 in den Hawthorne-Werken, Chicago, der Western Electric Co. durchgeführt, deren Hauptergebnis die für Arbeitswiss. und Betriebssoziologie wichtige Erkenntnis war, daß die menschl. Beziehungen im Betrieb für das Arbeitsverhalten von erhebl. Bed. sind. Diese Erkenntnis leitete die Human-Relations-Bewegung ein. Die Tatsache, daß die den Versuchspersonen zuteil gewordene Aufmerksamkeit auch bei Verschlechterung der äußeren Arbeitsbedingungen zu höherer Arbeitsleitung führte, wurde als **Hawthorne-Effekt** (auch Western-Electric-Effekt) bekannt.

Haxe, süddt. für † Hachse.

Hay, Alexandre [frz. ɛ], * Bern 29. Okt. 1919, schweizer. Politiker und Jurist. - Seit Juli 1976 Präs. des Internat. Komitees des Roten Kreuzes (IKRK).

H., John [Milton] [engl. hɛɪ], * Salem (Ind.) 12. Okt. 1838, † Sunapee (N. H.) 1. Juli 1905, amerikan. Politiker und Schriftsteller. - Schloß als Außenmin. 1898–1905 den Hay-Pauncefote-Vertrag (1901) und den Hay-Varilla-Vertrag (1903) über den Panamakanal ab. Verfaßte mit J. G. Nicolay eine Biographie Lincolns (10 Bde., 1890), dessen Privatsekretär er 1862–65 war; Autor derb-humorist. Dialektballaden über das Grenzerleben (1871).

Háy, Gyula (Julius) [ungar. ˈha:i], * Abony (Bez. Pest) 5. Mai 1900, † Ascona 7. Mai 1975, ungar. Schriftsteller. - Emigrierte 1919 nach Deutschland, 1933 nach Moskau, kehrte 1945 nach Ungarn zurück; Mgl. des Petőfi-Kreises, 1956 zu Gefängnis verurteilt, nach dreijähriger Haft amnestiert, ging in die Schweiz. - *Werke:* Gott, Kaiser und Bauer (Dr., 1935), Haben (Dr., 1938), Gerichtstag (Dr., 1946), Begegnung (Dr., 1953), Attilas Nächte (Trag., 1964), Der Großinquisitor (Dr., 1968).

Haya de la Torre, Víctor Raúl [span. ˈaja ðe la ˈtɔrɛ], * Trujillo (Peru) 22. Febr. 1895, † Lima 3. Aug. 1979, peruan. Politiker. - Begr. die erste Volksuniv. in Peru (1921), 1923–30 im Exil in Mexiko, gründete dort die Alianza Popular Revolucionaria Americana (APRA); 1945 Min. ohne Portefeuille, 1945–57 erneut im Exil; 1978/79 Präs. der Verfassunggebenden Versammlung in Peru.

Haydée, Marcia [aɪˈdeː], eigtl. Salaverry Pereira da Silva, * Niterói 18. April 1939, brasilian. Tänzerin. - Seit 1961 Solistin, seit 1962 Primaballerina in Stuttgart, seit 1976 Ballettdirektorin. Eine der bedeutendsten Tänzerinnen der Gegenwart. Kreierte zahlr. Rollen in Balletten von J. Cranko.

Haydn, Joseph, * Rohrau (Niederösterreich) 31. März (?) 1732, ≈ 1. April 1732, † Wien 31. Mai 1809, östr. Komponist. - Sohn eines Wagnermeisters und Kleinbauern. Von 1740 bis zu seinem Stimmbruch Ende der 40er Jahre war H. Chorknabe am Wiener Stephansdom, danach u. a. Akkompagnist und Kammerdiener bei N. Porpora, der ihm wohl auch Kompositionsunterricht erteilte. Gleichzeitig begann H. auch als Komponist hervorzutreten. 1759 wurde er Musikdirektor bei Graf Morzin im böhm. Lukawitz (bei Pilsen), 1761 berief ihn Paul Anton Esterházy von Galántha nach Eisenstadt als Vizekapellmeister seiner Privatkapelle, deren alleiniger Dirigent er in der äußerst schaffensreichen Zeit von 1766 bis 1790 unter Fürst Nikolaus Joseph war. Nach der Auflösung der Kapelle durch dessen Sohn zog H., durch eine Pension finanziell unabhängig, 1790 nach Wien. Noch im selben Jahr unternahm er auf Veranlassung des Konzertveranstalters und Geigers J. P. Salomon, für dessen Konzerte H. 6 Sinfonien (Hob. I: 93–98) komponierte und dirigierte, eine anderthalbjährige sehr erfolgreiche Reise nach London. 1791 erhielt er den Ehrendoktor der Universität Oxford, zu dessen Verleihung seine „Oxford"-Sinfonie (Hob. I: 92) aufgeführt wurde. Nach der zweiten Englandreise (1794/95) berief ihn Fürst Nikolaus II. Esterházy wieder als Kapellmeister seiner neu zusammengestellten Kapelle. Es entstanden die großen orator. Werke und die letzten Streichquartette, darunter das „Kaiserquartett" (Hob. III: 77) mit dem Variationssatz über die 1797 komponierte Kaiserhymne. Von Alter und Krankheit geschwächt, starb H. kurz nach der frz. Besetzung Wiens. Seine Gebeine wurden 1820 nach Eisenstadt überführt. - Das Prinzip einer kunstvoll-einfach gestalteten Liedhaftigkeit der Musik im Sinne einer in dieser Zeit sich zur Norm verfestigenden Taktpaarigkeit und Achttaktperiodik gelangte, obwohl es schon den Komponisten der Vorklassik vertraut war, eigentl. erst durch H. zur vollen Entfaltung. V. a. bedingt durch sein Bemühen um das Ausgewogenheit von liedhafter Einfachheit und kunstvoller Gestaltung kann eine deutl. künstler. Entwicklung festgestellt werden: 1. Das Werk des jungen H. ist noch stark der Tradition verhaftet, obgleich sich sein geniales Talent früh bemerkbar macht (z. B. die Streichquartette Hob. III: 1–12). 2. Die 1760er und 70er Jahre können als Periode des Experimentierens und Suchens nach neuen Wegen gezeichnet werden. 3. 1781, auf dem Höhepunkt der Wiener Klassik, veröffentlichte H. seine, wie er selbst schrieb, „auf eine gantz neue besondere art" komponierten stilist. meisterhaften 6 Streichquartette (Hob. III: 37–42; bekannt als „op. 33"). Die musikgeschichtl. Bedeutung von H. liegt v. a. in der Entwicklung der Sinfonie und des Streichquartetts und in der Vollendung der Sonatensatzform unter bewußter Anwendung des Prinzips motiv.-themat. Arbeit speziell in den Durchführungsteilen. Von seinen Werken, die A. van Hoboken in einem themat.-bibliograph. Werkverzeichnis zusammenstellte, sind v. a. zu nennen (wobei die Zahlen als Mindestangaben zu verstehen sind): 107 Sinfonien; 68 Streichquartette; mehr als 20 Streichtrios; 126 Barytontrios; 39 Klaviertrios; mehr als 60 Klaviersonaten; 3 Klavierkonzerte; 5 Orgelkonzerte; 20 Stükke für die Flötenuhr; 13 italien. Opern; mehrere orator. Werke; 14 Messen; weltl. Kanons und Volksliedbearbeitungen.

📖 *Huss, M.: J. H. Eisenstadt 1984. - Landon, H. C. R.: Das kleine H.-Buch. Rbk. 1979.*

H., Michael, * Rohrau (Niederösterreich) 14. (15. ?) Sept. 1737, † Salzburg 10. Aug. 1806, östr. Komponist. - Bruder von Joseph H.; 1757 bischöfl. Kapellmeister in Großwardein, 1763 „Hofmusicus und Concertmeister" des Fürstbischofs von Salzburg, 1781 Hof- und Domorganist. Bed. sind v. a. seine Kirchenkompositionen, daneben Bühnenwerke, Oratorien, Kantaten, Chöre, Lieder, Orchester-, Kammermusik.

Hayek, Friedrich August von ['hajɛk], * Wien 8. Mai 1899, östr. Nationalökonom. - 1931–41 Prof. an der London School of Economics, 1950–62 an der University of Chicago, seit 1962 in Freiburg im Breisgau. Bed. Vertreter des Neoliberalismus. Erhielt 1974 zus. mit K. G. Myrdal den sog. Nobelpreis für Wirtschaftswissenschaften; seit 1977 Mgl. des Ordens Pour le Mérite für Wiss. und Künste. - *Werke:* Monetary theory and the trade cycle (1933), The pure theory of capital (1941), Der Weg zur Knechtschaft (1944), Individualismus und wirtschaftl. Ordnung (1948), Studies in philosophy, politics and economics (1967).

Hayes [engl. heɪz], Isaac, gen. „Black Moses", * Covington (Tenn.) 20. Aug. 1943, amerikan. Jazz- und Popmusiker (Pianist, Organist, Sänger). - Urspr. Landarbeiter; wurde 1964–68 mit Soulsongs bekannt; für seine Musik zum Gangsterfilm „Shaft" (1971) mehrfach ausgezeichnet; machte den Memphis-Sound internat. berühmt.

H., Joseph [Arnold], * Indianapolis 2. Aug. 1918, amerikan. Schriftsteller. - Romancier, Dramatiker und Funkautor; v. a. bekannt durch seinen Kriminalroman „An einem Tag wie jeder andere" (1954); schrieb auch „Die dunkle Spur" (R., 1980).

H., Rutherford Birchard, * Delaware (Ohio) 4. Okt. 1822, † Fremont (Ohio) 17. Jan. 1893, 19. Präs. der USA (1877–81). - Rechtsanwalt; 1865–67 republikan. Kongreßmgl., 1868–72 und 1875/76 Gouverneur von Ohio; vergebl. um Versöhnung mit den Südstaaten bemüht.

Haym, Rudolf, * Grünberg in Schlesien 5. Okt. 1821, † Sankt Anton am Arlberg 27. Aug. 1901, dt. Literarhistoriker. - Vertreter des Liberalismus; 1858 mit M. W. Duncker Gründer der *Preuß. Jahrbücher;* 1860 Prof. in Halle. Grundlegend sein Werk „Die romant. Schule" (1870).

Haymerle, Heinrich Freiherr von (seit 1876), * Wien 7. Dez. 1828, † ebd. 10. Okt. 1881, östr. Diplomat und Politiker. - Schloß als Außenmin. (seit 1879) den Zweibund (1879), 1881 den Dreikaiserbund ab und bereitete den Dreibund vor.

Hay-Pauncefote-Vertrag [engl. 'heɪ 'pɔ:nsfʊt] ↑ Panamakanal.

Hay-Varilla-Vertrag [engl. heɪ, span. ba'rija] ↑ Panamakanal.

Hayworth, Rita [engl. 'heɪwə:θ], eigtl. Margarita Carmen Cansino, * New York 17. Okt. 1918, amerikan. Filmschauspielerin. - Erlangte durch Filme wie „Herzen in Flammen" (1941), „Es tanzt die Göttin" (1944), „Salome" (1953) Weltruhm; schauspieler. Anerkennung gewann sie mit dem Film „Getrennt von Tisch und Bett" (1958). - Abb. S. 232.

Hazelton [engl. 'heɪzəltən] ↑ Ksan.

Hazienda

Hazienda (Hacienda) [span., zu lat. facienda „Dinge, die getan werden müssen"], Bez. für landw. Großbetrieb in den ehem. span. Kolonialgebieten Lateinamerikas.

Hazlitt, William [engl. 'hæzlɪt, 'hɛɪzlɪt], * Maidstone bei London 10. April 1778, † London 18. Sept. 1830, engl. Essayist. - Bed. Kritiker und Essayist, der zu allen literar. und polit. Fragen Stellung nahm; u. a. „The characters of Shakespeare's plays" (1817).

Rita Hayworth (1968)

Hazor ['haːtsɔr, haˈtsoːr] (Chazor), bed. alte Stadt in Galiläa, heute der Hügel Tel Hazor in N-Israel, 15 km nördl. des Sees von Genezareth; zuerst in Texten des 18. Jh. v. Chr. aus Ägypten und Mari gen.; im 2. Jt. v. Chr. eine mächtige und die wohl größte Stadt in Kanaan. Nach Zerstörung durch die einwandernden Israeliten um 1200 (Jos. 11, 1–13) von Salomo im 10. Jh. nur z. T. (Oberstadt) neu aufgebaut und befestigt (1. Kön., 9, 15); 733/732 endgültig durch die Assyrer (2. Kön. 15, 29) zerstört. Israelische Ausgrabungen 1955–58 fanden u. a. ein kanaanäisches Heiligtum in der Unterstadt, in der Oberstadt Befestigungen mit der Toranlage Salomos, Wasserversorgungsanlagen und Palastbauten des 1. Jt. v. Chr., die bis in pers. Zeit fortgeführt wurden.

Hb, Abk. für: ↑ Hämoglobin.

HB-Garne (Hochbauschgarne), Garne aus einem Gemisch verschieden stark schrumpfbarer, sich kräuselnder Acrylfasern für Waren, die besonders weich und voluminös sind.

H-Bombe ↑ ABC-Waffen.

h. c., Abk. für: honoris causa (lat. „ehrenhalber"), z. B. Dr. h. c.

HD, Katalogkennzeichen für den Henry-Draper-Katalog (↑ Draper-Katalog) bei der Benennung von Sternen.

HD-Öle [Kurzbez. für Heavy-duty-Öle; engl. 'hɛvɪ 'djuːtɪ „hohe Leistung"], Schmieröle mit erhöhter Schmierkraft, die durch ↑ Additives den Anforderungen in Ver-

brennungsmotoren angepaßt sind.

HDv, Abk. für: Heeresdienstvorschrift (↑ Dienstvorschriften).

He, chem. Symbol für ↑ Helium.

h. e., Abk. für: hoc est (lat. „das ist").

Head arrangement [engl. 'hɛd əˈreɪndʒmənt; amerikan.], im Jazz Bez. für eine lockere, meist nur mündl. Vereinbarung über den formalen Ablauf eines Stückes, d. h. der Folge der Soli, ↑ Riffs und Stimmführung bei der Themenvorstellung. Das H. a. stellt bes. bei ↑ Jam Sessions häufig die Basis für die spontane Improvisation dar.

Headline [engl. 'hɛdlaɪn], hervorgehobene Überschrift in einer Zeitung, Anzeige u. a.

Head-Zonen [engl. hɛd; nach dem brit. Neurologen H. Head, * 1861, † 1940], Hautareale, die bestimmten inneren Organen zugeordnet sind und bei Erkrankung dieser Organe in charakt. Weise schmerzempfindl. sind.

Healey, Denis [Winston] [engl. 'hiːlɪ], * Keighley 30. Aug. 1917, brit. Politiker. - Mgl. der Labour Party; seit 1952 Unterhausabg., 1964–70 Verteidigungsmin.; 1974–79 Schatzkanzler.

Heard and McDonald Islands [engl. 'hɜːd ənd məkˈdɒnəld 'aɪləndz], unbewohnte austral. Inseln vulkan. Ursprungs im Südpolarmeer, dem Kerguelenrücken aufsitzend. - 1853 entdeckt; die Inseln wurden 1910 von Großbrit. annektiert und am 26. Dez. 1947 offiziell an Australien abgetreten.

Hearing [engl. 'hɪərɪŋ; zu to hear „hören"] (Anhörung), engl. Bez. für Verhör, öffentl. Anhörung von Sachverständigen in den Ausschüssen des Parlaments; 1911 in den USA eingeführt; nach der Geschäftsordnung des Dt. Bundestages haben auch dessen Ausschüsse die Möglichkeit, Anhörungen zu veranstalten.

Hearn, Lafcadio [engl. hɑːn], * auf Lefkas (Griechenland) 27. Juni 1850, † Tokio 26. Sept. 1904, engl.-amerikan. Schriftsteller. - Lebte seit 1890 in Japan, wo er den Namen Jakumo Koisumi annahm; schrieb zahlr. Japanbücher und sammelte japan. Erzählstoffe; u. a. „Izumo. Blicke in das unbekannte Japan" (2 Bde., 1894).

Hearst, William Randolph [engl. hɜːst], * San Francisco 29. April 1863, † Beverly Hills (Calif.) 14. Aug. 1951, amerikan. Journalist und Verleger. - Gilt zus. mit J. Pulitzer als Begründer des ↑ Yellow journalism; baute den größten Pressekonzern der USA, die H. Consolidated Publications Incorporation, auf.

Heartfield, John [engl. 'hɑːtfiːld], eigtl. Helmut Herzfeld, * Berlin 19. Juni 1891, † ebd. 26. April 1968, dt. Photomonteur. - Gemeinsam mit seinem Bruder W. Herzfelde und G. Grosz Mitbegr. der Berliner Dada-Gruppe (1919). Entwickelte die Photomontage zum polit. Agitationsmittel und nutzte sie bes. zu Antikriegspropaganda.

Heath, Edward Richard George [engl.

hi:θ], *Broadstairs (Kent) 9. Juli 1916, brit. Politiker. - Seit 1950 konservativer Unterhausabg., 1959 Arbeitsmin.; 1960–63 Lordsiegelbewahrer; 1963/64 Min. für Industrie, Handel und Regionalentwicklung sowie Präs. der Handelsbehörde, 1965–75 Führer der Konservativen und Unionist. Partei; 1970–74 Premierminister. Seine Europapolitik (Beitritt Großbrit. zu den EG), Gewerkschaftspolitik und interventionist. Wirtschaftspolitik (Lohn- und Preisstopp) führten zu wachsenden Spannungen innerhalb seiner Partei und mit den Gewerkschaften.

H., Ted, eigtl. Edward H., * Wandsworth (= London) 30. März 1900, † Virginia Water (Surrey) 18. Nov. 1969, engl. Jazzmusiker (Posaunist und Orchesterleiter). - Gründete 1944 im Auftrag der BBC ein eigenes Orchester, das im Bereich des Swing und des Modern Jazz wirkte.

Heathrow [engl. 'hi:θrou], internat. ✈ von London.

Heaviside, Oliver [engl. 'hɛvɪsaɪd], * London 18. Mai 1850, † Torquay (Devonshire) 3. Febr. 1925, brit. Physiker. - Autodidakt; arbeitete u. a. über das Problem der Ausbreitung elektromagnet. Wellen auf Kabeln über große Entfernungen. 1902 sagte H. - etwa gleichzeitig mit A. E. Kennelly - die Existenz einer reflektierenden, ionisierten Schicht in der Erdatmosphäre (↑ Kennelly-Heaviside-Schicht) voraus.

Heaviside-Funktion [engl. 'hɛvɪsaɪd; nach O. Heaviside] (Einschaltfunktion, Einheitssprungfunktion), die reelle Funktion $H(x)$ einer Variablen x, die für negative Argumente den Wert Null, für positive Argumente und für $x = 0$ den Wert Eins besitzt:

$$H(x) = \begin{cases} 1 \text{ für } x \geq 0 \\ 0 \text{ für } x < 0. \end{cases}$$

Heaviside-Schicht [engl. 'hɛvɪsaɪd], svw. ↑ Kennelly-Heaviside-Schicht.

Hebamme [zu althochdt. hev(i)anna „Großmutter, die das Neugeborene vom Boden aufhebt" (volksetymolog. umgedeutet zu „Hebe-Amme")], staatl. geprüfte und anerkannte Geburtshelferin. Außer Beratung und Beistand während Schwangerschaft, Geburt und Wochenbett ist sie bei komplikationslosen Geburten selbständig, sonst unter Hinzuziehung eines Arztes zur Geburtshilfe berechtigt.

Hebbel, Christian Friedrich, * Wesselburen 18. März 1813, † Wien 13. Dez. 1863, dt. Dichter. - Nach ärml. Jugend Maurerlehrling, dann Kirchspielschreiber, autodidakt. Bildung; jahrelang unterstützt von der Näherin Elise Lensing; studierte in Heidelberg und München; seit 1842 häufige Reisen; heiratete 1846 C. ↑ Enghaus. - Als der bedeutendste dt. Dramatiker des 19. Jh. steht H. literatur- und geistesgeschichtl. zw. Idealismus und Realismus; an Hegels Geschichtsphilosophie

John Heartfield, Deutsche Eicheln (1933)
Photomontage

anschließend, gründet sein „Pantragismus" in der Kluft zw. Idee und Wirklichkeit und dem Versuch ihrer Aufhebung. Hauptthema ist dabei das trag. Verhältnis zw. Individuum und Welt, das bes. an Übergangszeiten und an großen Persönlichkeiten deutl. wird. Das Wollen des einzelnen steht im Widerspruch zum Weltwillen und wird allein schon durch das Vorhandensein des Einzelwillens zum Unrecht. Die Einzelperson wird zum Werkzeug einer höheren Macht und der Vernichtung preisgegeben, wenn sie ihren geschichtl. Auftrag erfüllt hat; Geschichte und Tragik sind somit identisch; Versöhnung gibt es nicht für den Menschen, nur für die Idee, die im Fortschreiten von der „mangelhaften Form" befreit wird. Einen versöhnl. Trost für das trag. Individuum wie in der Klassik gibt es bei H. nicht mehr. Die handelnden Personen müssen jedoch nicht unmittelbar welthistor. Funktion haben, wenn nur ihre bes. Interessen auf den geschichtl.-gesellschaftl. Prozeß bezogen sind. So gibt das bürgerl. Trauerspiel „Maria Magdalene" (1844) ein detailreiches realist. Bild des erstarrten dt. Kleinbürgertums und gestaltet wie auch das bibl. Drama „Judith" (1841) das Zeitproblem der Emanzipation der Frau in psycholog. Eindringlichkeit. Neben dem dramat. Werk schrieb H.

Hebe

realist. „Erzählungen und Novellen" (1855) mit einer Tendenz zum Skurrilen und Grotesken und oft prosanahe Gedankenlyrik (1857). Fremd erscheint im Rahmen des übrigen Werks das idyll. Hexameterepos „Mutter und Kind" (1859).
Weitere Werke: Judith (Trag., 1841), Herodes und Mariamne (Trag., 1850), Agnes Bernauer (Trag., 1855), Gyges und sein Ring (Trag., 1856), Die Nibelungen (Tragödientrilogie, 2 Bde., 1862).

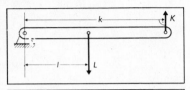

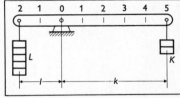

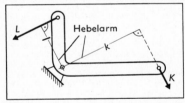

Hebel. Von oben: einarmiger, zweiarmiger Hebel und Winkelhebel. *L* Last, *K* Kraft, *k* Länge des Kraftarms, *l* Länge des Lastarms; es gilt das Hebelgesetz:
$$L \times l = K \times k$$

Heber. Stech-, Saug- und Giftheber (von links)

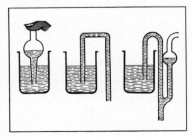

□ *Kaiser, H.: F. H.: Geschichtl. Interpretation der dramat. Werke. Mchn. 1983.*

Hebe, bei den Griechen die Göttin der blühenden Jugend, Tochter des Zeus und der Hera. Bei den Römern hieß die entsprechende Gottheit **Juventas.**

Hebebaum, Stange aus Hartholz oder Eisen zum Anheben von Lasten (unter Ausnutzung der Hebelwirkung).

Hebebrand, Werner, * Elberfeld (= Wuppertal) 27. März 1899, † Regensburg 18. Okt. 1966, dt. Architekt und Städteplaner. - 1925–29 Mitarbeiter von E. May, 1932–38 mit diesem in der Sowjetunion. 1952–64 Oberbaudirektor von Hamburg („Plan 60" für Hamburg, 1960). Seinen Generalbebauungsplan für Frankfurt am Main (1946–48) konnte er nicht durchsetzen.

Hebebühne, hydraulisch oder elektromotor.-mechan. bewegte Plattform zum Heben von Lasten, z. B. in Kfz.-Reparaturwerkstätten.

Hebel, Johann Peter, * Basel 10. Mai 1760, † Schwetzingen 22. Sept. 1826, dt. Dichter. - Nach Studium (Theologie) in Erlangen u. a. Lehrer am Pädagogium in Lörrach (Baden). Im Dialekt dieser Gegend schrieb H. seine bed. alemann. Mundartdichtung. Neben den „Alemann. Gedichten" (1803 und 1820) über das Dorfleben und die heimatl. Landschaft schrieb er v. a. volkstüml. Kalendergeschichten und Anekdoten, die in seinem „Rheinländ. Hausfreund" (4 Bde., 1808–11) und dem „Schatzkästlein des rhein. Hausfreunds" (1811) erschienen.

Hebel, ein um eine Achse drehbarer, starrer, meist stabförmiger Körper, an dem Gleichgewicht herrscht, wenn die Summe der Drehmomente (= Produkt aus Kraft und Abstand der Wirkungslinie der Kraft von der Drehachse) aller an ihm angreifenden Kräfte gleich Null ist (H.gesetz). Man unterscheidet **einarmige Hebel** (alle Kräfte wirken nur auf einer Seite der Drehachse) und **zweiarmige Hebel** (die Kräfte greifen beiderseits der Drehachse an). H. dienen der Kraftübertragung: sie ermöglichen große Kraftwirkungen mit geringem Kraftaufwand (Hebebaum, Brechstange); der Kraftgewinn wird durch Vergrößerung des von der kleineren Kraft zurückzulegenden Weges ausgeglichen, so daß keine Arbeit gewonnen wird (Goldene Regel der Mechanik).

Hebelwaage ↑Waage.

Hebephrenie [griech.] ↑Schizophrenie.

Heber (Flüssigkeitsheber), Vorrichtung zur Entnahme von Flüssigkeiten aus offenen Gefäßen. Der **Stechheber** ist ein im oberen Teil häufig erweitertes, oft auch mit einer Skala versehenes Glasrohr, mit dem die Flüssigkeit nach dem Verschließen des oberen Endes herausgehoben werden kann. Der **Saugheber** (*Winkel-H.*) stellt eine gebogene Röhre dar, mit der die Flüssigkeit über ein höher als der Flüssigkeitsspiegel gelegenes Niveau in ein tiefer gelegenes gefördert werden kann. Zum Betrieb muß die Flüssigkeit angesaugt werden, sie fließt dann aus, solange die Flüssigkeitsoberfläche im Gefäß höher als die Ausflußöffnung des H. liegt. - Eine spezielle Form des Saug-H. ist der **Giftheber**, an dem ein zusätzl. Ansaugrohr angebracht ist.

Heberer, Gerhard, *Halle/Saale 20. März 1901, †Göttingen 13. April 1973, dt. Zoologe und Anthropologe. - Prof. in Jena und Göttingen; beschäftigte sich hauptsächl. mit der Evolutionsforschung, insbes. der menschl. Stammesgeschichte und entsprechenden anthropolog. Studien; Hg. des Werks „Die Evolution der Organismen" (1943, ²1959, 3. erweiterte Aufl. 1967ff. in 3 Bden.).

Hébert, Jacques René [frz. e'bɛːr], gen. Père Duchesne, *Alençon (Orne) 15. Nov. 1757, †Paris 24. März 1794, frz. Journalist und Revolutionär. - Seit 1790 Hg. des erfolgreichen Blattes „Le Père Duchesne", Führer der **Hébertisten,** der radikalsten Gruppe des Nationalkonvents; H. forderte die Verurteilung Ludwigs XVI. und die Ausschaltung der Girondisten und verurteilte Robespierre als zu gemäßigt; auf Betreiben Robespierres mit seinen Anhängern hingerichtet, was die polit. Handlungsfähigkeit der Sansculotten schwächte.

Hebesatz, von den Gemeinden zu bestimmender Parameter bei der Gewerbesteuer und der Grundsteuer, durch den sie in gewissem Umfang das jeweilige Steueraufkommen beeinflussen. Der H. wird für ein Rechnungsjahr (Haushaltsjahr) festgelegt.

Hebezeuge (Hebemittel), Transportmittel, die Einzelgüter in senkrechter und/oder waagerechter Richtung auf kurze Entfernungen in aussetzendem Betrieb fördern, z. B. Rollen- und ↑Flaschenzüge, ↑Winden, ↑Krane. Maschinengetriebene H. nennt man auch *Hebemaschinen.* Die Vielgestaltigkeit der H. ist bedingt durch ihre Anpassung an das Fördergut (Aggregatzustand, Sperrigkeit u. a.), ihr Anwendungsgebiet (z. B. bei Schiffsentladung, bei Massenfertigung im Betrieb oder als zusammenlegbarer, selbstfahrender *Baukran* im Bauwesen) und die Forderungen hinsichtl. Förderweg, Tragfähigkeit und Arbeitsgeschwindigkeit.

Hebra, Ferdinand Ritter von, *Brünn 7. Sept. 1816, †Wien 5. Aug. 1880, östr. Dermatologe. - Seit 1849 Prof. in Wien; schuf die Grundlage der modernen Dermatologie und ihrer (z. T. heute noch gültigen) Nomenklatur.

Hebräer, svw. ↑Israeliten oder ↑Juden.

Hebräerbrief, in Briefform gekleidete, als „Mahnrede" (13, 22) von einem Unbekannten (nicht Paulus) kurz vor 95 n. Chr. abgefaßte Schrift des N.T. mit hohem theolog. und literar. Niveau.

hebräische Literatur, die in hebr. Sprache in den letzten 200 Jahren entstandenen literar. Werke, wobei das religiöse Schrifttum ausgeschlossen bleibt (↑jüdische Literatur). Im MA und in der Renaissance gab es neben dem religiösen Schrifttum nur vereinzelt profane Literatur (Liebes- und Weinlyrik in Spanien), sie setzte erst mit der Aufklärung im 18.Jh. mit Werken unterschiedlichster Gattung ein, v. a. in Deutschland, im 19.Jh. aber auch in Polen und Rußland. Dort erreichte die europ. Periode der h. L. ihren Höhepunkt durch Mendele Moicher Sforim und J. L. Perez, v. a. jedoch durch C. N. Bialik. Mit dem Aufkommen der zionist. Bewegung zu Beginn des 20.Jh. wurde Palästina zum neuen Zentrum der h. L. Als Lyriker traten Abraham Schlonski, Nathan Alterman und Lea Goldberg hervor. Die Prosa erfuhr durch das umfangreiche Romanwerk von S. J. Agnon einen neuen Höhepunkt. Nach 1945 und der 1948 erfolgten Gründung des Staates Israel nahmen die Katastrophe der europ. Judenheit in der Hitlerzeit und aktuelle polit. und soziale Entwicklungen im Nahen Osten themat. einen breiten Raum ein, so etwa bei Jehuda Amichai und Aharon Meged. Moderne europ. und amerikan. literar. Einflüsse setzen sich in Lyrik, Epik und Dramatik immer stärker durch, sofern nicht sprachl. bedingte Eigenständigkeiten bei einzelnen Autoren vorherrschen.

📖 *Hauptwerke der h. L.* Hg. v. L. Prijs. Mchn. 1978. - *Navé, P.: Die neue h. L.* Bern u. Mchn. 1962.

hebräische Schrift, die althebr. Schrift geht auf das aus 22 Buchstaben bestehende Alphabet der Phöniker zurück, das die Israeliten nach der Landnahme um 1200 v. Chr. übernahmen. Nach der Rückkehr aus dem Babylon. Exil soll Esra der Schreiber die aram. Schrift eingeführt haben. Das Aram. war Verkehrs- und Handelssprache in Palästina, die Schrift geht ebenfalls auf die phönik. Schrift zurück und war bei den Juden sicher schon vor 500 v. Chr. in Gebrauch. Diese neue Schrift *(Quadratschrift)* breitete sich immer weiter aus und ist seit dem 1.Jh. v. Chr. die bei den Juden vorherrschende Schrift. Im MA entwickelte sich in M-Europa eine Halbkursive, die sog. *Raschischrift,* die v. a. im religiös-gesetzl. Schrifttum verwendet wurde. Heute gibt es neben der Quadratschrift eine *Kursive,* in der handschriftl. Texte abgefaßt werden. Auch jidd. Texte werden in h. S. geschrieben und gedruckt.

Das hebr. Alphabet besteht aus 22 Buchstaben, die nur Konsonanten bezeichnen; Groß- und Kleinbuchstaben werden nicht unterschieden. Die Schrift läuft von rechts nach links. Beim Lesen werden auf Grund von Vokalismusregeln, oder aber es muß auswendig gewußt sein müssen, Vokale und Konsonantenverdoppelungen ergänzt. Um eine korrekte Lesung sicherzustellen, wurden die Bücher des

A. T., Gebetbücher sowie andere Texte (Lyrik, Lehrbücher und Zeitschriften für Hebräischlernende u. a.) nach urspr. von den sog. Massoreten festgelegten Regeln vokalisiert. Diese Vokalzeichen stehen meist unter den ihnen vorangehenden Konsonanten.

Konsonanten:					
Zeichen	Name	Lautwert	Zeichen	Name	Lautwert
א	Alef	—	ל	Lamed	l
ב	Bet	b, v	ם, מ	Mem	m
ג	Gimel	g	ן, נ	Nun	n
ד	Dalet	d	ס	Samech	s
ה	He	h	ע	Ajin	
ו	Waw	v	ף, פ	Pe	p, f
ז	Sajin	z	ץ, צ	Zade	s
ח	Chet	x	ק	Kof	k
ט	Tet	t	ר	Resch	r
י	Jod	j	שׁ	Schin	ʃ
כ, ך	Kaf	k, ç	שׂ	Sin	s
			ת	Taw	t

Vokalzeichen:			
◌ַ	Patach	a	◌ֵ Sere	e
◌ָ	Kamatz	a	◌ִ Chirek	i
◌ָ	Kamatz	ɔ	◌ֹ Cholem	o
◌ֳ	Chatuf		◌ֻ Kubutz	u
◌ֶ	Segol	æ	◌ְ Schwa	ə

📖 *Birnbaum, S. A.: The Hebrew scripts.* London; Leiden 1954–71. 2 Bde.

hebräische Sprache, zum nw. Zweig der semit. Sprachen gehörende Sprache des Volkes Israel, heute offizielle Landessprache des Staates Israel. - Man nimmt an, daß die israelit. Stämme bei der Landnahme um 1200 v. Chr. die kanaanäische Landessprache annahmen bzw. daß sich ihre Sprache mit dem Kanaanäischen vermischte. Grundlage dieser *althebr. Sprache (bibl. Hebr.)* war die judäische Hofsprache aus dem Gebiet um Jerusalem. Nach der Rückkehr aus dem Babylon. Exil (nach 538 v. Chr.) hörte Hebr. allmähl. auf, gesprochene Sprache zu sein. Statt seiner bediente man sich des Aram., das zu seiner Zeit die Verkehrs- und Handelssprache war, und später des Griechischen. Hebr. wurde zur „Heiligen Sprache", zur Sprache des jüd. Kultus und der Gelehrten. Durch die Funde von Kumran ist der Übergang zum sog. *Mischna-Hebr. (Mittelhebr.)* zu verfolgen, in dem die Werke der rabbin. Schrifttums abgefaßt sind. Sprachgeschichtl. bedeutsam waren in der Folge der sog. „Pijut"-Dichtungen in Palästina (500–900) sowie die Gedichte und Lieder, die unter arab. Einfluß in Spanien entstanden (1000–1200). Während die hebr. Dichtung in Spanien weitgehend auf dem bibl. Hebr. basiert, sind die ma. religiösen Werke in M-Europa in Mischna-Hebr. abgefaßt

(aschkenas. Hebr.). Mit dem Beginn der Neuzeit erfolgte eine Hinwendung zu einem rein bibl. Hebr., das nunmehr auch Mittel für moderne literar. Formen wurde. Diese Sprachform ist die Vorstufe der gegen Ende des 19. Jh. wiederbelebten h. S. in Palästina bzw. Israel. *Neuhebräisch (Iwrith)* vereinigt in sich Elemente der beiden früheren Sprachstufen Alt- und Mittelhebräisch mit eigenständigen Entwicklungen. Hebr. wird heute von etwa 2 Mill. Israelis, z. T. als Muttersprache, gesprochen.

📖 *Rosén, H. B.: A textbook of Israeli Hebrew.* Chicago u. London ²1966. - *Bergsträßer, G.: Einf. in die semit. Sprachen. Mchn. 1928. Neudr. 1963.*

Hebriden, Inselgruppe vor der W-Küste N-Schottlands, durch die Meeresteile **Hebridensee, The Little Minch** und **North Minch** in **Äußere Hebriden** und **Innere Hebriden** geteilt. Die nur z. T. bewohnten 500 Inseln und Eilande haben stark gegliederte Küsten, zahlr. Seen und vom Eis gerundete Oberflächenformen. Das ozean. Klima ist kühl und windreich mit hohen Niederschlägen. Atlant. Heiden und Torfmoore sind weit verbreitet. Fischerei, Fischverarbeitung, Rinder- und Schafhaltung sind Haupterwerbszweige der Bev., daneben Tweedweberei und Fremdenverkehr. - Die H., im 1. Jh. v. Chr. von Kelten besiedelt, wurden im 6. Jh. christianisiert. Die Norweger brachten sie im 9. Jh. unter ihre Herrschaft. Bis 1266 gehörten sie zum norweg. Kgr. Man; dann kamen sie an Schottland. Die Häuptlinge der kelt. Clans hatten bis 1784 die erbl. Gerichtsbarkeit auf den Inseln inne.

Hebron, Stadt in W-Jordanien (seit 1967 unter israel. Verwaltung), 30 km ssw. von Jerusalem, 927 m ü. d. M., 38 500 E. Univ. (gegr. 1978); Handelszentrum, Fremden- und Pilgerverkehr zur **Machpelahöhle** mit den Grabstätten von Abraham, Sara, Isaak, Rebekka, Jakob und Lea; über der Höhle eine Moschee (urspr. byzantin. Kirche von 1115).

Hebung, in der dt. Verslehre die durch akzentuierende Betonung hervorgehobene Silbe. Im Sinne des Versakzents stimmt er in der Regel mit dem Wortakzent überein; Abweichungen von dieser Regel dienen bestimmten stilist. Zielen. Ggs.: Senkung. ◆ Aufwärtsbewegung von Teilen der Erdkruste.

Hecate Strait [engl. ˈhɛkətɪ ˈstreɪt], rd. 250 km lange Meeresstraße des Pazifiks zw. der kanad. Küste und den Queen Charlotte Islands.

Hechelmaschine, Maschine zur Auskämmung und Aufteilung von Bastfaserbündeln (Flachs oder Hanf).

hecheln, Bastfaserbündel auf der Handhechel oder in der Hechelmaschine in feine, verspinnbare Teilbündel, sog. Langfasern (Hechelflachs, Hechelhanf), aufteilen.

Hechingen, Stadt am Fuße des Hohenzollern, Bad.-Württ., 470–548 m ü. d. M., 16 000 E. Heimatmuseum; v. a. Textilind. und Maschinenbau. - Die Siedlung bei der um 1050 von den Grafen von Zollern erbauten Burg († Hohenzollern) wurde in der 1. Hälfte des 13. Jh. zur Stadt ausgebaut. 1576 kam H. zur Linie Hohenzollern-H. und entwickelte sich nach Erhebung der Grafen in den Reichsfürstenstand (1623) zur Barockresidenz; 1850 an Preußen abgetreten. - Frühklassizist. Pfarrkirche (1780–83), Renaissancekirche Sankt Luzen (1586–89).

Hecht, Ben [engl. hɛkt], * New York 28. Febr. 1893, †18. April 1964, amerikan. Schriftsteller. - Vielseitiger Autor von Romanen, Kurzgeschichten, turbulenten und witzigen (schwarzer Humor) Stücken mit glänzenden Dialogen. Bekannt wurde er (und sein Mitverf. C. MacArthur, * 1895, † 1956) mit dem Bühnenstück „The front page" (1928, verfilmt 1931), es folgten u. a. Drehbücher für H. Hawks und W. Wyler, gelegentl. auch Eigenregie („The scoundrel", 1935).

Hecht (Esox lucius), Hechtart in Europa (mit Ausnahme des größten Teils der Mittelmeerländer), in Asien (mit Ausnahme des S) und in N-Amerika; bis 1,5 m lange und bis 35 kg schwere Fische; Körper langgestreckt, seitl. wenig abgeflacht; Rückenflosse auffallend weit nach hinten gerückt; Schnauze schnabelartig abgeflacht, mit weiter Mundspalte und starker Bezahnung; Rücken dunkel olivgrün bis graugrün, Körperseiten heller mit dunkler Fleckung oder Marmorierung, Bauch weißl., Flossen z. T. rötlichgelb mit dunkler Fleckung; Speisefisch.

Hechtbarsch, svw. † Zander.

Hechte (Esocidae), Knochenfischfam. mit der einzigen Gatt. Esox, zu der sechs Arten gehören, darunter der † Hecht.

Hechtkopf, Bez. für einen Pferdekopf mit konkaver Nasenlinie (z. B. bei Araberpferden); Ggs. † Ramskopf.

Hechtsprung, beim Turnen Flug mit gestrecktem Körper über das entsprechende Turngerät (im Wettkampf nur über das Langpferd).

◆ im Schwimmsport svw. † Startsprung.

Heck, Ludwig, * Darmstadt 11. Aug. 1860,

Heck. 1 Dampferheck, 2 Kreuzerheck, 3 Spiegel- oder Plattgattheck, 4 Jachtheck, 5 Spitzgattheck

† München 7. Juli 1951, dt. Zoologe. - Direktor der zoolog. Gärten von Köln und Berlin. H. baute den Berliner Zoo zu einem der größten der Welt aus und hatte bed. Nachzuchterfolge.

Heck [niederdt., eigtl. „Umzäunung" (als Bez. für ein früher übl. Gitter auf dem Hinterschiff zum Schutz des Steuermanns gegen Sturzseen)], der hintere Teil eines Fahrzeugs, insbes. der [über das Wasser herausragende] hintere Teil eines Schiffes. Man unterscheidet verschiedene H.formen: das Dampfer-H., das bei Fracht- und Fahrgastschiffen sowie bei größeren Kriegsschiffen bevorzugte Kreuzer-H., das v. a. bei Motorbooten und schnellen Kriegsschiffen zu findende Spiegel- oder Plattgatt-H., das für Rennjachten verwendete Jacht-H., das bei Fischkuttern anzutreffende Spitzgatt-H. u. a.

Heckantrieb, svw. † Hinterradantrieb.

Hecke, Bez. für eine aus Sträuchern gebildete natürl. Umzäunung.

Heckel, Erich, * Döbeln (Sachsen) 31. Juli 1883, † Radolfzell 27. Jan. 1970, dt. Maler und Graphiker. - Mitbegr. der † Brücke; lebte 1911–44 v. a. in Berlin und machte zahlr. Reisen. H. ist v. a. als Graphiker wichtig; er schuf neben figürl. Holzschnitten auch bed. Lithographien. Sein ausdrucksstarker, kantiger, in der Malerei stark farbiger Expressionismus stellt psycholog. Spannungen dar. H. bevorzugte Themen aus dem Artistenleben und Landschaften mit Badenden. Bed. Porträts, u. a.: Dr. Schames (1923), Otto Mueller (1930), J. Ensor (1930). Seit Mitte der 20er Jahre völlig undramat. Kunstauffassung. - Abb. S. 239. - Abb. auch Bd. 4, S. 68.

Heckelphon, eine von Wilhelm Heckel (* 1879, † 1909) und seinen Söhnen Wilhelm Hermann (* 1879, † 1952) und August (* 1880, † 1914) 1904 konstruierte Baritonoboe mit † Liebesfuß; zuerst von R. Strauss in „Salome" (1905) verwendet.

hecken, bes. wm. für: Junge werfen (bei kleineren Säugetieren) bzw. nisten und brüten (bei Vögeln). Die **Heckzeit** umfaßt auch die Zeit der Aufzucht bzw. Pflege der Jungen.

Heckenbraunelle (Prunella modularis), Art der Braunellen; in Europa und Kleinasien verbreiteter, etwa 15 cm großer, spatzenähnl. Vogel mit unauffällig dunkelbraunem und schiefergrauem Gefieder; Oberseite schwarz gestreift; Schnabel pfriemförmig.

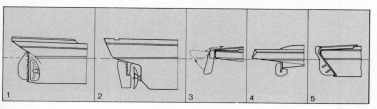

1　2　3　4　5

Heckenkirsche

Heckenkirsche, svw. ↑Geißblatt.
Heckenlandschaft, durch eingehegte Fluren gekennzeichnete Kulturlandschaft. Die Hecken haben Einhegungsfunktion, schützen gegen Winderosion und dienen z. T. auch der Holzgewinnung. - ↑auch Bocage.
Heckenmünzen, im alten Reichsrecht Bez. 1. für Münzstätten, in denen ein anerkannter Münzstand [ungesetzl.] minderwertige Geldsorten prägen ließ; 2. für die dort entstandenen Münzen selbst.
Heckenrose ↑Rose.
Heckenschütze, Lehnübertragung für Franktireur; heute allg. Bez. für jemanden, der aus dem Hinterhalt auf eine Person schießt.
Hecker, Erich [Walter], * Tübingen 7. Juli 1926, dt. Biochemiker. - Direktor des biochem. Instituts am Dt. Krebsforschungszentrum in Heidelberg und ebd. Professor; Arbeiten über den Stoffwechsel- und Wirkungsmechanismus östrogener Hormone und über den biochem. Mechanismus der Krebsentstehung.
H., Friedrich Franz Karl, * Eichtersheim bei Sinsheim 28. Sept. 1811, † Saint Louis (Mo.) 24. März 1881, dt. Politiker. - Im Vormärz führender Abg. der 2. bad. Kammer, verband entschiedenen Liberalismus mit einem nat.-dt. Einigungsprogramm; entwickelte sich zum Republikaner und Radikaldemokraten und leitete 1847 mit G. von Struve die Offenburger Versammlung; erließ am 12. April 1848 zus. mit Struve den Aufruf zum bewaffneten Aufstand in Baden, der am 20. April bei Kandern (S-Schwarzwald) niedergeschlagen wurde. H. floh in die Schweiz, wanderte von dort in die USA aus und nahm als Oberst auf seiten der Union am Sezessionskrieg teil.
H., Johann Julius, * Werden (= Essen) 7. Nov. 1707, † Berlin 24. Juni 1768, dt. ev. Theologe und Pädagoge. - War Lehrer bei A. H. Francke; 1739 Pfarrer an der Dreifaltigkeitskirche in Berlin, in deren Sprengel er ein v. a. auf berufl. Bedürfnisse ausgerichtetes Schulsystem aufbaute. Verf. des preuß. ↑Generallandschulreglements.
Hecklader, am Heck von [landw.] Schleppern angebautes Ladegerät.
Heckmann, Herbert, * Frankfurt am Main 25. Sept. 1930, dt. Schriftsteller. - Parabelhafte Erzählungen („Das Portrait", 1958; „Schwarze Geschichten", 1964) und der humorvolle Roman „Benjamin und seine Väter" (1962) machten ihn bekannt; auch Kinderbücher, Abhandlungen („Friedrich Nicolai", 1984). - H. ist seit 1983 Präs. der Dt. Akad. für Sprache und Dichtung.
H., Otto [Hermann Leopold], * Opladen (= Leverkusen) 23. Juni 1901, † Regensburg 13. Mai 1983, dt. Astronom. - 1962–73 erster Direktor (auf dem Gipfel des La Silla in Chile) errichteten europ. Südsternwarte; Arbeiten zur Astrometrie und Photometrie, bes.

von Sternhaufen (Praesepe), Stellarstatistik, klass. und relativist. Kosmologie.
Heckraddampfer ↑Dampfschiff.
Heckrotor ↑Hubschrauber.
Heckstarter, VTOL-Flugzeuge (↑Senkrechtstarter), deren Längsachse bei Start und Landung senkrecht nach oben weist; nach dem Vertikalstart Übergang in die übliche Horizontalfluglage.
Hecktrawler [...trɔːlər], Fischereifahrzeug, das im Ggs. zum Seitentrawler das Schleppnetz über das Heck ausführt und einholt.
Hecuba ↑Hekabe.
HED, Abk. für: ↑Hauterythemdosis.
Heda, Willem Claesz., * Haarlem 1593/94, † ebd. 24. Aug. 1680, niederl. Maler. - Malte Frühstücksstilleben in silbriggrauem Ton.
Hedberg [schwed. ˌheːdbærj], Carl Olof (Olle), * Norrköping 31. Mai 1899, † Tveggesjö (Verveln) 21. Sept. 1974, schwed. Schriftsteller. - Satir. Kritiker des Bürgertums, u. a. „Darf ich um die Rechnung bitten" (R., 1932).
H., Tor Harald, * Stockholm 23. März 1862, † ebd. 13. Juli 1931, schwed. Schriftsteller. - Realist.-naturalist. Erzählungen und Romanen folgten psycholog.-symbolist. Dramen, u. a. „Johan Ulfstjerna" (Dr., 1907).
Hedda, weibl. Vorname; nord. Kurzform von Hedwig.
Heddal, Stabkirche in S-Norwegen, 6 km nw. von Notodden, größte der erhaltenen norweg. Stabkirchen, wohl um 1250 erbaut (Renovierung 1954 abgeschlossen), Portale mit phantast. Schnitzereien.
Hedebostickerei [zu dän. hedebo „Heidebewohner"], Bez. für zwei in Dänemark heim. Stickereiarten auf grobem Leinen, die „echte" H., die aus doppeltem Durchbruch und Weißstickerei besteht, und die H., deren ausgeschnittene Muster mit Spitzenstich gefüllt werden.
Hedera [lat.], svw. ↑Efeu.
Hederich (Ackerrettich, Raphanus raphanistrum) bis 45 cm hoher Kreuzblütler mit weißen oder gelben, hellviolett geäderten Blüten und perlschnurartigen Gliederschoten; kalkmeidend; Ackerunkraut.
◆ svw. ↑Rettich.
◆ (Falscher H.) ↑Ackersenf.
Hedgegeschäft [engl. hɛdʒ „Deckung"], im börsenmäßigen Terminhandel übl. Deckungsgeschäft oder Gegengeschäft, das zur Sicherung eines bereits abgeschlossenen anderen Termingeschäfts oder einer einzigen langfristigen Lieferverpflichtung gegen Markt- und Preisrisiken dient.
Hedin, Sven, * Stockholm 19. Febr. 1865, † ebd. 26. Nov. 1952, schwed. Asienforscher. - Schüler von F. Frhr. von Richthofen; folgte 1893–97 den alten Seidenstraßen nach China. Erforschte auf weiteren mehrjährigen Expeditionen das Gebiet des Lop Nor („Der wan-

dernde See", 1937), den bis dahin unbekannten Transhimalaja und die Quellgebiete von Brahmaputra und Indus („Transhimalaja. Entdeckungen und Abenteuer in Tibet", 3 Bde., 1909–12), O-Turkestan und die Gobi. Neben populärwiss. Beschreibungen zahlr. wiss. Veröffentlichungen, u. a. „Scientific results of the Sino-Swedish expedition" (35 Bde., 1937–49).

Hedio, Caspar, eigtl. C. Heid, * Ettlingen 1494, † Straßburg 17. Okt. 1552, dt. ev. Theologe. - Promovierte bei W. Capito, dessen Nachfolger als Domprediger er 1520 in Mainz wurde. 1523 wurde er an das Münster in Straßburg berufen und von dort zu den Religionsgesprächen von Worms und Regensburg gesandt (1540/41). 1549 übernahm er die Leitung des Kirchenkonvents in Straßburg.

Hedmark, Verw.-Geb. im südl. Norwegen, 27 344 km², 183 000 E (1976). Hauptstadt Hamar; reicht von der schwed. Grenze im O bis zum Mjøsensee; überwiegend von Nadelwald bedeckte Moränenlandschaft; Landw. um den Mjøsensee und in den Flußtälern.

Hedonismus [zu griech. hēdonḗ „Freude, Lust"], eine Form des Eudämonismus, bei der das private Glück als höchstes Gut in der dauerhaften Erfüllung individueller, phys. und psych. Lust gesehen wird. Der H. als moralphilosoph. Lehre geht auf Aristippos (sensualist. H.) zurück; von Epikur weiter entwickelt. Innerhalb des neuzeitl. Denkens wird eine hedonist. Ethik von Locke, Hobbes, Hume, im frz. Materialismus, im Utilitarismus und im neueren Positivismus (M. Schlick) vertreten.

Hedschas, Landschaft und Vizekgr. im W von Saudi-Arabien, Hauptstadt Mekka. Hinter der heißen, wasserlosen Küstenebene am Roten Meer Steilanstieg zu einem bis 2 446 m hohen Gebirgshorst. Im Hochland sind Temperaturen zw. 46 und 0 °C möglich. - Umfaßt heute auch die Gebiete von Kaf und Al Dschauf im N des Landes; war 1917–25 Kgr., 1926 mit Nadschd in Personalunion vereinigt, ist so seit 1932 Teil des Kgr. Saudi-Arabien.

Hedschasbahn, 1902–08 erbaute Bahnlinie (Schmalspur) Damaskus–Amman–Medina, 1 303 km lang; S-Abschnitt im 1. Weltkrieg z. T. zerstört.

Hedschra (Hidschra) [arab.], Auswanderung Mohammeds im Sept. 622 von Mekka nach Medina; Beginn der islam. Zeitrechnung.

Hedtoft, Hans [dän. ˈheðtɔft], eigtl. H. Hansen, * Århus 21. April 1903, † Stockholm 29. Jan. 1955, dän. Politiker. - Seit 1939 Vors. der Sozialdemokrat. Partei; seit 1935 Abg. im Folketing; 1945/46 Min. für Arbeit und Soziales; Min.präs. 1947–50 und 1953–55.

Hedwig, alter dt. weibl. Vorname, entwickelt aus der Form Hadwig (althochdt. ha-

Erich Heckel, Schlafender Pechstein (1910). Privatbesitz

Heddal

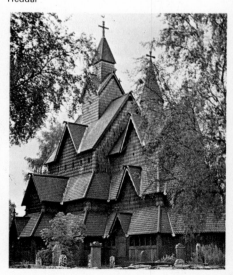

Hedwig

du- „Kampf" und wig „Kampf; Krieg").

Hedwig, Name von Herrscherinnen:
Polen:
H. (poln. Jadwiga), * um 1374, † Krakau 17.
Juli 1399, Königin (seit 1382). - Als jüngste
Tochter Ludwigs I. von Ungarn und der Eli-
sabeth von Bosnien nach dem Tode ihres
Vaters (1382), der seit 1370 auch König von
Polen war, zur poln. Thronerbin bestimmt;
heiratete 1386, entsprechend dem poln.-lit.
Unionsvertrag von Krewo (1385), den gleichzeitig röm.-kath. getauften und zum poln. König gewählten Großfürsten von Litauen, Ja-
gello.
Schlesien:
H., hl., * Andechs um 1174 (1178?), † Trebnitz
(bei Breslau) 14. Okt. 1243, Herzogin (seit
1186 bzw. 1190). - Ihre Heirat mit Hzg. Heinrich I. von Schlesien legte den Grund für die
dt. Einflußnahme in Schlesien. H. stiftete Kirchen und Klöster und trug wesentl. zur Kulti-
vierung des Landes bei; Patronin von Schlesien. - Fest: 16. Okt.
Schwaben:
H. ↑Hadwig.

Hedwigsgläser, nach der angebl. Besit-
zerin, der hl. Hedwig, bezeichnete Gruppe
von fatimid. Hochschnittgläsern, v. a. des 12.
Jahrhunderts.

Hedysarum [griech.], svw. ↑Süßklee.

Heem, Jan Davidsz. de, * Utrecht 1606,
† Antwerpen 1683 oder 1684, niederl. Maler. -
Bedeutendster Stillebenmaler der holländ.
Malerei, schließt im Leidener Frühwerk an
P. Claesz an, in den Antwerpener Früchte-
und Blumenstilleben in warmer Helldunkel-
malerei an D. Seghers.

Heemskerck, Maarten van [niederl.
'he:mskɛrk], * Heemskerk 1498, † Haarlem 1.
Okt. 1574, niederl. Maler und Zeichner. -
Schüler von J. van Scorel, dessen Einfluß die
kraftvolle Plastizität der frühen Bildnisse
prägte. 1532-35 (?) in Rom, wo er in zahlr.
Zeichnungen den antiken Denkmälerbestand
festhielt; sie beeinflußten (als Stichwerke) u. a.
D. Vellert, P. Lastman und Rembrandt. Der
röm. Manierismus der Michelangeloschule
wurde bestimmend für seine Altarblätter und
bibl. Allegorien (Zeichnungen).

Heer, Friedrich, * Wien 10. April 1916,
† ebd. 18. Sept. 1983, östr. Historiker und Publizist. - Seit 1962 Prof. in Wien; 1961-71
Chefdramaturg am Burgtheater; seine geistesgeschichtl. orientierten Werke sind wiss. umstritten, u. a. „Der Aufgang Europas" (1949),
„Europ. Geistesgeschichte" (1953), „Die dritte
Kraft" (1960), „Scheitern in Wien" (R., 1974).
H., Jakob Christoph, * Töß (= Winterthur)
17. Juli 1859, † Rüschlikon bei Zürich 20.
Aug. 1925, schweizer. Schriftsteller. - Bekannt
durch seine unterhaltenden Heimatromane,
u. a. „An heiligen Wassern" (1898), „Der König der Bernina" (1900), „Tobias Heider"
(1922).

Heer [zu althochdt. heri, eigtl. „das zum
Krieg Gehörige"], für den Landkrieg bestimmter Teil von Streitkräften. Nach der
H.verfassung wird unterschieden zwischen H.
mit allg. oder mit beschränkter Wehrpflicht
und nach Berufsheeren. Das **stehende Heer**
ist der im Frieden unter den Waffen befindl.
Teil des H. (der im Mobilmachungsfall durch
die Reservisten ergänzt wird). **Milizheere** treten (nach kurzer Ausbildung und Übungen
in Friedenszeiten) erst im Kriegsfall unter die
Waffen bzw. unterhalten nur einen zahlenmäßig schwachen Kader (deshalb auch **Kader-
heere**). - ↑auch Militärgeschichte.

Heerbann, seit dem frühen MA Bez. für
das vom König erlassene militär. Aufgebot
zur Heerfahrt sowie für diese selbst; ebenso
für die im Falle der Nichtbeachtung zu zahlende Strafe (H.buße); seit dem 13.Jh. auch
für das aufgebotene Heer wie die ggf. als
Ablösung zu zahlende Heersteuer.

Heeren, Arnold Hermann Ludwig, * Ar-
bergen (= Bremen) 25. Okt. 1760, † Göttingen
6. März 1842, dt. Historiker. - Seit 1801 Prof.
in Göttingen; bezog in seine Untersuchungen
und Geschichtsschreibung (v. a. Altertum und
europ. Staatensystem) die Wirtschaftsgeschichte ein.

Heerenveen, niederl. Gem. 30 km ssö.
von Leeuwarden, 37 300 E. Auto- und Zwei-
radmuseum. - H. ist die älteste niederl. Hoch-
moorkolonie, entstanden in der 2. Hälfte des
16.Jh. - Klassizist. Haus Crackstate (17.Jh.,
seit 1952 Rathaus).

Heeresamt ↑Bundeswehr.

Heeresattaché ↑Militärattaché.

Heeresdienstvorschrift, Abk. HDv,
↑Dienstvorschriften.

Heeresflieger, in der Bundeswehr zu
den Kampfunterstützungstruppen zählende
Truppengatt. des Heeres; zu ihren Aufgaben
gehört der Transport von Truppen, Material
und Verwundeten, die Panzerabwehr, daneben Verbindungs-, Aufklärungs- und Über-
wachungsaufgaben.

Heeresflugabwehrtruppe, in der
Bundeswehr zu den Kampfunterstützungs-
truppen zählende Truppengattung des Hee-
res; ihre Aufgabe ist der Kampf gegen den
Luftfeind in niedrigen und mittleren
Flughöhen.

Heeresgruppen, Großverbände des
Heeres, in denen mehrere Armeen zusammen-
gefaßt sind; heute im Bereich der NATO in
Gestalt der Armeegruppen, im Bereich des
Warschauer Pakts in Form der Fronten.

Heeresleitung, in der Reichswehr die
oberste Kommandobehörde des Heeres mit
einem General als Chef der H. an der Spitze.

Heeresoffiziersschule, Abk. HOS,
↑Offiziersschulen.

Heeresschulen, militär. Ausbildungs-
stätten der Teilstreitkraft Heer; in der Bundeswehr z. Z.: Offizierschule des Heeres (Han-

nover), Fachschule des Heeres für Erziehung und Wirtschaft (Darmstadt), Fernmeldeschule und Fachschule des Heeres für Elektrotechnik (Feldafing), Schule für Personal in integrierter Verwendung (Köln), Schule für Feldjäger und Stabsdienst (Sonthofen), Kampftruppenschule 1 (Hammelburg), Kampftruppenschule 2 (Munster), Internationale Fernspähschule (Weingarten), Gebirgs- und Winterkampfschule (Mittenwald), Luftlande- und Lufttransportschule (Altenstadt), Artillerieschule (Idar-Oberstein), Pionierschule und Fachschule des Heeres für Bautechnik (München), Heeresflugabwehrschule (Rendsburg), ABC- und Selbstschutzschule (Sonthofen), Heeresfliegerwaffenschule (Bückeburg), Schule Technische Truppe 1 und Fachschule des Heeres für Technik (Aachen), Schule Technische Truppe 2 (Bremen).

Heerfahrt (Kriegszug), im MA der vasallit. Reichskriegsdienst, v. a. der Italienzug zur Kaiserkrönung (Romfahrt). Die Pflicht zur **Heerfolge** als Teil der Lehnsfolge konnte durch Geld abgelöst werden.

Heerkönig, Sonderform einer Königsherrschaft, die ihre Berechtigung von der Führung eines freiwillig zustandegekommenen Heeresgefolges ableitet; Beispiele u. a. in Makedonien sowie in den german. Staaten der Völkerwanderungszeit.

Heermann, Johannes, * Randten (Schlesien) 11. Okt. 1585, † Lissa (= Leszno) bei Posen 17. Febr. 1647, dt. ev. Kirchenlieddichter. - Volkstüml. Kirchenlieder („Herzliebster Jesu, was hast du verbrochen") sowie Gedichte und asket. Schriften.

Heerschild, im dt. MA Bez. 1. für das Heeresaufgebot, 2. für die Fähigkeit zum Erwerb oder zur Vergabe eines Lehens. Die **Heerschildordnung** gab die unterschiedl. Abstufung der lehnsrechtl. Bindungen innerhalb des Adels an, d. h., sie bestimmte, wessen Vasall man werden durfte, ohne seinen „Schild" (Rang) in der Lehnshierarchie zu verringern; im 12. Jh. in 7 Stufen unterteilt. 1. König, 2. geistl. Fürsten, 3. Laienfürsten, 4. Grafen und Freiherren, 5. Ministerialen und Schöffenbarfreie, 6. deren Mannen, 7. übrige ritterbürtige Leute, die allein die aktive Lehnsfähigkeit nicht besaßen (Einschildige).

Heerwurm ↑ Trauermücken.

Heesters, Johannes, * Amersfoort 5. Dez. 1903, östr. Sänger und Schauspieler niederl. Herkunft. - Kam über Den Haag und Brüssel 1934 an die Wiener Volksoper, wo er als Operettentenor äußerst erfolgreich war. Seit 1936 trat er in Berlin (Kom. Oper, Metropoltheater, Admiralspalast) auf, gleichzeitig begann er zu filmen. Seit 1948 in Wien ansässig, feierte er sein Comeback als Operettensänger und Bühnenschauspieler. Zahlr. Filme, u. a. „Hochzeitsnacht im Paradies" (1950), „Die Czardasfürstin" (1951); Fernsehfilm „Die schöne Wilhelmine" (1984).

Hefe, allg. Bez. für Arten und Rassen der ↑ Hefepilze, die in Reinkulturen gezüchtet und lebensmitteltechn. in großem Umfang eingesetzt werden. Durch Reinzucht obergäriger Rassen von Saccharomyces cerevisiae auf Nährlösungen (v. a. Melasse) wird **Backhefe** hergestellt, die als **Preßhefe** oder auch **Trokkenhefe** in den Handel kommt. Die in der Natur frei vorkommende **Weinhefe** (Saccharomyces ellipsoides) wird heute ausschließl. als Reinzucht-H. gezüchtet, wobei hochgärige Stämme mit einer hohen Alkoholausbeute bevorzugt werden. Die **Bierhefe** (Saccharomyces cerevisiae und Saccharomyces carlsbergensis) sind dagegen nur als Kulturstämme bekannt; hier werden untergärige und obergärige Stämme unterschieden. Ebenfalls zu den H. wird die **Nährhefe** (Eiweiß-H.) gerechnet, die durch Verhefung in der Technik anfallender Nebenprodukte (Holzzucker, Molke, Sulfitablaugen) mit verschiedenen H.rassen gewonnen wird. - Als H. werden auch die festen Stoffe (enthalten u. a. Schimmelpilze, Bakterien, Eiweiß, tote Hefepilze) verstanden, die bei der Gärung zunächst an die Oberfläche steigen und sich dann nach der Hauptgärung am Boden absetzen.

Hefebranntwein (Hefe[schnaps]), aus Weinhefe (Trub, Geläger, Drusen) hergestelltes wasserhelles Destillat mit mindestens 38 Vol.-% Alkohol.

Hefepilze (Hefen, Saccharomycetaceae), Fam. der Schlauchpilze mit kugeligen oder ovalen, einkernigen, mikroskop. kleinen Zellen, die sich meist durch Zellsprossung vermehren und dann in Zellketten verbunden bleiben; Zellen enthalten Glykogen als Reservestoff und zahlr. Vitamine (v. a. der B-Gruppe).

Hefner-Alteneck, Friedrich von, * Aschaffenburg 27. April 1845, † Biesdorf (= Berlin) 7. Jan. 1904, dt. Elektrotechniker. - 1867–90 Ingenieur bei Siemens & Halske in Berlin; erfand (1872/73) den Trommelanker für elektr. Generatoren und entwickelte die ↑ Hefnerlampe als Normal für die Lichtstärkeeinheit ↑ Hefnerkerze.

Hefnerkerze [nach F. von Hefner-Alteneck], Kurzzeichen HK, veraltete photometr. Einheit der Lichtstärke; 1 HK = 0,903 cd.

Hefnerlampe, von F. von Hefner-Alteneck zur Darstellung einer Hefnerkerze konstruierte Dochtlampe.

Heft, zusammengeheftete Bogen von Schreib- oder Zeichenpapier; auch für Druck- und Flugschriften.

◆ handgerechter Griff an einer Waffe oder einem Werkzeug.

heften, mit Nadeln, Klammern, Fäden u. a. [locker] befestigen.

Heftmaschine, Maschine, die gefalzte Papierbogen für Broschüren oder Bücher mittels Drahtklammern oder Fäden (Faden-H.) zum Buchblock verbindet.

Heftpflaster ↑ Pflaster.

Heftzwecken, svw. ↑ Reißzwecken.

Hegar, Friedrich, * Basel 11. Okt. 1841, † Zürich 2. Juni 1927, schweizer. Dirigent und Komponist. - Kómponierte v. a. Vokalwerke, u. a. das Oratorium „Manasse" (1888) und zahlreiche virtuos wirkungsvolle Männerchöre (Balladen) sowie Orchester- und Kammermusik in spätromant. Stil.

Hegar-Stifte [nach dem dt. Gynäkologen A. Hegar, * 1830, † 1914], gebogene und abgerundete Metallstifte verschiedener Größe zur Dehnung des Gebärmutterhalskanals.

Hegau, südwestdt. Beckenlandschaft zw. Bodensee und Randen, im Hohenstoffel 844 m hoch, zentraler Ort Singen (Hohentwiel). Das Landschaftsbild wird von zwei Reihen herauspräparierter Vulkanschlote sowie eiszeitl. Ablagerungen geprägt. Vorherrschend Getreideanbau. - Die erstmals 787 erwähnte Gft. H. umfaßte in der Karolingerzeit ein Geb. etwa innerhalb der folgenden Grenzen: Im S die Rheinstrecke Konstanz-Schaffhausen; im N zw. Geisingen und Immendingen bis über die Donau hinaus; im W bis zum Randen; im O bis zur Linie Überlingen–Hohenfels–Münchlingen–Neuhausen ob Eck. Der H. war eine der Kernlandschaften des Hzgt. Schwaben. Nach mehrfachem Besitzwechsel fiel die Gft. um 1180 an Kaiser Friedrich I., entwickelte sich im Spät-MA zur Landgft. gehörte 1465–1805 zum habsburg. Vorderösterreich und kam 1810 an Baden.

Hege (Wildpflege), zusammenfassende Bez. für alle Maßnahmen, die zur Pflege und zum Schutz des Wildes (auch der Nutzfische) durchgeführt werden; gesetzl. Verpflichtung hierzu besteht für den Jagdausübungsberechtigten nach dem B.-Jagdgesetz.

Hegel, Georg Wilhelm Friedrich, * Stuttgart 27. August 1770, † Berlin 14. Nov. 1831, dt. Philosoph. - Studierte 1788–93 Philosophie und Theologie in Tübingen (Freundschaft mit Hölderlin und Schelling); 1801–07 Privatdozent in Jena; 1808 Rektor des Ägidiengymnasiums in Nürnberg; 1816 Ruf an die Universität Heidelberg; seit 1818 Prof. in Berlin. H. entfaltete mit Unterstützung der preuß. Regierung als „preuß. Staatsphilosoph" eine einflußreiche philosoph. Tätigkeit. Er entwickelte unter Beibehaltung aufklärer. und krit. Positionen (Rousseau, Kant) und Einbeziehung der histor. Betrachtungsweise (Vico, Montesquieu, Herder) eines der bedeutendsten Systeme der europ.-abendländ. Philosophie. Im Mittelpunkt dieses Systems, in dem er die tradierte aristotel. Metaphysik, die modernen naturwiss. Methoden, das moderne Naturrecht (Locke, Hobbes) und die Theorie der bürgerl. Gesellschaft (Stewart, A. Smith, Ricardo) zum Ausgleich zu bringen versucht, steht das *Absolute*, und zwar als absolute Idee, als Natur und als Geist,

dargestellt in „Wissenschaft der Logik" (1812–16), in der H. das vorweltl. Sein Gottes, des absoluten Geistes, (sein „An-sich-sein") beschreibt; in der *Naturphilosophie* dessen Selbstentäußerung in die materielle Welt (sein „Für-sich-sein") und in der *Philosophie des Geistes* sein Zurückfinden zu sich selbst durch das immer stärker erwachende Selbstbewußtsein des menschl. Geistes (sein „An-und-für-sich-sein"). Weltgeschichte ist demnach der notwendig fortschreitende Prozeß des absoluten Geistes, in welchem er sich seiner Freiheit bewußt wird. Das Absolute konkretisiert sich als *subjektiver Geist* im menschl. Individuum, als *objektiver Geist* in Familie, Gesellschaft, Staat, als *absoluter Geist* in Kunst, Religion und Philosophie. Die Verwirklichung des Absoluten vollzieht sich im dialekt. Dreischritt von These, Antithese, Synthese. Die Kunst als sinnl. Darstellung des Absoluten erfährt ihre Vollendung in der griech. Antike, die Religion als „Vorstellung" des Absoluten im Christentum. Kunst und Religion sind aufgehoben in der Philosophie, die als letzte Gestalt des absoluten Geistes die method. (dialekt.) begreifende Bestimmung des Werdens geistigen Lebens ist. Das System wird geschlossen, indem sich die Philosophie sich selbst zuwendet und ihre sprachl. Mittel und Methoden reflektiert. Freiheit ist das Wesen des Geistes. In der Lehre vom objektiven Geist stellt H. die Freiheit in den Gemeinschaftsformen von Recht, Moral, Familie, Gesellschaft, Staat und Geschichte dar. Bes. Bed. hat die „bürgerl. Gesellschaft" als allg., die Bedürfnisbefriedigung zusammenfassende Lebensform, zu deren Erhaltung die „Rechtspflege" dient. Den modernen (preuß.) Staat begreift H. als Verwirklichung der Freiheit. In der Rechtsphilosophie vertritt er einen konstitutionellmonarch. geprägten Liberalismus. - Zur Wirkungsgeschichte ↑ Hegelianismus, ↑ Neuhegelianismus. - *Werke:* Phänomenologie des Geistes (1807), Enzyklopädie der philosoph. Wissenschaften (1817), Grundlinien der Philosophie des Rechts oder Naturrecht und Rechtswissenschaft im Grundrisse (1821).

⌼ *Theunissen, M.:* Sein u. Schein. Die krit. Funktion der H.schen Logik. Ffm. 1980. - *Bloch, E.:* Über Methode u. System bei H. Ffm. 1975. - *Riedel, M.:* System u. Gesch. Ffm. 1973. - *Adorno, T. W.:* Aspekte der H.schen Philosophie. Bln. u. Ffm. 1957.

Hegelianismus, Sammelbez. für die an Hegel anschließenden (und z. T. sich heftig bekämpfenden) philosoph. Strömungen im 19. und 20. Jh.: der konservative theist.-christl. **Alt-** bzw. **Rechtshegelianismus** (v. a. K. F. Göschel, J. E. Erdmann) und der polit. sozialrevolutionäre **Jung-** bzw. **Linkshegelianismus** (v. a. A. Runge, B. Bauer, L. Feuerbach, D. F. Strauß, K. Marx, F. Engels). Die mittlere Position vertraten E. Gans und K. L. Michelet. Starke Weiterentwicklung im

Ausland, v. a. in Italien (B. Spaventa, A. Vera, G. Gentile, B. Croce), Großbrit. (J. H. Stirling, F. H. Bradley), den USA (G. S. Morris, J. Royce), Polen (A. Cieszkowski), Rußland (M. Bakunin, W. G. Belinski, A. I. Herzen, G. W. Plechanow). Um die Jh.wende leiteten K. Fischer und W. Dilthey den ↑ Neuhegelianismus ein. Ausschließl. philosophie- und wirkungsgeschichtl. orientierte Beschäftigung mit Hegel setzte nach dem 2. Weltkrieg in der BR Deutschland ein (v. a. H. G. Gadamer, K. Löwith, J. Ritter, M. Riedel).

Hegelgesellschaft, 1956 gegr. internat. philosoph. Gesellschaft. Hg. des „Hegel-Jahrbuchs" (seit 1961); veranstaltet seit 1956 alle 2 Jahre den internat. **Hegelkongreß.**

Hegemon von Thasos, griech. Dichter der 2. Hälfte des 5. Jh. v. Chr. - Zeitgenosse des Alkibiades; machte die Parodie zu einer selbständigen Dichtungsgattung; u. a. „Gigantomachia".

Hegemonie [zu griech. hēgemonía, eigtl. „das Anführen"], Bez. für die Vorherrschaft eines Staates, die formal staatsrechtl. oder durch zwischenstaatl. Verträge abgesichert ist, aber auch allein auf strateg., wirtsch. oder kulturellem Übergewicht eines Staates über andere beruhen kann.

Hegenbarth, Josef, * Böhmisch-Kamnitz (tschech. Česká Kamenice) 15. Juni 1884, † Dresden 27. Juli 1962, dt. Zeichner und Graphiker. - Buchillustrator; zeichnete und radierte mit Vorliebe groteske Szenen aus der Märchen- und Zirkuswelt mit bes. Eingehen auf Tierdarstellungen.

Heger, Robert, * Straßburg 19. Aug. 1886, † München 14. Jan. 1978, dt. Dirigent und Komponist. - Als Dirigent u. a. in Wien, Berlin und München (Staatsoper) tätig; komponierte Opern, Orchester-, Kammer- und Klaviermusik sowie Lieder.

Hegesias von Kyrene, griech. Philosoph um 300 v. Chr. - Vertreter der Schule der ↑ Kyrenaiker; bestimmte in pessimist. Abwendung von dem ↑ Hedonismus dieser Schule eine Befreiung von jegl. Hedone (griech. „Lust") als Ziel und Endzweck des Handelns und radikalisierte diesen Ansatz in der Forderung der Selbsttötung als letzter Konsequenz aus der Einsicht in die Vergeblichkeiten menschl. Glücksstrebens.

Hegewald, Bez. für Waldstücke, die nicht forstwirtschaftl. genutzt werden, sondern eine Schutzwirkung ausüben sollen; z. B. in Trokkengebieten als Wasserspeicher, an Steilhängen gegen die Erosion.

Hegner, Ulrich, * Winterthur 7. Febr. 1759, † ebd. 3. Jan. 1840, schweizer. Schriftsteller. - Humorvoller Volksschriftsteller, u. a. „Die Molkenkur" (R., 1812), „Saly's Revolutionstage" (R., 1814), „Suschen's Hochzeit" (R., 2 Tle., 1819).

Hegumenos [griech. „Führer, Vorsteher"], Vorsteher eines orth. Klosters.

Hehlerei, gemäß § 259 StGB wird mit Freiheitsstrafe bis zu fünf Jahren oder Geldstrafe bestraft, wer eine Sache, die ein anderer gestohlen oder sonst durch eine gegen fremdes Vermögen gerichtete rechtswidrige Tat erlangt hat, ankauft oder sonst sich oder einem Dritten verschafft, sie absetzt oder absetzen hilft, um sich oder einen Dritten zu bereichern. Der Versuch ist strafbar. Wer die H. gewerbs- oder *gewohnheitsmäßig betreibt,* wird mit Freiheitsstrafe von einem bis zu zehn Jahren bestraft. - Entsprechendes gilt im *östr.* und *schweizer. Strafrecht.*

Hehn, Victor, * Dorpat 8. Okt. 1813, † Berlin 21. März 1890, balt. Kulturhistoriker. - U. a. Bibliothekar in Petersburg, seit 1873 in Berlin. Glänzend geschriebene kulturhistor. Schriften und Reiseberichte.
Werke: Italien (1867), Kulturpflanzen und Haustiere in ihrem Übergang aus Asien nach Griechenland (1870), Gedanken über Goethe (1887), De moribus Ruthenorum. Zur Charakteristik der russ. Volksseele (hg. 1892).

Heiberg, Gunnar Edvard Rode [norweg. 'hɛjbærg], * Christiania (= Oslo) 18. Nov. 1857, † Oslo 22. Febr. 1929, norweg. Dramatiker. - Schrieb z. T. satir. Dramen, die meist um den Konflikt zw. Verstand und triebhafter Erotik kreisen, auch glänzende Komödien. -
Werke: König Midas (Dr., 1890), Der Balkon (Dr., 1894), Die Tragödie der Liebe (Dr., 1904).

H., Johan Ludvig [dän. 'hajbɛr'], * Kopenhagen 14. Dez. 1791, † Bonderup 25. Aug. 1860, dän. Dichter und Kritiker. - Berühmt seine literar. Fehde mit Oehlenschläger. H. begann als Dramatiker in der romant. Tradition („Der Elfenhügel", 1828) und schuf das dän. Vaudeville nach frz. Vorbild; auch gesellschaftskrit. Komödien.

Heide, weibl. Vorname, Kurzform von Adelheid.

Heide, Krst. 32 km südl. von Husum, Schl.-H., 14 m ü. d. M., 21 100 E. Verwaltungssitz der Landkr. Dithmarschen; Museen; Vieh-, Obst- und Gemüsehandel; Erdölfeld. - Das im 15. Jh. entstandene H. wurde seit 1447 Tagungsort der Landesversammlung, 1559 brach ein Heer der schleswig-holstein. Landesherren bei H. in der „letzten Fehde" den Widerstand der Dithmarscher Bauern. Seit 1870 ist H. Stadt. - Spätgot. Kirche Sankt Jürgen (15. Jh.).

Heide [zu althochdt. heida, eigtl. „unbebautes Land"], offene Landschaft auf nährstoffarmen Böden mit typ. Vegetation aus Zwergsträuchern, meist durch Roden von Wäldern und anschließende Überweidung entstanden.

Heideboden, Bez. für einen in den Heidegebieten NW-Deutschlands verbreiteten Bodentyp mit starker Rohhumusdecke, ausgelaugtem Oberboden und oft mit Ortstein im Unterboden.

Heidegger, Johann Heinrich, * Bäretswil (Kt. Zürich) 1. Juli 1633, † Zürich 18. Jan. 1698, schweizer. ref. Theologe. - Vertrat gegen die hugenott. Akademie in Saumur die Verbalinspiration der Massora. H. ist Mitverfasser der helvet. „Formula consensus" (1675).

H., Martin, * Meßkirch 26. Sept. 1889, † Freiburg im Breisgau 26. Mai 1976, dt. Philosoph. - Schüler E. Husserls, 1923 Prof. in Marburg, ab 1928 in Freiburg im Breisgau. Durch sein Hauptwerk „Sein und Zeit. Erste Hälfte" (1927; die 2. Hälfte ist nie erschienen) wurde H. zum führenden Vertreter der dt. Existenzphilosophie. Ausgehend von der Artistotel. Frage nach dem Sinn des Seins will H. diesen Sinn zunächst für das menschl. Sein, das „Dasein" finden. In „Sein und Zeit" analysiert er im Anschluß an die (und in Auseinandersetzung mit der) Phänomenologie E. Husserls die allg. Charakteristika, die „Existenzialien" menschl. Lebens. Das Dasein (der Mensch) findet sich in der Welt des „zuhandenen Zeugs geworfen", es steht in seinen 3 Grundbefindlichkeiten (Stimmung, Verstehen und Rede) unter dem Phänomen der Angst und ist ständig versucht, vor dieser ins „Man", dem uneigentl. Sinn des Neutrums, zu flüchten; seine Ganzheit erreicht es jedoch nur, wenn es auf sein eigtl. „Sein-zum-Tode" in Entschlossenheit zugeht. H. versteht Dasein als „Außer-sich-sein", das nicht in der Zeit steht, sondern ein „Sein als Zeit" hat; entscheidendes Charakteristikum des Daseins ist somit die „Zeitlichkeit" als Einheit von Zukunft, Vergangenheit und Gegenwart. - Im Mittelpunkt seiner späteren Werke steht das „Denken der Kehre": Es ist Aufgabe des Menschen, darauf zu warten, daß sich das Sein selbst ihm zuspricht. Gegen die Entwicklung wiss. Denkens gerichtet, sucht H. in der abendländ. Metaphysik die schicksalhafte „Seinsvergessenheit" aufzuzeigen. Die „ontolog. Differenz" zw. Sein und Seiendem wird jedoch nicht mehr in einer begründenden Rede, sondern in einer archaisierenden dichter. Sprache dargestellt, in der das Sein selbst sich offenbaren, sich „entbergen" soll. H. hatte bed. Einfluß v. a. auf die dialekt. Theologie (K. Barth, R. Bultmann), die thomist. H.-Schule (u. a. K. Rahner, G. Siewerth) sowie auf alle Geisteswissenschaften.

Weitere Werke: Was ist Metaphysik? (1929), Kant und das Problem der Metaphysik (1929), Holzwege (1950), Einführung in die Metaphysik (1953, ³1967), Was heißt Denken? (1954, ³1967), Der Satz vom Grund (1957, ³1965), Unterwegs zur Sprache (1959, ²1960), Nietzsche (2 Bde., 1961), Phänomenologie und Theologie (1970).

📖 *Tugendhat, E.: Der Wahrheitsbegriff bei Husserl u. H. Bln. ²1984. - Weber, Ludwig: H. u. die Theologie. Meisenheim 1980. - Kraft, J.: Von Husserl zu H. Hamb. ³1977.*

Heidekraut (Besenheide, Calluna), Gatt.

der Heidekrautgewächse mit der einzigen Art **Calluna vulgaris** (H. im engeren Sinn) auf Moor- und Sandböden Europas und an den Küsten N-Amerikas; 20–100 cm hoher Zwergstrauch mit bis 3 mm langen, nadelförmigen Blättern; Blüten in einseitswendigen Trauben; Blütenkrone fleischrot, selten weiß, tief vierspaltig, kürzer als der Kelch. Das H. wird in vielen Gartenformen kultiviert.

Heidekrautgewächse (Erikagewächse, Erikazeen, Ericaceae), weltweit verbreitete Pflanzenfam. mit über 2 500 Arten in 82 Gatt.; meist kleine Sträucher; Blätter ungeteilt, häufig immergrün; Kapsel- oder Beerenfrüchte. Bekannte Gatt. sind ↑ Heidekraut, ↑ Glockenheide, ↑ Alpenrose, ↑ Azalee, ↑ Heidelbeere und ↑ Liebestraube.

Heidelbeere [zu althochdt. heitperi „auf der Heide wachsende Beere"] (Vaccinium), Gatt. der Heidekrautgewächse mit rd. 150 Arten in Europa und N-Asien. Eine auf sauren Böden in Nadel- und Laubwäldern weit verbreitete Art ist die **Blaubeere** (H. im engeren Sinn, *Bickbeere,* Vaccinium myrtillus), ein sommergrüner Zwergstrauch mit einzelnstehenden, kugeligen, grünl. bis rötl. Blüten, grünen, kantigen Stengeln und eiförmigen, fein gesägten Blättern. Die wohlschmeckenden blauschwarzen, bereiften Beeren (*Heidelbeeren*) werden u. a. zu Saft, Wein, Gelee, Marmelade und Kompott verarbeitet. - In der Volksmedizin gegen Durchfall verwendet.

Heidelberg, Stadt am Austritt des Nekkars aus dem Odenwald, Bad.-Württ., 114 m ü. d. M., 133 800 E. Stadtkreis und Verwaltungssitz des Rhein-Neckar-Kr.; Univ. (gegr. 1386) mit Südasien-Inst. und Dolmetscher-Inst., Akad. der Wiss., Europ. Molekularbiolog. Laboratorium, Max-Planck-Inst. für Astronomie, Kernphysik, medizin. Forschung, zusätal. öff. Recht und Völkerrecht; Dt. Krebsforschungszentrum; Hochschule für Musik (zus. mit Mannheim), PH, Hotelfachschule; Sternwarte; Museen, u. a. Dt. Apothekenmuseum; Theater; botan. Garten, Zoo. Fremdenverkehr, Sitz von Verlagen und Firmen, Hauptquartier der amerikan. Streitkräfte in Europa; Metall-, Elektro-, chem., feinmechan. u. a. Industrie. - In röm. Zeit sicherte ein Kastell im heutigen Stadtteil Neuenheim die Mitte des 1. Jh. errichtete Neckarbrücke; nach 73/74 folgte u. a. ein Kohortenkastell. Im 2. Jh. n. Chr. entstand aus dem Lagerdorf eine Zivilsiedlung; vor 200 von den Alemannen zerstört. Der Name H. taucht 1196 erstmals in Urkunden auf. Die Gründung erfolgte unterhalb einer wohl aus dem 11. Jh. stammenden Burg (heute Schloß). Die Altstadt zeigt eine planmäßige gitterförmige Anlage, deren Hauptachse (die Hauptstraße) parallel zum Neckar verläuft. 1214 kam H. an die wittelsbach. Pfalzgrafen bei Rhein, 1329 an die pfälz. Wittelsbacher. H. entwickelte sich vom 13. Jh. an als Residenz der Pfalzgrafen; Verwüstung der Stadt durch die Franzosen 1693; Verlegung der Residenz nach Mannheim 1720; 1803 fiel H. an Baden. - Bed. sind außer dem ↑ Heidelberger Schloß u. a. die Heiliggeistkirche (15. Jh.), die spätgot. Peterskirche (15. und 19. Jh.), der Renaissancebau „Haus zum Ritter" (1592), die Alte Brücke (18. Jh.) und das Karlstor (18. Jh.).

Heidelberger Kapsel (Endoradialsonde), kleiner, verschluckbarer Sender mit einer Antimonelektrode, die den Säurewert der Magensäure durch Modulation der elektromagnet. Wellenfrequenz anzeigt; erspart das Aushebern.

Heidelberger Katechismus, neben Luthers Kleinem Katechismus der bedeutendste dt. ev. Katechismus des 16. Jh., 1563 u. a. von Z. Ursinus verfaßt; enthält die Grundzüge der ref. Lehre unter Abgrenzung von der röm.-kath. Theologie und von der luth. Christologie und Abendmahlslehre (symbol. Deutung des Abendmahls).

Heidelberger Liederhandschrift 1. Große Heidelberger Liederhandschrift (Sigle C), nach ihrem Aufbewahrungsort von 1657–1888 auch „Pariser Handschrift", nach ihrem angebl. Auftraggeber **Manessische Handschrift** gen., größte und schönste mittelhochdt. Liederhandschrift. Sie enthält Gedichte, die von der Mitte des 12. Jh. bis etwa 1300 zu datieren und z. T. nur hier überliefert sind. Sie sind nach Verfassern geordnet, die umfangreichste Sammlung gehört Walther von der Vogelweide (etwa 450 Strophen). Jeder Gedichtsammlung ist eine Miniatur vorangestellt, Idealbildnisse der Dichter, meist mit Wappen. - Entstanden in der 1. Hälfte des 14. Jh. mutmaßl. auf der Grundlage der gesammelten Liederbücher des Züricher Patriziers Rüdiger Manesse. **2. Kleine Heidelberger Liederhandschrift** (Sigle A), wohl Ende des 13. Jh. im Elsaß entstanden. Enthält in 34 mit Autoren- (oder auch nur Sammler-)Namen bezeichneten fortlaufend eingetragenen Abschnitten mhd. Minnelyrik aus dem Ende des 12. und dem Anfang des 13. Jahrhunderts. Heute in der Universitätsbibliothek Heidelberg.

Heidelberger Programm ↑ Sozialdemokratie.

Heidelberger Schloß, auf ma. Burganlagen zurückgehend, wurde das H. S. auf einem Vorsprung des Königsstuhls oberhalb der Stadt im 15. und 16. Jh. als Residenz der pfälz. Wittelsbacher erneuert. Im Pfälzischen Erbfolgekrieg 1689 und 1693 verwüstet; die z. T. wiederhergestellte Anlage wurde 1764 durch Blitzschlag in den Pulverturm zerstört, seitdem Ruine. Einige Bauten sind restauriert. Die wichtigsten sind der Ottheinrichsbau (1556 ff.), von dem nur die bed. Renaissancefassade steht, und der manierist. Friedrichsbau, von J. Schoch unter Kurfürst Friedrich IV. von 1601–04 errichtet; der bed. Garten wurde zum größten Teil zerstört.

Heidelbergmensch ↑ Mensch (Abstammung).

Heidelerche ↑ Lerchen.

Heiden [zu althochdt. heidano (mit gleicher Bed.)], Begriff, der auf religiösem Gebiet in seiner exklusiven und ursprüngl. Anwendung alle Menschen bezeichnete, die nicht die christl. Taufe empfangen hatten und daher außerhalb der Kirche standen; seit Beginn

Heidelberg. Blick auf Altstadt, Schloß und Neckar

der Neuzeit nur noch für Bekenner nichtmonotheist. Religionen gebräuchl. und daher nicht für Juden und Muslime angewandt, heute oft durch „Nichtchristen" ersetzt.

Heidenburg (Heidengraben, -mauer, -schanze, -stadt, -wall), Bez. für vor- und frühgeschichtl. Wehranlagen, röm. und früh-ma. Mauerreste, von denen geglaubt wird, daß sie aus „heidn. Vorzeit" stammen.

Heidenchristen ↑ Urchristentum.

Heidenelke ↑ Nelke.

Heidenfeld, Teil der Gemeinde Röthlein, ssw. von Schweinfurt, Bay. Ehem. Augustiner-Chorherren-Stift (1069 gestiftet, 1802 säkularisiert), dessen barocke, nach Plänen B. Neumanns 1723–32 errichtete Konventgebäude erhalten sind.

Heidengraben ↑ Heidenburg.

Heidenheim, Landkr. in Bad.-Württ.

Heidenheim an der Brenz, Krst. in der nö. Schwäb. Alb, Bad.-Württ., 504 m ü. d. M., 47 500 E. Verwaltungssitz des Landkr. Heidenheim; Schulzentrum, Theater, Naturtheater; Heimatmuseum, Zentrum der stark industrialisierten Kocher-Brenz-Furche mit Maschinenbau, Elektro-, Textil- u. a. Ind. - Zw. 750 und 802 zuerst erwähnt, Stadtrecht um 1335; 1351–1448 an Württ. - Über der Stadt liegt Schloß Hellenstein (16. Jh.).

Heidenmauer ↑ Heidenburg.

Heidenreichstein, niederöstr. Stadt im Waldviertel, 560 m ü. d. M., 5 300 E. - Um 1200 entstand die mächtige Wasserburg, daneben der 1369 Markt gen. Ort, der 1932 Stadt wurde. - Wasserburg (13.–16. Jh.), Pfarrkirche mit spätgot. Chor (15. Jh.) und barokker Innenausstattung.

Heidenschanze ↑ Heidenburg.

Heidenstadt ↑ Heidenburg.

Heidenstam, Verner von [schwed. ˌhɛidənstam], * Olshammar (Örebro) 6. Juli 1859, † Övralid (Östergötland) 20. Mai 1940, schwed. Dichter. - Hauptvertreter der neuromant. schwed. Literatur. Seine künstler. Ziele, die er v. a. in seinem reichen lyr. Werk verwirklicht, sind in dem Essay „Renässans" (1889) formuliert. Hervorzuheben auch der Novellenzyklus „Carl XII. und seine Krieger" (1897 f.). Zu den Hauptwerken H. gehört auch das geschichtl. Volkslesebuch „Die Schweden und ihre Häuptlinge" (2 Bde., 1908–10).

Heidensteine (Hinkel-, Hünen-, Hunnensteine), volkstüml. Bez. für auffällige einzelne oder in Gruppen aufgestellte Steine, meistens aus prähistor. Zeit. - ↑ auch Menhire.

Heider, Werner, * Fürth 1. Jan. 1930, dt. Komponist, Pianist und Dirigent. - Komponierte unter Anwendung neuester musikal. Techniken u. a. „Modelle", szen. Werk für Tänzer, Instrumente, Texte und Bilder (1964), „Kunst-Stoff" für Elektroklarinette, präpariertes Klavier und Tonband (1971), „Rock-Art" für Sinfonieorchester (1982), 2. Sinfonie (1983).

Heidenwall ↑ Heidenburg.

Heidewacholder ↑ Wacholder.

Heidi, weibl. Vorname, Kurz- und Koseform von Adelheid. Gebräuchlich auch als Kurz- und Koseform von Namen, die mit Heid[e]- gebildet sind, wie z. B. Heidemarie und Heidrun.

Heidrun, analog zu Gudrun, Sigrun u. a. im 20. Jh. gebildeter weibl. Vorname.

Heidschnucke, Rasse kleiner, sehr genügsamer, 40–70 kg schwerer, seit alters in der Lüneburger Heide gehaltener, kurzschwänziger Hausschafe; mischwollige Landschafe mit bis 25 cm langen Deck- und bis 6 cm langen Wollhaaren. Eine H. liefert jährl. 2–3 kg Schurwolle. Zwei Zuchtformen: graue, gehörnte H. und weiße, ungehörnte Heidschnucke.

Heiducken (Haiduken) [ungar.], urspr. Bez. für ungar. Hirten, dann für Söldner (ungar. hajdú), die Ende 15. Jh. die Grenze gegen das Osman. Reich verteidigten; im 16. Jh. als Söldner in den ungar. Parteikämpfen eingesetzt; seit dem 18. Jh. auch Bez. für die Lakaien der Magnaten, außerdem in Südosteuropa Sammelbegriff für Räuberbanden, die ihre Beute mit den Armen teilten und unter osman. Herrschaft gegen die türk. Machthaber, in den Donaufürstentümern auch gegen die Bojaren vorgingen.

Heifetz, Jascha, eigtl. Iossif Robertowitsch Cheifez, * Wilna 2. Febr. 1901, amerikan. Violinist russ. Herkunft. - Ließ sich 1917 in den USA nieder; einer der bedeutendsten Geiger seiner Zeit. Sein Repertoire umfaßt die gesamte Violinliteratur vom Barock bis zur Moderne.

Heijermans, Herman [niederl. ˈhɛjərmans], Pseud. Iwan Jelakowitsch, Koos Habbema u. a., * Rotterdam 3. Dez. 1864, † Zandvoort 22. Nov. 1924, niederl. Schriftsteller. - Hauptvertreter des naturalist. niederl. Dramas („Ahasverus", 1893; „Die Hoffnung auf Segen", 1901; „Glück auf", 1912); auch naturalist. Erzählungen und Romane (u. a. „Diamantstadt", 1904).

Heike (Haike), weibl. Vorname, fries. Kurz- und Koseform von Heinrike (Henrike).

Heiko (Haiko), männl. Vorname, fries. Kurz- und Koseform von Heinrich.

Heil [eigtl. „Glück"], Kennzeichnung der Existenzweise, die dem Menschen durch die Religion vermittelt wird; der Kontrastbegriff ist Unheil. H. kann substantiell verstanden werden als Befreiung von Sündenstoff und dämon. Einwohnung, deren Folgen Unglück und Krankheit sind. Erlösungsreligionen sehen im H. eine völlig verwandelte Daseinsweise des Menschen, die zur Unsterblichkeit und Teilnahme am Leben der Gottheit führt.

◆ polit.-geschichtl. der Glaube an hervorragenden Menschen verliehene, auf Sippe und Herrschaft ausstrahlende übernatürl. Kraft.

◆ Bestandteil von *Grußformeln* unterschiedlichster Vereinigungen, deren Benutzung die Mgl. als zu ihnen gehörig erweist und darum für sie verpflichtend ist; z. B. „Berg-Heil!", „Petri-Heil!", „Ski-Heil!", „Weidmannsheil!"; polit. mißbraucht wurde diese Tradition durch die Einführung des sog. Hitlergrußes „Heil Hitler" während des NS.

Heiland [zu althochdt. heilant „Erlöser" (zu heilen)], im Christentum Bez. Jesu Christi als des Erlösers, entspricht dem griech. Begriff ↑ Soter, den das N. T. anwendet und der lat. mit Salvator wiedergegeben wird. - Von der Religionswissenschaft wurde die Bez. H. auf heilsvermittelnde Gestalten anderer Religionen übertragen, die von Schuld, Sünde und Krankheit befreien, der Welt den Frieden schenken und die Menschen zur Unsterblichkeit führen. Die religionsgeschichtl. größte Bedeutung kommt der Messiaserwartung des Judentums und ihrem Verständnis im Christentum zu (↑ Messias).

Heilanstalt, Einrichtung zur Aufnahme und stationären Behandlung von erkrankten Personen, die einer spezif. längerdauernden und in den allg. Krankenhäusern nicht durchführbaren Behandlung bedürfen; z. B. für Trinker (Trinker-H.) oder andere Süchtige und für Tuberkulosekranke (Heilstätte).

Heilanzeige, svw. ↑ Indikation.

Heilbad ↑ medizinische Bäder.
◆ svw. ↑ Kurort.

Heilbetonie ↑ Betonie.

Heilbronn, Stadt am Neckar, Bad.-Württ., 156 m ü. d. M., 111 800 E. Verwaltungssitz der Region Franken, des Landkr. H., Stadtkreis; histor. Museum, Theater; neben Stuttgart führendes Ind.- und Handelszentrum von Württ. mit Automobil-, Elektro-, Nahrungsmittel- u. a. Ind. Bed. Binnenhafen; Verkehrsknotenpunkt. Weinbau. - Gehörte zum Bistum Würzburg, kam spätestens im 13. Jh. an die Staufer. Während des Interregnums entwickelte sich H. zur freien Reichsstadt; gehört seit 1802/03 zu Württ. - 1944 zu 80 % zerstört, u. a. wieder aufgebaut: Pfarrkirche Sankt Kilian (13. und 15. Jh.) mit Renaissanceturm im W, Deutschhauskirche (1721), Rathaus (15./16. Jh.) mit großer Freitreppe.

H., Landkr. in Bad.-Württ.

Heilbutt ↑ Schollen.

Heiler, Friedrich, * München 30. Jan. 1892, † ebd. 28. April 1967, dt. Theologe und Religionswissenschaftler. - 1920 Prof. für vergleichende Religionsgeschichte und Religionsphilosophie in Marburg. Als Theologe vertrat H. eine „ev. Katholizität", deren Anhänger er seit 1929 in der ↑ Hochkirchlichen Vereinigung zusammenschloß.
Werke: Das Gebet (1918), Die buddhist. Versenkung (1918), Christl. Glaube und ind. Geistesleben (1926), Erscheinungsformen und Wesen der Religion (1961).

Heilerde, äußerl. (u. a. bei Hauterkrankungen) oder innerl. (z. B. bei Störungen des Magen-Darm-Traktes) anzuwendendes altes Volksheilmittel aus pulverisierter Moorerde oder ähnl. mit hohem Gehalt an Kieselsäure, an Mineralstoffen und Spurenelementen (Eisen, Aluminium, Kalk, Magnesium, Natrium).

Heilfieber, durch fiebererregende Injektionspräparate künstl. erzeugtes Fieber zur Behandlung chron. verlaufender, fieberloser Krankheiten (v. a. Nervenkrankheiten).

Heilgymnastik ↑ Krankengymnastik.

heilig, Begriff, der von den angelsächs. Missionaren des Christentums zur Wiedergabe von lat. „sanctus" verwendet und damit in seiner späteren Bed. geprägt wurde, die die religiöse, vornehml. kult. Absonderung und Distanz (**Heiligkeit**) gegenüber dem Profanen zum Inhalt hat, das seinerseits das „vor dem geheiligten Bezirk („fanum") Liegende" bezeichnet. - In der modernen Religionswissenschaft werden „heilig" und „das Heilige" oft als Zentralbegriffe der Religion gebraucht. In einem weiteren Sinn werden auch Personen, Handlungen, Dinge, Institutionen, Orte, Zeiten, die in bes. Weise in den Bereich des Göttlichen einbezogen sind, h. genannt.

Heilige, im N. T. Bez. für christl. Gemeinde oder für christl. Missionare. In der *kath. Kirche* Menschen, die entweder ihr Leben für ihren Glauben hingaben (Märtyrer) oder sonst heroische Tugend in ihrem Leben übten und deshalb von den Gläubigen verehrt und um ihre Fürbitte bei Gott angerufen werden dürfen (↑ Heiligenverehrung). Die *reformator. Kirchen* kennen der Ablehnung der Heiligenverehrung H. als Zeugen der Wirksamkeit der göttl. Gnade (z. B. Augustinus).

Heilige Allianz, Absichtserklärung der Monarchen Rußlands, Österreichs und Preußens vom 26. Sept. 1815, der später alle christl. Mächte Europas außer Großbrit. und dem Hl. Stuhl beitraten, die Prinzipien der christl. Religion zur Grundlage der Innen- und Außenpolitik des durch die Befreiungskriege wiederhergestellten Mächtesystems zu machen; iheb Symbol einer Politik, die allein der Verteidigung des sozialkonservativen Ordnungssystems diente und so zum Inbegriff der Restauration wurde; zerbrach schließl. am Interessengegensatz der europ. Großmächte.

Heilige der letzten Tage ↑ Mormonen.

Heilige Drei Könige ↑ Drei Könige.

Heilige Familie, Jesus (als Kleinkind), Maria und Joseph, dargestellt in häusl. idyll. Szene, v. a. im 15.–17. Jh. In der italien. Renaissance wird auch der Johannesknabe hinzugefügt, an der Wende zum 16. Jh. z. T. um die ganze hl. Sippe (die hl. Anna und ihre Familie) erweitert (**Sippenbild**).

heilige Kriege, in vielfältigen Formen auftretende Kriege, die im Namen einer reli-

247

Heilige Liga

giösen Idee, eines „göttl." Auftrags oder der Verteidigung „geheiligter Werte" geführt werden; unter den heutigen Weltreligionen nur noch im Islam dogmat. legitimiert (Dschihad; auch 1973 gegen Israel ausgerufen). - In der *Antike* Bez. von Kriegen innerhalb der delph. Amphiktyonie zur Rettung des Heiligtums von Delphi.

Heilige Liga, Name mehrerer, im Zeichen von Glaubenskriegen bzw. unter päpstl. Beteiligung abgeschlossener Allianzen, v. a.: 1. *H. L. von 1511* zw. Papst Julius II., Venedig, der Eidgenossenschaft und Aragonien, v. a. gegen König Ludwig XII. von Frankr.; 2. *H. L. von 1526,* Liga von ↑ Cognac; 3. *H. L. von Péronne,* 1576 gegen Henri I., Fürst von Condé, in den Hugenottenkriegen geschlossenes kath. Bündnis unter Führung der Fam. Guise, bestand bis 1595; 4. *H. L. von 1684,* in den Türkenkriegen geschlossenes Bündnis von Kaiser, Papst, Polen und Venedig.

Heilige Nacht, die Nacht der Auferstehung Jesu Christi (↑ Ostern), im heutigen Sprachgebrauch vorwiegend die seiner Geburt (↑ Weihnachten).

Heiligenattribute, in religiösen Darstellungen den Heiligen beigegebene Zeichen oder Gegenstände, entweder allg. Art, z. B. der ↑ Heiligenschein oder die Palme für Märtyrer, oder Instrumente ihres Martyriums, oder Gegenstände, die sich auf ihre Legende oder auch auf das Patronat beziehen.

Heiligenberg, Gemeinde 12 km nö. von Überlingen, Bad.-Württ., 726 m ü. d. M., 2 600

E. Luftkurort. Renaissanceschloß der Fürsten von Fürstenberg (1546 ff.) mit bed. Rittersaal (reich geschnitzte Kassettendecke 1580-84, restauriert) und Schloßkapelle (spätes 16. Jh.).

Heiligenbild ↑ Heiligenverehrung.

Heiligenblut, östr. Gem. am S-Ende der Großglockner-Hochalpenstraße, Kärnten, 1 301 m ü. d. M., 1 300 E. - Urkundl. erstmals 1465 gen. - Pfarrkirche (Ende 14. Jh.–1483) mit spätgot. Hochaltar (1520) und steinernem Sakramentshaus (1496).

Heiligenfeste, v. a. in der kath. Kirche jährl. liturg. Begehung des Todes- oder Gedächtnistages von Heiligen; seit dem 2. Jh. als christl. Übung bezeugt.

Heiligenhafen, Stadt auf der Halbinsel Wagrien, Schl.-H., 9 800 E. Ostseebad; Fischereiflotte, traditionelle Steinfischerei. - Um 1250 als Ostseehafen von den Schauenburgern gegr.; Stadtrechtsbestätigung 1305.

Heiligenhaus, Stadt 16 km nö. von Düsseldorf, NRW, 160–180 m ü. d. M., 28 900 E. Meßgeräte-, Maschinen- und Apparatebau, elektrotechn. u. a. Ind. - Im 15. Jh. gegr., seit 1947 Stadt.

Heiligenkreuz, Gemeinde im südl. Wienerwald, Niederösterreich, 312 m ü. d. M., 1 100 E; theolog. Lehranstalt (seit 1976). Älteste Zisterzienserabtei Österreichs (gegr. 1135/36), Stiftskirche mit roman. Langhaus (1135 bis um 1160) und got. Chor (geweiht 1295).

Heiligenschein (Nimbus, Gloriole, Glorienschein), in der christl. Ikonographie Lichtscheibe oder Strahlenkranz um das Haupt Gottes oder eines Heiligen. Der **Kreuznimbus,** eine Lichtscheibe mit einbeschriebenem Kreuz, besagt, daß jede göttl. Person nur im menschgewordenen Sohn, der stets mit Kreuznimbus dargestellt wird, bildl. dargestellt werden kann. Der H. findet sich schon in der altoriental. Kunst, auch in der buddhist. und ostasiat. - ↑ auch Mandorla.

Heiligenstadt (offiziell Heilbad H.), Krst. im Eichsfeld, Bez. Erfurt, DDR, 250 m ü. d. M., 16 200 E. Museum, Bibliotheken; Bekleidungswerk; Kneippkurort. - Im 11. Jh. Marktrecht, 1227 Stadt. - Got. Stiftskirche (14./15. Jh.), ma. Altes Rathaus (1789 wiederhergestellt), Neues Rathaus (1739), Barockschloß (1736–38).

H., Landkr. im Bez. Erfurt, DDR.

Heiligenverehrung, i. w. S. die in vielen Religionen verbreitete Verehrung geschichtl. oder myth. Persönlichkeiten, die als Heilige, Heiland, Heilbringer oder Heros gelten. Im engeren und eigtl. Sinn die Verehrung der Heiligen im Christentum, bes. in der *kath.*

Heiligenattribute. 1 Buch = Apostel; Evangelisten, Kirchenlehrer; 2 Kardinalshut = Kirchenväter; 3 Mitra = Bischöfe, Äbte; 4 Palme = Märtyrer; 5 Schwert = Märtyrer; Heiligenschein. Kreuznimbus

Kirche. Die H. als Zeichen für die Heiligkeit in der Kirche und als ein Zielpunkt der Anrufung und Nachahmung wird zuletzt vom 2. Vatikan. Konzil herausgestellt und mit der allg. Berufung zur Heiligkeit in der Kirche, mit dem endzeitl. Charakter der pilgernden Kirche und mit ihrer Einheit mit der himml. Kirche begründet. Erste Ansätze einer H. (als Märtyrerverehrung) finden sich bereits im 2. Jh., die schon bald in der jährl. Feier des Todestags des Märtyrers feste Gestalt als Heiligenfest annahm. Die in der Geschichte oft mißverstandene H. mittels eines **Heiligenbilds** ist theolog. so zu verstehen, daß die Verehrung dem im Bild Dargestellten, nicht aber dem Bild selbst gilt. - Die *Problematik der H.* liegt von Anfang an in der Schwierigkeit der richtigen Zuordnung von Christus und Heiligen und in der Typisierung von Heiligen (Märtyrer, Asketen, Ordensgründer, Bischöfe, Missionare, Jungfrauen, Witwen), da die urspr. Auffassung der Heiligenfeste als Folgeereignisse der Christusfeste im Lauf der Geschichte immer mehr von bloßen Heiligenfesten überwuchert wurde und die Typisierung der Heiligen eine starke Überbetonung des Heroischen in der H. bedeutete, die Motivation zur Nachahmung gar nicht erst aufkommen ließ. Beiden Fehlentwicklungen sucht die Kalenderreform Papst Pauls VI. zu begegnen, indem sie das „Herrenjahr" in der Liturgie gegenüber dem „Heiligenjahr" hervorhebt und betont, daß auch „unheroisches" Leben Heiligkeit bedeuten könne. Die *reformator.* Theologie und Praxis lehnt jede Art von H. als unbibl. und der Christozentrik wie der Rechtfertigung allein aus Glauben widersprechend ab.

Kötting, B.: *Vielverehrte Heilige. Traditionen, Legenden, Bilder.* Münster 1985. - Molinari, P.: *Die Heiligen u. ihre Verehrung.* Dt. Übers. Freib. u. a. 1964.

Heiliger, Bernhard, *Stettin 11. Nov. 1915, dt. Bildhauer. - Figürl., auch abstrakte Plastik sowie bed. Porträtbüsten.

Heiliger Abend, der Tag, bes. der Abend vor Weihnachten.

Heiliger Geist (lat. Spiritus sanctus), in der christl. Theologie neben dem Vater und dem Sohn die dritte Person der ↑Trinität. Die Lehre vom H. G. wurde in der Kirche erst ab dem 2. Jh. unter dem Einfluß der philosoph.-theolog. Erörterungen zum Begriff des Logos entwickelt, da im N. T. selbst nur ansatzweise Aussagen zu diesem Problem zu finden sind (z. B. 2. Kor. 3, 17; Joh. 15, 26; Matth. 28, 19). Zur gleichen Zeit bildeten sich in der Auffassung vom H. G. sowohl (z. T. bis heute bestehende) Differenzen zw. den westl. und östl. Kirchen heraus (↑Filioque) als auch kirchl. Bewegungen (z. B. des Montanismus), die Geistmotiv isoliert überbetonen. Die Theologie des MA vernachlässigt die Lehre vom H. G. durch Integration

in die Gnadenlehre ebenso wie die reformator. Theologie, die sie zu einem Bestandteil ihrer Lehre von Christus und von der Rechtfertigung macht. - Die in beiden großen Konfessionen festzustellende Vernachlässigung der Lehre vom H. G. führte im Lauf der Geschichte immer wieder zu Gegenbewegungen wie den sog. ↑Schwarmgeistern und in neuester Zeit den sog. „charismat. Bewegungen" (↑Pfingstbewegung).

Heiliger Rock, der Leibrock Christi, von den Kirchenvätern und Theologen des MA als Symbol der Einheit von Kirche und Glaube gesehen. - Unter den Tuniken Christi, die gezeigt werden, nimmt die im Dom zu Trier eine hervorragende Stelle ein. Sie dürfte eine aus Konstantin. Zeit stammende Berührungsreliquie sein.

Heiliger Stuhl ↑Apostolischer Stuhl.

Heiliger Synod ↑Synod.

Heiliger Vater, Ehrentitel und Anredeform des Papstes.

Heilige Schar, Name der 379 v. Chr. gegr. theban. Kerntruppe von 300 Mann; ihre Mgl. fochten in vorderster Front und fielen gemeinsam 338 bei Chaironeia.

heilige Schriften, religionswiss. Bez., die von der Benennung der christl. Bibel als „Hl. Schrift" abgeleitet ist und für normative Texte außerchristl. Religionen übernommen wurde. Der kanonisierte Wortlaut h. S. muß unverändert erhalten bleiben, die Sprache, in der sie abgefaßt sind, gilt oft als hl. Sprache. - Neben dem A. T. und dem N. T. sind die wichtigsten h. Schriften: 1. der ↑Talmud; 2. der ↑Koran; 3. das ↑Awesta; 4. der ↑Weda des Brahmanismus und Hinduismus; 5. der ↑Adigrantha; 6. das Tripitaka des südl. Buddhismus (↑Pali-Kanon); 7. die konfuzian. Bücher Chinas. - Eine religiöse Neustiftung, die in betonter Weise auf dem Besitz einer eigenen hl. Schrift aufbaut, ist das Mormonentum mit seinem „Buch Mormon".

Heiliges Grab, das Grab Jesu, nach bibl. Berichten ein einzelnes Felsengrab vor den Toren Jerusalems, im 4. Jh. mit einer Höhle identifiziert, über der Konstantin der Große die Jerusalemer Grabeskirche errichten ließ; Mittelpunkt eines reichen liturg. Lebens, das die gesamte christl. Liturgie stark beeinflußte. - Die Grabeskirche und das H. G. wurden v. a. in der Romanik nachgebildet als Kirchenbau oder als Einbau (in der Form eines kuppelbedeckten Zentralbaus), im 14./15. Jh. als Figurengruppe am Sarkophag gestaltet.

Heiliges Jahr, 1. Bei den Juden ↑Jobeljahr. - 2. In der kath. Kirche ein Jahr, auch Jubiläums- oder Jubeljahr genannt, das der inneren Erneuerung der Gläubigen dienen soll. Es wird in bestimmten Zeitabständen begangen (seit 1475 alle 25 Jahre).

Heiliges Land, aus dem A. T. übernommene Bez. für Palästina.

heiliges Mahl, sakramentale Einnahme

von Speise und Trank, die der Machtübertragung dienen kann, die eine religiöse Gemeinschaft der Mahlgenossen begründet oder erneuert und der Kommunion mit der Gottheit dient.

Heiliges Römisches Reich (lat. Sacrum Romanorum Imperium), amtl. Bez. für den Herrschaftsbereich des abendländ. Röm. Kaisers und der in ihm verbundenen Reichsterritorien vom MA bis 1806. Das Selbstverständnis des H. R. R. als röm. ergab sich aus der Anknüpfung des fränk. bzw. ostfränk.-dt. Kaisertums an die röm.-universalist. Tradition der Antike (↑ Kaiser). Die Verwendung des Beiworts Sacrum (heilig) in der Reichstitulatur (erstmals 1157) ist als Antwort auf die Entsakralisierung des Kaisertums im Investiturstreit zu verstehen. Sacrum Imperium wurde nun neben Imperium Romanorum verwendet, bis beide Bez. 1254 verschmolzen (Sacrum Romanorum Imperium). Seit Kaiser Karl IV. erschien die dt. Formel H. R. R. (vom 15. Jh. bis Mitte 16. Jh. mit dem humanist.-frühnat. Zusatz „dt. Nation"). Die ma. Trias aus dem ostfränk.-dt., dem langobard.-italien. und dem burgund. Reichsteil löste sich schon im Spät-MA auf, doch das H. R. R. entwickelte sich nicht zum neuzeitl. Staat, sondern behielt seinen über- bzw. vornatl. Charakter als Lehnsverband, der bes. seit der Reichsreform des 15./16. Jh. durch den Dualismus zw. Kaiser und Reichsständen bestimmt wurde. Seit dem Westfäl. Frieden 1648 (Beschränkung des kaiserl. Gewalt auf Reservatrechte, Bestätigung der reichsständ. Landeshoheit) vollzog sich die dt. Geschichte fast nur noch auf der Ebene der Territorialstaaten.

heilige Stätten, Orte, die aus ihrer natürl. Umwelt auf Grund einer spezif. religiösen Bed. herausgenommen sind, die darin bestehen kann, daß sie als Aufenthalts- und Verehrungsstätten einer Gottheit gelten, daß sich an ihnen Wunder, Offenbarungen oder bedeutsame Ereignisse im Leben eines Religionsstifters vollzogen oder daß sie Zentren einer Religion sind. H. S. sind häufig durch Meidungsgebote vor dem Betreten Unbefugter geschützt; oft herrscht an ihnen Asylrecht. - Im spezif. *christl. Verständnis* sind die h. S. die bed. Stätten des Lebens Jesu Christi. - Der *völkerrechtl. Schutz* der h. S. und der ungehinderte Zugang zu ihnen war wiederholt Gegenstand völkerrechtl. Vereinbarungen (v. a. russ.-türk. Vertrag von 1774). Die nach dem 2. Weltkrieg von den UN vorgeschlagene Internationalisierung der h. S. scheiterte am Widerstand Israels und der arab. Staaten.

heilige Steine, Steine ungewöhnl. Farbe, Form, Größe oder rätselhafter Herkunft, denen kult. Verehrung zuteil wird (Steinkult, Megalithreligion).

Heilige Stiege ↑ Scala santa.

Heilige Woche ↑ Karwoche.

heilige Zeiten, dem Alltag enthobene Zeitabschnitte, die meist in jährl. Wiederholung durch Feste begangen werden und die Ursache für die Aufstellung des Kalenders waren.

Heiligkeit ↑ heilig.

heiligmachende Gnade ↑ Gnade.

Heiligsprechung (Kanonisation), in der röm.-kath. Kirche auf Grund eines kirchenrechtl. genau geordneten Verfahrens in liturg. Form erfolgende, dem Papst vorbehaltene feierl. Erklärung, durch die ein zuvor Seliggesprochener unter die Heiligen aufgenommen wird, deren amtl. Verehrung in allen Formen in der ganzen Kirche gestattet ist, wogegen die Verehrung eines Seligen nur für eine bestimmte Teilkirche oder kirchl. Gemeinschaft und nur in bestimmten Formen zugelassen ist. Zur H. sind nach der Seligsprechung geschehene Wunder nachzuweisen.

Heiligungsbewegung, Sammelname für eine größere Anzahl religiöser Gruppen, die aus der methodist. Erweckungsbewegung des 19. Jh. in den USA, Großbritannien und Deutschland hervorgingen und auf die ↑ Gemeinschaftsbewegung bed. Einfluß gewannen.

Heilklima, therapeut. wirksames Klima mit überprüften Eigenschaften und festgelegten Höchstwerten bezügl. Staub, Nebel und Temperatur sowie Mindestwerten bezügl. der durchschnittl. jährl. Sonnenscheindauer.

Heilkrise ↑ Krisis.

Heilkunde, im allg. svw. Medizin; i. w. S. auch die Lehre und prakt. Tätigkeit der Heilpraktiker und verwandter Berufe umfassend.

Heiller, Anton, * Wien 15. Sept. 1923, † ebd. 25. März 1979, östr. Organist, Dirigent u. Komponist. - Komponierte v. a. geistl. Chormusik (Messen, Motetten) und Orgelwerke.

Heilmeyer, Ludwig, * München 6. März 1899, † Desenzano del Garda 6. Sept. 1969, dt. Internist. - Prof. in Jena, Düsseldorf und Freiburg i. Br.; arbeitete v. a. auf den Gebieten der Hämatologie und Chemotherapie.

Heilmittel, in der gesetzl. Kranken- und Unfallversicherung die für die Diagnose oder Therapie einer Krankheit oder ihrer Folgen oder zur Aufrechterhaltung des Behandlungserfolges dienenden sächl. Mittel, die unmittelbar auf den Körper entweder über den inneren Organismus oder von außen einwirken. Innerhalb der H. (i. w. S.) wird zw. Arzneimitteln, größeren und kleineren H. (z. B. Bruchbänder, Brillen, Massagen, Bäder usw.) unterschieden.

Heilongjiang, chin. Provinz, ↑ Heilungkian.

Heilpädagogik, svw. ↑ Sonderpädagogik.

Heilpflanzen (Arzneipflanzen, Drogenpflanzen), Pflanzen, die wegen ihres Gehaltes an Wirkstoffen zu Heilzwecken verwendet werden. Nach der Wirkungsweise ihrer Inhaltsstoffe unterscheidet man weniger stark

Arnika	Arnica montana	Blüten, Wurzel	äther. Öl, Bitterstoffe, Gerbstoffe, Flavonglykoside	bei Fieber, Herzschwäche, äußerl. bei Blutergüssen
Baldrian	Valeriana officinalis	Wurzel	äther. Öl	bei Nervosität, Schlafstörungen
Bärentraube (Immergrüne Bärentraube)	Arctostaphylos uva-ursi	Blätter	Glykoside, Gerbstoffe	bei Entzündungen der Harnwege (nur bei alkal. Harn)
Beifuß (Gemeiner Beifuß)	Artemisia vulgaris	Kraut	äther. Öle, Bitterstoffe	bei Verdauungsbeschwerden, Magenschmerzen, Blähungen
Echte Kamille	Matricaria chamomilla	Blüten	äther. Öl mit Chamazulen	bei innerl. und äußerl. Entzündungen, leichte Magenkatarrhe
Eibisch (Echter Eibisch)	Althaea officinalis	Wurzel, Blätter	Schleime, Stärke, Pektin	bei Magen-Darm-Katarrhen, Bronchitis, Entzündungen des Nasenrachenraums
Engelwurz (Echte Engelwurz)	Angelica archangelica	Wurzelstock	äther. Öl, Bitterstoffe	bei Magenverstimmung, Verdauungsstörungen
Eukalyptus	Eucalyptus globulus	Blätter	äther. Öl mit Eukalyptol	bei chron. Bronchitis als schleimlösendes Mittel
Fenchel (Echter Fenchel)	Foeniculum vulgare	Früchte	äther. Öl	appetitanregend, verdauungsfördernd, bei Blähungen, Magen-Darm-Krämpfen, Erkrankungen der Atmungsorgane
Frauenmantel (Gemeiner Frauenmantel)	Alchemilla vulgaris	Kraut	Gerbstoffe, Bitterstoffe	bei Magen-Darm-Erkrankungen, Durchfall, Blähungen
Holunder (Schwarzer Holunder)	Sambucus nigra	Blüten	äther. Öl, Glykoside	bei fieberhaften Erkältungen (schweißtreibend)
Huflattich	Tussilago farfara	Blätter	Schleim, Bitterstoffe	bei entzündeten Schleimhäuten
Isländ. Moos	Cetraria islandica	ganze Pflanze (eine Flechte)	Schleime, Kohlenhydrate, Cetrarsäure	bei Husten, Entzündungen der Atmungsorgane, verdauungsfördernd
Knoblauch	Allium sativum	Zwiebeln	äther. Öl	appetitanregend, verdauungsfördernd
Lein (Echter Lein, Flachs)	Linum usitatissimum	Samen	fettes Öl, Schleim, Glykosid Linamarin	bei Magenschleimhautentzündung, Übersäuerung, Durchfall, chron. Verstopfung
Löwenzahn (Gemeiner Löwenzahn)	Taraxacum officinale	Wurzel, ganze Pflanze	Bitterstoffe	appetitanregend, bei Magenbeschwerden
Melisse	Melissa officinalis	Blätter	äther. Öl	bei Nervosität, Magen-Darm-Beschwerden
Myrrhe	Commiphora molmol	Harz	äther. Öl, Gummi, Harz	bei Entzündungen der Mundschleimhaut, Zahnfleischentzündung
Odermennig (Gewöhnl. Odermennig)	Agrimonia eupatoria	Kraut	Bitterstoffe, äther. Öl, Glykosid, Gerbstoffe	bei Magen-Darm-Entzündungen, Gallenblasenleiden
Pfefferminze	Mentha piperita	Blätter	äther. Öl mit Menthol, Gerb- und Bitterstoffe	bei Magenschleimhautentzündungen, Magen-Darm-Koliken, Gallenblasenleiden
Römische Kamille	Anthemis nobilis	Blüten	äther. Öl, Bitterstoffe	wie Echte Kamille
Sanikel (Gewöhnl. Sanikel)	Sanicula europaea	Kraut	äther. Öl, Gerb- und Bitterstoffe	bei Blähungen
Schafgarbe (Gemeine Schafgarbe)	Achillea millefolium	Blüten, Kraut	äther. Öl mit Azulen, Bitterstoffe	appetitanregend, verdauungsfördernd, bei Magenbeschwerden
Schlehe (Schlehdorn, Schwarzdorn)	Prunus spinosa	Blüten	Kohlenhydrate, Glykoside	bei Erkältungen, mildes Abführmittel
Spitzwegerich	Plantago lanceolata	Kraut	Glykoside, Schleim, Kieselsäure	bei Katarrhen der oberen Atemwege, Magen-Darm-Beschwerden
Wermut	Artemisia absinthium	Kraut	äther. Öl, Bitter- und Gerbstoffe	bei Verdauungsstörungen, Magenkrämpfen, Blähungen

wirksame und stark wirksame („giftige") H., wobei die Heilwirkung der letzteren bei unsachgemäßer Anwendung (bes. Überdosierung) in eine schädl. Wirkung umschlagen kann. Heute werden die Wirkstoffe solcher H. (Digitalisglykoside, Atropin, Morphin) überwiegend industriell in chem. reiner und entsprechend exakt dosierbarer Form gewonnen. - Manche H. werden ganz, von anderen werden nur Teile verwendet, z. B. Blätter (Folia), Rinde (Cortex), Wurzel (Radix), Wurzelstock (Rhizoma), Blüten (Flores), Samen (Semen) und Frucht (Fructus). H., die mehrere wirksame Inhaltsstoffe haben, können je nach Zubereitung ganz verschieden wirken. Da frische Pflanzen i. d. R. nicht haltbar sind, werden sie meist in getrockneter und zerkleinerter Form weiterverarbeitet. Neben Pflanzensäften sind Pflanzentees und Teegemische (Spezies) bewährte Heilmittel. Übergießen der zarten Pflanzenteile wie Blätter, Blüten, Samen mit siedendem Wasser ergibt die **Infuse** (Aufgüsse), Abkochen der harten Teile wie Holz, Rinde, Stengel, Wurzeln die **Dekokte** (Abkochungen); **Mazerate** (aus schleimhaltigen Pflanzenteilen) gewinnt man durch Ansetzen mit kaltem Wasser und stundenlanges Stehenlassen.

Zu den wichtigsten Wirkstoffen der H. gehören die Alkaloide und die Glykoside, äther. Öle, Gerbstoffe, Schleimstoffe und Bitterstoffe.

Geschichte: H. sind die ältesten Arzneimittel. Bis zum Beginn des 20. Jh. stellten sie den größten Teil der verwendeten Arzneien. Obwohl sich die Erkenntnisse über ihre Wirksamkeit vergrößerten, blieben die seit ältester Zeit bestehenden Vorstellungen bis heute in der Volksmedizin und bei den Naturvölkern erhalten. Seitdem die Inhaltsstoffe der wichtigsten H. isoliert und z. T. auch synthetisiert werden konnten, werden die H. als Arzneimittel immer mehr verdrängt.

Heilpraktiker, Berufsbez. für jemanden, der die Heilkunde berufsmäßig ausübt, ohne als Arzt bestallt zu sein (§ 1 HeilpraktikerG vom 17. 2. 1939). Der H. benötigt eine Erlaubnis, über deren Zuerkennung die untere Verwaltungsbehörde im Benehmen mit dem Gesundheitsamt entscheidet. Erforderl. ist u. a. der Nachweis, daß der Bewerber keine Gefahr für die Volksgesundheit darstellt und das BundesseuchenG kennt. Die Erlaubnis wird nur beim Vorliegen bestimmter Versagungsgründe nicht erteilt. Eine Ausübung ohne Erlaubnis ist strafbar. Eine Behandlung von Sozialversicherten auf Kosten der Krankenkasse durch H. ist nur in Ausnahmefällen möglich. Der H. darf keine rezeptpflichtigen Heilmittel verschreiben und auf bestimmten medizin. Gebieten (z. B. Frauenheilkunde) nicht tätig werden.

Heilquelle (Heilwasser, Gesundbrunnen), natürl. fließende oder künstl. freigelegte Quelle, deren Wasser durch seinen Gehalt an Mineralstoffen, Spurenelementen oder sonstigen Bestandteilen (z. B. Kohlensäure) eine medizin. nachweisbare heilkräftige (auch vorbeugende) Wirkung auf den menschl. Körper hat und zu Trink- oder Badekuren verwendet wird.

Heilsarmee (Salvation Army), aus der von W. ↑ Booth 1865 gegr. Ostlondoner Zeltmission 1878 hervorgegangene Gemeinschaft, die sich der Rettung Verwahrloster, dem Kampf gegen das Laster (v. a. den Alkoholmißbrauch) und der Sorge für Arbeitslose widmet. Im Kampfbewußtsein hatte man militär. Sprachgebrauch angenommen, woraus sich der Name Heilsarmee ergab. In der BR Deutschland (Sitz Köln) gibt es z. Z. (1987) 4 Divisionen (über 10 000 Mgl.). In der Welt wird das Werk von 3 Mill. Soldaten in 80 Ländern fortgesetzt (11 Mill. Obdachlosenbetten). Hauptquartier ist London (General ist seit 1986 Eva Burrows). - Abb. S. 254.

Heilsberg (poln. Lidzbark Warmiński), Krst. im Ermland, Polen▾, 80 m ü. d. M., 1 500 E. Nahrungsmittelind. - H. erhielt 1308 Culmer Stadtrecht, gehörte zum Territorium des Bistums Ermland und war 1350–1772 dessen Residenz. - Spätgot. Pfarrkirche (14. Jh.), ma. Burg (1350–1410; 15./16. Jh. erneuert, jetzt Museum).

Heilsbronn, Stadt 20 km sw. von Fürth, Bay., 423 m ü. d. M., 7 100 E. Mittelpunkt des agrar. Umlands. - 1932 wurde H. Stadt. - Ehem. Zisterzienserkloster mit roman. Münster (1139 vollendet), vom 14. Jh. bis 1625 Grablege der fränk. Hohenzollern.

Heilschlaf, künstl. mit Hilfe von Medikamenten herbeigeführter Dauerschlaf (**Schlafkur**), bei dem die dem Schlafzustand eigenen natürl. Regenerationsvorgänge zur Selbstheilung und zur Wiedererlangung der Kräfte genutzt werden sollen.

Heilserum (Antiserum), zur passiven Immunisierung bei Infektionen, als Gegengift bei Schlangenbissen o. ä. verwendetes Immunserum.

Heilsgeschichte, Begriff der christl. Theologie für das geschichtl. Heilshandeln Gottes am Menschen. Die Geschichte erscheint nicht als bloße Abfolge von zufälligen oder nur in sich selbst begründeten Ereignissen, sondern als bestimmten Plan, den Gott zum Heil des Menschen verfolgt. Für den kath. Christen findet der H. seinen elementaren Ausdruck im Apostol. Glaubensbekenntnis und in der Liturgie, in denen sich der Gläubige zu den Heilstaten Gottes bekennt. Die in der *reformator. Theologie* entwickelte Auffassung der H. als einer Abfolge von Bundesschlüssen zw. Gott und Menschen (Föderaltheologie) wurde seit der Aufklärung mehr und mehr kritisiert und schließl. (im Zusammenhang mit der Entmythologisierung der Hl. Schrift) nahezu ganz aufgegeben.

Ebenso sieht die *kath. Theologie* die Abfolge von Bundesschlüssen zur adäquaten Erklärung von H. als unzureichend an und bemüht sich deshalb, H. so zu verstehen, daß in ihr der Mensch aprior. als mögl. Empfänger aposterior. heilsgeschichtl. Erfahrungen erscheint. Eine dem heutigen Geschichtsbewußtsein und Wiss.-Verständnis gerecht werdende Darstellung von H. ist jedoch bisher nicht gelungen.

📖 *Epochen der H. Hg. v. H. Stadelmann. Wuppertal 1984. - Löwith, K.: Weltgesch. u. Heilsgeschehen. Stg. ⁷1979.*

Heilsspiegel, spätma. Erbauungsbuch, illustrierte Heilsgeschichte vom Sündenfall bis zum Jüngsten Gericht, mit ständigen Querverbindungen zw. N. T., A. T. und Legenden.

Heiltum, veraltete Bez. für ↑ Reliquie und für einen Gnadenort (Wallfahrtsort).

Heilung, Wiederherstellung der Gesundheit. Eine vollständige H. bedeutet die Wiederherstellung des (normalen) Ausgangszustandes (**Restitutio ad integrum**). Bleiben Zeichen der überstandenen Erkrankung in Form von Narben oder Defekten (auch als funktionelle Restschäden) zurück, spricht man von **Defektheilung.**

Heilungkiang (Heilongjiang) [chin. xɛịloɳdzịaɳ], nördlichste Prov. der Mandschurei, China, südl. v. Amurbogen, 463 600 km², 33 Mill. E (1982); Hauptstadt Harbin. Umfaßt den Großen Chingan, den nördl. Teil des Tieflands an Sungari und Nunkiang, den Kleinen Chingan, Teile des ostmandschur. Berglands und das Sumpfgebiet im Zwischenstromland von Sungari und Ussuri. Mit Ausnahme des N liegt H. in der Zone gemäßigten Klimas; bed. Landw.; sowohl die Steppengebiete im N als auch das Zwischenstromland wurden seit den 50er Jahren weitgehend kultiviert. Kohlenlagerstätten bei Kisi, Hokang und Shwangyashan, Erdölfeld Taching nw. von Harbin, bed. holzverarbeitende Ind.

Heilungsbewegung, zusammenfassende Bez. für Gemeinschaften, die die Genesung von Krankheiten durch rein religiöse Mittel erstreben. Als Hauptvertreter der H. gelten die ↑ Christian Science und die ↑ Neugeistbewegung.

Heilverfahren, (Heilmethode) alle vom Arzt in einem bestimmten Fall angeordneten bzw. durchgeführten Maßnahmen zur Wiederherstellung der Gesundheit.
◆ in der gesetzl. Rentenversicherung die von einem Rentenversicherungsträger zu gewährenden Maßnahmen zur Erhaltung, Besserung oder Wiederherstellung der Erwerbsfähigkeit des Versicherten, insbes. Behandlung in Kur- und Badeorten und in Spezialanstalten. In der gesetzl. Unfallversicherung dient das H. der Beseitigung der durch den Arbeitsunfall verursachten Körperverletzung oder Gesundheitsstörung und Minderung der Er-

werbsfähigkeit und der Verhütung einer Verschlimmerung der Unfallfolgen.

Heim, Albert, * Zürich 12. April 1849, † ebd. 31. Aug. 1937, schweizer. Geologe. - Prof. in Zürich, 1894–1926 Präs. der Geolog. Landesuntersuchung der Schweiz; einer der bedeutendsten Alpengeologen.

H., Karl, * Frauenzimmern bei Heilbronn 20. Jan. 1874, † Tübingen 30. Aug. 1958, dt. ev. Theologe. - 1914 Prof. für systemat. Theologie in Münster, ab 1920 in Tübingen. H. versuchte in seiner Theologie, das Erbe des Pietismus mit dem neuzeitl. naturwissenschaftl. Denken zu verbinden.

Heim [urspr. „Ort, wo man sich niederläßt", „Lager"], dem engl. „home" entsprechende, emotional gefärbte Bez. für ↑ Haus, ↑ Wohnung.
◆ vorwiegend öffentl. Einrichtung, die der Unterbringung eines bestimmten Personenkreises (z. B. Altenheim, Erziehungsheim [für Kinder und Jugendliche], Säuglingsheim, Erholungsheim) oder der Begegnung (z. B. Jugendheim) dient; meist Einrichtungen der Sozial-, Kranken- und Jugendhilfe.

Heimaey [isländ. 'hɛịmaɛị], Hauptinsel der isländ. Westmännerinseln, 13 km², 4 800 E (alle in dem Ort Vestmannaeyjar, 1973 mehrere Monate evakuiert wegen Vulkanausbruchs). Während der Fangsaison Fischereizentrum.

Heimarbeiter, Personen, die in selbstgewählter Arbeitsstätte allein oder mit ihren Familienangehörigen im Auftrag von Gewerbetreibenden oder Zwischenmeistern gewerbl. arbeiten, jedoch die Verwertung der Arbeitsergebnisse dem auftraggebenden Gewerbetreibenden überlassen (HeimarbeitsG vom 14. 3. 1951 mit Änderungen). Arbeitsstätte ist i. d. R. die eigene Wohnung. Wegen ihrer persönl. Unabhängigkeit sind die H. keine Arbeitnehmer; als arbeitnehmerähnl. Personen gelten sie aber, weil sie wirtsch. abhängig sind. Für die H. bestehen Schutzvorschriften, v. a. hinsichtl. des Entgelts, der Arbeitszeit und des Gefahrenschutzes. Die Kündigungsfristen sind gestaffelt je nach Dauer der Beschäftigung.
Eine ähnl. Regelung gilt im *östr.* und *schweizer. Recht.*

Heimat, subjektiv von einzelnen Menschen oder kollektiv von Gruppen, Stämmen, Völkern, Nationen erlebte territoriale Einheit, zu der ein Gefühl bes. enger Verbundenheit besteht. - Zum Recht auf H. ↑ Menschenrechte, ↑ Selbstbestimmungsrecht, ↑ Staatsangehörigkeit.

Heimatkunde, lange gültiges Unterrichtsprinzip und -fach der Volksschule, nach dem 2. Weltkrieg nach und nach für den Grundschulunterricht in den ersten beiden Schuljahren aufgegeben. Ein regionaler Blickwinkel schien in Anbetracht einer von übergreifenden Zusammenhängen geprägten

Heimatkunst

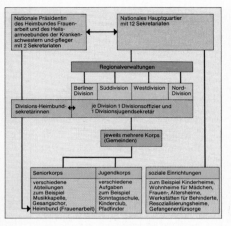

Heilsarmee. Vereinfachtes Organisationsschema der Heilsarmee in der BR Deutschland

gesellschaftl. Entwicklung nicht mehr fruchtbar.

Heimatkunst, in der *bildenden Kunst* meist als ↑ Volkskunst bezeichnet. In der *Literatur* eine in Volkstum und heimatl. Landschaft wurzelnde Dichtung, die leicht der Gefahr der Idyllisierung des Dorf- und Landlebens verfällt und sich auch für Ideologisierungen anfällig gezeigt hat. Die Heimat war selbstverständl. Rahmen vieler Schriftsteller des 19. Jh. (z. B. J. P. Hebel, B. Auerbach, L. Anzengruber, J. Gotthelf, F. Reuter, P. Rosegger, L. Ganghofer). Ende des 19. Jh. wurde H. v. a. von F. Lienhard und A. Bartels zum Programm erhoben. Der Dekadenzdichtung, Symbolismus und Naturalismus der Großstadt sollten ideale Werte entgegengestellt werden. Bartels vertrat eine stark völk. Richtung, woran die ↑ Blut- und Boden-Dichtung des Nationalsozialismus anknüpfte.

heimatlose Ausländer, fremde Staatsangehörige oder Staatenlose, die als ↑ Displaced Persons von internat. Organisationen betreut wurden, nicht Deutsche im Sinne des Art. 116 GG sind und am 30. 6. 1950 ihren Aufenthalt im Geltungsbereich des GG oder in Berlin (West) hatten. Ihr ausländerrechtl. Sonderstatus bestimmt sich nach dem Gesetz über die Rechtsstellung h. A. im Bundesgebiet vom 25. 4. 1951. Danach sind sie dt. Staatsangehörigen weitgehend gleichgestellt.

Heimatmuseum, ein in seinen Darstellungsobjekten durch die engere heim. Landschaft geprägtes Museum, das meist sowohl naturkundl. als auch kulturgeschichtl. Sammlungen beherbergt. ↑ Freilichtmuseen und ↑ Volkskundemuseen sind meist Heimatmuseen.

Heimatschein, in der Schweiz Bescheinigung einer Gemeinde, daß der Inhaber des H. in ihr das Gemeindebürgerrecht und damit auch das Bürgerrecht des Kantons genießt. Der Nachweis des Kantons- und Gemeindebürgerrechts durch einen H. oder gleichbedeutenden Ausweis (**Heimatausweis**) ist eine Voraussetzung für das Recht eines Schweizers auf freie Niederlassung an jedem Ort der Schweiz.

Heimatschutz ↑ Heimwehren.

Heimatschutztruppe, Kampfkomponente des Territorialheeres der Bundeswehr, die in Sicherungskompanien auf Verteidigungskreiskommandoebene, Grenadierbataillone auf Verteidigungsbezirkskommandoebene und **Heimatschutzkommandos** (gegliedert in Jägerregimenter mit Verfügungs- und Logistiktruppen) sowie Grenadierbataillone und Sicherungskompanien auf Wehrbereichskommandoebene gegliedert ist. Hauptaufgabe der H. ist die Erhaltung der Operationsfreiheit des Feldheeres u. a. durch Gebiets- und Objektschutz.

Heimatvertriebene ↑ Vertriebene.

Heimburg, Gregor [von], * Schweinfurt nach 1400, † Wehlen bei Dresden 1472, dt. Rechtsgelehrter und Humanist. - 1460 von Pius II. exkommuniziert; verteidigte entschieden die Konstanzer Dekrete über die Oberhoheit des Konzils über den Papst; leitete seit 1466 in Prag die romfeindl. Politik des Königs G. von Podiebrad; versöhnte sich jedoch kurz vor seinem Tode mit der Kirche.

Heimbürge, in ganz Deutschland bis in die frühe Neuzeit verbreitete Bez. für einen Gemeindeamtsträger in Dorf oder Stadt.

Heimchen (Hausgrille, Acheta domestica), bis 2 cm große, gelblichbraune Grille, v. a. in menschl. Wohnstätten und an Schuttabladeplätzen Europas, W-Asiens und N-Afrikas; Vorratsschädling.

Heimcomputer ↑ Computer.

Heimdall, german. Gott, über den nur wenig überliefert ist; in den Liedern der „Edda" wird er als strahlende Gottheit geschildert, die in Himinbjorg wohnt und Wächter der Götter ist.

Heime der offenen Tür (Freizeitheime), Einrichtungen, die v. a. den Jugendlichen für ihre Freizeit zur Verfügung stehen; als Träger fungieren die Gemeinden, die Wohlfahrtsverbände und die Kirchen.

Heimeran, alter dt. männl. Vorname (althochdt. heim „Haus" und hraban „Rabe"); im MA auch in der latinisierten Form Emmeram, Emmeranus.

Heimeran, Ernst, * Helmbrechts 19. Juni 1902, † Starnberg 31. Mai 1955, dt. Schriftsteller und Verleger. - Journalist; gründete 1922 in München den **Ernst Heimeran Verlag,** in dem zunächst v. a. zweisprachige Ausgaben antiker Autoren („Tusculum-Bücherei") erschienen. Später eröffnete H. die Verlagsgebiete Haus und Familie, Humor und Kuriosa. Dies waren meist auch die Themen seiner eigenen heiteren Bücher, u. a. „Die lieben Verwandten" (1936), „Das stillvergnügte Streichquartett" (1936; mit B. Aulich), „Sonntagsgespräche mit Nele" (1955).

Heimerziehung, die Erziehung Minderjähriger in Heimen; erfolgt: 1. wenn die Erziehungsberechtigten ausfallen oder ihrer Erziehungspflicht nicht ausreichend nachkommen können bzw. wollen und dadurch die seel. Entwicklung des jungen Menschen geschädigt oder gefährdet wird, als ↑ freiwillige Erziehungshilfe oder als ↑ Fürsorgeerziehung; 2. wenn Kinder auf Grund körperl., geistiger oder Sinnesbehinderungen nicht in ihrer Familie angemessen erzogen werden können, als Eingliederungshilfe für Behinderte (§ 39 B.-SozialhilfeG) durch den überörtl. Träger der Sozialhilfe. Die Anzahl der Kinder und Jugendl. (vorwiegend aus der Unterschicht) in Heimen jeder Art liegt in der BR Deutschland bei über 100 000 (hiervon etwa 20 000 durch Gerichtsbeschluß). - ↑ auch Heimkind.

Heimfall, urspr. der Rückfall erbenloser oder herrenlos gewordenen Gutes an die Dorfgenossenschaft, später an den König, wovon sich im modernen Recht das Erbrecht des Staates ableitet, wenn beim Erbfall weder Verwandte noch ein Ehegatte des Erblassers vorhanden sind (§ 1 936 BGB). Im Lehnsrecht des MA als „apertura feudi" der Rückfall des Lehnguts an den Lehnsherrn.

Heimfallanspruch, 1. der zum frei vereinbarten Inhalt eines Dauerwohn- oder Erbbaurechtsverhältnisses gehörende Anspruch, auf Grund dessen der Dauerwohn- oder Erbbauberechtigte verpflichtet ist, sein Recht beim Eintritt vertraglich bestimmter Voraussetzungen auf den jeweiligen Grundstückseigentümer oder einen von diesem zu bezeichnenden Dritten zu übertragen, i. d. R. gegen Entgelt; 2. der unter den Voraussetzungen des § 12 ReichssiedlungsG bestehende Anspruch auf Rückübertragung des Eigentums an einer Heimstätte an deren Ausgeber.

Heimgericht ↑ Bauergericht.

Heimgesetz ↑ Altersheim.

Heimito, männl. Vorname, Weiterbildung von Heimo.

Heimkehrergesetz, Abk. HeimkG, HkG, Kurzbez. für das Gesetz über Hilfsmaßnahmen für Heimkehrer vom 19. 6. 1950 (mit späteren Änderungen). Das HeimkG unterstützt durch finanzielle und sonstige Maßnahmen (Übergangs- und Ausbildungsbeihilfen, Entlassungsgelder, Wohnraumbeschaffung, Kündigungsschutz) die soziale Wiedereingliederung von Heimkehrern aus dem 2. Weltkrieg. Unter das HeimkG fallen Deutsche sowie Ausländer, die Seite gekämpft haben, wenn sie nach dem 8. 5. 1945 entlassen wurden und innerhalb von zwei Monaten nach der Entlassung Aufenthalt in der BR Deutschland oder in Berlin (West) genommen haben. Das H. bevorzugt in mancher Hinsicht die **Spätheimkehrer** (Heimkehr nach dem 30. 11. 1949 bzw. dem 30. 10. 1951).

Heimkind, Kind, das in einem Heim aufwächst. Bei längerem Aufenthalt und bes. bei frühzeitiger Einweisung ergeben sich fast immer sog. Heimschäden, v. a. eine durch mangelnden Kontakt mit einer festen Bezugsperson entstandene Hemmung der emotionalen Entwicklung und der sozialen Kontaktfähigkeit, in schweren Fällen Hospitalismus. Deshalb bleibt Heimerziehung immer eine Notlösung.

heimliches Gericht ↑ Femgerichte.

Heimpel, Hermann, * München 19. Sept. 1901, dt. Historiker. - Prof. in Freiburg im Breisgau (1931), Leipzig (1934), Straßburg (1941) und seit 1947 in Göttingen, dann 1956 Direktor des Max-Planck-Instituts für Geschichte; Arbeiten v. a. zur Reichs- und Wirtschaftsgeschichte des Spät-MA.

Heimskringla [altnord. „Weltkreis"], Hauptwerk ↑ Snorri Sturlusons, entstanden um 1230.

Heimsoeth, Heinz [...zø:t], * Köln 12. Aug. 1886, † Köln 10. Sept. 1975, dt. Philosoph. - 1921 Prof. in Marburg, 1923 in Königsberg (Pr), seit 1931 in Köln. Bed. Arbeiten zur Geschichte der Philosophie.
Werke: Die sechs großen Themen der abendländ. Metaphysik (1922), Metaphysik der Neuzeit (1929), Studien zur Philosophiegeschichte (1961), Transzendentale Dialektik. Ein Kommentar zu Kants Kritik der reinen Vernunft (1966–71).

Heimstätte, Grundstück, bestehend aus einem Einfamilienhaus mit Nutzgarten, landw. oder gärtner. Anwesen, zu deren Bewirtschaftung die Familie nicht ständiger fremder Hilfe bedarf. H. werden durch Bund, Länder, Gemeinden, Gemeindeverbände oder gemeinnützige Siedlungsgesellschaften zu günstigen Bedingungen ausgegeben. Das Eigentum ist vererbl. und an „heimstättenfähige" Personen veräußerlich. Der Ausgeber hat im Veräußerungsfall ein Vorkaufsrecht.

Heimsuchung Mariä (lat. Visitatio Beatae Mariae Virginis), Begegnung der werdenden Mütter Maria und Elisabeth (Luk. 1, 39–56); Marienfest oriental. Herkunft, am 31. Mai gefeiert; Bildmotiv (6.–16. Jh.).

Heimtücke, hinterlistige Bösartigkeit, unaufrichtige Bosheit.

Heimvolkshochschulen (ländliche Heimvolkshochschulen) ↑ Volkshochschule.

Heimweh, als unangenehm und schmerzmend empfundenes Gefühl, das von dem Verlangen getragen wird, in die angestammte Umgebung zurückzukehren. Intensives H. kann zu schwerwiegenden psych. und psychosomat. Störungen führen.

8*

Heimwehren

Heimwehren (Heimatwehr, Heimatschutz), paramilitär. Verbände des östr. Bauern- und Bürgertums 1918–36; entstanden aus den Grenz- und Nationalitätenkämpfen nach Ende des 1. Weltkriegs und entwickelten sich nach dem Brand des Wiener Justizpalastes 1927 zu einer polit. Kampfbewegung; seit 1927 unter gemeinsamer B.-Führung, gaben sich 1930 das Programm des austrofaschist. „Korneuburger Eides", das auf den autoritären Ständestaat und die Machtübernahme im Staat zielte; 1930 an der Reg. beteiligt; unter Dollfuß zu Reg.aufgaben herangezogen; beteiligten sich an der Niederwerfung des sozialdemokrat. Republikan. Schutzbundes während der Februarunruhen 1934 und des NS-Putsches am 25. Juli 1934. 1936 verboten, gingen in der Vaterländ. Front auf.

Hein, männl. Vorname, v. a. niederdt. Kurzform von Heinrich.

Heine, Heinrich (bis 1825 Harry H.), * Düsseldorf 13. Dez. 1797, † Paris 17. Febr. 1856, dt. Dichter und Publizist. - Als Sohn eines jüd. Tuchhändlers zum Kaufmann ausgebildet, dann Jurastudium, u. a. in Berlin (1821–23), wo er in R. Varnhagens Salon verkehrte; 1824 Besuch bei Goethe; 1825 Abschluß seines Studiums in Göttingen und Übertritt zum Protestantismus. 1831 ging H. als Korrespondent der Augsburger „Allg. Zeitung" nach Paris, wo er mit den Saint-Simonisten sympathisierte und u. a. mit L. Börne, J. P. de Béranger, V. Hugo, H. de Balzac und G. Sand zusammentraf. Auch die Kontakte mit K. Marx (ab 1834 beteiligte er sich an dessen „Dt.-Frz. Jahrbüchern") waren für H.s polit. Entwicklung von Bedeutung. Überzeugt von der eth. Aufgabe des Künstlers, die Triebkräfte der gesellschaftl. Entwicklung zu erkennen und diese mitzugestalten, trat er dafür ein, die eigene Weltanschauung ständig zu überprüfen und gegebenenfalls zu korrigieren. In der Auseinandersetzung mit L. Börne kritisierte er die philiströse Unentschiedenheit des dt. Kleinbürgertums. 1841 heiratete er C. E. Mirat („Mathilde"). Seit 1848 war er auf Grund eines Rückenmarkleidens bis zu seinem Tode an die „Matratzengruft" gefesselt; in dieser Situation stand ihm seine Geliebte E. Krienitz („Mouche") zur Seite. H. erwarb frühen literar. Ruhm als Lyriker. Seine „Gedichte" (1822) und das „Lyr. Intermezzo" (1823) erschienen, vermehrt um den Zyklus „Die Heimkehr" und die Gedichte aus den Reiseberichten „Harzreise" und „Die Nordsee" (1827) als „Buch der Lieder". Von der Romantik übernahm er das Volksliedhafte; das Charakteristikum seiner Lyrik besteht in der witzig-iron. Behandlung des Erlebnisses; das scheinbar ungebrochene Gefühl wird krit. durchleuchtet und aufgelöst. Diese lyr. Subjektivität bezeichnet seine nachklass. Stellung in der Übergangszeit zum Realismus. In den „Neuen Gedichten" (1844) wandte sich H. polit. Ereignissen seiner Zeit zu. In der Sammlung „Romanzero" (1851) herrscht ein pessimist. Grundton vor. Viele seiner Lieder und Balladen sind von Schubert, Schumann u. a. vertont worden. H. überwand die dt. Romantik, indem er Formen und Stimmungen iron. auflöste („romant. Ironie") und Begebenheiten realist. gestaltete. Beispielhaft gelang ihm dies als Reiseschriftsteller; unter dem Sammeltitel „Reisebilder" erschienen 1826–31 u. a. „Harzreise", „Ideen. Das Buch Le Grand", „Die Bäder von Lucca". Durch seinen witzig-pointierten, krit.-entlarvenden und polem. Stil schuf H. eine moderne feuilletonist. Prosa, die er im Kampf gegen die polit. Restauration in Deutschland zu einer gefürchteten Waffe entwickelte. Das Verbot der Schriften des Jungen Deutschland und seiner eigenen (Bundestagsbeschluß 1835) stützte sich auf seinen Beitrag „Zur Geschichte der Religion und Philosophie in Deutschland" („Der Salon", Bd. 2, 1835), in dem er darlegte, daß die klass. dt. Philosophie (Hegel) als Vorbereitung zur bürgerl. Revolution anzusehen sei. Das Pendant für die Literatur ist seine Darstellung „Zur Geschichte der neueren schönen Literatur in Deutschland" (2 Bde., 1833, ²1836 u. d. T. „Die romant. Schule"), eine literar. Abrechnung mit reaktionären Tendenzen der Romantik, deren Flucht ins MA und ins eine apolit. Traumwelt. Für seine beißende Satire über die dt. Zustände (Kleinstaaterei, Preußentum, Philisterhaftigkeit der dt. Bürger) und den zeitgenöss. polit. Utopismus (anachronist. Idee von Kaiser und Reich) wählte H. die Form des Versepos sowohl für „Deutschland. Ein Wintermärchen" (1844, in „Neue Gedichte") wie auch für „Atta Troll. Ein Sommernachtstraum" (1847), in dem er die polit. und dichter. Unzulänglichkeiten der sog. Tendenzpoesie kritisierte. Außerdem verfaßte H. noch „Aus den Memoiren des Herrn von Schnabelewopski" (Essay, in „Der Salon", Bd. 1, 1834), „Florentin. Nächte" (Essay) und „Elementargeister" (Essay, beide in „Der Salon", Bd. 3, 1837), „Der Rabbi von Bacherach" (Romanfragment, in „Der Salon", Bd. 4, 1840 [über spätma. Judenverfolgung]), „Über Ludwig Börne. Eine Denkschrift" (Essay, 1840). - Während des NS als „jüd. entartet" und „Fremdling in der dt. Dichtung" diffamiert, gilt H. heute in der DDR als „bedeutendste Gestalt der dt. revolutionären Demokratie"; in der BR Deutschland sowohl als Schriftsteller wie auch als Persönlichkeit (Denkmal in Düsseldorf erst 1956; erfolglose Versuche zur Umbenennung der Düsseldorfer Univ. in Heinrich-Heine-Univ. seit 1965) immer noch umstritten.

📖 *Hädecke, W.: H. H. Eine Biographie. Mchn. 1985. - Kraft, W.: H. der Dichter. Mchn. 1983. - Mende, F.: H. H. Chronik seines Lebens und Werkes. Stg. ²1981. - Marcuse, L.: H. H. Zürich 1977.*

Heinrich Heine

H., Thomas Theodor, * Leipzig 28. Febr. 1867, † Stockholm 26. Jan. 1948, dt. Karikaturist und Illustrator. - Bed. satir. Mitarbeit an den Zeitschriften „Jugend" und „Simplicissimus", die er 1896 mit A. Langen und L. Thoma in München begründete.

Heinemann, Gustav W., * Schwelm 23. Juli 1899, † Essen 7. Juli 1976, dt. Politiker. -

Gustav W. Heinemann

Nationalökonom und Jurist: seit 1928 Justitiar und Prokurist der Rhein. Stahlwerke; 1936–49 Vorstandsmgl.; trat 1930 dem Christl.-Sozialen Volksdienst bei und war unter der NS-Diktatur an führender Stelle in der Bekennenden Kirche tätig; 1945–67 Mgl. des Rats, 1949–55 Präses der Synode der EKD, trat 1945 der CDU bei. 1946–49 Oberbürgermeister in Essen, 1947–50 MdL in NRW, dort 1947/48 Justizmin.; 1949/50 1. Bundesinnenmin., trat zurück aus Protest gegen das den Westmächten ohne Wissen des Kabinetts durch Bundeskanzler Adenauer gemachte Angebot, die BR Deutschland aufzurüsten. Gründete 1951 die Notgemeinschaft für den Frieden Europas; Austritt aus der CDU 1952; Mitbegr. der Gesamtdt. Volkspartei; seit 1957 Mgl. der SPD und MdB; trieb als Justizmin. 1966–69 zielstrebig die

Große Strafrechtsreform, die Reform des Unehelichenrechts und die des polit. Strafrechts voran; 1969 von SPD und FDP zum Bundespräs. gewählt; durch gezielte Auslandsreisen bemühte sich der „Bürgerpräs." H. um den Abbau antidt. Ressentiments; schied nach Verzicht auf eine erneute Kandidatur 1974 aus dem Amt. Verf. zahlr. jurist. und polit. Schriften.

Heinfried, in neuerer Zeit gebildeter männl. Vorname aus Hein(rich) und Fried(rich).

Heini, Kurz- und Koseform des männl. Vornamens Heinrich; auch abwertend für einen einfältigen Menschen.

Heinicke, Samuel, * Nautschütz (Landkreis Eisenberg) 10. April 1727, † Leipzig 30. April 1790, dt. Pädagoge. - Begründer der 1880 internat. anerkannten Lautsprachmethode im Unterricht für Gehörlose (1755), seit 1778 in eigener Taubstummen-Lehranstalt in Leipzig.

Heinkel, Ernst [Heinrich], * Grunbach (Rems-Murr-Kreis) 24. Jan. 1888, † Stuttgart 30. Jan. 1958, dt. Flugzeugkonstrukteur. - Chefkonstrukteur bei verschiedenen Flugzeugwerken. 1922 legte er mit den Ernst-Heinkel-Flugzeugwerken in Warnemünde den Grundstein der Heinkel-Gruppe. - Unter der Vielzahl der von H. entwickelten Flugzeugtypen ragen heraus: das erste europ. Schnellver-

Thomas Theodor Heine, Plakat für die Zeitschrift „Simplicissimus" (1896)

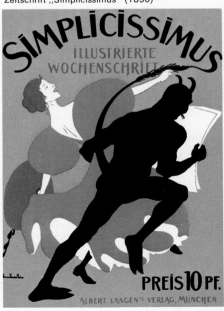

Heino

kehrsflugzeug He 70, der „H.-Blitz" (1932), die von einem Doppelmotor im Rumpf über eine gemeinsame Luftschraube angetriebene He 119 (1937; drei internat. Geschwindigkeitsrekorde), die von einer Flüssigkeitsrakete angetriebene He 176 (1939; erstes Raketenflugzeug der Welt) und die mit einem Turbinenstrahltriebwerk ausgerüstete He 178 (1939).

Heino, männl. Vorname, Kurzform von Heinrich.

Heinrich, männl. Vorname, der sich aus Heimerich oder aus dem nicht mehr gebräuchl. Vornamen Haganrich entwickelt hat. Die einstige Volkstümlichkeit wird durch die heute noch gebräuchl. Formel *Hinz und Kunz* (Kurzformen von H. und Konrad) „jedermann" deutlich. Italien. Form Enrico, frz. Henri, engl. Henry, schwed. Henrik.

Heinrich, Name von Herrschern:
Hl. Röm. Reich:

H. I., * um 875, † Memleben 2. Juli 936, Herzog von Sachsen (seit 912), König (seit 919). - Trat als Herzog bald in Gegensatz zu König Konrad I. und Erzbischof Hatto I. von Mainz; dennoch von Konrad 919 zu seinem Nachfolger designiert; Franken und Sachsen wählten ihn in Fritzlar; die süddt. Stämme mußte er durch militär. Drohung und durch Kompromiß zwingen: Schwaben 919, Bayern 921. Die Ungarngefahr bannte H. 926 durch einen 9jährigen Waffenstillstand, den er für expansive Züge gegen Elbslawen und Böhmen nutzte: beide gerieten unter die Oberhoheit des Reichs (934 auch Teile der Dänen). Nach Aufkündigung des Tributs besiegte H. die Ungarn 933 bei Riade mit einem Heer aus allen Stämmen, wodurch er innenpolit. das Reich konsolidierte. Außenpolit. Höhepunkt war 935 der endgültige Verzicht Rudolfs von Frankr. und Rudolfs II. von Hochburgund auf Lothringen. Designierte 936 seinen ältesten Sohn (Otto I.) als Nachfolger.

H. II., der Hl., * Bad Abbach bei Kelheim 6. Mai 973, † Pfalz Grone (= Göttingen-Grone) 13. Juli 1024, als Hzg. von Bayern H. IV. (seit 995), König (seit 1002), Kaiser (seit 1014). - Italien, wo Arduin zum König ausgerufen wurde, und Boleslaw I. von Polen verweigerten die Anerkennung. Nach einer militär. Demonstration im Bund mit den heidn. Liutizen gegen Polen zog H. nach Italien und wurde 1004 in Pavia gekrönt. Boleslaw mußte 1004 das 1003 eroberte Böhmen herausgeben und huldigen, blieb aber unbezwungen. 1007 Errichtung des Bistums Bamberg. Seine Schenkungen an Bistümer und Klöster (Förderung der lothring. Reform) dienten zugleich der Stärkung königl. Gewalt (Höhepunkt des Reichskirchensystems). 1014 von Benedikt VIII. in Rom zum Kaiser gekrönt. H. setzte 1021/22 die Oberhoheit des Reichs in Unteritalien durch. In Bamberg als Bistumsgründer

bald verehrt; 1146 Kanonisation (Fest 13. bzw. 17. Juli).

H. III., * 28. Okt. 1017, † Pfalz Bodfeld im Harz 5. Okt. 1056, Herzog von Bayern (seit 1027), König (seit 1028, regierte seit 1039), Herzog von Schwaben, von Kärnten und König von Burgund (seit 1038), Kaiser (seit 1046). - Stärkte die Position der Salier durch energ. Ausbau des Reichs- und Hausgutes; erreichte im O des Reichs die Unterwerfung des böhm. Herzogs Břetislaw I. (1041) und erzwang die Lehnsnahme der ungar. Königs. Dem zunehmenden Fehdewesen trat H., der stark von den Ideen der kluniazens. Reform beeinflußt war, mit königl. Friedensgeboten entgegen. Im Verständnis seines Herrscheramts als Vicarius Christi griff er auch in die Auseinandersetzungen um den Papstthron ein. Auf den Synoden von Sutri und Rom (1046) ließ er während seines Romzugs die 3 streitenden Päpste (Gregor VI., Benedikt IX. und Silvester III.) absetzen und Bischof Suitger von Bamberg als Klemens II. erheben, der ihn zum Kaiser krönte. Gleichzeitig band er die neuentstehenden normann. Ft. Unteritaliens als Vasallen ans Reich. Als Patrizius von Rom wirkte er in der Folgezeit bei der Erhebung von Reichsbischöfen zu Päpsten (Damasus II., Leo IX., Viktor II.) mit, wie er auch im Reich Bistümer und Abteien mit Männern der kirchl. Reform besetzte und so deren Ideen zum Durchbruch verhalf.

H. IV., * Goslar (?) 11. Nov. 1050, † Lüttich 7. Aug. 1106, König (seit 1056), Kaiser (seit 1084). - Nach dem Tod seines Vaters H. III. unter der Regentschaft seiner Mutter Agnes; 1062 von Erzbischof Anno II. von Köln entführt, der die Regentschaft 1066 an Erzbischof Adalbert von Hamburg-Bremen verlor. H. provozierte bei dem Versuch, die zerrüttete Reichsgewalt zunächst in Sachsen wiederherzustellen, den sächs. Fürstenaufstand (1073-75), den er nach anfängl. Rückschlägen meisterte. Der Streit mit dem Reformpapsttum um die Besetzung des Mailänder Erzstuhls (seit 1073) mündete in den ↑ Investiturstreit, als H. die Absetzungsdrohung Gregors VII. mit dessen Absetzung (Wormser Reichssynode 1076) beantwortete. Die Lösung vom päpstl. Bann, der der dt. Fürstenopposition Auftrieb gab, erreichte H. 1077 durch den Gang nach Canossa, doch konnte er die Wahl des Gegenkönigs Rudolf von Rheinfelden (Nachfolger 1081-88 Hermann von Salm) nicht verhindern. 1080 erneut gebannt, erhob er Erzbischof Wibert von Ravenna zum Gegenpapst (Klemens [III.]) und ließ sich von ihm zum Kaiser krönen. Während er die Gegenkönige erfolgreich bekämpfte, kam es nicht zum Ausgleich mit dem Papsttum. 1105 zwang ihn sein Sohn H. (V.) zur Abdankung, nachdem sich schon der Erstgeborene, Konrad (1098 geächtet, † 1101), 1093 gegen ihn erhoben hatte.

📖 *Boshof, E.: H. IV. Gött. 1980. - Schluck, M.: Die Vita Heinrici IV. Imperatoris. Konstanz 1979.*

H. V., * wohl 11. Aug. 1086, † Utrecht 23. Mai 1125, König (seit 1098), Kaiser (seit 1111). - Sohn H.s IV.; auf Wunsch seines Vaters 1098 anstelle des älteren Bruders Konrad zum Nachfolger gewählt; erhob sich 1104 gegen seinen Vater und konnte nach dessen erzwungener Abdankung (1105), endgültig nach dessen Tod (1106), die Herrschaft übernehmen. Obwohl ihm der Anschluß an die päpstl. gesinnte Partei zur Anerkennung verholfen hatte, lehnte er dann aber - wie sein Vater - den Verzicht auf die Investitur der Bischöfe und Äbte ab. H. erzwang schließl. von dem gefangengesetzten Papst (Paschalis II.) das Recht der Investitur, am 13. April 1111 erfolgte die Kaiserkrönung. Im Reich kam es zum Aufstand der sächs. und thüring. Fürsten, H. erlitt eine Niederlage am Welfesholz (1115). Verhandlungen mit dem 1119 gewählten Papst Kalixt II. führten 1122 im Wormser Konkordat zum Ende des Investiturstreits. Mit H. starben die Salier aus.

H. VI., * Nimwegen 1165, † Messina 28. Sept. 1197, König (seit 1169), Kaiser (seit 1191), König von Sizilien (seit 1194). - Seit 1086 Mitregent seines Vaters, Kaiser Friedrichs I. Erhob 1189 im Namen seiner Frau Konstanze († 1198), der Erbin des Kgr. Sizilien, Ansprüche auf die sizil. Krone, die er mit Waffengewalt durchsetzte. Nach einem vergebl. Zug ins Normannenreich, den H. wegen einer mit dem engl. König Richard I. Löwenherz verbündeten dt. Fürstenopposition abbrechen mußte, konnte H. nach der Gefangennahme Richards 1192 und seiner Freilassung gegen ein hohes Lösegeld 1194 einen 2. Italienzug ausrüsten und ließ sich am Weihnachtstag 1194 in Palermo zum König von Sizilien krönen. Als sein Erbreichsplan (1196) am Widerstand der Reichsfürsten scheiterte, mußte er sich mit der Wahl seines zweijährigen Sohnes Friedrich (II.) zum Röm. König begnügen. - Ein in der Großen Heidelberger Liederhandschrift und in der Weingartner Liederhandschrift als Minnesänger erwähnter Kaiser H. wird gewöhnl. mit ihm gleichgesetzt.

H. (VII.), * auf Sizilien 1211, † Martirano (Prov. Catanzaro) 12. Febr. 1242 (Selbstmord?), König von Sizilien (seit 1212), Herzog von Schwaben (seit 1217), König (1222–35). Sohn Kaiser Friedrichs II.; 1220 von den Reichsfürsten zum König gewählt (1222 in Aachen gekrönt); blieb in Deutschland und regierte zunächst unter Vormundschaft, seit 1229 mit Rat und Hilfe des niederen Adels und der Reichsministerialen sowie der Reichs- und Bischofsstädte; mußte 1231 das zweite weltl. der Fürstenprivilegien erlassen; erhob sich offen gegen seinen Vater, mußte sich aber 1235 unterwerfen; wurde des Hochverrats für schuldig befunden, nach Italien verbracht und dort gefangengehalten.

H. Raspe, * um 1204, † auf der Wartburg 16. Febr. 1247, Landgraf von Thüringen, Gegenkönig (seit 1246). - Vormund für seinen Neffen, Hermann II., den er bald vom Hof verdrängte; 1242 von Kaiser Friedrich II. mit Wenzel I. von Böhmen zum Reichsprokurator für Konrad IV. ernannt; sagte sich 1245 vom Kaiser los und ließ sich auf päpstl. Drängen 1246 zum Gegenkönig wählen; besiegte 1246 Konrad IV. in der Schlacht an der Nidda bei Frankfurt.

H. VII., * 1274 oder 1275, † Buonconvento bei Siena 24. Aug. 1313, Kaiser (seit 1312). - Sohn H.s III. Graf von Luxemburg; 1308 von einer Mehrheit der Kurfürsten zum Röm. König gewählt; Neuordnung der Verhältnisse in Böhmen, wo sein Sohn Johann 1310 König wurde; 1311 in Mailand zum langobard. König, 1312 in Rom zum Kaiser gekrönt; bemühte sich, Frankr. im Kampf gegen Robert I. von Neapel auszuschalten und die Reichsrechte bes. gegenüber Florenz wiederherzustellen.

Bayern:
H. I., * Nordhausen 919/22, † Regensburg Okt. 955, Herzog. - Sohn H.s I.; schloß sich 938 dem Aufstand der Herzöge Eberhard von Franken und Giselbert von Lothringen gegen seinen Bruder König Otto I. an; erhielt nach dessen Unterwerfung 939 Lothringen (bis 940); 948 mit dem bayr. Stammesherzogtum belehnt; 952 erhielt er auch das östl. Oberitalien (Mark Verona).

H. II., der Zänker ↑ Heinrich II. von Bayern und Kärnten.

H. IV., Herzog, ↑ Heinrich II., Kaiser.

H. XI., Herzog, ↑ Heinrich II. Jasomirgott, Herzog von Österreich und Bayern.

Bayern und Kärnten:
H. II., der Zänker, * 951, † Gandersheim 28. Aug. 995, Herzog von Bayern (955–976, seit 985), Herzog von Kärnten (seit 989). - Empörte sich 974 gegen Kaiser Otto II. und verlor sein Hzgt.; nachdem er sich 977 unterworfen hatte, erhielt er 985 Bayern, 989 Kärnten zurück; besiegte 991 die Ungarn; festigte Bayern außen- wie innenpolitisch.

Bayern und Sachsen:
H. X., der Stolze, * um 1108, † Quedlinburg 20. Okt. 1139, Herzog von Bayern (1126–38), Herzog von Sachsen (1137–39). - Stellte sich durch seine Heirat mit Gertrud, Tochter Kaiser Lothars III., gegen die Staufer; 1137 vom Kaiser mit dem Hzgt. Sachsen belehnt und als Nachfolger designiert. Bei der Wahl entschieden sich die Reichsfürsten für den schwächeren Kandidaten Konrad III. Nach anfechtbarem Verfahren wurden H. seine Reichslehen aberkannt.

Braunschweig-Wolfenbüttel:
H. Julius, * Schloß Hessen bei Wernigerode 15. Okt. 1564, † Prag 30. Juli 1613, Bischof

bzw. Administrator von Halberstadt (seit 1566/78) und Minden (1582–85), regierender Herzog in Wolfenbüttel (seit 1589). - Wurde in Prag Vertrauter Kaiser Rudolfs II.; Förderer von Wiss. und Kunst; rief 1592 engl. Komödianten nach Wolfenbüttel und behielt eine Truppe an seinem Hof, für die er selbst Tragödien, Tragikomödien und Komödien (mit erzieher. Absicht) verfaßte.

Deutscher Orden:

H. von Plauen, * vor 1370, † Lochstädt 9. Nov. 1429, Hochmeister des Dt. Ordens. - Seit 1391 im Ordensland nachweisbar; sicherte nach der Schlacht bei Tannenberg den Hochmeistersitz Marienburg; 1410 zum Hochmeister gewählt; konnte 1411 mit Polen den verhältnismäßig günstigen 1. Thorner Frieden schließen; als er versuchte, den Krieg gegen Polen (1413) wieder aufzunehmen, wurde er 1414 abgesetzt.

England:

H. I. Beauclerc, * Selby (York) 1068, † bei Gisors (Frankr.) 1. Dez. 1135, König (seit 1100). - Jüngster Sohn Wilhelms I., des Eroberers, bemächtigte er sich nach dem Tode seines Bruders Wilhelm II. Rufus gegen seinen Bruder Robert Kurzhose des Throns; schuf in seinen Gesetzen eine Vorstufe zur Magna Carta libertatum.

H. II. Kurzmantel, * Le Mans 5. März 1133, † Chinon 6. Juli 1189, König (seit 1154). - Sohn des Grafen Gottfried Plantagenet von Anjou und Mathildes, Tochter König H.s I. von England; Hzg. der Normandie (1150), Graf von Anjou (1151), engl. König (1154), erwarb durch seine Heirat mit Eleonore von Guyenne (1152) große Teile von Frankr.; begr. 1170–73 die engl. Herrschaft in Irland; mußte seit 1171 mehrere Aufstände seiner Söhne abwehren und wurde kurz vor seinem Tod prakt. entmachtete.

H. III., * Winchester 1. Okt. 1207, † Westminster 16. Nov. 1272, König (seit 1216). - Sohn Johanns I. ohne Land; im Verlauf mehrerer Aufstände der Opposition der Barone unter Simon de Montfort bei Lewes (1264) gefangengenommen, durch seinen Sohn Eduard (I.) bei Evesham (1265) unter Niederschlagung der Rebellion wieder befreit.

H. IV., Herzog von Bolingbroke, Herzog von Lancaster, * Bolingbroke (Lincolnshire) 3. April 1367, † Westminster 20. März 1413, König (seit 1399). - Sohn von John of Lancaster, Enkel Eduards III.; von Richard II. 1398 nach Frankr. verbannt, setzte sich 1399 an die Spitze der Kräfte, die Richard II. zur Abdankung zwangen, und wurde vom Parlament zum König erhoben; schlug 1403 eine Rebellion der Barone und den Aufstand des Owen Glendower in Wales nieder.

H. V., * Monmouth 16. Sept. (?) 1387, † Vincennes 1. Sept. 1422, König (seit 1413). - Sohn König H.s IV. („Prinz Heinz" bei Shakespeare), vermochte die Gegensätze im Innern Eng-

lands auszugleichen; nutzte die bürgerkriegsähnl. Wirren im Frankr. Karls VI. zum Eingreifen, siegte entscheidend bei Azincourt (1415) und besetzte ganz N-Frankr.; im Vertrag von Troyes (1420) als Erbe der frz. Krone und Regent von Frankr. anerkannt.

H. VI., * Windsor 6. Dez. 1421, † London 21. Mai 1471, König (1422–61 und 1470/71). - Sohn H.s V. und der Katharina von Valois. Seine lange Minderjährigkeit trug zur Niederlage Englands im Hundertjährigen Krieg bei, im Innern leitete sie den Beginn tiefgreifender Wirren ein. Im Verlauf der Rosenkriege durch die Niederlage bei Towton (1461) von Eduard IV. verdrängt; 1470 noch einmal erhoben, 1471 aber wieder abgesetzt und im Tower ermordet.

H. VII., * Pembroke Castle (Wales) 28. Jan. 1457, † Richmond 21. April 1509, König (seit 1485). - Erbte nach dem Tode Heinrichs VI. die Ansprüche des Hauses Lancaster auf den engl. Thron; verließ 1471 Wales und fand Asyl in Frankr.; landete 1485 mit frz. Truppen in Wales; sein Sieg bei Bosworth gewann ihm die Krone und beendete die Rosenkriege; heiratete 1486 Eduards IV. Tochter Elisabeth (Haus York), begr. die Dyn. der Tudor.

H. VIII., * Greenwich (= London) 28. Juni 1491, † Westminster (= London) 28. Jan. 1547, König (seit 1509). - Sohn von H. VII.; 1509 ∞ mit Katharina von Aragonien, von deren Vater, Ferdinand II., er sich zum Krieg gegen Frankr. bewegen ließ (1512–14; 1513 Sieg bei Guinegate); zugleich Kampf gegen Jakob IV. von Schottland; krieger. Eingreifen in Frankr. 1522–25 und 1543–46 auf seiten des Kaisers, sonst um Politik des Gleichgewichts bemüht. Zunächst papstfreundl., ließ H. es zum Bruch mit dem Papst kommen, als dieser unter dem Druck des Kaisers die Nichtigkeitserklärung der Ehe mit Karls V. Tante Katharina verweigerte. Nach Annahme der Suprematsakte durch das Parlament (1534) proklamierte sich H. zum Oberhaupt der Kirche von England und forderte den Suprematseid, dessen Verweigerung mit der Todesstrafe bedroht wurde (Opfer u. a. T. More). Die weitere Ausbreitung der Reformation versuchte er zu verhindern. H., der noch vor der Annullierung seiner Ehe durch den Erzbischof von Canterbury, T. Cranmer, 1533 Anna Boleyn geheiratet hatte, ließ sie 1536 hinrichten und heiratete Jane Seymour, die 1537 nach der Geburt des Thronfolgers Eduard (VI.) starb. Nach der kurzen Ehe mit Anna von Kleve heiratete H. 1540 Catherine Howard, deren Hinrichtung (1542) 1543 Catherine Parr, die ihn überlebte.

📖 Hackett, F.: H. der Achte. Dt. Übers. Ffm. 1978.

Frankreich:

H. I., * 1008, † Vitry-aux-Loges bei Orléans 4. Aug. 1060, König (seit 1031). - Sohn Roberts II., schon 1027 zum König gewählt und als

Mitregent eingesetzt; festigte die Stellung des Königtums.

H. II., *Saint-Germain-en-Laye 31. März 1519, † Paris 10. Juli 1559, König (seit 1547). - Sohn Franz' I., seit 1533 ∞ mit Katharina von Medici; polit. stark beeinflußt von seiner Geliebten Diane de Poitiers (seit 1536) und seinem Jugendfreund Anne de Montmorency. Unterstützte im Kampf mit dem Hause Österreich die ev. Reichsfürsten, schloß 1552 den Vertrag von Chambord mit der Fürstenverschwörung. Der gegen Karl V. begonnene Krieg mündete in den Frieden von Cateau-Cambrésis (1559).

H. III., *Fontainebleau 19. Sept. 1551, † Saint-Cloud 2. Aug. 1589, König von Polen (1574), König von Frankr. (seit 1574). - Sohn von H. II.; 1573 zum König von Polen gewählt und 1574 in Krakau gekrönt; verließ aber nach dem Tod seines Bruders Karl IX. ohne formale Abdankung 1574 Polen, um den frz. Thron zu besteigen; mußte im Frieden von Beaulieu (1576) den Hugenotten Zugeständnisse machen. Nachdem durch den Tod (1584) seines jüngeren Bruders, des Herzogs von Anjou, die Valois ohne Thronfolger waren, so daß H. von Navarra, Führer der Hugenotten, jetzt das nächste Anrecht besaß, schloß die Hl. Liga von Péronne 1585 einen Geheimvertrag mit Spanien zur Verhinderung der prot. Thronfolge in Frankr. Unter dem Druck der Liga erließ H. das Edikt von Nemours (1585) gegen die Hugenotten und begann den 8. Hugenottenkrieg, in dessen Verlauf er aber den Führer der Katholiken, den Herzog von Guise, umbringen ließ und sich mit den Hugenotten verbündete, um das von der Liga beherrschte Paris einzunehmen; bei der Belagerung von dem Dominikanermönch J. Clément ermordet.

H. IV., *Pau 13. Dez. 1553, † Paris 14. Mai 1610, König (seit 1589). - Sohn von Anton von Bourbon und Johanna von Albret, wurde als H. III. 1562 König von Navarra, als Kalvinist seit 1581 Führer der Hugenotten. Versuchte 1572 durch Heirat (∞ 1599) mit Margarete, der Schwester der letzten 3 Valois-Könige eine Aussöhnung mit der kath. Partei zu erreichen, die aber durch die Bartholomäusnacht verhindert wurde. Bis zu seiner Flucht 1576 war H. Gefangener des Hofes. Nach dem Tod H.s III. (1589) beanspruchte H. die Krone, mußte jedoch erst 1594 nach langen Auseinandersetzungen mit der Hl. Liga von Péronne und nach seinem Übertritt zum Katholizismus 1593 („Paris ist eine Messe wert") gekrönt. Er wollte die Auswirkungen der Hugenottenkriege mit den Mitteln einer neu begr. Staatsautorität überwinden (entscheidende Weichenstellung zum absolutist. Staat). Vordringl. waren die religiöse Befriedung (Edikt von Nantes 1598) und die Sanierung der Staatsfinanzen (durch M. de Béthune, Hzg. von Sully). H. wurde von dem Fanati-

ker François Ravaillac (* 1578, † 1610) ermordet. - In der Dichtung lebt H. IV. vielfach als toleranter, wohltätiger Volkskönig auf (Voltaire, A. Dumas d. Ä.). H. Mann stellte H. IV. als Sozialpolitiker in den Mittelpunkt seiner Romane „Die Jugend des Königs Henri Quatre" (1935) und „Die Vollendung des Königs Henri Quatre" (1938).

H. (V.), Thronprätendent, † Chambord, Henri Charles de Bourbon, Graf von.

Hessen:

H. I., das Kind, * 24. Juni 1244, † Marburg a. d. Lahn 21. Dez. 1308, Landgraf (seit 1265). - Sohn Herzog Heinrichs II. von Brabant und der Sophie, Tochter der hl. Elisabeth von Thüringen; erhielt im thüring. Erbfolgestreit (1247-63/64) Hessen und wurde Begründer von Territorium und Dyn.; 1292 Erhebung in den Reichsfürstenstand.

Österreich und Bayern:

H. II. Jasomirgott, † Wien 13. Jan. 1177, Herzog von Österreich, Herzog von Bayern (1143-56). - Sohn Leopolds III. von Österreich, erhielt 1139 die Pfalzgrafschaft am Rhein, folgte aber 1141 seinem Bruder Leopold IV. als Markgraf von Österreich und 1143 als Herzog H. XI. von Bayern, nachdem er 1142 Gertrud, die Witwe H.s X., des Stolzen, geheiratet hatte. Mußte 1156 zugunsten H.s des Löwen auf Bayern verzichten, wofür die Mark Österreich in ein Hzgt. umgewandelt und mit außerordentl. Rechten ausgestattet wurde (Privilegium minus).

Portugal:

H. der Seefahrer (portugies. Henrique o Navegador [ẽ'rrikə u nɐvɐɣɐ'ðor], * Porto 4. März 1394, † Sagres (Distrikt Faro) 13. Nov. 1460, Infant von Portugal, Hzg. von Viseu und Herr von Covilhã (seit 1415). - Sohn König Johanns I. von Portugal, zeichnete sich 1415 bei der Eroberung Ceutas aus, dessen Verwaltung und Verteidigung ihm übertragen wurde. Förderung der portugies. Entdeckungsfahrten unter finanziellen Opfern (persönl. und mit Mitteln des Christusordens, dessen Hochmeisteramt er seit 1420 verwaltete; 1443 zum Hochmeister ernannt; 1418 wurde Porto Santo (Madeiragruppe), 1419 Madeira wieder entdeckt, um 1427 die Azoren. An der westafrikan. Küste umsegelte Gil Eanes erstmals Kap Bojador (1434), die von H. entsandten Karavellen erreichten den Golf von Arguin (1443), Kap Vert (1444, D. Dias), den Senegal und den Gambia (1456).

Sachsen:

H. II., Herzog, † Heinrich X., der Stolze, Herzog von Bayern und Sachsen.

Sachsen und Bayern:

H. der Löwe, * um 1129, † Braunschweig 6. Aug. 1195, Hzg. von Sachsen (1142-80) und Bayern (1156-80). - Welfe; wurde erst 3 Jahre nach dem Tod seines geächteten Vaters H. X. von Bayern und Sachsen mit Sachsen belehnt. Mit dem Reg.antritt seines Vetters, Kaiser

Heinrich Raspe

Friedrichs I. (1152), schien sich ein welf.-stauf. Ausgleich anzubahnen, doch die Belehnung H.s mit Bayern (überdies unter Abtrennung Österreichs als selbständiges Hzgt.) erfolgte erst 1156. In Sachsen, für das er das Recht der Errichtung von Bistümern und der Bischofsinvestitur erhalten hatte, dehnte er seinen Machtbereich bis zur Peene aus und sicherte den Ostseehandel durch Städtegründungen, v. a. von Lübeck und Braunschweig, das Zentrum seiner Herrschaft wurde. Auf der Höhe seiner Macht überwarf sich H. mit Friedrich I., als er ihm 1176 auf dem 5. Italienzug die nötige Hilfe verweigerte. Wieder im Reich, griff Friedrich in die Kämpfe zw. H. und den Gegnern seiner slaw. Expansionspolitik ein und lud die Parteien vor Gericht. Da H. mehreren Vorladungen nicht nachkam, verfiel er 1179 der Acht, 1180 der Aberacht (Neuvergabe seiner Reichslehen) und ging nach seiner Kapitulation 1181 in die Verbannung nach England; 1194 Rückkehr in seine Eigengüter um Braunschweig.

Thüringen:

H. Raspe, Landgraf, †Heinrich Raspe (Hl. Röm. Reich).

Heinrich der Glichesaere (H. der Gleisner), mittelhochdt. Dichter des 12. Jh., wohl aus dem Elsaß. - Sein lehrhaftes, satir. Tierepos „Reinhard Fuchs" (auch „Isingrines not") stellt in sorgloser Form Fabeln um Reinhart Fuchs und den Wolf Isegrim zus. und geht wohl auf eine unbekannte Fassung des frz. „Roman de Renart" zurück.

Heinrich der Teichner, † um 1380 in Wien, mittelhochdt. Spruchdichter. - Verf. von rund 730 Reimreden; beklagt - anscheinend aus bürgerl. Schicht - Mißachtungen der von Gott gesetzten Ordnung (z. B. im Ritterwesen).

Heinrich der Vogler, mittelhochdt. Epiker der 2. Hälfte des 13. Jh. - Wohl Bearbeiter (um 1275) von „Dietrichs Flucht"; die ältere Forschung schrieb ihm auch die „Rabenschlacht" zu.

Heinrich von dem Türlin, mittelhochdt. Epiker vom Anfang des 13. Jh. - Vermutl. aus einem Kärntner Bürgergeschlecht. Von ihm sind zwei Epen überliefert: „Der Mantel", wohl Bruchstück, und „Der aventiure cröne" (um 1220), eine Folge von Abenteuern um den Artusritter Gawan.

Heinrich von Freiberg, mittelhochdt. Epiker vom Ende des 13. Jh., vermutl. aus Freiberg in Sachsen. - Schuf um 1290 eine Fortsetzung von Gottfried von Straßburgs unvollendetem „Tristan"-Epos (6900 Verse), wobei er den „Tristan" Eilharts von Oberge und die erste „Tristan"-Fortsetzung Ulrichs von Türheim (um 1230) zugrundelegte.

Heinrich von Hesler, mittelhochdt. Dichter der 1. Hälfte des 14. Jh. - Meist wird er mit einem Deutschordensritter Henricus de Heseler gleichgesetzt. Schrieb u. a. die Versdichtung „Evangelium Nicodemi" (um 1300/10).

Heinrich von Meißen, gen. Frauenlob, * Meißen um 1250/60, † Mainz 29. Nov. 1318, mittelhochdt. Lyriker und Spruchdichter. - Fahrender Sänger bürgerl. Herkunft in der Tradition der höf. Lyrik, eigenwilliger Stilist von dunkler, geblümter Sprache und manierist. Form. Überliefert sind drei Leiche (Minne-, Kreuz-, Marienleich), etwa 450 Spruchstrophen und 13 Lieder in metaphern- und bilderreicher, oft bewußt dunkler, geblümter Sprache und manierist. Form. Unter seiner bed. Spruchdichtung befinden sich selbstbewußte Streitgedichte. Großer Einfluß auf die Meistersinger.

Heinrich von Melk, mittelhochdt. Dichter des 12. Jh. - Wahrscheinl. ritterl. Laienbruder in Melk (daher der heutige Beiname); verfaßte um 1160 das asket.-weltfeindl. Gedicht „Von des tödes gehugede" (Erinnerungen an den Tod); zugeschrieben wird ihm das ebenfalls durch scharfe Zeit- und Kirchenkritik geprägte Gedicht „Priesterleben".

Heinrich von Morungen, mittelhochdt. Lyriker vom Ende des 12. und Anfang des 13. Jh. - Wohl Ministeriale des Markgrafen Dietrich IV. von Meißen. Überliefert sind rund 33 Lieder v. a. in oberdt. Handschriften. Sein Werk, das von den frz. Troubadours beeinflußt ist, bildet mit dem Reinmars des Alten und dem Walthers von der Vogelweide den Höhepunkt des mittelhochdt. Minnesangs; in visionärer Schau entwickelt er, vergleichbar Gottfried von Straßburgs „Tristan", eine Liebesmystik, eine Verklärung der Idee der Minneherrin; musikal. Sprachgebung, schwebende Rhythmen (gemischte Daktylen), reich differenzierte Strophenformen und Einbeziehung der Natur zeichnen seine Lyrik aus.

Heinrich von Mügeln, mittelhochdt. Dichter des 14. Jh. - Zeitweise am Hofe Kaiser Karls IV. in Prag, zu dessen Ehren er zwei Sangsprüche und das allegorisierende Reimpaargedicht „Der meide kranz" dichtete; auch Minnelieder, eine lat. und eine dt. Ungarnchronik und eine Psalmenübersetzung.

Heinrich von Ofterdingen, sagenhafter Dichter des 13. Jh. - Erscheint in dem mittelhochdt. Gedicht „Der Wartburgkrieg" (13. Jh.) und wird in einer Bearbeitung eines Heldengedichtes als Autor genannt; Titelheld von Novalis' Romanfragment „H. von O." (1802).

Heinrich von Rugge, mittelhochdt. Dichter der 2. Hälfte des 12. Jh. - Vermutl. ident. mit Henricus de Rugge, Ministeriale des Pfalzgrafen von Tübingen (bezeugt zw. 1175/91). Schrieb Minnegedichte sowie den ältesten dt. Kreuzleich.

Heinrich von Segusia (H. von Susa, Hostiensis), * Susa vor 1200, † Lyon 25. Okt. (oder 6. Nov.) 1270, italien. Dekretalist. - 1262 Kardinalbischof von Ostia. Sein Hauptwerk, „Lectura in quinque libros decretalium", ist der ausführlichste Kommentar zu den Dekretalen Gregors IX.

Heinrich von Veldeke, mittelhochdt. Dichter der 2. Hälfte des 12. Jh. - Der Beiname weist auf ein Dorf westl. von Maastricht; über Herkunft und Stand ist nichts bekannt; der ihm in Handschriften und von anderen Dichtern beigelegte Titel „meister" läßt auf gelehrte Bildung schließen. Aus den Angaben in seinen Werken geht hervor, daß er im Auftrag des späteren Landgrafs Hermann von Thüringen sein Hauptwerk vollendete. Sein ep. Schaffen setzte um 1170 mit einer Verslegende über den limburg. Lokalheiligen „Sanct Servatius" und etwa gleichzeitig mit seinem bed. Hauptwerk, „Eneit", ein. Das Manuskript dieses ersten mittelhochdt. höf. Romans wurde 1174 entwendet und dem Dichter erst 1183 zurückerstattet, er vollendete es um 1190. Es ist eine freie Bearbeitung des frz. „Roman d'Énéas" auf der stoffl. Grundlage von Vergils „Äneis". Vorbildhaft wurde er sowohl durch das ritterl. Ethos als die Formbeherrschung (reiner Reim, alternierendes Versmetrum).

Heinrich, Rudolf, * Halle/Saale 10. Febr. 1926, † London 1. Dez. 1975, dt. Bühnenbildner. - 1954–61 Ausstattungsleiter an der Kom. Oper in Berlin (Ost), schuf dann Bühnenbilder für verschiedene Opernhäuser (Mailänder Scala, Metropolitan Opera, Wiener Staatsoper u.a.) und für die Salzburger Festspiele.

H., Willi, * Heidelberg 9. Aug. 1920, dt. Schriftsteller. - Themen seiner unterhaltenden, realist. Romane sind Kriegs- und Nachkriegszeit. - *Werke:* Das geduldige Fleisch (R., 1955, 1977 auch u.d.T. Steiner), Der goldene Tisch (R., 1956, 1970 u.d.T. In stolzer Trauer), Gottes zweite Garnitur (R., 1962), Schmetterlinge weinen nicht (R., 1969). So long, Archie (R., 1972), Ein Mann ist immer unterwegs (R., 1978), Männer zum Wegwerfen (1985).

Heinroth, Oskar [...ro:t], * Kastel am Rhein (= Wiesbaden) 1. März 1871, † Berlin 31. Mai 1945, dt. Zoologe. - Leiter der Vogelwarte Rossitten. Zus. mit seiner Frau Magdalena verfaßte er das Standardwerk „Die Vögel Mitteleuropas" (3 Bde., 1925–28, Erg.-Bd., 1933).

Heinsberg, Krst. an der dt.-niederl. Grenze, NRW, 35 m ü.d.M., 36 100 E. - Seit 1255 Stadt, fiel 1483 an Jülich. - Wiederaufgebaut nach Zerstörungen 1944/45 die spätgot. Pfarrkirche Sankt Gangolf (15. Jh.) mit roman. Krypta (um 1130).

H., Kreis in NRW.

Heinse, Johann Jakob Wilhelm, * Langewiesen 15. (16. ?) Febr. 1746, † Aschaffenburg 22. Juni 1803, dt. Schriftsteller. - Vertrat als Dichter im Umkreis des Sturm und Drangs eine naturhafte Sinnlichkeit, bes. in seinem Künstlerroman „Ardinghello und die glückseligen Inseln" (2 Bde., 1787), der auch ein

wichtiger utop. Staatsroman ist. In „Hildegard von Hohenthal" (R., 1795/96) musiktheoret. Ausführungen; auch Übersetzer und Kunstschriftsteller.

Heinsius, Daniel [niederl. 'hɛjnsi:ys], * Gent 9. Jan. (Juni ?) 1580, † Leiden 25. Febr. 1655, niederl. Philologe und Dichter. - Prof. in Leiden; Hg. zahlr. klass. Schriftsteller; beeinflußte mit seiner „Nederduytsche Poemata" (lat. und niederl. Gedichte, 1616) M. Opitz; auch Dramen in der Nachfolge Senecas d.J.

H., Wilhelm ['haɪnziʊs], * Leipzig 28. Juli 1768, † Gera 1. Okt. 1817, dt. Buchhändler und Bibliograph. - Hg. des „Allg. Bücher-Lexikons" (4 Bde., 1793–98) der seit 1700 in Deutschland erschienenen Bücher, bis 1892 weitergeführt (19 Bde.; der letzte Band erschien 1894).

Heintel, Erich, * Wien 29. März 1912, östr. Philosoph. - Schüler R. Reiningers; versucht in Auseinandersetzung mit Problemen des dt. Idealismus die Entwicklung eines philosoph. Konzepts auf der Basis der Transzendentalphilosophie Kants sowie Hegels Dialektik von Substanz und Freiheit unter Rückgriff auf aristotel. Metaphysik. - *Werke:* Hegel und die analogia entis (1958), Einführung in die Sprachphilosophie (1972), Grundriß der Dialektik (1984/85, 2 Bde.).

Heintz (Heinz), Joseph, d. Ä., ≈ Basel 11. Juni 1564, † Prag 15. Okt. 1609, schweizer. Maler. - Lange in Rom, dann v.a. Prag; malte Porträts sowie mytholog. Bilder, Andachtsbilder, Altartafeln in einem höf. verfeinerten manierist. bis frühbarocken Stil.

Heinz, männl. Vorname, Kurzform von Heinrich.

Heinz, Joseph ↑ Heintz, Joseph, d. Ä.

H., Wolfgang, * Pilsen 18. Mai 1900, † Berlin (Ost) 30. Okt. 1984, dt. Schauspieler, Regisseur und Theaterleiter. - Spielte unter Jeßner und Reinhardt in Berlin; nach Emigration (1933) am Schauspielhaus in Zürich tätig, leitete 1948–56 mit K. Paryla ein Theater in Wien, 1963–69 Intendant des Dt. Theaters in Berlin.

Heinze, Richard, * Naumburg/Saale, 11. Aug. 1867, † Bad Wiessee 22. Aug. 1929, dt. klass. Philologe. - Prof. u.a. in Leipzig; v.a. Arbeiten über klass. lat. Literatur und röm. Kultur, u.a. „Virgils ep. Technik" (1903), „Von den Ursachen der Größe Roms" (1921).

Heinzelmännchen, eine aus dem bekanntesten dt. Namen des MA, Heinz, entwickelte, schon im 16. Jh. gebrauchte Bez. für hilfreiche Zwerge und Hausgeister.

Heirat [zu althochdt. rāt, urspr. „Hausbesorgung"], svw. ↑ Eheschließung (↑ auch Hochzeit).

Heiratsbuch ↑ Personenstandsbücher.

Heiratsschwindel, Betrug unter Ausnutzung eines Eheversprechens oder einer Eheschließung. H. kann vorliegen, wenn der Täter: 1. sich auf Grund eines nicht ernst-

Heiratsurkunde

gemeinten Eheversprechens vom anderen Teil vermögenswerte Leistungen im Hinblick auf die Eheschließung gewähren läßt; 2. anläßl. einer tatsächl. vollzogenen Eheschließung unter Vorspiegelung sonstiger Tatsachen den anderen Teil zum Abschluß eines ihn bevorteilenden Ehevertrages bewegt; 3. sich wissentl. durch Eingehung einer anfechtbaren Ehe Vermögensvorteile sichert (strafbar nach § 263 StGB). - Im *östr.* und *schweizer. Recht* wird der H. wie im dt. Recht vom allg. Betrugstatbestand erfaßt.

Heiratsurkunde ↑Personenstandsurkunden.

Heiratsvermittlung ↑Ehemakler.

Heischeformen, Verbformen, mit denen ein Wunsch oder Befehl ausgedrückt wird, z. B. *Wäre* er doch schon hier! Man *gestatte* ihm zu rauchen.

Heiseler, Bernt von, * Großbrannenberg (Landkreis Rosenheim) 14. Juni 1907, † ebd. 24. Aug. 1969, dt. Schriftsteller. - Sohn von Henry von H.; sein Werk umfaßt zahlr. Gattungen und ist der christl. wie klassizist. Tradition verpflichtet, u. a. „Ahnung und Aussage" (Essays, 1939), „Versöhnung" (R., 1953), „Das verschwiegene Wort" (R., 1964).

H., Henry von, * Petersburg 23. Dez. 1875, † Vorderleiten (= Soyen, Landkreis Rosenheim) 25. Nov. 1928, dt. Schriftsteller. - Vater von Bernt von H.; in seiner Lyrik anfangs S. George verpflichtet; wandte sich später in Versdramen der klass.-schlichten Form zu; u. a. „Peter und Alexéj" (Trag. 1912); auch Übersetzer (aus dem Russ.).

Heisenberg, Werner [Karl], * Würzburg 5. Dez. 1901, † München 1. Febr. 1976, dt. Physiker. - Prof. in Leipzig, Göttingen, Berlin und München. 1941-45 Direktor des Kaiser-Wilhelm-Instituts für Physik in Berlin, seit 1946 Direktor des Max-Planck-Instituts für Physik und Astrophysik (in Göttingen, seit 1958 in München). H. hat mit seinen fundamentalen Beiträgen zur Atom- und Kernphysik die Entwicklung der modernen Physik nachhaltig beeinflußt. In seiner Arbeit „Über quantentheoret. Umdeutung kinemat. und mechan. Beziehungen" (1925) wandte er erstmals das Konzept an, prinzipiell nur beobachtbare Größen in der Quantentheorie zu verwenden. 1927 gelangte H. zur Aufstellung seiner ↑Unschärferelation. Auf der Grundlage der Anschauung, daß Protonen und Neutronen nur verschiedene Zustände desselben Elementarteilchens sind, formulierte er eine Theorie des Baus der Atomkerne. Seit etwa 1953 arbeitete er zus. mit seinen Mitarbeitern an einer Theorie der Elementarteilchen, aus der alle Elementarteilchen als Lösungen einer einzigen Feldgleichung folgen sollen. Nobelpreis für Physik 1932.

Heisenbergsche Weltformel [nach W. Heisenberg], Bez. für die grundlegende Gleichung der nichtlinearen ↑Spinortheorie

der Elementarteilchen, die implizit alle Eigenschaften und Wechselwirkungen der Elementarteilchen enthalten und sie in ihren Lösungen bzw. Eigenzuständen zum Ausdruck bringen soll.

Heiserkeit (Raucedo, Raucitas), Störungen der Stimmbildung im Sinne einer ↑Dysphonie oder ↑Aphonie (rauhe, krächzende oder tonlose Stimme); oft die Folge einer Überbeanspruchung der Stimmbänder, am häufigsten jedoch eine Begleiterscheinung verschiedener Kehlkopferkrankungen.

heiß, eine gegenüber Normalbedingungen [stark] erhöhte Temperatur aufweisend.
◆ bei Hunden usw. ↑läufig.
◆ in *Physik* und *Chemie:* svw. stark radioaktiv; auch svw. hochenergetisch, vom Verhalten im therm. Gleichgewicht abweichend.

Heiß, Hermann, * Darmstadt 29. Dez. 1897, † ebd. 6. Dez. 1966, dt. Komponist. - Schüler von J. M. Hauer; lehrte in Darmstadt, wo er seit 1955 ein Studio für elektron. Komposition leitete; komponierte konzertante Orchestermusik und Werke für kammermusikal. Besetzungen, seit 1954 vorwiegend elektron. Musik.

H., Robert, * München 22. Jan. 1903, † Freiburg im Breisgau 21. Febr. 1974, dt. Psychologe und Philosoph. - Seit 1936 Prof. in Köln; seit 1943 in Freiburg im Breisgau. Begründer und Direktor des dortigen Instituts für Psychologie und Charakterologie. Verfaßte u. a. „Die Lehre vom Charakter" (1936), „Allg. Tiefenpsychologie" (1956), „Psycholog. Diagnostik" (1964).

Heißdampfreaktor ↑Kernreaktor.

heiße Chemie, Gebiet der Kernchemie, das sich mit durch Bestrahlung hochradioaktiv gewordenen Stoffen befaßt. Die Arbeit mit derartigen *heißen Substanzen* erfolgt in bes., sog. *heißen Laboratorien.* Extrem radioaktive Stoffe werden in von dicken Wänden abgeschirmten *heißen Zellen* durch die Wand hindurch mit ↑Manipulatoren und Kränen bearbeitet und durch strahlensichere Fenster beobachtet.

Heissenbüttel, Helmut, * Rüstringen (= Wilhelmshaven) 21. Juni 1921, dt. Schriftsteller. - Zählt zu den konsequenten Vertretern experimentellen Dichtens; vom Dadaismus herkommend, macht H. die Sprache selbst zum Gegenstand seiner Kunst. Wichtig v. a. die Publikationsfolge der „Textbücher" (6 Bde., 1960-67; gesammelt als „Das Textbuch", 1970), die romanähnl. Zitatcollage „Projekt Nummer eins; D'Alemberts Ende" (1970), mehrere Hörspiele (u. a. „Zwei oder drei Personen", 1971) und „Gelegenheitsgedichte und Klappentexte" (1973) sowie „Das Durchhauen des Kohlhaupts" (Ged., 1974), „mehr ist dazu nicht zu sagen. neue Herbste" (1984); auch literaturkrit. und theoret. Arbeiten („Über Literatur", 1966; „Briefwechsel über Literatur", 1969, mit H. Vormweg; „Zur

Tradition der Moderne", 1972), „Eichendorffs Untergang u. a. Märchen" (Reportagen, 1978).

heißer Draht, Bez. für die direkte Fernschreibleitung zw. den Amtssitzen des Präs. der USA und des sowjet. Min.präs., nach der Kubakrise 1962 geplant, nach Abkommen 1963 in Betrieb genommen; Abschluß ähnl. Abkommen zw. der UdSSR und Frankr. 1966, zw. der UdSSR und Großbrit. 1967.

heißes Geld (engl. hot money), fluktuierende Gelder, die in das Land mit der jeweils größten erwarteten Währungsstabilität fließen; bei geringsten Anzeichen inflationist. Tendenz sofortiger Abzug; von den Banken wegen dieses Liquiditätsentzugs wenig erwünscht, die sich vor h. G. dadurch schützen, daß sie keine Zinsen zahlen, manchmal auch durch Erhebung einer Provision. Die Notenbanken ergreifen oft Devisenbewirtschaftungsmaßnahmen zur Abwehr negativer Einflüsse auf die Binnenwirtschaft.

heiße Zelle ↑heiße Chemie.

Heißgasrotor, Hubschrauberantrieb, bei dem die heißen Verbrennungsgase eines Turboluftstrahltriebwerks durch die Rotorblätter zu den Blattspitzen geleitet werden und dort aus Düsen ausströmen.

Heißhunger (Hyperorexie), krankhaft vermehrtes, übersteigertes Hungergefühl. Ein gestörtes Eßverhalten mit H.attacken und anschließendem selbstausgelöstem Erbrechen bezeichnet man als **Bulimie.**

Heißlauf, unzulässig starke Erwärmung von Maschinenteilen (Wellen, Lager, Zahnräder usw.) durch Reibung infolge unzureichender Schmierung.

Heißleiter, elektr. Widerstand aus Halbleitermaterial, das unter Normalbedingungen eine geringe, bei Erwärmung jedoch eine hohe Leitfähigkeit besitzt. H. werden u. a. zum Konstanthalten elektr. Spannungen, zur Verminderung von Einschaltstromstößen *(Anlaß-H.)* und zur Temperaturmessung verwendet.

Heißluftbad (Heißluftbehandlung), Anwendung von trockener Heißluft (50–100 °C) zur Behandlung chron. Gelenkerkrankungen oder für Schwitzbäder.

Heißmangel ↑Mangel.

Heißprägen, Verfahren, bei dem durch Wärme- und Druckeinwirkung der Farbstoff einer Prägefolie auf nichtmetall. Werkstoffe übertragen wird.

Heißwasserspeicher, Geräte zur Erzeugung und Speicherung von warmem Wasser. Die H. besitzen einen allseitig geschlossenen Innenbehälter aus verzinntem Stahl- oder Kupferblech mit einer hochwertigen Wärmeisolation, um die Wärmeverluste gering zu halten. Die Wärme wird im H. durch ein Heizaggregat in Form eines Tauchsieders erzeugt. Die Anschlußleistung beträgt je nach Größe bis 7,5 kW, die maximale Wassertemperatur etwa 85 °C. - Bei den *drucklosen H.*

steht der Innenbehälter nicht unter Wasserleitungsdruck. Die drucklosen Speicher gestatten die Versorgung von ein oder zwei Zapfstellen. Bei den *Druckspeichern* steht der Innenbehälter unter Wasserleitungsdruck (zur Versorgung mehrerer Zapfstellen).

Heißwind, Heißluft, die durch die Blasformen in den Hochofen zur Verbrennung des Kokses geblasen wird.

Heister, forstwirtsch. Bez. für junge Laubbäume (noch ohne Krone).

Heisterbach, Cäsarius von ↑Cäsarius von Heisterbach.

Heisterbach, ehem. Zisterzienserabtei (gegr. 1189, in H. seit 1193, 1803 aufgehoben und abgebrochen), heute zu Königswinter; Blütezeit der Abtei im 13. Jh.; von der bed. frühgot. Kirche (1202–37) ist noch die mächtige Ruine des Chors mit Umgang erhalten.

heiter, in der *Meteorologie* Bez. für eine Bedeckung des Himmels mit einem Bedeckungsgrad von höchstens $\frac{1}{4}$.

Heitersheim, Stadt 8 km sw. von Bad Krozingen, Bad.-Württ., 254 m ü. d. M., 4300 E. Das erstmals 777 gen. H. gehörte zum Breisgau; 1272 in den Besitz des Johanniterordens gelangt, wurde der Ort 1505 Sitz des Großpriors in Deutschland; 1778 kam H. unter östr. Landeshoheit, 1806 an Baden; 1810/1952 erhielt H. das Stadtrecht. - Ehem. Johanniterschloß (v. a. 16. Jh.; heute Schwesternheim), klassizist. Pfarrkirche (1825–27).

Heitmann, Fritz, * Ochsenwerder (= Hamburg) 9. Mai 1891, † Berlin 7. Sept. 1953, dt. Organist. - Schüler von K. Straube, M. Reger und J. Pembaur; seit 1918 Organist an der Kaiser-Wilhelm-Gedächtniskirche, 1930 Domorganist in Berlin; bedeutendster dt. Organist nach Straube.

Heizelement, der Teil in Elektrowärmegeräten, in dem durch elektr. Strom Wärme erzeugt wird; meist ein spiralförmiger Heizleiter.

Heizer, Mike (Michael) [engl. ˈhaɪzə], * Berkeley (Calif.) 1944, amerikan. Künstler. - Vertreter der Land-art und Konzeptkunst; v. a. Projekte in den Wüsten von Nevada und Kalifornien; die Dokumentationen menschl. Anwesenheit in einem sonst unberührten „religiösen" Raum sollen das utilitarist. Denken aufbrechen.

Heizgase, brennbare Gase zum Heizen von Dampfkesseln, Heizkesseln u. a.

Heizgradtage, klimatechn. Wärmebedarfsberechnungen zugrundegelegte Temperatursumme; die über alle Tage einer Heizperiode erstreckte Summe der Differenzen zw. der konstant zu haltenden Raumtemperatur und der Lufttemperatur im Freien (Tagesmitteltemperatur).

Heizkessel, Anlagen zur Erzeugung der Wärme für zentrale Heizungsanlagen u. ä. Die bei der Verbrennung von Kohle, Gas oder Öl entstehende Verbrennungswärme wird an

Heizkessel

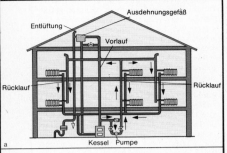

Wärmeträger (Wasser, Wasserdampf) abgegeben und zum Wärmeverbraucher (Heizkörper, Wärmeaustauscher in Lüftungs- und Klimaanlagen) transportiert. Der Wärmeaustausch findet in den H. zw. den heißen Rauchgasen und dem Wärmeträger sowohl durch Konvektion als auch durch Strahlung statt. Bei größer dimensionierten Kesseln nimmt der Strahlungsanteil zu. - Gußeiserne **Gliederkessel** bestehen aus mehreren gleichen Gliedern, die mit zwei Endgliedern zu einem Kessel montiert werden. Sie werden mit festen Brennstoffen beschickt, die auf einem Rost von unten nach oben (unterer Abbrand) oder umgekehrt (oberer Abbrand) verbrennen. Stahlkessel für feste Brennstoffe werden v. a. für hohe Wärmeleistungen gebaut (↑ Dampfkessel), z. B. für Fernheizungsanlagen. In **Gaskesseln** wird in Brennern sehr einfacher Konstruktion Stadt-, Erd- oder Raffineriegas ver-

Heizung. Links oben (a):
Warmwasserheizung als Pumpenheizung
(Zweirohrsystem mit oberer Verteilung);
links Mitte (b): Dampfheizung
(Zweirohr-Niederdrucksystem mit
unterer Verteilung); unten:
1 gesetzter Kachelgrundofen,
2 eiserner Durchbrandofen,
3 Gasofen mit Außenluftzufuhr,
4 Strahlungsheizkörper, 5 Nachtstrom-
Speicherofen, 6 Ölofen

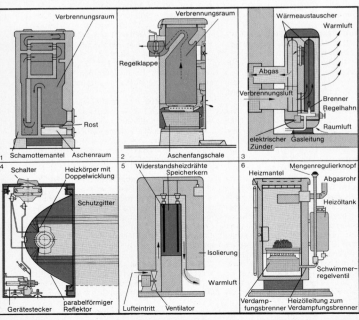

brannt; sie arbeiten vollautomatisch und müssen nur selten gewartet werden. Sehr verbreitet sind **Ölkessel**, bei denen meist mit einem Zerstäubungsbrenner ein Gemisch aus Luft und Ölnebel in den Brennraum gefördert wird und dort verbrennt.

Heizkissen, elektr. erwärmbares Kissen mit allseitig geschlossener, feuchtigkeitsdichter, schmiegsamer Hülle in einem Stoffbezug; Im Inneren befindet sich der Heizleiter in einer Asbestumhüllung. Bei leistungsgeregelten H. wird der eingelegte Heizleiter in drei Stufen (elektr. Leistung meist 15, 30 und 60 W) geschaltet. Bei temperaturgeregelten H. führt ein Heizleiter (Leistung etwa 60 W) durch das ganze Kissen; er wird durch einen Regler (Bimetallregler), der auf drei Abschalttemperaturen (60, 70 und 80 °C) einstellbar ist, geschaltet. Die H. besitzen zusätzlich Sicherheitsregler (ebenfalls Bimetall), die eine Überhitzung verhindern (Einstellung auf etwa 85 °C).

Heizkörper, Bestandteil einer [Zentral]-heizungsanlage, der die Wärme des Wärmeträgers an den Raum abgibt. Die Wärmeabgabe erfolgt durch Konvektion und Strahlung. Die Oberflächentemperatur des H. sollte nicht zu hoch sein (weniger als 70 °C). Weit verbreitet sind **Radiatoren** aus Gußeisen oder Stahl. Sie bestehen aus gleichartigen Gliedern, die in beliebiger Stückzahl zu einem H. montiert werden können. **Konvektoren** bestehen aus berippten Rohren, die in ein Blechgehäuse oder in eine Nische mit Verkleidung derart eingebaut werden, daß Luft von unten eintritt, sich erwärmt und oben wieder austritt. **Sockelheizkörper** sind berippte, verkleidete Rohre, die im ganzen Raum wie Fußleisten angebracht sind.

Heizlüfter, elektr. Heizgerät, bei dem Luft angesaugt, über Heizspiralen geleitet und dann erwärmt in den Raum ausgeblasen wird.

Heizöle, bei der Aufbereitung von Erdöl, Schieferöl oder Braunkohlen- und Steinkohlenschwelteeren anfallende benzinarme Destillate, die sich als Brennstoff eignen. Ihr Heizwert liegt bei $42 \cdot 10^6$ J/kg.

Heizölsteuer, ↑ Mineralölsteuer.

Heizsonne, elektr. Heizgerät mit Reflektor (Wärmeabgabe erfolgt durch Strahlung).

Heizstrom, allgemein der durch ein Heizelement fließende elektr. Strom, der dieses durch Entwicklung von Joulescher Wärme aufheizt; in engerem Sinne der durch den Heizdraht einer Elektronenröhre fließende Strom, dessen Stromstärke durch die angelegte Spannung (**Heizspannung**) und den elektr. Widerstand des Drahtes festgelegt ist.

Heizung, allg. eine Vorrichtung oder Anlage zum Erwärmen (Aufheizen) von Stoffen, Geräten u. a.; i. e. S. Sammelbez. für Vorrichtungen mit der Aufgabe, Räume aller Art zu erwärmen. Eine H.anlage besteht im wesentl. aus der Wärmeerzeugungsanlage und den zur Wärmeabgabe bestimmten Teilen, die bei Einzel-H. jeweils örtl. zusammengefaßt und bei der Zentral- und Fern-H. an verschiedenen Orten sind. Wärme wird entweder durch Verbrennung von Kohle, Gas, Öl oder durch Umwandlung von elektr. Energie erzeugt. Die Wärme nimmt ein Wärmeträger (Wasser, Dampf, Luft) auf und transportiert sie zum Heizkörper, der sie an den Raum abgibt. Verwendet man Brennstoffe, übernimmt ein Schornstein die Abführung der Verbrennungsgase (Rauchgase). H.anlagen werden eingeteilt nach der Lage der Feuerstätte (Einzel-H., Zentral-H., Fern-H.), dem verwendeten *Brennstoff* (Kohle-H., Gas-H., Öl-H., elektr. H.), dem *Wärmeträger* (Warmwasser-H., Dampf-H., Warmluft-H.) und nach der Art der *Wärmeabgabe* (Konvektions-H., Strahlungsheizung).

Einzelheizung: Einfachste und älteste Form der H. Die Heizstelle, der Ofen, befindet sich unmittelbar in dem Raum, der beheizt werden soll, und gibt Wärme durch Konvektion oder Strahlung ab. Aus der ältesten Form der H., dem offenen Herdfeuer, hat sich der Kamin entwickelt. Die Öfen unterscheidet man nach *Baustoffen* (Kachelofen, eiserner Ofen) oder nach *Brennstoffen* bzw. *Energieart* (Kohle-, Gas-, Ölofen, elektr. Ofen). Der **Kachelofen** zählt zu den Speicheröfen. Die Ummantelung nimmt Wärme auf und gibt sie vorwiegend durch Konvektion in den Raum ab. Eiserne Öfen haben einen mit Schamottesteinen ausgekleideten Stahlmantel. Die Verbrennungswärme wird unmittelbar an den Raum abgegeben. Die Heizleistung ist über Luftzufuhr mittels Klappe regulierbar. Im **Gasofen** werden den Heizgase (Stadt-, Raffinerie-, Propan-, Erdgas) verbrannt. Man unterscheidet *Strahlungsöfen* und *Konvektionsöfen*. In **Strahlungsöfen** erhitzt die Gasflamme Heizflächen aus Metall oder Schamotte, die Wärme abstrahlen. **Konvektionsöfen** werden als Gliederöfen oder vorwiegend als Kaminöfen gebaut; Wärmeabgabe über Wärmeaustauscher durch Konvektion. Die erwärmte Luft steigt infolge ihrer geringeren Dichte nach oben. In *elektr. Öfen* wird mittels Widerstandsdrähten elektr. Energie in Wärmeenergie umgewandelt. *Strahlungsheizkörper* sind Heizsonne, Wand- und Deckenstrahler. Zu den Konvektionsheizkörpern gehören *Heizlüfter* (Ventilatorheizöfen) und **Nachtstrom-Speicheröfen.** Diese werden mit Nachtstrom zu Niedrigtarifen während der sog. Schwachlastzeiten zw. 22 und 6 Uhr aufgeheizt, und der isolierte Wärmespeicher (Temperatur bis 650 °C) gibt tagsüber die Wärme wieder ab. Die Konvektion wird bei einem Ventilator erzwungen. **Ölöfen** enthalten einen Verdampfungsbrenner, dem eine regelbare Menge Heizöl (Heizwert bis 42 MJ/kg ≈ 10 000 kcal/kg) zugeführt wird. Die Verbrennungswärme nimmt ein Heizmantel auf und gibt sie seinerseits vorwiegend durch Konvektion an die Umgebung ab.

Zentralheizung: H., bei der die einzelnen Räume von einer zentralen Feuerstelle mit Wärme versorgt werden. Weitaus am häufigsten ist die **Warmwasserheizung.** An der tiefsten Stelle des Gebäudes (bei der **Etagenheizung** auf demselben Stockwerk) befindet sich ein Heizkessel, mit Kohle, Öl oder Gas beheizt wird. Wasser wird auf ca. 90 °C erwärmt (in einer **Druckheizung** oder **Heißwasserheizung** auf 110 °C) und durch Rohrleitungen zu den Heizkörpern gefördert. Nach der Art des Wasserumlaufs unterscheidet man *Schwerkraft-* und *Pumpen-H.* Weitere Unterscheidungsmerkmale sind die Lage der Hauptverteilung (obere oder untere) und die Verbindung zur Atmosphäre (offen oder geschlossen). Bei der **Schwerkraftheizung** erfolgt der Kreislauf des Wassers infolge des unterschiedl. spezif. Gewichts zw. erwärmtem (Vorlauf) und abgekühltem Wasser (Rücklauf). Sie wird vorwiegend offen gebaut. Bei großen hohen Gebäuden wird die Pumpenheizung angewendet. Hierbei wird das Wasser mit einer elektr. Pumpe umgewälzt *(Umwälzpumpe).*

Bei der **Dampfheizung** wird als Wärmeträger Wasserdampf verwendet, der in einem Kessel erzeugt und durch Rohrleitungen zu den Heizkörpern transportiert wird. Im Heizkörper kondensiert der Dampf unter Wärmeabgabe *(Kondensationswärme).* Das Kondensat fließt zum Kessel zurück.

Bei der **Warmluftheizung** werden mehrere Räume gleichzeitig meist von einem zentral gelegenen Kachelofen über Luftkanäle beheizt.

Zur Flächenbeheizung von Innenräumen oder Freiflächen (Fahrbahn, Gehweg, Flugplätze) eignet sich bes. die **Fußbodenheizung.** Elektr. beheizte Heizmatten oder warmwasserführende Kunststoffrohre werden dazu direkt in den Estrich, Mörtel oder Beton eingebaut.

Die Umwelt, d. h. Luft, [Grund]wasser oder Erdreich, als Wärmequelle nutzt die nach dem Prinzip einer Kältemaschine arbeitende **Wärmepumpe** aus. Sie wird meist in eine vorhandene Zentral-H. integriert. Zur zentralen H. ganzer Gebäudegruppen dient die **Fernheizung.** Von einer zentralen Heizstelle aus werden die Gebäude durch Rohrleitungen mit Wärme versorgt. Als Wärmeträger dienen Warmwasser (Temperatur unter 110 °C), Heißwasser (Temperatur meist 130 bis 180 °C) oder Dampf (2 bis 3 bar).

Geschichte: Die älteste Form der Einzel-H. war das mit Holz beschickte offene Herdfeuer. Im 10. Jh. gab es erstmals in M-Europa geschlossene Feuerstätten aus Steinen oder Lehm mit Rauchgasabführung durch einen Kamin. Vom 14. Jh. an verwendete man Kachelöfen, im 17. Jh. kamen eiserne Öfen auf. Die erste Zentral-H. war das röm. Hypo-

kaustum. Von ähnl. Bauart war die Steinluft-H. (in Deutschland seit dem 12. Jh.); Steine gaben nach Erlöschen des Feuers ihre Wärme ab. Die Ofen-Luft-H. (etwa seit dem 18. Jh.) hatte einen gemauerten Ofen im Keller. Die Dampf-H. wurde um 1750 in Großbritannien erfunden. In den USA setzte man seit 1880 gußeiserne Radiatoren ein. Mitte des 18. Jh. wurde in Frankr. die erste Warmwasser-H. gebaut. In Dresden entstand um 1900 die erste Stadt-H. (Fernheizung).

📖 *Rösseler, K. H./Wiegand, M.: Die H. Wartung, Reparatur ... Ravensburg 1985. - Schiffer, H. J.: Heizungsanlage selbst gebaut. Köln 1985. - Heizungstechnik. Hg. v. Arbeitskreis der Dozenten f. Heizungstechnik. Mchn. 1977–85. 4 Bde.*

Heizwert, Wärmemenge, die bei vollständiger Verbrennung eines Brennstoffs je Mengeneinheit verfügbar wird. Da das im Brennstoff vorhandene und das bei der Verbrennung zusätzlich gebildete Wasser nach der Verbrennung entweder flüssig oder dampfförmig sein kann, unterscheidet man den heute **Brennwert** genannten *oberen H.,* der das Vorhandensein von tropfbar flüssigem Wasser nach der Verbrennung gilt, und den heute [spezif.] H. genannten *unteren H.,* bei dem das nach der Verbrennung vorhandene Gesamtwasser sich in dampfförmigem Zustand (bei 20 °C) befindet. Beide H. unterscheiden sich daher um die Kondensationswärme der nach der Verbrennung in den Verbrennungsgasen enthaltenen Gesamtwassermenge. - ↑ auch Brennstoffe.

Hekabe (lat. Hecuba), Gestalt der griech. Mythologie. Gemahlin des Königs Priamos von Troja, Mutter u. a. von Paris, Hektor, Polydoros, Polyxene und Kassandra.

Hekataios von Abdera, griech. Schriftsteller um 300 v. Chr. - Sein Werk „Über die Ägypter" - nur durch Auszüge Diodors bekannt - stellt den Ptolemäerstaat als Idealstaat dar; im utop. Roman „Über die Hyperboreer" wird ein fiktiver Staat geschildert.

Hekataios von Milet, * um 560, † um 480, griech. Geograph und Historiograph. - Schüler Anaximanders, bereiste und beschrieb große Teile der bekannten Welt. In vier Büchern „Genealogien" versuchte er, Mythisches in ein chronolog. System zu bringen; steht am Beginn der Geschichtsschreibung.

Hekate, griech. Göttin der Zauberei und des Spukwesens, die nachts, von einem unheiml. Geisterschwarm begleitet, umherzieht; urspr. wohl eine mächtige kleinasiat. Muttergottheit; oft in [verwandtschaftl.] Beziehung zu Artemis gesetzt.

hekato..., Hekato... [griech.], Bestimmungswort von Zusammensetzungen mit der Bed. „hundert", z. B. Hekatombe.

Hekatombe [griech., zu hekatón „hundert" und boūs „Rind"], urspr. das Opfer von 100 Tieren, dann jedes große Opfer, später auch Bez. für große Menschenverluste.

Hekatoncheiren, in der griech. Mythologie erdgeborene Riesen mit hundert Armen und fünfzig Köpfen; unterstützen Zeus im Kampf gegen Kronos und die Titanen.

Hekla, Vulkan im südl. Island, 1 491 m hoch.

Hektar [frz.], Einheitenzeichen ha, Flächeneinheit; 1 ha = 100 a = 10 000 m².

hektisch [zu griech. hektikós „eine Eigenschaft habend", „geübt"], fieberhaft, aufgeregt, von krankhafter Betriebsamkeit, sprunghaft.

hekto..., Hekto... [griech.-frz.], Vorsatz bzw. Bestimmungswort von Zusammensetzungen mit der Bed. hundert[fach]; Vorsatzzeichen h.

Hektographie, veraltetes Vervielfältigungsverfahren für Schriftstücke und Zeichnungen, bei dem eine Spezialdruckfarbe von einem Trägermedium (Farbband, Farbblatt) auf einen Papierbogen übertragen wird. Von dieser so hergestellten Druckform lassen sich durch Feuchtung (z. B. mit Alkohol) Abdrukke herstellen.

Hektoliter, Einheitenzeichen hl, eine Volumeneinheit (Hohlmaß); 1 hl = 100 l († Liter).

Hektopascal, Einheitenzeichen hPa, das 100fache der Druckeinheit † Pascal; 1 hPa entspricht 1 bar = 1 000 mbar.

Hektor, männl. Vorname griech. Ursprungs, der auf den Namen des trojan. Helden zurückgeht; italien. Form Ettore, frz. Hector.

Hektor, Gestalt der griech. Mythologie. Ältester Sohn des Königs Priamos von Troja und der Hekabe, Bruder des Paris, Gemahl der Andromache, Vater des Astyanax. Im Trojan. Krieg ist H. Führer und tapferster Held der Trojaner, den selbst Achilleus achtet, und Liebling des Apollon. Tötet Patroklos, wofür er von Achilleus erschlagen und um das Grab des Patroklos geschleift wird.

Hel [altnord.] (Niflheim, Niflhel), in der german. Mythologie eines der Totenreiche, das unter den Wurzeln der Weltesche Yggdrasil gelegen ist. Personifiziert ist H. Göttin des Totenreiches.

Hela, Halbinsel, 34 km lange Nehrung (Landschaftsschutzgebiet) an der Ostseeküste Polens, trennt das **Putziger Wiek,** einen Teil der Danziger Bucht, von der Ostsee.

Helbling, Münzbez., † Hälbling.

Held, Al, * New York 12. Okt. 1928, amerikan. Maler. - Wichtiger Vertreter der Farbfeldmalerei in den USA. Seine Kompositionen zeigen große Formstrenge und Wucht bei einer Behandlung der Fläche in großen Farbbahnen.

H., Heinrich, * Erbach (Rheingau) 6. Juni 1868, † Regensburg 4. Aug. 1938, bayr. Politiker. - 1918 Mitbegr. der Bayer. Volkspartei (BVP); 1924–33 bayr. Min.präs.; vertrat einen entschiedenen Föderalismus, namentl. auch während der Ära Brüning; schloß 1925 ein Konkordat ab; auch publizist. tätig.

H., Kurt, eigtl. K. Kläber, * Jena 4. Nov. 1897, † Sorengo (Tessin) 9. Dez. 1959, dt. Schriftsteller. - Setzte sich in seinem Frühwerk (Lyrik, Novellen, Romane) mit der Verelendung des Proletariats auseinander. Seit 1924 ∞ mit L. Tetzner; 1928 Gründungsmgl. des Bundes proletar.-revolutionärer Schriftsteller. Emigrierte 1933 in die Schweiz. Bes. Beachtung fanden seine Jugendbücher „Die rote Zora und ihre Bande" (1941) und „Giuseppe und Maria" (4 Bde., 1955).

H., Louis, * Berlin 1. Dez. 1851, † Weimar 17. April 1927, dt. Photograph. - Bahnbrechend auf dem Gebiet der Bildberichterstattung.

H., Martin, * Berlin 11. Nov. 1908, dt. Schauspieler. - Hatte in Berlin mit der Darstellung des Wehrhahn in G. Hauptmanns „Biberpelz" 1951 seinen ersten überragenden Erfolg; distanziert-iron. Spielweise und große komödiant. Begabung; Filmrollen u. a. in „Rosen für den Staatsanwalt" (1959), „Die Ehe des Herrn Mississippi" (1961), „Die Herren mit den weißen Westen" (1970).

Held, urspr. der sich durch Tapferkeit und Kampfgewandtheit auszeichnende Mann, insbes. in den german. Sagen der berühmte Krieger edler Abkunft. Allgemein dann eine Person, die den Mittelpunkt einer Begebenheit oder Handlung bildet (z. B. die Hauptperson in Drama, Film und Roman) und durch vorbildl., selbstloses Handeln Anerkennung und Bewunderung hervorruft († auch Heros);

Helgoland. Felseninsel mit dem südlich gelegenen Schutzhafen; im Hintergrund links die Düneninsel

Heldbock

auch untergliedertes Rollenfach im Theater, bes. geläufig: jugendl. Held.

Heldbock (Großer Eichenbock, Spießbock, Riesenbock, Cerambyx cerdo), mit 3–5 cm Länge größter Bockkäfer in Europa und W-Asien; Körper und Flügeldecken schwarzbraun mit gerunzeltem und seitl. bedorntem Halsschild und überkörperlangen Fühlern. Die bis 10 cm langen, fingerdicken Larven werden durch ihre bis 1 m langen Fraßgänge v. a. in Eichen schädlich.

Held der Arbeit, Ehrentitel, staatl. Auszeichnung in der DDR, die an Personen verliehen wird, die durch „bahnbrechende Tätigkeit" zum ökonom. Fortschritt beitrugen und durch vorbildl. Einzelleistungen hervortraten.

Heldenbuch, handschriftl. oder gedruckte Sammlungen von Heldendichtungen des 15. und 16. Jh., die oft späte Fassungen der mittelhochdt. Heldenepen in der Form des Volksbuchs überliefern.

Heldenepos, die Bez. H. ist in Unterscheidung zum höf. Epos oder der ↑Spielmannsdichtung oder auch dem Kunstepos (Ariosto, Tasso, Klopstock) ein Synonym für das Epos in strengem Sinn, das - oft fast versunkenes und aus der Vorväterzeit in Sagen und Liedern überliefertes - Geschehen und z. T. auch myth. Überlieferung reflektiert und sich um Heroen bzw. Heldengestalten kristallisiert. Alle frühen Epen sind Heldenepen: „Gilgamesch-Epos", „Mahabharata", „Ramajana" sowie „Ilias" und „Odyssee", vorbildlich für zahlr. hellenist. und röm. E., ma. geistl. Epen und z. T. die Episierungen german. Heldenlieder („Waltharius", „Beowulf" bzw. Bes. sind die Heldenepen des MA zu nennen, die frz. Chansons de geste aus der Karolingerzeit und das mittelhochdt. „Nibelungenlied" mit Stoffen aus der Völkerwanderungszeit. - ↑auch Epos.

Heldenlied, gegenüber dem literar. ↑Heldenepos stellt das H. die ältere Form der Heldendichtung dar und ist eigentl. mündl. Dichtung. Das H. konzentriert sich auf die Höhepunkte der Handlung und hat ep.-dramat. Charakter. Die Personenzahl ist reduziert. Der Text liegt nicht unbedingt fest und zeigt ein schlichtes Metrum. - Von diesen internat. nachweisbaren „rhapsod." H. unterscheiden sich die aus dem frühen und hohen MA erhaltenen Denkmäler german. H.dichtung, deren Stoffe in die Zeit der german. Völkerwanderung zurückverweisen (das althochdt. „Hildebrandslied", das altengl. „Finnsburglied" und die H. der altnord. Literatur [„Edda"]). Die H. müssen von vornherein einen relativ festen Text gehabt haben, der stellenweise noch in den spät erhaltenen Fassungen greifbar wird. Ihre metr. Form ist der Stabreimvers. Ob dieser bereits für die Völkerwanderungszeit anzusetzen ist, ist fraglich; noch das „Hildebrandslied" als ältestes der erhaltenen Lieder erfüllt die formalen

Ansprüche, wie sie die Lieder der „Edda" erkennen lassen, nur unzureichend. Ein großer Teil der Eddalieder wird der **Heldenballade** zugerechnet, die sonst v. a. noch in der ma. dän. Volksdichtung bezeugt ist, eine stark lyr. Gattung (z. B. Klagelieder), beeinflußt vom frz. Tanzlied.

Heldensage, v. a. in Heldenlied und Epos fixierte Sage. Die H.überlieferung der einzelnen Völker ordnet sich meist zykl. zu Sagenkreisen, in deren Mittelpunkt jeweils ein überragender Held (u. U. ein göttl. Heros) bzw. ein ganzes Geschlecht steht, z. B. Gilgamesch, Rama, Herakles, Theseus, die Argonauten, die Labdakiden (Ödipus), die Atriden, Achilleus, Odysseus, Äneas, Siegfried und die Nibelungen, Dietrich von Bern (Theoderich), König Artus, Karl d. Gr., der Cid u. a. Der H. stehen die isländ. Sögur (↑Saga) nahe, insofern sie die norweg. Landnahme als Familiengeschichten bzw. Geschichte von Einzelpersonen dieser Familien behandeln.

Helder, Den, niederl. Hafenstadt am Marsdiep, 63 200 E. Größter Marinehafen des Landes, meeresbiolog. Forschungsinst., Marinemuseum, Aquarium; Autofähre nach Texel; ♨. - D. H. entstand um 1500 auf der Insel Huisduinnen und wurde mehrfach später landeinwärts verlegt. Napoleon I. ließ D. H. zur Festung ausbauen.

Heldt, Werner, ∗Berlin 17. Nov. 1904, †Sant'Angelo auf Ischia 3. Okt. 1954, dt. Maler und Zeichner. - Sein Hauptthema ist die Berliner Stadtlandschaft.

Helen, aus dem Engl. übernommener weibl. Vorname, engl. Form von Helene.

Helena, Gestalt der griech. Mythologie. Nach der bekanntesten Version entstammt H. einer Verbindung von Zeus mit Leda. Von außerordentl. Schönheit, wird sie von dem myken. Prinzen Menelaos geheiratet. Als der trojan. Königssohn Paris sie nach Troja entführt, ziehen die griech. Fürsten mit ihren Heeren gegen Troja. Im 10. Jahr des Trojan. Krieges führt schließl. die Mithilfe der H., die ihre Treulosigkeit bereut hat, zur Einnahme der Stadt. Verschiedene alte Kulte sowie das Entführungsmotiv legen die Vermutung nahe, daß H. urspr. eine (wohl minoische) Vegetationsgöttin war.

Helena (Flavia Julia H.), hl., ∗Drepane (Bithynien) um 257, †Rom oder Nikomedia (= İzmit) wohl 336, Mutter Konstantins I., d. Gr. - Erst Schankwirtin, dann (bis 289) Konkubine Konstantius' I., durch ihren Sohn Konstantin 325 zur Augusta erhoben; seit 312 Christin, zeichnete sich durch karitative Tätigkeit aus; die Legende schreibt ihr die Auffindung des Hl. Kreuzes zu.

Helena [engl. ˈhɛlmnə], Hauptstadt des B.-Staats Montana, USA, im O der Rocky Mountains, 1 257 m ü. d. M., 24 300 E. Sitz eines kath. und eines anglikan. Bischofs; College; Nahrungsmittelind., Erzaufbereitung. -

1875 Hauptstadt des Territoriums Montana und 1889 des Bundesstaates. - Klassizist. State Capitol (1899–1911), neugot. Kathedrale (1908–24).

Helene (Helena), weibl. Vorname griech. Ursprungs; die Bedeutung ist unklar. Italien. Form Elena, frz. Hélène, engl. Helen, schwed. Helena und Elin, ungar. Ilona.

Helenenkraut ↑ Alant.

Helfferich, Karl, *Neustadt an der Weinstraße 22. Juli 1872, † Bellinzona 23. April 1924 (Eisenbahnunglück), dt. Politiker. - Volkswirt und Jurist; 1908–15 Vorstandsmgl. der Dt. Bank, seit 1910 Mgl. des Zentralausschusses der Reichsbank; als Staatssekretär des Reichsschatzamtes Leiter der Reichsfinanzpolitik seit 1915, mitverantwortl. für die Rüstungsfinanzierung durch Anleihen; 1916/17 Vizekanzler und Leiter des Reichsamts des Innern; Juli/Aug. 1918 dt. diplomat. Vertreter in Moskau; im Reichstag einer der Führer der DNVP (1920–24), deren Politik er als Finanzexperte und Agitator gegen die „Erfüllungspolitik" der Weimarer Koalition bedenkenlos vertrat; brachte 1920 mit persönl., später als nicht stichhaltig erwiesenen Verdächtigungen M. Erzberger zu Fall; die Schaffung der Rentenmark ging u. a. auf seine Vorschläge zurück.

Helfta, Stadtteil von Eisleben, Bez. Halle, DDR, ehem. Zisterzienserinnenkloster (seit 1258), im 13. Jh. ein Zentrum der dt. Frauenmystik.

Helga, aus dem Nord. übernommener weibl. Vorname, eigtl. etwa „die Geweihte, die Heilige" (zu schwed. helig „heilig"). Männl. Entsprechung: **Helge (Helgi).**

Helge, Nebenform des weibl. Vornamens Helga.

Helgoland, Insel in der Dt. Bucht (Nordsee), 65 km nw. von Cuxhaven, zu Schl.-H., 2,09 km², 2 000 E. Besteht aus einem Buntsandsteinsockel mit steiler Kliffküste, bis 56 m ü. d. M. und der 1,5 km entfernten Düne. Umfangreiche Uferschutzbauten sichern H. vor der zerstörenden Arbeit des Meeres. 1945–52 Übungsziel der brit. Luftwaffe, danach Wiederaufbau als modernes Nordseeheilbad (Zollfreiheit); Hummerfischerei; Vogelwarte, Biolog. Anstalt, Wetterstation, Hafen. - Seit 1402 beim Hzgt. Schleswig und seit 1490 beim Gottorfer Anteil, wurde H. 1714 von Dänemark, 1807 jedoch von Großbrit. besetzt (vertragsgemäß brit. seit 1814). 1826 Gründung des Seebades. Seit 1890 dt. (↑ Helgoland-Sansibar-Vertrag), wurde H. zum stark befestigten Marinestützpunkt ausgebaut (militär. Anlagen nach 1919 zerstört, nach 1933 erneuert). - Abb. S. 269.

Helgoland-Sansibar-Vertrag, am 1. Juli 1890 zw. dem Dt. Reich und Großbrit. abgeschlossener Vertrag, durch den die Kolonialstreitigkeiten beider Staaten in O- und SW-Afrika sowie Togo bereinigt wurden.

Deutschland verzichtete auf Erwerbungen in Uganda, Betschuanaland (= Botswana) und an der Somaliküste sowie auf Wituland, erhielt jedoch einen Zugang zum Sambesi (sog. Caprivizipfel). Für die Anerkennung der brit. Kolonialherrschaft über Sansibar erhielt Deutschland Helgoland, das durch Reichsgesetz (1890) preuß. wurde.

Heliaden ↑ Phaethon.

heliakisch [griech.], auf die Sonne bezüglich.

Heliand, anonym überliefertes altsächs. Epos, wohl um 830 entstanden. Stellt in fast 6 000 Stabreimversen die Lebensgeschichte Christi (altsächs. H. für Heiland) dar nach dem Vorbild der „Evangelienharmonie" des Syrers Tatian unter Benutzung v. a. der Evangelienkommentare des Fuldaer Abtes Hrabanus Maurus und des angelsächs. Kirchenlehrers Beda.

Helianthemum [griech.], svw. ↑ Sonnenröschen.

Helianthus [griech.], svw. ↑ Sonnenblume.

Helichrysum [griech.], svw. ↑ Strohblume.

Heliconia [griech.-lat.], Gatt. der Bananengewächse mit rd. 150 Arten im trop. Amerika; mehrjährige Kräuter mit einem aus Blattscheiden gebildeten Scheinstamm und Blütenständen; Frucht eine in drei Teilfrüchte zerfallende Kapsel.

Helikon, griech., Gebirgsstock zw. dem Golf von Korinth und der Kopais, 1 748 m hoch. In der Mythologie Sitz der Musen.

Helikon [griech.], Blechblasinstrument; eine Baß- oder Kontrabaßtuba (↑ Tuba) in kreisrund gewundener Form, wird beim Spiel über die Schulter gehängt; hauptsächl. in der Militärmusik (bes. in den USA) verwendet. - ↑ auch Sousaphon.

Helikopter [frz.-engl., zu griech. hélix „Windung" und pterón „Flügel"], svw. ↑ Hubschrauber.

helio..., Helio... [griech.], Bestimmungswort von Zusammensetzungen mit der Bed. „Sonne".

Heliodor, † nach 175 v. Chr., Jugendfreund und (seit 187) Staatskanzler Seleukos' IV. - Erhob persönl. in Jerusalem Kontributionen, was jüd. Animosität gegen die seleukid. Dyn. erregte und zu späterer Ausmalung führte (2. Makk. 3,4) führte; ermordete 175 Seleukos IV., durch Antiochos IV. mit Hilfe Pergamons vertrieben.

Heliodor von Emesa, griech. Schriftsteller des 3. Jh. n. Chr. - Schrieb den vielgelesenen Roman „Aithiopika" (Äthiop Geschichten, 10 Bücher), einen kunstvoll gebauten Liebes- und Abenteuerroman, der von reiner, schlichten Frömmigkeit erfüllt ist; zahlreiche Übersetzungen (u. a. frz. 1547, dt. 1554).

Heliodor [zu griech. hélios „Sonne" und dōron „Geschenk"], Bez. für den aus Südwestafrika stammenden Goldberyll; [grünlich]gelbe Abart des Berylls; Schmuckstein.

Heliogabalus ↑ Elagabal.

Heliographie, in der Drucktechnik Bez. für verschiedene ältere Lichtdruckverfahren.

Heliogravüre (Photogravüre) ↑ Drucken.

Heliolites [griech.], Gattung fossiler Korallen; vom oberen Silur bis zum Mitteldevon weltweit verbreitet; bildeten massive, etwa halbkugelförmige Kolonien.

Heliopolis, nö. Vorort von ↑ Kairo. - Die antike Stadt **Heliupolis** (im A. T. **On**) lag 4 km nw. vom heutigen H.; im Altertum bed. religiöses Zentrum Ägyptens mit berühmtem Sonnenheiligtum. Die Araber benutzten die Steine des bereits vor Christi Geburt verfallenen H. zum Bau von Kairo. Erhalten blieb nur ein Obelisk Sesostris' I.

H. ↑ Baalbek.

Helios, griech. Sonnengott. Sohn der Titanen Hyperion (mitunter selbst ein Beiname des H.) und Theia, Bruder von Selene und Eos, Gemahl der Perse. Seine Schwester Selene gilt auch als seine Gemahlin. Des Morgens erhebt sich H. von seinem Palast am Ostrand der Erde (↑ Aia), um seinen mit vier feuerschnaubenden Rossen bespannten Wagen über den Himmel in das dunkle Land der Hesperiden am Westrand der Erde zu lenken. H. galt nicht nur als Gott des Lichtes, sondern auch als Gott der Wahrheit, schließl. als Hüter und Garant der Ordnung.

Helios auf seinem Wagen. Detail vom großen Fries des Zeusaltars von Pergamon (180–160). Berlin, Museumsinsel

Helios [griech.], Bez. für ein dt.-amerikan. Raumfahrtprojekt zur Erforschung der Sonne; H. A. wurde am 10. Dez. 1974, H. B am 15. Jan. 1976 gestartet.

Heliostat [griech.] ↑ Zölostat.

Heliotherapie, Anwendung des Sonnenlichts bzw. der Sonnenstrahlen bei der Behandlung bestimmter Krankheiten (u. a. Hautkrankheiten, Tuberkulose).

Heliotrop [zu griech. hḗlios „Sonne" und trépein „wenden"] (Sonnenwende, Heliotropium), Gatt. der Rauhblattgewächse mit mehr als 250 Arten in den Tropen und Subtropen sowie in den wärmeren gemäßigten Gebieten; Kräuter oder Halbsträucher mit kleinen, achselständigen oder in Wickeln stehenden Blüten. In S-Deutschland kommt das weißbläul. blühende, einjährige **Skorpionskraut** (Heliotropium europaeum) in Unkrautgesellschaften und in Weinbergen vor. Verschiedene mehrjährige Arten sind beliebte Topf- und Gartenpflanzen.

Heliotrop [griech.], undurchsichtiger, intensiv grün gefärbter ↑ Chalzedon mit blutroten Flecken (durch Eisenoxide hervorgerufen). Mohshärte 6,5 bis 7,0; Dichte 2,5 bis 2,6 g/cm³. Vorkommen als Einschluß von Eruptivgesteinen (v. a. in Indien).

Heliotropismus ↑ Tropismus.

heliozentrisch, auf die Sonne als Mittelpunkt bzw. auf den Mittelpunkt der Sonne bezogen, z. B. das **heliozentrische System** des Kopernikus, bei dem die Sonne das Zentrum des Planetensystems bildet. Damit löste Kopernikus 1543 das ↑ geozentrische System ab („**kopernikan. Wende**"), er griff auf eine Hypothese zurück, die bereits Aristarchos von Samos etwa 275 v. Chr. entwickelt hatte, die jedoch fast völlig vergessen war.

Heliozoa [griech.], svw. ↑ Sonnentierchen.

Helium [zu griech. hḗlios „Sonne" (wegen der zuerst im Sonnenspektrum entdeckten Spektrallinien)], chem. Symbol He; gasförmiges Element aus der Gruppe der Edelgase des Periodensystems der chem. Elemente. Ordnungszahl 2; mittlere relative Atommasse 4,00260. Das farblose, einatomige Edelgas hat eine Dichte von 0,1785 g/l, Schmelzpunkt (bei 25 bar) −272,2 °C; Siedepunkt −268,934 °C. H. ist die einzige bekannte Substanz, die am absoluten Nullpunkt flüssig bleibt; sie wird aber fest (gefriert) unter äußerem Druck. Das flüssige H. tritt in zwei Modifikationen auf: oberhalb von 2,186 K und 5,09 mbar in Form des *Helium I* und unterhalb dieses Umwandlungspunktes in Form der Tieftemperaturmodifikation *Helium II* (supraflüssiges H.), die die Eigenschaft der ↑ Suprafluidität besitzt. Diese Umwandlung zeigt jedoch nur das (am häufigsten vorkommende) Isotop He 4. Chem. ist H. außerordentl. reaktionsträge und bildet unter normalen Bedingungen keine Verbindungen. H. ist innerhalb der Erdatmosphäre und der Erdkruste ein außerordentl. seltenes Element.

Heliummethode, Methode zur Altersbestimmung von Gesteinen: Vergleich des Gehalts an Uran oder Thorium mit der Menge an eingeschlossenem Helium, das durch radioaktiven Zerfall daraus hervorgegangen ist.

Helix [griech. „Windung, Spirale"], Gatt. großer, auf dem Lande lebender Lungenschnecken mit mehreren Arten, darunter die ↑ Weinbergschnecke.

◆ in der *Anatomie* Bez. für den äußeren, umgebogenen Rand der menschl. Ohrmuschel.

Helixstruktur, wendelförmige räuml. Anordnung der Bausteine (niedrigmolekulare Molekülreste) von Makromolekülen, die durch intramolekulare, zw. benachbarten Windungen auftretende Bindungskräfte (z. B. Wasserstoffbrückenbindungen) stabilisiert ist. Sie tritt u. a. bei den Polynukleotidketten der Nukleinsäuren und den Polypeptidketten der Proteine auf. - ↑ auch Doppelhelix.

helkogen [griech.], aus einem Geschwür entstanden bzw. ein Geschwür erzeugend, zu einem Geschwür führend.

Hella, weibl. Vorname, Kurzform von Helena, Koseform von Helga.

Hellabrunn ↑ zoologische und botanische Gärten (Übersicht).

helladische Kultur [griech./dt.], Frühkultur des griech. Festlandes. *1. Früh-h. K.* (etwa 2500–1900): kupferzeitl. Kultur, handgemalte Keramik, mattglänzend, schwarzbraun überzogen, später rot bis gelbweiß. *2. Mittel-h. K.* (etwa 1900–1570): unbemalte „grau-minyische" (nach dem sagenhaften Volk der Minyer) Keramik und eine mit geometr. Streifen und schraffierten Feldern mattbemalte Gattung. Unter zunehmendem minoischen Einfluß entwickelte sich *3. die spät.-h. K.,* die ↑ mykenische Kultur. - ↑ auch ägäische Kultur.

Hellanodiken [griech.], Bez. für die Aufseher der Olymp. und der Nemeischen Spiele.

Hellas, antike Bez. für das festländ. Griechenland; die Herkunft des Wortes ist unbekannt. In der „Ilias" für die Gegend in der Sperchiosebene, in der „Odyssee" für ganz M-Griechenland verwendet, bei Hesiod (um 700 v. Chr.) erstmals in der späteren umfassenden Bedeutung. Ähnl. gilt für seine Bewohner, die **Hellenen.**

Hellbrunn, Barockschloß mit Park und berühmten Wasserspielen (seit 1921 zu Salzburg). Für Erzbischof Markus Sittikus von Hohenems 1613–19 von S. Solari errichtet.

Helldorf, Wolf [Heinrich] Graf von, * Merseburg 14. Okt. 1896, † Berlin 15. Aug. 1944 (hingerichtet), dt. Politiker. - Mgl. der NSDAP; seit 1925 MdL in Preußen; 1935–44 Polizeipräs. von Berlin; seit 1938 in umstrittenen Beziehungen zur Widerstandsbewegung um Goerdeler, sollte am 20. Juli 1944 in Berlin die Verhaftung der NS-Machthaber leiten.

Helldunkelmalerei (italien. Chiaroscuro; frz. Clair-obscur), in der Malerei seit dem 16. Jh. im Zusammenhang mit der Entwicklung des Beleuchtungslichtes ausgebildete Gestaltungsweise. Diente Caravaggio zur stärkeren Durchbildung der plast. Form und Klärung der räuml. Verhältnisse, später deren Verunklärung im Interesse einer maler. oder stimmungshaften Vereinheitlichung der Bildwirkung (v. a. Rembrandt).

Helle ↑ Phrixos.

Hellebarde [zu mittelhochdt. helm „Stiel (der Axt)" und barte „Beil"], ma. Stoß- und Hiebwaffe (Hauptwaffe des Fußvolks), bei der sich an einem 2–2,5 m langen Schaft eine etwa 30 cm lange Stoßklinge (Spitze) und ein häufig halbmondförmiges Beil sowie (dem Beil gegenüber) eine oder mehrere Eisenzacken befinden; seit Mitte 15. Jh. von der Pike verdrängt.

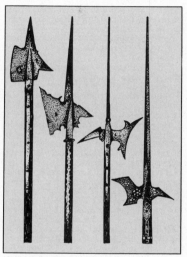

Hellebarden in verschiedenen Formen (15.–17. Jh.)

Hellempfindlichkeitsgrad, Maß für den mit helladaptiertem Auge wahrgenommenen Helligkeitseindruck; in Abhängigkeit von der Wellenlänge ergibt sich die sog. *Tageswertkurve.* Eine entsprechende Kurve, die *Nacht-* oder *Dämmerwertkurve,* ergibt sich für die mit dem dunkeladaptierten Auge wahrgenommene **Dämmerempfindlichkeit.**

Hellenen ↑ Hellas.

Helleniden, südl. Fortsetzung der ↑ Dinariden in Griechenland.

Hellenisierung [griech.], Bez. für den Prozeß der Verbreitung und Annahme griech. Kultur.

Hellenismus [griech.], Begriff zur histor. Einordnung des Zeitraumes zw. Alexander d. Gr. und der röm. Kaiserzeit, in Abänderung des antiken Begriffsgehaltes (griech. hellēnismós „der richtige Gebrauch der griech. Schriftsprache durch einzelne") eingebürgert durch J. G. Droysen. Weder sachl. noch zeitl.

genau zu umreißen, umfaßt H. Phänomen und Epoche der Ausbreitung griech. Kultur über die seit 326 sich bis zum Indus erstreckende hellenist. Staatenwelt wie nach W. Die Hellenisierung bewirkte das Entstehen einer einheitl. Kultur und führte zu gewaltigen Kulturleistungen; Griech. wurde Weltsprache. - In der Spätantike bedeutete H. das Selbstverständnis des Heidentums gegen christl. Religiosität. - ↑ auch griechische Geschichte.
ω Grant, M.: *Von Alexander bis Kleopatra: Die hellenist. Welt*. Dt. Übers. Bergisch Gladbach 1984.

Hellenisten [griech.], Sammelbez. für Gelehrte und Schriftsteller der Epoche des Hellenismus, daneben bes. Bez. für griech. sprechende Juden (Apg. 6,1).

hellenistische Kunst, die Kunst der Griechen im Zeitalter des Hellenismus (↑ griechische Kunst).

hellenistische Literatur, die griechischsprachige Literatur des Hellenismus (↑ griechische Literatur).

hellenistische Philosophie, die griech. Philosophie der Zeit des Hellenismus (↑ griechische Philosophie).

hellenistische Staaten, die griech. Staaten im Zeitalter des Hellenismus; entstanden aus dem 323 v. Chr. unvollendet von Alexander d. Gr. zurückgelassenen Reich als Herrschaft einer griech. Minderheit: Ptolemäer in Ägypten 323–30; Seleukiden in Persien, Syrien, Teilen Kleinasiens 312–63; Antigoniden erst im Osten, etwa 276–168 in Makedonien; Pergamon 261–133; das gräkobaktr. Reich (↑ Baktrien) mit Blüte um 250–140; dazu die syrakusan. Großmacht auf Sizilien Anfang des 3. Jh. Dabei folgte auf die Kämpfe der Diadochen das Zeitalter der Epigonen mit weitgehend konsolidiertem Staatengefüge. Die absolute Herrschaft der Könige erklärte sich aus dem Verhältnis zu erobertem Machtbereich und zugleich als Anpassung an vorgefundene Verhältnisse. Hatte bereits im 3. Jh. und dann im 2. Jh. das Seleukidenreich die Bildung mehr oder weniger unabhängiger Staaten (3. Jh.: Pergamon, Bithynien, Pontus, Kappadokien, Baktrien, Parthien; 2. Jh.: Makkabäerstaat) hinnehmen müssen, so bewirkte das Eingreifen Roms - neben dem Nachlassen griech. Bev.nachschubs aus der Heimat und deutl. Dekadenzsymptomen innerhalb der Dyn. - seit dem 2. Pun. Krieg (anfangs als Bundesgenosse, seit dem 2. Jh. als Kontrollmacht) den schnellen Zusammenbruch des Gefüges der h. S. Nach der Unterwerfung Makedoniens (endgültig 149) und des Seleukidenreiches 63 hielt sich Ägypten bis 30 v. Chr., nicht zuletzt wegen seiner bes. geograph. Lage. Die östl. Gebiete (Persien, Mesopotamien) gelangten seit dem 2. Jh. v. Chr. in den parth. Machtbereich.

Heller, André [´–], * Wien 22. März 1946, östr. Literat und Unterhaltungskünst-

ler. - Maliziös-eleg. Texter und Liedermacher; begann als Discjockey im östr. Rundfunk. Aufsehen erregte er 1976 mit seinem „Zirkus Roncalli" im altmod., naiven Stil; schrieb „Es werde Zirkus. Ein poet. Spektakel" (1976); zeigte 1984 das „Feuertheater mit der Klangwolke" vor dem Berliner Reichstag.

H., Hermann [´–], * Teschen 17. Juli 1891, † Madrid 5. Nov. 1933, dt. Staatsrechtswissenschaftler. - 1928 Prof. in Berlin, 1932 in Frankfurt am Main, 1933 Emigration nach Spanien. Gilt als erster Theoretiker des „sozialen Rechtsstaats"; betonte gegenüber der klass. Staatslehre die gesellschaftl. Funktion des Staates und seine Konkurrenzsituation zu anderen Machtgruppen in der Gesellschaft.

H., Joseph [engl. ´hɛlə], * New York 1. Mai 1923, amerikan. Schriftsteller. - Sein Roman „Catch 22" (1961) ist eine grotesk-kom. Entlarvung der Sinnlosigkeit des Krieges. Der Roman „Was geschah mit Slocum?" (1974) schildert die grausame Welt eines amerikan. Konzerns. „Überhaupt nicht komisch" (1985) ist der Bericht seiner Krankheitsgeschichte.

Heller (Haller, Häller), urspr. die Pfennige von Schwäbisch Hall, die sich durch Handlichkeit und Wertbeständigkeit seit dem 13. Jh. schnell zu einer viel geschätzten und nachgeahmten Handelsmünze entwickelten; vom 17. Jh. an wurden sie überall zu Kupfermünzen. Im allg. setzte sich der H. als Halbpfennig durch. Im 19. Jh. waren süddt. H. meist = $1/8$ Kreuzer = $1/480$ Gulden, mitteldt. H. = $1/24$ Groschen = $1/720$ Taler; nur im Bereich von Frankfurt am Main waren H. und Pfennig gleichbedeutend. - In Österreich-Ungarn wurde der H. 1892 neu belebt als $1/100$ Krone (bis heute erhalten in Ungarn [Fillér] und der ČSSR [tschech. haléř, slowak. halier]). - H. wurden auch 1903–13 für Dt.-Ostafrika geprägt, 1 H. = $1/100$ Rupie.

Heller ↑ Groden.

Hellerau, 1909 als ↑ Gartenstadt gegründet, seit 1950 Ortsteil Dresdens; wegweisender Bebauungsplan von R. ↑ Riemerschmid, von dem in H. u. a. der Fabrikbau für die „Dt. Werkstätten" stammt.

Hellespont ↑ Dardanellen.

Helligkeit, in der *Astronomie* ein Maß für die Strahlung eines Himmelskörpers, insbes. eines Sterns. Die **scheinbare Helligkeit** (Formelzeichen *m*) ist ein logarithmisches Maß für die auf der Erde beobachtete Intensität. Einheit ist die *Größe*, für Differenzen die *Größenklasse* (Einheitenzeichen ^{m} bzw. m). Eine solche Klassifikation wurde bereits im Altertum nach dem mit bloßem Auge unterscheidbaren Helligkeiten vorgenommen, dabei wurden die hellsten Sterne als von 1. Größe, die schwächsten als von 6. Größe bezeichnet. Die **absolute Helligkeit** (Formelzeichen *M*) ist das entsprechende Maß für die tatsächl. Strahlungsleistung (d. h. die pro Zeiteinheit abgestrahlte Energie) eines Sterns;

bei Sternen in einer Entfernung von 10 Parsec stimmen die Zahlenwerte beider Größen nach Definition überein. Für ausgedehnte Objekte (z. B. Nebel) wird die Flächenhelligkeit angegeben. Alle H.angaben sind vom verwendeten Empfänger abhängig. Dementsprechend sind z. B. visuelle und photograph. H. zu unterscheiden. Die über das gesamte Spektrum erfaßte Gesamt-H. wird **bolometrische Helligkeit** genannt.

Helligkeitsregler (Dimmer), mit Triacs ausgerüstete elektron. Schaltung zur stufenlosen Steuerung der Helligkeit von Glüh- und Leuchtstofflampen. Ihre Wirkungsweise beruht auf der ↑ Phasenanschnittsteuerung.

Helligkeitssehen ↑ Auge.

Helling [niederdt., zu heldinge „Schräge, Abhang"], Bauplatz für Schiffsneubauten, der zum Wasser hin geneigt ist, um einen Stapellauf zu ermöglichen. - ↑ auch Baudock, ↑ Dock.

Hellmesberger, östr. Musikerfamilie.
H., Georg, * Wien 24. April 1800, † Neuwaldegg (= Wien) 16. Aug. 1873, Violinist und Dirigent. - 1830–67 Dirigent der Hofoper in Wien und Prof. am Konservatorium; komponierte zwei Violinkonzerte und Kammermusik.
H., Joseph, * Wien 3. Nov. 1828, † ebd. 24. Okt. 1893, Violinist und Dirigent. - Sohn und Schüler von Georg H.; wurde 1851 Direktor der Gesellschaft der Musikfreunde, seit 1877 Hofkapellmeister; Leiter eines bed. Streichquartetts.
H., Joseph, * Wien 9. April 1855, † ebd. 26. April 1907, Violinist und Dirigent. - Sohn und Schüler von Joseph H.; seit 1890 1. Hofkapellmeister in Wien, 1904/05 Hofkapellmeister in Stuttgart; komponierte Operetten, Ballette, Tanzmusik und Lieder.

Hellpach, Willy, * Oels (Niederschlesien) 26. Febr. 1877, † Heidelberg 6. Juli 1955, dt. Mediziner und Psychologe. - 1911 Prof. in Karlsruhe, 1922–24 bad. Kultusmin., 1924/25 bad. Staatspräsident, anschließend Prof. in Heidelberg, 1928–30 MdR (DDP); seit 1945 wieder Prof. in Karlsruhe. H. schrieb bed. Beiträge zur medizin. Psychologie sowie zur Völker-, Sozial-, Kultur- und Religionspsychologie. Er befaßte sich insbes. mit den Auswirkungen der landschaftl. und klimat. Umwelt auf die psych. Verfassung der Menschen („Geopsyche", 1911). - *Weitere Werke:* Geistige Epidemien (1906), Sozialpsychologie (1933), Einführung in die Völkerpsychologie (1938), Klin. Psychologie (1946), Kulturpsychologie (1953).

Hellroter Ara (Gelbflügelara, Arakanga, Makao, Ara macao), bis 90 cm großer Papagei (Gruppe Aras) in M- und S-Amerika; ♂ und ♀ rot, mit blauen Schwungfedern, blauem Bürzel und z. T. gelben Flügeldeckfedern.

Hellsehen, Fähigkeit, Dinge oder Vorgänge zu erkennen, die der normalen sinnl. Wahrnehmung nicht zugängl. sind, z. B. weit entfernt ablaufende, vergangene oder zukünftige Ereignisse. - ↑ auch außersinnliche Wahrnehmungen.

Hellweg [eigtl. „Weg zur Hölle, Heerweg"], weitverbreitete Bez. für große Durchgangsstraßen, heute v. a. Bez. für den H. im S der Westfäl. Bucht, eine wichtige Salzhandelsstraße dank zahlr. Solquellen; Teilstück des ma. Fernhandelswegs von Flandern und dem Niederrhein nach O-Europa.

Hellwege, Heinrich, * Neuenkirchen (Kreis Stade) 18. Aug. 1908, dt. Politiker. - Exportkaufmann; nach 1933 Mgl. der Bekennenden Kirche; 1945 Mitbegr., 1947 Vors. der Niedersächs. Landespartei, die er zur Dt. Partei erweiterte und bis 1961 leitete; 1949–55 MdB und Bundesmin. für Angelegenheiten des Bundesrates und der Länder; 1955–59 Min.präs. von Nds.; 1961 Übertritt zur CDU, aus der er im Jan. 1979 austrat.

Helm, Brigitte, eigtl. Gisela Eve Schittenhelm, * Berlin 17. März 1908, dt. Filmschauspielerin. - Spielte den Typ des Vamps u. a. in „Metropolis" (1926), „Alraune" (1927 und 1930), „Die Herrin von Atlantis" (1932), „Gold" (1934) und „Savoy-Hotel 217" (1936).

Helm [eigtl. „der Verhüllende, Schützende"], haubenförmiger Kopfschutz; in den Kulturen des Alten Orients seit dem 3. Jt. v. Chr. nachweisbar; aus Stoff oder Leder gefertigt und gelegentl. mit Kupfer verstärkt; aus Metall (Gold, Kupfer, Bronze) in Europa seit der myken. Kultur belegt. Der griech. H. war aus Leder oder Bronze hergestellt, meist mit einem aus Roßhaar bestehenden H.busch. Auch die röm. Legionäre trugen urspr. Leder-H., später aus Bronze oder Eisen gefertigte H., während die Germanen im allg. ohne H. kämpften. Im 6. Jh. kamen Spangen-H. auf, deren Metallgerüst mit Platten aus Horn, Leder oder Metall ausgefüllt war. Im 11. und 12. Jh. verbreitete sich der normann. H. wieder ganz Europa. Bes. für das ritterl. Turnier wurde jahrhundertelang der Topf-H. getragen, oft über einer Panzerhaube (Beckenhaube). Bald nach 1300 kam für den Gesichtsschutz die Haube mit hochklappbarem Visier auf (Hundsgugel). Der kettenartige Nackenschutz wurde um 1400 von einem weit nach hinten heruntergezogenen und spitz endenden H. (Schallern) abgelöst. Im 15. Jh. wurde der vollkommen geschlossene, mit bes. Kinnteil versehene H. entwickelt, der auch den Hals vollständig schützte. Seit Mitte des 16. Jh. wurden leichtere H. v. a. bei den zu Fuß kämpfenden Soldaten beliebt (Sturmhaube, Morion, Schützenhaube, Zischägge). Preußen führte 1842 die Pickelhaube ein, einen Leder-H. mit Metallspitze und Beschlägen. Die Splitterwirkung der Artilleriegranaten des 1. Weltkrieges veranlaßte 1914–16 Franzosen, Briten und Deutsche zur Einführung des Stahlhelms. - Abb. S. 276.

Helm

1

2

3

Helm. Oben: 1 korinthischer (7. Jh.
v. Chr.), 2 römischer (1. Jh. n. Chr.),
3 alemannischer Helm (um 600);
unten: deutsche Hundsgugel
(um 1400)

Für die *Heraldik* ist der H. neben dem Schild
Träger herald. Kennzeichen und ein wichtiger, wenn auch weglaßbarer Teil des Wappens, oft mit der Helmzier (Helmkleinod, Zimier) versehen. - ↑auch Wappenkunde.

Helm (Holm), Stiel von Schlagwerkzeugen
wie Axt, Beil.

Helmand, längster Fluß Afghanistans,
entspringt im östl. Koh-i-Baba, mündet in
den Endsee Hamun-i-Helmand, rd. 1 300 km
lang.

Helmbasilisk (Basiliscus basiliscus), rd.
30 cm langer, mit Schwanz etwa 80 cm messender Leguan (Gatt. Basilisken), v.a. auf
Bäumen an den Urwaldflüssen und -seen
Panamas bis NW-Kolumbiens; Körper oberseits olivbraun mit dunklen Querstreifen, unterseits gelbl.; ♂♂ weisen einen knorpeligen,
von einer Knochenleiste gestützten Helm am
Hinterkopf auf und einen (durch Knorpelstrahlen gefestigten) Rücken- und Schwanzkamm.

Helmbohne (Faselbohne, Lablab, Dolichos lablab), 3–4 m hoch windender, ästiger
Schmetterlingsblütler; wird in den Tropen
und Subtropen in mehreren Kulturformen
angebaut; Blätter dreizählig, Blättchen oval,
zugespitzt; Blüten in Trauben, violett, seltener
weiß; Hülsenfrüchte bis 6 cm lang, glänzend,
purpurviolett; Samen etwas abgeplattet,
braun, heller punktiert. Die jungen Hülsen
und die Samen werden als Gemüse gegessen.

Helmer, Oskar, * Gáta (= Gattendorf/
Burgenland) 16. Nov. 1887, † Wien 13. Febr.
1963, östr. Politiker (SPÖ). - Schriftsetzer;
wurde 1921 Mgl. der Niederöstr. Landesregierung; 1923–34 und 1945–59 Mgl. des Parteivorstands; erwarb sich als Bundesmin. für
Inneres 1945–59 bes. Verdienste um die
Heimführung der Kriegsgefangenen und bei
der Lösung der Flüchtlingsfrage nach dem
Ungar. Volksaufstand 1956.

Helmholtz, Hermann [Ludwig Ferdinand] von (seit 1882), * Potsdam 31. Aug.
1821, † Charlottenburg (= Berlin) 8. Sept.
1894, dt. Physiker und Physiologe. - Prof. für
Physiologie in Königsberg (Pr) (1849–55),
Bonn (bis 1858) und Heidelberg; seit 1871
Prof. für Physik in Berlin. 1888 übernahm
H. die Leitung der neugegründeten Physikal.-
Techn. Reichsanstalt in Charlottenburg. Sein
Arbeits- und Forschungsgebiet erstreckte sich
von der Mathematik und Physik über die
Physiologie und Medizin bis zur Psychologie,
Musik und Philosophie. Untersuchungen
über den Stoffwechsel und die Wärmeentwicklung bei der Muskeltätigkeit führten H.
(unabhängig von J. R. Mayer) zur Formulierung des Gesetzes von der Erhaltung der
Energie (↑ Energiesatz), das er 1847 exakt begründete. 1852 gelang ihm als erstem, die
Fortpflanzungsgeschwindigkeit von Nervenerregungen zu messen. H. bestimmte als erster Wellenlängen des ultravioletten Lichtes
und stellte mit E. Abbe theoret. die Leistungsgrenze des Lichtmikroskops fest. In die gleiche Zeit fallen seine Arbeiten zur Akustik,

in denen er u. a. eine Theorie der Luftschwingungen in offenen Röhren gab. Es folgten Arbeiten zur Hydrodynamik, zur Theorie der Elektrodynamik und zur Thermodynamik (mathemat. Formulierung des 1. Hauptsatzes). - Mit seinen mathemat. ausgearbeiteten Untersuchungen über Naturphänomene wie Wirbelstürme, Gewitter, Luft- und Wasserwellen oder Gletscher wurde H. zum Begründer der wissenschaftl. Meteorologie. In erkenntnistheoret. Schriften befaßte er sich v. a. mit den philosoph. Konsequenzen naturwissenschaftl. Forschung.

Helmholtz-Resonator [nach H. von Helmholtz], ein zur Schallanalyse verwendeter akust. ↑Resonator in Form einer Hohlkugel, der durch Schallwellen zu Eigenschwingungen angeregt wird, wenn die Frequenz eines Teiltons des zu analysierenden Schalls mit der Eigenfrequenz dieses Hohlkörpers übereinstimmt.

Helmholtz-Spule [nach H. von Helmholtz], Spulenanordnung zur Erzeugung eines sehr homogenen, allseitig zugänglichen und variablen Magnetfeldes.

Helminthagoga [griech.], svw. ↑Wurmmittel.

Helminthen [griech.], svw. ↑Eingeweidewürmer.

Helminthiasis [griech.], svw. ↑Wurmkrankheit.

Helmkasuar ↑Kasuare.

Helmkleinod ↑Wappenkunde.

Helmkraut (Scutellaria), Gatt. der Lippenblütler mit rd. 180 v. a. in den Tropen und gemäßigten Zonen verbreiteten Arten; Kräuter oder Halbsträucher mit blauen, violetten, roten oder gelben Blüten in zweiblütigen Quirlen; Kelch zweilippig. Auf Flachmooren und in Gräben in Deutschland kommt v. a. das **Sumpfhelmkraut** (Scutellaria galericulata) vor; 10–50 cm hohe Staude mit einzelstehenden blauvioletten Blüten.

Helmold von Bosau, * um 1120, † nach 1177, dt. Chronist. - Seit etwa 1156 Inhaber der Pfarre in Bosau am Plöner See, verfaßte er eine umfangreiche „Slawenchronik" (1167–72), in der er die Christianisierung der Westslawen von Karl d. Gr. bis zu seiner Zeit schildert.

Helmont, Johan[nes] Baptist[a] van, * Brüssel 12. Jan. 1579, † Vilvoorde bei Brüssel 30. Dez. 1644, fläm. Arzt und Naturforscher. - Prägte den Begriff „Gas"; Anhänger Paracelsus' und Hauptvertreter der ↑Iatrochemie.

Helmschmied (auch Kolman), dt. Plattnerfamilie in Augsburg. Ihre Mgl.: Georg († 1495/96), sein Sohn Lorenz (* 1450/55, † 1515), dessen Sohn Kolman (* 1470/71, † 1532) und dessen Sohn Desiderius (* 1513, † nach 1578) stellten v. a. Prunkrüstungen für die Kaiser Friedrich III., Maximilian I., Karl V. und König Philipp II. her.

Helmstedt, Krst. 33 km osö. von Braunschweig, Nds., 139 m ü. d. M., 26 100 E. Klimahauptstation des Dt. Wetterdienstes; Heimatmuseum. Förderung von Braunkohle, Stromerzeugung; Grenzübergang zur DDR. - Bei der Benediktinerabtei Sankt Ludgeri entwickelte sich zu Anfang des 11. Jh. eine Marktansiedlung. Mitte des 12. Jh. Neuanlage mit dem heutigen Marktplatz als Mittelpunkt. 1247 wurde das Stadtrecht bestätigt; 1426–1518 Hansemitglied; 1576 gründete Herzog Julius von Braunschweig die Univ., die bis 1810 bestand. - Pfarrkirche (Ostbau 11. Jh. mit der fast ebenerdigen Felicitaskrypta), Doppelkapelle Sankt Johannes der Täufer und Sankt Petrus (um 1050, Dach und Laterne 1666), roman. Kirche Marienberg (12.–15. Jh.) mit spätgot. Chor, roman. Glasfenstern und Wandmalereien (13. Jh.), frühgot. Pfarrkirche Sankt Stephan (1282–1300). Juleum (Aula- und Auditoriumsgebäude der Univ., 1592–97 mit Treppenturm).

H., Landkr. in Niedersachsen.

Helmut (Helmuth, Hellmuth), männl. Vorname, vermutl. eine Nebenform von Heilmut oder Hildemut.

Helmvogel ↑Nashornvögel.

Helmzier ↑Wappenkunde.

Helodea [griech.], svw. ↑Wasserpest.

Heloise (Héloise [frz. elɔ'iːz]), * Paris 1101, † Kloster Le Paraclet bei Nogent-sur-Seine 1164, Schülerin und Geliebte Abälards.

Helophyten [griech.], svw. ↑Sumpfpflanzen.

Heloten [griech.], Bez. für die im Verlauf der dor. Wanderung unterworfenen Achäer sowie die später von Sparta unterworfenen Messenier; rechtl. an den Grundbesitz eines Spartiaten gebunden, im Ggs. zu den Perioken Staatssklaven ohne Aussicht auf Freilassung, deren Verkauf verboten war; versuchten in mehreren Aufständen (so 490, 464, 410, 369) vergebl., sich zu befreien.

Helotismus [griech.], Bez. für Symbiosen, bei denen der eine Partner größeren Nutzen aus dem Zusammenleben zieht als der andere; bes. in der Ernährungssymbiosen.

Hélou, Charles [frz. e'lu:] * Beirut 24. Sept. 1912, libanes. Politiker. - Maronit. Christ, Rechtsanwalt; seit 1954 mehrfach Min.; Staatspräs. 1964–70; Juli/Aug. 1979 Staatsminister.

Helsingborg [schwed. hɛlsɪŋ'bɔrj] (früher Hälsingborg), schwed. Hafen- und Ind.stadt an der engsten Stelle des Sunds, 102 000 E. Eisenbahn- und Autofähren nach Helsingør (Dänemark). - 1070 erstmals erwähnt; 1658 kam H. mit Schonen an Schweden. - Wahrzeichen der Stadt ist der 35 m hohe Turm einer ma. Burg (Kärnan).

Helsingfors, schwed. Name von ↑Helsinki.

Helsingør [dän. hɛlsɛŋ'øːr], dän. Ind.- und Hafenstadt in NO-Seeland, an der eng-

Helsinki

sten Stelle des Sunds, 56 400 E. Luth. Bischofssitz, internat. Hochschule; techn. Museum, Handels- und Seefahrtsmuseum; Eisenbahn- und Autofähren nach Helsingborg (Schweden). - 1231 erstmals erwähnt. Der heutige Hafen wurde 1766 angelegt. - Bedeutendstes Bauwerk ist Schloß ↑ Kronborg.

Helsinki (schwed. Helsingfors), Hauptstadt Finnlands und des Verw.-Geb. Uusimaa. 484 000 E. Sitz zahlr. Verwaltungs- und Kulturinstitutionen, Nationalbibliothek, -archiv und -museum. Sitz eines kath., eines russ.-orth. und eines luth. Bischofs; Univ. (gegr. 1640 in Turku, 1828 nach H. verlegt), TU, zwei Handelshochschulen, PH, Militärakad., tierärztl. Hochschule; Kunstsammlungen, Freilichtmuseum mit rd. 100 alten Bauten, schwed. und finn. Theater, Oper, Konzerthaus, Olympiastadion. Bedeutendste Ind.stadt Finnlands, u. a. Werften, Elektro-, Nahrungsmittelind., Porzellanmanufaktur. Die Häfen können im Winter normalerweise offengehalten werden; zwei ⚓. - H., 1550 von Gustav I. Wasa oberhalb der Mündung des Vantaanjoki gegründet, wurde 1640 ans Meer verlegt. Nachdem Finnland 1809 russ. geworden war, wurde H. 1812 Hauptstadt des russ. Großfürstentums; seit 1816 erfolgte der Ausbau der Stadt nach Plänen des dt. Architekten J. C. L. Engel. - Am Senatsplatz liegen die klassizist. Domkirche (1830–52), das Alte Senatsgebäude (1818–22; jetzt Regierungssitz) und das Univ.gebäude (1818–32; 1944 verändert). Moderne Bauten sind u. a. der Hauptbahnhof (1910–14) von E. Saarinen, das Auditorium Maximum der TU (1962–64), das Konzert- und Kongreßhaus „Finlandia" von A. Aalto (1971).

Helst, Bartholomeus van der, * Haarlem 1613, ⊡ Amsterdam 16. Dez. 1670, niederl. Maler. - Malte elegante Bildnisse und Gruppenbilder, Schützen- und Regentenstücke, die den Einfluß van Dycks zeigen.

Heluan, Stadt in Ägypten, ↑ Hilwan.

Helvella [lat.], svw. ↑ Lorchel.

Helvetia, lat. Name für die Schweiz.

Helvetia-Seide [lat./dt.], leichtes, taftbindiges Naturseidengewebe (Kette aus Organsin, Schuß aus Schappeseide).

Helvetier (lat. Helvetii), kelt. Stamm, der Anfang 1. Jh. v. Chr. aus Süddeutschland in das Schweizer Mittelland einwanderte; versuchten 58 v. Chr., wohl unter german. Druck, ihre Heimat mit dem Ziel Garonnemündung zu verlassen, wurden aber von Cäsar in der Schlacht bei Bibracte daran gehindert. 15 v. Chr. wurden sie in das röm. Reichsgebiet einbezogen.

Helvetische Konfession (Helvet. Bekenntnis), dt. Bez. für ↑ Confessio Helvetica; Konfessionsbez. (v. a. in Österreich) für ref. Bekenntnis (Abk. H. B.).

Helvetische Republik, Staatsform der Schweiz 1798–1803. Die staatl. Ordnung der

Helvetik machte die Schweiz nach frz. Vorbild zu einem modernen Einheitsstaat mit Repräsentativverfassung.

Helvétius, Claude Adrien [frz. ɛlve'sjys], * Paris 26. Jan. 1715, † ebd. 26. Dez. 1771, frz. Philosoph. - H. baute eine streng sensualist begründete prakt. Philosophie auf, in der er das Prinzip der Selbstliebe in den Mittelpunkt stellte. Es sei die Aufgabe des Staates, durch Gesetzgebung und Erziehung die Normen menschl. Handelns zu beeinflussen und so die drei Quellen menschl. Irrtümer, Leidenschaften, Unwissenheit und Sprachmißbrauch, versiegen zu lassen. Sein in Auseinandersetzung mit Locke entstandenes Hauptwerk „De l'esprit" (1758; dt. 1760 u. d. T. „Diskurs über den Geist des Menschen") wurde der Häresie und polit. Subversion verdächtigt und öffentl. verbrannt.

Helwig, Werner, Pseud. Einar Halvid, * Berlin 14. Jan. 1905, † Thonex bei Genf 4. Febr. 1985, dt. Schriftsteller. - Sein Werk umfaßt u. a. Reisebücher und -romane, u. a. „Raubfischer in Hellas" (R., 1939, endgültige Fassung 1960) sowie „Im Dickicht des Pelion" (R., 1941), „Erzählungen der Windrose" (1961), „Capri, mag. Insel" (Erinnerungen, 1973), „Totenklage" (autobiographisch, 1984).

Hemd [zu althochdt. hemidi, eigtl. „das Verhüllende"], Vorläufer waren die griech. Chiton und die röm. Tunika; nachweisen läßt sich das als Leibwäsche getragene H. zuerst für die Angelsachsen; im 15. und 16. Jh. wurde ein vorne geschlossenes H. mit kurzen Ärmeln, später auch mit langen bestickten, v. a. vom Adel und reichen Bürgern als Standesgewand getragen. Erst im 16. Jh. wurde das Oberteil des H. sichtbar und mit einer Krause (der Vorstufe des Kragens) versehen. Im 17. Jh. kam das **Nachthemd** auf. Im Lauf der Zeit erfuhren Frauen- und Männer-H. ihre spezif. mod Veränderungen. Charakterist. für das der männl. Oberbekleidung zuzurechnende **Oberhemd** (meist einfarbig und/oder gemustert) sind v. a. Manschetten und Kragen (früher beides oft getrennt und anknöpfbar gearbeitet); hiervon ist das v. a. aus Flanell bzw.- Baumwolle gearbeitete, ausschließl. mit Knöpfen versehene, überwiegend gemusterte oder farbige **Sporthemd** zu unterscheiden. Zur Unterwäsche gehört das überwiegend ärmellose **Unterhemd.** Das kurzärmlige **Buschhemd** wird über der Hose getragen. Brauchmäßig bestimmt ist das **Totenhemd. -** Auch Teil der Soldatenuniform oder der uniformen Kleidung v. a. polit. oder religiöser Vereinigungen (**Fahrtenhemd**); hierbei gab oft die Symbolfarbe der H. der polit. Einstellung ihrer Träger bezeichnenden Ausdruck (z. B. die nat.-soz. „Braunhemden" oder die faschist. „Schwarzhemden" in Italien).

Hemer, Stadt im Sauerland, NRW, 210 m ü. d. M., 32 100 E. Metall-, Textil-, Papierind.; Garnison. - 1072 erstmals erwähnt; nach Ver-

Hemmel

einigung mit umliegenden Gemeinden 1936 zur Stadt erhoben. - Barocke Pfarrkirche (1696–1700), Haus Hemer (ehem. Wasserschloß von 1611; heute Kinderheim).

Hemerken, Thomas ↑ Thomas a Kempis.

Hemessen, Jan Sanders van [niederl. 'heːməsə], *Hemiksem bei Antwerpen um 1500, † Haarlem nach 1563, fläm. Maler. - Ausgehend von Gossaert und Massys; oft lebensgroße Halbfiguren in bibl. und profanen Szenen, z. T. hekt. manierist. Genreszenen. Der sog. Braunschweiger Monogrammist wird heute eher mit Jan van Amstel identifiziert.

hemi..., Hemi... [...kɔr...; griech.], Bestimmungswort von Zusammensetzungen mit der Bed. „halb", z. B. Hemisphäre.

Hemichordata [griech.], svw. ↑ Kragentiere.

Hemigrammus [griech.], Gatt. kleiner, gesellig in Schwärmen schwimmender, südamerikan. Salmler mit zahlr. Arten, darunter bekannte Warmwasseraquarienfische z. B. **Rotmaulsalmler** (Hemigrammus rhodostomus), bis 4 cm lang, schlank, olivgrün, hintere Körperseite mit irisierendem Band, Kopf rot.

Hemikranie [griech.], svw. ↑ Migräne.

Hemikryptophyten [griech.] (Oberflächenpflanzen), Bez. für Pflanzen, deren jährl. Erneuerungsknospen unmittelbar an der Erdoberfläche liegen; z. B. Horstgräser und Rosettenpflanzen.

Hemimetabolie ↑ Metamorphose.

Hemimorphit [griech.] (Kieselzinkerz, Kieselgalmei, Calamin), farbloses, weißes, lichtgrünes oder braunes Mineral der chem. Zusammensetzung $Zn_2SiO_4 \cdot H_2O$, das in faserigen, fächerförmigen oder kugeligen Aggregaten auftritt; wichtiges Zinkerz.

Hemingway, Ernest [Miller] [engl. 'hemiŋwɛi], *Oak Park (Ill.) 21. Juli 1899, † Ketchum (Idaho) 2. Juli 1961 (Selbstmord), amerikan. Schriftsteller. - 1918 als Freiwilliger des Roten Kreuzes an der italien. Front verwundet und ausgezeichnet; 1921–27 als Korrespondent in Europa (v. a. Paris, wo er mit Gertrude Stein, E. Pound und F. Scott Fitzgerald zusammentraf). 1936/37 Berichterstatter im Span. Bürgerkrieg (auf republikan. Seite). 1954 Nobelpreis für Literatur. In seinem Erzählwerk stehen Einsatz und mutvolle Bewährung des Mannes, wie sie sich in Gefahrensituationen (bei Tiefseefischerei, Großwildjagd, Stierkampf, Krieg) bieten, im Zentrum der Aufmerksamkeit. Charakterist. die Sprödigkeit der Darstellung, die sich an „facts" hält. In den Dialogen wird jedoch die Doppelbödigkeit des Wirklichen spürbar. Das Mysterium des Lebens wird in der Erzählung „Der alte Mann und das Meer" (1952) im Symbol ausgesprochen.

Weitere Werke: Fiesta (R., 1926), In einem anderen Land (R., 1929), Tod am Nachmittag (Schr., 1932), Die grünen Hügel Afrikas (E.,

1935), Haben und Nichthaben (R., 1937), Wem die Stunde schlägt (R., 1940), Der Schnee vom Kilimandscharo (En., 1948), Über den Fluß und in die Wälder (R., 1950).

Ernest Hemingway

Hemiole [zu griech. hēmíolos „anderthalb"], in der Musik zunächst in der Mensuralnotation seit dem 15. Jh. gebrauchte Bez. für drei durch Color (Schwärzung) gekennzeichnete (imperfekte) Noten, die für zwei nicht geschwärzte (perfekte) Noten stehen:

In der Musik des 17.–19. Jh. der kurzzeitige Wechsel der Schlagzeit von 2 x 3 zu 3 x 2, z. B. in Tänzen, an Themen- oder Satzschlüssen.

Hemiparasiten ↑ Parasiten.

Hemiplegie [griech.], svw. ↑ Halbseitenlähmung.

Hemisphäre, Erd- oder Himmelshalbkugel; in der Geographie: *nördl.* und *südl. H.* (vom Äquator aus) oder *östl.* und *westl. H.* (svw. Alte und Neue Welt).
◆ in der *Anatomie* Bez. für die beiden halbkugeligen Abschnitte des Klein- und Großhirns.

Hemizellulosen ↑ Zellulose.

Hemlocktanne [engl./dt.] (Tsuga), Gatt. der Kieferngewächse mit 14 Arten in Asien und N-Amerika; immergrüne Bäume mit lineal. Nadelblättern, auf deren Unterseite sich zwei silbrige Streifen befinden; Zapfen meist kugelförmig. Die beiden Arten **Mertenstanne** (Tsuga heterophylla; mit sehr kleinen Zapfen) und **Kanadische Hemlocktanne** (Tsuga canadensis; bis 30 m hoch, Zapfen klein und gelbbraun) gewinnen in Deutschland immer stärker forstwirtschaftl. Bedeutung.

Hemma (Emma) von Gurk, hl., *in Kärnten um 980, † Gurk 29. Juni 1045, östr. Stifterin. - Stiftete die Klöster Gurk und Admont (Benediktiner); Grab in der Domkrypta von Gurk. Fest: 27. Juni.

Hemmel von Andlau, Peter (irrtüml. auch Hans Wild genannt), *vermutl. Andlau zw. 1420 und 1425, † nach 1501, elsäss. Glasmaler. - Begr. in Straßburg eine große Werkstatt. Seine anfängl. unter oberrhein. Einfluß stehenden Arbeiten nehmen später den niederl. Stil Rogiers van der Weyden auf.

Hemmerle, Klaus, * Freiburg im Breisgau 3. April 1929, dt. kath. Theologe. - 1968–74 Geistl. Direktor des Zentralkomitees der Dt. Katholiken; seit 1975 Bischof von Aachen.

Hemmingstedt, Gemeinde 5 km südl. von Heide, Schl.-H., 2 800 E. Erdölraffinerie mit Pipeline zum Ölhafen Brunsbüttel. - 1337 erstmals erwähnt. In der **Schlacht von Hemmingstedt** erlitt im Jahre 1500 ein dän. Söldnerheer unter König Johann von Dänemark und seinem Bruder Herzog Friedrich von Holstein, die den Dithmarscher Bauernstaat Holstein einverleiben wollten, eine schwere Niederlage gegen die Bauern, die ihre Freiheit behaupten konnten.

Hemmung, in der *Physiologie* die Unterdrückung eines Zustandes oder die Verhinderung bzw. Verlangsamung oder Unterbrechung eines Vorgangs. So sind z. B. in der Verhaltensphysiologie gewisse Auslöser bekannt, die etwa eine Aggressions- oder Tötungs-H. hervorrufen (z. B. die Demutsgebärde). In der *Neurophysiologie* versteht man unter H. eine vorübergehende Aktivitätsminderung von Nervenzellen. - Für die Koordination der Tätigkeit des Nervensystems spielen H.vorgänge sogar eine grundlegende Rolle. Schon bei einfachen Reflexen sind sie wesentl.; z. B. wird beim Schluckreflex die Atmung gehemmt. Im Stoffwechselgeschehen wird die Aktivität der Enzyme durch H.vorgänge den Bedürfnissen der Zelle angepaßt. ◆ in der *Psychologie* Störung des Antriebs durch seel. Widerstand emotionaler oder moral. bzw. eth. Art. Die **bewußte Hemmung** richtet sich bes. gegen Triebe bzw. Instinkte und Instinkthandlungen. Die **unbewußte Hemmung** wird v. a. durch Verdrängung oder durch gleichzeitig einander entgegengesetzte Bewußtseinsimpulse verursacht. - H., ein Zentralbegriff der Tiefenpsychologie, wird von S. Freud schon in seinen psycholog. Frühwerken für die Folge psych. Konflikte verwendet. Im Sprachgebrauch der (klin.) Psychiatrie versteht man unter H. die Verzögerung der Antriebsfunktionen und damit aller assoziativen, sensor und motor. Leistungen **(Gehemmtheit)**. Oft ist H. mit gedrückter Stimmungslage bzw. Depression verknüpft. ◆ bei Uhren eine Vorrichtung mit ↑Anker, durch die der von der Aufzugfeder empfangene Drehimpuls nur in kurzen Zeitabständen auf das Gehwerk übertragen wird.

Hemmung [der Verjährung] (Ruhen der Verjährung) ↑Verjährung.

Hemmwerk, Sperrgetriebe, das die gegenseitige Beweglichkeit zweier miteinander verbundener Glieder zeitweilig durch einen bes. Sperrer hemmt; vielfach zur Erzeugung einer schrittweisen Bewegung im Sinne der Antriebskraft benutzt (z. B. bei Uhren).

Hempel, Frieda, * Leipzig 26. Juni 1885, † Berlin 7. Okt. 1955, dt. Sängerin (dramat. und Koloratursopran). - Sang ab 1907 an der Berliner Hofoper, 1912–20 an der Metropolitan Opera in New York. Erinnerungen: „Mein Leben dem Gesang" (1955).

H., Johannes, * Zittau 23. März 1929, dt. ev. Theologe. - Seit 1972 Landesbischof der Ev.-Luth. Landeskirche Sachsens und seit 1981 Leitender Bischof der Vereinigten Ev.-Luth. Kirche der DDR; 1982–86 Vors. des Bundes der Ev. Kirchen in der DDR, seit 1983 einer der Präs. des Ökumen. Rats.

Hemsterhuis, Frans [niederl. 'hɛmstər-hœ̆ys], * Groningen 27. Dez. 1721, † Den Haag 7. Juli 1790, niederl. Philosoph und Kunsttheoretiker. - Vertrat einen ästhet. bestimmten Neuplatonismus. Seine Moralphilosophie, der Gedanke eines Goldenen Zeitalters, in dem sich das Individuum harmon. entwickeln kann, und der von ihm eingeführte Begriff der poet. Wahrheit fanden das Interesse und die Bewunderung führender Vertreter des Sturm und Drangs und der Romantik.

Henan, chin. Provinz, ↑Honan.

Hench, Philip Shoewalter [engl. hɛntʃ], * Pittsburgh 28. Febr. 1896, † Ocho Rios (Jamaika) 31. März 1965, amerikan. Arzt. - Prof. an der University of Minnesota; arbeitete v. a. über rheumat. Erkrankungen und entdeckte die Wirksamkeit des Kortisons; erhielt (zus. mit E. C. Kendall und T. Reichstein) 1950 den Nobelpreis für Physiologie oder Medizin.

Henckell, Karl [...əl], * Hannover 17. April 1864, † Lindau (Bodensee) 30. Juli 1929, dt. Lyriker. - Verband in seinem Werk sozialrevolutionäre und naturalist. Tendenzen.

Henckels, Paul, * Hürth 9. Okt. 1885, † Schloß Hugenpoet bei Kettwig 27. Mai 1967, dt. Schauspieler. - Spielte in Düsseldorf und Berlin; zeitweilig auch Theaterleiter. Zahlr. meist heitere Charakterrollen als Protagonist des rhein. Humors in Film (über 175 Filme, u. a. „Die Feuerzangenbowle", 1943) und Fernsehen.

Henckel von Donnersmarck, aus der Zips stammende Großgrundbesitzer-, später auch Großindustriellenfamilie (v. a. Guido, Fürst H. v. D. [* 1830, † 1916]), deren Stammvater wohl um 1400 in Donnersmark lebte; erhielt den Beinamen „von Donnersmarck" bei ihrer Erhebung in den Freiherrenstand (1636); 1651 bzw. 1661 wurde sie gräfl. und bestand in einer sächs. und schles. (1901 gefürsteten) Linie.

Hendaye [frz. ã'daj], frz. Gemeinde gegenüber der span. Grenzstadt Irún, Dep. Pyrénées-Atlantiques, 10 600 E. Nahebei das Seebad H.-Plage. - In H. fand am 23. Okt. 1940 ein Treffen zw. Hitler und Franco statt, bei dem Franco von der Notwendigkeit eines span. Kriegseintritts überzeugt werden sollte.

Franco lehnte im Dez. den Wunsch Hitlers ab.

Hendeka [griech. „elf"], athen. Beamtengremium **(Elfmänner)**; hatte die Aufsicht über Strafvollzug und Gefängnisse; vom 4. Jh. v. Chr. an auch für die Eintreibung von Schulden gegenüber dem Staat zuständig.

Henderson [engl. 'hɛndəsn], Arthur, * Glasgow 13. Sept. 1863, † London 20. Okt. 1935, brit. Politiker. - Metallfacharbeiter und aktiver Gewerkschafter; seit 1903 Abg. im Unterhaus für die Labour Party, deren Vorsitz er lange Zeit innehatte (1908–11, 1914–22, 1931–34); 1915–17 Mgl. der Kriegskabinette; 1924 Innen-, 1929–31 Außenmin.; erhielt auf Grund seiner Tätigkeit als Präs. der Genfer Abrüstungskonferenz (1932/33) 1934 den Friedensnobelpreis.

H., Fletcher, * Cuthbert (Ga.) 18. Dez. 1898, † New York 29. Dez. 1952, amerikan. Jazzmusiker (Pianist, Arrangeur, Orchesterleiter). - Gründete 1923 ein Ensemble, das sich zur ersten bekannten Big Band des Jazz entwikkelte. Als Arrangeur für die Orchester B. Goodmans und der Brüder Dorsey prägte H. entscheidend die stilist. Merkmale des Big-Band-Swing.

H., Thomas, * Dundee 28. Dez. 1798, † Edinburgh 23. Nov. 1844, brit. Astronom. - Bed. durch seine exakten Messungen von Sternörtern, die ihm u. a. schon 1832 den Nachweis einer Fixsternparallaxe (bei α-Centauri) ermöglichten.

Hendiadyoin [griech. „eins durch zwei"], rhetor. Figur, bei der ein Begriff durch zwei Synonyme, z. B. Hab und Gut, bitten und flehen, ausgedrückt wird. In der Antike: zwei Substantive anstelle von Substantiv und Adjektiv oder Genitivattribut.

Hendrik, männl. Vorname, Nebenform von Henrik.

Hendrik-Verwoerd-Damm [Afrikaans 'hɛndrəkfər'vu:rt], größter Staudamm Südafrikas, im Oranje.

Hendrix, Jimi, eigtl. James Marshall H., * Seattle (Wash.) 27. Nov. 1942, † London 18. Sept. 1970, amerikan. Rockmusiker (Gitarrist und Sänger). - Expressiver Starsolist der Rockmusik, hervorstechend seine Instrumentaltechnik (Betonung elektr. Klangverfremdung).

Hengist und Horsa [altengl. „Hengst und Roß"], sagenhaftes Brüderpaar, Führer der Angeln, Sachsen und Jüten, die um 450 im SO Englands in der heutigen Grafschaft Kent landeten.

Heng Samrin, * Kak (Prov. Prey Veng) 1934, kambodschan. Politiker. - 1976–78 Polit. Kommissar und Divisionskommandant der Roten Khmer; seit Jan. 1979 als Vors. des Revolutionären Volksrats Staats- und Reg.chef; seit Juni 1981 Vors. des neugebildeten Staatsrats; seit Dez. 1981 Generalsekretär des ZK der Revolutionären Volkspartei.

Hengsbach, Franz, * Velmede (Kreis Meschede) 10. Sept. 1910, dt. kath. Theologe. - Ab 1957 Bischof des neugegr. Bistums Essen; 1961 bis Mai 1978 Militärbischof der BR Deutschland.

Hengst, Bez. für geschlechtsreifes ♂ Tier der Fam. Pferde (Zebras, Esel, Halbesel, Echte Pferde) und der Kamele (Trampeltier, Dromedar, Vikunja, Guanako, Lama, Alpaka); auch Bez. für ♂ Maulesel und Maultier.

Hengstenberg, Ernst Wilhelm, * Fröndenberg 20. Okt. 1802, † Berlin 28. Mai 1869, dt. ev. Theologe. - Führender Vertreter der Erweckungsbewegung, bekämpfte in der von ihm hg. „Ev. Kirchen-Zeitung" v. a. den Rationalismus und die Vermittlungstheologie.

Hengyang (Hengyang) [chin. xəŋ-jaŋ], chin. Ind.stadt am Siangkiang, 270 000 E. Endpunkt der Schiffahrt auf dem Siangkiang für große Motorschunken.

Henie, Sonja [norweg. 'hɛni, engl. 'hɛnɪ], * Christiania 8. April 1912, † im Flugzeug bei Oslo 12. Okt. 1969, amerikan. Eiskunstläuferin norweg. Herkunft. - 1927–36 ununterbrochen Weltmeisterin, 1928, 1932 und 1936 Gewinnerin der Goldmedaille bei den Olymp. Winterspielen.

Henisch, Peter, * Wien 27. Aug. 1943, östr. Schriftsteller. - Schreibt Prosa, Gedichte und Lieder, u. a. „Die kleine Figur meines Vaters" (R., 1975), „Der Mai ist vorbei" (R., 1978).

Henkel, Heinrich, * Koblenz 12. April 1937, dt. Dramatiker. - Behandelt Themen aus der Arbeitswelt, u. a. „Eisenwichser" (1970).

Henkel-Gruppe, weltweit tätiger Konzern der chem. Industrie; geführt von der u. a. als Holdinggesellschaft fungierenden *Henkel GmbH*, Düsseldorf; Stammhaus: *Henkel & Cie*, gegr. 1876, Sitz Düsseldorf. Hauptprodukte des Konzerns: organ. und anorgan. chem. Produkte, insbes. Waschmittel, Kosmetika, Klebstoffe, Verpackungsmaterial.

Henker † Scharfrichter.

Henkersmahlzeit, urspr. das letzte Mahl des Verurteilten vor dem Gang zum Henker; übertragen das Essen vor einem Ereignis, dessen Ausgang ungewiß ist.

Henkin, Leon, * New York 19. April 1921, amerikan. Mathematiker und Logiker. - Seit 1958 Prof. in Berkeley. Von H. stammt der heute in der mathemat. Logik übl. Beweis des Gödelschen Vollständigkeitssatzes für die Quantorenlogik der 1. Stufe.

Henle, [Friedrich Gustav] Jakob, * Fürth 19. Juli 1809, † Göttingen 13. Mai 1885, dt. Anatom. - Prof. in Zürich, Heidelberg und Göttingen; entdeckte 1862 die nach ihm ben. schleifenartigen Teile der Harnkanälchen im Nierenmark der Niere *(Henle-Schleifen)*.

H., Werner, * Dortmund 27. Aug. 1910, dt.-amerikan. Virologe. - Prof. an der University of Pennsylvania in Philadelphia; untersuchte die Ätiologie verschiedener Viruskrankheiten und entwickelte Impfstoffe gegen Grippe.

Henlein, Konrad, * Maffersdorf bei Reichenberg 6. Mai 1898, † Pilsen 10. Mai 1945 (Selbstmord in alliierter Haft), sudetendt. Politiker. - 1933 Gründer der Sudetendt. Heimatfront (SHF), als Sudetendt. Partei (SdP) 1935 zweitstärkste Partei der ČSR; forderte im Zusammenspiel mit der nat.-soz. Reg. in Deutschland den Anschluß der sudetendt. Gebiete an das Dt. Reich; 1938 Reichskommissar, ab 1939 Gauleiter und Reichsstatthalter im Reichsgau Sudetenland.

H., Peter, * Nürnberg um 1485, † ebd. zw. 1. und 14. Sept. 1542, dt. Mechaniker. - Erfand um 1510 durch Verkleinerung der Tischuhren die sog. Sack- oder Taschenuhren (mit nur einem Zeiger). Das ↑ Nürnberger Ei kam erst nach H. Tod auf.

Henley, William Ernest [engl. 'hɛnlɪ], * Gloucester 23. Aug. 1849, † Woking 11. Juli 1903, engl. Dichter und Kritiker. - Freund R. L. Stevensons; bekannt v. a. als Lyriker, u. a. a. „A book of verses" (1888), „In hospital" (1903).

Henna, antike Stadt, ↑ Enna.

Henna [arab.], rotgelber Farbstoff, der aus den mit Kalkmilch zerriebenen Blättern und Stengeln des ↑ Hennastrauchs gewonnen wird; altes Färbemittel für Haare und Nägel.

Hennastrauch (Ägypt. Färbekraut, Lawsonia inermis), ligusterähnl. Strauch der Weiderichgewächse; Blätter gegenständig; Blüten in Rispen, duftend, gelblichweiß bis ziegelrot; wird heute in den asiat. und afrikan. Tropen und Subtropen zur Gewinnung von ↑ Henna angebaut.

Henne, Helmut, * Kassel 5. April 1936, dt. Sprachwissenschaftler. - Seit 1971 Prof. für germanist. Linguistik in Braunschweig; Arbeiten v. a. zur Semantik und zur Lexikographie. Hg. und Mitautor des „Lexikons für Germanist. Linguistik" (3 Bde., ²1980).

Henne, Bez. für das ♀ der Hühnervögel.

Henneberg, Berthold von ↑ Berthold von Henneberg, Erzbischof und Kurfürst von Mainz.

Henneberg, ehem., seit 1310 gefürstete Gft. in Franken und Thüringen. 1230 verloren die Grafen v. H. *(Henneberger)* das Burggrafenamt von Würzburg, ihre Macht verlagerte sich ganz nach Thüringen. Nach ihrem Aussterben 1583 verwalteten beide wettin. Linien bis 1660 die Gft. gemeinsam, der Hauptteil fiel dann an Sachsen-Meiningen, die Herrschaft Schmalkalden an Hessen-Kassel. 1815 wurde der kursächs. Teil, 1866 der hess. Teil preuß. Das ehem. Hochadelsgeschlecht H., das seinen Namen nach der Burg H. sw. von Meiningen führte, verzweigte sich 1274 in die Linien H.-Hartenberg (bis 1378), H.-Aschach-Römhild (ab 1486 Reichsfürsten, 1549 ausgestorben) und H.-Schleusingen (1310 gefürstet, 1583 ausgestorben).

Hennebique, François [frz. ɛn'bɪk], * Neuville-Saint-Vaast (Pas-de-Calais) 25. April 1842, † Paris 20. März 1921, frz. Bauingenieur. - Wurde durch seine bahnbrechenden Arbeiten im Stahlbetonbau auf der Pariser Weltausstellung von 1900 bekannt; erfand den T-förmigen sog. Plattenbalken (1892).

Hennecke, Adolf, * Meggen (= Lennestadt) 25. März 1905, † Berlin 22. Febr. 1975, dt. Grubenarbeiter und Politiker. - 1946 Mgl. der SED; förderte als Hauer unter Tage 1948 387 % seiner Tagesnorm und wurde dadurch, nach sowjet. Vorbild, zum Begründer der Aktivistenbewegung der DDR, der Hennecke-Bewegung; seit 1950 leitende staatl. Funktionen; 1950–67 Abg. der Volkskammer; seit 1954 Mgl. des ZK der SED.

Hennef (Sieg), Gemeinde und Kurort am SO-Rand der Kölner Bucht, NRW, 70 m ü. d. M., 29 800 E. Museum. - Erstmals im 9. Jh. erwähnt.

Hennegau (frz. Hainaut, niederl. Henegouwen), Prov. in SW-Belgien, 3 787 km², 1,28 Mill. E (1985), Hauptstadt Mons. Der H. umfaßt neben landw. genutzten Teilen die Kohlenreviere und Ind.landschaften von Borinage und Centre mit dem Zentrum Charleroi. *Geschichte:* Der H., ein Gau der karoling. Zeit, ben. nach dem Flüßchen Haine, fiel im 9. Jh. an Lothringen und teilte fortan dessen Geschick. 1051 fiel dem H. im Erbgang an Flandern, 1345 die Gft. H. und Holland an die Wittelsbacher, 1433 an die Herzöge von Burgund. Erben Burgunds wurden die Habsburger, deren span. Linie 1555–1713, die östr. von 1713 bis in die Zeit der Frz. Revolution im H. regierte. 1659 wurde der südl. Teil an Frankr. abgetreten und gehört heute zum Dep. Nord. Der übrige Teil wurde mit den Gebieten um Tournai und Charleroi und Grenzgebieten von Brabant und Lüttich 1792 zum frz. Dep. Jemappes vereinigt, das als H. 1815 an das Kgr. der Vereinigten Niederlande, 1830 an Belgien kam.

Hennequin de Bruges [frz. ɛnkɛdə'bry:ʒ] (Jan Bondol), fläm. Buchmaler des 14. Jh. - Aus Brügge stammend, spätestens seit 1371 im Dienste des frz. Königs Karl V., illuminierte mit anderen u. a. eine Bibel von 1372 und eine frz. Übers. der „Civitas Dei" des Augustinus.

Hennes, männl. Vorname, rhein. Kurzform von Johannes.

Hennetalsperre ↑ Stauseen (Übersicht).

Henni (Henny), weibl. Vorname, Kurzform von Henrike.

Hennig (Henny), männl. Vorname, Kurz- und Koseform von Johannes und von Heinrich.

Hennigsdorf b. Berlin, Stadt an der Havel, Bez. Potsdam, DDR, 25 500 E. Ingenieurschule, Eisenforschungsinst.; Stahl- und Walzwerk, elektrotechn. Industrie.

Henning, Walter Bruno, * Ragnit (Ostpreußen) 26. Aug. 1908, † Berkeley (Calif.) 8. Jan. 1967, dt. Iranist. - Emigrierte 1936 nach London, dort 1948 Prof., seit 1961 Prof. in Berkeley; Bearbeiter und Hg. zahlr. (v. a. manichäischer) mittelpers., parth. und sogdischer Texte; erschloß das Chwaresmische.

Henoch (Enoch), in den Stammbäumen 1. Mos. 4 und 5 Name eines der Patriarchen Israels; unter seinem Namen wurden mehrere Apokalypsen verfaßt (↑ Henochbücher).

Henochbücher, drei pseudepigraph. (apokryphe) Apokalypsen in verschiedenen Sprachen, die unter der Verfasserschaft des ↑ Henoch in Umlauf gesetzt wurden und in denen die Gestalt Henochs eine wesentl. Rolle spielt: 1. *Äthiop. Henochbuch* (zw. 170 und 30 v. Chr.); 2. *Slaw. Henochbuch* (vor 70 n. Chr.); 3. *Hebr. Henochbuch* (um 200–300 n. Chr.).

Henotheismus [zu griech. heîs „einer" und theós „Gott"], von Friedrich Max Müller in die Religionswiss. eingeführter Begriff zur Bez. eines subjektiven Monotheismus innerhalb polytheist. Religionen. Die kult. Verwirklichung des H. nennt man **Monolatrie**.

Henotikon [griech. „vereinigend"], Unionsedikt des byzantin. Kaisers Zenon von 482, das die Einheit zw. den Monophysiten und den Anhängern des Konzils von Chalkedon bezweckte.

Henri [frz. ã'ri], frz. Form des männl. Vornamens Heinrich.

Henricus (Hendricus), latinisierte Form des männl. Vornamens Heinrich.

Henriette, weibl. Vorname, im 17. Jh. aus dem Frz. übernommen; engl. Form Harriet.

Henriette, Name von Fürstinnen:
England:
H. Maria, * Paris 25. Nov. 1609, † Schloß Colombes (bei Paris) 10. Sept. 1669, Königin. - Tochter Heinrichs IV. von Frankr. und der Maria Medici, heiratete 1625 König Karl I. von England. Ihr polit. Einfluß war bes. während der Puritan. Revolution bedeutend; ging 1644 nach Frankr., lebte 1660–65 in England.
Orléans:
H. Anne, * Exeter 16. Juni 1644, † Saint-Cloud 30. Juni 1670 (vergiftet?), Herzogin. - Tochter Karls I. von England und H. Marias, wuchs in Frankr. auf, wo sie 1661 Philipp I. von Orléans, den Bruder Ludwigs XIV., heiratete; leitete auf frz. Seite die Verhandlungen mit Karl II. von England (ihrem Bruder), die zum Geheimvertrag von Dover (1670) führten.

Henrik, männl. Vorname, niederdt. Form von Heinrich. Weibl. Form: Henrike.

Henry [engl. 'hɛnrɪ], engl. Form des männl. Vornamens Heinrich.

Henry, Joseph [engl. 'hɛnrɪ], * Albany (N. Y.) 17. Dez. 1797, † Washington 13. Mai 1878, amerikan. Physiker. - Fand unabhängig von M. Faraday die Erscheinungen der elektromagnet. Induktion und entdeckte bereits 1830 die Selbstinduktion. Er verbesserte den elektr. Telegrafen und baute mit dessen Hilfe ein System meteorolog. Stationen zur Wetterberichterstattung in Nordamerika auf.

H., O. [engl. 'hɛnrɪ], eigtl. William Sydney Porter, * Greensboro (N. C.) 11. Sept. 1862, † New York 5. Juni 1910, amerikan. Schriftsteller. - Im Mittelpunkt seiner knappen Kurzgeschichten stehen kleine Leute; häufig gibt H. eine Schlußpointe; u. a. „Kohlköpfe und Könige" (R., 1904).

H., Pierre [frz. ã'ri], * Paris 9. Dez. 1927, frz. Komponist. - Seit 1960 um eine Synthese von konkreter und elektron. Musik bemüht; schuf zahlreiche Ballettmusiken für M. Béjart, u. a. „Orphée" (1958), „Le voyage" (1962); neuere Werke: „Apocalypse de Jean" (1968), „Kyldex I" (1973).

Henry ['hɛnrɪ; nach J. Henry], Einheitenzeichen H, SI-Einheit der Induktivität. Festlegung: 1 H ist gleich der Induktivität einer geschlossenen Windung, die, von einem elektr. Strom der Stärke 1 A durchflossen, im Vakuum den magnet. Fluß 1 Weber umschlingt.

Henry-Draper-Katalog [engl. 'hɛnrɪ 'dreɪpə], svw. ↑ Draper-Katalog.

Henschke, Alfred, dt. Schriftsteller, ↑ Klabund.

Hensel, Luise, * Linum (Landkreis Neuruppin) 30. März 1798, † Paderborn 18. Dez. 1876, dt. Dichterin. - Trat 1818 zum Katholizismus über; war mit C. Brentano befreundet. Gemütvolle, geistl. Lieder und Gedichte („Müde bin ich, geh' zur Ruh'...").

H., Walther, eigtl. Julius Janiczek, * Mährisch-Trübau 8. Sept. 1887, † München 5. Sept. 1956, dt. Musikpädagoge. - Gründete 1923 den „Finkensteiner Bund", der neben dem Kreis um F. Jöde eine führende Rolle in der Jugendmusikbewegung spielte; veröffentlichte Volkslied- und Volkstanzsammlungen.

Hensen, [Christian Andreas] Victor, * Schleswig 10. Febr. 1835, † Kiel 5. April 1924, dt. Physiologe und Meeresbiologe. - Prof. in Kiel; entdeckte (unabhängig von C. Bernard) 1857 das Glykogen und förderte die Erforschung des Meeresplanktons.

Hentig, Hartmut von, * Posen 23. Sept. 1925, dt. Erziehungswissenschaftler. - Prof. u. a. in Bielefeld. Befaßt sich v. a. mit der Reformproblematik des [höheren] Schulwesens. Zahlr. Veröffentlichungen.

Hentrich, Helmut, * Krefeld 17. Mai 1905, dt. Architekt. - Zusammenarbeit mit H. Petschnigg (* 1913); zahlr. Hochhausbauten u. a. Großaufträge, z. B. Ruhr-Univ., Bochum (1963 ff.).

Henze, Hans Werner, * Gütersloh 1. Juli 1926, dt. Komponist. - Schüler von W. Fortner und R. Leibowitz. War 1948/49 musikal. Leiter des Deutschen Theaters in Konstanz und 1950–53 künstler. Leiter des Balletts am

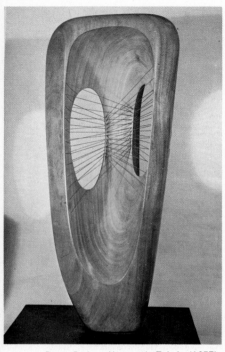

Dame Barbara Hepworth, Toledo (1957).
Privatbesitz

Staatstheater Wiesbaden. In dieser Zeit schrieb H. zahlreiche Ballette („Der Idiot", 1952; „Jack Pudding", 1951 u. a.). Die Übersiedlung nach Italien (1953) markiert kompositorisch die Abkehr von der Reihentechnik, die H. in etwa 20 Werken verwendet hatte. Bis 1965 wandte er sich verstärkt dem vokalen Bereich zu, wobei die Frage der Kantabilität im Vordergrund stand, und schrieb neben einigen Instrumentalwerken (z. B. „Concerto per il Marigny", 1956; Adagio für 8 Instrumente, 1963) v.a. Opern („König Hirsch", 1952–55; „Der Prinz von Homburg", 1960; „Elegie für junge Liebende", 1961; „Die engl. Katze", 1983, u. a.), Kantaten u. Orchesterlieder (z. B. „Fünf neapolitan. Lieder", 1956). Seine eingängige Melodik machte diese Werke zu Erfolgsstücken. 1968 artikulierte er mit dem Oratorium „Das Floß der Medusa" (Text von E. Schnabel, Che Guevara gewidmet) erstmals eine deutl. polit. Haltung. Der gleichzeitig erprobte weniger gesangliche Vokalstil wurde im „Versuch über Schweine" (1969) fortgesetzt. Die in Kuba entstandene 6. Sinfonie (1969), das Rezital „El Cimarrón" (Text

von H. M. Enzensberger, 1970) oder die Show „Der langwierige Weg in die Wohnung der Natasche Ungeheuer" (Text nach G. Salvatore, 1971) und „We come to the river" (Text E. Bond, 1976) zeigen einen sozialist. engagierten Komponisten, der eine Kunst im Dienste der Revolution zu entwickeln sucht. Im instrumentalen Bereich kamen das 3. und 4. Streichquartett (1976), das 5. Streichquartett (1977) sowie das 3. Violinkonzert (1978) hinzu, als Bühnenkomposition das Ballett „Orpheus" (1979). Schrieb „Essays" (1964), „Musik und Politik" (1976).

Henzi (Hentzi), Samuel, * Bümpliz (Kt. Bern) 19. April 1701, † Bern 17. Juli 1749, schweizer. Politiker und Dichter. - Als Mitunterzeichner einer Bittschrift um Zulassung aller regimentsfähigen Bürger zu den Ämtern („Memorial", 1744) vom Berner Rat verbannt, betätigt er sich in Neuenburg publizist; begnadigt; beteiligte sich 1749 an einer Verschwörung zum Sturz des Patriziats („Berner Bürgerlärm") und wurde deswegen hingerichtet.

Heortologium [griech.], aus der ↑Suda stammende Bez. des kirchl. Festkalenders.

HEOS, Abk. für engl.: **h**ighly **e**xcentric **o**rbital **s**atellite, Bez. für europ. Forschungssatelliten, die von amerikan. Trägerraketen in eine extrem exzentr. Erdumlaufbahn gebracht wurden.

Hepar [griech.], svw. ↑Leber.

Heparin [griech.], ein aus der Leber isolierbares Polysaccharid (Molekulargewicht 17000–20000); H. hemmt die Blutgerinnung. Klin. werden H. sowie ähnl. wirkende halbsynthet. Heparinoide bei Bluttransfusionen sowie zur Verhütung von Thrombosen und Embolien bei Venenentzündungen und nach Operationen benutzt. - Chem. Strukturformel (Formelausschnitt):

$$COO^- \quad H_2COH \quad COO^- \quad OSO_3^-$$

hepat..., Hepat... ↑hepato..., Hepato...
Hepatica [griech.], svw. ↑Leberblümchen.

Hepaticae [griech.], svw. ↑Lebermoose.
Hepatitis [griech.], svw. ↑Leberentzündung; **Hepatose**, nichtentzündl. Lebererkrankung.

hepato..., Hepato..., hepat..., Hepat... [griech.], Bestimmungswort von Zusammensetzungen mit der Bed. „Leber", z. B. hepatogen.

Hepatographie, röntgenolog. oder szintigraph. Darstellung der Leber mit Hilfe von Röntgenkontrastmitteln oder radioaktiven Indikatoren.

Hepatolith [griech.], svw. ↑Leberstein.
Hepatologie, Lehre von der Leber (einschließ. der Gallenwege), ihren Funktionen

und Krankheiten; Spezialgebiet der inneren Medizin.

Hepburn [engl. 'hɛbəːn], Audrey, eigtl. Edda H. van Heemstra, * Brüssel 4. Mai 1929, amerikan. Filmschauspielerin niederl.-brit. Herkunft. - Internat. Popularität in Filmen wie „Ein Herz und eine Krone" (1953), „Sabrina" (1954), „Krieg und Frieden" (1956), „Ariane, Liebe am Nachmittag" (1957), „Frühstück bei Tiffany" (1961), „My fair Lady" (1964), „Robin und Miriam" (1976) u. a. Ihre Filme sind durch ihren frischen jugendl. Charme und ihr Einfühlungsvermögen gekennzeichnet.

H., Katharine, * Hartford (Conn.) 8. Nov. 1909, amerikan. Schauspielerin. - Eine der bedeutendsten amerikan. Charakterdarstellerinnen; seit 1933 auch in zahlr. Filmen, u. a. „Leoparden küßt man nicht" (1938), „African Queen" (1951), „Der Regenmacher" (1956), „Plötzlich im letzten Sommer" (1959).

Hephäst, griech. Gott des Feuers und der Schmiedekunst, Schirmherr des Handwerks, dem bei den Römern Vulcanus entspricht. Verkrüppelter Sohn des Zeus und der Hera (oder der Hera allein), dessen Name auch für das ihm hl. Element stand; war urspr. ein kleinasiat. (tyrrhen.-etrusk.?), mit dem Vulkanismus verbundener chthon. Schmiededämon und Magier; die merkwürdige körperl. Mißbildung (bei Homer heißt er „der Hinkende") hat man als mytholog. Surrogat urspr. Zwergengestalt gedeutet.

Hephata [hebr. „öffnet euch"] (Ephphata, Ephpheta), Wort Jesu (Mark. 7, 34), mit dem er einen Taubstummen heilt; deshalb oft Name ev. Pflegeanstalten [für Taubstumme].

Hephthaliten (Weiße Hunnen), vermutl. europider nomad. Stamm; erstmals in Verbindung mit dem Eindringen der Hunnen (150–400) nach dem nördl. Turkestan gen.; ließ sich im heutigen N-Afghanistan im Raum von Kunduz nieder, um von dort aus 427 das Sassanidenreich anzugreifen und in zeitweilige Abhängigkeit zu bringen; stürzten 470 das Guptareich und griffen nach ganz N-Indien aus, wo ihre Herrschaft 532 in einer nat. Rebellion vernichtet wurde.

Heppenheim (Bergstraße), hess. Krst., 106 m ü. d. M., 24 000 E. Verwaltungssitz des Landkr. Bergstraße; Volkskundemuseum, Luftkurort; Herstellung von Tiefkühlkost, elektrotechn. Industrie, Kunststoffverarbeitung, Mineralwasserversand. - Die erstmals 755 erwähnte fränk. Siedlung kam 773 an das Kloster Lorsch; gehörte seit 1232 zu Kurmainz; seit 1318 Stadt. Die Starkenburg (v. a. 11. und 17. Jh.) diente dem Schutz der Lorscher Güter, besaß bis 1765 große Bed. für die Beherrschung der Bergstraße. - Pfarrkirche (1900–04), ehem. Mainzer Amtshof (14. Jh.), Rathaus (1551 und 1695), Justus-von-Liebig-Apotheke (1577 und 1704), Marktbrunnen (1729).

Hepplewhite, George [engl. 'hɛplwaɪt], † London 1786, engl. Kunsttischler. - Schöpfer eines rein engl. Möbelstils mit leichten zierl. Möbeln (in Kontrast zur schwerfälligen Chippendalekultur der Zeit).

Audrey Hepburn

hepta..., Hepta..., hept..., Hept... [griech.], Bestimmungswort von Zusammensetzungen mit der Bed. „sieben", z. B. Heptameron.

Heptagon [griech.], Siebeneck.

Heptameron [griech.-italien] ↑ Margarete von Navarra.

Heptane [griech.], aliphat. Kohlenwasserstoffe der Summenformel C_7H_{16}, Bestandteil von Benzin.

Heptateuch [zu griech. heptáteuchos „siebenbändiges Buch"], altkirchl., auch wissenschaftl. gebräuchl. Bez. für die alttestamentl. Bücher 1. Mos. bis Richter.

Heptatonik [griech.] (Siebentönigkeit), die siebenstufige Skala des diaton. Tonsystems. - ↑ auch Pentatonik.

Heptene (Heptylene) [griech.], zu den Alkenen zählende ungesättigte Kohlenwasserstoffe der chem. Summenformel C_7H_{14}, die jeweils eine Doppelbindung enthalten.

Heptit [griech.], $C_7H_9(OH)_7$, in der Natur weitverbreiteter siebenwertiger Alkohol.

Heptode [griech.], Elektronenröhre mit sieben Elektroden.

Heptosen [griech.], Sammelbez. für Monosaccharide (einfache Zucker), deren Moleküle sieben Kohlenstoffatome enthalten (chem. Bruttoformel $C_7H_{14}O_7$).

Hepworth, Dame (seit 1965) Barbara [engl. 'hɛpwɔːθ], * Wakefield 10. Jan. 1903, † Saint Ives (Cornwall) 20. Mai 1975, engl. Bildhauerin. - 1932–51 ∞ mit Ben Nicholson. Nahm für ihre oft großformatigen Holz- und Metallarbeiten Anregungen von H. Moore und von konstruktivist. Skulpturen auf.

Hera, griech. Göttin, der bei den Römern Juno entspricht. Älteste Tochter des Kronos und der Rhea, Schwester und Gemahlin des Zeus, von dem sie Mutter des Ares, des He-

285

Herakles im Kampf mit dem Nemeischen Löwen auf einer Amphora des Psiax. Brescia. Museo Civico Romano

phäst und der Hebe wird; in myken. Zeit Schirmgottheit des krieger. Adels. Mythos und Kult weisen ihr als vornehmster der Göttinnen und einzig wahrer Ehefrau unter den Olympiern die Funktion einer Beschützerin von Ehe und Geburt zu. Herrisches, hochfahrendes und zänk. Wesen (v. a. gegen ihren Gemahl) sowie unversöhnl. Haß gegen ihre Feinde, bes. die Trojaner († Paris), bestimmen das Bild der Göttin in der Sage. - In der Antike wurde H. vielfach dargestellt. Ein frühes Beispiel ist der Kopf ihres Kultbildes im Heraion in Olympia (um 600 v. Chr.; Olympia, Museum).

Heracleum [griech.] † Bärenklau.

Herakleia, Name mehrerer antiker griech. Städte; am berühmtesten: 1. H. Pontika in Bithynien (heute Ereğli am Schwarzen Meer, Türkei); gegr. Mitte 6. Jh. v. Chr.; bed. durch seine Position im Schwarzmeerhandel; 2. H. an der S-Küste Siziliens, östl. der Halykosmündung (H. Minoa); Teile der Stadtummauerung (v. a. 320–313) und Theater (etwa 320–300) ausgegraben; 3. H. am Siris in Lukanien nahe dem heutigen Policoro (Prov. Matera, Italien); gegr. durch Tarent und Thurii 433 v. Chr., berühmt durch den Sieg des Pyrrhus 280 v. Chr.

Herakleides Pontikos * Herakleia (Pontos) um 388, † Athen (?) um 315, griech. Philosoph. - Schüler Platons und Aristoteles'; Mgl. der älteren Akademie. Kannte schon die Theorie der tägl. Achsendrehung der Erde. Wandte sich mit seiner Behauptung, die Weltentstehung sei das Werk der Gottheit, gegen den antiken Atomismus.

Herakleios (Heraklios), * in Kappadokien 575, † 11. Febr. 641, byzantin. Kaiser (seit 610). - Stürzte 610 den Usurpator Phokas und begr. eine Dyn., die bis 711 regierte; organisierte Heer und Verwaltung (Themenverfassung); führte 622–628 Krieg gegen die Perser und gewann (für wenige Jahre) alle zuvor verlorenen östl. Gebiete zurück.

Herakleopolis [„Heraklesstadt" (auf Grund einer Gleichsetzung des Herakles mit Harsaphes)] (H. Magna), ehem. Stadt in Ägypten, 15 km westl. von Bani Suwaif; Sitz der Herrscher der 9. und 10. Dyn; Kultstätte des widderköpfigen Gottes Harsaphes.

Herakles (Hercules, Herkules), Held der griech. Mythologie. Zeus zeugte H. in der Gestalt des abwesenden Perseusenkels Amphitryon mit dessen Gemahlin Alkmene in Theben und verhieß ihm als dem nächsten Sproß aus dem Hause des Perseus die Herrschaft über Mykene. Hera, deren eifersüchtige Verfolgungen H. den Namen gaben (H. = „der durch Hera Berühmte"), hemmt die Geburtswehen der Alkmene und läßt Eurystheus, einen anderen Perseusenkel, eher zur Welt kommen, der so König von Mykene und später Dienstherr des H. wird. Nach zahlr. Anschlägen der Hera erhält H. schließl. vom Delph. Orakel den Auftrag, im Dienst des Eurystheus 12 Arbeiten zu vollbringen, um die Unsterblichkeit zu erlangen. H. besteht alle „12 Arbeiten" (Dodekathlos): 1. die Erlegung des Nemeischen Löwen; 2. der Kampf mit der neunköpfigen Hydra von Lerna; 3. das Einfangen der windschnellen Kerynit. Hirschkuh; 4. das Einfangen des Erymanth. Ebers; 5. der Kampf mit dem Stymphal. Vögeln; 6. die Reinigung der Ställe des Augias; 7. das Einfangen des Kret. Stieres (Minotauros); 8. die Erringung der menschenfressenden Rosse des Diomedes; 9. die Erbeutung des Gürtels der Amazonenkönigin Hippolyte; 10. die Erbeutung der Rinder des Geryoneus, eines dreileibigen Riesen (bei dieser Arbeit setzt H. in der Straße von Gibraltar die nach ihm ben. „Säulen des H." als Zeichen seiner weitesten Fahrt); 11. die Erringung der goldenen Äpfel der Hesperiden; 12. die Entführung des Unterwelthundes Zerberus. Nach Vollendung der 12 Arbeiten kehrt H. nach Theben zurück, zieht aber später mit seiner zweiten Frau Deianira nach Trachis, wo ihn durch ungewolltes Verschulden Deianiras ein furchtbares Todesgeschick ereilt, das H. aber durch Selbstverbrennung abkürzt. Von Zeus wird H. schließl., mit Hera versöhnt, unter die Unsterblichen aufgenommen.

📖 *Brommer, F.: H. Die zwölf Taten des Helden in antiker Kunst u. Lit. Köln ²1972.*

Herakliden † Hyllos.

Heraklios † Herakleios.

Heraklit von Ephesus, * um 550, † um 480, griech. Philosoph. - Wegen seines schwer verständl. Denkens „der Dunkle" genannt. Setzte gegen die stat. Seinsauffassung der eleat. Philosophie das [vernunftbegabte] Feuer als

Prinzip des Seienden, das er als Inbegriff steter Wandelbarkeit verstand. Ausdruck seiner Grundthese von der Veränderlichkeit der Dinge sind seine Sätze: „Der Krieg ist der Vater aller Dinge" und „Niemand kann zweimal in denselben Fluß steigen".

Heraldik [zu frz. (science) héraldique „Heroldskunde" (zu héraut „Herold", der bei Ritterturnieren die Wappen der Kämpfer zu prüfen hatte)] ↑ Wappenkunde.

heraldische Dichtung ↑ Heroldsdichtung.

heraldische Farben (herald. Tinkturen) ↑ Wappenkunde.

Heranwachsende, im Jugendstrafrecht Personen, die z. Z. einer Straftat das achtzehnte, aber noch nicht das einundzwanzigste Lebensjahr vollendet haben; es kann das Jugendstrafrecht oder das allg. Strafrecht angewendet werden.

Herat, Prov.hauptstadt in NW-Afghanistan, am Hari Rud, 930 m ü. d. M., 140 000 E. Handelszentrum einer Flußoase; Baumwollentkörnung; Nahrungsmittel- und Teppichherstellung. - H. ist bereits in altpers. Inschriften bezeugt. Alexanders d. Gr. Stadtgründung **Alexandreia** war Hauptort der Satrapie Aria. Um 652 n. Chr. fiel H. in die Hände der muslim. Araber; 1221 Eroberung durch die Mongolen. Nach Timur-Lengs Tod (1405) wurde H. Hauptstadt des Reichs der Timuriden; bis 1747 Zentrum von Chorasan; 1865 endgültig an Afghanistan. - Ruine der Zitadelle (9. oder 10. Jh.); Freitagsmoschee (1200 gegr.).

Herat ↑ Orientteppiche (Übersicht).

Hérault [frz. e'ro], Dep. in Frankreich.

Herausgabe, Übertragung des unmittelbaren Besitzes. Die H. wird vollstreckt, indem der Gerichtsvollzieher dem Besitzer die Sache wegnimmt oder ihn - bei Grundstücken - aus dem Besitz setzt und dem Berechtigten den Besitz verschafft.

Herausgeber, derjenige, der Druckwerke veröffentlicht, ohne selbst Autor zu sein. Der H. von Sammelwerken wird wie ein Urheber geschützt.

Herba [lat.] (Kraut), pharmazeut. Bez. für getrocknete oberird. Teile krautiger Pflanzen.

Herbarium [lat., zu herba „Pflanze, Gras"] (Herbar), Sammlung gepreßter und getrockneter, auf Papierbögen aufgeklebter Pflanzen oder Pflanzenteile, geordnet nach systemat. oder pflanzensoziolog. Gesichtspunkten; wichtig für systemat. und florist. Arbeiten, da die in ihnen sachgemäß aufbewahrten Pflanzen ihre anatom.-morpholog. Merkmale beibehalten. Das älteste dt. H. mit 746 Pflanzen stammt von C. Ratzenburger (um 1550).

Herbart, Johann Friedrich, * Oldenburg (Oldenburg) 4. Mai 1776, † Göttingen 14. Aug. 1841, dt. Philosoph, Pädagoge und Psychologe. - Prof. in Königsberg (Pr), seit 1833 in Göttingen; beeinflußt von Fichte und Pestalozzi. Für H. ist Philosophie Bearbeitung von Begriffen: die Logik will ihre Deutlichkeit, die Metaphysik ihre Berichtigung, Ästhetik und Ethik bedürfen der Ergänzung durch Wertbestimmungen; Ableitung der Ethik aus der Ästhetik. Seine realist. Metaphysik sieht die Dinge als einfache Zusammensetzung von realen Wesen mit je einer Qualität. Von großem Einfluß auf das Bildungswesen.

Werke: Allg. Pädagogik (1806), Allg. prakt. Philosophie (1808), Psychologie als Wissenschaft (2 Bde., 1824/25), Allg. Metaphysik (2 Bde., 1828/29).

Herbartianismus, die pädagog. Schulrichtung der 2. Hälfte des 19. Jh., die sich auf ↑ Herbart berief, u. a. T. Ziller und T. Vogt, sowie, weniger eng, W. Rein. Die Herbartianer setzen darauf, daß der (sittl.) Wille durch Intellektbildung geweckt wird, wobei diese Intellektbildung mittels eines starren Schemas des Unterrichts erfolgt. Sie vernachlässigen Herbarts Forderung der „eigenen Beweglichkeit" und die Bildung emotionaler ursprüngl. Werturteile an ästhet. Beispielen [der Dichtung usw.].

Herberge [zu althochdt. heriberga, eigtl. „ein das Heer bergender Ort"], früher svw. Kriegslager, später allgemein in der Bedeutung von Wirtshaus oder Gasthaus gebraucht. In der Zunftzeit Bez. für ein vom Herbergsvater und von der Herbergsmutter verwaltetes Haus (H. im engeren Sinne). Hier fanden wandernde Gesellen ein Unterkommen, man wies ihnen Arbeit nach und bei Krankheit wurden sie gepflegt.

Herberger, Joseph (gen. Sepp), * Mannheim 28. März 1897, † ebd. 28. April 1977, dt. Sportlehrer. - Seit 1936 Reichsfußballtrainer; 1945–49 Lehrer an der Dt. Sporthochschule Köln; 1949–64 Bundestrainer des Dt. Fußballbundes; führte die Mannschaft der BR Deutschland zur Weltmeisterschaft 1954.

Herberge zur Heimat, von C. T. Perthes 1854 gegr. Herbergstyp zur Betreuung wandernder Handwerksgesellen; später von F. von Bodelschwingh (1882) für wandernde Arbeitslose eingerichtet; nach den Weltkriegen zunehmende Entwicklung im Sinne planmäßiger Fürsorgearbeit an ökonom. und sozial Entwurzelten; zusammengefaßt im „Ev. Fachverband für Nichtseßhaftenhilfe e. V." (früher „Dt. Herbergsverein").

Herberstein, Sigmund Reichsfreiherr von (seit 1537), * Wippach (Slowenien) 23. Aug. 1486, † Wien 28. März 1566, kaiserl. Diplomat. - Seit 1514 Kaiserl. Rat mit diplomat. Aufgaben; zuletzt Präs. des Finanzkollegs; Reiseberichte aus Rußland (1549) von großer Bedeutung.

Herbert, alter dt. männl. Vorname (althochdt. heri „Heer" und beraht „glänzend").

Herbert, Edward [engl. 'hɔːbət], Lord H. of Cherbury, * Eyton-on-Severn (Shropshire)

3. März 1583, † London 20. Aug. 1648, engl. Philosoph, Diplomat und Schriftsteller. - Bruder von George H.; 1619–24 Gesandter in Paris; zunächst Royalist, schloß sich 1645 Cromwell an. Stand u. a. in Verbindung mit Gassendi und Grotius. Begr. den Deismus.

H., George [engl. ˈhɑːbət], * Montgomery Castle (Wales) 3. April 1593, ▭ Bermerton bei Salisbury 3. März 1633, engl. Dichter. - Bruder von Edward H.; schrieb religiöse Lyrik („The temple", 1633).

H., Zbigniew [poln. ˈxɛrbɛrt], * Lemberg 29. Okt. 1924, poln. Schriftsteller. - Behandelt in Lyrik, Dramen, Hörspielen und Essays u. a. Spannungen zw. Moderne und kulturellen Traditionen. - *Werke:* Ein Barbar in einem Garten (Essays, 1962), Im Vaterland der Mythen. Griech. Tagebuch (1973), Herr Cogito (Ged., 1974), Berichte aus einer belagerten Stadt und andere Gedichte (1985).

Herbin, Auguste [frz. ɛrˈbɛ̃], * Quiévy (Nord) 29. April 1882, † Paris 31. Jan. 1960, frz. Maler. - Stand Vantangerloo nahe; konstruktivist. Bilder.

Herbivoren [lat.] ↑Pflanzenfresser.

Herbizide (Herbicide) [zu lat. herba „Pflanze" und caedere „töten"], als Unkrautvertilgungsmittel benutzte Chemikalien. Die Aufnahme der H. erfolgt durch die Blätter oder Wurzeln. Man unterscheidet sog. *Total-H.,* die jegl. Pflanzenwuchs vernichten und *selektive H.,* die nur bestimmte Pflanzen abtöten. Mit Total-H. behandelte Flächen dürfen längere Zeit nicht bebaut werden. Die *Kontakt-H.,* wie Dinitrobutylphenol (DNBP) oder Dinitroorthokresol (DNOC) zerstören das Pflanzengewebe an der Kontaktstelle. Die *systemischen H.* sind spezielle Wuchsstoffe (z. B. Di- und Trichlorphenoxyessigsäure, Methylchlorphenoxyessigsäure), die einkeimblättrige Pflanzen wie Getreide verschonen, aber zweikeimblättrige unter Störung des physiolog. Gleichgewichts zu Verwachsungen anregen und so ihr Absterben bewirken.

Herborn, hess. Stadt im Dilltal, 180–280 m ü. d. M., 21 100 E. Predigerseminar der Ev. Landeskirche in Hessen und Nassau. U. a. eisenverarbeitende Ind. - Ersterwähnung 1048, 1251 Stadt. Die 1584 gegr. Hohe Schule bestand bis 1877. - Schloß (v. a. 14. Jh.; heute Predigerseminar), Hohe Schule (nach 1591; heute Museum), Fachwerkbauten (17./18. Jh.).

Herbort von Fritzlar (Fritslar), * Ende des 12. Jh., † Anfang des 13. Jh., mittelhochdt. Epiker. - Stammt aus Fritzlar (Hessen); bearbeitete im Auftrag des Landgrafen Hermann von Thüringen um 1210 den Stoff der Trojasage, sein „Liet von Troye" steht der vorhöf. sog. Spielmannsdichtung nahe.

Herbst [zu althochdt. herbist, eigtl. „Pflückzeit"] ↑Jahreszeiten.

◆ in der *Winzersprache* Bez. für die Weinernte, auch Lese genannt.

Herbstastern ↑Aster.

Herbster (Herbst), Hans, * Straßburg 1468, † Basel 1550, dt. Maler. - 1492 Meister in Basel. Zugeschrieben wird ihm v. a. eine „Kreuztragung Christi" von 1515 (Karlsruhe, Staatl. Kunsthalle), vielleicht auch Jugendwerk Hans Holbeins d. J., dessen Lehrer H. wohl war.

Herbstfärbung, durch Abbauprozesse des Blattgrüns bedingte Umfärbung des Laubs vieler Holzgewächse vor dem herbstl. Laubfall. Durch diesen Vorgang werden zurückbleibende rote Anthozyane und/oder gelbe Karotinoide sowie braune Zersetzungsprodukte farbbestimmend.

Herbstpunkt, derjenige Schnittpunkt der Ekliptik mit dem Himmelsäquator, an dem die Sonne auf ihrer scheinbaren Bahn von der nördl. auf die südl. Hemisphäre wandert.

Herbstzeitlose ↑Zeitlose.

Herburger, Günter, * Isny im Allgäu 6. April 1932, dt. Schriftsteller. - Schildert in Prosa und ep. Lyrik, z. T. mit utop. Perspektiven, die Realität der Gegenwart der bürgerl. Gesellschaft.

Werke: Eine gleichmäßige Landschaft (Prosa, 1964), Die Messe (R., 1969), Jesus in Osaka (R., 1970), Birne kann alles (Kindergeschichten, 1970), Die Eroberung der Zitadelle (En., 1972), Operette (Ged., 1973), Ziele (Ged., 1977), Flug ins Herz (R., 1977), Orchidee (Ged., 1979).

Herculaneum [...ne-um], z. T. von dem italien. Ort Ercolana überdeckte Ruinenstätte am W-Fuß des Vesuvs, bei dessen Ausbruch 79 n. Chr. der (63 n. Chr. von Erdbeben beschädigte) röm. Villenvorort von Schlammassen überdeckt wurde (erneut beim Ausbruch von 1631). Ausgrabungen seit 1709. V. a. zwei- und dreistöckige Häuser, deren Ausschmükkung man in letzter Zeit an Ort und Stelle läßt. - Abb. S. 290.

Herculano de Carvalho e Araújo, Alexandre [portugies. irkuˈlɐnu ðɐ kɐrˈvaʎu i ɐrɐˈuʒu], * Lissabon 28. März 1810, † Vale de Lobos (Distrikt Santarém) 13. Sept. 1877, portugies. Geschichtsforscher und Dichter. - Bibliothekar, Redakteur, Bibliotheksdirektor und ab 1844 Hg. der „Portugalae monumenta historica"; lebte ab 1867 zurückgezogen auf seinem Landsitz; schrieb grundlegende Werke zur portugies. Geschichte und histor. Romane in der Art W. Scotts; gilt mit Almeida Garett als Begründer der portugies. romant. Schule.

Hercules ↑Herakles.

Hercules (Herkules) [griech.-lat., nach ↑Herakles], Abk. Her, ↑Sternbilder (Übersicht).

Herczeg, Ferenc [ungar. ˈhɛrtsɛg], eigtl. Franz Herzog, * Vršac (Wojwodina) 22. Sept. 1863, † Budapest 24. Febr. 1954, ungar. Schriftsteller. - Seine Novellen, Dramen und

Romane spielen in Gesellschaftskreisen der Stadt und beim Landadel; u.a. „Die Töchter der Frau Gyurkovics" (R., 1893), „Die Brüder Gyurkovics" (R., 1895); auch histor. Romane, u.a. „Im Banne der Pußta" (1902), „Rákóczi, der Rebell" (1936).

Herd [eigtl. „der Brennende, Glühende"], häusl. Feuerstätte zum Kochen und Heizen, in der Kulturgeschichte der alten Völker geheiligter Platz; Stätte des kult. Feuers (Staats-H., im alten Rom von den Vestalinnen gehütet), Wohnung der Schutzgötter, manchmal Begräbnisplatz (H.bestattung). Im heutigen Sinn eine Vorrichtung in der *Küche* zum Kochen, Backen und Heizen: **Küchenherd** (Befeuerung mit Holz und Kohle, H.platte aus Eisen, Backröhre und eingebauter Wasserbehälter = Schiff), **Elektroherd** (bis zu vier elektr. Kochplatten, Backröhre auch mit Grilleinrichtung), **Gasherd** (für Stadt- und Erdgas, bis zu vier Kochstellen, Backröhre), **Kohle-** oder **Ölbeistellherd** (zum Kochen und Heizen; auch mit Backröhre, in der Form zum Elektro- oder Gas-H. passend). - ↑ auch Mikrowellenherd.

◆ Bauteil des metallurg. Ofens, der den unteren Abschluß des Schmelzraumes bildet.

◆ Fläche, die bei der Erzaufbereitung durch ihre schwache Neigung und zusätzl. Schüttelbewegung eine Materialtrennung bewirkt.

◆ (Krankheits-H., Fokus) allg. Bez. für einen im Körper genau lokalisierten und umschriebenen Ausgangsbezirk einer Krankheit.

◆ in der *Geologie* der Ausgangspunkt von Erdbeben bzw. vulkan. Schmelzen (Magmaherd).

Herdbuch (Zuchtbuch, Zuchtregister, Stammbuch), in der landw. Tierzucht (v.a. Rinderzucht) buch- oder karteimäßig angelegte Aufzeichnungen, in denen die nach einem sorgfältigen Ausleseverfahren eines Züchterverbandes anerkannten Zuchttiere erfaßt werden. Dem H. entspricht bei Zuchtpferden das **Stutbuch.**

Herde, in der Zoologie Bez. für eine Ansammlung von meist größeren Säugetieren, auch von Vögeln. Die H. kann wenige Individuen bis viele tausend Tiere umfassen.

Herdecke, Stadt im sö. Ruhrgebiet, NRW, 100 m ü.d.M., 24 200 E. Metallverarbeitung, Textil- und chem. Ind.; Wärmekraftwerk; nahebei die große Pumpspeicheranlage des Hengstey-Stausees. - Ersterwähnung um 1100, 1739 Stadtrecht. - Ev. Pfarrkirche (im Kern karoling., im 13. Jh. got. Umbauten).

Herdentrieb (Herdeninstinkt, Gregarismus), Bez. für die manchen Tieren eigene Tendenz, in einer Herde zusammenzuleben und sich demgemäß zu verhalten (z. B. Einhalten einer Rangordnung); im übertragenen Sinn auch Bez. für die entsprechende Verhaltenstendenz menschl. Gruppen (kritiklose Unterordnung, Sicheinordnen bis hin zur Anonymität).

Herder, (Herderer) Bartholomä, * Rottweil 22. Aug. 1774, † Freiburg im Breisgau 11. März 1839, dt. Verleger. - Gründete 1801 die Herdersche Verlagsbuchhandlung in Meersburg, die er 1808 nach Freiburg verlegte. Verlegte im Geist der Aufklärung und Romantik theolog. Lit., histor. Schriften (K. W. von Rottecks „Allg. Geschichte", 1813–16), Bildbände und Kartenwerke. Sein Sohn Benjamin H. (* 1818, † 1888) gab dem Verlag eine betont kath. Prägung, neben katechet. u.a. volkspädagog. Schrifttum, u.a. „Kirchenlexikon" (1846–56), „Conversationslexikon" (1853), theolog. Zeitschriften. Dessen Sohn Hermann H. (* 1864, † 1937) führte v.a. die Lexikonarbeit weiter (u.a. „Staatslexikon" der Görresgesellschaft [1887–97, ⁶1957–70], „Der große Herder" [1931–35; ⁴1967/68], „Lexikon für Theologie und Kirche" [1930–38; ⁸1957–68], „Lexikon der Pädagogik" [1913–17; neue Ausgabe 1970–71]), ergänzte die Zeitschriften und erweiterte das Programm wiss. Literatur (Theologie, Philosophie, Sozialwissenschaften, [Kirchen]geschichte) sowie Belletristik und Jugendliteratur. - ↑ auch Verlage (Übersicht).

H., Johann Gottfried von (seit 1802), * Mohrungen 25. Aug. 1744, † Weimar 18. Dez. 1803, dt. Philosoph, Theologe und Dichter. - 1764 Lehrer, 1767 Prediger in Riga; 1769 Seereise nach Nantes, die (nach H. eigenen Angaben) seine Wendung von der Aufklärung zum Sturm und Drang bewirkte. In Straßburg (1770/71) erste Begegnung mit Goethe. 1771 Konsistorialrat in Bückeburg; 1773 heiratete er Karoline Flachsland (* 1750, † 1809); ab 1801 Oberkonsistorialpräsident in Weimar; befreundet u.a. mit C. Wieland, Jean Paul. **Sprach- und Literaturphilosophie:** Seine Ausführungen „Über die neuere dt. Litteratur" (1766/67) galten einer „pragmat. Geschichte der Litteratur" unter Berücksichtigung der für sie maßgebenden polit. und sozialen Bedingungen sowie der Bestimmung der literar. Normen: jedes Volk hat seine spezif. Dichtung; sie ist abhängig von dem Stand seiner Sprache, dieser von den natürl. und sozialen Gegebenheiten. H. ästhet. Grundforderungen sind Zeitgemäßheit und Verständlichkeit; daher die Forderung nach Verwendung der Volkssprache, der „Muttersprache". In der „Abhandlung über den Ursprung der Sprache" (1772) setzt H. die Sprache mit den naturgegebenen Voraussetzungen des Menschen in Beziehung: Durch die Instinktschwächung des Menschen, sein Nicht-Eingebundensein in feste Wirk- und Reaktionsmechanismen, welcher „Freiheit" und „Vernunft" entsprechen, ist der Mensch auf Sprache hin angelegt. Sprache ist sowohl in ihrer gesellschaftl., als auch naturgesetzl. Ausdifferenzierung in Einzel- bzw. Nationalsprachen Voraussetzung universalen Lernens.

Geschichtsphilosophie: H. gelangt zu einer gei-

Herdinfektion

Herculaneum. Mosaik des Neptun und der Amphitrite im Nymphäum eines Hauses

stesgeschichtl. äußerst fruchtbar werdenden positiven Bewertung des MA und des bes. Volkstums der einzelnen Völker, da er jeder Phase geschichtl. Entwicklung, die er in Analogie zu der organ. Entfaltung menschl. Lebensarten (Kindheit = Goldenes Zeitalter) sieht, ihr eigenes Recht zugesteht und Besonderheiten der Völker im Klima begründet. In diesen Zusammenhang gehört auch seine Sammlung „Volkslieder" (1778/79, 1807 u. d. T. „Stimmen der Völker in Liedern"), womit er zum Begründer der Erforschung des Volkslieds wird. In seinen „Ideen zur Philosophie der Geschichte der Menschheit" (1784–91) versteht H. Geschichte nicht mehr allein als organ. Entwicklung analog der menschl. Lebensalter, sondern als organ. Entfaltung der Humanität. - H. war für die dt. und europ. Geistesgeschichte richtungsweisend bis in die Gegenwart, bes. für Sprach- und Geschichtsphilosophie, Literatur- und Kulturgeschichte sowie Anthropologie.

Weitere Werke: Auch eine Philosophie der Geschichte zur Bildung der Menschheit (1774), Briefe zur Beförderung der Humanität (10 Bde., 1793–97), Journal meiner Reise im Jahre 1769 (hg. 1846).

Kalleat, A. F.: H. und die Weltliteratur. Ffm. 1984. - Reckermann, A.: Sprache u. Metaphysik. Mchn. 1979. - Kathan, A.: Herders Lit.kritik. Lauterburg ²1971.

Herdinfektion (Fokalinfektion), durch zeitweilige oder dauernde Ausschwemmung von Bakterien oder Bakterientoxinen aus einem Streuherd verursachte Entzündung, allerg. Reaktion (**Fokalallergie**) oder Fehlinnervation. Häufige Ausgangsherde einer F. sind

chron. Entzündungen und Eiterherde im Kopf-Hals-Gebiet. Behandlung durch operative Beseitigung des Streuherdes.

Herðubreið [isländ. 'hɛrðʏbreɪð], Vulkan auf Island, 1 682 m hoch.

Héré, Emmanuel [frz. e're] (seit 1751 H. de Corny), * Nancy 12. Okt. 1705, □ Lunéville 2. Febr. 1763, frz. Baumeister. - Mit der Neugestaltung von Nancy ist H. die bedeutendste stadtplaner. Leistung seiner Zeit gelungen (1751–55).

Heredia (Hérédia), José-Maria de [frz. ere'dja], * La Fortuna Cafeyera (Kuba) 22. Nov. 1842, † Bourdonné (Yvelines) 3. Okt. 1905, frz. Dichter. - Sein Hauptwerk „Trophäen" (1893) behandelt in 5 Sonettzyklen die Epochen der Geschichte. H. gilt als bedeutendster Vertreter der jüngeren Generation des Parnasse.

hereditär [lat.], erblich, vererbt (von biolog. Merkmalen und Verhaltensweisen; in der Medizin bes. von Krankheiten und Krankheitsanlagen gesagt).

Hereford [engl. 'hɛrɪfəd], engl. Stadt am Wye, Gft. Hereford and Worcester, 47 700 E. Anglikan. Bischofssitz; Museum. Marktzentrum in einem Hopfen- und Obstbaugebiet. - Anfang des 7. Jh. von den Westsachsen als Festung gegen die Waliser gegr., wurde 676 Bischofssitz, erhielt 1189 Stadtrecht. - Kathedrale (um 1079 ff.) mit einer Mappa mundi (13. Jh.); Kirche All Saints (13./14. Jh.).

Hereford and Worcester [engl. 'hɛrɪfəd and 'wʊstə], westengl. Grafschaft.

Hérens, Val d' [frz. valde'rã], Landschaft im schweizer. Kt. Wallis, mit Erdpyramiden an der Mündung des Val d'Hérémence.

Herentals, belg. Gemeinde am Albertkanal, 17 m ü. d. M., 24 000 E. Handelszentrum für das südl. Kempenland. - Kirche Sint-Waldetrudis (14./15. Jh.) in Brabanter Hochgotik.

Herero, Bantustamm im mittleren und nördl. Namibia, Sprache: otyi-Herero. Auf Großviehzucht spezialisierte Nomaden.

Herford, Krst. im Ravensberger Hügelland, NRW, 70–100 m ü. d. M., 60 900 E. Westfäl. Landeskirchenmusikschule; Stadttheater; bed. Möbelind. u. a. Ind.zweige. - 823 wurde das Damenstift H. gegr., bei dem sich eine Siedlung entwickelte (Stadtrecht um 1170). Das Stift wurde 1147 reichsunmittelbar. Zur Wahrung der Reichsunmittelbarkeit gründete H. 1246 mit anderen westfäl. Städten einen ersten dt. Städtebund, schloß sich 1255 dem Rhein. Städtebund und 1342 der Hanse an. Ab 1520 wurde H. und um 1533 das Stift ev. Die Reichsunmittelbarkeit der Stadt wurde erst 1631 bestätigt, sie stand jedoch ab 1647/52 unter brandenburg. Herrschaft. - Mehrere Kirchen, u. a. spätroman. Münsterkirche (13. Jh.) mit got. Anbauten (14./15. Jh.), hochgot. Marienkirche (1325 vollendet); Fachwerkhäuser (16.–18. Jh.).

H., Kreis in NRW.

Hergesell, Hugo, * Bromberg 29. Mai 1859, † Berlin 6. Juni 1938, dt. Meteorologe. - Prof. in Straßburg und Berlin. Nach dem 1. Weltkrieg gründete und leitete H. den Dt. Flugwetterdienst und war um eine enge Zusammenarbeit zw. Luftfahrt und Meteorologie bemüht.

Hergesheimer, Joseph [engl. 'hə:gəshaɪmə], * Philadelphia 15. Febr. 1880, † Sea Isle City (N. J.) 25. April 1954, amerikan. Schriftsteller. - Schildert v. a. die Welt der internat. Müßiggänger, u. a. „Linda Condon" (R., 1919).

Hergt, Oskar, * Naumburg/Saale 22. Okt. 1869, † Göttingen 9. Mai 1967, dt. Politiker. - 1917–18 preuß. Finanzmin.; Mitbegr. und Vors. (bis 1924) der DNVP; MdR 1920–33; 1927/28 Reichsjustizmin. und Vizekanzler.

Herhaus, Ernst, * Ründerroth b. Köln 6. Febr. 1932, dt. Schriftsteller. - Wurde mit dem burlesken Roman „Die homburg. Hochzeit" (1967) bekannt; Alkoholismus ist das Thema von „Kapitulation. Anfang einer Krankheit" (1977) und „Der zerbrochene Schlaf" (1978), „Gebete in die Gottesferne" (R., 1979), „Der Wolfsmantel" (R., 1983).

Heribert, männl. Vorname, Nebenform von Herbert.

Heribert, hl., * um 970, † Köln 16. März 1021, Erzbischof (seit 999). - 994 Erzkanzler Ottos III. für Italien, 998–1002 für Deutschland; gründete das Apostelstift in Köln und das Benediktinerkloster in Deutz (= Köln).

Hering, [Karl] Ewald [Konstantin], * Altgersdorf (= Neugersdorf, Lausitz) 5. Aug. 1834, † Leipzig 26. Jan. 1918, dt. Physiologe. - Prof. in Wien, Prag und Leipzig; arbeitete v. a. über Nerven- und Sinnesphysiologie. Entdeckte zus. mit J. Breuer die „Selbststeuerung der Atmung" durch sensible Nerven des Lungenvagus als ersten biolog. Regelmechanismus, wodurch er die Entwicklung der Biokybernetik einleitete. Bei seinen psychophysikal. Untersuchungen, insbes. der Raum- und Farbwahrnehmung, befaßte er sich u. a. mit den opt. Täuschungen und stellte eine Vierfarbentheorie auf.

H., Loy, * Kaufbeuren um 1484/85, † Eichstätt um 1554, dt. Bildhauer. - V. a. mit dem Sitzbild des hl. Willibald im Eichstätter Dom (1514) gelang ihm ein bed. Renaissancewerk, auch mit Epitaphien, u. a. für Bischof Gabriel von Eyb (um 1515–20; Eichstätt, Dom) und Bischof Georg Schenk von Limburg (1518–21; Bamberger Dom).

Hering (Clupea), Gatt. bis 45 cm langer Heringsfische mit zwei Arten in gemäßigten und kalten Gewässern des nördl. Atlantiks und nördl. Pazifiks. Für Europa am wichtigsten ist der **Atlant. Hering** (Hering i. e. S., Clupea harengus) mit grünlich-blauem Rücken, silberglänzenden Körperseiten, bläul. durchscheinenden Flossen und gekielter Bauchkan-

te. Er kommt in riesigen Schwärmen v. a. in planktonreichen Meeresgebieten vor. Nach Ort und Zeitpunkt der Laichabgabe werden zahlr. Heringsrassen unterschieden, z. B. *Herbstheringe* (laichen im Spätjahr in der Nordsee), *Frühjahrsheringe* (laichen im Frühjahr in den norweg. Fjorden ab). Ein ♀ legt etwa 20 000–70 000 Eier ab. Die Jugendentwicklung erfolgt im Küstenbereich, erst mit zwei bis drei Jahren wandern die etwa 20 cm langen Jung-H. von der Küste ab. Die Geschlechtsreife tritt im Alter von drei bis sieben Jahren ein, die Lebensdauer beträgt rd. 20 Jahre. Der Atlant. Hering ist einer der wirtsch. wichtigsten Nutzfische, der in verschiedensten Formen auf den Markt gebracht (z. B. Vollhering, Matjeshering, Grüner Hering, Bückling, Brathering) und zu zahlreichen Konserven verarbeitet wird, daneben aber auch zur Gewinnung von Tran und Fischmehl dient. - Der **Pazif. Hering** (Clupea pallasii) im nördl. Pazifik und im Weißen Meer ist dem Atlant. Hering sehr ähnl., bleibt jedoch meist kleiner als dieser, wächst schneller und früher geschlechtsreif. Seine Bauchkante ist vor der Bauchflossen ungekielt. Auch er ist ein wirtsch. bed. Nutzfisch.

Heringe [wohl nach der an den H. erinnernden Form], beim Aufbau eines Zelts am Zeltrand in den Erdboden geschlagene Holz- oder Metallpflöcke, die mit einer Kerbe oder einer Nase zum Einhängen der Zeltschnüre versehen sind.

Heringen (Werra), hess. Stadt 20 km östl. von Bad Hersfeld, 280 m ü. d. M., 8 900 E. Kaliwerk, Betonwerk, Fabrikation von Fertighäusern, Apparatebau. - 1153 erstmals urkundl. belegt.

Heringsdorf (amtl. Seebad H.), Gemeinde an der NO-Küste der Insel Usedom, Bez. Rostock, DDR, 4 200 E. Sternwarte. - H. entstand nach 1819.

Heringsfische (Clupeidae), Fam. urspr. Knochenfische mit rd. 180 bis 50 cm langen Arten, v. a. im Meer, aber auch in Brack- und Süßgewässern; Körper meist schlank, seitl. zusammengedrückt, silberglänzend, mit dunklen Rücken, großen, häufig dünnen, leicht abfallenden Schuppen und gekielter Bauchkante. - Zu ihnen zählen verschiedene wirtschaftl. wichtige Arten, z. B. Atlant. Hering und Pazif. Hering (↑ Heringe), Sardine und Sprotte. Die einheim. süßwasserbewohnenden Arten Alse und Finte haben keine wirtschaftl. Bedeutung.

Heringshai ↑ Makrelenhaie.

Heringskönig (Petersfisch, Zeusfisch, Martinsfisch, Christusfisch, Zeus faber), bis etwa 60 cm langer Knochenfisch im Mittelmeer und an der O-Küste des Atlantiks; Körper im Umriß oval, seitl. stark zusammengedrückt; Speisefisch.

Hering-Täuschung [nach E. Hering] ↑ optische Täuschungen.

Heris

Heris ↑Orientteppiche (Übersicht).

Herisau, Hauptort des schweizer. Halbkantons Appenzell Außerrhoden, 8 km sw. von Sankt Gallen, 771 m ü. d. M., 14 600 E. Heimatmuseum; Marktort; Textil-, Metall-, Holzind., Glasbläserei. - Zu Beginn des Appenzeller Krieges (1404/05) wurde H. appenzellisch. Es nahm 1529 die Reformation an und schloß sich deshalb 1597 bei der Landesteilung Appenzell Außerrhoden an. - Spätgot. Pfarrkirche (1516–20) mit Stuckierungen von A. Moosbrugger.

Herkules ↑Herakles.

Herkuleskeule (Clavaria pistillaris), Ständerpilz mit keulenförmigem, 8–20 cm hohem, ockergelben Fruchtkörper; Oberfläche runzelig, Fleisch schwammig, weich; v. a. in Buchenwäldern, jung eßbar.

Herkunftsbezeichnung, im Wettbewerbsrecht Bez. des geograph. Ursprungs einer Ware, die als Warenzeichen und nach den Vorschriften gegen den unlauteren Wettbewerb geschützt ist, z. B. Solinger Stahlwaren.

Herleshausen, hess. Gemeinde an der Werra, 210 m ü. d. M., 3 100 E. Grenzübergang zur DDR. - Schloß Austenau (16. Jh.).

Herlin, Friedrich [...i:n] (Herlein), * vermutl. Rothenburg ob der Tauber um 1430, † Nördlingen zw. Juni/Nov. 1500, dt. Maler. - Nahm niederl. Einflüsse (Rogier van der Weyden) auf, u. a. Georgsaltar, Innen- und Außenflügel (um 1462–65, Nördlingen, Städt. Museum) und Flügel des Hochaltars von Sankt Jakob in Rothenburg (1466).

Hermagor-Pressegger See, östr. Bez.hauptstadt in Kärnten, 612 m ü. d. M., 7 100 E. Zentraler Ort des mittleren Gailtales; Fremdenverkehr. - H. wird 1161 erstmals genannt. - Pfarrkirche (8. [?] und 15. Jh.).

Herman, Woody [engl. 'hɔːmən], eigtl. Woodrow Charles H., * Milwaukee 16. Mai 1913, amerikan. Jazzmusiker (Klarinettist, Orchesterleiter). - Gründete 1936 eine eigene Band, die vorwiegend Blues interpretierte, in den 40er Jahren sich der Richtung Swing/Bebop zuwandte und später Elemente des Hard-Bop aufnahm. Berühmt wurde der aus vier Saxophonen bestehende „Four Brothers"-Klang. Strawinski widmete ihm sein „Ebony-Concerto".

Hermandad [span. „Bruderschaft"], Bez. für die seit dem 12. Jh. geschlossenen Bündnisse kastilian. und aragones. Städte zum Schutz von Privilegien und Landfrieden, vornehml. gegenüber dem Adel; Mitte des 15. Jh. zu fast unabhängiger Macht mit eigenem Heer entwickelt; von den Kath. Königen zum monarch. Instrument der Landfriedenssicherung umgeformt und auf andere Herrschaftsbereiche ausgedehnt.

Hermann, alter dt. männl. Vorname, eigtl. „Mann des Heeres, Krieger" (althochdt. heri „Heer" und man „Mann"). Italien. Form Ermanno, frz. Armand, engl. Herman.

Hermann, Name von Herrschern:

Hl. Röm. Reich:

H., Graf von Salm, † Limburg a. d. Lahn (?) 28. Sept. 1088, Röm. Gegenkönig. - Als Luxemburger 1081 von den sächs. und schwäb. Gegnern Heinrichs IV. zum Gegenkönig erhoben. Obwohl er 1086 noch einmal den Kaiser bei Würzburg besiegte, unterwarfen sich 1088 seine sächs. Anhänger, worauf sich H. nach Lothringen zurückzog.

Deutscher Orden:

H. von Salza, * um 1170, † Salerno 20. März 1239, Hochmeister (seit 1209). - Aus thüring. Ministerialengeschlecht, enger Freund und wichtiger Berater Kaiser Friedrichs II., den er 1228/29 auf dessen Kreuzzug begleitete; bemühte sich v. a., die Gegensätze zw. Kaiser und Papst auszugleichen; ging auf das Angebot Konrads I. von Masowien ein, an der Bekehrung der heidn. Pruzzen teilzunehmen, um dann aber gegen den Widerstand des Herzogs den Ordensstaat östl. der Weichsel zu etablieren; arbeitete von Italien aus am Aufbau des Dt. Ordens.

Köln:

H., Graf von Wied, * Wied bei Hachenburg 14. Jan. 1477, † ebd. 15. Aug. 1552, Kurfürst und Erzbischof (1515–47). - Setzte sich auf dem Wormser Reichstag 1521 für die Ächtung Luthers ein und war um die echte Reform seines Erzstifts bemüht; seit 1540 Kontakt zu M. Bucer und Melanchthon; sein Reformationsversuch von 1542 schlug fehl; 1546 exkommuniziert, mußte 1547 abdanken.

Sachsen:

H. Billung, † Quedlinburg 27. März 973, Herzog. - Als Markgraf im Raum der unteren Elbe („Billunger Mark") von König Otto I. wiederholt mit Aufgaben des Herzogs von Sachsen beauftragt; Ahnherr der Billunger.

Thüringen:

H. I., * um 1155, † Gotha 25. April 1217, Pfalzgraf von Sachsen (seit 1181), Landgraf von Thüringen (seit 1190). - Wechselte im stauf.-welf. Thronstreit (trat 1212/14 auf welf. Seite, um sein Territorium durch Reichsgut abzurunden) öfters die Partei; finanzierte mit Bestechungsgeldern den Ausbau der Wartburg, wo höf. Kultur und Minnesang bes. gepflegt wurden.

Hermann der Cherusker, fälschl. Name des ↑Arminius.

Hermann der Lahme ↑Hermann von Reichenau.

Hermann von Luxemburg ↑Hermann, Graf von Salm, Röm. Gegenkönig.

Hermann von Reichenau (Herimannus Contractus, d. h. H. der Lahme), * 18. Juli 1013, † 24. Sept. 1054, mittelalterl. Gelehrter, Dichter und Komponist. - Seit 1043 Mönch im Benediktinerkloster Reichenau; schrieb in lat. Sprache die erste erhaltene, von Christi Geburt bis 1054 reichende Weltchronik, fer-

ner astronom. und mathemat. Abhandlungen,
einen Traktat „Opuscula musica", in dem er
eine neue Notenschrift entwickelte, sowie
Lehrgedichte, satir. Gedichte, Sequenzen.

Hermann von Sachsenheim, * um 1365,
† Stuttgart 29. Mai 1458, spätmittelhochdt.
Dichter. - Schrieb allegor. geistl. und Minne-
dichtungen („Der Spiegel", „Die Mörin", sein
Hauptwerk [1453], „Das Schleiertüchlein")
sowie eine Minneparodie; Vertreter einer
späthöf. Ritterromantik.

Hermann, Georg, eigtl. G. H. Borchardt,
* Berlin 7. Okt. 1871, † KZ Birkenau (?) 19.
Nov. 1943, dt. Schriftsteller. - Bruder von L.
Borchardt; Schilderer des Berliner Biedermei-
er („Jettchen Gebert", R., 1906; „Henriette
Jacoby", R., 1908).

H., Ludimar, * Berlin 21. Okt. 1838,
† Königsberg (Pr) 5. Juni 1914, dt. Physiologe. - Prof. in Zürich und Königsberg. Bekannt
wurde H. durch seine Untersuchungen über
Stimme und Sprache (photograph. Registrierung der Sprachlaute).

Hermann Lietz-Schule, von der Stiftung Dt. Landerziehungsheime H. L.-S. getragene und im Sinne des Gründers H. ↑ Lietz
geführte Schulen: Schloß Buchenau (= Eiter-
feld, Landkr. Fulda), Unterstufe; Schloß Ho-
henwehrda (= Haunetal, Landkr. Hersfeld-
Rotenburg), Mittelstufe; Schloß Bieberstein
(= Hofbieber, Landkr. Fulda), Oberstufe;
Spiekeroog, Mittel- und Oberstufe.

Hermann-Oberth-Gesellschaft e.V.,
eine nach dem dt. Raketen- und Raum-
fahrtpionier H. Oberth benannte gemeinnützige Gesellschaft, deren Ziel die Förderung
der zu friedl. Zwecken betriebenen Raketen-
und Raumfahrttechnik sowie der Raumfahrt-
forschung und verwandter Gebiete ist. Sitz
Bremen.

Hermann-Oberth-Medaille [me'dal-
jə], eine von der gemeinnützigen Gesell-
schaft „Internat. Förderkreis für Raumfahrt
Hermann Oberth/Wernher von Braun e.V."
(Sitz Nürnberg) für bes. Verdienste um die
Raumfahrtentwicklung verliehene Medaille.

Hermannsburg, Gemeinde in der südl.
Lüneburger Heide, Nds., 54 m ü.d.M.,
8 000 E. Sitz der streng luth. orientierten
Hermannsburger Mission, deren Hauptmis-
sionsgebiete in Südafrika, in Zentralaustra-
lien und bei den ↑ Galla liegen.

Hermannsdenkmal, 1835–75 von E.
von Bandel errichtetes Nationaldenkmal für
den Cheruskerfürsten ↑ Arminius auf der Gro-
tenburg im Teutoburger Wald.

Hermannstadt (rumän. Sibiu), rumän.
Stadt in Siebenbürgen, 415 m ü.d.M.,
160 000 E. Hauptstadt des Verw.-Geb. H.;
Sitz eines rumän.-orth. und des dt. ev.-luth.
Bischofs; wiss. Forschungsinst., Museen, rumän. und dt. Staatstheater, Marionettenthea-
ter, Herstellung von Ind.ausrüstungen, Kipp-
wagen, landw. Geräten u.a. - An der Stelle

von H. lag die befestigte röm. Siedlung **Cedo-
nia.** Nach der ersten Einwanderung der
„Sachsen" im 12. Jh. und nach der Zerstörung
durch die Mongolen (1241/42) neu als
Hermannsdorf gegr.; seit 1366 Hermannstadt.
Bis ins 19. Jh. war H. polit., wirtsch. und kultureller Mittelpunkt der Siebenbürger Sachsen,
zeitweise auch Hauptstadt Siebenbürgens. -
Spätgot. ev. Pfarrkirche (14./15. Jh.); spätgot.
Altes Rathaus (15. Jh.); Basteien und Wehr-
türme (16./17. Jh.); Brukenthalpalais, im Stil
des späten östr. Barock, heute Museum und
Bibliothek mit über 240 000 Bde., Handschriften und Inkunabeln.

Herme mit Dionysoskopf und Phallus
(um 500 v. Chr.). Athen,
Archäologisches Nationalmuseum

Hermaphrodit [griech., nach Herm-
aphroditos], svw. ↑ Zwitter (↑ auch Intersexe).
Hermaphroditismus [griech., nach
Hermaphroditos], svw. ↑ Zwittrigkeit.
Hermaphroditos, zweigeschlechtliches
Mischwesen der griech. Mythologie; Sohn des
Hermes und der Aphrodite.

Hermas, christl. Schriftsteller des 2. Jh.
in Rom. - Mgl. der röm. Christengemeinde;
verfaßte in der ersten Hälfte des 2. Jh. eine
Mahnschrift über die Buße der Christen und
die Heiligkeit der Kirche: „Der Hirte des H.".
Die Schrift gehört zum ältesten christl. Schrifttum und ist ein wichtiges Dokument für die
altkirchl. Bußgeschichte.

Herme [griech.-lat.], urspr. ein griech.

Hermelin

Kultpfeilertypus aus vierseitigem Schaft mit bärtigem Kopf des Gottes ↑Hermes und Phallus (am Pfeiler) sowie Armansätzen; auf der Agora, an Flurgrenzen, Wegkreuzungen, Hauseingängen und Gräbern aufgestellt. Seit dem 5. Jh. auch mit Köpfen anderer Götter und später mit Porträtköpfen (bes. in der röm. Kunst); oft auch als Doppelherme.

Hermelin ↑Wiesel.

Hermelin, Handelsbez. für Pelze aus dem weißen Winterfell des Hermelins (↑Wiesel).

Hermelin ↑Wappenkunde.

Hermelinspinner ↑Gabelschwänze.

Hermeneutik [griech.], Bez. für eine nach mehr oder minder festen Regeln oder Prinzipien praktizierte Auslegung und deren Theorie. Gegenstand der **hermeneut.** oder **verstehenden Methode** können grundsätzl. alle (geschichtl.) Lebensäußerungen sein (z. B. Texte, Musik, Malerei, Handlungen, Institutionen). Traditioneller Gegenstand ist die mündl. bzw. schriftl. Rede (Texte); deshalb auch **Texthermeneutik.** Hauptformen waren fixierte Texte (klass. Dichtung, Gesetze, v. a. die hl. Schriften, bes. die Bibel). Nach Anfängen in der Stoa begründete Philon von Alexandria im Anschluß an die griech. und jüd. H. die Lehre vom doppelten, dem wörtl. und dem geistigen Schriftsinn, die Origenes systemat. ausbaute. Augustinus bezog das hermeneut. Schema vom doppelten Schriftsinn auf das Verhältnis von „Zeichen" und „Sache": Der Text als vordergründige Sache wird zum Zeichen, zum Symbol der anderen Sache (**Signifikationshermeneutik**). Damit waren die hermeneut. Grundlagen für das ma. Verstehen geschaffen, dem die kirchl. Tradition als Norm für die Auslegung galt *(Traditionsprinzip).* Eine neue Grundlage bekam die H. durch M. Luther, der die Schrift selbst zur ausschließl. Auslegungsnorm erklärte *(Schriftprinzip).* Nach Neuansätzen v. a. durch J. A. Ernesti und J. S. Semler lieferte im 19. Jh. die klass. Philologie einen bed. Beitrag zu einer **philolog. Hermeneutik** (v. a. G. A. F. Ast und F. A. Wolf). Darauf aufbauend entwickelte Schleiermacher eine universale Theorie des Verstehens unter Berücksichtigung des Problems von Sprache und Denken *(H. als Kunstlehre des Verstehens);* daran orientiert, betrachtete W. Dilthey H. als „Kunstlehre des Verstehens schriftl. fixierter Lebensäußerungen" und erhob sie zur methodolog. Grundlage der Geisteswissenschaften. In M. Heideggers aller Methodologie des Verstehens vorgeordneten „H. des Daseins" wird Existenz als „Verstehen" und „Sich-Entwerfen auf die Möglichkeit seiner selbst" interpretiert. Die Tatsache des schon durch eigene innere Erfahrung vorhandenen Wissens von dem, was Gegenstand des Verstehens werden soll, bezeichnete er als **hermeneut. Zirkel.** Über R. Bultmanns Programm der Entmythologisierung und existenzialen Interpreta-

tion der Bibel (v. a. des N. T.) wirkte diese Lehre auf die Theologie zurück (z. B. H. als „Sprachlehre des Glaubens"). Die vormethodolog. sog. **philosoph. Hermeneutik** wurde durch H. G. Gadamer v. a. in „Wahrheit und Methode" (1960) fortgeführt, die ihn in Gegensatz zum krit. Rationalismus (bes. H. Albert) und zur krit. Theorie der Frankfurter Schule (bes. J. Habermas) brachte. Für eine philosoph. H., deren Gegenstand die Interpretation von Texten mit Behauptungsintentionen ist, vertrat R. Carnap die Theorie der „rationalen Nachkonstruktion" bzw. „Explikation".

🕮 *Lang, P. C.: H. - Ideologiekritik - Ästethik. Königstein i. Ts. 1981. - Riedel, M.: Verstehen oder Erklären? Zur Theorie u. Gesch. der hermeneut. Wiss. Stg. 1978. - Gadamer, H. G.: Wahrheit u. Methode. Grundzüge einer philosoph. H. Tüb. ⁴1975. - Betti, E.: Die H. als allg. Methodik der Geisteswiss. Tüb. ²1972.*

hermeneutisch, erklärend, auslegend.

Hermes, griech. Gott des sicheren Geleits, Götterbote, Patron der Wanderer, Hirten, Kaufleute und Schelme, von den Römern *Mercurius* gen.; Sohn des Zeus und der Nymphe Maia. Gleich nach seiner Geburt betätigt sich H. als Erfinder, Meisterdieb und Händler. Das vielgesichtige und wendige Wesen des wohl urgriech. Gottes umspannt eine Fülle

Hermes mit dem Dionysosknaben. Statue des Praxiteles (um 325 v. Chr.). Olympia, Archäologisches Museum

von Funktionen, die sich aus zwei Grundkomponenten entfalten: der Gewährung sicheren Geleits und Schutzes überhaupt und dem Glück- und Gewinnbringen. Er ist versehen mit Reisehut (bzw. Flügelhelm), Flügelschuhen und dem Heroldsstab (urspr. ein Zauberstab, da er mit ihm auch einschläfern und Träume bewirken kann). - Die bedeutendste der erhaltenen antiken Plastiken ist der H. mit dem Dionysosknaben des Praxiteles (um 325 v. Chr., Olympia, Archäolog. Museum; Originalität umstritten).

Hermes, Andreas, * Köln 16. Juli 1878, † Krälingen (Eifel) 4. Jan. 1964, dt. Politiker. - Als Zentrumsvertreter 1920–22 Min. für Ernährung und Landw.; 1922/23 Finanzmin., 1928–33 MdR; leitete daneben verschiedene landw. Verbände; schloß sich im 2. Weltkrieg der Widerstandsbewegung um Beck und Goerdeler an; 1945 Vors. der CDU in Berlin und in der SBZ, jedoch von der sowjet. Besatzungsmacht abgesetzt; 1948–54 Präs. des Dt. Bauernverbandes und 1948–61 des Dt. Raiffeisenverbandes; hielt krit. Distanz zur Deutschlandpolitik Adenauers.

H., Georg, * Dreierwalde (Landkr. Tecklenburg) 22. April 1775, † Bonn 26. Mai 1831, dt. kath. Philosoph und Theologe. - 1799 Priester, 1807 Prof. der Dogmatik in Münster (Westf.), 1820 in Bonn. H. versuchte in Auseinandersetzungen mit Kants Kritizismus eine neue rationale Begründung des kirchl. Dogmas. Dabei kam er zu einem kritizist. Psychologismus (↑ Hermesianismus). - *Werke:* Untersuchung über die innere Wahrheit des Christentums (1805), Christkath. Dogmatik (hg. v. J. H. Achterfeldt, 3 Tle., 1834–36).

H., Johann Timotheus, * Petznick bei Stargard i. Pom. 31. Mai 1738, † Breslau 24. Juli 1821, dt. Schriftsteller. - Führte den engl. Familien- und Gesellschaftsroman in Deutschland ein, bes. erfolgreich war sein empfindsamer Reiseroman (nach dem Vorbild L. Sternes) „Sophiens Reise von Memel nach Sachsen" (5 Bde., 1769–73).

Hermes [nach dem griech. Gott], Planetoid mit extremen Bahndaten; er kann sich der Erde bis auf 0,004 AE = 2fache Mondentfernung nähern.

Hermesianismus, nach G. Hermes benanntes anthropozentr.-psychologist.-kritizist. Lehrsystem im 19.Jh. zur Begründung der kath. Glaubenslehre; 1835 von Papst Gregor XVI. verurteilt.

Hermeskeil, Stadt im Hunsrück, Rhld.-Pf., 614 m ü. d. M., 5400 E. Maschinenbau, Möbel- und Textilindustrie; Garnison. - Stadt seit 1970.

Hermes Kreditversicherungs-AG, dt. Versicherungsunternehmen, Sitz Hamburg; betreibt Warenkredit-, Teilzahlungskredit-, Scheckkarten- und Dispositionskredit-, Kautions-, Vertrauensschadenversicherung und Computer-Mißbrauchsversicherungen; auf dem Gebiet der Ausfuhrgarantien und -bürgschaften, der Warengarantien und Transportmittelgarantien Berlin ist die H. K.-AG als Mandatar des Bundes tätig.

Hermes Trismegistos, griech. Name für ↑ Thot, der mit Hermes [im 3.Jh. v. Chr. offiziell] identifiziert wurde. Ihm wurden astrolog. und okkulte sowie theolog. und philosoph. Schriften zugeschrieben (↑ hermetische Literatur).

hermetisch [griech.], unzugänglich; luft- und wasserdicht verschlossen (nach dem mag. Siegel des Hermes Trismegistos, mit dem er eine Glasröhre luftdicht verschließen konnte).

hermetische Literatur, Schrifttum einer spätantiken religiösen Offenbarungs- und Geheimlehre, als deren Verkünder und Verfasser Hermes Trismegistos angesehen wurde. Die h. L. wird dem 2./3.Jh. zugerechnet und besteht aus Traktaten in Brief-, Dialog- oder Predigtform, mit zeigt Einflüsse u. a. von ägypt. und orph. Mysterien und neuplaton. Gedanken. Im 3. und 4.Jh. übte sie Einfluß auf die christl. ↑ Gnosis aus.

hermetische Philosophie, zusammenfassende Bez. für die in der hermetischen Literatur enthaltenen platon., pythagoreischen und gnost. beeinflußten philosoph. Aussagen insbes. zur Kosmogonie und Anthropologie.

Hermetismus [griech.] (italien. Ermetismo), Richtung der modernen italien. Lyrik (1920–50), die an den frz. Symbolismus anknüpft; dunkler, vieldeutiger Stil; u. a. E. Montale, G. Ungaretti, S. Quasimodo; allg. Dunkelheit, Vieldeutigkeit der Aussage als Wesenszug der modernen Poesie.

Hermias (Hermeias), † um 341 v. Chr., Tyrann (seit um 350) von Atarneus und Assos (NW-Kleinasien). - Urspr. wohl Sklave, Schüler Platons und Freund des Aristoteles; nach Beseitigung des Eubulos selbst Tyrann, jedoch nach Bündnis mit Makedonien (um 342) bald vom Großkönig beseitigt.

Hermine, weibl. Vorname, um 1800 aufgekommene Bildung zu ↑ Hermann.

Herminonen (lat. u. a. Herminones, Hermiones; Hermionen, Erminonen, Irminonen), neben den Ingwäonen und Istwäonen einer der 3 Stammesverbände der Westgermanen; zu den H. gehörten die Angrivarier, Chatten, Cherusker und Sweben mit den Hermunduren, Langobarden, Markomannen und Semnonen.

Hermite, Charles [frz. ɛr'mit], * Dieuze (Moselle) 24. Dez. 1822, † Paris 14. Jan. 1901, frz. Mathematiker. - Löste 1858 die allgemeine Gleichung 5. Grades und bewies 1873 die Transzendenz der Zahl e.

Hermlin, Stephan, * Chemnitz 13. April 1915, dt. Schriftsteller. - 1936–45 im Ausland, nahm am Span. Bürgerkrieg teil; seit 1947 in Berlin (Ost). Behandelte in form- und sprachbewußter (oft langzeiliger) Lyrik Themen der antifaschist. Widerstandsbewegung und des sozialist. Aufbaus in der DDR. Bed. Lyrikübertragungen; auch Erzählungen, Porträtskizzen („Die erste Reihe", 1951), Essays („Begegnungen 1954–1959", 1960).

Weitere Werke: Zwölf Balladen von den großen Städten (Ged., 1945), Der Leutnant Yorck von Wartenburg (E., 1946), Mansfelder Oratorium (1950), Die Zeit der Gemeinsamkeit (En., 1950), Der Flug der Taube (Ged., 1952), Scardanelli (Hsp., 1970), Bestimmungsorte (En., 1985).

Hermon, Gebirge in Vorderasien, südl. Fortsetzung des Antilibanon, bis 2 814 m hoch. Da der H. nach der Entwaldung stark verkarstete, ist Anbau nur in Dolinen, Mulden und auf künstl. Terrassen möglich.

Hermonax, att. Vasenmaler des 2. Viertels des 5. Jh. v. Chr. - Erhalten sind mehrere signierte Gefäße im streng rotfigurigen Stil.

Hermosillo [span. ɛrmo'sijo], Hauptstadt des mex. Staates Sonora, am Río Sonora, 240 m ü. d. M., 341 000 E. Erzbischofssitz; Univ. (eröffnet 1942); Zentrum eines Bewässerungsfeldbaugebiets. - Gegr. 1742.

Hermunduren (lat. Hermunduri; Ermunduren), Stamm der german. Sweben; siedelten im 1. Jh. v. Chr. an der mittleren Elbe, von wo sie z. T. nach O abzogen, teils zw. Main und oberer Donau seßhaft gemacht wurden; gingen seit dem 4. Jh. n. Chr. in den Thüringern auf.

Hermupolis Magna (Hermopolis Magna) ↑ Aschmunain, Âl.

Hernández [span. ɛr'nandes], José, * Gut Pueyrredón bei Buenos Aires 10. Nov. 1834, † Buenos Aires 21. Okt. 1886, argentin. Schriftsteller. - In der erfolgreichen ep. Dichtung „Martín Fierro" (2 Teile, 1872–79) behandelte er das Schicksal der Gauchos.

H., Miguel, * Orihuela 30. Okt. 1910, † Alicante 28. März 1942, span. Dichter. - Im Bürgerkrieg auf republikan. Seite; bed. einflußreicher neoklassizist. Lyriker.

Hernando ↑ Ferdinand.

Herne, Stadt im nördl. Ruhrgebiet, NRW, 50–130 m ü. d. M., 176 200 E. Emschertalmuseum, Herstellung von Röhren, Klimaanlagen, Radios, Fernsehgeräten. Verkehrsknotenpunkt, Häfen am Rhein-H.-Kanal. Im Ortsteil **Wanne-Eickel** Solquelle, 41°C (Rheuma, Katarrhe, Ischias u. a.). - Um 890 wird das Kirchdorf H. erwähnt, das zusammen mit dem neben der Burg der Herren von Strünkede entstandenen Siedlung den Kern des heutigen H. bildet; seit 1263 unter Lehnshoheit der Grafen von Kleve. Das 1614/66 brandenburg. gewordene Dorf (noch 1809 nur 600 E.) erlangte erst mit dem Kohlenbergbau (seit 1856) und der Eisenindustrie wirtschaftl. Bedeutung (1895: 19 000 E); Stadterhebung 1897. - Wasserschloß Strünkede (16./17. Jh., heute Emschertalmuseum).

Herniaria [lat.], svw. ↑ Bruchkraut.

Hernie (Hernia) [lat.], svw. Eingeweidebruch (↑ Bruch).

Hernu, Charles [frz. ɛr'ny], * Quimper 3. Juli 1923, frz. Politiker. - Journalist; 1978–81 Abg. der Parti Socialiste; 1981–85 Verteidigungsminister.

Hero von Alexandria ↑ Heron von Alexandria.

Herodes, jüd. Herrscher:
H. I., der Große, * um 73, † 4 v. Chr., Herrscher des jüd. Staates. - Sohn des Antipater Hyrkanos II; 47 Stratege in Galiläa, 43 in röm. Dienst; machte, durch Augustus gestützt, Judäa zu einem starken Föderiertenstaat über große Teile Palästinas. Der jüd. Kult wurde nicht angetastet, das Diasporajudentum unterstützt; Ansätze von Opposition wurden radikal unterdrückt (z. B. Bethlehemit. Kindermord), potentielle Nachfolger aus insgesamt 8 Ehen beseitigt. Nach dem Tod des H. teilte Kaiser Augustus das Reich unter dessen Söhne Archelaos, Herodes Antipas und Herodes Philippos. - In der Literatur als Initiator des Bethlehemit. Kindermords dargestellt, daneben zahlr. Dramatisierungen um H. und Mariamne u. a. von F. Hebbel („H. und Mariamne", 1850).
H. Agrippa I., eigtl. Marcus Iulius Agrippa, * 10 v. Chr., † 44 n.Chr., jüd. Tetrarch. - Enkel Herodes' d. Gr., in Rom aufgewachsen, erhielt 37 die Tetrarchien von Herodes Philippos, Herodes Antipas (39) und Archelaos (41); ließ nach Apg. 12, 1–23 Jakobus d. Ä. hinrichten.
H. Agrippa II., * um 28, † um 100, jüd. Tetrarch. - Sohn von H. A. I.; in Rom erzogen, 50 von Claudius zum Herrscher von Chalkis am Libanon eingesetzt, erhielt 53 und 61 einige Tetrarchien; warnte vor dem Judenaufstand 66; Anhänger Kaiser Vespasians; berühmt sein Gespräch mit dem Apostel Paulus und dessen Rede vor ihm (Apg. 25, 13–26, 32).
H. Antipas (Antipatros), * 20 v. Chr., † nach 39 n. Chr., Tetrarch von Galiläa und Peräa. - Sohn Herodes' d. Gr.; gründete Tiberias; ließ Johannes den Täufer hinrichten (um 25 ?), als dieser ihn wegen seiner 2. Ehe mit seiner Nichte **Herodias,** die ihre Tochter Salome angestiftet hatte, das Haupt des Johannes zu fordern, tadelte; 39 nach Gallien verbannt.
H. Philippos, † 34 n. Chr., Tetrarch von Gaulanitis, Trachonitis und Batanaea (nach 4 v. Chr.). - Sohn Herodes' d. Gr.; gründete Caesarea Philippi und Julias (ehem. Bethsaida); sein Gebiet kam 37 nach vorübergehender Zugehörigkeit zur Prov. Syria an Herodes Agrippa I.

Herodes Atticus (Tiberius Claudius H. A.), * Marathon um 101, † 177, griech. Redner. - Vertreter des ↑ Attizismus; 143 röm. Konsul; ließ v. a. in Athen Prachtbauten errichten; erhalten ist eine Rede „Über den Staat".

Herodot, * Halikarnassos nach 490,

† Athen nach 430, griech. Geschichtsschreiber. - Nachdem H. die Heimat wegen Verschwörung gegen den Tyrannen Lygdamis hatte verlassen müssen, reiste er nach Ägypten, Mesopotamien sowie in skyth. Gebiete und lebte dann in Athen, wo er Perikles und Sophokles nahestand. Wahrscheinl. Teilnehmer an der Kolonisation von Thurii (442); trug in der Folgezeit sein Werk auf Festen vor; später in 9 Bücher eingeteilt, behandelt es die Entwicklung des O–W-(= Perser-Griechen-)Verhältnisses von den Anfängen bis zur Schlacht von Plataä (479). Die Darstellung wird ergänzt durch in sich geschlossene ethnograph.-geograph. Berichte (Logoi) nach dem Vorbild von Vorgängern, und durch eigene Beobachtungen, durch Reden, Anekdoten und Reflexionen. H.s Bemühen, dem Geschehen metaphys. Sinn zu geben, ist Abschluß vorklass. Denkens, leitet aber zugleich in die spätere Historiographie über. Histor. Geschehen ist einer göttl. Macht unterworfen, das Sicherheben einzelner wird als Hybris bestraft; Geschichte ist Lehre aus dieser Erkenntnis. H. wurde von Cicero „Vater der Geschichtsschreibung" genannt.

Heroin [zu griech. hérōs „Held" (im Sinne von „stark, kräftig")] (Diacetylmorphin), $C_{17}H_{17}NO(OCO\cdot CH_3)_2$, halbsynthet. Morphinderivat, das durch Acetylierung aus Morphin hergestellt wird. Das Rauschgift H. hat morphinähnl. Wirkungen, da es im Körper rasch zu Morphin abgebaut wird. Die Blut-Hirn-Schranke des Erwachsenen ist für das besser lipidlösl. H. wesentl. leichter durchlässig als für Morphin, daher hat es eine größere Rauschwirkung. Herstellung, Handel und Einfuhr von H. sind in zahlr. Ländern verboten; seine medizin. Anwendung ist unzulässig. Chem. Strukturformel ↑ Morphin.

Heroine [griech.], Darstellerin einer weibl. Heldenrolle auf der Bühne.

heroische Landschaft [griech./dt.] ↑ Landschaftsmalerei.

heroisch-galanter Roman [griech./frz./dt.], höf. Roman des Barock mit lehrhafter Tendenz, spielt vor einem pseudo-histor. Hintergrund. Vertreter in Frankr.: Gomberville, La Calprenède, M. de Scudéry, in Deutschland: A. H. Buchholtz, P. von Zesen, H. A. von Zigler und Kliphausen, D. C. von Lohenstein und Herzog Ulrich Anton von Braunschweig.

Herold, Verein für Heraldik, Genealogie und verwandte Wiss., Sitz Berlin, gegr. 1869; übernahm nach 1918 die Registrierung neu angenommener Wappen in der 1922 begr. „Dt. Wappenrolle" und die Betreuung des Wappenwesens.

Herold [german.-frz., eigtl. „Heerwalter"], von Fürsten und Institutionen berufener Wappenkundiger im ritterl. Kriegs- und bes. im Turnierwesen; urspr. vielleicht Unterhändler und Sendboten, fanden zunehmend ihren Aufgabenkreis auf Grund ihrer Personen- und Wappenkenntnis als Beobachter im Gefecht, Schiedsrichter im Turnier, als Zeremoniare und Kuriere; trugen als Amtskleid den mehrfach mit dem Wappen des Dienstherrn geschmückten Tappert (mantelartiger Überwurf); entwickelten die heral. Terminologie (↑ auch Wappenkunde), verzeichneten die Wappen, überprüften auch allg. in herrschaftl. Auftrag Wappen und Titel, woraus sich die staatl. Heroldsämter ableiteten.

Hérold [frz. e'rɔld], [Louis-Joseph-]Ferdinand, * Paris 28. Jan. 1791, † ebd. 19. Jan. 1833, frz. Komponist. - Studierte Klavier bei L. Adam und Komposition bei Méhul. Komponierte seit 1815 zahlr. Opern, die nur z. T. Erfolg hatten. Die bekanntesten unter ihnen sind die beiden Spätwerke „Zampa" (1831) und „Le pré aux clercs" (1832).

H., Jacques, * Piatra (Rumänien) 10. Sept. 1910, † Paris 11. Jan. 1987, frz. Maler rumän. Herkunft. - Ging 1930 nach Paris. Im 2. Weltkrieg Emigration nach New York; Vertreter des frz. Surrealismus; lichterfüllte Malerei.

Heroldsbilder ↑ Wappenkunde.

Heroldsdichtung (heraldische Dichtung, Wappendichtung), Versdichtungen des 13.–15. Jh., in der die Beschreibung fürstl. Wappen mit der Huldigung ihrer gegenwärtigen oder früheren Träger verbunden wurde. Sie erwuchs aus Vorstufen mündl. und literar. Art. Im 16. und 17. Jh. wurde sie in der **Pritschmeisterdichtung** als Preis von Festen und Fürsten fortgesetzt.

Kaiserlicher Herold in einem mit dem Reichsadler geschmückten Tappert (16. Jh.)

Heroldsfiguren

Heroldsfiguren, svw. Heroldsbilder (↑ Wappenkunde).

Heroldsstücke, svw. Heroldsbilder (↑ Wappenkunde).

Heron von Alexandria (lat. Hero), griech. Mathematiker und Mechaniker der 2. Hälfte des 1. Jh. n. Chr. - H. verfaßte die ausführlichsten und besten techn. Fachschriften der Antike. Sie übten eine starke Wirkung auf Antike, arab. MA und Renaissance aus. Seine „Mēchaniká" enthalten Angaben über Form, Wirkweise und Anwendung einfacher Maschinen sowie deren Zusammensetzungen etwa in Kränen und Pressen, während in der „Pneumatiká" eine Vielzahl hydraul.-pneumat. Gebrauchsgegenstände und Spielwerke (z. B. der ↑ Heronsball) beschrieben sind.

Heronische Formel [nach Heron von Alexandria], Formel zur Berechnung des Flächeninhalts A eines Dreiecks mit den Seiten[längen] a, b, c:

$$A = \sqrt{s\,(s-a)\,(s-b)\,(s-c)};$$

dabei ist $s = \frac{1}{2}\,(a+b+c)$.

Heronsball [nach Heron von Alexandria], teilweise mit einer Flüssigkeit gefülltes Gefäß mit einer herausragenden, im Innern bis nahe an den Gefäßboden reichenden Röhre, aus der bei Erhöhung des Luftdrucks (durch „Einblasen" von Luft oder Erwärmung) die Flüssigkeit herausgetrieben wird.

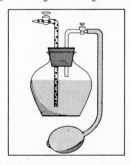

Heronsball

Heroon [griech.] ↑ Heros.

Herophilos, *Chalkedon (= Istanbul-Kadıköy) um 335 v. Chr., griech. Arzt. - Betrieb als einer der ersten anatom. Forschungen an menschl. Leichen. Hierbei entdeckte er u. a. die Arterien. Im Organismus unterschied H. die vier Grundvorgänge Ernährung, Erwärmung, Wahrnehmung und Denken. Außerdem unterschied er die Arterien von den Venen und erkannte den Zusammenhang von Puls und Herztätigkeit.

Heros [griech.], zunächst „Herr", „Edler", dann Bez. eines zw. Göttern und Menschen stehenden Helden, eines Halbgottes, der im Leben große Taten vollbrachte und nach seinem Tod, den Göttern entsprechend, die Fähigkeit erlangte, den Menschen aus eigener Macht Hilfe zu leisten. Diese Heroenvorstellung ist v. a. in der griech. Religion verbreitet und wahrscheinl. aus dem Totenkult mächtiger Herren der myken. Zeit entstanden. Der Sage zufolge entstammt der H. meist der Verbindung eines Gottes oder einer Göttin mit einem Menschen. Den Heroen wurde ein Kult zuteil, der stets lokal gebunden war. Er fand statt am dem tempelförmigen Grabmal, das **Heroon** hieß und die Reliquien des H. enthielt. - ↑ auch Kulturheros.

Herostrat [nach dem Griechen Herostratos, der, 356 v. Chr. den Artemistempel zu Ephesus in Brand steckte, um berühmt zu werden], Verbrecher aus Ruhmsucht; **Herostratentum,** durch Ruhmsucht motiviertes Verbrechertum; **herostratisch,** aus Ruhmsucht Verbrechen begehend.

Héroult, Paul Louis [Toussaint] [frz. e'ru], *Harcourt (Eure) 10. April 1863, † vor Antibes (auf seiner Jacht) 9. Mai 1914, frz. Metallurg. - 1886 entwickelte H. ein Verfahren zur industriellen Gewinnung von Aluminium aus Tonerde und Kryolith mittels Elektrolyse. 1907 ließ er einen Lichtbogenofen (**Héroult-Ofen**) zur Herstellung von Elektrostahl patentieren.

Hero und Leander, Liebespaar der hellenist. Dichtung. L. ertrinkt beim Durchschwimmen des Hellesponts, als in einer stürm. Nacht die Lampe, die die Aphroditepriesterin H. zur Orientierungshilfe anzündet, erlischt. Überliefert bei Ovid und Musaios; zahlr. Bearbeitungen (Schiller, Grillparzer).

Herpangina [griech./lat.] (Angina herpetica), durch Viren verursachte gutartige Infektionskrankheit (bes. bei Kindern), u. a. mit Rachen- und Gaumenentzündung sowie Bläschenbildung in der Mundhöhle.

Herpes [zu griech. hérpēs, eigtl. „schleichender Schaden"] (Febricula), zusammenfassende Bez. für entzündl. Haut- und Schleimhauterkrankungen, bei denen kleine, mit seröser Flüssigkeit gefüllte Bläschen auftreten; in speziellem Sinne Kurzbez. für **Herpes simplex,** die häufigste gutartige, virusbedingte Erkrankung der menschl. Haut. Bei ihr treten u. a. im Bereich der Haut-Schleimhaut-Übergänge in geröteten Hautbezirken Gruppen kleiner Bläschen mit serösem Inhalt auf, die sich anschließend trüben, mit Krusten eintrocknen und ohne Narbenbildung wieder verschwinden. Die Behandlung richtet sich im wesentl. gegen die Krankheitssymptome.

Herpes zoster [griech.], svw. ↑ Gürtelrose.

Herr [zu dem althochdt. Komparativ hēriro „älter, erhabener"], die schon im 9. Jh. anstelle des älteren „fro" substantivisch gebrauchte Komparativform von hehr („hēr"), bezeichnete zunächst nur den Ehrung Bean-

spruchenden, d. h. den Höhergestellten gegenüber dem Geringeren, den Befehlenden gegenüber dem Knecht, den Meister gegenüber dem
Jünger; fand auch frühzeitig Anwendung auf
den himml. Herrscher (Gott); in der höf. Periode Standesname für die Adligen, eigtl. für
die freien Herren; ging in den Städten auf
die obrigkeitl. Personen über; allg. auch für
Familienoberhaupt, für Geistliche, für Personen, die Gewalt über etwas haben, gebraucht;
seit Anfang des 17. Jh. bloße Höflichkeitsbe-
zeigung.

Herr der Tiere, ein vornehml. in Jäger-
kulturen verehrter Wildgeist, der als Besitzer
und Hüter der Jagdtiere gilt.

Herrenalb, Bad ↑ Bad Herrenalb.

Herrenbank ↑ Landtag.

Herrenberg, Stadt am SW-Rand des
Schönbuchs, Bad.-Württ., 460 m ü. d. M.,
25 400 E. Gewerbl. Mittelpunkt des Oberen
Gäus. - Mitte des 13. Jh. halbkreisförmig am
Fuße der 1228 erstmals erwähnten Burg angelegt; 1382 an Württemberg. - Got. Pfarrkirche
(13. und 15. Jh.), Stiftsfruchtkasten (17. Jh.).

Herrenbrüder ↑ Brüder Jesu.

Herrenchiemsee [...'ki:m...] (Herren-
wörth), Schloßanlage auf der Herreninsel im
Chiemsee, Bayern. Von dem ehem. Chorher-
renstift (gegr. 1130 anstelle eines früheren
Klosters) stehen neben Ruinen v. a. die Klostergebäude, das sog. Alte Schloß (1. Hälfte
des 17. Jh.). Das Neue Schloß ließ König Ludwig II. 1878–85 nach Plänen nach Plänen von G. von Dollmann in Anlehnung an
Versailles errichten; der nördl. Seitenflügel
wurde 1907 abgebrochen, der südl. nie ausgeführt; prunkvolle Innenausstattung.

Herrenfall ↑ Lehnswesen.

Herrenfeste, liturg. Gedenktage des
heilsgeschichtl. Handelns Christi, v. a. der
Sonntag, Ostern, Himmelfahrt, Pfingsten,
Weihnachten, Epiphanie.

Herrenhaus, in Preußen (1855–1918)
und Österreich (1861–65 und 1867–1918)
amtl. Bez. für die 1. Kammer des Landtags
bzw. des Reichsrats.

Herrenhausen, Stadtteil von ↑ Hannover.

Herrenhof ↑ Fronhof.

Herreninsel ↑ Chiemsee.

herrenlose Sachen, Sachen, an denen
kein Eigentum besteht. Sie unterliegen der
Aneignung, gleichgültig ob nie Eigentum an
ihnen bestanden hat oder ob es aufgegeben
wurde. Zu den h. S. zählen auch **herrenlose
Tiere,** d. h. wilde Tiere in der Freiheit oder
gefangene wilde Tiere, die die Freiheit wieder
erlangen.

Herrenstand, im Hl. Röm. Reich alle
über den Rittern stehenden Angehörigen des
Adels.

Herrentiere (Primaten, Primates), Ordnung bezügl. der Gehirnentwicklung sehr
hochstehender, in den übrigen Merkmalen

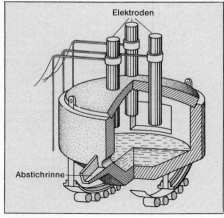

Héroult-Ofen

jedoch wenig spezialisierter Säugetiere, die
sich aus den Spitzhörnchen ähnl. Insektenfres-
sern entwickelt haben. Man unterscheidet außer dem Menschen rd. 170 rezente Arten (zusammengefaßt in den Unterordnungen Affen
und Halbaffen).

Herrenworte, im Unterschied zu den
Erzählungen über Jesus die ihm in den Mund
gelegten Worte, z. T. auch die von ihm selbst
stammende Wortüberlieferung im N. T., v. a.
die Gleichnisse, die Gesetzesworte und die
Ich-Worte Jesu.

Herrera [span. ɛ'rrɛra], Fernando de, genannt el Divino („der Göttliche"), * Sevilla
um 1534, † ebd. 1597, span. Dichter. - Bedeutendster span. Vertreter des Petrarkismus;
schrieb mit „Anotaciones a las obras de Gar-
cilaso de la Vega" (1580) die bedeutendste
span. Poetik des 16. Jahrhunderts.

H., Francisco, d. Ä., * Sevilla 1576 (?), † Madrid 1656, span. Maler. - Mitbegr. der von
Caravaggio beeinflußten Sevillaner Malerschule; bevorzugte Volkstypen. Sein Sohn
Francisco Herrera d. J. (* 1622, † 1685) ist
ebenfalls ein Vertreter des Barock.

H., Juan de, * Mobellán (= Valdáliga,
Santander) um 1530, † Madrid 15. Jan. 1597,
span. Baumeister. - Mitarbeiter an den Plänen
von Juan Bautista de Toledo (seit 1563) für
El ↑ Escorial, den er 1567–86 vollendete; setzte
dem plateresken Stil eine auf geometr. Disziplin basierende Ordnung entgegen (*H.stil*
oder Desornamentadostil); 1585 Entwurf für
die Kathedrale in Valladolid.

Herrera Campins, Luis [span. ɛ'rrɛra
kam'pins], * Acarigua 4. Mai 1925, venezolan.
Politiker. - Soziologe und Journalist; als Gegner des Regimes von M. Pérez Jiménez 1952–
58 im Exil; 1969 Abg., 1974 Senator des vene-

Herrera y Tordesillas

zolan. Parlaments; 1979–83 Staatspräs. von Venezuela.

Herrera y Tordesillas, Antonio de [span. εˈrrɛra i tɔrðeˈsiʎas], *Cuéllar (Prov. Segovia) 1549 (?), † Madrid 29. März 1625, span. Geschichtsschreiber. - Von König Philipp II. zum Chronisten Amerikas (1596) und des Königs (1602) ernannt; stieg bis zum königl. Sekretär (1621) auf; wertvolle Quellen zur Geschichte des Entdeckungszeitalters.

Herrgottswinkel, eine mit dem Kruzifix geschmückte Ecke der kath. bäuerl. Wohnstube, in der auch Heiligenbilder hängen und Bibel, Gesangbuch und Devotionalien verwahrt werden können.

Herrick, Robert, ≈ London 24. Aug. 1591, ▭ Dean Prior (Devonshire) 15. Okt. 1674, engl. Dichter. - Anakreontische Lyrik (bukol. Dichtung), Epigramme, geistl. Gedichte u. a.

Herrieden, Stadt an der Altmühl, Bay., 420 m ü. d. M., 6 100 E. - König Arnulf schenkte das im 8. Jh. gegründete Benediktinerkloster 888 dem Bischof von Eichstätt. H. fiel 1802 an Bayern. - Spätgot. ehem. Stiftskirche (14.–16. Jh.; im Innern barockisiert); Stadtummauerung.

Herri met de Bles ↑Bles, Herri met de.

Herriot Édouard Marie [frz. εˈrjo], *Troyes 5. Juli 1872, † Saint-Genis-Laval (Rhône) 26. März 1957, frz. Politiker und Schriftsteller. - 1905–57 (unterbrochen während der zt. Besatzungszeit) Bürgermeister von Lyon, 1912–19 Senator und 1919–40 sowie 1945–54 als Radikalsozialist Abg. der Kammer bzw. Nationalversammlung; 1924–25 Min.präs. und Außenmin. in seine Reg.zeit fiel die Anerkennung der UdSSR, die Räumung des Ruhrgebietes und die Annahme des Dawesplans; bekleidete danach verschiedene Min.ämter (u. a. 1932 Min.präs.); 1936–40 Präs. der Deputiertenkammer; 1944 in Deutschland inhaftiert; 1947–54 Präs. der Nationalversammlung (danach Ehrenpräs.).

Herrmann, Hugo, * Ravensburg 19. April 1896, † Stuttgart 7. Sept. 1967, dt. Komponist. - Sein Schaffen reicht von Opern, Oratorien, Sinfonien, Konzerten, Kammermusik und Chorwerken bis zu volkstüml. Werken für das Laienmusizieren.

H., Joachim, * Berlin 29. Okt. 1928, dt. Journalist und Politiker. - Seit 1946 Mgl. der SED; Chefredakteur des FDJ-Organs „Junge Welt" 1952–60, der „Berliner Zeitung" 1962–65, des SED-Zentralorgans „Neues Deutschland" 1971–78; 1965–71 Staatssekretär für gesamtdt. bzw. westdt. Fragen; seit 1971 Mgl. des ZK der SED, seit 1976 Sekretär des ZK (ab 1978 für Agitation und Propaganda); seit 1976 Mgl. der Volkskammer; seit 1978 Mgl. des Politbüros des ZK.

H., Max, * Berlin 14. Mai 1865, † KZ Theresienstadt 17. Nov. 1942, dt. Theaterwissen-

schaftler und Literaturhistoriker. Prof. in Berlin, Gründer des dortigen theaterwiss. Instituts; Studien zum dt. Humanismus und zur dt. Theatergeschichte.

H., [Johann Georg] Wilhelm, * Melkow (= Wust, Landkreis Havelberg) 6. Dez. 1846, † Marburg (Lahn) 2. Jan. 1922, dt. ev. Theologe. - 1879 Prof. für systemat. Theologie in Marburg. Ausgehend von der Gültigkeit des Kantischen Wissenschaftsbegriffs suchte H. Recht, Selbständigkeit und Wahrheitswert der Religion gegenüber dem Anspruch der Wissenschaft zu erweisen. Der Wirklichkeitsbezug der Religion ist an die Geschichte geknüpft, deren Wesen im „inneren Leben" der sittl. Person Jesus Christus erlebbar wird.

Herrmann-Neiße, Max, eigtl. M. Herrmann, * Neisse 23. Mai 1886, † London 8. April 1941, dt. Schriftsteller. - 1933 Emigration in die Schweiz, dann nach Großbritannien. Wichtig v. a. seine Lyrik mit sozialer Thematik. - *Werke:* Sie und die Stadt (Ged., 1914), Empörung, Andacht, Ewigkeit (Ged., 1917), Um uns die Fremde (Ged., 1936), Mir bleibt mein Lied (Ged., hg. 1942).

Herrnhut, Stadt 22 km sw. von Görlitz, Bez. Dresden, DDR, 345 m ü. d. M., 2 000 E. Archiv der Brüdergemeine. - N. L. Graf von Zinzendorf siedelte seit 1722 mähr. Exulanten auf seiner Berthelsdorfer Grundherrschaft an. Aus der Siedlung entwickelte sich ein auf christl. Grundgedanken basierendes Gemeinwesen mit eigener bes. Sozialstruktur (Stammort der H. Brüdergemeine); seit 1929 Stadt. - Barockbauten des 18. Jh. u. a. Kirche der Brüdergemeine, Schloß, Vogtshof.

Herrnhuter Brüdergemeine ↑Brüdergemeine.

Herrschaft, Bez. für Ausübung von Macht über Untergebene und Abhängige durch Machtmittel; von Max Weber definiert als institutionalisierte Macht im Sinne legitimer, aber auch illegitimer Ausübung von Gewalt innerhalb eines polit. Systems. Diese Definition wurde von der modernen Verfassungs- und Rechtsgeschichte in Frage gestellt, die die Ausklammerung der primären Rechtsstrukturen und der geschichtl. vorgegebenen Bezugsrahmen von Rechts- und Moralvorstellungen an den Ausgangspunkt einer einheitl. Staatsgewalt bemängeln. Im ma. Verständnis war H. nur legitime, von dem über Herrscher und Beherrschten stehenden Recht bestimmte Machtausübung (Ggs. Tyrannis). H. schloß nicht den Kampf um wirkl. oder vermeintl. Rechte und ein Widerstandsrecht gegen „unrechte Gewalt" aus. Der Ursprung der H. lag in der german. **Hausherrschaft** (Gewalt des Hausherrn über die Hausgenossen), aus der sich die *Grund-H.* ableitete. Träger dieser auf Personalverbände gegründeten H. war der Adel; die *Königs-H.,* die ihre Legitimität durch konstitutive Akte (Wahl, Salbung, Krönung) und durch **Herr-**

schaftszeichen (Insignien; v. a. Diadem, Krone, Lanze, Schwert, Zepter, Reichsapfel, Thron) begründete, war nur eine Sonderform der *Adels-H.*, deren spezif. ma. Form die *Lehns-H.* war. Seit dem Aufkommen des Ständewesens (13. Jh.) wurde die Macht des Herrschers vielfach durch von den Ständen erzwungene **Herrschaftsverträge** beschränkt (z. B. engl. Magna Carta libertatum 1215, ungar. Goldene Bulle 1222, Joyeuse Entrée von Brabant 1356: Bestätigung von Freiheitsrechten und Widerstandsrecht der Stände, Vereinbarungen über die Ausübung der staatl. H.). Während die ma. H. durch Nebeneinanderbestehen und Ineinandergreifen verschiedener und durch das Privilegienrecht noch differenzierter Typen von H. gekennzeichnet war, setzte sich im Zuge der Ablösung des Personalprinzips durch das Territorialprinzip seit dem Spät-MA, endgültig jedoch erst Ende des 18. Jh. die moderne einheitl. Staatsgewalt durch, die seither einem ständigen Prozeß der Revision ihrer Legitimitätsgrundlagen unterliegt. Ein ausschließl. auf das Politische abhebender Begriff von H. widerspricht allerdings dem für die Ind.gesellschaft aufweisbaren Ineinanderwirken von polit. und wirtsch. Macht, die durch bürokratisierte H.apparate mit einem gewissen Grad an Autonomie gehandhabt wird.
H.typen können nach verschiedenen Gesichtspunkten aufgestellt werden. Die älteste Typologie ist die nach der Zahl der H.träger: Monokratie, Oligarchie (bzw. Aristokratie), Demokratie; nach dem entscheidenden Machtmittel der herrschenden Elite unterscheidet man z. B. Pluto-, Hiero-, Techno-, Büro-, Militokratie; klass. wurde Max Webers Unterscheidung nach Legitimationstypen (rationale, traditionale, charismat. H.). Die Mechanismen und Bedingungen der H.ausübung, die Ursachen des Abbaus alter und der Entstehung neuer H.verhältnisse u. a. werden von der Soziologie und der Politikwiss. untersucht.
ᒻ *Gunneweg, A. H./Schmithals, W.: H. Stg.
1980. - Müller, Norbert: Empir. H.theorie. Wsb.
1979. - Günther, H.: Freiheit, H. u. Gesch. Ffm.
1979. - Zimmermann, E.: Soziologie der polit.
Gewalt. Stg. 1977. - Dröge, A.: Sexualität u.
H. Münster (Westf.) 1976.*

Herrscherkult, sakrale Verehrung des Herrschers, der als machterfüllter Mensch und sichtbarer Gott, Sohn eines Gottes oder göttl. Erwählter gilt und neben seinen herrscherl. Funktionen meist diejenige des obersten Priesters innehat. Seine Insignien und Gewänder symbolisieren das numinose Charisma, das er besitzt. Das Hofzeremoniell umgibt ihn mit einem starren Ritual, dem er sich selbst fügen muß. Sein Leben vollzieht sich meist in strenger Abgeschlossenheit. Krönung und Bestattung des Sakralherrschers sind kult. Akte. Teilweise wurde seine Lebenszeit durch sakrale Tötung beendet. Der Brauch, beim Tod des göttl. Herrschers die Menschen seiner engeren Umgebung ebenfalls zu töten und mit ihm zu bestatten, war gelegentl. Bestandteil des Herrscherkultes.

Hersbruck, Stadt an der Pegnitz, Bay., 345 m ü. d. M., 11 100 E. Hirtenmuseum. Mittelpunkt des als **Hersbrucker Gebirge** bezeichneten Hopfenanbaugebiets. - Wohl seit etwa 1250 Stadt, unter reichsstädt. nürnberg. Herrschaft (1505–1806). - Stadtpfarrkirche (15. und 18. Jh.), ma. Stadtbild.

Herschbach, Dudley Robert [engl. ˈhɔːʃbak], * San Jose (Calif.) 18. Juni 1932, amerikan. Chemiker. - Seit 1963 Prof. für Chemie an der Harvard University, Cambridge (USA). Entwickelte zum Studium der chem. Reaktionskinetik die Methodik der gekreuzten Molekülstrahlen; erhielt dafür zus. mit Y. T. Lee und J. C. Polanyi 1986 den Nobelpreis für Chemie.

Herschel [ˈhɛrʃəl, engl. ˈhəʃəl], brit. Astronomenfamilie dt. Herkunft.
H., Sir (seit 1831) John [Frederick William], Baronet (seit 1838), * Slough (Buckinghamshire) 7. März 1792, † Collingwood (Kent) 11. Mai 1871, Astronom. - Seit 1823 Mitarbeiter seines Vaters [Friedrich] Wilhelm H.; 1850–55 Direktor der königl. Münze; entwickelte eine erste Methode zur Berechnung der Bahnen von Doppelsternen. 1834–38 unternahm er am Kap der Guten Hoffnung eine erste Durchmusterung des Südhimmels. H. klassifizierte das Saturnsystem und benannte dessen Monde. Sein zusammenfassendes Werk „General catalogue of nebulae and clusters of stars" (1864) bildete die Grundlage des noch heute verwendeten „new general catalogue" (NGC) J. L. E. Dreyers.
H., Sir (seit 1816) [Friedrich] Wilhelm (William), * Hannover 15. Nov. 1738, † Slough (Buckinghamshire) 25. Aug. 1822, Astronom. - Militärmusiker in Hannover, Musiker und Komponist in Großbritannien. Über die Beschäftigung mit Musiktheorie kam er zur Optik und Astronomie (Ernennung zum Königl. Hofastronomen durch Georg III.). 1774 begann er mit dem Schleifen von Spiegeln für astronom. Reflektoren. Sein größtes Gerät war ein Reflektor von 1,22 m Durchmesser und 40 Fuß Brennweite (1789). 1775 unternahm H. eine erste Himmelsdurchmusterung, die Sterne bis zur 4. Größe, 1779 eine zweite, die Sterne bis zur 8. Größe erfaßte. 1781 entdeckte er dadurch den Uranus und später die Uranusmonde, 1789 die beiden inneren Saturnmonde. Zur Bestimmung einer Fixsternparallaxe legte er erstmals (1782, 1784) Kataloge von Doppelsternen an.

Hersey, John [Richard] [engl. ˈhəːsɪ, ˈhəːzɪ] * Tientsin (China) 17. Juni 1914, amerikan. Schriftsteller. - Schrieb Berichte und Dokumentarromane v. a. von Kriegsschau-

Hersfeld

plätzen und Unruheherden, u. a. „Eine Glokke für Adano" (1944), „Verdammt sind wir alle" (1959), „Zwischenfall im Motel" (1963), „Orkan" (1967).

Hersfeld, Bad ↑ Bad Hersfeld.

Hersfeld-Rotenburg, Landkr. in Hessen.

Hershey, Alfred [Day] [engl. 'hə:ʃ ɪ], * Owosso (Mich.) 4. Dez. 1908, amerikan. Molekularbiologe. - Leitet seit 1963 die Abteilung für Genetik des Carnegie-Instituts in Cold Spring Harbor (N. Y.); seine Arbeiten galten den Reaktionen von Antigenen und Antikörpern, der Biologie des Bakterienwachstums, der Genetik der Bakteriophagen sowie der Chemie der Nukleinsäuren. Anfang der 50er Jahre konnte H. beweisen, daß die DNS und nicht das Protein Träger der Erbinformation ist. Für die Gewinnung neuer Erkenntnisse über die genet. Struktur und den Vermehrungsmechanismus von Viren erhielt er 1969 (zus. mit M. Delbrück und S. E. Luria) den Nobelpreis für Physiologie oder Medizin.

Herstellkosten, alle Kosten, die bei der Produktion eines Gutes entstehen; in der betriebl. Kostenrechnung die Summe der Kostenträgereinzel- und -gemeinkosten: 1. Fertigungsmaterial, 2. Fertigungslohn, 3. Fertigungs- und Materialgemeinkosten, 4. Fertigungssonderkosten, 5. anteilige Verwaltungskosten.

Herstellungsklage, die im Eheprozeß zu verfolgende Klage auf Erfüllung nichtvermögensrechtl. ehel. Pflichten, v. a. auf Herstellung der ehelichen Lebensgemeinschaft. Sie ist prakt. ohne Bedeutung, da aus einem obsiegenden Urteil nicht vollstreckt werden kann.

Herstellungskosten, für die Bewertung von Halb- und Fertigerzeugnissen sowie von selbsterstellten Anlagen gültige Wertmaßstäbe (Handels- und Steuerrecht). Die H. umfassen im Gegensatz zu den Herstellkosten keine ledigl. kalkulator. berücksichtigten Kosten, z. B. Eigenkapitalzinsen oder kalkulator. Unternehmerlohn. Abschreibungen sowie Teile der Betriebs- und Verwaltungskosten, nicht aber Vertriebskosten dürfen in angemessenem Umfang eingerechnet werden, soweit sie auf den Herstellungszeitraum entfallen.

Herta (Hertha), weibl. Vorname, beruht auf einer falschen Lesart des Namens der german. Göttin Nerthus.

Herten, Stadt im nördl. Ruhrgebiet, NRW, 60 m ü. d. M., 68 900 E. Steinkohlenbergbau, Fleischwaren- und Konservenfabrik u. a. Ind. - 1117 erstmals erwähnt; seit 1936 Stadt. - Spätgot. Wasserschloß (16. Jh.), nach Bränden wieder aufgebaut.

Herter, Christian Archibald [engl. 'hə:tə], * Paris 28. März 1895, † Washington 30. Dez. 1966, amerikan. Politiker. - Gehörte als Republikaner 1943–53 dem Repräsentantenhaus

an, 1953–57 Gouverneur von Massachusetts; vertrat als Außenmin. 1959–61 eine beweglichere Politik gegenüber der UdSSR.

Hertford [engl. 'ha:fəd], engl. Stadt 30 km nördl. des Londoner Stadtzentrums. 21 400 E. Verwaltungssitz der Gft. Hertfordshire; Marktort im Leatal. - Burg (mit normann. Bauformen; um 1800 z. T. verändert).

Hertfordshire [engl. 'ha:fədʃɪə], Gft. in SO-England.

Hertie Waren- und Kaufhaus GmbH, Kaufhauskonzern in der BR Deutschland, gegr. 1882 als Hermann Tietz & Co. in Gera, seit 1935 heutige Firma; Sitz: Frankfurt am Main und Berlin.

Hertling, Georg Freiherr (seit 1914 Graf) von, * Darmstadt 31. Aug. 1843, † Ruhpolding 4. Jan. 1919, dt. Philosoph und Politiker. - 1880 Prof. in Bonn, 1882 in München; widmete sich der Vermittlung aristotel. und scholast. Staats- und Sozialphilosophie. Gründer und Präs. (1876–1919) der Görres-Gesellschaft zur Pflege der Wissenschaft; 1875–90 und 1896–1912 MdR (Zentrum); 1908 Fraktionsvors. im Reichstag; deutl. Ggs. zum linken Flügel der Partei, bes. Erzberger. 1912 bayr. Min.präs.; vom 1. Nov. 1917 bis 30. Sept. 1918 Reichskanzler und preuß. Min.präs. Scheiterte am Widerstand konservativer Kreise in Preußen und der obersten Heeresleitung.

Hertwig, Oscar [Wilhelm August], * Friedberg (Hessen) 21. April 1849, † Berlin 25. Okt. 1922, dt. Anatom und Biologe. - Bruder von Richard H.; Prof. in Jena und Berlin; stellte als erster fest, daß eine Befruchtung durch Verschmelzung von Ei- und Samenzelle zustande kommt (Beobachtung des Vorgangs am Seeigelei, 1875). 1890 entdeckte er die Reduktionsteilung der Samenzellen und untersuchte die Einwirkung von Radiumstrahlen auf tier. Keimzellen.

H., Richard [Carl Wilhelm Theodor] von (seit 1910), * Friedberg (Hessen) 23. Sept. 1850, † Schlederloh (= Dorfen, Landkr. Bad Tölz-Wolfratshausen) 3. Okt. 1937, dt. Zoologe. - Bruder von Oscar H.; Prof. in Königsberg (Pr), Bonn und München; gilt als Begründer der experimentellen Zoologie. Er führte Untersuchungen über die Konjugation bei Protozoen, die künstl. Jungfernzeugung bei Seeigeln und die Geschlechtsbestimmung bei Fröschen durch.

Hertz, Gustav, * Hamburg 22. Juli 1887, † Berlin 30. Okt. 1975, dt. Physiker. - Neffe von Heinrich [Rudolf] H.; Prof. in Halle, Berlin und Leipzig; 1945–54 im sowjet. Kernforschungszentrum Suchumi tätig. Seine seit 1911 mit J. Franck durchgeführten Versuche zur diskontinuierl. Anregung von Atomen durch Elektronenstoß (Franck-Hertz-Versuch) erwiesen sich als glänzende Bestätigung der Bohrschen Vorstellung von diskreten Energieniveaus in der Atomhülle. Die von ihm entwickelte Methode zur Trennung von

Gasgemischen durch Diffusion gewann ungeheure techn. Bedeutung im Zusammenhang mit dem Problem der für den Bau von Atombomben wichtigen Trennung der Uranisotope. Nobelpreis für Physik 1925 gemeinsam mit J. Franck.

H., Heinrich [Rudolf], * Hamburg 22. Febr. 1857, † Bonn 1. Jan. 1894, dt. Physiker. - Prof. in Karlsruhe und Bonn; Schüler von H. von Helmholtz. 1886–88 gelang ihm die Erzeugung und zugleich der Nachweis elektromagnet. Wellen sowie deren Übertragung von einem Schwingkreis auf einen anderen. Weitere experimentelle Untersuchungen führten 1887 zur Entdeckung des Photoeffektes. Ohne Auswirkungen blieb seine Arbeit über eine neue Grundlegung der Mechanik unter Ausschluß des Kraftbegriffs („Die Principien der Mechanik, in neuem Zusammenhange", 1894).

Hertz [nach H. Hertz], Einheitenzeichen Hz, SI-Einheit der Frequenz. Festlegung: 1 Hz ist gleich der Frequenz eines period. Vorgangs der Periodendauer 1 Sekunde; 1 Hz = 1 Schwingung/Sekunde, kurz: $1\,Hz = 1\,s^{-1}$. Weitere Einheiten: 1 kHz (Kilohertz) = 1 000 Hz = 10^3 Hz, 1 MHz (Megahertz) = 1 000 kHz = 10^6 Hz, 1 GHz (Gigahertz) = 1 000 MHz = 10^9 Hz.

Hertzberg, Ewald Friedrich Graf von (preuß. Graf seit 1786), * Lottin bei Neustettin 2. Sept. 1725, † Berlin 27. Mai 1795, preuß. Politiker. - Schloß 1763 den Frieden von Hubertusburg ab, wurde dafür zum 2. Staats- und Kabinettsmin. ernannt und leitete fast 30 Jahre neben Finck von Finckenstein das auswärtige Ministerium; erstrebte nach 1786 einen von Preußen, Großbrit., Rußland und den skand. Staaten gebildeten Nordbund; schied als Vertreter einer massiv antiöstr. Politik nach dem Ausgleich mit Österreich 1791 als Kabinettsmin. aus.

Hertziana (Bibliotheca H.) [nach der Stifterin Henriette Hertz, * 1846, † 1913], kunsthistor. Bibliothek in Rom (Max-Planck-Institut), gegr. 1913.

Hertzog, James Barry Munnick [engl. 'hɛətsɔg, 'hɔ:tsɔg, afrikaans 'hɛrtsɔx], * Wellington 3. April 1866, † Pretoria 21. Nov. 1942, südafrikan. Politiker. - Kämpfte im Burenkrieg gegen die Briten; 1910–12 Justizmin.; gründete zur Vertretung der Buren 1914 die Nat. Partei; 1924–39 Min.präs., seit 1929 auch Außenmin.; von Smuts gestürzt, als er zögerte, in den Krieg gegen Deutschland einzutreten.

Hertzscher Dipol (Hertzscher Oszillator) [nach H. Hertz], ein elektr. Dipol, in dem die Ladungen $+Q$ und $-Q$ period. gegeneinander schwingen, wobei elektromagnet. Wellen („Hertzsche Wellen") abgestrahlt werden; prakt. realisiert z. B. in einer Dipolantenne (↑Antennen).

Hertzsche Wellen [nach H. Hertz],

Bez. für die insbes. mit Hilfsmitteln der Elektrotechnik erzeugten elektromagnet. Wellen mit Wellenlängen von etwa 0,1 mm bis zu einigen km.

Hertzsprung, Ejnar ['hɛrtsʃprɔŋ, dän. 'hɛrdsbrɔŋ], * Frederiksborg 8. Okt. 1873, † Tølløse auf Seeland 21. Okt. 1967, dän. Astronom. - Urspr. Chemiker in Kopenhagen, Prof. der Astronomie in Göttingen, am Astrophysikal. Observatorium in Potsdam und in Leiden; Untersuchungen über Wellenlängen des Sternlichtes und über Sternfarben, Bestimmungen der absoluten Sterngrößen aus der Feinstruktur des Spektrums (spektroskop. Parallaxe). Beobachtungen von Doppelsternen, Veränderlichen und Sternhaufen (Bestimmung der Lichtkurven von mehr als 10 000 Objekten) sowie der Eigenbewegungen und Radialgeschwindigkeiten der Sterne. Bereits 1909 hatte er ein erstes Temperatur-Leuchtkraft-Diagramm aufgestellt, dem 1913 H. N. Russell eine verbesserte Form gab (↑Hertzsprung-Russell-Diagramm).

Hertzsprung-Russell-Diagramm [engl. rʌsl; nach E. Hertzsprung und H. N. Russell] (H-R-Diagramm), Zustandsdia-

Hertzsprung-Russell-Diagramm (schematisch)

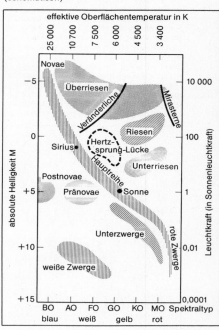

Heruler

gramm für Sterne mit der ↑ Leuchtkraft als Ordinate und der Oberflächentemperatur als Abszisse. Die Sterne ordnen sich in diesem Diagramm nach verschiedenen Gruppen und Reihen und sind so klassifizierbar. Die meisten Sterne (90 %, u. a. die Sonne) liegen auf der **Hauptreihe (Hauptserie)**, die das H.-R.-D. von links oben nach rechts unten durchzieht. Sie werden als *Hauptreihensterne* oder *Zwergsterne* bezeichnet. Oberhalb der Hauptreihe befindet sich - weniger scharf abgegrenzt - der **Riesenast.** Die dort eingeordneten (roten) **Riesensterne** haben eine größere Oberfläche. Hauptreihe und Riesenast sind durch ein Gebiet auffälliger Leere, die **Hertzsprung-Lücke,** getrennt. Ganz oben im Diagramm findet man vereinzelt sehr helle **Überriesen.** Unterhalb der Hauptreihe befinden sich Sterne im Spätstadium ihrer Entwicklung, z. B. ↑ Novae und ↑ weiße Zwerge.

Als Ordinate kann alternativ auch die absolute ↑ Helligkeit, als Abszisse der Spektraltyp verwendet werden. In dieser Darstellung werden *Leuchtkraftklassen* definiert; dabei haben Hauptreihensterne die Leuchtkraftklasse V, Riesen III und Überriesen I. Wenn als Abszisse ein ↑ Farbenindex verwendet wird, spricht man auch vom **Farben-Helligkeits-Diagramm.** Alle diese Darstellungen sind äquivalent.

Heruler (lat. Heruli; Eruler), ein offenbar nordgerman., in Jütland ansässiges Volk, um 250 n. Chr. von den Dänen vertrieben. Die West-H. wanderten zum Niederrhein ab; letzte Erwähnung Anfang 6. Jh.; die zahlenmäßig stärkeren Ost-H. zogen zum Asowschen Meer; gründeten zw. March und Theiß um 500 ein größeres Reich, das jedoch schon nach einigen Jahren von den Langobarden zerstört wurde.

Hervé, Gustave [frz. ɛr'vǝ], * Brest 2. Jan. 1871, † Paris 25. Okt. 1944, frz. Publizist und Politiker. - Vor 1914 der berühmteste frz. sozialist. Antimilitarist (**Hervéisme** als Programm individueller und kollektiver Kriegsdienstverweigerung); wandelte sich im 1. Weltkrieg zum schroffen Nationalisten; setzte sich seit etwa 1930 für eine dt.-frz. Verständigung ein. Sein antiparlamentar., autoritärkorporatives Staatsideal führte H. zur Unterstützung des État Français während des 2. Weltkriegs.

Herver Land, Bocagelandschaft in O-Belgien, mit Streusiedlungen im nördl. Eu-

Herz des Menschen (1 von vorn mit den Kranzgefäßen, 2 Frontalschnitt, 3 von hinten mit den Kranzgefäßen), aA aufsteigende Aorta, Ab Aortenbogen, Ak Aortenklappe (Valva aortae; Taschenklappenapparat am Anfang der Aorta), dA dreizipfelige Atrioventrikularklappe (Segelklappenapparat zwischen rechtem Herzvorhof und rechter Herzkammer), gH große Herzvene (Vena cordis magna), Ks Kammerseptum (muskulöser Teil; geht oben in einen häutigen Teil über), La Lungenarterie (mit sauerstoffarmem Blut), lHo linkes Herzohr (Auricula sinistra), lK linke Herzkammer, lKa linke Kranzarterie, Lv Lungenvene (mit sauerstoffreichem Blut), lV linker Herzvorhof, mHv mittlere Herzvene (Vena cordis media), oH obere Hohlvene, rHo rechtes Herzohr (Auricula dextra), rK rechte Herzkammer, rKa rechte Kranzarterie, rV rechter Herzvorhof, Sc Sinus coronarius (Erweiterung der großen Herzvene vor ihrer Einmündung in den rechten Herzvorhof), uH untere Hohlvene, zA zweizipfelige Atrioventrikularklappe (Segelklappenapparat zwischen linkem Herzvorhof und linker Herzkammer)

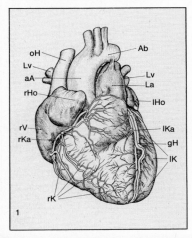
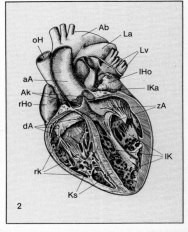

pen-Malmedy, bis 354 m hoch.

Herward (Herwart), alter dt. männl. Vorname (althochdt. heri „Heer" und wart „Hüter, Schützer").

Herwegen, Ildefons (Taufname: Peter), * Junkersdorf bei Köln 27. Nov. 1874, † Maria Laach 2. Sept. 1946, dt. Benediktiner. - Unter H., Mitbegründer der † liturgischen Bewegung in Deutschland, seit 1913 Abt von Maria Laach, wurde die Abtei zur führenden liturgiewissenschaftl. Forschungsstätte des dt. Sprachgebiets.

Herwegh, Georg [...ve:k], * Stuttgart 31. Mai 1817, † Baden-Baden 7. April 1875, dt. Lyriker. - Wurde berühmt durch die polit.-revolutionären „Gedichte eines Lebendigen" (2 Bde., 1841–43); 1848 aktiv am bad. Aufstand beteiligt.

Herwig, alter dt. männl. Vorname (althochdt. heri „Heer" und wig „Kampf, Krieg").

Herz, Henriette Julie, geb. de Lemos, * Berlin 5. Sept. 1764, † ebd. 22. Okt. 1847, dt. Literatin. - Empfing in ihrem Berliner Salon viele bed. Persönlichkeiten; Mitbegr. eines sog. Tugendbundes, dem u. a. auch A. und W. von Humboldt, K. Laroche und später der ihr bes. verbundene Schleiermacher angehörten.

H., Joachim, * Dresden 15. Juni 1924, dt. Regisseur. - 1953–56 Spielleiter und Assistent W. Felsensteins an der Kom. Oper Berlin (Ost), seit 1959 Operndirektor in Leipzig, 1976–81 Intendant an der Komischen Oper in Berlin (Ost). Setzt sich bes. für das zeitgenöss. Opernschaffen ein.

Herz, (Cor, Kardia) zentrales Pumporgan im Blutkreislauf der Tiere und des Menschen. Das etwa faustgroße, bei 25jährigen durchschnittl. 260 g (bei der Frau) bis 310 g (beim Mann) wiegende H. des Menschen liegt im Brustkorb hinter dem Brustbein zw. den beiden Lungenflügeln und hat die Gestalt eines

3

stumpfen Kegels. Seine Spitze liegt etwa zur Mitte hin unter der linken Brustwarze. Das H. besteht aus zwei Hälften, die durch die *Herzscheidewand* (Septum) voneinander getrennt sind. Jede H.hälfte ist in einen muskelschwächeren oberen Abschnitt, den **Vorhof** (Vorkammer, Atrium) und in einen muskelstärkeren unteren Abschnitt, die **Herzkammer** (Ventrikel), unterteilt. Die *Herzohren* sind blindsackartige Seitenteile der Vorhöfe. Die bindegewebige Hülle des H., der **Herzbeutel** (Perikard) ist hauptsächl. mit der vorderen Brustwand und dem Zwerchfell verwachsen. Seine innere Schicht (Epikard) ist fest mit der H.oberfläche verwachsen. Seine äußere Schicht besteht aus straffem Bindegewebe, durch dessen Fasern der H.beutel auch an der Wirbelsäule, am Brustkorb und an der Luftröhre verschiebbar aufgehängt ist. Zw. den beiden Schichten befindet sich eine seröse Flüssigkeit, die die Gleitfähigkeit der beiden Schichten gegeneinander gewährleistet. Unter der inneren Schicht folgt die Herzmuskelschicht (Myokard). Sie ist zur H.höhle hin von einer dünnen Innenhaut, dem Endokard, bedeckt, aus dem auch die Ventilklappen entspringen. Die rechte Vorkammer (Atrium dextrum) nimmt das aus dem Körper kommende sauerstoffarme (venöse) Blut auf und leitet es in die rechte Herzkammer (Ventriculus dexter) weiter. Diese pumpt es durch die Lungenarterie in die Lungen. Von dort gelangt das Blut in die linke Vorkammer (Atrium sinistrum). Diese wiederum leitet es in die linke Herzkammer (Ventriculus sinister), die es durch die Aorta in den Körper preßt. Um einen Rückfluß des Blutes bei Kontraktion der H.kammern (Systole) zu verhindern, verschließen dabei aus Endokardfalten gebildete, durch sehnige Faserplatten versteifte **Segelklappen** (Atrioventrikularklappen) den Weg zu den Vorhöfen. Erschlaffen die H.kammern (Diastole), so verhindern halbmondförmige, aus Bindegewebshäutchen bestehende **Taschenklappen** in der Lungenarterie (Pulmonalklappe) und in der Aorta (Aortenklappe) ein Zurückfließen des Blutes in die Kammern. Dabei öffnen sich die Segelklappen und geben dem Blut in den Vorhöfen den Weg frei. Da dle linke H.hälfte stärker arbeiten muß als die rechte, ist die Wandung der linken H.kammer viel dicker als die der rechten.

Die Versorgung der H.muskulatur mit sauerstoff- und nährstoffreichem Blut erfolgt in einem eigenem Kreislauf über die **Herzkranzgefäße** (Koronargefäße), die mit zwei in der Herzkranzfurche zw. den Vorhöfen und Kammern liegenden, herzspitzenwärts der Aorta über den Taschenklappen entspringenden, nach rechts und links ziehenden Kranzarterien ihren Ausgang nehmen. Etwa 5–10 % des Blutstroms im Körperkreislauf werden dafür abgezweigt. Das H. eines erwachsenen Menschen schlägt bei leichter Tätigkeit 60-

Herzanfall

bis 70mal in der Minute (Herzfrequenz); das sind am Tag etwa 100 000 H.schläge. Bei jedem H.schlag fördert das H. zw. 70 und 100 ml Blut je H.kammer; das sind in der Minute 5–7 Liter. Bei rd. 75 Schlägen je Minute dauert ein H.schlag 0,8 Sekunden. Davon entfallen nur 0,3 Sekunden auf die eigentl. Arbeit, die Austreibung des Blutes (Systole), während die Erschlaffungsphase (Diastole) 0,5 Sekunden dauert. Rechnet man alle Arbeitsphasen zus., so arbeitet das H. von 24 Stunden 8 und ruht 16 Stunden.

Das Herz in der stammesgeschichtlichen Entwicklung: Bei Tieren mit Blutkreislauf wird das Blut i. d. R. durch mehrere H. oder durch ein H. bewegt. Dies sind muskulöse Gefäßabschnitte oder kräftige Hohlmuskeln, die Pumpbewegungen durchführen. Ventile (H.klappen) in ihnen und in den Gefäßen zwingen dem Blut eine bestimmte Fließrichtung auf. Unter den wirbellosen Tieren haben Ringelwürmer erstmals „Herzen" in Form von kontraktilen (sich zusammenziehenden) Gefäßabschnitten innerhalb ihres geschlossenen Blutkreislaufs. Bei den Gliederfüßern liegt das H. auf der Rückenseite und ist ein Schlauch mit seitl. Einlaßschlitzen (Ostien), die sich beim Pumpvorgang verschließen. Weichtiere haben ein sackförmiges, in einem H.beutel liegendes Herz. Das sauerstoffreiche Blut gelangt aus den Kiemen in die seitl. Vorhöfe des Herzens. Ihre Zahl entspricht meist der Zahl der Kiemen. Von den Vorhöfen fließt das Blut in die H.kammer und wird von dort in die Aorta gepreßt. Tintenfische mit einem nahezu geschlossenem Kreislauf haben außerdem in der Kiemenregion venöse Kiemenherzen. Bei den Manteltieren kehrt sich, im Unterschied zu allen übrigen Tieren, die Kontraktionsrichtung des einfachen, schlauchförmigen, ebenfalls von einem H.beutel umschlossenen H. period. um, so daß das Blut einmal in Richtung Kiemen, dann wieder in zur Eingeweiden fließt. Den Schädellosen (z. B. Lanzettfischchen) fehlt ein zentrales H.; sie haben venöse Kiemenherzen (Bulbillen). Bei allen Wirbeltieren ist ein H. ausgebildet. Bei den Fischen besteht es aus vier hintereinanderliegenden Abschnitten, die durch H.klappen getrennt sind: Der Venensinus (Sinus venosus) nimmt das Blut aus dem Körper auf und leitet es durch die Vorkammer in die Kammer. Von hier aus wird es in die Kiemen gepumpt. - Gleichzeitig mit der Entwicklung der Lungenatmung werden einerseits Venensinus und der muskulöse, mit Gefäßklappen versehene Endabschnitt des H., der in die Kiemenarterie übergeht (Conus arteriosus), zurückgebildet, andererseits kommt es zur Ausbildung eines Doppel-H. und damit zur Trennung von sauerstoffreichem und -armem Blut. Bei den Lurchen sind zwar zwei Vorkammern vorhanden, von denen die rechte das Blut aus dem Körper,

die linke das aus der Lunge erhält. Doch gibt es nur eine Kammer, die das Blut aus beiden Vorkammern aufnimmt. In der H.wand sind Taschen und Falten ausgebildet, so daß es doch weitgehend getrennt bleibt. Sauerstoffarmes Blut wird in die Lungen, sauerstoffreiches in den Kopf und Mischblut in den Körper gepumpt. Bei den Reptilien beginnt die Trennung der H.kammer in eine rechte und linke Hälfte durch Ausbildung einer Scheidewand von der H.spitze aus. Die vollständige Trennung ist erst bei Vögeln und Säugetieren erreicht. Das Blut fließt hier über die rechte H.hälfte vom Körper zur Lunge, über die linke von der Lunge in den Körper zurück.

Kulturgeschichte: In den verschiedensten Kulturen galt und gilt das H. als Zentrum der Lebenskraft, darüber hinaus als Ort des Gewissens und Sitz der Seele sowie der Gefühle. - Auch die Götter werden nach altem Aberglauben durch H. gestärkt und ernährt. - Seit dem griech.-röm. Altertum ist das H. am stärksten mit dem Gefühlsleben, insbes. mit der Liebe verbunden, was auch in der Symbolsprache häufigen Ausdruck findet.

❙ *Schweizer, W.: Einf. in die Kardiologie. Bern* ²*1979. - Das H. des Menschen. Hg. v. W. Bargmann u. W. Doerr. Stg. 1963. 2 Bde. - Puff, A.: Der funktionelle Bau der H.kammern. Stg. 1960.*

◆ in dt. Spielkarten die dem frz. Cœur entsprechende Farbe.

Herzanfall (Herzattacke), plötzl. einsetzende, subjektive Mißempfindungen im Bereich des Herzens (z. B. Herzstolpern, Herzjagen, Herzrasen), die mit Beklemmung, Angst, Atemnot, Herzschmerzen einhergehen. Ursache eines H. sind häufig Störungen der Erregungsbildung und Erregungsleitung im Herzen, von denen v. a. Personen mit altersbedingten Herz- und Kreislaufveränderungen betroffen werden. Als auslösende Ursachen kommen u. a. seel. Erregung, körperl. Anstrengung, Überwärmung, Kälteeinwirkung, übermäßiger Genuß von Koffein, Nikotin oder Alkohol in Frage.

Herzasthma ↑Asthma.

Herzautomatismus (Herzautomatie, Herzautonomie, Herzautorhythmie), Fähigkeit des Herzens, eigenständig rhythm. tätig zu sein. Die Erregung der Herzmuskelfasern wird in einem *Automatiezentrum* des Herzens selbst gebildet. Sie breitet sich von dort über das gesamte Herz aus *(Herzerregungsleitungssystem).* Der H. kann auf Erregung nervöser Strukturen des Herzens (**neurogener Herzautomatismus;** bei Manteltieren, Krebsen, Insekten) oder spezif. Muskelzellen (**myogener Herzautomatismus,** bei Weichtieren und Wirbeltieren, einschließl. Mensch) beruhen. - Beim Menschen liegt im Sinus venosus, d. h. in der Wand der oberen Hohlvene, als primäres Automatiezentrum der **Sinusknoten**

(primäres Erregungszentrum, primärer Herzschrittmacher, *Keith-Flack-Knoten*), der die Kontraktion der Vorkammern bewirkt. Über die Muskulatur der Vorkammerwand wird die Erregung mit einer zeitl. Verzögerung auf ein zweites, sekundäres Automatiezentrum in der Ebene der Segelklappen, den **Atrioventrikularknoten** (*Vorhofknoten, Aschoff-Tawara-Knoten*, sekundäres Erregungszentrum, sekundärer Herzschrittmacher), übertragen und von dort (bevor der Vorhofknoten eine eigene Erregung bilden kann) über das spezif. erregungsleitende Gewebe des His-Bündels und der Purkinje-Fasern auf die gesamte Kammermuskulatur weitergeleitet und löst damit deren Kontraktion aus. Taktgeber für die Schlagfrequenz des Herzens ist der Sinusknoten. Bei seinem Ausfall übernimmt der Atrioventrikularknoten dessen Funktion (jedoch mit nur etwa 40–50 Kontraktionen pro Minute). Das Zentralnervensystem kann über vegetative Nervenverbindungen *(Herznerven)* die Tätigkeit des Herzens beeinflussen: Der 10. Gehirnnerv vermindert, Äste des sympath. Nervensystems steigern die Schlagfrequenz.

Herzberg, Gerhard, * Hamburg 25. Dez. 1904, kanad. Physiker dt. Herkunft. - Nach der Emigration aus Deutschland Prof. in Saskatoon und Chicago; 1948 Direktor der Pure Physics Division des National Research Council in Ottawa. Seine Hauptarbeitsgebiete waren die Atom- und Molekülspektroskopie, insbes. die Untersuchung der Struktur zwei- und mehratomiger Moleküle. Weitere Arbeiten dienten der experimentellen Bestätigung der Quantenelektrodynamik und führten u. a. zur Entdeckung von molekularem Wasserstoff in der Atmosphäre der Planeten Jupiter und Uranus. Nobelpreis für Chemie 1971.

Herzberg, Landkr. im Bez. Cottbus, DDR.

Herzberg am Harz, Stadt am S-Rand des Harzes, Nds., 233 m ü. d. M., 16 000 E. Holzverarbeitung, Eisengießereien, Schmiedewerke. - Das 1029 erwähnte Jagdschloß wurde im 13. Jh. eine Residenz der Herzöge von Braunschweig-Grubenhagen und 1582 ständige Residenz der Herzöge von Braunschweig-Calenberg. Der Ort wurde 1929 Stadt. - Schloß (16.–19. Jh.).

Herzberg/Elster, Krst. 22 km nö. von Torgau, Bez. Cottbus, DDR, 84 m ü. d. M., 8 500 E. Verwaltungssitz des Landkr. Herzberg; Metall-, Elektro- u. a. Ind. - Seit 1238 Stadt. - Marienkirche (14./15. Jh.), Rathaus (1680).

Herzbeutel ↑ Herz.

Herzbeutelentzündung ↑ Herzkrankheiten.

Herzblatt (Parnassia), Gatt. der Steinbrechgewächse mit rd. 50 Arten in den kühleren Bereichen der Nordhalbkugel; Stauden mit eiförmigen oder längl. Blättern und großen Blüten an einem mit einem Blatt besetzten Blütenschaft. In Deutschland kommt nur das **Sumpfherzblatt** (Studenteröschen, Parnassia palustris) vor; 15–25 cm hohe Staude mit langgestielten, herzförmigen Grundblättern und nur einem herzförmigen, stengelumfassenden Stengelblatt.

Herzblock (Block), Unterbrechung der Erregungsleitung im Herzen. Nach dem Sitz der Störung werden unterschieden: **Sinus-Vorhof-Block,** bei dem nicht jede Erregung vom Sinusknoten zum Vorhof übergeleitet wird; **intraaurikulärer Herzblock** mit Unterbrechung der Erregungsleitung in der Vorhofmuskulatur; **intraventrikulärer Herzblock** mit totaler oder partieller Unterbrechung der Erregungsleitung im rechten oder linken Schenkel des His-Bündels (Rechts-, Linksschenkelblock). Die dem H. zugrundeliegende Störung kann angeboren oder erworben sein (als krankhafte, herdartige Veränderungen in der Herzmuskulatur nach Scharlach, Diphtherie, bei Koronarsklerose oder Herzinfarkt). Die Behandlung erfolgt medikamentös (Adrenalin, Isoproterenol) oder unter Anwendung eines künstl. Herzschrittmachers.

Herzbuckel (Voussure), Vorwölbung der Brustwand über dem Herzen v. a. als Symptom eines angeborenen Herzfehlers mit Vergrößerung des Herzens und Verformung der noch elast. Brustwand.

Herzchirurgie, operative Eingriffe am Herzen oder an den großen, herznahen Gefäßen. Herzoperationen werden u. a. bei erworbenen oder angeborenen Herzklappenfehlern durchgeführt, bei Defekten der Herzscheidewände, bei Anomalien der großen, herznahen Gefäße (Aortenisthmusstenose) oder bei Herzbeutelentzündung, bei Herztumoren und Herzverletzungen. Die Herztransplantation sowie der operative Ersatz von erkrankten Herzkranzgefäßen durch körpereigene Arterien gehören zu den erst in den letzten Jahren entwickelten Methoden der Herzchirurgie. Ähnl. gilt für die verschiedenen Methoden zur Einpflanzung von ↑ Herzschrittmachern. - Die H. am arbeitenden Herzen (u. a. bei Korrekturen am Herzbeutel, Einführung von Instrumenten) bedient sich der *geschlossenen Operationsmethoden*. - Bei den *offenen Operationsmethoden* dagegen (etwa zum künstl. Herzklappenersatz) erfolgt der Eingriff am stillstehenden, blutleeren und eröffneten Herzen. Diese Operationen werden bei künstl. Unterkühlung des Organismus oder mit Hilfe einer ↑ Herz-Lungen-Maschine durchgeführt. - Zu den häufigsten Eingriffen der H. gehört der künstl. Ersatz von fehlerhaften Herzklappen durch Kugel- oder Scheibenventile aus Kunststoff.

Herzebrock-Clarholz, Gemeinde im O der Westfäl. Bucht, NRW, 12 600 E. Metall-, Kunststoff-, Nahrungsmittel- u. a. Ind. - Spätgot. Pfarrkirche mit roman. W-Turm, ehem. Klostergebäude (17./18. Jh.).

Herzegowina [hɛrtsego'vi:na, hɛrtse-'go:vina], südl. Teil der jugoslaw. Republik Bosnien und Herzegowina, ein dünn besiedeltes verkarstetes Gebirgsland, das im Hochkarst über 2 000 m Höhe erreicht. - Zur Geschichte ↑ Bosnien und Herzegowina, ↑ Jugoslawien.

Herzeloyde (Herzeloide), Mutter Parzivals bei Wolfram von Eschenbach.

Herzen, Alexander Iwanowitsch (russ. Alexandr Iwanowitsch Gerzen), eigtl. A. I. Jakowlew; Pseudonym Iskander, * Moskau 6. April 1812, † Paris 21. Jan. 1870, russ. Schriftsteller und Publizist. - Illegitimer Sohn eines russ. Gutsbesitzers und einer Deutschen. 1825 vom Aufstand der Dekabristen begeistert, setzte er sich für die Abschaffung der Leibeigenschaft und die Selbstverwaltung der Dorfkommunen ein. Mit Belinski Mittelpunkt literar. und polit. Salons in Moskau, Führer der radikalen russ. ↑ Westler. Stark vom dt. Geistesleben und frz. utop. Sozialismus beeinflußt, v. a. von Schiller, Hegel, Feuerbach, Saint-Simon. Lebte seit 1847 in W-Europa. Befreundet mit Marx, Garibaldi, Mazzini, Kossuth. Bed. als Sozialpolitiker, Denker und Schriftsteller; dichter. Werke ließ er nur in den 40er Jahren des 19. Jh. erscheinen, darunter seinen einzigen Roman „Wer ist schuld?" (1847). Gab in London den Almanach „Severnaja zvezda" („Polarstern", 1855–62 und 1869) und die Zeitschrift „Kolokol" („Die Glocke", 1857–67) heraus, die in Rußland großen Einfluß hatten.

Herzerweiterung (Herzdilatation, Dilatatio cordis), i. w. S. jede Erweiterung der Herzhöhlen (nicht nur krankhafter, sondern auch physiolog.-regulativer Art wie bei Herzvergrößerung infolge körperl. Belastung; z. B. das sog. Sportlerherz); i. e. S. die krankhafte Erweiterung der Herzhöhlen infolge Überschreitung des krit. Herzgewichtes nach Anpassung des Herzmuskels an eine längerdauernde Druck- oder Volumenbelastung (Beispiele: Bluthochdruck, Herzklappeninsuffizienz, Herzfehler) oder infolge direkter Schädigung der Herzmuskelschicht (u. a. durch Minderdurchblutung, Entzündung).

Herzfäule, infolge Bormangels auftretende Pflanzenkrankheit, die sich v. a. im Vergilben und Absterben der Herzblätter zeigt (z. B. des Mohns oder der Rübe); Bekämpfung mit borhaltigen Düngemitteln oder mit Borax.

Herzfehler (Kardiopathie, Angiokardiopathie, Vitium cordis), Sammelbez. für verschiedene angeborene oder erworbene, zu Störungen des Blutkreislaufs führende Abweichungen vom normalen Bau des Herzens und der großen, herznahen Blutgefäße. - Angeborene Fehlbildungen sind meist Defekte in der Vorhof- oder Kammerscheidewand oder ein Offenbleiben der embryonalen Verbindung zw. Lungenarterie und Aorta (↑ Botalli-Gang), ferner die ↑ Fallot-Kardiopathien, ↑ Aortenisthmusstenose und anormale Querverbindungen zw. großem und kleinem Blutkreislauf bzw. dem rechten und linken Herzen (↑ Shunt). - Erworbene H. sind Herzkrankheiten infolge einer Herzbeutelentzündung sowie die meisten Herzklappenfehler. Die *Behandlung* der angeborenen H. ist z. T. symptomat. gegen die verschiedenen Erscheinungen der betreffenden H. gerichtet, z. T. operativ. Bei den erworbenen H. kommt neben einer Operation die Gabe von (streptokokkenwirksamen) Antibiotika hinzu.

Herzfeld, Hans, * Halle/Saale 22. Juni 1892, † Berlin (West) 16. Mai 1982, dt. Historiker. - 1929–38 Prof. in Halle, 1946–50 in Freiburg im Breisgau, 1950–60 an der FU Berlin; Forschungen v. a. zum 19. und 20. Jh., u. a. „Die moderne Welt 1789–1945" (1952).

H., Helmut, dt. Photomonteur, ↑ Heartfield, John.

Herzfelde, Wieland, eigtl. W. Herzfeld, * Weggis (Schweiz) 11. April 1896, dt. Schriftsteller. - Bruder von John ↑ Heartfield; 1917 Gründer des Malik-Verlags in Berlin, den er zum Sprachrohr revolutionärer Literatur und des Dadaismus machte. 1933 Emigration nach Prag, 1939 Flucht in die USA, 1949 Rückkehr in die DDR; seit 1949 Prof. in Leipzig. - *Werke:* Tragigrotesken der Nacht (En., 1920), Gesellschaft, Künstler und Kommunismus (Essays, 1921), Unterwegs. Blätter aus 50 Jahren (1961), John Heartfield. Leben und Werk (1962), Blau und Rot (Ged., 1971).

Herzflattern ↑ Herzkrankheiten.

Herzflimmern ↑ Herzkrankheiten.

Herzfrequenz, Anzahl der Herzschläge pro Minute, die mit der Pulsfrequenz übereinstimmt. Die H. ist in erster Linie vom Alter, von der körperl. und seel. Belastung sowie von der Körpertemperatur abhängig.

Herzgeräusche, alle von den normalen ↑ Herztönen abweichenden, durch Abhorchen wahrnehmbaren, die Herztätigkeit begleitenden akust. Erscheinungen. H. sind Anzeichen von organ. bedingten Veränderungen der Blutströmungsverhältnisse (insbes. Wirbelbildung) auf Grund von Herzfehlern oder Herzklappenfehlern. Spezielle H. treten bei Herzbeutelerkrankungen auf.

Herzgespann (Leonurus), Gatt. der Lippenblütler mit neun Arten in W-Europa bis Z-Asien. In Deutschland kommen die beiden Arten **Echtes Herzgespann** (Löwenschwanz, Leonurus cardiaca) mit handförmig zerteilten, beiderseits weichhaarigen Blättern und rötl. Blüten in dichten Scheinquirlen sowie **Filziges Herzgespann** (Katzenschwanz, Leonurus marrubiastrum) mit gezähnten, unterseits graufilzigen Blättern und bleichrosa Blüten vor.

Herzglykoside ↑ Digitalisglykoside.

Herzhypertrophie, Zunahme der Herz-

Mensch: Embryo im 5. Monat	155
Neugeborenes	135
zehnjähriges Kind	90
fünfzehnjähriges Kind	82
Erwachsener: normal	60—80
bei höchster sportl. Leistung:	
untrainiert	bis 170
trainiert	bis 240
Pferd: Fohlen	34—54
Hengst	28—40
nach Renngalopp	90—100
Rind: Kalb	80—100
Kuh	50—80
Bulle und Ochse	36—60
Schwein: Ferkel	80—140
Sau	60—80
Schaf: Lamm	80—100
Hammel	70—80
Hund	100—130
Katze	110—140
Ratte	260—600
Hausmaus	320—780
Elefant	22—53
Murmeltier: im Sommer	bis 200
während des Winterschlafs	4—10
Huhn	170—460
Sperling	400—850
Stieglitz	bis 925
Kolibri	bis 1 000
Zauneidechse (im Sommer)	60—66
Ringelnatter (im Sommer)	23—41
Sumpfschildkröte (im Sommer)	16—36
Frosch (im Sommer)	30—50
Karpfen	40—78
Aal	10—16
Ligusterschwärmer: Raupe	bis 82
kurz vor Verpuppung	etwa 39
Imago in Ruhe	40—50
Imago bei Aktivität	110—140
Manteltiere	26—140

Mittlere Herzfrequenzen (Herzschläge pro Minute) bei verschiedenen Lebewesen

muskulatur (Wandstärke, Größe und Gewicht des Herzens) allein durch Vergrößerung der einzelnen Herzmuskelfasern bei länger andauernder, vermehrter Beanspruchung (Druck- und oder Volumenbelastung). Eine Hypertrophie mit mäßiger Größenzunahme des gesamten Herzens findet man z. B. bei Hochleistungssportlern *(konzentr. H.)*. Häufiger ist die Hypertrophie einzelner Herzabschnitte *(exzentr. H.)*, wobei sich die jeweils mehrbeanspruchte Herzkammer vergrößert (z. B. Rechts-H. bei Herzklappenfehlern und Lungenemphysem, Links-H. bei erhöhtem Druck im großen Kreislauf). Durch die H. kann sich das Gewicht des ganzen Herzens vom Durchschnittsgewicht von 260 bzw. 310 g bis zu einem Maximalwert von etwa 500 g, dem sog. *krit. Herzgewicht*, vergrößern.

Herzinfarkt (Myokardinfarkt, Koronarinfarkt), Zerstörung von Herzmuskelgewebe durch Herzkranzgefäßverschluß, in rd. 90 % der Fälle auf der Grundlage arteriosklerot. Gefäßwandschäden. Die Arteriosklerose befällt zuerst die Gefäßinnenhaut. Diese wird zunehmend durchlässig und nimmt erst Flüssigkeit und dann auch Fremdstoffe auf. Kleine Einrisse bilden den Ansatzpunkt für winzige Blutpfröpfe, die sich beim Fortschreiten örtl. Gerinnungsvorgänge vereinigen, tapetenartig übereinanderliegen und zuletzt die gesamte Gefäßlichtung verschließen. Dadurch wird der ernährungsabhängige Bezirk des Herzmuskels von der Blut- und Sauerstoffversorgung abgeschnürt, es entsteht ein Infarkt. Ausdehnung und Gefährlichkeit eines Infarkts hängen vom Durchmesser, Sitz und Versorgungsgebiet des befallenen Herzkranzgefäßastes ab. Ist der Bezirk zerstörter Herzmuskulatur, die sog. Nekrose, bes. ausgedehnt, so kann das gesamte Herz versagen. Ausgedehnte Infarkte reißen gelegentl. ein und führen zur plötzl. inneren Verblutung durch Herzriß. Auch sehr kleine Einzelinfarkte, die für die verbleibende Herzkraft belanglos wären, können schädl. sein, indem sie zu Extraerregungen der Herzkammern führen, oder, je nach Sitz, im Reizleitungssystem des Herzens die normale Erregungsausbildung hemmen. Für Entstehung und Ablauf des Infarktes sind aber nicht nur Sklerose († Arteriosklerose), Gefäßverschluß und Sauerstoffzufuhr durch die Herzkranzarterien entscheidend, sondern auch der herzseitige Sauerstoffverbrauch. Normalerweise erweitert Sauerstoffmangel, wie er v. a. bei Mehrarbeit des Herzens infolge körperl. Belastung auftritt, die Herzkranzgefäße. Diese Reaktion ist an wandverdickten und teilweise verstopften Gefäßen wesentl. eingeschränkt. Daher wird jede Mehrarbeit die Sauerstoffarmut des infarktbedrohten Herzmuskels zusätzlich steigern. Auch Herznervenerregung erhöht den Sauerstoffverbrauch.

Risikofaktoren: Eine Reihe von Faktoren begünstigt die Entstehung der Verkalkung der den Herzmuskel versorgenden Herzkranzgefäße (Koronarsklerose). Dazu gehören Übergewicht und der übermäßige Genuß von gesättigten (tier.) Fetten mit entsprechender Erhöhung der Blutfettwerte, seel. Konflikte, die sich über die Herznerven auswirken, Bluthochdruck, Stoffwechselentgleisungen (wie Zuckerkrankheit), Nikotin, wahrschein. auch übermäßiger Alkoholkonsum und vielleicht Koffein. Schließl. spielt Bewegungsmangel eine bes. Rolle, da körperl. Tätigkeit nicht nur die Skelettmuskulatur, sondern (durch zeitweise Erweiterung) auch die Herzkranzgefäße mittrainiert. Da viele der angeführten Voraussetzungen im heutigen Lebensalter zusammen, ist insofern auch dieses ein Risikofaktor. Als unmittelbar auslösende Infarktursachen kommen allzu reichhaltige Mahlzeiten, Schlafmangel und der Durchzug von Wetterfronten in Betracht. Beim Mann liegt der absolute *Häufigkeitsgipfel* um das 55., bei der (vorher durch ihre Geschlechtshormone geschützten) Frau um das 70. Lebensjahr.

Symptome: Wie jeder Sauerstoffmangel des Herzens ist auch der H. mit Schmerzen, oft begleitet von Todesangst und Vernichtungsgefühl, verbunden. Der Infarktschmerz ist dumpf und nur schlecht zu orten. Er strahlt von der Herzgegend und aus der Gegend hinter dem Brustbein in die Umgebung aus, und zwar in die linke Schulter, in den Hals, seltener in die rechte Schulter und in den Kopf. Manchmal ziehen mehr bohrende Schmerzen rücken- oder bauchwärts. Dabei sind Verwechslungen mit Gallen- oder Magenschmerzen mögl., zumal Infarkte recht häufig auch zus. mit Magengeschwüren und Gallensteinen vorkommen. Im Ggs. zu den Schmerzen bei ↑Angina pectoris tritt der Infarktschmerz auch in Ruhe, oft sogar nachts auf und hält wesentl. länger an. Meist stellt sich schlagartig eine allg. Kreislaufstörung ein mit Blutdruckabfall, schwachem, unregelmäßigem Puls und fahlblasser, kalter, schweißgetränkter Haut (sog. kardiogener Kreislaufschock). Seltener sind sog. *stumme H.*, die unbemerkt ablaufen, bis sie bei einer Routineuntersuchung vom Arzt entdeckt werden. Zur Infarkterkennung ist das Elektrokardiogramm bes. wichtig. Typ. Abweichungen vom normalen Bild zeigen nicht nur den Infarkt, sondern auch seinen Sitz im Herzmuskel an. Die Laboruntersuchung ergibt einen Anstieg der weißen Blutkörperchen, eine Erhöhung der Blutkörperchensenkungsgeschwindigkeit, oft auch erhöhte Blutzuckerwerte. Neuerdings spielt die ↑Enzymdiagnostik eine große Rolle.

Behandlung: Der Infarktkranke braucht zuerst und v. a. strengste Bettruhe zur Sauerstoffentlastung und narbigen Ausheilung des Herzens. Die weitere Behandlung besteht in Beruhigung und Schmerzlinderung (z. B. durch Morphin). Als nächstes muß der Kreislaufschock durch blutdrucksteigernde Mittel behoben werden. Setzt die Herzaktion und bald danach auch die Atmung aus, muß eine Wiederbelebung versucht werden (Herzmassage und Mund-zu-Mund- bzw. Mund-zu-Nase-Beatmung u. U. auch durch geschulte Laien). Mit solchen Maßnahmen läßt sich die Zeit bis zur Klinikeinweisung überbrücken. In der Klinik wird der Patient u. U. intubiert, und das Herz mit elektr. Stromstößen behandelt. Ist die akute Gefahr vorbei, wird der insuffiziente Herzmuskel mit Digitalispräparaten oder auch mit Strophanthin gestützt. Im Stadium der Infarktvernarbung gilt es, die erneute Bildung von Blutpfröpfen zu verhindern. Dazu werden blutgerinnungshemmende Medikamente gegeben. Nach abge-

schlossener Behandlung besteht die wichtigste Aufgabe darin, den Betroffenen wieder sinnvoll ins Alltagsleben einzugliedern.

📖 *Neue Aspekte der medikamentösen Behandlung des H. Hg. v. F. Gross. Bern 1980. - Halhuber, M. J.: Vor u. nach dem H. Mchn. 1976.*

Herzinsuffizienz ↑Herzkrankheiten.

Herzjagen, svw. ↑Tachykardie.

Herz Jesu, Thema einer bes. kath. Jesusmystik und -verehrung, die das H. J. als Symbol des ganzen Menschen Jesus, v. a. seiner aufopfernden Liebe versteht. Die H.-J.-Verehrung geht nach einzelnen Ansätzen bei den Kirchenvätern und im MA bes. auf die Visionen von M.-M. Alacoque zurück und erfuhr im 19. und 20. Jh. intensive Ausbreitung. Das **Herz-Jesu-Bild** erscheint als Andachtsbild seit dem 15. Jh., seit dem späten 17. Jh. als dornenumwundenes Herz, aus dem Flammen schlagen. Seit dem 18. Jh. wird plast. Christusfiguren ein Herz aufgemalt oder umgehängt.

Herzkatheterismus (Herzkatheterisierung) [dt./griech.], erstmals 1929 von W. Forßmann im Selbstversuch erprobte Untersuchungsmethode zur qualitativen und quantitativen Erfassung angeborener und erworbener Herzfehler: Eine Sonde wird in ein herzfernes Blutgefäß eingeführt und unter Röntgenkontrolle bis in die rechten bzw. linken Herzhöhlen vorgeschoben. Zur Darstellung des rechten Herzens wird der Katheder über eine Armvene eingeführt. Zur Darstellung des linken Herzens wird der Katheter entweder über eine Arm- oder Beinarterie entgegen der Blutstromrichtung vorgeschoben. Durch den H. gelingt es, Blut aus den einzelnen Herzabschnitten getrennt für biochem. Analysen zu gewinnen sowie mittels Elektroden ein Elektrokardiogramm von der Herzinnenhaut abzuleiten und eine Kontrastmitteldarstellung der Herzkranzgefäße vorzunehmen. Heute wird oftmals ein sog. Einschwemmkatheter mit aufblasbarem Ballon verwendet (zur Erweiterung verengter bzw. zur Wiedereröffnung thrombot. verschlossener Herzkranzgefäße).

Herzkirsche ↑Süßkirsche.

Herzklappen ↑Herz.

Herzklappenentzündung ↑Herzkrankheiten.

Herzklappenfehler ↑Herzkrankheiten.

Herzklopfen ↑Herzkrankheiten.

Herzkrankheiten, organ. Erkrankungen oder Mißbildungen des Herzens oder der großen, herznahen Blutgefäße; i. w. S. auch Bez. für funktionelle Störungen der Herztätigkeit. - Zu den organ. H. zählen die **Herzbeutelentzündung** (Perikarditis), die meist im Gefolge übergeordneter Erkrankungen (z. B. bakterielle Infektionen, rheumat. Fieber, Herzinfarkt, Tumormetastasen) vorkommt. Bei der schmerzhaften *fibrinösen Herzbeutelentzündung* (trockene Herzbeutelentzündung) kommt es zu Fibrinauflagerungen auf die

Schichten des Herzbeutels und dadurch u. a. zu typ., mit der Herzarbeit synchronen Reibegeräuschen. Die *exsudative Herzbeutelentzündung* geht mit einer Vermehrung des Flüssigkeitsgehaltes des Herzbeutels (Perikarderguß) einher; die Umrisse des Herzens erscheinen vergrößert, die EKG-Ausschläge sind geringer, und es kommt (durch Behinderung der Herzfüllung) zur Abnahme von Blut- und Pulsdruck sowie zu Stauungserscheinungen. Bei der *fibrösen Herzbeutelentzündung* (konstriktive [einengende] Herzbeutelentzündung) werden die Herzvenen eingeengt. Dadurch wird die Blutzufuhr zum Herzen gedrosselt, das Blut staut sich u. a. in der Leber; sekundäre Verkalkung (d. h. Einlagerung von Calciumsalzen in die Herzbeutelblätter) führt zum **Panzerherz** (Pericarditis calculosa). - Erkrankungen der Herzinnenhaut (Endokard) sind ↑Endokarditis und die **Herzklappenentzündung** (valvuläre Endokarditis). Letztere ist eine akut oder chron. verlaufende Entzündung mit fast ausschließl. Lokalisation an den Herzklappen. Unmittelbare Ursachen sind bakterielle, rheumat., tox. oder allerg. Prozesse, die zu einer ödematösen Schwellung der gefäßreichen Herzklappen, und zwar vorwiegend des linken Herzens, führen. Im weiteren Verlauf kommt es zu unterschiedl. krankhaften Veränderungen: zu warzenförmigen Auflagerungen, geschwürigem Zerfall oder fibroplast. Wucherungen. Im akuten Stadium ist eine Herzklappenentzündung meist klin. „stumm". Es kann jedoch zu Embolien kommen, die v. a. in der Haut, der Niere, der Milz oder im Gehirn lokalisiert sind. Eine akute Herzklappenentzündung kann mit Antibiotika geheilt werden, doch sind Übergänge zur chron. Form häufig. Als Spätfolgen treten **Herzklappenfehler** auf. Diese können eine oder mehrere Klappen gleichzeitig betreffen. Sie können durch Anpassungserscheinungen des Herzmuskels ausgeglichen werden oder erst nach Versagen der Anpassung ein Nachlassen der Funktion der Herzklappen auf. Bei einer **Herzklappenstenose** staut sich das Blut vor der Segelklappenöffnung oder es kann nur mit Mühe durch die Taschenklappenöffnung hindurchgepreßt werden. Die dadurch stromaufwärts entstehende Blutstauung wird vom Herzen durch eine Steigerung des Auswurfdrucks beantwortet. Die Druckbelastung führt zu einer Zunahme der Muskelmasse, bes. im Bereich der Herzkammern (Druckhypertrophie). Bei einer **Herzklappeninsuffizienz** strömt ein Teil des geförderten Blutes wieder in die auswerfende Herzhöhle zurück. Diese zusätzl. Beschickung mit „Pendelblut" führt zu einer vermehrten Volumenbelastung des betreffenden Herzabschnitts und über die Faserdehnung (als Anpassungserscheinung) zu einer Muskelmassenzunahme mit Erweiterung des betreffenden Herzinnenraums (Volumenhyper-

trophie). Die Behandlung der Herzklappenfehler erfolgt mit Antibiotika bzw. operativ (z. B. Kunststoffersatz der defekten Herzklappe). - Durch Erkrankungen der Herzkranzgefäße mit entsprechenden Durchblutungsstörungen und Überbelastung des Herzmuskels (z. B. durch Bluthochdruck, Herzklappenfehler) kommt es zur **Herzinsuffizienz** (Herzmuskelinsuffizienz, Herzschwäche), d. h. zu einer unzureichenden Pumpleistung des Herzmuskels. Kann das Herz die geforderte Pumpleistung schon in Ruhe nicht mehr erbringen, spricht man von *Ruheinsuffizienz*. Wird die Herzleistung erst bei körperl. Belastung ungenügend, spricht man von *Arbeitsinsuffizienz*. Gesunde Herzmuskelfasern antworten auf zunehmende Belastung unabhängig davon, ob die Belastung durch Sport, körperl. Arbeit oder Krankheit bedingt ist durch Dickenzunahme (Hypertrophie). Diese Anpassung des belasteten Herzmuskels führt z. B. dazu, daß Herzklappenfehler vom Herzen oft lange völlig unbemerkt verkraftet werden. Dennoch ist die Leistungsreserve des vergrößerten Herzens vermindert, so daß es bei zusätzl. Belastung durch Hinzutreten einer zweiten Schädigung zu einer deutl. erkennbaren Herzinsuffizienz kommt. Je nachdem, ob die linke oder die rechte Herzkammer insuffizient ist, spricht man von Links- bzw. Rechtsinsuffizienz. In beiden Fällen führt die verminderte Pumpleistung einer Herzhälfte zu jeweils typ. Folgen für den Blutkreislauf. Bei der **Linksinsuffizienz** pumpt die linke Herzkammer weniger Blut in die Hauptschlagader. Die rechte Kammer dagegen wirft unverändert kräftig Blut in den Lungenkreislauf, der bald überfüllt ist und gestaut wird. Daher tritt schon bei geringer Anstrengung, später sogar in der Ruhe Atemnot auf. Auf die Dauer kommt es durch die Druckbelastung des Lungenkreislaufs zur sog. Stauungslunge. Bei der **Rechtsinsuffizienz** wirft das leistungsfähige linke Herz mehr Blut in den großen Körperkreislauf, als das kranke rechte Herz abschöpfen und in den kleinen Lungenkreislauf pumpen kann. Die Folge ist ein Rückstau von Blut im großen Kreislauf, der die Stauungen zunächst in seinem großen Blutader- und Kapillarsystem auffangen kann. Bei stärkerem Rechtsversagen führt die Stauung der Leber zu Gelbsucht und Bauchwassersucht, die Stauung im Magen-Darm-Kanal zu Nierenversagen. Schließl. pressen die überfüllten und gestauten Haargefäße des großen Kreislaufs Flüssigkeit in die Gewebsspalten ab, weshalb es zu Ödemen kommt. Zur Behandlung muß v. a. die Kraft der versagenden Herzkammer mit Hilfe von Digitalisglykosiden gesteigert werden. Wichtig ist auch eine Herzdiät, in erster Linie die Einschränkung von Kochsalz, da jedes Gramm nicht ausgeschiedenes Salz rd. 100 cm³ Wasser im Körper zurückhält. - Weitere Erkrankungen

Herzkrankheiten

des Herzmuskels sind Herzmuskelentartung und Herzmuskelentzündung. Die **Herzmuskelentartung** (Myodegeneratio cordis) wird durch Ablagerung von Pigmenten oder Stoffwechselprodukten in den Herzmuskelzellen hervorgerufen und geht meist mit einer Vermehrung des umgebenden Bindegewebes einher. Ursachen sind u. a. Vergiftungen (z. B. mit Pilzen), Mineralstoffwechselstörungen oder ↑Azidose, ferner bes. häufig im Verlauf von schweren Infektionskrankheiten, bei Alkoholismus und Stoffwechselerkrankungen sowie im höheren Lebensalter. Funktionelles Anzeichen ist eine Verminderung der Leistungsfähigkeit des Herzmuskels. Zur Behandlung werden hauptsächl. Digitalisglykoside gegeben. Die **Herzmuskelentzündung** (Myokarditis) tritt v. a. bei Rheuma, bestimmten Infektionskrankheiten und allerg. Prozessen auf. Die Symptome sind Herzinsuffizienz mit Herzklopfen, Angina pectoris, Schwindel, Kopfschmerzen, leichte Ermüdbarkeit, Übelkeit, Erbrechen, Atemnot und schließl. Herzerweiterung und oft Herzrhythmusstörungen. Die Behandlung richtet sich nach dem Grundleiden. - Erkrankungen der Herzkranzgefäße sind ↑Angina pectoris, Koronarinsuffizienz, Koronarsklerose und ↑Herzinfarkt. **Koronarinsuffizienz** ist eine allg. Bez. für einen krankhaften Zustand, bei dem ein Mißverhältnis zw. Blutbedarf und tatsächl. Durchblutung des Herzmuskels besteht. Ursache des Mißverhältnisses ist in 90 % der Fälle die zunehmende Einengung der Gefäßweite durch eine fortschreitende Arteriosklerose der Gefäßinnenwand (**Koronarsklerose**). Als Folge der Minderdurchblutung reichern sich im Blut Stoffwechselschlacken an, und es werden außerdem biogene Amine freigesetzt, die einen krampfartigen hinter dem Brustbein lokalisierten, mit Todesangst verbundenen Schmerz hervorrufen, der in die linke Schulter und in den linken Arm ausstrahlen kann (Angina-pectoris-Anfall). Bildung von Blutgerinnseln im linken Herzen und ihre Verschleppung in die Herzkranzgefäße führen zu einem vollständigen Verschluß der Gefäßlichtung. Bei sehr langsam fortschreitendem Herzkranzgefäßverschluß können sich Querverbindungen (Anastomosen) zw. den Kranzarterien ausbilden, wodurch dann eine Kranzarterie in der Lage ist, Versorgungsgebiete der zweiten mit zu übernehmen. Falls keine Umgehungskreisläufe ausgebildet werden, kommt es in dem hinter der Verschlußstelle liegenden Versorgungsgebiet auf Grund des plötzl. Sauerstoffmangels zum Erliegen der Stoffwechselfunktionen und damit zum Zelltod. Risikofaktoren der Koronarinsuffizienz sind Bluthochdruck und ein erhöhter Cholesterinspiegel. - Unter den Schädigungen des Reizleitungssystems unterscheidet man Reizbildungsstörungen (↑Tachykardie, ↑Bradykardie, absolute ↑Arrhythmie, ↑Extrasysto-

len, Herzflimmern) sowie Erregungsleitungsstörungen (zusammengefaßt werden beide auch als Herzrhythmusstörungen bezeichnet; atrioventrikulärer Block, ↑Adam-Stokes-Symptomenkomplex und ↑Herzblock). **Herzflimmern** ist eine Bez. für wogende, rasche, ungeordnete und ungleichzeitige Erregungen und Zusammenziehungen zahlr. Herzmuskelfasern bzw. Herzmuskelfasergruppen mit Ausfall der Pumpleistung des betroffenen Herzabschnitts oder des ganzen Herzens. Im Ggs. dazu ist beim **Herzflattern** die Herzschlagfolge noch regelmäßig, die Kontraktion synchron, die Pumpleistung erhalten; die Herzfrequenz allerdings ist auf 200 bis 350 pro Minute erhöht. Das **Vorhofflimmern** (unkoordinierte Erregung der Herzvorhöfe) kommt v. a. bei Überfunktion der Schilddrüse, bei Vorhofüberlastung (z. B. durch Herzklappenfehler) sowie bei Koronarinsuffizienz, gelegentl. auch ohne erkennbare Ursache bei Jugendlichen vor. Anzeichen sind oft uncharakterist. Beschwerden (Schwindel, Leeregefühl im Kopf, Druckgefühl in der Herzgegend oder plötzl. starkes Herzklopfen). Die Behandlung erfolgt mit Digitalisglykosiden (u. a. zur Erzeugung eines stabilen Herzblocks) und/oder in der medikamentösen oder elektr. ↑Defibrillation. Das **Kammerflimmern** ist eine mit Absinken bzw. Ausfall der Herzleistung verbundene unregelmäßige, wogende Bewegung der Herzkammern infolge ungeordneter Kontraktionen der Muskelfasern. Häufigste Ursache ist der Herzinfarkt; es kann außerdem bei Herzoperationen, Herzkatheterisierung, bei Starkstromunfällen oder bei schwerer Herzinsuffizienz auftreten. - Der **atrioventrikuläre Block** (AV-Block) blockiert die Erregungsleitung zw. Herzvorhof und Herzkammer. Beim *totalen AV-Block* übernimmt, meist nach kurzem Herzstillstand, an Stelle des Sinusknotens das Erregungsleitungssystem der Kammer die Erregungsleitung (Kammerautomatismus). Der *partielle AV-Block* hat eine gleichmäßige Leitungsverzögerung zw. Vorhof und Kammer oder zunehmende Leitungsverzögerungen mit period. Ausfällen der Kammererregung zur Folge. - Unter dem Begriff der **funktionellen Herzstörungen** werden einerseits Auswirkungen der vegetativen Dystonie auf das organ. gesunde Herz (z. B. nervöses Herz), andererseits das anfallsweise auftretende Herzjagen auf Grund neurot. Erlebnisreaktionen zusammengefaßt. Eine Form der Organneurose ist die **Herzneurose** (Cor nervosum, Kardiothymie), die gekennzeichnet ist durch anfallsweise auftretendes heftiges Herzklopfen verbunden mit einer pan. Angst, das Herz könne stillstehen (*Herzphobie*). Auslösend wirken u. a. Einsamkeit sowie Todesfälle in der näheren Umgebung. Herzneurosen werden psychotherapeut. behandelt.
Subjektive Beschwerden, wie allg. Krank-

heitsgefühl, vorzeitige Ermüdbarkeit oder auffallende Leistungsminderung können erste Hinweise auf eine H. sein. **Herzstolpern** (eine subjektive Mißempfindung bei unregelmäßiger Herzschlagfolge), starkes **Herzklopfen** (Palpitatio cordis; subjektive Empfindung verstärkten Herzschlags; kommt beim Gesunden kurzfristig nach körperl. Anstrengung oder bei gefühlsmäßiger Erregung vor; anhaltendes, starkes Herzklopfen kann aber auch Anzeichen einer Herz- oder Kreislauferkrankung sein) oder nur ein unbestimmbares „Organgefühl" werden zwar bei verschiedenen nervösen Störungen beobachtet, können aber auch erste Anzeichen von organ. H. sein. Zur Erkennung von H. sind die Befunde der Abtastung, Beklopfung und Abhorchung des Herzens sowie die Beurteilung der Arterien- und Venenpulses von bes. Bedeutung. Pathol. Herzgeräusche treten z. B. bei angeborenen oder erworbenen Herzfehlern und Herzklappenfehlern auf, Unregelmäßigkeiten des Herzschlags bei Herzrhythmusstörungen. Röntgenaufnahmen des Brustraums (zur Beurteilung der Herzform und der -größe), Elektrokardiographie (zur Erfassung von Störungen des Erregungsablaufs im Herzen) und Herzschallaufzeichnung (zum Nachprüfen pathol. Herzgeräusche) ergänzen den Untersuchungsgang. Spezielle, nur in größeren Kliniken durchführbare diagnost. Maßnahmen sind der ↑ Herzkatheterismus, die röntgenograph. Darstellung der Herzinnenräume und der herznahen Blutgefäße nach Injektion eines Kontrastmittels (**Angiokardiographie**) sowie die Ultraschallkardiographie. ⊕ *Reindell, H./Roskamm, H.: H. Bln. u. a.* ²1982. - *Schmidt-Voigt, J.: Kardiologie. Diagnost.-therapeut. Leitlinien f. die Praxis.* Köln *1979 ff. 3 Bde.* - *Friedberg, C. K.: Erkrankungen des Herzens. Dt. Übers. Stg.* ²1972. 2 Bde.

Herzkranzgefäße ↑ Herz.

Herz-Kreislauf-Erkrankungen, Gesamtheit der krankhaften Veränderungen des Herzens und der Schlagadern. Zu den H.-K.-E. zählen in erster Linie die Herzkranzgefäßerkrankungen (Herzinfarkt, Angina pectoris) sowie die Arteriosklerose und ihre Folgeerscheinungen (bes. Bluthochdruck und Schlaganfall). Sie haben als sog. Zivilisationskrankheiten in den letzten Jahrzehnten stark zugenommen und stehen z. Z. hinsichtl. Erkrankungshäufigkeit (Frühinvalidität, Sterbeziffern) an erster Stelle der Statistiken. Folgende Risikofaktoren gelten als unmittelbare Ursachen der H.-K.-E.: Erhöhung des Cholesterinspiegels im Blut, Bluthochdruck, Einengung des Atemvolumens der Lungen, erhöhter Nikotinkonsum, Übergewicht, bes. psych. Belastung, Zuckerkrankheit u. Bewegungsarmut. Für die Prophylaxe der H.-K.-E. sind v. a. Früherkennung und Ausschaltung vermeidbarer Risikofaktoren wichtig. Unterstützend können sich Vorsorgekuren und Frühheilverfahren auswirken.

Herzkresse, svw. ↑ Pfeilkresse.

Herzl, Theodor, * Budapest 2. Mai 1860, † Edlach an der Rax bei Gloggnitz 3. Juli 1904, östr. jüd. Schriftsteller und Politiker. - Seit 1878 in Wien, studierte dort Jura; 1891-95 Korrespondent in Paris, wo ihm die Dreyfusaffäre Grunderlebnis jüd. Selbstbesinnung wurde; dann Feuilletonredakteur in Wien; Begründer des polit. Zionismus, dessen Ziele in seiner Schrift „Der Judenstaat" (1896) niedergelegt sind; berief 1897 den 1. Zionist. Weltkongreß in Basel und wurde zum 1. Präs. der Zionist. Weltorganisation gewählt; forderte auf der Basis einer jüd. Massenbewegung in O-Europa die Errichtung eines selbständ. jüd. Nationalstaates, dem er im Roman „Altneuland" (1902) Gestalt gab.

Herzlieb, Minna (Mine, Minchen), eigtl. Wilhelmine H., * Züllichau 22. Mai 1789, † Görlitz 10. Juli 1865, Freundin Goethes. - Pflegetochter des Jenaer Buchhändlers K. F. E. Frommann, in dessen Haus Goethe sie bereits als Kind kennenlernte. Die Goetheforschung hält sie für das Vorbild der Ottilie in Goethes „Wahlverwandtschaften".

Herzlijya, israel. Stadt am Mittelmeer, 52 000 E. Kur- und Seebadeort mit internat. Jugendferienzentrum und Ind.zone; ⚓. - 1924 als landw. Siedlung gegründet.

Herz-Lungen-Maschine (extrakorporaler Kreislauf), Gerät, das für kurze Zeit die Funktionen des Herzens und der Lunge zu übernehmen in der Lage ist. Das venöse Blut wird dabei aus den beiden Hohlvenen mit Hilfe einer Rollenpumpe entnommen und über einen Entschäumer einem Oxygenator („künstl. Lunge") zugeführt, in dem der Gasaustausch erfolgt: Das Kohlendioxid wird eliminiert und Sauerstoff bzw. auch Narkosegas zugeführt. Eine weitere Druckpumpe führt das „arterialisierte" Blut über einen Filter dem Körper unter arteriellem Druck durch eine Arterie (meist die Hüftschlagader) wieder zu. - Abb. S. 314.

Herzmanovsky-Orlando, Fritz Ritter von [...'nofski], * Wien 30. April 1877, † Schloß Rametz bei Meran 27. Mai 1954, östr. Schriftsteller. - Verfaßte phantast. Erzählungen, parodist. Dramen, Pantomimen und Ballette. Bekannt wurde sein tragikom.-skurriler Roman aus der Zeit des Wiener Vormärz „Der Gaulschreck im Rosennetz" (1928) und der parodist. Einakter mit Musik „Kaiser Joseph und die Bahnwärterstochter" (Uraufführung 1956).

Herzmassage, rhythm. Kompression des Herzens zur Aufrechterhaltung eines minimalen Blutumlaufs, u. U. gleichzeitig auch zur mechan. Reizung eines stillstehenden Herzens. Man unterscheidet die *äußere H. (indirekte H., extrathorakale H.)* und die *innere H. (direkte H., intrathorakale H.).* Bei der letzteren wird das Herz nach operativer Eröff-

Herzmittel

Herzschrittmacher mit etwa 72 Impulsen pro Minute (5,8 cm breit; 4,6 cm hoch; 1,2 cm dick) mit Anschluß für die durch verschiedene Venen in eine Herzkammer geführte Elektrode (oben), mit einer der beiden Lithium-Silberchromatzellen (rechts) und dem elektronischen Taktgeber (unten)

Herz-Lungen-Maschine. Schematische Darstellung ihrer Funktionsweise

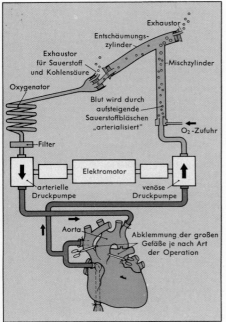

nung des Brustkorbs umfaßt und rhythm. komprimiert.

Herzmittel (Kardiaka, Kardiotonika), Arzneimittel, die die Leistungsfähigkeit und gleichmäßige Tätigkeit des Herzmuskels unterstützen und/oder steigern, z. B. Digitalisglykoside.

Herzmuscheln (Cardiidae), Fam. mariner, nahezu weltweit verbreiteter Muscheln (Ordnung Blattkiemer) mit symmetr., rundl. herzförmigen, radial gerippten Schalen und langem, dünnem, einknickbarem Fuß, der ruckartig geradegestreckt werden kann und die H. zu Sprüngen bis über 50 cm befähigt. Gegessen werden v. a. die Arten der Gatt. Cardium mit der **Eßbaren Herzmuschel** (Cardium edule) im O-Atlantik (einschließl. Nord- und Ostsee), Mittelmeer, Schwarzem Meer, Kaspischen Meer und Aralsee; Schalenlänge etwa 3–5 cm, weißl. bis gelblich.

Herzmuskelentzündung ↑ Herzkrankheiten.

Herzneurose ↑ Herzkrankheiten.

Herzog, Chaim, * Belfast 17. Sept. 1918, israel. General und Politiker. - Jurist; 1935 in Palästina eingewandert; diente im 2. Weltkrieg in der brit. Armee; danach in Israel bis 1961 in geheimdienstl., militär. (1961 General) und diplomat. Funktionen; 1975–78 Chefdelegierter Israels bei den UN; seit März 1983 Staatspräsident.

H., Eduard, * Schongau (Kt. Luzern) 1. Aug. 1841, † Bern 26. März 1924, schweizerischer altkath. Theologe. - Zunächst kath. Priester; 1876 erster Bischof der Christkatholischen Kirche; Förderer der Utrechter Union.

H., Werner, eigtl. W. H. Stipetic, * München 5. Sept. 1942, dt. Filmregisseur. - Außerordentl. eindringl. Filme gelangen H. u. a. bereits mit „Fata Morgana" (1970) und „Land des Schweigens und der Dunkelheit" (1971); seit „Aguirre, der Zorn Gottes" (1972) fand H. internat. Aufmerksamkeit. Es folgte der Kaspar-Hauser-Film „Jeder für sich und Gott gegen alle" (1975); „Herz aus Glas" (1976) spielt in einer Atmosphäre kollektiven Wahnsinns, „Stroszek" (1977) ist ein radikaler Film über das Thema der Emigration. - *Weitere Filme:* Nosferatu - Phantom der Nacht (1979), Woyzeck (1979), Fitzcarraldo (1982), Ballade vom kleinen Soldaten (1984).

H., Wilhelm, Pseud. Julian Sorel, * Berlin 12. Jan. 1884, † München 18. April 1960, dt. Publizist und Dramatiker. - Seine Zeitschrift „Das Forum" wurde 1915 wegen ihrer kriegsfeindl. Haltung verboten; 1919 Leiter der sozialist. Tageszeitung „Die Republik"; emigrierte 1933, 1952 Rückkehr. Sein bekanntestes Drama (mit Rehfisch) war „Die Affäre Dreyfus" (1929).

Herzog (althochdt. herizogo [„Heerführer"], lat. dux), in german. Zeit ein gewählter oder durch Los unter den Fürsten bestimmter Heerführer für die Dauer eines Kriegszuges, in der Merowingerzeit ein über mehrere Grafen gesetzter königl. Amts-H. mit v. a. militär. Aufgaben. Im 7./8. Jh. entwickelte sich daraus dort, wo ethn. Einheiten an der Wahl mitwirkten, ein (sog. älteres) *Stammesherzogtum*, das erbl. wurde und königl. Macht anstrebte. Ende des 9., Anfang des 10. Jh. kam es erneut zur Bildung von (jüngeren) **Stammesherzogtümern** (Sachsen, Bayern, Lothringen und Schwaben). Um die Macht der Stammesherzöge der Reichsgewalt wieder unterzuordnen, begann das Königtum unter Otto I., d. Gr., den Kampf um ihre Umwandlung in **Amtsherzogtümer,** indem die Selbständigkeit der Herzöge eingeschränkt, ihr territorialer Besitzstand verringert oder geteilt wurde. Daneben wurde in otton.-sal. Reichskirchensystem ein Gegengewicht aufgebaut. Mit der Zerschlagung der Hzgt. Heinrichs des Löwen durch Friedrich I. Barbarossa (1180) schien dieser Prozeß erfolgreich abgeschlossen. Friedrich I. Barbarossa hatte mit der Errichtung von **Territorialherzogtümern** (Österreich, Ostfranken, Westfalen, Steiermark) einen Weg eingeschlagen, der unter Friedrich II. zur völligen Territorialisierung des Reiches führte. In außerdt. Reichen gab es seit dem frühen MA regionale Hzgt. (z. B. im Langobardenreich). Im spätma. und frühneuzeitl. Italien wurden mächtige Stadtherren zu Herzögen erhoben (Mailand, Florenz). Nicht mit den Herzögen vergleichbar sind die Dogen. In Frankr. entwickelten sich analog zum dt. Regnum spätkaroling. Hzgt. (Franzien, Aquitanien, Burgund, Bretagne, Normandie); bis zum Spät-MA wurden sie oft an Seitenlinien des Königshauses vergeben, ähnl. lagen die Verhältnisse in England und Skandinavien, wo echte Hzgt. fehlen. Im östl. M-Europa erlangten die böhm. und poln. Herrscher nach dt. Vorbild den H.rang.

Herzogenaurach, Stadt 9 km wsw. von Erlangen, Bay., 296 m ü. d. M., 18 000 E. Schuhind. - 1002 erstmals erwähnt; 1346 erstmals Stadt. - Schloß (v. a. 18. Jh.).

Herzogenbusch (niederl. 's-Hertogenbosch), niederl. Stadt an der Einmündung des Zuid-Willemsvaart in die Dieze, 89 000 E. Verwaltungssitz der Prov. Nordbrabant, Bischofssitz; Archiv, Museum, Bibliotheken; Ind.-, Handels- und Kulturzentrum, Garnison. - Um 1185 von Herzog Heinrich I. von Brabant als Stadt gegr. und mit zahlr. Privilegien ausgestattet. - Kathedrale (etwa 1200–1500) in Brabanter Gotik; Rathaus (im 17. Jh. barock erneuert).

Herzogenhorn, Berg im südl. Schwarzwald, Bad.-Württ., 1415 m ü. d. M.

Herzogenrath, Stadt an der dt.-niederl. Grenze, NRW, 110–145 m ü. d. M., 43 200 E. Steinkohlenbergbau, Glasfaser-, Textil- u. a. Ind. - 1104 erstmals erwähnt; nach der Zerstörung 1239 als Stadt wieder aufgebaut; Neuverleihung des Stadtrechts 1919.

Herzog Ęrnst, vor 1186 entstandenes mittelhochdt. vorhöf. Epos eines vermutl. mittelfränk. Dichters; es greift Motive aus dem Kampf Herzog Ernsts II. von Schwaben gegen seinen Stiefvater Kaiser Konrad II. auf; der Hauptteil besteht aus fabulösen Abenteuern im Orient. Zahlr. Bearbeitungen, auch als Volksbuch (16. Jh.).

Herzogin, Ehefrau des Herzogs.

Herzogstand, Gipfel am W-Ufer des Walchensees, in den Bayer. Voralpen, 1 731 m hoch.

Herzogtum, Amtsbezirk oder Territorium eines Herzogs.

Herzogtum Lauenburg, Landkr. in Schleswig-Holstein.

Herzporträt (elektr. H.), von F. Kienle seit 1946 entwickeltes diagnost. Verfahren zur Aufzeichnung von Herzstromkurven mit Hilfe einer einzelnen, auf die vordere Brustwand des Patienten angelegten Spezialelektrode.

Herzrhythmusstörungen ↑ Herzkrankheiten.

Herzriß (Herzwandriß, Herzruptur, Kardiorrhexis), Riß durch die gesamte Herzwand (v. a. im Bereich der linken Kammer), z. B. als Folge einer ausgedehnten Herzmuskelerweichung bei frischem Herzinfarkt auf dem Umweg über eine Ausbuchtung der Ventrikelwand.

Herzschlag, der Schlagrhythmus des Herzens.
◆ volkstüml. Bez. für ↑ Herztod.

Herzschmerzen (Kardialgie, Kardiodynie), vom Herzen ausgehende bzw. mit dem Herzen zusammenhängende Schmerzen; entweder funktionell (d. h. Mißempfindungen ohne krankhafte Organveränderungen) oder organ. durch Minderdurchblutung der Herzkranzgefäße (bei Angina pectoris und Herzinfarkt) bzw. durch allg. Sauerstoffmangel bedingt.

Herzschrittmacher, (physiolog. H., natürl. H.) derjenige Teil des Herzens, von dem die elektr. Erregung für jeden Herzschlag ausgeht (↑ Herzautomatismus).
◆ (künstl. H., Schrittmacher, Pacemaker) in den Körper implantierter *(intrakorporaler H.)* oder außerhalb des Körpers zu tragender *(extrakorporaler H.)* Impulsgenerator, der elektr. Impulse zur period. Reizung der Herzmuskulatur liefert. Der künstl. H. wird bei schweren Herzrhythmusstörungen oder bei ausgeprägter Verlangsamung der Herztätigkeit (Bradykardie) angewendet. Der künstl. H. besteht aus einem Batteriesatz, einem Taktgeber (mit Transistoren arbeitender Multivibrator) zur Reizsteuerung, einem Impulsverstärker und Elektroden zur Reizübertragung. Die Elektroden werden mit den an ihnen befestigten Kabeln entweder transthorakal (von außen durch die Brustwand hindurch), transdiaphragmal (durch das Zwerchfell hindurch) oder transvenös (durch die Ve-

nen) an bzw. in den Herzmuskel oder in die rechte Herzkammer gebracht. - Die Erregungsfolge des H. kann „frequenzstabil" von außen vorgegeben werden bzw. durch die elektr. Erregungen des Vorhofs oder der Herzkammer selbst gesteuert werden. Im letzteren Fall nimmt eine Tastelektrode die natürl. Vorhof- oder Kammerimpulse auf und leitet sie zum Taktgeber, von dem die Vorhoferregung dann indirekt und verstärkt auf die Herzkammer übertragen wird bzw. der beim Ausbleiben einer Kammererregung von sich aus einen Impuls liefert. Die erforderl. Reizspannung beträgt bei extrakorporalen H. (die meist nur vorübergehend angelegt werden) mit außerhalb des Brustkorbs liegenden Elektroden maximal 150 Volt, in den anderen Fällen etwa 5 bis 10 Volt.

Herzschwäche ↑ Herzkrankheiten.

Herzseeigel ↑ Seeigel.

Herzspitzenstoß ↑ Herzstoß.

Herzstiche, kurz anhaltende, stechende Schmerzen in der Herzgegend; kommen u. a. als Anzeichen einer flüchtigen Durchblutungsstörung der Herzkranzgefäße während starker körperl. Anstrengung vor, z. B. im Bereich des „toten Punktes" bei Sportlern; bei Jugendlichen im allg. harmlos, können sie im mittleren und höheren Lebensalter Anzeichen einer Angina pectoris sein.

Herzstillstand, Aufhören der Herztätigkeit; Unterbrechung des Blutauswurfs aus den Herzkammern infolge Fehlens einer Herzmuskelkontraktion. Unmittelbare Folge eines H. ist die Unterbrechung der Blutzirkulation und damit der Sauerstoffversorgung des gesamten Organismus. Hält diese Unterbrechung länger als drei bis vier Minuten an, so kommt es zu irreversiblen Schädigungen lebenswichtiger Organe mit meist tödl. Ausgang. Bei einem H. ist daher sofortiges ärztl. Eingreifen erforderl. u. a. mit Herzmassage, Stromstößen, u. U. Injektion von Herz- und Kreislaufmitteln direkt ins Herz, künstl. Beatmung, Kreislaufstützung und evtl. Anlegen eines künstl. Herzschrittmachers. Mit diesen Maßnahmen können heute bis zu 50 % der Patienten gerettet werden.

Herzstoß (Ictus cordis), sichtbare und fühlbare Erschütterung der Brustwand durch die Herztätigkeit, am deutlichsten wahrnehmbar im vierten bis fünften Zwischenrippenraum links, wo die Herzspitze bei jeder Systole die Brustwand berührt (**Herzspitzenstoß**).

Herztod (Herzschlag), klin. Tod innerhalb kürzester Zeit durch akuten Ausfall der Pumpleistung des Herzens.

Herztöne, vom Herzen bei normaler Herztätigkeit ausgehende Schallerscheinungen (im physikal. Sinne Geräusche; ↑ dagegen Herzgeräusche), die durch Vibrationen der sich schließenden Herzklappen, des tätigen Herzmuskels (samt Inhalt) und der großen herznahen Gefäße zustande kommen.

Herztransplantation (Herzverpflanzung), operative Übertragung des Herzens von einem Individuum auf ein anderes; erstmals 1967 von dem südafrikan. Chirurgen C. Barnard erfolgreich am Menschen durchgeführt.

herzynische Gebirgsbildung [lat./dt.], svw. ↑ variskische Gebirgsbildung.

herzynisches Streichen [lat./dt.], parallel zum Harznordrand (NW–SO) verlaufende tekton. Richtung.

Hesdin, Jacquemart de [frz. e'dɛ], frz. Buchmaler des 14./15. Jh., vermutl. fläm. Herkunft (aus dem Hennegau). - Nachweisbar zw. 1384 und 1410. Schuf große Teile der Miniaturen für die Stundenbücher des Herzogs von Berry; sein eleganter Stil fußt auf got. (sienes.) Traditionen: „Petites heures du Duc de Berry" (um 1390), „Très belles heures de Jean de Berry" (gen. Turin-Mailänder Stundenbuch; gegen 1390 und 1400–07 und später); „Grandes heures du Duc de Berry" (1409); „Très belles heures de Notre Dame" (um 1409), letzteres Brüssel (Bibliothèque Royale), die übrigen Paris (Bibliothèque Nationale), das Turin-Mailänder auch z. T. Turin (Museo Civico d'Arte Antica).

Hesekiel [...kiɛl] ↑ Ezechiel.

Heseltine, Michael Ray Dibdin [engl. 'hɛzəltaɪn], * Swansea 21. März 1933, brit. Politiker (Konservativer). - Seit 1966 Unterhaus-Abg.; seit 1970 in verschiedenen Reg.ämtern, Jan. 1983–Jan. 1986 Verteidigungsminister.

Hesiod, griech. Dichter um 700 v. Chr. – Stammte aus Askra in Böotien. In seiner Jugend Hirt in den Bergen, wo er, wie er selbst berichtet, beim Weiden der Schafe von den Musen des Berges Helikon die Dichterweihe empfing. Er durchbricht als erster mit persönl. Einspruch die Anonymität der frühen griech. Epik. Sein Werk spiegelt die Welt der kleinen Bauern. Die Götter werden - anders als im homer. Epos - nicht als heitere Olympier gesehen, sondern als gewaltige, erhabene, auch segnende Mächte, deren Walten der Mensch in ehrfürchtiger Scheu gegenübersteht. Der Glaube an die Heiligkeit des Rechts läßt ihn ein zwar mühevolles, aber gerechtes Dasein bejahen. In seinem Hauptwerk, der „Theogonie" (1022 Verse), besingt H. Weltentstehung und Ursprung der Götter.

Hesperiden [zu griech. hespéra „Abend, Westen"], Nymphen der griech. Mythologie. Die H. wachen zus. mit dem hundertköpfigen Drachen Ladon im fernen Westen über die goldenen Äpfel, die Gäa als Hochzeitsgeschenk für Zeus und Hera sprießen ließ.

Hesperien [zu griech. hespéra „Abend, Westen"], in der griech. Antike Bez. für „Land gegen Abend", zunächst bes. für Italien, dann auch für Spanien.

Heß, Rudolf, * Alexandria (Ägypten) 26. April 1894, dt. Politiker. - Wurde 1920 Mgl. der NSDAP; nahm am Hitlerputsch 1923 teil und wirkte in der gemeinsamen Festungshaft in Landsberg an der Abfassung von Hitlers Buch „Mein Kampf" mit; wurde 1925 Privatsekretär Hitlers, 1932 Vors. der polit. Zentralkommission, 1933 „Stellvertreter des Führers"; seit 1933 Reichsmin. ohne Geschäftsbereich; seit 1939 Mgl. des Ministerrats für Reichsverteidigung. Am 1. Sept. 1939 ernannte ihn Hitler zu seinem 2. Nachfolger (nach Göring). Hatte maßgebl. Anteil an dem Aus-

Hessen. Wirtschaftskarte

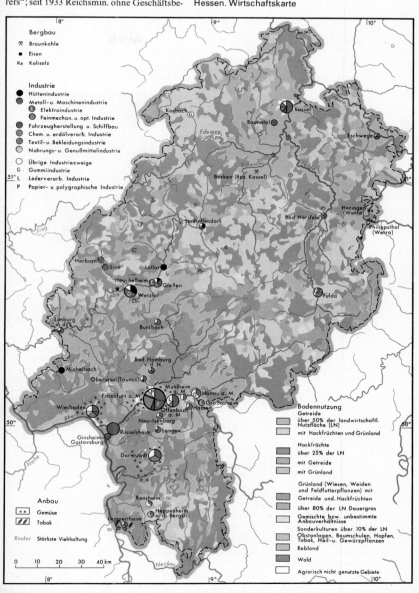

Bergbau
- 🌿 Braunkohle
- ■ Eisen
- Ka Kalisalz

Industrie
- ● Hüttenindustrie
- ● Metall- u. Maschinenindustrie
- Ⓔ Elektroindustrie
- Ⓞ Feinmechan. u. opt. Industrie
- ● Fahrzeugherstellung u. Schiffbau
- ● Chem. u. erdölverarb. Industrie
- ● Textil- u. Bekleidungsindustrie
- ● Nahrungs- u. Genußmittelindustrie
- ○ Übrige Industriezweige
- G Gummiindustrie
- L Lederverarb. Industrie
- P Papier- u. polygraphische Industrie

Anbau
- ×× Gemüse
- // Tabak
- Rinder Stärkste Viehhaltung

0 10 20 30 40 km

Bodennutzung
Getreide
- über 50% der landwirtschaftl. Nutzfläche (LN)
- mit Hackfrüchten und Grünland

Hackfrüchte
- über 25% der LN
- mit Getreide
- mit Grünland

Grünland (Wiesen, Weiden und Feldfutterpflanzen) mit
- Getreide und. Hackfrüchten
- über 80% der LN Dauergras
- Gemischte bzw. unbestimmte Anbauverhältnisse

Sonderkulturen über 10% der LN Obstanlagen, Baumschulen, Hopfen, Tabak, Heil- u. Gewürzpflanzen
- Rebland
- Wald
- Agrarisch nicht genutzte Gebiete

bau des Hitlerkults. Im 2. Weltkrieg suchte H. Großbrit. zu Friedensverhandlungen mit dem Ziel einer gemeinsamen Politik gegen die UdSSR zu gewinnen; flog deshalb am 10. Mai 1941 nach Schottland, sprang dort mit dem Fallschirm ab, wurde bis Kriegsende interniert und 1946 vom Internat. Gerichtshof in Nürnberg zu lebenslängl. Gefängnis verurteilt.

Hess, Moses, * Bonn 21. Juni 1812, † Paris 6. April 1875, jüd. Schriftsteller und Journalist. - In seinem Werk „Rom und Jerusalem, die letzte Nationalitätsfrage" (1862) forderte H. die Einrichtung eines jüd. nat. Staates in Palästina. Mit dem Aufkommen des Zionismus sah man in H. den großen Visionär und Vorläufer der zionist. Bewegung.

H., Victor Franz, * Schloß Waldstein bei Deutschfeistritz (Steiermark) 24. Juni 1883, † Mount Vernon (N. Y.) 17. Dez. 1964, amerikan. Physiker östr. Herkunft. - Prof. in Graz und Innsbruck; nach seiner Emigration in die USA 1938–56 Prof. in New York; 1912 Entdeckung der Höhenstrahlung, deren Erforschung sein Lebenswerk galt. Nobelpreis für Physik 1936 zus. mit C. D. Anderson.

H., Walter [Rudolf], * Frauenfeld (Kt. Thurgau) 17. März 1881, † Muralto (Kt. Tessin) 12. Aug. 1973, schweizer. Neurophysiologe. - Prof. in Zürich; Forschungen v. a. über die Funktion des Nervensystems (die) grundlegend waren für die experimentelle Verhaltensforschung und darüber hinaus auch für die Medizin große Bed. erlangten (insbes. die Gehirnchirurgie und Psychopharmakologie). Von H. stammt die Methode der lokalisierten elektr. Gehirnreizung (Einführung von Reizelektroden in das Gehirn zur Untersuchung verschiedener Gehirnbezirke). Er entdeckte ferner die Bed. des Zwischenhirns als Organ der Steuerung bzw. Koordination vegetativer Funktionen. Für diese Entdeckung erhielt er 1949 (zus. mit H. E. Moniz) den Nobelpreis für Physiologie oder Medizin.

Hesse, Hermann, Pseud. Emil Sinclair, * Calw 2. Juli 1877, † Montagnola (Schweiz) 9. Aug. 1962, dt. Dichter. - Pietist. Erziehung, der er sich 1892 nach einjährigem Aufenthalt im ev.-theolog. Seminar Maulbronn entzog; Buchhändler und Antiquar in Basel (seit 1899), dann freier Schriftsteller; lebte, von Reisen durch Europa und Indien abgesehen, zurückgezogen am Bodensee und später im Tessin (seit 1923 schweizer. Staatsbürger); 1946 Nobelpreis, 1955 Friedenspreis des Dt. Buchhandels. In seinem Erzählwerk geprägt von Goethe und Keller, begann H. als Neuromantiker mit stark autobiograph. Werken, die seine krisenhafte Entwicklung darstellen. Der Ggs. Geist-Leben (Natur) prägt sein literar. Schaffen. Beeindruckt von der ind. Philosophie, stellt er zeitweise das meditative Element in den Vordergrund, auch Einflüsse der Psychoanalyse (bes. im Roman „Der Steppen-

wolf", 1927). Eine Synthese versucht das Alterswerk „Das Glasperlenspiel" (1943), das westl. und östl. Weisheit vereint. Seine schlichte, musikal. Sprache ist gekennzeichnet durch impressionist. Bilder. Als Lyriker oft volksliednah; schuf Illustrationen eigener Werke.

Weitere Werke: Peter Camenzind (R., 1904), Unterm Rad (R., 1906), Gertrud (R., 1910), Roßhalde (R., 1914), Knulp (R., 1915), Demian (E., 1919), Klingsors letzter Sommer (En., 1920), Siddharta (Dichtung, 1922), Narziß und Goldmund (E., 1930), Die Morgenlandfahrt (En., 1932).

Hermann Hesse (1952)

H., Ludwig Otto, * Königsberg (Pr) 22. April 1811, † München 4. Aug. 1874, dt. Mathematiker. - Prof. in Königsberg, Heidelberg und München; Arbeiten über analyt. Geometrie, Determinanten- und Invariantentheorie.

Hessen, Land der BR Deutschland, 21 114 km², 5,53 Mill. E (1986), Landeshauptstadt Wiesbaden. H. grenzt im NW an NRW, in NO an Nds., im O an die DDR und Bay., im S an Bad.-Württ., im SW an Rhld.-Pf., im W an Rhld.-Pf. und NRW.

Landesnatur: Der größte Teil des durch Senken und Becken stark gekammerten Landes liegt im Bereich der dt. Mittelgebirgsschwelle. Mit Taunus, Hohem Westerwald, Gladenbacher Bergland und Kellerwald gehört die W zum Block des Rhein. Schiefergebirges. Nach O und NO schließt das Hess. Bergland an. Die annähernd horizontale Lagerung der hier anstehenden Buntsandsteinschichten, auf denen z. T. vulkan. Ergußgesteine aufliegen, begünstigte die Ausbildung flacher Bergrücken mit steilen Flanken und geringer Zertalung. Nur der Vogelsberg erhebt sich mit flachem Anstieg über die umliegenden Senken. Er ist das flächenmäßig größte zusammenhängende Gebiet vulkan. Gesteine in Europa. Die höchste Erhebung ist mit 950 m die Wasserkuppe in der Rhön. Im S hat H. Anteil am Oberrheingraben und seinen östl. Randgebieten (Odenwald, Untermainebene, Spessart).

Er setzt sich als Hess. Senke nach N fort, deutl. ausgeprägt in der Wetterau. In H. verläuft die Wasserscheide zw. Rhein und Weser vom Kellerwald über den Vogelsberg zur Rhön. - Das Klima wird v. a. durch den Ggs. Beckengebiete/Bergland bestimmt. Die Becken sind wesentl. wärmer und niederschlagsärmer als die Gebirge. - An Bodenschätzen finden sich Braunkohlen in der Wetterau und bei Borken (Bez. Kassel), Kalisalze im Werratal und bei Fulda, Eisenerze (Förderung eingestellt) im Lahn-Dill-Gebiet, Erdöl und -gas im Hess. Ried sowie zahlr. Mineralquellen.

Bevölkerung: Sie ist aus mehreren Stämmen hervorgegangen (Franken, Chatten, Thüringer), doch hat sich die frühneuzeitl. Territorialgliederung noch stärker ausgewirkt, u. a. in der Religionszugehörigkeit. Rd. 33 % sind Katholiken der Bistümer Fulda, Limburg, Mainz und Paderborn. Die meisten der rd. 58 % ev. Christen gehören zur Ev. Kirche in H. und Nassau und zur Ev. Kirche in Kurhessen-Waldeck. Nach dem 2. Weltkrieg ergaben sich Binnenwanderungen durch die Aufnahme von Heimatvertriebenen, verstärkte Industrialisierung und Verkehrserschließung. Rd. 30 % der Bev. leben im Rhein-Main-Ballungsraum, während der N nur um Kassel und Baunatal ein Ballungsgebiet aufweist. H. verfügt über drei Univ., eine Gesamthochschule, eine TH, eine kath. und eine ev. Theolog. Hochschule, über Hochschulen für Musik und darstellende Kunst, für bildende Künste und für Gestaltung.

Wirtschaft: Im N ist der Anteil mittelgroßer bäuerl. Betriebe höher als im S und W. Bei Nebenerwerbsbetrieben wurde vielfach die Großviehhaltung aufgegeben, z. T. auch die Bewirtschaftung der Nutzfläche, was in einigen Landkr. zur Ausbreitung der Sozialbrache führte. Der Getreideanbau überwiegt den arbeitsintensiveren Hackfruchtanbau. Der Anteil an Dauergrünland ist bes. hoch in den Basaltlandschaften (Hoher Westerwald, Hohe Rhön, Hoher Vogelsberg). An Sonderkulturen ist im Rheingau und an der Bergstraße der Weinbau verbreitet, in der Wetterau Anbau von Gemüse und Rosen, im Vortaunus von Obst, um Witzenhausen Kirschen. Rd. 39 % der Fläche werden von Wald eingenommen, damit ist H. das waldreichste dt. B.-Land. Die größte Ind.dichte besitzt das Rhein-Main-Gebiet mit chem., elektrotechn. Ind., Maschinen- und Kfz.bau. Um Kassel sind Waggon-, Lokomotiv-, Kfz.bau u. a. Ind.zweige vertreten. Textil- und Bekleidungsind. sind v. a. in Fulda von Bedeutung. Aus dem Eisenerzbergbau mit Hütten-, Hammer- und Gießereiind. im Lahn-Dill-Gebiet entwickelte sich eine auf Heizkörper spezialsierte Industrie. Wetzlar ist Standort feinmechan.-opt. Ind., Offenbach von Lederind., Darmstadt und Wiesbaden von chem. Industrie. H. besitzt Durchgangs- und Bindefunk-

tion zw. N- und S-Deutschland, sein verkehrsgeograph. Mittelpunkt liegt im Rhein-Main-Gebiet mit bes. dichtem Autobahnnetz, mit dem internat. ✈ von Frankfurt am Main, das auch wichtiger Eisenbahnknotenpunkt ist. Weitere bed. Eisenbahnknotenpunkte sind Bebra und Gießen. Neben Rhein und Main sind auch Weser und z. T. Fulda und Lahn schiffbar. Wichtigster Hafen ist Frankfurt am Main. - Karte S. 317.

Geschichte: In der Frühzeit Gau der Chatten, seit dem 6. Jh. in den fränk. Machtbereich einbezogen, im Ostfränk.-Dt. Reich starker Einfluß der Krone. Erst unter den ludowing. Grafen (1122–1247; seit 1130 Landgrafen von Thüringen) begann sich eine neue, v. a. von Kämpfen mit dem Mainzer Erzstift bestimmte territorialpolit. Entwicklung abzuzeichnen.

VERWALTUNGSGLIEDERUNG
(Stand 1985)

Kreisfreie Stadt/ Landkreis	Fläche km²	E (in 1000)
Regierungsbezirk Darmstadt		
Kreisfreie Städte		
Darmstadt	122	134,6
Frankfurt am Main	249	598,0
Offenbach am Main	45	107,2
Wiesbaden	204	276,0
Landkreise		
Bergstraße	719	239,5
Darmstadt-Dieburg	658	249,5
Groß-Gerau	453	228,6
Hochtaunuskreis	482	207,7
Main-Kinzig-Kreis	1 397	362,6
Main-Taunus-Kreis	222	200,8
Odenwaldkreis	624	85,9
Offenbach	356	295,6
Rheingau-Taunus-Kreis	812	165,4
Wetteraukreis	1 101	251,8
Regierungsbezirk Gießen		
Landkreise		
Gießen	855	227,8
Lahn-Dill-Kreis	1 066	236,4
Limburg-Weilburg	738	152,0
Marburg-Biedenkopf	1 262	237,5
Vogelsbergkreis	1 459	108,4
Regierungsbezirk Kassel		
Kreisfreie Stadt		
Kassel	107	184,5
Landkreise		
Fulda	1 380	190,1
Hersfeld-Rotenburg	1 097	126,7
Kassel	1 292	223,1
Schwalm-Eder-Kreis	1 538	180,8
Waldeck-Frankenberg	1 849	153,7
Werra-Meißner-Kreis	1 025	115,3

Hessen

Der thüring.-hess. Erbfolgekrieg (1247–64) zw. den Wettinern und der thüring. Landgräfin Sophie (* 1224, † 1275) führte zur Trennung Thüringens von H., das an Sophies Sohn Heinrich I., das Kind, kam (Übertragung des Landgrafentitels auf H., 1292 Erhebung in den Reichsfürstenstand). Mit dem Erwerb der Gft. Ziegenhain (1450; Bindeglied zw. Ober- und Nieder-H.) und Katzenelnbogen (1479) erreichte H. seine größte Ausdehnung. Unter Philipp I., dem Großmütigen, entwickelte sich H. zu einer die dt. Geschichte wesentl. beeinflussenden Macht. Durch die Landesteilung nach seinem Tod 1567 entstanden die Linien **Hessen-Kassel**, **Hessen-Marburg** (1604 an H.-Kassel), **Hessen-Rheinfels** (1583 an H.-Darmstadt) und **Hessen-Darmstadt** (1622 Abspaltung von **Hessen-Homburg**). Der Streit um das Marburger Erbe seit 1604 verschärfte die von Anfang an bestehenden Spannungen zw. den beiden Hauptlinien. Im Dreißigjährigen Krieg stand H.-Darmstadt auf kaiserl. Seite, H.-Kassel als Mgl. der Union auf prot. Seite. Am Kriegsende erhielt H.-Darmstadt in Ober-H. die S-Hälfte des Marburger Erbes. Die „große Landgräfin" Henriette Karoline machte 1765–74 den Darmstädter Hof zu einem geistigen Mittelpunkt Deutschlands. Durch den Reichsdeputationshauptschluß 1803 erhielt H.-Kassel außer der kaum ins Gewicht fallenden Kurwürde ledigl. die Mainzer Enklaven Naumburg, Fritzlar, Amöneburg und Neustadt und wurde 1807 trotz Neutralitätserklärung von Frankr. besetzt und dem Kgr. Westfalen eingegliedert. H.-Darmstadt dagegen konnte sein Gebiet 1803 (Reichsdeputationshauptschluß) und 1806 (Beitritt zum Rheinbund, Erwerb des Großherzogstitels) erhebl. vergrößern (v. a. um das Herzogtum Westfalen [bis 1815] und kurmainz. Lande).

In dem im Zuge des Zusammenbruchs des Napoleon. Frankr. wiederhergestellten **Kurhessen** bestimmten Auseinandersetzungen zw. dem Kurfürsten und (seit 1832) dem Min. H. D. Hassenpflug auf der einen und den Landtagen auf der anderen Seite um die erst 1831 verkündete Verfassung die Geschichte des Landes. Das Zugeständnis liberaler Reformen 1848 wurde nach dem Erstarken Österreichs rückgängig gemacht, und 1850 (Rückkehr Hassenpflugs) wurde der reaktionäre Kurs fortgesetzt. Als Gerichte und Behörden dagegen opponierten und das Offizierskorps zurücktrat, intervenierte der Bundestag: Östr., bayr. und preuß. Truppen besetzten H. und ermöglichten die zwangsweise Einführung einer neuen Verfassung (1852), doch 1862 wurde die Verfassung von 1831 wiederhergestellt. Als im Dt. Krieg 1866 Preußen von H. Neutralität verlangte, der Kurfürst sich aber auf die Seite Österreichs stellte, wurde er verbannt und H. Preußen einverleibt, das aus Kur-H., Nassau, Frankfurt am Main, H.-

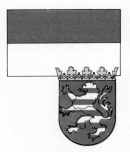

Hessen. Flagge und Wappen

Homburg und Teilen des Groß-Hzgt. H. 1868 die Prov. **Hessen-Nassau** bildete (Reg.-Bez. Wiesbaden und Kassel).

Im **Großherzogtum Hessen** (bestehend aus den Prov. Oberhessen [nördl. des Mains], Starkenburg [zw. Rhein und Main] und Rheinhessen [linksrhein.]) wurde 1820 eine Repräsentativverfassung eingeführt (Zweikammersystem, indirektes Zensuswahlrecht). 1848–50 umfassende liberale Reformen, 1850–71 reaktionäres Regiment des Min. C. F. R. Dalwigk. 1866 bei der unterlegenen Partei des Dt. Kriegs, trat das Groß-Hzgt. 1867 nur mit Oberhessen dem Norddt. Bund bei, seit 1871 gehörte es zum Dt. Reich. 1918/19 wurde H. Volksstaat unter sozialdemokrat. geführten Reg., doch stellten frz. Besetzungen auch rechtsrhein. Gebietsteile und die zweimalige Proklamation der separatist. Rhein. Republik (1919/23) schwere Belastungen dar. 1933 nat.-soz. Gleichschaltung, 1945 Bildung des Landes H. aus den zur amerikan. Besatzungszone gehörenden Teilen von H. (somit ohne Rheinhessen) und dem größten Teil von H.-Nassau. Stärkste Partei im Landtag wurde stets die SPD, die nach der Allparteienreg. unter dem parteilosen Min.präs. K. Geiler 1945–47 auch immer den Reg.chef stellte: C. Stock war Min.präs. einer SPD-CDU-Koalition 1947–50; G. A. Zinn führte 1950–66 eine SPD-Alleinreg., 1954–66 eine SPD-GB/BHE- bzw. SPD-GDP-Koalitionsreg. und 1966–69 eine erneute SPD-Alleinreg.; A. Osswald war 1969/70 Min.präs. eines nur von der SPD gebildeten Kabinetts, 1970–76 einer SPD-FDP-Koalition; an seine Stelle trat H. Börner, der auch nach den Wahlen von 1978 wieder Reg.chef einer SPD-FDP-Koalition wurde. Bei den Wahlen vom Sept. 1982 gewann die CDU nur eine relative Mehrheit; die FDP scheiterte an der Fünfprozentklausel, die Grünen wurden erstmals in den Landtag gewählt. Da der CDU-Kandidat für das Amt des Min.präs. die notwendige Mehrheit verfehlte, führte H. Börner die Reg.geschäfte kommissar. weiter. Neuwahlen im Okt. 1983 konnten die Mehrheitsverhältnisse nicht entscheidend ver-

ändern. Im Juni 1984 kam ein „Tolerierungs-
bündnis" zwischen SPD und Grünen zustande, im Okt. 1985 einigten sich beide Parteien
nach mühseligem Ringen auf eine Koalition,
die jedoch im Febr. 1987 wieder zerbrach.
Verfassung: Die Verfassung des Landes H.
stammt vom 1. 12. 1946. Wichtigstes Organ
der Gesetzgebung ist der nach modifiziertem
Verhältniswahlrecht auf 4 Jahre gewählte
Landtag, der den Min.präs. zum Leiter der
Landesreg. wählt. Durch Volksbegehren und
Volksentscheid kann die Bev. direkt an der
Gesetzgebung teilnehmen. Jede Verfassungsänderung muß vom Volk gebilligt werden.

Hessen-Darmstadt ↑ Hessen, Geschichte.

Hessen-Homburg ↑ Hessen, Geschichte.

Hessen-Kassel ↑ Hessen, Geschichte.

Hessen-Marburg ↑ Hessen, Geschichte.

Hessen-Nassau ↑ Hessen, Geschichte.

Hessenthal, Teil der Gemeinde Mespelbrunn, 11 km sö. von Aschaffenburg, Bay.
Seit dem späten 13. Jh. Wallfahrtsort; spätgot.
Wallfahrtskapelle (1454), spätgot. Wallfahrtskirche (1439 ff.), zugleich Grablege der Echter
von Mespelbrunn, und moderne Wallfahrtskirche von H. Schädel (1954/55) anstelle der
alten Kreuzkapelle von 1618, mit Kreuzi-
gungsgruppe von H. Backoffen (1519) und
Beweinungsgruppe von T. Riemenschneider
(um 1490).

Hess-Gesetz [nach dem russ. Chemiker
G. H. Hess, *1802, †1850] (Gesetz der
konstanten Wärmesummen), Gesetzmäßigkeit der chem. Thermodynamik: Die von einem chem. System aufgenommene oder abge-
gebene Wärmemenge ist unabhängig vom
Weg der Reaktion.

Hessisch ↑ deutsche Mundarten.

Hessischer Rundfunk ↑ Rundfunkan-
stalten (Übersicht).

Hessisches Bergland, Teil der dt. Mittelgebirgsschwelle zw. Rhein. Schiefergebirge
und Thüringer Wald (BR Deutschland und
DDR).

Hessische Senke, Grabenzone in der
dt. Mittelgebirgsschwelle, Teil der Mittel-
meer-Mjösen-Zone, umfaßt den Übergang
vom Oberrheingraben (u. a. Wetterau), das
Hess. Bergland, das Weserbergland und das
Niedersächs. Bergland.

Hessisches Ried, Landschaft im nördl.
Teil des Oberrhein. Tieflands, zw. dem Rhein
im W und dem Odenwald im O, im S begrenzt
vom Schwemmfächer des Neckars, nach N
in die Untermainebene übergehend, 80–
100 m ü. d. M.

Hessisch Lichtenau, hess. Stadt 20 km
sö. von Kassel, 381 m ü. d. M., 13 400 E. Textil-,
Kunststoff-, Metallindustrie.

Hessus, Helius Eobanus, eigtl. Eoban
Koch, *Halgehausen bei Frankenberg-Eder
6. Jan. 1488, †Marburg a. d. Lahn 4. Okt.
1540, dt. Humanist und nlat. Dichter. -

Gehörte dem Erfurter Humanistenkreis an;
bed. nlat. Lyriker; neben zahlr. Gelegenheits-
gedichten, Eklogen und den „Heroiden"
Ovids nachgestalteten Briefen hl. Frauen
(„Heroides christianae", 1514, erweitert 1532)
übertrug er die „Ilias" in lat. Sprache.

Hestia, bei den Griechen Personifikation
und jungfräul. Göttin des hl. Herdfeuers.
Schirmerin des häusl. Friedens, der Schutzfle-
henden und des Eides; große Bed. in der
myst. und philosoph. Spekulation. Der H.
entsprach bei den Römern ↑ Vesta.

Hesychasmus [zu griech. hesychía „Ruhe"], Sonderform der ma. byzantin. Mystik,
die in Grundzügen bis ins 6. Jh. (Johannes
Hesychastes [†559]) zurückgeht, die man jedoch auf Symeon den neuen Theologen
(†1022) zurückführt und die Gregorios Pala-
mas theolog. begründete. Durch Konzentration, körperl. Übungen und ständige Wiederholung des ↑ Jesusgebets wollte man zur Schau
der göttl. Energien und des ↑ Taborlichts kommen. Zentrum des urspr. bekämpften H. war
der Athos.

Hesychios, griech. Lexikograph wahrscheinl. des 5. oder 6. Jh. aus Alexandria. -
Verfasser eines alphabet. angeordneten Wör-
terbuches, das uns umfangreichstes erhaltenes
Werk seiner Art eine wertvolle Quelle für
die Kenntnis der griech. Dichtersprache und
Mundarten ist.

Hetäre [zu griech. hetaíra, eigtl. „Gefähr-
tin"], im Unterschied zu den eigtl. Dirnen
(griech. pórnai) umschreibt die Bez. H. den
Typ einer in mus. Künsten gebildeten Halb-
weltdame, die sozial anerkannt war. Bekannte
H., die mit bed. Persönlichkeiten Umgang
hatten: Aspasia, Phryne, Thais, Theodora.

Hetärie [griech.], 1. altgriech. Bez. für
einen Männerbund, auch für eine Gruppe
innerhalb der Bürgerschaft mit festen polit.
oder kult. Aufgaben; 2. seit Ende des 18. Jh.
Geheimbünde mit dem Ziel der nat. Befreiung
Griechenlands, v. a. die 1812 in Athen gegr.
Hetairía Philomúsōn („H. der Musenfreun-
de") und die Hetairía Philikōn („H. der Freunde"), 1814 in Odessa gegr., 1821 von den
Osmanen vernichtend geschlagen.

hetero..., Hetero... [griech.], Bestimmungswort von Zusammensetzungen mit der
Bed. „anders, fremd, ungleich, verschieden",
z. B. heterogen.

heteroblastische Entwicklung
[griech./dt.], die unterschiedl. Ausgestaltung
pflanzl. Organe im Verlauf der Entwicklung
einer Pflanze, so daß Jugend- und Folgefor-
men unterschieden werden können.

Heterochromatin ↑ Euchromatin.

heterodont [griech.] (anisodont), in der
Zoologie für: verschiedenzähnig; 1. von einem Gebiß, dessen Zähne unterschiedl. gestaltet sind (z. B. Schneide-, Eck-, Backenzäh-
ne bei fast allen Säugetieren); Ggs. homodont;
2. vom Schalenschloß bei bestimmten Mu-

heterodox

scheln (Heterodonta), das mehrere ungleich gestaltete, zahnartige Fortsätze trägt; Ggs. isodont.

heterodox [griech.], abweichend von der offiziellen Lehre, Ggs. zu orthodox.

heterogametisch [griech.] (digametisch), unterschiedl. Gameten bildend; für das Geschlecht (bei Säugetieren und bei Menschen das ♂), das zweierlei Gameten ausbildet, solche mit dem X- und andere mit dem Y-(bzw. 0-)Chromosom, das also die XY-Chromosomenkombination in seinen Körperzellen aufweist. Das entsprechend andere Geschlecht, bei dem gleichartige Keimzellen entstehen, ist bzw. heißt **homogametisch.**

Heterogamie [griech.], (Anisogamie) Befruchtungsvorgang zw. morpholog. und/ oder verhaltensmäßig unterschiedl. Gameten. - Ggs. Isogamie.
◆ Bez. für die Ungleichheit der Partner v. a. hinsichtl. sozialer Herkunft und kultureller Prägung bei der Gattenwahl. - Ggs. **Homogamie.**

heterogen, nicht gleichartig (z. B. im inneren Aufbau).

Heterogonie [griech.] (zykl. Jungfernzeugung), Wechsel zw. einer oder mehreren durch Jungfernzeugung entstandenen Generationen und einer oder mehreren bisexuellen Generationen; z. B. bei Blattläusen.

heterograph, orthograph. verschieden geschrieben, bes. bei gleichlautender (homophoner) Aussprache; z. B. Log [lɔk], Lok [lɔk],

Heterolyse [griech.], die Spaltung eines Moleküls in entgegengesetzt geladene Ionen.
◆ Auflösung, Zerstörung bzw. Abbau von Zellen oder organ. Stoffen (bes. Eiweiß) durch körperfremde Stoffe oder organfremde Enzyme.

Heteromorphie (Heteromorphismus) [griech.], bei manchen Kristallarten auftretende Unstimmigkeit zw. der Symmetrie der äußeren Kristallgestalt und der auf Grund ihrer Kristallstruktur zu erwartenden äußeren Symmetrie. Bei der **Hypermorphie** ist die morpholog. Symmetrie erhöht, z. B. beim Aluminiummetaphosphat, $Al(PO_3)_3$, bei der **Hypomorphie** erniedrigt, z. B. beim Kupfer(I)-oxid, Cu_2O.

heteronom [griech.], ungleichwertig; von der Gliederung des Körpers bei Tieren (z. B. Insekten), deren einzelne Körperabschnitte (Körpersegmente) unterschiedl. gebaut und daher ungleichwertig sind.- Ggs. homonom.

Heteronyme [griech.], in der Sprachwissenschaft Bez. für Wörter, die von verschiedenen Wurzeln (Stämmen) gebildet sind, obwohl sie sachl. eng zusammengehören, z. B. *Bruder* und *Schwester* gegenüber griech. *adelphós* (Bruder) und *adelphḗ* (Schwester).

heterophon [griech.], verschiedenlautend, bes. bei gleicher (homographer) Schrei-

bung; z. B. Schoß [ʃo:s] (Mitte des Leibes) gegenüber Schoß [ʃɔs] (junger Trieb).

Heterophonie [griech.], Bez. für eine Musizierpraxis, bei der zu einer gesungenen oder gespielten Melodie eine umspielende und ausschmückende Begleitung z. B. eines oder mehrerer Instrumente tritt; in der alten griech. und in außereurop. Musik gebräuchlich. - ↑auch Homophonie, ↑Polyphonie.

Heterophorie [griech.] ↑Schielen.

Heterophyllie [griech.], in der Botanik Bez. für das Vorkommen unterschiedl. gestalteter Laubblätter an einer Pflanze.

heteroplasmonisch [griech.], aus der Kombination genet. unterschiedl. ↑Plasmone hervorgegangen; von Zellen oder Lebewesen.

Heteropoda [griech.], svw. ↑Kielschnekken.

heteropolare Bindung, svw. Ionenbindung (↑chemische Bindung).

Heteroptera [griech.], svw. ↑Wanzen.

Heterosexualität, die auf Angehörige des anderen Geschlechts gerichtete Sexualität; Ggs. ↑Homosexualität.

Heterosomen [griech.] ↑Chromosomen.

Heterosphäre, der obere Bereich der Atmosphäre ab etwa 100 km Höhe.

Heterosporen, der Größe und dem Geschlecht nach ungleich differenzierte Sporen (meist als Mikro- und Makrosporen); z. B. bei Farnen.

Heterostereotyp, Bez. für ein verhältnismäßig festgefügtes Bild, das eine Person oder Personengruppe von einer anderen Person bzw. Gruppe hat, in dem solche Eigenschaften überwiegen, die man bei sich selbst nicht wahrnimmt oder ablehnt.

Heterostraken (Heterostraci) [griech.], ausgestorbene Überordnung fischähnl. Wirbeltiere (Gruppe Kieferlose) mit rd. 20 bekannten Gatt. vom Unteren Silur bis zum Oberen Devon; älteste bekannte Wirbeltiere mit meist 10–25 cm langem Körper und großem, durch Skelettplatten gepanzertem Kopf und Vorderkörper; übriger Körper beschuppt; Schwanzflosse unsymmetr. ausgebildet.

heterosyllabisch [griech.], zwei verschiedenen Silben angehörend, z. B. *e* und *u* in *beurteilen.* - Ggs. homosyllabisch.

heterotroph (diatroph), in der Ernährung ganz oder teilweise auf die Körpersubstanz oder die Stoffwechselprodukte anderer Organismen angewiesen; bei vielen Lebewesen, z. B. allen Tieren sowie einigen höheren Pflanzen und der Mehrzahl der Pilze und Bakterien; Ggs. ↑autotroph. - ↑auch allotroph.

Heterovakzine (Fremdimpfstoffe), Vakzine, die im Ggs. zu den ↑Autovakzinen nicht vom Patienten selbst (als sein Impfling) stammen, sondern von einem anderen Lebewesen gewonnen werden. H. sind alle im Handel befindl. Vakzine.

heterozerk [griech.], eine unsymmetr. ausgebildete Schwanzflosse aufweisend; bei Fischen (z. B. Haie, Störe, Löffelstöre). - ↑auch amphizerk.

Heterozygotie [griech.] (Mischerbigkeit, Ungleicherbigkeit), die Erscheinung, daß ein diploides oder polyploides Lebewesen in bezug auf wenigstens ein Merkmal ungleiche Anlagen besitzt bzw. daß eine befruchtete Eizelle (Zygote) oder ein daraus hervorgegangenes Lebewesen und dessen Körperzellen aus der Vereinigung zweier Keimzellen entstanden sind, deren homologe Chromosomen in bezug auf die Art der sich entsprechenden Gene bzw. Allele oder in bezug auf die Zahl oder Anordnung der Gene Unterschiede aufweisen. - Ggs. ↑Homozygotie.

Hethiter [nach hebr. Chittim, vom Landesnamen Chatti abgeleitet] (ägypt. Ḫt'). Volk mit indogerman. Sprache, das im 2. Jt. v. Chr. vom östl. Kleinasien aus ein bed. Reich schuf. Spätestens seit dem 19. Jh. v. Chr. waren die auf unbekanntem Weg nach Kleinasien eingewanderten H. in Kappadokien ansässig und errangen allmähl. die Oberherrschaft über die lokalen protohethit. Fürstentümer Anatoliens. Die spätere histor. Tradition weiß vom Eroberungszug eines H.königs Anitta nach der Stadt Hattusa (↑Boğazkale), die im 16. Jh. Hauptstadt der H. wurde. Hattusili I. (etwa 1590–60) und Mursili I. konnten das Reichsgebiet beträchtl. ausdehnen (sog. *Altes Reich*). Dynast. Wirren reduzierten das Reich auf sein anatol. Kerngebiet, Ende des 15. Jh. führte eine neue Dyn. wohl nichthethit. Herkunft das Reich der H. zu neuer Macht. Suppiluliuma I. (etwa 1370–35) schuf das eigtl. *Neue Reich* der H., indem er sich nach Sicherung der N-Grenzen v. a. in N-Syrien gegen die Churriter durchsetzte und damit die Anerkennung des H.reiches als Großmacht beim Ägypten und Babylonien errang. Unter Muwatalli (etwa 1295–82) brach der bisher vermiedene Konflikt mit Ägypten offen aus. Die Schlacht von Kadesch 1285 brachte den H. keinen klaren Sieg. Hattusili III. (etwa 1275–50) kam im Friedensvertrag von 1270 mit Ramses II. von Ägypten zu einer festen Abgrenzung (etwa bei Homs) der beiderseitigen Machtsphären in N-Syrien. Der Druck des erstarkenden Assyrerreichs auf N-Mesopotamien und N-Syrien gefährdete die hethit. Macht, die gegen 1200 v. Chr. dem Ansturm der neuen Völkerbewegung aus dem W erlag. Der hethit. Staat war eine Monarchie mit feudalen Zügen. Neben Rechtsprechung, Verwaltung, militär. Führung und diplomat. Korrespondenz hatte der König v. a. kult. Aufgaben. Die Entscheidungsrechte des Adels schwanden im Lauf der Zeit zugunsten der Macht einer wachsenden Beamtenschaft.

📖 *Cornelius, F.: Grundzüge der Gesch. der H. Darmst. ³1979. - Klengel, E./Klengel, H.: Die H. Gesch. u. Umwelt. Wien u. Mchn. ²1975.*

Hethitisch, zu den anatol. Sprachen gehörende Sprache der Hethiter, älteste schriftl. überlieferte indogerman. Sprache, die in einer Form der älteren babylon. Keilschrift (Keilschrift-H.) geschrieben wurde (im Ggs. zum Hieroglyphen-H). Die große Mehrheit hethit. Texte entstammt dem 14./13. Jh. (sog. Jung-H.), während Originaltontafeln mit althethit. Schrift- und Wortformen (seit etwa 1600 v. Chr.) relativ selten erhalten sind.

hethitische Kunst, meist ungenaue Bez. für die gesamte Kunst Altanatoliens vom 2. Jt. v. Chr. bis zur Kunst späthethit. Fürstentümer N-Syriens am Anfang des 1. Jt. v. Chr. Der eigtl. Beitrag der Hethiter ist schwer zu fassen, sie fanden bereits die sog. protohethit. Kunst vor (2 500–2 000), dazu kamen churrit. Einfluß, mesopotam. und syr. Vorbilder.

Baukunst: Reste hethit. Baukunst sind v. a. aus ↑Boğazkale, dem alten Hattusa, aber auch z. B. ↑Alaca Hüyük erhalten, v. a. Reste der mächtigen Befestigungsmauern (13. Jh.). Die

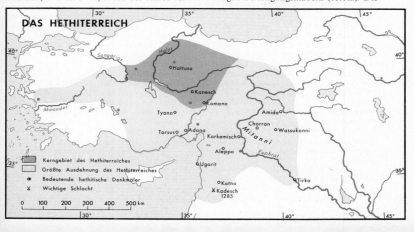

DAS HETHITERREICH

Sangarios · Halys · Hattusa · Kanesch · Komana · Tyana · Amida · Charran · Wassukanni · Maeander · Tarsus · Adana · Karkemisch · Milanni · Aleppo · Euphrat · Ugarit · Katna · Tirka · Kadesch 1285

Kerngebiet des Hethiterreiches
Größte Ausdehnung des Hethiterreiches
Bedeutende hethitische Denkmäler
Wichtige Schlacht

0 100 200 300 400 500 km

Grundrisse der Gebäude und Tempel waren unsymmetrisch. **Plastik:** Typ. für die Zeit der altassyr. Handelskolonien (19./18. Jh.) sind, z. B. aus ↑Kültepe, die sog. Schnabelkannen und tierförmige Trinkgefäße, aus denen sich tiergestaltige und reliefierte Keramik schon des Alten Reichs entwickelten. Aus der Zeit des Neuen Reichs stammen weich gestaltete Steinreliefs. Neben den strengen Kompositionen z. B. der Götterzüge von Yazılıkaya zeigen etwa die Orthostatenreliefs am Tor von Alaca Hüyük eine sehr lebendige Darstellungsweise, die in den späthethit. Reliefs (u. a. aus Karatepe, Karkemisch [Karkamış], Malatya, Tall Halaf) erstarrte. - Tafel S. 326.

hethitische Literatur, erhalten sind Tontafeln aus königl. und Tempelarchiven der Hauptstadt Hattusa (↑Boğazkale). Neben religiösen Texten finden sich Dienstinstruktionen, Staatsverträge, eine Rechtssammlung sowie diplomat. Korrespondenz. In den hethit. Schreiberschulen wurden sumer.-akkad. Epen (z. B. das „Gilgamesch-Epos") überliefert. Neu und selbständig von den Hethitern entwickelt wurde die Geschichtsschreibung. Sie schildert wertend Geschichte als göttl. bestimmtes, zugleich aber menschl. verantwortl. Handeln und versucht, auch den Motiven der Gegner gerecht zu werden.

hethitische Religion, sie zeigt die Vielfalt der verschiedenen Kultureinflüsse mit nur geringen Ansätzen synkretist. Vereinfachung. Höchste Staatsgötter waren der protohatt. Wettergott Taru und seine Gemahlin, die Sonnengöttin von Arinna Wuruschemu, zugleich eine Unterweltsgottheit. Teilweise an ihre Stelle trat im Neuen Reich das churrit. Götterpaar Teschub-Chebat. Erst durch churrit.-babylon. Einfluß gewannen z. B. die Gestirngottheiten Sonne und Mond an Bed., ebenso die babylon.-assyr. Ischtar.

hethitisch-luwische Sprachen ↑anatolische Sprachen.

Hetman [slaw., zu spätmittelhochdt. häuptmann „Hauptmann"], 1. in Polen und Litauen vom 15. Jh. bis 1792 Titel des vom König ernannten Oberbefehlshabers des Heeres (seit 1581 Groß-H., Feld-H. als Vertreter); 2. bei den Kosaken (v. a. am Dnjepr) urspr. Bez. für den auf ein Jahr gewählten Anführer, 1572–1764 für den frei gewählten Heerführer aller Kosaken.

Hettner, Alfred, * Dresden 6. Aug. 1859, † Heidelberg 31. Aug. 1941, dt. Geograph. - Prof. in Leipzig, Tübingen und Heidelberg. Forschungen zur Geomorphologie, Klimatologie, Länderkunde und Anthropogeographie.

Hettstedt, Krst. 7 km nö. von Mansfeld, Bez. Halle, DDR, 150–180 m ü. d. M., 22 200 E. Kupferschieferbergbau, neben Eisleben Mittelpunkt der Kupfermetallurgie in der DDR. - Seit 1046 bezeugt; seit 1283 Stadt. **H.,** Landkr. im Bez. Halle, DDR.

Hetzjagd ↑Jagdarten.

Heu [eigtl. „das zu Hauende"], in saftigem Zustand geschnittene Futterpflanzen, die an der Luft getrocknet werden. Nach Art der Zusammensetzung unterscheidet man z. B.: **Wiesenheu** aus Futtergräsern und Kräutern (der erste Schnitt wird als H. i. e. S. bezeichnet, der zweite Schnitt als **Grummet** [Grumt]). Der Futterwert hängt u. a. ab vom Gehalt an Roheiweiß und Rohfasern, von Klima, Boden, Ernteverfahren und Art der Trocknung.

Heubach, Stadt im Ostalbkreis, Bad.-Württ., am NW-Rand der Schwäb. Alb, 466 m ü. d. M., 8 400 E. Miederwerke, Werkzeugbau. - Seit 1350 württemberg., seit 1522 Stadt.

Heubazillus [dt./spätlat.] (Bacillus subtilis), überall im Boden und auf sich zersetzendem Pflanzenmaterial verbreitete, aerobe, meist begeißelte, stäbchenförmige Bakterienart, die auf Heuaufgüssen einen Kahmhäute bildet und bei der Selbsterwärmung von Heu, Dung und Kompost stark beteiligt ist. Da der H. reich an Proteasen und Amylasen ist, findet er zu deren Gewinnung industrielle Verwendung. In der Forschung ist er ein wichtiger Versuchsorganismus.

Heuberg ↑Großer Heuberg.

Heublumen, Gemisch aus Blüten, Samen und Pflanzenteilen verschiedener Gras- und Wiesenblumenarten; fällt als Heuabfall an; wird in der Volksmedizin für Wickel, Umschläge und Bäder verwendet.

Heuchelberg, WSW–ONO-gerichteter Höhenrücken westl. des mittleren Neckar, zw. Zaber und Lein, Bad.-Württ., bis 332 m hoch; Weinbau.

Heuer [niederdt.], Arbeitslohn des Besatzungsmgl. eines Seeschiffes; sie wird nach Monaten berechnet. Anspruch auf H. entsteht mit Dienstantritt.

Heuerbaas ↑Baas.

Heuerverhältnis, im SeemannsG vom 26. 7. 1957 geregeltes Arbeitsverhältnis zw. Reeder und Besatzungsmgl. eines Seeschiffes. Es wird begründet durch den (mündl. oder schriftl.) **Heuervertrag** und endet durch Zeitablauf oder nach Kündigung.

Heuet ↑Heumonat.

Heufalter, Sammelbez. für meist kleinere, gelbl. bis bräunl., bes. Wiesenblumen besuchende Tagschmetterlinge (bes. Weißlinge, Augenfalter); z. B. **Großer Heufalter** (Coenonympha tullia; mit kleinen Augenflecken auf braungelben Flügeln), **Kleiner Heufalter** (Coenonympha pamphilus; mit oberseits ockergelben Flügeln und nur einem Augenfleck an der Vorderflügelspitze) und ↑Gelblinge.

Heuke (Hoike) [frz.-niederl.], ärmelloser mantelartiger Umhang, urspr. knielanger Männerüberwurf (14. Jh.), bedeckte z. T. auch den Kopf (16. Jh.–19. Jh.).

Heulboje, Boje, deren eingebaute Luftpfeife durch Wind und Seegang zum Tönen gebracht wird.

Heumonat, alter dt. Name für den Juli als Monat der Heuernte (alemann. und bair. **Heuet**).

Heuneburg, auf der linken Donauterrasse im Gebiet der Gem. Herbertingen (Landkr. Sigmaringen) gelegener Ringwall (300 m lang, bis zu 150 m breit), planmäßige Ausgrabung seit 1950; älteste Befestigung aus der mittleren Bronzezeit, erneute Befestigung (Holz-Stein-Konstuktion) in der späten Hallstattzeit, Holzhäuser. Im 5. Jh. v. Chr. wurde der frühkelt. Fürstensitz durch Feuer zerstört; zahlr. Funde importierter griech. Keramik.

Heupferd ↑ Laubheuschrecken.

heureka! [griech. „ich hab's gefunden!"], angebl. Ausruf des griech. Mathematikers Archimedes bei der Entdeckung des hydrostat. Grundgesetzes (Auftriebsprinzip); daher freudiger Ausruf bei der Lösung eines schwierigen Problems.

Heuriger [zu östr. heurig „diesjährig"], in Österreich Bez. für den [neuen] Wein von Martini an (11. Nov.) bis zum nächsten Weinjahrgang.

Heuristik [zu griech. heurískein „finden, entdecken"], Erfinderkunst (lat. „ars inveniendi"), Lehre von den Verfahren, Probleme zu lösen, also für Sachverhalte empir. und nichtempir. Wissenschaften Beweise oder Widerlegungen zu finden.

heuristisches Prinzip, ähnl. der Hypothese Hilfsmittel in Philosophie und Wiss., das in die zu unterscheidenden Sachverhalte eingefügt wird, um durch vorläufige, versuchsweise Annahme von Zusammenhängen zum Zweck ihres leichteren Verständnisses (z. B. Variation der Problemstellung, Zerlegung in Teilprobleme, begründete Aporetik) Beweise oder Widerlegungen zu finden.

Heuscheuer, Gebirge der Sudeten, im Glatzer Bergland, ČSSR und Polen▼, bis 919 m hoch.

Heuschnupfen (Heufieber, Gräserfieber), allerg. Erkrankung, die durch das Einatmen von Blütenpollen ausgelöst wird und daher meist im Frühjahr in Erscheinung tritt. Der H. tritt familiär gehäuft auf und zeigt in der Jugend meist schwerere Verlaufsformen als im Alter. Die Erkrankung beginnt plötzl. mit erhebl. Schwellung und Sekretabsonderung der Nasenschleimhaut, begleitet von einer Bindehautentzündung. Wenige Stunden bis Tage später stellen sich zusätzl. bei etwa 30 % der Erkrankten die Erscheinungen eines Bronchialasthmas ein (**Heuasthma, Gräserasthma**). Die Behandlung erfolgt mit Antihistaminika und Kortikosteroidpräparaten.

Heuschrecken [eigtl. „Heuspringer" (zu schrecken in der älteren Bed. „springen")] (Springschrecken, Schrecken, Saltatoria), mit über 10 000 Arten weltweit verbreitete Ordnung etwa 0,2–25 cm langer Insekten (davon über 80 Arten in M-Europa); meist pflanzenfressende Tiere mit beißenden Mundwerkzeugen, borsten- bis fadenförmigen Fühlern und häutigen Flügeln; Hinterbeine meist zu Sprungbeinen umgebildet. - H. erzeugen zum Auffinden des Geschlechtspartners mit Hilfe von ↑ Stridulationsorganen Zirplaute, die von bes. Gehörorganen (↑ Tympanalorgane) wahrgenommen werden. Man unterscheidet ↑ Feldheuschrecken (mit den als Pflanzenschädlingen bekannten ↑ Wanderheuschrecken), ↑ Laubheuschrecken, ↑ Grillen.

Heuschreckenkrebse (Fangschreckenkrebse, Maulfüßer, Maulfußkrebse, Squillidae), Fam. bis 33 cm langer Höherer Krebse mit rd. 170 Arten in allen Meeren; die ersten fünf Thoraxbeinpaare dienen dem Beutefang und der Nahrungsaufnahme (zweites Paar zu mächtigen Greifbeinen entwickelt, ähnl. wie bei der Gottesanbeterin).

Heusenstamm, hess. Stadt im südl. Vorortbereich von Offenbach am Main, 122 m ü. d. M., 17 400 E. Lederwarenherstellung. - 1211 erstmals erwähnt. - Barocke Pfarrkirche (1739–44; Grablege der Fam. Schönborn), Renaissanceschloß (17. Jh.), ehem. Wasserburg (12. und 16. Jh.).

Heusinger, Adolf, * Holzminden 4. Aug. 1897, † Köln 30. Nov. 1982, dt. General. - 1931–44 im Generalstab des Heeres (1940–44 Chef der Operationsabteilung); nach dem 20. Juli 1944 vorübergehend inhaftiert, 1945–48 interniert; beriet (mit H. Speidel) ab 1950 Bundeskanzler Adenauer in militär. Fragen; 1957–61, zum General befördert, Generalinspekteur, leitete 1961–64 den Ständigen Militärausschuß der NATO in Washington; plädierte für eine atomare Ausrüstung der Bundeswehr.

H., Hans-Joachim, * Leipzig 7. April 1925, dt. Politiker. - Elektromechaniker; 1942–45 Kriegsdienst; seit 1947 Mgl. der Liberal-Demokrat. Partei Deutschlands (LDPD); zw. 1955 und 1960 Jurastudium; seit 1961 Mgl. der Volkskammer; seit 1972 stellv. Vors. des Min.rats und Justizminister.

Heusinger-Steuerung [nach dem dt. Eisenbahningenieur E. Heusinger von Waldegg, * 1817, † 1886], Kulissensteuerung zur Umsteuerung von Vorwärts- und Rückwärtsfahrt bei Dampflokomotiven.

Heusler, Andreas, * Basel 10. Aug. 1865, † Arlesheim 20. Febr. 1940, schweizer. Germanist. - 1894–1919 Prof. für Nordistik (seit 1913 für Germanistik) in Berlin; seit 1907 Mgl. der Preuß. Akad. der Wiss.; seit 1919 Prof. in Basel. Seine wesentl. Leistungen liegen auf dem Gebiet der Verswissenschaft und der Heldensagenforschung. Weitere Arbeiten beschäftigen sich mit altnord. Dichtung. - *Werke:* Zur Geschichte der altdt. Verskunst (1891), Lied und Epos in german. Sagendichtung (1905), Die altgerman. Dichtung (1923), Dt. Versgeschichte (3 Bde., 1925–29).

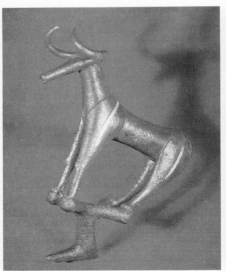

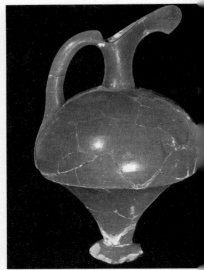

Hethitische Kunst. Oben links: Stier-
figur von einer Kultstandarte aus Alaca
Hüyük (2. Hälfte des 3. Jt. v. Chr.).
Ankara, Archäologisches Museum;
oben rechts: Schnabelkanne aus Kültepe
(18. Jh. v. Chr.). Ankara, Archäologisches Museum; Mitte: Reste des soge-
nannten Löwentors von Hattusa
(14. Jh. v. Chr.); unten: Gefäß in
Form einer Ente mit zwei Köpfen
aus Hattusa (15. Jh. v. Chr.).
Ankara, Archäologisches Museum

326

Heusonde, Thermometer zur Temperaturmessung in Heustöcken, in denen während der Resttrocknung Selbstentzündung eintreten kann.

Heuß, Alfred, * Gautzsch (= Leipzig) 27. Juni 1909, dt. Althistoriker. - 1941 Prof. in Breslau, 1949 in Kiel, 1954 in Göttingen. Hauptarbeitsgebiete: griech. und röm. Geschichte; schrieb u. a. „Röm. Geschichte" (1960).

Heuss, Theodor, * Brackenheim 31. Jan. 1884, † Stuttgart 12. Dez. 1963, dt. Politiker und Publizist. - Nach dem Studium der Kunstgeschichte und Volkswirtschaft schloß sich H. dem Kreis um F. Naumann an, der maßgebl. Einfluß auf seine polit.-sozialen Ideen gewann. Nach und neben journalist.-publizist. Tätigkeit 1920–24 Studienleiter und bis 1933 Dozent an der Hochschule für Politik in Berlin. Trat 1903 der Freisinnigen Vereinigung (ab 1910 Fortschrittl. Volkspartei) bei, 1918 der DDP (ab 1930 Dt. Staatspartei); MdR 1924–28 und 1930–33. Dem Ermächtigungsgesetz stimmte er unter Fraktionszwang zu. Nach der nat.-soz. Machtergreifung mußte er seine polit.-publizist. Tätigkeit einschränken. 1945/46 Kultusmin. der 1. Reg. von Württemberg-Baden; 1945–49 MdL für die Demokrat. Volkspartei; wurde 1948 Vors. der FDP und 1948 Prof. in Stuttgart; im Parlamentar. Rat Vors. der FDP-Fraktion, übte großen Einfluß auf die Formulierungen des Grundgesetzes, v. a. der Präambel und des Grundrechtsteils aus. 1949 zum 1. Bundespräs. der BR Deutschland gewählt (Wieder-

Theodor Heuss

wahl 1954). In seiner Amtszeit versuchte er bewußt wieder an jene demokrat., geistigen und polit. Traditionen anzuknüpfen, die durch den NS unterbrochen worden waren. Das Schwergewicht seines innenpolit. Wirkens sah H. im Ausgleich der polit. Gegensätze. Seine Staatsbesuche trugen wesentl. zum wachsenden Ansehen der BR Deutschland im Ausland bei. 1959 mit dem Friedenspreis des Dt. Buchhandels ausgezeichnet.

Der 1964 vom „Verein T. H." (heute „Stiftung T. H. e. V.") gestiftete *Theodor-Heuss-Preis* wird seit 1965 alljährl. für „beispielhafte demokrat. Gesinnung" verliehen. - *Werke:* Die neue Demokratie (1920), Staat und Volk (1926), Hitlers Weg (1932), Friedrich Naumann (1937), Justus von Liebig (1942), Schattenbeschwörung (1947), 1848. Werk und Erbe (1948), Vorspiele des Lebens (1953), Von Ort zu Ort (hg. 1959), Erinnerungen 1905–1933 (hg. 1963), Die großen Reden (hg. 1965), Aufzeichnungen 1945–1947 (hg. 1966), Die Machtergreifung und das Ermächtigungsgesetz (hg. 1967).
📖 *Bracher, K. D.:* T. H. u. die Wiederbegründung der Demokratie in Deutschland. Tüb. 1965.

Heuss-Knapp, Elly, * Straßburg 25. Jan. 1881, † Bonn 19. Juli 1952, dt. Sozial- und Kulturpolitikerin. - Tochter von G. F. Knapp, ∞ mit T. Heuss; 1946–49 württemberg.-bad. MdL (DVP/FDP); gründete 1950 das Müttergenesungswerk.

Heuven-Goedhart, Gerrit Jan van [niederl. 'høːvə 'xuːthart], * Bussum 19. März 1901, † Genf 8. Juli 1956, niederl. Journalist und Politiker. - 1944/45 Justizmin. der Exilreg. in London; leitete 1951–56 das Hochkommissariat der UN für Flüchtlingsfragen, das 1954 den Friedensnobelpreis erhielt.

Hevelius, Johannes, eigtl. Hewel, Havelke, Hevelke oder Hewel[c]ke, * Danzig 28. Jan. 1611, † ebd. 28. Jan. 1687, dt. Astronom. - Ratsherr von Danzig; richtete sich eine Privatsternwarte ein und war einer der besten beobachtenden Astronomen seiner Zeit; bed. seine Mondtopographien (60 Karten der einzelnen Mondphasen) und die Darstellung der Zyklen von Sonnenflecken. 1661 bestimmte er erstmals bei einem Durchgang des Merkurs vor der Sonne dessen Größe. 1664/65 erkannte er die parabol. Form der Kometenbahnen.

Heveller [he'vɛlər, 'heːvələr] (Havelländer), Teilstamm der elbslaw. Liutizen an der Havel und der unteren Spree. König Heinrich I. eroberte 927/928 ihren Hauptort Brendanburg (↑ Brandenburg/Havel); erst im 12. Jh. von Albrecht I., dem Bär, völlig unterworfen.

Hevesy, George de, eigtl. György Hevesi [ungar. 'hɛvɛʃi], in Deutschland Georg Karl von H., * Budapest 1. Aug. 1885, † Freiburg im Breisgau 5. Juli 1966, ungar. Physikochemiker. - Prof. in Budapest, Freiburg im Breisgau, Kopenhagen und Stockholm. - H. Arbeitsgebiete waren Erforschung und Anwendung von Isotopen, legte 1913 mit F. A. Paneth die Grundlage der Isotopenmarkierung (↑ Indikatormethode), 1923 mit D. Coster Entdeckung des Hafniums. 1935 Entwicklung der ↑ Aktivierungsanalyse. Erhielt den Nobelpreis für Chemie des Jahres 1943.

Hewish, Antony [engl. 'hjuːɪʃ], * Fowey (Cornwall) 11. Mai 1924, brit. Astrophysiker. - Prof. für Radioastronomie in Cambridge; entdeckte 1967 die ↑ Pulsare; erhielt 1974 den

hexa...

Nobelpreis für Physik (zus. mit Sir Martin Ryle).

hexa..., Hexa..., hex..., Hex... [griech.], Bestimmungswort von Zusammensetzungen mit der Bed. „sechs", z. B. hexametrisch.

Hexachloräthan (Perchloräthan), CCl_3—CCl_3, farblose, in Wasser unlösl. organ. Verbindung von kampferartigem Geruch; wird bei der Herstellung von Nebelmunition, als Zusatz zu Mottenpulvern, als Weichmacher für Zelluloseester sowie als Vulkanisationsbeschleuniger verwendet.

Hexachlorcyclohexan, Abk. HCCH, auch als Hexa-, HCH-Mittel oder 666 bezeichnetes Insektizid der chem. Zusammensetzung $C_6H_6Cl_6$; wirkt als Atmungs-, Fraß-, Kontaktgift tödl. auf die meisten Insektenarten, schadet höheren Organismen jedoch nicht wesentlich. H. ist giftiger als DDT, jedoch wegen höherer Flüchtigkeit weniger lange wirksam. Chem. Strukturformel:

Hexachlorophen [griech.] geruchloses, phenol. Antiseptikum, das in hoher Verdünnung (1 : 2 500 000) das Wachstum grampositiver Bakterien hemmt, indem es deren Zellmembran durchlässig macht. Chem. Strukturformel:

Hexachord [griech.] (lat. Hexachordum), in der mittelalterl. Musiktheorie von Guido von Arezzo erstmals beschriebene Sechstonskala mit der Intervallfolge Ganzton–Ganzton–Halbton–Ganzton–Ganzton. Auf den Ausgangstönen c (Hexachordum naturale), f (Hexachordum molle) und g (Hexachordum durum) einsetzend und mit den Silben ut-re-mi-fa-sol-la benannt, wurde mit diesem System eine den Bedürfnissen der mittelalterl. Musikpraxis entsprechende Gliederung des Tonraums gewonnen (↑ Solmisation).

Hexaeder [griech.] (Sechsflach, Sechsflächner), von sechs Vierecken begrenztes Polyeder.

Hexagon [griech.], Sechseck (↑ Vieleck).

Hexagramm, sechsstrahliger Stern; ↑ auch Davidstern.

Hexakisoktaeder [griech.], Achtundvierzigflächner, ein von 48 Dreiecken begrenztes Polyeder.

Hexakistetraeder [griech.], Vierundzwanzigflächner, ein von 24 Dreiecken begrenztes Polyeder.

Hexakorallen (Sechsstrahlige Korallen, Hexacorallia), Unterklasse der Blumentiere mit rd. 4 000 Arten; einzeln lebend oder koloniebildend, oft sehr bunt gefärbt. Man unterscheidet fünf Ordnungen: Seerosen, Steinkorallen, Dörnchenkorallen, Zylinderrosen, Krustenanemonen.

Hexameter [griech., zu héx „sechs" und métron „Silben-, Versmaß"], antiker Vers, der sich aus sechs metr. Einheiten (Daktylen [‿⌣⌣] oder Spondeen [‿ ‿]) zusammensetzt; dabei ist das 5. Metrum meist ein Daktylus, das letzte Metrum stets ein Spondeus. Grundschema:

$$‿\overline{⌣⌣} \mid ‿\overline{⌣⌣} \mid ‿\overline{⌣⌣} \mid ‿\overline{⌣⌣} \mid ‿\overline{⌣⌣} \mid ‿ x.$$

Der relativ freie Wechsel von Daktylen und Spondeen sowie eine Reihe von Zäsuren (zwei bis drei pro Vers) und „Brücken" (d. h. Stellen, an denen die Zäsur vermieden wird) machen den H. zu einem bewegl. und vielseitig verwendbaren Vers.

Der H. ist der Vers der homer. Epen. Seit Hesiod findet er sich auch im Lehrgedicht. Weiter ist er, in Verbindung mit dem ↑ Pentameter (eleg. ↑ Distichon) der Vers der Elegie und des Epigramms. - Die H.dichtung der hellenist. Zeit (Kallimachos) und der Spätantike (Nonnos) unterscheidet sich von der älteren („homer.") Praxis durch größere Strenge und Künstlichkeit des Versbaus. In die röm. Dichtung führt Ennius den H. ein. Die quantitierende mittellat. Dichtung kennt eine Sonderform des H. mit Zäsurreim, den sog. **leoninischen Hexameter.** Die ersten dt. H. nach dem akzentuierenden Verprinzip stammen von S. von Birken (1679; mit Endreim). Den reimlosen akzentuierenden H. führen Gottsched und Klopstock in die dt. Dichtung ein; mit der Homer-Übersetzung von J. H. Voß und Goethes H.epen („Reineke Fuchs", „Hermann und Dorothea") setzt er sich dann in der neuhochdt. Verskunst endgültig durch und wird bis in die jüngste Gegenwart immer wieder verwendet (Brecht).

Hexamethylentetramin [Kw.] (Hexamin, Methenamin, Urotropin), $C_6H_{12}N_4$, eine heterocycl. Verbindung, die durch Kondensation von Formaldehyd mit Ammoniak erhalten wird; Verwendung als Puffersubstanz, Vulkanisationsbeschleuniger, bei der Herstellung von Kunstharzen und Sprengstoffen (↑ Hexogen); in Form von Pulvern und Tabletten wird H. als Hartspiritus verwendet. In der Medizin dient H. zur Behandlung bakterieller Infektionen der Harnwege und als harnsäurelösendes Medikament. Chem. Strukturformel:

Hexane [griech.], aliphat. Kohlenwasserstoffe der Summenformel C_6H_{14}. Die H. sind farblose, leicht entzündliche Flüssigkeiten; sie sind die wesentl. Bestandteile des Petroläthers.

hexangulär [griech./lat.], sechswinklig.

Hexanole [griech./arab.] (Hexylalkohole, Capronalkohole), einwertige gesättigte Alkohole der chem. Summenformel $C_6H_{13}OH$.

Hexapoda [griech.], svw. ↑Insekten.

Hexateuch [griech.], in der alttestamentl. Wissenschaft übl. zusammenfassende Bez. für die bibl. Bücher 1.–5. Mos. und Jos.

Hexe [zu althochdt. hagzissa, urspr. „sich auf Zäunen oder Hecken aufhaltendes dämon. Wesen"], dem Volksglauben nach zauberkundige Frauen mit mag.-schädigenden Kräften. H. sind auch von- und nichtchristl. Religionen bekannt. In Märchen und Sage erscheinen sie v. a. rothaarig, triefäugig, bucklig, dürr, mit krummer Nase, Kopftuch und Stock. Der H.begriff des MA resultiert aus der systematisierten Verbindung urspr. nicht zusammengehörender Elemente des Zauber- und Aberglaubens (Luftflug, Tierverwandlung, Schadenzauber) mit Lehren der Dämonologie und Straftatbeständen der Ketzerinquisition. Aufbauend auf spätantiker und neuplaton. Dämonologie formulierte Augustinus die für die theolog.-philosoph. Begründung des H.glaubens folgenschwere Lehre vom Dämonenpakt, den Thomas von Aquin zur systemat. Grundlage einer Aberglaubenstheorie machte. Voraussetzung für die spätma. und neuzeitl. H.verfolgung ist der **Hexenwahn.** Er hat sich in drei Perioden ausgebildet: Von 400 bis 1230 wurde an die Realität von Hexerei noch nicht allg. geglaubt; erst im 13. Jh. konnte infolge der Tätigkeit der päpstl. Ketzergerichte der Glaube an die Realität der Dämonenwelt durchgesetzt werden. Zauberei wurde zum ketzer. Straftatbestand, zum ersten Mal niedergelegt im Sachsenspiegel (entstanden 1224–31). Die 2. Periode, 1230 bis 1430, ist durch die pseudowiss. Untermauerung des Dämonen- und Zauberglaubens - v. a. durch die Scholastik - bestimmt, die einen bes. Verbrechensbegriff, die **Hexerei** („maleficium"), entwickelte. Auf dem Hintergrund ihrer frauenfeindl. Positionen entwickelte die Scholastik unter Rückgriff auf antike Vorstellungen und jüd. Mythologie (Inkubus, Sukkubus) die diffamierende Ansicht von der allg. Neigung der Frauen zur geschlechtl. Verbindung mit dem Teufel und somit die ankläger. These von der „Teufelsbuhlschaft", mit der, laut Prozeßakten, die H.laufbahn begann. Der vom Sachsenspiegel auf Zauberei erkannte Feuertod fand auf hexische Ketzerei Anwendung und setzte sich als Strafform in der späteren Gesetzgebung durch. In die 3. Periode, 1430–1540, fällt der eigtl. Beginn der großangelegten und systemat. betriebenen **Hexenverfol-**

gung. Das unmenschl. grausame Vorgehen gegen die Hexerei bezichtigte Frauen wurde durch Innozenz VIII. 1484 eingeleitet. Den abschluß der H.- und Zaubertheorie bildete der 1487 von päpstl. Inquisitoren verfaßte **Hexenhammer,** in dem als für die Gerichtspraxis maßgebl. Gesetzbuch die verschiedenen Formen des H.glaubens und der Zaubereidelikte zusammengefaßt sind; dadurch wurde der Kreis der diffamierten Frauen erschreckend ausgeweitet. Als verfahrensrechtl. Neuerungen wurden eingeführt die Denunziation anstelle der Anklage und im Beweisverfahren die Anwendung der Folter und **Hexenprobe** (als Mittel zur Erkennung von H., z. B. durch Wasserprobe [„H.bad"], bei der die Frau ertrinken mußte, sofern sie „unschuldig" war). Unter den Juristen des 16. und 17. Jh. hatte der H.wahn, der Zehntausenden von Frauen das Leben kostete, einflußreiche Förderer gefunden. Ihren Höhepunkt erreichten die **Hexenprozesse** zw. 1590 und 1630; die bekanntesten Opfer sind Jeanne d'Arc (1431 in Rouen verbrannt), A. Bernauer (1435 in Straubing ertränkt); Anna Göldi (* 1740), die „letzte H. Europas", wurde 1782 in Glarus geköpft. Seit Mitte des 16. Jh. nahmen Männer verschiedener Glaubensrichtungen den Kampf gegen H.wahn und H.verfolgungen auf, insbes. J. Weyer, A. von Tanner, F. von Spee, B. Becker und C. Thomasius. Der H.glaube ist jedoch bis in die Gegenwart nicht ausgestorben; er tritt v. a. in der Form der Verleumdung mißliebiger Personen in Erscheinung. - Eine moderne, mag.-okkultist. **Hexenbewegung** ist seit Mitte der 1930er Jahre in England und später auch in Kalifornien v. a. im Kleinbürgertum stark verbreitet; dieser sog. **Wiccakult** ist i. Ggs. zum Christentum eine matriarchal. Religionsform mit einer Hohepriesterin

Hexenfolterung und -verbrennung (schweizerische Miniatur; 1514)

Hexenbesen

an der Spitze jeder Gruppe oder jeden Stammes; sie wird von den Mgl., die sich als H. oder Hexer bezeichnen, gewählt und hat einen Gehilfen und eine Dienerin.
In der bildenden Kunst war die H. v. a. vom späten 15. Jh. an ein häufiges Motiv, ebenso in vielen Dichtungen.

␽ *Hammes, M.: H.wahn u. H.prozesse. Ffm.* [6]*1985. - Kruse, J.: H. unter uns. Magie u. Zauberglauben in unserer Zeit. Leer 1978. - Kneubühler, H. P.: Die Überwindung v. H.wahn u. H.prozeß. Diessenhofen 1977. - Döbler, H.: H.wahn. Gesch. einer Verfolgung. Mchn. 1977.*

Hexenbesen (Donnerbüsche), besonoder nestartige Mißbildungen, meist an Ästen zahlr. Laub- und Nadelbäume. Erreger sind meist Schlauchpilze aus der Gatt. Taphrina. Durch die Infektion wird ein Massenaustreiben von schlafenden oder zusätzl. gebildeten Knospen während der gesamten Vegetationsperiode ausgelöst, so daß die nach allen Richtungen wachsenden Zweige eine charakterist. Besenform entstehen lassen.

Hexene [griech.] (Hexylene), aliphat. Kohlenwasserstoffe der chem. Summenformel C_6H_{12}.

Hexeneinmaleins ↑ magisches Quadrat.

Hexenhammer ↑ Hexe.

Hexenkraut (Circaea), Gatt. der Nachtkerzengewächse mit sieben Arten in den gemäßigten Gebieten der Nordhalbkugel; Stauden mit wechselständigen Blättern und kleinen, weißen Blüten in Trauben. In Deutschland kommen das **Gemeine Hexenkraut** (Circaea lutetiana) in feuchten Laub- und Mischwäldern der tieferen Lagen sowie das **Alpenhexenkraut** (Circaea alpina) in höheren Mittelgebirgen und den Alpen vor.

Hexenprobe ↑ Hexe.

Hexenprozeß ↑ Hexe.

Hexenring, volkstüml. Bez. für die kreisförmige Anordnung der Fruchtkörper bei einigen Ständerpilzarten (z. B. beim Champignon). Das von der Spore im Boden auswachsende Myzel breitet sich zunächst nach allen Seiten aus. Die älteren inneren Teile des Myzels sterben aus Nahrungsmangel bald ab, an der Peripherie wächst das Myzel jedoch weiter und bildet Fruchtkörper, die dann ringförmig angeordnet sind.

Hexenröhrling, Bez. für zwei Arten der Röhrlinge: **Flockenstieliger Hexenröhrling** (*Schusterpilz, Donnerschwamm, Donnerpilz,* Boletus erythropus), großer, dunkelfarbener Pilz mit breitem, schwarzbraunem Hut; Röhren grüngelb bis rotgelb, Stiel geschuppt. **Netzstieliger Hexenröhrling** (Boletus luridus) mit olivgelbem bis bräunl. Hut; Röhren gelb bis gelbgrün; Stiel mtt maschenförmigem Adernetz. Beide Arten sind roh giftig.

Hexensabbat, angebl. nächtl. Zusammenkünfte der Hexen auf Bergeshöhen, v. a. während der Walpurgisnacht.

Hexenschuß (Lumbago), Bez. für heftige,

u. U. durch Bewegung ausgelöste oder verstärkte Schmerzen im Bereich der Lendenwirbelsäule bzw. -muskulatur. Ursachen sind häufig Bandscheibenschäden bzw. krankhafte Veränderung der Lendenwirbelsäule.

Hexenstich, Stickereistich, meist auf sog. auszählbaren Stoffen von links nach rechts, mit Schrägstichen; auch Saumstich.

Hexine [griech.], zu den ↑ Alkinen zählende ungesättigte aliphat. Kohlenwasserstoffe der Summenformel C_6H_{10}.

Hexite [griech.], Sammelbez. für die kristallinen, im Pflanzenreich weit verbreiteten sechswertigen Alkohole (Zuckeralkohole). Die wichtigsten natürl. H. sind Dulcit, Mannit und Sorbit.

Hexode [griech.], Elektronenröhre mit sechs Elektroden; Verwendung in der Mischstufe und im Hochfrequenzverstärkerteil von [Funk]empfängern.

Hexogen [griech.] ([Cyclo]trimethylentrinitramin, Cyclonit), auch unter der Bez. RDX oder T 4 bekannter hochbrisanter Sprengstoff. H. ist heute die wichtigste Komponente militär. Sprengstoffladungen. Chem. Strukturformel:

Hexonprozeß [griech./lat.], die Abtrennung (Extraktion) von Uran und Plutonium von den Spaltprodukten in einer wässerigen Lösung; als Extraktionsmittel wird Hexon (Methylisobutylketon), chem. Zusammensetzung $CH_3COCH_2CH(CH_3)_2$, verwendet.

Hexosen [griech.], die wichtigste Gruppe der einfachen Zucker (Monosaccharide), chem. Summenformel $C_6H_{12}O_6$; u. a. Galaktose, Glucose, Mannose, Fructose.

Hey, Richard, * Bonn 15. Mai 1926, dt. Schriftsteller. - Autor von tragikom. Dramen („Thymian und Drachentod", 1956), in denen sich Kabarettistisches, Satirisches und Surrealistisches verbindet, sowie von zeitkrit. und experimentellen Hörspielen („Nachtprogramm", 1964); schrieb auch „Im Jahr 95 nach Hiroshima" (R., 1982).

Heydebrand und der Lasa (seit 1920 Lasa), Ernst von, * Gollkowe bei Breslau 20. Febr. 1851, † Klein Tschunkawe bei Breslau 15. Nov. 1924, dt. Politiker. - Verwaltungsjurist und Gutsbesitzer; seit 1906 Führer der Dt.konservativen Partei (1888–1918 im preuß. Abg.haus, 1903–18 im Reichstag); steuerte einen Kurs militanter u. agrar. Interessenvertretung und aggressiver Außenpolitik, z. T. in scharfem Ggs. zu Reg. und Kaiser; seine ultrakonservative Haltung verhinderte notwendige Reformen.

Heydebreck O. S. (poln. Kędzierzyn), ehem. selbständige Stadt in Oberschlesien,

Polen', Chemiekombinat. - 1975 mit ↑ Cosel zur Stadt Kędzierzyn-Koźle vereinigt.

Heyden, Jan van der [niederl. 'hɛidə], * Gorinchem 5. März 1637, † Amsterdam 28. März 1712, niederl. Maler. - Überlegt komponierte Stadtansichten mit klarer Licht- und Schattenbehandlung. Seine Stilleben waren schulebildend. - Abb. S. 332.

Heydrich, Reinhard, * Halle/Saale 7. März 1904, † Prag 4. Juni 1942, dt. Politiker. - 1931 als Oberleutnant aus der Reichsmarine ausgestoßen; wurde Mgl. der NSDAP und schloß sich der SS-Nachrichtenabteilung in München an, die er zum Sicherheitsdienst des Reichsführers-SS ausbaute; seit 1932 SS-Standartenführer, wurde 1933 Chef der bayr. polit. Polizei. 1934 Leiter des Geheimen Staatspolizeiamtes in Berlin, 1936 „Chef der Sicherheitspolizei und des SD", 1939 Leiter des Reichssicherheitshauptamtes; maßgebl. beteiligt an den Morden im Zusammenhang mit dem Röhm-Putsch, bei der Krise um Blomberg und Fritsch sowie bei der Organisation der Kristallnacht; 1941 zum SS-Obergruppenführer und General der Polizei ernannt, mit der Gesamtplanung für die „Endlösung der Judenfrage" beauftragt; 1941 stellv. Reichsprotektor von Böhmen und Mähren (unter Beibehaltung seiner anderen Ämter); bei einem von Exiltschechen organisierten Attentat getötet (↑ Lidice); gehörte zu den skrupellosesten und gefürchtetsten Führern des NS.

Heydt, August Frhr. von der (seit 1863), * Elberfeld (= Wuppertal) 15. Febr. 1801, † Berlin 13. Juni 1874, preuß. Bankier und Politiker. - Gehörte vor 1848 zu den Führern des rhein. Frühliberalismus; 1848-62 Min. für Handel, Gewerbe und öffentl. Arbeiten, 1862 und 1866-69 Finanzminister.

Heyerdahl, Thor, * Larvik 16. Okt. 1914, norweg. Forscher. - Fuhr 1947 auf einem Balsafloß („Kon-Tiki") in 97 Tagen von Callao über den Pazifik nach Tahiti, um seine (wiss. umstrittene) These von der Herkunft der polynes. Kultur von Altperu nachzuweisen; 1955/56 Erforschung der Osterinsel; schrieb „Kon-Tiki" (1948); sein Versuch, seine Theorie von einer Herkunft der mittelamerikan. Kultur von Ägypten aus zu beweisen, scheiterte 1969 mit dem nach altägypt. Vorbild angefertigten Papyrusboot „Ra I", gelang 1970 nach einer 57tägigen Atlantiküberquerung von Safi nach Barbados mit „Ra II" („Expedition Ra", 1970). Mit dem Schilfrohrfloß „Tigris" segelte H. vom Südirak aus durch den Arab. Golf nach Dschibuti (Nov. 1977–April 1978), um zu beweisen, daß die Sumerer ihre Kultur bis in die Regionen am Ind. Ozean brachten.

Heyl, Hedwig, * Bremen 3. Mai 1850, † Berlin 23. Jan. 1934, dt. Sozialpolitikerin. - Gründete 1884 die erste Koch- und Haushaltungsschule (später Pestalozzi-Fröbel-Haus

des Berliner Vereins für Volkserziehung), 1890 die erste Gartenbauschule für Frauen; förderte Volkswohlfahrt und Frauenbewegung.

Heym, Georg, * Hirschberg i. Rsgb. 30. Okt. 1887, † Berlin 16. Jan. 1912, dt. Lyriker. - Bed. Vertreter des Frühexpressionismus, der, beeinflußt von Baudelaire, Verlaine, Rimbaud, Hölderlin und George, bald zu eigener, ausdrucksstarker Sprache fand, die auf die expressionist. Lyrik einen nachhaltigen Einfluß ausübte. Chaos und Grauen sowie dämon.-apokalypt. Visionen prägen seine Dichtung; auch Dramatiker und Erzähler.
Werke: Der Athener Ausfahrt (Trag., 1907), Der ewige Tag (Ged., 1911), Umbra vitae (nachgelassene Ged., 1912), Der Dieb (Novellen, hg. 1913), Marathon (Sonette, hg. 1914, vollständig hg. 1956).

H., Stefan, eigtl. Helmut Flieg, * Chemnitz 10. April 1913, dt. Schriftsteller. - Während des NS u. a. in den USA; seit 1952 in der DDR; stark polit. orientierte histor. Romane in (anfangs) engl. und dt. Sprache. Romane, die krit. die Entwicklung der DDR in der Verflochtenheit von persönl. Schicksalen mit den polit. Verhältnissen aufzeigen, z. B. „Fünf Tage im Juni" (1974; Darstellung der Ereignisse des 17. Juni 1953) oder „Collin" (1979; Entlarvung der stalinist. DDR-Vergangenheit und ihre Verdrängung) konnten nur in der BR Deutschland erstveröffentlicht werden. Verfaßte auch Lyrik, Schauspiele, Essays und Reportagen. Wurde 1979 aus dem Schriftstellerverband der DDR ausgeschlossen.
Weitere Werke: Die Augen der Vernunft (R., dt. 1955), Der Fall Glasenapp (R., dt. 1958), Schatten und Licht (En., 1960), Die Papiere des Andreas Lenz (R., 1963, 1965 u. d. T. Lenz oder die Freiheit), Lassalle (R., dt. 1969), Der König David Bericht (R., dt. 1972), Reden an den Feind (1986).

Heymans, Cornelius (Corneille) [Jean François] [niederl. 'hɛimɔns], * Gent 28. März 1892, † Knocke-le-Zout (Westflandern) 18. Juli 1968, belg. Physiologe. - Prof. in Gent, gleichzeitig Direktor des nach ihm benannten Heymans-Instituts für Pharmakologie; arbeitete hauptsächl. über die Regulierungs- und Steuerungsmechanismen von Atmung und Kreislauf. Er entdeckte die Funktion des Karotissinusreflexes zur Stabilisierung des Blutdrucks und erhielt hierfür 1938 den Nobelpreis für Physiologie oder Medizin.

Heyn (Hein), Piet (Peter), eigtl. Pieter Pietersz., * Delfshaven (= Rotterdam) 15. Nov. 1577, ✕ bei Dünkirchen 18. Juni 1629, niederl. Seeheld. - Seit 1623 als Vizeadmiral im Dienst der Westind. Kompanie; eroberte 1628 in der Bucht von Matanzas (Kuba) die span. Silberflotte und erbeutete rd. 12 Mill. Gulden.

Heyrovský, Jaroslav [tschech. 'hɛjorɔfski:], * Prag 20. Dez. 1890, † ebd. 27. März 1967, tschechoslowak. Physikochemiker. -

Prof. in Prag; erfand und entwickelte (um 1925) die ↑Polarographie; erhielt 1959 den Nobelpreis für Chemie.

Heyse, Paul von (seit 1910), * Berlin 15. März 1830, † München 2. April 1914, dt. Schriftsteller. - Mit Geibel Mittelpunkt des Münchner Dichterkreises; der klass.-romant. Tradition verpflichtet, schuf er v. a. formal vollendete Übersetzungen und Novellen; auch Theoretiker der Novelle (Falkentheorie). 1910 Nobelpreis.
Werke: Novellen (1855; darin u. a.: L'Arrabbiata), Italien. Liederbuch (Übers., 1860), Neue Novellen (1862; darin u. a.: Andrea Delfin), Meraner Novellen (1864), Moral. Novellen (1869), Skizzenbuch (Ged., 1877), Troubadour-Novellen (1882), Gegen den Strom (R., 1907).

Heyting, Arend [niederländ. 'hɛi̯tɪŋ], * Amsterdam 9. Mai 1898, † Lugano 9. Juli 1980, niederländ. Mathematiker und Logiker. - Gilt vielfach als der eigtl. Begründer der intuitionist. Logik. Verfaßte u. a. „Mathemat. Grundlagenforschung, Intuitionismus, Beweistheorie" (1934; erweitert frz. 1955).

Heyward, DuBose [engl. 'heɪwəd], * Charleston (S. C.) 31. Aug. 1885, † Tryon (N. C.) 16. Juni 1940, amerikan. Schriftsteller. - Hatte großen Erfolg mit dem Roman „Porgy" (1925), später bearbeitete H. zus. mit seiner Frau die Vorlage für die Bühne und schrieb mit Ira Gershwin das Libretto für G. Gershwins Oper „Porgy and Bess" (1935).

Heywood, Thomas [engl. 'heɪwʊd], * in Lincolnshire um 1573, ☐ London 16. Aug. 1641, engl. Dichter. - H. Familientragödien werden als Vorläufer des bürgerl. Trauerspiels angesehen.

HF, 1. Abk. für ↑Hochfrequenz (allg.); 2. internat. übl. Abk. für engl.: high frequency zur Bez. des Hochfrequenzbereichs von 3 bis 30 MHz (entspricht dem Kurzwellenbereich von 100 bis 10 m Wellenlänge).

Hf, chem. Symbol für ↑Hafnium.

hfl., Abk. für den niederl. ↑Gulden.

hg, Kurzzeichen für **Hektogramm** (= 100 g).

Hg, chem. Symbol für ↑Quecksilber (Hydrargyrum).

HGB, Abk. für: ↑Handelsgesetzbuch.

HHF, Abk. für: ↑Höchstfrequenz.

H-H-Reaktion, svw. ↑Proton-Proton-Reaktion.

Hiatus [lat. „Öffnung, Schlund"], in der *Geologie* Bez. für eine infolge Sedimentationsunterbrechung entstandene Schichtlücke.
◆ in der *Sprach-* und *Verswissenschaft* Bez. für das Zusammenstoßen zweier Vokale an der Silbengrenze *(Lei-er)* oder Wortgrenze *(da aber).* Seit M. Opitz ist die zur grammat. Kennzeichnung des Vokalausfalls der Apostroph *(hab' ich)* üblich geworden.

Hibbing, Ort in NO-Minnesota, 16 000 E. Zentrum des wichtigsten Eisenerzbergbaugebiets in den USA. - Gegr. 1893.

Hibernakeln [zu lat. hibernaculum „Winterquartier"] (Turionen), Überwinterungsknospen bei Wasserpflanzen, dienen der ungeschlechtl. Fortpflanzung; überwintern am Boden der Gewässer und steigen erst im Frühjahr wieder an die Wasseroberfläche, wo sie dann zu neuen Pflanzen austreiben.

Hibernation [lat.], svw. ↑künstlicher Winterschlaf.

Hibernia [lat.], im Altertum Name für Irland.

Hibiscus [lat.] ↑Eibisch.

Hickory [engl. 'hɪkərɪ, zu indian. pawcohiccora „Brei aus zerstampften Nüssen des Hickorybaums"] ↑Hickorybaum.

Hickorybaum [...ri] (Hickorynußbaum, Carya), Gatt. der Walnußgewächse mit rd. 25 Arten im östl. N-Amerika und in China; meist 20–30 m hohe Bäume mit gefiederten Blättern, einhäusigen Blüten und glattschaligen Nüssen, deren Außenschale mit vier Klappen öffnet. Alle Arten liefern ein wertvolles, hartes, elast. Holz (**Hickory**). Einige Arten haben auch wegen der eßbaren Nüsse Bed., v. a. der **Pekannußbaum** (Carya illinoensis), dessen hellbraune, süßschmeckende Samen als Pekannüsse bezeichnet werden, und der **Schuppenrindenhickory** (Carya ovata), dessen hellgraue Rinde in langen Streifen mit beiden Enden bis 50 cm weit vom Stamm abstehen.

Hicks [engl. hɪks], Edward, * Attleborough (= Langhorne, Pa.) 4. April 1780, † Newton (Pa.) 23. Aug. 1849, amerikan. Laienmaler. - Quäker-Wanderprediger. Schilderte das Leben der amerikan. Farmer; bekannt sind seine Tierbilder (als Paradiesbilder).
H., Sir (seit 1964) John Richard, * Warwick 8. April 1904, brit. Nationalökonom. - Lehrte in London, Cambridge, Manchester und seit 1952 in Oxford. Für seine bahnbrechenden Beiträge zur Theorie des allg. wirtschaftl. Gleichgewichts und zur Wohlfahrtstheorie er-

Jan van der Heyden, Die Kirche von Veere (undatiert). Den Haag, Mauritshuis

hielt er gemeinsam mit K. J. Arrow 1972 den sog. Nobelpreis für Wirtschaftswissenschaften. - *Werke:* Theory of wages (1932), Value and capital (1939), The social framework (1942), Capital and growth (1965).

hic Rhodus, hic salta [lat. „hier (ist) Rhodus, hier springe!"], nach einer Fabel des Äsop Aufforderung, eine [prahler.] Behauptung sofort zu beweisen und sich nicht anderswo vollbrachter Leistungen zu rühmen.

Hidagebirge, N–S verlaufendes Gebirge mit aktiven Vulkanen auf Hondo, Japan; bis 3190 m hoch.

Hidalgo [span.], Planetoid mit extremen Bahndaten; kleinste und größte Sonnenentfernung 2,0 und 9,4 AE, Exzentrizität der Bahn 0,65.

Hidalgo [span. i'ðalɣo], Staat im östl. Z-Mexiko, 20987 km², 1,6 Mill. E (1982), Hauptstadt Pachuca de Soto. Den größten Teil nimmt die bis über 3 000 m hohe Sierra Madre Oriental ein. Die Wirtschaft ist vom Bergbau auf verschiedene Erze (u. a. Silber, Gold) bestimmt.

Hidalgo [span. i'ðalɣo; zu hijo „Sohn" und algo „etwas"] (portugies. Fidalgo), 1. Bez. für Edelmann, 2. Titel des niederen span. Geburtsadels. Heute sind alle H., die nicht vermögend sind, den Angehörigen des Bürgerstandes gleichgestellt. Gewöhnl. werden die H. mit Vornamen, dem der Titel Don oder Doña vorgesetzt wird, angeredet.

Hidalgo del Parral [span. i'ðalɣo ðɛl pa'rral], mex. Stadt 190 km ssö. von Chihuahua, 1 660 m ü. d. M., 58 000 E. Zentrum eines bed. Bergbau- und eines Agrargebiets. - 1638 gegr. - Kirchen aus dem 17. und 18. Jh.

Hiddensee, langgestreckte Ostseeinsel westl. von Rügen, DDR, 18,6 km², im Bakenberg 72 m hoch, Hauptort H. (Bez. Rostock). Weite Teile sind Landschafts- und Naturschutzgebiet. Die Bev. lebt von Landw., Fischerei und Fremdenverkehr. Auf H. Biolog. Forschungsanstalt der Univ. Greifswald, Inst. für Mikrobiologie und für experimentelle Therapie. Im Seebad Kloster Gerhart-Hauptmann-Gedächtnisstätte (sein ehem. Wohnhaus). Auf H. wurde ein Wikingergoldschatz gefunden (heute in Stralsund im Museum).

Hidroa [griech.], Schwitzbläschen, Bläschenbildung in der Haut als Folge abnormer Schweißabsonderung.

Hidrose (Hidrosis) [griech.], Schwitzen, die normale Schweißproduktion.

Hidrotika [griech.], svw. ↑schweißtreibende Mittel.

Hidschra ↑Hedschra.

Hiebe, die parallel zueinander in das Blatt einer Feile eingeschlagenen oder eingefräßten Vertiefungen samt stehenbleibenden Schneidkanten.

Hiebsarten, Sammelbez. für die versch. Formen des Holzeinschlags von Waldbeständen in der Forstwirtschaft. Die Grund-H. sind

Kahlhieb (*Kahlschlag,* die völlige Abholzung einer größeren Fläche), **Schirmhieb** (Schirmschlag, der Altbestand wird durch mehrere sog. *Lichtungshiebe* allmähl. entfernt) und **Plenterhieb** (nur Einzelstämme sowie kleinere Bestände werden geschlagen).

Hieb- und Stoßwaffen, im Sinne des §1 Abs. 7 WaffenG vom 19. 9. 1972: Waffen, die dazu bestimmt sind, durch Hieb, Stoß oder Stich Verletzungen beizubringen.

hier..., Hier... ↑hiero..., Hiero...

Hierapolis [hi-e...; griech. „hl. Stadt"], antike Stadt in Phrygien, Zentrum des Kybelekultes, Zerstörung durch Erdbeben 60 n.Chr. - Bed. Thermen, heute in Pamukkale genutzt.

H. ↑Manbidsch.

Hierarchie [hi-e...; zu griech. hierarchía „Priesteramt" (zu hierós „heilig" und árchein „der erste sein")], in der *Soziologie* Bez. für ein Herrschaftssystem von vertikal und horizontal festgefügten und nach Über- und Unterordnung gegliederten Rängen. In der idealtyp. H. sind alle Entscheidungsbefugnisse, Kommunikations- und Informationswege, Zuständigkeiten, Kompetenzen und Verantwortlichkeiten von einer obersten Spitze bis hinunter zu einem sich stufenweise immer weiter verzweigenden Unterbau pyramidenhaft aufgebaut.

◆ in der *kath. Kirche* Bez. für die Gesamtheit derer, die nach der von Jesus Christus der Kirche gestifteten Ordnung hl. Vollmacht zur Repräsentation Jesu Christi und zum führenden Dienst besitzen sowie ihre Rangordnung und die institutionellen Stufen in diesem Ordnungsgefüge. Die H. gliedert sich in die Weihe-H. mit drei sakramentalen Stufen (Bischof, Priester, Diakon) und in die Ämter-H. mit Hauptstufen (Papst und Bischofskollegium) und von diesen abgeleiteten, allein auf kirchl. Einsetzung beruhenden Ämtern. - Auch die *orth.* und *oriental. Kirchen* kennen das hierarch. gegliederte Amt von Bischöfen, Priestern und Diakonen. - Die luth. *Reformation* vertrat theolog. die Identität von Pfarramt und altkirchl. Bischofsamt, doch gibt es hierarch. Ordnung im soziolog. Sinn in allen prot. Kirchen. Mit bes. Nachdruck hält die anglikan. Kirche an H. und apostol. Sukzession fest.

◆ in der *Automatisierung* und *Datenverarbeitung* die Gliederung einer techn. Anlage oder ihrer Aufgaben in Form einer festgelegten Rangordnung (übergeordnete und [in ihrer Funktion von ihnen abhängige] untergeordnete Systemteile).

hieratische Schrift [hi-e...; griech./dt.] ↑ägyptische Schrift.

Hierl, Konstantin, * Parsberg 24. Febr. 1875, † Heidelberg 23. Sept. 1955, dt. Politiker. - Urspr. Offizier; trat 1927 der NSDAP bei; 1929 in der Reichsleitung der NSDAP; 1932 Beauftragter Hitlers für den Arbeits-

dienst, ab 1933 Staatssekretär für den Arbeitsdienst, den er 1935 zum Reichsarbeitsdienst
ausbaute und 1934–45 als Reichskommissar
für den Arbeitsdienst (Reichsarbeitsführer)
leitete; 1949 zu 5 Jahren Arbeitslager verurteilt.

hiero..., Hiero..., hier..., Hier... [hi-
e...; griech.], Bestimmungswort von Zusammensetzungen mit der Bed. „heilig", z. B. Hierarchie.

Hierodulen [hi-e...; griech.], Bez. für die
im Sklavenstand von einer Gottheit abhängi-
gen Personen. H. sind nachweisbar in altoriental. u. antiken Kulten, wobei es sich um
Diener (Priester, Prostituierte bes. in kleinasiat. Kulten) und Siedler auf Tempelland
handeln kann.

Hieroglyphen [hi-e...; zu griech. hiero-
glyphiká (grámmata) „heilige Schriftzeichen"], Schriftzeichen, die die Form von Bildern haben (↑ auch Bilderschrift), bes. in Ägypten üblich (↑ ägyptische Schrift). Auch einige
andere Schriften werden als H. bezeichnet,
u. a. die Schriften der Hieroglyphenhethiti-
schen, die der Harappakultur, der Mayakultur, der Osterinsel.

Hieroglyphenhethitisch [hi-e...], eine
der anatol. Sprachen, durch die Hethiter seit
etwa 1 500 v. Chr. in der Wort-Silben-Schrift
der sog. hethit. Hieroglyphen überliefert.

Hierokratie [hi-e...; griech.], Bez. für
Priesterherrschaft; Wahrnehmung staatl.
Herrschaftsfunktionen vorwiegend durch
kirchl. Amtsträger (**Gottesstaat**), z. B. im Kirchenstaat und im Cäsaropapismus.

Hieromantie (Hieroskopie) [hi-e...;
griech.], die Kunst des Weissagens aus [Tier]-
opfern.

Hieron, Name zweier Tyrannen von Syrakus:

H. I., * um 540, † 466, Tyrann von Gela

(seit 485) und Syrakus (seit 478). - Nachfolger
seines Bruders Gelon; gründete 475 Ätna (=
Catania) auf Sizilien; durch Pindar gefeiert,
an seinem Hofe hielten sich Simonides von
Keos, Bakchylides und Aischylos auf.

H. II., * Syrakus 306, † ebd. 215, Tyrann
von Syrakus (seit 275). - Später offiziell mit
unumschränkter Vollmacht ausgestattet
(Strategos autokrator) und 269 zum König
ausgerufen, suchte seine Macht durch Verbindungen zur hellenist. Welt zu sichern; trat
im 1. Pun. Krieg auf die Seite Roms, dem
er auch im 2. Pun. Krieg die Treue hielt.

Hieron ↑ Makron.

Hieronymus [hi-e...], männl. Vorname
griech. Ursprungs, eigtl. „der mit hl. Namen"
(griech. hierós „heilig" und ónyma, ónoma
„Name"); frz. Form Jérôme, engl. Gerome.

Hieronymus, Sophronius Eusebius [hi-
e...], hl., * Stridon (Dalmatien) um 347, † Bethlehem 30. Sept. 420 (419?), lat. Kirchenvater
und -lehrer. - Nach dem Studium in Rom
lebte H. 375–378 als Einsiedler in der Wüste
Chalcis (bei Aleppo). 382 erhielt er in Rom
von Papst Damasus I. den Auftrag zur Neu-
bearbeitung der lat. Bibel (↑ Vulgata). Seit 385
lebte er in Bethlehem, wo er ein Männer-
und drei Frauenklöster leitete. H. zählt zu
den bedeutendsten Gelehrten seiner Zeit, der
neben der Vulgata viele wichtige theolog. und
histor. Werke verfaßte und zahlr. griech. Werke ins Lateinische übersetzte. - Fest: 30. Sept.

Hieronymus [Joseph Franz de Paula]
Graf von Colloredo-Waldsee [hi-e...], * Wien
31. Mai 1732, † ebd. 20. Mai 1812, Fürsterzbi-
schof von Salzburg (seit 1772). - H. war ein
Vertreter des Staatskirchentums, ein über-

Edward Hicks, Das Reich des Friedens
(um 1833). Buffalo, Albright-Knox
Art Gallery

zeugter Verfechter des Febronianismus und maßgebl. beteiligt an der Emser Punktation.

Hieronymus [hi-e...] (Jeronym) **von Prag,** * Prag 1360, † Konstanz 30. Mai 1416, tschech. Laientheologe. - H. wurde in Prag seit 1407 mit J. Hus Wortführer des Wyclifismus und entschiedener Gegner der Deutschen; auf dem Konstanzer Konzil zum Feuertod verurteilt.

Hierro [span. 'jɛrrɔ], westlichste der Kanar. Inseln, 278 km², im Mal Paso 1 501 m hoch, Hauptort Valverde. - Der Meridian seines westlichsten Punktes, **Kap Orchilla** (18° 20′ w. L.), wurde von Mercator als 1. Meridian gebraucht, der die Erde in eine westl. und eine östl. Hälfte trennte.

hieven [zu engl. to heave „heben"], seemänn. Ausdruck für: eine Last mittels einer Hebevorrichtung heben, auf- oder einziehen.

Hi-Fi [engl. 'haɪ'faɪ, 'haɪ'fi], Abk. für engl.: ↑ High-Fidelity.

Hifthorn [zu frühneuhochdt. hift „Jagdruf mit dem Jagdhorn"] (Hüfthorn), ma. Signalhorn von Hirten, Wächtern, Kriegern und Jägern, urspr. aus einem Stierhorn, später aus Metall.

high [engl. 'haɪ], in euphor. Stimmung; in euphorieähnl. Zustand nach dem Genuß von Rauschgift.

High Church [engl. 'haɪ 'tʃəːtʃ „hohe Kirche"] ↑ anglikanische Kirche.

High-Fidelity [engl. 'haɪfɪ'dɛlɪtɪ „hohe (Wiedergabe)treue"], Abk. Hi-Fi, Bez. für eine Technik der [stereophon., quadrophon.] Aufnahme und Wiedergabe von Schallereignissen, die höchsten Qualitätsansprüchen genügt: Der vom Wiedergabegerät erzeugte Klang soll sich von dem des Originals [im Aufnahmestudio] nur noch mit Hilfe exakter Messungen unterscheiden lassen.

High-key-Technik [engl. 'haɪkɪ: „hohe Tonart"], photograph. Positivtechnik, mit der hell in hell abgestufte Bilder ohne dunklere Tonwerte und Schwärzen erzielt werden.

Highland [engl. 'haɪlənd], Region in NW-Schottland.

Highlands [engl. 'haɪləndz], Bez. für das schott. Hochland nördl. der Linie Dumbarton–Stonehaven. Die H. zeichnen sich durch weite Verebnungsflächen aus, die von Härtlingen überragt werden. Verbreitet sind Grasländer, Heiden und Moore. Der von der O- zur W-Küste reichende, über 90 km lange tekton. Graben **Glen More,** der von einer Seenkette erfüllt ist (u. a. Loch Ness), trennt die North West H. im N von den Grampian Mountains im S. Die both **North West Highlands** haben rd. 270 km N–S-Erstreckung, sie erreichen 1 150 m ü. d. M. In den **Grampian Mountains** liegt der höchste Berg der Brit. Inseln (Ben Nevis, 1 343 m ü. d. M.).

Highlife ['haɪlaɪf; engl. „hohes Leben"], exklusives Leben reicher Gesellschaftsschichten; auch Bez. für Ausgelassenheit.

Hieroglyphen vom Grabmal des Königs Rechmirê im Tal der Könige in Theben (um 1410 v. Chr.)

Highness [engl. 'haɪnɪs „Hoheit"], Titel, der bis Heinrich VIII. dem engl. König vorbehalten war; His [Her] Royal H. (in der Anrede: Your Royal H.) heute Titel der brit. königl. Prinzen und Prinzessinnen.

High School [engl. 'haɪ ˌskuːl „hohe Schule"], in den USA Bez. der weiterführenden Schule, schließt an die 6. Klasse der Elementary School (Grundschule) an. Sie gliedert sich meist in eine dreijährige Junior und Senior H. S. Neben der sechsjährigen H. S. besteht eine vierjährige H. S., die auf der 8. Klasse der Elementary School aufbaut.

Highsmith, Patricia [engl. 'haɪsmɪθ], * Fort Worth (Texas) 19. Jan. 1921, amerikan. Schriftstellerin. - Verf. aktionsarmer, psycholog. Kriminalromane, in denen sie das Abund Hintergründige der (bürgerl.) Existenz offenlegt; bed. v. a. die „Ripley"-Romane; auch Erzählungen mit Horroreffekten.

High-Society [engl. 'haɪ sə'saɪɪtɪ „hohe Gesellschaft"], Bez. für die gesellschaftlich nach „unten" relativ abgekapselte, gesellschaftl. Oberschicht.

High-Speed-Photographie [engl. 'haɪ 'spiːt], svw. ↑ Hochgeschwindigkeitsphotographie.

High-Tech [engl. 'haɪtɛk; Kw. aus engl. high technology], svw. Spitzentechnologie, Technologie, in der neueste Forschungsergebnisse angewandt und/oder neuentwickelte Verfahren, Materialien, Bauteile u. a. (insbes. aus dem Bereich der Mikroelektronik) eingesetzt werden.

Highway

Highway [engl. 'haɪwɛɪ „hoher Weg"], engl. Bez. für Haupt- oder Landstraße; amerikan. Bez. für Autobahn.

High Wycombe [engl. 'haɪ wɪkəm], südengl. Stadt in den Chiltern Hills, Gft. Buckingham, 60 500 E. Holzwirtsch. Forschungszentrum. Neben London Mittelpunkt der brit. Möbelind. - 1086 erstmals erwähnt, seit König Heinrich II. (1154–89) Stadt.

Hijacker [engl. 'haɪdʒəkə „Straßenräuber"], jemand, der ein Flugzeug während des Fluges in seine Gewalt bringt, um dadurch bestimmte Forderungen durchzusetzen (Luftpirat).

Hikmet, Nazim (Nâzım Hikmet Ran), * Saloniki 20. Jan. 1902, † Moskau 3. Juni 1963, türk. Schriftsteller. - Mgl. der illegalen türk. KP; radikaler Erneuerer der türk. Lyrik; schrieb auch soziale Romane und Bühnenstücke, beeinflußt von Expressionismus, Dadaismus und von Majakowski. In dt. Übers. u. a. „Türk. Telegramme" (Ged., 1956), „Gedichte" (1959), „Legende von der Liebe", „Josef in Egyptenland" (Schauspiele, 1962).

Hilarion von Kiew † Ilarion.

Hilarius von Poitiers, hl., * Poitiers um 315, † ebd. 367, Kirchenlehrer und Bischof von Poitiers (seit etwa 350). - Entschiedener Verteidiger des Glaubensbekenntnisses von Nizäa, trat mutig gegen den arian. Kaiser Konstantius auf. Sein theolog. Hauptwerk sind die 12 Bücher „Über die Dreifaltigkeit". H. ist bed. für das Bekanntwerden der Hymnodie in der abendländ. Kirche.

Hilbert, David, * Königsberg (Pr) 23. Jan. 1862, † Göttingen 14. Febr. 1943, dt. Mathematiker. - 1892–95 Prof. in Königsberg, dann in Göttingen. H. hat auf zahlr. Gebieten der Mathematik entscheidende Anstöße gegeben. Er arbeitete zunächst über die Invariantentheorie. Grundlegend war seine 1897 veröffentlichte „Theorie der algebraischen Zahlkörper", worin er die algebraische Zahlentheorie unter neuen Gesichtspunkten einheitl. darstellte. Von weitreichendem Einfluß war der axiomat. Aufbau der Geometrie, die er in seinem berühmten Werk „Grundlagen der Geometrie" (1899, ¹²1977) gab. Bedeutende Beiträge zur Analysis sind seine Arbeiten über Integralgleichungen (Einführung des für die Funktionalanalysis grundlegenden Begriffs des Hilbert-Raums), Integraltransformationen und Variationsrechnung. In den folgenden Jahren beschäftigte sich H. auf dem Gebiet der Physik mit Problemen der kinet. Gastheorie (Lösung der Boltzmann-Gleichung) und Relativitätstheorie (Variationsprinzip für die Einsteinschen Gleichungen). Schließl. wandte er sich, veranlaßt durch die sich verschärfende Grundlagenkrise in der Mathematik, wieder der Axiomatisierung der Mathematik zu.

Hild, Helmut, * Weinbach (Landkr. Limburg-Weilburg) 23. Mai 1921, dt. ev. Theologe. - 1969–85 Kirchenpräsident der Ev. Kirche in Hessen und Nassau, 1973 stellv. Ratsvorsitzender der EKD.

Hilda, Nebenform von † Hilde.

Hildburghausen, Krst. am S-Fuß des Thüringer Waldes, Bez. Suhl, DDR, 381 m ü. d. M., 11 300 E. Mittelpunkt eines landw. Umlands. - Stadtrecht seit 1331. H. war 1680–1826 die Residenzstadt des Hzgt. Sachsen-Hildburghausen. - Geschlossenes Stadtbild mit Bauten des 16.–19. Jh., u. a. Rathaus (1572 erneuert) am rechteckigen Markt.
H., Landkr. im Bez. Suhl, DDR.

Hilde (Hilda), alter dt. weibl. Vorname, Kurzform von Namen, die mit „Hilde-" oder „-hilde" gebildet sind, z. B. Hildegard oder Mathilde.

Hildebrand, alter dt. männl. Vorname (althochdt. hilt[j]a „Kampf" und brant „[brennenden Schmerz verursachende] Waffe, Schwert").

Hildebrand, german.-dt. Sagengestalt, Waffenmeister Dietrichs von Bern, literar. Figur v. a. im althochdt. „Hildebrandslied" und im mittelhochdt. „Nibelungenlied".

Hildebrand † Gregor VII., Papst.

Hildebrand, Adolf von, * Marburg a. d. Lahn 6. Okt. 1847, † München 18. Jan. 1921, dt. Bildhauer. - Traf in Rom H. von Marées, in Berlin C. Fiedler. Nahm antike und Renaissancewerke als Vorbild und gelangte mit Hilfe genauer Naturstudien zu einer neuen Klassizität freierer Prägung. Durch seine ausgesprochen tekton. Begabung wurde H. v. a. auf den Gebiete der Brunnen und Denkmäler, zu denen er die Architektur stets selber geschaffen hat, führend (Wittelsbacher-[1895] und Hubertusbrunnen [1907] in München). Auch Bildnisbüsten, Medaillen. H. Werk blieb für die dt. Plastik bis Mitte des 20. Jh. weithin prägend. Bed. kunsttheoret. Schriften („Das Problem der Form in der bildenden Kunst", 1893). - *Weitere Werke:* Trinkender Knabe (1870–73; Berlin, Museumsinsel), Nackter Jüngling (1884; ebd.).

Hildebrandslied, einziges althochdt. Beispiel eines german. Heldenliedes; erhalten sind 68 nicht immer regelmäßig gebaute stabgereimte Langzeilen in einer althochdt.-altsächs. Mischsprache; der Schlußteil fehlt. Die trag. Begegnung des aus der Verbannung heimkehrenden Hildebrand mit seinem ihn nicht erkennenden Sohn Hadubrand spielt vor den geschichtl. Hintergrund der Ostgotenherrschaft in Italien. Das H. wurde Anfang des 9. Jh. in Fulda von zwei Mönchen in karoling. Minuskel, gemischt mit insularen Schriftformen, auf der ersten und letzten Seite einer theolog. Sammelhandschrift eingetragen (Die überlieferte Fassung geht auf eine bair. Bearbeitung eines langobard. Urliedes zurück. Die Handschrift befindet sich heute in der Landesbibliothek Kassel.

Das **Jüngere Hildebrandslied,** in gereimten

Strophen abgefaßt, ist eine Ballade in volksliedhaftem Stil mit humorist.-burlesken Zügen, sie endet versöhnlich. Die Urfassung wird Anfang des 13. Jh. angesetzt.

Hildebrandt, Dieter, * Bunzlau 23. Mai 1927, dt. Schauspieler und Kabarettist. - Begr. 1955 das Studentenkabarett „Die Namenlosen", 1956 mit S. Drechsel (* 1925, † 1986) die „Münchner Lach- und Schießgesellschaft"; erfolgreich v. a. als Texter und mit zeitkrit. Monologen, u. a. in der ZDF-Sendung „Notizen aus der Provinz" (1973–79) und in seinem Live-Fernseh-Kabarett „Scheibenwischer" (seit 1980).

H. (Hildebrand), Johann Lucas von (seit 1720), * Genua 14. Nov. 1668, † Wien 16. Nov. 1745, östr. Baumeister. - Schuf bed. Schloß-, Palais- und Stiftsbauten, u. a. Umbau von Schloß Weißenstein in Pommersfelden (1711 ff.) und in Wien Unteres und Oberes Belvedere für Prinz Eugen (1714–16 bzw. 1721–23), Palais Schönborn (1710–11), Palais Daun-Kinsky (1713–16) sowie von G. Guarini beeinflußte Kirchenbauten, auch einfache Wohnbauten. Zus. mit J. B. Fischer von Erlach ist H. der Hauptvertreter des östr. Hochbarock.

H. (Hildebrand), Zacharias, * Münsterberg (Schlesien) 1688, † Dresden-Neustadt 11. Okt. 1757, dt. Orgel- und Instrumentenbauer. - Schüler von G. Silbermann; baute u. a. Orgeln in Störmthal bei Leipzig (1723) und Naumburg (Sankt Wenzel, 1743–46). Sein Sohn *Johann Gottfried* (* um 1720, † 1775) baute die berühmte dreimanualige Orgel der Michaeliskirche in Hamburg (1762–70).

Hildegard, alter dt. weibl. Vorname (althochdt. hilt[j]a „Kampf"; Herkunft des 2. Bestandteils unklar).

Hildegard von Bingen, hl., * 1098, † Kloster Rupertsberg bei Bingen 17. Sept. 1179, dt. Mystikerin. - Trat als Benediktinerin ins Kloster Disibodenberg an der Nahe ein und gründete zw. 1147 und 1150 das Kloster Rupertsberg bei Bingen. Hatte schon in ihrer Kindheit Visionen, die sie ab 1141 in lat. Sprache niederschrieb. Neben diesen myst. Schriften entstanden homilet.-exeget. und histor. Abhandlungen, 70 selbstvertonte geistl. Lieder, außerdem naturkundl. Bücher, v. a. das in zwei Teilen überlieferte Werk „Liber subtilitatum diversarum naturarum creaturarum", das die wichtigste Quelle naturkundl. Kenntnisse des frühen MA in M-Europa ist. - Fest: 17. Sept.

Hildegunde, alter dt. weibl. Vorname (althochdt. hilt[j]a „Kampf" und gund „Kampf").

Hilden, Stadt am W-Rand des Berg. Landes, NRW, 45–55 m ü. d. M., 53 700 E. Inst. für die öff. Verwaltung von NRW; u. a. Eisen- und Metallverarbeitung. - 1074 erstmals erwähnt; war in kurköln. Besitz und kam 1803 an das Hzgt. Berg.

Hildesheim, Krst. an der Innerste, Nds., 89 m ü. d. M., 102 100 E. Verwaltungssitz des Landkr. H.; kath. Bischofsitz; mehrere Fachhochschulen, Predigerseminar der Ev.-luth. Landeskirche Hannovers; u. a. Roemer-Pelizaeus-Museum mit ägypt. Sammlung, Bibliotheken, Stadttheater, Behörden. 1928 durch einen Stichkanal an den Mittellandkanal angeschlossen. Elektrotechn. Ind., Eisen- und Metallgießerei, Herstellung von Herden, Küchen, Molkereimaschinen, Tapeten; Großkoch- und Wäschereianlagen. - Beim Innersteübergang des Hellwegs entstand am heutigen Alten Markt vermutl. im 8. Jh. eine Kaufmannssiedlung. Sie erlebte unter Bischof Bernward eine kulturelle und wirtschaftl. Blüte (um 1000 Marktrecht); 1217 erstmals Stadt, 1367 Hanse-Mgl. - Der Baubestand wurde im 2. Weltkrieg stark beschädigt. Der Dom wurde in der Form des Hezilo-Domes (1054–79) wiederaufgebaut, erhalten die berühmten Bronzetüren Bischof Bernwards (1015). Sankt Michael wurde in der Form des otton. Bernwardbaues (um 1010–33) wiederaufgebaut, in der Krypta der Bernwardsarkophag. Weitere roman. Kirchen sind Sankt Godehard (1172 geweiht), Sankt Mauritius (11. Jh.) mit Kreuzgang (12. Jh.), Heilig Kreuz (11. Jh.); spätgot. ist die Andreaskirche (1389 ff., wiederaufgebaut). Das Knochenhaueramtshaus (1529), einst der bedeutendste Fachwerkbau Deutschlands, ist zerstört; wiederaufgebaut wurden das Rathaus (im Kern 13. Jh.) und die got. Fassade des Tempelhauses. Moderne Bauten sind u. a. das Gymnasium Andreaneum (1960–62) und die Zwölf-Apostel-Kirche (1964–67). - Abb. Bd. 5, S. 176.

H., Landkr. in Niedersachsen.

H., Bistum, umfaßt Teile der Länder Bremen, Hamburg, Niedersachsen und des früheren Landes Sachsen-Anhalt (DDR). - ↑ auch katholische Kirche (Übersicht).

H., ehem. Fürstbistum; 815 gegr., der Kirchenprov. Mainz zugeteilt; erlebte seinen Höhepunkt unter dem gelehrten und kunstliebenden Bischof Bernward. In der **Hildesheimer Stiftsfehde** (1519–23) kam der größere Teil des Hochstifts (das sog. Große Stift) an die welf.-braunschweig. Herzöge von Calenberg und Wolfenbüttel. - Kurfürst Ferdinand von Köln konnte als Bischof von H. (seit 1612) das „Große Stift" 1643 zurückgewinnen. Das Hochstift kam 1803 an Preußen; 1807 mit dem Kgr. Westfalen vereinigt; 1813 zu Hannover, mit diesem 1866 an Preußen.

Hildesheimer, Wolfgang, * Hamburg 9. Dez. 1916, dt. Schriftsteller. - Lebte in der Emigration 1933–36 in Palästina, 1937–39 in London; 1946–49 Simultandolmetscher bei den Nürnberger Prozessen; gehörte zur Gruppe 47. H. veröffentlichte zunächst Kurzprosa („Lieblose Legenden", 1952), einen Roman („Paradies der falschen Vögel", 1953) und zahlr. Hörspiele und Bühnenstücke. Er-

Hildesheimer Silberfund

probt literar. Redeformen in versch. Gattungen, so den Monolog im Theaterstück („Nachtstück", 1963) und in der Erzählprosa („Tynset", 1965), und gibt oft mehrere Fassungen („Prinzessin Turandot", Hsp.-Fassung 1954, Bühnenfassung 1955 u. d. T. „Der Drachenthron", Neufassung 1961 u. d. T. „Die Eroberung der Prinzessin Turandot"). Seine Dramen zählen z. T. zum absurden Theater; häufig parodist. Elemente. - *Weitere Werke:* Vergebl. Aufzeichnungen (1963), Zeiten in Cornwall (autobiograph. Aufzeichnungen, 1971), Masante (R., 1973), Mozart (Biogr., 1977), Exerzitien mit Papst Johannes (Prosa, 1979), Marbot (Biogr. 1981), Mitteilungen an Max über den Stand der Dinge ... (1983).

Hildesheimer Silberfund, wohl Anfang des 1. Jh. n. Chr. vergrabener Schatz: 69 reichverzierte Gefäße und Geräte aus der Zeit des Kaisers Augustus, gall., röm. und griech. Arbeiten.

Hilfeleistung ↑unterlassene Hilfeleistung.

Hilfen, Einwirkungen zur Übermittlung von Befehlen des Reiters an das Pferd (Schenkeldruck, Sporen, Zügel, Gewicht).

Hilferding, Rudolf, * Wien 10. Aug. 1877, † Paris 11. Febr. 1941, östr.-dt. Sozialwissenschaftler, Politiker und Publizist. - Arzt; 1907–16 Redakteur am „Vorwärts"; schloß sich als Pazifist der USPD an, nach seiner Rückkehr in die SPD (1922) Mgl. des Parteivorstandes (bis 1933); 1923 sowie 1928/29 Reichsfinanzmin.; 1924–33 MdR; arbeitete nach der Emigration im Exilvorstand der SPD; lebte seit 1938 in Frankr.; starb nach Selbstmordversuch in der Gestapohaft; zahlr. theoret. Schriften zum Austromarxismus.

Hilfsarbeiter, Arbeiter, der keine bes. Ausbildung besitzt und nicht angelernt ist.

Hilfsbeamte der Staatsanwaltschaft, bestimmte Beamtengruppen, denen auf Grund von RVO der Landesjustizverwaltungen Ermittlungsbefugnisse verliehen sind, die sonst nur Richtern oder Staatsanwälten zustehen (z. B. körperl. Untersuchungen [Blutproben], Beschlagnahme, Durchsuchung). Die H. d. S. unterstehen der Sachweisungsbefugnis der Staatsanwaltschaft ihres Bezirks. Zu den H. d. S. zählen Mgl. des Bundesgrenzschutzes, der Zollverwaltung, der Bahnpolizei, der Bundespost, der Kriminal-, Wasserschutz-, Ordnungs- und Bereitschaftspolizei, der Gendarmerie, der Forst-, Jagd- und Fischereiverwaltungen.

Hilfskassen (Hilfsvereine), im 19. Jh. gegr. Vorläufer der Krankenversicherung, auf Freiwilligkeit und Gegenseitigkeit beruhend, 1878 nachträgl. gesetzl. geregelt, konnten nach Einführung der gesetzl. Krankenversicherung teils als Ersatzkassen weiterbestehen oder wurden zu privaten Versicherungsvereinen auf Gegenseitigkeit.

Hilfsmittel, im Sozialversicherungsrecht die zum Ausgleich bestehender körperl. Defekte dienenden sächl. Mittel, die an die Stelle der in ihrer Funktion beeinträchtigten Organe oder Gliedmaßen treten, z. B. Prothesen, Hörgeräte; werden von der gesetzl. Krankenversicherung und der gesetzl. Unfallversicherung gewährt.

Hilfspfändung ↑Pfändung.

Hilfsschule, frühere Bez. für ↑Sonderschulen.

Hilfstriebwerk, ein in größeren Flugzeugen eingebautes Gasturbinenaggregat, das die erforderl. Druckluft zum Anlassen der Hauptriebwerke und die nötige Antriebsenergie für die elektr. und hydraul. Bordsysteme liefert, wenn kein Hauptriebwerk arbeitet; durch das H. wird das Flugzeug unabhängig von den verschiedenen Bodenversorgungsanlagen der Flughäfen.

Hilfsverb (Auxiliarverb, Hilfszeitwort), Verb, das nur in Verbindung mit einem anderen Verb (Vollverb) bestimmte Funktionen erfüllt und dabei keine eigene lexikal. Bedeutung hat, z. B. Ich *habe* geschlafen. Ich *bin* gelaufen. H. können auch als Vollverben gebraucht werden (Ich *habe* kein Geld. Er *wird* Tischler).

Hilfsvereine, svw. ↑Hilfskassen.

Hilfswerk der Evangelischen Kirche in Deutschland ↑Diakonisches Werk - Innere Mission und Hilfswerk der Evangelischen Kirche in Deutschland.

Hilfswerk für behinderte Kinder, durch Gesetz von 1971 eingerichtete Stiftung des öffentl. Rechts. Zweck der Stiftung ist es, Leistungen an Behinderte zu erbringen, deren Fehlbildungen mit der Einnahme thalidomidhaltiger Präparate der Firma Chemie Grünenthal GmbH in Stolberg durch die Mutter während der Schwangerschaft in Verbindung gebracht werden können (↑auch Conterganprozeß) und Behinderten, v. a. unter 21 Jahren, durch Förderung von Einrichtungen, Forschungs- und Erprobungsvorhaben Hilfe zu gewähren, um ihre Eingliederung in die Gesellschaft zu fördern. Das Stiftungsvermögen besteht aus 150 Mill. DM, die der Bund zur Verfügung stellt, und 100 Mill. DM, zu deren Zahlung die Firma Chemie Grünenthal GmbH sich verpflichtet hat.

Hilfswissenschaft, im weiteren Sinn jede Wiss., insofern ihre Methoden und Ergebnisse von einer anderen Wiss. herangezogen werden, z. B. Physik, Chemie, Botanik, Zoologie als Fächer des medizin. Vorexamens („Physikum"). Daneben gibt es Wiss., deren Hauptfunktion im Bereitstellen von Methoden und Kenntnissen für andere Wiss. liegt, solche H. i. e. S. sind z. B. Statistik oder die ↑historischen Hilfswissenschaften.

Hilfszeitwort, ↑svw. Hilfsverb.

Hilkija, Hoherpriester am Tempel zu Jerusalem, der Ende des 7. Jh. v. Chr. das Deuteronomium gefunden und somit die Gesetzesgrundlage für die Reform des Jahwekultes unter Josia (josian. [deuteronom.] Reform) erbracht hat.

Hill [engl. hıl], Archibald [Vivian], * Bristol 26. Sept. 1886, † Cambridge 3. Juni 1977, brit. Physiologe. - Prof. in Manchester und London; erhielt für seine Untersuchungen der energet. Vorgänge bei der Muskelzusammenziehung 1922 gemeinsam mit O. F. Meyerhof den Nobelpreis für Physiologie oder Medizin.

H., David Octavius, * Perth 1802, † Edinburgh 17. Mai 1870, schott. Maler und Photograph. - Schuf mit Hilfe von photograph. Vorlagen 1843 ff. ein Riesengruppenbild und machte zus. mit R. Adamson (* 1821, † 1848) etwa 1 500 psycholog.-künstler. erfaßte Porträtaufnahmen.

Hilla, Al, irak. Stadt 100 km südl. von Bagdad, 85 000 E. Hauptstadt des Verw.-Geb. Babylon. Nahebei die Ruinen von † Babylon.

Hillary, Sir (seit 1953) Edmund Percival [engl. 'hılərı], * Auckland 20. Juli 1919, neuseeländ. Bergsteiger. - Zus. mit dem Sherpa Tenzing Norgay am 29. Mai 1953 Erstbesteiger des Mount Everest. Leiter der neuseeländ. Antarktisexpedition (Nov. 1957–März 1958), die den Südpol auf dem Landweg erreichte; weitere Himalajaexpeditionen 1960/61, 1963 und 1964; 1977 Ganges-Expedition.

Hillbilly[music] [engl. 'hılbılı ('mju:zık]; zu amerikan. hillbilly „Hinterwäldler"], Bez. für die weiße (euro-amerikan.), ländl. Volksmusik.

Hillebille [niederdt.], bis ins 19. Jh. v. a. im Harz gebräuchl. Schlagbrett, eine an Schnüren freihängende Tafel, die mit zwei hölzernen Klöppeln angeschlagen wurde. Die H. diente Signalzwecken.

Hillebrand, Karl, * Gießen 17. Sept. 1829, † Florenz 19. Okt. 1884, dt. Publizist. - H. nahm als Student am bad. Aufstand 1849 teil, lebte danach in Frankr. (zeitweise Sekretär H. Heines) und seit 1870 in Italien. Gilt als der führende dt. Essayist seiner Zeit, u. a. „Zeiten, Völker und Menschen" (7 Bde., 1874–85).

Hillebrecht, Rudolf, * Hannover 26. Febr. 1910, dt. Architekt. - 1933/34 Zusammenarbeit mit W. Gropius; 1937 bis 1944 Leiter des Architektenbüros K. Gutschow in Hamburg. Seit 1948 Leiter der städt. Bauverwaltung in Hannover, ist die Neugestaltung der Stadt nach den Zerstörungen des 2. Weltkriegs als beispielhaftes Konzept seine wichtigste Leistung (Erweiterung der Stadtplanung zur Regionalplanung).

Hillel, mit dem Ehrennamen „der Alte", * in Babylonien um 60 v. Chr., † in Palästina um 10 n. Chr., Präsident (Nasi) des Synedrions. - Bed. rabbin. Gesetzeslehrer, der durch die Einführung von festen Auslegungsregeln (Middot) einen wesentl. Beitrag zur Thoraexegese leistete; nach H. läßt sich das Gesetz in der „Goldenen Regel" zusammen-

fassen; sein Gegner war † Schammai.

Hiller, Ferdinand von (seit 1875), * Frankfurt am Main 24. Okt. 1811, † Köln 11. Mai 1885, dt. Dirigent und Komponist. - Wirkte als Dirigent in Frankfurt am Main, Leipzig, Dresden, Düsseldorf und Köln. Als Komponist mit Kammer- und Klaviermusik erfolgreich; bed. auch als Musikschriftsteller.

H., Johann Adam, * Wendisch Ossig bei Görlitz 25. Dez. 1728, † Leipzig 16. Juni 1804, dt. Komponist. - Gründete 1763 sog. Liebhaberkonzerte, wurde 1781 Kapellmeister der Gewandhauskonzerte und 1789 Kantor der Thomasschule in Leipzig. Seine vielbeachteten dt. Singspiele (u. a. „Der Teufel ist los", 1766; „Lottchen am Hofe", 1767; „Die Liebe auf dem Lande", 1768; „Die Jagd", 1770) und ein umfangreiches Liedschaffen beeinflußten die Entwicklung beider Gattungen nachhaltig. Auch bed. als Musikschriftsteller.

H., Kurt, * Berlin 17. Aug. 1885, † Hamburg 1. Okt. 1972, dt. Publizist, Kritiker und Essayist. - Als revolutionärer Pazifist von den Nationalsozialisten verhaftet; 1934 Flucht ins Ausland, seit 1955 in Hamburg; eigenwilliger Vertreter einer sozialist. Staats- und Gesellschaftsordnung; bediente sich einer exakten, schlagkräftigen, zuweilen provozierend scharfen Sprache. - *Werke:* Die Weisheit der Langenweile (1913), Verwirklichung des Geistes im Staat (1925), Profile (1938), Ratio-aktiv (1966), Leben gegen die Zeit (Erinnerungen, 1969–73).

Hillerød [dän. 'hilər̞ø:'ð], Hauptstadt der dän. Amtskommune Frederiksborg, auf Seeland, 33 400 E. Verkehrsknotenpunkt. - Seit 1606 Stadt.

Hillery, Patrick John [engl. 'hılərı], * in der Gft. Clare 2. Mai 1923, ir. Politiker. - Arzt; seit 1951 Mgl. des ir. Parlaments; 1959–65 Erziehungsmin., 1965/66 Min. für Ind. und Handel, 1966/69 Arbeits-, 1969–72 Außenmin.; seit 1976 Staatspräsident.

Hilmar, männl. Vorname, Kurzform von Hildemar.

Hilo [engl. 'hi:loʊ] † Hawaii (Insel).

Hilpert, Heinz, * Berlin 1. März 1890, † Göttingen 25. Nov. 1967, dt. Regisseur. - 1926–32 Oberregisseur am Dt. Theater in Berlin; übernahm 1934 die Reinhardtbühne in Berlin, 1938 auch in Wien. 1950–56 Intendant in Göttingen.

Hilpoltstein, Stadt im Vorland der Fränk. Alb, Bay., 383 m ü. d. M.. 9 700 E. - Im 14. Jh. gegr., fiel 1505 an Pfalz-Neuburg. - Die spätgot. Stadtpfarrkirche wurde 1731 barokkisiert; Burg (13. Jh., später umgestaltet) z. T. erhalten.

Hilsenrath, Edgar, * Leipzig 2. April 1926, dt. Schriftsteller. - Er lebte als Kind in Rumänien im Ghetto und KZ; 1951–74 in den USA. Behandelt in seinen Werken die Massenvernichtung der Juden zur Zeit des NS: „Nacht" (1964, 1978), „Der Nazi und der Friseur" (1971 in engl. Übers., dt. 1977), „Zibulski oder Antenne im Bauch" (R., 1983).

Hiltraud (Hiltrud), alter dt. weibl. Vorname (althochdt. hilt[j]a „Kampf" und -trud „Kraft, Stärke").

Hilum [lat. „kleines Ding"] (Nabel), Botanik: die Stelle, an der die Samenanlage dem Samenstiel (Funiculus) ansitzt.

Hilus [zu lat. hilum „kleines Ding"], kleine Einbuchtung oder Vertiefung an einem Organ als Aus- oder Eintrittstelle für Gefäße, Nerven oder röhrenartige Bildungen (wie Bronchien, Harnleiter).

Hilversum [niederl. 'hɪlvərsʏm], niederl. Stadt in Nordholland, Zentrum des Gooi, 86 100 E. Museum, Bibliothek; Pferderennbahn; Sitz mehrerer Rundfunk- und Fernsehgesellschaften, Villenstadt, Pendlerwohngemeinde; Textil-, Pharma- u. a. Ind. - Bed. das Neue Rathaus (1928–31).

Hilwan (Heluan), ägypt. Stadt 25 km ssö. von Kairo, 203 000 E. Polytechnikum, astronom. und meteorolog. Observatorium. Eisenhütten- und Stahlwerk, Zement- und Metallind.; nahebei, in Wadi Hauf, Automobilwerk. Kurort (Rheuma, Hautkrankheiten) mit warmen Schwefel-, Eisen- und Kochsalzquellen. - Fundstätte einer steinzeitl. Nekropole und einer solchen aus der Zeit der 1. und 2. Dyn. (1. Hälfte des 3. Jt. v. Chr.).

Hima, äthiopides Volk, halbnomad. Großviehzüchter, lebt im Zwischenseengebiet O-Afrikas.

Himachal Pradesh [engl. hɪ'mɑːtʃəl prə'dɛɪʃ], ind. B.-Staat, 55 673 km², 4,28 Mill. E (1981), Hauptstadt Simla. Gebirgsland im westl. Himalaja mit mildem Klima und größtem Nadelholzbestand in N-Indien. Bed. Forstwirtschaft, Obst- und Teekulturen.

Himalaja [hi'maːlaja, himaˈlaːja; Sanskrit „Schneewohnung"], mächtigstes Gebirgssystem der Erde, begrenzt den Ind. Subkontinent gegen Tibet und Zentralasien, erstreckt sich vom Durchbruchstal des Indus im W zum Durchbruchstal des Brahmaputra im O, 2 500 km lang, zw. 280 (im NW) und 150 km (im O) breit. Von 10 Achttausendern ist der Mount Everest mit 8 848 m Höhe zugleich der höchste Berg der Erde. Der H. gehört zu Indien, Pakistan, Nepal, Bhutan und China. Der H. wird zu den jungen alpid. Faltengebirgen der Erde gerechnet, doch ist er nach der Theorie der Plattentektonik nicht geosynklinaler Entstehung, sondern das Ergebnis der Kollision der ind. mit der euras. Platte. Das System besteht aus zum größten Teil parallelen Gebirgsketten, die von Längstälern und Hochbecken durchsetzt sind. Vier, im wesentl. W–O bogenförmig verlaufende Hauptgebirgsketten folgen von S nach N: Die **Siwalikketten** erheben sich abrupt über dem Nordind. Tiefland. Sie sind 15–30 km breit und reichen selten über 1 300 m Höhe hinaus. Der

Vorderhimalaja hebt sich nach N steil über die Siwalikketten mit mittleren Höhen zw. 2 000–3 000 m, maximal 4 000 m. Die Hauptkette, der **Hohe Himalaja,** überragt den Vorderhimalaja um rd. 3 000–4 000 m mit den vergletscherten Gipfeln der höchsten Berge der Erde. Die tekton. angelegte südtibet. Längstalfurche, die vom Tsangpo und oberen Indus durchflossen wird, trennt ihn vom **Transhimalaja (Hedingebirge),** der die S-Umrandung des Hochlands von Tibet bildet und sich im wesentl. aus drei Hauptketten zusammensetzt. Er ist durchschnittl. 5 500–6 000 m, im Aling Gangri 7 315 m hoch.

Der H. ist eine Klimascheide größten Ausmaßes. Während die monsunberegnete S-Flanke großenteils 2 000–2 500 mm Niederschlag im Jahresmittel erhält, liegt die N-Abdachung bereits jenseits der klimat. Trockengrenze. Vegetation und Landnutzung sind vertikal gestuft. An der S-Flanke herrschen üppige Berg- und Nebelwälder vor, an der N-Flanke wintertrockene alpine Steppen. Die S-Abdachung wird von Bergbauern dicht besiedelt (Regenfeldbau), der N ist Nomadenland mit sporad. Getreideanbau. Die Waldgrenze liegt im Vorder-H. bei 3 700 m ü. d. M., im hohen H. bei 4 200 m. Die Schneegrenze steigt von 5 000 auf knapp 6 000 m an. Das Gebirgssystem wird nach S entwässert. Die sommerl. gefährl. Hochwasser werden für die Flüsse des westl. H. durch die Schneeschmelze, für die des östl. H. durch den hohen sommerl. Monsunregen verursacht.

📖 *Haffner, W.: Nepal - Himalaya. Wsb. 1979.*

Himalajaglanzfasan ↑ Fasanen.

Himastaaten, ehem. (zu größerer polit. Tragweite nie gelangte) Reiche im ostafrikan. Seengebiet, ben. nach den Hima, die vielleicht im 11. Jh. aus dem Gebiet zw. dem oberen Nil und der O-Küste nach S vordrangen und im 15./16. Jh. im Zwischenseengebiet die dort in kleinen Stammesverbänden lebende, ackerbautreibende Bantu-Bev. (Hutu) überlagerten.

Himation [...tiɔn; griech.], altgriech. Mantel für Männer und Frauen (gelegentl. mit der röm. Toga gleichgesetzt), ein rechteckiges Tuch, wurde über dem Chiton getragen.

Himbeere [zu althochdt. hintperi „Hirschkuhbeere"] (Rubus idaeus), in Europa, N-Amerika und Sibirien heim. Art der Gatt. Rubus; meist an frischen, feuchten Waldstellen und in Kahlschlägen; halbstrauchige, vorwiegend durch Wurzelschößlinge sich vermehrende Pflanze; Sprosse bestachelt, rötl. 1–2 m hoch; Blätter gefiedert; Blüten klein, weiß, in trauben- bis rispenförmigen Blütenständen; Frucht (**Himbeere**) die bes. renartige Sammelsteinfrucht auf verlängerter, weißer Blütenachse, rot (bei Gartenformen auch weiß oder gelb). Die H. wird seit der Jungsteinzeit gesammelt und seit dem MA in vielen Sorten kultiviert. Die Früchte dienen zur Herstellung von Marmeladen und Säften oder werden als Obst frisch gegessen.

Himbeergeist, mit Himbeeren hergestellter Trinkbranntwein.

Himbeerkäfer (Blütenfresser, Byturidae), Fam. kleiner, gelber bis brauner, bes. an Blüten der Himbeere und Brombeere fressender Käfer mit rd. 20 Arten, v. a. in Eurasien, N- und S-Amerika; in M-Europa nur zwei Arten, darunter am häufigsten **Byturus tomentosus:** 3–4 mm lang; Larven fressen in den Früchten der Himbeere **(Himbeermaden, Himbeerwürmer).**

Himbeerzunge (Erdbeerzunge), himbeerartig gerötete Zunge (speziell im Bereich der Zungenspitze) mit Papillenschwellung als charakterist. Zeichen bei Scharlach nach Abstoßung des Zungenbelags am zweiten bis dritten Krankheitstag; gelegentl. auch bei Lebererkrankungen, Nierenbeckenentzündung.

Himedschi, jap. Stadt im westl. Hondo, 449 000 E. Wirtsch. Mittelpunkt der H.ebene, dessen Entwicklung nach Anlage des Hafens **Hirohata** an der Itschimündung begann (nach 1935). - Um 1346 Errichtung einer Burg, im 17. Jh. entwickelte sich daneben eine Stadt.

Himera, westlichste Griechenstadt an der N-Küste Siziliens, 40 km östl. von Palermo; 649 v. Chr. von Zankle gegr.; bei H. 480 v. Chr. Sieg Gelons von Syrakus und Therons von H. über die Karthager; 409 v. Chr. von Karthagern zerstört.

Himmel (Himmelsgewölbe, Firmament), das scheinbar über dem Horizont eines Beobachters liegende „Gewölbe" in Form eines halben Rotationsellipsoids oder flachen Kugelsegments (die Entfernung zum Horizont scheint größer als die zum Zenit zu sein), das auf der als eben empfundenen Erdoberfläche zu ruhen scheint und das in der Astronomie durch eine Halbkugel angenähert wird. - In der Astronomie wird der H. zu einer Vollkugel, der **Himmelskugel,** ergänzt. Diese H.kugel dreht sich scheinbar innerhalb 24 Stunden einmal um die mit der Erdachse zusammenfallende **Himmelsachse,** die den H. in den **Himmelspolen** durchstößt.

Himmel, in mehreren Religionen als die Stätte alles Überirdischen, Transzendenten verstandener und mit Ehrfurcht und Scheu betrachteter Bereich bzw. Zustand. Vorgestellt wird der H. häufig als Zeltdach, als eine vom Weltenbaum, von Pfeilern oder einem Titanen (↑ Atlas) gestützte Kuppel **(Firmament),** als Scheibe (China), als Trennwand zw. oberen und unteren Gewässern (1. Mos. 1,6 f.) oder als ein in mehrere Sphären gegliedertes Gewölbe (Dante). Der Mythos verbindet H. und Erde in der Vorstellung eines elterl. Götterpaares, eines H.vaters und einer Erdmutter. Viele Religionen erblicken im H. den Wohnort eines Hochgottes. Das A. T. kennt den H. als Wohnort Gottes, aber auch als Geschöpf seiner Macht. Das N. T. umschreibt

mit den Begriffen H. und H.reich den Zustand der unmittelbaren Gottesnähe.

Himmelfahrt, als religionswiss. Begriff Bez. für den Aufstieg der Seele des Verstorbenen in den Himmel als den Wohnort der Gottheit; auch für eine temporäre **Himmelsreise** mit anschließender Rückkehr zur Erde angewandt (Islam).

Himmelfahrt Christi, Artikel des christl. Glaubensbekenntnisses (nach Apg. 1, 9–11) über die Auffahrt und Erhöhung Jesu Christi in den Himmel zur Teilnahme an der Macht Gottes. Das Fest **Christi Himmelfahrt** entstand im 4. Jh.; es wird am 40. Tag nach Ostern gefeiert.
Bildende Kunst: Es folgen einander verschiedene Darstellungstypen; frühchristl. und karoling.: Christus wird von der Hand Gottes in den Himmel gehoben; byzantin. und seit dem 6. Jh. auch abendländ. unter Trennung in zwei Zonen: Christus in einer Gloriole, von zwei Engeln begleitet, die Jünger und Maria schauen zu ihm auf; seit dem 11. Jh.: von dem auffahrenden Christus bleibt nur der Rocksaum oder der Fußabdruck im Felsen; seit dem 13. Jh.: Christus wird von einer Wolke getragen oder fährt aus eigener Kraft empor.

Himmelfahrt Marias (Aufnahme Marias in den Himmel, Mariä Himmelfahrt), nach der Lehre die kath. Kirche die Aufnahme Marias, der Mutter Jesu, nach ihrem Tod „mit Leib und Seele" in den Himmel, durch Papst Pius XII. 1950 zum Dogma erhoben. Das Fest Mariä Himmelfahrt wird am 15. Aug. gefeiert. - Im MA ist die Darstellung der H. M. selten, bestimmend wird dann die

Himmelfahrt Christi. Fresko von Giotto di Bondone (1305/06). Padua, Arenakapelle

Himmelsäquator

„Assunta" Tizians (1516–18, Venedig, Frari-kirche), zahlr. Gemälde und auch plast. Ge-staltungen (z. B. von E. Q. ↑Asam) im Barock.

Himmelsäquator ↑Äquator.

Himmelsblau, ↑Himmelslicht.

◆ svw. ↑Azur.

Himmelsglobus (Sternglobus), eine ver-zerrungsfreie Darstellung des Sternhimmels auf der Oberfläche einer Kugel (↑Globus).

Himmelsgucker (Uranoscopidae), Fam. der Barschartigen mit rd. 25 Arten, v. a. in den Küstenregionen trop. und subtrop. Mee-re; plumpe Grundfische mit massigem Kopf, weit nach oben gerückten Augen und großem Maul; graben sich bis auf die Augen in den Sand ein, um auf Beutetiere zu lauern. Im Mittelmeer und Schwarzen Meer kommt der bis 25 cm lange **Sternseher** (Gemeiner H., Meerpfaff, Uranoscopus scoper) vor; Körper braun mit hellen Flecken, nach hinten ver-schmälert.

Himmelsherold (Eritrichum), Gatt. der Rauhblattgewächse mit rd. 30 Arten, v. a. in den Hochgebirgen Asiens und Amerikas. In Europa kommt nur die Art **Eritrichum nanum** auf Urgestein der Alpen und Karpaten sowie des Kaukasus zw. 2 500 m und 3 000 m Höhe vor: 2–5 cm hohe Polsterstaude mit ver-gißmeinnichtähnl. azur- oder himmelblauen Blüten.

Himmelsleiter ↑Jakobsleiter.

Himmelsleiter, svw. ↑Sperrkraut.

Himmelslicht, diffuses, an den Luftmo-lekülen und Aerosolteilchen der Atmosphäre

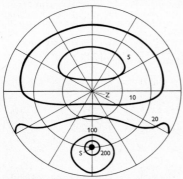

Himmelslicht. Helligkeitsverteilung des Himmelslichts am wolkenlosen Himmel bei einem bestimmten Dunstgehalt (Leuchtdichteangaben in 10^3 cd/m²). S Sonne, Z Zenit

selektiv gestreutes Sonnenlicht; der sichtbare Anteil der Himmelsstrahlung. Das H. ist pola-risiert und besitzt eine veränderl., von ver-schiedenen Faktoren abhängige Helligkeits-verteilung am Himmel. Seine Färbung hängt von der Art der Streuzentren ab. Ist deren Radius klein gegenüber der Wellenlänge des Lichts (Luftmoleküle), so überwiegt infolge ↑Rayleigh-Streuung im H. das kurzwellige blaue Streulicht, das **Himmelsblau.** Je höher der Gehalt der Atmosphäre an Streuzentren mit Durchmessern von der Größenordnung der Lichtwellenlängen (Staubteilchen, Was-sertröpfchen u. a. Aerosolteilchen) ist, desto mehr tritt an die Stelle des Himmelsblaus weißes Licht (infolge ↑Mie-Streuung).

Himmelslichtpolarisation, das Auf-treten von [linear] polarisiertem Licht im Himmelslicht. Der Polarisationsgrad wächst im allgemeinen mit dem Abstand der beob-achteten Stelle des Tageshimmels von der Sonne; er erreicht ein Maximum in etwa 90° Abstand im jeweiligen Sonnenvertikal. - Als **neutrale Punkte** bezeichnet man diejenigen Punkte auf dem Sonnenvertikal, die unpolari-siertes Licht aussenden.

Himmelsmechanik, wichtiges Teilge-biet der *Astronomie;* die Lehre von der Bewe-gung der Himmelskörper unter dem Einfluß ihrer gegenseitigen Massenanziehung (↑Gra-vitation). Gegenstand der H. ist u. a. die *Bahn-bestimmung,* z. B. von Planetenbahnen, aber auch von Raumsonden und Erdsatelliten, un-ter Beachtung aller Störungen, die Bewegung von Doppelsternen und Sternsystemen, die Präzession und Nutation der Erdachse und die damit verbundene Änderung der astro-nom. Koordinatensysteme, ferner die *Ephe-meridenrechnung,* mit der die scheinbaren Po-sitionen von Mond und Planeten zu jedem gewünschten Zeitpunkt bestimmt werden sol-len.

Bei vielen Fragestellungen der H. genügt es in der Praxis, wenn bei der mathemat. Berech-nung die Anziehung von nur zwei Himmelskörpern berücksichtigt wird. Dieses sog. *Zweikörperproblem* ist im Rahmen der Newtonschen Mechanik mathemat. exakt lösbar und führt u. a. auf die Keplerschen Gesetze. Bei Beteiligung von drei oder mehr Himmelskörpern *(Dreikörperproblem, Mehr-körperproblem)* gibt es nur in Ausnahmefällen mathemat. exakte Lösungen. Die Suche nach Näherungslösungen hat früher eine ganze Reihe mathemat. Fragestellungen aufgewor-fen, an der Entwicklung der H. waren deshalb viele Mathematiker beteiligt; v. a. haben L. Euler, P. S. de Laplace, J. L. de Lagrange, C. F. Gauß und H. Poincaré entscheidende Beiträge geleistet.

Der Einsatz der elektron. Datenverarbeitung ermöglicht die prakt. Lösung fast aller Proble-me durch schrittweise Annäherung und Störungsrechnung. Zur genauen Bestimmung von Satellitenbahnen ist zu berücksichtigen, daß die Erde nicht exakt kugelförmig ist; umgekehrt werden im Rahmen der *Satelliten-geodäsie* Rückschlüsse auf die Gestalt des Erdkörpers gezogen.

Himmelsrichtung, die zu einem beliebigen Punkt des Horizonts der Erde führende Richtung. Norden und Süden beziehen sich auf den geograph. Nord- bzw. Südpol, rechtwinklig dazu verlaufen Osten und Westen (Aufgang bzw. Untergang der Sonne zur Zeit des ↑Äquinoktiums). Zur Bestimmung der H. dient der Kompaß.

Himmelsschlüssel, svw. ↑ Primel.

Himmelsstrahlung (diffuse Himmelsstrahlung), die vom Himmel kommende elektromagnet. Strahlung ohne die direkte Sonneneinstrahlung. Die **kurzwellige Himmelsstrahlung** mit Wellenlängen $\lambda < 3\mu m$ besteht am Tage aus der in der Atmosphäre gestreuten Sonnenstrahlung (ihr sichtbarer Anteil ist das ↑ Himmelslicht), in der Nacht aus dem gesamten Sternlicht, dem Polar- und Zodiakallicht sowie von terrestr. Lichtquellen stammendem Streulicht. Die **langwellige Himmelsstrahlung** mit $\lambda > 3\mu m$ ist im wesentl. die Wärmestrahlung der absorbierenden Bestandteile der Atmophäre.

Himmler, Heinrich, * München 7. Okt. 1900, † Lüneburg 23. Mai 1945 (Selbstmord), dt. Politiker. - Aus bürgerl. Milieu stammend, 1917 Kriegsfreiwilliger; Diplomlandwirt; nahm 1923 am Hitler-Putsch teil, danach Mitarbeiter Strassers; trat 1925 in die NSDAP und die neugegr. Schutzstaffel (SS) ein; wurde stellv. Gauleiter von Nieder- und Oberbayern, 1926–30 stellv. Propagandaleiter; seit 1930 MdR; 1929 zum „Reichsführer SS" ernannt; baute diese Elitegliederung der SA zu einer parteiinternen Polizeiorganisation aus; 1933 kommissar. Polizeipräs. von München, danach Polit. Polizeikommandeur für Bayern; erlangte 1936 als Staatssekretär im Reichsministerium des Innern die Kontrolle über die gesamte dt. Polizei, ging 1934 neben Hitler als der eigtl. Sieger aus der Rivalität zw. Wehrmacht und SA hervor: Die SS wurde aus dem Unterstellungsverhältnis zur SA gelöst und der „Reichsführer SS" Hitler direkt nachgeordnet. H. führte die personelle und organisator. Verschmelzung von Polizei und SS durch, errichtete das System der Konzentrations- und Vernichtungslager und baute nach Kriegsbeginn aus der SS-Verfügungstruppe die Waffen-SS als selbständige Truppe neben der Wehrmacht auf. Er war nach der Übernahme des Amtes eines „Reichskommissars für die Festigung dt. Volkstums" 1939 zuständig für die brutale Umsiedlungs- und Germanisierungspolitik in O- und SO-Europa und wurde der entscheidende Organisator der millionenfachen Massenmorde an den Juden (sog. Endlösung der Judenfrage). 1943 zum Reichsinnenmin. und Generalbevollmächtigten für die Reichsverwaltung ernannt; übernahm nach dem 20. Juli 1944 den Oberbefehl über das Ersatzheer und die Leitung der Heeresrüstung. In der letzten Kriegsphase war H. Politik doppelgleisig: Er machte An-

fang 1945 dem Grafen F. Bernadotte ein Kapitulationsangebot für den Westen und verhandelte mit einem Vertreter internat. jüd. Organisationen über die Befreiung der Juden in den besetzten Gebieten; er organisierte Volkssturm und Werwolf als letzte Aufgebote und übernahm (erfolglos) die Führung zweier Heeresgruppen der Wehrmacht. Durch Hitlers politt. Testament aller Ämter enthoben und aus der NSDAP ausgeschlossen; von der Reg. Dönitz am 5. Mai 1945 entlassen; geriet in brit. Gefangenschaft und beging Selbstmord.

himmlisches Jerusalem, im A.T. eschatolog. Erhöhung des ird. Jerusalem, Stadt der bes. Erwählung Jahwes, Sitz des messian. Davidssohns, Stadt der Gerechtigkeit, Ziel der großen Pilgerschaft der Völker; im N.T. Bild für die Vollendung der Geschichte Gottes mit den Menschen. - Bildmotiv der jüd. und christl. Kunst; Symbole des h. J. sind die Lichtkronen des 11. und 12. Jh. (z. B. Aachener Dom).

Hin [hebr.], bibl. Hohlmaß; entsprach etwa 6,5 Litern.

Hinajana-Buddhismus [Sanskrit, Pali „kleines Fahrzeug"], Richtung des ↑ Buddhismus, die heute nur noch in Sri Lanka, Birma, Thailand, Laos und Kambodscha verbreitet ist („südl. Buddhismus"); der H.-B. sieht den ↑ Arhat als Ideal an, nicht das Heil der ganzen Welt eintretenden ↑ Bodhisattwa.

Hinault, Bernard [frz. i'no], * Yffiniac 15. Nov. 1954, frz. Radrennfahrer. - Gewann fünfmal die Tour de France (1978, 1979, 1981, 1982, 1985), dreimal den Giro d'Italia (1978, 1983, 1985) und weitere große Rennen.

Hindelang, Marktgemeinde in den Allgäuer Alpen, Bay., 850–1150 m ü. d. M., 5200 E. Heilklimat. und Kneippkurort; im Ortsteil **Bad Oberdorf** Schwefelbad. Wintersport.

Hindemith, Paul [...mɪt], * Hanau am Main 16. Nov. 1895, † Frankfurt am Main 28. Dez. 1963, dt. Komponist. - War in Frankfurt Schüler von A. Mendelssohn, B. Sekles und A. Reber, wurde 1915 Konzertmeister des Frankfurter Opernhauses, war 1922–29 Bratscher im Amar-Quartett, 1927–37 Kompositionslehrer an der Berliner Musikhochschule, ging 1938 in die Schweiz, lehrte 1940–53 an der Yale-University in New Haven (Conn.), seit 1951 auch an der Univ. Zürich. 1953 ließ er sich endgültig in der Schweiz nieder. - H., Mitbegründer und Haupt der Donaueschinger Kammermusikfeste (1921–26), galt seit seinen radikalen Frühwerken (z. B. die Operneinakter „Mörder, Hoffnung der Frauen" op. 12, 1919; „Sancta Susanna" op. 21, 1921 u. a.) als einer der Bahnbrecher der Moderne. Seine Abkehr von der Dur-Moll-tonalen Harmonik führte ihn nicht zur Tonalitätslosigkeit, sondern zu einer eigenen Tonsprache unter Wahrung des Tonalitätsprinzips. Sein späteres Schaffen bezeugt ein zunehmendes Streben nach transzendentaler Ordnung („Die Harmonie der Welt"). Daneben schuf er zahlreiche Gebrauchsmusiken für musizierende Laien und zu Unterrichtszwecken und war als Dirigent tätig.

Werke (Auswahl): *Opern:* Cardillac (1926, Neufassung 1952), Mathis der Maler (1934/35), Die Harmonie der Welt (1956/57). - *Ballette:* Nobilissima visione (1938), Hérodiade (1944). - *Orchesterwerke:* Konzert op. 38 (1925), Sinfonie „Mathis der Maler" (1934), Sinfonie in Es (1940), Sinfonia serena (1946), Sinfonie in B für Blasorchester (1951), Sinfonie „Harmonie der Welt" (1951); zahlreiche Instrumentalkonzerte. - *Klaviermusik:* Suite 1922 (1922), Ludus tonalis (1942). - *Lieder:* Die junge Magd (1926; G. Trakl), Das Marienleben (1922/23, Neufassung 1936–48; R. M. Rilke). - *Schul-, Spiel-* und *Lehrwerke:* Lehrstück (1929; B. Brecht), Wir bauen eine Stadt (1930), Plöner Musiktag (1932). - *Schriften:* Unterweisung im Tonsatz (3 Bde., 1937–70), Johann Sebastian Bach (1950), Komponist in seiner Welt (dt. 1959).

📖 *Schubert, G.: P. H. Reinbek 1981.*

Hindenburg, Paul von Beneckendorff und von H., * Posen 2. Okt. 1847, † Gut Neudeck bei Freystadt (Westpreußen) 1. Aug. 1934, dt. Generalfeldmarschall (seit 1914) und Reichspräs. (1925–34). - Sohn einer preuß. Offiziers- und Gutsbesitzerfam.; nahm am Dt. Krieg 1866 sowie am Dt.-Frz. Krieg 1870/71 teil; wurde 1903 Kommandierender General; 1911 verabschiedet. 1914 reaktiviert, übernahm mit E. Ludendorff als Stabschef die Führung der 8. Armee, die 1914/15 bei Tannenberg und in Masuren die nahe Ostpreußen eingedrungenen russ. Truppen vernichtend schlug; übernahm in quasidiktator. Machtstellung Ende Aug. 1916 als Chef des Generalstabs des Feldheeres gemeinsam mit Ludendorff (1. Generalquartiermeister) die 3. Oberste Heeresleitung (OHL), die uneingeschränkt über strateg. Planung und Leitung des Krieges verfügte, in den Kriegsziel- und Friedensfragen ihre stark von industriellen Führungsgruppen beeinflußten Vorstellungen weitgehend durchsetzte und im Juli 1917 entscheidend zum Sturz des Reichskanzlers T. von Bethmann Hollweg beitrug. Um die monarch. Staatsform zu retten, befürwortete H. 1918 den Übertritt des Kaisers in die Niederlande. Als populäre Symbolfigur der Alt. Rechten in der Weimarer Republik 1925 von den verbündeten Rechtsparteien im 2. Wahlgang zur Reichspräsidentenwahl aufgestellt und zum Nachfolger F. Eberts gewählt (1932 mit Unterstützung von SPD und Zentrum gegen Hitler wiedergewählt). Vollzog unter dem Einfluß radikaler Nationalisten, großagrar. Interessenvertreter und der Reichswehrführung mit der Ernennung H. Brünings zum Reichskanzler 1930 den Übergang vom parlamentar. System zum Präsidialregime, das unter seinem Protegé F. von Papen zum offenen Verfassungsbruch (Preußenputsch 1932) trieb und nach der kurzen Kanzlerschaft K. von Schleichers in die Koalitionskabinett Hitler und in die NS-Machtergreifung mündete. Zur Legitimation des NS-Regimes bereit und unfähig wie unwillig, der sich abzeichnenden Gewaltherrschaft entgegenzutreten, hat er letztl. zur Festigung der faschist. Diktatur beigetragen.

📖 *Ruge, W.: H. Porträt eines Militaristen. Köln Neuaufl. 1981. - Hubatsch, W.: H. u. der Staat. Gött. u. a. 1966.*

Hindenburgdamm, die Insel Sylt mit dem Festland verbindender 11 km langer Eisenbahndamm, 1927 eröffnet.

Hindenburg O. S. (poln. Zabrze), Stadt am W-Rand der Oberschles. Ind.reviers, Polen⁷, 253 m ü. d. M., 197 000 E. Medizin. Akad., Forschungsanstalt der Poln. Akad. der Wiss.; Museum für Bergbau und Hüttenwesen; Theater. Wirtsch. Grundlage bilden die im Stadtgebiet liegenden Kohlenflöze; Schwerind. - Das seit 1305 bekannte Dorf **Zabrze** entwickelte sich seit Ende des 18. Jh. zus. mit benachbarten Dörfern zum Ind.zentrum, wurde 1915 nach P. von Hindenburg umbenannt und erhielt 1922 Stadtrecht.

Hindernislauf, leichtathlet. Wettbewerb für Männer (3 000 m) und Jugendliche (1 500 m), bei dem 91 cm hohe Hürden und ein 3,66 m breiter Graben mehrfach übersprungen werden müssen.

Hindernisrennen, Pferderennen über künstl. oder natürl. Hindernisse auf Strecken zw. etwa 2 400 m und 7 500 m; man unterscheidet **Hürdenrennen** über Reisighürden, Hecken, und **Jagdrennen** bzw. **Steeplechases** über zusätzl. schwere Hindernisse (z. T. fest eingebaut; am bekanntesten das Grand National Steeplechase in Aintree bei Liverpool; seit 1839).

Hindi [pers. „indisch"], zur Gruppe der indoarischen Sprachen gehörende indogerman. Sprache in Indien, offizielle Sprache Indiens mit rd. 174 Mill. Sprechern. Zerfällt in eine westl. und in eine östl. Dialektgruppe mit dem Literaturdialekt Awadhi. Die heutige Hochsprache beruht wie das Hindustani auf dem Dialekt des Gebietes Dehli-Meerut. H. wird in Dewanagari geschrieben.

Die **Literatur** des H. setzt im 12. Jh. ein und erreicht in den Versen des Webers Kabir und dem „Lebenslauf Ramas" des Tulsidas im 16./17. Jh. einen Höhepunkt. Die moderne Periode beginnt mit der Förderung der H.-Prosa durch die Engländer nach 1800 und dem Werk des Bharatendu Hariścandra (* 1850, † 1885). Als bedeutender Schriftsteller der Neuzeit gelten Premcand (* 1880, † 1936), der wie Jaiśankar Prasād (* 1889, † 1937) sozialkrit. Themen aufgreift, ferner der Erzähler Yaśpāl (* 1903, † 1976).

Hindu, pers. Bez. für den Bewohner Indiens, die aus der iran. Namensform des Flusses Indus (altind. „sindhu“, iran. „hindu“) abgeleitet ist. Seit dem Einbruch des Islams in Indien begannen die Muslime die Gegner ihrer Religion in Indien H. zu nennen. In Europa verdrängte H. um 1800 die ältere Bez. Gento (portugies. „Heide“) und bezeichnet heute den Anhänger des Hinduismus.

Hinduismus [pers.], Religion, der heute über 450 Mill. Menschen (überwiegend in Indien) angehören. - Im Ggs. zu den anderen Hochreligionen ist der H. keine Stifterreligion, sondern hat sich im Lauf von Jh. mit einer Vielzahl von Sekten aus der spätweit. Religion (Brahmanismus) entwickelt (in den letzten Jh. v. Chr. bis etwa 1000 n. Chr.). Die frühe Quellenlage ist sehr lückenhaft. - Der Übergang des Brahmanismus in den älteren H. geschah durch eine Veränderung des Pantheons, an dessen Spitze Brahma von ↑ Schiwa und ↑ Wischnu verdrängt wurde. - Der H. kennt keine in sich geschlossene dogmat. *Lehre*. Nur einige sehr allg. Grundlagen sind allen Sekten gemeinsam, v. a. die Lehre vom ↑ Karma und von der Wiedergeburt: Jedes Wesen (einschl. der Götter) durchwandert in ewigem Kreislauf die Welt, je nach seinen guten bzw. bösen Taten als Gott, Mensch, Tier oder in der Hölle. Der endlosen Kette der Wiedergeburten, dem **Samsara,** zu entrinnen, ist Ziel der Erlösung, zu der zahlr. Wege führen, z. B. Askese, Joga, Gottesliebe (Bhakti) oder mag. Praktiken. Der Welt zu entsagen und sich als ↑ Sadhu aus der Gesellschaft zurückzuziehen, verkürzt den langen Weg durch die Wiedergeburten. Da Wiedergeburt auch als Tier mögl. ist, gilt die Schonung alles Lebendigen (Ahimsa) als höchstes Gebot (daher der strenge Vegetarismus und die Rinderverehrung der Hindus). Das System der sozialen Gliederung in die vier Klassen („warna“) der Brahmanen (= Priester), der Kschatrijas (= Krieger), der Waischjas (= Bauern) und der Schudras (= Knechte), die jeweils wieder in zahlr. ↑ Kasten zerfallen, wird nur von wenigen Sekten nicht anerkannt. Ohne Kastenzugehörigkeit sind nur die ↑ Paria. Die Erfüllung der spezif. Pflichten seiner Kaste (Dharma) führt zur Schaffung heilsamen Karmas. Da der Eintritt in eine Kaste nur durch Geburt geschieht, kennt der H. keine Mission. - Im *Weltbild* des H. befindet sich die ewige, aus vielen Einzelwelten bestehende Welt in einem ständigen Prozeß des Werdens und Vergehens. Unterwelt, Erde und Götterwelt sind, jeweils mehrfach unterteilt, in Stockwerken übereinander angeordnet. - Aus der Vielzahl der *Götter* des H. ragt die Dreiheit Brahma, Schiwa und Wischnu (auch als dreiköpfige Gestalt dargestellt) heraus. Die beiden Hauptrichtungen des H. sind Schiwaismus und Wischnuismus, je nachdem, ob Schiwa (Zerstörer der Welt) oder Wischnu (Erhalter der Welt) an

Hinduismus. Vierarmiger Gott Wischnu (7. Jh.). Berlin-Dahlem, Museum für Indische Kunst

die Spitze der Götter gestellt wird. Unter den Inkarnationen (↑ Awatara) Wischnus hat v. a. ↑ Krischna einen weiteren Kreis von Verehrern gefunden. Neben den großen Göttern stehen viele kleine Gottheiten, die oft nur lokale Bed. haben. Andere, so der Affengott ↑ Hanuman, und Naturerscheinungen wie Sonne, Mond oder Wind genießen weithin Verehrung. - Die *kult.* Verehrung von Bildern eines Gottes durch Gebet oder Opfergaben findet v. a. im Tempel statt. Mittler zw. dem Gläubigen und dem Gott sind die Priester (Brahmanen), die die Kulthandlungen und die Zeremonien bei den zahlr. Festen vollziehen, zu denen oft Prozessionen mit Kultbildern auf riesigen Wagen (Ratha) gehören. - Bestattungsform im H. ist die Leichenverbrennung. Folgt die Frau nach dem Vorbild ↑ Satis ihrem Mann auf den Scheiterhaufen in den Tod **(Witwenverbrennung,** trotz Verbots [seit 1829] heute gelegentl. noch praktiziert), wird sie im Jenseits wieder mit ihm vereint. - Nach ersten Ansätzen in den Texten des ↑ Weda beginnt die eigtl. Überlieferung des H. mit dem Epos ↑ „Mahabharata“ (einschl. der ↑ „Bhagawadgita“), das somit seine älteste *Quelle* ist, er ist jedoch erst in den 18 ↑ Puranas (etwa 6. Jh. n. Chr.) voll entwickelt. Daneben stehen noch eigene Texte der Schiwaiten (Agamas) und der Wischnuiten (Samhitas; alle schwer datierbar). -

†auch Reformhinduismus.

Ⓤ *Zierer, O.: Die großen Weltreligionen. Bd. 3: H. Mchn. 1981. - Gonda, J.: Die Religionen Indiens. Bd. 1–2. Stg. ²1979. - Keilhauer, A.: H.: eine Einf. in die Welt des H. Stg. 1979. - Walker, B.: Hindu world: an encyclopedic survey of Hinduism. London 1968. 2 Bde.*

Hindukusch, Faltengebirge in Z-Asien (Kaschmir und Afghanistan), erstreckt sich vom Pamir rd. 700 km nach SW, im Tirich Mir (im O) 7 708 m hoch; z. T. vergletschert. Im Anjumantal die bedeutendste Lapislazulimine der Erde, bei Ishpushta Kohlevorkommen und Erzlagerstätten. Über den **Salangpaß** (im W) mit dem 6 km langen Salangtunnel (3 360 m ü. d. M.) führt die erste winterfeste Straße von Kabul in den N des Landes. Eine unbefestigte Straße führt im sw. Ausläufer des H., **Koh-i-Baba** (bis 5 143 m hoch) über den **Hajigapaß** (3 250 m ü. d. M.) von Kabul nach †Bamian. Über seinen nördl. des Hari Rud liegenden Ausläufer, den **Paropamisus** (bis 3 588 m hoch), führen Straßen von Herat nach N an die sowjet. Grenze und nach NO über den **Sabzakpaß** (2 550 m ü. d. M.) nach Qala-i-Nau.

Hindustan [„Land der Hindus"] (Hindostan), Bez. für Indien als Ganzes oder für das Gebiet nördl. der Narbada unter Ausschluß von Pandschab, Bihar und Bengalen.

Hindustani, zur Gruppe der indoarischen Sprachen gehörende indogerman. Sprache, die bis in das 20. Jh. als Verkehrssprache in ganz N-Indien und im Dekhan gebräuchlich war. Sie steht im Wortschatz zw. Hindi und Urdu und kann in Dewanagari oder einer Variante der arab. Schrift geschrieben werden.

Hinken (Klaudikation, Claudicatio), Gehstörung, die zu charakterist. Veränderungen des normalen Gehrhythmus führt. Zum H. kommt es u. a. durch Entlastung eines Beins, z. B. infolge von Schmerzen beim Auftreten, ferner, wenn ein Bein als Folge von Lähmungen nachgezogen oder pendelnd nach vorn geworfen wird. Die Schrittweite ist auf der betroffenen Seite entweder größer (beim Schmerz-H.) oder kleiner (beim Versteifungs-H.) als die Normalschrittweite. Ursachen des H. sind insbes. Gelenkerkrankungen, Verkürzungen und Lähmungen des betroffenen Beins.

hinkende Ehe, Ehe, die in verschiedenen Rechtsgebieten verschieden beurteilt wird.

hinkende Inhaberpapiere, svw. qualifizierte †Legitimationspapiere.

Hinkmar von Reims, * um 806, † Épernay 21. Dez. 882, Erzbischof von Reims (seit 845). - Nachfolger des abgesetzten †Ebo und mächtigster fränk. Metropolit; verteidigte die Unabhängigkeit der fränk. Kirche gegen die polit. Machthaber und Metropolitanrechte gegen die Suffraganbischöfe und den Papst; einflußreicher Ratgeber Karls des Kahlen,

vermittelte zw. diesem und Ludwig dem Deutschen in der aquitan. Frage.

Hinnerk, männl. Vorname, niederdt. und fries. Koseform von Heinrich.

Hinnomtal †Gehenna.

Hinnøy [norweg. ˌhinœᵢ], mit 2 198 km² größte norweg. Insel. Sie gehört zu den Vesterålinseln; gebirgig (bis 1 266 m ü. d. M.); größter Ort Harstad.

hinreichende Bedingung, Begriff der mathemat. Beweistheorie: Die Aussage *A* ist eine h. B. für die Aussage *B*, wenn die Wahrheit von *A* genügt, um die Wahrheit von *B* zu beweisen.

Hinrek von Alkmar (Hendrik van Alkmar), niederl. Dichter des 15. Jh. - Verfaßte eine (nur fragmentar. erhaltene) moralisierende Bearbeitung des niederl. Tierepos „Reinaerde" (Druck um 1487), auf dem die mittelniederdt. Übertragung „Reinke de Vos" beruht.

Hinrich, männl. Vorname, niederdt. Form von Heinrich.

Hinshelwood, Sir (seit 1948) Cyril Norman [engl. ˈhinʃlwəd], * London 19. Juni 1897, † ebd. 9. Okt. 1967, brit. Chemiker. - 1937–64 Prof. in Oxford; arbeitete u. a. auf dem Gebiet der Reaktionskinetik (u. a. bahnbrechende Untersuchungen über homogene und heterogene Gasreaktionen: „Kinetics of chemical change", 1926). Später erforschte er die Kinetik des Bakterienstoffwechsels („The chemical kinetics of the bacterial cell", 1946). 1956 erhielt H. (zus. mit N. N. Semjonow) den Nobelpreis für Chemie.

Hinterbacken, svw. †Gesäß.

Hinterbänkler, Parallelbildung zu Hinterwäldler [Lehnübers. von engl. backwoodsman, das die Ansiedler im O N-Amerikas jenseits des Alleghenygebirges bezeichnete], Abg., der im Parlament nicht hervortritt (nach der irrigen Ansicht, daß die unbedeutenderen Abg. im Parlament weiter hinten sitzen).

Hinterbliebenenrenten, in der Renten- und Unfallversicherung der BR Deutschland Oberbegriff für Witwen- und Witwerrenten, Renten an den früheren Ehegatten und Waisenrenten; unter bestimmten Voraussetzungen auch an Verwandte der aufsteigenden Linie (Eltern, Großeltern) gezahlt. In der *östr. gesetzl. Unfallversicherung* Oberbegriff für Witwenrenten, Waisenrenten, Elternrenten sowie Geschwisterrenten. Im *schweizer. Sozialversicherungsrecht* **Hinterlassenenrenten** genannt.

Hintereinanderschaltung (Serienschaltung, Reihenschaltung), Schaltung elektr. Schaltelemente (Stromquellen, Widerstände, Kondensatoren, Spulen u. a.) in der Art, daß die Ausgangsklemme des vorhergehenden Schaltelements mit der Eingangsklemme des folgenden verbunden ist (hingegen †Parallelschaltung). Schaltet man *n* gleichartige Stromquellen der

Leerlaufspannung U_0 hintereinander, so hat die entstehende Batterie eine Leerlaufspannung $U = n\,U_0$; der gesamte innere Widerstand ist $R = n \cdot R_i$ (R_i innerer Widerstand der einzelnen Stromquellen), die Stromstärke I eines über den Außenwiderstand R_a fließenden Stromes ist $I = nU_0/(nR_i + R_a)$. - Bei der H. mehrerer Widerstände $R_1, R_2, ..., R_n$ bzw. Induktivitäten $L_1, L_2, ..., L_n$ ergibt sich der Gesamtwiderstand durch Addition der Einzelwiderstände bzw. -induktivitäten; bei der H. mehrerer Kapazitäten $C_1, C_2, ..., C_n$ gilt für die Gesamtkapazität

$$\frac{1}{C} = \frac{1}{C_1} + \frac{1}{C_2} + \cdots + \frac{1}{C_n}.$$

Hinterer Bayerischer Wald ↑ Bayerischer Wald.

Hinterglasmalerei, seitenverkehrt angelegte Malerei auf der Rückseite eines Glases (Wasser-, Tempera- oder Ölfarben bzw. Mischtechnik). Bereits für die späthellenist. Zeit bezeugt; Blüte im Spät-MA (Andachtsbilder, Votivtafeln, auch Anhänger), z. T. mit Gold gehöht. Seit dem 16. Jh. häufig Serienproduktion, bes. hervorzuheben z. B. die manierist. kleinen Kabinettstücke in H. aus Nürnberg, die als Zierat von Goldschmiedewerken dienen. Die H. ist aber v. a. ein Zweig der Volkskunst, bes. wieder im 18. und 19. Jh., heute u. a. von der Hlebiner Schule angewandt (Devotionalbilder, Wandschmuck).

Hintergrund, in der *Psychologie* derjenige Teil des Wahrnehmungsfeldes (bes. des Gesichtsfeldes), von dem sich ein wahrgenommenes Objekt abhebt.

Hinterhand, (Nachhand) bei Haussäugetieren Bez. für die hinteren Extremitäten mit Kruppe und Schwanzansatz.

◆ bei Kartenspielen (zu dritt) derjenige Spieler, der die letzte Karte erhält und zuletzt ausspielt, im Ggs. zu **Vorhand** (der zuerst ausspielende Spieler) und **Mittelhand** (der Spieler in der Mitte).

Hinterhauptsbein ↑ Schädel.

Hinterhauptshöcker ↑ Schädel.

Hinterhauptslage, Kindslage (Schädellage), bei der das Hinterhaupt des Kindes bei der Geburt vorangeht; als vordere oder regelrechte H. weitaus häufigste Kindslage bei der Geburt.

Hinterhauptsloch, Öffnung im Hinterhauptsbein (↑ Schädel).

Hinterindien, Halbinsel SO-Asiens, zw. Golf von Bengalen, Andamanensee und Malakkastraße im W, Südchin. Meer und Golf von Thailand im O.

Hinterkiemer (Opisthobranchia), Überordnung der Schnecken mit rd. 13 000 marinen Arten (v. a. in Küstenregionen); Herz mit nur einer Vorkammer, dahinter rechtsseitig die Kieme; Schale meist dünn, oft fehlend; einige Arten mit zweiklappigem, muschelartigem Gehäuse (z. B. Zweischalenschnecken), andere Arten mit buntem Weichkörper.

Hinterglasmalerei. Sündenfall (oberösterreichisch; Anfang des 19. Jh.). Wien, Österreichisches Museum für Volkskunde

Hinterlader, Feuerwaffen, bei denen die Munition vom hinteren Ende in das Rohr oder den Lauf eingeschoben wird; Ggs. ↑ Vorderlader.

Hinterlauf, Bez. für die Hinterbeine beim Haarwild, beim Haushund und bei der Hauskatze.

Hinterlegung, die Übergabe von Geld oder Sachen an eine Verwahrungsstelle. **Hinterlegung zwecks Schuldbefreiung:** Bei unverschuldeter Ungewißheit des Schuldners über die Person des Gläubigers, Gläubigerverzug oder anderen Erfüllungshindernissen auf seiten des Gläubigers kann der Schuldner hinterlegungsfähiger Sachen (= Geld, Wertpapiere, Urkunden, Kostbarkeiten) in der Weise leisten, daß er die geschuldete Sache bei dem für den Leistungsort zuständigen Amtsgericht hinterlegt. Verzichtet der Schuldner auf das Recht zur Rücknahme der Sache oder ist die Rücknahme infolge Annahme der H. durch den Gläubiger oder Vorlage eines rechtskräftigen Urteils ausgeschlossen, so befreit die H. den Schuldner von seiner Verbindlichkeit. Der Herausgabeanspruch des Gläubigers gegenüber der H.stelle erlischt nach 30 Jahren seit Anzeigeempfang. **Hinterlegung zwecks Sicherheitsleistung** (zulässig bei Geld oder Wertpapieren): Bei ihr erwirbt der Gläubiger ein Pfandrecht an dem hinterlegten Geld oder

Wertpapier bzw., wenn das Geld oder Wertpapier in das Eigentum der H.stelle übergeht, ein Pfandrecht an der Rückgabeforderung.

Hinterleib ↑Abdomen.

Hinterpommern, seit den dynast. Teilungen ↑Pommerns im 15.Jh. Bez. für das Gebiet östl. von Köslin, seit Ende des 16.Jh. für das Hzgt. Stettin, nach 1817 für das Gebiet östl. der Oder.

Hinterradantrieb (Heckantrieb), konventionelle Antriebsbauweise im Kfz.-Bau, bei der der üblicherweise vorn im Rahmen (als *Mittelmotor* auch im Rahmen vor den Hinterrädern) liegende Motor mit angebauter Kupplung und Schaltgetriebe über die Gelenkwelle auf das Achsgetriebe und dieses [über Gelenkwellen] auf die Hinterräder einwirkt. Bei H. und *Heckmotor* (hinten liegend) ist dieser meist mit Kupplung, Schaltgetriebe und Achsgetriebe zu einer Baueinheit zusammengefaßt.

Hinterrhein ↑Rhein.

Hintersassen, Bez. für Bauern in MA und Neuzeit bis ins 19.Jh., die als Freie oder Halbfreie in dingl. Abhängigkeit von einem Grundherrn standen, auch für die Schutzverwandten in Städten, die auf dem Grund von Vollbürgern Häuser besaßen.

Hintertreppenroman, um 1880 gebildete Bez. für Trivialromane, die einem einfachen Lesepublikum (Dienstboten) an der Hintertreppe verkauft wurden.

Hinterwäldler, spött. Bez. für einen weltfremden, ungehobelten Menschen.

Hinterzarten, heilklimat. Kurort und Wintersportplatz im südl. Schwarzwald, Bad.-Württ., 885 m ü.d.M., 2 100 E.

Hintze, Otto, * Pyritz bei Stettin 27. Aug. 1861, † Berlin 25. April 1940, dt. Historiker. - Schüler von J. G. Droysen, G. von Schmoller und G. Waitz; 1899–1920 Prof. in Berlin; einer der bedeutendsten Sozialhistoriker; sah als wichtigste Aufgabe der Geschichtsschreibung eine zur polit. Sozialgeschichte sich erweiternde Verfassungsgeschichte an.

hinweisendes Fürwort ↑Demonstrativpronomen.

Hinz, männl. Vorname, Nebenform von Heinz (↑auch Heinrich).

Hinz, Werner, * Berlin 18. Jan. 1903, † Hamburg 10. Febr. 1985, dt. Schauspieler. - Nach Engagements in Darmstadt, Zürich, München und Berlin seit 1955 Mitglied des Dt. Schauspielhauses in Hamburg und seit 1972 Gast am Burgtheater, Wien; einer der profiliertesten Charakterdarsteller des dt. Theaters.

Hinz und Kunz ↑Heinrich.

Hiob, aus der Bibel übernommener männl. Vorname hebr. Ursprungs; Bed. unklar.

Hiob (Ijob, Septuaginta/Vulgata: Job), zentrale Gestalt des nach ihr benannten alttestamentl. Buches, das zu den bedeutendsten Werken der Weltliteratur zählt; mehrfach redigierte Fassung einer alten Legende, deren Hauptthema die Erprobung der Frömmigkeit H. und dessen Heimsuchung mit den **Hiobsbotschaften** (Unglücksbotschaften) ist. Die ersten dichter. Gestaltungen des H.stoffes stammen aus dem 16.Jh. (u.a. Drama von H. Sachs: „Comedi Der H.“, 1547). Als Symbol für einen leidgeprüften Dulder erscheint H. u.a. bei O. Kokoschka („H.“, Dr., 1917) und E. Wiechert („Das Spiel vom dt. Bettelmann“, 1933). J. Roth („H.“, R., 1930), A. J. Welti („H., der Sieger“, Dr., 1954) und A. McLeish („Spiel um Job“, 1958) zeigen am Beispiel H. die Existenzangst und die Glaubenszweifel des modernen Menschen.

Hipler, Wendel, * Neuenstein um 1465, † Heidelberg 1526, dt. Bauernführer. - Seit 1522 in kurpfälz. Diensten; vermittelte im Bauernkrieg zw. Bauern und Rittern, wurde 1525 oberster Schreiber der Odenwälder Bauern und zwang Götz von Berlichingen zur Übernahme der Hauptmannschaft; berief 1525 die Vertreter der benachbarten Bauernhaufen zu einer Tagung nach Heilbronn, um die Bewegung in legale Bahnen zu lenken; starb in pfälz. Gefangenschaft.

Hipparchos von Nízäa, * um 190, † um 125, griech. Astronom und Geograph. - H. war einer der bedeutendsten Astronomen der Antike. Von seinen zahlreichen Schriften hat sich neben Fragmenten nur die krit. Kommentar zu den „Phainomena“ von Eudoxos und Aratos von Soloi erhalten. H. erfand vermutl. das ↑Astrolabium und erstellte einen ersten Katalog der Örter von etwa 850 Fixsternen; die Auswertung älterer und eigener exakter Beobachtungen einer großen Anzahl von Finsternissen, Solstitien und Äquinoktien führten ihn zur Entdeckung der Präzession (um 130 v.Chr.), zur Unterscheidung von trop. und sider. Jahr sowie zu genauen Bestimmungen der Längen von beiden und des sider. und synod. Monats und schließl. zum Nachweis der verschiedenen Länge der Jahreszeiten (ungleichförmige Bewegung der Sonne). Für die geometr. Darstellung der Sonnenbewegung entwickelte er die Exzentertheorie. In der Geographie entwickelte H. ein Verfahren, mittels der Beobachtung von Mondfinsternissen die Breitendifferenz zweier Orte zu berechnen.

Hipparion [griech. „Pferdchen“], ausgestorbene, bes. aus dem Pliozän bekannte Gatt. etwa zebragroßer Pferde.

Hippeis [griech. „Ritter“], altgriech. Sammelbez. für die (von einem **Hipparchen** angeführte) Reiterei. Davon abgeleitet ist H. Terminus für die 2. soziale Rangklasse der athen. Bürgerschaft.

Hippel, Robert von, * Königsberg (Pr) 8. Juli 1866, † Göttingen 16. Juni 1951, dt. Jurist. - Prof. für Straf- und Prozeßrechte, wirkte v.a. in Göttingen. Obwohl Schüler von F.

von Liszt, vertrat er hinsichtl. des Zweckes der Strafe die Vereinigungstheorie. 1903–13 arbeitete er an der beginnenden Strafrechtsreform mit. - *Hauptwerke:* Dt. Strafrecht (2 Bde., 1925–30), Lehrbuch des Strafrechts (1932), Der dt. Strafprozeß (1941).

H., Theodor Gottlieb von, * Gerdauen 31. Jan. 1741, † Königsberg (Pr) 23. April 1796, dt. Schriftsteller. - Freund Kants. H. verbindet in seinen Romanen, die von Sterne beeinflußt sind, empfindsame, lehrhafte, humorist. und satir. Elemente; popularphilosoph. Verbreitung Kantischer Ideen; Einfluß auf Jean Paul; bed. v. a. „Lebensläufe nach aufsteigender Linie" (R., 3 Bde., 1778–81).

Hipper, Franz Ritter von (seit 1916), * Weilheim i. OB. 13. Sept. 1863, † Altona (= Hamburg) 25. Mai 1932, dt. Admiral. - Führte 1912–18 als Befehlshaber der Aufklärungsstreitkräfte die dt. Schlachtkreuzer; ab Aug. 1918 Chef der Hochseestreitkräfte.

Hipphipphurra, ein in Großbrit. seit dem 17. Jh. belegter Hurraruf der Seeleute, Soldaten, Sportler u. a. Gruppen.

Hippias, † um 490 v. Chr., Tyrann von Athen (seit 528/527). - Sohn des Peisistratos und zus. mit seinem Bruder Hipparchos dessen Nachfolger; nach Ermordung des Hipparchos (514) von Umsturzversuchen bedroht, suchte er die Verbindung mit Persien, wohin er vor den von seinen Gegnern herbeigerufenen Spartanern 510 floh.

Hippiatrie (Hippiatrik) [griech.], svw. Pferdeheilkunde.

Hippie [...pi; engl.-amerikan., zu hip „eingeweiht, unter dem Einfluß von Drogen stehend"], Name für die Anhänger einer jugendl. Protestbewegung (insbes. um 1965–68 in den USA) gegen Kultur und polit. Ordnung der modernen Wohlstands- und Leistungsgesellschaft. Entwickelten keine differenzierte Weltanschauung, führten ein Leben in (scheinbar) friedvoller, freier, natürl. Gemeinschaft. Liebe und sexueller Genuß („Love generation"), Farbenpracht u. Blumenschmuck („Blumenkinder") sowie durch Drogengenuß stimulierte psychedel. Feste dienten als Symbole, Erlebnisweisen und Kampfmittel („Flowerpower") gegen die behauptete Monotonie und Erstarrung der gesellschaftl. Gegenwart.

hippo..., Hippo..., hipp..., Hipp... [griech.], Bestimmungswort von Zusammensetzungen mit der Bed. „Pferd".

Hippodamos von Milet, griech. Baumeister und Städteplaner des 5. Jh. v. Chr. - Vertrat das Plansystem im Kolonistenstädte, das durch gleich große Baulose in streng rechtwinkligem Straßennetz und zweckmäßiger Einbindung öffentl. Gebäude und Plätze bestimmt ist (später nach ihm „*Hippodam. System*" benannt); entwarf Stadt und Hafen Piräus (um 450).

Hippo Diarrhytus † Biserta.

Hippodrom [griech.], im antiken Griechenland Bahn für Pferde- und Wagenrennen; ein allenfalls mit Zuschauerwällen versehener Wiesenplatz, weshalb kaum Spuren von H. erhalten sind, obgleich alle größeren Städte und Heiligtümer ein H. besaßen. Anfang und Ende der Bahn (in Olympia fast 600 m lang), die mehrmals zu durchfahren war, bezeichneten Marken (Pfeiler, Säulen oder Altar), um die gewendet wurde. - Heute Reitbahn (z. B. auf Jahrmärkten), auf der Besucher zu Musikbegleitung reiten können.

Hippokrates, * auf Kos um 460, † Larissa um 370, griech. Arzt. - H. gilt als Begründer der Medizin als Erfahrungswissenschaft auf Grund unbefangener Beobachtung und Beschreibung der Krankheitssymptome und einer krit., spekulationslosen Diagnostik. - Die **Hippokratiker** verstanden Gesundheit und Krankheit als Gleichgewicht bzw. Ungleichgewicht von Körpersäften und Elementarqualitäten († Humoralpathologie), wobei Umweltfaktoren, Lebensweise und Ernährung entscheidend sind. Sie beobachteten scharf die Krankheitssymptome, ihre Hauptanliegen waren jedoch die Prognose und die Prophylaxe, während sie sich in der Therapie zurückhielten und hauptsächl. die „Heilkraft der Natur" wirken ließen bzw. unterstützten. Die histor. Bedeutung der **hippokrat. Medizin** liegt einmal darin, daß sie das ärztl. Handeln einem hohen eth. Verantwortungsbewußtsein unterstellte, zum andern darin, daß sie bewußt von religiös-mag. Krankheitsauffassung und Therapie abrückte und ein rational-natürl. Verständnis der Krankheit versuchte, allerdings noch nicht im Sinne moderner Naturwiss. Die Kanonisierung der hippokrat. Medizin durch † Galen machte diese zum Hauptfundament der Medizin des MA und der Neuzeit bis ins frühe 19. Jahrhundert.

Hippokrates von Chios, griech. Mathematiker der 2. Hälfte des 5. Jh. v. Chr. - Erster Verfasser eines Lehrbuches („Elemente") der Geometrie; bemühte sich insbes. um das Problem der Kreisquadratur und der Würfelverdoppelung (delisches Problem).

hippokratischer Eid (Eid des Hippokrates, Asklepiadenschwur), dem griech. Arzt Hippokrates zugeschriebene Gelöbnis der Ärzte, das die eth. Leitsätze ärztl. Handelns enthält und das Vorbild des heutigen Ärztegelöbnisses ist.

Hippologie, svw. Pferdekunde.

Hippolyt (Hippolytos), * in der 2. Hälfte des 2. Jh., † auf Sardinien um 235, röm. Kirchenschriftsteller, Gegenpapst (seit 217). - Fruchtbarster christl. griech. Schriftsteller im Westen. Von seinen Anhängern gegen Kalixt I. zum Gegenpapst erhoben. H. verfaßte zahlr. nur teilweise erhaltene Werke, eine Kirchenordnung nach östl. Normen, exeget., dogmat., apologet., histor. und kirchenrechtl. Schriften sowie eine Weltchronik. Er leitete die Kanonisierung der Liturgie ein.

Hippolytos

Hippolytos, Gestalt der griech. Mythologie. Sohn des Theseus und der Hippolyte, der Aphrodite die schuldige Ehrerbietung verweigert und deshalb auf Veranlassung Poseidons von seinen durchgehenden Rossen zu Tode geschleift wird. Euripides behandelte den Stoff in zwei Dramen, deren zweites erhalten ist.

Hipponax, griech. Dichter des 6. Jh. v. Chr. - Mußte vor den Tyrannen Athenagoras und Komas nach Klazomenai fliehen; Bettelpoet mit Spottgedichten in dem von ihm erfundenen Hinkjambus (↑ Choliambus) und in vulgärer Sprache.

Hippopede [griech.], eine Kurve 4. Ordnung in Form einer liegenden Acht; die Kurve liefert, mit einer längs der Ekliptik fortschreitenden Bewegung verknüpft, die zweite Anomalie in der Bewegung der äußeren Planeten.

Hippursäure [griech./dt.] (Benzoylglycin), organ. Säure, die in der Niere aus Benzoesäure und Glycin entsteht und sich bes. reichl. im Harn von pflanzenfressenden Tieren befindet. Die Bildung der H. dient der Entgiftung der bei pflanzl. Ernährung reichlich anfallenden Benzoesäure. Chemische Formel:

$$C_6H_5-CO-NH-CH_2-COOH$$

Hipster ['hɪpstɐ; engl.], 1. Jazzmusiker, Jazzfan; 2. jemand, der über alles, was modern ist, Bescheid weiß.

Hira, Al [aram. „Lagerplatz"], antike Stadt im Irak, nahe dem heutigen An Nadschaf; 3.-5. Jh. Residenz der Lachmiden, unter denen es zu einem Zentrum des nestorian. Christentums mit Bischofssitz und zahlr. Klöstern sowie Mittelpunkt der arab. Dichtkunst wurde; verfiel nach der islam. Eroberung.

Hiram I. (phönik. [Al]hirom; Chiram), phönik. König von Tyrus (etwa 970–936 v. Chr.). - Verbündeter und Handelspartner Davids (2. Sam. 5, 11) und Salomos.

Hiratsuka, jap. Ind.stadt auf Hondo, an der Sagamibucht, 214 000 E. Landw. Forschungsstation; Fischereihafen und Seebad.

Hirgis Nur, Endsee im NW der Mongol. VR, 1 360 km², 1 034 m ü. d. M., Salzwasser.

Hirmer Verlag ↑ Verlage (Übersicht).

Hirn... ↑ auch Gehirn...

Hirnanhangsdrüse, svw. ↑ Hypophyse.

Hirnfläche, Schnittfläche senkrecht zur Faser eines Holzstammes.

Hirnhäute ↑ Gehirnhäute.

Hirnnerven ↑ Gehirn.

Hirnschädel ↑ Schädel.

Hirnstamm ↑ Gehirn.

Hirnstrombild, svw. ↑ Elektroenzephalogramm.

Hirohito [hiroˈhiːto, jap. hiˈro͜hito], * Tokio 29. April 1901, jap. Kaiser. - Seit 1921 Regent, seit 1926 Kaiser (124. Tenno); durch die Verfassung von 1947 auf reine Repräsentativfunktionen beschränkt; 1948 vom Internat. Gerichtshof in Tokio von der Anklage des Kriegsverbrechens freigesprochen.

Hirosaki, jap. Stadt auf N-Hondo, 175 000 E. Univ. (gegr. 1949). Mittelpunkt des größten jap. Obstbaugebiets, Lack- und Farbenproduktion. - Schloß (1610) mit pagodenartigem Festungsturm.

Hiroschige, Ando [hiroˈʃiːge; jap. hiˈro͜ʃige], * Edo (= Tokio) 1797, † ebd. 12. Okt. 1858, jap. Meister des Farbholzschnitts. - Seine perspektiv. Raumaufteilung verrät die Kenntnis europ. Malerei; seine Farbholzschnitte übten starken Einfluß auf die europ. Kunst aus (Impressionismus); Folgen: „Ansichten der Ost-Hauptstadt" (1830), „53 Stationen des Tokaido" (1834), „Berühmte Stätten von Kioto" (1834), „Acht Ansichten vom Biwa-See" (1834/35).

Hiroschima wenige Tage nach dem Abwurf der ersten Atombombe

Hiroshima, jap. Hafenstadt auf Hondo, im Mündungsdelta des Ota, 907 000 E. Kath. Bischofssitz; Univ. (gegr. 1949), Musikhochschule; meteorolog. Observatorium. Bed. Ind.standort an der Inlandsee, u. a. Schiff-, Auto- und Maschinenbau, Nähnadelproduktion. Verkehrsknotenpunkt, ⚓. Nach der Gründung der Burg 1589 als Burgstadt entstanden. In der Folgezeit entwickelte sich H. zur größten Stadt westl. von Osaka. Ab 1871 Präfekturhauptstadt. Im 2. Weltkrieg Standort von Rüstungsind. Der Atombombenabwurf (Uranbombe) am 6. Aug. 1945, der erste Kernwaffeneinsatz, der über 200 000 Tote und 100 000 Verwundete forderte, erfolgte in der Absicht, die Kapitulation zu erzwingen (↑ auch Japan, Geschichte). - Einziges nicht zerstörtes Gebäude der Stadt ist das Rathaus (1928, restauriert). Wiederhergestellt wurden der Wehrturm (jetzt Museum) der ehem. Burg (16. Jh.) und der Schukukeien-Landschaftsgarten (1. Hälfte 17. Jh.). K. Tange schuf das „Friedenszentrum" (1949–56) mit der architekton. interessanten Kinderbücherei (1951/52).

Hirsau ↑ Calw.

Hirsauer Reform, ma. Reformbewegung innerhalb des Benediktinerordens, die vom Kloster Hirsau ausging und auf den Reformen von Gorze und Cluny beruhte.

Hirsch, Emanuel, * Bentwisch (Landkr. Perleberg) 14. Juni 1888, † Göttingen 17. Juli 1972, dt. ev. Theologe. - Schrieb geistes- und theologiegeschichtl. Werke, Übersetzer und Kommentator der Schriften S. Kierkegaards.

H., Max, * Halberstadt 30. Dez. 1832, † Bad Homburg v. d. H. 26. Juni 1905, dt. Politiker. - Verlagsbuchhändler und Kaufmann; setzte sich für die Integration der Arbeiterbewegung in den Linksliberalismus ein; 1864 Mgl. des ständigen Ausschusses der dt. Arbeiterbildungsvereine, 1868 Mitbegr. der Hirsch-Dunckerschen Gewerkvereine; 1869–93 MdR (Dt. Fortschrittspartei bzw. Freisinnige Partei).

H., Paul, * Prenzlau 17. Nov. 1868, † Berlin 1. Aug. 1940, dt. Politiker. - 1908–33 MdL (SPD) in Preußen, 1918–20 erster preuß. SPD-Min.präs.; 1933 Emigration.

Hirschantilope ↑ Riedböcke.

Hirschberger Kessel ↑ Sudeten.

Hirschberg i. Rsgb. (im Riesengebirge; poln. Jelenia Góra), Hauptstadt des gleichnamigen Verw.-Geb., Polen▼. am oberen Bober, 345 m ü. d. M., 89 300 E. Theater. Bed. Ind.standort, Verkehrsknotenpunkt, Fremdenverkehr. - Das Ende des 13. Jh. gegr. und dt. besiedelte H. wurde 1299 Stadt. - Spätgot. Pfarrkirche (14. und 16. Jh.), barockes Rathaus (1747).

Hirsch-Dunckersche Gewerkvereine, Gewerkschaftsorganisationen, die polit. am Linksliberalismus der Dt. Fortschrittspartei orientiert waren und den Klas-

senkampfgedanken ablehnten; gegr. 1868 durch M. Hirsch und F. Duncker; zus. mit den anderen Gewerkschaften Anfang Mai 1933 im Verlauf der Gleichschaltung aufgelöst; nach 1945 nicht wiederbelebt.

Hirsche (Cervidae), mit rd. 40 Arten weltweit verbreitete Fam. etwa 0,8 bis 3 m körperlanger und 0,3–1,5 m körperhoher Paarhufer; mit langer Schnauze und oft verkümmerten oder völlig reduzierten Eckzähnen (Ausnahmen: Moschustiere, Muntjakhirsche, Wasserreh, bei denen sie hauerartig entwickelt sind); ♂♂ (nur beim Ren auch ♀♀) mit Geweih (bei Moschustieren und Wasserreh fehlend). - Während der Paarungszeit kommt es unter den ♂♂ oft zu Kämpfen um die ♀♀. Die Jungtiere sind meist hell gefleckt. - Neben den schon erwähnten Gruppen und Arten gehören die H. v. a. noch die ↑ Trughirsche (u. a. mit Reh, Elch, Ren) und die Echthirsche (u. a. mit Rothirsch und Damhirsch).

Geschichte: Die ältesten Abbildungen von H. sind auf jungpaläolith. Felsbildern in Höhlen S-Frankr. und N-Spaniens zu finden. Im alten Griechenland waren H. heilige Tiere der Göttin Artemis. Sie wurden auf Vasen, Reliefs und Münzen abgebildet. Die röm. Jagdgöttin Diana ist häufig zus. mit H. dargestellt.

Hirschfänger ↑ Jagdwaffen.

Hirschfeld, Georg, * Berlin 11. Febr. 1873, † München 17. Jan. 1942, dt. Schriftsteller. - Erfolgreich mit naturalist. Dramen aus dem Berliner Milieu, mit Komödien und Volksstücken sowie Novellen mit schwierigen psycholog. Problemen.

H., Kurt, * Lehrte 10. März 1902, † Tegernsee 8. Nov. 1964, dt. Regisseur. - Dramaturg (1933), später auch Regisseur und seit 1961 Direktor am Züricher Schauspielhaus; Uraufführungen u. a.: „Herr Puntila und sein Knecht Matti" (B. Brecht, 1948) und „Andorra" (M. Frisch, 1961).

H., Magnus, * Kolberg 14. Mai 1868, † Nizza 15. Mai 1935, dt. Nervenarzt und Sexualforscher. - Gründer und Leiter eines Instituts für Sexualwiss. in Berlin (ab 1918); arbeitete v. a. über Entwicklung und Störungen des sexuellen Verhaltens; trat für die geschlechtl. Aufklärung und für eine tolerante Haltung gegenüber abweichendem Sexualverhalten ein und befürwortete Geburtenkontrolle und Erleichterung der Ehescheidung; wandte sich entschieden gegen die strafrechtl. Verfolgung der Homosexualität. - *Werke:* Die Homosexualität des Mannes und des Weibes (1914), Sexualpathologie (1917–20), Geschlechtskunde (1925–30), Geschlecht und Charakter (1931), Geschlechtsanomalien und Perversionen (hg. 1955).

Hirschhorn (Neckar), hess. Stadt am Neckar, 132 m ü. d. M., 4 000 E. Luftkurort. - Die Herren von Hirschhorn besaßen Burg (Entstehung um 1200) und Siedlung (Ersterwährung 1318) als Lehen von Lorsch, ab 1232 von Kurmainz. 1391 erhielt das heutige Hinterstädtchen Stadtrecht. - Burg mit Schildmauer, Turm (13./14. Jh.), Zwingmauern (14. Jh.) und Palas. Pfarrkirche (1411 vollendet, 1910 neu geweiht), barocke Stadtkirche (1628–30); fast vollständig erhaltene Stadtmauer.

Hirschhornsalz, früher aus Hornsubstanz gewonnenes Gemisch aus zwei Teilen Ammoniumhydrogencarbonat u. einem Teil Ammoniumcarbonat, das als Treibmittel z. B. beim Backen von Lebkuchen, Keksen u. a. Flachgebäck verwendet wird.

Hirschkäfer [so benannt wegen des geweihförmigen Oberkiefers] (Schröter, Lucanidae), weltweit verbreitete Fam. 0,5–10 cm großer Blatthornkäfer (in M-Europa sieben Arten); Oberkiefer der ♂♂ häufig zu geweihartigen Zangen vergrößert, mit denen sie Kämpfe um ein ♀ austragen. In M-Europa kommt neben dem ↑ Balkenschröter bes. der **Euras. Hirschkäfer** (*Feuerschröter, Hornschröter,* Lucanus cervus) vor: matt schwarzbraun; mit 4 (♀) bis 8 (♂) cm an Länge größter europ. Käfer; benötigt bis zur Verpuppung fünf bis acht Jahre.

Hirschkolbensumach ↑ Sumach.

Hirschsprung-Krankheit [nach dem dän. Kinderarzt H. Hirschsprung, * 1830, † 1916] (Hirschsprung-Syndrom, Megacolon congenitum), angeborene bzw. in den ersten Lebenswochen auftretende Störung der Darmperistaltik im Bereich des Enddarms infolge Fehlens der parasympath. Ganglienzellen im S-förmig gekrümmten Grimmdarmabschnitt und dadurch bedingter Stuhlverhaltung und Erweiterung vorgeschalteter Darmabschnitte. Behandlung: operative Entfernung des aktionsuntüchtigen Darmteils.

Hirschtrüffel (Hirschbrunst, Elaphomyces cervinus), kugeliger trüffelähnl. Schlauchpilz mit unterird. wachsendem, gelbbraunem, ungenießbarem, hartem Fruchtkörper; wird von Wildschweinen, Rehen und Hirschen ausgegraben und gefressen. Früher wurde die H. als Brunstmittel für Rinder und Schweine verwendet.

Hirschvogel (Hirsvogel), Augustin, * Nürnberg 1503, † Wien im Febr. 1553, dt. Kunsthandwerker, Landvermesser, Kartograph und Radierer. - Sohn von Veit H. d. Ä.; in Nürnberg als Glasmaler, Wappensteinschneider und Hafner tätig, ab 1536 als Geometer (entwickelte neue Vermessungsinstrumente) und Kartograph in Laibach und ab 1544 in Wien. Seine Landschaftsradierungen und -zeichnungen sind von der Donauschule beeinflußt.

H., Veit, d. Ä., * Nürnberg 1461, † ebd. 24. Dez. 1525, dt. Glasmaler. - Vater von Augustin H.; in seiner Glasmalerwerkstatt wurden zahlr. Glasgemälde nach Entwürfen von Dü-

rer, H. Baldung und Hans von Kulmbach hergestellt.

Hirschziegenantilope ↑ Springantilopen.

Hirschzunge (Phyllitis scolopendrium), seltene, geschützte Farnart aus der Fam. der Tüpfelfarngewächse mit 15–60 cm langen, immergrünen, in Rosetten angeordneten Blättern; auf feuchtem schattigem Kalkgestein in den Mittelgebirgen und Kalkalpen.

Hirse (Panicum), Gatt. der Süßgräser mit rd. 500 Arten, v. a. in den wärmeren Gebieten der Erde; einjährige oder ausdauernde Gräser mit ährenartiger Rispe; Ährchen flach; Frucht von den beiden Blütenspelzblättern völlig eingehüllt. Die wichtigste Art ist die als Getreide verwendete **Echte Hirse** (*Rispen-H.,* *Dt. H.,* Panicum miliaceum), eine 0,5–1 m hohe, einjährige Pflanze mit behaarten, lanzettförmigen Blättern; Ährchen zweiblütig, in bis 20 cm langer, locker überhängender (*Flatter-H.*) oder aufrecht kompakter (*Dick-H.*) Rispe. - Die Früchte der H.arten sind fast runde Körner von hohem Nährwert (10 % Eiweiß, 4 % Fett, hoher Gehalt an Vitamin B_1 und B_2). Sie werden zur Bereitung von Brei und brotartigen Fladen, ferner zur Herstellung von Bier und Branntwein verwendet. Die Hauptanbaugebiete liegen in Z-Asien, O-Asien, Indien und in den Donauländern.

Geschichte: Heimat der Echten H. ist wahrscheinl. Ostasien. Die Echte H. wurde in prähistor. Zeit in China, Indien und Kleinasien angebaut und war in Griechenland seit der minoisch-myken. Zeit Brot- und Breigetreide. Seit der Jungsteinzeit wurde sie im Alpenraum angebaut. Im MA gab es in M-Europa ausgedehnte Felder mit Echter Hirse.

Hirshfield, Morris [engl. ˈhəːʃfiːld], * in Russ.-Polen 1872, † New York 26. Juli 1946, amerikan. Laienmaler poln. Herkunft. - Malte ab 1937 dekorative Kompositionen mit ornamental stilisierten Tieren, Bäumen oder Frauen.

Hirt, Hermann, * Magdeburg 19. Dez. 1865, † Gießen 12. Sept. 1936, dt. Indogermanist. - 1896 Prof. in Leipzig, ab 1912 in Gießen; veröffentlichte zahlreiche zusammenfassende Arbeiten zur idgm. Sprachwissenschaft und Altertumskunde, v. a. „Die Indogermanen" (2 Bde., 1905–07), „Indogerman. Grammatik" (7 Bde., 1921–37), „Die Hauptprobleme der idgm. Sprachwissenschaft" (hg. 1939 von H. Arntz), „Indogermanica" (hg. 1940 von H. Arntz).

Hirt (Hirte), Hüter von Haustieren beim Weidegang, meist angestellt als Hof-, Gemeinde- oder Genossenschafts-H.; auf sein Abzeichen, den H.stab, leistet er einen Eid oder ein Gelübde. Die ehem. große Bed. des H., v. a. in den Alpenländern, in SO-Europa und SM-Europa, hat sich in vielfältigen, eigenen Kulturformen niedergeschlagen Die v. a.

als Zierkunst ausgeprägte **Hirtenkunst** erstreckte sich auf zahlr. Gebrauchsgegenstände (Milchgefäße, H.stecken, Pfeifenköpfe, Garnhaspeln, Joche und Schellenbögen). Spezielle **Hirtenfeste** sind noch vereinzelt als sportl. Wettkämpfe (z. B. Steinstoßen, Kleiderringen, Schäferlauf) erhalten. Bes. altertüml. Züge trägt die **Hirtenmusik.** H.idyll und Schäferallegorie waren bereits in der Barockzeit beliebte dichter. Darstellungen.

Hirtenamt, im kath. Kirchenrecht bildl. Bez. für die der Kirche eigentüml. Vollmacht (↑Jurisdiktion), die in der sakramentalen Bischofs- und Priesterweihe übertragen und in der kanon. Sendung (↑Missio canonica) rechtl. umschrieben wird.

Hirtenbrief, Rundschreiben von Bischöfen oder Kirchenleitungen an die Gläubigen zu lehramtl. und seelsorgl. Fragen oder zu aktuellen Zeitproblemen.

Hirtendichtung, svw. ↑bukolische Dichtung; ↑auch Schäferroman.

Hirtenhunde, Gruppe großer, starkknochiger Hunde, die urspr. zum Schutz der Herden eingesetzt wurden. Zu den H. zählt man: Pyrenäenhund, Kuvasz und Komondor.

Hirtenspiel (Hirtenprozession), eine selbständige Szenengruppe des brauchtüml. ↑Weihnachtsspiels.

Hirtentäschelkraut (Capsella, Hirtentäschel), Gatt. der Kreuzblütler mit fünf weltweit verbreiteten Arten; niedrige, ein- bis zweijährige Kräuter mit weißen Blüten und dreieckigen, verkehrt-herzförmigen Schotenfrüchten. In Deutschland kommt als Unkraut auf Äckern und an Wegrändern das **Gemeine Hirtentäschelkraut** (*Echtes H.*, Capsella bursa-pastoris) vor.

Hirth, Albert, * Meinsheim (= Brackenheim) 7. Okt. 1858, †Nonnenhorn (Landkr. Lindau) 12. Okt. 1935, dt. Erfinder, Konstrukteur und Unternehmer. - Vater von Hellmuth und Wolfram H.; erfand (1896) die Technik des Spritzgußverfahrens.

H., Hellmuth, * Heilbronn 24. April 1886, †Karlsbad 1. Juli 1938, dt. Ingenieur und Flugpionier. - Bruder von Wolfram H.; erreichte 1911 einen Höhenweltrekord und führte im folgenden Jahr die beiden längsten damaligen Überlandflüge (München–Berlin und Berlin–Wien) aus. 1931 gründete er die Hirth-Motoren GmbH in Stuttgart (1941 übernommen von der Ernst Heinkel AG).

H., [Kurt Erhard] Wolfram, * Stuttgart 28. Febr. 1900, † bei Dettingen unter Teck 25. Juli 1959 (Flugzeugabsturz), dt. Flieger und Flugzeugbauer. - Bruder von Hellmuth H.; entdeckte 1930 die Technik des Thermikflugs (↑Segelflug) und stellte 1934 einen Weltrekord im Langstreckensegelflug auf.

Hirtius, Aulus, ✕ bei Mutina (= Modena) 43 v. Chr., röm. Politiker und Offizier. - Aus plebeischem Geschlecht. Sekretär Cäsars; 46 Prätor, 43 Konsul, fiel im Kampf

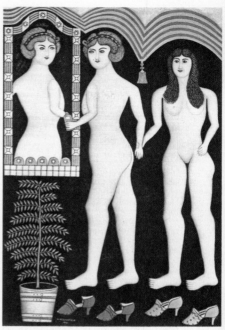

Morris Hirshfield, Unzertrennliche Freunde (1941). New York, Museum of Modern Art

gegen Marcus Antonius; verfaßte das 8. Buch von Cäsars „Commentarii de bello Gallico" und wahrscheinl. auch das „Bellum Alexandrinum" zu Cäsars Darstellung des Bürgerkrieges.

Hirtsiefer, Heinrich, * Essen 26. April 1876, † Berlin 15. Mai 1941, dt. Gewerkschaftler und Politiker. - Urspr. Schlosser, Verbandssekretär im Christl. Metallarbeiterverband; 1919–33 MdL in Preußen (Zentrum); 1921–33 preuß. Min. für Volkswohlfahrt.

Hirudin [lat.], in den Speicheldrüsen von Blutegeln gebildeter Eiweißkörper, der die Blutgerinnung hemmt. H. kann lokal bei Venenentzündung und Thrombose angewendet werden.

Hirzel, Hans Caspar, * Zürich 21. März 1725, † ebd. 20. März 1803, schweizer. Arzt und Schriftsteller. - Philanthrop; war 1746/47 in Berlin, wo er u. a. mit E. von Kleist und J. W. L. Gleim befreundet war; Vertreter der literar. Ideen J. J. Bodmers; schrieb u. a. „Catechet. Anleitung zu den gesellschaftl. Pflichten" (1776).

His, eigtl. Ochs, Basler Ratsherrenfamilie. 1818/19 nahmen die Söhne des Politikers und

Historikers P. Ochs den urgroßväterl. Namen H. an; bed.:

H., Wilhelm, * Basel 19. Dez. 1863, † Riehen bei Basel 10. Nov. 1934, Internist. - Prof. in Basel, Göttingen und Berlin; arbeitete v. a. über Krankheiten des Herzens und des Stoffwechsels; entdeckte das nach ihm benannte **His-Bündel,** ein erregungsleitendes Muskelgewebe des Herzens.

Hiskia (Hiskija, Ezechias), König von Juda (727–698 [716–687, 727–696]). - Zunächst Bundesgenosse des Assyrerkönigs Sargon II., nach dessen Tod Anhänger einer antiassyr. Bewegung; beraten vom dem Propheten Jesaja; rege Bautätigkeit, Neugliederung des Reichs und Reform des Jahwekults (2. Kön. 18–20).

Hispaniola (Haiti), eine der Westind. Inseln, zw. Kuba und Puerto Rico, 76 192 km². Polit. geteilt in die Dominikan. Republik und Haiti. Hier landete am 6. Dez. 1492 Kolumbus.

Hispanität (span. Hispanidad), das Zusammengehörigkeitsgefühl aller spanischsprechenden Völker im Hinblick auf ihre gemeinsame Kultur.

Histadrut, israel. Einheitsgewerkschaft; gegr. in Haifa 1920; umfaßt 40 nichtselbständige Einzelgewerkschaften, mit rd. 1,6 Mill. Mgl. größte Organisation in Israel, mit zahlr. Wirtschaftsunternehmen und kulturellen Einrichtungen.

hissen [niederdt.] (heißen), ein Segel oder eine Flagge hochziehen (Seemannssprache).

Histamin [Kw.] (2-(4-Imidazolyl)-äthylamin), ein biogenes Amin, das durch Decarboxylierung von ↑ Histidin entsteht. H. ist ein Gewebshormon, das bes. reichl. in den Gewebsmastzellen der Haut, Muskulatur und Lunge gespeichert ist. Es bewirkt eine rasche Kontraktion bestimmter glatter Muskeln (Gebärmutter, Bronchien), eine Erweiterung der Blutgefäße der Haut und eine Erhöhung der Kapillardurchlässigkeit; außerdem regt H. die Magensaftsekretion und Darmperistaltik an. Eine vermehrte H.ausschüttung erfolgt bei allerg. Reaktionen, bei [Sonnen]bestrahlung, Verbrennungen und anderen Gewebszerstörungen; es kommt zu lokal stark vermehrter Durchblutung, die sich auf der Haut durch intensive Rötung bemerkbar macht. Im Gewebe wird H. durch Enzyme schnell unwirksam gemacht; Substanzen († Antihistaminika), welche die Wirkung des H. hemmen, haben therapeut. Bed. Chem. Strukturformel:

$$HN-\overset{\displaystyle |}{C}-CH_2-CH_2-NH_2$$
$$HC \quad CH$$
$$N$$

Histaminasen [Kw.] (Diaminoxidasen), Enzyme, die Histamin und andere Amine zu den entsprechenden Aldehyden dehydrieren.

Histiaia (Hestiaia), antike griech. Stadt

an der N-Küste Euböas, durch Synoikismos mit *Oreos* entstanden; als Mgl. des Att.-Del. Seebundes nach einem Aufstandsversuch 446–404 mit athen. Kolonisten besetzt; in nachantiker Zeit Bistum.

Histiäus, † 493 v. Chr., Tyrann von Milet. - Widersetzte sich beim Skythenzug Darius' I. 513 v. Chr. dem Plan einer Vernichtung des pers. Heeres durch Zerstörung der Donaubrücke; spielte in Susa später eine zweideutige Rolle beim Ion. Aufstand; durch den Satrapen Artaphernes gekreuzigt.

Histidase [griech.], zu den Lyasen gehörendes Enzym; spaltet durch Öffnen des Imidazolrings des Histidins Ammoniak ab.

Histidin [griech.], [(2-Amino-3-(4-imidozolyl)-propionsäure)] als Baustein vieler Proteine vorkommende essentielle Aminosäure; sie spielt als Protonendonator und -akzeptor in den aktiven Zentren von Enzymen und für die Bindung von Hämen in Hämoproteinen eine wichtige Rolle. Chem. Strukturformel:

$$N-C-CH_2-CH-COOH$$
$$HC \quad CH \qquad NH_2$$
$$N$$

Histiozyten [griech.] ↑ Wanderzellen.

Histochemie [griech./arab.], die Chemie der Gewebsstrukturen von Organismen; sie befaßt sich mit dem Vorkommen, der Verteilung (bzw. Lokalisation) und dem spezif. Nachweis von chem. Stoffen (z. B. von Fetten, Kohlenhydraten, Nukleinsäuren, Proteinen, Enzymen) in den Geweben bzw. Zellen sowie mit der Untersuchung der bei Stoffwechsel, Osmose u. a. eintretenden Reaktionen und Veränderungen [dieser Stoffe].

Histogenese [griech.] (Gewebsentwicklung), Prozeß der Ausdifferenzierung der verschiedenen Gewebearten im Verlauf der Embryonalentwicklung.

Histogramm [griech.] (Treppenpolygon), Darstellung einer Häufigkeitsverteilung, bei der der Wertebereich der unabhängigen Veränderlichen z in gleich große Abschnitte eingeteilt ist, in denen die abhängige Veränderliche jeweils einen konstanten Wert hat.

Histologie [zu griech. histós „Gewebe"] (Gewebelehre), Teilgebiet der Biologie und Medizin, das den mikroskop. und elektronenmikroskop. Feinbau und spezielle Funktionen menschl., tier. und pflanzl. Gewebe erforscht. - In der Medizin ist die H. für die Beurteilung gesunder und krankhaft veränderter Organe *(patholog. H.)* von bes. Bedeutung.

Histolyse [griech.] (Gewebszerfall), Auflösung von Geweben oder Gewebeteilen des lebenden Organismus (oder nach Eintritt des Todes) durch schädigende Einwirkungen enzymat. oder bakterieller Prozesse.

Histone [griech.], Gruppe von bas. Proteinen, die in den Zellkernen der Zellen von Eukaryonten als Bestandteile des Chromatins salzartig an die DNS gebunden sind; werden gleichzeitig mit der DNS-Replikation synthetisiert und an die neusynthetisierte DNS gebunden. Vielfach wird den H. eine Funktion bei der Regulation der Genaktivität zugesprochen.

Histoplasmose [griech.], durch den Schlauchpilz Histoplasma capsulatum (u. a. auf dem Weg der Staubinhalation) hervorgerufene, meist leichte, im klin. Bild tuberkuloseähnl. Allgemeininfektion. Die H. kommt häufig in den USA, S-Amerika und Afrika vor. Krankheitsanzeichen sind unregelmäßiges Fieber, Anämie und Verminderung der weißen Blutkörperchen, Vergrößerung von Leber und Milz, Lymphknotenvereiterung, Geschwürbildung der Haut und der Schleimhäute des Verdauungstraktes sowie Lungenveränderungen.

Historia (Historie) [griech.-lat., eigtl. „Wissen"], im 16./17.Jh. Bez. für die Vertonung von v. a. dt.sprachigen Evangelientexten mit verteilten Rollen für Soli, Chor und Instrumentalbegleitung.

Historie [griech.-lat.], 1. Bez. für Geschichte als das Geschehene im Unterschied zur Geschichte als Wiss.; 2. veraltete Bez. für darstellende Geschichtsquellen.

◆ (abenteuerl., erdichtete) Erzählung, auch der Erzählstoff (der z. B. in der Historienmalerei verwendet wurde). Speziell spätma. phantast. Erzählungen in Vers und Prosa; häufig in den Titeln der Volksbücher, z. B. „Historia von D. Johann Fausten..." (1587).

Historienmalerei, Gattung der Malerei, die geschichtl. Ereignisse, i. w. S. auch religionsgeschichtl. Szenen sowie Sagen und Legenden und dichter. Inhalte zum Gegenstand hat. Die H. neigt dazu, histor. Ereignisse zu idealisieren und die eigene Gegenwart mit dem Glanz der Vergangenheit zu schmücken. Darstellungen geschichtl. Geschehens finden sich bereits in den frühen Hochkulturen, z. B. in der ägypt. Kunst Schlachtendarstellungen in den Tempeln Sethos' I. und Ramses' II. der 19. Dyn. und aus der Zeit Ramses' III. (20. Dyn.). Von bereits dokumentar. Wert sind Bildberichte der Assyrer. Bei den Griechen verquicken sich die Darstellungen geschichtl. Ereignisse mit den mytholog. Vorstellungen (z. B. in der in einer Mosaikkopie überlieferten „Alexanderschlacht" von Philoxenos; ↑ Alexandermosaik).

Mit dem Christentum nimmt die religiöse H. ihren Anfang, und zwar als Wiedergabe bibl. Szenen (A. T. und N. T.). Am Beginn stehen die Mosaiken im Langhaus von Santa Maria Maggiore in Rom (432–440). Dazu kommen seit dem 11. Jh. Erzählstoffe der Heiligenlegenden. - Als Beispiele für die H. i. e. S. sind die verlorenen karoling. Wandmalereien zu nennen (Pfalz von Ingelheim), weiteres Zeugnis ma. H. ist der ↑ Bayeux-Teppich. - Häufiges Bildthema wird Geschichte erst mit der italien. Renaissance (ein frühes Beispiel sind die Fresken von S. Aretino im Rathaus von Siena, um 1407), die auch antike Überlieferung aufgreift (A. Mantegna, „Cäsars Triumphzug", um 1484–92). Bes. nahm sich die Renaissance des Schlachtenbilds an: P. Uccello („Die Schlacht bei San Romano", um 1456/57), Leonardo da Vinci („Schlacht von Anghiari", Karton von 1503–05, verlorengegangen), Michelangelo („Überfall bei den Cascine", Karton verloren, u. a. Federzeichnung von 1505) und Tizian („Schlacht bei Cadore", 1538 vollendet, 1577 verbrannt). Das bedeutendste Werk der deutschen Malerei ist A. Altdorfers „Alexanderschlacht" (1529). Die H. des Barock erreichte mit Rubens Medicizyklus (1622–25) und Velásquez „Schlüsselübergabe von Breda" (1635) ihren Höhepunkt.

Neuen Aufschwung nahm die H. mit Erwachen des Bürgertums. J. L. David beschwor gegenüber dem Absolutismus die röm. Republik („Schwur der Horatier", 1784). Die H. des 19. Jh. wandte sich der vergangenen Größe bzw. überhaupt der eigenen (nat.) Geschichte zu; E. Delacroix, T. Géricault, P. Delaroche, É. Manet in Frankr., P. Cornelius, A. Rethel, K. F. Lessing, W. von Kaulbach, K. von Piloty, A. von Menzel in Deutschland, E. Stückelberg und F. Hodler („Rückzug von Marignano", 1898–1900) in der Schweiz. Gegen die russ. akadem. H. wandten sich die Peredwischniki mit realist. Szenen (u. a. I. Repin, „Die Saporoger Kosaken schreiben einen Brief an den Sultan", 1878–91), dagegen übernimmt der idealisierende H. im sozialist. Realismus erneut eine Funktion.

Im 20 Jh. hat Picasso mit „Guernica" (1937) ein bed. „Historienbild" geschaffen, das - wie schon Goya am Anfang des 19. Jh. - Anklage gegen Krieg und Gewalt erhebt. - Abb. S. 356.

📖 *Stolpe, E.: Klassizismus u. Krieg. Über den Historienmaler J.-L.David.* Ffm. 1985. - *Wappenschmidt, H. T.: Allegorie, Symbol u. Historienbild im späten 19. Jh.* Mchn. 1984.

Historik [griech.], Bez. für die Lehre von der histor. Methode der Geschichtswissenschaft.

Historiographie [griech.], svw. Geschichtsschreibung.

historische Buchten, nach Völkerrecht solche Buchten, deren Gewässer ungeachtet der Zugangsweite seit jeher der vollen Gebietshoheit des Uferstaates unterliegen. H. B. sind u. a. die Delaware Bay, die Cheasepeake Bay, die Fonseca Bay, die Hudson Bay und das Weiße Meer.

historische Grammatik ↑ Grammatik.

historische Hilfswissenschaften (histor. Grundwissenschaften), Fächer und Teilgebiete der Geschichtswiss., die sich v. a. mit der Erschließung und vorbereitenden Kri-

historische Institute

Historienmalerei. Albrecht Altdorfer,
Alexanderschlacht (1529).
München, Alte Pinakothek

tik der Geschichtsquellen befassen; i. e. S.
Paläographie einschl. Epigraphik und Papyrologie, Urkundenlehre (Diplomatik) und Aktenkunde, Siegelkunde (Sphragistik), Zeitrechnung (Chronologie), Genealogie, Wappenkunde (Heraldik) und Numismatik.

historische Institute, Stätten wiss. Begegnung und Forschung; v. a. in der 2. Hälfte 19. Jh. gegr.: z. B. in Wien das Institut für **Östr. Geschichtsforschung** (gegr. 1854), in Rom die **École Française de Rome** (gegr. 1873), das **Östr. Histor. Institut** (gegr. 1883), das **Preuß. Histor. Institut** (gegr. 1888, seit 1953 **Dt. Histor. Institut**), das **Istituto storico Italiano** (gegr. 1883), in Göttingen das **Max-Planck-Institut für Geschichte** (gegr. 1956), in London das **Dt. Histor. Institut** (gegr. 1976).

historische Methode, Bez. für das v. a. in den Geisteswiss. (im Unterschied zu den Naturwiss.) grundlegende allg. Erkenntnisprinzip, die in krit. Auseinandersetzung mit dem Quellenbefund ermittelten histor. Fakten und Geschichtsabläufe in ihrer Genese, ihren Bedingungszusammenhängen und Wirkungen zu verstehen (↑ auch Hermeneutik); als Erkenntnismittel der Geschichtswiss. seit L. von Ranke prinzipiell unbestritten, auf Grund der Erfahrung der histor. „Brüche" im 20. Jh. und infolge der Erkenntnis, daß

jede histor. Fragestellung auf die jeweilige Gegenwart bezogen ist, jedoch erkenntnistheoret. relativiert.

historische Rechtsschule, svw. ↑ historische Schule.

historischer Kompromiß, in Italien („compromesso storico") Bez. für ein polit. Bündnis zw. den Kräften von Democrazia Cristiana (DC) und Partito Comunista Italiano (PCI) mit dem von der PCI angestrebten Ziel ihrer Reg.mitverantwortung. Die Möglichkeiten des h. K. werden in den Mgl.ländern der NATO und der EG seit dem hohen Wahlsieg der PCI in den italien. Regionalwahlen 1975 diskutiert. 1977 kam es durch die Absprachen der DC mit den Parteien des „Verfassungsbogens" (PCI, PSI, PSDI, PLI [Liberale], PRI [Republikaner]) zu einem ersten Schritt in diese Richtung und zur Tolerierung der Minderheitenkabinette Moro und Andreotti. Anfang 1979 gab jedoch die PCI ihre Haltung des „Nicht-Mißtrauens" im Parlament auf, da sie nicht an der direkten Reg.verantwortung durch Aufnahme in das Kabinett beteiligt worden war. - ↑ auch Italien (Geschichte).

historischer Materialismus ↑ Marxismus.

historischer Roman (Geschichtsroman), Unterart der Gattung Roman; umfang- und figurenreiche Prosadichtung, die histor. authent. Gestalten und Vorfälle behandelt oder in histor. beglaubigter Umgebung spielt und auf einem bestimmten Geschichtsbild beruht. Eigentl. Begründer war W. Scott mit „Waverley" (1814). Vertreter in Frankr. u. a. V. Hugo („Der Glöckner von Notre Dame", 1831) und A. Dumas d. Ä. mit seinen über 300 histor. Abenteuerromanen (u. a. „Die drei Musketiere", 1844; „Der Graf von Monte Christo", 1845/46), in Italien A. Manzoni („Die Verlobten", 1827), in Rußland u. a. A. S. Puschkin („Die Hauptmannstochter", 1833–36) und N. W. Gogol („Taras Bulba", 1835), in Deutschland C. Brentano („Aus der Chronika eines fahrenden Schülers", 1818), A. von Arnim („Die Kronenwächter", 1817–54), W. Hauff („Lichtenstein", 1826), L. Tieck („Vittoria Accorombona", 1840), W. Alexis („Der falsche Woldemar", 1842; „Die Hosen des Herrn von Bredow", 1846–48). Eine 2. Phase ergab sich mit der Ausbreitung des Historismus und seiner Verabsolutierung des Geschichtsdenkens sowie mit der konsequent wiss. Geschichtsschreibung. Früh davon beeinflußt war der h. R. in den USA: z. B. N. Hawthorne „Der scharlachrote Buchstabe" (1850); es folgten in England W. M. Thackerays „Die Virginier" (1857–59), in Deutschland V. von Scheffels „Ekkehard" (1855) und bes. G. Freytags „Die Ahnen" (1873–81). Von den h. R. des literar. Hoch- bzw. Spätrealismus (G. Flaubert, C. de Coster, A. Stifter, C. F. Meyer, T. Fontane, W. Raabe) ist L. Tolstois „Krieg und Frieden" (1868/69) wohl der bedeutendste. Seit dem Ausgang des 19. Jh. ist der h. R. literar. Gemeingut von großer Vielfalt, ohne daß sich weitere Phasen abgrenzen lassen; bed. Autoren sind u. a. W. Faulkner, J. Roth, R. Rolland, H. Sienkiewicz, R. Huch, F. Thieß, F. Sieburg, S. Zweig, R. Schneider, W. Bergengruen, G. von Le Fort, M. Brod, A. Döblin, F. Werfel, L. Feuchtwanger, A. France, T. Wilder.

historische Schule, (historische Rechtsschule) die um 1800 zuerst in der Rechtswiss. vertretene Lehrmeinung, das Recht könne nicht aus allg. gültigen abstrakten Prinzipien (Naturrecht) deduziert werden, es entstehe als Produkt des kollektiv Unbewußten in einem histor. Prozeß („Volksgeist") und könne daher nur histor. verstanden werden. Als Wegbereiter der h. S. gelten J. G. Herder und G. Hugo, ihr eigentl. Begründer ist F. K. von Savigny.

◆ (h. S. [der Nationalökonomie]) Sammelbez. für die Vertreter einer um die Mitte des 19. Jh. entstandenen und bis ins 20. Jh. bed. Richtung in der Volkswirtschaftslehre (W. Roscher, G. Schmoller, W. Sombart, Max Weber). Sie betonten die histor. Einmaligkeit wirtschaftl. Phänomene und bemühten sich um Zeit- und Wirklichkeitsnähe; ihr (nicht erreichtes) Ziel war es, ökonom. Gesetzmäßigkeiten empir.-induktiv aus einer universalen Gesamtschau des wirtschaftsgeschichtl. Materials abzuleiten.

historisches Präsens, Gegenwartsform, die innerhalb eines Textes im Präteritum (Vergangenheit) verwendet wird, um die Spannung zu steigern und Höhepunkte innerhalb der ruhigen Flusses der ep. Erzählung zu schaffen.

historische Theologie ↑ Theologie.

Historische Zeitschrift, Abk. HZ, 1859 in München durch H. von Sybel gegr. Fachzeitschrift der Geschichtswiss. mit Schwerpunkt in der Geschichte der Neuzeit.

Historismus [griech.-lat.], in den Geisteswiss. eine Betrachtung der kulturellen Erscheinungen unter dem leitenden Gesichtspunkt ihrer histor. Gewordenheit, d. h. Geschichtlichkeit, damit verbundenen Betonung von Einmaligkeit und Besonderheit. In der Individualität sah die H. die schlechthin bestimmende Kategorie histor. Erkenntnis. Die Geschichtswiss. hat daraus starke Antriebe für Forschung und Deutung der Gegenwart gezogen, gleichzeitig aber durch Absolutsetzung dieses method. Prinzips, das die Unvergleichbarkeit histor. Prozesse und Strukturen voraussetzt, sich der Gefahr des Wertrelativismus ausgesetzt und von der Entwicklung der anderen Sozialwiss. abgesondert. Der eigtl. Begriff H. entstammt erst der 2. Hälfte des 19. Jh. Seine größte prakt. Bed. für Geschichts- und Gegenwartsbewußtsein erreichte er in der Zeit der dt. Reichsgründung als

grundlegende quellenbezogene geisteswiss. Position mit Auswirkung auf Sprachwiss., histor. Rechtsschule und histor. Schule der Nationalökonomie. Die Krise der H. fiel mit dem Ende des 1. Weltkriegs zusammen. Sie führte zur methodolog. Neuorientierung der modernen Geschichtswissenschaft.

Der neuere *marxist.* H. versucht konkrete histor. Forschung mit den als „objektiv" existierend vorausgesetzten Entwicklungstendenzen von Gesellschaft in Vergangenheit, Gegenwart und Zukunft zu verbinden und bildet damit das wichtigste methodolog. Prinzip aller marxist. Gesellschaftswiss. und v. a. der marxist Geschichtswissenschaft.

◆ in der bildenden Kunst, Baukunst und im Kunsthandwerk des 19. Jh. Ausdruck einer in histor. Anleihen das eigene Selbstverständnis suchenden Stilhaltung (↑ Neugotik, ↑ Neurenaissance, ↑ Neubarock).

Histrionen [lat.], in Rom zunächst mim. Tänzer, die bes. bei Leichenspielen und kult. Festen auftraten; im frühen MA Gaukler, fahrende Musikanten; später Schauspieler.

Hit [engl., eigtl. „Stoß, Treffer"], Spitzenschlager (bes. erfolgreiches Musikstück; seltener übertragen als Bez. für vielgekaufte Ware usw.); *H.parade,* Bez. für die Vorstellung der jeweils beliebtesten, durch Umfrage oder Plattenverkaufszahlen ermittelten Hits, z. B. in Hörfunk und Fernsehen.

Hitachi Ltd. [engl. hɪ'tatʃɪ 'lɪmɪtɪd], Japans zweitgrößter Ind.konzern und eines der bedeutendsten Unternehmen der Welt auf dem Gebiet der Elektroind., gegr. 1920, Sitz Tokio. Unternehmensbereiche: Energieerzeugungs- und Übertragungsanlagen, Ind.-ausrüstungen; Unterhaltungselektronik, Haushaltsgeräte, Fernmelde- und Rundfunkanlagen, Datenübertragungs- und Datenverarbeitungsanlagen.

Hitchcock, Alfred [Joseph] [engl. 'hɪtʃkɔk], * London 13. Aug. 1899, † Los Angeles 29. April 1980, brit. Filmregisseur und -produzent. - Erzielte mit „Der Untermieter" (1926) seinen ersten Erfolg; galt in den 1930er Jahren als einer der führenden

Alfred Hitchcock (1972)

engl. Regisseure; ging 1939 nach Hollywood, wo er sich zum bedeutendsten Vertreter des Thrillers entwickelte; Hauptthema ist der Identitätsverlust seiner meist gutbürgerl. Helden, die aus der Ordnung ihres alltägl. Lebens gerissen werden.

Weitere Filme: Erpressung (1929), Der Mann, der zuviel wußte (1934, Remake 1955), Rebecca (1940, nach D. du Maurier), Verdacht (1941), Im Schatten des Zweifels (1943), Bei Anruf - Mord (1953), Der falsche Mann (1957), Aus dem Reich der Toten (1958), Der unsichtbare Dritte (1959), Psycho (1960), Die Vögel (1963), Marnie (1964), Topas (1968, nach L. Uris), Frenzy (1972), Familiengrab (1976).

Hitler, Adolf, * Braunau am Inn 20. April 1889, † Berlin 30. April 1945 (Selbstmord), dt. Politiker östr. Herkunft. - Die kleinbäuerl. Vorfahren H. kamen aus dem niederöstr. Waldviertel, sein Vater Alois H. (* 1837, † 1903) brachte es bis zum Zollamtsoberoffizial. H. verließ 1905 die Realschule ohne Abschluß. Zwei Bewerbungen an der Kunstakademie Wien (1907/08) scheiterten an mangelnder Begabung. In der konfliktreichen Atmosphäre des Wiens der Vorkriegszeit fand der sozial deklassierte Zwanzigjährige Selbstbestätigung im Politisieren. Aus Zeitungen, Broschüren und Büchern las er sich eine Weltanschauung zusammen, deren Kern im Glauben an die „german. Herrenrasse" und die „jüd. Weltgefahr" bestand.

Im Mai 1913 ging H., um sich dem Militärdienst zu entziehen, nach München (dt. Staatsbürger wurde er, 1925 auf eigenen Wunsch aus der östr. Staatsbürgerschaft entlassen, erst am 25. Febr. 1932 durch Ernennung zum braunschweig. Reg.rat). Als Kriegsfreiwilliger erlebte er die Jahre 1914–18 als Meldegänger im bayer. Regiment List an der W-Front, wurde mehrfach verwundet und war bei einem brit. Gasangriff im Okt. 1918 zeitweilig erblindet. Kam als Vertrauensmann der Münchener Reichswehr im Sept. 1919 mit der von der völk. „Thule-Gesellschaft" inspirierten „Dt. Arbeiterpartei" (ab Febr. 1920: Nat.-soz. Dt. Arbeiterpartei [NSDAP]) in Kontakt, trat ihr als Parteigenosse Nr. 55 (Mgl.nummer 555, die Zählung begann bei 501) bei und übernahm im Juli 1921 den Parteivorsitz mit diktator. Vollmachten. Gefördert von Reichswehr, Polizei und Reg. in Bayern, wurde H. 1922/23 zur Schlüsselfigur der dortigen nationalist. Gruppen und Wehrverbände. Sein Versuch jedoch, die Reg. von Kahr zum Staatsstreich gegen Berlin zu treiben, scheiterte am 9. Nov. 1923 (H.putsch). Die NSDAP wurde verboten, H. zu 5 Jahren Festungshaft verurteilt. Auf der Festung Landsberg begann er seine Rechenschafts- und Programmschrift „Mein Kampf", die in 2 Bänden 1925/26 erschien. Dieses Werk (1928 entstand das postum 1961 veröffentlichte sog. „Zweite Buch") besitzt zentrale Bed.

für H. Gedanken und Zielsetzungen: Ausgehend von Negationen (Antisemitismus, Antimarxismus, Antiliberalismus usw.), forderte er den rass. gereinigten, nationalist. Führerstaat, dessen Zweck in der durch ein Bündnis mit Italien und Großbrit. abgesicherten, sozialdarwinist. gerechtfertigten Eroberung „neuen Lebensraums für das dt. Volk" im O lag; H. Gedanken zur Technik polit. Propaganda zielten ab auf unbegrenzte Manipulierung der Massen.

Die von H. nach seiner vorzeitigen Entlassung aus Landsberg (Ende 1924) neubegr. NSDAP (27. Febr. 1925) stand im Zeichen der auf Wahlerfolge bedachten Legalitätstaktik. Zwar blieben die Wahlerfolge bis 1928/29 begrenzt, doch schuf sich H. in der militanten Kaderpartei ein schlagkräftiges Instrument. Die Auswirkungen der Weltwirtschaftskrise in Deutschland begünstigten ein dammbruchartiges Anwachsen der kleinbürgerl. und agrar. Protestbewegung der NSDAP. Nach dem stufenweisen Abbau des parlamentar.-demokrat. Systems der Weimarer Republik durch die Reg. Brüning und Papen, nach dem Scheitern aller Versuche, die NSDAP durch Reg.beteiligung zu „zähmen" (Papen) oder zu spalten (Schleicher), und nach dem Einschwenken großagrar. und industrieller Gruppen auf eine „Lösung H." wurde dieser von Hindenburg am 30. Jan. 1933 zum Reichskanzler ernannt.

Über sofortige Neuwahlen (NSDAP: 43,9 %), Notverordnung (Aufhebung der Grundrechte, permanenter Ausnahmezustand) und Ermächtigungsgesetz gelang es H. in wenigen Monaten, mit Überredung, Drohung und Terror alle Sicherungen und Gegenkräfte im polit., gesellschaftl. und geistigen Raum zu überspielen und den totalitären Einparteienstaat zu schaffen. Die plebiszitär abgestützte Führerdiktatur wurde durch die Schiedsrichterstellung H. zw. rivalisierenden Staats- und Parteiinstanzen bald unangreifbar. Durch seine Abrechnung mit der SA am 30. Juni 1934 (sog. Röhm-Putsch) stärkte H. die Wehrmacht in der Illusion einer Partnerschaft. Nach dem Tode Hindenburgs (2. Aug. 1934) vereinigte er als Führer und Reichskanzler das höchste Partei-, Reg.- und Staatsamt in seiner Hand und ließ als neuer Oberbefehlshaber die Reichswehr auf seinen Namen vereidigen (seit 1942 auch Oberster Gerichtsherr). Den raschen Aufbau der Wehrmacht verband H. mit einer traditionelle Revisions- und Gleichberechtigungsziele anstrebenden Außenpolitik, die in geschickter Ausnutzung vorhandener Interessenkonflikte alle Ansätze zur kollektiven Friedenssicherung durch den Austritt aus dem Völkerbund (19. Okt. 1933) und durch zweiseitige Verträge mit Polen (Dt.-Poln. Nichtangriffspakt 1934), Großbrit. (Dt.-Brit. Flottenabkommen 1935) und Österreich (1936) verhinderte. Zögernde Konservative wie Fritsch, Blomberg und Neurath wurden im Febr. 1938 entlassen. Gestützt auf das Bündnis mit Italien und Japan (Achse Berlin-Rom, Antikominternpakt, Stahlpakt), griff H. mit dem Anschluß Österreichs (Einmarsch 12. März 1938), des Sudetenlands (1. Okt. 1938, Münchner Abkommen) und mit der „Zerschlagung der Resttschechei" (März 1939) nach der Hegemonie in Kontinentaleuropa, nutzte den Abschluß des Dt.-Sowjet. Nichtangriffspakts (23. Aug. 1939, „H.-Stalin-Pakt") zum Angriff auf Polen am 1. Sept. 1939 und entfesselte so den 2. Weltkrieg. Anfangserfolge gaben H. auch auf militär. Gebiet ein Überlegenheits- und Unfehlbarkeitsbewußtsein, das dem fachl. Rat der zu Erfüllungsgehilfen degradierten Generalität nicht mehr zugängl. war. In den besetzten Gebieten, v.a. im O, begann auf H. Anweisung und mit Hilfe des seit 1939 rasch wachsenden Terrorapparats der SS eine rassenideolog. begr. brutale Unterdrückungs- und Vernichtungspolitik. Gleichzeitig fielen den Maßnahmen zur „Endlösung der Judenfrage" in den Konzentrationslagern Mill. Menschen zum Opfer. Die unmenschl. harte Kriegsführung gegen die Sowjetunion (Kommissarbefehl, Massenerschießungen russ. Kriegsgefangener) ging ebenso auf H. Intervention zurück wie die Anfänge der innerdt. Rassenpolitik (Euthanasieprogramm). In der Isolierung des Führerhauptquartiers verlor der Durchhaltefanatismus H. zunehmend den Realitätsbezug. Alle Pläne der Widerstandsbewegung zur Beseitigung H. (Attentat am 20. Juli 1944) scheiterten. Mit der ihm am Vortag angetrauten Eva Braun beging H. am 30. April 1945 im Bunker der Berliner Reichskanzlei Selbstmord. Seine Leiche wurde verbrannt. - ↑ auch Nationalsozialismus.

⌑ *Carr, W.: A. H.* Dt. Übers. Stg. 1980. - *Fest, J.C.: H.* Bln. 1979. - *Irving, D.: Hitlers Weg zum Krieg.* Dt. Übers. Mchn. 1979. - *Maser, W.: A. H.* Mchn. 1978. - *Stern, J. P.: H.* Dt. Übers. Mchn. 1978.

Hitlerjugend, Abk. HJ, die Jugendorganisation der NSDAP; 1926 als „Bund dt. Arbeiterjugend" gegr.; bis 1933 Jugendabteilung der nat.-soz. Kampfverbände; wurde durch Gesetz 1936 zur zentralen, dem Elternhaus und der Schule gegenüber bevorzugten Organisation zur „körperl.-geistigen und sittl. Erziehung der Jugend" sowie seit 1939 zur „vormilitär. Ertüchtigung". *Aufbau:* 10- bis 14-jährige Jungen und Mädchen bildeten das **Dt. Jungvolk** bzw. die **Jungmädelbund,** die 14- bis 18jährigen Jungen und Mädchen die HJ i.e.S. bzw. den **Bund Dt. Mädel** (BDM). - 1931–40 geleitet von B. von Schirach („Reichsjugendführer der NSDAP", seit 1933 auch „Jugendführer des Dt. Reichs"), 1940–45 von A. Axmann (* 1913); 1932 100 000, Sommer 1933 über 3,5 Mill., Ende 1938 rd. 8,7 Mill. Mgl.

Adolf Hitler (1935)

Hitlerputsch, Versuch Hitlers und Ludendorffs, am 8./9. Nov. 1923 in Bayern die Macht an sich zu reißen und mit einem Marsch auf Berlin die Reg. Stresemann zu stürzen. Die ähnl. Ziele verfolgende, anfangs überrumpelte bayer. Reg. unter von Kahr gab in der Nacht zum 9. Nov. den Befehl zur Unterdrückung des Staatsstreichs. Die Polizei zersprengte am 9. Nov. einen Demonstrationszug der NSDAP vor der Feldherrnhalle.

Hitler-Stalin-Pakt ↑ Deutsch-Sowjetischer Nichtangriffspakt (1939).

Hittorf, Jacques Ignace [frz. iˈtɔrf], * Köln 20. Aug. 1792, † Paris 25. März 1867, frz. Baumeister und Archäologe dt. Herkunft. - Erbaute in Paris Saint-Vincent-de-Paul (1824–44, mit C. Lepère) und gestaltete 1833ff. den Place de la Concorde, die Champs-Elysées und den Place de l'Étoile (1856 vollendet). Einer der Pioniere der Eisenkonstruktionen (Gare du Nord, 1861–65). H. wies die Polychromie in der griech. Baukunst nach.

H., Johann Wilhelm [↙–], * Bonn 27. März 1824, † Münster 28. Nov. 1914, dt. Physiker und Chemiker. - 1852–89 Professor in Münster; bahnbrechende Untersuchungen über die Beweglichkeit der Ionen bei der Elektrolyse (1853–59) und über Erscheinungen bei Gasentladungen. Er bestimmte mit Hilfe von Potentialsonden u.a. den Spannungsverlauf in Gasentladungen und fand die geradlinige Ausbreitung und magnet. Ablenkbarkeit der

Hitzacker

(erst später so benannten) Kathodenstrahlen.

Hitzacker, Stadt an der Mündung der Jeetzel in die Elbe, Nds., 12 m ü. d. M., 4600 E. Luftkurort; jährl. Sommerl. Musiktage. - 1162 erstmals erwähnt, seit 1258 Stadt.

Hitze, Franz, * Hanemicke (= Olpe) 16. März 1851, † Bad Nauheim 20. Juli 1921, dt. kath. Theologe und Sozialpolitiker. - Wurde unter dem Einfluß von W. E. von Ketteler und K. von Vogelsang und in der Auseinandersetzung mit Marx zum Verfechter eines „ständ. Sozialismus", vertrat aber später die volle Integration der Arbeiterschaft auf dem Boden der bestehenden Gesellschaftsordnung. Organisierte die kath. Arbeitervereine und setzte sich für die christl. Gewerkschaften ein. Ab 1893 Prof. in Münster; als MdR (1884–1921) hatte H. über das Zentrum großen Einfluß auf die Sozialpolitik.

Hitze, eine gegenüber Normalbedingungen [stark] erhöhte Temperatur; vom Menschen als unangenehm empfundene Wärme.
◆ Bez. für die Brunst bei der Hündin.

Hitzebläschen, svw. ↑ Frieseln.

Hitzeschild (Hitzeschutzschild), Wärmeschutzvorrichtung an den beim Durchqueren der Atmosphäre angeströmten Teilen zurückkehrender Raumflugsysteme (Raumkabinen, Satellitenkapseln usw.) oder dem Nasenkonus ballist. Raketen, um deren Zerstörung durch aerodynam. Überhitzung (↑ Hitzeschwelle) zu verhindern.

Hitzeschwelle (Hitzemauer, Hitzestufe, Wärmebarriere, Wärmemauer), Bez. für den beim Über- und Hyperschallflug auftretenden Geschwindigkeitsbereich, in dem eine starke Erwärmung (aerodynam. Aufheizung) des Flugzeugs bzw. Flugkörpers durch Stauung (Gasverdichtungswellen) und Reibung der Luft auftritt.

Hitzewallung (fliegende Hitze), mit einer Erweiterung der Hautgefäße einhergehender, plötzl. auftretender Blutandrang zum Kopf, v. a. bei Frauen während der Wechseljahre infolge hormonaler Umstellungen.

Hitzig, Julius Eduard, bis 1799 Isaak Elias Itzig, * Berlin 26. März 1780, † ebd. 26. Nov. 1849, dt. Schriftsteller, Publizist und Kriminalist. - In enger Verbindung mit Z. Werner und E. T. A. Hoffmann; 1827–32 war er Direktor des Kammergerichtsinquisitoriats in Berlin. 1824 gründete er die „Mittwochsgesellschaft", der bed. Berliner Schriftsteller angehörten. Von H. stammen die ersten Biographien E. T. A. Hoffmanns (2 Bde., 1823), Z. Werners (1823), A. von Chamissos (1839) und F. de la Motte Fouqués (1848). Mit W. Alexis gab er 12 Bde. des „Neuen Pitaval" (Sammlung von Kriminalgeschichten) heraus (1842–47).

Hitzschlag (Heliosis), akute Erkrankung durch Überwärmung des Körpers bes. bei Wärmestauung infolge verminderter Wär-

meabgabe (feuchtes, heißes Klima, Windstille, die Wärmeabgabe behindernde Kleidung, direkte Sonnenbestrahlung), oft auch infolge zusätzl. vermehrter Eigenwärmebildung (Arbeit bei Hitze). Die ersten Symptome eines H. sind starke Gesichtsröte, Schwindel, Kopfschmerzen sowie Schweißausbruch, Übelkeit und Erbrechen; darauf folgen meist Hör- und Gleichgewichtsstörungen, später Ohnmachtsanfälle; schließl. bricht die Betroffene bewußtlos zusammen. Bei Körpertemperaturen über 41 °C besteht die Gefahr eines tödl. Kreislaufversagens. Therapie: Lagerung in kühler Umgebung, kalte Kompressen.

HJ, Abk. für: ↑ Hitlerjugend.

Hjalmar, aus dem Nord. übernommener männl. Vorname (von altisländ. hjalmr „Helm" und altisländ. herr „Heer").

Hjälmarsee, See in M-Schweden, 22 m ü. d. M., mit 484 km² viertgrößter See Schwedens, durch die Eskilstunaå und den **Hjälmarkanal** mit dem Mälarsee verbunden.

H-Jolle, eine 15-m²-Wanderjolle mit zwei Mann Besatzung; nat. Rennklasse, Kennzeichen: ein schwarzes H. im Segel.

HK, Einheitenzeichen für ↑ Hefnerkerze.

hl, Einheitenzeichen für Hektoliter; 1 hl = 100 l.

hl., Abk. für: heilig.

Hlasko, Marek [poln. 'xųaskɔ], * Warschau 14. Jan. 1934, † Wiesbaden 14. Juni 1969, poln. Schriftsteller. - Lebte seit 1957 in der BR Deutschland und Israel; stilist. unter dem Einfluß Hemingways; protestierte gegen Unterdrückung und Leiden. - *Werke:* Der achte Tag der Woche (E., 1956), Peitsche deines Zorns (R., 1963), Am Tage seines Todes. Die zweite Ermordung des Hundes (En., 1969), Folge ihm durchs Tal (R., hg. 1970).

Hlinka, Andrej [slowak., tschech. 'hliŋka], * Černova bei Ružõmberok 27. Sept. 1864, † Ružõmberok 16. Aug. 1938, slowak. Politiker. - Ab 1889 kath. Geistlicher; 1905 Mitbegr. und ab 1918 Vors. der kath.-konservativen Slowak. Volkspartei; forderte für die Slowaken Autonomie innerhalb der ČSR.

Hlinka-Garde [slowak. 'hliŋka; nach A. Hlinka], 1938 nach faschist. Vorbild (SA und Fasci a combattimento) gebildete, terrorist. Methoden anwendende Kampforganisation der Slowak. Volkspartei.

HLKO, Abk. für: Haager Landkriegsordnung.

H-Milch ↑ Milch.

HMO-Modell [Kurzbez. für: Hückel molecular orbitals „Hückel-Molekülorbitale"] ↑ Quantenchemie.

H. M. S. [engl. 'ɛitʃ-ɛm'ɛs], Abk. für: His (Her) Majesty's ship („Seiner [Ihrer] Majestät Schiff"); Zusatz zum Namen brit. Kriegsschiffe.

HNO, Abk. für: ↑ Hals-Nasen-Ohren-Heilkunde.